CÓDIGO DE LA LEGISLACIÓN LOCAL IBEROAMERICANA

COLECCIÓN DERECHO PÚBLICO IBEROAMERICANO

Títulos publicados

1. *La jurisdicción contencioso administrativa en Iberoamérica,* Jaime Rodríguez-Arana y Marta García Pérez (Coordinadores), 1ra Edición, 2014, 540 pp.

2. *Código de Legislación sobre contratación pública en Iberoamérica,* Jaime Rodríguez Arana y José Antonio Moreno Molina (Directores), 1ra Edición, 2015, 1152 pp.

3. *Leyes de Amparo de América Latina,* Allan R. Brewer-Carías, 2da. Edición aumentada y actualizada, 2016, 610 páginas.

4. *Estudios sobre la Buena Administración en Iberoamérica,* Jaime Rodríguez-Arana Muñoz, José Ignacio Hernández G., (Coordinadores), 2017, 376 páginas.

5. *Bases y retos de la contratación pública en el escenario global,* Jaime Rodríguez-Arana Muñoz, Carlos E. Delpiazzo Rodríguez, Olivo Rodríguez Huertas, Servio Tulio Castaños Guzmán y María del Carmen Rodríguez Martín-Retortillo, (Editores), 2017, 1196 páginas.

6. *Código de Legislación Local Iberoamericana,* Armando Rodríguez García y Antonio Silva Aranguren (Compiladores), 2018, 1090 pp.

CÓDIGO DE LA LEGISLACIÓN LOCAL IBEROAMERICANA

COMPILADORES:

ARMANDO RODRÍGUEZ GARCÍA
ANTONIO SILVA ARANGUREN

Colección Derecho Público Iberoamericano
N° 6

Editorial Jurídica Venezolana International

2018

©   Compiladores:

Armando Rodríguez García
Antonio Silva Arangurenz

Depósito Legal: DC2017002354
ISBN: 978-980-365-409-2

Editado por: Editorial Jurídica Venezolana
Avda. Francisco Solano López, Torre Oasis, P.B., Local 4, Sabana Grande,
Apartado 17.598 – Caracas, 1015, Venezuela
Teléfono 762.25.53, 762.38.42. Fax. 763.5239
http://www.editorialjuridicavenezolana.com.ve
Email fejv@cantv.net

Impreso por: Lightning Source, an INGRAM Content company
para Editorial Jurídica Venezolana International Inc.
Panamá, República de Panamá.
Email: ejvinternational@gmail.com

Diagramación, composición y montaje
por: Francis Gil, en letra Times New Roman, 10
Interlineado exacto 11, Mancha 19 x 12.5

CONTENIDO

ARGENTINA
LEY ORGÁNICA DE MUNICIPALIDADES – LEY Nº 236
(Sanción: 28 de Septiembre de 1984 - Promulgación: 08/11/84. D.T. Nº 3.015)

B O L I V I A

LEY N° 482
(De 9 de enero de 2014)
LEY DE GOBIERNOS AUTÓNOMOS MUNICIPALES

C H I L E

LEY ORGÁNICA CONSTITUCIONAL DE MUNICIPALIDADES
(Ley refundida N° 18.695 del 3 de marzo de 2002)

COLOMBIA

LEY 136 DE 1994

(Junio 02 de 1994)

COSTA RICA

CÓDIGO MUNICIPAL

(Ley N° 7794 Gaceta N° 94 del 18 de mayo de 1998)

E C U A D O R

LEY ORGÁNICA DE RÉGIMEN MUNICIPAL

(Codificación 16, Registro Oficial Suplemento 159 de 5 de Diciembre del 2005)

EL SALVADOR
DECRETO Nº 274
CÓDIGO MUNICIPAL

ESPAÑA

Ley 7/1985, de 2 de abril, Reguladora de las Bases del Régimen Local.

Jefatura del Estado

GUATEMALA
CÓDIGO MUNICIPAL
(Decreto número 12-2002)

HONDURAS

LEY DE MUNICIPALIDADES

(Publicación: 19 de noviembre de 1990)

PODER LEGISLATIVO

DECRETO NÚMERO 134-90

NICARAGUA

Ley de Municipios

LEYES Nº 40 Y 261

PANAMÁ

Ley sobre régimen municipal

LEY N° 9.106

"SOBRE RÉGIMEN MUNICIPAL"

(8 de octubre de 1973)

PARAGUAY

LEY N° 3.966

ORGÁNICA MUNICIPAL.

(Promulgación: 08/02/2010 – Publicación: 10/02/2010)

PERÚ

LEY ORGÁNICA DE MUNICIPALIDADES

LEY Nº 27972

(Publicada el 27 de mayo del 2003)

PORTUGAL

REGIME JURÍDICO DAS AUTARQUIAS LOCAIS

[Nº de artigos:139]

Lei n.º 75/2013, de 12 de Setembro (versão actualizada)

REPÚBLICA DOMINICANA

LEY Nº 176-07 DEL DISTRITO NACIONAL Y LOS MUNICIPIOS

(Del 17 de julio del 2007. Gaceta Oficial Nº 10426 del 20 de julio del 2007)

URUGUAY

Publicada D.O. 19 oct/009 - Nº 27838

Ley Nº 18.567

DESCENTRALIZACIÓN POLÍTICA Y PARTICIPACIÓN CIUDADANA NORMAS

VENEZUELA

LEY ORGÁNICA DEL PODER PÚBLICO MUNICIPAL

(Gaceta Oficial Nº 6.015 Extraordinario del 28 de diciembre de 2010)

PRELIMINAR

HACIA UN DERECHO LOCAL IBEROAMERICANO

La obra que se ofrece responde a la siempre inquieta iniciativa del Profesor Allan Brewer Carías, en su perenne actitud por favorecer todo lo que atañe a la formación científica y la divulgación del conocimiento jurídico. En estas páginas se recoge la legislación nacional relativa al Régimen Local que ofrecen, en la actualidad, los diferentes países que integran el mapa resultante de esa indiscutible realidad sociocultural e histórica que conocemos como *Iberoamérica*.

El sentido de recopilar en una publicación los distintos textos legales de alcance nacional sobre una materia común obedece, usualmente, al objetivo de facilitar el acceso a la información sistematizada, y con ello, dar como resultado un instrumento de incuestionable utilidad práctica para el manejo de asuntos concretos y específicos, dentro de una perspectiva funcionalista, mediante la aplicación del método identificado como Derecho Comparado. Alcanzar tal objetivo sería, de por sí, un motivo suficiente para explicar y justificar la presente obra.

Sin embargo, una compilación también puede ser útil a los efectos de abrir un punto de mira adicional, al permitir un enfoque que invite a descubrir realidades ubicadas mas allá del umbral que inicialmente alcanza la aplicación del análisis comparativo entre los presupuestos fácticos o filosóficos y las soluciones jurídicas que postulan los dispositivos legales. De este modo, se hace presente la oportunidad de atisbar la existencia de fenómenos cargados de trascendencia jurídica, política y social, cuyo enfoque, en clave global, invita a la investigación científica en una dimensión que expande la escala del campo teórico, al tiempo que fortalece el diseño y la aplicación de soluciones en el terreno práctico de la gestión pública cotidiana. Así pensamos que sucede en el presente caso.

El recorrido por la legislación iberoamericana dedicada a regular la organización y el funcionamiento de las entidades locales es un ejercicio que pone sobre el tapete la existencia de un fenómeno con nítidas características de globalización, por la extensión geográfica de sus manifestaciones y por la similitud de sus perfiles generales, en cuanto tiene que ver con las formas organizativas, los cometidos que tiene asignados, las formas de actuación y, finalmente, por las potestades que sirven de soporte al desempeño de las entidades locales. Pero junto a esto, se debe prestar buena atención al origen, a la trayectoria histórica y a la sostenida presencia de las instituciones municipales en la dinámica social y política de las comunidades para lograr niveles de *calidad de vida* mas elevados a favor de la población, dentro del mas amplio significado que puede tener esa expresión.

De otra parte, se debe tener presente que, en atención a la naturaleza misma del fenómeno, todo ello viene necesariamente acompañado por un marcado signo de *diversidad*, que es consustancial al carácter local que identifica el asunto. Este dato conduce a reconocer, como uno de los rasgos distintivos del gobierno local, la nota relativa a las *peculiaridades propias* de las comunidades, las particularidades de cada comunidad, como un principio fundamental para la lógica del régimen local en general que, sin embargo, hace aflorar ribetes de significativa relevancia en espacios mucho mas amplios.

Así sucede, precisamente, en el espectro general de *Iberoamérica*, donde la institución municipal se perfila, dentro de la estructura del Estado, con rasgos de alto relieve, entre otras razones, por su estrecha y sólida vinculación con el ideal de *Democracia*, su trascendencia, y -desde luego- su ejercicio práctico y eficiente, en tanto significa una manifestación esencial de civilización y desarrollo que, en la actualidad, llega a incorporarse como un marcador de primer orden para la confección de la noción de *nivel o calidad de vida* y su aplicación en la evaluación de las condiciones reales que acusa el ambiente político y jurídico tangible en cada lugar, en cuanto al desenvolvimiento regular de los ciudadanos y el debido respeto a sus derechos, dentro del marco que ofrece actualmente la *globalización*.

Entonces, se pone de manifiesto una aparente paradoja, cuando se reúne en un enfoque integral el carácter globalizante y globalizado de un fenómeno, su análisis y su tratamiento, siendo que ese fenómeno viene marcado, en su esencia, por la nota que destaca las particularidades derivadas de su localismo, de lo puntual, en fin, del anclaje a un modo de ser y de hacer que es propio de un determinado lugar o comunidad. Sin embargo, aún cuando plantear la vida local como un fenómeno visible desde la óptica de la globalización, pudiera parecer contrario a la lógica o parecer una proposición contradictoria, la realidad permite afirmar que no es así.

Primeramente, desde el plano de su trayectoria histórica -circunscribiéndonos ahora a lo que atañe al municipalismo vinculado a la existencia un contexto *iberoamericano*-, es una realidad de bulto que, el momento del Descubrimiento y sus derivaciones inmediatas comportan la construcción de un escenario de intercambio cultural que trae consigo importantes referentes institucionales dentro de los cuales ocupan un lugar preeminente tanto el Derecho como las instituciones de gobierno y administración que ubican en primera línea de la organización territorial a la figura de los *Cabildos* como prototipo de organización local que sirve con extraordinaria eficiencia como instrumento de avanzada en la empresa de colonización y poblamiento de las tierras que configuran esa nueva geografía. En síntesis, tal como hemos afirmado en otra oportunidad, las embarcaciones que -en el despertar de la Edad Moderna- trajeron al Almirante Colón a lo que, a partir de entonces, fueron las *tierras americanas*, transportaban un equipaje amplio, variado y complejo que comprendía las instituciones locales, que se plantaron en suelo fértil, prendieron, se afincaron con solidez y se robustecieron en ese nuevo espacio, desarrollando matices propios de adaptación al medio, lo que no desnaturalizan su esencia[1].

---

1   Sobre este tema véase, RODRIGUEZ GARCÍA, Armando, "La intermunicipalidad y el despertar del municipalismo en Iberoamérica". en *Valladolid en América: El municipalismo y su proyección iberoamericana* (Enrique Orduña, Coordinador). Ed. Ciudad Argentina / Ayuntamiento de Valladolid / OICI. Buenos Aires-Madrid, 2007.

El municipio que se traslada a Hispanoamérica tiene sus antecedentes en las modalidades de organización local asentadas en la Península Ibérica, fundamentalmente a través de los *Concejos* y *Cabildos* de Castilla y León, Navarra, Aragón y Cataluña que -con sus evidentes diferencias- dieron origen a la aparición y consolidación de un verdadero *Derecho municipal*, mediante la formalización de las relaciones surgidas entre los habitantes de las localidades y el rey, que abre paso a lo *Fueros*, antecedente remoto de la autonomía municipal y "código de sus derechos y de su actuación"[2], lo que se fortalece con el papel que desempeñan las instituciones locales como soporte del proceso de reconquista.

Esto explica que sea el formato del municipio castellano el que primordialmente se implanta en la América hispana como efecto de un proceso popular de colonización que corre como una gestión espontánea de los hombres que lo realizan; no es dirigido ni impuesto por la Corona, en tanto, "la corona de Castilla no dirige la empresa, va a la zaga de ella, sancionándola y legalizándola, o cuando mas, concediendo capitulaciones y dando merced a emprendedores particulares que lo soliciten libremente"[3].

Destaca así, el abolengo que exhibe la institucionalidad local en la cartografía iberoamericana, en tanto recoge una categoría política y jurídica cuyas raíces remotas anteceden, incluso, a la aparición del Estado moderno. De este modo, se va construyendo progresiva y sostenidamente una trayectoria común, en la que se acumulan componentes de diverso orden, por lo cual, cabe entender, con Graciela Soriano, que "... la similitud y simultaneidad de los orígenes históricos, la homogeneidad lingüística, la continuidad espacial y las comunes vinculaciones con España durante tres siglos hicieron de la América española un mundo con sus particularidades, pero con evidentes semejanzas, y con igual dependencia de la Monarquía Católica hasta comienzos del siglo XIX. A partir de entonces, al producirse, al producirse la quiebra del Imperio español, aquel mundo se dividió en múltiples unidades independientes que han permanecido relativamente aisladas unas de otras, cada una con sus propios problemas internos y de convivencia internacional, pero con semejanzas, paralelismos y discronismos evidentes en su desarrollo político, que conducen naturalmente a la búsqueda de esquemas y patrones de interpretación que puedan explicarlos en lo esencial..."[4]. Por lo que atañe a las estructuras territoriales de gobierno, no parece haber duda en cuanto a que el municipio constituye la más representativa de esas *particularidades semejantes,* conducentes a paralelismos en sus patrones esenciales.

Las entidades locales iberoamericanas son, pues, un caso emblemático de institucionalidad con solera, por todo el andamiaje teórico o filosófico que las soporta, junto al hacer desplegado en el largo y accidentado trayecto cumplido hasta el momento actual. De su prolongada vida destaca en papel esencial que ocupan los Cabildos americanos en

---

2   ORDUÑA REBOLLO, Enrique, *Historia del Municipalismo español*. IUSTEL, Madrid, 2005. Pp. 63.

3   DOMINGUEZ COMPAÑY, Francisco. *Estudio sobre las Instituciones Locales Hispanoamericanas*. Academia Nacional de la Historia. Caracas, 1981. Pp. 68.

4   SORIANO, Graciela. *Hispanoamérica. Historia, desarrollo discrónico e historia política*. Fundación Manuel García-Pelayo. Caracas, 2004. Pp.15.

los procesos de independencia política y surgimiento de las *repúblicas*[5], como nueva forma de gobierno, siendo que, es la única institución del *gobierno colonial* que sobrevive a los cambios políticos revolucionarios que conducen a la independencia, y logra mantener su vigencia hasta el presente, superando escollos de diverso orden, magnitud e intensidad.

Buena parte de las dificultades que han debido enfrentar -y continúan enfrentando- las instituciones de gobierno y administración local en Iberoamérica, son consustanciales a su natural ubicación dentro de la estructura general del Estado, como unidad operativa cargada por igual con elementos políticos y jurídicos. Las dificultades aludidas se materializan de diverso modo en los inevitables espacios de relacionamiento interinstitucional que se construyen entre las entidades locales y el resto de las estructuras territoriales, tanto el Estado nacional como las estructuras intermedias, y también, con menor intensidad pero no por ello menos importantes, las relaciones que surgen, en épocas mas recientes, con instituciones jurídicas y políticas de escala supranacional, en particular, las derivadas de los procesos de integración.

En consecuencia, la institución local solo puede entenderse teóricamente y operar prácticamente, como una pieza integrada al Estado, como parte de un sistema policéntrico público de toma de decisiones, con lo cual, resulta permanentemente influida por los cambios que en dicho sistema puedan producirse. Al mismo tiempo, la institución local está fuertemente marcada en su destino, por los cambios que aporta la dinámica social, política, económica y tecnológica, para lo cual debe abordar constantemente las fórmulas de adaptación organizativa y funcional que permitan prorrogar su presencia institucional al servicio de la comunidad, con calidades de modernidad y eficiencia, es decir, asumiendo y respondiendo adecuada y cabalmente a los retos de la Sociedad global. De allí que, a decir de Luciano Parejo, "... El Municipio, en tanto instancia territorial siempre de un determinado Estado, se inscribe necesariamente en el orden constitucional que define a éste. Es así, al igual que el Estado como un todo, necesaria y simultáneamente organización para la toma de decisiones, es decir, poder público, concretamente un poder público más en el conjunto de los integrantes de la estructura estatal, y ordenamiento jurídico, lo que vale decir, conjunto de decisiones formalizadas en reglas jurídicas trabadas entre sí en un verdadero sistema."[6]

De este modo las instituciones locales han encontrado una ubicación eficiente en la configuración y el funcionamiento del Estado, apuntaladas en el valor trascendente y la permanente vigencia de categorías de primera línea para la definición de su perfil conceptual, como son la *autonomía* y la *democracia local*.

La naturaleza de la *autonomía* propia de las entidades locales se ubica en el terreno de los principios y no en la contingencia cuantitativa que arroja un listado mas o menos extenso de competencias sustantivas; como tal, su alcance es integral, total, e irradia a

---

5   Al respecto, es singularmente ilustrativo el título que identifica el trabajo del Dr. Joaquín Gabaldón Márquez: "El Municipio, raíz de la República", publicado por la Academia Nacional de la Historia. Caracas 1987.

6   PAREJO ALFONSO, Luciano. "El Municipio y su Autonomía" en *XXV Congreso Iberoamericano de Municipios*. Guadalajara, México. Organización Iberoamericana de Cooperación Intermunicipal (OICI) – Federación Española de Municipios y Provincias (FEMP). Madrid, 2001. Pp. 97.

cualquier manifestación de sus funciones. En consecuencia, el principio de autonomía local no queda reducido a la aparición literal en una disposición normativa, ni sujeto a la limitada expresión de un ejercicio exegético sobre una disposición legal. La ciencia jurídica va mas allá, y el científico del derecho está obligado a integrar los elementos concurrentes, a producir la alquimia requerida en la construcción científica, dentro de los cuales, en el caso que nos ocupa, juega un papel esencial, el componente histórico, la valoración creativa de la institucionalidad local, que permite proyectar su presencia en términos de eficiencia social.

De su parte, la *democracia,* en tanto valor cultural de la civilización occidental es consustancial a la concepción del gobierno local y emerge directamente como un derecho colectivo fundamental que se expresa como un condicionante de la institucionalidad pública en general, con particular intensidad y eficacia en el ámbito de las comunidades locales. Y en paralelo, opera como una garantía institucional, es decir, como un mecanismo de protección de sus intereses, como una expresión del sistema inmunológico de la colectividad y de sus instituciones.

Adicionalmente, las entidades locales en Iberoamérica, al igual que sucede a escala mundial, están ineludiblemente asociadas al fenómeno global de la urbanización. Esta circunstancia ha contribuido a reforzar la existencia de la vida local y su institucionalidad como una realidad palpable en la cotidianidad del ciudadano, aunque en muchas ocasiones pudiera resultar imperceptible en sus alcances, precisamente, por lo intenso y generalizado. El mundo urbanizado contemporáneo convoca la presencia de las instituciones locales, pues el modo de vida urbano es el escenario mas adecuado para el diseño y manejo de las políticas de desarrollo humano, para la inmediatez de los centros de gobierno y administración con las áreas de interés inmediato de las personas, lo que constituye el núcleo de la gestión pública local.

Finalmente, todos los factores que concurren en la temática de lo local como fenómeno global, se ven amalgamados e integrados como un sistema, a través de su juridicidad, en particular, por la vigencia y aplicación del principio de legalidad, en atención a la presencia del *Estado de Derecho*, con sus progresivas proyecciones y reforzamientos conceptuales (Estado *constitucional, social, de derecho y de justicia*).

En efecto, resulta inevitable la sujeción al orden jurídico y el empleo de sus categorías para la existencia y funcionamiento de las entidades locales, así como para el debido relacionamiento con los ciudadanos. De una parte, el Derecho es el soporte que hace legítima la forma en que se organizan y actúan las instancias de gobierno y administración local, pero además, el ordenamiento jurídico sirve de límite para determinar la validez de sus decisiones y aplicar los correspondientes controles; sin embargo, el valor del Derecho no se agota en sus derivaciones legitimadoras, coercitivas o imperativas, también opera en un sentido utilitario, como mecanismo insustituible para reducir los costos transaccionales en la cada vez mas compleja, amplia y variada dinámica de las relaciones sociales, en la base misma de sus manifestaciones primarias.

Sin embargo, no debemos perder de vista el riesgo que en la actualidad continúan corriendo las instituciones democráticas. Ese riesgo se hace patente con particular intensidad y vigor para las instituciones locales pues, en buena medida, resultan entidades que, en razón de su perfil medularmente democrático, contrarían los apetitos centralistas, totalitarios y antidemocráticos, esencialmente retrógrados, anacrónicos o antihistóricos, por lo que son también perturbadores, testarudos y tenaces en sus manifestaciones.

Tal cual sucede en estos tiempos, con la emboscada totalitaria que se intenta adelantar en Venezuela, mediante el subterfugio de una fraudulenta Asamblea Nacional Constituyente que, tal como acertadamente viene poniendo de relieve el profesor Allan Brewer Carías solo persigue imponer un supuesto *Estado Comunal*, con el objeto desplazar Estado democrático y social de derecho mediante la disminución o eliminación del régimen local autonómico y democrático, para instalar estructuras subordinadas al Gobierno Nacional[7].

Siendo así, el conocimiento adecuado de las estructuras de gobierno y administración local en el contexto iberoamericano, en tanto fenómeno cargado de singularidad, supone y recomienda de manera inexcusable, el manejo del componente jurídico, dentro del cual destaca, como dato primario de aproximación y referencia, la legislación nacional. Ciertamente, las leyes nacionales no agotan el elenco de disposiciones integrantes de los ordenamientos positivos dispuesto para configurar el régimen aplicable a las entidades locales y su funcionamiento; no es inusual la presencia de disposiciones contenidas en diversos textos legales, así como en normas constitucionales que claramente aplican a tal efecto, no obstante, el referente a la legislación nacional sistemática es un factor de insustituible valor metodológico.

Desde luego, el dato derivado del contenido que ofrece un repositorio de la legislación nacional sobre régimen local vigente en los países iberoamericanos, como el que ahora se pone a disposición del lector, abre una ruta de indudable interés, valor y calidad para el conocimiento de este fenómeno.

La incorporación de los enfoques doctrinarios, la producción jurisprudencial, la práctica administrativa y de gobierno, además de las valiosísimas experiencias de inter-municipalidad, abren el camino hacia un *Derecho local iberoamericano* como sistematización intelectual, académica, didáctica y práctica, sobre esta realidad.

Armando Rodríguez García

Antonio Silva Aranguren

Coordinadores*

---

7   *Vid.* BREWER CARIAS, Allan-Randolph, *La inconstitucional convocatoria de una Asamblea Nacional Constituyente en fraude a la voluntad popular*. Editorial Jurídica Venezolana. Colección textos legislativos. Caracas, 2017.

Armando Rodríguez García es profesor de Derecho Administrativo de la Universidad Central de Venezuela, en la que es Director del Centro de Estudios de Postgrado y Coordinador de la Especialización en Derecho Administrativo.

Antonio Silva Aranguren es profesor de Derecho Administrativo en la Universidad Central de Venezuela y Director Ejecutivo del Centro para la Integración y el Derecho Público (CIDEP).

ADVERTENCIAS

1. En las siguientes páginas el lector hallará la legislación federal/nacional/estatal de los siguientes países ordenados alfabéticamente: Argentina, Bolivia, Chile, Colombia, Costa Rica, Ecuador, El Salvador, España, Guatemala, Honduras, Nicaragua, Panamá, Paraguay, Perú, Portugal, República Dominicana, Uruguay y Venezuela.

Es de advertir que, en el elenco legislativo que se recoge, no aparecen textos de legislación nacional sobre régimen local en los casos de Brasil, México y Cuba. Las ausencias responden -en los casos de Brasil y México-, a la aplicación del principio de distribución competencial entre los órdenes de gobierno federal (nacional), estadal y local, derivados de la forma de Estado Federal, en atención a lo cual, las reglas funda-mentales aplicables a los municipios, además de las que se encuentran directamente en el texto constitucional, son dictadas por los Estados componentes de la Federación. De su parte, Cuba contó con una Ley nacional de municipios desde el año 1908, poco después de culminar su proceso de independencia; dicha Ley nacional estuvo vigente hasta después de entrada la *revolución*, cuando dejó de aplicarse progresivamente, hasta desaparecer ante la presencia de disposiciones fragmentadas emanadas del Consejo de Ministros, en razón de una estructura de poder absolutamente concentrada y centralizada.

2. El texto de las leyes y códigos contenidos en esta recopilación -en cuya elaboración ha participado activamente el abogado Gabriel Sira Santana, investigador del Centro para la Integración y el Derecho Público (CIDEP)- es, en la mayor parte de los casos, transcripción de fuentes electrónicas oficiales, tales como páginas web de parlamentos[8], ministerios[9] otros órganos públicos[10]. Se acudió a entidades no gubernamentales únicamente en tres oportunidades[11].

---

8   Casos de Chile (Congreso Nacional de Chile. http://www.leychile.cl/Navegar?idNorma=251693) y El Salvador (Asamblea Legislativa. http://www.asamblea.gob.sv/eparlamento/indice-legislativo/buscador-de-documentos-legislativos/codigo-municipal).

9   Caso de Argentina (Ministerio del Interior, Obras Públicas y Vivienda. http://www.mininterior.gov.ar/municipios/pdf/ley-organica-tierra-fuego.pdf), Bolivia (Ministerio de Autonomías.
http://www.autonomias.gob.bo/images/stories/minifp/2015/publicaciones/8.%20LEY%20DE%20GOBIERNOS%20AUTONOMOS%20MUNICIPALES%20-%20FINAL%20NUEVA%20VERSION-f.pdf) y Panamá (Ministerio de Comercio e Industrias.
https://panama.eregulations.org/media/ley%20106%20del%208%20de%20octubre%20de%201973%20sobre%20el%20r%C3%A9gimen%20municipal.pdf).

Las transcripciones se efectuaron sin más cambios que los requeridos para su unificación en un solo texto, por lo que el lector podrá encontrar anotaciones que informan si un artículo ha sido derogado (por ejemplo, en el Código Municipal de Costa Rica o la Ley Reguladora de las Bases del Régimen Local de España) o declarado inconstitucional (Ley que dicta normas tendientes a modernizar la organización y el funcionamiento de los municipios de Colombia), así como si ha dado lugar a interpretaciones auténticas en el Estado respectivo (casos del Código Municipal de El Salvador y la Ley de Municipios de Nicaragua) o si la norma debe ser leída en concordancia con otras (Ley Orgánica de Municipalidades de Perú). Consideramos prudente precisar que es probable que otros artículos de los textos aquí recopilados, distintos a los anotados, se encuentren derogados o modificados, en todo o en parte, de acuerdo con los procedimientos existentes en sus respectivos

---

10   Casos de Colombia (Alcaldía de Bogotá. http://www.alcaldiabogota.gov.co/sisjur/normas/Norma1.jsp?i=329), Costa Rica (Municipalidad de Tilarán. http://www.tilaran.go.cr/descargas/documentos/codigo_municipal.pdf), Ecuador

(Gobierno Parroquial Rural La Merced. http://www.lamerced.gob.ec/web/images/la_merced/descargas/lotaip2015/baselegal/leyorganicamunicipal/LEYORGANICAMUNICIPAL.pdf), España (Agencia Estatal Boletín Oficial del Estado. https://www.boe.es/buscar/doc.php?id=BOE-A-1985-5392), Guatemala (Municipalidad de Mixto. http://www.munimixco.gt/ciudad/wpcontent/up-loads/2016/02/Co%CC%81digo-Municipal.pdf), Honduras (Asociación de Municipios de Honduras. http://www.amhon.org/images/files/Ley%20de%20Municipalidades%20y%20su%20Reglamento%20actualizada%20oct11.xps), Perú (Jurado Nacional de Elecciones. http://portal.jne.gob.pe/informa-cionlegal/Documentos/Leyes%20Org%C3%A1nicas/LEY%20ORG%C3%81NICA%20DE%20MUNICIPALIDADES%20LEY%20N%C2%BA%2027972.pdf), Portugal (Procuradoria-Geral Distrital de Lisboa. http://www.pgdlisboa.pt/leis/lei_mostra_articulado.php?nid=1990&tabela=leis), República Dominicana (Tribunal Superior Electoral. http://tse.gob.do/Docs/Normativas/Ley_No_176_07_del_Dis-trito_Nacional_y_los_Municipios.pdf) y Uruguay (Municipio G de Montevideo. http://municipiog.montevideo.gub.uy/system/files/ley_18.567_descentralizacion_politica_y_participacion_ciudadana_y_modificaciones.pdf).

11   Casos de Nicaragua (Unesco. http://www.unesco.org/culture/natlaws/media/pdf/nicaragua/nicaragua_leyes40y261_spaorof), Paraguay (Asociación Civil Semillas para la Democracia. http://www.semillas.org.py/wp-content/uploads/2011/09/Ley2011.pdf) y Venezuela (Microjuris. http://ve.microjuris.com/getContent?page=fullContent.jsp&reference=MJ-N-24546-VE&links=[LEY,%20ORG,%20POD,%20PUBLIC,%20MUNICIP]).

LEYES MUNICIPALES EN IBEROAMÉRICA

ARGENTINA

Ley Orgánica de Municipalidades (Ley N° 236 del 08-11-1984)

BOLIVIA

Ley de Gobiernos Autónomos Municipales (Ley N° 482 del 09-01-2014)

CHILE

Ley Orgánica Constitucional de Municipalidades (Ley refundida N° 18.695 del 03-05-2002)

COLOMBIA

Ley que dicta Normas tendientes a modernizar la organización y el funcionamiento de los Municipios (Ley 136 del 02-07-1994)

COSTA RICA

Código Municipal (Ley N° 7794 del 18-05-1998).

ECUADOR

Ley Orgánica de Régimen Municipal (Codificación N° 16 del 05-12-2005)

EL SALVADOR

Código municipal (decreto N° 274 del 31-01-1986 con reformas hasta 2015)

ESPAÑA

Ley reguladora de las Bases del Régimen Local (Ley N° 7/1985 del 02-04-1985, consolidado al 08-04-2016)

GUATEMALA

Código Municipal (Decreto N° 12-2002 con reformas hasta 2010)

HONDURAS

Ley de Municipalidades (Decreto N° 134-90 del 18-02-1993)

NICARAGUA

Ley de Municipios (Ley N° 40 del 17-08-1988 con reformas de la N° 261 del 26-08-1997)

PANAMÁ

Ley sobre Régimen Municipal (Ley N° 106 del 08-10-1973)

PARAGUAY

Ley Orgánica Municipal (Ley N° 3966-10 del 28-05-2009)

PERÚ

Ley Orgánica de Municipalidades (Ley N° 27972 del 06-05-2003)

PORTUGAL

Lei regime financeiro das autarquias locais e das entidades intermunicipais (Ley N° 73 del 03-09-2013)

REPÚBLICA DOMINICANA

Ley del Distrito Nacional y los Municipios (Ley N° 176-07 del 17-07-2007)

URUGUAY

Ley de Descentralización Política y Participación Ciudadana (Ley N° 18.567 del 19-10-2009)

VENEZUELA

Ley Orgánica del Poder Público Municipal (del 28-12-2010)

ARGENTINA

LEY ORGÁNICA DE MUNICIPALIDADES – LEY Nº 236

(Sanción: 28 de Septiembre de 1984 - Promulgación: 08/11/84. D.T. Nº 3.015)

TITULO I

DE LOS MUNICIPIOS

Artículo 1°. El Gobierno y la Administración de los intereses y servicios comunales del Territorio Nacional, corresponden a las Municipalidades, de acuerdo a lo establecido por el Decreto-Ley Nº 2191/57 y la presente Ley.

Artículo 2°. Establécense Municipios de Primera y Segunda Categoría. Son Municipalidades de Primera Categoría aquellas que tengan más de QUINIENTOS (500) inscriptos en el Registro Electoral. Son Municipalidades de Segunda Categoría las que cuenten con una población superior a los DOSCIENTOS (200) inscriptos en el padrón electoral.

Artículo 3°. Los centros de población cuyo número de habitantes no alcance al mínimo establecido precedentemente, serán regidos en el orden local por Comisiones de Fomento que serán designadas por el Poder Ejecutivo y que aplicarán para su funcionamiento las disposiciones establecidas en esta. Ley en su capítulo respectivo.

Artículo 4°. La delimitación territorial y la determinación de categorías de Municipalidades se hará por Ley.

Artículo 5°. La creación de toda nueva Municipalidad será efectuada por Ley especial en la que se determinará su ejido y, comprobado por los resultados de un Censo Nacional o Territorial, que un centro de población tiene el número de habitantes requerirlo y la importancia económica necesaria para establecer el régimen municipal o para ascender de categoría, el Poder Ejecutivo enviará a la Legislatura del Territorio el proyecto de Ley que corresponda.

Artículo 6°. El Gobierno de las Municipalidades será ejercido por una rama Ejecutiva y otra Deliberativa.

Capítulo II

Del Gobierno de los Municipios

Artículo 7°. Los centros de población que de acuerdo al Decreto-Ley Nº 2191/57 y a esta Ley constituyen Municipios autónomos, tendrán en el orden local un gobierno que será ejercido con independencia de todo otro poder y que estará a cargo de una rama

Ejecutiva desempeñado por un ciudadano con el título de Intendente, y otra Deliberativa, desempeñada por ciudadanos con el título de Concejal.

Artículo 8°. Para ser Intendente se requiere: saber leer y escribir; ser ciudadano argentino, nativo o naturalizado, estar inscripto en el Registro Electoral con no menos de DOS (2) años de antigüedad y haber cumplido VEINTICINCO (25) años de edad.

Artículo 9°. Para ser miembro del Concejo Deliberante se requiere: saber leer y escribir; ser ciudadano argentino, nativo o naturalizado; estar inscripto en el Registro Electoral con no menos de DOS (2) años de antigüedad y haber cumplido VEINTICINCO (25) años de edad.

Artículo 10. Los Intendentes y Concejales serán elegidos en forma directa por el sistema electoral vigente. Durarán en el cargo DOS (2) años y podrán ser reelectos.

Artículo 11. Las elecciones se practicarán en el mismo acto en que se efectúen elecciones

Territoriales y se realizarán de conformidad a lo establecido por el Decreto - Ley N° 2191/57 y la Ley Electoral que rija en el Territorio.

Artículo 12. El Concejo Deliberante se compone de CINCO (5) miembros para las Municipalidades de Primera Categoría y de TRES (3) miembros para las Municipalidades de Segunda Categoría. Se elegirá igual cantidad de suplentes.

Artículo 13. El Concejo es Juez único de la elección de sus miembros y una vez pronunciada su resolución al respecto, no puede reverla.

Artículo 14. El Concejo Deliberante sesionará en sesiones ordinarias desde el PRIMERO (1) de Mayo al TREINTA (30) de Noviembre de cada año, pudiendo prorrogar sus sesiones. Asimismo, puede celebrar sesiones extraordinarias para tratar asuntos urgentes de interés público. En cualquier caso podrán ser convocadas por el Presidente o a petición del Intendente Municipal o de TRES (3) Concejales.

Capítulo III
Del Desempeño de Funciones Municipales

Inhabilidades

Artículo 15. No podrán ser miembros electivos de las Municipalidades:

a)   Los que no tengan capacidad para ser electores;

b)   los que, directa o indirectamente, estuvieren interesados en alguna concesión o privilegio en que la Municipalidad sea parte, quedando comprendidos los miembros de las Sociedades Civiles y Comerciales, directores, administradores, factores o habilitados. No se encuentran comprendidas en esta disposición, los que revistieren la simple calidad de asociados de sociedades cooperativas y mutualistas;

c)   los fiadores o garantes de personas, por obligaciones contraídas con la Municipalidad;

d)   los inhabilitados para el desempeño de cargos públicos en jurisdicción Nacional o Territorial;

e)   los ejecutados reiteradamente por morosidad en el pago de tasas o impuestos Municipales o Territoriales;

f)   los quebrados fraudulentos mientras no sean rehabilitados;

g)   los sentenciados criminalmente, mientras dure el término de la pena impuesta y los procesados por delitos comunes que merezcan pena corporal;

h)   los que estuvieren privados de la libre administración de sus bienes;

i)   los que tengan cualquier otro cargo rentado por el presupuesto Territorial o Comunal, salvo el ejercicio de otras funciones públicas o privadas que no sean atendidas por los mencionados presupuestos.

Incompatibilidades

Artículo 16. En los casos de incompatibilidad, el Concejal diplomado, antes de su incorporación; el Concejal en funciones; o el Intendente al asumir el cargo, serán requeridos para realizar la opción en el término de DIEZ (10) días bajo apercibimiento de tenerlos por separados del cargo o de la función.

Artículo 17. Los cargos de Intendente y Concejal son recíprocamente incompatibles, excepto en las situaciones de reemplazo del Intendente.

Artículo 18. Todo Intendente o Concejal que por causas posteriores a la aprobación de su elección, se encuentre en cualquiera de los casos previstos en los Arts. anteriores, deberá comunicarlo de inmediato al Cuerpo, para que proceda a su reemplazo. El Cuerpo, a falta de comunicación del afectado, deberá declararlo excluido de su seno, tan pronto tenga conocimiento de la inhabilitación.

Capítulo IV

De la Asunción del Cargo de Intendente y la Constitución del Concejo

Artículo 19. Cuando por cualquier circunstancia, temporaria o permanente, el Intendente electo o ya en funciones no tomara posesión de su cargo o lo abandonará por enfermedad, muerte, separación o licencia, lo reemplazará en forma interina aquel Concejal que ejerza la Presidencia del Concejo Deliberante.

Artículo 20. El Concejal que por aplicación del Art. anterior llegara a ocupar el cargo de Intendente, será reemplazado mientras dure ese interinato por el suplente de la lista del partido a que corresponde.

Artículo 21. Al asumir sus cargos los Intendentes y los Presidentes de las Comisiones de Fomento prestarán juramento de desempeñar legal, fiel y honradamente sus cargos.

Constitución del Consejo

Artículo 22. Los Concejales electos, al tomar posesión de sus cargos, prestarán juramento de desempeñar legal, fiel y honradamente los mismos.

Artículo 23. Después de cada elección, y en la fecha fijada por el Tribunal Electoral, se reunirá el Consejo Deliberante en sesiones preparatorias, integrado por los electos diplomados por él y procederán a establecer si reúnen las condiciones exigidas por el Decreto-Ley N° 2191/57 y esta Ley. Las sesiones serán presididas por el Concejal de más edad, actuando como Secretario el de menos edad.

Artículo 24. En estas sesiones se elegirán las autoridades definitivas del Concejo:

Presidente, Vicepresidente 1°, Vicepresidente 2° y Secretario, dejándose constancia de los Concejales Titulares y Suplentes que lo integrarán. Los candidatos que no hayan resultado electos, serán suplentes natos en primer término de quienes lo hayan sido en su misma lista y el reemplazo por cualquier circunstancia de un Concejal, se hará automáticamente y siguiendo el orden de colocación en la respectiva lista de candidatos, debiendo ser llamados los suplentes una vez agotada la nómina de titulares.

Artículo 25. En los casos de incorporación de un suplente, el Concejo procederá con respecto al mismo, en la forma indicada en los dos artículos precedentemente citados.

Artículo 26. Las autoridades del Concejo serán elegidas a simple pluralidad de sufragios. Si verificada la primera votación hubiere empate, se hará por segunda vez, limitándose la votación a los candidatos que hubieren obtenido igual número de votos, quedando entendido que si no hubiese decisión, resultará consagrado el candidato de la lista que hubiese obtenido mayor cantidad de sufragios en los comicios.

Artículo 27. De lo actuado se redactará un acta, la que será firmada por el Concejal que haya presidido, el Secretario y los demás Concejales.

Artículo 28. En las sesiones preparatorias el Cuerpo tendrá facultades disciplinarias y de compulsión, establecidas en esta Ley. La presencia de la mayoría absoluta de los Concejales, del Concejo a constituirse, formará quórum para deliberar. Las decisiones se adoptarán por simple mayoría.

Artículo 29. El Presidente, los Vicepresidentes 1° y 2° del Concejo Municipal durarán UN (1) año, en sus funciones y podrán ser reelectos, el Secretario permanecerá DOS (2) años en su cargo pudiendo ser reelegido.

Artículo 30. En las sesiones preparatorias de constitución del Concejo Deliberante, se resolverá sobre la validez del título del Intendente Municipal.

Artículo 31. El Presidente del Concejo jurará ante los Concejales, luego estos ante el Presidente del Concejo y el Intendente ante el Concejo constituido.

TITULO II
DEL DEPARTAMENTO DELIBERATIVO

Capítulo I
Competencia, Atribuciones y Deberes

Artículo 32. La sanción de las ordenanzas del Municipio corresponde con exclusividad al Concejo Deliberante.

Artículo 33. Las ordenanzas deberán responder a los conceptos de ornato, sanidad, asistencia social, seguridad, moralidad, cultura, educación, fomento, conservación y demás estimaciones encuadradas en la competencia otorgada por el Decreto-Ley N° 2191/57 que estén correlacionadas con las atribuciones territoriales y nacionales.

Artículo 34. Las penalidades determinadas por el Concejo para los casos de transgresión de las obligaciones que impongan sus ordenanzas, serán las siguientes:

1. Multas.
2. Clausuras, desocupaciones y traslados de establecimientos comerciales e industriales y demoliciones de edificios.
3. Decomisos.
4. Arrestos no mayores de TREINTA (30) días.

Reglamentarias

Artículo 35. Corresponde al Concejo reglamentar:

1. El funcionamiento, ubicación e instalación de los establecimientos comerciales e industriales, de conformidad con las ordenanzas y leyes que se dictaren.
2. El tránsito y estacionamiento en las calles y caminos de jurisdicción municipal.
3. El acceso y funcionamiento de los espectáculos públicos.
4. La fijación de tarifas a los vehículos de alquiler y las actividades de transporte en general, excepto a las afectadas a un servicio Nacional o Territorial.
5. La instalación, ubicación y funcionamiento de los aparatos anunciadores, altavoces, letreros y demás medios de publicidad.
6. La construcción de los edificios particulares y públicos, sus partes accesorias y las demoliciones.
7. La elaboración, expendio y condiciones de consumo de sustancias o artículos alimenticios, exigiendo a las personas que intervengan en la elaboración o expendio de los mismos certificados que acrediten su buena salud.
8. La inspección y contraste de pesas y medidas.
9. Las casas de inquilinato, de vecindad, departamentos, hoteles y casas de hospedajes.
10. El funcionamiento de los hospitales, sanatorios, asilos y salas de primeros auxilios, excepto los afectados a un servicio Nacional o Territorial.
11. Las inspecciones veterinarias de los animales y productos con destino al consumo, cualquiera fuera su procedencia.
12. La protección y cuidado de los animales.
13. La protección de los árboles, jardines y demás paseos públicos.
14. Las obligaciones de los vecinos respecto a los servicios de la Municipalidad.
15. La apertura, ensanche, construcción, conservación y mejoramiento de las calles, caminos, plazas, paseos públicos y las delineaciones, niveles y desagües pluviales en las situaciones no comprendidas en la competencia Territorial.
16. Lo referente al condominio de muros, cercos y excedentes.
17. Los mataderos y lugares de concentración de animales.
18. Los abastos, mercados y demás lugares de acopio de frutos y productos.
19. La desinfección del aire, de las aguas, de edificios y de habitaciones; las condiciones para la instalación de pozos de agua, cámaras sépticas, pozos ciegos, aljibes, baños, albañales, chimeneas, hornos, hornallas, estufas, calderas y sus similares en tanto no resulten de competencia del Gobierno Territorial como responsable del cuidado de la Salud Pública y del Medio Ambiente.
20. Las funciones de policía no delegadas por Ley.
21. Funcionamiento de ferias francas y medidas de abaratamiento de la vida.
22. Los requisitos de propiedad y procedencia de los anímales para faenar.
23. Los depósitos de materias corrosivas, insalubres y explosivas.

24. Las máquinas a vapor, calderas; motores eléctricos y en general la instalación y funcionamiento de fábricas que puedan significar un peligro para el personal o para la salubridad o seguridad pública o que puedan incomodar a la población o atentar contra la solidez de los edificios.

25. El cuidado, conservación y mejora de los monumentos públicos y de toda obra municipal de ornato.

26. La contratación de empréstitos, debiendo actuar en estos casos sobre la base de la siguiente regla: al iniciar las tramitaciones deberá discriminar interés, amortización, gastos de negociación, tipo de colocación, recursos que se afectarán a tales servicios y especificar, como requisito esencial el plan de obras y servicios públicos de utilidad general en que se han de invertir los fondos, plan que deberá contar con los estudios económicos, financieros y técnicos necesarios.

27. El aislamiento obligatorio de las personas atacadas de enfermedades contagiosas o que por un estado demencial, signifiquen peligro.

28. La vacunación y revacunación obligatoria.

29. El cercado, revoque y blanqueo o pintura de edificios urbanos.

30. Las aceptaciones o rechazos de las donaciones o legados que se hicieren al Municipio.

31. Prohibir la exhibición y/o venta de libros, folletos, cuadros, reproducciones pornográficas o inmorales.

32. Formación, uso y conservación de cementerios, arrendamientos y ventas.

33. El uso y administración de las propiedades municipales.

34. A Todas aquellas que correspondan según el Artículo 67 y 73 del Decreto-Ley 2191/57.

Artículo 36. La discriminación efectuada en el Artículo anterior de las facultades reglamentarias del Concejo Municipal, es meramente enunciativa y por lo tanto no limita las atribuciones del Cuerpo para dictar ordenanzas sobre todas aquellas materias o cuestiones que por su naturaleza jurídica, deben considerarse como de competencia municipal.

Sobre la creación de Establecimientos, Delegaciones y Divisiones del Municipio

Artículo 37. Corresponde al Concejo:

1. Adoptar un plan de organización que podrá imponer restricciones y límites al dominio, determinando las zonas residenciales e industriales.

2. Constituir cooperadoras municipales de colaboración en el mejoramiento urbanístico y social en las zonas de influencia que se les fijen, pudiéndoselas dotar de medios económicos para su mejor desempeño.

3. Fundar escuelas, bibliotecas y centros culturales, previa concertación de los convenios respectivos con las autoridades territoriales.

4. Crear y fomentar instituciones destinadas a la educación física.

5. Construir tabladas, mataderos y establecer abastos.

6. Habilitar cementerios.

7.   Fomentar el desarrollo de toda actividad de bien público, vinculada a los intereses sociales del Municipio y a la educación popular.

8.   Crear bancos municipales de préstamos.

Sobre Recursos y Gastos

Artículo 38. Corresponde al Concejo Deliberante sancionar las ordenanzas impositivas y determinar los recursos y gastos de la Municipalidad.

Artículo 39. El Departamento Ejecutivo enviará al Concejo el presupuesto de gastos y cálculo de recursos con anterioridad al TREINTA (30) de septiembre de cada año.

Artículo 40. El Concejo considerará el proyecto remitido por el Departamento Ejecutivo y no podrá aumentar los gastos excediendo el cálculo de recursos ni crear cargos, con excepción a los pertenecientes al mismo Concejo.

Artículo 41. El Concejo remitirá al Departamento Ejecutivo el presupuesto aprobado antes del TREINTA Y UNO (31) de diciembre de cada año.

Artículo 42. Cuando el Departamento Ejecutivo no remita el proyecto de presupuesto de gastos y cálculo de recursos dentro del plazo establecido, el Concejo podrá proyectarlo y sancionarlo, tomando como base el que está en ejercicio. Cuando el Concejo no remita aprobada la ordenanza del presupuesto de gastos, y cálculo de recursos antes del 31 de Diciembre, el Departamento Ejecutivo pondrá en vigencia el del año anterior.

Artículo 43. Cuando el Departamento Ejecutivo vete en forma total o parcial el presupuesto de gastos y cálculo de recursos, el Concejo le conferirá aprobación definitiva con el voto de los DOS TERCIOS (2/3) de sus miembros.

Artículo 44. No se autorizarán gastos sin la previa fijación de sus recursos.

Artículo 45. Las ordenanzas impositivas que dispongan aumentos o creación de impuestos, tasas, contribuciones de mejoras o de autorización de gastos especiales se decidirán por votación nominal. Estas ordenanzas se sancionarán con el voto de la mayoría absoluta de sus miembros.

Artículo 46. Los recursos provenientes de alumbrado, riego, limpieza, aguas corrientes y demás servicios deberán ser afectados en primer término para la financiación de estos servicios.

Artículo 47. La exención de pago de los gravámenes municipales, será resuelta con el voto de la mayoría absoluta de los miembros del Concejo.

Artículo 48. El Concejo Deliberante fijará las dietas que percibirán el Intendente Municipal y los miembros del Concejo y no podrá modificarlas, salvo cuando la modificación sea de carácter general para la Administración Municipal.

Artículo 49. Corresponde al Concejo eximir de gravámenes municipales o acordar reducciones a aquellas instituciones vinculadas con intereses sociales, religiosos, gremiales, sindicales, culturales, benéficas, mutualistas, educacionales cooperativistas, del municipio y a todas aquellas personas y/o instituciones que se determine mediante ordenanza aprobada por los DOS TERCIOS (2/3) del Concejo.

Sobre Consorcios, Convenios y Acogimientos

Artículo 50. Corresponde al Concejo: autorizar consorcios, convenios; acogimientos a los beneficios de las leyes nacionales y territoriales para la prestación de servicios y obras públicas. Las vinculaciones que surjan de la aplicación de este Artículo o los organismos nacionales necesitarán autorización previa del Poder Ejecutivo Territorial.

Artículo 51. Para la prestación de servicios públicos y realización de obras Públicas, podrán formarse consorcios. Estos podrán ser intermunicipales o participar en ellos el Territorio, la Nación o los vecinos del Municipio. En éste último caso, la representación municipal en los órganos directivos será del CINCUENTA Y UNO POR CIENTO (51%) y las utilidades líquidas de los ejercicios serán invertidas en el mejoramiento de la prestación del servicio.

Artículo 52. Podrán formarse consorcios entre las Municipalidades y los vecinos, con el objeto de promover el progreso urbano y rural del municipio, mediante libre aportación de capitales, pero el suscripto por la Municipalidad no podrá ser inferior al DIEZ POR CIENTO (10%) del total. De los beneficios líquidos del consorcio se destinará el QUINCE POR CIENTO (15%) para dividendos y el OCHENTA Y CINCO POR CIENTO (85%) restante para las obras de interés y utilidad general.

Artículo 53. Cuando dos o más municipios convinieren entre sí realizar planes comunes de desarrollo, podrán aplicar un gravamen destinado al solo y único objeto de financiar la ejecución de esas obras o servicios. El mismo podrá consistir en la creación de un gravamen originario o en un adicional sobre los existentes en el Territorio. Cada Municipalidad sancionará la creación del gravamen, efectuará su percepción e ingresará lo recaudado por ese concepto por alguna Municipalidad, si excediera el monto del aporte que le corresponda en la financiación del plan de desarrollo, ese excedente no ingresará a rentas generales y únicamente será utilizado en los nuevos planes de desarrollo que se convengan.

Sobre Préstamos

Artículo 54. La contratación de préstamos deberá ser autorizada por ordenanza dictada con el voto afirmativo de los DOS TERCIOS (2/3) de la totalidad de los miembros del Concejo. Será destinado exclusivamente a obras de mejoramiento e interés público.

Artículo 55. Previo a la sanción de la ordenanza de la contratación de préstamos, el Concejo por mayoría absoluta sancionará una ordenanza preparatoria que establezca:

1. El monto del préstamo y su plazo.
2. El destino que se le dará a los fondos.
3. Tipo de interés, amortización y servicio anual, que no podrá comprometer en conjunto más del VEINTICINCO POR CIENTO (25%) de las rentas ordinarias de la Municipalidad.
4. Los recursos que se afectarán en garantía del servicio anual.
5. La elevación de los antecedentes pertinentes a una comisión especial integrada por miembros del Concejo, que podrá requerir los dictámenes técnicos que estime necesarios a efectos de pronunciarse sobre la legalidad de la operación y las posibilidades financieras de la comuna.

Artículo 56. Sancionada la ordenanza a que hace referencia el Artículo anterior, se remitirá copia de la misma a la comisión especial designada juntamente con los siguientes informes:

1. Resultado de la recaudación ordinaria del ejercicio anterior.

2. Importe de las tasas retributivas de servicios públicos, fondos para caminos y otros recursos afectados que forma parte de aquella recaudación ordinaria.

3. Monto de la deuda consolidada que la compra tenga ya contratada e importe de los servicios de la misma. La comisión especial se expedirá en un plazo no mayor de TREINTA (30) días hábiles de la fecha de formulada la consulta.

Artículo 57. Cumplidos los trámites determinados en los Artículos 55 y 56, podrá sancionarse la ordenanza definitiva de contratación del préstamo, en la forma y condiciones determinadas en el Artículo 55, inciso 2, debiendo además esta ordenanza disponer que se incorpore al presupuesto del municipio la partida necesaria para el pago del servicio de amortización e intereses del empréstito.

Artículo 58. Cuando se trate de contratación de préstamos en el extranjero, se requerirá, además, autorización por Ley del Territorio.

Servicios Públicos

Artículo 59. Corresponde al Concejo dictar las ordenanzas relativas a la prestación de los servicios públicos de barrido, riego, limpieza, alumbrado, provisión de agua, obras sanitarias, desagües pluviales, inspecciones, registro de guías, transporte y todo otro tendiente a satisfacer necesidades colectivas de carácter local, siempre que su ejecución no se encuentre a cargo del Territorio de la Nación. Tratándose de servicios que puedan tener vinculaciones con las leyes y planes territoriales, el Concejo deberá gestionar autorización ante el Poder Ejecutivo Territorial o proceder a convenir la coordinación necesaria.

Artículo 60. El Concejo autorizará la prestación de los servicios públicos por ejecución directa del Departamento Ejecutivo, mediante organismos descentralizados, consorcios, cooperativas, convenios y acogimientos. Con tal propósito, se podrá autorizar la obtención de empréstitos o la venta o gravamen de bienes municipales, con arreglo a lo dispuesto para las contrataciones. Con el voto afirmativo de los DOS TERCIOS (2/3) de sus miembros el Concejo podrá otorgar concesiones a empresas privadas para la prestación de servicios públicos, con arreglo a las disposiciones de esta Ley.

Artículo 61. Las tasas consideradas jurídicamente como retributivas de los servicios públicos que presten los Municipios en su gestión de administración y gobierno, se fijarán en forma que cubran el costo total de los mismos más un adicional de hasta el TREINTA POR CIENTO (30%) de ese costo.

Sobre la Transmisión de Gravámenes de Bienes: su adquisición y expropiación

Artículo 62. Corresponde al Concejo autorizar la venta y la compra de bienes de la Municipalidad, requiriéndose para la realización de las ventas de esos bienes el voto afirmativo de los DOS TERCIOS (2/3) de la totalidad de sus miembros.

Artículo 63. El Concejo autorizará las transmisiones, los arrendamientos y los gravámenes de inmuebles públicos y privados municipales con el voto afirmativo de los DOS TERCIOS (2/3) de la totalidad de sus miembros.

Artículo 64. Las ventas de bienes de propiedad municipal se efectuarán indefectiblemente en subasta pública, con la única excepción de los casos de enajenaciones a favor del Territorio, de la Nación, de otras Municipalidades o Comisiones de Fomento, de Cooperativas autorizadas legalmente como tales y de entidades de bien público con personería jurídica.

Artículo 65. El Concejo, con el voto afirmativo de los DOS TERCIOS (2/3) de sus miembros, podrá conferir derecho de uso y ocupación gratuita de inmuebles municipales a entidades de bien público con personería jurídica y a órganos del Estado.

Artículo 66. Las Municipalidades podrán efectuar donaciones a favor de Asociaciones religiosas, asistenciales, gremiales, profesionales, sindicales, educacionales y, en general, entidades de bien común legalmente reconocidas que no persigan fines de lucro, bienes muebles o inmuebles que no estuvieran afectados a servicios públicos ni obras de utilidad general. El Concejo autorizará por mayoría absoluta las donaciones mencionadas.

Artículo 67. Las asociaciones o entidades solicitantes, deberán, al iniciar las tramitaciones pertinentes, expresar el destino o afectación específica que darán a los bienes cuya donación solicitan destino o afectación que debe relacionarse específicamente con las funciones que los mismos desarrollan, de acuerdo a las disposiciones que reglamentan su funcionamiento.

Artículo 68. El Concejo aceptará o rechazará las donaciones o legados ofrecidos a la Municipalidad.

Sobre las Obras Públicas

Artículo 69. Corresponde al Concejo autorizar la construcción de obras públicas municipales, su mantenimiento y conservación según las modalidades siguientes:

1. Por ejecución directa con fondos de la Municipalidad.
2. Por acogimiento a los beneficios de leyes de la Nación o del Territorio.
3. Por consorcios o por cooperativas.
4. Por contrato directo entre vecinos y empresas constructoras.
5. Por licitación pública o privada, pudiendo convenir con la empresa que ésta tome a su cargo la percepción de las sumas que abonen los beneficiarios como costo de la obra.

Artículo 70. Constituyen obras públicas de competencia municipal:

1. Obras de instalación de servicios públicos.
2. Obras de pavimentación, de veredas, de cercos.
3. Obras correspondientes al ornato, salubridad y urbanización de los municipios.
4. Obras concernientes a los establecimientos e instituciones municipales.

Artículo 71. Cada Municipalidad podrá convenir o aceptar la intervención del Territorio en las obras precedentemente discriminadas.

Artículo 72. Cuando medie acogimiento del municipio a los beneficios de las leyes de la Nación se necesitará aprobación de la Legislatura Territorial.

Artículo 73. Corresponde al Concejo proveer a la conservación de las obras municipales y monumentos.

Administrativas

Artículo 74. Constituyen atribuciones y deberes administrativos del Concejo:

1. Considerar la renuncia del Intendente.

2. Considerar los pedidos de licencia del Intendente y de los Concejales.

3. Aplicar sanciones disciplinarias a los Concejales.

4. Organizar la carrera administrativa municipal sobre las siguientes bases: acceso por idoneidad; escalafón; estabilidad; uniformidad de sueldos en cada categoría; incompatibilidades; jubilaciones y retiros.

Contables

Artículo 75. Corresponde al Concejo el examen de las cuentas e inversiones de la Administración Municipal que quedan sujetas a su fiscalización y aprobación.

Artículo 76. Para la fiscalización y aprobación de las cuentas de la Administración Municipal el Concejo se ajustará en sus partes pertinentes a las disposiciones vigentes.

Artículo 77. Queda facultado el Concejo para autorizar reajustes de presupuestos y compensación de excesos producidos en algunas partidas del presupuesto, por inversiones que estime de legítima procedencia, con deducción de otras partidas con margen disponible o por el superávit real que fuera arrojando el cálculo de recursos en ejercicio, respecto de lo calculado.

Artículo 78. Las Municipalidades deberán llevar obligatoriamente un libro de caja, un libro de imputaciones, un libro de inventario, un libro registro de contribuyentes, un libro registro de cementerios, un libro cuentas corrientes bancarias y todos los otros que el Concejo estime necesario.

Capítulo II
Sesiones del Concejo, Presidente y Concejales

Sesiones

Artículo 79. El Concejo realizará sesiones con el carácter y en los términos que a continuación se indican:

1. Preparatorias: En la fecha fijada por el Tribunal Electoral para cumplir lo dispuesto en los Arts. 22 al 31. La primera sesión preparatoria se realizará por iniciativa y citación de uno o más de sus miembros, pero en lo sucesivo la convocatoria la efectuará el Presidente del Concejo, su reemplazante legal o el Intendente en los casos que fije la Ley.

2. Ordinarias: Por propia determinación abrirá sus sesiones ordinarias fijando los días de celebración de las mismas dentro del período fijado por esta Ley. El Concejo podrá prorrogar las sesiones ordinarias cuando lo estime necesario.

3. Extraordinarias: El Concejo podrá ser convocado por el Intendente o por su Presidente a sesiones especiales, siempre que asuntos de interés público y urgentes lo exijan. Podrá, asimismo, convocarse al Concejo cuando por las razones precedentemente enumeradas lo solicite un mínimo de UN TERCIO (1/3) del número de sus miembros. En las sesiones extraordinarias el Concejo sólo se ocupará del asunto o asuntos que se fijen en la convocatoria, debiendo previamente hacer lugar al requerimiento de las sesiones extraordinarias.

Artículo 80. Los DOS TERCIOS (2/3) del total de los miembros que constituyen el Concejo, formará quórum para deliberar, resolver y sancionar las ordenanzas sobre todo asunto o materia de su competencia excepto expresa disposición en contrario establecida en la presente Ley.

Artículo 81. Las ordenanzas dictadas por el Intendente durante el receso del Concejo podrán volver a ser tratadas por el Concejo que resolverá su sanción definitiva con el voto afirmativo de la simple mayoría del total de sus miembros.

Artículo 82. El Concejo conferirá sanción definitiva a las ordenanzas en general vetadas por el Intendente de insistir con DOS TERCIOS (2/3) del total de sus miembros.

Artículo 83. El Concejo en minoría podrá compeler durante los períodos de sesiones preparatorias, ordinarias y extraordinarias incluso con el auxilio de la fuerza pública, a los concejales que por inasistencia injustificada impidan sesionar al Concejo. Se entenderá por minoría UN TERCIO (1/3) del total de sus miembros.

Artículo 84. Las sesiones serán públicas. Para conferirle carácter secreto se requiere la mayoría total de los miembros del Concejo.

Artículo 85. El Concejo dictará su Reglamento Interno, fijando las atribuciones del Presidente, Vicepresidente 1°, Vicepresidente 2° y Secretario, y estableciendo el período y orden de sus sesiones y trabajo, como así también todo lo referente a la constitución y competencia de las Comisiones Internas.

Artículo 86. El Secretario del Concejo labrará actas en el libro especial que a tal efecto se habilite, de todo lo tratado y resuelto en las sesiones, bajo la firma de todos los miembros presentes. En caso de pérdida o sustracción de los libros de actas, harán plena fe las constancias ante Escribano hasta tanto se recupere o habilite por resolución del Cuerpo uno nuevo.

Artículo 87. El libro de actas, correspondencia, comunicaciones y en general toda documentación del Concejo, estará bajo la custodia del Secretario del Cuerpo, a quien se responsabiliza de su guarda y conservación.

Artículo 88. El Concejo puede proceder contra las terceras personas que faltaren el respeto en sesiones a alguno de los miembros del mismo o a éste en general, ordenando el arresto del culpable por un término que no exceda de TRES (3) días y someterlo a la Justicia por desacato.

Artículo 89. En caso de notable inasistencia o desórdenes de conducta, el Concejo podrá sancionar a cualquiera de sus miembros en la forma y con los procedimientos determinados en la presente Ley.

Presidente

Artículo 90. Son atribuciones y deberes del Presidente del Concejo:

a) Convocar a los miembros del Concejo a todas las reuniones que éste deba celebrar;

b) presidir las sesiones dirigiendo las discusiones con imparcialidad e impidiendo las cuestiones personales e improcedentes;

c) llamar al recinto de sesiones a los concejales que se encuentren en las dependencias del Concejo para votar, para dar comienzo a las reuniones o levantarlas, según el caso;

d) determinar el Orden del Día, sin perjuicio de incluir los que en casos especiales o por mayoría de votos, resuelva incluir el Concejo;

e) dar cuenta en las sesiones, por intermedio del Secretario, de los asuntos entrados;

f) proponer las votaciones y proclamar los resultados;

g) poner a disposición de los concejales para ser examinado, sin salir del Concejo, la documentación del Cuerpo.

h) recibir y abrir las comunicaciones dirigidas al Concejo para ponerlas en conocimiento de éste, pudiendo retener las que a juicio sean inadmisibles, dando cuenta de su proceder en estos casos, en la primera reunión que se lleve a cabo;

i) autenticar con su firma, cuando sea necesario, todos los actos, órdenes, resoluciones, decretos y documentos emanados del Concejo;

j) levantar momentáneamente una sesión cuando toda exhortación al orden resulte inútil;

k) proveer todo lo concerniente a la política, orden y mecanismo de Secretaría;

l) representar al Concejo, en su relación con el Departamento Ejecutivo, con las demás autoridades y con terceros;

m) La representación del Concejo en los actos o ceremonias oficiales a que éste fuera invitado a concurrir en su carácter corporativo, la tendrá el Presidente por sí, juntamente con los Concejales designados por el Cuerpo;

n) hacer observar esta Ley en todas sus disposiciones y ejercer las funciones que la misma le confiere, quedando entendido que las obligaciones y atribuciones establecidas, no excluyen el ejercicio de cualquier otra establecida, para que fuera a su juicio necesario para el desempeño de su cargo de Presidente;

o) ordenar por Secretaría la difusión de comunicados que traten sobre el funcionamiento del Concejo, a los distintos medios de comunicación (prensa, radio, televisión) debiendo los mismos llevar su firma y la del Secretario;

p) disponer de las partidas de gastos asignadas por presupuesto al Concejo, remitiendo al Departamento Ejecutivo los comprobantes de inversiones para que proceda a su pago.

Artículo 91. El Presidente tendrá voz y voto en las discusiones, pudiendo o no, a su voluntad, ejercer ese derecho. Cuando use la palabra lo hará en su carácter de Concejal, abandonando su sitial delegando, momentáneamente, la Presidencia. Al votar, lo hará en su carácter de Concejal y tendrá doble voto en caso de empate.

Artículo 92. El Presidente será reemplazado y sustituido en el funcionamiento del Concejo, cuando así correspondiere, por el Vicepresidente 1° y en ausencia de éste lo hará el Vicepresidente 2°, con todas las atribuciones y deberes que esta Ley establece, teniendo facultades para convocar al Concejo cuando quien se encuentre a cargo de la Presidencia no cumpla con esta obligación.

Concejales

Artículo 93. Los Concejales no podrán ser acusados, interrogados judicialmente, ni molestados por las opiniones que manifiesten o voto que emitieren en el desempeño de sus cargos y con motivo de sus funciones. Salvo el caso de in fraganti delito, que merezca pena corporal.

Artículo 94. Si por cualquier circunstancia se produjera la vacante, suspensión, separación del cargo o licencia del Intendente en ejercicio, su reemplazo se efectuará en la forma dispuesta en el Art. 19 y el Concejal que deba reemplazarlo asumirá el cargo con las atribuciones y deberes que a aquel compete. El Concejal que ocupa la Intendencia, será reemplazado con el mismo carácter por el suplente que corresponda.

Artículo 95. Los Concejales suplentes se incorporarán no bien se produzca la vacante o suspensión del titular o cuando éste deba reemplazar al Intendente. El Concejal suplente que se incorpore al Cuerpo Deliberativo, sustituyendo a un titular en forma temporaria, se restituye al término del reemplazo, al lugar que ocupaba en la respectiva lista. Si la sustitución fuere definitiva, el suplente llamado para ese interinato la ocupará con carácter de titular.

Artículo 96. Regirán para los Concejales suplentes, como sobrevinientes las inhabilidades e incompatibilidades previstas en la presente Ley. Estas situaciones serán comunicadas al Concejo dentro de las VEINTICUATRO (24) horas de producida la incorporación del suplente, o al Intendente en caso de receso.

Artículo 97. Ningún Concejal podrá ser nombrado para desempeñar empleo municipal rentado que haya sido creado o cuyos emolumentos fueran aumentados durante el período legal de su actuación, ni ser parte de contrato alguno que resulte de una ordenanza sancionada durante el mismo.

Artículo 98. El Concejo por simple mayoría podrá allanar los fueros de los Concejales cuando ello sea requerido por las autoridades judiciales.

Artículo 99. Los Concejales no podrán hacer abandono de sus cargos hasta haber recibido comunicación de la aceptación de sus excusaciones o renuncias.

TITULO III
DEL DEPARTAMENTO EJECUTIVO

Capítulo I
Competencia, Atribuciones y Deberes

Artículo 100. La administración general del Municipio y la ejecución de las ordenanzas corresponde exclusivamente al Departamento Ejecutivo.

Atribuciones y Deberes en General

Artículo 101. Constituyen atribuciones y deberes en general del Departamento Ejecutivo:

1. Promulgar y publicar las disposiciones del Concejo dentro de los CINCO (5) días hábiles de haberle sido remitida. Si no los promulga o devuelve observados, total o parcialmente, dentro de ese plazo, automáticamente quedan promulgados.

   Observado, total o parcialmente, un proyecto de ordenanza por el Departamento Ejecutivo, será considerado nuevamente por el Concejo y si éste insiste en su sanción con DOS TERCIOS (2/3) de sus miembros, el proyecto adquiere sanción definitiva y deberá ser promulgado por el Departamento Ejecutivo. De no obtener esa votación el proyecto no podrá volver a ser tratado en las sesiones del año.

   En los casos de ordenanzas observadas parcialmente, de no insistir el Concejo en su votación definitiva, quedarán rechazadas las partes que fueron motivo de veto, no siéndolo así el resto, que deberá ser puesto en vigencia.

2. Reglamentar las ordenanzas sin alterar su espíritu.

3. Expedir órdenes para efectivizar las penalidades establecidas en la presente Ley o en las ordenanzas vigentes, previa constatación de la infracción a la Ley o a las ordenanzas que estipularen tales penalidades.

4. Expedir órdenes para practicar inspecciones.

5. Adoptar medidas preventivas para evitar incumplimiento de las ordenanzas de orden público, estando facultados para clausurar establecimientos, secuestrar, decomisar y destruir productos, demoler y trasladar instalaciones.

6. Convocar al Concejo a Sesiones Extraordinarias.

7. Proyectar ordenanzas y proponer su sanción al Concejo.

8. Concurrir personalmente a las sesiones del Concejo, cuando lo juzgue oportuno o sea llamado por éste a suministrar informe pudiendo tomar parte en los debates, pero no votar. La falta de concurrencia del Intendente, cuando sea requerida su presencia por el Concejo o la negativa del mismo a suministrar la información que le sea solicitada por dicho Cuerpo, será considerada falta grave.

9. Podrá concurrir, asimismo, a las reuniones de las Comisiones Internas del Concejo cuando sea invitado a ellas.

10. Representar a la Municipalidad en sus relaciones con el Territorio o terceros.

11. Representar a la Municipalidad en todos los contratos que ésta realice.

12. Actuar por sí o hacerse representar ante Tribunales como demandante o demandado en defensa de los derechos o acciones que correspondan a la Municipalidad.

13. Comunicar al Ministerio de Gobierno las separaciones que se produzcan y los interinatos que se dispongan en su cargo y en el Concejo Deliberante, con la fecha de iniciación y terminación de los plazos.

14. Nombrar los empleados del Departamento Ejecutivo, aplicarles sanciones disciplinarias e imponer sus cesantías, con arreglo a las leyes y ordenanzas sobre estabilidad del personal.

15. Fijar el horario de la Administración Municipal.

16. Organizar y establecer la Policía Municipal, pudiendo delegar esta facultad en los funcionarios nombrados al efecto, según las disposiciones de la ordenanza respectiva.

17. Solicitar licencia al Concejo en caso de ausencias mayores a TREINTA (30) días.

18. Aceptar o rechazar, ad-referéndum del Concejo las donaciones o legados efectuados a favor de la Municipalidad. Fijar viáticos del personal en comisión.

19. Dar a publicidad, en el mes de Enero la memoria de lo actuado en el ejercicio vencido el 31 de diciembre del año anterior.

20. Ejercer las demás atribuciones y cumplir los deberes inherentes.

Artículo 102. No será admitida acción dilatoria alguna que tienda a paralizar el cumplimiento de las disposiciones municipales dictadas de acuerdo a las ordenanzas, sin perjuicio de que los particulares que se crean damnificados puedan ejercer la defensa de sus derechos ante las autoridades competentes.

Sobre Finanzas

Artículo 103. El Concejo Deliberante podrá autorizar planes de obras públicas y compra de elementos mecánicos para servicios públicos, comprometiendo fondos de más de un ejercicio. En tales casos, el Departamento Ejecutivo deberá formular anualmente las pertinentes reservas de créditos en los presupuestos.

Artículo 104. Corresponde al Departamento Ejecutivo proyectar las ordenanzas impositivas y el presupuesto de gastos y cálculo de recursos que deberá elevar al Concejo con anterioridad al TREINTA (30) de septiembre de cada año.

Artículo 105. Si para el TREINTA Y UNO (31) de diciembre de cada año el Concejo no remitiere aprobado el proyecto de presupuesto el Departamento Ejecutivo pondrá en vigencia el presupuesto del año anterior, con las modificaciones de carácter permanente introducidas en el mismo. Iniciadas las sesiones ordinarias del nuevo período, el Departamento Ejecutivo insistirá ante éste en la consideración del proyecto de presupuesto que no obtuviere aprobación.

Artículo 106. El presupuesto comprenderá la universalidad de los gastos y recursos ordinarios, extraordinarios y especiales de la Municipalidad para cada ejercicio.

Artículo 107. El presupuesto anual constituye el límite de las autorizaciones conferidas al Intendente o al Presidente del Concejo en materia de gastos. Los montos fijados a las partidas no podrán ser excedidos.

Artículo 108. Cuando las asignaciones del presupuesto resultaren insuficientes para atender los gastos del ejercicio o fuere necesario incorporar conceptos no previstos, el Departamento Ejecutivo podrá solicitar al Concejo créditos suplementarios o transferencias de créditos de otras partidas del presupuesto.

Artículo 109. Durante los períodos de receso, del Concejo, el Departamento Ejecutivo podrá reformar mediante transferencias, partidas de gastos del presupuesto pero en ningún caso podrá llegarse a alterar el monto global del presupuesto, debiendo dar cuenta de las reformas realizadas al Concejo en la primera sesión que éste celebrare.

Artículo 110. Las transferencias de créditos serán posibles entre las partidas de gastos generales del presupuesto, siempre que conserven crédito suficiente para cubrir todos los compromisos del ejercicio.

Artículo 111. El Concejo no acordará créditos suplementarios a ninguna partida del presupuesto, ni autorizará la incorporación de nuevos rubros al mismo, si el Departamento Ejecutivo no demuestra que el importe reclamado podrá ser cubierto con recursos disponibles. A tal efecto se consideran recursos disponibles:

1. El superávit de ejercicios anteriores.
2. La recaudación efectiva excedente del total de la renta calculada para el ejercicio.
3. La suma que se estime de ingreso probable a consecuencia del aumento de la alícuota de impuesto, tasa tarifas, ya existentes en la ordenanza impositiva.
4. Las mayores participaciones que sean aportes del Territorio o de la Nación, comunicadas antes o después de la aprobación del presupuesto comunal. En este caso se considerará aumentado el cálculo de recursos en la suma que resulta de la diferencia entre la mayor participación comunicada al Municipio y la que éste hubiere considerado en el presupuesto vigente.

Artículo 112. Con autorización del Concejo Deliberante podrán constituirse cuentas especiales para cumplir finalidades previstas en las respectivas ordenanzas de creación.

Artículo 113. Los créditos asignados a las cuentas especiales se tomarán:

1. De los recursos del ejercicio.

2. Del superávit de ejercicios vencidos.

3. De los recursos especiales que se crearen con destino a las mismas.

Artículo 114. Las cuentas especiales se mantendrán abiertas durante el tiempo que establezcan las ordenanzas que las autoricen. Cuando estas ordenanzas no fijen tiempo, continuarán abiertas mientras subsisten las razones que originaron su creación y funcionamiento.

Artículo 115. El Departamento Ejecutivo no podrá desafectar ni cambiar el destino de los créditos de cuentas especiales sin autorización del Concejo Deliberante.

Artículo 116. Corresponde al Departamento Ejecutivo, la recaudación de los recursos y la ejecución de los gastos de la Municipalidad, con excepción de lo establecido en el Artículo 90, inciso o).

Artículo 117. Los recursos y los gastos figurarán por su monto integro y los mismos no podrán ser motivo de reajustes o compensaciones por decisión del Intendente, sino que deberán observarse las prescripciones establecidas al respecto en la presente Ley.

Artículo 118. Los recursos y los gastos, con las especificaciones necesarias para determinar su naturaleza, origen y monto, se agruparán en la siguiente forma:

PRIMERA PARTE - Recursos:

a) En efectivo, ordinarios, extraordinarios, especiales;

b) de crédito.

SEGUNDA PARTE - Gastos:

a) Personal: sueldos, jornales, compensaciones, sobresalarios, suplementos, bonificaciones, pensiones y otros gastos similares;

b) otros gastos: gastos generales, con la clasificación pertinente; inversiones y reservas, con la clasificación adecuada; subvenciones y subsidios que comprenderá: acción social y beneficencia, hospitales y varios.

Artículo 119. Los gastos de servicio de la deuda formarán inciso especial, con separación de ítem, de acuerdo con su naturaleza.

Artículo 120. El proyecto de presupuesto se dividirá en capítulos, incisos, ítems y partidas. No se harán figurar disposiciones o normas desvinculadas con la naturaleza jurídica del presupuesto. El Concejo sancionará un clasificador de gastos a los efectos de las imputaciones presupuestarias.

Artículo 121. El ejercicio financiero municipal comienza el PRIMERO (1°) de enero y concluye el TREINTA Y UNO (31) de diciembre de cada año, pero se entenderá que continúa en ejercicio para facilitar el cierre de cuenta hasta el TREINTA Y UNO (31) de marzo del año siguiente, como período de liquidación.

Artículo 122. Tanto los recursos como los gastos se harán constar y contabilizarán con sujeción a las normas generales de la presente Ley, de las ordenanzas y reglamentaciones que dicte el Concejo, declarándose de aplicación supletoria las disposiciones contenidas en la Ley de Contabilidad del Territorio.

Artículo 123. Las órdenes de pago con los documentos justificativos del caso, pasarán al Secretario de Economía y Finanzas de la Municipalidad, quien ordenará efectuar los pagos que correspondieren, pero dicho funcionario podrá observar, bajo su responsabilidad, todas aquellas órdenes que no estuviesen ajustadas a la ordenanza general, a las ordenanzas especiales y a las reglas y normas fijadas para el ejercicio administrativo.

Sobre Servicios Públicos

Artículo 124. La ejecución directa de los servicios de la Municipalidad corresponde al Departamento Ejecutivo, quien administrará los establecimientos por medio de los empleados a sueldo, comisiones de vecinos, cooperadoras vecinales, u organismos descentralizados. En los convenios, cooperativas o consorcios será obligatoria su participación en los órganos directivos.

Artículo 125. Todas las personas físicas o jurídicas que exploten concesiones de servicios públicos, podrán ser fiscalizadas por funcionarios del Municipio o por el propio Departamento Ejecutivo, aún cuando en el título constitutivo de la concesión no se hubiere establecido esa facultad de contralor.

Sobre Obras Públicas

Artículo 126. La ejecución de las obras públicas municipales corresponde al Departamento Ejecutivo y será, también obligatoria su intervención en todas las ejecuciones que realicen mediante consorcios, convenios y demás modalidades similares en las cuales la Municipalidad sea parte.

Artículo 127. Licitada públicamente una obra, si se presentaran dos o más proponentes el Departamento Ejecutivo podrá proceder a su adjudicación. En el supuesto de que, efectuado un segundo llamado a licitación, concurriera un solo oferente el Departamento Ejecutivo podrá, con causas fundadas, previa aprobación del Concejo adjudicarle la obra. En todos los casos el Departamento Ejecutivo, con la aprobación del Concejo podrá desechar las propuestas sin que ello confiriere derecho alguno a los proponentes. En tales casos y del mismo modo cuando no se hubiere presentado propuesta, el Concejo Deliberativo podrá disponer la ejecución de la obra por administración.

Artículo 128. Como recaudo previo al llamado a licitación, se deberán hacer los estudios de todas las comisiones, elementos técnicos y materiales relativos a la obra.

Los pliegos de bases y condiciones, en los casos de licitaciones públicas o privadas, deberán especificar: motivo y objeto de la licitación, forma de la presentación de la propuesta, fecha de apertura de las mismas, garantías, formas y plazos de entrega, condiciones de pago, plazo de mantenimiento de la propuesta, sanciones para los casos de incumplimiento de la oferta y todo otro requisito que concurra a mantener la contratación.

Artículo 129. Para la ejecución de obras públicas, como base del Decreto de llamado a licitación deberá confeccionarse:

1. Plano general y detalle del proyecto.
2. Pliego de bases, condiciones y especificaciones.
3. Presupuesto detallado.
4. Memoria descriptiva.
5. Demás datos e informes técnicos financieros.

Artículo 130. Toda obra a ejecutarse por administración directa deberá contar con la siguiente documentación:

1. Planos generales y detalles del proyecto.
2. Cómputos métricos y presupuesto total.
3. Memoria descriptiva.
4. Término probable de ejecución de los trabajos.
5. Plan de ejecución de los planes, indicando costo de los materiales, equipos, herramientas y de más gastos.

Artículo 131. Los trabajos por Administración serán ejecutados bajo la dirección técnica de un profesional de la Municipalidad o del Territorio o del que se contratare para tales fines.

Para la adquisición de materiales, en general, se aplicarán las normas que se establecen para las adquisiciones.

La mano de obra en los trabajos por administración deberá integrarse con personal estable en la Municipalidad o con el personal que se tome especialmente, del cual el OCHENTA POR CIENTO (80 %) debe tener domicilio real en el ejido municipal.

Artículo 132. Las licitaciones públicas se darán a conocer mediante la publicación en el Boletín Oficial del Territorio y en los Diarios de la localidad, según se dispusiera, sin perjuicio de otro tipo de publicidad que asegure su amplia difusión.

Artículo 133. Los Municipios se ajustarán a la reglamentación vigente y a la Ley de Contabilidad Territorial.

Artículo 134. Tratándose de elementos, materiales o artículos de producción o venta exclusiva y sin similares en calidad y precio, se admitirán adquisiciones directas.

Artículo 135. En los casos de que, habiéndose hecho un segundo llamado a licitación pública y no se hubieren presentado proponentes, o no ser las propuestas ventajosas a criterio del Departamento Ejecutivo, se podrán efectuar adquisiciones por Licitación Privada, previa autorización del Concejo.

Artículo 136. En los concursos de precios se solicitará cotización a TRES (3) firmas como mínimo. En las licitaciones privadas se solicitará cotización a CINCO (5) firmas, como mínimo.

En las licitaciones públicas o de adquisición y/o suministros, se deberá observar lo prescripto en el Artículo 137 de la presente Ley, respecto de las publicaciones y sin perjuicio de ello, podrá la Municipalidad comunicar directamente a firmas o empresas especializadas sobre el llamado a licitación.

Artículo 137. El Departamento Ejecutivo se reservará el derecho de aceptar en parte o totalmente ofertas presentadas o rechazarlas, sin derecho a reclamo alguno por los interesados.

Artículo 138. Para los casos de contratación directa que establece el Artículo 134 y 136, las actuaciones completas que se hubieren sustanciado a tales fines, se elevarán los efectos del contralor pertinente al Concejo dentro de los QUINCE (15) días posteriores a la finalización de todos los actos referentes a la contratación.

Artículo 139. Las Municipalidades en todo lo referente a obras públicas y adquisiciones, deberán ajustarse a las prescripciones de la presente Ley, a las ordenanzas que dicte el Concejo y supletoriamente se tomarán, de aplicación las normas vigentes a nivel Territorial.

Sobre Transmisión de Bienes

Artículo 140. El Departamento Ejecutivo tendrá a su cargo el cumplimiento de las ordenanzas que dispusieren ventas, permutas o donaciones de bienes municipales.

Artículo 141. La venta de bienes muebles, frutos o productos de la Municipalidad se ajustará a lo dispuesto en los Artículos 62 y 64 de la presente Ley.

Artículo 142. El Departamento Ejecutivo cuando estuviere autorizado por la ordenanza respectiva, podrá entregar a cuenta de precios: máquinas, automotores, implementos, herramientas y otros efectos que se reemplacen por las nuevas disposiciones.

Artículo 143. Para la publicidad de la subasta a que se refieren los artículos anteriores, se observará lo prescripto por la presente Ley.

Sobre Multas y otras Penalidades

Artículo 144. Corresponde al Departamento Ejecutivo la aplicación y ejecución de las penalidades establecidas en las ordenanzas.

Artículo 145. La ejecución de multas y el cobro ejecutivo de deudas y multas, cuando correspondiere, se hará efectivo por vía de apremio fiscal - judicial, sirviendo de título suficiente para la ejecución, la constancia de la deuda respectiva firmada por el Intendente, el Secretario de Economía y Finanzas y el Contador, cuando lo hubiere, la resolución firme que sancione una multa sirve de título ejecutivo.

Artículo 146. Las acciones para aplicar arrestos o multas prescriben al año de producida la falta o contravención. El ejercicio de la acción interrumpe la prescripción.

Sobre Presupuesto, Contabilidad y Rendición de Cuentas

Artículo 147. Corresponde al Departamento Ejecutivo:

1. Habilitar los libros que el Concejo Deliberante determine y consultar a éste sobre cuestiones contables.

2. La confección del presupuesto general para cada ejercicio financiero y la remisión del proyecto al Concejo, bajo los recaudos establecidos en la presente Ley.

3. Presentar al Concejo, antes del QUINCE (15) de junio de cada año, rendición de cuentas sobre la percepción e inversión de los fondos municipales según las normas que establezca el Concejo.

4. Practicar balances mensuales de Tesorería y de comprobación de saldos publicándolos en boletines especiales que se distribuirán y/o se fijarán en las oficinas municipales, territoriales y en lugares públicos.

5. Remitir al Concejo UN (1) ejemplar del balance mensual dentro de los TREINTA (30) días del siguiente mes al que correspondan los referidos balances.

6. Presentar al Concejo antes del TREINTA Y UNO (31) de marzo la memoria y balance financiero del ejercicio anterior y publicarlos de conformidad con las normas del inciso 4).

7. Remitir al Ministerio de Gobierno copia de los balances mensuales y UN (1) ejemplar de la memoria y el balance a que se hace mención en el inciso anterior.

8.	Imprimir las ordenanzas impositivas generales y la correspondiente al presupuesto de gastos y cálculo de recursos, debiendo remitir ejemplares al Ministerio de Gobierno y al Concejo.

Artículo 148. El Intendente hará llevar la contabilidad municipal en los libros que determine el Concejo y en la forma y con los recaudos que éste establezca, la contabilidad debe reflejar clara y fielmente el movimiento económico-financiero de la Municipalidad y comprenderá:

a)	La contabilidad patrimonial: Que partiendo de un inventario general de los bienes municipales, establezca todas las variantes del patrimonio que se produjeran en cada ejercicio;

b)	la contabilidad financiera: Que partiendo del cálculo de recursos y del presupuesto de gastos anuales, establezca el movimiento de ingresos y egresos de cada ejercicio.

Artículo 149. Las Municipalidades deberán observar fielmente las prescripciones que en materia contable y financiera se establecen en la presente Ley, como así también todas las demás disposiciones y reglamentos que en su consecuencia se dicten.

Capítulo II
Auxiliares del Departamento Ejecutivo

Artículo 150. El Intendente tendrá como auxiliares para el cumplimiento de sus atribuciones y deberes:

1.	A los secretarios y empleados del Departamento Ejecutivo.

2.	A los organismos descentralizados.

3.	A las comisiones de vecinos que se nombren para vigilar o hacer ejecutar obras o prestar servicios determinados.

4.	A las autoridades policiales establecidas en la jurisdicción de la Municipalidad.

Artículo 151. Ninguna persona será empleada en la Municipalidad cuando tenga directa o indirectamente interés pecuniario en contrato, obra o servicio de ella.

Artículo 152. Los cargos de contador, tesorero y jefe de compras, son incompatibles con cualquier otra función municipal y recíprocamente.

Artículo 153. Las notas y resoluciones que dicte el Intendente serán refrendadas por el Secretario o Secretarios del Departamento Ejecutivo.

En los casos de dos o más secretarías, sus titulares tendrán a su cargo el despacho de los asuntos que técnicamente sean de su incumbencia, conforme a lo que determinen las ordenanzas especiales que deslindarán las funciones y competencias en cada secretaría.

Artículo 154. Los Secretarios podrán suscribir resoluciones en las que sean de aplicación ordenanzas o decretos municipales pero en ningún caso autorizarán resoluciones que afecten o comprometan al régimen patrimonial o jurídico de la Comuna, ni las que específicamente están reservadas al Departamento Ejecutivo.

Artículo 155. Por ordenanzas se establecerán las atribuciones, derechos, funciones y deberes de los Secretarios y demás empleados del Municipio. Esta ordenanza se ajustará en lo posible, a las leyes territoriales en la materia.

Artículo 156. A iniciativa del Departamento Ejecutivo y con el voto aprobatorio de la mayoría del total de sus miembros, el Concejo Deliberante podrá autorizar la creación de organismos descentralizados para la administración de los bienes y capitales que se le confíen.

Artículo 157. Los organismos descentralizados tendrán por objeto la prestación de servicios públicos u otras finalidades que determinen las ordenanzas.

Artículo 158. Las utilidades que arrojen los ejercicios de dichos organismos serán destinadas para la constitución de fondo de reserva para el mejoramiento y la extensión de los servicios y se invertirán de conformidad con lo que disponga los presupuestos. Los déficits serán enjugados por la administración municipal con la obligación de reintegro a cargo de los organismos.

Artículo 159. Rigen para los organismos descentralizados todas las disposiciones de esta Ley en lo que concierne a regímenes de compra, venta, licitaciones de obra, publicación de balances, responsabilidades y penalidades.

Artículo 160. Las relaciones de los organismos descentralizados con los poderes o reparticiones oficiales se concretarán por intermedio del Departamento Ejecutivo.

Artículo 161. Los Municipios podrán organizar en sus jurisdicciones el Cuerpo de Policía Municipal, el que tendrá las funciones y atribuciones que establezca la ordenanza respectiva, acorde con la legislación general en la materia.

Artículo 162. Las Municipalidades podrán convenir con el Poder Ejecutivo para que la Policía del Territorio tome a su cargo funciones de la Policía Municipal.

Artículo 163. El Intendente, con la previa autorización del Concejo, podrá designar comisiones honorarias de vecinos que colaboren con la Municipalidad en la ejecución de las obras, prestación de servicios o en actos o realizaciones de interés vecinal, en la medida y extensión que se considere oportuno y conveniente, pero dichas comisiones no tendrán facultades de decidir por sí, sino que ajustarán su acción a las instrucciones directivas y resoluciones municipales.

TITULO IV
DEL PATRIMONIO MUNICIPAL
Capítulo I
De Su Constitución

Artículo 164. El patrimonio municipal está constituido por sus bienes públicos y sus bienes privados. Son bienes públicos municipales:

a) Los edificios afectados a la prestación de servicios públicos municipales, calles, caminos, plazas, paseos, veredas, cementerios y en general cualquier obra pública construida directamente por la Municipalidad o por su orden, destinadas a satisfacer necesidades de orden común y general y todos aquellos bienes que con igual destino, les pueda transferir el Gobierno del Territorio, y

b) el producido de los impuestos, tasas, contribuciones, derechos, multas, coparticipaciones títulos y acciones;

c) Son bienes privados municipales:

d) todos los demás bienes que adquiera el Municipio en su carácter de persona jurídica de derecho privado, y

e) las donaciones y legados aceptados de acuerdo a la Ley.

Capítulo II
De los Recursos Municipales

Artículo 165. Se declaran recursos municipales ordinarios los siguientes impuestos, tasas, derechos, licencias, contribuciones, retribuciones de servicios.

1.

   a) La parte que se determine por Ley especial, sobre las recaudaciones por los impuestos territoriales, coparticipación federal y regalías por hidrocarburos;

   b) A partir del 1° de Enero de 1985 el total de lo recaudado por impuestos de patentes de automotor, rodados en general e inmobiliario urbano.

2. Las sumas que por otros conceptos debiera entregar el Territorio a las Municipalidades para ser ingresadas como rentas ordinarias.

3. Alumbrado público, limpieza, riego y barrido.

4. Faenamiento, abasto e inspección veterinaria, que se abonarán en el Municipio donde se consuman las reses y demás artículos derivados, destinados a la alimentación de la población. No podrán cobrarse más derechos a la carne o subproductos, frutas, verduras, aves y otros artículos alimenticios que se introduzcan en otras jurisdicciones que los que pagan los abastecedores locales, ni prohibirse sin causas; la introducción de los mismos.

5. Inspección y contraste anual de pesas y medidas.

6. Venta y arrendamiento de los bienes del dominio privado municipal, de bienes de jurisdicción municipal, producido de instituciones y servicios municipales que produzcan ingresos.

7. Arrendamientos de puestos y locales en los mercados municipales. Instalación en la vía pública.

8. Inhumación y exhumación y traslado. Venta o arrendamiento de terrenos en el cementerio. Permiso de construcción o refacción de sepulturas. Servicio fúnebre.

9. Inspección y contraste de medidores. Inspección de motores, generadores de vapor, calderas, energía eléctrica y, en general, todas aquellas instalaciones o fábricas que por razones de seguridad pública se declaren sujetas al contralor municipal.

10. Habilitación e inspección de establecimientos comerciales e industriales. Salubridad, higiene y seguridad.

11. Colocación de avisos en el interior y/o exterior de: Establecimientos abiertos al Público, privados, vehículos, carteles, letreros, avisos y cualquier otro tipo de publicidad. Publicidad oral, altavoces.

12. Derechos de oficina, certificaciones, inscripciones, testimonios, trámites y gestiones municipales en general.

13. Revisación y conformación de planos, edificación, refacción, demoliciones, tapiales, veredas en construcción.

14. Autorizaciones de fraccionamientos y loteos.

15. Uso transitorio o permanente de la superficie, subsuelo o espacio aéreo en calles, caminos, veredas, plazas, parques, etc.

16. Matrículas, carnets, libretas y licencias y permisos en general; registro de conductor de vehículos o de hacienda.

17. Servicios de alumbrado público cuando se preste por el Municipio.

18. Derechos a cargo de las empresas o particulares que exploten concesiones municipales.

19. Extracción de basuras y residuos domiciliarios.

20. Servicios de inspección, desinfección y desrratización de inmuebles en general y de terrenos baldíos.

21. Servicios de desinfección de vehículos de alquiler y de transporte de pasajeros.

22. Cloacas, pozos, desagües y otras instalaciones de salubridad. Desinfección en general.

23. Análisis de artículos alimenticios en general que se elaboren en el ejido o que se introduzcan en el mismo.

24. Billares, bochas, bolos, canchas de pelota y cualquier otro juego permitido por la Ley.

25. Patentes de animales domésticos.

26. Patentes y visas de vendedores ambulantes.

27. Derechos de piso en los mercados de frutos y productos del país.

28. Inscripción e inspección de casas colectivas, inquilinatos, casas de vecindad, garajes, establos y corralones.

29. Derechos especiales de habilitación e inspección a los establecimientos considerados peligrosos, insalubres, o que puedan incomodar a la población.

30. Habilitación e inspección de cabarets, casas de bailes y salas de variedades.

31. Montepíos privados.

32. Registro y certificación de firmas en guías de campaña y certificados de venta de ganado en general, boletos de marca o señal, transferencias, certificaciones, duplicados.

33. Teatros, cinematógrafos, circos y salas de espectáculo en general.

34. Funciones, bailes, fútbol y boxeo profesionales.

Artículo 166. Igualmente tendrán el carácter de recursos ordinarios las multas que se percibieran por transgresión a las ordenanzas.

Artículo 167. La discriminación efectuada en el Artículo 165, es de carácter meramente enunciativo, y no limita facultades a los municipios para crear otras rentas no enumeradas, siempre y cuando por su índole y naturaleza sean de carácter Municipal. Para la creación de nuevas rentas sobre cuestiones o materia que no hubiesen sido especificadas en la presente Ley, las Municipalidades, como requisito previo, deberán requerir obligatoriamente el asesoramiento del Poder Ejecutivo.

Artículo 168. Se declaran rentas Municipales extraordinarias:

1. El precio de los bienes municipales enajenados.

2. El producido de empréstitos.

3. Los legados y donaciones efectuados a favor de la Municipalidad y aceptados por ésta.

4. El producido de contribuciones extraordinarias que se afecten al pago de gastos extraordinarios y a reembolsos de empréstitos.

5. Las sumas que el Territorio entregará a la Municipalidad para una obra pública o para afrontar gastos extraordinarios determinados.

6. Cualquier otro ingreso de carácter extraordinario.

Artículo 169. Las rentas o recursos municipales, cualquiera sea su origen o naturaleza, dado su destino especial, para la atención de los servicios públicos municipales, son inembargables. Sólo podrá trabarse embargo:

a) Sobre el superávit efectivo que arrojen los ejercicios financieros, y

b) sobre las rentas o recursos destinados a atender un servicio público determinado al solo efecto de saldar créditos emergentes de su adquisición o de su explotación.

Artículo 170. Los impuestos, tasas, derechos, licencias, contribuciones, retribuciones de servicios, rentas en general y las multas se percibirán administrativamente en la forma, plazos y condiciones que determinen las respectivas ordenanzas locales.

De las Concesiones

Artículo 171. En materia de concesiones, las Municipalidades se regirán por el Decreto-Ley 2191/57 y las Leyes Territoriales de la materia.

Nulidad de Actos Jurídicos

Artículo 172. Los actos jurídicos emanados del Intendente, Concejales, funcionarios y empleados de la Municipalidad que se hubieren dictado en transgresión a las disposiciones de la presente Ley, de las de su aplicación complementaria y/o supletorias y del Decreto-Ley N° 2191/57 serán insanablemente nulas.

TITULO V
RESPONSABILIDAD DE LOS MIEMBROS DEL GOBIERNO MUNICIPAL
Capítulo I
De los Miembros, Funcionarios y Empleados Municipales

Artículo 173. Esta Ley establece el principio de responsabilidad de los funcionarios municipales por todo acto que autoricen, ejecuten o dejen de ejecutar, excediéndose en el uso de sus facultades o infringiendo los deberes que les conciernen en razón de sus cargos.

Artículo 174. El Concejo impondrá las siguientes penas a los funcionarios y empleados del Cuerpo que en sus fallos fueren declarados responsables, según los casos:

1. Cargos pecuniarios.

2. Llamado de atención, amonestaciones.

3. Inhabilitación para el desempeño de funciones municipales.

El cargo pecuniario podrá ascender hasta un importe igual al de los valores sometidos a juicio y la inhabilitación no se extenderá a otras funciones, ni se prolongará por más tiempo que el señalado en el fallo. Esta última no podrá aplicarla el Concejo al Intendente ni a los Concejales.

Artículo 175. Todo acto de inversión de fondos ejecutados al margen de las normas constitucionales, legales y de ordenanzas, lleva implícita la presunción del perjuicio. La prueba en contrario, corresponde personal y directamente al funcionario. Si éste no lo aportare, el Concejo podrá requerirla por sus propios medios y dictar sentencias sobre la base de lo actuado.

Artículo 176. Cuando la Municipalidad fuere condenada en juicio a pagar daños causados a terceros por actos personales de sus funcionarios accionará regresivamente contra éstos a los efectos del resarcimiento. Si dicha acción no hubiere sido iniciada, el Concejo, al pronunciarse sobre la rendición de cuentas, que contenga el pago, decidirá si el resarcimiento procede y fijará su monto obligándose a los funcionarios responsables.

Artículo 177. Los funcionarios o empleados a quienes se imputa la comisión de irregularidades graves, serán preventivamente suspendidos, y si el caso lo exigiera, la autoridad municipal procederá en la forma indicada en el Código de Procedimiento Penal.

Capítulo II
Sanciones y Procedimientos
I) Concejales

Artículo 178. Las sanciones que el Concejo aplicará a los Concejales serán:

1. Amonestaciones.
2. Suspensiones.
3. Multas.
4. Destitución.

Artículo 179. El Concejo por la mayoría absoluta podrá imponer multas a los miembros, que injustificadamente no concurrieren a las sesiones.

Si algún Concejal incurriera en CINCO (5) inasistencias injustificadas consecutivas o en DIEZ (10) alternativas, en un período de sesiones, podrá el Cuerpo declarar la cesantía del mismo.

Artículo 180. Igualmente el Concejo podrá disponer amonestaciones, multas y aún cesantía del miembro por indignidad o deshonestidad en sus funciones o en su vida privada, cuando éste último ofenda el orden y a la moral pública o lesione el honor y la dignidad del Cuerpo. Para los casos de cesantía y suspensión se requerirá el voto de la mayoría absoluta de los miembros del Concejo.

Artículo 181. La medida expulsiva debe tomarse en base a actuaciones por escrito asegurando el derecho de defensa, pudiendo el acusado presentar las pruebas que haga a su derecho en su sesión especial que será designada con OCHO (8) días de anticipación, como mínimo.

Artículo 182. Las amonestaciones, suspensiones y multas, serán dispuestas por el Concejo de acuerdo con las prescripciones de sus reglamentos internos.

II) Empleados

Artículo 183. Los empleados por las transgresiones o incumplimiento de sus deberes o funciones, podrán ser sancionados con:

1. Amonestación.
2. Suspensión con privación de haberes.
3. Cesantía.
4. Exoneración.

Artículo 184. Las penalidades establecidas en los incisos 3 y 4 del artículo anterior, se aplicarán previo sumario administrativo, en el que el imputado tendrá derecho a su defensa, observándose las prescripciones que se hubieren dictado por la Municipalidad en orden a lo dispuesto por articulado de esta Ley.

Artículo 185. Las sanciones disciplinarias aplicables a los Concejales prescriben a los SEIS (6) meses de producida la transgresión. El ejercicio de la acción interrumpe la prescripción.

Artículo 186. Las multas provenientes de las sanciones disciplinarias ingresarán a la Comuna, como recurso eventual ordinario.

TITULO VI
DE LAS ACEFALÍAS Y DE LAS INTERVENCIONES
Capítulo I
De la Intervención de las Acefalías

Artículo 187. El Gobierno del Territorio garantiza a los Municipios electivos el goce y ejercicio de los derechos que le reconoce el Decreto-Ley 2191/57, la presente Ley y las reglamentaciones que en su consecuencia se dicten, pero podrá requerir la autorización para intervenirlo o dictar tal medida por sí, cuando correspondiere, en los supuestos de que tales entes se hallaren en acefalía o estuvieren subvertidos su régimen institucional.

Artículo 188. La intervención podrá ser total o limitada a uno de los Departamentos del Gobierno Municipal.

Artículo 189. La intervención en las Municipalidades se hará por Ley y si la Legislatura se hallare en receso, se efectuará por Decreto del Poder Ejecutivo, quien dará cuenta oportunamente de la medida adoptada.

Artículo 190. Se considera que existe acefalía o subversión del régimen municipal en cualquiera de los siguientes casos:

1. Cuando el Intendente y la mayoría del Concejo no ejercieren sus funciones por renuncia, cesantía, expulsión, ausencia definitiva o fallecimiento.
2. Cuando el Intendente y la mayoría de los Concejales, titulares y suplentes, estuvieren comprendidos en los casos previstos en los Artículos 16 y 185.
3. Cuando el Concejo Municipal dejara de reunirse durante DOS (2) meses consecutivos dentro de un período legal.
4. Cuando exista en la Municipalidad un estado de conflicto entre sus departamentos o entre sus miembros, que torne imposible y/o deficiente el funcionamiento del régimen municipal.
5. Cuando se constate falsedad de balances, malversación de caudales, reiterada violación o incumplimiento de las leyes y ordenanzas.

Artículo 191. Será facultad del Poder Ejecutivo designar al Interventor que actuará como autoridad municipal transitoria hasta su reemplazo o hasta la nueva elección de autoridades.

Artículo 192. El Poder Ejecutivo deberá convocar a elecciones a fin de constituir autoridades municipales dentro de un plazo no mayor de TREINTA (30) días desde la fecha en que se decreta la intervención del Municipio.

Artículo 193. Durante el tiempo de la intervención el Comisionado, atenderá exclusivamente los servicios municipales ordinarios con arreglo a las ordenanzas vigentes.

Artículo 194. Carecerán de validez todos los actos que realizare una intervención salvo cuando tuvieren por objeto restablecer la autonomía municipal.

TITULO VII

DE LAS COMISIONES DE FOMENTO

Artículo 195. En todas aquellas localidades cuya población no exceda de los DOSCIENTOS (200) habitantes empadronados, podrá el Poder Ejecutivo crear Comisiones de Fomento que tendrán a su cargo, con delegación de facultades la administración de los intereses locales.

Artículo 196. La creación de las Comisiones de Fomentos compete al Poder Ejecutivo, el cual aparte de la población, deberá tener en cuenta las siguientes circunstancias:

1. Que exista un centro urbano que cuente con trazado y subdivisión que permita la radicación de habitantes en su planta urbana.

2. Posibilidades económicas-financieras de la población, tanto urbana como rural, que aseguren fuentes tributarias estables y permitan a dicho organismo la obtención de recursos suficientes.

Artículo 197. Las Comisiones de Fomento estarán compuestas por UN (1) Presidente y CUATRO (4) Vocales, designados por el Poder Ejecutivo y durarán TRES (3) años en sus mandatos, pudiendo ser nombrados para nuevos períodos. A los efectos de la unificación de mandatos de todas las autoridades municipales en cuanto a términos las comisiones de Fomento se renovarán simultáneamente con las correspondientes a las Municipalidades electivas.

Artículo 198. El Poder Ejecutivo podrá, en cualquier momento, reemplazar parcial o totalmente a la Comisión de Fomento, cuando esté desintegrada, se encuentra subvertido su régimen o así convenga a los intereses locales o de su zona.

Artículo 199. Las Comisiones de Fomento tendrán las mismas atribuciones y deberes que las Municipalidades electivas de Segunda Categoría y se regirán, en lo aplicable, por las disposiciones generales y esenciales que para los organismos electivos fija la presente Ley. Dichas Comisiones reúnen en sí las atribuciones y deberes que competen a los Departamentos Ejecutivos y Deliberativos de las Municipalidades.

Artículo 200. Las atribuciones y deberes que se especifican en el Artículo anterior, se ejercerán con las siguientes excepciones:

1. Presupuestos de gastos y cálculo de recursos.

2. Ordenanzas generales o especiales de creación, aumento o derogación de impuestos en general.

3. Servicios Públicos: Concesiones, tarifas, modalidades, prórrogas, etc.

4. Proveer a los gastos, obras y adquisiciones previstos en el presupuesto o para los que fuera indispensable ampliar partidas o efectuar reajustes o compensaciones generales o parciales.

5. Compra, venta, transmisiones, arrendamientos o gravámenes de bienes inmuebles.

Para los actos especificados en los incisos precedentes, la Comisión de Fomento deberá contar con la previa autorización del Poder Ejecutivo, que se gestionará por conducto del Ministerio de Gobierno.

Artículo 201. El Presidente de la Comisión de Fomento tendrá en lo aplicable las atribuciones y deberes que competen al Intendente Municipal y al Presidente del Concejo.

Artículo 202. Tanto los recursos como los gastos se documentarán y contabilizarán con sujeción a las normas generales de la presente Ley y de las reglamentaciones especiales que se dicte, declarándose de aplicación supletoria las leyes de Contabilidad en vigencia.

Artículo 203. Corresponderá a la Comisión de Fomento el estudio, y verificación de las cuentas de la administración, ajustándose a las disposiciones vigentes.

Artículo 204. La Comisión de Fomento no podrá votar sueldos, gastos de representación, partidas reservadas ni viáticos a favor de ninguno de sus miembros.

Artículo 205. Las Comisiones de Fomento contarán con quórum legal para ejercer las funciones que les asigne la presente Ley, mientras se encuentran en ejercicio de sus mandatos TRES (3) miembros de la misma.

Artículo 206. Queda facultado el Poder Ejecutivo para dictar todas aquellas normas reglamentarias que posibiliten el acatamiento, adaptación y aplicabilidad de las disposiciones dictadas para las Municipalidades, respecto de las Comisiones de Fomento, como también queda facultado el Poder Ejecutivo para entender y resolver todas aquellas cuestiones previstas en la Ley.

Disposiciones Generales

Artículo 207. Las Municipalidades y Comisiones de Fomento mantendrán sus relaciones con el Gobierno del Territorio por intermedio del Ministerio de Gobierno, y deberán formular, por escrito, todas las consultas relacionadas con sus funciones, con la aplicación de la presente Ley o con casos o cuestiones no previstos en la Ley Orgánica.

Artículo 208. Las Municipalidades y Comisiones de Fomento deberán prestar la cooperación y colaboración que les requiere el Poder Ejecutivo a efectos de hacer cumplir prescripciones de la Constitución Nacional, del Decreto-Ley 2191/57, de las Leyes que se dicten y de los Decretos y Disposiciones pertinentes.

Artículo 209. Cuando las Municipalidades y Comisiones de Fomento tuviesen que utilizar la fuerza pública para hacer efectivo el cumplimiento de las ordenanzas o disposiciones legales, la requerirán a la autoridad policial del lugar, quien deberá prestar el auxilio solicitado, previo conocimiento de las actuaciones que se hubieren labrado respecto de la inflación o transgresión. En casos graves o cuando hubiere fundada duda sobre la legalidad del requerimiento, la autoridad policial del lugar, por vía jerárquica, lo elevará al Ministerio de Gobierno para su consideración.

Artículo 210. Las ordenanzas, reglamentos, resoluciones, edictos y todas las disposiciones municipales, tendrán fuerza obligatoria a las CUARENTA Y OCHO (48) horas de su sanción o promulgación, salvo que en la misma se fijare término distinto.

Artículo 211. Decláranse en vigencia en las Municipalidades y Comisiones de Fomento, a partir de la sanción de la presente Ley, todos los impuestos, tasas, derechos y contribuciones en general, como así también, las ordenanzas generales y especiales que no estén en contradicción con esta Ley.

Artículo 212. Todas las ordenanzas que dicten los Concejos o las Comisiones de Fomento y las resoluciones que expidan los Intendentes y Presidentes de las Comisiones mencionadas, deberán numerarse ordinalmente, manteniéndose la numeración correlativa por la fecha de promulgación y registrarse, sin excepciones, todas las ordenanzas y resoluciones en el libro especial que se alude en la presente Ley.

Artículo 213. El Poder Ejecutivo por conducto del Ministerio de Gobierno, podrá convocar a reuniones o congresos de Municipalidades y/o Comisiones de Fomento, a objeto de coordinar la acción comunal con la territorial; lograr mayor eficiencia en los planes de gobierno, unificar y/o reestructurar ordenanzas dispositivas y, en general, para considerar todas aquellas medidas que redunden en una mejor y más eficiente prestación de sus funciones, por los entes mencionados en pro de la prosperidad, de la seguridad y los progresos de los habitantes en sus ejidos.

Artículo 214. En toda concesión o contrato de cualquier naturaleza que sea, el concesionario o contratante como condición esencial del acto, deberá constituir domicilio legal en el Territorio Nacional de la Tierra del Fuego, Antártida e Islas del Atlántico Sur.

Artículo 215. Los escribanos no podrán otorgar escrituras de transferencias de inmuebles y fondos de comercio, sin que se encuentren pagados los impuestos, tasas y derechos en general, que pesaren sobre los mismos, siempre que los bienes y fondo material de la transferencia se encuentren dentro del ejido municipal.

Artículo 216. Los ingenieros, médicos, abogados, procuradores, contadores, veterinarios, y, en general, todos los profesionales designados a sueldo en las Municipalidades están obligados a tomar a su cargo los trabajos para los cuales los habilitan sus respectivos títulos.

Sus servicios se entenderán retribuidos por el sueldo que el presupuesto les asigne, no teniendo derecho a reclamar honorarios adicionales. Exceptúanse los casos de muy acusada especialización, para los cuales, el Departamento Ejecutivo podrá contratar profesionales ajenos a la Comuna, con autorización del Concejo.

Artículo 217. Toda entidad ajena a la Comuna que reciba de ésta sumas de dinero en concepto de subvención o subsidio, queda obligada a probar la inversión de los mismos. El incumplimiento de esta formalidad constituye causa para privar del beneficio a la entidad morosa. Observada la deficiencia de la Contaduría, si el Departamento Ejecutivo efectuare nuevas entregas o no exigiere la prueba de inversión, será personalmente responsable de las sumas egresadas.

Toda donación, préstamo, subvención o subsidio deberá contar, para ser acordada, con el voto afirmativo de los DOS TERCIOS (2/3) del total de los miembros presentes.

Artículo 218. Las deudas de los contribuyentes que hubieren incurrido en mora en el pago de impuestos, tasas, y cualquier otra especie de contribuciones adeudadas a la Municipalidad, prescriben a los DIEZ (10) años de la fecha en que debieran pagarse. La acción de repetición estará prescripta al cumplirse el mismo lapso, medido desde la fecha de pago de la contribución que pudiera originar. En todos los casos, el término de la prescripción se interrumpirá por el reconocimiento expreso que el deudor hiciere de sus obligaciones y por los actos judiciales y administrativos que la Municipalidad ejecutare en procuración del pago. Iguales garantías ampararán al contribuyente en su derecho de repetir.

Artículo 219. Las ordenanzas sancionadas por el Concejo regirán durante el tiempo que las mismas establezcan. Las que no fijen tiempo de duración regirán mientras no sean derogadas expresamente. Las ordenanzas modificatorias del presupuesto de gastos caducarán con la expiración del ejercicio financiero para el que hayan sido dictadas.

Artículo 220. A los fines de las mayorías exigidas por la presente Ley se establece lo siguiente:

a) En los Concejos de primera categoría, los DOS TERCIOS (2/3) o la mayoría absoluta será igual a CUATRO (4) votos y CUATRO (4) de sus miembros formarán quórum para deliberar y decidir por simple mayoría;

b) en los Concejos de segunda categoría, los DOS TERCIOS (2/3) o la mayoría absoluta será igual a DOS (2) votos y esa cantidad de miembros formarán quórum para deliberar y decidir por simple mayoría.

Disposiciones Transitorias

Artículo 221. Una Ley especial fijará los ejidos de los Municipios y Comisiones de Fomento, manteniéndose hasta tanto ella se dicte los ejidos actuales.

Artículo 222. Son Municipios de primera categoría las ciudades de Río Grande y de Ushuaia.

Disposiciones Especiales

Artículo 223. Establécese que los artículos siguientes de éstas disposiciones, tendrán vigencia a partir de la provincialización del Territorio Nacional de la Tierra del Fuego, Antártida e Islas del Atlántico Sur.

Artículo 224. Son bienes propios de las municipalidades, todas las tierras fiscales baldías o sin propietario, que se encuentren dentro de sus límites, con excepción de aquellas que se hubiere reservado el Gobierno de la Provincia o de la Nación para obras de utilidad pública, dichas reservas deberán ser comunicadas por escrito a las autoridades municipales dentro del término de UN (1) año a partir de la entrada en vigencia del presente artículo. Si en adelante la Provincia o la Nación necesitare utilizar un terreno baldío, de los comprendidos en éste artículo para obras de utilidad pública, la Municipalidad deberá cederlo gratuitamente siempre que no esté afectado con anterioridad a una obra pública Municipal.

Artículo 225. Es atribución del Concejo Deliberante, la remoción del Intendente, cuando éste incurriere en transgresiones graves, debiendo ser aprobada tal decisión por la mayoría absoluta de los miembros del Concejo. Ante esta alternativa deberá respetarse el derecho a defensa que le asiste al Intendente.

Artículo 226. Las autoridades de las Comisiones de Fomento, serán elegidas por voto directo y de acuerdo al sistema electoral que corresponde a la elección de autoridades municipales.

Articulo 227. En las elecciones para autoridades Municipales y de Comisiones de Fomento, podrán votar los extranjeros, determinándose las condiciones que deben reunir éstos para integrar los respectivos padrones, mediante Ley de Empadronamiento.

Artículo 228. Comuníquese al Poder Ejecutivo.

BOLIVIA

LEY N° 482

(De 9 de enero de 2014)

EVO MORALES AYMA
PRESIDENTE CONSTITUCIONAL DEL ESTADO
PLURINACIONAL DE BOLIVIA

Por cuanto,
la Asamblea Legislativa Plurinacional, ha sancionado la siguiente Ley:

LA ASAMBLEA LEGISLATIVA PLURINACIONAL,

DECRETA:
LEY DE GOBIERNOS AUTÓNOMOS MUNICIPALES

CAPÍTULO I
DISPOSICIONES GENERALES

Artículo 1. Objeto. La presente Ley tiene por objeto regular la estructura organizativa y funcionamiento de los Gobiernos Autónomos Municipales, de manera, supletoria.

Artículo 2. Ámbito de Aplicación. La presente Ley se aplica a las Entidades Territoriales Autónomas Municipales que no cuenten con su Carta Orgánica Municipal vigente, y/o en lo que no hubieran legislado en el ámbito de sus competencias.

Artículo 3. Cumplimiento Obligatorio de la Normativa Municipal. La normativa legal del Gobierno Autónomo Municipal, en su jurisdicción, emitida en el marco de sus facultades y competencias, tiene carácter obligatorio para toda persona natural o colectiva, pública o privada, nacional o extranjera; así como el pago de Tributos Municipales y el cuidado de los bienes públicos.

CAPÍTULO II
GOBIERNO AUTÓNOMO MUNICIPAL

Artículo 4. Constitución del Gobierno Autónomo Municipal.

I. El Gobierno Autónomo Municipal está constituido por:

a) Concejo Municipal, como Órgano Legislativo. Deliberativo y Fiscalizador.

b) Órgano Ejecutivo.

II. La organización del Gobierno Autónomo Municipal, se fundamenta en la independencia, separación, coordinación y cooperación entre estos Órganos.

III. Las funciones del Concejo Municipal y del Órgano Ejecutivo, no pueden ser reunidas en un solo Órgano, no son delegables entre sí, de acuerdo a lo establecido en la Constitución Política del Estado y la Ley N° 031 Marco de Autonomías y Descentralización.

IV. Las Alcaldesas, Alcaldes, Concejalas y Concejales, deberán desarrollar sus funciones inexcusablemente en la jurisdicción territorial del Municipio.

Artículo 5. Separación Administrativa de Órganos. Los Gobiernos Autónomos Municipales con más de cincuenta mil (50.000) habitantes, de acuerdo a los resultados oficiales del último Censo de Población y Vivienda, ejercerán obligatoriamente la separación administrativa de Órganos. En los Gobiernos Autónomos Municipales con menos de cincuenta mil (50.000) habitantes, esta separación administrativa podrá ser de carácter progresivo en función de su capacidad administrativa y financiera.

Artículo 6. Presupuesto Municipal.

I. El Presupuesto Municipal se elaborará bajo los principios de coordinación y sostenibilidad, entre otros, y está conformado por el Presupuesto del Órgano Ejecutivo y el Presupuesto del Concejo Municipal.

II. El Presupuesto del Órgano Ejecutivo deberá incluir el Presupuesto de las Empresas y Entidades de carácter desconcentrado y descentralizado.

III. El Concejo Municipal aprobará su presupuesto bajo los principios establecidos en el Parágrafo I del presente Artículo, y lo remitirá al Órgano Ejecutivo Municipal para su consolidación.

IV. El Concejo Municipal aprobará el Presupuesto Municipal.

V. Conforme lo establecido en el Parágrafo I del Artículo 340 de la Constitución Política del Estado, el Gobierno Autónomo Municipal contará con su propio Tesoro Municipal, el cual será administrado por el Órgano Ejecutivo Municipal. El Tesoro Municipal efectuará las asignaciones presupuestarias correspondientes a cada una de sus Empresas e Instituciones. Las Empresas e Instituciones Municipales serán clasificadas institucionalmente de forma separada por el propio Gobierno Autónomo Municipal, en el marco de las directrices que emita el Ministerio de Economía y Finanzas Públicas.

Artículo 7. Posesión de Autoridades del Gobierno Autónomo Municipal. "Las Concejalas y los Concejales, la Alcaldesa o el Alcalde, tomarán posesión de sus cargos en acto público y ante la máxima autoridad de la Jurisdicción Ordinaria que ejerza competencia en el Municipio por el que fueron elegidos, o ante la autoridad de la Jurisdicción Ordinaria más cercana al Municipio".

Artículo 8. Prohibiciones.

I. En el desempeño de los cargos de Alcaldesa o Alcalde, de Concejalas o Concejales, de autoridades y de servidoras o servidores públicos del Gobierno Autónomo Municipal, está prohibido el ejercicio simultáneo de otra función pública, sea remunerada o no. Su aceptación comprobada, supone renuncia tácita al cargo.

II. Se exceptúa de la aplicación del Parágrafo precedente:

    a)   La Docencia Universitaria;

    b)   La representación en Asociaciones Municipales. Mancomunidades y otras instancias, siempre y cuando las labores a ser desarrolladas estén directamente relacionadas con el desempeño de sus cargos y las mismas no sean remuneradas;

    c)   Y lo previsto en el Artículo 17 de la presente Ley.

Artículo 9. Incompatibilidades. La Alcaldesa o Alcalde, las Concejalas o Concejales, las restantes autoridades y servidoras o servidores públicos del Gobierno Autónomo Municipal que tengan capacidad de decisión, son incompatibles para:

    a)   Adquirir o tomar en arrendamiento, a su nombre o en el de terceras personas, bienes públicos municipales, desde el momento de su posesión.

    b)   Suscribir contratos de obra, aprovisionamiento o servicios municipales, sobre los que tengan interés personal o los tuvieran sus cónyuges o parientes hasta el cuarto grado de consanguinidad o segundo de afinidad.

    c)   Ser directores, funcionarios, empleados, apoderados, asesores o gestores de entidades, sociedades o empresas que negocien o contraten con el Gobierno Autónomo Municipal.

    d)   Celebrar cualquier tipo de contrato con el Gobierno Autónomo Municipal, sea por sí o por interpósita persona.

    e)   Hacer uso de la información del Gobierno Autónomo Municipal para beneficio personal, familiar o de terceros, de manera comprobada.

Artículo 10. Renuncia de Alcaldesa o Alcalde, Concejalas o Concejales.

I. Toda renuncia de Alcaldesa o Alcalde, Concejala o Concejal, se formalizará mediante la presentación personal de una nota expresa de renuncia ante el Concejo Municipal y el Órgano Electoral. De no cumplirse ambos requisitos, no se reconocerá como válida la renuncia.

II. La nota de renuncia presentada por tercera persona, no será considerada por ningún Órgano o Entidad Pública para la prosecución de la renuncia, ni surtirá efecto alguno.

III. La Alcaldesa o Alcalde, Concejala o Concejal, para desempeñar otras funciones prohibidas en relación a su cargo, deberá presentar su renuncia definitiva e irrevocable al cargo, sin que procedan licencias ni suplencias temporales.

Artículo 11. Ausencia. La ausencia por impedimento temporal de la Alcaldesa o Alcalde, Concejalas o Concejales, surtirá efectos legales cuando emerjan de instancia jurisdiccional o por instancia competente, cuando corresponda, hasta que cesen los efectos de la causa de impedimento.

Artículo 12. Pérdida de Mandato. La Alcaldesa o Alcalde, las Concejalas o Concejales, perderán su mandato por:

    a)   Sentencia condenatoria ejecutoriada en materia penal.

    b)   Renuncia expresa a su mandato en forma escrita y personal.

c)   Revocatoria de mandato, conforme al Artículo 240 de la Constitución Política del Estado.

d)   Fallecimiento.

e)   Incapacidad permanente declarada por Autoridad Jurisdiccional competente.

Artículo 13. Jerarquía Normativa Municipal. La normativa Municipal estará sujeta a la Constitución Política del Estado. La jerarquía de la normativa Municipal, por órgano emisor de acuerdo a las facultades de los Órganos de los Gobiernos Autónomos Municipales, es la siguiente:

Órgano Legislativo:

a)   Ley Municipal sobre sus facultades, competencias exclusivas y el desarrollo de las competencias compartidas.

b)   Resoluciones para el cumplimiento de sus atribuciones.

Órgano Ejecutivo:

a)   Decreto Municipal dictado por la Alcaldesa o el Alcalde firmado conjuntamente con las Secretarias o los Secretarios Municipales, para la reglamentación de competencias concurrentes legisladas por la Asamblea Legislativa Plurinacional y otros.

b)   Decreto Edil emitido por la Alcaldesa o el Alcalde Municipal conforme a su competencia.

c)   Resolución Administrativa Municipal emitida por las diferentes autoridades del Órgano Ejecutivo, en el ámbito de sus atribuciones.

Artículo 14. Remisión de Normas al Servicio Estatal de Autonomías - SEA. Los Gobiernos Autónomos Municipales deberán remitir al Servicio Estatal de Autonomías - SEA, toda la normativa emitida para su registro, máximo dentro de los quince (15) días hábiles siguientes a su publicación.

CAPÍTULO III
CONCEJO MUNICIPAL COMO ÓRGANO LEGISLATIVO, DELIBERATIVO Y FISCALIZADOR

Artículo 15. Estructura Organizativa. En los Gobiernos Autónomos Municipales donde se efectué la separación administrativa de Órganos, se establecerá una estructura organizativa del Órgano Legislativo, conforme a su Reglamento General.

Artículo 16. Atribuciones del Concejo Municipal. El Concejo Municipal tiene las siguientes atribuciones:

1.   Elaborar y aprobar el Reglamento General del Concejo Municipal, por dos tercios de votos del total de sus miembros.

2.   Organizar su Directiva conforme a su Reglamento General, respetando los principios de equidad e igualdad entre mujeres y hombres.

3.   Conformar y designar a la Comisión de Ética en la primera sesión ordinaria. Esta comisión ejercerá autoridad en el marco de las atribuciones y funciones aprobadas expresamente por el Concejo Municipal.

4.   En el ámbito de sus facultades y competencias, dictar Leyes Municipales y Resoluciones, interpretarlas, derogarlas, abrogarlas y modificarlas.

5. Elaborar, aprobar y ejecutar su Programa Operativo Anual, Presupuesto y sus reformulados.

6. Designar a la Máxima Autoridad Ejecutiva del Concejo Municipal, quien atenderá todo lo relativo al sistema administrativo y financiero, de conformidad a lo dispuesto en el Reglamento General del Concejo Municipal.

7. Aprobar o ratificar convenios, de acuerdo a Ley Municipal.

8. Aprobar contratos, de acuerdo a Ley Municipal.

9. Aprobar contratos de arrendamiento y comodato, de acuerdo a Ley Municipal.

10. Aprobar en 30 días calendario, el Plan de Desarrollo Municipal a propuesta del Órgano Ejecutivo Municipal, de acuerdo a lineamientos del Órgano Rector.

11. Aprobar la delimitación de áreas urbanas propuesta por el Órgano Ejecutivo Municipal en concordancia con la normativa vigente.

12. Aprobar el Plan de Ordenamiento Territorial Municipal, que incluye el uso de suelos y la ocupación del territorio, de acuerdo a políticas de planificación territorial y ordenamiento territorial del nivel central del Estado, en coordinación con los planes del nivel central del Estado, departamentales e indígenas.

13. Aprobar el Plan de Ordenamiento Urbano y Territorial propuesto por el Órgano Ejecutivo Municipal, en concordancia con la normativa vigente.

14. Aprobar dentro de los quince (15) días hábiles de su presentación, el Programa Operativo Anual, Presupuesto Municipal y sus reformulados, presentados por la Alcaldesa o el Alcalde en base al Plan de Desarrollo Municipal. En caso de no ser aprobado por el Concejo Municipal en el plazo señalado, se darán por aprobados.

15. Fiscalizar a la Alcaldesa o Alcalde. Secretarias o Secretarios y otras autoridades del Órgano Ejecutivo Municipal, sus instituciones y Empresas Públicas. a través de peticiones de informes escritos y orales, inspecciones y otros medios de fiscalización previstos en la normativa vigente.

16. Autorizar la participación del Gobierno Autónomo Municipal en las Empresas Públicas creadas por otros niveles de gobierno, dentro la jurisdicción municipal.

17. Autorizar la creación de Empresas Públicas Municipales en su jurisdicción.

18. Aprobar, modificar o suprimir mediante Ley Municipal, las Tasas y Patentes a la actividad económica y contribuciones especiales de carácter municipal.

19. A propuesta del Órgano Ejecutivo Municipal, aprobar, modificar o suprimir mediante Ley Municipal, los impuestos de dominio exclusivo del Gobierno Autónomo Municipal, de conformidad con el Artículo 323 de la Constitución Política del Estado, la Disposición Adicional Primera y Segunda de la Ley N°031 Marco de Autonomías y Descentralización, la Ley N° 154 de Clasificación y Definición de Impuestos y de Regulación para la Creación y/o Modificación de Impuestos de Dominio de los Gobiernos Autónomos, y el Código Tributario Boliviano.

20. Aprobar mediante Ley Municipal, la emisión y/o compra de títulos valores, cumpliendo la normativa vigente.

21. Autorizar mediante Resolución emitida por el voto de dos tercios del total de sus miembros la enajenación de bienes de dominio público y de patrimonio institucional del Gobierno Autónomo Municipal, para que la Alcaldesa o el Alcalde prosiga con lo dispuesto en el Numeral 13 del Artículo 158 de la Constitución Política del Estado.

22. Aprobar mediante Ley Municipal por dos tercios de votos, la enajenación de Bienes Patrimoniales Municipales, debiendo cumplir con lo dispuesto en la Ley del nivel central del Estado.

23. Aprobar la constitución de empréstitos, que comprometan las rentas del Gobierno Autónomo Municipal, de conformidad a la normativa vigente.

24. Autorizar la participación del Gobierno Autónomo Municipal, en la conformación de regiones, mancomunidades, asociaciones, hermanamientos y organismos municipales, públicos y privados, nacionales o internacionales.

25. A propuesta del Órgano Ejecutivo Municipal, aprobar la Ley Municipal que establecerá los requisitos y procedimientos generales para la creación de Distritos Municipales, teniendo en cuenta como criterios mínimos la dimensión poblacional y territorial, provisión de servicios públicos e infraestructura.

26. Aprobar mediante Ley Municipal, la creación de Distritos Municipales o Distritos Municipales Indígena Originario Campesinos, en el marco de la Ley correspondiente.

27. Aprobar mediante Ley Municipal, los requisitos para la instalación de torres, soportes de antenas o redes, en el marco del régimen general y las políticas el nivel central del Estado.

28. Aprobar mediante Ley Municipal los requisitos para la provisión de Servicios Básicos.

29. Nominar calles, avenidas, plazas, parques y establecimiento de educación y salud, en función a criterios establecidos en la Ley Municipal.

30. Designar por mayoría absoluta de votos del total de sus miembros, a la Concejala o al Concejal titular y en ejercicio, para que ejerza la suplencia temporal en caso de ausencia o impedimento el cargo de Alcaldesa o Alcalde. La Concejala o el Concejal designado debe ser del mismo partido político, agrupación ciudadana u organización de la nación o pueblo indígena originario campesino, al cual pertenece la Alcaldesa o el Alcalde: en caso que no hubiese, podrá ser designado cualquiera de las Concejalas o los Concejales.

31. Aprobar mediante Resolución, el procedimiento para otorgar honores, distinciones, condecoraciones y premios por servicios a la comunidad.

32. Presentar informes de rendición de cuentas en audiencias públicas, por lo menos dos (2) veces al año, respetando criterios de equidad de género e interculturalidad.

33. Fiscalizar la implementación de los Planes Municipales, en concordancia con el Sistema de Planificación Integral del Estado - SPIE y la aplicación de sus instrumentos.

34. Denunciar hechos de Acoso y Violencia Política hacia las Mujeres ante la autoridad competente.

35. Autorizar mediante Ley Municipal aprobada por dos tercios del total de los miembros del Concejo Municipal la expropiación de bienes privados, considerando la previa declaratoria de utilidad pública, el previo pago de indemnización justa, avalúo o justiprecio de acuerdo a informe pericial o acuerdo entre partes sin que proceda la compensación por otro bien público.

Artículo 17. Concejalas y Concejales Suplentes.

I. Mientras no ejerzan de forma permanente el cargo de Concejales Titulares, las Concejalas y los Concejales Suplentes podrán desempeñar cargos en la administración pública, con excepción de aquellos cargos en el propio Gobierno Autónomo Municipal de su jurisdicción o cualquiera de sus reparticiones.

II. Las Concejalas y los Concejales Suplentes asumirán la titularidad cuando las Concejalas o Concejales Titulares dejen sus funciones por ausencia temporal, impedimento, por fallo judicial ejecutoriado, o ante renuncia o impedimento definitivo.

Artículo 18. Comisiones. Las Comisiones Permanentes y Especiales del Concejo Municipal, se determinarán en el Reglamento General del Concejo Municipal, de acuerdo a la realidad de cada Municipio.

Artículo 19. Sesiones del Concejo Municipal.

I. Las Sesiones del Concejo Municipal son públicas, pueden ser ordinarias o extraordinarias, y su convocatoria será pública y por escrito.

II. Por dos tercios de votos del total de miembros del Concejo, la sesión podrá declararse reservada cuando afecte o perjudique la dignidad personal.

III. Mediante Reglamento se establecerán las sesiones en plenario y en Comisiones, el quórum mínimo, el número de sesiones ordinarias por semana y las características de las sesiones.

IV. Los actos del Concejo Municipal, deberán cumplir obligatoriamente con lo previsto en el Reglamento General del Concejo Municipal.

Artículo 20. Sesiones Extraordinarias.

I. Las sesiones extraordinarias del Concejo Municipal serán convocadas públicamente y por escrito por la Presidenta o el Presidente, con al menos cuarenta y ocho (48) horas de anticipación, sujetas a un temario específico y adjuntando antecedentes.

II. Se podrá prescindir de estos requisitos, en casos de emergencia o desastre que afecte a la población o al territorio del Gobierno Autónomo Municipal.

Artículo 21. Audiencias Públicas. Las Audiencias Públicas del Concejo Municipal y de las Comisiones, tienen por objeto atender de forma directa a las ciudadanas y los ciudadanos, sea de forma individual o colectiva, para tratar asuntos relativos al cumplimiento de sus atribuciones. El Reglamento General del Concejo Municipal establecerá la periodicidad el procedimiento de las Audiencias Públicas, que son distintas a las Sesiones del Concejo Municipal de sus Comisiones.

Artículo 22. Iniciativa Legislativa.

I. Tienen la facultad de iniciativa legislativa, en el ámbito de las competencias exclusivas de los Gobiernos Autónomos Municipales, para su tratamiento obligatorio en el Concejo Municipal:

a) Las ciudadanas y los ciudadanos

b) Las Organizaciones Sociales.

c) Las Concejalas y los Concejales.

d) El Órgano Ejecutivo Municipal.

II. El Concejo Municipal a través de una Ley Municipal, aprobará los procedimientos y requisitos para ejercer la facultad de iniciativa legislativa de las ciudadanas y los ciudadanos, y de las Organizaciones Sociales.

Artículo 23. Procedimiento Legislativo. El procedimiento legislativo se desarrollará de la siguiente manera:

a) El Proyecto de Ley Municipal que sea presentado en ejercicio de la facultad de iniciativa legislativa, será remitido por el Concejo Municipal a la Comisión o Comisiones que correspondan, de acuerdo a su temática. En el mismo trámite se acumularán otras iniciativas que se presenten con un objeto similar.

b) El Proyecto de Ley Municipal contará con un informe técnico-legal cuando sea iniciativa del Órgano Ejecutivo Municipal.

c) Si el Proyecto de Ley Municipal es presentado por un miembro del Órgano Legislativo y compromete recursos económicos, deberá ser remitido en consulta ante el Órgano Ejecutivo, a fin de garantizar la sostenibilidad financiera.

d) Cuando el Proyecto de Ley Municipal cuente con informe de la Comisión o Comisiones correspondientes, pasará a consideración del Pleno del Concejo Municipal, donde será tratado en su estación en grande y en detalle, y modificado, rechazado o aprobado. Cada aprobación requerirá de la mayoría absoluta del total de los miembros del Concejo Municipal, excepto los casos previstos en la presente Ley y el Reglamento General del Concejo Municipal.

e) En caso que transcurriesen treinta (30) días calendario, sin que la Comisión o Comisiones correspondientes, se pronuncien sobre el Proyecto de Ley Municipal, podrá ser considerado por el Pleno del Concejo Municipal, a solicitud de la Concejala o el Concejal proyectista, o del Órgano Ejecutivo Municipal.

f) El Proyecto de Ley que hubiera sido rechazado en su tratamiento por el Concejo Municipal, podrá ser propuesto nuevamente en la legislatura siguiente, siempre y cuando presente nuevos elementos de discusión o se subsane las observaciones.

g) El Proyecto de Ley sancionado, será remitido al Órgano Ejecutivo Municipal para su promulgación como Ley Municipal.

h) La Ley sancionada por el Concejo Municipal y remitida al Órgano Ejecutivo Municipal, podrá ser observada por la Alcaldesa o el Alcalde en el término de diez (10) días calendario desde el momento de su recepción. Las observaciones del Órgano Ejecutivo Municipal se dirigirán al Concejo Municipal.

i) Si el Concejo Municipal considera fundadas las observaciones, modificará la Ley Municipal y la devolverá al Órgano Ejecutivo Municipal para su promulgación.

j) En caso de que el Concejo Municipal considere infundadas las observaciones, la Ley Municipal será promulgada por la Presidenta o el Presidente del Concejo Municipal. Las decisiones del Concejo Municipal se tomarán por mayoría absoluta del total de sus miembros.

k) La Ley Municipal que no sea observada dentro del plazo correspondiente, será promulgada por la Alcaldesa o el Alcalde. Las Leyes Municipales no promulgadas por el Órgano Ejecutivo Municipal en los plazos previstos en los numerales anteriores, serán promulgadas por la Presidenta o el Presidente del Concejo Municipal.

l) Las Leyes Municipales serán de cumplimiento obligatorio desde el día de su publicación en el medio oficial establecido por el Gobierno Autónomo Municipal para dicho efecto, salvo que en ella se establezca un plazo diferente para su entrada en vigencia.

CAPÍTULO IV
ÓRGANO EJECUTIVO MUNICIPAL

Artículo 24. Estructura Organizativa.

I. El Órgano Ejecutivo estará conformado por:

a) La Alcaldesa o el Alcalde Municipal.

b) Las Secretarías Municipales.

Asimismo, podrá incluir en su estructura:

a) Sub Alcaldías.

b) Entidades Desconcentradas Municipales.

c) Entidades Descentralizadas Municipales.

d) Empresas Municipales.

II. En los distritos municipales indígena originario campesinos, las naciones y pueblos indígena originario campesinos, elegirán a sus autoridades por normas y procedimientos propios.

Artículo 25. Aprobación de la Estructura Organizativa.

I. El Órgano Ejecutivo aprobará su estructura organizativa mediante Decreto Municipal.

II. En los Gobiernos Autónomos Municipales con más de cincuenta mil (50.000) habitantes, de acuerdo a los resultados oficiales del último Censo de Población y Vivienda, deberán incluirse la creación de una Unidad de Transparencia.

Artículo 26. Atribuciones de la Alcaldesa o el Alcalde. La Alcaldesa o el Alcalde Municipal, tiene las siguientes atribuciones:

1. Representar al Gobierno Autónomo Municipal.

2. Presentar Proyectos de Ley Municipal al Concejo Municipal.

3. Promulgar las Leyes Municipales u observarlas cuando corresponda.

4. Dictar Decretos Municipales, conjuntamente con las y los Secretarios Municipales.

5. Dictar Decretos Ediles.

6. Aprobar su estructura organizativa mediante Decreto Municipal.

7. Proponer y ejecutar políticas públicas del Gobierno Autónomo Municipal.

8. Designar mediante Decreto Edil, a las Secretarias y los Secretarios Municipales, Sub Alcaldesas o Sub Alcaldes de Distritos Municipales y Autoridades de Entidades Desconcentradas Municipales, con criterios de equidad social y de género en la participación, en el marco de la interculturalidad.

9. Designar mediante Decreto Edil, a las Máximas Autoridades Ejecutivas de las Empresas Municipales y de las Entidades Descentralizadas Municipales, en función a los principios de equidad social y de género en la participación e igualdad y complementariedad.

10. Dirigir la Gestión Pública Municipal.

11. Coordinar y supervisar las acciones del Órgano Ejecutivo.

12. Proponer al Concejo Municipal, para su aprobación mediante Ley Municipal, el Plan de Desarrollo Municipal, el Plan Municipal de Ordenamiento Territorial y la Delimitación de Áreas Urbanas.

13. Presentar el Programa de Operaciones Anual y el Presupuesto del Órgano Ejecutivo Municipal y sus reformulados.

14. Presentar al Concejo Municipal, para su consideración y aprobación mediante Ley Municipal, el Programa de Operaciones Anual, el Presupuesto Municipal consolidado y sus reformulados, hasta quince (15) días hábiles antes de la fecha de presentación establecida por el órgano rector del nivel central del Estado.

15. Proponer la creación, modificación o supresión de tasas y patentes a la actividad económica y contribuciones especiales de carácter Municipal, para su aprobación mediante Ley Municipal.

16. Proponer al Concejo Municipal, la creación, modificación o eliminación de impuestos que pertenezcan al dominio exclusivo del Gobierno Autónomo Municipal.

17. Proponer al Concejo Municipal, para su aprobación mediante Ley Municipal, los planos de zonificación y valuación zonal, tablas de valores según la calidad de vía de suelo y la delimitación literal de cada una de las zonas determinadas, como resultado del proceso de zonificación.

18. Presentar el Proyecto de Ley de procedimiento para la otorgación de honores, distinciones, condecoraciones y premios por servicios a la comunidad, y conceder los mismos de acuerdo a dicha normativa.

19. Aprobar mediante Decreto Municipal, los estados financieros correspondientes a la Gestión Municipal y remitirlos al Concejo Municipal, en un plazo no mayor a setenta y dos (72) horas de aprobados los mismos.

20. Presentar informes de rendición de cuentas sobre la ejecución del Programa de Operaciones Anual y el Presupuesto, en audiencias públicas por lo menos dos (2) veces al año.

21. Proponer al Concejo Municipal la creación de Distritos Municipales, de conformidad con la respectiva Ley Municipal.

22. Resolver los recursos administrativos, conforme a normativa nacional vigente.

23. Ordenar la demolición de inmuebles que no cumplan con las normas de servicios básicos, de uso de suelo, subsuelo y sobresuelo, normas urbanísticas y

normas administrativas especiales, por sí mismo o en coordinación con autoridades e instituciones del nivel central del Estado y Departamentales, de acuerdo a normativa Municipal.

24. Presentar al Concejo Municipal, la propuesta de reasignación del uso de suelos.

25. Suscribir convenios y contratos.

26. Diseñar, definir y ejecutar políticas, planes, programas y proyectos de políticas públicas municipales, que promuevan la equidad social y de género en la participación, igualdad de oportunidades e inclusión.

27. Presentar al Concejo Municipal, el Proyecto de Ley de enajenación de bienes patrimoniales municipales.

28. Presentar al Concejo Municipal, el Proyecto de Ley de autorización de enajenación de bienes de Dominio Público y Patrimonio Institucional una vez promulgada, remitirla a la Asamblea Legislativa Plurinacional para su aprobación.

29. Ejecutar las expropiaciones de bienes privados aprobadas mediante Ley de expropiación por necesidad y utilidad pública municipal, el pago del justiprecio deberá incluirse en el presupuesto anual como gasto de inversión.

Artículo 27. Ejercicio del Cargo de Alcaldesa o Alcalde. El Concejo Municipal no podrá destituir o suspender a la Alcaldesa o el Alcalde electo, ni aplicar otro mecanismo por el cual se prive del ejercicio del cargo que no se enmarque en lo dispuesto por la Constitución Política del Estado, la Ley Marco de Autonomías y Descentralización, y la presente Ley; tales actos no tendrán efectos legales.

Artículo 28. Secretarias y Secretarios Municipales.

I. Las actividades del Órgano Ejecutivo del Gobierno Autónomo Municipal, se ejecutan a través de las Secretarias o los Secretarios Municipales.

II. Las Secretarias o Secretarios Municipales dependen directamente de la Alcaldesa o el Alcalde y asumen plena responsabilidad por todos los actos de administración que desarrollan.

III. Los Gobiernos Autónomos Municipales con menos de cincuenta mil (50.000) habitantes de acuerdo a los resultados oficiales del último Censo de Población y Vivienda, contarán mínimamente con una Secretaría, pudiendo decidir de acuerdo con su capacidad financiera, la creación de otras Secretarías Municipales. Los Gobiernos Autónomos Municipales con más de cincuenta mil (50.000) habitantes podrán determinar un número mayor de Secretarías Municipales, en función a su requerimiento y su capacidad financiera.

Artículo 29. Atribuciones de las Secretarías Municipales. Las Secretarias o Secretarios Municipales, en el marco de las competencias asignadas en la Constitución Política del Estado a los Gobiernos Autónomos Municipales, y en particular a su Órgano Ejecutivo, tienen las siguientes atribuciones:

1. Proponer y coadyuvar en la formulación de las políticas generales del Gobierno Autónomo Municipal, desde un enfoque de género, generacional e interculturalidad.

2. Proponer y dirigir las Políticas Municipales, en el ámbito de las competencias asignadas a la Secretaría Municipal a su cargo.

3. Dirigir la gestión de la Administración Pública Municipal, en el ámbito de las competencias asignadas a su Secretaría Municipal.

4. Dictar normas administrativas, en el ámbito de su competencia.

5. Proponer Proyectos de Decretos Municipales y suscribirlos con la Alcaldesa o el Acalde Municipal.

6. Resolver los asuntos administrativos que correspondan a la Secretaría Municipal a su cargo.

7. Presentar a la Alcaldesa o Alcalde y al Concejo Municipal, los informes que le sean solicitados.

8. Coordinar con las otras Secretarías Municipales, la planificación y ejecución de las políticas del Gobierno Autónomo Municipal.

9. Promover e implementar actividades de evaluación y control de la Gestión Pública.

10. Proporcionar información sobre el uso de los recursos, a quien lo solicite, de forma completa, veraz, adecuada y oportuna.

11. Participar de las reuniones del Gabinete Municipal, conformado por la Alcaldesa o el Alcalde y las Secretarias o los Secretarios Municipales, y otras instancias de coordinación que pudieran crearse.

12. Elaborar el proyecto de presupuesto de su Secretaría, concurrir a la elaboración del Presupuesto Municipal y sus reformulados, y rendir cuentas de su ejecución.

13. Firmar Decretos Municipales y las Resoluciones Administrativas Municipales relativas al área de sus atribuciones.

14. Proponer a la Alcaldesa o Alcalde, en el ámbito de sus competencias, políticas, estrategias, acciones y proyectos de normas legales, así como programas operativos, presupuestos y requerimientos financieros.

15. Designar y remover al personal de su Secretaría, de conformidad con las disposiciones legales en vigencia.

16. Elevar ante la Alcaldesa o Alcalde, la memoria y rendición de cuentas anual de su Secretaría.

17. Cumplir con lo estipulado en las disposiciones legales en vigencia sobre la gestión por resultados.

18. Garantizar la transparencia de información de sus acciones y la administración de los recursos asignados.

19. Participar en la elaboración del Plan de Desarrollo Municipal y otros Planes.

20. Emitir Resoluciones Administrativas en el ámbito de sus atribuciones.

21. Implementar los Planes Municipales en cumplimiento al Sistema de Planificación Integral del Estado - SPIE.

CAPÍTULO V
BIENES DEL DOMINIO MUNICIPAL

Artículo 30. Bienes del Dominio Municipal. Los bienes de dominio municipal se clasifican en:

a)   Bienes Municipales de Dominio Público.

b)   Bienes de Patrimonio Institucional.

c)   Bienes Municipales Patrimoniales.

Artículo 31. Bienes Municipales de Dominio Público. Los Bienes Municipales de Dominio Público son aquellos destinados al uso irrestricto de la comunidad, estos bienes comprenden, sin que esta descripción sea limitativa:

a)   Calles, avenidas, aceras, cordones de acera, pasos a nivel, puentes, pasarelas, pasajes, caminos vecinales y comunales, túneles y demás vías de tránsito.

b)   Plazas, parques, bosques declarados públicos, áreas protegidas municipales y otras áreas verdes y espacios destinados al esparcimiento colectivo y a la preservación del patrimonio cultural.

c)   Bienes declarados vacantes por autoridad competente, en favor del Gobierno Autónomo Municipal.

d)   Ríos hasta veinticinco (25) metros a cada lado del borde de máxima crecida, riachuelos, torrenteras y quebradas con sus lechos, aires y taludes hasta su coronamiento.

Artículo 32. Bienes de Patrimonio Institucional. Son Bienes de Patrimonio Institucional de propiedad del Gobierno Autónomo Municipal, todos los que no estén destinados a la administración Municipal y/o a la prestación de un servicio público Municipal, ni sean bienes de dominio público.

Artículo 33. Uso Temporal de Bienes de Dominio Público. Corresponde al Órgano Ejecutivo Municipal proponer al Concejo Municipal, regule mediante Ley el uso temporal de Bienes de Dominio Público Municipal.

Artículo 34. Bienes Municipales Patrimoniales. Son Bienes Municipales Patrimoniales todos los bienes del Gobierno Autónomo Municipal, sea que los mismos estén destinados a la administración municipal y/o a la prestación de un servicio público municipal.

Artículo 35. Bienes del Patrimonio Histórico – Cultural y Arquitectónico del Estado.

I.   Los bienes patrimoniales arqueológicos, precolombinos, coloniales, republicanos históricos, ecológicos y arquitectónicos del Estado, localizados en el territorio de la jurisdicción Municipal, se encuentran bajo la protección del Estado y destinados inexcusablemente al uso y disfrute de la colectividad, de acuerdo a Ley nacional.

II.   El Gobierno Autónomo Municipal, en coordinación con organismos nacionales e internacionales competentes, precautelará y promoverá la conservación, preservación y mantenimiento de los Bienes del Patrimonio Histórico-Cultural y Arquitectónico del Estado, en su jurisdicción.

CAPÍTULO VI
VALORES FINANCIEROS Y DEUDA MUNICIPAL

Artículo 36. Inversión en Valores Financieros. Los Gobiernos Autónomos Municipales podrán invertir en Títulos Valores, de acuerdo a las políticas de prudencia y rentabilidad establecidas por el órgano rector del Sistema de Tesorería y Crédito Público, sin afectar el cumplimiento de sus obligaciones y la ejecución de la inversión pública, bajo su exclusiva responsabilidad.

Artículo 37. Contratación de Deuda Municipal

I.   El Gobierno Autónomo Municipal, sólo podrá contraer deuda cumpliendo con todas las normas de endeudamiento del Estado aprobadas por el nivel central del Estado, así como las emitidas por el órgano rector del Sistema Nacional de Tesorería y Crédito Público, y en lo pertinente, la Ley del Mercado de Valores y sus reglamentos.

II. La contratación de todo endeudamiento por el Gobierno Autónomo Municipal, deberá regirse a lo establecido en la Constitución Política del Estado, las normas de gestión pública y disposiciones legales vigentes.

CAPÍTULO VII
PARTICIPACIÓN Y CONTROL SOCIAL

Artículo 38. Espacios Formales.

I.   Los Gobiernos Autónomos Municipales deberán generar instancias o espacios formales de Participación y Control Social para el pronunciamiento, al menos sobre:

   a)   La formulación del Plan Operativo Anual y el Presupuesto Institucional y sus reformulados.

   b)   Rendición de cuentas.

II. Los Gobiernos Autónomos Municipales podrán generar otro tipo de espacios para garantizar la Participación y Control Social.

III. Los Gobiernos Autónomos Municipales no podrán definir, organizar o validar a las organizaciones de la sociedad civil, ni a una única jerarquía organizativa que pueda atribuirse la exclusividad del ejercicio de la Participación y el Control Social, en concordancia con lo dispuesto por el Parágrafo V del Artículo 241 de la Constitución Política del Estado.

Artículo 39. Pronunciamiento del Control Social. Los Gobiernos Autónomos Municipales deberán presentar al Ministerio de Economía y Finanzas Públicas, el pronunciamiento del Control Social correspondiente, para la formulación del Plan Operativo Anual y Presupuesto.

DISPOSICIONES TRANSITORIAS

Primera. El Órgano Legislativo Municipal en el plazo no mayor a noventa (90) días calendario a partir de la publicación de la presente Ley, aprobará el Reglamento General del Concejo Municipal, la Ley de Fiscalización Municipal y la Ley de Contratos y Convenios.

Segunda. En tanto sea implementado el Sistema de Planificación Integral del Estado – SPIE, los Gobiernos Autónomos Municipales deberán dar aplicación a las Directrices de Planificación emitidas por el órgano rector, que tienen por objeto establecer los lineamientos generales para elaborar y articular los planes de largo, mediano y corto plazo.

Tercera. En tanto sea implementado el Plan Nacional de Ordenamiento Territorial, a que se refiere el Parágrafo I del Artículo 94 de la Ley N° 031, los Gobiernos Autónomos Municipales deberán formular su Plan de Ordenamiento Territorial que comprenderá el área urbana y rural del Municipio, y establecerá, al menos, lo siguiente:

a) La formulación de los esquemas del Ordenamiento Territorial y Urbano a corto, mediano y largo plazo.

b) La asignación de usos de suelo.

c) La determinación de patrones de asentamiento, normas de edificación, urbanización y fraccionamiento.

d) Los mecanismos y modalidades de planificación estratégica que viabilicen su ejecución.

Cuarta. La normativa legal Municipal dictada y promulgada con anterioridad a la presente Ley, se mantendrá vigente siempre y cuando no sea contraria a la Constitución Política del Estado, la Ley Marco de Autonomías y Descentralización, y la presente Ley.

DISPOSICIONES ABROGATORIAS Y DEROGATORIAS

Disposición Abrogatoria. Se abroga la Ley N° 2028 de 28 de octubre de 1999, Ley de Municipalidades.

Disposición Derogatoria. Se derogan todas las disposiciones de igual o inferior jerarquía, contrarias a la presente Ley.

Remítase al Órgano Ejecutivo para fines constitucionales.

Es dada en la Sala de Sesiones de la Asamblea Legislativa Plurinacional, a los diecinueve días del mes de diciembre del año dos mil trece.

Lilly Gabriela Montaño Viaña,

Betty Asunta Tejada Soruco,

Andrés Agustín Villca Daza,

Claudia Jimena Torres Chávez,

Marcelo Elío Chávez,

Ángel David Cortés Villegas.

Por tanto, la promulgo para que se tenga y cumpla como ley del Estado Plurinacional de Bolivia.

Palacio de Gobierno de la ciudad de La Paz, a los nueve días del mes de enero del año dos mil catorce.

FDO. EVO MORALES AYMA.

Juan Ramón Quintana Taborga.

Luis Alberto Arce Catacora.

Claudia Stacy Peña Claros.

Amanda Dávila Torres.

CHILE

LEY ORGÁNICA CONSTITUCIONAL DE MUNICIPALIDADES

(Ley refundida N° 18.695 del 3 de marzo de 2002)

MINISTERIO DEL INTERIOR
SUBSECRETARÍA DE DESARROLLO REGIONAL Y ADMINISTRATIVO

LEY ORGÁNICA CONSTITUCIONAL DE MUNICIPALIDADES

FIJA EL TEXTO REFUNDIDO, COORDINADO, SISTEMATIZADO Y
NOTA ACTUALIZADO DE LA LEY N° 18.695, ORGÁNICA CONSTITUCIONAL DE
MUNICIPALIDADES

Santiago, 27 de diciembre de 2001.- Hoy se decretó lo que sigue:

D.F.L. N° 1-19.704.- Visto: Lo dispuesto en el artículo 61 de la
Constitución Política de la República y la facultad que me ha conferido
el artículo 4° transitorio de la Ley N° 19.704.

Decreto con fuerza de ley:

Fijase el siguiente texto refundido, coordinado, sistematizado y
actualizado de la Ley N° 18.695,

Orgánica Constitucional de Municipalidades:

TÍTULO I

DE LA MUNICIPALIDAD

Párrafo 1°

Naturaleza y constitución

Artículo 1.- La administración local de cada comuna o agrupación de comunas que determine la ley reside en una municipalidad.

Las municipalidades son corporaciones autónomas de derecho público, con personalidad jurídica y patrimonio propio, cuya finalidad es satisfacer las necesidades de la comunidad local y asegurar su participación en el progreso económico, social y cultural de las respectivas comunas.

Artículo 2.- Las municipalidades estarán constituidas por el alcalde, que será su máxima autoridad, y por el concejo.

Párrafo 2°
Funciones y atribuciones

Artículo 3.- Corresponderá a las municipalidades, en el ámbito de su territorio, las siguientes funciones privativas:

a) Elaborar, aprobar y modificar el plan comunal de desarrollo cuya aplicación deberá armonizar con los planes regionales y nacionales;

b) La planificación y regulación de la comuna y la confección del plan regulador comunal, de acuerdo con las normas legales vigentes;

c) La promoción del desarrollo comunitario;

d) Aplicar las disposiciones sobre transporte y tránsito públicos, dentro de la comuna, en la forma que determinen las leyes y las normas técnicas de carácter general que dicte el ministerio respectivo;

e) Aplicar las disposiciones sobre construcción y urbanización, en la forma que determinen las leyes, sujetándose a las normas técnicas de carácter general que dicte el ministerio respectivo, y

f) El aseo y ornato de la comuna.

Artículo 4.- Las municipalidades, en el ámbito de su territorio, podrán desarrollar, directamente o con otros órganos de la Administración del Estado, funciones relacionadas con:

a) La educación y la cultura;

b) La salud pública y la protección del medio ambiente;

c) La asistencia social y jurídica;

d) La capacitación, la promoción del empleo y el fomento productivo;

e) El turismo, el deporte y la recreación;

f) La urbanización y la vialidad urbana y rural;

g) La construcción de viviendas sociales e infraestructuras sanitarias;

h) El transporte y tránsito públicos;

i) La prevención de riesgos y la prestación de auxilio en situaciones de emergencia o catástrofes;

j) El apoyo y el fomento de medidas de prevención en materia de seguridad ciudadana y colaborar en su implementación, sin perjuicio de lo dispuesto en el inciso tercero del artículo 90 de la Constitución Política;

k) La promoción de la igualdad de oportunidades entre hombres y mujeres, y

l) El desarrollo de actividades de interés común en el ámbito local.

Artículo 5.- Para el cumplimiento de sus funciones las municipalidades tendrán las siguientes atribuciones esenciales:

a) Ejecutar el plan comunal de desarrollo y los programas necesarios para su cumplimiento;

b) Elaborar, aprobar, modificar y ejecutar el presupuesto municipal;

c) Administrar los bienes municipales y nacionales de uso público, incluido su subsuelo, existentes en la comuna, salvo que, en atención a su naturaleza o fines y de conformidad a la ley, la administración de estos últimos corresponda a otros órganos de la Administración del Estado. En ejercicio de esta atribución, les corresponderá, previo informe del consejo económico y social de la comuna, asignar y cambiar la denominación de tales bienes. Asimismo, con el acuerdo de los dos tercios de los concejales en ejercicio, podrá hacer uso de esta atribución respecto de poblaciones, barrios y conjuntos habitacionales, en el territorio bajo su administración;

d) Dictar resoluciones obligatorias con carácter general o particular;

e) Establecer derechos por los servicios que presten y por los permisos y concesiones que otorguen;

f) Adquirir y enajenar, bienes muebles e inmuebles;

g) Otorgar subvenciones y aportes para fines específicos a personas jurídicas de carácter público o privado, sin fines de lucro, que colaboren directamente en el cumplimiento de sus funciones. Estas subvenciones y aportes no podrán exceder, en conjunto, al siete por ciento del presupuesto municipal. Este límite no incluye a las subvenciones y aportes que las municipalidades destinen a las actividades de educación, de salud o de atención de menores que les hayan sido traspasadas en virtud de lo establecido en el decreto con fuerza de ley N° 1-3.063, de Interior, de 1980, cualesquiera sea su forma de administración, ni las destinadas a los Cuerpos de Bomberos. Asimismo, este límite no incluye a las subvenciones o aportes que las Municipalidades de Santiago, Providencia y Las Condes efectúen a la "Corporación Cultural de la I. Municipalidad de Santiago", para el financiamiento de actividades de carácter cultural que beneficien a los habitantes de dichas comunas;

h) Aplicar tributos que graven actividades o bienes que tengan una clara identificación local y estén destinados a obras de desarrollo comunal, para cuyo efecto las autoridades comunales deberán actuar dentro de las normas que la ley establezca;

i) Constituir corporaciones o fundaciones de derecho privado, sin fines de lucro, destinadas a la promoción y difusión del arte y la cultura. La participación municipal en estas corporaciones se regirá por las normas establecidas en el Párrafo 1° del Título VI, y

j) Establecer, en el ámbito de las comunas o agrupación de comunas, territorios denominados unidades vecinales, con el objeto de propender a un desarrollo equilibrado y a una adecuada canalización de la participación ciudadana;

k) Aprobar los planes reguladores comunales y los planes seccionales de comunas que formen parte de un territorio normado por un plan regulador metropolitano o intercomunal, y pronunciarse sobre el proyecto de plan regulador comunal o de plan seccional de comunas que no formen parte de un territorio normado por un plan regulador metropolitano o intercomunal.

Las municipalidades tendrán, además, las atribuciones no esenciales que le confieren las leyes o que versen sobre materias que la Constitución Política de la República expresamente ha encargado sean reguladas por la ley común.

Sin perjuicio de las funciones y atribuciones de otros organismos públicos, las municipalidades podrán colaborar en la fiscalización y en el cumplimiento de las disposiciones legales y reglamentarias correspondientes a la protección del medio ambiente, dentro de los límites comunales.

Cualquier nueva función o tarea que se le asigne a los municipios deberá contemplar el financiamiento respectivo.

Las municipalidades podrán asociarse entre ellas para el cumplimiento de sus fines propios, de acuerdo con las reglas establecidas en el Párrafo 2° del Título VI.

Artículo 6.- La gestión municipal contará, a lo menos, con los siguientes instrumentos:

a) El plan comunal de desarrollo y sus programas;

b) El plan regulador comunal, y

c) El presupuesto municipal anual.

Artículo 7.- El plan comunal de desarrollo, instrumento rector del desarrollo en la comuna, contemplará las acciones orientadas a satisfacer las necesidades de la comunidad local y a promover su avance social, económico y cultural. Su vigencia mínima será de cuatro años, sin que necesariamente deba coincidir con el período de desempeño de las autoridades municipales electas por la ciudadanía. Su ejecución deberá someterse a evaluación periódica, dando lugar a los ajustes y modificaciones que correspondan.

En todo caso, en la elaboración y ejecución del plan comunal de desarrollo, tanto el alcalde como el concejo deberán tener en cuenta la participación ciudadana y la necesaria coordinación con los demás servicios públicos que operen en el ámbito comunal o ejerzan competencias en dicho ámbito.

Artículo 8.- Para el cumplimiento de sus funciones, las municipalidades podrán celebrar convenios con otros órganos de la Administración del Estado en las condiciones que señale la ley respectiva, sin alterar las atribuciones y funciones que corresponden a los municipios.

Asimismo, a fin de atender las necesidades de la comunidad local, las municipalidades podrán celebrar contratos que impliquen la ejecución de acciones determinadas.

De igual modo, podrán otorgar concesiones para la prestación de determinados servicios municipales o para la administración de establecimientos o bienes específicos que posean o tengan a cualquier título.

La celebración de los contratos y el otorgamiento de las concesiones a que aluden los incisos precedentes se hará previa licitación pública, en el caso que el monto de los contratos o el valor de los bienes involucrados exceda de doscientas unidades tributarias mensuales o, tratándose de concesiones, si el total de los derechos o prestaciones que deba pagar el concesionario sea superior a cien unidades tributarias mensuales.

Si el monto de los contratos o el valor de los bienes involucrados o los derechos o prestaciones a pagarse por las concesiones son inferiores a los montos señalados en el inciso precedente, se podrá llamar a propuesta privada. Igual procedimiento se aplicará cuando, no obstante que el monto de los contratos o el valor de los bienes involucrados exceda de los montos indicados en dicho inciso, concurran imprevistos urgentes u otras circunstancias debidamente calificadas por el concejo, en sesión especialmente convocada al efecto y con el voto favorable de la mayoría absoluta de los concejales en ejercicio.

Si no se presentaren interesados o si el monto de los contratos no excediere de cien unidades tributarias mensuales, se podrá proceder mediante contratación directa.

El alcalde informará al concejo sobre la adjudicación de las concesiones, de las licitaciones públicas, de las propuestas privadas, de las contrataciones directas de servicios para el municipio y de las contrataciones de personal, en la primera sesión ordinaria que celebre el concejo con posterioridad a dichas adjudicaciones o contrataciones, informando por escrito sobre las diferentes ofertas recibidas y su evaluación.

Con todo, lo dispuesto en los incisos anteriores no será aplicable a los permisos municipales, los cuales se regirán por lo establecido en los artículos 36 y 63, letra g), de esta ley.

Artículo 9.- Las municipalidades deberán actuar, en todo caso, dentro del marco de los planes nacionales y regionales que regulen la respectiva actividad.

Corresponderá al intendente de la región respectiva velar por el cumplimiento de lo que dispone el inciso anterior.

Artículo 10.- La coordinación entre las municipalidades y entre éstas y los servicios públicos que actúen en sus respectivos territorios, se efectuará mediante acuerdos directos entre estos organismos. A falta de acuerdo, el gobernador provincial que corresponda dispondrá las medidas necesarias para la coordinación requerida, a solicitud de cualquiera de los alcaldes interesados.

En todo caso, la coordinación deberá efectuarse sin alterar las atribuciones y funciones que correspondan a los organismos respectivos.

Artículo 11.- Las municipalidades podrán desarrollar actividades empresariales o participar en ellas sólo si una ley de quórum calificado las autoriza.

Artículo 12.- Las resoluciones que adopten las municipalidades se denominarán ordenanzas, reglamentos municipales, decretos alcaldicios o instrucciones.

Las ordenanzas serán normas generales y obligatorias aplicables a la comunidad. En ellas podrán establecerse multas para los infractores, cuyo monto no excederá de cinco unidades tributarias mensuales, las que serán aplicadas por los juzgados de policía local correspondientes.

Los reglamentos municipales serán normas generales obligatorias y permanentes, relativas a materias de orden interno de la municipalidad.

Los decretos alcaldicios serán resoluciones que versen sobre casos particulares.

Las instrucciones serán directivas impartidas a los subalternos.

Párrafo 3°

Patrimonio y financiamiento municipales

Artículo 13.- El patrimonio de las municipalidades estará constituido por:

a)   Los bienes corporales e incorporales que posean o adquieran a cualquier título;

b)   El aporte que les otorgue el Gobierno Regional respectivo;

c)   Los ingresos provenientes de su participación en el Fondo Común Municipal;

d)   Los derechos que cobren por los servicios que presten y por los permisos y concesiones que otorguen;

e)   Los ingresos que perciban con motivo de sus actividades o de las de los establecimientos de su dependencia;

f)   Los ingresos que recauden por los tributos que la ley permita aplicar a las autoridades comunales, dentro de los marcos que la ley señale, que graven actividades o bienes que tengan una clara identificación local, para ser destinados a obras de desarrollo comunal, sin perjuicio de la disposición séptima transitoria de la Constitución Política, comprendiéndose dentro de ellos, tributos tales como el impuesto territorial establecido en la Ley sobre Impuesto Territorial, el permiso de circulación de vehículos consagrado en la Ley de Rentas Municipales, y las patentes a que se refieren los artículos 23 y 32 de dicha ley y 140 de la Ley de Alcoholes, Bebidas Alcohólicas y Vinagres;

g)   Las multas e intereses establecidos a beneficio municipal, y

h)   Los demás ingresos que les correspondan en virtud de las leyes vigentes.

Artículo 14.- Las municipalidades gozarán de autonomía para la administración de sus finanzas.

Para garantizar el cumplimiento de los fines de las municipalidades y su adecuado funcionamiento, existirá un mecanismo de redistribución solidaria de recursos financieros entre las municipalidades del país, denominado Fondo Común Municipal, el cual estará integrado por los siguientes recursos:

1.   Un sesenta por ciento del impuesto territorial que resulte de aplicar la tasa a que se refiere el artículo 7° de la Ley sobre Impuesto Territorial; no obstante, tratándose de las Municipalidades de Santiago, Providencia, Las Condes y Vitacura, su aporte por este concepto será de un sesenta y cinco por ciento;

2.   Un sesenta y dos coma cinco por ciento del derecho por el permiso de circulación de vehículos que establece la Ley de Rentas Municipales, sin perjuicio de lo establecido en su artículo 12;

3.   Un cincuenta y cinco por ciento de lo que recaude la Municipalidad de Santiago y un sesenta y cinco por ciento de lo que recauden las Municipalidades de Providencia, Las Condes y Vitacura, por el pago de las patentes a que se refieren los artículos 23 y 32 de la Ley de Rentas Municipales, y 140 de la Ley de Alcoholes, Bebidas Alcohólicas y Vinagres;

4.   Un cincuenta por ciento del derecho establecido en el N° 7 del artículo 41 del decreto ley N° 3.063, de 1979, Ley de Rentas Municipales, en la transferencia de vehículos con permisos de circulación, y

5.   El aporte fiscal que conceda para este efecto la Ley de Presupuestos de la Nación.

6.   La distribución de este Fondo se sujetará a los criterios y normas establecidos en la Ley de Rentas Municipales.

Párrafo 4°
Organización interna

Artículo 15.- Las funciones y atribuciones de las municipalidades serán ejercidas por el alcalde y por el concejo en los términos que esta ley señala.

Para los efectos anteriores, las municipalidades dispondrán de una Secretaría Municipal, de una Secretaría Comunal de Planificación y de otras unidades encargadas del cumplimiento de funciones de prestación de servicios y de administración interna, relacionadas con el desarrollo comunitario, obras municipales, aseo y ornato, tránsito y transporte públicos, administración y finanzas, asesoría jurídica y control. Dichas unidades sólo podrán recibir la denominación de Dirección, Departamento, Sección u Oficina.

Artículo 16.- En las comunas cuya población sea superior a cien mil habitantes, las municipalidades incluirán en su organización interna la Secretaría Municipal, la Secretaría Comunal de Planificación, y a lo menos, las unidades encargadas de cada una de las funciones genéricas señaladas en el artículo anterior.

Artículo 17.- En las comunas cuya población sea igual o inferior a cien mil habitantes, la organización interna de sus municipalidades incluirá la Secretaría Municipal y todas o alguna de las unidades encargadas de las funciones genéricas señaladas en el artículo 15, según las necesidades y características de la comuna respectiva. Asimismo, podrán incluir una Secretaría Comunal de Planificación.

Además de lo señalado en el inciso anterior, dichas municipalidades podrán refundir en una sola unidad, dos o más funciones genéricas, cuando las necesidades y características de la comuna respectiva así lo requieran.

Artículo 18.- Dos o más municipalidades, de aquéllas a que alude el inciso primero del artículo anterior, podrán, mediante convenio celebrado al efecto y cuyo eventual desahucio unilateral no producirá consecuencias sino hasta el subsiguiente año presupuestario, compartir entre sí una misma unidad, excluidas la secretaría municipal, el administrador municipal y la unidad de control, con el objeto de lograr un mejor aprovechamiento de los recursos humanos disponibles.

Artículo 19.- Para los efectos de determinar la población de las comunas se considerará el censo legalmente vigente.

En el caso de las municipalidades correspondientes a agrupaciones de comunas, el número de habitantes que se tendrá en cuenta para los efectos de los artículos anteriores, será la totalidad de la población de las comunas que las integren.

Artículo 20.- La Secretaría Municipal estará a cargo de un secretario municipal que tendrá las siguientes funciones:

a) Dirigir las actividades de secretaría administrativa del alcalde y del concejo;

b) Desempeñarse como ministro de fe en todas las actuaciones municipales, y

c) Recibir, mantener y tramitar, cuando corresponda, la declaración de intereses establecida por la ley N° 18.575.

Artículo 21.- La Secretaría Comunal de Planificación desempeñará funciones de asesoría del alcalde y del concejo, en materias de estudios y evaluación, propias de las competencias de ambos órganos municipales.

En tal carácter, le corresponderán las siguientes funciones:

a) Servir de secretaría técnica permanente del alcalde y del concejo en la formulación de la estrategia municipal, como asimismo de las políticas, planes, programas y proyectos de desarrollo de la comuna;

b) Asesorar al alcalde en la elaboración de los proyectos de plan comunal de desarrollo y de presupuesto municipal;

c) Evaluar el cumplimiento de los planes, programas, proyectos, inversiones y el presupuesto municipal, e informar sobre estas materias al concejo, a lo menos semestralmente;

d) Efectuar análisis y evaluaciones permanentes de la situación de desarrollo de la comuna, con énfasis en los aspectos sociales y territoriales;

e) Elaborar las bases generales y específicas, según corresponda, para los llamados a licitación, previo informe de la unidad competente, de conformidad con los criterios e instrucciones establecidos en el reglamento municipal respectivo;

f) Fomentar vinculaciones de carácter técnico con los servicios públicos y con el sector privado de la comuna, y

g) Recopilar y mantener la información comunal y regional atingente a sus funciones.

Adscrito a esta unidad existirá el asesor urbanista, quien requerirá estar en posesión de un título universitario de una carrera de, a lo menos, diez semestres, correspondiéndole las siguientes funciones:

a) Asesorar al alcalde y al concejo en la promoción del desarrollo urbano;

b) Estudiar y elaborar el plan regulador comunal, y mantenerlo actualizado, promoviendo las modificaciones que sean necesarias y preparar los planes seccionales para su aplicación, y

c) Informar técnicamente las proposiciones sobre planificación urbana intercomunal, formuladas al municipio por la Secretaría Regional Ministerial de Vivienda y Urbanismo.

Artículo 22.- La unidad encargada del desarrollo comunitario tendrá como funciones específicas:

a) Asesorar al alcalde y, también, al concejo en la promoción del desarrollo comunitario;

b) Prestar asesoría técnica a las organizaciones comunitarias, fomentar su desarrollo y legalización, y promover su efectiva participación en el municipio, y

c) Proponer y ejecutar, dentro de su ámbito y cuando corresponda, medidas tendientes a materializar acciones relacionadas con salud pública, protección del medio ambiente, educación y cultura, capacitación laboral, deporte y recreación, promoción del empleo, fomento productivo local y turismo.

Artículo 23.- La unidad de servicios de salud, educación y demás incorporados a la gestión municipal tendrá la función de asesorar al alcalde y al concejo en la formulación de las políticas relativas a dichas áreas.

Cuando la administración de dichos servicios sea ejercida directamente por la municipalidad, le corresponderá cumplir, además, las siguientes funciones:

a) Proponer y ejecutar medidas tendientes a materializar acciones y programas relacionados con salud pública y educación, y demás servicios incorporados a su gestión, y

b) Administrar los recursos humanos, materiales y financieros de tales servicios, en coordinación con la unidad de administración y finanzas.

Cuando exista corporación municipal a cargo de la administración de servicios traspasados, y sin perjuicio de lo dispuesto en el inciso primero, a esta unidad municipal le corresponderá formular proposiciones con relación a los aportes o subvenciones a dichas corporaciones, con cargo al presupuesto municipal, y proponer mecanismos que permitan contribuir al mejoramiento de la gestión de la corporación en las áreas de su competencia.

Artículo 24.- A la unidad encargada de obras municipales le corresponderán las siguientes funciones:

a) Velar por el cumplimiento de las disposiciones de la Ley General de Urbanismo y Construcciones, del plan regulador comunal y de las ordenanzas correspondientes, para cuyo efecto gozará de las siguientes atribuciones específicas:

1. Dar aprobación a las subdivisiones de predios urbanos y urbano-rurales;

2. Dar aprobación a los proyectos de obras de urbanización y de construcción;

3. Otorgar los permisos de edificación de las obras señaladas en el número anterior;

4. Fiscalizar la ejecución de dichas obras hasta el momento de su recepción, y

5. Recibirse de las obras ya citadas y autorizar su uso;

b) Fiscalizar las obras en uso, a fin de verificar el cumplimiento de las disposiciones legales y técnicas que las rijan;

c) Aplicar normas ambientales relacionadas con obras de construcción y urbanización;

d) Confeccionar y mantener actualizado el catastro de las obras de urbanización y edificación realizadas en la comuna;

e) Ejecutar medidas relacionadas con la vialidad urbana y rural;

f) Dirigir las construcciones que sean de responsabilidad municipal, sean ejecutadas directamente o a través de terceros, y

g) En general, aplicar las normas legales sobre construcción y urbanización en la comuna.

Quien ejerza la jefatura de esta unidad deberá poseer indistintamente el título de arquitecto, de ingeniero civil, de constructor civil o de ingeniero constructor civil.

Artículo 25.- A la unidad encargada de la función de aseo y ornato corresponderá velar por:

a) El aseo de las vías públicas, parques, plazas, jardines y, en general, de los bienes nacionales de uso público existentes en la comuna;

b) El servicio de extracción de basura, y

c) La construcción, conservación y administración de las áreas verdes de la comuna.

Artículo 26.- A la unidad encargada de la función de tránsito y transporte públicos corresponderá:

a) Otorgar y renovar licencias para conducir vehículos;

b) Determinar el sentido de circulación de vehículos, en coordinación con los organismos de la Administración del Estado competentes;

c) Señalizar adecuadamente las vías públicas, y

d) En general, aplicar las normas generales sobre tránsito y transporte públicos en la comuna.

Artículo 27.- La unidad encargada de administración y finanzas tendrá las siguientes funciones:

a) Asesorar al alcalde en la administración del personal de la municipalidad, y

b) Asesorar al alcalde en la administración financiera de los bienes municipales, para lo cual le corresponderá específicamente:

1. Estudiar, calcular, proponer y regular la percepción de cualquier tipo de ingresos municipales;

2. Colaborar con la Secretaría Comunal de Planificación en la elaboración del presupuesto municipal;

3. Visar los decretos de pago;

4. Llevar la contabilidad municipal en conformidad con las normas de la contabilidad nacional y con las instrucciones que la Contraloría General de la República imparta al respecto;

5. Controlar la gestión financiera de las empresas municipales;

6. Efectuar los pagos municipales, manejar la cuenta bancaria respectiva y rendir cuentas a la Contraloría General de la República, y

7. Recaudar y percibir los ingresos municipales y fiscales que correspondan.

Artículo 28.- Corresponderá a la unidad encargada de la asesoría jurídica, prestar apoyo en materias legales al alcalde y al concejo. Además, informará en derecho todos los asuntos legales que las distintas unidades municipales le planteen, las orientará periódicamente respecto de las disposiciones legales y reglamentarias, y mantendrá al día los títulos de los bienes municipales.

Podrá, asimismo, iniciar y asumir la defensa, a requerimiento del alcalde, en todos aquellos juicios en que la municipalidad sea parte o tenga interés, pudiendo comprenderse también la asesoría o defensa de la comunidad cuando sea procedente y el alcalde así lo determine.

Además, cuando lo ordene el alcalde, deberá efectuar las investigaciones y sumarios administrativos, sin perjuicio que también puedan ser realizados por funcionarios de cualquier unidad municipal, bajo la supervigilancia que al respecto le corresponda a la asesoría jurídica.

Artículo 29.- A la unidad encargada del control le corresponderán las siguientes funciones:

a) Realizar la auditoría operativa interna de la municipalidad, con el objeto de fiscalizar la legalidad de su actuación;

b) Controlar la ejecución financiera y presupuestaria municipal;

c) Representar al alcalde los actos municipales que estime ilegales, informando de ello al concejo, para cuyo objeto tendrá acceso a toda la información disponible;

d) Colaborar directamente con el concejo para el ejercicio de sus funciones fiscalizadoras. Para estos efectos, emitirá un informe trimestral acerca del estado de avance del ejercicio programático presupuestario; asimismo, deberá informar, también trimestralmente, sobre el estado de cumplimiento de los pagos por concepto de cotizaciones previsionales de los funcionarios municipales y de los trabajadores que se desempeñan en servicios incorporados a la gestión municipal, administrados directamente por la municipalidad o a través de corporaciones municipales, y de los aportes que la municipalidad debe efectuar al Fondo Común Municipal. En todo caso, deberá dar respuesta por escrito a las consultas o peticiones de informes que le formule un concejal, y

e) Asesorar al concejo en la definición y evaluación de la auditoría externa que aquél puede requerir en virtud de esta ley.

La jefatura de esta unidad se proveerá mediante concurso de oposición y antecedentes. Las bases del concurso y el nombramiento del funcionario que desempeñe esta jefatura requerirán de la aprobación del concejo. A dicho cargo podrán postular personas que estén en posesión de un título profesional o técnico acorde con la función. El jefe de esta unidad sólo podrá ser removido en virtud de las causales de cese de funciones aplicables a los funcionarios municipales, previa instrucción del respectivo sumario.

Artículo 30.- Existirá un administrador municipal en todas aquellas comunas donde lo decida el concejo a proposición del alcalde. Para desempeñar este cargo se requerirá estar en posesión de un título profesional. Será designado por el alcalde y podrá ser removido por éste o por acuerdo de los dos tercios de los concejales en ejercicio, sin perjuicio que rijan además a su respecto las causales de cesación de funciones aplicables al personal municipal.

El administrador municipal será el colaborador directo del alcalde en las tareas de coordinación y gestión permanente del municipio, y en la elaboración y seguimiento del plan anual de acción municipal y ejercerá las atribuciones que señale el reglamento municipal y las que le delegue el alcalde, siempre que estén vinculadas con la naturaleza de su cargo.

En los municipios donde no esté provisto el cargo de administrador municipal, sus funciones serán asumidas por la dirección o jefatura que determine el alcalde.

El cargo de administrador municipal será incompatible con todo otro empleo, función o comisión en la Administración del Estado.

Artículo 31.- La organización interna de la municipalidad, así como las funciones específicas que se asignen a las unidades respectivas, su coordinación o subdivisión, deberán ser reguladas mediante un reglamento municipal dictado por el alcalde, con acuerdo del concejo conforme lo dispone la letra j) del artículo 65.

Párrafo 5°

Régimen de bienes

Artículo 32.- Los bienes municipales destinados al funcionamiento de sus servicios y los dineros depositados a plazo o en cuenta corriente, serán inembargables.

La ejecución de toda sentencia que condene a una municipalidad se efectuará mediante la dictación de un decreto alcaldicio.

Artículo 33.- La adquisición del dominio de los bienes raíces se sujetará a las normas del derecho común.

Sin embargo, para los efectos de dar cumplimiento a las normas del plan regulador comunal, las municipalidades estarán facultadas para adquirir bienes raíces por expropiación, los que se declaran de utilidad pública.

Artículo 34.- Los bienes inmuebles municipales sólo podrán ser enajenados, gravados o arrendados en caso de necesidad o utilidad manifiesta.

El procedimiento que se seguirá para la enajenación será el remate o la licitación públicos. El valor mínimo para el remate o licitación será el avalúo fiscal, el cual sólo podrá ser rebajado con acuerdo del concejo.

Artículo 35.- La disposición de los bienes muebles dados de baja se efectuará mediante remate público. No obstante, en casos calificados, las municipalidades podrán donar tales bienes a instituciones públicas o privadas de la comuna que no persigan fines de lucro.

Artículo 36.- Los bienes municipales o nacionales de uso público, incluido su subsuelo, que administre la municipalidad, podrán ser objeto de concesiones y permisos.

Los permisos serán esencialmente precarios y podrán ser modificados o dejados sin efecto, sin derecho a indemnización.

Las concesiones darán derecho al uso preferente del bien concedido en las condiciones que fije la municipalidad. Sin embargo, ésta podrá darles término en cualquier momento, cuando sobrevenga un menoscabo o detrimento grave al uso común o cuando concurran otras razones de interés público.

El concesionario tendrá derecho a indemnización en caso de término anticipado de la concesión, salvo que éste se haya producido por incumplimiento de las obligaciones de aquél.

Artículo 37.- Las concesiones para construir y explotar el subsuelo se otorgarán previa licitación pública y serán transferibles, asumiendo el adquirente todos los derechos y obligaciones que deriven del contrato de concesión.

La transferencia deberá ser aprobada por la municipalidad respectiva en los términos consignados en la letra i) del artículo 65 de esta ley, dentro de los 30 días siguientes a la recepción de la solicitud. Transcurrido dicho plazo sin que la municipalidad se pronuncie, la transferencia se considerará aprobada, hecho que certificará el secretario municipal.

El adquirente deberá reunir todos los requisitos y condiciones exigidos al primer concesionario, circunstancia que será calificada por la municipalidad al examinar la aprobación a que se refiere el inciso anterior.

La municipalidad sólo podrá rechazar la transferencia por no concurrir en el adquirente los citados requisitos y condiciones.

Las aguas, sustancias minerales, materiales u objetos que aparecieren como consecuencia de la ejecución de las obras, no se entenderán incluidos en la concesión, y su utilización por el concesionario se regirá por las normas que les sean aplicables.

En forma previa a la iniciación de las obras el concesionario deberá someter el proyecto al sistema de evaluación de impacto ambiental, regulado en la Ley N° 19.300, sobre Bases del Medio Ambiente.

El concesionario podrá dar en garantía la concesión y sus bienes propios destinados a la explotación de ésta.

Los Conservadores de Bienes Raíces llevarán un registro especial en que se inscribirán y anotarán estas concesiones, sus transferencias y las garantías a que se refiere el inciso anterior.

La concesión sólo se extinguirá por las siguientes causales:

1. Cumplimiento del plazo por el que se otorgó;

2. Incumplimiento grave de las obligaciones impuestas al concesionario, y

3. Mutuo acuerdo entre la municipalidad y el concesionario.

Artículo 38.- Las personas que contraigan obligaciones contractuales con la municipalidad por una suma no inferior a dos unidades tributarias mensuales, deberán rendir caución.

Artículo 39.- El alcalde tendrá derecho al uso de vehículo municipal para el desempeño de las actividades propias de su cargo, sin que sean aplicables a su respecto las restricciones que establecen las normas vigentes en cuanto a su circulación y a la obligación de llevar disco distintivo.

Párrafo 6°

Personal

Artículo 40.- El Estatuto Administrativo de los funcionarios municipales regulará la carrera funcionaria y considerará especialmente el ingreso, los deberes y derechos, la responsabilidad administrativa y la cesación de funciones, en conformidad con las bases que se establecen en los artículos siguientes.

Para los efectos anteriores, se entenderá que son funcionarios municipales el alcalde, las demás personas que integren la planta de personal de las municipalidades y los personales a contrata que se consideren en la dotación de las mismas, fijadas anualmente en el presupuesto municipal.

No obstante, al alcalde sólo le serán aplicables las normas relativas a los deberes y derechos y la responsabilidad administrativa. Asimismo, al alcalde y a los concejales les serán aplicables las normas sobre probidad administrativa establecidas en la ley N° 18.575.

Artículo 41.- El ingreso en calidad de titular se hará por concurso público y la selección de los postulantes se efectuará mediante procedimientos técnicos, imparciales e idóneos que aseguren una apreciación objetiva de sus aptitudes y méritos.

Artículo 42.- El personal estará sometido a un sistema de carrera que proteja la dignidad de la función municipal y que guarde conformidad con su carácter técnico, profesional y jerarquizado. Le serán aplicables las normas sobre probidad administrativa establecidas por el título III de la ley N° 18.575, para el personal de la Administración Pública.

La carrera funcionaria se fundará en el mérito, la antigüedad y la idoneidad de los funcionarios de planta, para cuyo efecto existirán procesos de calificación objetivos e imparciales.

Las promociones podrán efectuarse, según lo disponga el estatuto, mediante ascenso en el respectivo escalafón o, excepcionalmente, por concurso, aplicándose en este último caso las reglas previstas en el artículo anterior.

Artículo 43.- El personal gozará de estabilidad en el empleo y sólo podrá cesar en él por renuncia voluntaria debidamente aceptada; por jubilación, o por otra causal legal basada en su desempeño deficiente, en el incumplimiento de sus obligaciones, en la pérdida de requisitos para ejercer la función, en el término del período legal o en la supresión del empleo. Lo anterior es sin perjuicio de lo establecido en el artículo 47.

El desempeño deficiente y el incumplimiento de obligaciones deberá acreditarse en las calificaciones correspondientes o mediante investigación o sumario administrativo.

Los funcionarios municipales sólo podrán ser destinados a funciones propias del empleo para el cual han sido designados.

Los funcionarios municipales podrán ser designados en comisiones de servicio para el desempeño de funciones ajenas al cargo, en la misma municipalidad. Las comisiones de servicio serán esencialmente transitorias y no podrán significar el desempeño de funciones de inferior jerarquía a las del cargo, o ajenas a los conocimientos que éste requiere o a la municipalidad.

Artículo 44.- Dos o más municipalidades podrán convenir que un mismo funcionario ejerza, simultáneamente, labores análogas en todas ellas. El referido convenio requerirá el acuerdo de los respectivos concejos y la conformidad del funcionario.

El estatuto administrativo de los funcionarios municipales regulará la situación prevista en el inciso anterior.

Artículo 45.- Para los efectos de la calificación del desempeño de los funcionarios municipales, se establecerá un procedimiento de carácter general, que asegure su objetividad e imparcialidad. Además, se llevará una hoja de vida por cada funcionario, en la cual se anotarán sus méritos y deficiencias.

La calificación se considerará para el ascenso, cesación en el empleo y para los estímulos al funcionario, en la forma que establezca la ley.

Artículo 46.- La capacitación y el perfeccionamiento en el desempeño de la función municipal se realizarán mediante un sistema que propenda a estos fines a través de programas.

Estas actividades podrán llevarse a cabo mediante convenios con instituciones públicas o privadas.

La ley podrá exigir como requisito de promoción o ascenso el haber cumplido determinadas actividades de capacitación o perfeccionamiento. La destinación a los cursos de capacitación y perfeccionamiento se efectuará por orden de escalafón o por concurso, según lo determine la ley.

Podrán otorgarse becas a los funcionarios municipales para seguir cursos relacionados con su capacitación y perfeccionamiento.

Artículo 47.- Tendrán la calidad de funcionarios de exclusiva confianza del alcalde, las personas que sean designadas como titulares en los cargos de secretario comunal de planificación, y en aquellos que impliquen dirigir las unidades de asesoría jurídica, de salud y educación y demás incorporados a su gestión, y de desarrollo comunitario.

Artículo 48.- En el sistema legal de remuneración de las municipalidades se procurará aplicar el principio de que a funciones análogas, que importen responsabilidades semejantes y se ejerzan en condiciones similares, se les asignen iguales retribuciones y demás beneficios económicos.

Artículo 49.- La municipalidad velará permanentemente por la carrera funcionaria y el cumplimiento de las normas y principios de carácter técnico y profesional establecidos en este párrafo, y asegurará tanto la igualdad de oportunidades de ingreso a ella como la capacitación y el perfeccionamiento de sus integrantes.

Párrafo 7°
Fiscalización

Artículo 50.- Las municipalidades se regirán por las normas sobre administración financiera del Estado.

Artículo 51.- Las municipalidades serán fiscalizadas por la Contraloría General de la República, de acuerdo con su ley orgánica constitucional, sin perjuicio de las facultades generales de fiscalización interna que correspondan al alcalde, al concejo y a las unidades municipales dentro del ámbito de su competencia.

Artículo 52.- En el ejercicio de sus funciones de control de la legalidad, la Contraloría General de la República podrá emitir dictámenes jurídicos sobre todas las materias sujetas a su control.

Artículo 53.- Las resoluciones que dicten las municipalidades estarán exentas del trámite de toma de razón, pero deberán registrarse en la Contraloría General de la República cuando afecten a funcionarios municipales.

Para tal objeto, la Contraloría deberá llevar un registro del personal municipal en la forma y condiciones en que lo hace para el resto del sector público, debiendo las municipalidades remitir los antecedentes que aquélla solicite.

Artículo 54.- La Contraloría General de la República podrá constituir en cuentadante y hacer efectiva la responsabilidad consiguiente, a cualquier funcionario municipal que haya causado un detrimento al patrimonio municipal.

Para los efectos de determinar la responsabilidad de los funcionarios municipales, la Contraloría podrá fijar, según el grado de intervención que les haya cabido en el hecho, la proporción en que deban concurrir al pago de las obligaciones o aplicar las normas relativas a la responsabilidad solidaria.

Artículo 55.- Los informes que emita la Contraloría serán puestos en conocimiento del respectivo concejo.

TÍTULO II
DEL ALCALDE

Párrafo 1°
Disposiciones generales

Artículo 56.- El alcalde es la máxima autoridad de la municipalidad y en tal calidad le corresponderá su dirección y administración superior y la supervigilancia de su funcionamiento.

En la condición antedicha, el alcalde deberá presentar, oportunamente y en forma fundada, a la aprobación del concejo, el plan comunal de desarrollo, el presupuesto municipal, el plan regulador, las políticas de la unidad de servicios de salud y educación y demás incorporados a su gestión, y las políticas y normas generales sobre licitaciones, adquisiciones, concesiones y permisos.

Artículo 57.- El alcalde será elegido por sufragio universal, en votación conjunta y cédula separada de la de concejales, en conformidad con lo establecido en esta ley. Su mandato durará cuatro años y podrá ser reelegido.

Para ser candidato a alcalde se deberá cumplir con los requisitos señalados en el artículo 73 de la presente ley.

Artículo 58.- El alcalde asumirá sus funciones de acuerdo a lo previsto en el artículo 83.

Artículo 59.- El cargo de alcalde será incompatible con el ejercicio de cualquier otro empleo o función pública retribuido con fondos estatales, con excepción de los empleos o funciones docentes de educación básica, media o superior, hasta el límite de doce horas semanales.

Los funcionarios regidos por la Ley N° 18.834, sobre Estatuto Administrativo, los funcionarios regidos por la Ley N° 18.883, sobre Estatuto Administrativo de los Funcionarios Municipales y los profesionales de la educación regidos por la Ley N° 19.070, sobre Estatuto Docente, así como el personal no docente de la educación municipal y el regido por la Ley N° 19.378, que fueren elegidos alcaldes en conformidad con las disposiciones de esta ley, tendrán derecho a que se les conceda permiso sin goce de remuneraciones respecto de los cargos que estuvieren sirviendo en calidad de titulares, por todo el tiempo que comprenda su desempeño alcaldicio. Lo dispuesto en este inciso no será aplicable a las personas que se desempeñen en cargos de exclusiva confianza.

Incurrirán en inhabilidad sobreviniente, para desempeñar el cargo de alcalde, las personas que, por sí o como representantes de otra persona natural o jurídica, celebren contratos u otorguen cauciones en favor de la municipalidad respectiva o tengan litigios pendientes con ésta, en calidad de demandantes, durante el desempeño de su mandato.

Artículo 60.- El alcalde cesará en su cargo en los siguientes casos:

a) Pérdida de la calidad de ciudadano;

b) Inhabilidad o incompatibilidad sobreviniente;

c) Remoción por impedimento grave, por contravención de igual carácter a las normas sobre probidad administrativa, o notable abandono de sus deberes; y

d) Renuncia por motivos justificados, aceptada por los dos tercios de los miembros en ejercicio del concejo. Con todo, la renuncia que fuere motivada por la postulación a otro cargo de elección popular no requerirá de acuerdo alguno.

La causal establecida en la letra a) será declarada por el tribunal electoral regional respectivo, una vez verificada la existencia de alguna de las circunstancias que contempla el artículo 17 de la Constitución Política de la República. Se otorgará acción pública para sustanciar este procedimiento.

La causal establecida en la letra b) será declarada por el mismo tribunal, a requerimiento de a lo menos dos concejales de la correspondiente municipalidad. El alcalde que estime estar afectado por alguna causal de inhabilidad deberá darla a conocer al concejo tan pronto tenga conocimiento de su existencia.

La causal establecida en la letra c) será declarada por el tribunal electoral regional respectivo, a requerimiento de a lo menos un tercio de los concejales en ejercicio; salvo tratándose del caso previsto en el inciso segundo del artículo 65, en que la remoción sólo podrá promoverla el concejo, observándose en todo caso el procedimiento establecido en los artículos 17 y siguientes de la ley N° 18.593, para lo cual no se requerirá el patrocinio de abogado.

Con todo, la cesación en el cargo de alcalde, tratándose de las causales contempladas en las letras a), b) y c), operará sólo una vez ejecutoriada la resolución que declare su existencia. Sin perjuicio de ello, en el caso de notable abandono de deberes o contravención grave a las normas sobre probidad administrativa, el alcalde quedará suspendido en el cargo tan pronto le sea notificada la sentencia de primera instancia que acoja el requerimiento. En tal caso se aplicará lo dispuesto en el inciso tercero del artículo 62. En el evento de quedar a firme dicha resolución, el afectado estará inhabilitado para ejercer cualquier cargo público por el término de cinco años.

Artículo 61.- El alcalde o concejal cuyo derecho a sufragio se suspenda por alguna de las causales previstas en el artículo 16 de la Constitución Política de la República, se entenderá temporalmente incapacitado para el desempeño de su cargo, debiendo ser reemplazado, mientras dure su incapacidad, de conformidad a lo establecido en los artículos 62 y 78.

Artículo 62.- El alcalde, en caso de ausencia o impedimento no superior a cuarenta y cinco días, será subrogado en sus funciones por el funcionario en ejercicio que le siga en orden de jerarquía dentro de la municipalidad, con exclusión del juez de policía local.

Sin embargo, previa consulta al concejo, el alcalde podrá designar como subrogante a un funcionario que no corresponda a dicho orden.

La subrogación comprenderá también la representación del municipio, la atribución de convocar al concejo y el derecho a asistir a sus sesiones sólo con derecho a voz. Mientras opere la subrogancia, la presidencia del concejo la ejercerá el concejal presente que haya obtenido mayor votación ciudadana en la elección municipal respectiva, salvo cuando opere lo dispuesto en el inciso tercero del artículo 107.

Cuando el alcalde se encuentre afecto a una incapacidad temporal superior a cuarenta y cinco días, el concejo designará, de entre sus miembros, un alcalde suplente, mediante acuerdo adoptado por la mayoría absoluta de los concejales en ejercicio en sesión especialmente convocada al efecto.

En caso de vacancia del cargo de alcalde, previo cumplimiento de lo establecido en el artículo 78, el concejo procederá a elegir un nuevo alcalde, que complete el período, de entre sus propios miembros y por mayoría absoluta de los concejales en ejercicio, en sesión especialmente convocada al efecto. De no reunir ninguno de ellos dicha mayoría, se repetirá la votación, circunscrita sólo a los dos concejales que hubieren obtenido las dos mayorías relativas. En caso de no lograrse nuevamente la mayoría absoluta en esta segunda votación, o produciéndose empate, será considerado alcalde aquél de los dos concejales que hubiere obtenido mayor número de preferencias ciudadanas en la elección municipal respectiva. El mismo mecanismo de las preferencias ciudadanas se aplicará también para resolver los empates en la determinación de las mayorías relativas en la primera votación.

La elección se efectuará en sesión extraordinaria que se celebrará dentro de los doce días siguientes a la fecha en que se hubiere producido la vacante. El secretario municipal citará al efecto al concejo con tres días de anticipación a lo menos. El nuevo alcalde así elegido permanecerá en el cargo por el tiempo que faltare para completar el respectivo período, pudiendo ser reelegido. Mientras no sea elegido nuevo alcalde, regirá lo dispuesto en el inciso primero.

Párrafo 2°

Atribuciones

Artículo 63. El alcalde tendrá las siguientes atribuciones:

a) Representar judicial y extrajudicialmente a la municipalidad;

b) Proponer al concejo la organización interna de la municipalidad;

c) Nombrar y remover a los funcionarios de su dependencia de acuerdo con las normas estatutarias que los rijan;

d) Velar por la observancia del principio de la probidad administrativa dentro del municipio y aplicar medidas disciplinarias al personal de su dependencia, en conformidad con las normas estatutarias que lo rijan;

e) Administrar los recursos financieros de la municipalidad, de acuerdo con las normas sobre administración financiera del Estado;

f) Administrar los bienes municipales y nacionales de uso público de la comuna que correspondan en conformidad a esta ley;

g) Otorgar, renovar y poner término a permisos municipales;

h) Adquirir y enajenar bienes muebles;

i) Dictar resoluciones obligatorias de carácter general o particular;

j) Delegar el ejercicio de parte de sus atribuciones exclusivas en funcionarios de su dependencia o en los delegados que designe, salvo las contempladas en las letras c) y d). Igualmente podrá delegar la facultad para firmar, bajo la fórmula "por orden del alcalde", sobre materias específicas;

k) Coordinar el funcionamiento de la municipalidad con los órganos de la Administración del Estado que corresponda;

l) Coordinar con los servicios públicos la acción de éstos en el territorio de la comuna;

m) Ejecutar los actos y celebrar los contratos necesarios para el adecuado cumplimiento de las funciones de la municipalidad y de lo dispuesto en el artículo 34 de la Ley N° 18.575;

n) Convocar y presidir, con derecho a voto, el concejo; como asimismo, convocar y presidir el consejo económico y social comunal;

o) Someter a plebiscito las materias de administración local, de acuerdo a lo establecido en los artículos 99 y siguientes;

p) Autorizar la circulación de los vehículos municipales fuera de los días y horas de trabajo, para el cumplimiento de las funciones inherentes a la municipalidad, y

q) Remitir oportunamente a la Contraloría General de la República un ejemplar de la declaración de intereses, exigida por el artículo 61 de la ley N° 18.575.

Artículo 64.- El alcalde consultará al concejo para efectuar la designación de delegados a que se refiere el artículo 68.

Artículo 65.- El alcalde requerirá el acuerdo del concejo para:

a) Aprobar el plan comunal de desarrollo y el presupuesto municipal, y sus modificaciones, como asimismo los presupuestos de salud y educación, los programas de inversión correspondientes y las políticas de recursos humanos, de prestación de servicios municipales y de concesiones, permisos y licitaciones;

b) Aprobar el plan regulador comunal, los planes seccionales y el proyecto de plan regulador comunal o de plan seccional en casos a que se refiere la letra k) del artículo 5°;

c) Establecer derechos por los servicios municipales y por los permisos y concesiones;

d) Aplicar, dentro de los marcos que indique la ley, los tributos que graven actividades o bienes que tengan una clara identificación local y estén destinados a obras de desarrollo comunal;

e) Adquirir, enajenar, gravar, arrendar por un plazo superior a cuatro años o traspasar a cualquier título, el dominio o mera tenencia de bienes inmuebles municipales o donar bienes muebles;

f) Expropiar bienes inmuebles para dar cumplimiento al plan regulador comunal;

g) Otorgar subvenciones y aportes, para financiar actividades comprendidas entre las funciones de las municipalidades, a personas jurídicas de carácter público o privado, sin fines de lucro, y ponerles término;

h) Transigir judicial y extrajudicialmente;

i) Otorgar concesiones municipales, renovarlas y ponerles término. En todo caso, las renovaciones sólo podrán acordarse dentro de los seis meses que precedan a su expiración, aun cuando se trate de concesiones reguladas en leyes especiales;

j) Dictar ordenanzas municipales y el reglamento a que se refiere el artículo 31;

k) Omitir el trámite de licitación pública en los casos de imprevistos urgentes u otras circunstancias debidamente calificadas, en conformidad con lo dispuesto en el artículo 8° de esta ley;

l) Convocar, de propia iniciativa, a plebiscito comunal, en conformidad con lo dispuesto en el Título IV;

m) Readscribir o destinar a otras unidades al personal municipal que se desempeñe en la unidad de control;

n) Otorgar, renovar, caducar y trasladar patentes de alcoholes. El otorgamiento, la renovación o el traslado de estas patentes se practicará previa consulta a las juntas de vecinos respectivas, y

o) Fijar el horario de funcionamiento de los establecimientos de expendio de bebidas alcohólicas existentes en la comuna.

Las materias que requieren el acuerdo del concejo serán de iniciativa del alcalde. Sin perjuicio de lo anterior, si el alcalde incurriere en incumplimiento reiterado y negligente de las obligaciones señaladas en el inciso segundo del artículo 56, podrá ser requerido por el concejo para que presente el o los proyectos que correspondan dentro de un tiempo prudencial. En caso de que el alcalde persista en la omisión, su conducta podrá ser considerada como causal de notable abandono de deberes, para los efectos de lo previsto en la letra c) del artículo 60.

Al aprobar el presupuesto, el concejo velará porque en él se indiquen los ingresos estimados y los montos de los recursos suficientes para atender los gastos previstos. El concejo no podrá aumentar el presupuesto de gastos presentado por el alcalde, sino sólo disminuirlo, y modificar su distribución, salvo respecto de gastos establecidos por ley o por convenios celebrados por el municipio. Con todo, el presupuesto deberá reflejar las estrategias, políticas, planes, programas y metas aprobados por el concejo a proposición del alcalde.

El presupuesto municipal incluirá los siguientes anexos informativos:

1.   Los proyectos provenientes del Fondo Nacional de Desarrollo Regional, de las Inversiones Sectoriales de Asignación Regional, del Subsidio de Agua Potable, y de otros recursos provenientes de terceros, con sus correspondientes presupuestos.

2.   Los proyectos presentados anualmente a fondos sectoriales, diferenciando entre aprobados, en trámite, y los que se presentarán durante el transcurso del año, señalándose los ingresos solicitados y gastos considerados.

3.   Los proyectos presentados a otras instituciones nacionales o internacionales.

Los proyectos mencionados deberán ser informados al concejo conjuntamente con la presentación del presupuesto, sin perjuicio de informar además trimestralmente su estado de avance y el flujo de ingresos y gastos de los mismos.

El acuerdo a que se refiere la letra b) de este artículo deberá ser adoptado con el siguiente quórum:

a)   Cuatro concejales en las comunas que cuenten con seis concejales.

b)   Cinco concejales en las comunas que cuenten con ocho.

c)   Seis concejales en las comunas que cuenten con diez de ellos.

Artículo 67.- El alcalde deberá dar cuenta pública al concejo, a más tardar en el mes de abril de cada año, de su gestión anual y de la marcha general de la municipalidad.

La cuenta pública se efectuará mediante informe escrito, el cual deberá hacer referencia a lo menos a los siguientes contenidos:

a)   El balance de la ejecución presupuestaria y el estado de situación financiera, indicando la forma en que la previsión de ingresos y gastos se ha cumplido efectivamente;

b)   Las acciones realizadas para el cumplimiento del plan comunal de desarrollo, así como los estados de avance de los programas de mediano y largo plazo, las metas cumplidas y los objetivos alcanzados;

c)   Las inversiones efectuadas en relación con los proyectos concluidos en el período y aquellos en ejecución, señalando específicamente las fuentes de su financiamiento;

d)   Un resumen de las observaciones más relevantes efectuadas por la Contraloría General de la República, en cumplimiento de sus funciones propias, relacionadas con la administración municipal;

e)   Los convenios celebrados con otras instituciones, públicas o privadas, así como la constitución de corporaciones o fundaciones, o la incorporación municipal a ese tipo de entidades;

f) Las modificaciones efectuadas al patrimonio municipal, y

g) Todo hecho relevante de la administración municipal que deba ser conocido por la comunidad local.

Un extracto de la cuenta pública del alcalde deberá ser difundido a la comunidad. Sin perjuicio de lo anterior, la cuenta íntegra efectuada por el alcalde deberá estar a disposición de los ciudadanos para su consulta.

El no cumplimiento de lo establecido en este artículo será considerado causal de notable abandono de sus deberes por parte del alcalde.

Artículo 68.- El alcalde podrá designar delegados en localidades distantes de la sede municipal o en cualquier parte de la comuna, cuando las circunstancias así lo justifiquen. Tal designación podrá recaer en un funcionario de la municipalidad o en ciudadanos que cumplan con los requisitos establecidos en el artículo 73 y no estén en la situación prevista por el inciso tercero del artículo 59.

Si la designación recayere en un funcionario de la municipalidad, éste ejercerá su cometido en comisión de servicios; si fuere designada una persona ajena a aquélla, podrá ser contratada a honorarios o se desempeñará ad honorem, según se establezca en la respectiva resolución, quedando afecta a las mismas responsabilidades de los funcionarios municipales.

La delegación deberá ser parcial y recaer sobre materias específicas. En la resolución respectiva el alcalde determinará las facultades que confiere, el plazo y el ámbito territorial de competencia del delegado.

La designación de los delegados deberá ser comunicada por el alcalde al gobernador respectivo.

Artículo 69.- Los alcaldes tendrán derecho a percibir una asignación inherente al cargo correspondiente al 30% de la suma del sueldo base y la asignación municipal, la que será imponible y tributable. El gasto que represente el pago de este beneficio se efectuará con cargo al presupuesto de la municipalidad.

En ningún caso el alcalde podrá percibir pago por horas extraordinarias.

Artículo 70.- Los alcaldes no podrán tomar parte en la discusión y votación de asuntos en que él o sus parientes, hasta el cuarto grado de consanguinidad o segundo de afinidad, tengan interés.

TÍTULO III
DEL CONCEJO

Artículo 71.- En cada municipalidad habrá un concejo de carácter normativo, resolutivo y fiscalizador, encargado de hacer efectiva la participación de la comunidad local y de ejercer las atribuciones que señala esta ley.

Artículo 72.- Los concejos estarán integrados por concejales elegidos por votación directa mediante un sistema de representación proporcional, en conformidad con esta ley. Durarán cuatro años en sus cargos y podrán ser reelegidos.

Cada concejo estará compuesto por:

a) Seis concejales en las comunas o agrupaciones de comunas de hasta setenta mil electores;

b)   Ocho concejales en las comunas o agrupaciones de comunas de más de setenta mil y hasta ciento cincuenta mil electores, y

c)   Diez concejales en las comunas o agrupaciones de comunas de más de ciento cincuenta mil electores.

El número de concejales por elegir en cada comuna o agrupación de comunas, en función de sus electores, será determinado mediante resolución del Director del Servicio Electoral. Para estos efectos, se considerará el registro electoral vigente siete meses antes de la fecha de la elección respectiva. La resolución del Director del Servicio deberá ser publicada en el Diario Oficial dentro de los diez días siguientes al término del referido plazo de siete meses, contado hacia atrás desde la fecha de la elección.

Artículo 73.- Para ser elegido concejal se requiere:

a)   Ser ciudadano con derecho a sufragio;

b)   Saber leer y escribir;

c)   Tener residencia en la región a que pertenezca la respectiva comuna o agrupación de comunas, según corresponda, a lo menos durante los últimos dos años anteriores a la elección;

d)   Tener su situación militar al día, y

e)   No estar afecto a alguna de las inhabilidades que establece esta ley.

Artículo 74.- No podrán ser candidatos a concejales:

a)   Los ministros de Estado, los subsecretarios, los secretarios regionales ministeriales, los intendentes, los gobernadores, los consejeros regionales, los parlamentarios, los miembros del consejo del Banco Central y el Contralor General de la República;

b)   Los miembros y funcionarios de los diferentes escalafones del Poder Judicial, así como los del Tribunal Constitucional, del Tribunal Calificador de Elecciones y de los Tribunales Electorales Regionales, los miembros de las Fuerzas Armadas, Carabineros e Investigaciones, y

c)   Las personas que a la fecha de inscripción de sus candidaturas tengan vigente o suscriban, por sí o por terceros, contratos o cauciones ascendentes a doscientas unidades tributarias mensuales o más, con la respectiva municipalidad. Tampoco podrán serlo quienes tengan litigios pendientes con la municipalidad, a menos que se refieran al ejercicio de derechos propios, de su cónyuge, hijos, adoptados o parientes hasta el tercer grado de consanguinidad y segundo de afinidad inclusive.

Igual prohibición regirá respecto de los directores, administradores, representantes y socios titulares del diez por ciento o más de los derechos de cualquier clase de sociedad, cuando ésta tenga contratos o cauciones vigentes ascendentes a doscientas unidades tributarias mensuales o más, o litigios pendientes con la municipalidad.

Tampoco podrán ser candidatos a concejales las personas que se hallen condenadas por crimen o simple delito.

Artículo 75.- Los cargos de concejales serán incompatibles con los de miembro de los consejos económicos y sociales provinciales y comunales, así como con las funciones públicas señaladas en las letras a) y b) del artículo anterior. También lo serán con todo empleo, función o comisión que se desempeñe en la misma municipalidad, con excepción de los cargos profesionales en educación, salud o servicios municipalizados.

Tampoco podrán desempeñar el cargo de concejal:

a)   Los que durante el ejercicio de tal cargo incurran en alguno de los supuestos a que alude la letra c) del artículo 74, y

b)   Los que durante su desempeño actuaren como abogados o mandatarios en cualquier clase de juicio contra la respectiva municipalidad.

Sin perjuicio de lo establecido en la presente ley, a los concejales no les será aplicable la incompatibilidad establecida en el inciso primero del artículo 80 de la Ley N° 18.834.

Artículo 76.- Los concejales cesarán en el ejercicio de sus cargos por las siguientes causales:

a)   Incapacidad psíquica o física para el desempeño del cargo;

b)   Renuncia por motivos justificados, aceptada por el concejo. Con todo, la renuncia que fuere motivada por la postulación a otro cargo de elección popular no requerirá de acuerdo alguno;

c)   Inasistencia injustificada a más del cincuenta por ciento de las sesiones ordinarias a que se cite en un año calendario;

d)   Inhabilidad sobreviniente, por alguna de las causales previstas en las letras a) y b) del artículo anterior;

e)   Pérdida de alguno de los requisitos exigidos para ser elegido concejal. Sin embargo, la suspensión del derecho de sufragio sólo dará lugar a la incapacitación temporal para el desempeño del cargo, y

f)   Incurrir en una contravención grave al principio de la probidad administrativa o en alguna de las incompatibilidades previstas en el inciso primero del artículo anterior.

Artículo 77.- Las causales establecidas en las letras a), c), d), e) y f) del artículo anterior serán declaradas por el Tribunal Electoral Regional respectivo, a requerimiento de cualquier concejal de la respectiva municipalidad, conforme al procedimiento establecido en los artículos 17 y siguientes de la Ley N° 18.593. El concejal que estime estar afectado por alguna causal de inhabilidad deberá darla a conocer apenas tenga conocimiento de su existencia. La cesación en el cargo, tratándose de estas causales, operará una vez ejecutoriada la sentencia que declare su existencia.

Artículo 78.- Si falleciere o cesare en su cargo algún concejal durante el desempeño de su mandato, la vacante se proveerá con el ciudadano que, habiendo integrado la lista electoral del concejal que provoque la vacancia, habría resultado elegido si a esa lista hubiere correspondido otro cargo. Si el concejal que cesare hubiere sido elegido dentro de un subpacto, la prioridad para reemplazarlo corresponderá al candidato que hubiere resultado elegido si a ese subpacto le hubiere correspondido otro cargo.

En caso de no ser aplicable la regla anterior, la vacante será proveída por el concejo, por mayoría absoluta de sus miembros en ejercicio, de entre los incluidos en una terna propuesta por el partido político al que hubiere pertenecido, al momento de ser elegido, quien hubiere motivado la vacante. Para tal efecto, el partido político tendrá un plazo de diez días hábiles desde su notificación por el secretario municipal del fallo del tribunal electoral regional. Transcurrido dicho plazo sin que se presente la terna, el concejal que provoca la vacante no será reemplazado.

Los concejales elegidos como independientes no serán reemplazados, a menos que éstos hubieren postulado integrando pactos. En este último caso, se aplicará lo dispuesto en los dos primeros incisos del presente artículo. Para tal efecto, la terna que señala el inciso segundo, será propuesta por el o los partidos políticos que constituyeron el subpacto con el independiente que motiva la vacante, o, en su defecto, por el pacto electoral que lo incluyó.

El nuevo concejal permanecerá en funciones el término que le faltaba al que originó la vacante, pudiendo ser reelegido.

En ningún caso procederán elecciones complementarias.

Artículo 79.- Al concejo le corresponderá:

a) Elegir al alcalde, en caso de vacancia, de acuerdo con lo dispuesto en el artículo 62;

b) Pronunciarse sobre las materias que enumera el artículo 65 de esta ley;

c) Fiscalizar el cumplimiento de los planes y programas de inversión municipales y la ejecución del presupuesto municipal;

d) Fiscalizar las actuaciones del alcalde y formularle las observaciones que le merezcan, las que deberán ser respondidas por escrito dentro del plazo máximo de veinte días;

e) Pronunciarse respecto de los motivos de renuncia a los cargos de alcalde y de concejal;

f) Aprobar la participación municipal en asociaciones, corporaciones o fundaciones;

g) Recomendar al alcalde prioridades en la formulación y ejecución de proyectos específicos y medidas concretas de desarrollo comunal;

h) Citar o pedir información, a través del alcalde, a los organismos o funcionarios municipales cuando lo estime necesario para pronunciarse sobre las materias de su competencia.

i) La facultad de solicitar información la tendrá también cualquier concejal, la que deberá formalizarse por escrito al concejo.

j) El alcalde estará obligado a responder el informe en un plazo no mayor de veinte días;

k) Elegir, en un solo acto, a los integrantes del directorio que le corresponda designar a la municipalidad en cada corporación o fundación en que tenga participación, cualquiera sea el carácter de ésta o aquélla. Estos directores informarán al concejo acerca de su gestión, como asimismo acerca de la marcha de la corporación o fundación de cuyo directorio formen parte;

l) Solicitar informe a las empresas, corporaciones o fundaciones municipales, y a las entidades que reciban aportes o subvenciones de la municipalidad. En este último caso, la materia del informe sólo podrá consistir en el destino dado a los aportes o subvenciones municipales percibidos;

m) Otorgar su acuerdo para la asignación y cambio de denominación de los bienes municipales y nacionales de uso público bajo su administración, como asimismo, de poblaciones, barrios y conjuntos habitacionales del territorio comunal;

n) Fiscalizar las unidades y servicios municipales;

o) Autorizar los cometidos del alcalde y de los concejales que signifiquen ausentarse del territorio nacional. Requerirán también autorización los cometidos del alcalde y de los concejales que se realicen fuera del territorio de la comuna por más de diez días.

p) Un informe de dichos cometidos y su costo se incluirán en el acta del concejo, y

q) Supervisar el cumplimiento del plan comunal de desarrollo.

Lo anterior es sin perjuicio de las demás atribuciones y funciones que le otorga la ley.

Artículo 80.- La fiscalización que le corresponde ejercer al concejo comprenderá también la facultad de evaluar la gestión del alcalde, especialmente para verificar que los actos municipales se hayan ajustado a las políticas, normas y acuerdos adoptados por el concejo, en el ejercicio de sus facultades propias.

Las diferentes acciones de fiscalización deberán ser acordadas dentro de una sesión ordinaria del concejo y a requerimiento de cualquier concejal.

El concejo, por la mayoría de sus miembros, podrá disponer la contratación de una auditoría externa que evalúe la ejecución presupuestaria y el estado de situación financiera del municipio. Esta facultad podrá ejercerse sólo una vez al año en los municipios cuyos ingresos anuales superen las 6.250 unidades tributarias anuales, y cada dos años en los restantes municipios.

Sin perjuicio de lo anterior, el concejo dispondrá la contratación de una auditoría externa que evalúe la ejecución del plan de desarrollo, la que deberá practicarse cada tres o cuatro años, respectivamente, según la clasificación de los municipios por ingresos señalada en el inciso precedente.

En todo caso las auditorías de que trata este artículo se contratarán por intermedio del alcalde y con cargo al presupuesto municipal. Los informes finales recaídos en ellas serán de conocimiento público.

Artículo 81.- El concejo sólo podrá aprobar presupuestos debidamente financiados, correspondiéndole especialmente al jefe de la unidad encargada del control, o al funcionario que cumpla esa tarea, la obligación de representar a aquél los déficit que advierta en el presupuesto municipal. Para estos efectos, el concejo deberá examinar trimestralmente el programa de ingresos y gastos, introduciendo las modificaciones correctivas a que hubiere lugar, a proposición del alcalde.

Si el concejo desatendiere la representación formulada según lo previsto en el inciso anterior y no introdujere las rectificaciones pertinentes, el alcalde que no propusiere las modificaciones correspondientes o los concejales que las rechacen, serán solidariamente responsables de la parte deficitaria que arroje la ejecución presupuestaria anual al 31 de diciembre del año respectivo. Habrá acción pública para reclamar el cumplimiento de esta responsabilidad.

Artículo 82.- El pronunciamiento del concejo sobre las materias consignadas en la letra b) del artículo 79 se realizará de la siguiente manera:

a) El alcalde, en la primera semana de octubre, someterá a consideración del concejo las orientaciones globales del municipio, el presupuesto municipal y el programa anual, con sus metas y líneas de acción. En las orientaciones globales, se incluirán el plan comunal de desarrollo y sus modificaciones, las políticas de servicios municipales, como, asimismo, las políticas y proyectos de inversión. El concejo deberá pronunciarse sobre todas estas materias antes del 15 de diciembre, luego de evacuadas las consultas por el consejo económico y social comunal, cuando corresponda.

b) El proyecto y las modificaciones del plan regulador comunal se regirán por los procedimientos específicos establecidos por las leyes vigentes.

c) En las demás materias, el pronunciamiento del concejo deberá emitirse dentro del plazo de veinte días, contado desde la fecha en que se dé cuenta del requerimiento formulado por el alcalde.

d) Si los pronunciamientos del concejo no se produjeren dentro de los términos legales señalados, regirá lo propuesto por el alcalde.

Artículo 83.- El concejo se instalará el día seis de diciembre del año de la elección respectiva, con la asistencia de la mayoría absoluta de los concejales declarados electos por el tribunal electoral regional competente, convocados para tal efecto por el secretario municipal. En todo caso, el período de los cargos de alcalde y de concejal se computará siempre a partir de dicha fecha.

En la primera sesión, el secretario municipal procederá a dar lectura al fallo del tribunal que dé cuenta del resultado definitivo de la elección en la comuna, tomará al alcalde y a los concejales electos el juramento o promesa de observar la Constitución y las leyes, y de cumplir con fidelidad las funciones propias de sus respectivos cargos.

El concejo, en la sesión de instalación se abocará a fijar los días y horas de las sesiones ordinarias. Una copia del acta de esta sesión se remitirá al gobierno regional respectivo, dentro de las cuarenta y ocho horas siguientes.

Artículo 84.- El concejo se reunirá en sesiones ordinarias y extraordinarias. Sus acuerdos se adoptarán en sala legalmente constituida.

Las sesiones ordinarias se efectuarán a lo menos dos veces al mes, en días hábiles, y en ellas podrá tratarse cualquier materia que sea de competencia del concejo.

Las sesiones extraordinarias serán convocadas por el alcalde o por un tercio, a lo menos, de los concejales en ejercicio. En ellas sólo se tratarán aquellas materias indicadas en la convocatoria.

Las sesiones del concejo serán públicas. Los dos tercios de los concejales presentes podrán acordar que determinadas sesiones sean secretas.

Artículo 85.- En ausencia del alcalde, presidirá la sesión el concejal presente que haya obtenido, individualmente, mayor votación ciudadana en la elección respectiva, según lo establecido por el tribunal electoral regional.

El secretario municipal, o quien lo subrogue, desempeñará las funciones de secretario del concejo.

Artículo 86.- El quórum para sesionar será la mayoría de los concejales en ejercicio.

Salvo que la ley exija un quórum distinto, los acuerdos del concejo se adoptarán por la mayoría absoluta de los concejales asistentes a la sesión respectiva.

Si hay empate, se tomará una segunda votación. De persistir el empate, se votará en una nueva sesión, la que deberá verificarse a más tardar dentro de tercero día. Si se mantiene dicho empate, corresponderá al alcalde el voto dirimente para resolver la materia.

Artículo 87.- Todo concejal tiene derecho a ser informado plenamente por el alcalde o quien haga sus veces, de todo lo relacionado con la marcha y funcionamiento de la corporación. Este derecho debe ejercerse de manera de no entorpecer la gestión municipal. El alcalde deberá dar respuesta en el plazo máximo de quince días, salvo en casos calificados en que aquél podrá prorrogarse por un tiempo razonable a criterio del concejo.

Artículo 88.- Los concejales tendrán derecho a percibir una asignación mensual de entre cuatro y ocho unidades tributarias mensuales, según determine anualmente cada concejo por los dos tercios de sus miembros.

Esta asignación única podrá percibirse por la asistencia tanto a las sesiones formales del concejo como a las sesiones de comisión referidas en el artículo 92, según determine el propio concejo.

El alcalde acordará con el concejo el número de sesiones a realizar en el mes, debiendo efectuarse mensualmente a lo menos dos.

Sin perjuicio de lo señalado precedentemente, cada concejal tendrá derecho anualmente al pago de la asignación correspondiente a cuatro unidades tributarias mensuales, siempre que durante el respectivo año calendario haya asistido formalmente, a lo menos, al cincuenta por ciento de las sesiones celebradas por el concejo. El ejercicio de este derecho por cualquier concejal deberá ser comunicado previamente al concejo durante una sesión formal.

Artículo 89.- A los concejales no les serán aplicables las normas que rigen a los funcionarios municipales, salvo en materia de responsabilidad civil y penal.

Ningún concejal de la municipalidad podrá tomar parte en la discusión y votación de asuntos en que él o sus parientes, hasta el cuarto grado de consanguinidad o segundo de afinidad, estén interesados, salvo que se trate de nombramientos o designaciones que deban recaer en los propios concejales.

Se entiende que existe dicho interés cuando su resolución afecte moral o pecuniariamente a las personas referidas.

Artículo 90.- Los empleadores de las personas que ejerzan un cargo de concejal, deberán conceder a éstas los permisos necesarios para ausentarse de sus labores habituales, con el objeto de asistir a las sesiones del concejo. El tiempo que abarcaren los permisos otorgados se entenderá trabajado para todos los efectos legales.

Asimismo, los concejales, por la actividad que realicen en tal condición, quedarán sujetos al seguro contra riesgo de accidentes del trabajo y enfermedades profesionales establecido en la ley N° 16.744, gozando de los beneficios que correspondan a la naturaleza de su cargo. El costo de este beneficio será de cargo municipal.

Artículo 91.- Los concejales podrán afiliarse al Sistema de Pensiones, de Vejez, de Invalidez y de Sobrevivencia de acuerdo a lo establecido en el decreto ley N° 3.500, por el solo hecho de asumir tales funciones. Para estos efectos, los concejales se asimilarán al régimen de los trabajadores por cuenta ajena.

Las obligaciones que las leyes pertinentes sobre seguridad social imponen a los empleadores, se radicarán para estos efectos en las respectivas municipalidades.

Las cotizaciones previsionales se calcularán sobre la base de las asignaciones mensuales que a los concejales corresponda percibir en virtud del inciso primero del artículo 88.

Artículo 92.- El concejo determinará en un reglamento interno las demás normas necesarias para su funcionamiento, regulándose en él las comisiones de trabajo que el concejo podrá constituir para desarrollar sus funciones, las que, en todo caso, serán siempre presididas por concejales, sin perjuicio de la asistencia de terceros cuya opinión se considere relevante a juicio de la propia comisión.

TÍTULO IV
DE LA PARTICIPACIÓN CIUDADANA
Párrafo 1°
De las instancias de participación

Artículo 93.- Cada municipalidad deberá establecer en una ordenanza las modalidades de participación de la ciudadanía local, teniendo en consideración las características singulares de cada comuna, tales como la configuración del territorio comunal, la localización de los asentamientos humanos, el tipo de actividades relevantes del quehacer comunal, la conformación etárea de la población y cualquier otro elemento que, en opinión de la municipalidad, requiera una expresión o representación específica dentro de la comuna y que al municipio le interese relevar para efectos de su incorporación en la discusión y definición de las orientaciones que deben regir la administración comunal.

Artículo 94.- En cada municipalidad existirá un consejo económico y social comunal, compuesto por representantes de la comunidad local organizada. Será un órgano asesor de la municipalidad, el cual tendrá por objeto asegurar la participación de las organizaciones comunitarias de carácter territorial y funcional, y de actividades relevantes en el progreso económico, social y cultural de la comuna.

La integración, organización, competencias y funcionamiento de estos consejos, serán determinados por cada municipalidad, en un reglamento que el alcalde someterá a la aprobación del concejo.

Los consejeros durarán cuatro años en sus funciones. El consejo será presidido por el alcalde y, en su ausencia, por el vicepresidente que elija el propio consejo de entre sus miembros.

Con todo, los consejos deberán pronunciarse respecto de la cuenta pública del alcalde, sobre la cobertura y eficiencia de los servicios municipales de la comuna, y podrán además interponer el recurso de reclamación establecido en el Título Final de la presente ley.

El alcalde deberá informar al consejo acerca de los presupuestos de inversión, del plan comunal de desarrollo y del plan regulador. El consejo dispondrá de quince días para formular sus observaciones a dicho informe.

Artículo 95.- Para ser miembro del consejo económico y social comunal se requerirá:

a)   Tener 18 años de edad, con excepción de los representantes de organizaciones señalados en la Ley N° 19.418;

b)   Tener un año de afiliación, como mínimo, a una organización del estamento, en caso que corresponda, en el momento de la elección;

c)   Ser chileno o extranjero avecindado en el país, y

d)   No haber sido condenado ni hallarse procesado por delito que merezca pena aflictiva.

La inhabilidad contemplada en la letra anterior quedará sin efecto una vez transcurrido el plazo contemplado en el artículo 105 del Código Penal, desde el cumplimiento de la respectiva pena.

Serán aplicables a los miembros del consejo económico y social comunal las inhabilidades e incompatibilidades que esta ley contempla para los miembros de los concejos en el artículo 74 y en la letra b) del artículo 75.

Asimismo, serán incompatibles con los cargos de consejeros regionales, concejales y consejeros provinciales.

Artículo 96.- Las atribuciones municipales en materia de participación ciudadana dispuesta en los artículos anteriores, no obstan a la libre facultad de asociación que le corresponde a todos y a cada uno de los habitantes de la comuna, en cuyo ejercicio el conjunto de los habitantes o una parte de ellos, pueden darse las formas de organización que estimen más apropiadas para el desarrollo de sus intereses, con la sola limitación del pleno respeto a las leyes vigentes y al orden público.

Párrafo 2°
De las audiencias públicas y la oficina de reclamos

Artículo 97.- Cada municipalidad deberá regular en la ordenanza municipal de participación a que se refiere el artículo 93 las audiencias públicas por medio de las cuales el alcalde y el concejo conocerán acerca de las materias que estimen de interés comunal, como asimismo las que no menos de cien ciudadanos de la comuna les planteen. Exceptúanse de esta exigencia las comunas de menos de 5.000 habitantes, en las que el concejo determinará el número de ciudadanos requirentes.

Sin perjuicio de la facultad reguladora del concejo, la solicitud de audiencia pública deberá acompañarse de las firmas de respaldo correspondientes, contener los fundamentos de la materia sometida a conocimiento del concejo y, además, deberá identificar a las personas que, en un número no superior a cinco, representarán a los requirentes en la audiencia pública que al efecto se determine.

Artículo 98.- Sin perjuicio de lo dispuesto en los artículos anteriores, cada municipalidad deberá habilitar y mantener en funcionamiento una oficina de partes y reclamos abierta a la comunidad en general. La ordenanza de participación establecerá un procedimiento público para el tratamiento de las presentaciones o reclamos, como asimismo los plazos en que el municipio deberá dar respuesta a ellos, los que, en ningún caso, serán superiores a treinta días.

Párrafo 3°
De los plebiscitos comunales

Artículo 99.- El alcalde, con acuerdo del concejo, o a requerimiento de los dos tercios del mismo concejo o por iniciativa de los ciudadanos inscritos en los registros electorales de la comuna, someterá a plebiscito las materias de administración local relativas a inversiones específicas de desarrollo comunal, a la aprobación o modificación del plan comunal de desarrollo, a la modificación del plan regulador u otras de interés para la comunidad local, siempre que sean propias de la esfera de competencia municipal, de acuerdo con el procedimiento establecido en los artículos siguientes.

Artículo 100.- Para la procedencia del plebiscito a requerimiento de la ciudadanía, deberá concurrir con su firma, ante notario público u oficial del Registro Civil, a lo menos el 10% de los ciudadanos inscritos en los registros electorales de la comuna al 31 de diciembre del año anterior, debiendo acreditarse dicho porcentaje mediante certificación que expedirá el Director Regional del Servicio Electoral.

Artículo 101.- Dentro del décimo día de adoptado el acuerdo del concejo, de recepcionado oficialmente el requerimiento del concejo o de los ciudadanos en los términos del artículo anterior, el alcalde dictará un decreto para convocar a plebiscito. Dicho decreto se publicará, dentro de los quince días siguientes a su dictación, en el Diario Oficial y en un periódico de los de mayor circulación en la comuna. Asimismo, se difundirá mediante avisos fijados en la sede comunal y en otros lugares públicos.

El decreto contendrá la o las cuestiones sometidas a plebiscito. Además, señalará la fecha de su realización, debiendo efectuarse, en todo caso, no antes de sesenta ni después de noventa días, contados desde la publicación de dicho decreto en el Diario Oficial.

Los resultados del plebiscito serán vinculantes para la autoridad municipal, siempre que vote en él más del 50% de los ciudadanos inscritos en los registros electorales de la comuna.

Las inscripciones electorales en la comuna respectiva se suspenderán desde el día siguiente a aquel en que se publique en el Diario Oficial el decreto alcaldicio que convoque a plebiscito y se reanudarán desde el primer día hábil del mes subsiguiente a la fecha en que el Tribunal Calificador de Elecciones comunique al Director del Servicio Electoral el término del proceso de calificación del plebiscito.

En materia de plebiscitos municipales, no habrá lugar a propaganda electoral por televisión y no serán aplicables los preceptos contenidos en los artículos 31 y 31 bis de la Ley Orgánica Constitucional sobre Votaciones Populares y Escrutinios.

Artículo 102.- No podrá convocarse a plebiscito comunal durante el período comprendido entre los ocho meses anteriores a cualquier elección popular y los dos meses siguientes a ella.

Tampoco podrán celebrarse plebiscitos comunales dentro del mismo año en que corresponda efectuar elecciones municipales, ni sobre un mismo asunto más de una vez durante el respectivo periodo alcaldicio.

El Servicio Electoral y las municipalidades se coordinarán para la programación y realización de los plebiscitos, previamente a su convocatoria.

Artículo 103.- La convocatoria a plebiscito nacional o a elección extraordinaria de Presidente de la República, suspenderá los plazos de realización de los plebiscitos comunales, hasta la proclamación de sus resultados por el Tribunal Calificador de Elecciones.

Artículo 104.- La realización de los plebiscitos comunales, en lo que sea aplicable, se regulará por las normas establecidas en la ley N° 18.700, Orgánica Constitucional sobre Votaciones Populares y Escrutinios, con excepción de lo dispuesto en el artículo 175 bis. En todo caso, el costo de los plebiscitos comunales será de cargo de la municipalidad respectiva.

TÍTULO V
DE LAS ELECCIONES MUNICIPALES

Artículo 105.- Para las elecciones municipales, en todo lo que no sea contrario a esta ley, regirán las disposiciones de la Ley Orgánica Constitucional sobre Votaciones Populares y Escrutinios, de la Ley Orgánica Constitucional de los Partidos Políticos y de la Ley Orgánica Constitucional sobre Sistema de Inscripciones Electorales y Servicio Electoral.

Artículo 106.- Las elecciones municipales se efectuarán cada cuatro años, el último domingo del mes de octubre.

Párrafo 1°
De la presentación de candidaturas

Artículo 107.- Las candidaturas a alcaldes y concejales sólo podrán ser declaradas hasta las veinticuatro horas del nonagésimo día anterior a la fecha de la elección correspondiente. Tales declaraciones sólo podrán incluir hasta tantos candidatos como cargos corresponda elegir en la respectiva comuna o agrupación de comunas. En todo caso, un mismo candidato no podrá postular simultáneamente a los cargos de alcalde y concejal, sea en la misma comuna o en comunas diversas.

Cada declaración debe ir acompañada de un testimonio jurado del respectivo candidato, en el cual éste afirme cumplir con todos los requisitos exigidos por los artículos 73 y 74. Esta declaración jurada será hecha ante notario público de la comuna respectiva o, en su defecto, ante el oficial del Registro Civil correspondiente. La falsedad de cualquiera de los hechos aseverados en la declaración produce la nulidad de la declaración de candidatura de ese candidato y la de todos sus efectos legales posteriores, incluyendo su elección.

Si un alcalde postulare a su reelección o a su elección como concejal en su propia comuna quedará suspendido del ejercicio de su cargo por el solo ministerio de la ley desde los treinta días anteriores a la fecha de la elección y hasta el día siguiente de ella, conservando empero la titularidad de su cargo. En tal caso, se procederá a su subrogación en conformidad al inciso primero del artículo 62. En todo caso, durante el período señalado, la presidencia del concejo sólo podrá ejercerla un concejal que no estuviere repostulando a dicho cargo. Si hubiere más de uno en tal situación la presidencia le corresponderá a quien haya obtenido individualmente mayor votación ciudadana en la elección respectiva. Si todos los concejales estuvieren repostulando, la presidencia se decidirá por sorteo entre ellos. Las declaraciones de candidaturas a alcalde y a concejales que presente un pacto electoral y los subpactos comprendidos en él podrán incluir candidatos de cualquiera de los partidos que los constituyan, independientemente de si éste se encuentra legalmente constituido en la respectiva región, siempre que lo esté en la mayoría de las regiones del país y al menos uno de los partidos suscriptores del pacto se encuentre constituido a nivel nacional.

En lo demás, las declaraciones de candidaturas se regirán por los artículos 3°, 3° bis, con excepción de su inciso tercero, 4°, incisos segundo y siguientes, y 5° de la Ley Orgánica Constitucional sobre Votaciones Populares y Escrutinios.

Artículo 107.- bis. Las candidaturas a alcalde podrán ser patrocinadas por un partido político, por un pacto de partidos, por un pacto de partidos e independientes, y por independientes.

Las candidaturas a alcalde podrán ser patrocinadas sólo por independientes, se sujetarán a los porcentajes y formalidades establecidos en los artículos 111 y 112 de la presente ley.

Artículo 108.- En las elecciones de concejales un partido político podrá pactar con uno o varios partidos políticos, con independientes o con ambos.

Los partidos políticos que participen en un pacto electoral podrán subpactar entre ellos o con independientes, de acuerdo a las normas que sobre acumulación de votos de los candidatos se establecen en el artículo 122 de la presente ley, pudiendo excepcionalmente excluir en forma expresa, al momento de formalizarlo, la o las comunas en que no regirá dicho subpacto. Los subpactos estarán siempre integrados por los mismos partidos.

Los candidatos independientes que participen en un pacto electoral podrán subpactar entre ellos, con un subpacto de partidos integrantes del mismo o con un partido del pacto que no sea miembro de un subpacto de partidos. Asimismo, podrán subpactar con un partido integrante de un subpacto en la o las comunas expresamente excluidas de dicho subpacto. Para los efectos señalados, como para la declaración de candidaturas, los candidatos independientes actuarán por sí o por medio de mandatario designado especialmente para ello por escritura pública.

A la formalización de un subpacto electoral le serán aplicables, en lo pertinente, las normas de los incisos cuarto y quinto del artículo 3° bis de la Ley Orgánica Constitucional sobre Votaciones Populares y Escrutinios.

Artículo 109.- Las declaraciones de pactos electorales, de los subpactos que se acuerden, así como la o las comunas excluidas de los subpactos y las candidaturas a alcalde y a concejales que se incluyan, deberán constar en un único instrumento y su entrega se formalizará en un solo acto ante el Director del Servicio Electoral dentro del mismo plazo establecido en el artículo 107 para la declaración de candidaturas.

Artículo 110.- A los pactos y subpactos se les individualizará sólo con su nombre, y a cada uno de los partidos políticos suscriptores, con su nombre y símbolo, indicándose a continuación los nombres completos del candidato a alcalde y de los candidatos a concejales afiliados al respectivo partido. En el caso de declaraciones de partidos políticos, éstos se individualizarán con su nombre y símbolo.

En el caso de los independientes que formen parte de un pacto, junto a su nombre se expresará su calidad de tales, individualizándolos al final del respectivo pacto, bajo la denominación "Independientes". Los independientes que a su vez formen parte de un subpacto se individualizarán al final del respectivo subpacto.

Los subpactos entre independientes y entre éstos y partidos se individualizarán como tales.

Las declaraciones de candidaturas a alcalde y concejales de una misma lista o pacto deberán señalar expresamente el cargo al cual postulan los respectivos candidatos.

Artículo 111.- Las declaraciones de candidaturas independientes a alcalde o concejal deberán ser patrocinadas por un número no inferior al 0.5% de los electores que hayan sufragado en la votación popular más reciente en la comuna o agrupación de comunas respectiva.

En todo caso, entre los patrocinantes no se contabilizarán los correspondientes a afiliados a partidos políticos que superen el cinco por ciento del porcentaje mínimo que establece el inciso anterior.

La determinación del número mínimo necesario de patrocinantes la hará el Director del Servicio Electoral mediante resolución que se publicará en el Diario Oficial con siete meses de anticipación, a lo menos, a la fecha en que deba realizarse la elección.

Sin perjuicio de lo dispuesto en los incisos anteriores, los independientes que postulen integrando pactos o subpactos no requerirán de patrocinio.

Artículo 112.- El patrocinio de candidaturas independientes a alcalde o concejal deberá suscribirse ante un notario público de la respectiva comuna, por ciudadanos inscritos en los registros electorales de la misma. En aquellas comunas en donde no exista notario público, será competente para certificar el patrocinio el oficial del Registro Civil de la jurisdicción respectiva.

No podrá figurar el mismo patrocinante en diversas declaraciones de candidaturas independientes. Si ello ocurriere, será válido solamente el patrocinio que figure en la primera declaración hecha ante el Servicio Electoral, y si se presentaren varias simultáneamente, no será válido en ninguna de ellas el patrocinio que se haya repetido. No obstante, a los candidatos independientes que postulen integrando pactos o subpactos no les será aplicable lo dispuesto en los incisos anteriores.

Artículo 113.- Al tercer día de expirado el plazo para declarar candidaturas, el Director del Servicio Electoral procederá a efectuar el sorteo contemplado en el inciso segundo del artículo 23 de la ley N° 18.700, Orgánica Constitucional sobre Votaciones Populares y Escrutinios.

Párrafo 2°

De las inscripciones de candidatos

Artículo 114.- El Director Regional del Servicio Electoral, dentro de los diez días siguientes a aquel en que venza el plazo para la declaración de candidaturas, deberá, mediante resolución que se publicará en un diario de los de mayor circulación en la región respectiva, aceptar o rechazar las que hubieren sido declaradas.

Los partidos políticos y los candidatos independientes podrán, dentro de los cinco días siguientes a la publicación de la referida resolución, reclamar de ella ante el Tribunal Electoral Regional respectivo, el que deberá pronunciarse dentro de quinto día.

Artículo 115.- Dentro de los tres días siguientes al vencimiento del plazo para impugnar a que se refiere el artículo anterior o al fallo ejecutoriado del Tribunal Electoral Regional, en su caso, el Director Regional del Servicio Electoral procederá a inscribir las candidaturas en un registro especial. Desde este momento, se considerará que los candidatos tienen la calidad de tales para todos los efectos legales.

En todo caso, el Tribunal Electoral Regional deberá notificar sus resoluciones a los respectivos Directores Regionales del Servicio Electoral y a los patrocinantes de los reclamos tan pronto como las pronuncie.

Párrafo 3°

Del escrutinio en las mesas receptoras de sufragio

Artículo 115.- bis. Las mesas receptoras de sufragio, en lo relativo a los resultados de la votación, sólo consignarán en el acta de escrutinio, como también en los formularios de acta y en las minutas de resultado, las votaciones individuales obtenidas por cada candidato, los votos nulos y los votos en blanco, dejándose constancia además del total de sufragios emitidos en la respectiva mesa.

Artículo 116.- Para los efectos del escrutinio general y de la calificación de las elecciones, contemplados en el párrafo siguiente, el secretario de la mesa receptora de sufragios remitirá al Presidente del Tribunal Electoral Regional el sobre a que se refieren los artículos 73 y 74 de la Ley Orgánica Constitucional sobre Votaciones Populares y Escrutinios. Asimismo, el secretario de la Junta Electoral remitirá al mismo tribunal los sobres con las actas de cuadros de los Colegios Escrutadores que hubieren funcionado en su jurisdicción.

Párrafo 4°
Del escrutinio general y de la calificación de las Elecciones

Artículo 117.- El escrutinio general y la calificación de las elecciones municipales serán practicados por los Tribunales Electorales Regionales, que tendrán, en cuanto les fueren aplicables, todas las facultades que se conceden al Tribunal Calificador de Elecciones en los Títulos IV y V de la Ley Orgánica Constitucional sobre Votaciones Populares y Escrutinios.

Las resoluciones que dicten los Tribunales Electorales Regionales, en el marco de la competencia que se les confiere por la presente ley, serán apelables para ante el Tribunal Calificador de Elecciones.

Con todo, las reclamaciones de nulidad y las solicitudes de rectificaciones, se interpondrán directamente ante el Tribunal Electoral Regional del territorio en que se hubieren cometido los hechos que sirvan de fundamento al reclamo, dentro de los tres días siguientes a la fecha de la respectiva elección, acompañándose en el mismo acto los antecedentes en que se funde.

Dentro del plazo de dos días, contado desde el respectivo reclamo, se rendirán ante el Tribunal las informaciones y contrainformaciones que se produzcan. El Tribunal dictará la sentencia que resuelva las reclamaciones electorales, sean de nulidad o de rectificación de escrutinios, a más tardar al duodécimo día contado desde la fecha de la elección. Esta sentencia se notificará por el estado diario y sólo será susceptible del recurso de apelación, el que deberá deducirse dentro del plazo de segundo día, contado desde la notificación practicada por el estado diario, y será someramente fundado.

El plazo para comparecer en segunda instancia será de segundo día contado desde el respectivo certificado de ingreso. La resolución que proclame a los candidatos definitivamente electos, no será susceptible de recurso alguno.

Sin perjuicio de lo establecido en los incisos precedentes, las instancias jurisdiccionales electorales deberán poner en conocimiento del tribunal del crimen competente, aquellos hechos o circunstancias fundantes de la reclamación, que a su juicio revistieren las características de delito.

Artículo 118.- Para determinar los concejales elegidos, el Tribunal Electoral Regional deberá seguir el procedimiento indicado en los artículos siguientes.

Artículo 119.- Para establecer los votos de lista, el Tribunal sumará las preferencias emitidas a favor de cada uno de los candidatos de una misma lista.

Artículo 120.- Para determinar el cuociente electoral, los votos de lista se dividirán sucesivamente por uno, dos, tres, cuatro, y así sucesivamente, hasta formar tantos cuocientes por cada lista como concejales corresponda elegir. Todos estos cuocientes se colocarán en orden decreciente hasta tener un número de ellos igual al de cargos por elegir. El cuociente que ocupe el último de estos lugares será el cuociente electoral y permitirá determinar cuántos son los elegidos en cada lista mediante la división del total de votos de la misma por dicho cuociente.

Sin embargo, en el caso del N° 3 del artículo 121, el cuociente electoral pasará a ser el que siga en el orden decreciente a que se refiere el inciso anterior si el cargo sobrante fuera uno, o el que le siga, si fueren dos y así sucesivamente, si fueren más.

Artículo 121.- Para determinar los candidatos a concejales elegidos dentro de cada lista se observarán las siguientes reglas:

1. Si a una lista corresponde igual número de concejales que el de candidatos presentados, se proclamará elegidos a todos éstos.

2. Si el número de candidatos presentados es mayor que el de los concejales que a la lista corresponda, se proclamará elegidos a los que hubieren obtenido las más altas mayorías individuales, a menos que la lista corresponda a un pacto electoral, caso en el cual se aplicará la norma del artículo siguiente.

3. Si el número de candidatos de una o más listas es inferior al de concejales que le haya correspondido, el cuociente será reemplazado en la forma señalada en el inciso segundo del artículo precedente.

4. Si, dentro de una misma lista, un cargo correspondiere con igual derecho a dos o más candidatos, resultará elegido aquel que haya obtenido el mayor número de preferencias individuales y, en caso de que persista la igualdad, se procederá por el Tribunal Electoral Regional al sorteo del cargo en audiencia pública.

5. Si el último cargo por llenar correspondiere con igual derecho a dos o más listas o candidaturas independientes, resultará elegido el candidato de la lista o independiente que haya obtenido mayor número de preferencias individuales y, en caso de que persista la igualdad, se procederá por el Tribunal Electoral Regional al sorteo del cargo en audiencia pública.

Artículo 122.- Para determinar los candidatos elegidos en una lista en la cual existan pactos o subpactos, se procederá a sumar las preferencias de los candidatos incluidos en cada uno de los partidos o de los subpactos, según sea el caso.

El total de votos válidamente obtenidos por cada partido o subpacto se dividirá por uno, dos, tres, cuatro, y así sucesivamente, hasta formar por cada uno de los partidos o subpactos tantos cuocientes como cargos corresponda elegir a la lista. Todos esos cuocientes se ordenarán en forma decreciente y el que ocupe el ordinal correspondiente al último de los cargos por elegir por la lista será el cuociente de los partidos o subpactos de la misma. El total de votos de cada partido o subpacto deberá dividirse por dicho cuociente para determinar cuántos cargos corresponderá elegir al respectivo partido o subpacto.

Si el número de candidatos de algún partido o subpacto fuere inferior al de concejales que les correspondiere, o si el candidato independiente que no se hubiere integrado a un subpacto, obtuviere votos suficientes para elegir más de un cargo, el cuociente aplicable pasará a ser el que siga en el orden decreciente a que se refiere el inciso anterior, si el cargo sobrante fuera uno, o, el que le siga, si fueren dos y así sucesivamente.

Dentro de cada partido o subpacto, los candidatos preferirán entre sí según el número de votos que hubieren obtenido.

Artículo 123.- Las listas que incluyan pactos entre partidos políticos o subpactos podrán incluir una o más candidaturas independientes. Cuando un pacto electoral incluya la postulación de uno o más independientes, para los efectos de determinar los cargos a elegir en la lista los votos de cada candidato independiente, que no forme parte de un subpacto, se considerarán separada o individualmente, como si lo fueran de un partido político integrante del pacto.

Artículo 124.- Para los efectos de lo dispuesto en los artículos precedentes, cada postulación o candidatura independiente, que no forme parte de un pacto, se considerará como si fuera una lista y tendrá el tratamiento propio de ésta.

Artículo 125.- Será elegido alcalde el candidato que obtenga la mayor cantidad de sufragios válidamente emitidos en la comuna, esto es, excluidos los votos en blanco y los nulos, según determine el Tribunal Electoral Regional competente.

En caso de empate, el Tribunal Electoral Regional respectivo, en audiencia pública y mediante sorteo, determinará al alcalde electo de entre los candidatos empatados.

Artículo 126.- Dentro de los dos días siguientes a aquél en que su fallo quede a firme, el Tribunal Electoral Regional enviará una copia autorizada de la parte pertinente del mismo y el acta complementaria de proclamación, en lo que se refiera a las respectivas comunas, al intendente y al secretario municipal de cada una de las municipalidades de la provincia. Comunicará, al mismo tiempo, su proclamación a cada uno de los candidatos elegidos. Una copia completa del fallo y de su acta complementaria se remitirá, además, por el presidente del Tribunal Electoral Regional respectivo, al Ministro del Interior y al Director del Servicio Electoral, con el objeto de que tomen conocimiento del término del proceso electoral municipal.

TÍTULO VI

DE LAS CORPORACIONES, FUNDACIONES Y ASOCIACIONES MUNICIPALES

Párrafo 1°

Municipales

Artículo 127.- Una o más municipalidades podrán constituir o participar en corporaciones o fundaciones de derecho privado, sin fines de lucro, destinadas a la promoción y difusión del arte y de la cultura.

Estas personas jurídicas se constituirán y regirán por las normas del Título XXXIII del Libro Primero del Código Civil, sin perjuicio de las disposiciones especiales contenidas en esta ley.

Artículo 128.- Las corporaciones y fundaciones a que se refiere este párrafo podrán formarse con una o más personas jurídicas de derecho privado o con otras entidades del sector público.

En todo caso, la creación o participación municipal en estas entidades deberá ser aprobada por el concejo.

Artículo 129.- Los cargos de directores de las corporaciones y fundaciones que constituyan las municipalidades no darán lugar a ningún emolumento por su desempeño.

No podrán ser directores o ejercer funciones de administración en las entidades a que se refiere el presente título, así como en las corporaciones establecidas con arreglo al Decreto con Fuerza de Ley N° 1-3.063, del año 1980, del Ministerio del Interior, el cónyuge del alcalde o de los concejales, así como sus parientes consanguíneos hasta el tercer grado inclusive, por afinidad hasta el segundo grado y las personas ligadas a ellos por adopción.

Asimismo, entre los fines artísticos y culturales que se proponga la entidad, en ningún caso se comprenderán la administración y la operación de establecimientos educacionales o de atención de menores.

Artículo 130.- Las municipalidades podrán otorgar aportes y subvenciones a las corporaciones y fundaciones de que formen parte, sin perjuicio de lo dispuesto en el artículo 65, letra g).

En ningún caso las municipalidades podrán caucionar compromisos contraídos por estas entidades.

Artículo 131.- Las corporaciones y fundaciones de participación municipal deberán rendir semestralmente cuenta documentada a las municipalidades respectivas acerca de sus actividades y del uso de sus recursos. Lo anterior será sin perjuicio de la fiscalización que pueda ejercer el concejo respecto del uso de los aportes o subvenciones municipales.

Artículo 132.- El personal que labore en las corporaciones y fundaciones de participación municipal se regirá por las normas laborales y previsionales del sector privado.

Artículo 133.- La fiscalización de estas entidades será efectuada por la unidad de control de la municipalidad, en lo referente a los aportes municipales que les sean entregados.

Artículo 134.- Sin perjuicio de lo establecido en los artículos 6° y 25 de la Ley N° 10.336, la Contraloría General de la República fiscalizará las corporaciones, fundaciones o asociaciones municipales, cualquiera sea su naturaleza y aquellas constituidas en conformidad a este título, con arreglo al Decreto con Fuerza de Ley N° 1- 3.063, del año 1980, del Ministerio del Interior, o de acuerdo a cualquiera otra disposición legal, respecto del uso y destino de sus recursos, pudiendo disponer de toda la información que requiera para este efecto.

La unidad de control municipal respectiva tendrá, en los mismos términos, la facultad fiscalizadora respecto de estas entidades.

Párrafo 2°

De las asociaciones de municipalidades

Artículo 135.- Dos o más municipalidades, pertenezcan o no a una misma provincia o región, podrán constituir asociaciones municipales para los efectos de facilitar la solución de problemas que les sean comunes o lograr el mejor aprovechamiento de los recursos disponibles.

Estas asociaciones podrán tener por objeto:

a)   La atención de servicios comunes;

b)   La ejecución de obras de desarrollo local;

c)   El fortalecimiento de los instrumentos de gestión;

d)   La realización de programas vinculados a la protección del medio ambiente, al turismo, a la salud o a otros fines que les sean propios;

e)   La capacitación y el perfeccionamiento del personal municipal, y

f)   La coordinación con instituciones nacionales e internacionales, a fin de perfeccionar el régimen municipal.

Artículo 136.- Los convenios que celebren las municipalidades para crear asociaciones municipales deberán consultar, entre otros aspectos, los siguientes:

a)   La especificación de las obligaciones que asuman los respectivos asociados;

b)   Los aportes financieros y demás recursos materiales que cada municipio proporcionará para dar cumplimiento a las tareas concertadas;

c)   El personal que se dispondrá al efecto, y

d)   El municipio que tendrá a su cargo la administración y dirección de los servicios que se presten u obras que se ejecuten.

Estos convenios deberán contar con el acuerdo de los respectivos concejos.

Artículo 137.- Los fondos necesarios para el funcionamiento de las asociaciones, en la parte que corresponda al aporte municipal, se consignarán en los presupuestos municipales respectivos. Los municipios asociados no podrán afianzar ni garantizar los compromisos financieros que las asociaciones contraigan y éstos no darán lugar a ninguna acción de cobro contra aquéllos.

Respecto del personal mencionado en la letra c) del artículo anterior, no regirá la limitación de tiempo para las comisiones de servicio que sea necesario ordenar, cuando se trate de personal municipal.

Artículo 138.- Ninguna corporación, fundación o asociación municipal, creada o que se cree en virtud de ésta u otras leyes, podrá contratar empréstitos.

Artículo 139.- Las normas establecidas en el presente Título, así como las normas a que ellas se remiten, no se aplicarán a las Corporaciones Culturales dependientes de municipalidades legalmente constituidas y en funcionamiento a la fecha de vigencia de esta ley, ni a las entidades de que ellas dependan. Dichas Corporaciones Culturales y sus entidades dependientes continuarán rigiéndose por las normas legales y reglamentarias que las rijan hasta esa fecha.

TÍTULO FINAL

Artículo 140.- Los reclamos que se interpongan en contra de las resoluciones u omisiones ilegales de la municipalidad se sujetarán a las reglas siguientes:

a)   Cualquier particular podrá reclamar ante el alcalde contra sus resoluciones u omisiones o las de sus funcionarios, que estime ilegales, cuando éstas afecten el interés general de la comuna. Este reclamo deberá entablarse dentro del plazo de treinta días, contado desde la fecha de publicación del acto impugnado, tratándose de resoluciones, o desde el requerimiento de las omisiones;

b)   El mismo reclamo podrán entablar ante el alcalde los particulares agraviados por toda resolución u omisión de éste o de otros funcionarios, que estimen ilegales, dentro del plazo señalado en la letra anterior, contado desde la notificación administrativa de la resolución reclamada o desde el requerimiento, en el caso de las omisiones;

c) Se considerará rechazado el reclamo si el alcalde no se pronunciare dentro del término de quince días, contado desde la fecha de su recepción en la municipalidad;

d) Rechazado el reclamo en la forma señalada en la letra anterior o por resolución fundada del alcalde, el afectado podrá reclamar, dentro del plazo de quince días, ante la corte de apelaciones respectiva.

El plazo señalado en el inciso anterior se contará, según corresponda, desde el vencimiento del término indicado en la letra c) precedente, hecho que deberá certificar el secretario municipal, o desde la notificación que éste hará de la resolución del alcalde que rechace el reclamo, personalmente o por cédula dejada en el domicilio del reclamante.

El reclamante señalará en su escrito, con precisión, el acto u omisión objeto del reclamo, la norma legal que se supone infringida, la forma como se ha producido la infracción y, finalmente, cuando procediere, las razones por las cuales el acto u omisión le perjudican;

e) La corte podrá decretar orden de no innovar cuando la ejecución del acto impugnado le produzca un daño irreparable al recurrente;

f) La corte dará traslado al alcalde por el término de diez días. Evacuado el traslado o teniéndosele por evacuado en rebeldía, la corte podrá abrir un término de prueba, si así lo estima necesario, el que se regirá por las reglas de los incidentes que contempla el Código de Procedimiento Civil;

g) Vencido el término de prueba, se remitirán los autos al fiscal para su informe y a continuación se ordenará traer los autos en relación. La vista de esta causa gozará de preferencia;

h) La corte, en su sentencia, si da lugar al reclamo, decidirá u ordenará, según sea procedente, la anulación total o parcial del acto impugnado; la dictación de la resolución que corresponda para subsanar la omisión o reemplazar la resolución anulada; la declaración del derecho a los perjuicios, cuando se hubieren solicitado, y el envío de los antecedentes al juez del crimen que corresponda, cuando la infracción fuere constitutiva de delito, e

i) Cuando se hubiere dado lugar al reclamo, el interesado podrá presentarse a los tribunales ordinarios de justicia para demandar, conforme a las reglas del juicio sumario, la indemnización de los perjuicios que procedieren y ante la justicia del crimen, las sanciones penales que correspondieren. En ambos casos, no podrá discutirse la ilegalidad ya declarada.

Artículo 141.- Las municipalidades incurrirán en responsabilidad por los daños que causen, la que procederá principalmente por falta de servicio.

No obstante, las municipalidades tendrán derecho a repetir en contra del funcionario que hubiere incurrido en falta personal.

Artículo 142.- Los plazos de días establecidos en esta ley serán de días hábiles.

No obstante, los plazos de días establecidos en los artículos 62 y 82, letra c), así como en el Título V "De las elecciones municipales", serán de días corridos.

Artículo 143.- Derógase el Decreto Ley N° 1.289, de 1975.

Artículo 144.- Instalada una nueva municipalidad, el o los municipios originarios le traspasarán en el plazo de seis meses, los servicios municipales y sus establecimientos o sedes, ubicados en el territorio comunal que estén a su cargo en virtud de las normas que estableció el Decreto con Fuerza de Ley N° 1-3.063, de 1980, del Ministerio del Interior.

Artículo 145.- El traspaso de los servicios municipales y sus establecimientos o sedes se efectuará en forma definitiva, mediante la celebración de un convenio entre las respectivas municipalidades, el cual deberá considerar entre otros los siguientes aspectos:

-   Descripción detallada del servicio que tome a su cargo la nueva municipalidad, precisando los derechos y obligaciones que el ministerio correspondiente señaló a la municipalidad originaria.

-   Individualización de los activos muebles e inmuebles que se traspasen. Respecto de los inmuebles, deberán identificarse y expresarse todas las menciones exigidas por la ley y reglamentación respectiva para la inscripción de los bienes en los registros pertinentes.

En el evento de considerarse el traspaso de vehículos motorizados, deberá cumplirse con similar exigencia para su debida identificación.

-   Nómina y régimen del personal que se traspasa de municipalidad señalando, entre otros antecedentes, nombre, función que realiza, antigüedad en el servicio, lugar de desempeño, situación previsional y remuneración.

-   El vínculo laboral a que esté afecto el personal que se traspase de conformidad a la ley se mantendrá vigente con la nueva municipalidad empleadora, sin solución de continuidad, no afectando los derechos y obligaciones que de él emanan.

El convenio deberá ser sancionado por decreto de los respectivos alcaldes. El traspaso regirá desde el primer día del mes siguiente al de la fecha del decreto alcaldicio de la municipalidad derivada.

DISPOSICIONES TRANSITORIAS

Artículo 1°.- El personal que preste servicios en las municipalidades continuará afecto a las normas estatutarias actualmente en vigor hasta la dictación de los preceptos a que se refiere el artículo 40 de esta ley.

Asimismo, seguirán siendo aplicables a dicho personal las normas previsionales que lo rigen en la actualidad.

Artículo 2°.- Mientras no se dicte la ley a que se refiere el artículo 115, inciso primero, de la Constitución Política, las cuestiones de competencia que se susciten entre municipalidades de una misma provincia serán resueltas por el gobernador respectivo y aquellas que se produzcan entre municipalidades pertenecientes a distintas provincias, por el intendente que corresponda.

Artículo 3°.- Para los efectos de lo dispuesto en el artículo 19 de esta ley, en tanto no se apruebe un nuevo censo de habitantes, se aplicará el censo efectuado en 1982, y en el caso de creación de comunas nuevas o traspaso de territorios efectuados con posterioridad a dicho censo, se considerará la población que señale el informe oficial que emita el Instituto Nacional de Estadísticas.

DISPOSICIONES TRANSITORIAS DE LA LEY N° 19.130

PRIMERA.- Los funcionarios de carrera de las municipalidades cuyos cargos, como consecuencia de la aplicación de esta ley, pasan a tener la calidad de exclusiva confianza, sea del alcalde o de éste con acuerdo del concejo, y que debieran abandonar la institución por hacerse efectiva la facultad de la autoridad para removerlos, podrán optar por continuar desempeñándose en un cargo de extinción adscrito a la respectiva municipalidad, para lo cual dicho cargo se entenderá creado por el solo ministerio de esta ley, con igual grado y remuneración. El Presidente de la República, mediante decreto expedido por el Ministerio del Interior y que llevará además la firma del Ministro de Hacienda, identificará el cargo en la planta respectiva, al que accederá el funcionario que ejerza la opción. Estos cargos constituirán dotación adicional y se extinguirán de pleno derecho al momento del cese de funciones por cualquier causa.

Si el funcionario renunciare a la alternativa señalada, cesará en funciones, recibiendo, con cargo al presupuesto de la respectiva municipalidad, una indemnización equivalente a un mes de la última remuneración por cada año de servicios en la

Administración del Estado, con un tope de ocho meses la que será compatible con el desahucio, cuando corresponda, y la jubilación en su caso.

SEGUNDA.- Las directivas centrales de los partidos políticos representados por sus Presidentes y por sus Secretarios Generales, se entenderán facultadas para declarar candidaturas y suscribir pacto o subpactos electorales, de acuerdo a lo dispuesto en el artículo 109.

En todo caso la declaración deberá ser suscrita por el candidato o por su mandatario.

Los candidatos independientes actuarán por sí o por medio de mandatario designado especialmente al efecto por escritura pública.

TERCERA.- Las funciones, atribuciones y deberes que otras leyes confieran a los consejos de desarrollo comunal se entenderán referidas, en lo sucesivo, a los concejos.

ARTÍCULOS TRANSITORIOS DE LA LEY N° 19.602

Artículo 1°.- El reglamento de contrataciones y adquisiciones a que se refiere el artículo 66, deberá dictarse dentro del plazo de seis meses, contado desde el 25 de marzo de 1999.

Artículo 2°.- El reglamento a que se refiere el artículo 92 deberá ser aprobado en el plazo de noventa días, contado desde la fecha de instalación del concejo.

Artículo 3°.- Los funcionarios que al 25 de marzo de 1999 estuvieren sirviendo los cargos de administrador municipal y que debieran hacer abandono de los mismos por hacerse efectiva la facultad de la autoridad para removerlos, tendrán derecho a percibir, con cargo al presupuesto municipal, una indemnización equivalente a un mes de la última remuneración por cada año de servicio en el municipio correspondiente, con un tope de once meses, la que será compatible con el desahucio, cuando corresponda, y la jubilación en su caso.

Artículo 4°.- Los concejales que no se encuentren afiliados al Sistema de Pensiones establecido en el Decreto Ley N° 3.500, de 1980, y que hayan sido imponentes, bajo cualquier calidad de algún régimen de pensiones distinto de aquél, tendrán derecho a optar entre el referido Sistema de Pensiones y el contenido en el Decreto con Fuerza de

Ley N° 1.340 bis, de 1930, y sus disposiciones complementarias, en los términos previstos en el artículo 1° transitorio del citado decreto ley.

Artículo 5°.- Sin perjuicio de lo dispuesto en el artículo 91, los concejales no deberán reintegrar las cotizaciones previsionales correspondientes al período comprendido entre el 25 de marzo de 1999 y el inicio de sus funciones.

Artículo 6°.- La ordenanza de participación ciudadana y el reglamento a que se refieren, respectivamente, los artículos 93 y 94, deberán dictarse dentro de los 180 días siguientes al 25 de marzo de 1999.

Los consejos económicos y sociales comunales previstos en el artículo 94 deberán quedar instalados dentro de los 60 días siguientes a la fecha de publicación de dicho reglamento. El día en que se instalen estos consejos cesarán en funciones los actuales consejos económicos y sociales comunales.

Anótese, tómese razón y publíquese.-

RICARDO LAGOS ESCOBAR,
Presidente de la República.-

JOSÉ MIGUEL INSULZA SALINAS,
Ministro del Interior.

Lo que transcribo a usted para su conocimiento.- Saluda a Ud.,

FRANCISCO VIDAL SALINAS,
Subsecretario de Desarrollo Regional y Administrativo.

COLOMBIA

LEY 136 DE 1994

(Junio 02 de 1994)

Por la cual se dictan normas tendientes a modernizar la organización y el funcionamiento de los municipios.

EL CONGRESO DE COLOMBIA,

DECRETA:

I. PRINCIPIOS GENERALES SOBRE LA ORGANIZACIÓN Y EL FUNCIONAMIENTO DE LOS MUNICIPIOS.

Artículo 1º.- *Definición.* El municipio es la entidad territorial fundamental de la división político administrativa del Estado, con autonomía política, fiscal y administrativa, dentro de los límites que señalen la Constitución y la ley y cuya finalidad es el bienestar general y el mejoramiento de la calidad de vida de la población en su respectivo territorio.

Artículo 2º.- *Régimen de los municipios.* El régimen municipal estará definido por lo dispuesto en la Constitución Política, por lo establecido en la Ley y por las siguientes disposiciones:

a) En materia de distribución de competencias con la Nación y las entidades territoriales, y los regímenes de planeación y presupuestal, por las correspondientes leyes orgánicas, de conformidad por lo dispuesto en los artículos 288, 342 y 352 de la Constitución Política;

b) En relación con las instituciones y mecanismos de participación ciudadana a nivel municipal, por lo dispuesto en la respectiva Ley estatutaria, de acuerdo con lo previsto en los artículos 103 y 152 de la Constitución Política;

c) En lo concerniente con su endeudamiento interno y externo, y sujeto a la capacidad de endeudamiento del municipio, de conformidad con la ley y de acuerdo con el literal a) del numeral 19 del artículo 150 de la Constitución Política; En lo relativo a los regímenes salariales y prestacionales de sus empleados públicos, por las normas generales que dicte el Congreso y las disposiciones que en desarrollo de ellas expida el Gobierno, los trabajadores oficiales por las normas vigentes de contratación colectiva y las mínimas del régimen de prestaciones sociales que dicte el Congreso de conformidad con lo dispuesto en los literales e) y f) del numeral 19 del artículo 150 de la Constitución Política.

d) En relación con los regímenes de distribución de recursos entre la Nación y los municipios, de los tributos propios de éstos, de los servicios públicos a su cargo, del personal, del régimen contractual y del control interno y electoral, se sujetarán a las normas especiales que se dicten sobre dichas materias de acuerdo con lo dispuesto, entre otros, por los artículos 125 y transitorios 21, 152 literal c), 269, 313 numeral 4, 356, 357, 365 y transitorio 48 de la Constitución Política.

Artículo 3°.- *Funciones.* Modificado por el art. 6. Ley 1551 de 2012. Corresponde al municipio:

1. Administrar los asuntos municipales y prestar los servicios públicos que determine la Ley.

2. Ordenar el desarrollo de su territorio y construir las obras que demande el progreso municipal.

3. Promover la participación comunitaria y el mejoramiento social y cultural de sus habitantes.

4. Planificar el desarrollo económico, social y ambiental de su territorio, de conformidad con la Ley y en coordinación con otras entidades.

5. Solucionar las necesidades insatisfechas de salud, educación, saneamiento ambiental, agua potable, servicios públicos domiciliarios, vivienda recreación y deporte, con especial énfasis en la niñez, la mujer, la tercera edad y los sectores discapacitados, directamente y en concurrencia, complementariedad y coordinación con las demás entidades territoriales y la Nación, en los términos que defina la Ley.

6. Velar por el adecuado manejo de los recursos naturales y del medio ambiente, de conformidad con la Ley.

7. Promover el mejoramiento económico y social de los habitantes del respectivo municipio.

8. Hacer cuanto pueda adelantar por sí mismo, en subsidio de otras entidades territoriales, mientras éstas proveen lo necesario.

9. Las demás que señale la Constitución y la Ley.

Artículo 4°.- *Principios rectores del ejercicio de competencia.* Modificado por el art. 3, Ley 1551 de 2012. Los municipios ejercen las competencias que les atribuye la Constitución y la Ley, conforme a los principios señalados en la Ley orgánica de ordenamiento territorial y en especial con sujeción a los siguientes:

a) **COORDINACIÓN:** En virtud de este principio, las autoridades municipales al momento de desarrollar y ejercitar sus propias competencias deberán conciliar su actuación con el principio armónico que debe existir entre los diferentes niveles de autoridad en ejercicio de sus atribuciones;

b) **CONCURRENCIA:** Cuando sobre una materia se asignen a los municipios, competencias que deban desarrollar en unión o relación directa con otras autoridades o entidades territoriales, deberán ejercerlas de tal manera que su actuación no se prolongue más allá del límite fijado en la norma correspondiente, buscando siempre el respeto de las atribuciones de las otras autoridades o entidades;

c) **SUBSIDIARIEDAD:** Cuando se disponga que los municipios pueden ejercer competencias atribuidas a otros niveles territoriales o entidades, en subsidio de éstos, sus autoridades sólo entrarán a ejercerlas una vez que se cumplan plenamente las condiciones establecidas para ellos en la norma correspondiente y dentro de los límites y plazos fijados al respecto.

Así mismo, cuando por razones de orden técnico o financiero debidamente justificadas, los municipios no puedan prestar los servicios que les impone la Constitución y la Ley, las entidades territoriales de nivel superior y de mayor capacidad deberán contribuir transitoriamente a la gestión de los mismos, a solicitud del respectivo municipio. Las gestiones realizadas en desarrollo de este principio se ejercerán sin exceder los límites de la propia competencia y en procura de fortalecer la autonomía local.

Artículo 5º.- *Principios rectores de la administración municipal.* La organización y el funcionamiento de los municipios se desarrollará con arreglo a los postulados que rigen la función administrativa y regulan la conducta de los servidores públicos, y en especial; con sujeción a los principios de eficacia, eficiencia, publicidad y transparencia, moralidad, responsabilidad e imparcialidad, de acuerdo con los siguientes criterios:

a) **EFICACIA:** Los municipios determinarán con claridad la misión, propósito y metas de cada una de sus dependencias o entidades; definirán al ciudadano como centro de su actuación dentro de un enfoque de excelencia en la prestación de sus servicios y establecerá rigurosos sistemas de control de resultados y evaluación de programas y proyectos;

b) **EFICIENCIA:** Los municipios deberán optimizar el uso de los recursos financieros, humanos y técnicos, definir una organización administrativa racional que les permita cumplir de manera adecuada las funciones y servicios a su cargo, crear sistemas adecuados de información, evaluación y control de resultados, y aprovechar las ventajas comparativas que ofrezcan otras entidades u organizaciones de carácter público o privado.

En desarrollo de este principio se establecerán los procedimientos y etapas estrictamente necesarios para asegurar el cumplimiento de las funciones y servicios a cargo del municipio, evitar dilaciones que retarden el trámite y la culminación de las actuaciones administrativas o perjudiquen los intereses del municipio;

c) **PUBLICIDAD Y TRANSPARENCIA**: Los actos de la administración municipal son públicos y es obligación de la misma facilitar el acceso de los ciudadanos a su conocimiento y fiscalización, de conformidad con la Ley;

d) **MORALIDAD:** Las actuaciones de los servidores públicos municipales deberán regirse por la Ley y la ética propias del ejercicio de la función pública;

e) **RESPONSABILIDAD:** La responsabilidad por el cumplimiento de las funciones y atribuciones establecidas en la Constitución y en la presente Ley, será de las respectivas autoridades municipales en lo de su competencia. Sus actuaciones no podrán conducir a la desviación o abuso de poder y se ejercerán para los fines previstos en la Ley. Las omisiones antijurídicas de sus actos darán lugar a indemnizar los daños causados y a repetir contra los funcionarios responsables de los mismos;

f) **IMPARCIALIDAD:** Las actuaciones de las autoridades y en general, de los servidores públicos municipales y distritales se regirán por la Constitución y la ley, asegurando y garantizando los derechos de todas las personas sin ningún género de discriminación.

g) Adicionado por el art. 4, ley 1551 de 2012

h) Adicionado por el art. 4, ley 1551 de 2012

i) Adicionado por el art. 4, ley 1551 de 2012

Artículo 6º.- *Categorización.* Modificado por el art. 2º de la Ley 617 de 2000, Modificado por el art. 7º, Ley 1551 de 2012. Los municipios de Colombia se clasificarán, atendiendo su población y sus recursos fiscales como indicadores de sus condiciones socioeconómicas así:

CATEGORÍA ESPECIAL: Todos aquellos municipios con población superior a los quinientos mil uno (500.001) habitantes y cuyos ingresos anuales superen los cuatrocientos mil (400.000) salarios mínimos legales mensuales.

PRIMERA CATEGORÍA: Todos aquellos municipios con población comprendida entre cien mil uno (100.001) y quinientos mil (500.000) habitantes y cuyos ingresos anuales oscilen entre cien mil (100.000) y cuatrocientos mil (400.000) salarios mínimos legales mensuales.

SEGUNDA CATEGORÍA: Todos aquellos municipios con población comprendida entre cincuenta mil uno (50.001) y cien mil (100.000) habitantes y cuyos ingresos anuales oscilen entre cincuenta mil (50.000) y cien mil (100.000) salarios mínimos legales mensuales.

TERCERA CATEGORÍA: Todos aquellos municipios con población comprendida entre treinta mil uno (30.001) y cincuenta mil (50.000) habitantes y cuyos ingresos anuales oscilen entre treinta mil (30.000) y cincuenta mil (50.000) salarios mínimos legales mensuales.

CUARTA CATEGORÍA: Todos aquellos municipios con población comprendida entre quince mil uno (15.001) y treinta mil (30.000) habitantes y cuyos ingresos anuales oscilen entre quince mil (15.000) y treinta mil (30.000) salarios mínimos legales mensuales.

QUINTA CATEGORÍA: Todos aquellos municipios con población comprendida entre siete mil uno (7.001) y quince mil (15.000) habitantes y cuyos ingresos anuales oscilen entre cinco (5.000) y quince mil (15.000) salarios mínimos legales mensuales.

SEXTA CATEGORÍA: Todos aquellos municipios con población inferior a siete mil (7.000) habitantes y con ingresos anuales no superiores a cinco mil (5.000) salarios mínimos legales mensuales.

Parágrafo 1º.- Los municipios con población considerada en la correspondiente categoría y que superen el monto de ingresos señalados, se clasificarán automáticamente en la categoría inmediatamente superior.

Así mismo, los municipios que acrediten la población en la categoría correspondiente, pero cuyos ingresos no alcancen el monto señalado, se clasificarán en la categoría inmediatamente inferior.

Parágrafo 2°.- Para los efectos de esta categorización, no se computarán los recursos del crédito en el cálculo de los ingresos.

Artículo 7°.- *Aplicación de las categorías.* Las categorías señaladas en el artículo anterior se aplicarán para los aspectos previstos en esta Ley y a las demás normas que expresamente lo dispongan.

II. REQUISITOS PARA LA CREACIÓN DE MUNICIPIOS

Artículo 8°.- *Requisitos.* Modificado por el artículo 15 de la Ley 617 de 2000. Para que una porción del territorio de un departamento pueda ser erigida en municipio se necesita que concurran las siguientes condiciones:

1. Que el área del municipio propuesto tenga identidad, atendidas sus características naturales, sociales, económicas y culturales.

2. Modificado por el art. 11, Ley 1551 de 2012. Que cuente por lo menos con siete mil (7.000) habitantes y que el municipio o municipios de los cuales se pretende segregar no disminuya su población por debajo de este límite señalado, según certificación del Departamento Administrativo Nacional de Estadística.

3. Modificado por el art. 11, Ley 1551 de 2012. Que el Municipio propuesto garantice, por lo menos, ingresos ordinarios anuales equivalentes a cinco mil (5.000) salarios mínimos mensuales, sin incluir la participación en los ingresos corrientes de la Nación. Modificado Artículo 1 Ley 177 de 1994

4. Que el organismo departamental de planeación conceptúe favorablemente, previo a la presentación del proyecto de ordenanza sobre la conveniencia económica y social de la iniciativa y la viabilidad de la nueva entidad, teniendo en cuenta su capacidad física, sus posibilidades económicas, su infraestructura y su identificación como área de desarrollo. El concepto también deberá, pronunciarse favorablemente con relación a la conveniencia de la iniciativa para el municipio o los municipios de los cuales se segrega el nuevo. En todo caso, con la creación de un nuevo municipio no podrá sustraerse más de la tercera parte del territorio del municipio o municipios de los cuales se segrega.

Parágrafo 1.- Modificado por el art. 11, Ley 1551 de 2012. El respectivo proyecto de ordenanza podrá ser presentado a iniciativa del Gobernador, de los miembros de la Asamblea Departamental o por iniciativa popular, de conformidad con la Ley. Sin embargo, el Gobernador estará obligado a presentarlo cuando por medio de consulta popular así lo decida la mayoría de los ciudadanos residentes en el respectivo territorio.

Cuando no hubiere precedido la consulta popular a la ordenanza que apruebe la creación de un nuevo municipio, una vez ésta se expida será sometida a referéndum en el que participen los ciudadanos del respectivo territorio. El referéndum deberá realizarse en un plazo máximo de tres meses, contados a partir de la fecha de sanción de la ordenanza.

Si el proyecto de ordenanza fuere negado, se archivará y una nueva iniciativa en el mismo sentido sólo podrá presentarse tres (3) años después.

Artículo 9º.- Modificado Artículo 1 Ley 177 de 1994, Modificado por el artículo 16 de la Ley 617 de 2000. Decia así: *Excepción.* Sin el lleno de los requisitos establecidos en el numeral segundo (2) del artículo anterior, las Asambleas Departamentales podrán crear municipios cuando, previo a la presentación del proyecto de ordenanza, el Presidente de la República considere su creación como de conveniencia nacional, por tratarse de una zona de frontera o de colonización o por razones de defensa nacional, siempre y cuando no se trate de territorios indígenas.

Parágrafo.- Para la creación de municipios en el Departamento Archipiélago de San Andrés, Providencia y Santa Catalina, el concepto de la oficina departamental de planeación no tendrá carácter obligatorio.

Artículo 10º.- *Distribución Equitativa.* Modificado por el art. 13, Ley 1551 de 2012. La distribución de los recursos de inversión dentro del territorio de los municipios y distritos deberá hacerse con estricta sujeción a los criterios de equidad, población y necesidades básicas insatisfechas.

Artículo 11º.- *Excepción.* Las creaciones de municipios aprobadas por las Asambleas Departamentales antes del 31 de diciembre de 1990, son válidas de acuerdo con el artículo 40 transitorio de la Constitución Política.

Igualmente, las creaciones de municipios aprobadas por las Asambleas Departamentales, entre el 31 de diciembre de 1990 y el 1 de diciembre de 1993, son válidas siempre y cuando no se haya decretado su nulidad por los tribunales competentes, mediante sentencia ejecutoriada.

Artículo 12º.- *Parques Nacionales.* Declárense parques nacionales los manglares del Archipiélago de San Andrés, Providencia y Santa Catalina.

Artículo 13º.- *Participación de los nuevos municipios en los ingresos corrientes de la nación.* En la distribución de los Ingresos Corrientes de la Nación, para la vigencia fiscal siguiente, se tendrá en cuenta los municipios creados válidamente y reportados al Departamento Nacional de Planeación, hasta el 30 de junio del año inmediatamente anterior.

El Gobernador del Departamento el mismo día que sancione la ordenanza que disponga la creación de un municipio ordenará comunicar el hecho, al Ministerio de Hacienda con el objeto de que en los giros que habrán de hacerse para los bimestres subsiguientes del año en curso por concepto de participaciones en los Ingresos Corrientes de la Nación, se tenga en cuenta los que corresponden al nuevo municipio en la Ley 60 de 1993. Ver Decreto Nacional 638 de 1995

Artículo 14º.- *Modificación de límites intermunicipales.* Cuando dos o más municipios de un mismo departamento mantengan disputa territorial por no existir entre ellos límites definidos o por presentar problemas de identidad, atendidas sus características naturales, sociales, económicas o culturales, las Asambleas Departamentales por medio de ordenanza, podrán modificar o precisar los respectivos límites intermunicipales para lo cual deberán cumplirse los requisitos y condiciones siguientes:

1. El respectivo proyecto de ordenanza podrá ser presentado a iniciativa del Gobernador o de los mismos miembros de la Asamblea Departamental. Sin embargo, el Gobernador estará obligado a presentarlo cuando así lo decida, por medio de consulta popular, la mayoría de ciudadanos residentes en el territorio en conflicto.

2. Si no existiere ya una consulta popular el Gobernador del Departamento deberá convocarla para que los ciudadanos residentes en el territorio en conflicto manifiesten su voluntad mayoritaria para la correspondiente anexión.

3. La anexión de un área territorial de un municipio a otro no podrá afectar la categoría del municipio de donde ella se segregue, ni menguarle a éste las condiciones mínimas exigidas por el artículo 8 de la presente Ley para la creación de municipios.

4. La correspondiente oficina de Planeación Departamental realizará en la respectiva zona de conflicto intermunicipal una investigación histórica y técnica con el objeto de verificar y certificar mediante estudio documentado y escrito que definitivamente en el territorio en conflicto, se presentan aspectos e indefinición de límites o problemas de identidad natural, social, cultural o económica que hagan aconsejable el anexamiento y la consiguiente agregación de áreas territoriales.

Parágrafo.- Tanto la consulta popular prevista en el numeral segundo de este artículo, como el estudio a que se refiere el numeral cuarto de este artículo, deberán agregarse a la exposición de motivos del respectivo proyecto de ordenanza.

Artículo 15°.-*Anexos.* Adicionado por el art. 17, Ley 617 de 2000. El proyecto de ordenanza para la creación de un municipio se presentará acompañado de una exposición de motivos que incluirá como anexos los estudios, certificaciones y demás documentos que acrediten el cumplimiento de los requisitos establecidos en la ley, así como el mapa preliminar del territorio del municipio que se pretende crear.

Artículo 16°.- *Contenido de la ordenanza.* La ordenanza que cree un municipio deberá, además:

1. Determinar los límites del nuevo municipio.

2. Indicar cual será la cabecera municipal para todos los efectos legales y administrativos y relacionar las fracciones territoriales que lo integran.

3. Determinar la forma como el nuevo municipio debe concurrir al pago de la deuda pública que quede a cargo del municipio o municipios de los cuales se segregan.

4. Apropiar los recursos necesarios que demande el funcionamiento de las oficinas departamentales que se requieran en el nuevo municipio.

Parágrafo.- Una vez entre en funcionamiento el nuevo municipio se procederá a su deslinde, amojonamiento y a la elaboración y publicación del mapa oficial.

Artículo 17°.- *Asistencia Técnica.* El departamento deberá diseñar y ejecutar un programa especial de asistencia técnica al nuevo municipio, con énfasis particular en los aspectos de participación, organización administrativa y fiscal, presupuesto y planeación.

Esta obligación se hará extensiva igualmente a los demás municipios del departamento si a ello hubiere lugar.

Artículo 18°.- Reglamentado por el Decreto Nacional 1109 de 2000. *Designación de autoridades.* Una vez publicada la ordenanza que crea un nuevo municipio, el Gobernador mediante Decreto, nombrará alcalde encargado y en el mismo acto citará con no menos de tres (3) meses de anticipación a elección de concejales y alcalde, siempre que falte más de un año para la elección general de autoridades locales en el país.

En ese mismo Decreto se indicarán por única vez, las fechas de instalación del Concejo Municipal y la posesión del alcalde electo popularmente.

Artículo 19º.- *Traslado de cabecera municipal.* Las Asambleas Departamentales, a iniciativa del Gobernador y previo concepto del organismo departamental de planeación, podrán trasladar las cabeceras de los municipios a otros lugares dentro de los respectivos territorios, cuando graves motivos de calamidad pública así lo aconsejen o cuando esos otros lugares hubieren adquirido mayor importancia demográfica y económica.

Artículo 20º.- *Supresión de municipios.* Modificado por el art. 19, Ley 617 de 2000. Las Asambleas Departamentales podrán suprimir aquellos municipios de menos de tres mil (3.000) habitantes y cuyo presupuesto de rentas haya sido en los dos años inmediatamente anteriores inferior a la mitad del valor de los gastos de funcionamiento del municipio.

En este caso, será oído el concepto del Gobernador antes de expedirse la respectiva ordenanza, en la cual se expresará claramente a qué municipio o municipios limítrofes se agrega el territorio del que se elimina.

III. CONCEJOS MUNICIPALES

Artículo 21º.- Concejos Municipales. En cada municipio habrá una corporación administrativa, cuyos miembros serán elegidos popularmente para períodos de tres (3) años, y que se denominará Concejo Municipal, integrada por no menos de siete (7) ni más de veintiún (21) miembros.

Artículo 22º.- *Composición.* Los Concejos Municipales se compondrán del siguiente número de concejales. Los municipios cuya población no exceda de cinco mil (5.000) habitantes, elegirán siete (7); los que tengan de cinco mil uno (5.001) a diez mil (10.000), elegirán nueve (9); los que tengan de diez mil uno (10.001) hasta veinte mil (20.000), elegirán once (11); los que tengan veinte mil uno (20.001) a cincuenta mil (50.000) elegirán trece (13); los de cincuenta mil uno (50.001), hasta cien mil (100.000) elegirán quince (15); los de cien mil uno (100.001) hasta doscientos cincuenta mil (250.000), elegirán diecisiete (17); los de doscientos cincuenta mil uno (250.001), a un millón (1.000.000), elegirán diecinueve (19); los de un millón uno (1-000.001) en adelante, elegirán veintiuno (21).

Parágrafo.- La Registraduría Nacional del Estado Civil tendrá a su cargo la determinación y publicación oportuna del número de concejales que puede elegir cada municipio.

Artículo 23º.- *Período de sesiones.* Los concejos de los municipios clasificados en categorías Especial, Primera y Segunda, sesionarán ordinariamente en la cabecera municipal y en el recinto señalado oficialmente para tal efecto, por derecho propio y máximo una vez por día, seis meses al año, en sesiones ordinarias así:

a) El primer período será en el primer año de sesiones, del dos de enero posterior a su elección, al último día del mes de febrero del respectivo año.

   El segundo y tercer año de sesiones tendrá como primer período el comprendido entre el primero de marzo y el treinta de abril;

b) El segundo período será del primero de junio al último día de julio;

c) El tercer período será del primero de octubre al treinta de noviembre, con el objetivo prioritario de estudiar, aprobar o improbar el presupuesto municipal.

Los concejos de los municipios clasificados en las demás categorías, sesionarán ordinariamente en la cabecera municipal y en el recinto señalado oficialmente para tal efecto, por derecho propio, cuatro meses al año y máximo una vez (1) por día así: febrero, mayo, agosto y noviembre.

Si por cualquier causa los concejos no pudieran reunirse ordinariamente en las fechas indicadas, lo harán tan pronto como fuere posible, dentro del período correspondiente. Declarado EXEQUIBLE Sentencia C 271 de 1996, Sentencia C 316 de 1996 Corte Constitucional.

Parágrafo 1°.- Cada período ordinario podrá ser prorrogado por diez días calendario más, a voluntad del respectivo Concejo. Declarado EXEQUIBLE Sentencia C 271 de 1996, Sentencia C 316 de 1996 Corte Constitucional.

Parágrafo 2°.- Los alcaldes podrán convocarlos a sesiones extraordinarias en oportunidades diferentes, para que se ocupen exclusivamente de los asuntos que se sometan a su consideración. Declarado EXEQUIBLE. Sentencia C 316 de 1996 Corte Constitucional. Artículo 23 en su totalidad declarado EXEQUIBLE. Sentencia C 271 de 1996 Corte Constitucional.

Parágrafo 3°.- Adicionado por el art. 2, Ley 1148 de 2007.

Artículo 24°.- Suspendido por el artículo 6° del Decreto Nacional 2255 de 2002 *Invalidez de las reuniones.* Toda reunión de miembros del Concejo que con el propósito de ejercer funciones propias de la corporación, se efectúe fuera de las condiciones legales o reglamentarias, carecerá de validez y los actos que realicen no podrán dársele efecto alguno, y quienes participen en las deliberaciones serán sancionadas conforme a las leyes.

Artículo 25°.- *Comisiones.* Los concejos integrarán comisiones permanentes encargadas de rendir informe para primer debate a los proyectos de acuerdo, según los asuntos o negocios de que éstas conozcan y el contenido del proyecto acorde con su propio reglamento. Si dichas comisiones no se hubieren creado o integrado, los informes se rendirán por las Comisiones Accidentales que la Mesa Directiva nombre para tal efecto.

Todo concejal deberá hacer parte de una comisión permanente y en ningún caso podrán pertenecer a dos o más comisiones permanentes.

Artículo 26°.- *Actas.* Modificado por el art. 16, Ley 1551 de 2012. De las sesiones de los concejos y sus comisiones permanentes, se levantarán actas que contendrán una relación sucinta de los temas debatidos, de las personas que hayan intervenido, de los mensajes leídos, las proposiciones presentadas, las comisiones designadas y las decisiones adoptadas.

Abierta la sesión el presidente someterá a discusión, previa lectura si los miembros de la Corporación lo consideran necesario el Acta de la sesión anterior. No obstante el Acta debe ser puesta previamente en conocimiento de los miembros de la Corporación, bien por su publicación en la Gaceta del Concejo o bien mediante reproducción por cualquier otro medio mecánico.

Artículo 27°.- *Publicación de los actos del Concejo.* Modificado por el art. 17, Ley 1551 de 2012. Los Concejos tendrán un órgano o medio oficial escrito de publicidad de sus actos, denominado Gaceta del Concejo, bajo la dirección de los secretarios de los Concejos.

Artículo 28°.- *Mesas Directivas.* La Mesa Directiva de los Concejos se compondrá de un Presidente y dos Vicepresidentes, elegidos separadamente para un período de un año.

Sustituido por el art. 22, Ley 1551 de 2012. Las minorías tendrán participación en la primera vicepresidencia del Concejo, a través del partido o movimiento político mayoritario entre las minorías.

Ningún concejal podrá ser reelegido en dos períodos consecutivos en la respectiva mesa directiva.

Artículo 29°.- *Quórum.* Los concejos y sus comisiones no podrán abrir sesiones y deliberar con menos de una cuarta parte de sus miembros. Las decisiones sólo podrán tomarse con la asistencia de la mayoría de los integrantes de la respectiva corporación, salvo que la Constitución determine un quórum diferente.

Artículo 30°.- *Mayoría.* En los concejos y sus comisiones permanentes, las decisiones se tomarán por la mayoría de los votos de los asistentes salvo que la Constitución exija expresamente una mayoría especial. Declarado EXEQUIBLE. Sentencia C 231 de 1995 Corte Constitucional

Artículo 31°.- *Reglamento.* Los concejos expedirán un reglamento interno para su funcionamiento en el cual se incluyan, entre otras, las normas referentes a las comisiones, a la actuación de los concejales y la validez de las convocatorias y de las sesiones.

Artículo 32°.- Atribuciones. Modificado por el art. 18, Ley 1551 de 2012. Además de las funciones que se le señalan en la Constitución y la Ley, son atribuciones de los concejos las siguientes:

1. Disponer lo referente a la policía en sus distintos ramos, sin contravenir las leyes y ordenanzas, ni los Decretos del Gobierno Nacional o del Gobernador respectivo.

2. Exigir los informes escritos o citar a los secretarios de la alcaldía, directores de departamentos administrativos o entidades descentralizadas municipales, al contralor o al personero, así como a cualquier funcionario municipal, excepto el alcalde, para que en sesión ordinaria haga declaraciones orales sobre asuntos relacionados con la marcha del municipio.

3. Reglamentar la autorización al alcalde para contratar, señalando los casos en que requiere autorización previa del Concejo.

4. Autorizar al alcalde para delegar en sus subalternos o en las juntas administradoras locales algunas funciones administrativas distintas de las que dispone esta Ley.

5. Determinar las áreas urbanas y suburbanas de la cabecera municipal y demás centros poblados de importancia, fijando el respectivo perímetro urbano. Numeral 5 derogado expresamente Artículo 138 Ley 388 de 1997

6. Determinar la nomenclatura de las vías públicas y de los predios o domicilios.

7. Establecer, reformar o eliminar tributos, contribuciones, impuestos y sobretasas, de conformidad con la Ley.

8. Velar por la preservación y defensa del patrimonio cultural.

9. Organizar la contraloría y la personería y dictar las normas necesarias para su funcionamiento.

10. Dictar las normas orgánicas de presupuesto y expedir anualmente el presupuesto de rentas y gastos, el cual deberá corresponder al Plan Municipal o Distrital de Desarrollo, de conformidad con las normas orgánicas de planeación.

Parágrafo 1°.- Los concejos municipales mediante acuerdo a iniciativa del alcalde establecerán la forma y los medios como los municipios puedan otorgar los beneficios establecidos en el inciso final del artículo 13, 46 y 368 de la Constitución Nacional.

Parágrafo 2°.- Aquellas funciones normativas del municipio para las cuales no se haya señalado si la competencia corresponde a los alcaldes o los concejos, se entenderá asignada a estas corporaciones, siempre y cuando no contraríe la Constitución y la Ley. **Ver Oficio N° 3-35371/9.06.98. D.A.P.D. Juntas Administradoras Locales. CJA13651998.**

Parágrafo 3°.- A través de las facultades concedidas en el numeral siete, no se autoriza a los municipios para gravar las rentas que el sector exportador haga al exterior. Declarado EXEQUIBLE. Sentencia C 506 de 1995 Corte Constitucional.

Artículo 33°.- *Usos del suelo.* Cuando el desarrollo de proyectos de naturaleza turística, minera o de otro tipo, amenace con crear un cambio significativo en el uso del suelo, que dé lugar a una transformación en las actividades tradicionales de un municipio, se deberá realizar una consulta popular de conformidad con la Ley. La responsabilidad de estas consultas estará a cargo del respectivo municipio. Ver: Artículo 30 y ss Ley 388 de 1997.

Parágrafo.- En todo caso, las decisiones sobre el uso del suelo deben ser aprobadas por el Concejo Municipal.

Ver Fallo Consejo de Estado 5504 de 2000

Artículo 34°.- *Delegación de competencias.* El Concejo podrá delegar en las Juntas Administradoras Locales parte de las competencias que le son propias, conforme a las siguientes normas generales:

a) La delegación se hará con el fin de obtener un mayor grado de eficiencia y eficacia en la prestación de los servicios. En todo caso, dichas competencias están subordinadas al plan de desarrollo del municipio;

b) No se podrán descentralizar servicios ni asignar responsabilidades, sin la previa destinación de los recursos suficientes para atenderlos.

Artículo 35°.- *Elección de funcionarios.* Los concejos se instalarán y elegirán a los funcionarios de su competencia en los primeros diez días del mes de enero correspondiente a la iniciación de sus períodos constitucionales, previo señalamiento de fecha con tres días de anticipación. En los casos de faltas absolutas, la elección podrá hacerse en cualquier período de sesiones ordinarias o extraordinarias que para el efecto convoque el alcalde.

Siempre que se haga una elección después de haberse iniciado un período, se entiende hecha sólo para el resto del período en curso. Declarado exequible parcialmente Sentencia C 107 de 1995 Corte Constitucional.

Artículo 36°.- *Posesión de los funcionarios elegidos por el Concejo.* Los funcionarios elegidos por el Concejo tendrá un plazo de quince (15) días calendario para su respectiva posesión excepto en los casos de fuerza mayor en los cuales se prorrogará este término por quince (15) días más.

Ninguna autoridad podrá dar posesión a funcionarios elegidos por el Concejo que no acrediten las calidades exigidas para el cargo, o que estén incursos en las causales de inhabilidad que señalen la Constitución y la Ley, previa comprobación sumaria.

El funcionario que contravenga lo dispuesto en este artículo, incurrirá en causal de mala conducta.

Artículo 37°.- *Secretario.* El Concejo Municipal elegirá un secretario para un período de un año, reelegible a criterio de la corporación y su primera elección se realizará en el primer período legal respectivo.

En los municipios de las categorías especial deberán acreditar título profesional. En la categoría primera deberán haber terminado estudios universitarios o tener título de nivel tecnológico. En las demás categorías deberán acreditar título de bachiller o acreditar experiencia administrativa mínima de dos años.

En casos de falta absoluta habrá nueva elección para el resto del período y las ausencias temporales las reglamentará el Concejo.

Artículo 38°.- *Funciones de control.* Corresponde al Concejo ejercer función de control a la administración municipal. Con tal fin, podrá citar a los secretarios, jefes de departamento administrativo y representantes legales de entidades descentralizadas así como al Personero y al Contralor. Las citaciones deberán hacerse con anticipación no menor de cinco días hábiles y formularse en cuestionario escrito. El debate no podrá extenderse a asuntos ajenos al cuestionario y deberá encabezar el orden del día de la sesión. También podrá el Concejo solicitar informaciones escritas a otras autoridades municipales. En todo caso, las citaciones e informaciones deberán referirse a asuntos propios del cargo del respectivo funcionario.

Artículo 39°.- *Moción de observaciones.* Al finalizar el debate correspondiente y con la firma de por lo menos la tercera parte de los miembros de la corporación, se podrá proponer que el Concejo observe las decisiones del funcionario citado.

La propuesta se votará en plenaria entre el tercero y décimo día siguientes a la terminación del debate. Aprobada la moción, por el voto de la mitad más uno de los miembros de la corporación, se comunicará al alcalde. Si fuere rechazada, no podrá presentarse otra sobre la misma materia, a menos que hechos nuevos la justifiquen.

Ver Fallo del Consejo de Estado 5731 de 2000

Artículo 40°.- *Citaciones.* Cualquier comisión permanente podrá citar a toda persona natural o jurídica, para que en sesión especial rinda declaraciones orales o escritas, sobre hechos relacionados directamente con asuntos de interés público, investigados por la misma.

Los citados podrán abstenerse de asistir sólo por causa debidamente justificada.

La renuencia de los citados a comparecer o a rendir declaraciones requeridas, será sancionada por las autoridades jurisdiccionales competentes, según las normas vigentes para los casos de desacato a las autoridades.

Artículo 41°.- *Prohibiciones.* Es prohibido a los concejos:

1. Obligar a los habitantes, sean domiciliados o transeúntes a contribuir con dineros o servicios para fiestas o regocijos públicos.

2. Aplicar o destinar los bienes y rentas municipales a objetos distintos del servicio público.

3.   Intervenir en asuntos que no sean de su competencia, por medio de acuerdos o de resoluciones.

4.   Dar votos de aplauso o de censura a actos oficiales; pero podrán pedir la revocación de los que estimen, ilegales o inconvenientes, exponiendo los motivos en que se funden.

5.   Privar a los vecinos de otros municipios de los derechos, garantías o protección de que disfruten los de su propio municipio.

6.   Decretar actos de proscripción o persecución contra personas naturales o jurídicas.

7.   Decretar auxilios o donaciones en favor de personas naturales o jurídicas.

8.   Tomar parte en el trámite o decisión de asuntos que no son de su competencia.

IV. CONCEJALES

Artículo 42°.- *Calidades.* Para ser elegido concejal se requiere ser ciudadano en ejercicio y haber nacido o ser residente del respectivo municipio o de la correspondiente área metropolitana durante los seis (6) meses anteriores a la fecha de la inscripción o durante un período mínimo de tres (3) años consecutivos en cualquier época.

Parágrafo.- Para ser elegido concejal de los municipios del departamento Archipiélago de San Andrés, Providencia y Santa Catalina, se requiere además de las determinadas por la Ley, ser residente del departamento conforme a las normas de control de densidad poblacional y tener residencia en la respectiva circunscripción por más de diez (10) años cumplidos con anterioridad a la fecha de la elección.

Artículo 43°.- *Inhabilidades.* Modificado por el art. 40, Ley 617 de 2000. No podrá ser concejal:

1.   Quien haya sido condenado, a la fecha de la inscripción por sentencia judicial, a pena privativa de la libertad, excepto por delitos políticos o culposos, salvo que estos últimos hayan afectado al patrimonio del Estado.

2.   Quien como empleado público, hubiere ejercido, jurisdicción o autoridad civil, administrativa o militar, dentro de los seis (6) meses anteriores a la fecha de la inscripción. Modificado Artículo 11 Ley 177 de 1994

3.   Quien dentro de los tres (3) meses anteriores a la fecha de la inscripción haya sido empleado público o trabajador oficial, salvo que desempeñe funciones docentes "de Educación Superior". Modificado Artículo 11 Ley 177 de 1994 Declarado EXEQUIBLE. Salvo la expresión entre comillas "de Educación Superior". Sentencia C 231 de 1995 posteriormente. Sentencia C 381 de 1995 Corte Constitucional.

4.   Quien haya intervenido en la celebración de contratos con entidades públicas en interés propio o de terceros, dentro de los seis (6) meses anteriores a la fecha de la inscripción. Ver Fallo del Consejo de Estado IJ24 de 2002

5.   Quien dentro de los cinco (5) años anteriores y por autoridad competente haya sido excluido del ejercicio de una profesión o sancionado más de dos veces por faltas a la ética profesional y a los deberes de un cargo público.

6.   Quien tenga vínculos por matrimonio o unión permanente, o de parentesco hasta en segundo grado de consanguinidad, primero de afinidad o primero ci-

vil, con funcionarios que ejerzan jurisdicción, autoridad administrativa, política o militar.

7. Quien esté vinculado entre sí por matrimonio o unión permanente o parentesco dentro del tercer grado de consanguinidad, primero de afinidad o primero civil y se inscriba por el mismo partido o movimiento político para elección de cargos, o de miembro de corporaciones públicas que deba realizarse en la misma fecha. Declarado EXEQUIBLE. Sentencia C 373 de 1995 Corte Constitucional.

8. Haya perdido la investidura de congresista, diputado o concejal, como consecuencia de una falta de orden administrativo o penal.

9. El servidor público que haya sido condenado en cualquier tiempo por delitos contra el patrimonio del Estado.

Parágrafo.- Las inhabilidades previstas en los numerales 4, 6 y 7 se refieren a situaciones que tengan lugar en la circunscripción del municipio en la cual se efectúe la respectiva elección.

NOTA: Artículo 43. Declarado exequible. Sentencia C 381 de 1995 Corte Constitucional.

Modificado por el artículo 40 de la Ley 617 de 2000.

Artículo 44°.- *Inelegibilidad simultánea.* Nadie podrá ser elegido para más de una corporación o cargo público ni para una corporación y un cargo, si los respectivos períodos coinciden en el tiempo, así sea parcialmente.

Los concejales en ejercicio que aspiren a ser congresistas deben renunciar a su investidura antes de la fecha de la inscripción de su candidatura.

Artículo 45°.- *Incompatibilidades.* Los concejales no podrán:

1. Aceptar o desempeñar cargo alguno en la administración pública, ni vincularse como trabajador oficial o contratista, so pena de perder la investidura. Modificado Artículo 3 Ley 177 de 1994. Declarado EXEQUIBLE Sentencia C 194 de 1995, Sentencia C 231 de 1995, Sentencia C 232 de 1995 Corte Constitucional.

2. Ser apoderado antes las entidades públicas del respectivo municipio o ante las personas que administren tributos procedentes del mismo, o celebrar con ellas, por sí o por interpuesta persona, contrato alguno, con las excepciones que más adelante se establecen. Ver Fallo del Consejo de Estado 8046 de 2002

3. Ser miembros de juntas o consejos directivos de los sectores central o descentralizado del respectivo municipio, o de instituciones que administren tributos procedentes del mismo.

4. Celebrar contratos o realizar gestiones con personas naturales o jurídicas de derecho privado que administren, manejen o inviertan fondos públicos procedentes del respectivo municipio o sean contratistas del mismo o reciban donaciones de éste. Radicación 751 de 1995 Sala de Consulta y Servicio Civil.

5. Adicionado por el art. 41, Ley 617 de 2000.

Parágrafo 1°.- Se exceptúa del régimen de incompatibilidades el ejercicio de la cátedra "universitaria". Subrayado "universitaria" declarado INEXEQUIBLE. Sentencia C 231 de 1995 Corte Constitucional.

Parágrafo 2°.- El funcionario público municipal que nombre a un concejal para un empleo o cargo público o celebre con él un contrato o acepte que actúe como gestor en nombre propio o de terceros, en contravención a lo dispuesto en el presente artículo, incurrirá en causal de mala conducta.

Artículo 46°.- *Excepciones.* Lo dispuesto en los artículos anteriores no obsta para que los concejales puedan ya directamente o por medio de apoderado, actuar en los siguientes asuntos:

a)   En las diligencias o actuaciones administrativas y jurisdiccionales en las cuales conforme a la Ley, ellos mismos, su cónyuge, sus padres o sus hijos, tengan interés;

b)   Formular reclamos por el cobro de impuestos, contribuciones, tasas y de multas que graven a las mismas personas;

c)   Adicionado por el art. 42, Ley 617 de 2000.

d)   Ser apoderados o defensores en los procesos que se ventilen ante la Rama Jurisdiccional del Poder Público. Sin embargo, los concejales durante su período Constitucional no podrán ser apoderados ni peritos en los procesos de toda clase que tengan por objeto gestionar intereses fiscales o económicos del respectivo municipio, los establecimientos públicos, las empresas industriales y comerciales del orden municipal y las sociedades de economía mixta en las cuales las mismas entidades tengan más del cincuenta por ciento (50%) del capital.

Artículo 47°.- *Duración de las incompatibilidades.* Modificado por el art. 43, Ley 617 de 2000. Las. Las incompatibilidades de los concejales tendrán vigencia desde el momento de su elección y hasta seis meses posteriores al vencimiento del período respectivo. En caso de renuncia, dichas incompatibilidades se mantendrán durante los seis meses siguientes a su aceptación, salvo para ser nombrado en el cargo de Alcalde Municipal por Decreto cuando las circunstancias lo exigieren.

Quien fuere llamado a ocupar el cargo de concejal, quedará sometido al mismo régimen de incompatibilidades a partir de su posesión. Artículo 47 Declarado EXEQUIBLE. Sentencia C 194 de1995 Sentencia C 232 de 1995 Corte Constitucional.

Artículo 48°.- *Prohibiciones relativas a cónyuges, compañeros permanentes y parientes de los concejales.* Los concejos no podrán nombrar, elegir o designar como servidores públicos a personas con las cuales los concejales tengan parentesco hasta el cuarto grado de consanguinidad, segundo de afinidad, primero civil o con quien estén ligados por matrimonio o unión permanente. Tampoco podrán designar a personas vinculadas por los mismos lazos con servidores públicos competentes para intervenir en su designación.

Los cónyuges o compañeros permanentes de los concejales y sus parientes dentro del segundo grado de consanguinidad, primero de afinidad o primero civil, no podrán ser designados funcionarios del respectivo municipio.

Los cónyuges o compañeros permanentes de los concejales y sus parientes dentro del cuarto grado de consanguinidad, segundo de afinidad o primero civil, no podrán ser miembros de juntas o consejos directivos de entidades de los sectores central o descentralizado del correspondiente municipio.

Parágrafo 1°.- Es nulo todo nombramiento o designación que se haga en contravención a lo dispuesto en el presente Artículo.

Parágrafo 2º.- Se exceptúan de lo previsto en este artículo, los nombramientos que se hagan en aplicación de las normas vigentes sobre carrera administrativa.

Artículo 49º.- *Posesión.* Los Presidentes de los Concejos tomarán posesión ante dichas corporaciones, y los miembros de ellas, secretarios y subalternos, si los hubiere, ante el Presidente; para tal efecto, prestarán juramento en los siguientes términos: "Juro a Dios y prometo al pueblo, cumplir fielmente la Constitución y las leyes de Colombia".

Artículo 50º.- *Período de los concejales.* Los concejales serán elegidos para un período de tres años que se iniciará el primero de enero del año siguiente al de su elección y concluirá el treinta y uno de diciembre del último año de dicho período.

Parágrafo Transitorio.- Se exceptuará de lo anterior los concejales elegidos en 1992, cuyo período concluirá el treinta y uno de diciembre de 1994, de conformidad con lo previsto en el artículo transitorio 19 de la Constitución Política.

Artículo 51º.- *Faltas absolutas.* Son faltas absolutas de los concejales:

a)   La muerte;

b)   La renuncia aceptada;

c)   La incapacidad física permanente;

d)   La aceptación o desempeño de cualquier cargo o empleo público, de conformidad con lo previsto en el artículo 291 de la Constitución Política;

e)   La declaratoria de nulidad de la elección como concejal;

f)   La destitución del ejercicio del cargo, a solicitud de la Procuraduría General de la Nación como resultado de un proceso disciplinario;

g)   La interdicción judicial;

h)   La condena a pena privativa de la libertad.

Artículo 52º.- *Faltas temporales.* Son faltas temporales de los concejales:

a)   La licencia;

b)   La incapacidad física transitoria;

c)   La suspensión del ejercicio del cargo a solicitud de la Procuraduría General de la Nación, como resultado de un proceso disciplinario;

d)   La ausencia forzada e involuntaria;

e)   La suspensión provisional de la elección, dispuesto por la Jurisdicción Contencioso Administrativa;

f)   La suspensión provisional del desempeño de sus funciones dentro de un proceso disciplinario o penal.

Artículo 53º.- *Renuncia.* La renuncia de un concejal se produce cuando él mismo manifiesta en forma escrita e inequívoca su voluntad de hacer dejación definitiva de su investidura como tal. La renuncia deberá presentarse ante el Presidente del Concejo, y en ella se determinará la fecha a partir de la cual se quiere hacer. La renuncia del Presidente del Concejo, se presentará ante la mesa directiva de la corporación.

Artículo 54º.- *Incapacidad física permanente.* En caso de que por motivos de salud debidamente certificados por la entidad de previsión social a la que estén afiliados los funcionarios de la alcaldía respectiva, un concejal se vea impedido definitivamente para continuar desempeñándose como tal, el Presidente del Concejo declarará la vacancia por falta absoluta.

Artículo 55°.- *Pérdida de la investidura de concejal.* Los concejales perderán su investidura por:

1. La aceptación o desempeño de un cargo público, de conformidad con el artículo 291 de la Constitución Política, salvo que medie renuncia previa, caso en el cual deberá informar al Presidente del Concejo o en su receso al alcalde sobre este hecho.

2. Por violación del régimen de inhabilidades, incompatibilidades o de conflicto de intereses.

3. Por indebida destinación de dineros públicos.

4. Por tráfico de influencias debidamente comprobado.

   Numerales 2, 3 y 4 declarados Exequibles. Sentencia C 473 de 1997 Corte Constitucional.

5. La pérdida de investidura será decretada por el Tribunal de lo Contencioso Administrativo de la respectiva jurisdicción, siguiendo el procedimiento establecido para los congresistas, en lo que corresponda.

   Ver Fallo del Consejo de Estado 7082 de 2001

Artículo 56°.- *Declaratoria de nulidad de la elección.* Una vez que quede en firme la declaratoria de nulidad de la elección de un concejal, por parte de la Jurisdicción Contencioso-Administrativa quedará sin efecto la credencial que lo acreditaba como tal y el Presidente del Concejo correspondiente dispondrá las medidas necesarias para hacer efectiva dicha decisión.

Parágrafo.- Cuando se solicite la nulidad de la elección de un concejal y la misma causal alegada sea común a uno o varios de los integrantes de la respectiva lista de candidatos potenciales a llenar la vacante, la nulidad podrá hacerse extensiva a las mismas si así se solicita en el mismo libelo.

Artículo 57°.- *Interdicción Judicial.* Una vez quede en firme la declaratoria de interdicción judicial para un concejal, proferida por parte del juez competente, dicho concejal perderá su investidura como tal y el presidente del concejo correspondiente tomará las medidas conducentes a hacer efectivo el cese de funciones del mismo a partir de la fecha de ejecutoria de la sentencia.

Artículo 58°.- *Incapacidad física transitoria.* En caso de que por motivos de salud debidamente certificados por la entidad de previsión social a la que están afiliados los funcionarios de la alcaldía respectiva, un concejal se vea impedido para asistir transitoriamente a las sesiones del Concejo, el Presidente de dicha corporación declarará la vacancia temporal.

Artículo 59°.- *Ausencia forzosa e involuntaria.* Cuando por motivos ajenos a su voluntad, ocasionados por la retención forzada ejercida por otra persona, un concejal no pueda concurrir a las sesiones del Concejo, el Presidente del mismo declarará la vacancia temporal, tan pronto tenga conocimiento del hecho.

Artículo 60°.- *Suspensión provisional de la elección.* Una vez que la jurisdicción Contencioso-Administrativa disponga la suspensión provisional de la elección de un concejal el Presidente del Concejo declarará la vacancia temporal y dispondrá las medidas conducentes a hacer efectiva la suspensión de funciones del mismo, durante el tiempo de la suspensión.

Artículo 61°.- *Causales de destitución.* Son causales específicas de destitución de los concejales las siguientes:

a) La no incorporación injustificada al ejercicio de sus funciones, después del vencimiento de una licencia o suspensión o de la cesación de las circunstancias que originaron una incapacidad legal o física transitoria;

b) El haberse proferido en su contra sentencia condenatoria de carácter penal que se encuentre debidamente ejecutoriada, salvo en casos de delitos políticos o culposos diferentes a aquéllos contra el patrimonio público;

c) La inasistencia, en un mismo período de sesiones a más de tres (3) sesiones plenarias en las que se voten proyecto de acuerdo, sin que medie fuerza mayor;

d) Por destinación ilegal de dineros públicos.

La aplicación de las sanciones de destitución y suspensión de un Concejal, serán decretadas por la Procuraduría General de la Nación. Una vez en firme, la remitirá al Presidente del Concejo para lo de su competencia.

Artículo 62°.- INEXEQUIBLE Sentencia C 229 de 1995 Corte Constitucional, decía así: *Aplicación de las sanciones de destitución y de suspensión.* La aplicación de las sanciones de destitución y de suspensión a un concejal serán solicitadas por la Procuraduría General de la Nación al Consejo Nacional Electoral, quien procederá a su imposición y remitirá al presidente del correspondiente Concejo los documentos pertinentes para hacerla efectiva".

Artículo 63°.- *Forma de llenar vacancias absolutas.* Las vacancias absolutas de los concejales serán ocupadas por los candidatos no elegidos en la misma lista, en orden de inscripción, sucesiva y descendente. El Presidente del Concejo, dentro de los tres (3) días hábiles siguientes a la declaratoria, llamará a los candidatos que se encuentren en dicha situación para que tomen posesión del cargo vacante que corresponde.

Artículo 64°.- *Circunscripción electoral.* Para la elección de concejales cada municipio formará un círculo único.

Artículo 65°.- *Reconocimiento de derechos.* Reglamentado parcialmente por el Decreto Nacional 3171 de 2004. Los miembros de los concejos de las entidades territoriales tienen derecho a reconocimiento de honorarios por la asistencia comprobada a las sesiones plenarias.

Así mismo, tienen derecho, durante el período para el cual fueron elegidos, a un seguro de vida y a la atención médico-asistencia personal, vigente en la respectiva localidad para los servidores públicos municipales.

Las resoluciones que para efecto de reconocimiento de honorarios expidan las mesas directivas de los concejos, serán publicadas en los medios oficiales de información existentes en el respectivo municipio o distrito. Cualquier ciudadano o persona podrá impugnarlas, y la autoridad competente, según el caso, dará curso a la investigación o proceso correspondiente.

Parágrafo.- Los honorarios de que trata este artículo se causarán a partir del 1 de enero de 1994.

Artículo 66°.- *Causación de honorarios.* Modificado por el art. 7, Ley 1148 de 2007, Modificado por el art. 1, Ley 1368 de 2009, Modificado por el art. 20, Ley 617 de 2000. El pago de honorarios a los concejales se causará durante los períodos de sesiones ordinarias y extraordinarias que celebren estas corporaciones, y no tendrán efecto legal alguno con carácter de remuneración laboral ni derecho al reconocimiento de prestaciones sociales. Ver Radicación 723 de 1995 Sala de Consulta y Servicio Civil.

En los municipios de Categorías Especial, Primera y Segunda los honorarios serán equivalentes al ciento por ciento (100%) del salario básico diario que corresponde al alcalde respectivo, por sesión, y hasta por veinte (20) sesiones en el mes. En los municipios de Categorías Tercera y Cuarta, serán equivalentes al "setenta y cinco por ciento (75%) del" salario del alcalde y hasta por doce (12) sesiones en el mes. En los municipios de las demás categorías, serán equivalentes "al cincuenta por ciento (50%) del" salario diario del alcalde y hasta por doce (12) sesiones en el mes. **Subrayado y entre comillas declarado INEXEQUIBLE.** Sentencia 7 de 1998, Sentencia C 316 de 1996 **Corte Constitucional.**

Los reconocimientos de que trata la presente Ley se harán con cargo a los respectivos presupuestos municipales o distritales, siempre que no se afecten partidas destinadas a inversión, de acuerdo con los planes correspondientes, o las de destinación específicas según la Ley. En consecuencia, sólo podrán afectar gastos de funcionamiento de la administración que correspondan a sus recursos ordinarios.

Se autoriza a los concejos para proceder a los traslados presupuestales que sean necesarios.

Parágrafo.- Los honorarios son incompatibles con cualquier asignación proveniente del Tesoro Público, excepto con aquéllas originadas en pensiones o sustituciones pensionales. Declarado EXEQUIBLE. Sentencia C 231 de 1995 Corte Constitucional.

Modificado por el artículo 20 de la Ley 617 de 2000.

Artículo 67°.- Modificado por el art. 2, Ley 1368 de 2009. *Reconocimiento de transporte.* Reconózcase el valor de transporte, durante las sesiones plenarias, a los concejales que residan en zonas rurales y deban desplazarse hasta la cabecera municipal, sede principal del funcionamiento de las corporaciones municipales.

Artículo 68°.- *Seguros de vida y de salud.* Reglamentado parcialmente por el Decreto Nacional 3171 de 2004. Los concejales tendrán derecho durante el período para el cual han sido elegidos, a un seguro de vida equivalente a veinte veces del salario mensual vigente para el alcalde, así como a la atención médico-asistencial a que tiene derecho el respectivo alcalde.

Para estos efectos, los concejos autorizarán al alcalde para que se contrate con cualquier compañía de seguros legalmente autorizada, el seguro previsto en este artículo. **Texto subrayado fue declarado EXEQUIBLE por la Corte Constitucional mediante** Sentencia C-043 de 2003 **conforme a lo expuesto en su parte resolutiva.**

Sólo los concejales titulares que concurran ordinariamente a las sesiones de la corporación, tienen derecho al reconocimiento de un seguro de vida y de asistencia médica, en los mismos términos autorizados para los servidores públicos del respectivo municipio o distrito. **Texto subrayado fue declarado INEXEQUIBLE por la Corte Constitucional mediante**, Sentencia C-043 de 2003

La ausencia en cada período mensual de sesiones a por lo menos la tercera parte de ellas, excluirá de los derechos de honorarios y seguro de vida y asistencia médica por el resto del período constitucional.

Parágrafo.- El pago de las primas por los seguros estará a cargo del respectivo municipio.

Ver el Concepto del Consejo de Estado 1628 de 2005, Ver el art. 3, Ley 1148 de 2007.

Artículo 69°.- *Seguros de vida y de salud en caso de reemplazo por vacancia.* Reglamentado parcialmente por el Decreto Nacional 3171 de 2004. En caso de faltas absolutas, quienes sean llamados a ocupar el cargo de concejal tendrán derecho a los beneficios a que se refiere el artículo anterior, desde el momento de su posesión y hasta que concluya el período correspondiente a la vacante, según el caso.

En caso de falta absoluta quien sea llamado a ocupar el cargo de concejal tendrá estos mismos derechos desde el momento de su posesión.

Declarado EXEQUIBLE por la Corte Constitucional mediante. Sentencia C-043 de 2003 **conforme a lo expuesto en su parte resolutiva.**

Artículo 70°.-*Conflicto de interés.* Cuando para los concejales exista interés directo en la decisión porque le afecte de alguna manera, o a su cónyuge o compañero o compañera permanente, o a alguno de sus parientes dentro del cuarto grado de consanguinidad o segundo de afinidad o primero civil, o a su socio o socios de derecho o de hecho, deberá declararse impedido de participar en los debates o votaciones respectivas.

Los concejos llevarán un registro de intereses privados en el cual los concejales consignarán la información relacionada con su actividad económica privada. Dicho registro será de público conocimiento. Cualquier ciudadano que tenga conocimiento de una causal de impedimento de algún concejal, que no se haya comunicado a la respectiva corporación, podrá recusarlo ante ella.

V. ACUERDOS

Artículo 71°.- *Iniciativa.* Los proyectos de acuerdo pueden ser presentados por los concejales, los alcaldes y en materias relacionadas con sus atribuciones por los personeros, los contralores y las Juntas Administradoras Locales. También podrán ser de iniciativa popular de acuerdo con la Ley Estatutaria correspondiente.

Parágrafo 1°.- Los acuerdos a los que se refieren los numerales 2, 3 y 6 del artículo 313 de la Constitución Política, sólo podrán ser dictados a iniciativa del alcalde. Declarado EXEQUIBLE. Sentencia C 152 de 1995 Corte Constitucional.

Parágrafo 2°.- Serán de iniciativa del alcalde, de los concejales o por iniciativa popular, los proyectos de acuerdo que establecen la división del territorio municipal en comunas y corregimientos y la creación de Juntas Administradoras Locales.

Artículo 72°.- *Unidad de materia.* Todo proyecto de acuerdo debe referirse a una misma materia y serán inadmisibles las disposiciones o modificaciones que no se relacionen con ella. La presidencia del Congreso rechazará las iniciativas que no se avengan con este precepto pero sus decisiones serán apelables ante la corporación.

Los proyectos deben ir acompañados de una exposición de motivos en la que se expliquen sus alcances y las razones que lo sustentan.

Artículo 73°.- *Debates.* Para que un proyecto sea Acuerdo, debe aprobarse en dos debates celebrados en distintos días. El proyecto será presentado en la Secretaría del Concejo, la cual lo repartirá a la comisión correspondiente donde se surtirá el primer debate. La Presidencia del Concejo designará un ponente para primero y segundo debate. El segundo debate le corresponderá a la sesión plenaria.

Los proyectos de acuerdo deben ser sometidos a consideración de la plenaria de la corporación tres días después de su aprobación en la comisión respectiva.

El proyecto de acuerdo que hubiere sido negado en primer debate podrá ser nuevamente considerado por el Concejo a solicitud de su autor, de cualquier otro concejal, del gobierno municipal o del vocero de los proponentes en el caso de la iniciativa popular. Será archivado el proyecto que no recibiere aprobación y el aprobado en segundo debate lo remitirá la mesa directiva al alcalde para su sanción.

Artículo 74°.- *Trámites del plan de desarrollo.* Modificado por el art. 21, Ley 1551 de 2012 el trámite y aprobación del plan de desarrollo municipal deberá sujetarse a lo que disponga la ley orgánica de planeación.

Artículo 75°.- *Proyectos no aprobados.* Los proyectos que no recibieren aprobación en primer debate durante cualquiera de los períodos de sesiones ordinarias y extraordinarias serán archivados y para que el Concejo se pronuncie sobre ellos deberán presentarse nuevamente.

Artículo 76°.- *Sanción.* Aprobado en segundo debate un proyecto de acuerdo, pasará dentro de los cinco (5) días hábiles siguientes al alcalde para su sanción.

Artículo 77°.- *De la participación ciudadana en el estudio de proyectos de acuerdo.* Para expresar sus opiniones, toda persona natural o jurídica, podrá presentar observaciones sobre cualquier proyecto de acuerdo cuyo estudio y examen se esté adelantando en alguna de las comisiones permanentes. La mesa directiva del Concejo dispondrá los días, horarios y duración de las intervenciones, así como el procedimiento que asegure el debido y oportuno ejercicio de este derecho. Para su intervención el interesado deberá inscribirse previamente en el respectivo libro de registro que se abrirá para tal efecto.

Con excepción de las personas con limitaciones físicas o sensoriales, las observaciones u opiniones presentadas deberán formularse siempre por escrito y serán publicadas oportunamente en la Gaceta del Concejo.

Artículo 78°.- *Objeciones.* El alcalde puede objetar los proyectos de acuerdo aprobados por el Concejo por motivos de inconveniencia o por ser contrarios a la Constitución, la ley y las ordenanzas.

El alcalde dispone de cinco días para devolver con objeciones un proyecto de no más de veinte artículos, de diez días cuando el proyecto sea de veintiuno a cincuenta artículos y hasta de veinte días cuando el proyecto exceda cincuenta artículos.

Si el Concejo no estuviere reunido, el alcalde está en la obligación de convocarlo en la semana siguiente a la fecha de las objeciones. Este período de sesiones no podrá ser superior a cinco días.

Artículo 79°.- Modificado Artículo 4 Ley 177 de 1994 **decía así:** *Objeciones por inconveniencia.* Si la plenaria del Concejo rechazare las objeciones por inconveniencia, el alcalde deberá sancionar el proyecto en un término no menor a ocho (8) días. Si no lo sanciona, el presidente de la corporación procederá a sancionarlo y publicarlo. **Subrayado declarado inexequible.** Sentencia C 112 de 1996 **Corte Constitucional.**

Artículo 80°.- *Objeciones de derecho.* Si las objeciones jurídicas no fueren acogidas, el alcalde enviará dentro de los diez días siguientes, el proyecto acompañado de una exposición de motivos de las objeciones al Tribunal Administrativo que tenga jurisdicción en el municipio. Si el Tribunal las considera fundadas, el proyecto se archivará. Si decidiere que son infundadas, el alcalde sancionará el proyecto dentro de los tres días siguientes al recibo de la comunicación respectiva. Si el tribunal considera parcialmente vaciado el proyecto, así lo indicará al Concejo para que se reconsidere.

Cumplido este trámite, el proyecto se remitirá de nuevo el Tribunal para fallo definitivo.

Artículo 81°.- *Publicación.* Sancionado un acuerdo, este será publicado en el respectivo diario, o gaceta, o emisora local o regional. La publicación deberá realizarse dentro de los diez días siguientes a su sanción.

Artículo 82°.- *Revisión por parte del Gobernador.* Dentro de los cinco (5) días siguientes a la sanción, el alcalde enviará copia del acuerdo al gobernador del departamento para que cumpla con la atribución del numeral diez (10) del artículo 305 de la Constitución. La revisión no suspende los efectos de los acuerdos.

Artículo 83°.- *Otras decisiones del Concejo.* Las decisiones del Concejo, que no requieran acuerdo se adoptarán mediante resoluciones y proposiciones que suscribirán la mesa directiva y el secretario de la corporación.

VI. ALCALDES

Artículo 84°.- *Naturaleza del cargo.* En cada municipio o distrito habrá un alcalde quien ejercerá la autoridad política, será jefe de la administración local y representante legal de la entidad territorial.

El alcalde es la primera autoridad de policía del municipio o distrito y tendrá el carácter de empleado público del mismo.

Artículo 85°.- *Declarado Inexequible.* Sentencia C 448 de 1997 Corte Constitucional, "*Elección.* Los alcaldes serán elegidos por mayoría de votos de los ciudadanos en la misma fecha en la cual se elijan gobernadores, diputados y concejales".

Los alcaldes tendrán un período de tres (3) años que se iniciará el primero de enero siguiente a la fecha de su elección y no podrán ser reelegidos para el período siguiente.

Parágrafo Transitorio.- Los alcaldes elegidos para el período iniciado en 1992 ejercerán sus funciones hasta el treinta y uno de diciembre de 1994, de conformidad con lo previsto en el artículo transitorio 19 de la Constitución Política.

Artículo 86°.- *Calidades.* Para ser elegido alcalde se requiere ser ciudadano colombiano en ejercicio y haber nacido o ser residente en el respectivo municipio o de la área correspondiente área metropolitana durante un (1) año anterior a la fecha de la inscripción o durante un período mínimo de tres (3) años consecutivos en cualquier época.

Parágrafo.- Para ser elegido alcalde de los municipios del Departamento Archipiélago de San Andrés, Providencia y Santa Catalina se requiere además de las determinadas por la ley, ser residente del Departamento conforme a las normas de control de densidad poblacional y tener domicilio en la respectiva circunscripción por más de diez (10) años cumplidos con anterioridad a la fecha de la elección.

Artículo 87°.- INEXEQUIBLE. *Salarios y prestaciones.* Los salarios y prestaciones de los alcaldes se pagarán con cargo a los respectivos presupuestos municipales. Los

Concejos señalarán las asignaciones de los alcaldes de acuerdo con los siguientes criterios: Sentencia Corte Constitucional 510 de 1999., **excepto el texto subrayado, del cual la Corte Constitucional se declaró inhibida de pronunciarse sobre su constitucionalidad en la misma sentencia**

1. En los municipios clasificados en categoría especial, asignarán un salario entre veinte (20) y veinticinco (25) salarios mínimos legales mensuales.

2. En los municipios clasificados en primera categoría asignarán entre quince (15) y veinte (20) salarios mínimos legales mensuales.

3. En los municipios clasificados en segunda categoría, asignarán entre doce (12) y quince (15) salarios mínimos legales mensuales.

4. En los municipios clasificados en tercera categoría, asignarán entre diez (10) y doce (12) salarios mínimos legales mensuales.

5. En los municipios clasificados en cuarta categoría, asignarán entre ocho (8) y diez (10) salarios mínimos legales mensuales.

6. En los municipios clasificados en quinta categoría, asignarán entre seis (6) y ocho (8) salarios mínimos legales mensuales.

7. En los municipios clasificados en sexta categoría, asignarán entre tres (3) y un máximo de seis (6) salarios mínimos legales mensuales.

Parágrafo 1°.- La asignación a que se refiere el presente artículo corresponde tanto al salario básico como a los gastos de representación.

Las categorías de salarios aquí señaladas tendrán vigencia a partir del 1 de enero de 1994. Ver Radicación 723 de 1995 Sala de Consulta y Servicio Civil

Parágrafo 2°.- En ningún caso los alcaldes devengarán, para 1994, un salario inferior al que percibían en el año 1993.

Artículo 88°.- Declarado Inexequible por la Sentencia Corte Constitucional 510 de 1999. *Aprobación del salario del alcalde.* El Concejo de acuerdo a la tabla señalada en el artículo anterior, determinará la asignación mensual que devengará su respectivo alcalde a partir del 1 de enero de cada año, entendiendo que los valores señalados corresponden tanto a sueldo básico como a gastos de representación, si hubiere lugar a ellos. Ver Radicación 723 de 1995 Sala de Consulta y Servicio Civil.

Artículo 89°.- Declarado Inexequible por la Sentencia Corte Constitucional 510 de 1999. *Excepción.* Cuando por cualquier circunstancia el Concejo no fijare la asignación mensual del alcalde, éste devengará el valor resultante de promediar el máximo y el mínimo de la respectiva categoría municipal, hasta cuando la corporación lo determine.

Artículo 90°.- *Asignación fijada.* En ningún caso podrá desmejorarse la asignación fijada durante su período correspondiente

Artículo 91°.- *Funciones.* Modificado por el art. 29, Ley 1551 de 2012. Los alcaldes ejercerán las funciones que les asigna la Constitución, la ley, las ordenanzas, los acuerdos y las que le fueren delegadas por el Presidente de la República o gobernador respectivo.

Además de las funciones anteriores, los alcaldes tendrán las siguientes:

A. En relación con el Concejo:

1. Presentar los proyectos de acuerdo que juzgue convenientes para la buena marcha del municipio.

2. Presentar oportunamente los proyectos de acuerdo sobre planes y programas de desarrollo económico y social, y de obras públicas, que deberá estar coordinado con los planes departamentales y nacionales.

3. Presentar dentro del término legal el proyecto de acuerdo sobre el presupuesto anual de rentas y gastos.

4. Colaborar con el Concejo para el buen desempeño de sus funciones; presentarles informes generales sobre su administración en la primera sesión ordinaria de cada año, y convocarlo a sesiones extraordinarias en las que sólo se ocupará de los temas y materias para los cuales fue citado.

5. Sancionar y promulgar los acuerdos que hubiere aprobado el Concejo y objetar los que considere inconvenientes o contrarios al ordenamiento jurídico.

6. Reglamentar los acuerdos municipales.

7. Enviar al gobernador, dentro de los cinco (5) días siguientes a su sanción o expedición los acuerdos del Concejo, los decretos de carácter general que expida, los actos mediante los cuales se reconozca y decrete honorarios a los concejales y los demás de carácter particular que el gobernador le solicite.

8. Aceptar la renuncia o conceder licencia a los concejales, cuando el concejo esté en receso; Subrayado Declarado Exequible Sentencia Corte Constitucional 647 de 2002

B. En relación con el orden público:

1. Conservar el orden público en el municipio, de conformidad con la ley y las instrucciones del Presidente de la República y del respectivo gobernador. La Policía Nacional cumplirá con prontitud y diligencia las órdenes que le imparta el alcalde por conducto del respectivo comandante.

2. Dictar para el mantenimiento del orden público o su restablecimiento de conformidad con la ley, si fuera del caso, medidas tales como:

    a) Restringir y vigilar la circulación de las personas por vías y lugares públicos;

    b) Decretar el toque de queda;

    c) Restringir o prohibir el expendio y consumo de bebidas embriagantes;

    d) Requerir el auxilio de la fuerza armada en los casos permitidos por la Constitución y la ley;

    e) Dictar dentro del área de su competencia, los reglamentos de policía local necesarios para el cumplimiento de las normas superiores, conforme al artículo 9° del Decreto 1355 de 1970 y demás disposiciones que lo modifiquen o adicionen.

PARÁGRAFO 1°.- La infracción a las medidas previstas en los literales a), b) y c) se sancionarán por los alcaldes con multas hasta de dos salarios legales mínimos mensuales. Ver el Decreto Nacional 056 de 2009

PARÁGRAFO 2°.- Para dar cumplimiento a lo dispuesto por la Ley 52 de 1990, los alcaldes estarán obligados a informar a la oficina de Orden Público y Convivencia Ciudadana del Ministerio de Gobierno, los hechos o circunstancias que amenacen con alterar o subvertir el orden público o la paz de la comunidad, con la especificidad de las medidas que se han tomado para mantenerlo o restablecerlo;

A. En relación con la Nación, al Departamento y a las autoridades jurisdiccionales:

1. Conceder permisos, aceptar renuncias y posesionar a los empleados nacionales que ejerzan sus funciones en el municipio, cuando no haya disposición que determine la autoridad que debe hacerlo, en casos de fuerza mayor o caso fortuito o cuando reciba tal delegación.

2. Coordinar y supervisar los servicios que presten en el municipio entidades nacionales o departamentales e informar a los superiores de las mismas, de su marcha y del cumplimiento de los deberes por parte de los funcionarios respectivos en concordancia con los planes y programas de desarrollo municipal.

3. Visitar periódicamente las dependencias administrativas y las obras públicas que se ejecuten en el territorio de la jurisdicción.

4. Ejercer las funciones que le delegue el Gobernador.

5. Colaborar con las autoridades jurisdiccionales cuando éstas requieran de su apoyo e intervención;

B. En relación con la Administración Municipal:

1. Dirigir la acción administrativa del municipio; asegurar el cumplimiento de las funciones y de la prestación de los servicios a su cargo; representarlo judicial y extrajudicialmente.

2. Nombrar y remover los funcionarios bajo su dependencia y a los gerentes y directores de los establecimientos públicos y las empresas industriales y comerciales de carácter local, de acuerdo con las disposiciones pertinentes.

3. Suprimir o fusionar entidades o dependencias municipales de conformidad con los acuerdos respectivos.

    Los acuerdos que sobre este particular expida el Concejo, facultarán al alcalde para que ejerza la atribución con miras al cumplimiento de los principios de igualdad, moralidad, eficacia, economía, celeridad, imparcialidad y publicidad definidos por el artículo 209 de la Constitución Política.

4. Crear, suprimir o fusionar los empleos de sus dependencias, señalarles funciones especiales y fijarles sus emolumentos con arreglo a los acuerdos correspondientes. No podrá crear obligaciones que excedan el monto global fijado para gastos de personal en el presupuesto inicialmente aprobado.

    Los acuerdos que sobre este particular se expidan podrán facultar al alcalde para quien sin exceder el monto presupuestal fijado, ejerza dicha función *pro tempore,* en los términos del artículo 209 de la Constitución Política.

5. Ordenar los gastos y celebrar los contratos y convenios municipales de acuerdo con el plan de desarrollo económico, social y con el presupuesto, observando las normas jurídicas aplicables.

6. Ejercer jurisdicción coactiva para hacer efectivo el cobro de las obligaciones a favor del municipio. Esta función puede ser delegada en las tesorerías municipales y se ejercerá conforme a lo establecido en la Legislación Contencioso-administrativa y de Procedimiento Civil.

7. Velar por el cumplimiento de las funciones de los empleados oficiales municipales y dictar los actos necesarios para su administración.

8. Apoyar con recursos humanos y materiales el buen funcionamiento de las Juntas Administradoras Locales.

9. Imponer multas hasta por diez (10) salarios mínimos diarios, según la gravedad, a quienes le desobedezcan, o le falten al respeto, previo procedimiento sumario administrativo donde se observe el debido proceso y el derecho de defensa, de conformidad con los acuerdos correspondientes.

    La oportunidad para el pago y la conversión de las sumas en arresto se gobiernan por lo prescrito en la ley.

10. Ejercer el poder disciplinario respecto de los empleados oficiales bajo su dependencia.

11. Señalar el día o los días en que deba tener lugar el mercado público.

12. Conceder licencias y aceptar renuncias a los funcionarios y miembros de las juntas, concejos y demás organismos cuyos nombramientos corresponda al Concejo, cuando éste no se encuentre reunido, y nombrar interinamente a quien deba reemplazarlos, excepto en los casos en que esta ley disponga otra cosa.

13. Coordinar las actividades y servicios de los establecimientos públicos, empresas industriales y comerciales, sociedades de economía mixta, fondos rotatorios y unidades administrativas especiales del municipio.

14. Distribuir los negocios, según su naturaleza, entre las secretarías, departamentos administrativos y establecimientos públicos.

15. Conceder permisos a los empleados públicos municipales de carrera administrativa para aceptar con carácter temporal cargos de la Nación o del Departamento.

16. Adelantar acciones encaminadas a promover el mejoramiento económico de los habitantes del municipio.

17. Desarrollar acciones encaminadas a garantizar la promoción de la solidaridad y la convivencia entre los habitantes del municipio, diseñando mecanismos que permitan la participación de la comunidad en la planeación del desarrollo, la concertación y la toma de decisiones municipales.

18. Velar por el desarrollo sostenible en concurrencia con las entidades que determine la ley.

19. Ejecutar acciones tendientes a la protección de las personas, niños e indigentes y su integración a la familia y a la vida social, productiva y comunitaria;

C. Con relación a la Ciudadanía:

1. Informar sobre el desarrollo de su gestión a la ciudadanía de la siguiente manera: En los municipios de 3a, 4a, 5a y 6a categoría, a través de bandos y medios de comunicación local de que dispongan. En los municipios de la categoría 1a, 2a y Especial, a través de las oficinas de prensa de la Alcaldía.

2. Convocar por lo menos dos veces al año a ediles, a las organizaciones sociales y veedurías ciudadanas, para presentar los informes de gestión y de los más importantes proyectos que serán desarrollados por la administración.

3. Difundir de manera amplia y suficiente el plan de desarrollo del municipio a los gremios, a las organizaciones sociales y comunitarias y a la ciudadanía en general.

4. Facilitar la participación ciudadana en la elaboración del plan de desarrollo municipal.

Parágrafo.- El alcalde que en ejercicio de la función conferida en el numeral 5 de este artículo exceda el presupuesto de la vigencia o la capacidad de endeudamiento establecida, incurrirá en causal de mala conducta.

Artículo 92°.- *Delegación de funciones.* Modificado por el art. 30, Ley 1551 de 2012. El alcalde podrá delegar en los secretarios de la alcaldía y en los jefes de los departamentos administrativos las siguientes funciones:

a) Nombrar y remover los funcionarios dependientes de los delegatarios;

b) Ordenar gastos municipales y celebrar los contratos y convenios municipales, de acuerdo con el plan de desarrollo y con el presupuesto, con la observancia de las normas legales aplicables;

c) Ejercer el poder disciplinario sobre los empleados dependientes de los delegatarios;

d) Recibir los testimonios de que trata el artículo 299 del Código de Procedimiento Civil.

Parágrafo.- La delegación exime de responsabilidad al alcalde y corresponderá exclusivamente al delegatario, cuyos actos o resoluciones podrá siempre reformar o revocar aquél, reasumiendo la responsabilidad consiguiente.

Contra los actos de los delegatarios que, conforme a las disposiciones legales vigentes, procedan recursos por la vía gubernativa, procederá el de apelación ante el alcalde. **Ver oficio referenciado N° DECJ-946. Oficina de Estudios y Conceptos Jurídicos. Actos Administrativos de los delegatarios. CJA00800000Oficio N° 2-30950/9.10.98. Unidad de Estudios y Conceptos. Actos Administrativos CJA00651998 Ver Consulta Radicada N° 127978. Secretaría Distrital de Salud. Actos Administrativos. CJA00600000 Ver Oficio N° 2-1807/23.02.98. Unidad de Estudios y Conceptos. Actos Administrativos de los delegatarios. CJA00751998**

Artículo 93°.- *Actos del alcalde.* El alcalde para la debida ejecución de los acuerdos y para las funciones que le son propias, dictará decretos, resoluciones y las órdenes necesarias.

Artículo 94°.- *Posesión y juramento.* Los alcaldes tomarán posesión del cargo ante el juez o Notaría Pública, y presentarán juramento en los siguientes términos: "Juro a Dios y prometo al pueblo cumplir fielmente la Constitución, las leyes de Colombia, las ordenanzas y los acuerdos".

Antes de la toma de posesión los alcaldes deberán declarar bajo gravedad de juramento y ante autoridad competente el monto de sus bienes y rentas, las de su cónyuge e hijos no emancipados.

Artículo 95°.- *Inhabilidades.* Modificado por el art. 37, Ley 617 de 2000. No podrá ser elegido ni designado alcalde quien:

1. Haya sido condenado por más de dos años a pena privativa de la libertad entre los diez años anteriores a su elección, excepto cuando se trate de delitos políticos y culposos, siempre que no hayan afectado el patrimonio del Estado. Declarado EXEQUIBLE. Sentencia C 194 de 1995 Corte Constitucional.

2. Se halle en interdicción judicial, inhabilitado por una sanción disciplinaria, suspendido en el ejercicio de su profesión o haya sido excluido de ésta. Ver Fallo del Consejo de Estado 2813 de 2002 , Ver Fallo del Consejo de Estado 2885 de 2002

3. Haya ejercido jurisdicción o autoridad civil, política o militar a cargos de dirección administrativa en el respectivo municipio, dentro de los seis meses anteriores a la elección.

4. Derogado por el art. 96, Ley 617 de 2000 Se haya desempeñado como empleado o trabajador oficial dentro de los tres (3) meses anteriores a la elección. Declarado EXEQUIBLE. Sentencia C 231 de 1995 Corte Constitucional, Ver el Fallo del Consejo de Estado 2201 de 1999

5. Durante el año anterior a su inscripción haya intervenido en la celebración de contratos con entidades públicas en interés propio, o en el de terceros o haya celebrado por sí, o por interpuesta persona, contrato de cualquier naturaleza con entidades u organismos del sector central o descentralizado de cualquier nivel administrativo que deba ejecutarse o cumplirse en el respectivo municipio. **Subrayado declarado exequible Sentencia Corte Constitucional 618 de 1997.** Ver Fallo del Consejo de Estado 2813 de 2002

6. Haya sido representante legal de entidades que administren tributos o contribuciones parafiscales en el municipio dentro de los tres (3) meses anteriores a los de la elección.

7. Tenga doble nacionalidad, con excepción a los colombianos por nacimiento. Numeral 7 declarado Exequible. Sentencia C 151 de 1995 Corte Constitucional.

8. Tenga vínculo por matrimonio, o unión permanente o de parentesco en segundo grado de consanguinidad, primero de afinidad o primero civil con funcionarios del respectivo municipio que dentro de los tres (3) meses anteriores a la elección estuvieren ejerciendo autoridad civil, política, administrativa o militar.

9. Esté vinculado por matrimonio, unión permanente o parentesco dentro del tercer grado de consanguinidad, "segundo de afinidad" o primero civil con personas que se hubieren inscrito por el mismo partido o movimiento para la elec-

ción de miembros al Concejo Municipal respectivo. Subrayado declarado EXEQUIBLE. Sentencia C 329 de 1995, Declarado EXEQUIBLE. Sentencia C 373 de 1995 Corte Constitucional.

10. Haya perdido la investidura de congresista, de diputado o de concejal en razón del artículo 291 de la Constitución Política y dentro de los diez años anteriores a la inscripción.

11. El servidor público que haya sido condenado por delitos contra el patrimonio del Estado, de acuerdo con el artículo 122 de la Constitución Política.

Ver el Concepto del DAFP 105141 de 2011

Parágrafo.- Nadie podrá ser elegido simultáneamente alcalde o miembro de una corporación o cargo público, si lo respectivos períodos coinciden en el tiempo, así sea parcialmente.

Artículo 96°.- *Incompatibilidades.* Los alcaldes, así como los que lo reemplacen en el ejercicio del cargo no podrán:

1. Celebrar en su interés particular por sí o por interpuesta persona o en representación de otro, contrato alguno con entidades públicas o con personas privadas que manejen o administren recursos públicos.

2. Tomar parte en las actividades de los partidos y movimientos y en las controversias políticas, sin perjuicio de ejercer libremente el derecho al sufragio. Declarado EXEQUIBLE. Sentencia C 231 de 1995 Corte Constitucional.

3. Intervenir en cualquier forma, fuera del ejercicio de sus funciones, en la celebración de contratos con la administración pública.

4. Intervenir, en nombre propio o ajeno, en procesos o asuntos, fuera del ejercicio de sus funciones, en los cuales tenga interés el municipio, distrito o sus entidades descentralizadas.

5. Ser apoderado o gestor ante entidades o autoridades administrativas o jurisdiccionales, o que administren tributos.

6. Modificado Artículo 5 Ley 177 de 1994. Desempeñar otro cargo o empleo público o privado. Declarado EXEQUIBLE. Sentencia C 194 de 1995, Sentencia C 232 de 1995 Corte Constitucional.

7. Modificado Artículo 5 Ley 177 de 1994 Inscribirse como candidato a cualquier cargo de elección popular durante el período para el cual fue elegido, y durante los seis (6) meses siguientes al mismo, "así medie renuncia previa de su empleo". Declarado EXEQUIBLE. Sentencia C 194 de 1995 Corte Constitucional. **Excepto las expresiones "así medie renuncia previa de su empleo", los cuales se declaran inexequibles.**

NOTA: Ver: Artículo 5 Ley 177 de 1994

Parágrafo 1°.- Las incompatibilidades de que trata este artículo se entienden sin perjuicio de las actuaciones de todo orden que deba cumplir el alcalde por razones del ejercicio de sus funciones.

Parágrafo 2°.- Declarado INEXEQUIBLE en su totalidad. Sentencia C 194 de 1995 Corte Constitucional y Sentencia C 231 de 1995, Sentencia C 232 de 1995 Corte Constitucional. **Decía así:** Las incompatibilidades a que se refiere este artículo se mantendrán durante el año siguiente a la separación definitiva del cargo. Sin embargo, quienes ejerzan profesiones liberales podrán celebrar contratos, actuar como gestores o apoderados ante autoridades administrativas o jurisdiccionales de entidades distintas al respectivo municipio. Derogado Artículo 5 Ley 177 de 1994

Parágrafo 3°.- Para efectos de lo dispuesto en el numeral 3, de este artículo, al alcalde le son aplicables las excepciones a las incompatibilidades de que tratan los literales a), b), c), y d) del artículo 46 de esta Ley. **(Este parágrafo quedó siendo el 2).** Ver Sentencia C 10 de 1997, Sentencia C 7 de 1998 Corte Constitucional.

Artículo 97°.- *Otras prohibiciones.* Es prohibido a los alcaldes:

1. Inmiscuirse en asuntos de actos oficiales que no sean de su competencia.

2. Decretar en favor de cualquier persona o entidad, gratificaciones, indemnizaciones o pensiones que no estén destinadas a satisfacer créditos o derechos reconocidos con arreglo a la ley, los acuerdos y las decisiones jurisdiccionales.

3. Decretar por motivos políticos, actos de proscripción o persecución contra personas o corporaciones, o decretar insubsistencias masivas. Los retiros masivos de personal solamente podrán realizarse en los casos autorizados por la ley o cuando se ordene la supresión, fusión o restauración de entidades, con arreglo a los acuerdos que lo regulen.

Artículo 98°.- *Faltas absolutas.* Son faltas absolutas del alcalde:

a. La muerte;

b. La renuncia aceptada;

c. La incapacidad física permanente;

d. La declaratoria de nulidad por su elección;

e. La interdicción judicial;

f. La destitución;

g. La revocatoria del mandato;

h. La incapacidad por enfermedad superior a 180 días.

Ver Concepto Consejo de Estado 1006 de 1997

Artículo 99°.- *Faltas temporales.* Son faltas temporales del alcalde:

a. Las vacaciones;

b. Los permisos para separarse del cargo;

c. Las licencias;

d. La incapacidad;

e. La suspensión provisional en el desempeño de sus funciones dentro de un proceso disciplinario, fiscal o penal;

f. La suspensión provisional de la elección, dispuesta por la Jurisdicción Contencioso-Administrativa;

g. La ausencia forzada e involuntaria.

Artículo 100°.- *Renuncias, permisos y licencias.* Modificado por el art. 31, Ley 1551 de 2012. La renuncia del alcalde o la licencia o el permiso para separarse transitoriamente del cargo, la aceptará o concederá, el Gobernador respectivo o el Presidente de la República en el caso del Distrito Capital de Santa Fe de Bogotá. Las incapacidades médicas serán certificadas por el médico legista u oficial del lugar o por la entidad de previsión o servicio de seguridad social, si lo hubiere, en el respectivo municipio o distrito.

Artículo 101°.- *Incapacidad física permanente.* Modificado por el art. 32, Ley 1551 de 2012. En caso de que por motivos de salud debidamente certificado por la entidad de previsión social a la que estén afiliados los funcionarios de la alcaldía respectiva, un alcalde se vea impedido definitivamente para continuar desempeñándose como tal, el Presidente de la República, en el caso del Distrito Capital de Santa Fe de Bogotá, y los gobernadores, en los demás casos, declararán la vacancia por falta absoluta.

Artículo 102°.- *Declaratoria de nulidad de la elección.* Una vez que quede en firme la declaratoria de nulidad la elección de un alcalde por parte de la Jurisdicción Contencioso-administrativa, quedará sin efecto la credencial que lo acreditaba como tal, y el Presidente de la República, en el caso del Distrito Capital de Santa Fe de Bogotá y los gobernadores, en los demás casos, dispondrá las medidas necesarias para hacer efectiva dicha decisión.

Artículo 103°.- *Interdicción Judicial.* Una vez quede en firme la declaratoria de interdicción judicial para un alcalde, proferida por parte del juez competente, dicho alcalde perderá su investidura como tal, el gobernador correspondiente tomará las medidas conducentes a hacer efectivo el cese de funciones del mismo, a partir de la fecha de la ejecutoria de la sentencia.

Artículo 104°.-*Causales de destitución.* Modificado por el art. 33, Ley 1551 de 2012. El Presidente de la República en el caso del Distrito Capital de Santa Fe de Bogotá, y los gobernadores en los demás casos, destituirán a los alcaldes, en los siguientes eventos:

1. Cuando se haya proferido sentencia condenatoria de carácter penal debidamente ejecutoriada, aun cuando en su favor se decrete cualquier beneficio.

2. A solicitud de la Procuraduría General de la Nación, cuando incurra en la causal que implique dicha sanción, de acuerdo con el régimen disciplinario previsto por la ley para estos funcionarios, o cuando incurra en violación del régimen de incompatibilidades. Declarado INEXEQUIBLE. Sentencia C 229 de 1995 Corte Constitucional.

Parágrafo.- Para efectos de lo previsto en el numeral segundo de este artículo, se aplicará por la Procuraduría General de la Nación la Ley 13 de 1984, sus normas reglamentarias y lo dispuesto en los artículos 14 y 15 de la Ley 4 de 1991.

Artículo 105°.- *Causales de suspensión.* El Presidente de la República en el caso del Distrito Capital de Santa Fe de Bogotá, y los gobernadores en los demás casos, suspenderán a los alcaldes en los siguientes eventos:

1. Modificado por el art. 34, Ley 1551 de 2012. Por haberse dictado en su contra, resolución acusatoria debidamente ejecutoriada, con privación de la libertad, aunque se decrete en favor del alcalde la excarcelación.

2. Por haberse dictado en su contra, medida de aseguramiento, con privación efectiva de la libertad, siempre que esté debidamente ejecutoriada. **Texto subrayado declarado EXEQUIBLE por la Corte Constitucional mediante** Sentencia C-576 de 2004, **por el cargo examinado en la sentencia**; Ver Concepto del Consejo de Estado 624 de 1994 , Ver Concepto del Consejo de Estado 1006 de 1997

3. A solicitud de la Procuraduría General de la Nación o de autoridad jurisdiccional competente de acuerdo con el régimen disciplinario previsto en la ley. Subrayado declarado INEXEQUIBLE. Sentencia C 229 de 1995 Corte Constitucional.

4. Declarado Inexequible Sentencia C 229 de 1995 Corte Constitucional. **Decía así:** Cuando la Procuraduría General de la Nación, solicite la suspensión provisional mientras adelante la investigación disciplinaria, de conformidad con la ley.

5. Cuando la Contraloría General de la República solicite la suspensión provisional de conformidad a lo establecido en el numeral 8 del artículo 268 de la Constitución Política. La Contraloría bajo su responsabilidad, podrá exigir, verdad sabida y buena fe guardada, la suspensión inmediata de funcionarios mientras culminan las investigaciones o los respectivos procesos penales o disciplinarios.

Parágrafo.- En caso de delitos culposos, solamente habrá lugar a la suspensión de que trata el numeral segundo cuando no se decrete en favor del alcalde la excarcelación u otro beneficio que implique la libertad física.

Artículo 106º.- *Designación.* El Presidente de la República, en relación con el Distrito Capital de Santa Fe de Bogotá y los gobernadores con respecto a los demás municipios, para los casos de falta absoluta o suspensión, designarán alcalde del mismo movimiento y filiación política del titular, de terna que para el efecto presente el movimiento al cual pertenezca en el momento de la elección.

Si la falta fue temporal, excepto la suspensión, el alcalde encargará de sus funciones a uno de los secretarios o quien haga sus veces. Si no pudiere hacerlo, el Secretario de Gobierno o único del lugar asumirá las funciones mientras el titular se reintegra o encarga a uno de sus secretarios.

El alcalde designado o encargado deberá adelantar su gestión de acuerdo con el programa del Alcalde elegido por voto popular y quedará sujeto a la ley estatutaria del voto programático.

Ver el art. 48, Decreto Ley 1421 de 1993, Ver el Acto Legislativo 02 de 2002, Ver el Fallo del Consejo de Estado 057 de 2002

Artículo 107º.- Declarado Inexequible Sentencia C 448 de 1997. Corte Constitucional. "Convocatoria *a elecciones.* Si la falta absoluta se produjere antes de transcurridos veinticuatro (24) meses del período del alcalde, el Presidente de la República o el gobernador respectivo, según sus competencias en el decreto de encargo señalarán la fecha para la elección de nuevo alcalde, la cual deberá realizarse dentro de los dos meses siguientes a la expedición del decreto.

El candidato a nuevo alcalde deberá anexar a la inscripción de su candidatura, la cual debe ser treinta días antes de la elección, el programa de gobierno que someterá a consideración ciudadana.

Si la falta absoluta se produjere después de transcurridos veinticuatro (24) meses del período del alcalde, el Presidente de la República o el gobernador respectivo, según sus competencias designará el alcalde para el resto del período, de la misma filiación política del anterior, quien deberá gobernar con base en el programa que presentó el alcalde electo.

Parágrafo.- Si la falta absoluta del alcalde municipal es la muerte ocasionada en forma violenta por terceros, no se convocará a nueva elección y el Presidente o Gobernador designará alcalde de la misma filiación y grupo político del titular, de terna de candidatos presentada por quienes inscribieron la candidatura de la anterior.

Parágrafo Transitorio.- Lo dispuesto en el presente artículo sólo se aplicará a partir del 1 de enero de 1995".-

Artículo 108º.- *Suspensión provisional de la elección.* Una vez que la Jurisdicción Contencioso-administrativa disponga la suspensión provisional de la elección de un alcalde, el Presidente de la República o el gobernador según sea el caso, antes de cinco (5) días procederá a tomar las medidas conducentes a ser efectiva la cesación de funciones del mismo durante el tiempo de suspensión, y designará su reemplazo.

Artículo 109º.- *Ausencia forzada e involuntaria.* Cuando por motivos ajenos a su voluntad, ocasionados por la retención forzada ejercida por otra persona, un alcalde no pueda concurrir a desempeñar sus funciones como tal, el Gobernador correspondiente declarará la vacancia temporal tan pronto tenga conocimiento del hecho, y designará a quien deba reemplazarlo.

Artículo 110º.- *Concesión de vacaciones.* La concesión de vacaciones las decreta el mismo alcalde, con indicación del período de causación, el término de las mismas, las sumas a que tiene derecho por este concepto, su iniciación y finalización.

Artículo 111º.- *Informes sobre comisiones cumplidas.* Al término de las comisiones superiores a cuatro (4) días y dentro de los quince (15) días siguientes, el alcalde presentará al Concejo, un informe sobre el motivo de la comisión, duración, costos y resultados obtenidos en beneficio del municipio.

Artículo 112º.- *Permiso al alcalde.* El alcalde para salir del país deberá contar con la autorización del Concejo Municipal y presentarle un informe previo sobre la comisión que se proponga cumplir en el exterior. Adicionado Artículo 7 Ley 177 de 1994. **En caso de no hallarse en sesiones el concejo municipal, le corresponde al Gobernador conceder la autorización de salida.**

Corresponde al Concejo Municipal definir el monto de los viáticos que se le asignarán al alcalde para comisiones dentro del país y para las comisiones al exterior corresponde al Gobierno Nacional definir el monto de los viáticos.

Artículo 113º.- *Duración de comisiones.* Las comisiones dentro del país no podrán tener duración superior a cinco (5) días. Las comisiones fuera del país no podrán ser superiores a diez (10) días, prorrogables, previa justificación por un lapso no superior al mismo.

Artículo 114º.- *Informe de encargos.* Para efectos del mantenimiento del orden público, en todos los casos en que el alcalde encargue de su empleo a otro funcionario, por el término que sea, está en la obligación de informar al gobernador respectivo y al Ministro de Gobierno, a más tardar dentro de los dos días hábiles siguientes al encargo.

Artículo 115º.- *Abandono del cargo.* Se produce el abandono del cargo cuando sin justa causa el alcalde:

1. No reasuma sus funciones dentro de los tres días siguientes contados a partir del vencimiento de las vacaciones, permisos, licencias, comisiones oficiales o incapacidad médica inferior a 180 días.

2.   Abandona el territorio de su jurisdicción municipal, por tres (3) o más días hábiles consecutivos.

3.   No se reintegra a sus actividades una vez haya concluido el término de la suspensión del cargo.

El abandono del cargo constituye falta disciplinaria y se investigará por la Procuraduría General de la Nación de oficio o a su solicitud de cualquier ciudadano.

El abandono del cargo se sancionará con destitución, o suspensión por el Gobierno Nacional o por el gobernador, según sus competencias, de acuerdo con la gravedad de la falta y el perjuicio causado al municipio según calificación de la Procuraduría General de la Nación.

Artículo 116°.- *No posesión.* La no posesión dentro del término legal sin justa causa, según calificación de la Procuraduría General de la Nación, da lugar a la vacancia y se proveerá el empleo en los términos de esta Ley.

VII. COMUNAS Y CORREGIMIENTOS

Artículo 117°.- *Comunas y corregimientos.* Con el fin de mejorar la prestación de los servicios y asegurar la participación de la ciudadanía en el manejo de los asuntos públicos de carácter local, los concejos podrán dividir sus municipios en comunas cuando se trate de áreas urbanas y en corregimientos en el caso de las zonas rurales.

En el acuerdo mediante el cual se divida el territorio del municipio en comunas y corregimientos se fijará su denominación, límites y atribuciones, y se dictarán las demás normas que fueren necesarias para su organización y funcionamiento.

Parágrafo.- En los municipios y distritos clasificados en categoría especial, primera y segunda, los concejos municipales podrán organizar comunas con no menos de diez mil (10.000) habitantes y en los clasificados en las categorías tercera y cuarta con no menos de cinco mil (5.000) habitantes.

En los demás municipios, los alcaldes diseñarán mecanismos de participación ciudadana a través de los cuales la ciudadanía participe en la solución de sus problemas y necesidades. Presente inciso declarado EXEQUIBLE. Sentencia C 447 de 1995 Corte Constitucional.

Parágrafo 2.- Adicionado por el art. 40, Ley 1551 de 2012

Parágrafo 3.- Adicionado por el art. 40, Ley 1551 de 2012

Artículo 118°.- *Administración de los corregimientos.* Modificado por el art. 41, Ley 1551 de 2012. Para el adecuado e inmediato desarrollo de los corregimientos, éstos tendrán corregidores como autoridades administrativas, quienes coordinadamente con la participación de la comunidad, cumplirán, en el área de su jurisdicción, las funciones que les asignen los acuerdos y les deleguen los alcaldes, con sujeción a las leyes vigentes.

Los corregidores cumplirán también las funciones asignadas por las disposiciones vigentes a las actuales inspecciones de policía.

En los corregimientos donde se designe corregidor, no podrán haber inspectores departamentales ni municipales de policía.

Los alcaldes designarán a los corregidores de ternas presentadas por la respectiva Junta Administradora Local, con quienes coordinarán sus tareas de desarrollo comunitario.

Artículo 119°.- *Juntas Administradoras Locales.* Modificado por el art. 42, Ley 1551 de 2012. En cada una de las comunas o corregimientos habrá una junta administradora local, integrada por no menos de cinco (5) ni más de nueve (9) miembros, elegidos por votación popular para períodos de tres (3) años que deberán coincidir con el período de los concejos municipales.

Los miembros de las juntas administradoras locales cumplirán sus funciones *ad honorem.* **Ver Oficio** Unidad de Estudios y Conceptos. Honorarios de los Ediles. CJA10901998, Declarado EXEQUIBLE por la Sentencia 715 de 1998, Ver el Concepto de la Secretaría General-Alcaldía Mayor 4 de 2004

Artículo 120°.- *Actos de las Juntas Administradoras Locales.* Los actos de las juntas administradoras locales se les denominarán resoluciones.

Artículo 121°.- *Circunscripción electoral.* Para los efectos a que se refiere el artículo 119 de la presente Ley, cada comuna o corregimiento constituirá una circunscripción electoral.

En las elecciones de Juntas Administradoras Locales, las votaciones se realizarán de conformidad con la reglamentación que expida el Consejo Nacional Electoral siguiendo principios y reglas análogas a los que regulan la elección de concejales.

La Registraduría Nacional del Estado Civil organizará y vigilará el proceso de elecciones de Juntas Administradoras Locales.

Artículo 122°.- *Electores.* En las votaciones que se realicen en la elección de Juntas Administradoras Locales sólo podrán participar los ciudadanos inscritos en el censo electoral que para cada comuna o corregimiento establezcan las autoridades competentes.

Artículo 123°.- *Calidades.* Para ser elegido miembro de una junta administradora local, se requiere ser ciudadano en ejercicio y haber residido o desempeñado alguna actividad profesional o laboral en la respectiva comuna o corregimiento por lo menos durante los seis (6) meses anteriores a la fecha de la elección.

Artículo 124°.- *Inhabilidades.* Sin perjuicio de las demás inhabilidades que establezcan la Constitución y la ley, no podrán ser elegidos miembros de Junta Administradora Local quienes:

1. Hayan sido condenados a pena privativa de la libertad dentro de los diez (10) años anteriores a la elección, excepto en los casos de delitos culposos o políticos.

2. Hayan sido sancionados con destitución de un cargo público, excluidos del ejercicio de una profesión o sancionados más de dos (2) veces por faltas a la ética profesional o a los deberes de un cargo público; y

3. Sean miembros de las corporaciones públicas de elección popular, servidores públicos o miembros de la Juntas y consejos directivos de las entidades públicas. Declarado EXEQUIBLE. Sentencia C 231 de 1995 Corte Constitucional.

Artículo 125°.- *Posesión.* Los miembros de las Juntas Administradoras Locales tomarán posesión ante el alcalde municipal respectivo, colectiva o individualmente como requisito previo para el desempeño de sus funciones. **Ver Oficio N° 2-9356/28.04.98. Unidad de Estudios y Conceptos. Juntas Administradoras Locales. CJA13801998**

Artículo 126°.- *Incompatibilidades.* Los miembros de las Juntas Administradoras Locales no podrán:

1. Aceptar cargo alguno de los contemplados en el numeral dos de las incompatibilidades aquí señaladas, so pena de perder la investidura.

2. Celebrar contrato alguno en nombre propio o ajeno, con las entidades públicas del respectivo municipio, o ser apoderados ante las mismas, con las excepciones que adelante se establecen.

3. Ser miembros de juntas directivas o consejos directivos de los sectores central o descentralizado del respectivo municipio o de instituciones que administren tributos precedentes del mismo.

    Adicionado por el art. 44, Ley 617 de 2000.

Parágrafo.- El funcionario municipal que celebre con un miembro de la Junta Administradora Local un contrato o acepte que actúe como gestor en nombre propio o de terceros, en contravención a lo dispuesto en el presente artículo, incurrirá en causal de mala conducta.

Ver Concepto Secretaría General 002 de 2002

Artículo 127°.- *Duración de las incompatibilidades.* Modificado por el art. 46, Ley 617 de 2000. Las incompatibilidades de los miembros de la Juntas Administradoras Locales tendrán vigencia desde el momento de su elección, hasta el vencimiento del período respectivo.

Quien fuere llamado a ocupar el cargo de miembro de Juntas Administradoras Locales, quedará sometido al régimen de inhabilidades e incompatibilidades a partir de su posesión.

Artículo 128°.- *Excepciones.* Lo dispuesto en los artículos anteriores no obsta para que se pueda, ya directamente o por medio de apoderado, actuar en los siguientes asuntos:

a. En las diligencias o actuaciones administrativas y jurisdiccionales en las cuales conforme a la ley, ellos mismos, su cónyuge, sus padres o sus hijos tengan legítimo interés;

b. Formular reclamos por cobro de impuestos, contribuciones, tasas y multas que gravan a las mismas personas;

c. Usar bienes o servicios que las entidades oficiales de cualquier clase ofrezcan al público bajo condiciones comunes a todos los que lo soliciten; Adicionado por el art. 45, Ley 617 de 2000.

d. Ser apoderados o defensores en los procesos que se ventilen ante la Rama Jurisdiccional del Poder Público.

Artículo 129°.- *Reemplazos.* Los miembros de las Juntas Administradoras Locales no tendrán suplentes y sus faltas absolutas serán llenadas por los candidatos no elegidos, según el orden de inscripción en la lista correspondiente.

Constituyen faltas absolutas de los miembros de las Juntas Administradoras Locales, su muerte, su renuncia aceptada, la declaratoria de nulidad de la elección y la decisión de autoridad competente que los prive del derecho a ejercer funciones públicas.

Artículo 130°.- *Prohibiciones.* Los miembros de las corporaciones de elección popular, los servidores públicos y los miembros de las juntas y consejos directivos de las entidades municipales no podrán formar parte de las Juntas Administradoras Locales.

Los miembros de las juntas administradoras locales no podrán hacer parte de juntas o consejos del sector central o descentralizado del respectivo municipio. Declarado EXE-QUIBLE. Sentencia C 231 de 1995 Corte Constitucional.

Artículo 131°.- *Funciones.* Las Juntas Administradoras Locales, además de las que les asigna el artículo 318 de la Constitución Política, ejercerán las siguientes funciones:

1. Presentar proyectos de acuerdo al Concejo Municipal relacionados con el objeto de sus funciones.

2. Recomendar la aprobación de determinados impuestos y contribuciones.

3. Promover, en coordinación con las diferentes instituciones cívicas y juntas de acción comunal, la activa participación de los ciudadanos en asuntos locales.

4. Fomentar la microempresa, famiempresa, empresas comunitarias de economía solidaria, talleres mixtos, bancos de tierra, bancos de maquinaria y actividades similares.

5. Colaborar a los habitantes de la comuna o corregimiento en la defensa de los derechos fundamentales consagrados en la Constitución Política, tales como: derecho de petición y acción de tutela.

6. Elaborar ternas para el nombramiento de corregidores.

7. Ejercer las funciones que le deleguen el Concejo y otras autoridades locales.

8. Rendir concepto acerca de la convivencia de las partidas presupuestales solicitadas a la administración o propuestas por el alcalde, antes de la presentación del proyecto al Concejo Municipal. Para estos efectos, el alcalde está obligado a brindar a los miembros de las Juntas toda la información disponible.

9. Ejercer, respecto de funcionarios de libre nombramiento y remoción que ejerzan funciones desconcentradas, en la respectiva comuna o corregimiento, los derechos de postulación y veto, conforme a la reglamentación que expida el Concejo Municipal.

10. Presentar planes y proyectos de inversión social relativos a su jurisdicción.

11. Convocar y celebrar las audiencias públicas que consideren convenientes para el ejercicio de sus funciones.

12. Celebrar al menos dos cabildos abiertos por período de sesiones.

13. Distribuir partidas globales con sujeción a los planes de desarrollo del municipio atendiendo las necesidades básicas insatisfechas de los corregimientos y comunas garantizando la participación ciudadana.

14. Adicionado por el art. 43, Ley 1551 de 2012

15. Adicionado por el art. 43, Ley 1551 de 2012

Parágrafo 1°.- Para los efectos presupuestales que se desprenden de las atribuciones previstas en el presente artículo, los alcaldes consultarán las diferentes Juntas Administradoras Locales, previamente a la elaboración y presentación de los planes de inversión y presupuesto anual.

Parágrafo 2°.- El desconocimiento por parte de las autoridades locales, de la participación ciudadana determinada en esta ley constituye causal de mala conducta.

Parágrafo 3°.- Adicionado por el art. 43, Ley 1551 de 2012

Artículo 132°.- *Reglamento Interno.* Las Juntas Administradoras Locales expedirán su propio reglamento en el cual se determinen sus sesiones y en general el régimen de su organización y funcionamiento.

Artículo 133°.- *Organización Administrativa.* Las Juntas Administradoras Locales no podrán crear organización administrativa alguna, pero el alcalde municipal podrá colocar bajo la dirección de los corregidores, según el caso, a funcionarios municipales, quienes cumplirán las funciones que les asignen las autoridades municipales y las que se deriven de la actividad de las Juntas Administradoras Locales.

Artículo 134°.- *Coordinación.* Para el ejercicio de sus funciones las Juntas Administradoras Locales actuarán de manera coordinada con todas las autoridades municipales y colaborarán con ellas.

Artículo 135°.- *Concertación.* Las Juntas Administradoras Locales promoverán reuniones con asociaciones cívicas, profesionales, comunitarias, sindicales, juveniles, benéficas o de utilidad común no gubernamentales, cuyo radio de actividades esté circunscrito a la respectiva comuna o corregimiento, a fin de consultar prioridad en la inversión o ejecución de obras públicas que sean de su cargo.

Artículo 136°.- *Control Fiscal.* Las Juntas Administradoras Locales estarán sometidas al régimen del control fiscal establecido para el respectivo municipio.

Artículo 137°.- *Control Jurisdiccional.* El control jurisdiccional de los actos, contratos, hechos y operaciones de las comunas o corregimientos será competencia de la Jurisdicción de lo Contencioso-Administrativo, en los términos señalados para el orden municipal.

Artículo 138°.- *Calidades de los corregidores.* Los concejos municipales fijarán las calidades, asignaciones y fecha de posesión de los corregidores, dentro de los parámetros que establece la ley.

Artículo 139°.- *Actos administrativos.* Los actos que expiden los corregidores en ejercicio de las funciones que se les haya desconcentrado, se denominarán resoluciones.

Artículo 140°.- *Iniciativa ante las Juntas Administradoras Locales.* Los corregidores podrán presentar proyectos de resoluciones y propuestas ante las respectivas Juntas Administradoras Locales, en relación con los asuntos de competencia de éstas.

VIII. PARTICIPACIÓN COMUNITARIA

Artículo 141°.- *Vinculación al desarrollo municipal.* Las organizaciones comunitarias, cívicas, profesionales, juveniles, sindicales, benéficas o de utilidad común no gubernamentales, sin ánimo de lucro y constituidas con arreglo a la ley, podrán vincularse al desarrollo y mejoramiento municipal mediante su participación en el ejercicio de las funciones, la prestación de servicios o la ejecución de obras públicas a cargo de la administración central o descentralizada.

Parágrafo.- Los contratos o convenios que se celebren en desarrollo del artículo anterior, se sujetarán a lo dispuesto por los artículos 375 a 378 del Decreto 1333 de 1986 y la Ley 80 de 1993.

Artículo 142°.- *Formación ciudadana.* Los alcaldes, los concejales, los ediles, los personeros, los contralores, las instituciones de educación, los medios de comunicación, los partidos políticos y las organizaciones sociales deberán establecer programas permanentes para el conocimiento, promoción y protección de los valores democráticos, constitucionales, institucionales, cívicos y especialmente el de la solidaridad social de acuerdo con los derechos fundamentales; los económicos, los sociales y culturales; y los colectivos y del medio ambiente.

El desconocimiento por parte de las autoridades locales, de la participación ciudadana y de la obligación establecida en este artículo será de mala conducta.

Artículo 143º.- *Funciones.* Modificado por la Ley 753 de 2002. Corresponde a los alcaldes de los municipios clasificados en categoría primera y especial, dentro de los noventa días siguientes a la promulgación de la presente Ley, el otorgamiento, suspensión y cancelación de la personería jurídica, así como la aprobación, revisión y control de las actuaciones de las juntas de acción comunal, juntas de vivienda comunitaria y asociaciones comunales de juntas domiciliadas en la municipalidad, de conformidad con las orientaciones impartidas al respecto por el Ministerio de Gobierno.

El alcalde podrá delegar estas atribuciones en las instancias seccionales del Sector Público de Gobierno.

El ejercicio de estas funciones está sujeto a la inspección y vigilancia del Ministerio de Gobierno, en los mismos términos que preceptúa la Ley 52 de 1990 y el Decreto 2035 de 1991 con respecto a los departamentos y Distrito Capital de Santa Fe de Bogotá, o normas que lo constituyan.

Parágrafo 1º.- El Gobierno Nacional podrá autorizar que las capitales, las antiguas intendencias y comisarías, a solicitud de los municipios interesados, asuman posteriormente la competencia a que se refiere este artículo, término durante el cual seguirá a cargo del departamento respectivo.

Parágrafo 2º.- El Gobierno Nacional podrá hacer extensiva la competencia de este artículo a otros municipios que tengan debidamente organizado el Sector Público de Gobierno, a instancia de los interesados, previo dictamen sobre su capacidad de gestión, por parte de la Dirección General de Integración y Desarrollo de la Comunidad del Ministerio de Gobierno.

Artículo 144º.- *Juntas de Vigilancia.* Cuando los servicios públicos municipales no se administren o presten por intermedio de entidades descentralizadas, las organizaciones comunitarias, constituirán juntas de vigilancia encargadas de velar por la gestión y prestación de los mismos y de poner en conocimiento del personero, contralor municipal y demás autoridades competentes, las anomalías que encuentre.

Es deber de las autoridades municipales encargadas de los servicios públicos, dar suficientes facilidades para que las juntas de vigilancia cumplan sus funciones.

Parágrafo.- Las Juntas o Concejos directivos de las entidades descentralizadas del orden municipal, responsables de la prestación de servicios públicos locales, así como las juntas de vigilancia se organizarán y funcionarán con la reglamentación expedida por el Gobierno Nacional para tal fin.

Artículo 145º.- *Citación a funcionarios.* Las Juntas de Vigilancia, que cumplirán sus funciones ad honorem, podrán citar a sus reuniones a los empleados que consideren convenientes, oír y solicitarles informes escritos o verbales y deberán recibir a quienes quieran poner en su conocimiento hechos de interés para la entidad ante la cual actúan..

Las Juntas de vigilancia entregarán sus observaciones al alcalde, al Concejo distrital o municipal y a los empleados competentes, según la importancia y el alcance de la críticas, recomendaciones o sugerencias que se formulen.

Las juntas también podrán poner en conocimiento de los jueces o del Ministerio Público, los hechos que consideren del caso.

Con una periocidad no inferior a seis (6) meses, las juntas informarán a la opinión pública sobre la labor por ellas cumplida.

Artículo 146°.- *Miembros.* Los miembros de las juntas de vigilancia tendrán un período de tres (3) años y no podrán ser reelegidos para el período siguiente.

Artículo 147°.- *Cuociente electoral.* En las elecciones a que se refiere esta Ley, se aplicará el sistema de cuociente electoral, de conformidad con el artículo 263 de la Constitución Política.

IX. ASOCIACIÓN DE MUNICIPIOS

Artículo 148°.- *Asociación de municipios.* Dos o más municipios de uno o más departamentos podrán asociarse para organizar conjuntamente la prestación de servicios públicos, la ejecución de obras o el cumplimiento de funciones administrativas, procurando eficiencia y eficacia en los mismos, así como el desarrollo integral de sus territorios y colaborar mutuamente en la ejecución de obras públicas.

Artículo 149°.- *Definición.* Las asociaciones de municipios son entidades administrativas de derecho público, con personería jurídica y patrimonio propio e independiente de los entes que la conforman; se rige por sus propios estatutos y gozarán para el desarrollo de su objetivo, de los mismos derechos, privilegios, excepciones y prerrogativas otorgadas por la ley a los municipios. Los actos de las asociaciones son revisables y anulables por la Jurisdicción Contencioso-administrativa.

Artículo 150°.- *Conformación y funcionamiento.* Las asociaciones para su conformación y funcionamiento se sujetarán a las siguientes reglas:

1. Toda asociación de municipios será siempre voluntaria. Se conformará mediante convenio suscrito por sus alcaldes, previa autorización de los respectivos concejos.

2. En el convenio de conformación se aprobarán sus estatutos, los cuales deberán determinar como mínimo: el nombre, domicilio, la dirección de la asociación, entidades que la conforman; objeto, especificando los servicios, obras, funciones que asume, tiempo por el cual se pacta la asociación, órganos de administración, representante legal, procedimiento para reformar los estatutos; modos de resolver las diferencias que ocurran entre los asociados, disolución y liquidación, régimen interno de administración, patrimonio, especificando los aportes de los municipios integrantes y demás bienes que la forman, al igual que las rentas, que les ceden o aportan, total o parcialmente la Nación, los departamentos y otras entidades públicas o privadas; los recursos que cobre por las tarifas de los servicios que preste; las contribuciones que cobre por valorización; los demás bienes que adquiera como persona jurídica; y el producto de los ingresos o aprovechamiento que obtengan por cualquier otro concepto.

3. El convenio con sus estatutos se publicará en un medio de amplia circulación.

Artículo 151°.- *Libertad de asociación.* Los municipios asociados podrán formar, a la vez, parte de otras asociaciones que atiendan distintos objetivos. En cambio, los municipios asociados no podrán prestar separadamente los servicios o funciones encomendados a la asociación.

Artículo 152°.- *Autonomía de los municipios.* Los municipios no pierden ni comprometen su autonomía física, política o administrativa por afiliarse o pertenecer a una asociación; sin embargo, todo municipio asociado está obligado a cumplir sus estatutos y demás reglamentos que la asociación le otorgue y a acatar las decisiones que adopten sus directivas para el cabal cumplimiento de sus fines.

Artículo 153°.- *Órganos de Administración.* Las asociaciones de municipios podrán tener los siguientes órganos de administración:

1. Asamblea General de Socios;

2. Junta Administradora, elegida por aquella, y

3. Director Ejecutivo, nombrado por la junta, que será el Representante Legal de la asociación.

X. CONTROL FISCAL.

Artículo 154°.- *Régimen de control fiscal.* El régimen del control fiscal de los municipios se regirá por lo que dispone la Constitución, la Ley 42 de 1993, lo previsto en este Capítulo y demás disposiciones vigentes.

Artículo 155°.- *Contralorías.* Las contralorías distritales y municipales son entidades de carácter técnico, dotadas de autonomía administrativa y presupuestal. En ningún caso podrán realizar funciones administrativas distintas a las inherentes a su propia organización.

Artículo 156°. Modificado por el art. 21, Ley 617 de 2000. Creación de contralorías. Los municipios clasificados en categoría especial, primera, segunda y tercera, podrán crear y organizar sus propias contralorías, con arreglo a los parámetros señalados por la ley. Las contralorías Distritales y Municipales sólo podrán suprimirse, cuando desaparezcan los requisitos para su creación, previa demostración de la incapacidad económica remendada por la oficina de planeación departamental y/o municipal según el caso.

Parágrafo transitorio. Dentro de los seis (6) meses siguientes a la vigencia de la presente Ley, las contralorías Municipales y Distritales, que aún no lo hayan hecho, deberán adecuar su estructura organizacional a las nuevas orientaciones que sobre control fiscal establecen la Constitución y la Ley.

En los municipios en los cuales no haya contraloría, la vigilancia de la gestión fiscal corresponderá a la respectiva contraloría departamental.

Artículo 157°. *Organización de las contralorías.* La determinación de las plantas de personal de las contralorías municipales y distritales, corresponde a los concejos, a iniciativa de los respectivos contralores.

Artículo 158°. *Contralores municipales.* En aquellos distritos y municipios donde exista contraloría, los respectivos contralores se elegirán dentro de los primeros diez (10) días del mes de enero respectivo por el Concejo para un período igual al de los alcaldes de ternas integradas con dos (2) candidatos presentados por el Tribunal Superior del Distrito Judicial y uno (1) por el Tribunal de lo Contencioso Administrativo, que ejerza jurisdicción en el respectivo municipio, con no menos de un (1) mes de antelación.

Para ser elegido contralor se requiere ser colombiano de nacimiento, ciudadano en ejercicio, tener más de veinticinco años y acreditar título de abogado o título profesional en disciplinas económicas, administrativas o financieras. En ningún caso habrá lugar a reelección. **Expresiones subrayadas declaradas Inexequibles mediante Sentencia de la Corte Constitucional C-898 de 2011**.

Artículo 159°. *Salario del contralor.* Modificado por el art. 22, Ley 617 de 2000. El monto de los salarios asignados a los contralores de los municipios y distritos de categoría especial primera y segunda será el ciento por ciento (100%) del salario mensual fijado por el Concejo Municipal para el respectivo alcalde. En los demás municipios, será el setenta por ciento (70%) del salario mensual del respectivo alcalde.

La asignación aquí establecida tendrá vigencia a partir del primero (1o.) de enero de 1994.

Artículo 160°. *Posesión.* Los contralores distritales y municipales elegidos, acreditarán el cumplimiento de las calidades establecidas en esta Ley y tomarán posesión de su cargo ante el Concejo Distrital o Municipal y si esta corporación no estuviese reunida, lo harán ante el juez civil o promiscuo municipal. En casos de vacancia judicial también podrán hacerlo ante el alcalde.

Artículo 161°. *Régimen del Contralor municipal.* Quien haya ejercido en propiedad el cargo de contralor distrital o municipal, no podrá desempeñar empleo oficial alguno del correspondiente distrito o municipio, salvo el ejercicio de la docencia, ni aspirar a cargos de elección popular sino un año después de haber cesado en sus funciones.

Sólo el concejo puede admitir la renuncia que presente el contralor distrital o municipal y proveer las vacantes definitivas del cargo. Las faltas temporales serán provistas en la forma que establezca el Concejo al momento de organizar la Contraloría. En los casos de falta absoluta o suspensión del contralor distrital o municipal que se produjeren durante el receso del Concejo, serán provistas por el alcalde respectivo, designando provisionalmente un funcionario de la Contraloría.

Los contralores distritales o municipales sólo podrán ser removidos antes del vencimiento de su período por providencia judicial, decisión o solicitud de la Procuraduría General de la Nación.

En los casos de suspensión solicitada por autoridad competente, el Concejo Municipal dará cumplimiento a la orden y procederá a designar en forma provisional.

En casos de falta absoluta deberá realizarse nueva elección, de nueva terna y para el período restante.

Las causales de suspensión de los contralores municipales y distritales, serán las mismas que se establecen para los alcaldes.

Artículo 162°. *Vigilancia fiscal en las contralorías distritales o municipales.* La vigilancia de la gestión fiscal en las contralorías distritales o municipales se ejercerá por parte de la correspondiente contraloría departamental.

La vigilancia se realizará conforme a los principios, técnicas y procedimientos establecidos por la ley.

Artículo 163°. *Inhabilidades.* Modificado por el artículo 9° de la Ley 177 de 1994. No podrá ser elegido Contralor quien:

    a)   Haya sido Contralor o Auditor de la Contraloría Municipal en todo o parte del período inmediatamente anterior, como titular o como encargado;

    b)   Haya sido miembro de los Tribunales que hagan la postulación o del Concejo que deba hacer la elección, dentro de los tres años anteriores;

NOTA: El texto subrayado contenido en el art. 9 de la Ley 177 de 1994, que modificó el presente artículo, fue declarado INEXEQUIBLE por la Corte Constitucional mediante Sentencia C-468 de 2008.

c)   Esté incurso dentro de las inhabilidades señaladas en el artículo 95 y parágrafo de esta ley, en lo que sea aplicable.

Artículo 164°. *Incompatibilidades.* Los contralores municipales además de las incompatibilidades y prohibiciones previstas en los artículos 96 y 97 de esta Ley, en lo que les sea aplicable, no podrán desempeñar empleo oficial alguno en el respectivo municipio, ni ser inscrito como candidato a cargo de elección popular sino un año después de haber cesado en sus funciones.

Artículo 165°. *Atribuciones.* Los contralores distritales y municipales, tendrán, además de lo establecido en el artículo 272 de la Constitución Política, las siguientes atribuciones:

1.   Revisar y fenecer las cuentas que deben llevar los responsables del erario y determinar el grado de eficacia y eficiencia con que hayan obrado éstos, conforme a la reglamentación que expide el Contralor General de la República.

2.   Llevar un registro de la deuda pública del distrito o municipio de sus entidades descentralizadas conforme a la reglamentación que expida la Contraloría General de la República.

3.   Exigir informes sobre su gestión fiscal a los servidores públicos de orden municipal y a toda persona o entidad pública o privada que administre fondos y bienes de la respectiva entidad territorial.

4.   Establecer la responsabilidad que se derive de la gestión fiscal, imponer las sanciones pecuniarias que sean del caso, recaudar su monto y ejercer la jurisdicción coactiva sobre los alcances deducidos de la misma, todo ello conforme al régimen legal de responsabilidad fiscal.

5.   Aprobar los planes de cuentas de las entidades sometidas a su control y vigilancia y conceptuar sobre la calidad y eficiencia del control fiscal interno en las mismas. Los planes de cuentas deberán ceñirse a la reglamentación que expida el Contralor General de la República. **Texto subrayado declarado exequible por la Sentencia Corte Constitucional 570 de 1997.**

6.   Presentar anualmente al Concejo un informe sobre el estado de las finanzas de la entidad territorial, a nivel central y descentralizado, acompañado de su concepto sobre el manejo dado a los bienes y fondos públicos.

7.   Proveer mediante los procedimientos de la carrera administrativa, los empleos de su dependencia y reglamentar los permisos y licencias de conformidad con la ley.

8.   Realizar cualquier examen de auditoría, incluido el de los equipos de cómputo o procesamiento electrónico de datos respecto de los cuales podrá determinar la confiabilidad y suficiencia de los controles establecidos, examinar las condiciones del ambiente de procesamiento y adecuado diseño del soporte lógico.

9.   Realizar las visitas, inspecciones e investigaciones que se requieren para el cumplimiento de sus funciones.

10. Evaluar, la ejecución de las obras públicas que se adelanten en el territorio del distrito o municipio.

11. Auditar y conceptuar sobre la razonabilidad y confiabilidad de los estados financieros y la contabilidad del municipio.

12. Elaborar el proyecto de presupuesto de la Contraloría y presentarlo al alcalde, dentro de los términos establecidos en esta Ley, para ser incorporadas al proyecto de presupuesto anual de rentas y gastos. El alcalde no podrá modificarlo. Sólo podrá hacerlo el Concejo por iniciativa propia. Una vez aprobado el presupuesto no podrá ser objeto de traslados por decisión del alcalde. Los resultados de indagaciones preliminares adelantadas por las contralorías distritales o municipales, tendrán valor probatorio ante la Fiscalía General de la Nación y los jueces competentes.

El registro de los funcionarios sancionados como consecuencia de sus actuaciones fiscales será llevado únicamente por la Contraloría General de la República y para esos efectos los contralores distritales o municipales deberán remitir mensualmente la relación de los funcionarios sancionados.

Parágrafo 1º. Los sistemas de control fiscal de las contralorías municipales y de las departamentales que ejerzan su función en los municipios, estarán subordinados a las normas generales que dicte el Contralor General de la República en uso de la atribución contenida en el artículo 268 de la Constitución Política.

Parágrafo 2º. Las contralorías municipales podrán celebrar convenios con la Contraloría General de la República y con la correspondiente contraloría departamental, a efecto de ejercer el control fiscal de las entidades o dependencias nacionales o departamentales que cumplan actividades dentro del municipio.

Artículo 166º. *Participación en juntas y consejos.* Los contralores distritales o municipales sólo asistirán a las juntas directivas y consejos de administración que operen en el municipio cuando sean expresamente invitados con fines específicos.

Artículo 167º. *Participación comunitaria en los organismos de control.* Los organismos de control fiscal vincularán a la comunidad en la realización de su gestión fiscal sobre el desarrollo de los planes, programas y actividades que realice la entidad fiscalizada, para que ella a través de los ciudadanos y de los organismos de participación comunitaria, pueda garantizar que la función del Estado esté orientada a buscar beneficios de interés común, que ayuden a valorar que sus contribuciones estén siendo dirigidas en búsqueda de beneficio social. Ver Ley 850 de 2003.

X. PERSONEROS MUNICIPALES

Artículo 168º. Modificado por el artículo 8 de la Ley 177 de 1994. *Persone-rías.* Las personerías del Distrito Capital, Distritales y Municipales, cuentan con autonomía presupuestal y administrativa. En consecuencia, los personeros elaborarán los proyectos de presupuesto de su dependencia, los cuales serán presentados al Alcalde dentro del término legal, e incorporados respectivamente al proyecto de presupuesto general del municipio o distrito, el cual sólo podrá ser modificado por el Concejo y por su propia iniciativa. Una vez aprobado, el presupuesto no podrá ser objeto de traslados por decisión del Alcalde.

Las personerías ejercerán las funciones del Ministerio Público que les confieren la Constitución Política y la ley, así como las que reciba por delegación de la Procuraduría General de la Nación.

Las personerías contarán con una planta de personal, conformada, al menos por el personero y un secretario.

Artículo 169º. *Naturaleza del cargo.* Corresponde al personero municipal o distrital en cumplimiento de sus funciones de Ministerio Público la guarda y promoción de los derechos humanos, la protección del interés público y la vigilancia de la conducta de quienes desempeñan funciones públicas.

Artículo 170º. *Elección.* Modificado por el art. 1, Ley 1031 de 2006, Modificado por el art. 35, Ley 1551 de 2012. A partir de 1995, los personeros serán elegidos por el Concejo Municipal o Distrital, en los primeros diez (10) días del mes de enero del año respectivo, para períodos de tres años, que se iniciarán el primero de marzo y concluirán el último día de febrero.

Parágrafo. Los personeros municipales o distritales elegidos a la vigencia de la presente ley, concluirán su período el 28 de febrero de 1995.

Artículo 171º. *Posesión.* Los personeros tomarán posesión de su cargo ante el Concejo o en su defecto ante el juez civil o promiscuo municipal, primero o único del lugar.

Artículo 172º. *Falta absoluta del personero.* En casos de falta absoluta, el Concejo procederá en forma inmediata, a realizar una nueva elección, para el período restante. En ningún caso habrá reelección de los personeros. **Texto Subrayado declarado INEXE-QUIBLE por la Corte Constitucional** mediante Sentencia C-267 de 1995.

Las faltas temporales del personero serán suplidas por el funcionario de la Personería que le siga en jerarquía siempre que reúna las mismas calidades del personero. En caso contrario, lo designará el Concejo y si la corporación no estuviere reunida, lo designará el alcalde. En todo caso, deberán acreditar las calidades exigidas en la presente Ley.

Compete a la mesa directiva del Concejo lo relacionado con la aceptación de renuncias, concesión de licencias, vacaciones y permisos al personero.

Artículo 173º. *Calidades.* Para ser elegido personero en los municipios y distritos de las categorías especial, primera y segunda se requiere ser colombiano por nacimiento, ciudadano en ejercicio y ser abogado titulado.

En los demás municipios se podrán elegir personeros quienes hayan terminado estudios de derecho.

Artículo 174º. *Inhabilidades.* No podrá ser elegido personero quien:

a)   Esté incurso en las causales de inhabilidad establecidas para el alcalde municipal, en lo que le sea aplicable;

b)   Haya ocupado durante el año anterior, cargo o empleo público en la administración central o descentralizada del distrito o municipio; Ver el Fallo del Consejo de Estado 2201 de 1999; Ver el Concepto del Consejo de Estado 1864 de 2007;

c)   Haya sido condenado, en cualquier época, a pena privativa de la libertad excepto por delitos políticos o culposos;

d)   Haya sido sancionado disciplinariamente por faltas a la ética profesional en cualquier tiempo;

e)   Se halle en interdicción judicial;

f)   Sea pariente dentro del cuarto grado de consanguinidad, segundo de afinidad o primero civil o tenga vínculos por matrimonio o unión permanente con los concejales que intervienen en su elección, con el alcalde o con el procurador departamental;

g) Durante el año anterior a su elección, haya intervenido en la celebración de contratos con entidades públicas en interés propio o en el de terceros o haya celebrado por sí o por interpuesta persona contrato de cualquier naturaleza con entidades u organismos del sector central o descentralizado de cualquier nivel administrativo que deba ejecutarse o cumplirse en el respectivo municipio;

h) Haya sido representante legal de entidades que administren tributos o contribuciones parafiscales en el municipio dentro de los tres meses anteriores a su elección.

Artículo 175°. *Incompatibilidades.* Además de las compatibilidades y prohibiciones previstas para los alcaldes en la presente Ley en lo que corresponda a su investidura, los personeros no podrán:

a) Ejercer otro cargo público o privado diferente;

b) Ejercer su profesión, con excepción de la cátedra universitaria.

Parágrafo. Las incompatibilidades de que trata este artículo se entienden sin perjuicio de las actuaciones que deba cumplir el personero por razón del ejercicio de sus funciones.

Artículo 176°. *Faltas absolutas y temporales.* Son faltas absolutas temporales del personero las previstas en la presente Ley para el alcalde en lo que corresponda a la naturaleza de su investidura.

Artículo 177°. *Salarios, prestaciones y seguros.* Los salarios y prestaciones de los personeros, como empleados de los municipios, se pagarán con cargo al presupuesto del municipio. La asignación mensual de los personeros, en los municipios y distritos de las categorías especial, primera y segunda será igual al cien por ciento (100%) del salario mensual aprobado por el Concejo para el alcalde. En los demás municipios será igual al setenta por ciento (70%) del salario mensual aprobado por el Concejo para el alcalde.

Los personeros tendrán derecho a un seguro por muerte violenta, el cual debe ser contratado por el alcalde respectivo.

Artículo 178°. *Funciones.* El Personero ejercerá en el municipio, bajo la dirección suprema del Procurador General de la Nación, las funciones del Ministerio Público, además de las que determine la Constitución, la Ley, los Acuerdos y las siguientes:

1. Vigilar el cumplimiento de la Constitución, las leyes, las ordenanzas, las decisiones judiciales y los actos administrativos, promoviendo las acciones a que hubiere lugar, en especial las previstas en el artículo 87 de la Constitución.

2. Defender los intereses de la sociedad.

3. Vigilar el ejercicio eficiente y diligente de las funciones administrativas municipales.

4. Ejercer vigilancia de la conducta oficial de quienes desempeñan funciones públicas municipales; ejercer preferentemente la función disciplinaria respecto de los servidores públicos municipales; adelantar las investigaciones correspondientes acogiéndose a los procedimientos establecidos para tal fin por la Procuraduría General de la Nación, bajo la supervigilancia de los procuradores provinciales a los cuales deberán informar de las Investigaciones.

Las apelaciones contra las decisiones del personero en ejercicio de la función disciplinaria, serán competencia de los procuradores departamentales.

5. Intervenir eventualmente y por delegación del Procurador General de la Nación en los procesos y ante las autoridades judiciales o administrativas cuando sea necesario en defensa del orden jurídico, del patrimonio público o de los derechos y garantías fundamentales.

6. Intervenir en los procesos civiles y penales en la forma prevista por las respectivas disposiciones procedimentales.

7. Intervenir en los procesos de policía, cuando lo considere conveniente o cuando lo solicite el contraventor o el perjudicado con la contravención.

8. Velar por la efectividad del derecho de petición con arreglo a la ley.

9. Rendir anualmente informe de su gestión al Concejo.

10. Exigir a los funcionarios públicos municipales la información necesaria y oportuna para el cumplimiento de sus funciones, sin que pueda oponérsele reserva alguna, salvo la excepción prevista por la Constitución o la ley.

11. Presentar al Concejo proyectos de acuerdo sobre materia de su competencia.

12. Nombrar y remover, de conformidad con la ley, los funcionarios y empleados de su dependencia.

13. Defender el patrimonio público interponiendo las acciones Judiciales y administrativas pertinentes.

14. Interponer la acción popular para el resarcimiento de los daños y perjuicios causados por el hecho punible, cuando se afecten intereses de la comunidad, constituyéndose como parte del proceso penal o ante la jurisdicción civil.

15. Sustituido por el art. 38, Ley 1551 de 2012. Divulgar los derechos humanos y orientar e instruir a los habitantes del municipio en el ejercicio de sus derechos ante las autoridades competentes o entidades de carácter privado.

16. Cooperar en el desarrollo de las políticas y orientaciones propuestas por el Defensor del Pueblo en el territorio municipal.

17. Interponer por delegación del Defensor del Pueblo las acciones de tutela en nombre de cualquier persona que lo solicite o se encuentre en situación de indefensión.

18. Defender los intereses colectivos en especial el ambiente, interponiendo e interviniendo en las acciones judiciales, populares, de cumplimiento y gubernativas que sean procedentes ante las autoridades.

El poder disciplinario del personero no se ejercerá respecto del alcalde, de los concejales y del contralor.

Tal competencia corresponde a la Procuraduría General de la Nación, la cual discrecionalmente, puede delegarla en los personeros.

La Procuraduría General de la Nación, a su juicio, podrá delegar en las personerías la competencia a que se refiere este artículo con respecto a los empleados públicos del orden nacional o departamental, del sector central o descentralizado, que desempeñe sus funciones en el respectivo municipio o distrito.

19. Velar porque se dé adecuado cumplimiento en el municipio a la participación de las asociaciones profesionales, cívicas, sindicales, comunitarias, juveniles, benéficas o de utilidad común no gubernamental sin detrimento de su autonomía, con el objeto de que constituyan mecanismos democráticos de representación en las diferentes instancias de participación, control y vigilancia de la gestión pública municipal que establezca la ley.

20. Apoyar y colaborar en forma diligente con las funciones que ejerce la Dirección Nacional de Atención y Trámite de Quejas.

21. Vigilar la distribución de recursos provenientes de las transferencias de los ingresos corrientes de la Nación al municipio o distrito y la puntual y exacta recaudación e inversión de las rentas municipales e instaurar las acciones correspondientes en casos de incumplimiento de las disposiciones legales pertinentes.

22. Promover la creación y funcionamiento de las veedurías ciudadanas y comunitarias.

23. Todas las demás que le sean delegadas por el Procurador General de la Nación y por el Defensor del Pueblo.

24. Adicionado por el art. 38, Ley 1551 de 2012.

25. Adicionado por el art. 38, Ley 1551 de 2012.

26. Adicionado por el art. 38, Ley 1551 de 2012.

Parágrafo. Derogado por el art. 203, Ley 201 de 1995. Para los efectos del numeral 4° del presente artículo, facúltase a la Procuraduría General de la Nación para que, previas las erogaciones presupuestales a que haya lugar, modifique la planta de personal para cumplir la función de segunda instancia prevista en este artículo y ponga en funcionamiento una Procuraduría delegada para la vigilancia y coordinación de las personerías del país.

La Procuraduría Delegada para Personerías tendrá las siguientes funciones:

a) Coordinar las funciones que los personeros deben cumplir bajo la suprema dirección del Ministerio Público.

b) Conocer en segunda instancia de los procesos disciplinarios que se adelanten contra los personeros, cualquiera sea la naturaleza de la conducta objeto de la investigación;

c) Ejercer sin perjuicio de la potestad disciplinaria preferente y de manera selectiva el control sobre el ejercicio diligente y suficiente de las funciones de los personeros municipales;

d) Elaborar al menos cada dos años el censo nacional de personerías con el fin de mantener actualizada una base de datos que incluya la información necesaria para evaluar la gestión de las mismas, diseñar las políticas de apoyo a las personerías;

e) Desarrollar políticas de participación ciudadana de conformidad con la ley;

f) Prestar apoyo permanente a las personerías, en relación con las funciones que como Ministerio Público les compete;

g) Coordinar con la Defensoría del Pueblo y con la Procuraduría Delegada para la Defensa de los Derechos Humanos, el ejercicio de la función de protección y promoción de los Derechos Humanos a cargo de las personerías;

h) Coordinar con la Procuraduría Delegada para Asuntos Ambientales y Agrarios, las funciones del Ministerio Público que deban ejercer los personeros ante la jurisdicción agraria;

i) Las demás que le asigne el Procurador General de la Nación.

Parágrafo 2°. Derogado por el art. 203, Ley 201 de 1995. Para los efectos del numeral 4o. del presente artículo, Ia Procuraduría General de la Nación, a su juicio, podrá delegar en las personerías la competencia a que se refiere este artículo en el numeral 5o., con respecto a los empleados públicos del Orden Nacional o departamental, del sector central o descentralizado, que desempeñe sus funciones en el municipio.

El poder disciplinario de la Procuraduría General de la Nación prevalece sobre el del personero.

Parágrafo 3°. Así mismo, para los efectos del numeral 4°. del presente artículo, el poder disciplinario del personero no se ejercerá respecto del alcalde, los concejales y el contralor municipal. Tal competencia corresponde a la Procuraduría General de la Nación que discrecionalmente la puede delegar en los personeros.

Artículo 179°. *Obligaciones de los servidores públicos.* Todas las autoridades públicas deberán suministrar la información necesaria para el efectivo cumplimiento de las funciones del personero, sin que le sea posible oponer reserva alguna. La negativa o negligencia de un servidor público a colaborar o que impida el desarrollo de las funciones del personero constituirá causal de mala conducta sancionada por la destitución del cargo.

Parágrafo. El personero está obligado a guardar la reserva de los informes que Ie suministren en los casos establecidos por la ley.

Artículo 180°. *Personerías delegadas.* Los concejos, a iniciativa de los personeros y previo concepto favorable de la Procuraduría Delegada para Personeros podrán crear Personerías Delegadas de acuerdo con las necesidades del municipio.

Artículo 181°. *Facultades de los personeros.* Sin perjuicio de las funciones que les asigne la Constitución y la ley, los personeros tendrán la facultad nominadora del personal de su oficina, la función disciplinaria, la facultad de ordenador del gasto asignados a la personería y la iniciativa en la creación, supresión y fusión de los empleos bajo su dependencia, señalarles funciones especiales y fijarle emolumentos con arreglo a los acuerdos correspondientes.

Artículo 182°. *Procedimientos disciplinarios.* Para la investigación y juzgamiento de las faltas disciplinarias en que incurra el personero, se seguirá el procedimiento aplicable a quienes, en general desempeñen funciones públicas.

En primera instancia conocerá el Procurador Departamental respectivo y, en segunda el Procurador Delegado para Personerías.

Los presidentes de los concejos distritales o municipales harán efectivas las respectivas sanciones, en el término de los diez (10) días siguientes a la solicitud de suspensión o destitución, emanada de la Procuraduría General de la Nación.

XI. DISPOSICIONES VARIAS

Artículo 183°. *Definición de residencia.* Entiéndase por residencia para los efectos establecidos en el artículo 316 de la Constitución Política, el lugar donde una persona habita o de manera regular está de asiento, ejerce su profesión u oficio o posee alguno de sus negocios o empleo. Ver el Concepto del Consejo de Estado 1222 de 1999.

Artículo 184°. *Estímulos al personal.* Mediante acuerdo de los concejos municipales podrán facultar a los alcaldes para que, en casos excepcionales hagan el reconocimiento y pago de primas técnicas a los servidores municipales altamente calificados que requieran para el desempeño de cargos cuyas funciones demanden la aplicación de conocimientos técnicos, científicos o especializados.

Los municipios adelantarán programas que aseguren a sus servidores la capacitación necesaria para cumplir a cabalidad las nuevas responsabilidades de esta entidad territorial, procurando el aumento de su capacidad de gestión.

Para estos efectos a partir del año siguiente al de la vigencia de esta Ley, los municipios con una población superior a cien mil (100.000) habitantes, destinarán como mínimo una suma equivalente al uno por ciento (1%) de sus gastos de inversión, a la capacitación de los funcionarios municipales. Los demás municipios destinarán para ello, como mínimo una suma equivalente al dos por ciento (2%) de dichos gastos. **Texto subrayado declarado INEXEQUIBLE por la Corte Constitucional mediante.** Sentencia C-495 de 1998.

Artículo 185°. *Contratación colectiva.* Los negociadores y representantes de los municipios y de las empresas industriales y comerciales del orden municipal y de las sociedades de economía mixta o de derecho público, no se podrán beneficiar del régimen prestacional obtenido mediante la convención colectiva de trabajo.

En relación con la contratación colectiva, en las entidades municipales, en el marco de los convenios con la OIT (Convenios 87 y 98 de las Leyes 26 y 27 de 1976) adoptados por el Estado Colombiano, se regularán por el Código Sustantivo del Trabajo conforme a los principios de eficiencia, de servicio a la comunidad, de acuerdo con la capacidad económica y presupuestal de la entidad, con sujeción a los artículos 38, 39 y 53 de la Constitución Política.

Artículo 186°. *Control interno.* Corresponde a los municipios y a las entidades descentralizadas, así como a las personerías y contralorías municipales a través de sus representantes legales, la adecuada organización e implementación de sistemas de control interno en la forma prevista por las normas legales correspondientes.

Artículo 187°. *Vigilancia y control de las actividades de construcción y enajenación de inmuebles destinados a vivienda.* Los concejos municipales ejercerán la vigilancia y control de las actividades de construcción y enajenación de inmuebles destinados a vivienda, de que trata el numeral 7° del artículo 313 de la Constitución Política, dentro de los límites señalados al respecto por las disposiciones legales y reglamentarias vigentes.

Parágrafo transitorio. El ejercicio de las funciones de vigilancia y control de que trata este artículo se llevará a cabo por parte de los municipios después de transcurridos seis (6) meses a partir de la vigencia de esta Ley, término dentro del cual la Superintendencia de Sociedades trasladará a los municipios los documentos relativos a tales funciones e impartirá la capacitación que las autoridades de éstos requieran para el cabal cumplimiento de las mismas.

Artículo 188°. *Autoridad civil.* Para efectos de lo previsto en esta Ley, se entiende por autoridad civil la capacidad legal y reglamentaria que ostenta un empleado oficial para cualquiera de las siguientes atribuciones:

1. Ejercer el poder público en función de mando para una finalidad prevista en esta Ley, que obliga al acatamiento de los particulares y en caso de desobediencia, con facultad de la compulsión o de la coacción por medio de la fuerza pública.

2. Nombrar y remover libremente los empleados de su dependencia, por sí o por delegación.

3. Sancionar a los empleados con suspensiones, multas o destituciones.

Ver el Concepto del Consejo de Estado 1297 de 2000.

Artículo 189°. *Autoridad política.* Es la que ejerce el alcalde como jefe del municipio. Del mismo modo, los secretarios de la alcaldía y jefes de departamento administrativo, como miembros del gobierno municipal, ejercen con el alcalde la autoridad política.

Tal autoridad también se predica de quienes ejerzan temporalmente los cargos señalados en este artículo.

Ver el Concepto del Consejo de Estado 1297 de 2000.

Artículo 190°. *Dirección administrativa.* Esta facultad además del alcalde, la ejercen los secretarios de la alcaldía, los jefes de departamento administrativo y los gerentes o jefes de las entidades descentralizadas, y los jefes de las unidades administrativas especiales como superiores de los correspondientes servicios municipales.

También comprende a los empleados oficiales autorizados para celebrar contratos o convenios; ordenar gastos con cargo a fondos municipales; conferir comisiones, licencias no remuneradas, decretar vacaciones y suspenderlas, para trasladar horizontal o verticalmente los funcionarios subordinados; reconocer horas extras, vincular personal supernumerario o fijarle nueva sede al personal de planta; a los funcionarios que hagan parte de las unidades de control interno y quienes legal o reglamentariamente tengan facultades para investigar las faltas disciplinarias.

Ver el Concepto del Consejo de Estado 1297 de 2000.

Artículo 191°. *Autoridad militar.* A fin de determinar las inhabilidades previstas por esta Ley, se entiende por autoridad militar la que ostentan los oficiales en servicio activo de las Fuerzas Militares y los suboficiales con el rango de comandantes en el municipio.

Para efectos de este artículo, el militar debe haber estado ubicado en el municipio por virtud de orden superior por espacio de cuando menos tres meses dentro del mes anterior a las elecciones de que se trate.

Artículo 192°. *INEXEQUIBLE. Calidades de los servidores públicos.* Autorízase a los concejos municipales para que establezcan el régimen de calidades necesario para los empleados públicos de los municipios. No obstante, el Gobierno Nacional podrá determinar calidades y requisitos para los funcionarios encargados de determinados servicios públicos de los que le asigne al municipio la respectiva Ley Orgánica. **Declarado Inexequible por la Sentencia Corte Constitucional 570 de 1997.**

Artículo 193°. *Convenios fronterizos.* Los alcaldes de los municipios ubicados en la zona de frontera podrán, dentro de los precisos límites de las competencias que a ellos les corresponde, convenir con las autoridades de las entidades territoriales de igual nivel del país vecino, programas de cooperación e integración, dirigidos a fomentar el desarrollo comunitario, la prestación de servicios públicos y la preservación del ambiente.

Dentro de los ocho días (8) siguientes a la celebración de los convenios, los alcaldes enviarán copia del respectivo convenio al Ministerio de Relaciones Exteriores.

Artículo 194°. *Distritos.* En cuanto no pugne con las leyes especiales, la presente Ley se aplicará a los distritos.

Artículo 195°. *Régimen disciplinario.* Mientras se expida el régimen disciplinario para los servidores y empleados públicos del municipio, además de las leyes vigentes, le será aplicado el estatuto establecido en la Ley 13 de 1984 y sus decretos reglamentarios sobre administración de personal y régimen disciplinario para los empleados públicos de la Rama Ejecutiva del Orden Nacional, cuando por su naturaleza les resulte aplicable.

Artículo 196°. El Gobierno Nacional dispondrá lo pertinente para que, de conformidad con la Ley 30 de 1992, en un lapso no mayor a tres meses a partir de la vigencia de la presente Ley, la Escuela Superior de Administración Pública, ESAP, como Universidad del Estado especializada en la materia, adecúe su estatuto básico, estructura orgánica, planta de personal y escala salarial, a los requerimientos que en cuando a investigación, asesoría, capacitación, formación profesional y tecnológica de los servidores públicos, en sus diferentes niveles municipal, departamental y nacional, tengan los entes territoriales para el desarrollo de esta Ley.

Artículo 197°. *Órgano de consulta.* La Federación Colombiana de Municipios, será órgano de consulta en aquellos temas que interesen a la organización y funcionamiento de los municipios.

Artículo 198°. *Funciones del IGAC.* Para los efectos del artículo 15 de la Ley 9a. de 1989, el Instituto Geográfico Agustín Codazzi, IGAC, tendrá un plazo improrrogable de treinta (30) días calendario, contados desde la fecha de la radicación de la respectiva solicitud por parte del representante legal de la entidad territorial. El incumplimiento de esta norma por parte de los funcionarios del Instituto Geográfico Agustín Codazzi, será causal de mala conducta.

Artículo 199°. *Facultades extraordinarias.* Revístese al Presidente de la República de precisas facultades extraordinarias para que, en el plazo de seis (6) meses contados a partir de la promulgación de esta Ley, proceda a compilar las disposiciones constitucionales y legales vigentes para la organización y el funcionamiento de los municipios.

Para este efecto se podrá reordenar la numeración de las diferentes normas y eliminar aquellas que se encuentren repetidas o derogadas.

Artículo 200°. Derogado por la Ley 166 de 1994.- *Comisión Asesora.* Para el ejercicio de las facultades a que se refiere el artículo anterior, el Gobierno integrará una comisión asesora conformada por:

a) Un Senador y un Representante elegidos por las Comisiones Primeras Constitucionales Permanentes, o en su receso, por las correspondientes Mesas Directivas;

b) Un representante de la Federación Colombiana de Municipios;

c) Dos (2) miembros de la Sala de Consulta del Consejo de Estado.

Artículo 201°. *Informe al Congreso.* El Presidente dará cuenta al Congreso, dentro de los treinta días siguientes al vencimiento de las facultades extraordinarias que esta

Ley otorga, del uso que haga de ellas y acompañará a su informe el texto de los decretos extraordinarios que dicte.

Artículo 202°. *Facultades extraordinarias.* Revístese al Presidente de la República de precisas facultades extraordinarias para que, en el plazo de dos meses, contados a partir de la promulgación de esta Ley, proceda a fijar límites a las apropiaciones destinadas a gastos de funcionamiento de las contralorías y personerías distritales y municipales.

Para el ejercicio de estas facultades, se integrará una comisión cuyo concepto deberá ser tenido en cuenta por el Gobierno Nacional y estará conformada así:

a)   Tres Senadores y dos Representantes elegidos por las Mesas Directivas de las respectivas Cámaras;

b)   Un representante de la Federación Colombiana de Municipios;

c)   Un contralor distrital y uno municipal, designados por la entidad que los represente;

d)   Un personero distrital o municipal, designado por la entidad que los represente;

e)   El Presidente de la Federación Colombiana de Concejales.

Artículo 203°. *Vigencia.* La presente Ley deroga las disposiciones que le sean contrarias y rige a partir de la fecha de su publicación.

El Presidente (E) del honorable Senado de la República,
ELÍAS MATUS TORRES

El Secretario General del honorable Senado de la República,
PEDRO PUMAREJO VEGA

El Presidente de la honorable Cámara de Representantes,
FRANCISCO JOSÉ JATTIN SAFAR

El Secretario General de la honorable Cámara de Representantes,
DIEGO VIVAS TAFUR

REPÚBLICA DE COLOMBIA - GOBIERNO NACIONAL
Publíquese y ejecútese,

Dada en Santafé de Bogotá, D. C., a 2 de junio de 1994,

CÉSAR GAVIRIA TRUJILLO

El Ministro de Gobierno,
FABIO VILLEGAS RAMÍREZ

El Ministro de hacienda y Crédito Público,
RUDOLF HOMMES RODRÍGUEZ

NOTA: Publicado en el Diario Oficial 41.377 del 2 de Junio de 1994

COSTA RICA

CÓDIGO MUNICIPAL

(Ley N° 7794 Gaceta N° 94 del 18 de mayo de 1998)

LA ASAMBLEA LEGISLATIVA
DE LA REPÚBLICA DE COSTA RICA
CÓDIGO MUNICIPAL

DECRETA:

TÍTULO I

DISPOSICIONES GENERALES

Capítulo único

Artículo 1.- El municipio está constituido por el conjunto de personas vecinas residentes en un mismo cantón, que promueven y administran sus propios intereses por medio del gobierno municipal.

Artículo 2.- La municipalidad es una persona jurídica estatal, con patrimonio propio y personalidad, y capacidad jurídica plenas para ejecutar todo tipo de actos y contratos necesarios para cumplir sus fines.

Artículo 3.- La jurisdicción territorial de la municipalidad es el cantón respectivo, cuya cabecera es la sede del gobierno municipal.

El gobierno y la administración de los intereses y servicios cantonales estarán a cargo del gobierno municipal.

La municipalidad podrá ejercer las competencias municipales e invertir fondos públicos con otras municipalidades e instituciones de la Administración Pública para el cumplimiento de fines locales, regionales o nacionales, o para la construcción de obras públicas de beneficio común, de conformidad con los convenios que al efecto suscriba.

Artículo 4.- La municipalidad posee la autonomía política, administrativa y financiera que le confiere la Constitución Política. Dentro de sus atribuciones se incluyen las siguientes:

a) Dictar los reglamentos autónomos de organización y de servicio, así como cualquier otra disposición que autorice el ordenamiento jurídico.

b) Acordar sus presupuestos y ejecutarlos.

c)   Administrar y prestar los servicios públicos municipales.

d)   Aprobar las tasas, los precios y las contribuciones municipales, así como proponer los proyectos de tarifas de impuestos municipales.

e)   Percibir y administrar, en su carácter de administración tributaria, los tributos y demás ingresos municipales.

f)   Concertar, con personas o entidades nacionales o extranjeras, pactos, convenios o contratos necesarios para el cumplimiento de sus funciones.

g)   Convocar al municipio a consultas populares, para los fines establecidos en esta Ley y su Reglamento.

h)   Promover un desarrollo local participativo e inclusivo, que contemple la diversidad de las necesidades y los intereses de la población.

i)   Impulsar políticas públicas locales para la promoción de los derechos y la ciudadanía de las mujeres, en favor de la igualdad y la equidad de género.

Artículo 5.- Las municipalidades fomentarán la participación activa, consciente y democrática del pueblo en las decisiones del gobierno local. Las instituciones públicas estarán obligadas a colaborar para que estas decisiones se cumplan debidamente.

Artículo 6.- La municipalidad y los demás órganos y entes de la Administración Pública deberán coordinar sus acciones. Para tal efecto deberán comunicar, con la debida anticipación, las obras que proyecten ejecutar.

Artículo 7.- Mediante convenio con otras municipalidades o con el ente u órgano público competente, la municipalidad podrá llevar a cabo, conjunta o individualmente, servicios u obras en su cantón o en su región territorial.

Artículo 8.- Concédese a las municipalidades exención de toda clase de impuestos, contribuciones, tasas y derechos.

TÍTULO II
RELACIONES INTERMUNICIPALES

Capítulo único

Artículo 9.- Las municipalidades podrán pactar entre sí convenios cuya finalidad sea facilitar y posibilitar el cumplimiento de sus objetivos, lograr una mayor eficacia y eficiencia en sus acciones, así como para prestar servicios y construir obras regionales o nacionales.

Artículo 10.- Las municipalidades podrán integrarse en federaciones y confederaciones; sus relaciones se establecerán en los estatutos que aprueben las partes, los cuales regularán los mecanismos de organización, administración y funcionamiento de estas entidades, así como las cuotas que deberán ser aportadas. Para tal efecto, deberán publicar en La Gaceta un extracto de los términos del convenio y el nombramiento de los representantes.

Artículo 11.- Previo estudio de factibilidad, los convenios intermunicipales requerirán la autorización de cada Concejo, la cual se obtendrá mediante votación calificada de dos terceras partes de la totalidad de sus miembros. Estos convenios tendrán fuerza de ley entre las partes.

TÍTULO III

ORGANIZACIÓN MUNICIPAL

Capítulo I

Gobierno municipal

Artículo 12.- El gobierno municipal estará compuesto por un cuerpo deliberativo denominado Concejo e integrado por los regidores que determine la ley, además, por un alcalde y su respectivo suplente, todos de elección popular.

Artículo 13.- Son atribuciones del Concejo:

a) Fijar la política y las prioridades de desarrollo del municipio, conforme al programa de gobierno inscrito por el alcalde municipal para el período por el cual fue elegido y mediante la participación de los vecinos.

b) Acordar los presupuestos y aprobar las contribuciones, tasas y precios que cobre por los servicios municipales, así como proponer los proyectos de tributos municipales a la Asamblea Legislativa.

c) Dictar los reglamentos de la Corporación, conforme a esta ley.

d) Organizar, mediante reglamento, la prestación de los servicios municipales.

e) Celebrar convenios, comprometer los fondos o bienes y autorizar los egresos de la municipalidad, excepto los gastos fijos y la adquisición de bienes y servicios que estén bajo la competencia del alcalde municipal, según el reglamento que se emita, el cual deberá cumplir con los principios de la Ley de Contratación Administrativa, N° 7494, de 2 de mayo de 1995 y su reglamento.

f) Nombrar y remover a la persona auditora, contadora, según el caso, así como a quien ocupe la secretaría del Concejo.

g) Nombrar directamente, por mayoría simple y con un criterio de equidad entre géneros, a las personas miembros de las de las juntas de educación, quienes solo podrán ser removidos por justa causa. Además, nombrar, por igual mayoría, a las personas representantes de las municipalidades ante cualquier órgano o ente que los requiera.

h) Nombrar directamente y por mayoría absoluta a los miembros de la Comisión Municipal de Accesibilidad (Comad), quienes podrán ser removidos por el concejo, por justa causa. La Comad será la encargada de velar por que en el cantón se cumpla la Ley N° 7600, Igualdad de oportunidades para las personas con discapacidad, de 2 de mayo de 1996; para cumplir su cometido trabajará en coordinación con el Consejo Nacional de Rehabilitación y Educación Especial (Cnree) y funcionará al amparo de este Código y del reglamento que deberá dictarle el concejo municipal, ante el cual la Comad deberá rendir cuentas.

i) Resolver los recursos que deba conocer de acuerdo con este código

j) Proponer a la Asamblea Legislativa los proyectos de ley necesarios para el desarrollo municipal, a fin de que los acoja, presente y tramite. Asimismo, evacuar las consultas legislativas sobre proyectos en trámite.

k) Acordar la celebración de plebiscitos, referendos y cabildos de conformidad con el reglamento que se elaborará con el asesoramiento del Tribunal Supremo de Elecciones, observando, en cuanto a la forma e implementación de estas consultas populares, lo preceptuado por la legislación electoral vigente.

En la celebración de los plebiscitos, referendos y cabildos que realicen las municipalidades, deberán estar presentes los delegados que designe el Tribunal Supremo de Elecciones, quienes darán fe de que se cumplieron los requisitos formales exigidos en el código y el reglamento supraindicado. Los delegados del Tribunal supervisarán el desarrollo correcto de los procesos citados.

l)   Aprobar el Plan de Desarrollo Municipal y el Plan Anual Operativo que elabore la persona titular de la alcaldía, con base en su programa de gobierno e incorporando en él la diversidad de necesidades e intereses de la población para promover la igualdad y la equidad de género.

Estos planes constituyen la base del proceso presupuestario de las municipalidades.

m) Conocer los informes de auditoría o contaduría, según el caso, y resolver lo que corresponda.

n)   Crear las comisiones especiales y las comisiones permanentes asignarles funciones.

Ñ) Conferir distinciones honoríficas de acuerdo con el reglamento que se emitirá para el efecto.

o)   Comunicar, al Tribunal Supremo de Elecciones, las faltas que justifiquen la remoción automática del cargo de regidor o alcalde municipal.

p)   Dictar las medidas de ordenamiento urbano.

q)   Constituir, por iniciativa del alcalde municipal, establecimientos públicos, empresas industriales y comerciales y autorizar la constitución de sociedades públicas de economía mixta.

r)   Autorizar las membresías ante entidades nacionales y extranjeras, públicas o privadas, que estime pertinentes para beneficio del cantón.

s)   Las demás atribuciones que la ley señale expresamente.

Capítulo II

Alcalde municipal

Artículo 14.- Denomínase alcalde municipal al funcionario ejecutivo indicado en el artículo 169 de la Constitución Política.

Existirán dos vicealcaldes municipales: un(a) vicealcalde primero y un(a) vicealcalde segundo. El (la) vicealcalde primero realizará las funciones administrativas y operativas que el alcalde titular le asigne; además, sustituirá, de pleno derecho, al alcalde municipal en sus ausencias temporales y definitivas, con las mismas responsabilidades y competencias de este durante el plazo de la sustitución.

En los casos en que el o la vicealcalde primero no pueda sustituir al alcalde, en sus ausencias temporales y definitivas, el o la vicealcalde segundo sustituirá al alcalde, de pleno derecho, con las mismas responsabilidades y competencias de este durante el plazo de la sustitución.

En los concejos municipales de distrito, el funcionario ejecutivo indicado en el artículo 7 de la Ley N° 8173, es el intendente distrital quien tendrá las mismas facultades que el alcalde municipal. Además, existirá un(a) viceintendente distrital, quien realizará las funciones administrativas y operativas que le asigne el o la intendente titular; también sustituirá, de pleno derecho, al intendente distrital en sus ausencias temporales y definitivas, con las mismas responsabilidades y competencias de este durante el plazo de la sustitución.

Todos los cargos de elección popular a nivel municipal que contemple el ordenamiento jurídico serán elegidos popularmente, por medio de elecciones generales que se realizarán el primer domingo de febrero, dos años después de las elecciones nacionales en que se elija a las personas que ocuparán la Presidencia y las Vicepresidencias de la República y a quienes integrarán la Asamblea Legislativa. Tomarán posesión de sus cargos el día 1° de mayo del mismo año de su elección, por un período de cuatro años, y podrán ser reelegidos.

Artículo 15.- Para ser alcalde municipal, se requiere:

a) Ser costarricense y ciudadano en ejercicio.

b) Pertenecer al estado seglar.

c) Estar inscrito electoralmente, por lo menos con dos años de anterioridad, en el cantón donde ha de servir el cargo.

Artículo 16.- No podrán ser candidatos a alcalde municipal:

a) Quienes estén inhabilitados por sentencia judicial firme para ejercer cargos públicos.

b) Los funcionarios o empleados a los que, según el artículo 88 del Código Electoral, se les prohíba participar en actividades político-electorales, salvo emitir el voto. Estas incompatibilidades afectarán a quienes, dentro de los seis meses anteriores a la fecha de las elecciones, hayan desempeñado esos cargos.

Artículo 17.- Corresponden a la persona titular de la alcaldía las siguientes atribuciones y obligaciones:

a) Ejercer las funciones inherentes a la condición de administrador general y jefe de las dependencias municipales, vigilando la organización, el funcionamiento, la coordinación y el fiel cumplimiento de los acuerdos municipales, las leyes y los reglamentos en general.

b) Delegar las funciones encomendadas por esta ley, con base en los artículos 89 y siguientes de la Ley General de la Administración Pública.

c) Asistir, con voz pero sin voto, a todas las sesiones del Concejo Municipal, asambleas, reuniones y demás actos que la municipalidad realice.

d) Sancionar y promulgar las resoluciones y los acuerdos aprobados por el Concejo Municipal y ejercer el veto, conforme a este código.

e) Antes de entrar en posesión de su cargo, presentar, al concejo municipal, un programa de gobierno basado en un diagnóstico de la realidad del cantón. Este debe incorporar la perspectiva de género, el enfoque de derechos humanos y el principio de no discriminación por motivos de sexo o por cualquier otra condición. Este programa de gobierno deberá ser difundido a las diferentes organizaciones y a las personas vecinas del cantón.

f) Rendir al Concejo Municipal, semestralmente, un informe de los egresos que autorice, según lo dispuesto en el inciso f) de este artículo.

g) Rendir cuentas a los vecinos del cantón, mediante un informe de labores ante el Concejo Municipal, para ser discutido y aprobado en la primera quincena de marzo de cada año. Dicho informe debe incluir los resultados de la aplicación de las políticas para la igualdad y la equidad de género.

h) Autorizar los egresos de la municipalidad, conforme al inciso e) del artículo 13 de este código.

i) Presentar los proyectos de presupuesto, ordinario y extraordinario, de la municipalidad, en forma coherente con el Plan de desarrollo municipal, ante el Concejo Municipal para su discusión y aprobación.

j) Proponer al Concejo la creación de plazas y servicios indispensables para el buen funcionamiento del gobierno municipal.

k) Nombrar, promover, remover al personal de la municipalidad, así como concederle licencias e imponerle sanciones; todo de acuerdo con este código y los reglamentos respectivos. Las mismas atribuciones tendrá sobre el personal de confianza a su cargo.

l) Vigilar el desarrollo correcto de la política adoptada por la municipalidad, el logro de los fines propuestos en su programa de gobierno y la correcta ejecución de los presupuestos municipales;

m) Convocar al Concejo a sesiones extraordinarias o cuando se lo solicite, con veinticuatro horas de anticipación, por lo menos la tercera parte de los regidores propietarios.

n) Ostentar la representación legal de la municipalidad, con las facultades que le otorguen la presente ley y el Concejo Municipal.

ñ) Cumplir las demás atribuciones y obligaciones que le correspondan, conforme a este código, los reglamentos municipales y demás disposiciones legales pertinentes.

o) Fiscalizar y garantizar que la municipalidad cumpla con una política de igualdad y equidad entre los géneros acorde con la legislación existente adoptada por el Estado, mediante el impulso de políticas, planes y acciones a favor de la equidad e igualdad entre los géneros.

p) Impulsar una estrategia municipal para la gestión del desarrollo que promueva la igualdad y equidad de género tanto en el quehacer municipal como en el ámbito local, con la previsión de los recursos necesarios.

Artículo 18.- Serán causas automáticas de pérdida de la credencial de alcalde municipal:

a) Perder un requisito o el adolecer de un impedimento, según los artículos 15 y 16 de este código.

b) Ausentarse injustificadamente de sus labores por más de ocho días.

c) Ser declarado, por sentencia judicial firme, inhabilitado para ejercer cargos públicos.

d) Incurrir en alguna de las causales previstas en el artículo 73 de la Ley Orgánica de la Contraloría General de la República.

e)   Cometer cualquier acción sancionada por la ley con la pérdida del cargo para funcionarios de elección popular.

f)   Renunciar voluntariamente a su puesto.

Artículo 19.- Por moción presentada ante el Concejo, que deberá ser firmada al menos por la tercera parte del total de los regidores y aprobada por el mínimo de tres cuartas partes de los regidores integrantes, se convocará a los electores del cantón respectivo a un plebiscito, donde se decidirá destituir o no al alcalde municipal. Tal decisión no podrá ser vetada.

Los votos necesarios para destituir al alcalde municipal, deberán sumar al menos dos tercios de los emitidos en el plebiscito, el cual no podrá ser inferior al diez por ciento (10%) del total de los electores inscritos en el cantón.

El plebiscito se efectuará con el padrón electoral del respectivo cantón, con el corte del mes anterior al de la aprobación en firme del acuerdo referido en el párrafo primero de este artículo.

Si el resultado de la consulta fuere la destitución del funcionario, el Tribunal Supremo de Elecciones repondrá al alcalde propietario, según el artículo 14 de este código, por el resto del período.

Si ambos vicealcaldes municipales son destituidos o renuncien, el Tribunal Supremo de Elecciones deberá convocar a nuevas elecciones en el cantón respectivo, en un plazo máximo de seis meses, y el nombramiento será por el resto del período. Mientras se realiza la elección, el presidente del concejo asumirá, como recargo, el puesto de alcalde municipal, con todas las atribuciones que le otorga este Código.

Artículo 20.- El alcalde municipal es un funcionario de tiempo completo y su salario se ajustará, de acuerdo con el presupuesto ordinario municipal, a la siguiente tabla:

MONTO DEL PRESUPUESTO		SALARIO
HASTA	¢ 50.000.000,00	¢100.000,00
De ¢50.000.001,00	a ¢100.000.000,00	¢150.000,00
De ¢100.000.001,00	a ¢200.000.000,00	¢200.000,00
De ¢200.000.001,00	a ¢300.000.000,00	¢250.000,00
De ¢300.000.001,00	a ¢400.000.000,00	¢300.000,00
De ¢400.000.001,00	a ¢500.000.000,00	¢350.000,00
De ¢500.000.001,00	a ¢600.000.000,00	¢400.000,00
De ¢ 600.000.001,00	en adelante	¢450.000,00

Anualmente, el salario de los alcaldes municipales podrá aumentarse hasta en un diez por ciento (10%), cuando se presenten las mismas condiciones establecidas para el aumento de las dietas de los regidores y síndicos municipales, señaladas en el artículo 30 de este código.

No obstante lo anterior, los alcaldes municipales no devengarán menos del salario máximo pagado por la municipalidad más un diez por ciento (10%).

Además, los alcaldes municipales devengarán, por concepto de dedicación exclusiva, calculado de acuerdo con su salario base, un treinta y cinco por ciento (35%) cuando sean bachilleres universitarios y un cincuenta y cinco por ciento (55%) cuando sean licenciados o posean cualquier grado académico superior al señalado. En los casos en que el alcalde electo disfrute de pensión o jubilación, si no suspendiere tal beneficio, podrá solicitar el pago de un importe del cincuenta por ciento (50%) mensual de la totalidad de la pensión o jubilación, por concepto de gastos de representación.

El primer vicealcalde municipal también será funcionario de tiempo completo, y su salario base será equivalente a un ochenta por ciento (80%) del salario base del alcalde municipal. En cuanto a la prohibición por el no ejercicio profesional y jubilación, se le aplicarán las mismas reglas que al alcalde titular, definidas en el párrafo anterior.

Capítulo III

Regidores municipales

Artículo 21.- En cada municipalidad, el número de regidores, propietarios y suplentes se regirá por las siguientes reglas:

a) Cantones con menos del uno por ciento (1%) de la población total del país, cinco regidores.

b) Cantones con un uno por ciento (1%) pero menos del dos por ciento (2%) de la población total del país, siete regidores.

c) Cantones con un dos por ciento (2%) pero menos del cuatro por ciento (4%) de la población total del país, nueve regidores.

d) Cantones con un cuatro por ciento (4%) pero menos de un ocho por ciento (8%) de la población total del país, once regidores.

e) Cantones con un ocho por ciento (8%) o más de la población total del país, trece regidores.

El Tribunal Supremo de Elecciones fijará los porcentajes señalados, con base en la información que para el efecto le suministrará la Dirección General de Estadística y Censos, seis meses antes de la respectiva convocatoria a elecciones.

Artículo 22.- Para ser regidor se requiere:

a) Ser ciudadano en ejercicio y costarricense.

b) Pertenecer al estado seglar.

c) Estar inscrito electoralmente, por lo menos con dos años de anterioridad, en el cantón en que han de servir el cargo.

Artículo 23.- No podrán ser candidatos a regidores, ni desempeñar una regiduría:

a) Los funcionarios o empleados a los que, según el artículo 88 del Código Electoral, les esté prohibido participar en actividades político-electorales, salvo emitir su voto. Estas incompatibilidades afectarán a quienes, dentro de los seis meses anteriores a la fecha de las elecciones, hubieren desempeñado tales cargos.

b) Los inhabilitados por sentencia judicial firme para ejercer cargos públicos.

c) Los afectados por prohibiciones de acuerdo con otras leyes.

Artículo 24.- Serán causas de pérdida de la credencial de regidor:

a) La pérdida de un requisito o adolecer de un impedimento, según lo dispuesto en los artículos 22 y 23 de este código.

b) La ausencia injustificada a las sesiones del Concejo por más de dos meses.

c) La renuncia voluntaria escrita y conocida por el Concejo.

d) Enfermedad que lo incapacite permanentemente para el ejercicio.

e) Lo señalado por el artículo 63 de la Ley sobre la zona marítimo-terrestre, N°
6043, de 2 de febrero de 1977, por el artículo 73 de la Ley Orgánica de la Contraloría General de la República, N° 7428, de 7 de setiembre de 1994.

Artículo 25.- Corresponde al Tribunal Supremo de Elecciones:

a) Declarar la invalidez de nominaciones de candidatos a alcalde municipal y regidor, con las causas previstas en este código.

b) Cancelar o declarar la nulidad de las credenciales conferidas al alcalde municipal y de los regidores por los motivos contemplados en este código o en otras
leyes; además, reponer a los alcaldes, según el artículo 14 de este código; asimismo, convocar a elecciones conforme el artículo 19 de este código.

c) Reponer a los regidores propietarios cesantes en el cargo, designando a los suplentes del mismo partido político, de acuerdo con el orden de elección.

d) Completar el número de regidores suplentes, escogiendo de entre los candidatos que no resulten electos, a quien habría seguido según las reglas que deter-
minaron la elección.

Artículo 26.- Serán deberes de los regidores:

a) Concurrir a las sesiones.

b) Votar en los asuntos que se sometan a su decisión; el voto deberá ser afirmativo o negativo.

c) No abandonar las sesiones sin el permiso del Presidente Municipal.

d) Desempeñar las funciones y comisiones que se les encarguen.

e) Responder solidariamente por los actos de la Corporación municipal, excepto
que hayan salvado el voto razonadamente,

f) Justificar las solicitudes de licencia referidas en el artículo 32 de este código.

g) Concretarse en el uso de la palabra al tema objeto de discusión y guardar el
respeto y la compostura en el ejercicio de sus funciones.

h) Los demás deberes que expresamente señale este código y los reglamentos internos que se emitan.

Artículo 27.- Serán facultades de los regidores:

a) Pedirle al Presidente Municipal la palabra para emitir el criterio sobre los
asuntos en discusión.

b) Formular mociones y proposiciones.

c) Pedir la revisión de acuerdos municipales.

d) Apelar ante el Concejo las resoluciones del Presidente Municipal.

e) Llamar al orden al Presidente Municipal, cada vez que en el desempeño de su
cargo, se separe de las disposiciones de este código o los reglamentos internos
de la municipalidad.

f) Solicitar por escrito la convocatoria a sesiones extraordinarias, cuando sea solicitud de al menos la tercera parte de los regidores propietarios.

Artículo 28.- Los regidores suplentes estarán sometidos, en lo conducente, a las mismas disposiciones de este título para los regidores propietarios.

Sustituirán a los propietarios de su mismo partido político, en los casos de ausencias temporales u ocasionales.

Los suplentes deberán asistir a todas las sesiones del Concejo y tendrán derecho a voz. Para las sustituciones, serán llamados de entre los presentes, por el presidente municipal, según el orden de elección. En tal caso, tendrán derecho a voto.

Artículo 29.- Los regidores y síndicos tomarán posesión de sus cargos el primer día del tercer mes posterior a la elección correspondiente. A las doce horas, deberán concurrir al recinto de sesiones de la municipalidad los propietarios y suplentes, quienes se juramentarán ante el Directorio Provisional, luego de que este se haya juramentado ante ellos. El Directorio Provisional estará formado por los regidores presentes de mayor edad que hayan resultado electos. El mayor ejercerá la Presidencia y quien le siga, la Vicepresidencia. El Tribunal Supremo de Elecciones, al extender las credenciales respectivas, indicará, de acuerdo con este artículo, cuáles regidores deberán ocupar los cargos mencionados.

Corresponderá al Directorio Provisional comprobar la primera asistencia de los regidores y síndicos, con base en la nómina que deberá remitir el Tribunal Supremo de Elecciones.

Realizada la juramentación, los regidores propietarios elegirán en votación secreta, al Presidente y el Vicepresidente definitivos, escogidos de entre los propietarios. Para elegirlos se requerirá la mayoría relativa de los votos presentes. De existir empate, la suerte decidirá.

Artículo 30.- Los montos de las dietas de los regidores propietarios se calcularán por cada sesión. Solo se pagará la dieta correspondiente a una sesión ordinaria por semana y hasta dos extraordinarias por mes; el resto de las sesiones no se pagarán. De acuerdo con el presupuesto ordinario municipal los pagos se ajustarán a la siguiente tabla:

HASTA	₡100.000.000,00	₡6.000,00
De ₡100.000.001,00	a ₡250.000.000,00	₡8.000,00
De ₡250.000.001,00	a ₡500.000.000,00	₡12.000,00
De ₡500.000.001,00	a ₡1.000.000.000,00	₡15.000,00
De ₡1.000.000.001,00	en adelante	₡17.500,00

Los viáticos correspondientes a transporte, hospedaje y alimentación para regidores y síndicos, propietarios y suplentes, cuando residan lejos de la sede municipal, se pagarán con base en la tabla de la Contraloría General de la República.

Las dietas de los regidores y síndicos municipales podrán aumentarse anualmente hasta en un veinte por ciento (20%), siempre que el presupuesto municipal ordinario haya aumentado, en relación con el precedente, en una proporción igual o superior al porcentaje fijado.

No podrá pagarse más de una dieta por regidor, por cada sesión remunerable.

Los regidores propietarios perderán las dietas cuando no se presenten dentro de los quince minutos inmediatos posteriores a la hora fijada para comenzar la sesión o cuando se retiren antes de finalizada la sesión.

Los regidores suplentes devengarán la dieta cuando sustituyan a los propietarios en una sesión remunerable, siempre que la sustitución comience antes o inmediatamente después de los quince minutos de gracia contemplados en el párrafo anterior y se extienda hasta el final de la sesión. Sin embargo, cuando los regidores suplentes no sustituyan a los propietarios en una sesión remunerable, pero estén presentes durante toda la sesión, devengarán el cincuenta por ciento (50%) de la dieta correspondiente al regidor propietario, conforme a este artículo.

Los síndicos propietarios devengarán por cada sesión remunerable a la que asistan, el cincuenta por ciento (50%) de la dieta que devenguen los regidores propietarios. Los síndicos suplentes devengarán la misma dieta cuando sustituyan a un síndico propietario, con base en el Artículo anterior. Cuando no estén sustituyendo a un propietario y se encuentren presentes durante toda la sesión, devengarán un veinticinco por ciento (25%) de la dieta de un regidor propietario.

Artículo 31.- Prohíbese al alcalde municipal y a los regidores:

a) Intervenir en la discusión y votación en su caso, de los asuntos en que tengan ellos interés directo, su cónyuge o algún pariente hasta el tercer grado de consanguinidad o afinidad.

b) Ligarse a la municipalidad o depender de ella en razón de cargo distinto, comisión, trabajo o contrato que cause obligación de pago o retribución a su favor y, en general, percibir dinero o bienes del patrimonio municipal, excepto salario o dietas según el caso, viáticos y gastos de representación.

c) Intervenir en asuntos y funciones de su competencia, que competan al alcalde municipal, los regidores o el Concejo mismo. De esta prohibición se exceptúan las comisiones especiales que desempeñen.

d) Integrar las comisiones que se creen para realizar festejos populares, fiestas cívicas y cualquier otra actividad festiva dentro del cantón.

Si el alcalde municipal o el regidor no se excusare de participar en la discusión y votación de asuntos, conforme a la prohibición establecida en el inciso a) de este artículo, cualquier interesado podrá recusarlo, de palabra o por escrito, para que se inhiba de intervenir en la discusión y votación del asunto. Oído el alcalde o regidor recusado, el Concejo decidirá si la recusación procede. Cuando lo considere necesario, el Concejo podrá diferir el conocimiento del asunto que motiva la recusación, mientras recaban más datos para resolver.

Artículo 32.- El Concejo podrá establecer licencia sin goce de dietas a los regidores, los síndicos y el alcalde municipal únicamente por los motivos y términos siguientes:

a) Por necesidad justificada de ausentarse del cantón, licencia hasta por seis meses.

b) Por enfermedad o incapacidad temporal, licencia por el término que dure el impedimento.

c) Por muerte o enfermedad de padres, hijos, cónyuge o hermanos, licencia hasta por un mes.

Cuando se ausenten para representar a la municipalidad respectiva, tanto al alcalde, los regidores y síndicos se les otorgará licencia con goce de salario o dieta, según el caso.

Capítulo IV
Presidencia del Concejo

Artículo 33.- El Presidente del Concejo durará en su cargo dos años y podrá ser reelegido. En sus ausencias temporales será sustituido por el Vicepresidente, designado también por el mismo período que el Presidente.

Las ausencias temporales del Presidente y el Vicepresidente serán suplidas por el regidor presente de mayor edad.

Artículo 34.- Corresponde al Presidente del Concejo:

a) Presidir las sesiones, abrirlas, suspenderlas y cerrarlas.

b) Preparar el orden del día.

c) Recibir las votaciones y anunciar la aprobación o el rechazo de un asunto.

d) Conceder la palabra y retirársela a quien haga uso de ella sin permiso, o se exceda en sus expresiones.

e) Vigilar el orden en las sesiones y hacer retirar de ellas a quienes presencien el acto y se comporten indebidamente.

f) Firmar, junto con el Secretario, las actas de las sesiones.

g) Nombrar a los miembros de las comisiones ordinarias y especiales, procurando que participen en ellas las fracciones políticas representadas en la corporación, y señalarles el plazo para rendir sus dictámenes.

Capítulo V
Sesiones del Concejo y acuerdos

Artículo 35.- El Concejo acordará la hora y el día de sus sesiones y los publicará previamente en La Gaceta. Los Concejos deberán efectuar, como mínimo, una sesión ordinaria semanal.

Artículo 36.- El Concejo podrá celebrar las sesiones extraordinarias que se requieren y a ellas deberán ser convocados todos sus miembros.

Deberá convocarse por lo menos con veinticuatro horas de anticipación y el objeto de la sesión se señalará mediante acuerdo municipal o según el inciso k) del artículo 17.

En las sesiones extraordinarias solo podrán conocerse los asuntos incluidos en la convocatoria, además los que, por unanimidad, acuerden conocer los miembros del Concejo.

Artículo 37.- Las sesiones del Concejo deberán efectuarse en el local sede de la municipalidad. Sin embargo, podrán celebrarse sesiones en cualquier lugar del cantón, cuando vayan a tratarse asuntos relativos a los intereses de los vecinos de la localidad.

El quórum para las sesiones será de la mitad más uno de los miembros del Concejo.

Artículo 38.- Las sesiones del Concejo deberán iniciarse dentro de los quince minutos siguientes a la hora señalada, conforme al reloj del local donde se lleve a cabo la sesión.

Si, pasados los quince minutos, no hubiere quórum, se dejará constancia en el libro de actas y se tomará la nómina de los miembros presentes, a fin de acreditarles su asistencia para efecto del pago de dietas.

El regidor suplente, que sustituya a un propietario tendrá derecho a permanecer como miembro del Concejo toda la sesión, si la sustitución hubiere comenzado después de los quince minutos referidos en el primer párrafo o si, aunque hubiere comenzado con anterioridad, el propietario no se hubiere presentado dentro de esos quince minutos.

Artículo 39.- Las sesiones del Concejo se desarrollarán conforme al orden del día previamente elaborado, el cual podrá modificarse o alterarse mediante acuerdo aprobado por dos terceras partes de los miembros presentes.

Artículo 40.- Cualquier funcionario municipal podrá ser llamado a las sesiones del Concejo, cuando este lo acuerde, y sin que por ello deba pagársele remuneración alguna.

Artículo 41.- Las sesiones del Concejo serán públicas. El Concejo deberá reglamentar la intervención y formalidad de los particulares.

Artículo 42.- El Concejo tomará sus acuerdos por mayoría absoluta de los miembros presentes, salvo cuando este código prescriba una mayoría diferente.

Cuando en una votación se produzca un empate, se votará de nuevo en el mismo acto o la sesión ordinaria inmediata siguiente y, de empatar otra vez, el asunto se tendrá por desechado.

Artículo 43.- Toda iniciativa tendiente a adoptar, reformar, suspender o derogar disposiciones reglamentarias, deberá ser presentada o acogida para su trámite por el Alcalde Municipal o alguno de los regidores.

Salvo el caso de los reglamentos internos, el Concejo mandará publicar el proyecto en La Gaceta y lo someterá a consulta pública no vinculante, por un plazo mínimo de diez días hábiles, luego del cual se pronunciará sobre el fondo del asunto.

Toda disposición reglamentaria deberá ser publicada en La Gaceta y regirá a partir de su publicación o de la fecha posterior indicada en ella.

Artículo 44.- Los acuerdos del Concejo originados por iniciativa del alcalde municipal o los regidores, se tomarán previa moción o proyecto escrito y firmado por los proponentes.

Los acuerdos se tomarán previo dictamen de una Comisión y deliberación subsiguiente; solo el trámite de dictamen podrá dispensarse por medio de una votación calificada de los presentes.

Artículo 45.- Por votación de las dos terceras partes de la totalidad de los miembros, el Concejo podrá declarar sus acuerdos como definitivamente aprobados.

Artículo 46.- El Secretario del Concejo formará un expediente para cada proyecto; a él se agregarán el dictamen de Comisión y las mociones que se presenten durante el debate; además, se transcribirán los acuerdos tomados y al pie firmarán el Presidente Municipal y el Secretario.

Artículo 47.- De cada sesión del Concejo se levantará un acta; en ella se harán constar los acuerdos tomados y, sucintamente, las deliberaciones habidas, salvo cuando se trate de nombramiento o elecciones, de los cuales únicamente se hará constar el acuerdo tomado.

Una vez que el Concejo haya aprobado las actas, deberán ser firmadas por el Presidente Municipal y el Secretario, y se colocarán en las respectivas curules, dos horas antes de iniciarse la sesión siguiente.

Artículo 48.- Las actas del Concejo deberán ser aprobadas en la sesión ordinaria inmediata posterior; salvo que lo impidan razones de fuerza mayor, en cuyo caso la aprobación se pospondrá para la siguiente sesión ordinaria.

Antes de la aprobación del acta, cualquier regidor podrá plantear revisión de acuerdos, salvo respecto de los aprobados definitivamente conforme a este código. Para acordar la revisión, se necesitará la misma mayoría requerida para dictar el acuerdo.

Artículo 49.- En la sesión del Concejo posterior inmediata a la instalación de sus miembros, el Presidente nombrará a los integrantes de las Comisiones Permanentes, cuya conformación podrá variarse anualmente.

Cada Concejo integrará como mínimo siete Comisiones Permanentes: de Hacienda y Presupuesto, Obras Públicas, Asuntos Sociales, Gobierno y Administración, Asuntos Jurídicos, Asuntos Ambientales, Asuntos Culturales, y Condición de la Mujer y de Accesibilidad (Comad). Al integrarlas, se procurará que participen en ellas todos los partidos políticos representados en el Concejo.

Podrán existir las Comisiones Especiales que decida crear el Concejo; el Presidente Municipal se encargará de integrarlas.

Cada Comisión Especial estará integrada al menos por tres miembros: dos deberán ser escogidos de entre los regidores propietarios y suplentes. Podrán integrarlas los síndicos propietarios y suplentes; estos últimos tendrán voz y voto.

Los funcionarios municipales y los particulares podrán participar en las sesiones con carácter de asesores.

Artículo 50.- Por medio de un reglamento interno los Concejos regularán la materia referida en este capítulo.

Capítulo VI
Auditor y Contador

Artículo 51.- Cada municipalidad contará con un contador; además, aquellas con ingresos superiores a cien millones de colones deberán tener además un auditor.

Artículo 52.- Según el artículo anterior, toda municipalidad nombrará a un contador o auditor, quienes ejercerán las funciones de vigilancia sobre la ejecución de los servicios o las obras de gobierno y de los presupuestos, así como las obras que les asigne el Concejo. Cuando lo considere necesario para el buen funcionamiento de los órganos administrativos, la municipalidad solicitará al Concejo su intervención.

El contador y el auditor tendrán los requisitos exigidos para el ejercicio de sus funciones. Serán nombrados por tiempo indefinido y solo podrán ser suspendidos o destituidos de sus cargos por justa causa, mediante acuerdo tomado por una votación de dos tercios del total de regidores del Concejo, previa formación de expediente, con suficiente oportunidad de audiencia y defensa en su favor.

Capítulo VII
Secretario del Concejo

Artículo 53.- Cada Concejo Municipal contará con un secretario, cuyo nombramiento será competencia del Concejo Municipal. El Secretario únicamente podrá ser suspendido o destituido de su cargo, si existiere justa causa. Serán deberes del Secretario:

a) Asistir a las sesiones del Concejo, levantar las actas y tenerlas listas dos horas antes del inicio de una sesión, para aprobarlas oportunamente, salvo lo señalado en el artículo 48 de este código.

b) Transcribir, comunicar o notificar los acuerdos del Concejo, conforme a la ley.

c) Extender las certificaciones solicitadas a la municipalidad.

d) Cualquier otro deber que le encarguen las leyes, los reglamentos internos o el Concejo Municipal.

Capítulo VIII
Concejos de distrito y síndicos

Artículo 54.- Los Concejos de Distrito serán los órganos encargados de vigilar la actividad municipal y colaborar en los distritos de las respectivas municipalidades. Existirán tantos Concejos de Distrito como distritos posea el cantón correspondiente.

Sin perjuicio de las atribuciones de otras instituciones del Estado, los consejos de distrito, dentro de su jurisdicción territorial y de acuerdo con las presente Ley, promoverán la eficiencia de la actividad del sector público y velarán por ella.

Artículo 55.- Los Concejos de Distrito estarán integrados por cinco miembros propietarios; uno de ellos será el síndico propietario referido en el artículo 172 de la Constitución Política y cinco suplentes de los cuales uno será el síndico suplente establecido en el referido artículo constitucional. Los suplentes sustituirán a los propietarios de su mismo partido político, en los casos de ausencia temporal u ocasional y serán llamados para el efecto por el Presidente del Concejo, entre los presentes y según el orden de elección. Los miembros del Concejo de Distrito serán elegidos popularmente por cuatro años, en forma simultánea con la elección de los alcaldes municipales, según lo dispuesto en el artículo 14 de este código, y por el mismo procedimiento de elección de los diputados y regidores municipales establecido en el Código Electoral. Desempeñarán sus cargos gratuitamente.

Artículo 56.- Para ser miembro de un Concejo de Distrito se deben reunir los mismos requisitos señalados en el artículo 22 del código para ser regidor municipal, excepto el referente a la vecindad que, en este caso, deberá ser el distrito correspondiente. En cualquier momento, los miembros de los Concejos de Distrito podrán renunciar a sus cargos; en tal caso, corresponderá al Tribunal Supremo de Elecciones reponer a los propietarios cesantes en el cargo, con los suplentes del mismo partido político, siguiendo el orden de elección.

Artículo 57.- Los Concejos de Distrito tendrán las siguientes funciones:

a) Proponer ante el Concejo Municipal a los beneficiarios de las becas de estudio, los bonos de vivienda y alimentación, y las demás ayudas estatales de naturaleza similar que las instituciones pongan a disposición de cada distrito.

b) Recomendar al Concejo Municipal el orden de prioridad para ejecutar obras públicas en el distrito, en los casos en que las instituciones estatales desconcentren sus decisiones.

c) Proponer al Concejo Municipal la forma de utilizar otros recursos públicos destinados al respectivo distrito.

d) Emitir recomendaciones sobre permisos de patentes y fiestas comunales correspondientes a cada distrito.

e)   Fomentar la participación activa, consciente y democrática de los vecinos en las decisiones de sus distritos.

f)   Servir como órganos coordinadores entre actividades distritales que se ejecuten entre el Estado, sus instituciones y empresas, las municipalidades y las respectivas comunidades.

g)   Informar semestralmente a la municipalidad del cantón a que pertenezcan, sobre el destino de los recursos asignados al distrito, así como, de las instancias ejecutoras de los proyectos.

h)   Recibir toda queja o denuncia, que sea de su conocimiento, sobre la ilegalidad o arbitrariedad de una actuación material, acto, omisión o ineficiencia de las personas funcionarias públicas, trasladarla ante el órgano o ente público que corresponda y darles seguimiento, hasta la resolución final, a los casos que lo ameriten.

i)   Las funciones que el Concejo Municipal delegue por acuerdo firme, conforme a la ley.

Artículo 58.- En lo conducente, serán aplicables a los síndicos las disposiciones de este título respecto de requisitos, impedimentos, prohibiciones, reposición, juramentación y toma de posesión del cargo de los regidores.

Artículo 59.- La municipalidad del cantón suministrará el apoyo administrativo para el debido cumplimiento de las funciones propias de los Concejos de Distrito.

Artículo 60.- Las autoridades nacionales y cantonales estarán obligadas a respetar y hacer cumplir las decisiones de los Concejos de Distrito, en relación con sus competencias.

TÍTULO IV
HACIENDA MUNICIPAL

Capítulo I

Disposiciones generales

Artículo 61.- El año económico municipal se iniciará cada 1° de enero.

Artículo 62.- La municipalidad podrá usar o disponer de su patrimonio mediante toda clase de actos o contratos permitidos por este código y la Ley de Contratación Administrativa, que sean idóneos para el cumplimiento de sus fines.

Las donaciones de cualquier tipo de recursos o bienes inmuebles, así como la extensión de garantías en favor de otras personas, solo serán posibles cuando las autorice expresamente una ley especial. Sin embargo, las municipalidades, mediante el voto favorable de las dos terceras partes del total de los miembros que integran su concejo, podrán donar directamente bienes muebles e inmuebles, siempre que estas donaciones vayan dirigidas a los órganos del Estado e instituciones autónomas o semiautónomas, que a su vez quedan autorizadas para donar directamente a las municipalidades.

Cuando la donación implique una desafectación del uso o fin público al que está vinculado el bien, se requerirá la autorización legislativa previa.

Podrán darse préstamos o arrendamientos de los recursos mencionados, siempre que exista el convenio o el contrato que respalde los intereses municipales.

A excepción de lo dispuesto en los párrafos anteriores, las municipalidades podrán otorgar ayudas temporales a vecinos del cantón que enfrenten situaciones debidamente comprobadas de desgracia o infortunio. También podrán subvencionar a centros de educación pública, beneficencia o servicio social, que presten servicios al cantón respectivo; además, las municipalidades podrán otorgar becas de estudio a sus munícipes de escasos recursos y con capacidad probada para estudiar. Cada municipalidad emitirá el reglamento para regular lo anterior.

Artículo 63.- Salvo los casos contemplados en este código, los bienes, derechos, licencias o patentes municipales no podrán ser objeto de embargo ni de remate judicial.

Artículo 64.- Los funcionarios municipales encargados de recibir, custodiar o pagar bienes o valores municipales o aquellos cuyas atribuciones permitan o exijan tenerlos, serán responsables de ellos y de cualquier pérdida, daño, abuso, empleo o pago ilegal imputable a su dolo o culpa.

Se considera empleo ilegal el manejo de los bienes o valores en forma distinta de la prescrita por las leyes, los reglamentos o las disposiciones superiores.

El autor de tales hechos será sancionado administrativamente, de acuerdo con el régimen disciplinario vigente, previo cumplimiento del debido proceso, sin perjuicio de las responsabilidades civiles o penales en que pueda haber incurrido.

Artículo 65.- El funcionario o empleado que contraiga, en nombre de la municipalidad, deudas o compromisos de cualquier naturaleza, en contra de las leyes y los reglamentos, será solidariamente responsable, ante los acreedores correspondientes y, consecuentemente, sancionado conforme a las disposiciones del régimen disciplinario.

Artículo 66.- Conforme al régimen interno, se determinará la responsabilidad pecuniaria en que incurran los funcionarios municipales, por acciones u omisiones en perjuicio de la municipalidad, con motivo de la custodia o administración de los fondos y bienes municipales.

La resolución firme que se dicte, certificada por el contador o auditor interno, constituirá título ejecutivo y su cobro judicial deberá iniciarse dentro de los quince días naturales, contados a partir de su emisión.

Artículo 67.- Autorízase al Estado, las instituciones públicas y las empresas públicas constituidas como sociedades anónimas para donar a las municipalidades toda clase de servicios, recursos y bienes, así como para colaborar con ellas.

Capítulo II
Los ingresos municipales

Artículo 68.- La municipalidad acordará sus respectivos presupuestos, propondrá sus tributos a la Asamblea Legislativa y fijará las tasas y precios de los servicios municipales. Solo la municipalidad previa ley que la autorice, podrá dictar las exoneraciones de los tributos señalados.

Artículo 69.- Excepto lo señalado en el párrafo siguiente, los tributos municipales serán pagados por períodos vencidos, podrán ser puestos al cobro en un solo recibo.

Las patentes municipales se cancelarán por adelantado. A juicio del Concejo, dicho cobro podrá ser fraccionado.

La municipalidad podrá otorgar incentivos a los contribuyentes que, en el primer trimestre, cancelen por adelantado los tributos de todo el año.

El atraso en los pagos de tributos generará multas e intereses moratorios, que se calcularán según el Código de Normas y Procedimientos Tributarios.

Artículo 70.- Las deudas por tributos municipales constituirán hipoteca legal preferente sobre los respectivos inmuebles.

Artículo 71.- Las certificaciones de los contadores o auditores municipales relativas a deudas por tributos municipales, constituirán título ejecutivo y en el proceso judicial correspondiente solo podrán oponerse las excepciones de pago o prescripción.

Artículo 72.- Los tributos municipales entrarán en vigencia, previa aprobación legislativa, una vez publicados en La Gaceta.

Artículo 73.- Los tributos municipales prescribirán en cinco años y los funcionarios que los dejen prescribir responderán por su pago personalmente.

Artículo 74.- Por los servicios que preste, la municipalidad cobrará tasas y precios, que se fijarán tomando en consideración el costo efectivo más un diez por ciento (10%) de utilidad para desarrollarlos. Una vez fijados, entrarán en vigencia treinta días después de su publicación en La Gaceta.

Los usuarios deberán pagar por los servicios de alumbrado público, limpieza de vías públicas, recolección separada, transporte, valorización, tratamiento y disposición final adecuada de los residuos ordinarios, mantenimiento de parques y zonas verdes, servicio de policía municipal y cualquier otro servicio municipal urbano o no urbano que se establezcan por ley, en el tanto se presten, aunque ellos no demuestren interés en tales servicios.

En el caso específico de residuos ordinarios, se autoriza a las municipalidades a establecer el modelo tarifario que mejor se ajuste a la realidad de su cantón, siempre que este incluya los costos, así como las inversiones futuras necesarias para lograr una gestión integral de residuos en el municipio y cumplir las obligaciones establecidas en la Ley para la gestión integral de residuos, más un diez por ciento (10%) de utilidad para su desarrollo. Se faculta a las municipalidades para establecer sistemas de tarifas diferenciadas, recargos u otros mecanismos de incentivos y sanciones, con el fin de promover que las personas usuarias separen, clasifiquen y entreguen adecuadamente sus residuos ordinarios, de conformidad con lo dispuesto en el artículo 39 de la Ley para la gestión integral de residuos.

Además, se cobrarán tasas por los servicios y el mantenimiento de parques, zonas verdes y sus respectivos servicios. Los montos se fijarán tomando en consideración el costo efectivo de lo invertido por la municipalidad para mantener cada uno de los servicios urbanos. Dicho monto se incrementará en un diez por ciento (10%) de utilidad para su desarrollo; tal suma se cobrará proporcionalmente entre los contribuyentes del distrito, según el valor de la propiedad. La municipalidad calculará cada tasa en forma anual y las cobrará en tractos trimestrales sobre saldo vencido. La municipalidad queda autorizada para emanar el reglamento correspondiente, que norme en qué forma se procederá para organizar y cobrar cada tasa.

Artículo 75.- De conformidad con el Plan Regulador Municipal, las personas físicas o jurídicas, propietarias o poseedoras, por cualquier título, de bienes inmuebles, deberán cumplir las siguientes obligaciones:

a)   Limpiar la vegetación a orillas de las vías públicas y recortar la que perjudique o dificulte el paso de personas.

b) Cercar y limpiar tanto los lotes donde no haya construcciones y como aquellos con viviendas deshabitadas o en estado de demolición.

c) Separar, recolectar o acumular, para el transporte y la disposición final, los desechos sólidos provenientes de las actividades personales, familiares, públicas o comunales, o provenientes de operaciones agrícolas, ganaderas, industriales, comerciales y turísticas, solo mediante los sistemas de disposición final aprobados por la Dirección de Protección al Ambiente Humano del Ministerio de Salud.

d) Construir las aceras frente a sus propiedades y darles mantenimiento.

e) Remover objetos, materiales o similares de las aceras o los predios de su propiedad que contaminen el ambiente u obstaculicen el paso

f) Contar con un sistema de separación, recolección, acumulación y disposición final de desechos sólidos, aprobado por la Dirección de Protección al Ambiente Humano del Ministerio de Salud, en las empresas agrícolas, ganaderas, industriales, comerciales y turísticas, cuando el servicio público de disposición de desechos sólidos es insuficiente o inexistente, o si por la naturaleza o el volumen de desechos, éste no es aceptable sanitariamente.

g) Abstenerse de obstaculizar el paso por las aceras con gradas de acceso a viviendas, retenes, cadenas, rótulos, materiales de construcción o artefactos de seguridad en entradas de garajes. Cuando por urgencia o imposibilidad de espacio físico deben de colocarse materiales de construcción en las aceras, deberá utilizarse equipos adecuados de depósito. La municipalidad podrá adquirirlos para arrendarlos a los munícipes.

h) Instalar bajantes y canoas para recoger las aguas pluviales de las edificaciones, cuyas paredes externas colinden inmediatamente con la vía pública.

i) Ejecutar las obras de conservación de las fachadas de casas o edificios visibles desde la vía pública cuando, por motivos de interés turístico, arqueológico o histórico, el municipio lo exija.

j) Garantizar adecuadamente la seguridad, la limpieza y el mantenimiento de propiedades cuando se afecten las vías y propiedades públicas o a terceros en relación con ellas.

Cuando en un lote exista una edificación inhabitable que arriesgue la vida, el patrimonio o la integridad física de terceros, o cuyo estado de abandono favorezca la comisión de actos delictivos, la municipalidad podrá formular la denuncia correspondiente ante las autoridades de salud y colaborar con ellas en el cumplimiento de la Ley General de Salud.

Salvo lo ordenado en la Ley General de Salud, cuando los munícipes incumplan las obligaciones anteriores, la municipalidad está facultada para suplir la omisión de esos deberes, realizando en forma directa las obras o prestando los servicios correspondientes. Por los trabajos ejecutados, la municipalidad cobrará, al propietario o poseedor del inmueble, el costo efectivo del servicio o la obra. El munícipe deberá reembolsar el costo efectivo en el plazo máximo de ocho días hábiles; de lo contrario, deberá cancelar por concepto de multa un cincuenta por ciento (50%) del valor de la obra o el servicio, sin perjuicio del cobro de los intereses moratorios.

Con base en un estudio técnico previo, el Concejo Municipal fijará los precios mediante acuerdo emanado de su seno, el cual deberá publicarse en La Gaceta para entrar en vigencia. Las municipalidades revisarán y actualizarán anualmente estos precios y serán publicados por reglamento.

Cuando se trate de las omisiones incluidas en el párrafo trasanterior de este Artículo y la municipalidad haya conocido por cualquier medio la situación de peligro, la municipalidad está obligada a suplir la inacción del propietario, previa prevención al munícipe conforme al debido proceso y sin perjuicio de cobrar el precio indicado en el párrafo anterior. Si la municipalidad no la suple y por la omisión se causa daño a la salud, la integridad física o el patrimonio de terceros, el funcionario municipal omiso será responsable, solidariamente con el propietario o poseedor del inmueble, por los daños y perjuicios causados.

Artículo 76.- Cuando se incumplan las obligaciones dispuestas en el artículo anterior, la municipalidad cobrará trimestralmente con carácter de multa:

a) Por no limpiar la vegetación de sus predios situados a orillas de las vías públicas, ni recortar la que perjudique el paso de las personas o lo dificulte, trescientos colones (¢300,00) por metro lineal del frente total de la propiedad.

b) Por no cercar los lotes donde no haya construcciones o existan construcciones en estado de demolición, cuatrocientos colones (¢400,00) por metro lineal del frente total de la propiedad.

c) Por no separar, recolectar ni acumular, para el transporte y la disposición final, los desechos sólidos provenientes de las actividades personales, familiares, públicas o comunales, o provenientes de operaciones agrícolas, ganaderas, industriales, comerciales y turísticas solo mediante los sistemas de disposición final aprobados por la Dirección de Protección al Ambiente Humano del Ministerio de Salud, cien colones (¢100,00) por metro cuadrado del área total de la propiedad.

d) Por no construir las aceras frente a las propiedades ni darles mantenimiento, quinientos colones (¢500,00) por metro cuadrado del frente total de la propiedad.

e) Por no remover los objetos, materiales o similares de las aceras o los predios de su propiedad, que contaminen el ambiente u obstaculicen el paso, doscientos colones (¢200,00) por metro lineal del frente total de la propiedad.

f) Por no contar con un sistema de separación, recolección, acumulación y disposición final de los desechos sólidos, aprobado por la Dirección de Protección al Ambiente Humano del Ministerio de Salud, en las empresas agrícolas, ganaderas, industriales, comerciales y turísticas, doscientos colones (¢200,00) por metro lineal del frente total de la propiedad, cuando el servicio público de disposición de desechos sólidos es insuficiente o inexistente o si por la naturaleza o el volumen de los desechos, éste no es aceptable sanitariamente.

g) Por obstaculizar el paso por las aceras con gradas de acceso a viviendas, retenes, cadenas, rótulos, materiales de construcción o artefactos de seguridad en entradas de garajes, quinientos colones (¢500,00) por metro lineal del frente total de la propiedad.

h) Por no instalar bajantes ni canoas para recoger las aguas pluviales de las edificaciones, cuyas paredes externas colinden inmediatamente con la vía pública, ochocientos colones (¢800,00) por metro lineal del frente total de la propiedad.

i)   Por no ejecutar las obras de conservación de las fachadas de casas o edificios visibles desde la vía pública cuando, por motivos de interés turístico, arqueológico o patrimonial, lo exija la municipalidad, quinientos colones (¢500,00) por metro cuadrado del frente total de la propiedad.

Artículo 76 BIS.- Si se trata de instituciones públicas la suma adeudada por concepto de multa se disminuirá un veinticinco por ciento (25%); para las actividades agrícolas, ganaderas, industriales, comerciales y turísticas se aumentará un cincuenta por ciento (50%).

Artículo 76 TER.- Las multas fijadas en el artículo 76 de esta ley se actualizarán anualmente, en el mismo porcentaje que aumente el salario base establecido en el artículo 2 de la Ley N° 7337, de 5 de mayo de 1993.

De previo a la imposición de estas multas, la municipalidad habrá de notificar, al propietario o poseedor de los inmuebles correspondientes, su deber de cumplir tales obligaciones y le otorgará un plazo prudencial, a criterio de la entidad y según la naturaleza de la labor por realizar. En caso de omisión, procederá a imponer la multa que corresponda y le cargará en la misma cuenta donde le cobran los servicios urbanos a cada contribuyente, de acuerdo con el sistema que aplique para esos efectos.

La certificación que el contador municipal emita de la suma adeudada por el munícipe por los conceptos establecidos en el artículo 75 y en el presente, que no sea cancelada dentro de los tres meses posteriores a su fijación, constituirá título ejecutivo con hipoteca legal preferente sobre los respectivos inmuebles, salvo lo dispuesto en el artículo 70 de esta ley.

Artículo 77.- Dentro de los tributos municipales podrán establecerse contribuciones especiales, cuando se realicen obras que se presten a ello y que mantengan una relación apropiada con el beneficio producido. Estas contribuciones estarán a cargo de los propietarios o poseedores del inmueble beneficiado y se fijarán respecto de los principios constitucionales que rigen la materia.

Artículo 78.- La municipalidad podrá aceptar el pago de las contribuciones por el arreglo o mantenimiento de los caminos vecinales, mediante la contraprestación de servicios personales u otro tipo de aportes.

Las obras de mantenimiento de los caminos vecinales podrán ser realizadas directamente por los interesados, previa autorización de la municipalidad y con sujeción a las condiciones que ella indique. La municipalidad fijará el porcentaje del monto de inversión autorizado a cada propietario, beneficiado o interesado.

La municipalidad autorizará la compensación de estas contribuciones con otras correspondientes al mismo concepto.

Artículo 79.- Para ejercer cualquier actividad lucrativa, los interesados deberán contar con licencia municipal respectiva, la cual se obtendrá mediante el pago de un impuesto. Dicho impuesto se pagará durante todo el tiempo en que se haya ejercido la actividad lucrativa o por el tiempo que se haya poseído la licencia, aunque la actividad no se haya realizado.

Artículo 80.- La municipalidad deberá resolver las solicitudes de licencia en un plazo máximo de treinta días naturales, contados a partir de su presentación. Vencido el término y cumplidos los requisitos sin respuesta alguna de la municipalidad, el solicitante podrá establecer su actividad.

Artículo 81.- La licencia municipal referida en el artículo anterior solo podrá ser denegada cuando la actividad sea contraria a la ley, la moral o las buenas costumbres, cuando el establecimiento no haya llenado los requisitos legales y reglamentarios o cuando la actividad, en razón de su ubicación física, no esté permitida por las leyes o, en su defecto, por los reglamentos municipales vigentes.

Artículo 81 BIS.- La licencia referida en el artículo 79, podrá suspenderse por falta de pago de dos o más trimestres, o bien por incumplimiento de los requisitos ordenados en las leyes para el desarrollo de la actividad.

Será sancionado con multa equivalente a tres salarios base, el propietario, administrador o responsable de un establecimiento que, con licencia suspendida continúe desarrollando la actividad.

Las municipalidades serán responsables de velar por el cumplimiento de esta ley. Para tal efecto, podrán solicitar la colaboración de las autoridades que consideren convenientes, las cuales estarán obligadas a brindársela.

Para lo dispuesto en esta ley, se entiende por "salario base" el concepto usado en el artículo 2 de la Ley N° 7337, de 5 de mayo de 1993.

Artículo 82.- Los traspasos de licencias municipales deberán obtener la aprobación municipal.

Artículo 83.- El impuesto de patentes y la licencia para la venta de licores al menudeo, se regularán por una ley especial.

Artículo 84.- En todo traspaso de inmuebles, constitución de sociedad, hipoteca y cédulas hipotecarias, se pagarán timbres municipales en favor de la municipalidad del cantón o, proporcionalmente, de los cantones donde esté situada la finca. Estos timbres se agregarán al respectivo testimonio de la escritura y sin su pago el Registro Público no podrá inscribir la operación.

Para traspaso de inmuebles, el impuesto será de dos colones por cada mil (¢2,00 X 1000) del valor del inmueble, según la estimación de las partes o el mayor valor fijado en la municipalidad, salvo si el traspaso se hiciere en virtud de remates judiciales o adjudicaciones en juicios universales, en cuyo caso el impuesto se pagará sobre el monto del bien adjudicado cuando resulte mayor que el fijado en el avalúo pericial que conste en los autos. En los casos restantes, será de dos colones por cada mil (¢2,00 X 1000) del valor de la operación.

Artículo 85.- Para inscribir en el Registro Público operaciones de bienes inmuebles, se requerirá comprobar, mediante certificación, que las partes involucradas se encuentran al día en el pago de los tributos municipales del cantón donde se encuentra el bien.

Capítulo III
Crédito municipal

Artículo 86.- Las municipalidades y cualesquiera formas de asociación entre ellas podrán celebrar toda clase de préstamos.

Los préstamos requerirán la aprobación de al menos dos terceras partes de la totalidad de los miembros del Concejo Municipal respectivo. Los préstamos de asociaciones municipales requerirán aprobación de todas las municipalidades participantes.

Artículo 87.- Las municipalidades podrán emitir bonos para financiarse. Estos títulos estarán sujetos a las reglas de la Comisión Nacional de Valores y estarán exentos del pago de toda clase de impuestos.

El Estado, las entidades autónomas y semiautónomas, las empresas estatales estructuradas como sociedades anónimas y las municipalidades están facultadas para invertir en bonos municipales.

Artículo 88.- Mediante convenios institucionales, apoyo estatal u otras formas de colaboración, podrá crearse un fondo de aval o garantía de las emisiones de títulos municipales, con las reglas y condiciones estatuidas en el reglamento que cada municipalidad emita para el efecto.

Artículo 89.- Los fondos obtenidos con bonos sólo podrán destinarse a los fines indicados en la emisión.

Artículo 90.- Las municipalidades deberán diseñar planes de pago y atención adecuados a sus obligaciones. Para ello, deberán incluir, en sus presupuestos ordinarios, partidas suficientes para cumplir con los compromisos adquiridos. El incumplimiento acarreará la falta de aprobación del presupuesto municipal por la Contraloría General de la República.

Capítulo IV
Presupuesto municipal

Artículo 91.- Las municipalidades acordarán el presupuesto ordinario que regirá del 1° de enero al 31 de diciembre de cada año. Para tal fin, utilizarán la técnica presupuestaria y contable recomendada por la Contraloría General de la República. El presupuesto deberá incluir todos los ingresos y egresos probables y, en ningún caso, los egresos superarán los ingresos.

Artículo 92.- El presupuesto municipal deberá satisfacer el Plan Anual Operativo de la manera más objetiva, eficiente, razonable y consecuente con el principio de igualdad y equidad entre los géneros, y la correspondiente distribución equitativa de los recursos.

Artículo 93.- Las municipalidades no podrán destinar más de un cuarenta por ciento (40%) de sus ingresos ordinarios municipales a atender los gastos generales de administración.

Son gastos generales de administración los egresos corrientes que no impliquen costos directos de los servicios municipales.

Artículo 94.- En la primera semana de julio, los Concejos de Distrito deberán presentar una lista de sus programas, requerimientos de financiamiento y prioridades, basados en el Plan de Desarrollo Municipal y considerando las necesidades diferenciadas de hombres y mujeres. De conformidad con las necesidades de la población, el concejo incluirá en el presupuesto municipal, los gastos correspondientes, siguiendo el principio de igualdad y equidad entre los géneros.

Artículo 95.- El alcalde municipal deberá presentar al Concejo, a más tardar el 30 de agosto de cada año, el proyecto de presupuesto ordinario. Los proyectos de presupuestos extraordinarios o de modificaciones externas, deberá presentarlos con tres días de antelación al Concejo para ser aprobados.

Artículo 96.- El presupuesto municipal ordinario debe ser aprobado en el mes de setiembre de cada año, en sesiones extraordinarias y públicas, dedicadas exclusivamente a este fin.

Artículo 97.- El presupuesto ordinario y los extraordinarios de las municipalidades, deberán ser aprobados por la Contraloría General de la República. El presupuesto ordinario deberá remitirse a más tardar el 30 de setiembre de cada año y los extraordinarios, dentro de los quince días siguientes a su aprobación. Ambos términos serán improrrogables.

A todos los presupuestos que se envíen a la Contraloría se les adjuntará copia de las actas de las sesiones en que fueron aprobados. En ellas, deberá estar transcrito íntegramente el respectivo presupuesto, estarán firmadas por el secretario y refrendadas por el alcalde municipal: además, deberá incluirse el Plan operativo anual, el Plan de desarrollo municipal y la certificación del tesorero municipal referente al respaldo presupuestario correspondiente.

Artículo 98.- Si el presupuesto ordinario no fuere presentado oportunamente a la Contraloría General de la República, el presupuesto del año anterior regirá para el próximo período, excepto los egresos que, por su carácter, solo tengan eficacia en el año referido. En todo caso, deberán determinarse las responsabilidades administrativas, civiles y penales que puedan resultar de tal omisión. Para solventar esta situación, el Concejo deberá conocer y aprobar los presupuestos extraordinarios procedentes.

Artículo 99.- Una vez aprobado el presupuesto por la Contraloría General de la República, el original se enviará a la secretaría municipal, donde quedará en custodia, y se remitirá copia al alcalde municipal, al contador o auditor interno, a cada uno de los regidores propietarios, así como a los demás despachos que acuerde el Concejo o indique el reglamento.

Artículo 100.- Dentro de un mismo programa presupuestado, las modificaciones de los presupuestos vigentes procederán, cuando lo acuerde el Concejo. Se requerirá que el Concejo apruebe la modificación de un programa a otro, con la votación de las dos terceras partes de sus miembros.

El presupuesto ordinario no podrá ser modificado para aumentar sueldos ni crear nuevas plazas, salvo cuando se trate de reajustes por aplicación del decreto de salarios mínimos o por convenciones o convenios colectivos de trabajo, en el primer caso que se requieran nuevos empleados con motivo de la ampliación de servicios o la prestación de uno nuevo, en el segundo caso.

Los reajustes producidos por la concertación de convenciones o convenios colectivos de trabajo o cualesquiera otros que impliquen modificar los presupuestos ordinarios, sólo procederán cuando se pruebe, en el curso de la tramitación de los conflictos o en las gestiones pertinentes, que el costo de la vida ha aumentado sustancialmente según los índices de precios del Banco Central de Costa Rica y la Dirección General de Estadística y Censos.

Artículo 101.- Los gastos fijos ordinarios solo podrán financiarse con ingresos ordinarios de la municipalidad.

Los ingresos extraordinarios solo podrán obtenerse mediante presupuestos extraordinarios, que podrán destinarse a reforzar programas vigentes o nuevos. Estos presupuestos podrán acordarse en sesiones ordinarias o extraordinarias.

Artículo 102.- La Contraloría General de la República deberá aprobar o improbar los proyectos de presupuesto que reciba. Los improbará dentro del plazo de un mes contado a partir del recibo, en resolución razonada y la aprobación podrá ser parcial o total, por violación del ordenamiento jurídico o por falta de recursos.

Podrá introducir modificaciones a los proyectos únicamente con anuencia del Concejo.

Artículo 103.- Las municipalidades no podrán efectuar nombramientos ni adquirir compromisos económicos, si no existiere subpartida presupuestaria que ampare el egreso o cuando la subpartida aprobada esté agotada o resulte insuficiente; tampoco podrán pagar con cargo a una subpartida de egresos que correspondan a otra.

La violación de lo antes dispuesto será motivo de suspensión del funcionario o empleado responsable, y la reincidencia será causa de separación.

Artículo 104.- Diariamente, el alcalde municipal remitirá al contador o auditor municipal las nóminas de pago que extienda, en las cuales deberá incluirse como mínimo, el número de orden, el monto, el destinatario y la subpartida contra la cual se hará el cargo.

Copia de estas nóminas firmadas se remitirán cada día al tesorero con la razón de "Anotado".

Artículo 105.- Con el informe de ejecución del presupuesto ordinario y los extraordinarios al 31 de diciembre, el alcalde municipal presentará, al Consejo, la liquidación presupuestaria correspondiente para su discusión y aprobación. Una vez aprobada, esta deberá remitirse a la Contraloría General de la República para su fiscalización, a más tardar el 15 de febrero.

Artículo 106.- El superávit libre de los presupuestos se dedicará en primer término a conjugar el déficit del presupuesto ordinario y, en segundo término, podrá presupuestarse para atender obligaciones de carácter ordinario o inversiones.

El superávit específico de los presupuestos extraordinarios se presupuestará para el cumplimiento de los fines específicos correspondientes.

El superávit de partidas consignadas en programas inconclusos de mediano o largo plazo, deberá presupuestarse para mantener el sustento económico de los programas.

Artículo 107.- Los compromisos efectivamente adquiridos que queden pendientes del período que termina pueden liquidarse o reconocerse dentro de un término de seis meses, sin que la autorización deba aparecer en el nuevo presupuesto vigente.

Capítulo V

Tesorería y contaduría

Artículo 108.- Todos los ingresos municipales entrarán directamente a la tesorería municipal respectiva, por medio de cajas instaladas para el efecto. Las municipalidades están autorizadas para celebrar convenios de recaudación con cualquier ente del Sistema Financiero y Bancario Nacionales, supervisado por la Superintendencia General de Entidades Financieras.

En el término acordado por el Concejo o cuando se complete una suma igual al cincuenta por ciento (50%) de la garantía de fidelidad rendida por el tesorero auxiliar, las tesorerías auxiliares reintegrarán los fondos percibidos a la tesorería municipal o al banco recaudador, en su caso.

La violación de lo dispuesto en este artículo será considerada falta grave y, por lo tanto, causa de despido sin responsabilidad.

Artículo 109.- Los pagos municipales serán ordenados por el alcalde municipal y el funcionario responsable del área financiera, y se efectuarán por medio de cheque expedido por el contador, con la firma del tesorero y, al menos, la de otro funcionario autorizado. En la documentación de respaldo se acreditará el nombre del funcionario que ordenó el pago.

El reglamento podrá contener los niveles de responsabilidad para la firma y autorización de cheques.

Los Concejos podrán autorizar el funcionamiento de cajas chicas que se regularán por el reglamento que emitan para el efecto; estarán al cuidado del tesorero y por medio de ellas podrán adquirirse bienes y servicios, así como pagar viáticos y gastos de viaje. Los montos mensuales serán fijados por cada Concejo y todo egreso deberá ser autorizado por el alcalde municipal.

Artículo 110.- El tesorero municipal no realizará pago alguno sin orden del órgano municipal competente que lo autorice, so pena de incurrir en causal de despido y las demás responsabilidades que procedan.

Artículo 111.- Los cheques municipales emitidos, serán puestos a disposición de los administrados para que los retiren en un plazo de tres meses. Vencido dicho término, la tesorería los anulará y el interesado deberá gestionar nuevamente la emisión. Este trámite podrá ser negado por la municipalidad en caso de prescripción según el plazo que rija para la obligación de que se trate.

Artículo 112.- El Concejo definirá cuáles informes deben rendir las unidades administrativas, para valorar el cumplimiento de las metas fijadas en los planes operativos.

Artículo 113.- Los responsables del área financiero-contable deberán rendir al alcalde municipal los informes que les solicite, relacionados con las funciones atinentes a ellos. Estos serán remitidos al Concejo para su discusión y análisis.

Artículo 114.- Las normas relativas a los asuntos financieros contables de la municipalidad deberán estar estipuladas en el Manual de procedimientos financiero-contables aprobado por el Concejo. El proyecto del manual deberá ser analizado y dictaminado previamente por la auditoría.

TÍTULO V
EL PERSONAL MUNICIPAL

Capítulo I
Disposiciones generales

Artículo 115.- Establécese la Carrera administrativa municipal, como medio de desarrollo y promoción humanos. Se entenderá como un sistema integral, regulador del empleo y las relaciones laborales entre los servidores y la administración municipal. Este sistema propiciará la correspondencia entre la responsabilidad y las remuneraciones, de acuerdo con mecanismos para establecer escalafones y definir niveles de autoridad.

Artículo 116.- Cada municipalidad deberá regirse conforme a los parámetros generales establecidos para la Carrera Administrativa y definidos en este capítulo. Los alcances y las finalidades se fundamentarán en la dignificación del servicio público y el mejor aprovechamiento del recurso humano, para cumplir con las atribuciones y competencias de las municipalidades.

Artículo 117.- Quedan protegidos por esta ley y son responsables de sus disposiciones todos los trabajadores municipales nombrados con base en el sistema de selección por mérito dispuesto en esta ley y remunerados por el presupuesto de cada municipalidad.

Artículo 118.- Los servidores municipales interinos y el personal de confianza no quedarán amparados por los derechos y beneficios de la Carrera administrativa municipal, aunque desempeñen puestos comprendidos en ella.

Para los efectos de este artículo, son funcionarios interinos los nombrados para cubrir las ausencias temporales de los funcionarios permanentes, contratados por la partida de suplencias o por contratos para cubrir necesidades temporales de plazo fijo u obra determinada y amparada a las partidas de sueldos por servicios especiales o jornales ocasionales.

Por su parte, son funcionarios de confianza los contratados a plazo fijo por las partidas antes señaladas para brindar servicio directo al alcalde, el Presidente y Vicepresidente Municipales y a las fracciones políticas que conforman el Concejo Municipal.

Capítulo II
Del ingreso a la carrera administrativa municipal

Artículo 119.- Para ingresar al servicio dentro del régimen municipal se requiere:

a) Satisfacer los requisitos mínimos que fije el Manual descriptivo de puestos para la clase de puesto de que se trata.

b) Demostrar idoneidad sometiéndose a las pruebas, exámenes o concursos contemplados en esta ley y sus reglamentos.

c) Ser escogido de la nómina enviada por la oficina encargada de seleccionar al personal.

d) Prestar juramento ante el alcalde municipal, como lo estatuye el artículo 194 de la Constitución Política de la República.

e) Firmar una declaración jurada garante de que sobre su persona no pesa impedimento legal para vincularse laboralmente con la administración pública municipal.

f) Llenar cualesquiera otros requisitos que disponga los reglamentos y otras disposiciones legales aplicadas.

Capítulo III
Manual descriptivo de puestos general, de los sueldos y salarios

Artículo 120.- Las municipalidades adecuarán y mantendrán actualizado el Manual Descriptivo de Puestos General, con base en un Manual descriptivo integral para el régimen municipal. Contendrá una descripción completa y sucinta de las tareas típicas y suplementarias de los puestos, los deberes, las responsabilidades y los requisitos mínimos de cada clase de puestos, así como otras condiciones ambientales y de organización. El diseño y la actualización del Manual descriptivo de puestos general estará bajo la responsabilidad de la Unión Nacional de Gobiernos Locales.

Para elaborar y actualizar tanto el Manual general como las adecuaciones respectivas en cada municipalidad, tanto la Unión Nacional de Gobiernos Locales como las municipalidades podrán solicitar colaboración a la Dirección General de Servicio Civil.

Las municipalidades no podrán crear plazas sin que estén incluidas, en dichos manuales, los perfiles ocupacionales correspondientes.

Artículo 121.- Las municipalidades mantendrán actualizado un Manual de organización y funcionamiento, cuya aplicación será responsabilidad del alcalde municipal.

Artículo 122.- Los sueldos y salarios de los servidores protegidos por esta ley, se regirán de conformidad con las siguientes disposiciones:

a)   Ningún empleado devengará un sueldo inferior al mínimo correspondiente al desempeño del cargo que ocupa.

b)   Los sueldos y salarios de los servidores municipales serán determinados por una escala de sueldos, que fijará las sumas mínimas y máximas correspondientes a cada categoría de puestos.

c)   Para determinar los sueldos y salarios, se tomarán en cuenta las condiciones presupuestarias de las municipalidades, el costo de vida en las distintas regiones, los salarios que prevalezcan en el mercado para puestos iguales y cualesquiera otras disposiciones legales en materia salarial.

Para elaborar y actualizar la escala de sueldos las instancias competentes podrán solicitar colaboración a la Dirección General de Servicio Civil.

Artículo 123.- Para los efectos del inciso b) del artículo anterior, las municipalidades enviarán a la Contraloría General de la República, para su aprobación, una relación de puestos con el detalle de categorías, asignaciones a estas, clasificaciones y salarios de cada puesto, agrupados por unidades administrativas.

Capítulo IV
Selección del personal

Artículo 124.- Con las salvedades establecidas por esta ley, el personal de las municipalidades será nombrado y removido por el alcalde municipal, previo informe técnico respecto a la idoneidad de los aspirantes al cargo.

Artículo 125.- El personal se seleccionará por medio de pruebas de idoneidad, que se admitirán únicamente a quienes satisfagan los requisitos prescritos en el artículo 116 de esta ley. Las características de estas pruebas y los demás requisitos corresponderán a los criterios actualizados de los sistemas modernos de reclutamiento y selección, así como al principio de igualdad y equidad entre los géneros, y corresponderán a reglamentaciones específicas e internas de las municipalidades. Para cumplir la disposición de este artículo, las municipalidades podrán solicitarle colaboración técnica a la Dirección General de Servicio Civil.

Artículo 126.- Las municipalidades mantendrán actualizado el respectivo Manual para el reclutamiento y selección, basado en el Manual general que fijará las pautas para garantizar los procedimientos, la uniformidad y los criterios de equidad que exige este Manual. El diseño y actualización del Manual General para el reclutamiento y selección será responsabilidad de la Unión Nacional de Gobiernos Locales, mediante la instancia técnica que disponga para este efecto.

Artículo 127.- No podrán ser empleados municipales quienes sean cónyuges o parientes, en línea directa o colateral hasta el tercer grado inclusive, de alguno de los concejales, el Alcalde, el Auditor, los Directores o Jefes de Personal de las unidades de reclutamiento y selección de personal ni, en general, de los encargados de escoger candidatos para los puestos municipales.

La designación de alguno de los funcionarios enunciados en el párrafo anterior no afectará al empleado municipal cónyuge o pariente de ellos, nombrado con anterioridad.

Artículo 128.- Al quedar una plaza vacante, la municipalidad deberá llenarla de acuerdo con las siguientes opciones:

a) Mediante ascenso directo del funcionario calificado para el efecto y si es del grado inmediato.

b) Ante inopia en el procedimiento anterior, convocará a concurso interno entre todos los empleados de la Institución.

c) De mantenerse inopia en la instancia anterior, convocará a concurso externo, publicado por lo menos en un diario de circulación nacional y con las mismas condiciones del concurso interno.

Artículo 129.- En cualquier procedimiento citado en el artículo anterior, deberá atenderse, total o parcialmente, según corresponda, lo dispuesto en el artículo 116 de esta ley.

Artículo 130.- Como resultado de los concursos aludidos en los incisos b) y c) del artículo 125 de este código, la Oficina de Recursos Humanos presentará al alcalde una nómina de elegibles de tres candidatos como mínimo, en estricto orden descendente de calificación. Sobre esta base, el alcalde escogerá al sustituto.

Mientras se realiza el concurso interno o externo, el alcalde podrá autorizar el nombramiento o ascenso interino de un trabajador hasta por un plazo máximo de dos meses, atendiendo siempre las disposiciones del artículo 116 de esta ley.

Artículo 131.- El servidor que concurse por oposición y cumpla con lo estipulado en el artículo 116 de esta ley, quedará elegible si obtuviere una nota mayor o igual a 70. Mantendrá esta condición por un lapso de un año, contado a partir de la comunicación.

Artículo 132.- Previo informe y consulta de permutas y traslados horizontales de los servidores con sus jefes inmediatos, el alcalde podrá autorizar estos movimientos, siempre que no les causen evidente perjuicio y cuando satisfaga una necesidad real de la municipalidad.

Artículo 133.- Todo servidor municipal deberá pasar satisfactoriamente un período de prueba hasta de tres meses de servicio, contados a partir de la fecha de vigencia del acuerdo de su nombramiento.

Capítulo V
Incentivos y beneficios

Artículo 134.- Los incentivos y beneficios que propicien el cumplimiento de los objetivos de cada municipalidad y que por sus características internas fomenten el desarrollo y la promoción del personal municipal, estarán regulados por la evaluación de su desempeño -proceso o técnica que estimará el rendimiento global del empleado- o por una apreciación sistemática del desempeño del individuo, que permita estimar el valor, la excelencia y otras cualidades del trabajador.

Capítulo VI
Evaluación y calificación del servicio

Artículo 135.- Los trabajadores municipales comprendidos en la presente ley tendrán anualmente una evaluación y calificación de sus servicios. Para tal fin, la Oficina de Recursos Humanos confeccionará los formularios y los modificará si fuere necesario, previa consulta al alcalde municipal, a quien le corresponderá elaborarlos donde no exista esta Oficina.

Artículo 136.- La evaluación o calificación anuales de servicios servirán como reconocimiento a los servidores, estímulo para impulsar mayor eficiencia y factor que debe considerarse para el reclutamiento y la selección, la capacitación, los ascensos, el aumento de sueldo, la concesión de permisos y las reducciones forzosas de personal.

Artículo 137.- La evaluación y calificación de servicios será una apreciación del rendimiento del servidor en cada uno de los factores que influyen en su desempeño general. Las categorías que se utilizarán para la evaluación anual serán: Regular, Bueno, Muy bueno y Excelente.

La evaluación y calificación de servicios se hará efectiva en la primera quincena del mes de junio de cada año. La Oficina de Recursos Humanos velará por que cada jefe cumpla esta disposición.

Artículo 138.- La evaluación y calificación de servicios deberá darse a los servidores nombrados en propiedad que durante el año hayan trabajado continuamente en las municipalidades.

Artículo 139.- Cuando el trabajador no haya completado un año de prestar servicios en el momento de la evaluación, se observarán las siguientes reglas:

a)   El servidor que durante el respectivo período de evaluación y calificación de servicios anual haya cumplido el período de prueba pero no haya completado un semestre de prestación de servicios, será calificado provisionalmente, deberá calificársele en forma definitiva durante la primera quincena del mes de enero siguiente. De no reformarse la calificación provisional en este período, será considerada definitiva.

b)   Si el servidor ha estado menos de un año pero más de seis meses a las órdenes de un mismo jefe, a él corresponderá evaluarlo.

c)   Si el servidor ha estado a las órdenes de varios jefes durante el año pero con ninguno por más de seis meses, lo evaluará y calificará el último jefe con quien trabajó tres meses o más.

Artículo 140.- El desacuerdo entre el jefe inmediato y el subalterno respecto al resultado de la evaluación y calificación de servicios, será resuelto por el alcalde municipal, previa audiencia a todas las partes interesadas.

Artículo 141.- Cuando el resultado de la evaluación y calificación de servicios anual del servidor sea Regular dos veces consecutivas el hecho, se considerará falta grave.

Capítulo VII
Capacitación municipal

Artículo 142.- Créase el Sistema nacional de capacitación municipal, para el diseño y la ejecución de un proceso de capacitación municipal, integrado, sistemático, continuo y de alta calidad.

Los propósitos generales son:

a) Contribuir a modernizar las instituciones municipales en consonancia con el cumplimiento de su misión.

b) Integrar y coordinar los recursos y la experiencia existentes en el campo de la capacitación municipal.

c) Contribuir al fortalecimiento de la democracia costarricense, propiciando la capacitación para una adecuada y mayor participación ciudadana.

d) Propiciar la congruencia entre la oferta y la demanda de la capacitación municipal.

e) Propiciar la participación igualitaria y equitativa de mujeres y hombres, en los procesos de capacitación municipal, e incluir en ésta temas nacionales de interés comunitario con enfoque de género.

La capacitación municipal es uno de los principales procesos que contribuyen al desarrollo organizacional de las municipalidades.

Artículo 143.- La conducción del Sistema nacional de Capacitación Municipal estará a cargo del Concejo Nacional de Capacitación Municipal, conformado por los siguientes miembros:

a) Dos representantes de la Unión Nacional de Gobiernos Locales, uno los cuales será el Presidente.

b) Un representante de la Universidad de Costa Rica.

c) Un representante de la Universidad Estatal a Distancia.

d) Un representante del Poder Ejecutivo.

Este Concejo funcionará según lo dispuesto en los artículos 49 y siguientes de la Ley General de la Administración Pública.

Capítulo VIII
Permisos

Artículo 144.- El alcalde municipal concederá permiso con goce de salario en los siguientes casos:

a) Por matrimonio del servidor: cinco días hábiles, contados a partir del día de la ceremonia, previa constancia extendida por autoridad competente.

b) Por muerte del cónyuge, el compañero, los hijos, los entenados, los padres (naturales o adoptivos), los hermanos consanguíneos: cinco días hábiles, contados a partir del día del fallecimiento, previa constancia extendida por autoridad competente.

c) Por nacimiento de hijos (productos vivos) o adopción legal: tres días hábiles a conveniencia del servidor, contados ya sea a partir del nacimiento o de que la cónyuge sea dada de alta por el centro hospitalario donde fue atendida, previa constancia extendida por autoridad competente.

Artículo 145.- El alcalde podrá conceder permisos sin goce de salario hasta por seis meses, prorrogables por una sola vez por un plazo igual, previa consulta del solicitante y verificación de que no se perjudicará el funcionamiento municipal.

Quien haya disfrutado de un permiso sin goce de salario no podrá obtener otro si no ha transcurrido un período igual al doble del tiempo del permiso anterior concedido.

Para obtener un permiso de esta naturaleza, el servidor deberá tener, como mínimo, un año de laborar para la municipalidad.

Como excepción de lo antes señalado, si un funcionario municipal fuere nombrado en un puesto de elección popular o de confianza, podrá otorgársele un permiso sin goce de salario hasta por cuatro años, prorrogable hasta por un plazo igual.

Capítulo IX
Derechos de los servidores municipales

Artículo 146.- Los servidores municipales protegidos por esta ley gozarán de los siguientes derechos, además de los dispuestos en otras leyes:

a) No podrán ser despedidos de sus puestos a menos que incurran en las causales de despido que prescribe el Código de Trabajo y conforme al procedimiento señalado en el artículo 151 de este código.

b) La municipalidad podrá finalizar los contratos de trabajo con responsabilidad patronal, fundamentada en estudios técnicos relacionados con el cierre de programas, la reducción forzosa de servicios por falta de fondos o la reorganización integral de sus dependencias que el buen servicio público exija.

Ningún trabajador despedido por esta causa podrá regresar a la municipalidad, si no hubiere transcurrido un período mínimo de un año, a partir de su separación.

c) El respeto a sus derechos laborales y reconocimiento por el buen desempeño.

d) Contarán con una remuneración decorosa, acorde con sus responsabilidades, tareas y exigencias tanto académicas como legales.

e) Disfrutarán de vacaciones anuales según el tiempo consecutivo servido, en la siguiente forma:

i) Si hubieren trabajado de cincuenta semanas a cuatro años y cincuenta semanas, gozarán de quince días hábiles de vacaciones.

ii) Si hubieren trabajado de cinco años y cincuenta semanas a nueve años y cincuenta semanas, gozarán de veinte días hábiles de vacaciones.

iii) Si hubieren trabajado durante diez años y cincuenta semanas o más, gozarán de treinta días hábiles de vacaciones.

f) Podrán disfrutar de licencia ocasional de excepción, con goce de salario o sin él, según las disposiciones reglamentarias vigentes.

g) Podrán gozar de licencia para asistir a cursos de estudio, siempre que sus ausencias no perjudiquen evidentemente el servicio público, de acuerdo con el reglamento de esta ley.

h) La municipalidad definirá políticas y promoverá la asignación de recursos para fomentar el desarrollo y la formación de su personal, dando facilidades, asignando partidas presupuestarias y otorgando licencias con goce de salario, orientadas a mejorar el recurso humano de sus áreas técnicas, administrativas y operativas.

i) Tendrán derecho a una evaluación anual del desempeño de sus labores.

j) Tendrán derecho a sueldo adicional anual en el mes de diciembre, conforme a la ley.

k)   Toda servidora embarazada o que adopte a un menor de edad gozará de la licencia, los deberes y las atribuciones prescritas en el artículo 95 del Código de Trabajo. Durante el plazo de la licencia, la municipalidad le pagará el monto restante del subsidio que reciba de la Caja Costarricense de Seguro Social, hasta completar el ciento por ciento (100%) de su salario.

Capítulo X
Deberes de los servidores municipales

Artículo 147.- Son deberes de los servidores municipales:

a)   Respetar esta ley y sus reglamentos, así como cumplir las obligaciones vigentes en sus cargos.

b)   Prestar los servicios contratados con absoluta dedicación, intensidad y calidad, responsabilizándose de sus actos y ejecutando sus tareas y deberes con apego a los principios legales, morales y éticos.

c)   Guardar la consideración debida al público atenderlo con diligencia, afán de servicio y buen trato, de modo que no se origine queja justificada por mal servicio o atención.

d)   Garantizar, a la administración municipal, su compromiso en cuanto a la integridad y fidelidad en su trabajo la naturaleza que sea, en aras de lograr el cumplimiento de los objetivos y la misión de la municipalidad.

e)   Cuidar, resguardar, preservar y emplear debidamente los recursos públicos municipales.

f)   Observar en su trabajo buenas costumbres y disciplina, así como un trato respetuoso para sus compañeros de trabajo, superiores y autoridades.

g)   Responder por los daños o perjuicios que puedan causar sus errores o los actos manifiestamente negligentes propios de su responsabilidad.

h)   Guardar discreción sobre asuntos relacionados con su trabajo o vinculados con otras dependencias municipales, cuya divulgación pueda usarse contra los intereses de la municipalidad.

i)   Sugerir, en el momento oportuno y ante la instancia administrativo-jerárquica correspondiente, lo que considere adecuado para el mejor desempeño de sus labores.

j)   Desempeñar dignamente sus cargos.

Capítulo XI
De las prohibiciones

Artículo 148.- Está prohibido a los servidores municipales:

a)   Lo indicado en el artículo 72 del Código de Trabajo

b)   Actuar en el desempeño de sus cargos, con fines distintos de los encomendados en sus contratos de trabajo.

c)   Tener obligaciones laborales en otras entidades, públicas o privadas, o adquirir compromisos con evidente superposición horaria a su contrato laboral con la municipalidad.

d)   Participar en actividades vinculadas con empresas o intereses privados que puedan causar evidente perjuicio a los municipales o competir con ellos.

e)   Utilizar o distraer los bienes y recursos municipales en labores, actividades y asignaciones privadas distintas del interés público.

f)   Durante los procesos electorales, ejercer actividad política partidaria en el desempeño de sus funciones y durante la jornada laboral; así como violar las normas de neutralidad que estatuye el Código Electoral.

g)   Aceptar dádivas, obsequios o recompensas que se les ofrezcan como retribución de actos inherentes a sus empleos.

h)   Solicitar o percibir, sin la anuencia expresa del Concejo, subvenciones de otras entidades públicas por el desempeño de sus funciones.

i)   Penar a sus subordinados para tomar contra ellos alguna represalia de orden político electoral o violatoria de cualquier otro derecho concedido por las leyes.

j)   Que ocupen puestos de abogado, ejercer su profesión de forma liberal, excepto en labores de docencia o capacitación, y en sus asuntos propios, en los de su cónyuge, sus ascendientes, descendientes y parientes colaterales por consanguinidad y afinidad hasta el tercer grado inclusive. En tales casos, no deberá afectarse el desempeño normal e imparcial del cargo; tampoco el ejercicio profesional deberá producirse en asuntos que se atiendan en la misma municipalidad en que se labora.

Como compensación económica por esta prohibición y la establecida en el artículo 244 de la Ley Orgánica del Poder Judicial, dichos profesionales tendrán derecho a un sobresueldo de un sesenta y cinco por ciento (65%) sobre el salario base.

Capítulo XII
Sanciones

Artículo 149.- Para garantizar el buen servicio podrá imponerse cualquiera de las siguientes sanciones disciplinarias, según la gravedad de la falta:

a)   Amonestación verbal: Se aplicará por faltas leves a juicio de las personas facultadas para imponer las sanciones, según lo determine el reglamento interno del trabajo.

b)   Amonestación escrita: Se impondrá cuando el servidor haya merecido dos o más advertencias orales durante un mismo mes calendario o cuando las leyes del trabajo exijan que se le apercíba por escrito antes del despido, y en los demás casos que determinen las disposiciones reglamentarias vigentes.

c)   Suspensión del trabajo sin goce de sueldo hasta por quince días: Se aplicará una vez escuchados el interesado y los compañeros de trabajo que él indique, en todos los casos en que, según las disposiciones reglamentarias vigentes, se cometa una falta de cierta gravedad contra los deberes impuestos por el contrato de trabajo.

d)   Despido sin responsabilidad patronal.

Las jefaturas de los trabajadores podrán aplicar las sanciones previstas en los incisos a) y b) siguiendo el debido proceso. Enviarán copia a la Oficina de Personal para que las archive en el expediente de los trabajadores.

La suspensión y el despido contemplados en los incisos c) y d), serán acordados por el alcalde, según el procedimiento indicado en los artículos siguientes.

Capítulo XIII
Procedimiento de sanciones

Artículo 150.- Los servidores o servidoras podrán ser removidos de sus puestos cuando incurran en las causales de despido que determina el artículo 81 del Código de Trabajo y las dispuestas en este código.

El despido deberá estar sujeto tanto al procedimiento previsto en el libro segundo de la Ley general de la Administración Pública, como a las siguientes normas:

a) En caso de que el acto final disponga la destitución del servidero servidora, esta persona podrá formular, dentro del plazo de ocho días hábiles, contado a partir de la notificación del acto final, un recurso de apelación para ante el tribunal de trabajo del circuito judicial a que pertenece la municipalidad.

b) Dentro del tercer día, el alcalde o alcaldesa remitirá la apelación con el expediente respectivo a la autoridad judicial, que resolverá según los trámites ordinarios dispuestos en el Código de Trabajo y tendrá la apelación como demanda. El Tribunal Laboral podrá rechazar, de plano, la apelación cuando no se ajuste al inciso anterior.

c) La sentencia del tribunal de trabajo resolverá si procede el despido o la restitución del empleado o empleada a su puesto, con el pleno goce de sus derechos y el pago de salarios caídos. En la ejecución de sentencia, el servidor o servidora municipal podrá renunciar a ser reinstalado, a cambio de la percepción del importe del preaviso y el auxilio de cesantía que puedan corresponderle y el monto de dos meses de salario por concepto de daños y perjuicios.

d) El procedimiento anterior será aplicable, en lo conducente, a las suspensiones sin goce de sueldo determinadas en el artículo 149 de esta ley.

Artículo 151.- El servidor municipal que incumpla o contravenga sus obligaciones o las disposiciones de esta ley o sus reglamentos, incurrirá en responsabilidad administrativa que será sancionada disciplinariamente, sin perjuicio de la responsabilidad civil o penal que el mismo hecho pueda originar.

Artículo 152.- Las disposiciones contenidas en este título sobre el procedimiento de nombramiento y remoción no serán aplicadas a los funcionarios que dependan directamente del Concejo ni a los empleados ocasionales contratados con cargo a las partidas presupuestarias de Servicios Especiales o Jornales Ocasionales. El Concejo acordará las acciones que afectan a los funcionarios directamente dependientes de él.

TÍTULO VI
RECURSOS CONTRA LOS ACTOS MUNICIPALES
Capítulo I
Recursos contra los acuerdos del Concejo

Artículo 153.- En la forma prevista en el código, los concejales podrán solicitar revisión de los acuerdos municipales tomados por el Concejo, y el alcalde municipal podrá interponer veto. Por parte de los interesados, cabrán los recursos ordinarios de revocatoria y apelación, el extraordinario de revisión y ejercer las acciones jurisdiccionales reguladas por las leyes.

Artículo 154.- Cualquier acuerdo del concejo municipal, emitido directamente o conociendo en alzada contra lo resuelto por algún órgano municipal jerárquicamente inferior, estará sujeto a los recursos de revocatoria y de apelación. De tales recursos quedan exceptuados los siguientes acuerdos del concejo municipal:

a)   Los que no hayan sido aprobados definitivamente.

b)   Los de mero trámite de ejecución, confirmación o ratificación de otros anteriores y los consentidos expresa o implícitamente.

c)   Los reglamentarios.

Artículo 155.- Los recursos en materia de contratación administrativa se regirán por lo establecido en la ley reguladora de la contratación administrativa.

Artículo 156.- Los recursos de revocatoria y apelación ante el Concejo deberán interponerse, en memorial razonado, dentro del quinto día.

La apelación podrá plantearse sólo por ilegalidad: la revocatoria podrá estar fundada también en la inoportunidad del acto.

El Concejo deberá conocer la revocatoria en la sesión ordinaria siguiente a la presentación. La apelación será conocida por el Tribunal Superior-Contencioso Administrativo.

Si la revocatoria con apelación subsidiaria, no se resolviese transcurridos ocho días desde la sesión en que debió haberse conocido, y el expediente no ha llegado a la autoridad que deberá conocer de la apelación, el interesado o interesada podrá pedirle que ordene el envío, y será prevenido de las sanciones del artículo 191 del Código Procesal Contencioso-Administrativo.

Lo dispuesto en el párrafo anterior será aplicable en caso de que, interpuesta exclusivamente la apelación, el expediente no llegue dentro del octavo día de presentada a la autoridad competente para resolverla.

Artículo 157.- De todo acuerdo municipal contra el que hubiere procedido apelación y esta no fue interpuesta en tiempo y siempre que no hubiere transcurrido diez años de tomado el acuerdo y que el acto no hubiere agotado todos sus efectos, los interesados podrán presentar, ante el Concejo, recurso extraordinario de revisión, a fin de que el acto no surta ni siga surtiendo efectos.

Este recurso sólo podrá estar fundado en motivos que originen la nulidad absoluta del acto.

Contra la resolución de fondo emitida por el concejo sobre este recurso extraordinario, cabrá recurso de apelación para ante el Tribunal Contencioso-Administrativo, dentro del quinto día hábil.

Artículo 158.- El alcalde municipal podrá interponer el veto a los acuerdos municipales por motivos de legalidad u oportunidad, dentro del quinto día después de aprobado definitivamente el acuerdo.

El alcalde municipal en el memorial que presentará, indicará las razones que lo fundamentan y las normas o principios jurídicos violados. La interposición del veto suspenderá la ejecución del acuerdo.

En la sesión inmediatamente posterior a la presentación del veto, el concejo deberá rechazarlo o acogerlo. Si es rechazado, se elevará en alzada ante el Tribunal Contencioso-Administrativo, para que resuelva conforme a derecho.

Artículo 159.- La falta de interposición del veto en el tiempo estipulado, implicará la obligatoriedad absoluta del alcalde municipal de ejecutar el acuerdo.

Artículo 160.- No estarán sujetos al veto los siguientes acuerdos:

a) Los no aprobados definitivamente.

b) Aquellos en que el alcalde municipal tenga interés personal, directo o indirecto.

c) *(Derogado por el artículo 202, inciso 5) de la Ley N° 8508 de 28 de abril de 2006, Código Procesal Contencioso- Administrativo).*

d) Los que deban aprobar la Contraloría General de la República o la Asamblea Legislativa o los autorizados por esta.

e) Los apelables ante la Contraloría General de la República.

f) Los de mero trámite o los de ratificación, confirmación o ejecución de otros anteriores.

Capítulo II
Recursos contra los demás actos municipales

Artículo 161.- Contra las decisiones de los funcionarios o funcionarías municipales que dependen directamente del concejo cabrán los recursos de revocatoria ante el órgano que lo dictó y apelación para ante el concejo municipal, los cuales deberán interponerse dentro del quinto día.

La revocatoria y la apelación podrán estar fundadas en razones de ilegalidad o inoportunidad del acto y no suspenderán su ejecución, sin perjuicio de que el Concejo o el mismo órgano que lo dictó pueda disponer la suspensión como primera providencia al recibir el recurso.

La interposición exclusiva del recurso de apelación no impedirá que el funcionario o funcionaria revoque su decisión, si estimare procedentes las razones en que se funda el recurso.

Contra lo resuelto en alzada por el concejo municipal serán procedentes los recursos establecidos en los artículos 154 y 156 de este Código.

Las decisiones relativas a la materia laboral confiada al alcalde o alcaldesa municipal estarán sujetas a los recursos regulados en el título V de este Código.

Artículo 162.- Las decisiones de los funcionarios o funcionarias municipales que no dependan directamente del concejo tendrán los recursos de revocatoria ante el órgano que lo dictó y apelación para ante la Alcaldía municipal, los cuales deberán interponerse dentro del quinto día; podrán fundamentarse en motivos de ilegalidad o inoportunidad y suspenderán la ejecución del acto.

Cualquier decisión de la Alcaldía municipal, emitida directamente o conocida en alzada, contra lo resuelto, por algún órgano municipal jerárquicamente inferior, estará sujeta a los recursos de revocatoria ante la misma Alcaldía y apelación para ante el Tribunal Contencioso-Administrativo, los cuales deberán interponerse dentro del quinto día; podrán fundamentarse en motivos de ilegalidad y no suspenderán la ejecución del acto, sin perjuicio de que el superior o el mismo órgano que lo dictó pueda disponer la implementación de alguna medida cautelar al recibir el recurso. En cuanto al procedimiento y los plazos para la remisión del recurso de apelación ante el superior, se aplicarán las mismas disposiciones del artículo 156 de este Código.

Artículo 163.- Contra todo acto no emanado del Concejo y de materia no laboral, cabrá recurso extraordinario de revisión, cuando no se hayan establecido oportunamente los recursos facultados por los artículos precedentes de este capítulo, siempre que no hayan transcurrido cinco años después de dictado el acto y este no haya agotado totalmente sus efectos, a fin de que no surta ni siga surtiendo efectos.

El recurso se interpondrá ante la Alcaldía municipal, que lo acogerá si el acto es absolutamente nulo. Contra lo resuelto por la Alcaldía municipal cabrá recurso de apelación para ante el Tribunal Contencioso-Administrativo, en las condiciones y los plazos señalados en el artículo 162 de este Código.

TÍTULO VII
LOS COMITÉS CANTONALES DE DEPORTES
Capítulo único

Artículo 164.- En cada cantón, existirá un Comité cantonal de deportes y recreación, que estará adscrito a la municipalidad respectiva; gozará de personalidad jurídica instrumental para desarrollar planes, proyectos y programas deportivos y recreativos cantonales, así como para construir, administrar y mantener las instalaciones deportivas de su propiedad o las otorgadas en administración. Asimismo, habrá comités comunales de deportes y recreación, adscritos al respectivo comité cantonal.

Artículo 165.- El Comité cantonal estará integrado por cinco residentes en el cantón:

a)   Dos miembros de nombramiento del Concejo Municipal.

b)   Dos miembros de las organizaciones deportivas y recreativas del cantón.

c)   Un miembro de las organizaciones comunales restantes.

Cada municipalidad reglamentará el procedimiento de elección de los miembros del Comité cantonal.

Artículo 166.- El Comité comunal estará integrado por cinco miembros residentes en la comunidad respectiva que serán nombrados en asamblea general, convocada para tal efecto por el Comité cantonal. La asamblea general estará conformada por dos representantes de cada una de las organizaciones deportivas, recreativas y de desarrollo comunal existentes en la comunidad.

Artículo 167.- Los concejales, el alcalde, los alcaldes suplentes, el tesorero, el auditor y el contador, sus cónyuges o parientes en línea directa o colateral hasta el tercer grado inclusive, están inhibidos para integrar estos comités, los cuales funcionarán según el reglamento que promulgue la municipalidad.

Artículo 168.- Los miembros de cada comité durarán en sus cargos dos años, podrán ser reelegidos y no devengarán dietas ni remuneración alguna.

Artículo 169.- El Comité cantonal funcionará con el reglamento que dicte la respectiva municipalidad, el cual deberá considerar, además, las normas para regular el funcionamiento de los comités comunales y la administración de las instalaciones deportivas municipales.

Artículo 170.- Los comités cantonales de deportes y recreación coordinarán con la municipalidad respectiva lo concerniente a inversiones y obras en el cantón. Las municipalidades deberán asignarles un mínimo de un tres por ciento (3%) como mínimo de los ingresos ordinarios anuales municipales, que se distribuirá en un diez por ciento (10%) máximo para gastos administrativos y el resto para programas deportivos y recreativos. Los comités cantonales de deportes y recreación podrán donar implementos, materiales, maquinaria y equipo para dichos programas, a las organizaciones deportivas aprobadas por el Instituto Costarricense del Deporte y la Recreación , que se encuentren debidamente inscritas en el Registro de Asociaciones, así como a las juntas de educación de las escuelas públicas y las juntas administrativas de los colegios públicos del respectivo cantón; además, deberán proporcionarles el local que será su sede y todas las facilidades para el cabal cumplimiento de sus fines.

Artículo 171.- La Dirección General de Deportes del Ministerio de Cultura, Juventud y Deportes, las municipalidades, las instituciones públicas y las organizaciones comunales podrán ceder en administración las instalaciones deportivas y recreativas de su propiedad, a los comités cantonales de la comunidad donde se ubiquen. Para ello, se elaborarán los convenios respectivos.

Estos comités quedan facultados para gozar del usufructo de las instalaciones deportivas y recreativas bajo su administración y los recursos se aplicarán al mantenimiento, mejoras y construcción de las mismas instalaciones.

Artículo 172.- En la primera semana de julio de cada año, los comités cantonales de deportes y recreación someterán a conocimiento de los Concejos Municipales sus programas anuales de actividades, obras e inversión, antes de aprobarse los presupuestos ordinarios de la municipalidad.

Los comités también deberán presentar un informe de los resultados de la gestión correspondiente al año anterior.

TÍTULO VIII
CONCEJOS MUNICIPALES DE DISTRITO
(DEROGADO)

El Título VIII ha sido derogado mediante Ley N° 8173 que deroga la Ley N° 7812 por la cual se adicionó este título. Alcance N° 2-A a La Gaceta N° 7 de 10 de enero del 2002.

Artículo 173.- (adicionado por Ley N° 7812 de 27 de julio de 1998, y anulado por voto N° 5445-99 de las 14:30 horas del 14 de julio de 1999 de la Sala Constitucional).

Artículo 174.- (adicionado por Ley N° 7812 de 27 de julio de 1998, y anulado por voto N° 5445-99 de las 14:30 horas del 14 de julio de 1999 de la Sala Constitucional).

Artículo 175.- (adicionado por Ley N° 7812 de 27 de julio de 1998, y anulado por voto N° 5445-99 de las 14:30 horas del 14 de julio de 1999 de la Sala Constitucional).

Artículo 176.- (adicionado por Ley N° 7812 de 27 de julio de 1998, y anulado por voto N° 5445-99 de las 14:30 horas del 14 de julio de 1999 de la Sala Constitucional).

Artículo 177.- (adicionado por Ley N° 7812 de 27 de julio de 1998, y anulado por voto N° 5445-99 de las 14:30 horas del 14 de julio de 1999 de la Sala Constitucional).

Artículo 178.- (adicionado por Ley N° 7812 de 27 de julio de 1998, y anulado por voto N° 5445-99 de las 14:30 horas del 14 de julio de 1999 de la Sala Constitucional).

Artículo 179.- (adicionado por Ley N° 7812 de 27 de julio de 1998, y anulado por voto N° 5445-99 de las 14:30 horas del 14 de julio de 1999 de la Sala Constitucional).

Artículo 180.- (adicionado por Ley N° 7812 de 27 de julio de 1998, y anulado por voto N° 5445-99 de las 14:30 horas del 14 de julio de 1999 de la Sala Constitucional).

Artículo 181.- (adicionado por Ley N° 7812 de 27 de julio de 1998, y anulado por voto N° 5445-99 de las 14:30 horas del 14 de julio de 1999 de la Sala Constitucional.)

TÍTULO IX
DISPOSICIONES FINALES Y TRANSITORIAS
Capítulo II
Disposiciones transitorias

Artículo 182.- Autorízase a las municipalidades para que los fondos provenientes de la Ley N° 6282 también puedan utilizarse en la construcción, mantenimiento, reparaciones, material y equipo de las bibliotecas municipales de su jurisdicción.

Artículo 183.- Derogase las siguientes leyes:

a) Código Municipal, N° 4574, de 4 de mayo de 1970.

b) Ordenanzas Municipales, N° 20 del 24 de julio de 1867.

Artículo 184.- Refórmase el Código Electoral, ley N° 1536 del 10 de diciembre de 1952, en las siguientes disposiciones:

a) El artículo 5°, cuyo texto dirá:

"**Artículo 5°.-** Para ser Presidente y Vicepresidente de la República se requiere reunir los requisitos estatuidos en la Constitución Política. También, se respetarán las exigencias constitucionales para ser diputado a la Asamblea Legislativa. Para ser alcalde, regidor, síndico de los gobiernos municipales o miembro del Consejo de Distrito, se necesitan los requisitos fijados en el Código Municipal.

Los partidos políticos serán responsables de que la elección de los miembros indicados en los dos párrafos anteriores, recaiga sobre personas de reconocida idoneidad, con el fin de garantizar al pueblo costarricense la capacidad de sus gobernantes."

b) Los incisos d) y g) del artículo 27, cuyos textos dirán:

"**Artículo 27.-** (...)

d) Las papeletas para Presidente, y Vicepresidentes se imprimirán en papel blanco; las de diputados, alcalde, regidores, síndicos y miembros de los Consejos de Distrito, en papel de colores diferentes (...).

g) Las papeletas para alcalde, regidores, síndicos municipales y miembros de los Consejos de Distrito incluirán la lista de candidatos. Además, el Registro Civil remitirá a las Juntas Receptoras de Votos, carteles con las listas de los alcaldes, regidores, síndicos y miembros de los Consejos de Distrito que serán elegidos por quienes voten en esas Juntas, para que las exhiban en el exterior de los locales donde actúen. Los carteles seguirán el mismo orden de la papeleta, de manera que los ciudadanos puedan distinguir, con facilidad, a los candidatos de cada partido político."

c) El inciso g) del artículo 29, cuyo texto dirá:

"**Artículo 29.-** (...)

c) Estar cerrado por otra fórmula impresa a continuación del nombre del último elector, que permita formar el acta de cierre de la votación, llenando adecuadamente los blancos. Deberá tener, en consecuencia, los espacios en blancos necesarios para consignar los datos mencionados en el artículo 121, correspondientes al resultado de la elección de Presidente y

Vicepresidentes, Diputados, de alcalde, regidores, síndicos y miembros de los Consejos de Distrito y otros datos que el Director del Registro Civil considere necesarios para la claridad y perfección del acta."

d) El artículo 63, cuyo texto dirá:

"**Artículo 63.-** Los partidos tendrán carácter nacional cuando se formen para la elección de Presidente y Vicepresidentes de la República, Diputados a la Asamblea Legislativa o a una Asamblea Constituyente. Serán de carácter provincial cuando se propongan intervenir solo en la elección de Diputados y tendrán carácter cantonal cuando se funden únicamente para las elecciones de alcalde municipal, regidores, síndicos municipales y miembros del Consejo de Distrito."

e) El artículo 75, cuyo texto dirá:

"**Artículo 75.-** Los candidatos a alcalde, regidor y síndico municipal y los miembros de los Concejos de Distrito serán designados según lo prescriba el estatuto de cada partido político, pero observando los requisitos mínimos fijados en el Código Municipal, para ser candidato y desempeñar el cargo."

f) El artículo 97, cuyo texto dirá:

"**Artículo 97.-** La convocatoria a elecciones para Presidente y Vicepresidentes, diputados y regidores municipales la efectuará el Tribunal Supremo de Elecciones el 1o. de octubre inmediato a la fecha en que han de celebrarse aquellas. Para las elecciones de alcaldes municipales, síndicos y miembros de los Concejos de Distrito, la convocatoria se realizará el 1o. de agosto inmediato a la fecha en que han de celebrarse aquellas."

g) El artículo 99, cuyo texto dirá:

"**Artículo 99.-** En cuanto al número de representantes a la Asamblea, Legislativa, a una Asamblea Constituyente y a los Concejos Municipales que corresponda elegir, se estará a lo dispuesto en el decreto de convocatoria, el cual fijará este número con estricta observancia de la Constitución Política en cuanto a los Diputados y en lo que disponga, para el efecto, el Código Municipal respecto a regidores, alcaldes, síndicos y miembros de los Concejos de Distrito."

"**Artículo 132.-** En todo caso el escrutinio deberá terminarse dentro de los treinta días siguientes a la fecha de votación, para Presidente y Vicepresidentes de la República, dentro de los siguientes cincuenta días siguientes a la fecha de votación, para diputados y dentro de los sesenta días siguientes a la fecha de votación, para regidores y síndicos municipales.

En lo que respecta a la elección de los alcaldes municipales y los miembros de los Consejos de Distrito, definida en los artículos 14 y 55 del Código Municipal respectivamente, el escrutinio de la primera deberá terminarse dentro de los treinta días y la segunda, dentro de los cincuenta días, ambos contados a partir de la fecha de votación de tales elecciones."

"**Artículo 134.-** La elección de Presidente y Vicepresidentes de la República se efectuará por el sistema de mayoría establecido en el aparte primero del artículo 138 de la Constitución Política.

La elección de los alcaldes y los síndicos municipales, se efectuará por mayoría relativa de cada cantón y distrito respectivamente. La de diputados a la Asamblea Legislativa o a una Constituyente, los regidores y miembros de los Consejos de Distrito, por el sistema de cociente y subcociente."

Capítulo II
Disposiciones transitorias

Transitorio I.- Dentro de un plazo de seis meses contados a partir de la vigencia de la presente ley la Unión Nacional de Gobiernos Locales, en coordinación con la Dirección General de Servicio Civil, procederá a elaborar un Manual general de clases para que, sin perjuicio de los intereses y derechos adquiridos por los servidores de las municipalidades, se promulgue una escala de salarios única para el personal de las municipalidades.

Transitorio II.- Para el período municipal de 1998-2002, el ejecutivo municipal nombrado por el Concejo Municipal respectivo se convertirá automáticamente, en el momento de entrar en vigencia esta ley, en el alcalde municipal, con todos sus deberes y atribuciones. Para que dicho funcionario pueda ser removido o suspendido de su cargo, se requerirá una votación mínima de las dos terceras partes de los regidores que integren el Concejo.

El alcalde municipal se mantendrá en su cargo hasta que los alcaldes electos en el 2002 tomen posesión de sus cargos. Los miembros de los Concejos de Distrito nombrados por los respectivos Concejos Municipales ocuparán sus cargos hasta que los miembros electos en las elecciones del año 2002 ocupen sus cargos.

Transitorio III.- Para todos los efectos legales, a los servidores que al entrar en vigencia esta ley, estén desempeñando puestos conforme a las normas anteriores, y mientras permanezcan en los mismos puestos no se les exigirán los requisitos establecidos en la presente ley.

Transitorio IV.- *(Derogado)*

Entrará en vigencia dos meses después de su publicación.

ASAMBLEA LEGISLATIVA.-

San José, a los veintisiete días del mes de abril de mil novecientos noventa y ocho.

COMUNÍCASE AL PODER EJECUTIVO

SAÚL WEISLEDER WEISLEDER
Presidente

MARIO ÁLVAREZ GONZÁLEZ
Primer secretario

CARMEN VALVERDE ACOSTA
Segunda prosecretaria

ECUADOR

LEY ORGÁNICA DE RÉGIMEN MUNICIPAL

(Codificación 16, Registro Oficial Suplemento 159 de 5 de Diciembre del 2005)

CONGRESO NACIONAL
LA COMISIÓN DE LEGISLACIÓN Y CODIFICACIÓN

Resuelve

EXPEDIR LA SIGUIENTE CODIFICACIÓN DE
LA LEY ORGÁNICA DE RÉGIMEN MUNICIPAL

Introducción

La presente codificación ha sido realizada en cumplimiento de lo dispuesto por los Arts. 139 y 160 de la Constitución Política de la República.

En el proceso se contó con las opiniones de la Asociación de Municipalidades del Ecuador, y las observaciones formales que dentro del marco de las disposiciones constitucionales, realizó el señor diputado Marco Proaño Maya.

La Ley que se codifica fue publicada en el Suplemento del Registro Oficial N° 331 de 15 de octubre de 1971, y desde entonces se han expedido 23 cuerpos legales que la han reformado, entre las que se destacan: la Ley N° 104, promulgada en agosto de 1982; la Ley N° 5, promulgada en marzo de 1997; y, la Ley N° 2004-44, promulgada en septiembre de 2004; provocando profundos cambios en el contenido de la misma; además de los originados en la Constitución Política de la República y otros cuerpos legales, por lo que en la codificación se ha procedido a sistematizarla al tono de los cambios que se han producido, circunstancia que hace necesaria efectuar cierta explicación a manera de ejemplo con el propósito de dar a quiénes manejan la Ley, los elementos que les permita tener el antecedente en relación al proceso que se ha realizado; así:

a. A la presente Ley se le otorgó la categoría de orgánica mediante resolución del Congreso Nacional publicada en el Registro Oficial N° 280 del 8 de marzo del 2001.

b. En razón de que el servicio de energía eléctrica se encuentra regulado por la Ley de Régimen del Sector Eléctrico, publicada en el Suplemento del Registro Oficial N° 43 del 10 de octubre de 1996, se han codificado los Arts.14, 63, 93, 148, 164, 199, 253, 266, 312, 380, 391, 401, 494, 500, eliminando la referencia a que ese servicio sea de responsabilidad de las municipalidades, toda vez que en la actualidad es política del Estado.

En cambio, no se incluyen los artículos 410 y 428 porque en la actualidad las tarifas del servicio eléctrico las fija el CONELEC, al igual que lo relacionado con el alumbrado público.

c.   Los Arts. 50 y 51 han sido codificados en los términos que constan con fundamento en la Ley Orgánica de Elecciones cuya codificación fue publicada en el Registro Oficial N° 117 de 11 de julio de 2000, la misma que regula entre otros aspectos los relacionados con los procesos electorales; así: forma de elección, manera de efectuar los reemplazos, etc., siendo como es esta Ley -la de Elecciones- especial en relación a la de Régimen Municipal, sus disposiciones prevalecen.

d.   En el artículo 91 se cambia los términos: "visitas de fiscalización" por "los exámenes de auditoría" por cuanto en la ley de la materia se establece estos exámenes y no las visitas de las que antes se hablaba.

e.   De acuerdo con el principio de autonomía municipal, y habiéndose suprimido el Consejo Nacional de Desarrollo en la Constitución Política de la República, publicada en el Registro Oficial N° 1, de 11 de agosto de 1998, se ha eliminado en los Arts. 376, 378 y 524, el requisito de informe que debían emitir el CONADE, el Ministerio de Economía y Finanzas y el Ministerio de Gobierno, Cultos, Policía y Municipalidades; en el primer caso, y por la autonomía de la que gozan los gobiernos seccionales en los otros.

f.   En atención a que la Ley Orgánica de las Juntas Parroquiales Rurales publicada en el Registro Oficial N° 193, de 27 de octubre de 2000, regula ampliamente la misma categoría de intereses contenidos en la Sección 1ra. del Capítulo VII del Título II, en esta codificación no se incluye la citada sección, con el mismo criterio expresado en el literal b).

g.   En el Art. 261 se otorga la competencia para juzgar las contravenciones a los jueces del ramo, conforme así establece el Art. 390 del Código de Procedimiento Penal, y por cuanto el Art. 191 y la Disposición Transitoria XXVI de la Constitución Política de la República, establecen la unidad jurisdiccional como mandato y no como opción. Dado que, hasta la fecha no se han realizado las designaciones de los jueces de contravenciones, se ha incluido una disposición transitoria mediante la cual se reconoce la competencia de los Comisarios Municipales hasta que esas designaciones se realicen.

h.   En el artículo 295 se introduce la frase: "las acciones civiles, penales y administrativas." Para armonizar con el contenido de lo que sobre estos asuntos prevén tanto la Constitución Política de la República cuanto el Código de Procedimiento Penal.

i.   En los artículos en los que la Ley se refería a la "Junta Nacional de la Vivienda" se ha introducido en su lugar "Ministerio de Desarrollo Urbano y Vivienda", en base a lo dispuesto en el Decreto Ejecutivo N° 1820 publicado en el Registro Oficial N° 461 de 14 de junio de 1994. Con el mismo criterio cuando se hace relación al Ministerio de la Producción, se lo actualiza con el de Ministerio de Agricultura y Ganadería.

j. El artículo 349 se ha codificado haciendo referencia a: "impuesto a la renta" y
a la "Ley de Régimen Tributario Interno", toda vez que los términos que antes
constaban perdieron vigencia a partir de la expedición de la Ley de Régimen
Tributario Interno, publicada en el Registro Oficial N° 341, de 22 de diciembre
de 1989, que derogó la Ley de Impuesto a las Herencias, Legados y Donaciones.

k. En el artículo 431 se cambia la frase "salario mínimo vital mensual del trabajador en general" por "remuneración mensual básica mínima unificada del trabajador en general" por cuanto es esta categoría la que establece el Código del
Trabajo.

l. En cuanto a montos que constaban en sucres, se ha actualizado a dólares de los
Estados Unidos de América, porque esta es la moneda de curso legal, para lo
que se ha teniendo en cuenta la relación de la paridad cambiaria que nuestra
divisa tenía en relación al dólar en 1971, año en el que se publicó la Ley que se
codifica.

m. Se ha incluido en los artículos 112, 337 y 351 "conviviente en unión de hecho"
en atención a lo dispuesto por el Art. 38 de la Constitución Política de la República y la Ley que Regula las Uniones de Hecho cuya parte pertinente incluso se incorporó en la codificación del Código Civil, publicada en el Suplemento del Registro Oficial N° 46, de 24 de junio de 2005.

n. En los artículos en los que se hace referencia a las anteriores etapas procesales
penales de: sumario, y plenario se introducen las nuevas, que están previstas
en el Código de Procedimiento Penal que está en vigencia.

o. Las disposiciones generales, transitorias y las derogatorias, que se incluyen en
la codificación son las correspondientes a la Ley Orgánica Reformatoria a la
Ley Orgánica de Régimen Municipal, número 2004-44 publicada en el Suplemento del Registro Oficial N° 429 de 27 de septiembre de 2004.

En cambio, no se incluyen las disposiciones transitorias constantes en la Ley
de Régimen Municipal anterior a esta codificación, por cuanto las mismas son
obsoletas y han perdido vigencia.

TITULO I
ENUNCIADOS GENERALES

Capítulo I
Del Municipio

Sección 1a.
Del Municipio en General

Artículo 1. El municipio es la sociedad política autónoma subordinada al orden jurídico constitucional del Estado, cuya finalidad es el bien común local y, dentro de éste y
en forma primordial, la atención de las necesidades de la ciudad, del área metropolitana
y de las parroquias rurales de la respectiva jurisdicción.

El territorio de cada cantón comprende parroquias urbanas cuyo conjunto constituye
una ciudad, y parroquias rurales.

Artículo 2. Cada municipio constituye una persona jurídica de derecho público, con patrimonio propio y con capacidad para realizar los actos jurídicos que fueren necesarios para el cumplimiento de sus fines, en la forma y condiciones que determinan la Constitución y la ley.

Artículo 3. Son vecinos o moradores de un municipio los ecuatorianos y extranjeros que tengan su domicilio civil en la jurisdicción cantonal, o los que mantengan en ésta el asiento principal de sus negocios.

Los ecuatorianos y extranjeros como vecinos de un municipio tienen iguales deberes y derechos, con las excepciones determinadas por la ley.

Sección 2a.
De la Constitución y Fusión de cantones

Artículo 4. Corresponde al Presidente de la República, de manera exclusiva, la iniciativa para presentar al Congreso Nacional proyectos de ley para la creación o fusión de cantones, así como la modificación de sus límites internos.

Para la creación de un cantón, deberán cumplirse los siguientes requisitos:

Población residente superior a cincuenta mil habitantes, de los cuales al menos quince mil deberán estar domiciliados en la cabecera cantonal, la misma que deberá distar más de treinta kilómetros de la cabecera cantonal más cercana, excepto para la creación de cantones en la región amazónica, para cuyo caso se exigirá una población no menor a diez mil habitantes en el cantón, ni menor a cinco mil habitantes en la cabecera cantonal y una distancia mínima de siete kilómetros en relación a la cabecera cantonal más cercana;

Que el territorio del cantón a crearse se halle claramente delimitado, acudiendo para el efecto a la demarcación natural, de ser esto posible;

Petición expresa al Presidente de la República suscrita por el veinticinco por ciento, por lo menos, de los ciudadanos empadronados en la parroquia o parroquias que constituirán el nuevo cantón; y,

Determinación de la cabecera cantonal, la misma que debe ser una parroquia con existencia de por lo menos diez años.

Los informes relacionados con los requisitos de población, deberán ser presentados por el Instituto Nacional de Estadística y Censos.

La fijación de los límites internos del nuevo cantón, se realizará en base de los informes favorables que deberá presentar la entidad pública encargada de hacer ésta fijación y del consejo provincial respectivo.

Artículo 5. Para que el proyecto de ley de creación o fusión de un cantón presentado por el Presidente de la República pueda ser conocido y aprobado por el Congreso Nacional, se requiere contar con los informes favorables de la entidad pública encargada de fijar los límites internos de la República y del consejo provincial respectivo.

En la creación de un cantón no se le asignará a éste, sin justa compensación, bienes que pertenezcan a otro u otros cantones, distintos a los que se están fusionando.

Artículo 6. De conformidad con los artículos 106 y 107 de la Constitución Política de la República, los ciudadanos de un cantón, empadronados en el respectivo Tribunal Provincial Electoral, mediante consulta popular, podrán resolver la fusión con otro u otros cantones. Si la fusión involucra cantones de distintas provincias, previamente a la convocatoria de la consulta popular, se deberá contar con los informes favorables de los respectivos consejos provinciales. En la consulta se indicará a qué provincia pertenecerá el nuevo cantón.

En uno y otro caso, en la misma consulta se indicará también la cabecera cantonal.

Artículo 7. El cantón resultante de la fusión percibirá a través de su municipalidad el monto total de los recursos de los cantones fusionados, los establecidos en leyes especiales y otros tributos o rentas que se les asignen producto de la fusión y aquellos que le correspondieren con posterioridad a la misma.

Artículo 8. La cabecera cantonal establecida en la ley de creación o fusión podrá ser trasladada temporalmente a otro lugar del cantón, mediante resolución de las dos terceras partes de los integrantes del concejo municipal, cuando circunstancias excepcionales lo justifiquen. Este traslado durará el tiempo que sea necesario para superar la emergencia, pero en ningún caso se extenderá más de dos años.

El cambio definitivo de la cabecera cantonal, se hará mediante reforma a la ley de creación o fusión, previa consulta popular favorable.

Sección 3a.
De las Parroquias

Artículo 9. Corresponde al concejo crear, suprimir o fusionar parroquias urbanas o rurales, de acuerdo con la ley.

Artículo 10. Para la creación de parroquias rurales se deberá cumplir las siguientes condiciones:

a) Población residente no menor de diez mil habitantes, de los cuales por lo menos dos mil deberán estar domiciliados en la cabecera de la nueva parroquia. Por razones de interés nacional podrá prescindirse de estos requisitos para la creación de parroquias en los cantones de las provincias fronterizas, de la región amazónica y de la Provincia de Galápagos;

b) Área territorial susceptible de una demarcación natural, que no implique colisión con las parroquias colindantes, y con recursos suficientes para llenar su cometido;

c) Existencia de un centro poblado que haga de cabecera parroquial, de características topográficas capaces de favorecer el ensanche apropiado de la población; y,

d) Solicitud firmada por la mayoría de los vecinos mayores de 18 años, informe del respectivo consejo provincial, de la entidad pública encargada de fijar los límites internos de la República, sobre el área territorial y sus límites y aprobación de la ordenanza de creación de la parroquia por el Ministerio de Gobierno.

En el caso del informe del consejo provincial, éste deberá ser favorable.

Capítulo II
De los Fines Municipales

Artículo 11. A la municipalidad le corresponde, cumpliendo con los fines que le son esenciales, satisfacer las necesidades colectivas del vecindario, especialmente las derivadas de la convivencia urbana cuya atención no competa a otros organismos gubernativos.

Los fines esenciales del municipio, de conformidad con esta Ley, son los siguientes:

1. Procurar el bienestar material y social de la colectividad y contribuir al fomento y protección de los intereses locales;

2. Planificar e impulsar el desarrollo físico del cantón y sus áreas urbanas y rurales;

3. Acrecentar el espíritu de nacionalidad, el civismo y la confraternidad de los asociados, para lograr el creciente progreso y la indisoluble unidad de la Nación; y,

4. Promover el desarrollo económico, social, medio ambiental y cultural dentro de su jurisdicción.

Artículo 12. En forma complementaria y sólo en la medida que lo permitan sus recursos, el municipio podrá cooperar con otros niveles gubernativos en el desarrollo y mejoramiento de la cultura, la educación y la asistencia social.

Artículo 13. Las municipalidades podrán ejecutar las obras o prestar los servicios que son de su competencia en forma directa, por contrato o delegación, en las formas y condiciones previstas en la Constitución Política de la República y la ley. Podrán también participar en la conformación de entidades privadas, sin fines de lucro, individualmente o mancomunadas con otras municipalidades o entidades del sector público.

En cualquier caso, sin perjuicio de los mecanismos de control ejercidos por la Contraloría General del Estado, las municipalidades ejercerán la regulación y control de las obras o servicios, a fin de garantizar su eficiencia, eficacia y oportunidad. Además, están obligadas a facilitar y promover el control social.

Artículo 14. Son funciones primordiales del municipio, sin perjuicio de las demás que le atribuye esta Ley, las siguientes:

1a. Dotación de sistemas de agua potable y alcantarillado;

2a. Construcción, mantenimiento, aseo, embellecimiento y reglamentación del uso de caminos, calles, parques, plazas y demás espacios públicos;

3a. Recolección, procesamiento o utilización de residuos;

4a. Regular y controlar la calidad, elaboración, manejo y expendio de víveres para el consumo público, así como el funcionamiento y condiciones sanitarias de los establecimientos y locales destinados a procesarlos o expenderlos;

5a. Ejercicio de la policía de moralidad y costumbres;

6a. Control de construcciones;

7a. Autorización para el funcionamiento de locales industriales, comerciales y profesionales;

8a. Servicio de cementerios;

9a. Fomento del turismo;

10a. Servicio de mataderos y plazas de mercado;

11a. Planificar, coordinar y ejecutar planes y programas de prevención y atención social;

12a. Planificación del desarrollo cantonal;

13a. Regular el uso de la vía pública en áreas urbanas y suburbanas de las cabeceras cantonales y en las áreas urbanas de las parroquias rurales del cantón;

14a. Ejercer el control sobre las pesas, medidas y calidad de los productos que se expenden en los diversos locales comerciales de la jurisdicción;

15a. Promover y apoyar el desarrollo cultural, artístico, deportivo y de recreación, para lo cual podrá coordinar con instituciones públicas o privadas afines;

16a. Prevenir y controlar la contaminación del medio ambiente en coordinación con las entidades afines;

17a. Contribuir al fomento de la actividad productiva y su comercialización, a través de programas de apoyo a actividades como la artesanía, microempresarias y productoras de la pequeña industria entre otros, en coordinación con organismos nacionales, regionales, provinciales y parroquiales;

18a. Colaborar y coordinar con la Policía Nacional, la protección, seguridad y convivencia ciudadana;

19a. Podrá planificar, organizar y regular el tránsito y transporte terrestre, en forma directa, por concesión, autorización u otras formas de contratación administrativa, en coordinación con los organismos de tránsito competentes, de acuerdo con las necesidades de la comunidad;

20a. Exigir y controlar que en toda obra pública o privada que suponga el acceso público, en los edificios públicos o privados, en los lugares que se exhiban espectáculos públicos y en las unidades de transporte público se diseñen, establezcan, construyan y habiliten accesos, medios de circulación e instalaciones adecuadas para personas con discapacidades; y,

21a. Ejercer el control de la venta en espacios y vías públicas de toda obra artística literaria, musical o científica, en cualquier formato, producidas, reproducidas o distribuidas, que se encuentren protegidas por la Ley de Propiedad Intelectual.

Artículo 15. Para la consecución de sus fines esenciales el municipio cumplirá las funciones que esta Ley señala, teniendo en cuenta las orientaciones emanadas de los planes nacionales y regionales de desarrollo económico y social que adopte el Estado.

En el caso de que alguna de las funciones señaladas en el artículo precedente corresponda por ley también a otros organismos, éstos transferirán a los municipios tales funciones, atribuciones, responsabilidades y recursos económicos internos o externos si los hubiere.

Capítulo III
De la Autonomía Municipal

Artículo 16. Las municipalidades son autónomas. Salvo lo prescrito por la Constitución de la República y esta Ley, ninguna Función del Estado ni autoridad extraña a la municipalidad podrá interferir su administración propia, estándoles especialmente prohibido:

1. Suspender o separar de sus cargos a los miembros del gobierno o de la administración municipales;

2. Derogar, reformar o suspender la ejecución de las ordenanzas, reglamentos, resoluciones o acuerdos de las autoridades municipales;

3. Impedir o retardar de cualquier modo la ejecución de obras, planes o programas municipales, imposibilitar su adopción o financiamiento, incluso retar-

dando la entrega oportuna y automática de recursos, así como encargar su ejecución a organismos extraños a la administración municipal respectiva;

En caso de incumplimiento, quien dispusiere el encargo podrá ser destituido de su cargo, sin perjuicio de las acciones legales a que hubiere lugar.

4. Privar al municipio de alguno o parte de sus ingresos, así como hacer participar de ellos a otra entidad, sin resarcirle con otra renta equivalente en su cuantía, duración y rendimiento que razonablemente puede esperarse en el futuro;

5. Tomar bienes muebles o inmuebles de un municipio, sino de acuerdo con el concejo cantonal y previo pago del justo precio de los bienes de los que se le priven;

6. Establecer exenciones, exoneraciones, participaciones o rebajas de los tributos destinados al financiamiento de los organismos municipales;

7. Obligar a las municipalidades a recaudar o retener tributos e ingresos a favor de terceros, a excepción de los valores que corresponden al impuesto a la renta de sus servidores y contratistas, a los aportes individuales del Instituto Ecuatoriano de Seguridad Social, a las pensiones de alimentos fijadas judicialmente, al impuesto al valor agregado, contribuciones especiales para los organismos de control. Aquellos que por convenio deba recaudarlos, dará derecho a la municipalidad a beneficiarse hasta con el diez por ciento de lo recaudado;

8. Obligar a un municipio a prestar o sostener servicios que no sean de estricto carácter municipal o que siéndolo, no los administre o no esté en condiciones de administrarlos;

9. Impedir de cualquier manera que un municipio recaude directamente sus propios recursos;

10. Interferir en su organización administrativa y en la clasificación de puestos;

11. Interferir o perturbar el ejercicio de las atribuciones que le concede esta Ley;

12. Emitir dictámenes o informes respecto de ordenanzas tributarias, proyectos, planes de desarrollo, presupuestos, celebración de convenios y demás actividades de la municipalidad, salvo los informes que deben emitir los organismos de control, en temas relacionados con sus funciones, de conformidad con la ley de la materia.

Los organismos de control previstos en la Constitución Política de la República, a través de sus regionales o delegaciones desconcentradas, ejercerán sus funciones en el ámbito de sus competencias, de conformidad con la ley;

13. Derogar tributos o modificarlos reduciéndolos u ordenar rebajas de las asignaciones que por ley les corresponden; y,

14. No podrán crear o incrementar obligaciones de carácter laboral que afecten a las municipalidades como el aumento de sueldos, pensiones de jubilación, sin asignar a través del Ministerio de Economía y Finanzas u organismo competente, los recursos necesarios y suficientes para atender tales egresos.

Artículo 17. El Estado y sus instituciones están obligados a:

a) Respetar y hacer respetar la autonomía municipal;

b) Transferir en forma predecible, directa, oportuna y automática, las participaciones o asignaciones que corresponden a las municipalidades; así como los recursos para la ejecución de obras públicas, prestación de servicios y realización de actividades inherentes a los diversos ámbitos de su competencia que sean transferidos o delegados a las municipalidades a través del proceso de descentralización.

El retraso por más de diez días de terminado el mes correspondiente, en la transferencia de los recursos que, de conformidad con la Ley de Distribución del 15% del presupuesto del gobierno central, para los gobiernos seccionales, les corresponde a las municipalidades, causará que el funcionario responsable de tal retraso sea sancionado con la destitución del cargo por parte de la correspondiente autoridad nominadora, extendiéndose esta responsabilidad y sanción al Ministro de Economía y Finanzas; y,

c) Coordinar con las municipalidades la elaboración y ejecución de planes nacionales de desarrollo, a fin de que éstos guarden armonía con los planes de desarrollo regionales, provinciales y cantonales.

El organismo técnico de planificación previsto en la Constitución Política de la República, incorporará a un representante de los gobiernos seccionales autónomos.

Artículo 18. La municipalidad que considere que una ley, reglamento o cualquier otra norma fueren inconstitucionales o atentaren contra la autonomía municipal, presentará la demanda de inconstitucionalidad ante el Tribunal Constitucional, para que, dentro del término establecido en la ley, se pronuncie sobre la impugnación presentada.

Si un decreto, acuerdo, resolución u otro acto administrativo emanado de cualquier dignatario, autoridad o funcionario público, atentaren contra la autonomía municipal, o de cualquier otro modo contravinieren las disposiciones de esta Ley, la municipalidad afectada o la Asociación de Municipalidades Ecuatorianas podrán impugnarlo ante el respectivo Tribunal Distrital de lo Contencioso Administrativo o Tribunal Distrital Fiscal de su jurisdicción, según la materia de que se trate.

Capítulo IV
De la Municipalidad y el Estado

Artículo 19. En ningún caso de descentralización se podrá objetar o condicionar la transferencia de competencias al cumplimiento de requisitos o formalidades que no estén previstos en la Constitución Política de la República y la ley.

Para solicitar la transferencia de competencias las municipalidades deberán tener capacidad operativa para asumirla. El concejo cantonal respectivo determinará la capacidad operativa para asumir nuevas competencias.

Artículo 20. Presentada la solicitud de descentralización de competencias y recursos por parte de una municipalidad, la autoridad del gobierno central a quien está dirigida tendrá el término de treinta días para pronunciarse, de no hacerlo y vencido el término, la solicitud se entenderá aceptada en las condiciones propuestas.

Si en el término de noventa días contados a partir de la fecha de aceptación expresa o tácita de la solicitud de transferencia presentada por una municipalidad, no se suscribiere el convenio de transferencia de competencias, entrará en vigencia la propuesta escrita de la municipalidad y el funcionario público responsable de la omisión será destituido por la autoridad nominadora.

Artículo 21. Suscrito el convenio de manera expresa o aceptada tácitamente la propuesta municipal, el ministerio del ramo transferirá los recursos humanos y materiales en el ámbito de su competencia y el Ministerio de Economía y Finanzas transferirá los recursos económicos equivalentes, que en ningún caso serán inferiores a los destinados por el gobierno central en el correspondiente ejercicio económico; además transferirá los montos necesarios para el mejoramiento integral de la infraestructura y equipamiento de las unidades descentralizadas. Las transferencias se cumplirán en el plazo de sesenta días, en forma directa y obligatoria. El Ministro de Economía y Finanzas y los funcionarios públicos responsables de su incumplimiento, serán sancionados con la remoción o destitución por la autoridad nominadora.

Artículo 22. Los gobiernos seccionales autónomos, el gobierno nacional y sus entidades, están obligados a coordinar sus actividades a fin de evitar la superposición y duplicidad de atribuciones.

Si coincidieren diversas entidades en la ejecución de obras y/o prestación de servicios que la ley les imponga realizar o mantener, se asociarán de así convenirlo o concurrirán con los recursos indispensables para ejecutarlos y administrarlos en común, de acuerdo a las condiciones que estipularán por convenio.

Artículo 23. La organización y funcionamiento de los concejos cantonales creados por otras leyes para la aplicación de políticas sectoriales, serán reguladas por el concejo municipal mediante ordenanza, la que cuidará que guarden armonía entre sí.

Artículo 24. En concordancia con los objetivos y las políticas nacionales y con la participación de los actores públicos y privados, las municipalidades formularán y aprobarán sus planes de desarrollo estratégicos cantonales, programas y proyectos que garanticen la consecución de sus fines y la adecuada coordinación del desarrollo parroquial, cantonal, provincial y nacional.

Los planes cantonales de desarrollo armonizarán los elementos, fundamentos y proyectos urbanos con los planes de las parroquias rurales; a su vez, los planes cantonales servirán de insumo obligatorio para los planes provinciales y nacional de desarrollo.

Para la ejecución de los planes cantonales, las municipalidades fijarán las asignaciones respectivas en el presupuesto general institucional.

TITULO II
DEL GOBIERNO MUNICIPAL

Capítulo I
Del Concejo

Artículos 25. El gobierno cantonal estará a cargo del concejo municipal con facultades normativas cantonales, de planificación, consultivas y de fiscalización, presidido por el alcalde, con voto dirimente.

Artículo 26. El alcalde es el representante legal de la municipalidad y responsable de la administración municipal; junto con el procurador síndico la representará judicial y extrajudicialmente.

Artículo 27. El concejo estará integrado por concejales o ediles designados en sufragio universal y secreto, de acuerdo con la Ley Orgánica de Elecciones, en el número siguiente:

a) Los municipios con más de cuatrocientos mil habitantes, quince concejales;

b) Los municipios con más de doscientos mil habitantes, trece concejales;

c) Los municipios con más de cien mil habitantes, once concejales;

d) Los municipios cuyas cabeceras son capitales de provincia, excepto los de la región amazónica ecuatoriana y la provincia de Galápagos, o las que tengan más de ochenta mil habitantes, nueve concejales;

e) Los demás municipios, incluidas las capitales de provincias de la región amazónica ecuatoriana y de la provincia de Galápagos, siete concejales; y,

f) Los demás municipios de la región amazónica ecuatoriana y de la provincia de Galápagos, cinco concejales.

Artículo 28. Cada concejal principal tendrá los suplentes que determine la Ley Orgánica de Elecciones.

Artículo 29. Los concejos se renovarán cada dos años, por partes. Esta renovación será de ocho y siete, de siete y seis, de seis y cinco, de cinco y cuatro, de cuatro y tres o de tres y dos concejales, alternativamente, según el número de integrantes del respectivo concejo, de acuerdo con lo establecido en el artículo 27.

Capítulo II
De los Concejales
Sección 1a.
Enunciados Generales

Artículo 30. La función de concejal es obligatoria e irrenunciable, salvo lo establecido en el Art. 37.

Los concejales percibirán dietas por el desempeño de sus funciones. El concejo, mediante ordenanza, establecerá el monto de las dietas que no excederán del treinta y cinco por ciento de la remuneración mensual unificada del alcalde, para lo cual se considerará los siguientes parámetros:

a) Las sesiones ordinarias y extraordinarias a las que asistan los concejales; y,

b) La capacidad económica de la municipalidad.

Artículo 31. Los concejales durarán cuatro años en sus funciones y podrán ser reelegidos de manera indefinida.

Artículo 32. Los concejales no tienen más deberes y atribuciones que los señalados expresamente en la Constitución Política y en esta Ley. Conforme a éstas son responsables en el ejercicio de sus funciones; gozan de fuero de Corte y tienen derecho a que se les guarde, dentro y fuera de la corporación, los honores y consideraciones correspondientes a su investidura.

Artículo 33. Los concejales no son responsables por las opiniones vertidas en las sesiones, pero sí lo son cuando contribuyan con sus votos a sancionar actos contrarios a la Constitución o a las leyes.

Artículo 34. Los concejales cuyos bienes fueren expropiados por el respectivo municipio, por así requerirlo la realización de una obra pública sin cuya expropiación no podría llevarse a cabo, podrán celebrar con éste los contratos respectivos o sostener el juicio de expropiación en los casos previstos en la ley, sin que por ello se contravenga a las disposiciones del numeral cuatro del Art. 41. En el mismo caso se encontrarán los concejales cuyos parientes dentro del cuarto grado de consanguinidad o segundo de afinidad, tengan que sostener dichos juicios o celebrar los indicados contratos.

Sección 2a.

De las Incapacidades, Inhabilidades, Incompatibilidades y Excusas

Artículo 35. La función de concejal es incompatible:

1. Con la de miembro del Tribunal Constitucional y de los tribunales electorales, de funcionario o trabajador del Estado o de cualquier otra entidad del sector público, exceptuando a quienes presten servicios en los cuerpos de bomberos y a los profesores;

2. Con la de miembro de la fuerza pública en servicio activo, o de ministro religioso de cualquier culto;

3. Con la de obrero de los correspondientes concejo municipal y consejo provincial, aunque renuncien al respectivo salario; y,

4. Con la de diputado.

Artículo 36. Las inhabilidades e incompatibilidades de que trata el artículo precedente comprenden a los concejales principales en el momento de la elección y a los suplentes cuando fueren llamados al desempeño de esa función.

Comprenden, así mismo, a las inhabilidades o incompatibilidades que sobrevengan mientras el concejal se halle en ejercicio de su función.

Artículo 37. Son causas de excusa legítima para no aceptar la función de concejal o para dejar de desempeñarla:

1. Ser mayor de sesenta años de edad;

2. Padecer de alguna enfermedad o impedimento físico que haga imposible el ejercicio de la función o que no permita dedicarse a esa función;

3. Haber desempeñado la función en la misma corporación por lo menos durante un período completo;

4. Aceptar un empleo público incompatible con la función de concejal; y,

5. Todas aquellas circunstancias que a juicio de la corporación imposibiliten o hagan muy gravoso a una persona el desempeño de la función.

Artículo 38. Toda excusa será individual y justificada.

Sección 3a.

De los Deberes y Atribuciones de los Concejales

Artículo 39. Son deberes de los concejales:

1. Posesionarse de la función en la forma y oportunidad señaladas en la Ley Orgánica de Elecciones;

2. Presentar la excusa para el desempeño de la función dentro de los tres días hábiles posteriores a la posesión, en caso de hallarse incursos en cualquiera de las causales de inhabilidad o incompatibilidad. Si la causa fuere posterior a la posesión, deberá también presentarse la excusa dentro de igual plazo;

3. Asistir obligatoriamente a la sesión inaugural del concejo, y con puntualidad a las demás sesiones de la corporación;

4.   Dirigir o integrar las comisiones para las que hubiere sido nombrado por la corporación, la comisión de mesa o el alcalde;

5.   Desempeñar con diligencia y esmero los cometidos que le imparta el concejo;

6.   Contribuir a la defensa de los bienes y recursos municipales y al incremento de los mismos; y,

7.   Coadyuvar celosamente al cabal cumplimiento de los fines y funciones municipales.

Artículo 40. Son atribuciones de los concejales:

1a.   Participar en el estudio y resolución de todas las cuestiones de carácter municipal, político o gubernamental que correspondan al concejo;

2a.   Solicitar por escrito de cualquier dependencia municipal, previo conocimiento del alcalde, los informes que estime necesarios para cumplir su cometido; y,

3a.   Ser escuchado en el seno del concejo y de las comisiones.

Sección 4a.

De las prohibiciones

Artículo 41. Es prohibido a los concejales:

1.   Presenciar o intervenir en la resolución de asuntos en que tengan interés ellos o sus parientes dentro del cuarto grado de consanguinidad o segundo de afinidad;

2.   Percibir, directa o indirectamente, cantidad alguna de los fondos municipales, en cualquier forma que fuere, con la única excepción de la correspondiente a viáticos o gastos de viaje;

3.   Celebrar contrato alguno, directa o indirectamente, sobre bienes o rentas de la municipalidad de cuyo concejo forma parte. Esta prohibición comprende también a los parientes de los concejales de que trata el numeral 1;

4.   Vender o dar en arrendamiento a la municipalidad, directa o indirectamente, sus bienes o los bienes de los parientes a los que se refiere el numeral 1o; o recibir de la misma dinero a mutuo o por cualquier otro contrato, prohibición ésta que también se extiende a los antedichos parientes;

     En casos de expropiación, los concejales podrán celebrar los respectivos convenios que determine la ley;

5.   Realizar gestiones en favor de intereses contrarios a los de la municipalidad a la que pertenezcan;

6.   Arrogarse la representación de la municipalidad, tratar de ejercer aislada o individualmente las atribuciones que a ésta competen o anticipar o comprometer las decisiones del concejo;

7.   Atentar, de cualquier modo, contra el patrimonio municipal o coadyuvar para su extinción o menoscabo;

8.   Llevar al seno del concejo contiendas de carácter político o religioso;

9.   Ordenar cualquier egreso de dinero o bienes municipales; y,

10. Intervenir en la administración municipal o impedir en cualquier forma que el personal administrativo cumpla con sus obligaciones.

Artículo 42. Los actos y contratos realizados en contravención a las prohibiciones del artículo precedente, serán nulos. Los concejales causantes de la nulidad serán personal y pecuniariamente responsables de los perjuicios ocasionados.

Sección 5a.
De las Licencias y Vacaciones
Parágrafo 1o.
De las Licencias

Artículo 43. Los concejales podrán obtener licencia concedida por el concejo por plazos que no excedan de dos meses en un año; pero no disfrutarán de ella al mismo tiempo concejales que representen más de un tercio del número corporativo.

Artículo 44. El alcalde podrá conceder licencia a un concejal para que no actúe en las comisiones de que forme parte, hasta por un mes.

Artículo 45. No podrán hacer uso simultáneo de licencia más de la mitad de los concejales miembros de la misma comisión.

Parágrafo 2o.
De las Vacancias

Artículo 46. Los concejales perderán sus funciones y el concejo los declarará vacantes en los siguientes casos:

1. Por estar incursos en alguna de las causales de incapacidad o incompatibilidad;
2. Por realizar alguno de los actos o contratos que les están prohibidos en la Sección 4a. de este Capítulo;
3. Por causar intencionalmente o debido a incumplimiento de sus deberes, perjuicios a la municipalidad de que formen parte;
4. Por recibir beneficio pecuniario en los contratos celebrados entre la municipalidad y otras personas, aunque éstas no fueren parientes del concejal;
5. Por sentencia ejecutoriada que lo declare autor, cómplice o encubridor de peculados, despilfarros o malos manejos de fondos o bienes municipales;
6. Por revelar hechos que hayan sido tratados en forma reservada y siempre que perjudiquen a la institución o a tercera persona, de manera grave; y,
7. Por no asistir, sin justa causa, a la sesión inaugural del concejo, o por no concurrir, en iguales circunstancias, y habiendo sido legalmente convocados, a más de tres sesiones ordinarias consecutivas de la corporación, o a más de veinte y cinco sesiones no consecutivas.

Artículo 47. Ningún concejal podrá ser separado o destituido sino cuando quede ejecutoriada la respectiva resolución que declare la vacante.

Artículo 48. Toda vacante definitiva de la función de concejal será llenada inmediatamente, según las disposiciones de esta Ley y de la Ley Orgánica de Elecciones.

Las vacantes se entenderán llenadas sólo por el tiempo que faltare para cumplirse el período de la elección del concejal que la haya producido.

Artículo 49. Además de la pérdida de la función, el concejal queda sujeto, según fuere del caso, a sufrir multa de tres a diez remuneraciones mensuales básicas mínimas unificadas del trabajador en general que le impondrá el respectivo concejo, a ser procesado penalmente por denuncia del Ministro de Gobierno, por denuncia o acusación del concejo o por instrucción fiscal, y a la acción de daños y perjuicios que podrá proponer el concejo o la parte perjudicada ante la Corte Superior de Justicia del respectivo distrito.

Artículo 50. Los candidatos a concejales principales que no resultaren elegidos como tales, reemplazarán a quienes fueron elegidos de acuerdo con lo previsto en la Ley Orgánica de Elecciones.

Artículo 51. En caso de licencia o falta temporal de un concejal principal será llamado el suplente.

El ciudadano que, por su calidad de suplente, fuere llamado a desempeñar una concejalía, se posesionará previamente de la función ante el tribunal provincial electoral. Igual se procederá en caso de que su designación fuere hecha de conformidad con el Art. 53 de esta Ley.

Artículo 52. Si vacare definitivamente la función de un concejal reemplazará a éste, por todo el tiempo que le falte para cumplir su mandato, el respectivo suplente y a falta de éste se procederá conforme lo dispuesto en el Art. 50.

Artículo 53. De faltar el número corporativo y agotarse las listas de concejales suplentes, el concejo, si tuviere quórum, procederá a la designación de los que faltaren, eligiendo ciudadanos de las tendencias políticas de las correspondientes listas.

Si en las mismas circunstancias faltare el quórum, todos o cualquiera de los concejales en funciones pedirán que la designación en la forma prevista en el inciso anterior, la haga el consejo provincial respectivo o, a falta de éste, el Tribunal Constitucional.

Artículo 54. El concejal suplente que no fuere llamado conforme a la ley a integrar el concejo, podrá acudir al consejo provincial respectivo y esta corporación lo hará convocar.

En caso de desobediencia, el mismo consejo provincial impondrá el máximo de la pena prevista en el Art. 58 a quien ejerza la alcaldía o a los miembros de esta corporación, si uno u otros le impidieren incorporarse o actuar.

Artículo 55. Concédese acción popular para denunciar a los ciudadanos que hallándose en cualquiera de las causas de incapacidad, inhabilidad o incompatibilidad, o que habiendo perpetrado actos que les estén prohibidos, no se excusaren de desempeñar la función de concejales.

Asimismo, concédese acción popular para denunciar a los componentes de un concejo que debiendo separar o destituir a uno o más ediles por las causas señaladas en el Art.46, no lo hubieren hecho.

Artículo 56. Compete al concejo conocer de las denuncias que se presenten contra sus miembros o de las excusas o incompatibilidades de éstos, separarlos de sus funciones declarar las vacantes cuando haya motivo legal y llamar a los suplentes.

Una vez elegido, no se podrá descalificar a un concejal antes de que se haya posesionado.

Artículos 57. Las resoluciones sobre descalificación o separación de concejales expedidas por el concejo o el consejo provincial, se notificarán a los interesados dentro de tres días, por medio del notario que designe el presidente de la corporación. El notario extenderá el acta respectiva.

Artículo 58. Siempre que con violación de la ley se descalificare o separare a un concejal o se aceptare una excusa cuyos fundamentos no estuvieren comprobados, cada uno de los ediles que con temeridad o mala fe hubiere contribuido con su voto para la descalificación o separación, será sancionado con multa de tres a diez remuneraciones mensuales básicas mínimas unificadas del trabajador en general.

En igual pena incurrirán los concejales que contribuyeren con su voto a rechazar una excusa legal, una denuncia fundada o a no separar al concejal que estuviere en cualquiera de los casos que le incapaciten para continuar desempeñando la función.

Multa semejante se aplicará a la persona cuya denuncia no hubiere sido justificada, siempre que se la califique de insidiosa o temeraria, sin perjuicio de la responsabilidad penal a que hubiere lugar.

Las multas de que tratan los incisos 1o. y 2o. del presente artículo serán impuestas por el consejo provincial; la multa establecida en el inciso 3o. será aplicada por el concejo.

Artículo 59. De las resoluciones que dicte el concejo en uso de las facultades que le concede este título podrá recurrirse ante el consejo provincial, y de las resoluciones de éste, ante el Tribunal Constitucional, que podrá imponer las multas de que trata el artículo anterior, si no lo hubiere hecho el consejo provincial, a cuyos miembros podrá aplicar también una multa de una a dos remuneraciones mensuales básicas mínimas unificadas del trabajador en general.

El recurso se interpondrá ante el alcalde de cuya resolución se apele.

El término para interponer el recurso será el de tres días contados desde aquél en el que el notario haga conocer al interesado la resolución de la que se recurre.

Artículo 60. El dignatario que reciba la apelación, la remitirá por secretaría, con el original del expediente que contenga la resolución recurrida, dentro de las veinticuatro horas siguientes, a la entidad ante quien se apela, y el prefecto de ésta hará notificar al apelante, por secretaría, dentro de las próximas veinticuatro horas de recibido el recurso, para que lo formalice y lo justifique, adjuntando las pruebas instrumentales e informaciones de testigos actuadas ante un juez de lo civil, con notificación de la parte contraria, dentro del plazo de diez días.

Vencido el plazo anterior, si no se hubiere formalizado el recurso, se lo declarará desierto, de oficio o a petición de parte y se devolverá el expediente. En el evento contrario, se notificará a la otra parte para que, asimismo en el término de diez días, replique y presente simultáneamente, como se manda para el caso anterior, todas las pruebas que estime necesarias.

Los escritos y pruebas que se presentaren después de vencido el plazo concedido a cada parte, serán rechazados.

Artículo 61. Con la réplica y sin más trámite, la entidad ante quien se apeló dictará su resolución dentro del plazo de quince días y la hará notificar dentro de las próximas veinticuatro horas.

De no dictarse la resolución o no hacérsela conocer dentro de los plazos señalados, se podrá, al vencimiento de los mismos, presentar la correspondiente queja ante el Tribunal Constitucional, el que dispondrá que el consejo provincial adopte la resolución respectiva, dentro de los diez días siguientes a la notificación.

La omisión en el cumplimiento de lo dispuesto por el Tribunal Constitucional constituirá personal y pecuniariamente responsables al prefecto y a los consejeros provinciales que fueren culpables de la falta de resolución.

Artículo 62. La corporación respectiva impondrá al secretario que deje de notificar una resolución o no remita el recurso con oportunidad, la multa del veinticinco por ciento de la remuneración mensual básica mínima unificada del trabajador en general por cada día de demora en hacerlo, y aún procederá a su destitución si su desidia produjere graves males a la administración; esto sin perjuicio de las acciones civiles y penales a que hubiere lugar.

Capítulo III
De lo que está Atribuido y Prohibido al Concejo
Sección 1a.
De las Atribuciones y Deberes

Artículo 63. La acción del concejo está dirigida al cumplimiento de los fines del municipio, para lo cual tiene los siguientes deberes y atribuciones generales:

1. Ejercer la facultad legislativa cantonal a través de ordenanzas; dictar acuerdos o resoluciones, de conformidad con sus competencias; determinar las políticas a seguirse y fijar las metas de la municipalidad;

2. Conocer los planes, programas y proyectos de desarrollo cantonal presentados por el alcalde, debiendo aprobarlos o reformarlos;

3. Dirigir el desarrollo físico del cantón y la ordenación urbanística, de acuerdo con las previsiones especiales de esta Ley y las generales sobre la materia;

4. Aprobar los planes reguladores de desarrollo físico cantonal y los planes reguladores de desarrollo urbano, formulados de conformidad con las normas de esta Ley;

5. Controlar el uso del suelo en el territorio del cantón, de conformidad con las leyes sobre la materia, y establecer el régimen urbanístico de la tierra;

6. Aprobar o rechazar los proyectos de parcelaciones o de reestructuraciones parcelarias formulados dentro de un plan regulador de desarrollo urbano;

7. Autorizar la suspensión hasta por un año del otorgamiento de licencias de parcelación de terrenos y de edificaciones en sectores comprendidos en un perímetro determinado, con el fin de estudiar el plan regulador de desarrollo urbano o sus reformas;

8. Aprobar el plan de obras locales contenidas en los planes reguladores de desarrollo urbano, todas las demás obras que interesen al vecindario y las necesarias para el gobierno y administración municipales;

9. Decidir cuáles de las obras públicas locales deben realizarse por gestión municipal, bien sea directamente o por contrato o concesión, y cuáles por gestión privada y, si es el caso, autorizar la participación de la municipalidad en sociedades de economía mixta;

10. Decidir el sistema mediante el cual deben ejecutarse los planes de urbanismo y las obras públicas;

11. Declarar de utilidad pública o de interés social los bienes materia de expropiación, sin la intervención, en el proceso, de organismo alguno del gobierno central;

12. Regular y autorizar la adquisición de bienes, la ejecución de obras, la prestación de servicios o el arrendamiento mercantil con opción de compra, de conformidad con la ley;

13. Expedir la ordenanza de construcciones que comprenda las especificaciones y normas técnicas y legales por las cuales deban regirse la construcción, reparación, transformación y demolición de edificios y de sus instalaciones;

14. Aprobar el programa de servicios públicos, reglamentar su prestación y aprobar las especificaciones y normas a que debe sujetarse la instalación, suministro y uso de servicios de agua, desagüe, aseo público, bomberos, mataderos, plazas de mercado, cementerios y demás servicios a cargo del municipio, con excepción de lo que dispone en el numeral 17 de este artículo;

15. Reglamentar de acuerdo con la ley lo concerniente a la contratación y concesión de servicios públicos;

16. De acuerdo con las leyes sobre la materia fijar y revisar las tarifas para consumo de agua potable y demás servicios públicos susceptibles de ser prestados mediante el pago de las respectivas tasas, cuando sean proporcionados directamente por el municipio.

    Para los efectos señalados en el inciso anterior, tratándose de servicios prestados directamente por las municipalidades, el concejo está facultado para crear tasas retributivas de servicios y para establecer contribuciones especiales de mejoras, sujetándose a las limitaciones determinadas en esta Ley;

17. Autorizar la constitución de empresas municipales en compañías de economía mixta, para la prestación de servicios públicos;

18. Autorizar y reglamentar el uso de los bienes de dominio público;

19. Reglamentar la circulación en calles, caminos y paseos dentro de los límites de las zonas urbanas y restringir el uso de las vías públicas para el tránsito de vehículos;

20. Designar representante ante los consejos provinciales de tránsito y transportes terrestres, de acuerdo con la ley;

21. Solicitar a la autoridad competente la adjudicación de las aguas subterráneas o de los cursos naturales que necesite para establecer o incrementar los servicios de agua potable y alcantarillado.

    La adjudicación para estos servicios tendrá prioridad;

22. Resolver, en segunda y última instancia, de acuerdo con la ley, sobre el establecimiento de servidumbres gratuitas de acueductos para la conducción de aguas claras y servidas y servidumbres anexas de tránsito;

23. Aplicar, mediante ordenanza, los tributos municipales creados expresamente por la ley;

24. Crear, modificar y suprimir tasas y contribuciones especiales de mejoras que los propietarios están obligados a pagar para costear las obras públicas, de acuerdo con la ley;

25. Reglamentar los sistemas mediante los cuales ha de efectuarse la recaudación e inversión de las rentas municipales;

26. Aceptar herencias, legados o donaciones. Si fueren condicionales, modales u onerosas, los aceptará o repudiará atendiendo a las conveniencias corporativas. Las herencias, legados y donaciones se entenderán aceptadas con beneficio de inventario. Por lo tanto, el ayuntamiento no responderá sino hasta por el monto que aquellos representen;

27. Aprobar, mediante ordenanza, hasta el 10 de diciembre de cada año, la proforma de presupuesto general municipal, el mismo que deberá guardar obligatoria concordancia con el Plan de Desarrollo Cantonal y Plan Operativo Anual, que regirá en el siguiente ejercicio económico. En caso de que el concejo no emitiere la ordenanza que contenga la aprobación de la proforma del presupuesto general municipal, hasta la fecha señalada, se tendrá por aprobada la proforma presentada por el alcalde, sin modificaciones.

Cuando se inicie el período del alcalde, el presupuesto se aprobará hasta el 10 de febrero de ese año, con los mismos efectos señalados en el inciso anterior, si el concejo no lo aprueba en el plazo indicado;

28. Aprobar la liquidación presupuestaria del año inmediato anterior, con los respectivos anexos, hasta el 31 de marzo de cada año;

29. Aprobar la contratación de empréstitos internos y externos, ajustados a los planes y proyectos, de acuerdo con la ley;

30. Acordar la venta, permuta o hipoteca de bienes del dominio privado, previas las autorizaciones legales del caso;

31. Donar al Gobierno Nacional terrenos para la construcción de hospitales y centros de salud, previo dictamen de los organismos correspondientes;

32. Disponer la compra de inmuebles con los propósitos que esta Ley señala;

33. Determinar la forma en que la municipalidad debe contribuir al desenvolvimiento cultural del vecindario, de acuerdo con las leyes sobre la materia y el plan integral de desarrollo de la educación;

34. Exigir que en toda urbanización, parcelación, lotización, división o cualquier otra forma de fraccionamiento que le corresponda autorizar en las zonas urbanas y de expansión urbana, se destine un porcentaje para zonas verdes y comunales, que no excederá del veinte por ciento del área útil de la superficie total del terreno. El concejo mediante ordenanza, establecerá las superficies dentro de las cuales no se aplica la exigencia de destinar este porcentaje para áreas verdes y comunales;

35. Dictar las medidas que faciliten la coordinación y complementación de la acción municipal en los campos de higiene y salubridad y en la prestación de servicios sociales y asistenciales, con la que realiza el gobierno central y demás entidades del Estado;

36. Adoptar los perímetros urbanos que establezcan los planes reguladores de desarrollo urbano y fijar los límites de las parroquias de conformidad con la ley;

37. Crear, suprimir y fusionar parroquias urbanas y rurales, cambiar sus nombres y determinar sus linderos, con aprobación del Ministro de Gobierno, Culto, Policía y Municipalidades;

38. Establecer la policía municipal;

39. Decidir sobre la asociación con otros municipios o con entidades públicas;

40. Acudir al Tribunal Constitucional, al Tribunal Distrital de lo Contencioso Administrativo o al Tribunal Distrital de lo Fiscal, en los casos a los que se refiere el Art. 18 de esta Ley;

41. Normar la organización y funcionamiento del concejo, para lo cual dictará su reglamento interno; organizar e integrar las comisiones y conceder licencia al alcalde y a los concejales.

    El concejo, en forma obligatoria concederá licencia con remuneración o dietas, según corresponda, para los casos de maternidad, hasta por noventa días;

42. Decidir sobre las inhabilidades, excusas e incompatibilidades de los concejales;

43. Acordar la convocatoria a sesiones del cabildo ampliado;

44. Velar por la rectitud, eficiencia y legalidad de la administración y por la debida inversión de las rentas municipales, para lo cual ejercerá el control político y fiscal sobre el desarrollo de la gestión administrativa;

45. Conocer y resolver sobre las actuaciones del alcalde, cuando éstas puedan afectar las disposiciones de la Constitución, de las leyes generales o de las disposiciones que con este carácter haya dictado el propio concejo, o puedan comprometer de alguna manera la programación técnica por él aprobada.

    Los afectados con las resoluciones del alcalde, para agotar la vía administrativa, podrán recurrir ante el respectivo concejo municipal, para obtener la modificación o la insubsistencia de las mismas. En el caso de no interponer este recurso dentro del término de diez días, contado desde que se les comunicó la respectiva resolución, ésta se considerará ejecutoriada;

46. Conocer y resolver sobre las reclamaciones que presenten instituciones o personas particulares, respecto de las resoluciones de orden municipal que les afectaren, y que se encuentren consideradas dentro de las disposiciones de esta misma Ley;

47. Intervenir, conforme a la ley, en la fijación y control de precios de los artículos de primera necesidad, y en la imposición de penas por violación de las disposiciones pertinentes;

48. Contribuir a la formulación de políticas de protección, seguridad y convivencia ciudadana, así como a la definición de las normas de coordinación de la municipalidad con la Policía Nacional y otros organismos responsables de acuerdo a las leyes vigentes; y,

49. Ejercer las demás atribuciones que le confiere la ley y dictar las ordenanzas, acuerdos, resoluciones y demás actos legislativos necesarios para el buen gobierno del municipio.

Sección 2a.
De las prohibiciones

Artículo 64. Es prohibido al concejo:

1. Delegar las funciones privativas que le asignan la Constitución y esta Ley;

2. Suspender, sin razones poderosas la continuación y terminación de los programas y proyectos iniciados en ejercicios anteriores y que consten en planes

aprobados por el concejo, y los comprendidos en los planes generales y regionales de desarrollo;

3. Aprobar el presupuesto anual si no contiene asignaciones suficientes para la continuación de los programas y proyectos iniciados en ejercicios anteriores;

4. Disponer la iniciación de obras y servicios si previamente no se han planificado con arreglo a lo que prescribe esta Ley;

5. Aprobar el presupuesto anual con un cálculo de ingresos exagerado o con partidas que evidentemente no producirán los ingresos previstos y crear impuestos, los cuales solamente serán establecidos por ley;

6. Mandar o tolerar la disposición arbitraria de fondos o se dispongan los ajenos;

7. Utilizar los bienes o aplicar cualquier ingreso municipal a objetos distintos del servicio público o de los fines a que están destinados;

8. Subvencionar a servicios extraños al municipio o a organizaciones y personas, cualquiera que sea su naturaleza y fines, salvo las excepciones de ley;

9. Condonar obligaciones constituidas en favor de la municipalidad;

10. Ceder gratuitamente por ningún concepto o donar obras, construcciones o bienes destinados al uso general de los vecinos. Las cesiones o donaciones que se hicieren serán nulas y las cosas cedidas o donadas volverán a su estado anterior;

11. Arrogarse atribuciones y tratar o decidir sobre materias, asuntos o problemas que no le están expresamente atribuidos por la Constitución y esta Ley;

12. Conceder a alguno de sus miembros o a los parientes de éstos, comprendidos dentro del cuarto grado de consanguinidad o segundo de afinidad, cargos remunerados o contratos lucrativos cuyo nombramiento o concesión corresponda al concejo. No comprende esta prohibición a los nombramientos que se hagan para representar a la municipalidad;

13. Dar votos de aplauso o censura a los funcionarios por actos oficiales; promover u organizar homenajes a funcionarios públicos y dar o permitir que el vecindario imponga el nombre de personas que aún vivan a parroquias, poblados, lugares, vías públicas, planteles o cualquier otra obra de interés público;

14. Disponer para otros fines los recursos destinados al pago de remuneraciones y cumplimiento general de contratos colectivos, actas transaccionales o sentencias pronunciadas por tribunales de conciliación y arbitraje;

15. Nombrar o contratar servidores municipales; y,

16. Obstaculizar el cumplimiento de las tareas de la administración municipal sin perjuicio de la responsabilidad que ésta tiene sobre sus actuaciones.

Artículo 65. Los actos realizados en contravención a las prohibiciones del artículo precedente serán nulos, y los concejales que hubiesen contribuido con sus votos a decidirlos, incurrirán en las responsabilidades legales pertinentes.

Artículos 66. Concédese acción popular para denunciar los actos violatorios de las normas de esta sección.

Capítulo IV
De los Personeros del Concejo y del Alcalde
Sección 1a.
Parágrafo 1o.
Del Alcalde

Artículo 67. Para dirigir la gestión municipal habrá en los concejos un alcalde.

Artículo 68. El alcalde será funcionario remunerado, ejercerá sus funciones a tiempo completo y tendrá un período de cuatro años, pudiendo ser reelegido de manera indefinida.

Parágrafo 2o.
De los Deberes y Atribuciones

Artículo 69. Son deberes y atribuciones del alcalde:

1. Cumplir y hacer cumplir la Constitución y leyes de la República y las ordenanzas, reglamentos, acuerdos y resoluciones del concejo;

2. Representar, junto con el procurador síndico municipal, judicial y extrajudicialmente, a la municipalidad;

3. Convocar al concejo a sesiones ordinarias y extraordinarias, de conformidad con lo que sobre la materia dispone esta Ley;

4. Presidir las sesiones del concejo, dar cuenta a éste de cuanto le corresponda resolver, y orientar sus discusiones;

5. Integrar y presidir la comisión de mesa;

6. Nombrar las comisiones permanentes que no hubiese integrado el concejo o la comisión de mesa, y las especiales que estime convenientes;

7. Aprobar, con la comisión de mesa, las actas de las sesiones del concejo cuando éste no lo hubiera hecho;

8. Intervenir en el trámite de los actos municipales cuya resolución corresponda al concejo;

9. Suscribir las actas de las sesiones del concejo y de la comisión de mesa;

10. Conceder licencia a los concejales para que no actúen en una comisión, de acuerdo con lo que dispone esta Ley;

11. Suscribir las comunicaciones de la corporación;

12. Efectuar la distribución de los asuntos que deban pasar a las comisiones y señalar el plazo en que deben ser presentados los informes correspondientes;

13. Formular el orden del día de las sesiones;

14. Coordinar la acción municipal con las demás entidades públicas y privadas;

15. Ejecutar los planes y programas de acción aprobados para cada uno de los ramos propios de la actividad municipal por conducto de las distintas dependencias de la administración, siguiendo la política trazada y las metas fijadas por el concejo;

16. Dirigir y supervisar las actividades de la municipalidad, coordinando y controlando el funcionamiento de los distintos departamentos;

17. Someter a la consideración del concejo los proyectos de planes y programas sobre desarrollo físico y ordenación urbanística del territorio del cantón, obras y servicios públicos y sobre los demás ramos de actividad;

18. Determinar los límites de gasto a los que deberán ceñirse las dependencias para la formulación del anteproyecto de presupuesto, considerar la proforma presupuestaria elaborada sobre dicha base y someter el proyecto definitivo de presupuesto al estudio y aprobación del concejo;

19. Aprobar o vetar las modificaciones introducidas al proyecto de presupuesto por el concejo;

20. Fijar las prioridades y cupos de gastos para cada programa presupuestario, con base en el calendario de desarrollo de actividades y en las proyecciones de ingresos;

21. Autorizar los traspasos y reducciones de créditos dentro de una misma función, programa, actividad o proyecto, y conceder, con la autorización del concejo, suplemento de créditos adicionales; todo con las formalidades contempladas en esta Ley;

22. Ordenar, en forma privativa, egresos por concepto de viáticos y honorarios;

23. Designar y remover con causa justa a los directores, procurador síndico y tesorero municipal. Podrá así mismo, designar y sancionar hasta con la destitución a los demás funcionarios y empleados de la administración municipal, de acuerdo con la ley.

24. Administrar el sistema de personal que adopte el concejo, para lo cual le corresponde aplicar la carrera administrativa y elaborar los proyectos sobre plan de clasificación y su nomenclatura y sobre régimen de remuneraciones, de calificaciones y disciplinario;

25. Firmar los nombramientos, dar por terminados los contratos, conceder licencias, sancionar a los funcionarios y empleados remisos en sus deberes y ejercer las demás acciones propias de la administración de personal, de conformidad con las normas legales sobre la materia;

26. Formular los reglamentos orgánicos y funcionales de las distintas dependencias municipales y someterlos a la aprobación del concejo;

27. Decidir sobre conflictos de competencia entre dependencias, empresas, funcionarios o autoridades municipales;

28. Vigilar la administración municipal, dar cuenta de ello al concejo y sugerir las medidas que estime necesarias para su mejoramiento;

29. Presentar al concejo, en su sesión inaugural, un informe escrito acerca de la gestión administrativa realizada, destacando el estado de los servicios y de las demás obras públicas realizadas en el año anterior, los procedimientos empleados en su ejecución, los costos unitarios y totales y la forma cómo se hubieren cumplido los planes y programas aprobados por el concejo;

30. Sancionar y promulgar las ordenanzas aprobadas por el concejo y devolver a la corporación las ordenanzas que estimare ilegales o inconvenientes, exclusivamente cuando ellas se refieran a materias económicas, siguiendo el procedimiento y los planes señalados por dicha acción;

31. Dictar, en caso de emergencia grave, bajo su responsabilidad, medidas de carácter urgente y transitorio y dar cuenta de ellas al concejo, cuando se reúna, si a éste hubiere correspondido adoptarlas, para su ratificación;

32. Recomendar al concejo prelación para el estudio y resolución de asuntos de su competencia que, en su concepto, tengan una alta prioridad para la buena marcha del municipio, y someter a consideración de la corporación el temario de asuntos a discutirse, cuando por convocatoria suya sesione extraordinariamente;

33. Presentar al concejo para su estudio y aprobación, proyectos de ordenanzas, reglamentos, acuerdos o resoluciones necesarios para el progreso del cantón y para la racionalización y eficiencia de la administración;

34. Suscribir, de acuerdo con la ley, los contratos y todos los demás documentos que obliguen a la municipalidad;

35. Aprobar las adquisiciones de acuerdo a las leyes sobre la materia y al régimen que, en consonancia con ellas, establezca el concejo;

36. Fijar, según las normas sobre la materia, los jornales de los obreros municipales;

37. Resolver, en primera o en segunda instancia, según el caso, los reclamos que se le presentaren;

38. Solicitar a la Contraloría General del Estado exámenes especiales de auditoría, cuando a su juicio existan circunstancias que así lo requieran o cuando el concejo lo determine;

39. Ordenar la baja de especies incobrables, por muerte, desaparición, quiebra, prescripción u otra causa semejante que imposibilite su cobro;

40. Transigir en los juicios de acuerdo con la ley. Si la cuantía del asunto litigioso puede exceder o comprometer rentas o bienes por un valor mayor que el equivalente al medio por mil de los recursos corrientes del respectivo municipio, se requerirá la aprobación del concejo;

41. Requerir la cooperación de la policía nacional, siempre que lo crea necesario para el cumplimiento de sus funciones;

42. Conceder permisos para juegos, diversiones y espectáculos públicos, de acuerdo con las prescripciones de las leyes y ordenanzas sobre la materia; y,

43. Resolver todos los asuntos que le competen y desempeñar las demás funciones previstas en ésta y cualquier otra ley.

El alcalde asistirá a las sesiones del concejo con voz y voto dirimente.

Artículo 70. El alcalde podrá delegar por escrito sus atribuciones y deberes, al vicepresidente del concejo y a los funcionarios de la municipalidad, dentro de la esfera de la competencia que a los mismos corresponde, siempre que las delegaciones que conceda no afecten a la prestación del servicio público y a la correcta administración de los bienes e intereses municipales. Lo actuado será puesto en conocimiento del concejo en la siguiente sesión. Quienes reciban las delegaciones, serán personal y solidariamente responsables de sus actos y decisiones en el cumplimiento de las mismas.

Parágrafo 3o.
De la Sustanciación del Recurso de Hábeas Corpus

Artículo 71. Es, además, deber y atribución del alcalde, o de quien haga sus veces, hacer efectiva la garantía constitucional del hábeas corpus, sustanciándolo conforme se dispone en los siguientes incisos:

Quien considere que su detención, procesamiento o prisión infringe preceptos constitucionales o legales, salvo el caso de delito flagrante, infracción militar o contravención de policía, puede por sí o por otra persona, sin necesidad de mandato escrito, poner en conocimiento del alcalde del cantón en que se encontrare detenido, procesado o preso, según el caso.

No podrán acogerse a este recurso los miembros de las Fuerzas Armadas o de la Policía Nacional que sufran arrestos disciplinarios o sean encausados y penados por infracciones de carácter militar o policial.

Presentada la solicitud o reducida a escrito, si fuere verbal, el alcalde, dispondrá que el recurrente sea conducido a su presencia dentro de veinticuatro horas, y que la autoridad o juez que ordenó la detención o dictó la sentencia, informe sobre el contenido de la denuncia, a fin de establecer los antecedentes.

Con el mismo objeto solicitará de cualquier otra autoridad y del encargado del centro de rehabilitación social del Estado en que se encontrare el recurrente, los informes y documentos que estime necesarios. Las autoridades o empleados requeridos los presentarán con la urgencia con que se les exija y si no lo hicieren, impondrá a los remisos una multa de doscientos a ochocientos dólares, y entrará a estudiar inmediatamente los antecedentes que le permitan dictar, en forma motivada, y dentro del plazo de cuarenta y ocho horas, si no rechazare el recurso, cualquiera de estas resoluciones:

1a. La inmediata libertad del recurrente, si no aparecen justificadas la detención o la prisión;

2a. La orden de que se subsanen los defectos legales, si el recurso se contrae a reclamar vicios de procedimiento o de investigación; y,

3a. La orden de que se ponga al recurrente a disposición de los jueces propios, si la denuncia alude a la competencia o el estudio del caso lo llevare a esa conclusión.

El juez, la autoridad, el empleado o el encargado de la custodia del recurrente que desobedezca la resolución correspondiente quedará destituido ipso-facto de su cargo. La destitución se comunicará, para los efectos legales, a quien nombra al juez, funcionario o persona destituida y a la Contraloría General del Estado, que glosará los sueldos que se paguen al destituido.

El empleado destituido, luego de haber puesto en libertad al detenido, podrá interponer recurso de apelación del fallo dictado contra él, para ante el Tribunal Distrital de lo Contencioso Administrativo, en el término de ocho días, contados a partir de la fecha en que fuere notificado con la destitución.

Parágrafo 4o.
De las prohibiciones

Artículo 72. Es prohibido al alcalde:

1.   Arrogarse atribuciones;

2.   Dar órdenes que vayan contra la realización de planes y programas aprobados por el concejo o que atenten claramente contra la política y las metas fijadas por éste;

3.   Prestar o hacer que se dé en préstamo fondos, materiales, herramientas, maquinarias o cualquier otro bien municipal o distraerlos bajo cualquier pretexto de los específicos destinos del servicio público;

4.   Dejar de actuar sin permiso del concejo o de la comisión de mesa, salvo caso de enfermedad;

5.   Adquirir compromisos en contravención de lo dispuesto por el concejo, cuando la decisión sobre éstos corresponda a la corporación;

6.   Absolver posiciones, deferir al juramento decisorio, allanarse a la demanda y aceptar conciliaciones conforme a la ley sin previa autorización del concejo;

7.   Desarrollar actividades electorales en uso o con ocasión de sus funciones; y,

8.   Todo cuanto le está prohibido al concejo y a los concejales, siempre y cuando tenga aplicación, esto es, que no les esté atribuido expresamente por la ley.

Artículos 73. Está prohibido especialmente al alcalde:

a)   Ejercer su profesión o desempeñar otro cargo público o privado, aun cuando no fuere rentado;

b)   Dedicarse a ocupaciones incompatibles con sus funciones o que le obliguen a descuidar sus deberes con la municipalidad; y,

c)   Otorgar nombramientos o suscribir contratos individuales o colectivos de trabajo, de servidores municipales, sin contar con los recursos y respectivas partidas presupuestarias para el pago de las remuneraciones de ley.

Parágrafo 5o.
De las Licencias y Vacancias

Artículo 74. El alcalde podrá obtener licencia con justa causa hasta por dos meses en el año.

La solicitud de licencia deberá cursarse al concejo, el que se pronunciará sobre ella y, de concederla, encargará la función al vicepresidente de la corporación.

Artículo 75. Cuando el alcalde deba ausentarse del territorio del cantón por más de veinticuatro horas y menos de tres días, dará aviso, por escrito, a la comisión de mesa.

Artículo 76. El concejo puede remover al alcalde, antes de la terminación del período para el cual fue electo, exclusivamente por las siguientes causas, debidamente comprobadas:

a)   Incurrir en delito de cohecho, soborno o peculado;

b)   Omisión en la presentación de la proforma de presupuesto, en los plazos fijados por esta Ley;

c)   Despilfarro o malos manejos de fondos municipales, cuya inversión o empleo sea de su competencia;

d)   Actitud de franca rebeldía que demuestre oposición declarada y sistemática al concejo en el cumplimiento de la gestión administrativa;

e)   Ejercicio de actividades electorales en uso o con ocasión de sus funciones, abusar de la autoridad que le confiere el cargo para coartar la libertad de sufragio u otras garantías constitucionales;

f)   Pérdida de los derechos políticos declarada judicialmente en providencia ejecutoriada;

g)   Sentencia ejecutoriada condenatoria a pena privativa de la libertad por más de seis meses o de auto de llamamiento a juicio dictados en su contra; y,

h)   Imposibilidad física o mental.

También podrá removerlo, por recomendación del cabildo ampliado, según lo previsto en la parte final del artículo 136 de esta Ley.

Artículo 77. Para la remoción del alcalde se seguirá el siguiente procedimiento:

a)   Expedida la recomendación de que trata el último inciso del artículo anterior, o presentada la denuncia y acogida por un concejal, el concejo estudiará el problema por lo menos en dos sesiones diferentes, celebradas con un intervalo no inferior a veinticuatro horas;

b)   El alcalde será notificado, por escrito, con la recomendación del cabildo ampliado o con la acusación que se le hace, y podrá presentar sus descargos en el seno del concejo;

c)   El concejo, una vez que hubiere examinado el asunto y después de la exposición del alcalde por escrito o verbalmente, por sí o por procurador, tomará la decisión que estimare procedente. Para la remoción se requerirá el voto favorable de las dos terceras partes de los miembros de la corporación, por lo menos. El alcalde podrá recurrir de la decisión del concejo para ante el consejo provincial respectivo, el cual deberá pronunciarse en el plazo máximo de treinta días contado a partir de la notificación de la providencia de recepción del proceso y, de la resolución de éste, para ante el Tribunal Constitucional. La resolución de este Tribunal deberá dictarse en el plazo máximo de treinta días y será definitiva.

Cuando se interpusiere los recursos que señala el inciso precedente, el alcalde continuará en el ejercicio del cargo hasta la expedición de la resolución definitiva por parte del consejo provincial o del Tribunal Constitucional.

Artículo 78. En caso de falta o ausencia definitiva del alcalde le reemplazará el vicepresidente por todo el tiempo que dure la ausencia o por el tiempo que falte para completar el período para el cual fuere elegido.

Durante el tiempo que el vicepresidente reemplace al alcalde, percibirá las mismas remuneraciones establecidas en el respectivo presupuesto para el nombrado funcionario.

Sección 2a.
Del Vicepresidente del Concejo

Artículo 79. El concejo elegirá de su seno un vicepresidente que durará dos años en sus funciones y podrá ser reelegido. Al vicepresidente le serán aplicables las disposiciones de esta Ley concernientes al alcalde, cuando hiciere sus veces.

Artículo 80. A falta del alcalde y del vicepresidente ejercerá el cargo el concejal designado para el efecto por el concejo. Si la falta del vicepresidente fuere por más de noventa días, el concejo procederá a designar al nuevo dignatario por el tiempo que faltare para completar el período.

Sección 3a.
Del Secretario del Concejo

Artículo 81. El secretario será designado por el concejo de una terna de fuera de su seno, presentada por el alcalde y sus atribuciones serán las siguientes:

1. Dar fe de los actos del concejo, de la comisión de mesa y del alcalde;
2. Redactar y suscribir las actas de las sesiones del concejo y de la comisión de mesa;
3. Cuidar del oportuno trámite de los asuntos que deba conocer la corporación en pleno o las comisiones y atender el despacho diario de los asuntos resueltos por el concejo y el alcalde;
4. Formar un protocolo encuadernado y sellado, con su respectivo índice numérico de los actos decisorios del concejo, de cada año, y conferir copia de esos documentos conforme a la ley;
5. Llevar y mantener al día el archivo de documentos del concejo y de la alcaldía y atender el trámite de la correspondencia; y,
6. Los demás que le señalen esta Ley y los Reglamentos.

Para nombrar secretario en los concejos se preferirá a quien tenga título de doctor en jurisprudencia o de abogado.

El tiempo de duración del cargo de secretario, no excederá de la fecha en la cual el alcalde termine sus funciones, pudiendo ser reelegido.

Artículo 82. El secretario deberá responder personal y pecuniariamente, en el momento en que cese en sus funciones, y sin perjuicio de la acción penal correspondiente, por la entrega completa de las pertenencias y archivos puestos bajo su cargo. Esta responsabilidad será determinada de conformidad con la Ley Orgánica de la Contraloría General del Estado.

Artículo 83. Cuando el secretario falte temporalmente lo reemplazará en su cargo, la persona que fuere designada conforme al reglamento.

Artículo 84. El secretario del concejo será, a la vez, secretario de la comisión de mesa.

Capítulo V
De las Comisiones
Sección 1a.
Enunciados Generales

Artículo 85. Los concejos organizarán, a base de sus miembros, las comisiones permanentes y especiales que estime necesarias para el mejor cumplimiento de sus deberes y atribuciones.

Artículo 86. La organización de las comisiones y la designación de sus miembros compete al concejo.

Será presidente de la comisión el concejal nombrado expresamente para el efecto, o el primero de los concejales designados para integrarla.

Artículo 87. Las comisiones permanentes sesionarán ordinariamente cuando menos una vez por quincena y, extraordinariamente, cuando las convoque su presidente o las haga convocar el alcalde.

Artículo 88. Los deberes y atribuciones de las comisiones son de estricto orden interno.

El concejo, el alcalde, en su caso, considerarán igualmente el informe de las comisiones y decidirá lo que corresponda teniendo en cuenta los dictámenes de aquellas.

Los dictámenes se darán en las comisiones por la mayoría de los votos presentes.

Cuando no haya unidad de criterio, se entregarán dictámenes razonados de mayoría y minoría.

Artículo 89. Las comisiones pueden asesorarse de técnicos o expertos nacionales o extranjeros, y recabar de instituciones, funcionarios y empleados públicos y de los particulares, los informes necesarios para el mejor desempeño de sus funciones.

Artículo 90. Las comisiones no tendrán carácter ejecutivo sino de estudio y de asesoría para el concejo municipal. Los informes de las comisiones o de los departamentos municipales deberán ser previos a las resoluciones del concejo, en caso de no haber sido presentados dentro del tiempo que les fuera asignado, el concejo podrá proceder a tomar la resolución.

Los dictámenes y recomendaciones de las comisiones se darán en informes escritos con las firmas de todos sus miembros incluso de los que discreparen, quienes lo anotarán así, y entregarán simultáneamente su opinión también por escrito.

Artículo 91. Les está prohibido a las comisiones o cualquiera de sus miembros dar órdenes directas o solicitar directamente a las funciones administrativas, informes sobre cualquier materia, salvo, los que se requieran con oportunidad de los exámenes de auditoría.

Artículo 92. Cada concejo tendrá la obligación de reglamentar el funcionamiento de sus comisiones permanentes, en todo lo que no esté previsto por esta Ley.

Sección 2a.
De las Comisiones Permanentes
Parágrafo 1o.
De las Comisiones Permanentes en General

Artículo 93. Las comisiones permanentes se organizarán teniendo en cuenta los diversos ramos de actividad municipal y en atención a una racional división del trabajo.

Cada concejo organizará, además de la comisión de mesa, excusas y calificaciones, aquellas que considere indispensable para facilitar su acción, de conformidad con el grupo de funciones que se indican a continuación:

1. Planeamiento, urbanismo y obras públicas;
2. Servicios públicos, que comprende: abastecimiento de agua, alcantarillado, y aseo público, bomberos, mataderos, plazas de mercado, cementerios y otros que pueden calificarse como tales;
3. Servicio financiero, que incluye presupuesto, impuestos, tasas y contribuciones, deuda pública, suministro y enseres municipales;
4. Servicios sociales, que abarca higiene, salubridad y servicios asistenciales, educación y cultura; y,
5. Servicios económicos, como vías de comunicación, transporte, almacenaje, control de precios, servicios de telecomunicaciones, agricultura, industria y otros de naturaleza semejante.

Dos o más grupos de funciones podrán asignarse a una sola comisión.

Artículo 94. De acuerdo con las comisiones organizadas, el alcalde efectuará la distribución de los asuntos que deban pasar a estudio de las respectivas comisiones y señalará el plazo en el cual deberán rendir los informes correspondientes.

Artículo 95. Las comisiones permanentes tienen los siguientes deberes y atribuciones, de acuerdo con la naturaleza específica de las funciones que se le asignen:

a) Estudiar los proyectos, planes y programas sometidos por el alcalde al concejo, para cada uno de los ramos propios de la actividad municipal y emitir dictamen razonado sobre los mismos;

b) Estudiar el proyecto de presupuesto presentado por el alcalde y emitir el correspondiente informe, de acuerdo con las previsiones de esta Ley sobre la materia;

c) Conocer y examinar los asuntos que les sean sometidos por el alcalde, emitir los dictámenes a que haya lugar o sugerir soluciones alternativas cuando sea el caso;

d) Estudiar y analizar las necesidades de servicio a la población, estableciendo prioridades de acuerdo con la orientación trazada por el concejo y proponer a la corporación proyectos de ordenanzas que contengan medidas que estime convenientes a los intereses del municipio; y,

e) Favorecer el mejor cumplimiento de los deberes y atribuciones del concejo en las diversas materias que impone la división del trabajo.

Parágrafo 2o.
De la Comisión de Mesa

Artículo 96. La comisión de mesa, excusas y calificaciones estará integrada por el alcalde, el vicepresidente y un concejal elegido por la corporación en pleno.

Artículo 97. Son deberes y atribuciones de la comisión de mesa, excusas y calificaciones:

a) Dictaminar acerca de la calificación de los concejales dentro de los diez días siguientes a la posesión de los mismos, o respecto de sus excusas dentro de las cuarenta y ocho horas siguientes a la presentación;

b) Organizar las comisiones permanentes y especiales que sean indispensables y designar sus miembros, cuando no lo hubiere hecho el concejo;

c) Decidir, en caso de conflicto sobre la comisión que debe dictaminar respecto de asuntos que ofrezcan dudas y sobre cuestiones que deban elevarse a conocimiento de la corporación; y,

d) Repartir a las distintas comisiones permanentes los asuntos de los cuales deben conocer, cuando tal distribución no hubiere sido hecha por el alcalde.

Sección 3a.
De las Comisiones Especiales

Artículo 98. Podrán organizarse comisiones especiales para tratar de asuntos concretos, para la investigación de situaciones o hechos determinados, para el estudio de asuntos excepcionales o para recomendar las soluciones que convengan a problemas no comunes que requieran conocimiento, técnica y especializaciones singulares.

Las comisiones especiales sesionarán con la frecuencia que requiera el oportuno cumplimiento de su cometido, y una vez realizado éste, terminan sus funciones.

Artículo 99. Las comisiones especiales se integrarán con dos concejales y además, según lo exijan las circunstancias:

a) Con los funcionarios municipales competentes; y,

b) Con funcionarios municipales y con expertos o con personas extrañas a la administración municipal, vecinos o no del municipio.

Presidirá cada comisión especial el concejal que designe el concejo o el alcalde.

Las necesidades o conveniencias determinarán el número de funcionarios, personas particulares, técnicos o expertos extraños a la organización municipal que compondrán las comisiones especiales aunque se procurará que éstas no excedan en total de siete miembros. El cargo de miembro de las comisiones especiales es honorífico.

Artículo 100. Las comisiones especiales entregarán sus dictámenes en la forma prevista en el Art. 90, y deberán ser escuchadas en el seno del concejo, de la comisión de mesa, excusas y calificaciones o por el alcalde de la corporación, si quisieren o tuvieren necesidad de hacerlo.

Capítulo VI
De las Sesiones
Sección 1a.
Reglas Comunes de las Sesiones

Artículo 101. El concejo tendrá cuatro clases de sesiones:

a)   Inaugural o de constitución;

b)   Ordinarias;

c)   Extraordinarias; y,

d)   De conmemoración.

Artículo 102. Para toda clase de sesiones, el quórum necesario, tanto para que el concejo pueda constituirse como para que pueda deliberar, será el siguiente: en los concejos que tengan quince ediles, ocho; en los que tengan trece, siete; en los que tengan once, seis; en los que tengan nueve, cinco; en los que tengan siete, cuatro; y, en los que tengan cinco, tres.

En el Municipio de Quito este quórum será el de nueve concejales.

La mayoría para todos los efectos legales será de la mitad más uno de los votos de los concejales concurrentes a la sesión, salvo que esta misma Ley precise una proporción distinta.

Artículo 103. Para los efectos de esta Ley y en relación con el número de concejales asistentes, se entiende dos terceras partes y por mayoría, el número de ediles o sus votos que se indican a continuación: En el caso de quince ediles, las dos terceras partes serán diez y la mayoría ocho; en el caso de catorce ediles, las dos terceras partes serán diez y la mayoría ocho; en el caso de trece ediles, las dos terceras partes serán nueve y la mayoría siete; en el caso de doce ediles, las dos terceras partes serán ocho y la mayoría siete; en el caso de once ediles, las dos terceras partes serán ocho y la mayoría seis; en el caso de diez ediles, las dos terceras partes serán siete y la mayoría seis; en el caso de nueve ediles, las dos terceras partes serán seis y la mayoría cinco; en el caso de ocho ediles, las dos terceras partes serán seis y la mayoría cinco; en el caso de siete ediles, las dos terceras partes serán cinco y la mayoría cuatro; en el caso de seis ediles, las dos terceras partes serán cuatro y la mayoría cuatro; en el caso de cinco ediles, las dos terceras partes serán cuatro y la mayoría tres; en el caso de cuatro ediles, las dos terceras partes serán tres y la mayoría tres; en el caso de tres ediles, las dos terceras partes serán dos y la mayoría dos.

Artículo 104. Las votaciones serán nominales y los concejales votarán por orden alfabético de sus apellidos y no podrán abstenerse de votar o retirarse del salón de sesiones una vez dispuesta la votación por el alcalde, quien será el último en votar.

Todo voto en blanco se acumulará a la mayoría.

En caso de empate en la votación, ésta se volverá a efectuar en la sesión siguiente y, de continuar el empate, el voto del alcalde o de quien hiciere sus veces, será dirimente.

Artículo 105. Las sesiones del concejo se celebrarán en la cabecera cantonal y en el salón de la casa de gobierno municipal consagrado al objeto.

Sólo por causas de fuerza mayor el concejo puede sesionar en poblaciones o en locales distintos.

Artículo 106. Para cada sesión el alcalde formulará el orden de los asuntos a tratarse y durante el transcurso de la misma sólo se examinarán y resolverán los asuntos consignados en el orden del día, el cual no podrá alterarse por ningún concepto. Una vez agotado éste, la corporación podrá dedicarse a tratar otros temas.

Artículo 107. Para las sesiones del concejo todos los días son hábiles. Las sesiones durarán el tiempo que la naturaleza de los asuntos a resolver demande y en caso de no ser posible agotar el orden de la sesión, el alcalde convocará a nuevas reuniones hasta concluir los temas que deban ser conocidos y resueltos por la corporación.

Cuando a juicio de las dos terceras partes de los concejales concurrentes los temas a tratar revistan especial urgencia, la corporación podrá declararse en sesión permanente hasta resolverlos.

Artículo 108. Las sesiones serán públicas a menos que el interés municipal requiera la reserva y que así lo acuerden las dos terceras partes de los concejales concurrentes.

En las sesiones reservadas actuará como secretario, el secretario del concejo. A estas sesiones sólo podrán asistir las personas que fueren expresamente autorizadas por resolución del concejo, adoptada por las dos terceras partes de los concejales concurrentes.

Artículo 109. Cualquier concejal podrá solicitar que se reconsidere una decisión del concejo en el curso de la misma sesión o a más tardar en la próxima sesión ordinaria.

Con la aprobación de las dos terceras partes, resolverá sobre la solicitud de reconsideración.

Artículo 110. Las resoluciones que se tomen sin el quórum reglamentario o por una mayoría inferior a la que precisa la ley o sobre asuntos no consignados en el orden del día de la sesión en la cual fueron adoptados, serán nulas.

Sección 2a.
De la Sesión Inaugural

Artículo 111. Los alcaldes y concejales principales y suplentes se posesionarán de sus funciones ante el tribunal provincial electoral respectivo, en la forma establecida en la Ley Orgánica de Elecciones. La sesión inaugural a la que se refiere el Art. 114 se realizará en la fecha prevista en la ley y la presidirá el alcalde. A falta de él, la presidirá uno de los concejales, en el orden de su elección.

Artículo 112. Por causa justificada, el alcalde o los concejales electos podrán posesionarse hasta treinta días después de la sesión inaugural.

Vencido este plazo, caducarán los nombramientos respectivos y el concejo llamará a quien deba asumir el cargo de alcalde y a los respectivos concejales suplentes.

Son causas justificables las comprendidas en el numeral segundo del Art. 37 y la calamidad doméstica que consiste en la muerte o enfermedad grave de padres, hijos o cónyuge o conviviente en unión de hecho, acaecida hasta veinte días antes de aquel en que debe empezar a desempeñar la función.

Artículo 113. Cuando por cualquier circunstancia no pudiere instalarse el concejo en la fecha indicada, continuará funcionando el concejo del período anterior, hasta que la instalación del nuevo tuviere lugar.

Artículo 114. Se entenderá constituido el concejo, y tendrá su sesión inaugural, con la concurrencia del número de ediles principales señalado en el Art. 102.

Si hasta las seis de la tarde del día señalado no hubiere quórum, quien presidiere la sesión mandará sentar un acta en la que consten los nombres de los concejales concurrentes, de los que presentaron excusa para no asistir y de los que faltaron sin justificar su ausencia. En este caso, la sesión inaugural quedará diferida para veinticuatro horas más tarde, y a esta sesión se convocará a los suplentes de los principales que hubieren dejado de concurrir sin justificar su ausencia y a los suplentes de los que, habiéndose excusado, no estuvieren aún en condiciones de asistir. La convocatoria la realizará el alcalde, o, a falta de este funcionario, el presidente del tribunal provincial electoral respectivo o su delegado.

Artículo 115. En la sesión inaugural se comenzará por declarar constituido el nuevo concejo y se procederá a la elección de los restantes dignatarios de la corporación.

Artículo 116. Dentro de los diez días siguientes al de la sesión inaugural, se reunirá el concejo para los siguientes efectos:

a)   Calificar a sus miembros;

b)   Conocer de las excusas que se hubieren presentado;

c)   Multar o multar y separar a los concejales que no hubieren concurrido a la sesión inaugural;

d)   Llenar las vacantes definitivas de funciones de concejales cuya descalificación o separación se acuerde o cuyas excusas se acepten, mediante la principalización de los respectivos suplentes; y,

e)   Determinar las comisiones permanentes y especiales que considere necesario integrar y designar a los miembros de éstas.

Sección 3a.
De las Sesiones Ordinarias

Artículo 117. Instalado el concejo se reunirá ordinariamente una vez por semana.

Artículo 118. Los asuntos que deban tratarse en las sesiones ordinarias pueden tener origen en la ley, en el propio concejo, en sus comisiones permanentes o especiales, en la administración municipal o deberse a la iniciativa de uno de los concejales.

En todos los casos los proyectos se tramitarán por conducto del alcalde y corresponde a éste decidir cuáles han de ser incluidos en el orden del día de cada sesión en atención a la importancia y urgencia del proyecto.

Artículo 119. En el transcurso de sus sesiones ordinarias el concejo, obligatoriamente, deberá conocer y resolver de los asuntos que se señalan a continuación:

1.   De los planes y programas formulados por la administración municipal para cada uno de los ramos de actividad;

2.   De los planes reguladores de desarrollo físico cantonal y de los planes reguladores de desarrollo urbano;

3.   De los dictámenes que con arreglo a la ley, deben dar diferentes organismos sobre determinados actos municipales;

4.   Del presupuesto de ingresos y gastos, de las medidas para balancear su ejecución, de la liquidación del ejercicio precedente y del balance general de la situación financiera municipal;

5. De los informes de realizaciones presentados por el alcalde, y de la comparación entre los planes y programas de obras y servicios previstos para ser ejecutados y los efectivamente realizados;

6. De las medidas para remover los obstáculos que se presenten para la realización de planes y programas, así como de las modificaciones y reajustes que deban introducirse a los mismos;

7. De las bases generales de negociaciones que deben hacerse y de adquisiciones que convengan a la ejecución de los planes y programas correspondientes;

8. De las declaratorias de utilidad pública o de interés social de los bienes materia de expropiación;

9. De la expedición de ordenanzas, reglamentos, acuerdos y resoluciones para favorecer la realización de planes y programas y para agilitar y hacer más eficiente la gestión municipal; y,

10. De todos los demás asuntos que se someta a la administración o que tengan origen en su propio seno y que se requiera, dentro de su competencia legislativa y deliberativa, para la buena marcha del gobierno y administración municipales.

Sección 4a.
De las Sesiones Extraordinarias

Artículo 120. Habrá sesiones extraordinarias cuando el alcalde, una comisión permanente, o la mayoría de los concejales lo solicitare, por considerarlo de interés urgente e inaplazable.

En tal caso el alcalde convocará al concejo por lo menos con veinte y cuatro horas de anticipación, exponiendo los motivos de la convocatoria.

En las sesiones extraordinarias sólo podrán tratarse los temas para cuyo estudio y resolución el concejo fue convocado.

Sección 5a.
De las Sesiones Conmemorativas

Artículos 121. Los concejos de toda la República celebrarán sesiones de conmemoración en las fechas de recordación nacional.

Durante las sesiones conmemorativas no se podrá tratar ningún otro asunto que no conste en el programa respectivo del acto.

Artículo 122. En las sesiones de conmemoración se exaltarán los sentimientos cívicos en relación con la fecha, se estimulará el esfuerzo de los vecinos, se premiarán sus méritos y obras excepcionales, se conocerán los veredictos de los concursos promovidos y se galardonará a los triunfadores; todo de acuerdo a las propias disposiciones de cada concejo.

Capítulo VII
De los Actos Decisorios del Concejo

Artículo 123. Los concejos decidirán de las cuestiones de su competencia y dictarán sus providencias por medio de ordenanzas, acuerdos o resoluciones.

Los actos decisorios de carácter general, que tengan fuerza obligatoria en todo el municipio, se denominarán ordenanzas, y los que versen sobre asuntos de interés particular o especial, acuerdos o resoluciones.

Artículo 124. La expedición de ordenanzas requiere de dos debates en sesiones distintas, verificadas cuando menos con veinticuatro horas de intervalo. Los acuerdos o resoluciones se aprobarán en un solo debate.

Artículo 125. Las ordenanzas, una vez aprobadas, serán remitidas, dentro de los tres días hábiles siguientes, al alcalde para su sanción, en tres ejemplares suscritos por el vicepresidente y el secretario del concejo, con la certificación de las sesiones y los días en que se hubiere discutido.

Artículo 126. El alcalde sancionará las ordenanzas dentro de los ocho días hábiles siguientes a su recepción, cuidando que se haya observado el trámite legal y que estén de acuerdo con la Constitución y las leyes.

Artículo 127. Las ordenanzas devueltas serán consideradas nuevamente por el concejo para que conozca las observaciones.

El concejo las analizará en una sesión y en caso de insistencia, para lo cual se requieren los votos de las dos terceras partes de los miembros concurrentes a la sesión, el alcalde mandará ejecutar la ordenanza.

Artículo 128. Si dentro de los ocho días indicados en el artículo 126, la ordenanza no se la objetare o no se la mandare ejecutar se considerará sancionada por el ministerio de la ley y el alcalde, con la constancia que en tal sentido sentará el secretario, la mandará promulgar.

Artículo 129. La promulgación de las ordenanzas y reglamentos municipales consiste en hacer público un acto decisorio del concejo, lo cual puede llevarse a cabo por la imprenta o por cualquier otro medio de difusión, a excepción de las ordenanzas tributarias que para su vigencia serán publicadas, obligatoriamente, en el Registro Oficial.

Artículo 130. Las ordenanzas entrarán a regir en todo el territorio del cantón, seis días después de promulgadas, salvo que en ellas se indique otra fecha de vigencia.

Los acuerdos o resoluciones surtirán efectos desde que sean comunicados al interesado, directamente o por cualquier medio de comunicación disponible y si esto no fuere posible, mediante cartel fijado en el sitio destinado al objeto en la casa de gobierno municipal.

Artículo 131. Para modificar, derogar o revocar los actos municipales se observará el mismo procedimiento establecido para su expedición. Si la derogatoria, modificación o revocatoria del acto decisorio se efectúa antes de la renovación parcial del concejo que lo aprobó, se requerirá el voto de las dos terceras partes de los miembros concurrentes y, hecha la renovación, el de la mayoría.

Artículo 132. Los concejos reglamentarán los procedimientos para la expedición de los actos decisorios, de conformidad con esta Ley.

Artículo 133. Los actos legislativos municipales que, de acuerdo con la ley, requieran estudio y dictamen favorable de entidades pertenecientes a otros niveles de gobierno o para los cuales se haya señalado un trámite distinto del indicado en este capítulo, se sujetarán a tales normas especiales, sin perjuicio de cumplir las disposiciones precedentes en todo lo que a ellos sea aplicable.

Artículo 134. Excepto en lo contencioso tributario, toda persona natural o jurídica que se creyere perjudicada por una ordenanza, acuerdo o resolución de la municipalidad, podrá elevar su reclamo al correspondiente concejo, el cual obligatoriamente lo resolverá en el plazo máximo de quince días. De no ser resuelto dentro de este plazo o en caso de decisión desfavorable, podrá el interesado recurrir ante el consejo provincial respectivo, el cual despachará el recurso en el plazo de treinta días a partir de la presentación de la solicitud de apelación.

Cuando la apelación se origine en la violación de preceptos constitucionales, el que por ordenanzas o resoluciones de la municipalidad se creyere perjudicado, podrá acudir ante el Tribunal Constitucional, el que resolverá la reclamación dentro del término de treinta días de haberla recibido.

Capítulo VIII
De los Organismos Auxiliares del Concejo
Sección 1a.
Del Cabildo Ampliado

Artículo 135. En cada municipio se podrá reunir un cabildo ampliado, por convocatoria aprobada por las dos terceras partes de los concejales que integren la corporación. La convocatoria especificará los asuntos que se van a someter a consideración del cabildo ampliado.

Artículo 136. Corresponde al cabildo ampliado emitir dictámenes sobre los asuntos que, por su extraordinario interés o por preocupar de modo especial a los vecinos, les sean sometidos a su consideración por el concejo y formular las recomendaciones que considere adecuadas al progreso y engrandecimiento del cantón y al bienestar del vecindario. Entre tales recomendaciones podrá formular la de remoción del alcalde antes de la terminación del período para el cual fue electo.

Artículo 137. El cabildo ampliado se integrará de la siguiente manera:

a) Por los concejales en ejercicio de la función;

b) Por los últimos cinco alcaldes elegidos por votación popular;

c) Por los diputados integrantes del Congreso Nacional de la provincia en la cual se halla ubicado el municipio;

d) Por tres representantes de los medios de comunicación social que serán designados por el respectivo colegio de periodistas; los que de existir, deberán pertenecer al correspondiente cantón;

e) El prefecto provincial o quien le subrogue legalmente;

f) Por un representante del gobierno nacional;

g) Por un representante de los organismos descentralizados del gobierno nacional, encargados de organizar, establecer o prestar servicios públicos para los municipios, a juicio del concejo, y en relación con el temario a tratarse; y,

h) Por un delegado de la Asociación de Municipalidades, para el caso de las municipalidades miembros.

El cabildo ampliado no podrá sesionar sin la concurrencia de por lo menos las dos terceras partes de los concejales en ejercicio del cargo.

Los representantes a los que se refieren las letras d) y g) serán designados según el reglamento que expedirá el concejo.

Artículo 138. En los municipios en los cuales no existan o no estén organizadas algunas de las actividades locales mencionadas en el artículo anterior, se prescindirá de dicha representación para la integración del cabildo ampliado.

Artículo 139. En oportunidad de cada convocatoria a sesiones del cabildo ampliado, el concejo solicitará a las entidades que deban acreditar representantes, la designación de los miembros correspondientes, y convocará a quienes tienen representación propia.

Artículo 140. El cabildo ampliado quedará constituido con la concurrencia de la mayoría de sus miembros y para aprobar las recomendaciones que formule se requerirá el voto favorable de las dos terceras partes de los concurrentes, en concordancia con lo dispuesto en el Art. 137 de esta Ley.

Artículo 141. Presidirá las sesiones el alcalde y actuará como secretario el que lo sea del concejo, o uno ad hoc, a falta de éste.

La sesión convocada para tratar de una posible remoción del alcalde, estará presidida por quien legalmente le subrogue.

Artículo 142. Cumpliendo con los requisitos determinados en la Constitución Política de la República y la ley, el concejo, con el voto favorable de las tres cuartas partes de los integrantes del concejo municipal deberá convocar a consulta popular sobre asuntos de trascendencia para la comunidad, a los ciudadanos de la correspondiente circunscripción territorial.

TITULO III
DE LA ADMINISTRACION MUNICIPAL

Capítulo I
De las Funciones de la Administración Municipal

Sección 1a.
Principios Generales

Artículo 143. Para el cumplimiento de los fines del municipio, a la administración municipal le corresponde ejecutar las funciones por ramos de actividad, según lo constante en la sección siguiente.

Artículo 144. La enumeración de las funciones no tiene carácter taxativo sino meramente enumerativo. Por tanto, la potestad y competencia de la administración en cada uno de los ramos comprenderá no sólo las facultades mencionadas, sino cuantas otras fueren congruentes con la respectiva materia y todas aquellas previstas en la ley y no especificadas de modo expreso en este capítulo. Además de las funciones que por ramos se señalan, la administración municipal realizará todas y cada una de las actividades administrativas necesarias para su buen funcionamiento.

Artículo 145. Las funciones que en los ramos de higiene y asistencia social y educación y cultura se asignan a la administración municipal, se cumplirán en la medida en que los recursos financieros lo permitan y una vez que se hubieren adoptado las medidas necesarias para atender a los demás ramos determinados en este Capítulo y, por tanto, para satisfacer los fines esenciales del municipio, sin perjuicio de lo establecido en la Constitución Política de la República.

Sección 2a.
De las Funciones
Parágrafo 1o.
Planeamiento y Urbanismo

Artículo 146. En materia de planeamiento y urbanismo a la administración municipal le compete:

a) Preparar un plan de desarrollo municipal destinado a prever, dirigir, ordenar y estimular su desenvolvimiento en los órdenes social, económico, físico y administrativo;

b) Elaborar programas y proyectos específicos a realizarse en el cantón;

c) Formular los planes reguladores de desarrollo físico cantonal y los planes reguladores de desarrollo urbano;

d) Elaborar proyectos de urbanización y aprobar los que se presenten, que no podrán ejecutarse sin dicha aprobación;

e) Proceder a la zonificación; estudiar y prever las posibilidades de crecimiento, y determinar las zonas de expansión;

f) Conceder licencias para parcelaciones y reestructuraciones parcelarias, e informar sobre las peticiones que reciba del Instituto Nacional de Desarrollo Agrario de modo previo a la aprobación de lotizaciones y de parcelaciones de tipo agrícola y semiurbano, informe que lo emitirá en base de las inspecciones que el departamento técnico municipal efectúe del respectivo sector y de acuerdo al plan general de desarrollo urbano del cantón, a fin de que tales lotizaciones o parcelaciones se ejecuten con sujeción a las normas que faciliten la instalación de elementales servicios de infraestructura y la observancia de lo dispuesto en las respectivas ordenanzas o regulaciones;

g) Velar porque las disposiciones del concejo y las normas administrativas sobre el uso de la tierra y la ordenación urbanística en el territorio del cantón, tengan cumplida y oportuna ejecución;

h) Vigilar que en las carreteras del cantón y en las zonas urbanas o rurales, se proteja el paisaje, evitando la construcción de muros, avisos comerciales o cualquier otro elemento que obste su belleza y preservar retiros adecuados. La administración podrá ordenar el derrocamiento de cualesquiera de estas construcciones o el retiro de los anuncios e impedimentos o hacerlo por su cuenta, a costa del propietario;

i) Tramitar el permiso a que se refiere el artículo 615 del Código Civil, previa delineación y compromiso escrito del propietario del predio, de respetar la línea de fábrica y las demás condiciones establecidas por la Dirección de Obras Públicas Municipales o la oficina técnica correspondiente, cuando se trate de calles, plazas o parques;

j) Preparar los proyectos de ordenanza a que se refiere el Código Civil y en especial las señaladas en los Arts. 614 y 617 de dicho Código;

k) Reglamentar, previa la aprobación del concejo, el tipo de construcción de edificios y la clase de materiales que deben emplearse, así como también el ornato de las poblaciones y el aseo e higiene de las mismas;

l)   Aprobar los planos de toda clase de construcciones, las que, sin este requisito, no podrán llevarse a cabo.

La demolición de edificios construidos en contravención a las ordenanzas locales vigentes al tiempo de su edificación no dará derecho a indemnización alguna. Para proceder a la demolición, la municipalidad regulará el procedimiento administrativo a seguir. De la resolución administrativa habrá recurso para ante el concejo municipal correspondiente, recurso que deberá interponerse dentro del término de tres días, contado desde la fecha de la respectiva notificación. La resolución administrativa del concejo en esta materia, causará ejecutoria administrativa.

La municipalidad podrá oponerse a la reparación o reconstrucción de edificios de las ciudades, cuando estime que puede detener el progreso urbanístico, aunque no se opongan al plan regulador respectivo. De la resolución dictada al respecto se podrá recurrir ante el consejo provincial, el que resolverá, en definitiva, dentro de treinta días; y,

m) Vigilar la estabilidad de los edificios y conminar a la demolición por medio de multas, cuando según informe de peritos amenace ruina.

En caso de peligro inminente, tomará las precauciones que convengan por cuenta del dueño y acudirá al comisario municipal para que, previa resolución administrativa, ordene la demolición.

Parágrafo 2o.
Obras Públicas

Artículo 147. En materia de obras, a la administración municipal le compete:

a)   Planear, programar y proyectar las obras públicas locales necesarias para la realización de los planes de desarrollo físico cantonal y de los planes reguladores de desarrollo urbano; las que interesen al vecindario y las necesarias para el gobierno y administración municipales;

b)   Llevar a cabo la construcción de las obras aprobadas por administración directa, contrato o concesión;

c)   Dirigir, coordinar y controlar la realización de las obras que se ejecuten por administración directa y vigilar el cumplimiento por parte de los contratistas o concesionarios de las obligaciones y especificaciones contractuales, cuando las obras se realicen por uno de estos sistemas;

d)   Solicitar al concejo declare de utilidad pública o de interés social los bienes inmuebles que deben ser expropiados para la realización de los planes de desarrollo físico cantonal y planes reguladores de desarrollo urbano y de las obras y servicios municipales;

e)   Cuidar del cumplimiento de las ordenanzas y reglamentos municipales relativos al tránsito en calles, caminos y paseos públicos;

f)   Cuidar de la nomenclatura de calles, caminos, plazas y paseos y atender la iluminación de los sitios públicos de tránsito y recreo;

g)   Cuidar de que las vías públicas se encuentren libres de obras u obstáculos que las deterioren o estorben su libre uso y proporcionar lugares apropiados para el estacionamiento de vehículos;

h) Autorizar la instalación de avisos y letreros comerciales;

i) Realizar la apertura, conservación y mantenimiento de los caminos que no hayan sido declarados de carácter nacional, ubicados dentro de la jurisdicción cantonal y rectificar, ensanchar y mantener los caminos vecinales;

j) Limpiar, mejorar y conservar las vías fluviales y los canales de navegación;

k) Contribuir a la planificación y solución del problema de la vivienda económica de interés social; y,

l) Velar porque las disposiciones del concejo y las normas administrativas sobre obras públicas y construcciones tengan cumplida y oportuna ejecución.

Parágrafo 3o.
Servicios Públicos

Artículo 148. En materia de servicios públicos a la administración municipal le compete:

a) Elaborar el programa de servicios públicos locales, velar por la regularidad y continuidad de los mismos para garantizar la seguridad, comodidad y salubridad de los usuarios;

b) Prestar, directamente o por contrato o concesión, los servicios públicos locales y vigilar el cumplimiento por parte de los contratistas o concesionarios de las obligaciones contractuales;

c) Proveer de agua potable y alcantarillado a las poblaciones del cantón, reglamentar su uso y disponer lo necesario para asegurar el abastecimiento y la distribución de agua de calidad adecuada y en cantidad suficiente para el consumo público y el de los particulares;

d) Otorgar autorizaciones, contratos o concesiones para la construcción, el mantenimiento y la administración de represas, depósitos, acueductos, bombas, sistemas de distribución y otras obras indispensables para garantizar el suministro de agua potable;

e) Obtener la concesión para el derecho del uso de las aguas que estando o no en uso de particulares sean indispensables para satisfacer las necesidades del cantón y para los servicios de agua potable, higiene y sanidad de las poblaciones y otros análogos de carácter público.

Los municipios podrán desviar dichas aguas, debiendo devolverlas, sin interrupción apreciable, al mismo cauce antes del sitio en que el usuario las utilice y sin que varíe la altura en el punto en que el mismo pueda aprovecharlas. Si se justificare haber causado perjuicio, la municipalidad indemnizará.

El costo de la conexión e instalación de agua potable para las casas u otros predios será de cuenta de los propietarios, y el de las reparaciones necesarias en la sección de las calles y aceras del municipio;

f) Llevar a cabo la construcción, el mantenimiento, la reparación y la limpieza de alcantarillas y cloacas para el desagüe de las aguas lluvias y servidas;

g) Establecer los demás servicios públicos locales a cargo de la municipalidad y en especial los de aseo público, recolección y tratamiento de basuras, residuos y desperdicios, mataderos, plazas de mercado, cementerios, servicios funerarios, y organizar el servicio contra incendios donde no estuviere a cargo de instituciones especializadas;

h) Reglamentar, con aprobación del concejo, todo lo concerniente a la conducción y distribución de agua, servicios telefónico y telegráfico y resolver sobre las solicitudes de permisos y concesiones para el uso de vías y demás lugares públicos, para estos propósitos, dentro de los límites urbanos;

i) Resolver sobre las solicitudes de concesión de permisos para instalar cañerías subterráneas o áreas o hacer zanjas o excavaciones de las vías públicas para establecer o mantener servicios públicos o privados, siempre que a ello no se oponga ninguna disposición de carácter sanitario o de ornato y embellecimiento;

j) Realizar los estudios necesarios para que el concejo cuente con elementos de juicio suficientes para fijar o aprobar las tarifas de los servicios públicos directamente prestados por la municipalidad, con el asesoramiento de las instituciones públicas especializadas;

k) Discutir y decidir con el concejo sobre la conveniencia de las concesiones para la prestación de servicios públicos;

l) Cumplir y hacer cumplir las disposiciones legales sobre servicios públicos;

m) Reglamentar la construcción de desagües de las aguas lluvias y servidas y conocer de las solicitudes de permisos para la construcción de las mismas;

n) Imponer servidumbres gratuitas de acueducto para la conducción de aguas claras o servidas. Para éstas las acequias serán cerradas;

o) Mantener y reglamentar las servidumbres constituidas en beneficio de los pueblos y de los bienes que la comunidad posea.

No podrá oponerse título alguno contra las servidumbres y posesiones de aguas destinadas al servicio doméstico de los pueblos y de los lugares que carecieren de agua;

p) Las municipalidades, de oficio o a solicitud de parte, obligarán a los dueños de inmuebles a desviar la dirección del canal de desagüe de las aguas lluvias o servidas, de todo o parte de sus edificios, conectándolos con el canal central de la calle, siempre que ello fuere posible a juicio del ingeniero municipal o de un perito nombrado por la misma corporación. Si por falta de nivel no pudiere hacerse la obra en el predio urbano dominante, el dueño del predio sirviente estará obligado a reunir las aguas lluvias o servidas que reciba del vecino, con las de su predio, y a darles el curso indicado anteriormente.

La obra se efectuará con el menor daño posible del predio sirviente y, si esto exige el cambio de dirección del cauce o su ensanchamiento, la obra se ejecutará a costa del dueño del predio dominante.

Las obras necesarias para el cumplimiento de lo dispuesto en el inciso anterior se ejecutarán dentro del plazo que la municipalidad señale, vencido el cual ésta las llevará a cabo por cuenta del obligado, de quien reclamará su valor más el veinte por ciento mediante la jurisdicción coactiva. El valor será pagado por los dueños de los predios dominantes a los cuales vaya a servir el nuevo canal de desagüe.

En caso de falta de canales públicos para aguas servidas o de imposibilidad de conexión con dichos canales, la municipalidad, de acuerdo con las autoridades sanitarias y a prorrata con los propietarios, construirá canales precarios o permanentes que lleven las aguas servidas al próximo canal colector público o desagüe común.

Parágrafo 4o.
Higiene y Asistencia Social

Artículo 149. En materia de higiene y asistencia social, la administración municipal coordinará su acción con la autoridad de salud, de acuerdo con lo dispuesto en el Título XIV del Código de la materia; y, al efecto, le compete:

a) Cuidar de la higiene y salubridad del cantón;

b) Reglamentar todo lo relativo al manipuleo de alimentos, inspección de mercados, almacenes, mataderos, carnicerías, panaderías, bares, restaurantes, hoteles, pensiones y, en general, los locales donde se fabriquen, guarden o expendan comestibles o bebidas de cualquier naturaleza y velar porque en ellos se cumplan los preceptos sanitarios;

c) Vigilar desde el punto de vista de la higiene que los acueductos, alcantarillas, piscinas, baños públicos, servicios higiénicos, depósitos de basura, solares no edificados, canales, pozos, bebederos y toda otra instalación sanitaria reúnan los requisitos señalados por las disposiciones sanitarias de la autoridad de salud;

d) Controlar que todos los edificios públicos y privados, los sitios destinados a espectáculos públicos; y, en general los lugares de reunión o de convivencia reúnan y mantengan constantemente condiciones higiénicas;

e) Inspeccionar todos los establecimientos públicos y tomar las medidas necesarias para que en ellos se cumplan las exigencias de la higiene;

f) Instalar servicios higiénicos, baños, piscinas y lavanderías para uso público;

g) Enterrar cadáveres de personas indigentes;

h) Prestar servicios de inspección veterinaria para mataderos, mercados, lecherías y otros establecimientos similares;

i) Determinar las condiciones en que se han de mantener los animales domésticos e impedir su vagancia en las calles y demás lugares públicos;

j) Velar por el fiel cumplimiento de las normas legales sobre saneamiento ambiental y especialmente de las que tienen relación con ruidos, olores desagradables, humo, gases tóxicos, polvo atmosférico, emanaciones y demás factores que pueden afectar la salud y bienestar de la población;

k) Combatir insectos y roedores;

l) Velar y contribuir en cuanto le corresponda para que las condiciones higiénicas de los locales de las cárceles municipales y de la alimentación que se suministre a los presos se mantengan adecuadamente;

m) Planificar, ejecutar, coordinar y evaluar, con la participación activa de la comunidad, de las organizaciones y de otros sectores relacionados, programas sociales para la atención a niños de la calle, jóvenes, nutrición infantil, mujeres embarazadas, personas con discapacidad, de la tercera edad, prevención y atención a la violencia doméstica. Para efectos de la ampliación y eficiencia de estos programas, las correspondientes entidades dependientes de la Función Ejecutiva encargadas de ejecutar programas y prestar servicios similares, a petición de los municipios obligatoriamente les transferirán sus funciones, atribuciones, responsabilidades y recursos, especialmente financieros internos y externos de conformidad con lo dispuesto en la Ley Especial de Descentralización del Estado y de Participación Social; y,

n)   Intervenir, de acuerdo con la ley, en todos los problemas relativos a los locales destinados a arrendamiento, tales como construcción, higiene, fijación de pensiones, sanciones, etc.

Parágrafo 5o.
Educación y Cultura

Artículo 150. En materia de educación y cultura, la administración municipal cooperará en el desarrollo y mejoramiento cultural y educativo y, al efecto, le compete:

a)   Coadyuvar a la educación y al progreso cultural de los vecinos del municipio;

b)   Fomentar la educación pública de acuerdo con las leyes de educación y el plan integral de desarrollo del sector;

c)   Conceder becas a estudiantes de los Institutos Normales Profesionales y Superiores, de acuerdo con la ley;

d)   Organizar el servicio de desayunos escolares municipales en los establecimientos de instrucción primaria;

e)   Organizar y sostener bibliotecas públicas y museos de historia y de arte y cuidar que se conserven de la mejor forma las zonas y monumentos cívicos y artísticos del cantón;

f)   Contribuir técnica y económicamente a la alfabetización;

g)   Donar terrenos de su propiedad para fines educacionales, culturales y deportivos, de acuerdo con la ley, y vigilar por el uso debido de dichos terrenos;

h)   Propiciar la creación de escuelas profesionales para trabajadores adultos en el cantón y prestarles todo su apoyo;

i)   Organizar y auspiciar exposiciones, concursos, bandas, orquestas, conservatorios, etc.;

j)   Crear y mantener misiones culturales que recorran las parroquias;

k)   Administrar las subvenciones del concejo a la enseñanza gratuita, vigilando su uso corriente y eficiente; y,

l)   Estimular el fomento de las ciencias, la literatura, las artes, la educación física y los deportes.

Para el efecto colaborará con el concejo provincial y la Casa de la Cultura Ecuatoriana, a fin de que cada treinta días, por lo menos, en toda sala de cine de ciudades que tengan población superior de cuarenta mil habitantes, se ofrezcan funciones en las que intervengan artistas nacionales.

Artículo 151. Autorízase a los concejos municipales donar terrenos de su propiedad en favor de los partidos políticos legalmente reconocidos, a fin de que construyan su sede nacional en cualquier lugar del país, siempre que no hubieren adquirido a cualquier título otro inmueble destinado al mismo objeto.

Sin embargo, no podrá hacerse esta donación a partidos que hayan recibido del Tribunal Supremo Electoral la primera notificación de estar en trance de desaparición por incumplimiento de los requisitos legales. Las municipalidades donantes, mediante ordenanza, establecerán los requisitos que deberán cumplirse para estas donaciones.

El terreno donado o los locales construidos de acuerdo con el artículo siguiente, revertirán al respectivo municipio si el partido donatario en concordancia con la Ley de Partidos Políticos perdiere su calidad legal.

Artículo 152. Se entenderá también cumplido el destino de la donación, según lo dispuesto en la letra g) del Art. 150 si el donatario, por sí o en asociación con otras personas naturales o jurídicas, construyere un edificio bajo el régimen de propiedad horizontal, a condición de que se reserve para sí, locales cuyo valor equivalga, a la fecha de la construcción del edificio en referencia, cuando menos, el avalúo comercial del terreno donado.

Parágrafo 6o.

Hacienda municipal

Artículo 153. En materia de hacienda, a la administración municipal le compete:

a) Elaborar los programas de gastos e ingresos públicos municipales;

b) Realizar las actividades presupuestarias que incluyen la formulación, administración y liquidación del presupuesto;

c) Formular y mantener el sistema de catastros urbano y rural de los predios ubicados en el cantón y expedir los correspondientes títulos de crédito para el cobro de estos impuestos y demás contribuciones. La información contenida en los catastros se actualizará en forma permanente;

d) Verificar, liquidar y administrar la recaudación, aplicar e interpretar administrativamente los reglamentos sobre tributación expedidos por el concejo y ejercer la jurisdicción coactiva para la recaudación de los impuestos municipales;

e) Autorizar la baja de las especies incobrables;

f) Recaudar y custodiar los fondos y efectuar los pagos;

g) Llevar la contabilidad general de las finanzas y de los bienes municipales;

h) Elaborar y mantener al día estadísticas económicas y financieras;

i) Adquirir, almacenar, custodiar y distribuir los bienes muebles que las dependencias del gobierno y administración municipal requieren para su funcionamiento;

j) Administrar las propiedades municipales; y,

k) Llevar un inventario de los bienes municipales.

Parágrafo 7o.
Justicia y Policía

Artículo 154. En materia de justicia y policía, a la administración municipal le compete:

a)   Cumplir y hacer cumplir las leyes, ordenanzas y reglamentos municipales;

b)   Cuidar de que se cumplan y hacer cumplir las disposiciones sobre higiene, salubridad, obras públicas y uso de vías y lugares públicos;

c)   Autorizar la realización de juegos y espectáculos públicos permitidos por la ley, impedir los que están prohibidos y reprimir y sancionar administrativamente en los casos de infracción;

d)   Mantener y garantizar la exactitud de pesas y medidas;

e)   Reglamentar, previa aprobación del concejo, el funcionamiento de ventas ambulantes, procurando reducir al mínimo tal sistema de comercio y supervigilar que las disposiciones sobre el particular tengan cumplida ejecución;

f)   Controlar la propaganda que se haga por avisos comerciales, carteles y demás medios y perseguir la que se hiciere contraviniendo las ordenanzas mediante el empleo de altavoces;

g)   Aplicar las sanciones administrativas previstas en esta Ley, las que serán impuestas por los comisarios, siguiendo el procedimiento previsto en el Código de Procedimiento Penal, para el juzgamiento de las contravenciones;

h)   Poner a los infractores a órdenes de los comisarios;

i)   Investigar y esclarecer las infracciones en materias municipales perpetradas en el cantón; y,

j)   Colaborar con la Policía Nacional y obtener la cooperación de ésta para que las respectivas tareas se cumplan eficazmente.

Parágrafo 8o.
De la Protección, Seguridad y Convivencia Ciudadana

Artículo 155. En materia de protección, seguridad y convivencia ciudadanas, la administración municipal deberá, de acuerdo a sus posibilidades, cooperar y coordinar con la Policía Nacional, la comunidad y otros organismos, en lo siguiente:

a)   En la formulación de políticas locales sobre protección, seguridad y convivencia ciudadanas;

b)   En la definición de formas de coordinación para la seguridad y convivencia ciudadanas;

c)   En la contribución al financiamiento de la seguridad ciudadana;

d)   En los procesos de evaluación de seguridad y convivencia ciudadana; y,

e)   En la elaboración y ejecución de planes de protección a la población en riesgo.

Capítulo II
De la Estructura Administrativa
Sección 1a.
De los Principios Estructurales

Parágrafo 1o.
Normas Generales

Artículo 156. La organización administrativa de cada municipalidad estará de acuerdo con las necesidades peculiares que deba satisfacer, la importancia de los servicios públicos a prestarse y responderá a una estructura que permita atender todas y cada una de las funciones que a ella competen, para el mejor cumplimiento de los fines municipales.

Artículo 157. El reglamento orgánico y funcional determinará la estructura administrativa de cada municipalidad, la cual se conformará teniendo en cuenta que las distintas dependencias constituyen un organismo racionalmente integrado desde el punto de vista de la división del trabajo.

Parágrafo 2o.
De los Niveles Administrativos

Artículo 158. La estructura orgánica y funcional contemplará los siguientes niveles de actividad:

a)   Directivo;

b)   Asesor; y,

c)   Operativo.

Al nivel directivo le compete tomar las decisiones, impartir las instrucciones para que ellas se cumplan, coordinar en forma general las actividades y supervigilar el eficiente cumplimiento de las mismas.

Al nivel asesor le corresponde prestar asistencia técnica a los niveles directivo y operativo en cuestiones de planificación, programación y proyección de las actividades municipales, en materias legales y en asuntos de organización administrativa.

Al nivel operativo le compete la ejecución de las distintas funciones en cada uno de los ramos propios de la actividad municipal.

Parágrafo 3o.
Del Proceso Administrativo

Artículo 159. La actividad municipal se desarrollará de acuerdo a una planificación sistemática y teniendo en cuenta el siguiente proceso administrativo:

Los jefes superiores de la administración, con la colaboración técnica especializada del nivel asesor, formularán los planes y programas para todos los ramos de la actividad municipal, de acuerdo con la política trazada y las metas fijadas por el concejo, en cumplimiento de las instrucciones impartidas por el alcalde.

El nivel asesor analizará la validez de los planes y programas y los integrará en un plan de desarrollo municipal que, aceptado por el alcalde, pasará a la aprobación del concejo.

Los planes y programas aprobados por el concejo serán asignados a las distintas unidades de operación por el alcalde para su cumplida ejecución.

Las unidades de operación elaborarán con la asistencia del nivel asesor los proyectos específicos en el campo de su competencia, para desarrollar los planes y programas o la parte de ellos que les ha sido asignada, los ejecutarán, analizarán su progreso y rendirán informes periódicos de su avance al alcalde.

El nivel directivo con la colaboración de las unidades asesoras de programación, evaluará los informes de progreso y ordenará los ajustes que sea necesario introducir.

Las dependencias operativas incorporarán a los proyectos en desarrollo los ajustes ordenados.

Parágrafo 4o.
De la Nomenclatura

Artículo 160. La denominación de las dependencias de la administración municipal se ajustará a la siguiente nomenclatura: dirección, departamento y sección, según sea la complejidad de la labor encomendada.

Habrá tantas direcciones cuantas convenga a la mejor y más racional agrupación por funciones afines de las que le competen a la administración.

Las direcciones a su vez, se dividirán en el número de departamentos y secciones que la complejidad y el volumen de trabajo aconsejen para garantizar un más eficiente funcionamiento de la administración.

La organización de cada dirección, departamento o sección será la que conste en los respectivos reglamentos orgánicos y funcionales aprobados por el concejo.

Parágrafo 5o.
De la Estructura Administrativa Básica

Artículo 161. El sistema organizativo municipal se estructurará, en términos generales, en función de las siguientes dependencias: de servicios públicos, de obras públicas, de justicia y policía, financiera, administrativa, de higiene, salubridad y ambiente, de educación y cultura, de servicios sociales, de asesoría jurídica, de planificación, desarrollo de la colectividad y de protección de los grupos vulnerables. Sin embargo, la estructura administrativa se adaptará a las características propias de cada municipalidad, con el fin de asegurar una adecuada prestación de los servicios municipales.

Artículo 162. Las áreas municipales cumplirán las funciones asignadas en el reglamento orgánico funcional, que será aprobado por el concejo.

Artículo 163. Las direcciones del nivel operativo se encargarán, primordialmente, de los asuntos que se mencionan a continuación, sin perjuicio de cumplir todas las demás funciones compatibles con su naturaleza que se les asignen en normas de carácter legal o reglamentario.

Artículo 164. A la Dirección de Servicios Públicos le corresponde la prestación y administración de servicios de agua potable y alcantarillado, de bomberos, de mataderos, de plazas de mercado y de cementerios, en los casos en que el servicio lo preste directamente y de vigilar el cumplimiento por parte de los contratistas o concesionarios de las obligaciones contractuales, cuando el servicio se preste por contrato.

La Dirección de Obras Públicas tendrá a su cargo la programación, proyección y construcción de todas las obras públicas locales, bien sea por administración directa, contrato o concesión, la supervigilancia de la construcción de las obras cuando no las realice directamente y el velar por la correcta aplicación del estatuto sobre construcciones.

La Dirección Financiera será responsable por las actividades de programación, preparación, ejecución, control y liquidación del presupuesto; verificación, liquidación y administración de los ingresos, recaudación, custodia y desembolso de fondos; contabilización de las cuentas generales de la municipalidad, adquisición, almacenaje, custodia y distribución de bienes muebles y administración de propiedades municipales.

La Dirección Administrativa presentará todos los servicios auxiliares que las demás unidades del nivel operativo y las del nivel asesor y directivo requieran para el cumplimiento de sus funciones y principalmente los de secretaría, archivo, correspondencia, duplicación de documentos, transportes y demás requeridos para el buen funcionamiento de la municipalidad.

La Dirección de Higiene y Salubridad cuidará de la higiene y salubridad del cantón y colaborará en la prestación de servicios de asistencia pública, coordinando su acción con la autoridad de salud.

La Dirección de Educación y Cultura coadyuvará con los organismos nacionales a la educación y al progreso cultural de los vecinos del municipio y estimulará el fomento de las ciencias, la literatura, las artes, la educación física y los deportes en el territorio del cantón.

Artículo 165. Las Direcciones de Obras y Servicios Públicos, Financiera, Administrativa y de Servicios Sociales cumplirán las funciones asignadas por el artículo precedente, de acuerdo con la naturaleza de las materias a que se refiere su denominación.

Artículo 166. Las unidades asesoras cumplirán las actividades que se derivan de las descripciones que se dan a continuación:

El planeamiento físico cantonal urbano consiste en la preparación de los planes de desarrollo físico y de los planes reguladores de desarrollo urbano, con el alcance y contenido de las normas que sobre el particular se dan en el correspondiente Título de esta Ley.

La planificación económica consiste en la preparación de programas y planes de acción para cada uno de los ramos de actividad municipal, de acuerdo con las necesidades, problemas y disponibilidades existentes, y en la recolección de datos estadísticos de las distintas actividades que ejecuta la municipalidad.

La asesoría jurídica consiste en el estudio de los problemas legales relacionados con la municipalidad, en la revisión de los contratos y proyectos de normas legales, en la codificación de las mismas, en la asistencia al nivel directivo en los juicios que se relacionan con la municipalidad y en emitir dictámenes legales sobre los asuntos que deba conocer la administración.

El procurador síndico municipal, que será el jefe de la asesoría jurídica, tendrá junto con el alcalde, la representación judicial y extrajudicial de la municipalidad.

La administración de personal comprende las funciones relacionadas con selección, adiestramiento, clasificación, remuneración y registro de personal.

La organización administrativa se refiere a los estudios sobre la adecuada estructuración de la municipalidad, simplificación de sistemas, procedimientos y métodos de trabajo, diseño y control de formularios, registros, documentos, arreglo físico y necesidades del equipo, máquinas y mobiliario de oficina y asesoría técnica en la preparación de reglamentos y manuales de organización y procedimientos.

Artículo 167. Los aspectos estructurales dados en este parágrafo deben tenerse como una pauta para la conformación de la estructura administrativa básica, según la clasificación de los municipios.

Artículo 168. Las municipalidades de acuerdo a sus posibilidades financieras establecerán unidades de gestión ambiental, que actuarán temporal o permanentemente.

Artículo 169. La Asociación de Municipalidades del Ecuador, contará con un equipo técnico de apoyo para las municipalidades que carezcan de unidades de gestión ambiental, para la prevención de los impactos ambientales de sus actividades.

Parágrafo 6o.
De los Funcionarios

Artículo 170. Las unidades administrativas y técnicas que conforman una municipalidad estarán bajo la responsabilidad directa de un solo jefe, el que responderá jerárquicamente ante otra autoridad situada en la línea de mando inmediata superior.

Artículo 171. Los jefes de las distintas dependencias deberán ser personas de reconocida competencia y experiencia en las materias que van a dirigir.

Artículo 172. Son funciones generales de los jefes:

a) Planear el trabajo, dirigir, coordinar y supervisar las funciones que debe llevar a cabo la dependencia bajo su responsabilidad;

b) Coordinar la acción de su dependencia con la de las demás dependencias municipales y expresamente con los organismos que cumplen funciones en los mismos campos de actividad;

c) Señalar las normas generales de carácter técnico y administrativo que deben regir las actividades de las unidades bajo su dirección;

d) Prestar asesoría técnica al concejo en los campos de su especialización.

Por consiguiente, tendrán voz informativa en las sesiones y el deber de concurrir a ellas, excepto a las reservadas;

e) Establecer sistemas de control que permitan verificar el cumplimiento cuantitativo y cualitativo de los programas y proyectos de la dependencia;

f) Velar por el fiel cumplimiento de las normas legales relativas a los asuntos que de ellos dependen y procurar alcanzar los objetivos propuestos en cada ramo de la actividad municipal;

g) Estudiar y resolver problemas de las unidades que de él dependen; y,

h) Recibir y evaluar los informes periódicos de sus subalternos y presentar al alcalde informes de las actividades de las dependencias puestas a su cuidado y del estado y avance de las obras o servicios determinados en los respectivos planes y programas.

Artículo 173. El reglamento orgánico y funcional determinará las atribuciones y deberes específicos que cada funcionario deba cumplir, así como la competencia en los asuntos que deba conocer y los casos en que puede actuar como subrogante.

Parágrafo 7o.
Disposiciones Varias

Artículo 174. La administración de personal se basará en el sistema de mérito y para el acceso al servicio público sólo se tendrá en cuenta el régimen de personal adoptado por el concejo o, en su defecto, las regulaciones de la Ley Orgánica de Servicio Civil y Carrera Administrativa y de Unificación y Homologación de las Remuneraciones del Sector Público.

Artículo 175. Los directores, jefes departamentales, procurador síndico y tesorero, que son funcionarios de libre nombramiento y remoción concluirán sus funciones en la misma fecha del alcalde. Sin embargo, podrán ser removidos por éste, cuando así lo amerite, observando el procedimiento de ley.

Artículo 176. Las municipalidades podrán solicitar la asesoría para adecuar su organización a las pautas dadas en la presente Ley.

De acuerdo con la nueva organización, las municipalidades procederán a elaborar roles de personal acordes con la estructura administrativa adoptada.

Sección 2a.
De las Empresas Municipales

Parágrafo 1o.
De la Constitución de Empresas

Artículo 177. La municipalidad podrá constituir empresas públicas para la prestación de servicios públicos, cuando, a juicio del concejo, esta forma convenga más a los intereses municipales y garantice una mayor eficiencia y una mejor prestación de servicios públicos.

Artículo 178. Las empresas públicas municipales se constituirán de conformidad con las disposiciones de esta Ley y su patrimonio se formará íntegramente con aportes de la respectiva municipalidad, sea en bienes o en asignaciones que se señalen en el respectivo presupuesto.

En su organización y funcionamiento, las empresas municipales se regirán por las disposiciones de la Ley Orgánica de Administración Financiera y Control, por las de esta sección, por las de la ordenanza de su creación y por sus estatutos que, necesariamente, requerirán la aprobación del concejo.

La municipalidad podrá participar también con otros organismos del sector público, en la formación de empresas públicas para la prestación de servicios públicos. Constituidas dichas empresas se regirán, así mismo, por las disposiciones de la Ley Orgánica de Administración Financiera y Control y demás leyes, ordenanzas y estatutos que fueren pertinentes.

Las tasas por los servicios se crearán y regularán de conformidad con la ley.

Artículo 179. En caso de que la prestación de un servicio público de los atribuidos por la Ley a las municipalidades abarque el territorio de varios cantones, éstas, con la autorización de los respectivos concejos, podrán firmar convenios o conformar empresas en mancomunidad en cuyo directorio intervendrán los respectivos alcaldes o sus representantes.

El gerente será designado por el directorio de la empresa constituida en mancomunidad.

Parágrafo 2o.
De la Definición y Órganos Directivos

Artículo 180. La empresa pública municipal es una entidad creada por ordenanza, con personería jurídica y autonomía administrativa y patrimonial, que opera sobre bases comerciales y cuyo objetivo es la prestación de un servicio público por el cual se cobra una tasa o un precio y las correspondientes contribuciones.

Artículo 181. Cada empresa pública municipal tendrá un directorio integrado en la forma y por el número de miembros que disponga la ordenanza que le dé origen. Formarán parte del directorio por lo menos un edil y un funcionario de la administración municipal en representación del concejo y del alcalde, respectivamente.

Artículo 182. En la elección de los miembros del directorio se tendrá en cuenta que éstos reúnan condiciones mínimas de versación en la materia correspondiente al campo de servicio de la empresa y que, en lo posible, representen los diversos intereses relacionados con el respectivo servicio y con los usuarios del mismo.

Artículo 183. Los deberes y atribuciones del directorio consistirán en la determinación de la política de la empresa y los objetivos y metas que se propone lograr, así como la de vigilar su cumplimiento por los funcionarios ejecutivos. Dichos deberes y atribuciones estarán reglados, en general, por la Ley Orgánica de Administración Financiera y Control, y en particular, por la ordenanza constitutiva y por los estatutos.

Artículo 184. Cada empresa tendrá un gerente, nombrado por el directorio, de una terna presentada por el alcalde, de conformidad con sus estatutos, en cuanto fuere posible.

Artículo 185. El gerente deberá tener título universitario, reunir condiciones de idoneidad profesional y poseer la experiencia necesaria para dirigir la empresa, así como llenar los requisitos que los estatutos determinen.

Artículo 186. El gerente es el representante legal de la empresa y el responsable ante el directorio por la gestión administrativa de la misma, para lo cual tendrá los deberes y atribuciones suficientes para formular los programas y planes de acción, ejecutarlos, verificar su cumplimiento y rendir cuenta al directorio, así como seleccionar el personal y dirigirlo. Dichos deberes y atribuciones estarán reglados por la Ley Orgánica de Administración Financiera y Control, en general, y por la ordenanza constitutiva y los estatutos en especial.

Parágrafo 3o.
De las Compañías de Economía Mixta

Artículo 187. La municipalidad podrá invertir recursos suyos para constituir, juntamente con aportes privados, compañías de economía mixta, para la prestación de nuevos servicios públicos o mejoramiento de los ya establecidos, o en otras actividades que estuvieren de acuerdo con las finalidades del municipio.

La constitución, organización, administración y funcionamiento de las compañías de economía mixta con aporte municipal, se regirán por las disposiciones de la Ley de Compañías y de esta Ley.

Artículo 188. Cuando se constituyan empresas de economía mixta, la presidencia será ejercida por un representante de la municipalidad, quien velará porque las decisiones del directorio no afecten el interés público ni contraríen las políticas y metas establecidas por el concejo.

Parágrafo 4o.

Disposiciones Generales

Artículo 189. Los planes de acción y programas de las empresas municipales guardarán estrecha relación con el sistema nacional de planificación y con los planes y programas del municipio. Los representantes del gobierno y administración municipales cuidarán de la coordinación y complementación de unos y otros.

Artículo 190. Cada empresa pública municipal tendrá un auditor designado por el Contralor General del Estado, conforme a la ley.

Artículo 191. En el caso de constitución de empresas públicas municipales, salvo las excepciones establecidas en esta Ley, el directorio de la empresa aprobará las tarifas por la prestación de los servicios, sobre la base de los estudios técnicos que presenten las direcciones respectivas, ajustados a la función social que deben cumplir las municipalidades.

Las tarifas que se aprueben deberán cubrir la totalidad de los costos de la prestación del servicio. En el caso de aprobarse tarifas subsidiadas, se establecerán mecanismos de compensación entre los sectores que tienen mayores ingresos y los de menores recursos, de manera que queden cubiertos, por lo menos, los costos de los servicios.

Artículo 192. Cuando se constituyan empresas de economía mixta, cualquiera sea la proporción de los capitales municipales y privados, la mayoría del directorio corresponderá al capital privado; la presidencia será ejercida por un representante de la municipalidad y tendrá derecho a veto sobre las decisiones del directorio en toda cuestión que, a su juicio, afecte el interés público o que contraríe las políticas y metas establecidas por el concejo.

Artículo 193. El directorio y el gerente serán solidariamente responsables ante el concejo por el ejercicio de sus funciones y por el cumplimiento de las finalidades de la empresa, dentro del campo de acción y posibilidades de la misma.

Artículo 194. Las empresas públicas municipales elaborarán cada año su presupuesto, el cual contendrá un detalle de los distintos conceptos de los ingresos y egresos con destino a administración, adquisiciones, construcciones, mantenimiento y demás rubros que se determinen para cada empresa, que figurará como anexo del presupuesto general de la municipalidad y serán elaborados de conformidad con lo dispuesto por la Ley Orgánica de Administración Financiera y Control.

Los presupuestos de las empresas públicas municipales serán aprobados por sus respectivos directorios y ratificados por el concejo.

Artículo 195. Cada empresa pública municipal llevará su contabilidad según criterios comerciales y de acuerdo con las normas de contabilidad y auditoría señaladas por la Contraloría General del Estado, de modo que permitan conocer clara y concretamente los costos de operación, de la prestación de servicios públicos y los resultados financieros de la empresa.

TITULO IV
DEL PLANEAMIENTO FÍSICO Y URBANÍSTICO Y DE LAS OBRAS PUBLICAS

Capítulo I
De los Planes Reguladores de Desarrollo Físico y Urbanístico

Sección 1a.
De los Planes Reguladores de Desarrollo Físico Cantonal y de los Planes Reguladores de Desarrollo Urbano

Artículo 196. El planeamiento físico y urbanístico del territorio del cantón será obligatorio para las municipalidades y comprenderá:

a) La formulación de planes reguladores de desarrollo físico cantonal; y,

b) La formulación de planes reguladores de desarrollo urbano.

Artículo 197. Los planes reguladores de desarrollo físico cantonal deberán contener las siguientes partes:

a) Zonificación de unidades de planeamiento;

b) Determinación de unidades de vida colectiva en el municipio;

c) Determinación de unidades de trabajo técnico en función de infraestructura regional, de coordinación y de mercado;

d) Análisis de estructuras físicas fundamentales: morfología, geología y naturaleza de los suelos; climatología, flora y fauna terrestre y acuática;

e) Análisis de la infraestructura general: irrigación, drenaje, aducción de agua, control de cursos de agua, vías de comunicación e instalaciones de producción, transmisión y distribución de energía;

f) Análisis de ocupación y utilización del suelo;

g) Implantación industrial y residencial;

h) Concentraciones residenciales urbanas y viviendas rurales;

i) Análisis de estructuras demográficas y de distribución de la población por sectores de actividad;

j) Estudios de factibilidad económico-financiera donde se equiparen los criterios de planeamiento con las posibilidades económicas y financieras; y,

k) Análisis de los impactos ambientales de las obras.

Artículo 198. En el proceso del planeamiento del desarrollo físico cantonal se mantendrá actualizada la información que determina el artículo anterior, más toda aquella que fuere necesaria para la planeación física.

Para el diseño de programas, planificación del desarrollo y ejecución de las obras en zonas rurales se contará con la participación de las juntas parroquiales rurales y comunidades respectivas.

Los municipios y distritos metropolitanos efectuarán su planificación siguiendo los principios de conservación, desarrollo y aprovechamiento sustentable de los recursos naturales.

Artículo 199. Los planes reguladores de desarrollo urbano formarán parte definida de los planes de desarrollo físico cantonal y deberán prepararse de acuerdo con las siguientes etapas:

1. Formación del expediente urbano con base en los estudios preliminares sobre:

    a)   La región: estudio geográfico, económico y social;

    b)   La ciudad: formación, historia, estructuras socio-económicas, demografía y administración;

    c)   Implantación: topografía, geología y climatología del sitio;

    d)   Catastros de construcciones existentes y características de los inmuebles;

    e)   Servicios públicos y redes: vías de circulación, agua potable y alcantarillado; y,

    f)   Funciones de los centros poblados: habitación, trabajo, circulación y cultura física y moral.

2. Elaboración del plan regulador, que tendrá las siguientes partes concretas:

    a)   Zonificación y delimitación de barrios para habitación, industrias, zonas especiales y zonas rurales;

    b)   Ocupación del suelo y repartición de la población, densidades de la población y de habitación, estudio de reestructuraciones parcelarias;

    c)   Reservaciones territoriales, espacios abiertos, libres y arborizados;

    d)   Redes de circulación y vías de comunicación de todo orden;

    e)   Reglamentación de construcciones; y,

    f)   Coordinación de previsiones de planeamiento y estudios de técnicas sanitarias.

3. Documentación reglamentaria que se compondrá de:

    a)   Plan regulador de desarrollo urbano;

    b)   Programas de ordenamiento;

    c)   Proyecto de aprovisionamiento de agua potable, alcantarillado y saneamiento;

    d)   Estimación de costos y posibilidades de financiamiento; y,

    e)   Orden de prioridades.

Artículo 200. En el plan regulador de desarrollo urbano se determinarán claramente los siguientes aspectos:

a)   Estudios parciales de planificación;

b)   Estudios de unidades barriales;

c)   Estudios de parcelación;

d)   Instalación de servicios públicos;

e)   Dotación de espacios abiertos;

f)   Planificación de núcleos urbanos de todo orden; vg., centros administrativos, comerciales, cívicos; y,

g)   Ordenanzas y reglamentaciones sobre el uso del suelo, condiciones de seguridad, materiales, condiciones sanitarias y otras de naturaleza similar.

Artículo 201. Para la ejecución del plan regulador, en la elaboración de los estudios establecidos en el artículo anterior se deberá prever el orden y etapas de realización, los planos de ubicación y de detalle, los programas y presupuestos, las condiciones de financiamiento y las memorias explicativas que sean del caso.

Artículo 202. El plan regulador de desarrollo urbano podrá contemplar estudios parciales para la conservación y ordenamiento de ciudades o zonas de ciudad de gran valor artístico e histórico o protección del paisaje urbano.

Para los efectos expresados podrán dictarse normas especiales para la conservación, restauración y mejora de los edificios y elementos naturales y urbanísticos.

<h3 style="text-align:center">Sección 2a.</h3>

<h3 style="text-align:center">De la Formación, Aprobación y Vigencia de los Planes</h3>

<h3 style="text-align:center">Reguladores de Desarrollo Físico Cantonal y Urbanístico</h3>

Artículo 203. La formulación de planes de desarrollo y planes reguladores de desarrollo urbano será obligatoria para las municipalidades, para lo cual, de ser necesario, solicitará o contratará el asesoramiento técnico correspondiente. Los planes de desarrollo que se formulen y sus proyectos responderán a la normativa del Sistema Nacional de Planificación.

Artículo 204. Para la aprobación definitiva, el concejo necesitará el voto favorable de los dos tercios de sus miembros. De no lograrse esta votación, en una nueva sesión se aprobará por el voto de la mayoría de sus miembros.

Artículo 205. Los planes de desarrollo físico cantonal y los planes reguladores de desarrollo urbano, aprobados de conformidad con lo dispuesto en el artículo anterior, entrarán en vigencia a partir de su publicación en el Registro Oficial. Por este hecho quedará establecido el interés público o social de todas las operaciones previstas en dichos planes.

Artículo 206. Para la modificación de los planes reguladores de desarrollo físico cantonal y planes reguladores de desarrollo urbano, el concejo observará el mismo procedimiento establecido en esta sección.

Artículo 207. Los proyectos de parcelación o lotización presentados por los interesados, previo informe de la Oficina de Planificación Física y Urbana de la municipalidad, podrán ser aprobados o rechazados por el concejo.

Artículo 208. Si de hecho se realizaren parcelaciones o lotizaciones sin aprobación de la municipalidad, quienes directa o indirectamente las hayan llevado a cabo o se hayan beneficiado en alguna forma de ellas, no adquirirán derecho alguno y la municipalidad podrá pedir al fiscal competente, de inicio a la instrucción fiscal, contra los sospechosos o imputados.

Artículo 209. En las parcelaciones o lotizaciones no autorizadas por las municipalidades, no surtirán efecto alguno las ventas o promesas de venta realizadas por instrumento público o privado o en cualquier otra forma, y la municipalidad impondrá al vendedor o al promitente vendedor, una multa que podrá ser hasta cinco veces el valor del respectivo terreno, según avalúo hecho por la respectiva municipalidad. Las sanciones serán impuestas por el comisario municipal previa audiencia del inculpado a quien se le concederá un término de prueba de hasta cinco días, vencido el cual se expedirá la resolución correspondiente, de la que podrá recurrirse al alcalde, según el numeral 37 del Art. 69.

Artículo 210. Las autorizaciones y aprobación de nuevas urbanizaciones o lotizaciones se protocolizarán en una notaría y se inscribirán en el correspondiente registro de la propiedad. Tales documentos constituirán títulos de transferencia de dominio de las áreas de uso público y comunales, a favor de la municipalidad, incluidas todas las instalaciones de servicios públicos. Dichas áreas no podrán enajenarse.

Artículo 211. La municipalidad no podrá revocar o modificar las autorizaciones concedidas, si las obras hubieran sido iniciadas y se estuvieren ejecutando conforme a las mismas, sin contar con el consentimiento de los promotores o ejecutores, bajo pena de pagar a éstos y a los propietarios de los lotes, los daños y perjuicios que tal hecho origine. Las disposiciones contenidas en el presente artículo se aplicarán a todas las situaciones que, de hecho, existieren en relación con esta materia, y a las que en el futuro se presentaren.

Artículo 212. Los planes reguladores de desarrollo físico cantonal y los planes reguladores de desarrollo urbano deberán ser actualizados periódicamente, en forma obligatoria.

Sección 3a.
De los Centros de Desarrollo Urbano de Emergencia

Artículo 213. Las ciudades de más de veinticinco mil habitantes, cuyo normal desarrollo se vea afectado por la falta de planeamiento, elevado déficit de vivienda y crecimiento demográfico extraordinario, serán declaradas por la municipalidad respectiva, centros de desarrollo urbano de emergencia y se acogerán al régimen especial de medidas de control que se establecen en esta sección.

Artículo 214. Las municipalidades de las ciudades que han sido declaradas centros de desarrollo urbano de emergencia, además de lo determinado en los Arts. 196 y siguientes hasta el Art. 201 inclusive, deberán de inmediato efectuar estudios para establecer:

a) Zonas de expansión urbana y suburbana para determinar las previsiones de crecimiento; y,

b) Zonas urbanas de promoción inmediata, cuya determinación obedecerá a imperativos de desarrollo urbano, como los de contrarrestar la especulación en los precios de compraventa de terrenos, evitar el crecimiento desordenado de las urbes y facilitar la reestructuración parcelaria y aplicación racional de soluciones urbanísticas.

Estas zonas se acogerán a las disposiciones tributarias del Art. 319.

Artículo 215. Sin perjuicio de lo previsto en los planes reguladores de desarrollo urbano, podrán determinarse zonas urbanas de promoción inmediata, de conformidad con lo establecido en el artículo anterior.

Artículo 216. Una vez sancionadas las ordenanzas que establecen las zonas urbanas de promoción inmediata, de conformidad con lo dispuesto en el artículo precedente, la dirección de obras públicas del municipio determinará las construcciones consideradas obsoletas en base a lo dispuesto en el siguiente artículo.

Artículo 217. Para los efectos de esta Ley, se considerarán construcciones obsoletas aquellas que así fueren declaradas, de conformidad con los siguientes elementos:

a) Condiciones de habilitabilidad;

b) Condiciones de seguridad y tipo de materiales;

c)   Fecha de construcción; y,

d)   Renta mínima potencial.

La municipalidad establecerá tablas de renta mínima potencial de acuerdo con las zonificaciones contempladas en los planes reguladores de desarrollo urbano y de acuerdo con cada ciudad o centro poblado en particular.

Sección 4a.
De los Efectos de la Aprobación de los Planes
Reguladores de Desarrollo Urbano

Artículo 218. Los planes y proyectos con sus normas y ordenanzas deberán ser objeto de divulgación por parte de la municipalidad en la respectiva cabecera cantonal. Cualquier persona podrá consultarlos e informarse de los mismos.

Todo vecino tendrá derecho a que las respectivas autoridades municipales le informen por escrito el régimen urbanístico aplicable a una propiedad o sector.

Artículo 219. La obligatoriedad de observancia de los planes reguladores de desarrollo físico cantonal y planes reguladores de desarrollo urbano comportará las siguientes limitaciones:

1.   Respecto del uso de la tierra, no se podrán efectuar construcciones, movimientos de tierra, destrucción de bosques o zonas arborizadas o dar cualquier uso que estuviere en pugna con la calificación urbanística que corresponda a dichos terrenos en el plan regulador de desarrollo urbano;

2.   Las nuevas construcciones se ajustarán a la ordenación aprobada; y,

3.   Cuando el descubrimiento de usos no previstos al aprobar los planes fueren de tal importancia que alterase substancialmente el uso del suelo, se procederá a la revisión de aquéllos, de oficio o a petición de parte, para ajustarlos a la nueva situación.

Artículo 220. Los edificios e instalaciones existentes con anterioridad a la aprobación del plan regulador de desarrollo urbano y de las zonas urbanas de promoción inmediata que resultaren en oposición de éstos, se califican comprendidos en dicho plan o zonas. En consecuencia, no podrán realizarse en ellos obras de reparación, mejoramiento u otras de mantenimiento que eleven el valor de la propiedad, salvo pequeñas reparaciones que exigieren la higiene o el ornato y aun estas últimas bajo las condiciones señaladas en el inciso primero del Art. 236 y que no excedieren del diez por ciento del costo de la construcción.

Excepcionalmente, cuando el edificio haya sido concluido o adquirido poco antes de la aprobación del plan y de las zonas que lo afecten y no estuviere prevista la expropiación o demolición en el respectivo programa de ejecución, podrán autorizarse obras parciales y circunstanciales de reparación o reconstrucción, siempre que el propietario renuncie al cobro del valor de aquellas obras, en caso de expropiación o se comprometa a efectuar la demolición tan pronto como lo resuelva el concejo. Tales renuncias o compromiso serán protocolizados e inscritos como se indica en el inciso primero del Art. 236.

Artículo 221. El que enajenare terrenos o edificios afectados por el plan regulador de desarrollo urbano o por las zonas urbanas de promoción inmediata deberá hacer constar esta circunstancia en el correspondiente título de enajenación y los compromisos que hubiere adquirido con la municipalidad. Los precios que se pacten no podrán ser superiores a los catastrales y en caso de acuerdo contrario, éste se considerará colusorio y no se tomarán en cuenta para futuros actos o transacciones y aun darán a la administración la obligación de denunciarlos.

En los actos de enajenación de terrenos en proceso de urbanización, deberán consignarse los compromisos que el propietario hubiere asumido cuyo cumplimiento esté pendiente.

La infracción de cualquiera de estas disposiciones facultará al adquirente para resolver el contrato en el plazo de un año, a contar de la fecha de su otorgamiento y exigir la indemnización de los daños y perjuicios que se le hubiere irrogado.

Si no hiciere uso de este derecho en este plazo, las obligaciones serán exigibles al comprador.

Sección 5a.

De la Ejecución de los Planes Reguladores de Desarrollo Físico Cantonal y de los Planes Reguladores de Desarrollo Urbano

Artículo 222. Para la ejecución de las obras que demanden los planes reguladores de desarrollo físico cantonal y los planes reguladores de desarrollo urbano, se atenderá al calendario de prioridades establecido en los mismos y al financiamiento disponible.

Las obras así previstas deberán incorporarse en el programa de obras públicas.

Artículo 223. Los planes podrán llevarse a cabo directamente por la dirección de obras públicas municipales o por iniciativa privada adoptándose cualquiera de los sistemas que se detallan en el Art. 237 de esta Ley.

Artículo 224. El concejo, a solicitud del alcalde podrá modificar el orden de prioridades establecido en los planes reguladores de desarrollo urbano y de desarrollo físico cantonal.

Artículo 225. Las municipalidades incorporarán a sus ordenanzas de planeamiento físico y urbano, las normas complementarias que sobre la materia dictare el Estado a través de sus organismos de planificación física nacional.

Capítulo II

De las Parcelaciones y Reestructuraciones Parcelarias

Artículo 226. Se considera parcelación urbana la división de terreno en dos o más lotes que hayan de dar frente o tener acceso a alguna vía pública existente o en proyecto.

Se entenderá por reestructuración parcelaria un nuevo trazado de parcelaciones defectuosas, que podrá imponerse obligatoriamente con alguno de estos fines:

1. Regularizar la configuración de las parcelas; y,
2. Distribuir equitativamente entre los propietarios los beneficios y cargas de la ordenación urbana.

Artículo 227. Considérase parcelación agrícola la que afecta a terrenos situados en zonas rurales destinados a bosques, cultivos o explotación agropecuaria.

Esta clase de parcelaciones se sujetarán a la Ley de Desarrollo Agrario y al plan de desarrollo físico cantonal aprobado por el concejo.

Artículo 228. Para la fijación de las superficies mínimas en las parcelaciones urbanas se atenderá a las normas que al efecto contenga el plan regulador de desarrollo urbano o, en su falta, a las normas que impartirá el organismo nacional competente de planeamiento urbano. Los notarios para autorizar, y los registradores de la propiedad para inscribir una escritura, exigirán la autorización del concejo concedida para la parcelación de los terrenos.

Artículo 229. En el caso de partición judicial de inmuebles situados en el área urbana o de expansión urbana, los jueces ordenarán que se cite la demanda al respectivo municipio y no se podrá realizar la partición sino con informe favorable del mismo. Si de hecho se realiza la partición, será nula. Si se tratare de partición extrajudicial de inmuebles situados en las mismas áreas, los interesados pedirán al municipio la autorización respectiva, sin la cual no podrá realizarse la partición.

Artículo 230. Aprobado un proyecto de urbanización constitutivo de los planes reguladores de desarrollo urbano, los propietarios de terrenos comprendidos en el mismo, podrán formular proyectos de parcelación o solicitar al concejo la reestructuración parcelaria.

La aprobación de un proyecto de reestructuración parcelaria producirá automáticamente, la compensación de las parcelas antiguas con las nuevas, hasta el límite de las mismas. Esta compensación no causará ningún gravamen.

Cuando la antigua propiedad no llegue a la superficie mínima a que se refiere el inciso anterior, se obligará al propietario a cederlo en la parte proporcional, por su valor catastral.

Artículo 231. El concejo podrá acordar la suspensión hasta por un año, del otorgamiento de autorizaciones de parcelación de terrenos y de edificación, en sectores comprendidos en un perímetro determinado, con el fin de estudiar actualizaciones en los planes reguladores de desarrollo urbano.

Capítulo III
De las Obras Públicas
Sección 1a.
De la Programación de las Obras

Artículo 232. Las obras públicas a cargo de las municipalidades tendrán por objeto, principalmente, la realización de los planes de desarrollo físico cantonal y reguladores de desarrollo urbano, dentro del orden de prioridades y de los plazos previstos.

Artículo 233. La programación comprenderá:

a) La elaboración de los proyectos de realización anual y de los pliegos de condiciones técnicas de cada uno de los proyectos;

b) La formulación del presupuesto; y,

c) La preparación de normas para la supervisión y recepción de las obras, si éstas se van a realizar por contrato o concesión.

Artículo 234. El programa de obras elaborará la dependencia municipal que tenga a su cargo esta función y será presentado por el alcalde para la aprobación del concejo.

Artículo 235. La construcción de obras aprobadas podrá llevarse a efecto por administración directa, contrato o concesión. El concejo decidirá cuál de estas formas conviene más a los intereses de la municipalidad.

Para acordar la contratación o concesión de obras a particulares y para las recepciones provisional y definitiva de las obras, el concejo se atendrá a lo dispuesto en la Ley de Contratación Pública y en la Ley Orgánica de Administración Financiera y Control.

Artículo 236. El concejo podrá autorizar, previo informe de la oficina de planeamiento físico y urbano del municipio usos y obras de carácter provisional: ornamentales, comerciales, folclóricas, que habrán de demolerse una vez cumplido el plazo y cuando lo resuelva el concejo, sin derecho a indemnización. Esta autorización aceptada por los propietarios, deberá protocolizarse e inscribirse en el registro de la propiedad.

El arrendamiento, el comodato y todo otro contrato semejante sobre los terrenos y construcciones a los que se refiere este artículo, finalizarán automáticamente con la resolución del concejo que ordene el desalojo o demolición para efectuar los trabajos de urbanización.

Sección 2a.
De las Formas de Gestión

Artículo 237. Para la realización de los diferentes proyectos de que constan los planes reguladores de desarrollo urbano, la municipalidad coordinará la participación de los propietarios de terrenos, personas naturales o jurídicas que hubieren sido influenciados por las operaciones que prevén dichos planes o tengan interés en el desarrollo de las mismas, para lo cual:

1. Propiciará la unión de los propietarios de terrenos y de empresas para realizar proyectos de urbanización y, en su caso, de edificación;

2. Gestionará la adquisición de los terrenos destinados a edificios y servicios públicos a las entidades correspondientes; y,

3. Impondrá a los propietarios la obligación de ceder gratuitamente los terrenos comprendidos en el sector en que se han de ejecutar obras municipales de urbanización en las siguientes proporciones:

   a) Cuando se trate de ensanchamiento de vías y de espacios abiertos, libres o arborizados o para la construcción de acequias, acueductos, alcantarillados, a ceder gratuitamente hasta el cinco por ciento de la superficie del terreno de su propiedad, siempre que no existan construcciones.

      Si excediere del cinco por ciento mencionado en el inciso anterior, se pagará el valor del exceso y si hubiere construcciones, el valor de éstas, considerando el valor de la propiedad determinado en la forma prevista en esta Ley; y,

   b) Cuando se trate de parcelaciones, a ceder gratuitamente la superficie de terreno para vías, espacios abiertos, libres y arborizados y de carácter educativo, siempre que no exceda del treinta y cinco por ciento de la superficie total.

Artículo 238. La municipalidad podrá imponer servidumbres reales en los casos en que sea indispensable para la ejecución de obras destinadas a la prestación de un servicio público, siempre que dicha servidumbre no implique la ocupación gratuita de más del diez por ciento de la superficie del predio afectado.

En los casos en que dicha ocupación afecte o desmejore visiblemente construcciones existentes, el propietario deberá ser indemnizado conforme al régimen establecido en el artículo anterior.

Capítulo IV
De las Expropiaciones

Artículo 239. Las expropiaciones que deban hacer las municipalidades requieren de previa declaratoria de utilidad pública o interés social, con expresión del fin a que haya de aplicarse el objeto expropiado.

Sin embargo, no se precisa declaratoria de utilidad pública en cada caso para adquirir o expropiar inmuebles que se hallen ubicados dentro de las zonas urbanas de promoción inmediata.

En los demás casos en los que por ley se haya declarado genéricamente la utilidad pública, el concejo deberá efectuar su reconocimiento, en cada situación concreta.

El interés social determinante de transmisiones forzosas de la propiedad se sujetará, en cuanto a su declaración, al mismo procedimiento señalado en los incisos precedentes.

Todas las decisiones a que se refiere el presente artículo requerirán el voto favorable de las dos terceras partes de los concejales asistentes.

Artículo 240. Declarada genérica o específicamente la utilidad pública o el interés social de un inmueble, el concejo podrá dictar el acuerdo de ocupación del total o de la parte estrictamente indispensable para el fin de la expropiación. Podrá también incluirse entre los bienes de necesaria ocupación los que sean indispensables para ampliaciones previsibles de la obra o finalidad a que se trate.

Cuando la expropiación implique la necesidad de ocupar sólo una parte del predio, de tal modo que a consecuencia de aquélla resulte antieconómico para el propietario la conservación de la parte del predio no expropiado, tendrá este derecho a que dicha expropiación comprenda la totalidad del predio, de conformidad con el Art. 799 del Código de Procedimiento Civil.

Artículo 241 (253). La declaratoria de utilidad pública y el acuerdo de ocupación se notificará a los interesados en el procedimiento expropiatorio y dentro del plazo de tres días de habérselos expedido. La notificación se hará en el domicilio de los interesados, de ser conocido, o por la prensa en caso contrario.

El interesado que no estuviere conforme con el acuerdo de ocupación o con la declaratoria de utilidad pública, presentará al concejo dentro del término de tres días, a partir de la fecha de la notificación, las observaciones que fueren del caso. El concejo tendrá el término de treinta días para pronunciarse; de no hacerlo se entenderá aceptado el reclamo del administrado.

Artículo 242. Los avalúos se efectuarán con arreglo al valor que tengan los bienes o derechos expropiados al tiempo de iniciarse el expediente de ocupación, sin tener en cuenta la plusvalía que resulte como consecuencia directa del proyecto que motive la expropiación y sus futuras ampliaciones.

Las mejoras realizadas con posterioridad a la iniciación del expediente de expropiación, no serán objeto de indemnización.

Artículo 243. Para determinar el precio que corresponde a los bienes objeto de expropiación se seguirán, además las normas establecidas en el Código de Procedimiento Civil, Ley de Contratación Pública y en otras leyes.

Artículo 244. En todos los casos de expropiación se abonará al propietario, además del precio establecido convencional o judicialmente, un cinco por ciento como precio de afección.

El valor último resultante se entregará al propietario en dinero efectivo en la proporción y dentro de los plazos que establezca la municipalidad, de mutuo acuerdo con el expropiado; tales plazos no podrán exceder de cinco años. Las cuotas pagaderas a plazos ganarán el interés legal.

El pago del precio estará exento de toda clase de derechos, impuestos u otros gravámenes fiscales, municipales o de cualquiera otra índole.

Artículo 245. Existirá causa de interés social para la expropiación forzosa, fuera de los casos en que haya lugar conforme a una ley, cuando se cumplan los siguientes requisitos:

1. La declaratoria positiva de que un inmueble debe sufrir determinadas transformaciones o ser utilizado de manera específica;

2. Que dicha declaración se derive de una ordenanza o de la ley, o de la aprobación de los planes reguladores de desarrollo urbano y de la determinación de las zonas urbanas de promoción inmediata:

3. Que los programas con que se han de llevar a cabo los planes, las ordenanzas o la ley, contengan inequívocamente la estimación de expropiación forzosa, frente al cumplimiento del primer requisito; y,

4. Que para la realización de la función específica señalada, se haya fijado un plazo y a su vencimiento aquella función resultare total o substancialmente incumplida por el propietario.

Artículo 246. La expropiación de bienes muebles o inmuebles de valor artístico, histórico o arqueológico, se llevará a cabo de acuerdo con las disposiciones pertinentes de este Capítulo y de la Ley de Patrimonio Cultural, que sean aplicables en razón de su naturaleza. La fijación del precio de la cosa objeto de expropiación se hará mediante tasación pericial de una comisión compuesta por tres personas versadas en la materia, designadas: una por la Casa de la Cultura Ecuatoriana "Benjamín Carrión"; una por la Facultad de Arquitectura de la Universidad más próxima y otra por la Academia de Historia.

Artículo 247. La municipalidad podrá convenir con el particular afectado por la expropiación, la adquisición de los bienes o derechos que son objeto de aquélla, libremente y de mutuo acuerdo; en tal caso y una vez convenidos los términos de la adquisición, se dará por concluido el expediente iniciado.

Artículo 248. En lo que silenciare esta Ley, se aplicarán las normas del Código de Procedimiento Civil relativas a las expropiaciones.

TITULO V
DE LOS BIENES E INGRESOS MUNICIPALES
Capítulo I
De los Bienes Municipales
Sección 1a.
Clasificación y Definición de los Bienes

Artículo 249. Son bienes municipales aquellos sobre los cuales las municipalidades ejercen dominio.

Los bienes municipales se dividen en bienes del dominio privado y bienes del dominio público. Estos últimos se subdividen, a su vez, en bienes de uso público y bienes afectados al servicio público.

Artículo 250. Son bienes de dominio público aquellos cuya función inmediata es la prestación de servicios públicos a los que están directamente destinados.

Los bienes de dominio público son inalienables, inembargables e imprescriptibles. En consecuencia, no tendrán valor alguno los actos, pactos o sentencias, hechos concertados o dictados en contravención a esta disposición.

Sin embargo, los bienes a los que se refiere el inciso anterior podrán ser entregados como aporte de capital del municipio para la constitución de empresas o para aumentos de capital en las mismas, siempre que el objetivo sea la prestación de servicios públicos.

Artículo 251. En todo juicio en que se alegare la adquisición por prescripción de un inmueble situado en el área urbana o en el área de expansión urbana, se citará al respectivo municipio, bajo la pena de nulidad.

Artículo 252. Son bienes de uso público aquellos cuyo uso por los particulares es directo y general, en forma gratuita. Sin embargo, podrán también ser materia de utilización individual mediante el pago de una regalía.

Los bienes de uso público por hallarse fuera del mercado, no figurarán contablemente en el activo del balance municipal; pero la municipalidad llevará un registro general de dichos bienes para fines de administración.

Constituyen bienes de uso público:

a) Las calles, avenidas, puentes, pasajes y demás vías de comunicación que no pertenezcan a otra jurisdicción administrativa;

b) Las plazas, parques, ejidos y demás espacios destinados a la recreación u ornato público;

c) Las aceras, soportales o poyos que formen parte integrante de las calles y plazas y demás elementos y superficies accesorios de las vías de comunicación o espacios públicos a que se refieren los literales a) y b);

d) Las quebradas con sus taludes y los ríos con sus lechos y plazas en la parte que pasa por las zonas urbanas o sus reservas;

e) Las superficies obtenidas por rellenos de quebradas con sus taludes;

f) La fuente de agua destinadas al ornato público; y,

g) Los demás bienes que en razón de su uso o destino cumplen una función seme-jante a los citados en los literales precedentes, y los demás que ponga el Estado bajo el dominio municipal.

Aunque se encuentren en urbanizaciones particulares y no exista documento de trans-ferencia de tales bienes al municipio, por parte de los propietarios, los bienes citados en este artículo, se considerarán de uso público.

Artículo 253. Son bienes afectados al servicio público los que se han adscrito admi-nistrativamente a un servicio público propio de la función municipal o que se han adqui-rido o construido para tal efecto. Estos bienes, en cuanto tengan precio o sean suscepti-bles de avaluarse monetariamente, figurarán en el activo del balance de la municipalidad o de la respectiva empresa.

Constituyen bienes afectados al servicio público:

a) Los edificios destinados a la administración municipal;

b) Los edificios y demás elementos del activo destinados a establecimientos edu-cacionales, bibliotecas, museos y demás funciones de carácter cultural;

c) Los edificios y demás bienes del activo fijo o del circulante de las empresas municipales de carácter público, como las empresas de agua potable, teléfonos, rastros, alcantarillado y otras de análoga naturaleza;

d) Los edificios y demás elementos de los activos fijo y circulante destinados a hospitales y demás organismos de salud y asistencia social;

e) Los activos destinados a servicios públicos como el de recolección, procesa-miento e incineración de basuras;

f) Otros bienes del activo fijo o circulante, destinados al cumplimiento de los fi-nes esenciales del municipio, según lo establecido por esta Ley, no menciona-dos en este artículo; y,

g) Otros bienes que, aun cuando no tengan valor contable, se hallen al servicio inmediato y general de los particulares, como cementerios y otros de análoga función de servicio público.

Artículo 254. Son bienes de dominio privado los que no están destinados a la presta-ción directa de un servicio público, sino a la producción de recursos o bienes para la financiación de los servicios municipales que son administrados en condiciones econó-micas de mercado, conforme a los principios del derecho privado.

Constituyen bienes del dominio privado:

a) Los inmuebles que no forman parte del dominio público;

b) Los bienes del activo de las empresas municipales que no prestan los servicios citados en el artículo precedente;

c) Los bienes mostrencos situados dentro de las zonas de reserva para la expan-sión de las ciudades y centros poblados y, en general, los bienes vacantes, es-pecialmente los caminos abandonados o rectificados; y,

d) Las inversiones financieras que no estén formando parte de una empresa de servicio público, de las mencionadas en el artículo precedente, como acciones, cédulas, bonos y otros títulos financieros.

Artículo 255. Si dos o más municipalidades concurrieran a realizar, de común acuerdo y, a expensas de sus haciendas, una obra, ésta se considerará bien intermunicipal y su conservación y reparación se hará a expensas comunes.

Artículo 256. Los bienes nacionales de uso público que se destinaren al tránsito, pesca y otros objetos lícitos, conforme a lo que dispone el Código Civil, se reputarán como municipales para el objeto de la respectiva reglamentación, salvo lo que en su caso dispongan los reglamentos marítimos.

Artículo 257. En caso de conflicto de dominio entre la municipalidad y la entidad estatal que tenga a su cargo la administración y adjudicación de bienes mostrencos, prevalecerá la posesión de la municipalidad. De presentarse reclamo, éste será decidido, por el Ministerio de Obras Públicas, con el dictamen conforme de peritos que, a su solicitud, designarán la dirección provincial de obras públicas nacionales, la facultad de urbanismo de la universidad más próxima y el correspondiente colegio de arquitectos y urbanistas.

Artículo 258. Los bienes de cualquiera de las categorías establecidas en el Art. 249 pueden pasar a otra de las mismas, previa resolución del concejo con el voto favorable de las dos terceras partes de sus miembros.

Sección 2a.

Del Cuidado e Inventario de los Bienes Municipales

Artículo 259. Es obligación del alcalde velar por la conservación de los bienes municipales y por su más provechosa aplicación a los objetos a que están destinados, ajustándose a las disposiciones de esta Ley.

Artículo 260. La dirección financiera debe llevar un inventario actualizado de todos los bienes valorizados del dominio privado y de los afectados al servicio público que sean susceptibles de valorización.

Los libros se abrirán al comienzo y se cerrarán al final de cada bienio, con las firmas del alcalde y del jefe de la dirección financiera.

Artículo 261. El uso indebido, destrucción o substracción de cualquier clase de bienes municipales por parte de terceros, serán sancionados por el juez de contravenciones con la pena prevista para las contravenciones de cuarta clase.

Artículo 262. En la ejecución de sentencias en los juicios de demarcación y linderos en que fuere parte una municipalidad, no podrá ocuparse o cerrarse, a ningún título, total o parcialmente lo que ya constituyere calle o plaza pública.

Sección 3a.

Reglas Especiales Relativas a los Bienes de Uso Público

Artículo 263. Las personas naturales o jurídicas, así como las instituciones sociales, tienen libertad de usar y gozar de los bienes municipales de uso público, sin otras restricciones que las impuestas por la ley y las ordenanzas municipales.

Artículo 264. Los ríos y sus playas, las quebradas, sus lechos y taludes pueden ser usados por los vecinos, de acuerdo con las leyes de la materia; pero la explotación de piedras, arena y otros materiales sólo podrán hacerse con el expreso consentimiento del concejo, y de conformidad a lo dispuesto en la Ley de Minería.

El concejo puede también permitir el uso o usufructo de las playas de mar, de los lagos y de los ríos y los lechos de las quebradas y sus taludes, para cualquier negocio o explotación industrial o agrícola, de conformidad a lo dispuesto en la Ley de Aguas, en lo que fuere aplicable.

Artículo 265. Si los ríos o quebradas conducen aguas contaminadas, no se podrá usarlas, salvo para fines agrícolas y, en tal caso, con el permiso previo de la autoridad de salud.

Artículo 266. El concejo puede hacer concesiones a las empresas de teléfonos, de agua potable y transportes, para el uso u ocupación de calles, aceras y demás espacios del dominio público, por períodos hasta de diez años.

Para concesiones por un plazo mayor se requerirá autorización del Congreso Nacional o del Tribunal Constitucional, cuando el Congreso Nacional no estuviere reunido.

Artículo 267. Nadie podrá ejecutar, sin previa y expresa autorización del concejo, obra aparente de clase alguna en las riberas de los ríos y quebradas o en sus le chos, ni estrechar su cauce o dificultar el curso de las aguas, o causar daño a las propiedades vecinas.

Tampoco podrá desviar el curso de las aguas ni construir obras en los lechos de los ríos y las quebradas, salvo el caso de necesidad agrícola o industrial.

Las obras que se construyan en contravención de lo dispuesto en el presente artículo, serán destruidas a costa del infractor, respecto del que se observará lo dispuesto en el Art. 261.

Artículo 268. Las autorizaciones o concesiones de que tratan los artículos precedentes de esta sección, deberán constar en el respectivo contrato, en el que se indicarán las condiciones que ha de cumplir el usuario o concesionario y los derechos que ha de satisfacer periódicamente, por adelantado.

Sección 4a.
Reglas Especiales Relativas a los
Bienes Afectados al Servicio Público

Artículo 269. Los bienes afectados al servicio público sólo se emplearán para esta finalidad y de su guarda y conservación responderán los organismos o funcionarios que tengan a su cargo esos servicios.

Circunstancialmente podrán ser usados para otros objetos de interés municipal, siempre que no sufran perjuicio alguno los servicios de que se los distraiga en forma momentánea. Si por excepción dichos bienes tuvieren que ser usados por personas naturales o jurídicas extrañas, se asegurará que los usuarios los devuelvan en la misma forma.

Artículo 270. Es prohibido permitir el uso de bienes municipales afectados al servicio público para fines políticos, doctrinarios o religiosos o para otras manifestaciones extrañas a los fines municipales.

En lo posible, se evitará el uso de esos bienes para fines de lucro. Si por excepción tuviere que autorizarse este uso, se decidirá, previo compromiso garantizado, el pago de un derecho equivalente al cincuenta por ciento de las utilidades líquidas que percibiere el usuario.

Sección 5a.
Reglas Especiales Relativas a los Bienes del Dominio Privado

Artículo 271. Los bienes del dominio privado deberán administrarse con criterio empresarial para obtener el máximo rendimiento financiero compatible con el carácter público de la municipalidad y con sus fines.

Artículo 272. El concejo podrá acordar la venta, permuta o hipoteca de los bienes inmuebles de uso privado, o la venta, trueque o prenda de los bienes muebles, con el voto de los dos tercios de los ediles.

Artículo 273. La venta de los bienes de uso privado se acordará en estos casos:

1. Si no reportan provecho alguno a la hacienda municipal o si el provecho es inferior al que podría obtenerse con otro destino. No procederá la venta, sin embargo, cuando se prevea que el bien deberá utilizarse en el futuro para satisfacer una necesidad concreta del municipio; y,

2. Si con el precio de la venta del bien puede obtenerse inmediatamente otro semejante, capaz de ser aplicado a objetos más convenientes para el vecindario.

Artículo 274. Será permitida la permuta de bienes del dominio privado:

1. Cuando con una operación de esta clase el patrimonio municipal aumente de valor o pueda ser aplicado con mejor provecho en favor de los intereses vecinales; y,

2. Cuando deba tomarse todo o parte del inmueble ajeno para aumentar las áreas de predios destinados a servicios públicos o para la construcción, ensanche o prolongación de plazas, avenidas, calles, etc.

Artículo 275. Sólo se procederá a la hipoteca de los bienes del dominio privado cuando sea necesario garantizar obligaciones propias de la municipalidad, contraídas de acuerdo con esta Ley.

Artículo 276. Para la permuta de bienes municipales se observarán las mismas solemnidades que para la venta de bienes inmuebles, en lo que fueren aplicables, a excepción del requisito de subasta.

Sección 6a.
De las Solemnidades para la Venta de
Bienes Inmuebles Municipales

Artículo 277. Para acordar la venta de un bien municipal, el concejo requerirá los siguientes informes previos:

1. De las direcciones responsables de obras y servicios públicos sobre la conveniencia de la venta del inmueble;

2. De la dirección financiera, respecto de la productividad del inmueble, de que no hay reclamo o discusión sobre la propiedad o derechos reales que se aleguen respecto de él, de su avalúo en los dos últimos bienios, así como sobre el precio base del remate, al que se adjuntará la descripción y el plano del inmueble; y,

3. De las comisiones del concejo que tengan relación con el asunto.

Artículo 278. Los actos administrativos del concejo municipal emanados de acuerdos, resoluciones u ordenanzas que autoricen adjudicaciones y ventas de inmuebles municipales, permutas, divisiones, reestructuraciones parcelarias, comodatos y donaciones que no se hayan ejecutado por cualquier causa en el plazo de tres años, caducarán en forma automática sin necesidad de que así lo declare dicho concejo.

Artículo 279. La subasta se anunciará por tres veces, mediando tres días entre una y otra publicación, hecha en el periódico de mayor circulación de la cabecera cantonal, o por carteles que se fijarán en tres de los parajes más concurridos de esa misma cabecera, donde no hubiere órgano de publicidad.

La subasta se verificará de las quince a las dieciocho horas del día señalado, no más de tres días después de la fecha de la última publicación.

Artículo 280. La adjudicación se hará en favor del mejor postor, observando para éste y todo otro caso concerniente al remate, las reglas del Código de Procedimiento Civil relativas al remate voluntario y al remate forzoso, en cuanto no se opusieren a las de esta Ley o en lo que fueren aplicables. En todos los casos la base del remate será el avalúo municipal.

Artículo 281. No será necesario el requisito de subasta para la venta de solares o viviendas de barrios obreros destinados a trabajadores autónomos no afiliados al Instituto Ecuatoriano de Seguridad Social, a personas de modestos recursos o a entidades públicas con finalidad social.

Las personas que hubieren adquirido solares o casas de dichos barrios, no podrán enajenarlos a terceros. Si no pudieren pagar las cuotas de amortización o se vieren precisados a venderlas, lo harán en favor de la municipalidad, por un precio que, en ningún caso, será mayor que el pagado por el beneficiario. Los intereses del capital se entenderán compensados con el uso o usufructo del mismo bien que se revierta al patrimonio municipal.

No obstante lo anterior, los beneficiarios de este tipo de propiedades, podrán venderlas libremente cuando existan seguridades de que su producto se destinará a la compra de otra propiedad de mejores condiciones para la familia, y previa autorización del concejo.

Sección 7a.
De la Junta de Remates Municipales

Artículo 282. La junta de remates municipales estará constituida por el alcalde, por el procurador síndico municipal y por el jefe de la dirección financiera, o por sus delegados.

Dará fe de los actos de la junta o de los que se hagan ante la misma, el notario público llamado al efecto.

Artículo 283. La junta se constituirá en el lugar, en el día y la hora señalados para el efecto. A las dieciocho horas declarará cerrado el remate e inmediatamente, en acto público, calificará las propuestas y adjudicará el inmueble al mejor postor, salvo el caso previsto en el inciso siguiente.

De presentarse dificultades o dudas que impidan la calificación de las propuestas y la adjudicación, proseguirá el remate a las mismas horas del día siguiente, con la concurrencia de los mismos proponentes, a quienes, de no haber estado presentes, se les notificará la decisión por oficio.

El proponente que no concurriere seguirá la suerte de la quiebra del remate, si éste fuera el caso.

Si no hubieren postores en dos remates consecutivos, se procederá a modificar las bases y a rebajar prudencialmente el precio del inmueble para sacarlo a la venta en una próxima subasta.

Artículo 284. El acta de remate y adjudicación se firmará y protocolizará en la notaría a cargo del notario que intervino en la subasta, a más tardar, veinte días después de la fecha de efectuado el remate. De no firmar el adjudicatario, habrá lugar a la quiebra del remate, con los efectos que señalan las disposiciones pertinentes del Código de Procedimiento Civil.

Bastará la fe que dé el notario que intervenga en la junta de remates, sobre la negativa del adjudicatario a firmar el acta, para que tenga lugar la quiebra del remate.

Artículo 285. Serán nulos todos los actos realizados en contravención a las disposiciones precedentes.

La nulidad podrá ser alegada ante el respectivo juez por la administración municipal, por el adjudicatario o por cualquiera de los postores.

Sección 8a.
De las Solemnidades para la Venta de Bienes Muebles

Artículo 286. Salvo lo dispuesto en el Art. 288, para la venta de bienes muebles se exigirá:

1. Que la dirección financiera certifique que el bien no es necesario a la administración, que ha dejado de ser útil o que es más conveniente su enajenación; y,

2. Que se hayan cumplido los demás requisitos legales.

Artículo 287. La venta de los bienes muebles se hará ante la junta de remates municipales, en aplicación del Reglamento General de Bienes del Sector Público.

Artículo 288. Si se tratare de artículos que se han adquirido o producido para la venta al público, no hará falta la subasta.

Los precios de venta comprenderán los impuestos y derechos fiscales y municipales que sufragan los comerciantes particulares.

Artículo 289. Cuando los arrendatarios de solares municipales hubieren cumplido estrictamente con las cláusulas de los respectivos contratos y especialmente con la obligatoriedad de edificación, el respectivo concejo, a petición de los actuales arrendatarios, procederá a la renovación de los contratos en períodos sucesivos, o a la venta directa a los mismos arrendatarios, sin que sea necesaria la subasta, pero sujetando dicha venta a los avalúos constantes en los catastros municipales a la fecha en que deba efectuarse la venta.

Sección 9a.
Del Arrendamiento de Bienes Municipales

Artículo 290. Para el arrendamiento de bienes inmuebles se observarán las mismas solemnidades que para la venta de dichos bienes, en lo que fueren aplicables.

Artículo 291. El arrendamiento se hará ante la junta de remates municipales, estipulándose plazos que no excederán de cinco años.

En igualdad de condiciones, se preferirá al actual arrendatario.

Artículo 292. En el acto de la subasta, los interesados en el arrendamiento de un inmueble municipal, deberán entregar a la junta de remates, en garantía, el valor correspondiente a cuatro meses de los cánones que ofrecieren, como mínimo. La municipalidad podrá fijar, en cada caso, una garantía mayor. La suma recibida en garantía será devuelta por la municipalidad a la terminación del contrato al beneficiario de la subasta, cumplidas que hayan sido las cláusulas contractuales; y, a los demás interesados, inmediatamente después de hecha la adjudicación.

Los que no hubieren satisfecho este requisito no podrán ser admitidos en la subasta. La junta de remates verificará y calificará el cumplimiento de este requisito.

Sección 10a.
De las Solemnidades Comunes a este Capítulo

Artículo 293. Todo contrato que tenga por objeto la venta, permuta, hipoteca o arrendamiento de bienes raíces municipales se hará por escritura pública; y los de venta, trueque o prenda de bienes muebles, podrá hacerse por contrato privado lo mismo que las prórrogas de los plazos en los arrendamientos. Respecto de los de prenda, se cumplirán las exigencias de la ley de la materia.

Los contratos de arrendamiento de locales municipales en los que la cuantía anual de la pensión sea menor de trescientos veinte dólares de los Estados Unidos de América, no estarán obligados a la celebración de escritura pública.

Artículo 294. Para proceder a la suscripción de cualesquiera de los contratos a los que se refiere el artículo anterior, deberá darse garantía de cumplimiento, a satisfacción del concejo.

Los bienes inmuebles rematados con oferta de pago del precio a plazos, quedarán hipotecados a favor de la municipalidad, y las sumas no pagadas de contado ganarán el máximo de interés legal comercial. En caso de mora, tales sumas devengarán el máximo interés adicional de mora vigente, aun cuando el mismo no se hubiere pactado expresamente ni constare en la respectiva acta de adjudicación.

Todo pago se imputará, en primer término, a las costas, en segundo lugar, a los intereses, y en último, al capital.

Artículo 295. Ningún miembro del concejo o empleado u obrero de la municipalidad, ni persona que ejerza autoridad en la corporación, por si ni por interpuesta persona, podrá rematar o contratar bienes municipales, excepción hecha de los descritos en el Art. 288.

Los actos, contratos o resoluciones dados o celebrados en contravención con las disposiciones precedentes, adolecerán de nulidad absoluta, alegable por quien demuestre tener interés en ellos.

El concejal o empleado que rematare o contratare cualquier bien municipal será sometido a las acciones civiles, penales y administrativas que hubiere lugar, y separado del ejercicio de sus funciones.

La prohibición contenida en los incisos anteriores no se refiere a los empleados y obreros de las municipalidades, cuando estén organizados en cooperativas de vivienda legalmente constituidas y procedan previo cumplimiento de lo prescrito en la Ley de Cooperativas y más disposiciones legales y reglamentarias pertinentes.

Artículo 296. No cabe acción rescisoria por lesión enorme por parte de terceros en contra de la municipalidad.

Capítulo II
De los Ingresos Municipales

Artículo 297. Los ingresos municipales se dividen en ingresos tributarios, ingresos no tributarios y empréstitos.

Artículo 298. Son ingresos tributarios los que provienen de los impuestos, tasas y contribuciones especiales de mejoras. Los ingresos originados en impuestos que comprenden aquellos que expresamente son del dominio municipal, consagrados en esta Ley, y de los que se benefician como copartícipes de impuestos nacionales.

Son ingresos no tributarios:

a)   Las rentas provenientes del patrimonio municipal según correspondan al dominio predial, comercial o industrial, y por el uso o arrendamiento de los bienes municipales del dominio público;

b)   Las asignaciones y subsidios del Estado o entidades públicas;

c)   El producto de la enajenación de bienes municipales;

d)   Los ingresos provenientes de multas; y,

e)   Los ingresos varios que no pertenezcan a ninguno de los rubros anteriores.

Artículo 299. Son empréstitos, las consecuciones de capital monetario de origen nacional o extranjero y se destinarán al financiamiento de obras o proyectos señalados en esta Ley, y cuya amortización deberá hacerse con los ingresos tributarios y no tributarios.

Artículo 300. No obstante la clasificación anterior, los ingresos podrán subdividirse en corrientes y de capital.

TITULO VI
DE LOS IMPUESTOS

Capítulo I
Disposiciones Generales

Artículo 301. Son fuentes de la obligación tributaria municipal:

a)   Las leyes que han creado o crearen tributos para la financiación de los servicios municipales, asignándoles su producto, total o parcialmente;

b)   Las leyes que facultan a las municipalidades para que puedan aplicar tributos de acuerdo con los niveles y procedimientos que en ellas se establecen; y,

c)   Las ordenanzas que dicten las municipalidades en uso de la facultad conferida por la ley.

Artículo 302. Los impuestos municipales son de exclusiva financiación municipal o de coparticipación.

Son de exclusiva financiación municipal los que, conforme a disposiciones constitucionales o legales, se han creado o pueden crearse sólo para la hacienda municipal; y de coparticipación, los que corresponden a la hacienda municipal como partícipe de la hacienda estatal.

Los impuestos municipales son de carácter general y particular. Son generales los que se han creado para todos los municipios de la república o pueden ser aplicados por todos ellos.

Son particulares los que se han creado sólo en beneficio de uno o más municipios, o los que se ha facultado crear en algunos de ellos. A excepción de los ya establecidos, no se crearán gravámenes en beneficio de uno y más municipios, a costa de los residentes y por hechos generadores en otros municipios del país.

Artículo 303. Sin perjuicio de otros tributos que se hayan creado o que se crearen para la financiación municipal, se considerarán impuestos municipales los siguientes:

1. El impuesto sobre la propiedad urbana;

2. El impuesto sobre la propiedad rural;

3. El impuesto de alcabalas;

4. El impuesto sobre los vehículos;

5. El impuesto de matrículas y patentes;

6. El impuesto a los espectáculos públicos;

7. El impuesto a las utilidades en la compraventa de bienes inmuebles y plusvalía de los mismos; y,

8. El impuesto al juego.

Artículo 304. Las municipalidades reglamentarán por medio de ordenanzas el cobro de sus tributos.

La creación de tributos así como su aplicación se sujetará a las normas que se establecen en los siguientes capítulos y en las leyes que crean o facultan crearlos.

Artículo 305. Los funcionarios municipales que deban hacer efectivo el cobro de los tributos o de las obligaciones de cualquier clase a favor de la municipalidad, serán personal y pecuniariamente responsables de lenidad u omisión en el cumplimiento de sus deberes.

Artículo 306. Las municipalidades mantendrán, actualizados en forma permanente, los catastros de predios urbanos y rurales. Los bienes inmuebles constarán en el catastro con el valor de la propiedad actualizado.

Artículo 307. El valor de la propiedad se establecerá mediante la suma del valor del suelo y, de haberlas, el de las construcciones que se hayan edificado sobre él. Este valor constituye el valor intrínseco, propio o natural del inmueble y servirá de base para la determinación de impuestos y para otros efectos no tributarios como los de expropiación.

Para establecer el valor de la propiedad se considerará, en forma obligatoria, los siguientes elementos:

a) El valor del suelo, que es el precio unitario de suelo, urbano o rural, determinado por un proceso de comparación con precios de venta de parcelas o solares de condiciones similares u homogéneas del mismo sector, multiplicado por la superficie de la parcela o solar;

b) El valor de las edificaciones, que es el precio de las construcciones que se hayan desarrollado con carácter permanente sobre un solar, calculado sobre el método de reposición; y,

c) El valor de reposición, que se determina aplicando un proceso que permite la simulación de construcción de la obra que va a ser avaluada, a costos actualizados de construcción, depreciada de forma proporcional al tiempo de vida útil.

Las municipalidades mediante ordenanza establecerán los parámetros específicos que se requieran para aplicar los elementos indicados en el inciso anterior, considerando las particularidades de cada localidad.

Artículo 308. Las municipalidades realizarán, en forma obligatoria, actualizaciones generales de catastros y de la valoración de la propiedad urbana y rural cada bienio.

A este efecto, la dirección financiera notificará por la prensa o por una boleta a los propietarios, haciéndoles conocer la realización del avalúo. Concluido el proceso se notificará al propietario el valor del avalúo.

En caso de encontrarse en desacuerdo con la valoración de su propiedad, el contribuyente podrá impugnarla dentro del término de quince días a partir de la fecha de notificación, ante el órgano correspondiente, mismo que deberá pronunciarse en un término de treinta días. Para tramitar la impugnación, no se requerirá del contribuyente el pago previo del nuevo valor del tributo.

Artículo 309. Una vez realizada la actualización de los avalúos, será revisado el monto de los impuestos prediales urbano y rural que regirán para el bienio; la revisión la hará el concejo, observando los principios básicos de igualdad, proporcionalidad y generalidad que sustentan el sistema tributario nacional.

Artículo 310. Con la finalidad de estimular el desarrollo del turismo, la construcción, la industria, el comercio u otras actividades productivas, culturales, educativas, deportivas y de beneficencia, los concejos cantonales podrán, mediante ordenanza, disminuir hasta en un noventa y cinco por ciento los valores que corresponda cancelar a los diferentes sujetos pasivos de los tributos establecidos en la presente Ley.

Los estímulos establecidos en el presente artículo tendrán el carácter de general, es decir, serán aplicados en favor de todas las personas naturales o jurídicas que realicen nuevas inversiones en las actividades antes descritas, cuyo desarrollo se aspira estimular; beneficio que tendrá un plazo máximo de duración de diez años improrrogables, el mismo que será determinado en la respectiva ordenanza.

En caso de revocatoria, caducidad, derogatoria o, en general, cualquier forma de cese de la vigencia de las ordenanzas que se dicten en ejercicio de la facultad conferida por el presente artículo, los nuevos valores o alícuotas a regir no podrán exceder de las cuantías o porcentajes establecidos en la presente Ley.

Artículo 311. Las entidades del sistema financiero nacional recibirán, como garantía hipotecaria, el inmueble urbano o rural, con su valor real, el cual no será inferior al valor de la propiedad registrado en el catastro por la respectiva municipalidad.

Capítulo II
Del Impuesto a los Predios Urbanos

Artículo 312. Las propiedades ubicadas dentro de los límites de las zonas urbanas pagarán un impuesto anual, cuyo sujeto activo es la municipalidad respectiva, en la forma establecida por la ley.

Los límites de las zonas urbanas, a los efectos de este impuesto, serán determinados por el concejo, previo informe de una comisión especial que aquél designará, de la que formará parte un representante del centro agrícola cantonal respectivo.

Cuando un predio resulte cortado por la línea divisoria de los sectores urbano y rural, se considerará incluido, a los efectos tributarios, en el sector donde quedará más de la mitad del valor de la propiedad.

Para la demarcación de los sectores urbanos se tendrá en cuenta, preferentemente, el radio de servicios municipales como los de agua potable, aseo de calles y otros de naturaleza semejante; y, el de luz eléctrica.

Artículo 313. Los predios urbanos serán valorados mediante la aplicación de los elementos de valor del suelo, valor de las edificaciones y valor de reposición previstos en esta Ley; con este propósito, el concejo aprobará mediante ordenanza, el plano del valor de la tierra, los factores de aumento o reducción del valor del terreno por los aspectos geométricos, topográficos, accesibilidad a determinados servicios, como agua potable, alcantarillado y otros servicios, así como los factores para la valoración de las edificaciones.

Artículo 314. Los propietarios cuyos predios soporten deudas hipotecarias que graven al predio con motivo de su adquisición, construcción o mejora, tendrán derecho a solicitar que se les otorguen las deducciones correspondientes, según las siguientes normas:

a) Las solicitudes deberán presentarse en la dirección financiera, hasta el 30 de noviembre de cada año. Las solicitudes que se presenten con posterioridad sólo se tendrán en cuenta para el pago del tributo correspondiente al segundo semestre del año;

b) Cuando se trate de préstamos hipotecarios sin amortización gradual, otorgados por las instituciones del sistema financiero, empresas o personas particulares, se acompañará una copia de la escritura en la primera solicitud, y cada tres años un certificado del acreedor, en el que se indique el saldo deudor por capital. Se deberá también acompañar, en la primera vez, la comprobación de que el préstamo se ha efectuado e invertido en edificaciones o mejoras del inmueble. Cuando se trate del saldo del precio de compra, hará prueba suficiente la respectiva escritura de compra;

c) En los préstamos que otorga el Instituto Ecuatoriano de Seguridad Social se presentará, en la primera vez, un certificado que confirme la existencia del préstamo y su objeto, así como el valor del mismo o el saldo de capital, en su caso.

En los préstamos sin seguro de desgravámen, pero con amortización gradual, se indicará el plazo y se establecerá el saldo de capital y los certificados se renovarán cada tres años. En los préstamos con seguro de desgravámen, se indicará también la edad del asegurado y la tasa de constitución de la reserva matemática.

A falta de información suficiente, en el respectivo departamento municipal se podrá elaborar tablas de aplicación, a base de los primeros datos proporcionados;

d) La rebaja por deudas hipotecarias será del veinte al cuarenta por ciento del saldo del valor del capital de la deuda, sin que pueda exceder del cincuenta por ciento del valor catastral del respectivo predio; y,

e)   Para los efectos de los cálculos anteriores, sólo se considerará el saldo de capital, de acuerdo con los certificados de las instituciones del sistema financiero, del Instituto Ecuatoriano de Seguridad Social, o conforme al cuadro de coeficientes de aplicación que elaborarán las municipalidades.

Artículo 315. Al valor de la propiedad urbana se aplicará un porcentaje que oscilará entre un mínimo de cero punto veinticinco por mil (0,25 0/00) y un máximo del cinco por mil (5 0/00) que será fijado mediante ordenanza por cada concejo municipal.

Artículo 316. Cuando un propietario posea varios predios avaluados separadamente en una misma jurisdicción municipal, para formar el catastro y establecer el valor catastral imponible, se sumarán los valores imponibles de los distintos predios, incluidos los derechos que posea en condominio, luego de efectuar la deducción por cargas hipotecarias que afecten a cada predio. La tarifa que contiene el artículo precedente se aplicará al valor así acumulado. Para facilitar el pago del tributo se podrá, a pedido de los interesados, hacer figurar separadamente los predios, con el impuesto total aplicado en proporción al valor de cada uno de ellos.

Artículo 317. Cuando un predio pertenezca a varios condóminos, los contribuyentes, de común acuerdo, o uno de ellos, podrán pedir que en el catastro se haga constar separadamente el valor que corresponda a su propiedad según los títulos de la copropiedad en los que deberá constar el valor o parte que corresponda a cada propietario. A efectos del pago de impuestos, se podrán dividir los títulos prorrateando el valor del impuesto causado entre todos los copropietarios, en relación directa con el avalúo de su propiedad.

Cada dueño tendrá derecho a que se aplique la tarifa del impuesto según el valor de su parte.

Cuando hubiere lugar a deducción de cargas hipotecarias, el monto de deducción a que tienen derecho los propietarios en razón del valor de la hipoteca y del valor del predio, se dividirá y se aplicará a prorrata del valor de los derechos de cada uno.

Artículo 318. Establécese el recargo anual del dos por mil que se cobrará sobre el valor, que gravará a los solares no edificados hasta que se realice la edificación, de acuerdo con las siguientes regulaciones:

1.   El recargo sólo afectará a los solares que estén situados en zonas urbanizadas, esto es, aquellas que cuenten con los servicios básicos, tales como agua potable, canalización y energía eléctrica;

2.   El recargo no afectará a las áreas ocupadas por parques o jardines adyacentes a los edificados ni a las correspondientes a retiros o limitaciones zonales, de conformidad con las ordenanzas municipales vigentes que regulen tales aspectos;

3.   En caso de solares destinados a estacionamientos de vehículos, los propietarios deberán obtener del municipio respectivo una autorización que justifique la necesidad de dichos estacionamientos en el lugar; caso contrario, se considerará como solar no edificado. Tampoco afectará a los terrenos no construidos que formen parte propiamente de una explotación agrícola, en predios que deben considerarse urbanos por hallarse dentro del sector de demarcación urbana, según lo dispuesto en el Art. 312 y que, por tanto, no se encuentran en la zona habitada;

4. Cuando por incendio, terremoto u otra causa semejante, se destruyere un edificio, no habrá lugar al recargo de que trata este artículo, en los cinco años inmediatos siguientes al del siniestro;

5. En el caso de transferencia de dominio sobre solares sujetos al recargo, no habrá lugar a éste en el año en que se efectúe el traspaso ni en el año siguiente. Sin embargo, este plazo se extenderá a cinco años a partir de la fecha de la respectiva escritura, en el caso de solares pertenecientes a personas que no poseyeren otro inmueble dentro del cantón y que estuvieren tramitando préstamos para construcción de viviendas en el Instituto Ecuatoriano de Seguridad Social, en el Banco Ecuatoriano de la Vivienda o en una mutualista, según el correspondiente certificado expedido por una de estas Instituciones; y,

6. No estarán sujetos al recargo los solares cuyo valor de la propiedad sea inferior al equivalente a veinte y cinco remuneraciones mensuales básicas mínimas unificadas del trabajador en general.

Artículo 319. Los propietarios de solares no edificados y construcciones obsoletas ubicados en las zonas urbanas de promoción inmediata descrita en el Art. 215, pagarán un impuesto anual adicional, de acuerdo con las siguientes alícuotas:

a) El uno por mil adicional que se cobrará sobre el avalúo imponible de los solares no edificados; y,

b) El dos por mil adicional que se cobrará sobre el avalúo imponible de las propiedades consideradas obsoletas, de acuerdo con lo establecido en esta Ley.

Este impuesto se deberá transcurrido un año desde la declaración de la zona de promoción inmediata, para los contribuyentes comprendidos en la letra a).

Para los contribuyentes comprendidos en la letra b), el impuesto se deberá, transcurrido un año desde la respectiva notificación.

Artículo 320. Los solares ubicados en zonas urbanizadas, en los cuales los propietarios pueden y deben construir y que hayan permanecido sin edificar y en poder de una misma persona, sea ésta natural o jurídica, con excepción de las del sector público, por un período de cinco años o más, podrán ser expropiados por el Ministerio de Desarrollo Urbano y Vivienda o por la municipalidad respectiva.

También podrán ser expropiados por el Ministerio, las propiedades consideradas obsoletas, si éstas no fueren construidas dentro de un plazo de seis años, a partir de la fecha de la notificación.

Artículo 321. Las personas naturales o jurídicas que posean predios urbanos no edificados de diez mil metros cuadrados o más de superficie, tendrán un plazo de dos años a partir de la notificación, para proceder a su urbanización, lotización y venta. En caso contrario, tales predios podrán ser expropiados por el Ministerio de Desarrollo Urbano y Vivienda o por la municipalidad respectiva.

Artículo 322. Para la construcción de viviendas de interés social o para llevar a cabo programas de urbanización y de vivienda popular, cualquier persona natural o jurídica podrá solicitar al municipio respectivo, la expropiación de los inmuebles que se hallaren comprendidos en los casos previstos por los dos artículos precedentes de esta Ley.

En este caso, el concejo municipal declarará la utilidad pública y el interés social de tales inmuebles, y procederá a la expropiación urgente, siempre que el solicitante justifique la necesidad y el interés social del programa, así como su capacidad económica o de financiamiento y además, ciñéndose a las respectivas disposiciones legales, consigne el valor del inmueble a expropiarse en la forma prevista en el artículo siguiente.

Artículo 323. Las expropiaciones que se realizaren de conformidad con las disposiciones de este capítulo se pagarán según el valor de la propiedad que figurare en el correspondiente catastro municipal, de la siguiente forma:

a)   El treinta por ciento en efectivo; y,

b)   El setenta por ciento en veinte años plazo, con bonos al máximo interés establecido para las cuentas de ahorro, vigente a la fecha de expropiación.

Artículo 324. Los inmuebles expropiados por la municipalidad, de conformidad con lo dispuesto en los Arts. 320 y 321 de esta Ley, podrán ser vendidos por dicha corporación solamente para los siguientes objetivos: a) La realización de programas de vivienda multifamiliar por parte del Instituto Ecuatoriano de Seguridad Social o de las Asociaciones Mutualistas de Ahorro y Crédito para la Vivienda; y, b) La construcción de viviendas de interés social por parte de cooperativas de vivienda legalmente constituidas.

Los inmuebles expropiados por el Ministerio de Desarrollo Urbano y Vivienda se dedicarán exclusivamente a programas de vivienda de interés social, realizados en forma directa por dicha Institución.

Artículo 325. El precio de venta de los terrenos comprenderá el valor de las expropiaciones, el de las mejoras realizadas por la municipalidad y el de la plusvalía, en su caso.

Artículo 326. Están exentas del pago de los impuestos a que se refiere el presente capítulo las siguientes propiedades:

a)   Los predios que no tengan un valor equivalente a veinticinco remuneraciones mensuales básicas mínimas unificadas del trabajador en general, estarán exentos del pago del impuesto predial urbano;

b)   Los predios de propiedad del Estado y demás entidades del sector público;

c)   Los templos de todo culto religioso, los conventos y las casas parroquiales, las propiedades urbanas de las misiones religiosas, establecidas o que se establecieren en la Región Amazónica Ecuatoriana, siempre que estén situadas en el asiento misional;

d)   Los predios que pertenecen a las instituciones de beneficencia o asistencia social o de educación, de carácter particular, siempre que sean personas jurídicas y los edificios y sus rentas estén destinados, exclusivamente a estas funciones.

Si no hubiere destino total, la exención será proporcional a la parte afectada a dicha finalidad;

e)   Las propiedades que pertenecen a naciones extranjeras o a organismos internacionales de función pública, siempre que estén destinados a dichas funciones; y,

f)   Los predios que hayan sido declarados de utilidad pública por el concejo municipal y que tengan juicios de expropiación, desde el momento de la citación al demandado hasta que la sentencia se encuentre ejecutoriada, inscrita en el registro de la propiedad y catastrada. En caso de tratarse de expropiación parcial, se tributará por lo no expropiado.

Artículo 327. Gozarán de una exención por los cinco años posteriores al de su terminación o al de la adjudicación, en su caso:

a) Los bienes que deban considerarse amparados por la institución del patrimonio familiar;

b) Las casas que se construyan con préstamos que para tal objeto otorga el Instituto Ecuatoriano de Seguridad Social, el Banco de la Vivienda, las asociaciones mutualistas y cooperativas de vivienda y sólo hasta el límite de crédito que se haya concedido para tal objeto; en las casas de varios pisos se considerarán terminados aquellos en uso, aun cuando los demás estén sin terminar; y,

c) Los edificios que se construyan para viviendas populares y para hoteles.

Gozarán de una exoneración hasta por los dos años siguientes al de su construcción, las casas destinadas a vivienda no contempladas en los literales a), b) y c) de este artículo, así como los edificios con fines industriales.

Cuando la construcción comprenda varios pisos, la exención se aplicará a cada uno de ellos, por separado, siempre que puedan habitarse individualmente, de conformidad con el respectivo año de terminación.

No deberán impuestos los edificios que deban repararse para que puedan ser habitados, durante el tiempo que dure la reparación, siempre que sea mayor de un año y comprenda más del cincuenta por ciento del inmueble. Los edificios que deban reconstruirse en su totalidad, estarán sujetos a lo que se establece para nuevas construcciones.

Artículo 328. Las municipalidades, con base a todas las modificaciones operadas en los catastros hasta el 31 de diciembre de cada año, determinarán el impuesto para su cobro a partir del 1 de enero en el año siguiente.

Artículo 329. El impuesto debe pagarse en el curso del respectivo año, sin necesidad de que la tesorería notifique esta obligación. Los pagos podrán efectuarse desde el 1o. de enero de cada año, aún cuando no se hubiere emitido el catastro.

En este caso, se realizará el pago a base del catastro del año anterior y se entregará al contribuyente un recibo provisional. El vencimiento será el 31 de diciembre de cada año.

Los pagos que se hagan en la primera quincena de los meses de enero a junio, inclusive, tendrán los siguientes descuentos: diez, ocho, seis, cuatro, tres y dos por ciento, respectivamente. Si el pago se efectúa en la segunda quincena de esos mismos meses, el descuento será de: nueve, siete, cinco, tres, dos y uno por ciento, respectivamente.

Los pagos que se hagan a partir del primero de julio, tendrán un recargo del diez por ciento anual. Vencido el año fiscal, el impuesto en mora se cobrará por la vía coactiva. Si los títulos de crédito se expidieren después del mes de julio, los intereses de mora y las multas, en su caso, correrán únicamente desde la fecha de su expedición.

Artículo 330. El impuesto a los predios urbanos es de exclusiva financiación municipal. Por consiguiente, no podrán establecerse nuevos impuestos adicionales para otras haciendas que no sea la municipal.

Exceptúanse de lo estipulado en el inciso anterior los impuestos que se destinen a financiar proyectos de vivienda rural de interés social.

Capítulo III
Del Impuesto a los Predios Rurales
Sección 1a.
Del Objeto y Sujeto de la Obligación

Artículo 331. Las propiedades situadas fuera de los límites establecidos en el Art. 312 de esta Ley son gravadas por el impuesto predial rural. Los elementos que integran esta propiedad son: tierras, edificios, maquinaria agrícola, ganado y otros semovientes, bosques naturales o artificiales, plantaciones de cacao, café, caña, árboles frutales y otros análogos. Respecto de maquinaria e instalaciones industriales que se encuentren en un predio rural, se seguirán las siguientes normas:

   a)   Si las piladoras, desmotadoras, trapiches, ingenios, maquinarias para producir mantequillas, quesos y otras instalaciones análogas, valieran más de ocho mil dólares de los Estados Unidos de América o más del veinte por ciento del valor del predio, no figurarán esos valores en el catastro para el cobro del impuesto a la propiedad rural. Si el valor fuere inferior a estos niveles, se considerarán elementos integrantes para los efectos del tributo; y,

   b)   Si las predichas instalaciones industriales tienen por objeto la elaboración de productos con materias primas extrañas a la producción del predio, no figurarán en el catastro de la propiedad rural, sea cual fuere su valor y el rendimiento neto que de ellas se obtenga estará sujeto al impuesto a la renta.

No serán materia de gravamen con este impuesto, los ganados y maquinarias que pertenecieren a los arrendatarios de predios rurales cuyas utilidades se hallan sujetas al impuesto sobre la renta. Los ganados de terceros deberán este impuesto a menos que sus propietarios no tengan predios rurales y el valor de tales ganados no exceda del mínimo imponible a las utilidades en la compra y venta de esos ganados se hallen sujetos al impuesto a la renta.

Artículo 332. Los predios rurales serán valorados mediante la aplicación de los elementos de valor del suelo, valor de las edificaciones y valor de reposición previstos en esta Ley; con este propósito, el concejo aprobará, mediante ordenanza, el plano del valor de la tierra, los factores de aumento o reducción del valor del terreno por aspectos geométricos, topográficos, accesibilidad al riego, accesos y vías de comunicación, calidad del suelo, agua potable, alcantarillado y otros elementos semejantes, así como los factores para la valoración de las edificaciones.

Para la valoración de los inmuebles rurales se estimarán los gastos e inversiones realizadas por los contribuyentes para la dotación de servicios básicos, construcción de accesos y vías y mantenimiento de espacios verdes y de cultivo, así como conservación de áreas sin parcelar.

Artículo 333. Al valor de la propiedad rural se aplicará un porcentaje que oscilará entre un mínimo de cero punto veinticinco por mil (0,25 0/00) y un máximo del tres por mil (3 0/00) que será fijado mediante ordenanza por cada concejo municipal.

Artículo 334. Para establecer el valor imponible, se sumarán los valores de los predios que posea un propietario en un mismo cantón y la tarifa se aplicará al valor acumulado, previas las deducciones a que tenga derecho el contribuyente.

Artículo 335. Cuando hubiere más de un condueño en predios que se hayan adquirido por compra, herencia, donación o legado, o cualquier otro título, se aplicarán las normas que se dan en el Art. 317 de esta Ley.

Para este objeto se dirigirá una solicitud al jefe de la dirección financiera. Presentada la solicitud, la enmienda tendrá efecto el año inmediato siguiente.

Artículo 336. Los predios y bienes que a continuación se mencionan, quedan exentos del impuesto de que trata este capítulo, y figurarán en un registro especial, con finalidad estadística:

a) Las propiedades cuyo valor no exceda de quince remuneraciones mensuales básicas mínimas unificadas del trabajador en general. Cuando una persona posea más de una propiedad se procederá como se indica en el artículo 316;

b) Los del Estado y más entidades del sector público;

c) Los de instituciones de asistencia social o de educación particular, siempre que tengan personería jurídica y las utilidades que obtengan de la explotación o arrendamiento de sus predios se destinen y empleen en dichos fines sociales y no beneficien a personas o empresas privadas, ajenas a las predichas finalidades;

d) Los de gobiernos u organismos extranjeros que no constituyan empresas de carácter particular, y en este segundo caso no persigan fin de lucro;

e) Las tierras ocupadas por los pueblos indígenas, negros o afroecuatorianos;

f) El valor del ganado mejorante previa calificación del Ministerio de Agricultura y Ganadería;

g) El valor de los bosques artificiales o naturales que ocupen terrenos de vocación forestal.

Salvo los casos de árboles sembrados aisladamente, la exoneración se extenderá a los terrenos correspondientes.

Las utilidades que se obtengan con motivo de la explotación de árboles que se consideran en este literal estarán sujetas al impuesto a la renta y al de las ventas, de acuerdo con la ley;

h) Las tierras pertenecientes a las misiones religiosas establecidas o que se establecieren en la Región Amazónica Ecuatoriana;

i) La parte del avalúo que corresponde al valor de las tierras puestas en cultivo dentro de bosques o zonas no colonizadas, que tengan vocación agropecuaria, y previa autorización del Ministerio de Agricultura y Ganadería;

j) El valor de las habitaciones para trabajadores, las escuelas, los hospitales y demás construcciones destinadas a mejorar la condición de la clase trabajadora;

k) El valor de las inversiones en obras que tengan por objeto conservar o incrementar la productividad de las tierras, protegiendo a éstas de la erosión, de las inundaciones o de otros factores adversos, inclusive canales y embalses para riego y drenaje; puentes, caminos, instalaciones sanitarias, etc.;

l) El valor de las obras y construcciones destinadas a la experimentación agrícola, previo informe del Ministerio de Agricultura y Ganadería;

m)   El valor de los establos, corrales, tendales, edificios de vivienda y otros necesarios para la administración del predio;

n)   Cuando los bosques citados en la letra g) se hayan explotado con el mínimo de intensidad por unidad de superficie, la exoneración se extenderá al valor de los terrenos ocupados por dichos bosques. El Ministerio de Agricultura y Ganadería establecerá los términos de identificación de este mínimo de intensidad de explotación de la unidad de superficie, de conformidad a la Ley Forestal y de Vida Silvestre;

o)   Las instalaciones industriales ubicadas en el predio para procesamiento de los productos agropecuarios, provenientes del mismo;

p)   Las instalaciones industriales establecidas para procesamiento de productos agropecuarios que provengan o no del fundo o predio en que están situadas, siempre y cuando se avalúen en más del veinte por ciento de éstos;

q)   Las nuevas instalaciones industriales para procesamiento de productos agropecuarios que se establecieren en los predios a partir de la expedición de la presente Ley;

r)   El valor de las tierras que correspondan al equipo fijo de dichas instalaciones industriales;

s)   Las plantaciones perennes, tales como frutales, oleaginosas de ciclo largo, palo de balsa, barbasco, cascarilla, caucho y otras consignadas en lista que elaborará el Ministerio de Agricultura y Ganadería; y,

t)   Las superficies dedicadas a pastizales artificiales permanentes gozarán de una rebaja del veinte por ciento sobre el impuesto predial rústico resultante. En los catastros se harán constar los avalúos de las superficies dedicadas a pastizales artificiales permanentes, que servirán de base para realizar la rebaja determinada en este artículo.

Artículo 337. Para establecer la parte del valor que constituye la materia imponible, el contribuyente tiene derecho a que se efectúen las siguientes deducciones del valor de la propiedad:

a)   El valor de las deudas contraídas a plazo mayor de tres años para la adquisición del predio, para su mejora o rehabilitación, sea la deuda hipotecaria o prendaria destinada a los objetos mencionados, previa comprobación. El total de deducción por todos estos conceptos no podrá exceder del cincuenta por ciento del valor de la propiedad; y,

b)   Los demás valores que deban deducirse por concepto de exenciones temporales, así como los que correspondan a elementos que no constituyen materia imponible. La concesión de estas deducciones se sujetará a las siguientes normas:

    1.   Las deducciones se otorgarán previa solicitud de los interesados;

    2.   Cuando los dos cónyuges o convivientes en unión de hecho tengan predios imponibles, no se sumarán para los efectos de la aplicación de la tarifa; y,

    3.   En los préstamos del Banco Nacional de Fomento sin amortización gradual y a un plazo que no exceda de tres años, se acompañará a la solicitud el respectivo certificado o copia de la escritura, en su caso, con la cons-

tancia del plazo, cantidad y destino del préstamo. En estos casos no hará falta presentar nuevo certificado, sino para que continúe la deducción por el valor que no se hubiere pagado y en relación con el año o años siguientes al del vencimiento.

Cuando por pestes, fenómenos naturales, calamidades u otras causas, sufriere un contribuyente una pérdida en más de un veinte por ciento del valor de un predio, se efectuará la deducción correspondiente en el avalúo que ha de regir desde el año próximo; el impuesto en el año que ocurra el siniestro, se rebajará proporcionalmente al tiempo y a la magnitud de la pérdida.

Cuando las causas previstas en el inciso anterior motivaren sólo disminución en el rendimiento del predio, en la magnitud indicada en dicho inciso, se procederá a una rebaja proporcionada en el año en el que se produjere la calamidad. Si los efectos se extendieren a más de un año, la rebaja se concederá por más de un año y en la proporción que parezca razonable.

El derecho que conceden los incisos anteriores se podrá ejercer dentro del año siguiente al siniestro. A este efecto se presentará solicitud documentada al jefe de la dirección financiera.

Sección 2a.
De la Recaudación del Impuesto

Artículo 338. Emitidos los catastros para las recaudaciones que correspondan al nuevo año inicial de cada bienio, la tesorería municipal notificará a cada propietario dándole a conocer el impuesto que corresponda al nuevo avalúo. También se realizará esta notificación siempre que se efectúe nuevo avalúo individual de las propiedades o cuando se las incorpore al catastro. Una vez conocido el avalúo para el bienio y el monto del impuesto, no será necesaria otra notificación, sino cuando se efectúe alguna corrección en el valor imponible y será obligación de los contribuyentes pagar el impuesto en las fechas que se indican en los artículos siguientes, hasta que se efectúe el nuevo avalúo bianual de la propiedad.

El pago del impuesto podrá efectuarse en dos dividendos, el primero hasta el primero de marzo y el segundo hasta el primero de septiembre. Los pagos que se efectúen antes de esas fechas, tendrán un descuento del diez por ciento anual. Los que se efectuaren después de esas fechas, sufrirán un recargo igual en concepto de mora.

Vencidos dos meses a contarse desde la fecha en que debió pagarse el respectivo dividendo, se lo cobrará por el procedimiento coactivo.

Terminado el avalúo de cada parroquia, se lo exhibirá por el término de treinta días. Este particular se hará saber por la prensa, sin perjuicio de lo establecido en el inciso primero de este artículo.

Artículo 339. Las municipalidades, con base a todas las modificaciones operadas en los catastros hasta el 31 de diciembre de cada año, determinarán el valor del impuesto, para su cobro a partir del 1 de enero en el año siguiente.

Artículo 340. El sujeto directo de la obligación tributaria es el propietario del predio y en cuanto a los demás sujetos de obligación y responsables del impuesto se estará a lo que dispone el Código Tributario.

Emitido legalmente un catastro, el propietario responde por el impuesto, a menos que no se hubiere efectuado las correcciones del catastro con los movimientos ocurridos en el año anterior, en cuyo caso podrá solicitar el propietario que se los realice. Asimismo, si se modificare la propiedad en el transcurso del año, el propietario podrá pedir que se efectúe un nuevo avalúo, siempre que lo solicite antes de que el respectivo dividendo esté en mora.

Si el tenedor del predio no obligado al pago del tributo o el arrendatario, que tampoco lo estuviere, u otra persona pagare el impuesto debido por el propietario, se subrogarán en los derechos del sujeto activo de la obligación tributaria y podrán pedir a la respectiva autoridad que, por la vía coactiva, se efectúe el cobro del tributo que se hubiera pagado por cuenta del propietario.

El adjudicatario de un predio rematado responderá por todos los impuestos no satisfechos por los anteriores propietarios y que no hayan prescrito, pudiendo ejercer, en su caso, la acción que corresponda conforme a lo dispuesto en el inciso anterior. Para inscribir los autos de adjudicación de predios rurales, los registradores de la propiedad exigirán que se les presente, previamente, los recibos o certificados de las respectivas municipalidades, de haberse pagado los impuestos sobre las propiedades materia del remate y su adjudicación, o los correspondientes certificados de liberación por no hallarse sujeto al impuesto en uno o más años. Los registradores de la propiedad que efectuaren las inscripciones sin cumplir este requisito, además de las sanciones previstas en esta Ley, serán responsables solidarios con el deudor del tributo.

Sección 3a.

Disposiciones Varias

Artículo 341. La presentación, tramitación y resolución de reclamos de los contribuyentes se sujetará a lo dispuesto en esta Ley.

Artículo 342. Las siguientes sanciones serán impuestas por el jefe de la dirección financiera:

a) Los avaluadores que por negligencia u otra causa dejaren de avaluar una propiedad o realizaren avalúos por debajo del justo valor del predio y no justificaren su conducta, serán sancionados con una multa equivalente al 25% y hasta el 125% de la remuneración mensual básica mínima unificada del trabajador en general y destituidos cuando se comprobare o hubieren graves presunciones de dolo, sin perjuicio de las sanciones legales a que diere lugar;

b) Los registradores de la propiedad que hubieren efectuado inscripciones en sus registros, sin haber exigido la presentación de comprobantes de pago de los impuestos o los certificados de liberación, incurrirán en multa equivalente al 5% y hasta el 125% de la remuneración mensual básica mínima unificada del trabajador en general sin perjuicio del cobro del impuesto; y,

c) Los empleados y funcionarios que no presentaren o suministraren los informes de que trata el artículo siguiente, serán castigados con multa equivalente al 12,5% y hasta el 250% de la remuneración mensual básica mínima unificada del trabajador en general.

Artículo 343. Los notarios y registradores de la propiedad enviarán a las oficinas encargadas de la formación de los catastros, dentro de los diez primeros días de cada mes, en los formularios que oportunamente les remitirán esas oficinas, el registro completo de las transferencias totales o parciales, de los predios rurales, de las particiones entre condóminos, de las adjudicaciones por remate y otras causas, así como de las hipotecas que hubieren autorizado o registrado. Todo ello, de acuerdo con las especificaciones que consten en los predichos formularios. Si no recibieren los formularios antes mencionados, formularán listados con los datos antedichos.

Es obligación de los notarios exigir la presentación de recibos de pago del impuesto predial rural, por el año en que se va a celebrar la escritura y por el año inmediato anterior, como requisito previo para autorizar una escritura de venta, partición, permuta u otra forma de transferencia de dominio de inmuebles rurales. A falta de tales recibos, se exigirá certificado del tesorero municipal de que se ha pagado el impuesto correspondiente a esos años.

Capítulo IV
Del Impuesto de Alcabala

Artículo 344. Son objeto del impuesto de alcabala, los siguientes actos y contratos:

a) El traspaso del dominio a título oneroso, de bienes raíces, buques, en los casos en que la ley lo permita;

b) La constitución o traspaso, usufructo, uso y habitación, relativos a dichos bienes;

c) Las donaciones que se hicieren a favor de quienes no fueren legitimarios; y,

d) Las transferencias gratuitas y onerosas que haga el fiduciario en favor de los beneficiarios en cumplimiento de las finalidades del contrato de fideicomiso mercantil.

Artículo 345. Las adjudicaciones que se hicieren como consecuencia de particiones entre coherederos o legatarios, socios y, en general, entre copropietarios, se considerarán sujetas a este impuesto en la parte en que las adjudicaciones excedan de la cuota a la que cada condómino o socio tiene derecho.

Artículo 346. No habrá lugar a devolución del impuesto que se haya pagado en los casos de reforma, nulidad, resolución o rescisión de los actos o contratos, salvo lo previsto en el siguiente inciso; pero la revalidación de los actos o contratos no dará lugar a nuevo impuesto.

Exceptúanse de lo dispuesto en el inciso anterior, los casos en que la nulidad fuere declarada por autoridad competente, por causas que no pudieron ser previstas por las partes y asimismo el caso de nulidad del auto de adjudicación de los inmuebles, que haya servido de base para el cobro del tributo.

La reforma de los actos o contratos causará derechos de alcabala sólo cuando hubiere aumento de la cuantía más alta y el impuesto se calculará únicamente sobre la diferencia.

Si para celebrar la escritura pública del acto o contrato que cause el impuesto de alcabala se lo hubiere pagado, pero el acto o contrato no se hubiere realizado, se tomará como pago indebido previa certificación del notario respectivo.

Artículo 347. El impuesto corresponde al municipio donde estuviere ubicado el inmueble respectivo. Tratándose de barcos, se considerará que se hallan situados en el puerto en que se hubiere obtenido la respectiva patente de navegación.

Cuando un inmueble estuviere ubicado en la jurisdicción de dos o más municipios, éstos cobrarán el impuesto en proporción al valor del avalúo de la propiedad que corresponda a la parte del inmueble que esté situado en la respectiva jurisdicción municipal.

En el caso anterior, o cuando la escritura que cause el impuesto se otorgue en un cantón distinto del de la ubicación del inmueble, el pago podrá hacerse en la tesorería municipal del cantón en el que se otorgue la escritura.

El tesorero remitirá el impuesto total o su parte proporcional, según el caso, dentro de cuarenta y ocho horas, al tesorero de la municipalidad a la que le corresponda percibir el impuesto. En caso de no hacerlo incurrirá en la multa del tres por ciento mensual del impuesto que deba remitir, multa que será impuesta por el Contralor General del Estado a pedido documentado del alcalde de la municipalidad afectada.

La norma anterior regirá también para el caso en que en una sola escritura se celebren contratos relativos a inmuebles ubicados en diversos cantones.

Artículo 348. Son sujetos pasivos de la obligación tributaria, los contratantes que reciban beneficio en el respectivo contrato, así como los favorecidos en los actos que se realicen en su exclusivo beneficio. Salvo determinación especial en el respectivo contrato, se presumirá que el beneficio es mutuo y proporcional a la respectiva cuantía. Cuando una entidad que esté exonerada del pago del impuesto haya otorgado o sea parte del contrato, la obligación tributaria se causará únicamente en proporción al beneficio que corresponda a la parte o partes que no gozan de esa exención.

Prohíbese a las instituciones beneficiarias con la exoneración del pago del impuesto, subrogarse en las obligaciones que para el sujeto pasivo de la obligación se establecen en los artículos anteriores.

Artículo 349. La base del impuesto será el valor contractual, si éste fuere inferior al avalúo de la propiedad que conste en el catastro, regirá este último.

Si se trata de constitución de derechos reales, la base será el valor de dichos derechos a la fecha en que se efectúe el acto o contrato respectivo.

Para la fijación de la base imponible se considerarán las siguientes normas:

1. En el traspaso de dominio, excepto el de la nuda propiedad, servirá de base el precio fijado en el contrato o acto que motive el tributo, siempre que se cumpla alguna de estas condiciones:

    a) Que el precio no sea inferior al que conste en los catastros oficiales como valor de la propiedad;

    b) Que no exista avalúo oficial o que la venta se refiera a una parte del inmueble cuyo avalúo no pueda realizarse de inmediato.

En tal caso, el jefe de la dirección financiera podrá aceptar el valor fijado en el contrato u ordenar que se efectúe un avalúo que será aceptado por las autoridades antes mencionadas, previo estudio de las observaciones que formulare el contribuyente.

En este caso, si el contribuyente decidiere seguir el proceso legal en los reclamos de los sujetos de la obligación tributaria, se aceptará provisionalmente el pago de los impuestos a base del valor del contrato, más el cincuenta por ciento de la diferencia entre ese valor y el del avalúo especial.

Asimismo si el contribuyente lo deseare, podrá pagarse provisionalmente el impuesto a base del avalúo existente o del valor fijado en el contrato, más un veinte por ciento que quedará en cuenta especial y provisional, hasta que se resuelva sobre la base definitiva;

2. Si la venta se hubiere pactado con la condición de que la transmisión del dominio, esto es, la inscripción de la respectiva escritura se ha de efectuar cuando se haya terminado de pagar los dividendos del precio estipulado, el valor del

avalúo de la propiedad que se ha de tener en cuenta será el que exista a la fecha de la celebración de los contratos de promesa de venta. De no haberlo o de no ser posible establecerlo, se tendrá en cuenta el precio de adjudicación de los respectivos contratos de promesa de venta;

3. Si se vendieren derechos y acciones sobre inmuebles, se aplicarán las anteriores normas, en cuanto sea posible, debiendo recaer el impuesto sobre el valor de la parte transferida, si se hubiere determinado. En caso contrario, la materia imponible será la parte proporcional del inmueble que pertenezca al vendedor. Los interesados presentarán, para estos efectos, los documentos del caso al jefe de la dirección financiera de la municipalidad correspondiente y se determinará el valor imponible, previo informe de la asesoría jurídica;

4. Cuando la venta de derechos y acciones versare sobre derechos en una sucesión en la que se haya practicado el avalúo para cobro del impuesto a la renta, dicho avalúo servirá de base y se procederá como se indica en el inciso anterior. El impuesto recaerá sobre la parte proporcional de los inmuebles, que hubieren de corresponder al vendedor, en atención a los derechos que tenga en la sucesión.

    En este caso y en el anterior, no habrá lugar al impuesto de alcabala ni al de registro sobre la parte del valor que corresponda al vendedor, en dinero o en créditos o bienes muebles.

5. En el traspaso por remate público se tomará como base el precio de la adjudicación;

6. En las permutas, cada uno de los contratantes pagará el impuesto sobre el valor de la propiedad que transmita, pero habrá lugar al descuento del treinta por ciento por cada una de las dos partes contratantes;

7. El valor imponible en el traspaso de los derechos de usufructo, vitalicio o por tiempo cierto, se fijará según las normas de la Ley de Régimen Tributario Interno;

8. La base imponible en la constitución y traspaso de la nuda propiedad será la diferencia entre el valor del inmueble y el del correspondiente usufructo, computado como se indica en el numeral anterior;

9. La base imponible en la constitución y traspaso de los derechos de uso y habitación será el precio que se fijare en el contrato, el cual no podrá ser inferior, para estos efectos, del que resultare de aplicarse las tarifas establecidas en la Ley de Régimen Tributario Interno, sobre el veinticinco por ciento del valor del avalúo de la propiedad, en los que se hubieran constituido esos derechos, o de la parte proporcional de esos impuestos, según el caso; y,

10. El valor imponible en los demás actos y contratos que estuvieren sujetos al pago de este impuesto, será el precio que se hubiere fijado en los respectivos contratos, siempre que no se pudieren aplicar, por analogía, las normas que se establecen en los numerales anteriores y no fuere menor del precio fijado en los respectivos catastros.

Artículo 350. El traspaso de dominio o de otros derechos reales que se refiera a un mismo inmueble y a todas o a una de las partes que intervinieron en el contrato y que se repitiese dentro de los tres años contados desde la fecha en que se efectuó el acto o contrato anteriormente sujeto al pago del gravamen, gozará de las siguientes rebajas:

Cuarenta por ciento, si la nueva transferencia ocurriera dentro del primer año; treinta por ciento, si se verificare dentro del segundo; y veinte por ciento, si ocurriere dentro del tercero.

En los casos de permuta se causará únicamente el setenta y cinco por ciento del impuesto total, a cargo de uno de los contratantes.

Estas deducciones se harán también extensivas a las adjudicaciones que se efectúen entre socios y copropietarios, con motivo de una liquidación o partición y a las refundiciones que deben pagar los herederos o legatarios a quienes se les adjudiquen inmuebles por un valor superior al de la cuota a la que tienen derecho.

Artículo 351. Quedan exentos del pago de este impuesto:

a) El Estado, las municipalidades y demás organismos de derecho público, así como el Banco Nacional de Fomento, el Banco Central, el Instituto Ecuatoriano de Seguridad Social y los demás organismos que, por leyes especiales se hallen exentos de todo impuesto, en la parte que les corresponda, debiendo el tributo, por su parte, los contratantes que no gocen de esta exención;

b) En la venta o transferencia de dominio de inmuebles destinados a cumplir programas de vivienda de interés social, previamente calificados como tales por la municipalidad respectiva, la exoneración será total;

c) Las ventas de inmuebles en las que sean parte los gobiernos extranjeros, siempre que los bienes se destinen al servicio diplomático o consular, o a alguna otra finalidad oficial o pública, en la parte que les corresponda;

d) Las adjudicaciones por particiones o por disolución de sociedades;

e) Las expropiaciones que efectúe el Estado, las municipalidades y otras instituciones de derecho público;

f) Los aportes de bienes raíces que hicieren los cónyuges o convivientes en unión de hecho a la sociedad conyugal o a la sociedad de bienes y los que se efectuaren a las sociedades cooperativas, cuando su capital no exceda de diez remuneraciones mensuales básicas mínimas unificadas del trabajador en general. Si el capital excediere de esa cantidad, la exoneración será de sólo el cincuenta por ciento del tributo que habría correspondido pagar a la cooperativa;

g) Los aportes de capital de bienes raíces a nuevas sociedades que se formaren por la fusión de sociedades anónimas independientes y en lo que se refiere a los inmuebles que posean las sociedades fusionadas;

h) Los aportes de bienes raíces que se efectúen para formar o aumentar el capital de sociedades industriales de capital o de personas, pero sólo en la parte que corresponda a la sociedad, debiendo lo que sea de cargo del tradente;

i) Las donaciones que se hagan al Estado, municipalidades y otras instituciones de derecho público, así como las que se efectuaren en favor del Instituto Ecuatoriano de Seguridad Social y demás organismos que la ley define como entidades de derecho privado con finalidad social o pública y las que se realicen a sociedades o instituciones particulares de asistencia social, educación y otras funciones análogas, siempre que tengan estatutos aprobados por la Función Ejecutiva;

j) Los contratos de traslación de dominio y mutuos hipotecarios otorgados entre el Instituto Ecuatoriano de Seguridad Social y sus afiliados; y,

k) La transferencia de dominio de bienes inmuebles que se efectúen con el objeto de constituir un fideicomiso mercantil o con el propósito de desarrollar procesos de titularización. Así mismo, las transferencias que hagan restituyendo el dominio al mismo constituyente, sea que tal situación se deba a la falla de la condición prevista en el contrato, por cualquier situación de caso fortuito o fuerza mayor o por efectos contractuales que determine que los bienes vuelvan en las mismas condiciones en las que fueron transferidos.

Estas exoneraciones no podrán extenderse en favor de las otras partes contratantes o de las personas que, conforme a las disposiciones de esta Ley, deban pagar el cincuenta por ciento de la contribución total. La estipulación por la cual tales instituciones tomaren a su cargo la obligación, no tendrá valor para efectos tributarios.

Artículo 352. Sobre la base imponible se aplicará el uno por ciento.

Artículo 353. Los impuestos adicionales al de alcabalas creados o que se crearen por leyes especiales, se cobrarán conjuntamente con el tributo principal, a menos que en la ley que los establezca se ordene la recaudación por distinto agente del tesorero municipal. El monto del impuesto adicional no podrá exceder del cincuenta por ciento de la tarifa básica que establece el artículo anterior, ni la suma de los adicionales excederá del ciento por ciento de esa tarifa básica. En caso de que excediere, se cobrará únicamente un valor equivalente a ese ciento por ciento, que se distribuirá entre los partícipes.

Quedan exonerados del pago de todo impuesto tasa o contribución fiscal, provincial o municipal, inclusive el impuesto de plusvalía de las transferencias de dominio de bienes inmuebles que se efectúen con el objeto de constituir un fideicomiso mercantil.

Artículo 354. Los notarios, antes de extender una escritura de las que comportan impuestos de alcabalas, según lo determinado en el Art. 344, pedirán al jefe de la dirección financiera, que extienda un certificado con el valor del inmueble, según el catastro correspondiente, debiéndose indicar en ese certificado, el monto del impuesto municipal a recaudarse, así como el de los adicionales, si los hubiere.

Los notarios no podrán extender las predichas escrituras, ni los registradores de la propiedad registrarlas, sin que se les presenten los recibos de pago de las contribuciones, principal y adicionales, debiéndose incorporar estos recibos a las escrituras.

Los notarios y los registradores de la propiedad que contravinieren a estas normas, serán responsables solidariamente del pago del impuesto con los deudores directos de la obligación tributaria, e incurrirán, además, en una multa igual al ciento por ciento del monto del tributo que se hubiere dejado de cobrar; y, aun cuando se efectúe la cabal recaudación del impuesto, sufrirán una multa equivalente al 25% y hasta el 125% de la remuneración mensual básica mínima unificada del trabajador en general según la gravedad y magnitud del caso, que la impondrá el alcalde.

Capítulo V
Del Impuesto a los Vehículos

Artículo 355. Todo propietario de vehículos, sea persona natural o jurídica, deberá satisfacer el impuesto anual que se establece en esta Ley.

Comenzando un año se deberá el impuesto correspondiente al año, aún cuando la propiedad del vehículo hubiere pasado a otro dueño, quien será responsable si el anterior no lo hubiere pagado.

Artículo 356. La base imponible de este impuesto es el avalúo de los vehículos que consten registrados en el Servicio de Rentas Internas y en la jefatura provincial de tránsito correspondiente y la Comisión de Tránsito del Guayas. Para la determinación del impuesto se aplicará la siguiente tabla:

BASE IMPONIBLE TARIFA

Desde US $ Hasta US $US $

  01.0000

  1.0014.0005

  4.0018.00010

  8.00112.00015

  12.00116.00020

  16.00120.00025

  20.00130.00030

  30.00140.00050

  40.001 En adelante 70.

Artículo 357. Todo lo relativo al cobro del impuesto se establecerá en la ordenanza municipal respectiva.

Artículo 358. Sólo estarán exentos de este impuesto los vehículos al servicio:

a)   De los Presidentes de las Funciones Legislativa, Ejecutiva y Judicial;

b)   De los miembros del cuerpo diplomático y consular;

c)   De organismos internacionales;

d)   Del Cardenal Arzobispo;

e)   De la Cruz Roja Ecuatoriana, como ambulancias y otros con igual finalidad;

f)   De los cuerpos de bomberos, como autobombas, coches, escala y otros vehículos especiales contra incendio. Los vehículos en tránsito no deberán el impuesto.

Artículo 359. El impuesto se lo pagará en el cantón del domicilio del propietario.

Capítulo VI
Del Impuesto a los Espectáculos Públicos

Artículo 360. Establécese el impuesto único del diez por ciento sobre el valor del precio de las entradas vendidas de los espectáculos públicos legalmente permitidos; salvo el caso de los eventos deportivos de categoría profesional que pagarán el cinco por ciento de este valor.

Artículo 361. En este impuesto se reconocerán exoneraciones a los espectáculos artísticos donde se presenten única y exclusivamente artistas ecuatorianos.

Se derogan de manera expresa las demás exoneraciones que consten en cualquier ley general o especial.

Artículo 362. En el Reglamento se indicará las entradas de ínfimo valor, dentro de la tarifa del espectáculo, que no deban tenerse en cuenta en el ingreso bruto gravado.

Capítulo VII

Impuesto de Patentes Municipales

Artículo 363. Establécese el impuesto de patentes municipales que se aplicará de conformidad con lo que se determina en los artículos siguientes.

Artículo 364. Están obligados a obtener la patente y, por ende, el pago del impuesto de que trata el artículo anterior, todos los comerciantes e industriales que operen en cada cantón, así como los que ejerzan cualquier actividad de orden económico.

Artículo 365. Para ejercer una actividad económica de carácter comercial o industrial se deberá obtener una patente, anual, previa inscripción en el registro que mantendrá, para estos efectos, cada municipalidad. Dicha patente se deberá obtener dentro de los treinta días siguientes al día final del mes en el que se inician esas actividades, o de los treinta días siguientes al día final del mes en que termina el año.

El concejo mediante ordenanza, establecerá la tarifa del impuesto anual en función del capital con el que operen los sujetos pasivos de este impuesto dentro del cantón. La tarifa mínima será de diez dólares de los Estados Unidos de América y la máxima de cinco mil dólares de los Estados Unidos de América.

Artículo 366. Cuando un negocio demuestre haber sufrido pérdidas conforme a declaración aceptada en el Servicio de Rentas Internas, o por fiscalización efectuada por la predicha entidad o por la municipalidad, el impuesto se reducirá a la mitad. La reducción será hasta de la tercera parte, si se demostrare un descenso en la utilidad de más del cincuenta por ciento en relación con el promedio obtenido en los tres años inmediatos anteriores.

Artículo 367. Estarán exentos del impuesto únicamente los artesanos calificados como tales por la Junta Nacional de Defensa del Artesano.

Capítulo VIII

Impuesto a las Utilidades en la Compraventa de
Predios Urbanos y Plusvalía de los Mismos

Artículo 368. Establécese el impuesto del diez por ciento sobre las utilidades que provengan de la venta de inmuebles urbanos.

Sin embargo, si un contribuyente sujeto al pago del impuesto a la renta tuviere mayor derecho a deducción por esos conceptos del que efectivamente haya podido obtener en la liquidación de ese tributo, podrá pedir que la diferencia que no haya alcanzado a deducirse en la liquidación correspondiente del impuesto a la renta, se tenga en cuenta para el pago del impuesto establecido en este artículo.

Artículo 369. Para el cálculo del impuesto determinado en el artículo anterior, las municipalidades deducirán de las utilidades los valores pagados por concepto de contribuciones especiales de mejoras.

Artículo 370. Son sujetos de la obligación tributaria a la que se refiere este capítulo, los que como dueños de los predios los vendieren obteniendo la utilidad imponible y por consiguiente real, los adquirentes hasta el valor principal del impuesto que no se hubiere pagado al momento en que se efectuó la venta. El comprador que estuviere en el caso de pagar el impuesto que debe el vendedor, tendrá derecho a requerir a la municipalidad que inicie la coactiva para el pago del impuesto por él satisfecho y le sea reintegrado el valor correspondiente. No habrá lugar al ejercicio de este derecho si quien pagó el impuesto hubiere aceptado contractualmente esa obligación.

Para los casos de transferencia de dominio el impuesto gravará solidariamente a las partes contratantes o a todos los herederos o sucesores en el derecho, cuando se trate de herencias, legados o donaciones.

En caso de duda u obscuridad en la determinación del sujeto pasivo de la obligación, se estará a lo que dispone el Código Tributario.

Artículo 371. Además de las deducciones que hayan de efectuarse por mejoras, costos de adquisición y otros elementos deducibles conforme a lo que se establezca en el respectivo reglamento se deducirá:

   a)   El cinco por ciento de las utilidades líquidas por cada año que haya transcurrido a partir del segundo de la adquisición hasta la venta sin que en ningún caso el impuesto al que se refiere este capítulo pueda cobrarse una vez transcurridos veinte años a partir de la adquisición; y,

   b)   La desvalorización de la moneda, según informe al respecto del Banco Central.

Artículo 372. Los notarios no podrán otorgar las escrituras de venta de las propiedades inmuebles a las que se refiere este capítulo, sin la presentación del recibo de pago del impuesto, otorgado por la respectiva tesorería municipal o la autorización de la misma.

El quebrantamiento de la norma que establece el artículo anterior será sancionado en la forma prevista en el Art. 354.

Artículo 373. Al tratarse de la plusvalía por obras de infraestructura, el impuesto será satisfecho por los dueños de los predios beneficiados, o en su caso por los usufructuarios, fideicomisarios o sucesores en el derecho al tratarse de herencias, legados o donaciones conforme a las ordenanzas respectivas.

Capítulo IX
Otros Impuestos Municipales

Artículo 374. Las municipalidades cobrarán los tributos municipales que estuvieren establecidos en otras leyes especiales.

Artículo 375. Son sujetos pasivos del impuesto al juego, los casinos y demás establecimientos semejantes que puedan funcionar legalmente en el país.

Artículo 376. El impuesto al juego será regulado mediante ordenanza municipal.

Artículo 377. Quedan vigentes los adicionales existentes sobre impuestos de financiación municipal.

TITULO VII
DE LAS TASAS MUNICIPALES

Capítulo I
Enunciados Generales

Artículo 378. Las municipalidades podrán aplicar las tasas retributivas de servicios públicos que se establecen en esta Ley. Podrán también aplicarse tasas sobre otros servicios públicos municipales siempre que el monto de ellas guarde relación con el costo de producción de dichos servicios. A tal efecto, se entenderá por costo de producción el que resulte de aplicar reglas contables de general aceptación, debiendo desecharse la inclusión de gastos generales de la administración municipal que no tengan relación directa y evidente con la prestación del servicio.

Sin embargo, el monto de las tasas podrá ser inferior al costo, cuando se trata de servicios esenciales destinados a satisfacer necesidades colectivas de gran importancia para la comunidad, cuya utilización no debe limitarse por razones económicas y en la medida y siempre que la diferencia entre el costo y la tasa pueda cubrirse con los ingresos generales de la municipalidad. El monto de las tasas autorizadas por esta Ley se fijará por ordenanza.

Artículo 379. El Estado y más entidades del sector público pagarán las tasas que se establezcan por la prestación de los servicios públicos que otorguen las municipalidades y sus empresas. Para este objeto, harán constar la correspondiente partida en sus respectivos presupuestos.

Artículo 380. Podrán cobrarse tasas sobre los siguientes servicios:

a)   Aferición de pesas y medidas;

b)   Aprobación de planos e inspección de construcciones;

c)   Rastro;

d)   Agua potable;

e)   Matrículas y pensiones escolares;

f)   Recolección de basura y aseo público;

g)   Control de alimentos;

h)   Habilitación y control de establecimientos comerciales e industriales;

i)   Servicios administrativos;

j)   Alcantarillado y canalización; y,

k)   Otros servicios de naturaleza semejante a los antes mencionados.

Capítulo II
De la Aferición de Pesas y Medidas

Artículo 381. Las municipalidades verificarán la corrección de balanzas y otros sistemas de pesas y medidas que se empleen en almacenes y lugares de venta, según el sistema oficial de pesas y medidas vigente, debiéndose extender el comprobante del caso y aplicar un sello o marca a los instrumentos de peso y medida.

La operación de contraste o aferición se efectuará anualmente.

Artículo 382. Mediante ordenanza reglamentaria se establecerá todo lo relativo al cumplimiento de esta operación.

Capítulo III
Aprobación de Planos e Inspección de Construcciones

Artículo 383. En las zonas comprendidas dentro del perímetro urbano, la municipalidad cobrará por el permiso de edificación, ampliación o reparación de edificios y por concepto de estudios de planos, inspección de la construcción o aprobación final de la misma, la tasa cuya alícuota se establece en el artículo siguiente. Los planos se presentarán de conformidad con lo que se determina en la respectiva ordenanza reglamentaria.

Artículo 384. La alícuota de esta tasa se fijará de conformidad con el procedimiento establecido por el Art. 380, pero su máximo no podrá exceder del dos por mil del valor de la construcción. No se concederá el permiso respectivo sin previa presentación de la certificación de pago de la correspondiente tasa.

Artículo 385. Los planos de las urbanizaciones aprobados por el Ministerio de Desarrollo Urbano y Vivienda a los que se refieren el Art. 383 de esta Ley, estarán exentos del pago de las tasas de aprobación de planos.

Capítulo IV
De las Tasas de Rastro

Artículo 386. Para el servicio de la matanza de ganado, la municipalidad establecerá mataderos, entre cuyos servicios se incluirá el de transporte de carnes, pieles y residuos.

Artículo 387. Por los servicios de matanza, faena y transporte, se cobrará una tasa cuyo monto se fijará observando el procedimiento establecido en el Art. 378 y atendiendo a la naturaleza del servicio que se preste.

Artículo 388. Las municipalidades que tuvieren el servicio que se conoce como caja de rastro, cobrarán el uno por ciento adicional del precio de los ganados sacrificados, según los precios normales de venta de dichos ganados en el mercado.

Artículo 389. Cuando en las casas de rastro municipales se preste el servicio completo, conforme a los principios técnicos que rigen esta materia, la municipalidad dictará la ordenanza especial de rastro que determine las tasas por los servicios de matanza, faena, transporte, caja de rastro, refrigeración, y los demás servicios que requieren de equipos técnicos o instalaciones especiales.

Capítulo V
De las Tasas y Tarifas de Agua Potable

Artículo 390. Las municipalidades y las empresas municipales de agua potable, fijarán las tasas de agua en función del costo de producción del servicio y de la capacidad contributiva de los usuarios.

Artículo 391. La tasa establecida en este capítulo es obligatoria para todas las personas que utilicen el servicio, sean naturales o jurídicas, de derecho público o privado.

Las instituciones de asistencia social y las educacionales gratuitas, pagarán media tarifa por el servicio de agua municipal.

Queda prohibida la exoneración total.

Artículo 392. Siempre que una municipalidad encuentre posible generalizar el empleo de medidores para establecer el exacto consumo de agua potable, impondrá su adquisición o arriendo a los propietarios de casas.

Los municipios podrán cobrar los correspondientes derechos por concepto de conexión y reconexión, los que no excederán del costo de los materiales y mano de obra utilizados para tal servicio.

Capítulo VI
De las Tasas de Alcantarillado y Canalización

Artículo 393. Las municipalidades fijarán, mediante ordenanza, las tasas de alcantarillado y canalización, cuyo monto no podrá exceder del costo de mantenimiento y operación del servicio y su cobro se realizará de acuerdo con el volumen de agua potable consumida por cada usuario.

Artículo 394. La tasa establecida en este capítulo es obligatoria para todas las personas que utilicen el servicio de alcantarillado y canalización, sean éstas naturales o jurídicas; queda prohibida, por consiguiente, para cualquier entidad o persona, la exoneración de esta tasa.

Capítulo VII
Otras Tasas Municipales
Sección 1a.
Matrículas y Pensiones Escolares

Artículo 395. La municipalidad podrá cobrar una tasa por concepto de matrículas y pensiones en los colegios de su creación o dependencia. El monto de tales matrículas y pensiones se establecerá por ordenanza que estará sujeta a la aprobación e informe favorable del Ministerio de Educación y Cultura. Para fijar el valor de las matrículas se tendrá en cuenta el nivel de enseñanza y, en lo posible, la capacidad de pago del alumnado.

TITULO VIII
DE LAS CONTRIBUCIONES ESPECIALES DE MEJORAS

Artículo 396. El objeto de la contribución especial de mejoras es el beneficio real o presuntivo proporcionado a las propiedades inmuebles urbanas por la construcción de cualquier obra pública.

Artículo 397. Existe el beneficio a que se refiere el artículo anterior, cuando una propiedad resulta colindante con una obra pública, o se encuentra comprendida dentro del área declarada zona de beneficio o influencia por ordenanza del respectivo concejo.

Artículo 398. El sujeto activo de esta contribución es la municipalidad en cuya jurisdicción se ejecuta la obra, sin perjuicio de lo dispuesto en los Arts. 414 y 415.

Artículo 399. Son sujetos pasivos de esta contribución y están obligados a pagarla los propietarios de los inmuebles beneficiados, sean personas naturales o jurídicas, sin excepción alguna, pero las municipalidades podrán absorber con cargo a su presupuesto de egresos, el importe de las exenciones totales o parciales que concedan a aquellas propiedades que hubieren sido catalogadas como monumentos históricos, de acuerdo con la reglamentación que para el efecto dictará la municipalidad respectiva.

Artículo 400. Esta contribución tiene carácter real. Las propiedades beneficiadas, cualquiera que sea su título legal o situación de empadronamiento, responden con su valor por el débito tributario. Los propietarios no responden más que hasta por el valor de la propiedad, de acuerdo con el avalúo municipal actualizado, antes de la iniciación de las obras.

Artículo 401. Establécense las siguientes contribuciones especiales de mejoras:

a) Apertura, pavimentación, ensanche y construcción de vías de toda clase;

b) Repavimentación urbana;

c) Aceras y cercas;

d) Obras de alcantarillado;

e) Construcción y ampliación de obras y sistemas de agua potable;

f) Desecación de pantanos y relleno de quebradas;

g) Plazas, parques y jardines; y,

h) Otras obras que las municipalidades determinen mediante ordenanza, previo el dictamen legal pertinente.

Artículo 402. La base de este tributo será el costo de la obra respectiva prorrateado entre las propiedades beneficiadas, en la forma y proporción que se establecen en esta Ley.

Artículo 403. El costo de los pavimentos urbanos se distribuirá de la siguiente manera:

a) El cuarenta por ciento será prorrateado entre todas las propiedades sin excepción, en proporción a las medidas de su frente a la vía;

b) El sesenta por ciento será prorrateado entre todas las propiedades con frente a la vía sin excepción, en proporción al avalúo de la tierra y las mejoras adheridas en forma permanente; y,

c) La suma de las cantidades resultantes de las letras a) y b) de este artículo, correspondientes a predios no exentos del impuesto a la propiedad, serán puestos al cobro en la forma establecida por esta Ley.

Artículo 404.- El costo de la repavimentación de vías públicas se distribuirá de la siguiente manera:

a) El cuarenta por ciento será prorrateado entre todas las propiedades sin excepción, en proporción a las medidas de su frente a la vía; y,

b) El sesenta por ciento será prorrateado entre todas las propiedades con frente a la vía sin excepción, en proporción al avalúo de la tierra y las mejoras adheridas en forma permanente. Si una propiedad diere frente a dos o más vías públicas, el área de aquella se dividirá proporcionalmente a dichos frentes en tantas partes como vías, para repartir entre ellas el costo de los afirmados, en la forma que señala el artículo precedente.

El costo del pavimento de la superficie comprendida entre las bocacalles, se cargará a las propiedades esquineras en la forma que establece este artículo.

Artículo 405. La determinación del costo por apertura o ensanche de calles, se distribuirá también en la forma establecida en el Art. 403 de esta Ley.

Artículo 406. La totalidad del costo de las aceras construidas por las municipalidades será reembolsado mediante esta contribución por los respectivos propietarios de los inmuebles con frente a la vía.

Artículo 407. El costo por la construcción de cercas o cerramientos realizados por las municipalidades deberá ser cobrado, en su totalidad, a los dueños de las respectivas propiedades con frente a la vía, con el recargo señalado por la ley.

Artículo 408. El valor total de las obras de alcantarillado que se construyan en un municipio será íntegramente pagado, por los propietarios beneficiados, en la siguiente forma:

En las nuevas urbanizaciones, los urbanizadores pagarán el costo total, o ejecutarán por su cuenta las obras de alcantarillado que se necesiten así como pagarán el valor o construirán por su cuenta los subcolectores que sean necesarios para conectar con los colectores existentes.

Para pagar el costo total de los colectores existentes o de los que construyeren en el futuro, en las ordenanzas de urbanización se establecerá una contribución por metro cuadrado de terreno útil.

Cuando se trate de construcción de nuevas redes de alcantarillado en sectores urbanizados o de la reconstrucción y ampliación de colectores ya existentes, el valor total de la obra se prorrateará de acuerdo con el valor catastral de las propiedades beneficiadas.

Artículo 409. La contribución especial de mejoras por construcción y ampliación de obras y sistemas de agua potable, será cobrado por la municipalidad en la parte que se requiera una vez deducidas las tasas por servicios para cubrir su costo total en proporción al avalúo de las propiedades beneficiadas, siempre que no exista otra forma de financiamiento.

Artículo 410. Para el pago del valor total de la construcción, ampliación, operación y mantenimiento de los sistemas de agua potable y alcantarillado, las municipalidades cobrarán las contribuciones especiales de mejoras y las tasas retributivas de los servicios en la forma que señala esta Ley.

Artículo 411. La contribución por el pago de obras por desecación de pantanos y relleno de quebradas estará sujeta a la ordenanza del respectivo concejo.

Artículo 412. Para otras obras que determinen las municipalidades, según el Art. 401, letra h), su costo total será prorrateado mediante ordenanza.

Artículo 413. El costo por la construcción de parques, plazas y jardines, excluido monumentos, se distribuirá de la siguiente forma:

a) El cincuenta por ciento entre las propiedades, sin excepción, con frente a las obras, directamente o calle de por medio, y en proporción a sus respectivos frentes con vista a las obras;

b) El treinta por ciento se distribuirá entre las propiedades o la parte de las mismas, ubicadas dentro de la zona de beneficio, excluidas las del inciso anterior, cuyo ámbito será delimitado por el concejo. La distribución se hará en proporción a los avalúos de la tierra y mejoras; y,

c) El veinte por ciento a cargo de la municipalidad.

Artículo 414. Cuando la municipalidad ejecute una obra que beneficie en forma directa e indudable a propiedades ubicadas fuera de su jurisdicción y si mediare un convenio con la municipalidad donde se encuentran dichas propiedades, podrá aplicarse la contribución especial de mejoras.

Si no mediare dicho convenio con la municipalidad limítrofe, el caso será sometido a resolución del Ministerio de Gobierno.

Artículo 415. Para las obras de carácter intermunicipal, podrá celebrarse convenios para la aplicación de la contribución especial de mejoras de acuerdo a esta Ley.

Artículo 416. Los costos de las obras cuyo reembolso se permite son los siguientes:

a) El valor de las propiedades cuya adquisición o expropiación fueren necesarias para la ejecución de las obras, deduciendo el precio en que se estimen los predios o fracciones de predios que no queden incorporados definitivamente a la misma;

b) Pago de demolición y acarreo de escombros;

c) Valor del costo directo de la obra, sea ésta ejecutada por contrato o por administración de la municipalidad, que comprenderá: movimiento de tierras, afirmados, pavimentación, andenes, bordillos, pavimento de aceras, muros de contención y separación, puentes, túneles, obras de arte, equipos mecánicos o electromecánicos necesarios para el funcionamiento de la obra, canalización, teléfonos, gas y otros servicios, arborización, jardines y otras obras de ornato;

d) Valor de todas las indemnizaciones que se hubieran pagado o se deban pagar por razón de daños y perjuicios que se pudieren causar con ocasión de la obra, producidos por fuerza mayor o caso fortuito;

e) Costos de los estudios y administración del proyecto, programación, fiscalización y dirección técnica. Estos gastos no podrán exceder del veinte por ciento del costo total de la obra; y,

f) El interés de los bonos u otras formas de crédito utilizados para adelantar los fondos necesarios para la ejecución de la obra.

Artículo 417. En ningún caso se incluirán en el costo, los gastos generales de administración, mantenimiento y depreciación de las obras que se reembolsan mediante esta contribución.

Artículo 418. En el caso de división de propiedades con débitos pendientes por contribución de mejoras, los propietarios tendrán derecho a solicitar la división proporcional de la deuda. Mientras no exista plano catastral, el propietario deberá presentar un plano adecuado para solicitar la subdivisión del débito.

Artículo 419. Para la determinación de cualquiera de las contribuciones especiales de mejoras se incluirán todas las propiedades beneficiadas, sin excepción alguna. La parte del costo correspondiente a propiedades del Estado y más entidades del sector público se cubrirán con las respectivas partidas que, obligatoriamente constarán en sus correspondientes presupuestos.

Artículo 420. Cada municipalidad deberá formar un fondo con el producto de las contribuciones de mejoras que recaude, el cual se destinará exclusivamente al costo de la construcción de nuevas obras reembolsables, salvo las sumas destinadas a atender los servicios financieros a que se refiere el artículo siguiente. Con este y otros fondos podrán crearse las cajas de urbanización o el banco de urbanización.

Artículo 421. Las municipalidades podrán emitir bonos de la deuda pública municipal o contratar otros tipos de deuda a corto o largo plazo, de conformidad con la legislación de la materia, para destinarlos a la constitución inicial del fondo a que se refiere el artículo anterior, afectando el producto de las contribuciones de mejoras al servicio financiero de dicha deuda.

Artículo 422. Las contribuciones especiales podrán cobrarse fraccionando la obra a medida que vaya terminándose por tramos o partes. La municipalidad determinará en las ordenanzas respectivas, la forma y el plazo en que los contribuyentes pagarán la deuda por la contribución especial de mejoras que les corresponde. El pago será exigible, inclusive, por vía coactiva, de acuerdo con la ley. El plazo máximo para el reembolso de las obras podrá ser de diez años, a excepción del que señale para el reembolso de las obras ejecutadas en sectores de la ciudad cuyos habitantes sean de escasos recursos económicos, plazo que, en ningún caso, será mayor de quince años.

No obstante lo estipulado en el inciso anterior, para aquellas obras que se financien mediante préstamos internacionales, el plazo para su reembolso será aquel que contempla para su pago el préstamo externo que las financie.

Las municipalidades podrán fijar un descuento general de hasta el veinte por ciento para aquellos deudores de la contribución especial de mejoras que efectuaren al contado los pagos que les corresponda hacer en quince años; el quince por ciento, si pagaren al contado el reembolso que les corresponda hacer en diez años, y el diez por ciento si abonaren al contado los pagos que les corresponda hacer en cinco años o menos.

Artículo 423. La institución nacional a cargo de problemas de urbanismo calificará la necesidad de las obras cuyo costo ha de reembolsarse con contribuciones especiales de mejoras.

El monto total de este tributo no podrá exceder del cincuenta por ciento del mayor valor experimentado por el inmueble entre la época inmediatamente anterior a la obra y la época de la determinación del débito tributario.

Los reclamos de los contribuyentes, si no se resolvieren en la instancia administrativa, se tramitarán por la vía contencioso tributaria.

TITULO IX
DE LOS INGRESOS NO TRIBUTARIOS

Capítulo I
De los Ingresos No Tributarios Corrientes

Sección 1a.
De los Ingresos Patrimoniales

Artículo 424. Las municipalidades fijarán los precios de los artículos de sus empresas públicas de carácter industrial, comercial o agrícola, que no constituyan tasas de servicios públicos, procurando tonificar los mercados, regulando los precios con su competencia y combatiendo la especulación.

Estos precios se establecerán de acuerdo con la ley y el estatuto constitutivo de cada empresa.

Artículo 425. En el arrendamiento o la ocupación transitoria de terrenos, calles y otros bienes de uso público, a los que se refiere el Art. 604 del Código Civil, se cobrarán las pensiones anuales, mensuales o diarias que en forma general se establecerán en las ordenanzas municipales.

Sección 2a.
Sanciones Tributarias

Artículo 426. Los impuestos y tasas no pagados hasta la fecha de su vencimiento y para los que no se prevé una sanción en este capítulo, se estará a lo dispuesto en el artículo 21 del Código Tributario.

Artículo 427. Los pagos parciales se acreditarán en el siguiente orden:

1. Intereses;
2. Capital; y,
3. Costas, incluyendo los honorarios.

Artículo 428. Incurrirán en multas equivalentes al 12,5% hasta el 125% de la remuneración mensual básica mínima unificada del trabajador en general los propietarios de inmuebles que se negaren a facilitar datos o a efectuar las declaraciones necesarias para realizar los avalúos de la propiedad.

Artículo 429. Incurrirán en multas equivalentes al 25% hasta el 250% de la remuneración mensual básica mínima unificada del trabajador en general las personas que por culpa o dolo proporcionen datos tributarios falsos.

Artículo 430. Las personas naturales o jurídicas que mediante actos deliberados u ocultación de la materia imponible produzcan la evasión tributaria o ayuden a dicha finalidad, incurrirán en multa de hasta el triple del tributo evadido o intentado evadir, sin perjuicio de lo dispuesto en el artículo anterior.

Artículo 431. La alteración de las pesas y medidas en el comercio por menor, en cuya virtud se entregue a los compradores cantidades inferiores a las que se han vendido, dará lugar a una multa equivalente al 12,5% de la remuneración mensual básica mínima unificada del trabajador en general por cada vez que se constate la infracción. En el comercio por mayor las multas serán hasta el equivalente de veinticinco salarios mínimos vitales mensuales del trabajador en general. Además se deberá publicar por la prensa o la radio, en forma obligatoria y gratuita los nombres de los infractores.

Artículo 432. Cuando la municipalidad realizare alguna obra por cuenta de un propietario de predio urbano, que no la hubiere ejecutado en el plazo conminatorio concedido para el efecto, se cobrará el costo de la obra más una multa del diez al treinta por ciento según la naturaleza e importancia de la misma.

Artículo 433. Corresponde a la municipalidad las multas impuestas en el cantón por contravenir a las ordenanzas y reglamentos municipales, por infracciones a las leyes sobre salubridad y policía municipal, las que se impusieren a los concejales, funcionarios y empleados municipales y las demás establecidas en las leyes con esta destinación, excepto las que impusieren las autoridades de salud, que se destinarán a los fines señalados en el Código de Salud.

Artículo 434. Las multas e intereses establecidos en esta Ley, serán aplicados por el alcalde a solicitud del jefe de la dirección financiera. Las multas serán depositadas exclusivamente en la tesorería municipal, debiendo dictarse un reglamento para su control.

Artículo 435. Quien procediere al fraccionamiento total o parcial de un inmueble situado en el área urbana o de expansión urbana, sin contar con la autorización de la respectiva autoridad y recibiere u ordenare recibir cuotas o anticipos en especie o en dinero, por este concepto, incurrirá en delito de estafa, sancionado por el Art. 563 del Código Penal.

Sin perjuicio de la sanción establecida en el inciso anterior, las municipalidades afectadas aplicarán las sanciones económicas y administrativas previstas en esta Ley y en las respectivas ordenanzas.

Artículo 436. El delito tipificado en el artículo anterior, podrá ser perseguido por toda persona que se considere perjudicada, o por la municipalidad en cuya jurisdicción se hubiere cometido la infracción. Las municipalidades comprendidas dentro de este artículo se considerarán como parte perjudicada.

Capítulo II
De los Ingresos No Tributarios de Capital
Sección 1a.
De los Empréstitos

Artículo 437. Las municipalidades tienen capacidad para obligarse y contratar empréstitos dentro de los límites y para las finalidades determinadas en esta Ley.

Artículo 438. Toda deuda pública que se contrate a plazos mayores de un año deberá destinarse exclusivamente a la construcción de obras, incluyendo estudios, adquisición de bienes de capital para constitución de empresas municipales o instalación de servicios, comprendidos en los respectivos planes de desarrollo físico, en los planes reguladores de desarrollo urbano, y en los programas de inversión aprobados.

Artículo 439. Establécense además, los siguientes límites para la deuda pública municipal:

a) Los empréstitos para la constitución de empresas municipales o instalación de servicios públicos reembolsables, tendrán como límites la posibilidad técnica y financiera de cargar en los precios o tasas la cuota de amortización necesaria para cancelar el préstamo contratado, dentro del plazo de vencimiento o de duración del servicio, a juicio de la municipalidad y según el informe previo del Comité de Financiamiento;

b) Los empréstitos para construcción de obras públicas reembolsables con contribuciones especiales de mejoras, tendrán como límite la posibilidad financiera de extinguir el préstamo en el plazo contratado, con el producto de dichas contribuciones; y,

c) Los empréstitos para construcción de obras, instalación de servicios, adquisición de bienes de capital o constitución de empresas no reembolsables, tendrán como límite una cifra que, sumada a la deuda vigente, más los compromisos que la municipalidad debe asumir en virtud de la letra b), no superen en ningún caso el diez por ciento del valor de la propiedad sujeta a los impuestos prediales urbano y rural, ni el servicio financiero total supere el veinte por ciento del presupuesto municipal, excluyéndose del presupuesto los recursos extraordinarios y ocasionales que formen parte del mismo.

Artículo 440. El trámite de todo empréstito interno o externo se sujetará a las leyes que rigen la materia.

Artículo 441. Las municipalidades podrán contraer deudas de corto plazo para atender déficit de caja, siempre que las mismas puedan extinguirse con recursos del mismo ejercicio económico.

Artículo 442. En casos de graves emergencias, como terremotos, inundaciones u otros de naturaleza semejante, las municipalidades podrán contraer cualquier tipo de deuda sin sujeción a las limitaciones contenidas en la ley, previa aprobación del comité de financiamiento.

Artículo 443. Cuando las municipalidades logren la liberación de rentas que actualmente tienen pignoradas en garantía de empréstitos, no podrán pignorarlas nuevamente si no se cumplen las condiciones limitativas de los Arts. 438 y 439.

TITULO X
DE LA ADMINISTRACION FINANCIERA MUNICIPAL
Capítulo I
De la Dirección Financiera

Artículo 444. En cada municipalidad habrá una dirección financiera encargada de cumplir las funciones que en materia de hacienda se señalan en el Art. 153 de esta Ley y con la estructura contemplada en el Art. 164.

La Dirección Financiera se conformará en cada caso, en atención a la complejidad y volumen de las actividades que a la administración le compete desarrollar en este ramo y de acuerdo con la cuantía de las rentas anuales de la municipalidad.

La Dirección Financiera estará a cargo de un jefe que será designado de conformidad con la ley.

Para ser designado jefe de la Dirección Financiera se requerirá reunir requisitos de idoneidad profesional en materias financieras y poseer amplia experiencia sobre ellas.

El jefe de la Dirección Financiera será responsable ante el Alcalde del cumplimiento de sus deberes y atribuciones, y bajo su dirección funcionarán las distintas dependencias que integren la dirección financiera.

Artículo 445. Son deberes y atribuciones del jefe de la Dirección Financiera los que se derivan de las funciones que a la dependencia bajo su dirección le compete, todas las que le señalen esta Ley, y, especialmente, las de refrendar los títulos de crédito para el cobro de los tributos, solicitar al alcalde las sanciones y multas a que haya lugar por incumplimiento de las obligaciones tributarias por parte de los contribuyentes, resolver en primera instancia los reclamos de los contribuyentes en materia tributaria y autorizar la baja de las especies incobrables.

La Contraloría General del Estado fijará el monto y especie de la caución que deberá rendir el jefe de la Dirección Financiera.

La preintervención es facultad del jefe de la Dirección Financiera y dentro de ella específicamente le corresponde lo siguiente:

a)   Verificar la legitimidad de las órdenes de pago, las peticiones de fondos y el pago de los créditos que se requieran a la municipalidad;

b)   Vigilar la ejecución contable del presupuesto y observar todo acto, contrato o registración contable que no se encuentre conforme a las normas legales y a la técnica contable;

c)   Objetar las órdenes de pago que encontrare ilegales o contrarias a las disposiciones reglamentarias o presupuestarias; y,

d)   Analizar los partes diarios de caja y enmendarlos si estuvieren equivocados y controlar la marcha de tesorería de las empresas públicas municipales.

En el reglamento orgánico y funcional que cada municipalidad expida, se determinará en forma específica las atribuciones y deberes del jefe de la Dirección Financiera, así como la competencia y asuntos que debe conocer.

Artículo 446. La recaudación de los ingresos municipales se hará directamente por la Dirección Financiera, no pudiendo emplearse el sistema de arrendamiento o asentamiento.

La dirección deberá aplicar el principio de la separación de las funciones de caja y contabilidad.

Artículo 447. En cada municipalidad habrá un tesorero que será designado de conformidad con la ley.

El tesorero será responsable ante el jefe de la Dirección Financiera del cumplimiento de sus deberes y atribuciones, los cuales se determinarán en el reglamento orgánico y funcional de cada municipalidad.

Artículo 448. El tesorero es el funcionario recaudador y pagador de la hacienda municipal. El tesorero rendirá caución, cuya cuantía será fijada por la Contraloría General del Estado; su superior inmediato será el jefe de la Dirección Financiera.

En las entregas-recepciones de las cuentas de caja y especies de los tesoreros municipales con la intervención de la Contraloría General del Estado, los municipios que tengan organizada la recaudación de títulos de crédito a través de recaudadores o recibidores caucionados, la diligencia comprenderá exclusivamente sobre los valores que directamente estén a cargo del tesorero, sin perjuicio de la responsabilidad legal de los otros funcionarios.

Artículo 449. El tesorero, en calidad de rindente, deberá efectuar los pagos de conformidad con las órdenes que recibiere de autoridad competente. Si encontrare que una orden de pago es ilegal o que está en contra de lo que dispone el presupuesto, o la juzgare equivocada, deberá observarla dentro del plazo de veinticuatro horas ante el jefe de la Dirección Financiera, y lo que éste resuelva deberá ser acatado y cumplido por el tesorero.

Artículo 450. El tesorero municipal está obligado a recibir el pago de cualquier crédito, sea este total o parcial, sean tributarios o de cualquier otro origen.

Los abonos se anotarán en el respectivo título de crédito y se contabilizarán diariamente, de acuerdo con el reglamento que se dictará al efecto.

Artículo 451. Prohíbese a la municipalidad dar en préstamo los fondos municipales. El alcalde, los concejales o los funcionarios que lo ordenaren y el tesorero que lo efectuare serán sancionados con una multa igual al doble del monto del préstamo, sin perjuicio de la responsabilidad penal a que hubiere lugar. A los funcionarios y al tesorero, la multa les impondrá el Alcalde y a éste y a los concejales la Contraloría General del Estado.

Artículo 452. Los fondos municipales serán depositados diariamente en el Banco Central del Ecuador o en el Banco Nacional de Fomento, donde no hubiere oficinas del Central. De los fondos recaudados, el tesorero no podrá mantener en caja sino la cantidad que se autorice como fondo rotativo, que fuere necesario para la atención de gastos diarios.

Cuando en la localidad no funcionaren los bancos citados en el inciso anterior, podrán depositarse los fondos municipales en instituciones bancarias que tuvieren con la municipalidad contratos de fideicomiso o relaciones contractuales originadas en empréstitos o cualquier otra relación bancaria, previa autorización del Banco Central.

En los municipios en los que no hubieren instituciones bancarias, el concejo reglamentará el tiempo y la forma en que deban hacerse los depósitos.

El tesorero municipal depositará diariamente los fondos correspondientes a terceros, en cuenta especial a favor de las instituciones beneficiarias, en el Banco Central del Ecuador o en el Banco Nacional de Fomento. En los lugares en que no existieren sucursales o agencias de los prenombrados bancos, se consignarán los valores recaudados semanalmente, en las oficinas postales por medio de libranzas giradas a orden del tesorero del organismo beneficiario.

Capítulo II
De la Auditoria

Artículo 453. En las municipalidades habrá un auditor interno que será designado por el concejo, de una terna de fuera de su seno, presentada por el alcalde.

El auditor interno, ejercerá sus funciones de conformidad con la ley y responderá por éstas ante el Alcalde y el Concejo.

La designación del auditor interno será para cuatro años y no excederá del plazo previsto para el alcalde en sus funciones, sin perjuicio de que el concejo pueda removerlo por causa justificada de acuerdo con la ley.

Artículo 454. Para ser designado auditor se requiere ser egresado de una facultad de ciencias económicas o administrativas, o poseer título de contador.

Artículo 455. Son deberes y atribuciones del auditor:

a) Presentar informes de carácter financiero, análisis de balances y sugerir sistemas contables y de control para una técnica organización económico-administrativa de la municipalidad;

b) Inspeccionar la contabilidad de las empresas municipales;

c) Analizar los estados mensuales de cuentas que presente la tesorería y la contabilidad y certificar los balances;

d) Efectuar el control de los pagos en el servicio de la deuda municipal, vigilar que se cancelen, y suscribir las actas de incineración de los bonos que hayan sido pagados, previo el cumplimiento de las disposiciones legales pertinentes; y,

e) Todas las actividades relacionadas con la función de auditoría que el concejo le asigne.

El auditor será un funcionario caucionado en igual forma que el jefe de la dirección financiera.

Artículo 456. En las municipalidades que por el volumen de sus rentas no se justifique tener un auditor de tiempo completo, se podrá contratar los servicios de un auditor por tiempo parcial, el que ejercerá sus funciones por lo menos una vez cada semestre para informar al concejo del movimiento presupuestario y económico de la municipalidad. De no realizarse dicha contratación, las funciones asignadas al auditor en el artículo anterior, serán desempeñadas por el jefe de la dirección financiera, de acuerdo al reglamento orgánico y funcional de la municipalidad.

Capítulo III
De los Reclamos de los Contribuyentes

Artículo 457. Practicados los avalúos catastrales bianuales establecidos por esta Ley y efectuada la notificación general o individual, que se ha de realizar dando el aviso a los propietarios de que han sido elaborados los avalúos mencionados, los contribuyentes podrán presentar observaciones a las comisiones avaluadoras, sobre aspectos en los que no estuvieren de acuerdo. La comisión aceptará total o parcialmente esas observaciones, o las rechazará, si carecieren de fundamento.

Reformado el avalúo cuando estimare legal la comisión, o rechazadas las observaciones, se comunicará este particular al reclamante para los efectos legales.

Igual procedimiento se seguirá cuando la municipalidad, de oficio o a petición interesada, efectuare un nuevo avalúo.

Artículo 458. Notificados los propietarios con las decisiones de la comisión de avalúos o vencido el plazo de treinta días a contarse desde el siguiente al de la notificación, así como dentro del plazo de cuarenta días de notificados con las emisiones de los títulos de crédito, o con los resultados de fiscalizaciones ordenadas por las autoridades competentes, podrán los contribuyentes formular sus reclamos ante el jefe de la dirección financiera. Dentro del término de cuarenta días de recibido un reclamo en la mencionada dirección, el jefe de la misma dictará resolución motivada, la que se pondrá en conocimiento del reclamante, con el procedimiento que se establece en el Código Tributario.

Cuando el contribuyente no haya sido notificado con el avalúo practicado de oficio o con la emisión de títulos de crédito, y el impuesto no sea de los que deben abonarse sin necesidad de notificación alguna, se seguirá el procedimiento indicado en los incisos que anteceden. Para este caso, el tesorero concederá diez días al notificado para que formule su reclamo ante el jefe de la dirección financiera.

Artículo 459. Cuando se produjere silencio administrativo en los términos señalados en el Código Tributario, el funcionario responsable será sancionado por el alcalde de conformidad a lo establecido en el Art. 33 de la Ley de Modernización del Estado, Privatizaciones y Prestación de Servicios Públicos por parte de la Iniciativa Privada.

Artículo 460. Dentro del plazo de cuarenta días de notificada la resolución de primera instancia administrativa, o producida la situación de silencio administrativo por no haberse dictado en tiempo oportuno la resolución de primera instancia, podrá el interesado apelar ante el alcalde.

Artículo 461. El alcalde dictará resolución dentro del término de cuarenta días, contados desde la recepción del reclamo en su despacho. La resolución de que trata el inciso anterior termina la fase administrativa en el procedimiento de los reclamos de los contribuyentes, y gozará de las presunciones de legitimidad y ejecutoriedad. En el evento de que el administrado no sea favorecido con el fallo, tendrá expedita la vía contencioso tributario.

Artículo 462. Dentro del término de treinta días contados desde el siguiente al de la notificación de la resolución a los interesados, o producida la situación de silencio administrativo, que ocurrirá también respecto de los reclamos de segunda instancia, en la forma prevista en el Art. 460, los interesados podrán proponer ante los Tribunales Distritales demanda contencioso-tributaria conforme a lo que dispone el Código Tributario.

Artículo 463. Producida alguna de las situaciones que den lugar al reclamo o solicitud por pago indebido o pago en exceso, en su caso, podrán los contribuyentes proponerlo ante el director del departamento financiero, siguiendo el trámite establecido en el Código Tributario.

Artículo 464. Cuando notificado un contribuyente con una obligación tributaria, la aceptare en parte y la protestare en otra, sea que se refiera a los tributos de uno o varios años, podrá pagar la parte con la que esté conforme y formular sus reclamos con respecto a la que protesta. Los tesoreros municipales no podrán negarse a aceptar el pago de los impuestos que entregare el contribuyente.

Capítulo IV
Disposiciones Generales Referentes a la Administración Financiera

Artículo 465. En las urbanizaciones particulares en las que se ejecuten obras con recursos privados, los urbanizadores no pagarán contribuciones especiales de mejoras por la valorización experimentada a consecuencia de dichas obras.

Cuando las urbanizaciones destinadas a la venta en lotes fueren ejecutadas por las propias municipalidades, no habrá lugar al pago de la contribución especial de mejoras, siempre que el costo de las obras hubiere sido considerado en el precio de venta de los respectivos terrenos municipales.

Artículo 466. Los propietarios de terrenos que se encuentren dentro de la zona de beneficio por estas obras de urbanización, deberán pagar a la municipalidad una cantidad equivalente al cuarenta por ciento de la contribución especial de mejoras establecida en esta Ley.

Artículo 467. Los reclamos referentes a otros tributos no incluidos en el capítulo III de este título, se regirán por el procedimiento establecido en el Código Tributario. La primera instancia administrativa la tendrá el director del departamento financiero.

Artículo 468. La municipalidad no podrá utilizar sus fondos en diversiones o regocijos públicos, o actos conmemorativos, sino de conformidad con las asignaciones presupuestarias que se hubieren previsto para efemérides patrias o para perpetuar la memoria de personajes ilustres vinculados a la historia nacional.

En caso de calamidad pública, la municipalidad con autorización de la Contraloría General del Estado podrá asignar, con fines de auxilio, cantidades proporcionadas a sus rentas.

Si la Contraloría General del Estado no resolviere dentro del plazo de ocho días, se considerará otorgada su autorización.

Artículo 469. Para los efectos legales, se remitirán copias a la Contraloría General del Estado de las ordenanzas sobre administración, recaudación, inversión y contabilidad de fondos, así como de las que traten sobre la emisión de títulos de crédito o cartas de pago y de toda resolución que implique cargo o descargo de los valores o especies, de responsabilidad del tesorero.

Artículo 470. La Contraloría General del Estado juzgará las cuentas de inversión y manejo de fondos municipales. La Contraloría no podrá establecer otras glosas que las relativas a inversión o manejo de fondos y otras responsabilidades pecuniarias que se deriven de egresos y órdenes de pago con quebrantamiento de la ley, o respecto de las cuales se estableciere dolo manifiesto.

Artículo 471. Las cauciones exigidas por esta Ley serán aprobadas por el concejo y su cuantía señalada por el Contralor General del Estado.

Artículo 472. En los casos de infracciones a esta Ley o a sus reglamentos, la municipalidad podrá imponer sanciones equivalentes al 12,5% de la remuneración mensual básica mínima unificada del trabajador en general hasta el 125% de la misma remuneración según la gravedad de dichas infracciones.

El concejo reglamentará la aplicación de esta disposición.

Artículo 473. En los casos de construcciones que no se hubieren sujetado a lo establecido en los respectivos permisos de construcción y en los planos aprobados, o que se hubieren hecho sin ellos en toda o en parte, la multa podrá ser de un monto igual al del fondo de garantía que se hubiere depositado o hubiere debido depositarse para la construcción, sin perjuicio de que el Comisario de construcciones ordene la demolición, de la construcción hecha con infracción de las disposiciones legales, aun cuando ésta hubiere sido completamente terminada, siempre que no hubieren transcurrido cuatro años, por lo menos, desde la fecha de dicha terminación.

Artículo 474. Las municipalidades podrán recaudar los impuestos anuales que sean susceptibles de división por dividendos mensuales, trimestrales o semestrales.

Artículo 475. Los alguaciles y recaudadores son responsables, pecuniariamente, ante los tesoreros, por los valores de las cartas de pago o especies al cobro que recibieren. En caso de delitos tipificados en el Art. 257 del Código Penal, comprobado por auditoria, o falta no justificada de tales cartas o especies, los tesoreros pedirán a la autoridad competente que se inicie la instrucción fiscal y solicite su detención conforme a la ley.

Artículo 476. En las concesiones que, de acuerdo con esta Ley hicieren las municipalidades o empresas de servicios públicos para ocupación de calles y plazas, podrán reducir o exonerar los impuestos municipales que correspondan a esas ocupaciones. Igual exoneración podrán conceder las municipalidades en beneficio de los expendedores de artículos de subsistencia en ferias o mercados al aire libre.

Artículo 477. Para los efectos del cobro de impuestos por períodos mensuales, semestrales o anuales, se tendrán en cuenta estas normas, a excepción de los impuestos a la propiedad inmobiliaria:

a) En los pagos mensuales se tendrá por mes completo el vencimiento de diez o más días. Pero si el período de tiempo que da lugar al tributo no llega a diez días, se cobrará sólo el cincuenta por ciento; y,

b) En los impuestos que se pagan por semestre, se deberá sólo el cincuenta por ciento, si el tiempo que motiva el tributo no pasa de tres meses.

Iniciado el cuarto mes, se deberá el tributo que corresponde a un semestre.

Artículo 478. Los intereses de bonos municipales o de otros títulos de la deuda pública municipal de igual naturaleza, estarán libres de todo impuesto fiscal o municipal.

Artículo 479. El alcalde no podrá celebrar contratos para la ejecución de obras públicas municipales, sin haber recibido previamente del jefe de la dirección financiera, el informe acerca de que existen disponibilidades en la respectiva partida presupuestaria. De violarse esta disposición, el contrato que se celebre será nulo, sin perjuicio de la responsabilidad personal y pecuniaria del funcionario que lo autorizare.

Artículo 480. Cuando la municipalidad contratare con empresarios la construcción de obras municipales, no se comprometerá a proporcionar servicios de trabajadores, artesanos, materiales, pero prestará las facilidades que estuvieren a su alcance. Salvo el caso de convenio con los contratantes, la transferencia de servicios personales, herramientas, equipos y materiales, será como parte del costo de la obra o el contratista reembolsará el valor correspondiente. No estarán comprendidos los programas de instituciones de ayuda mutua.

Artículo 481. La municipalidad, antes de perfeccionar un contrato para la construcción de una obra municipal, cuidará de que se apruebe la caución que de acuerdo con la ley, debe rendir el empresario para asegurar el cumplimiento de sus obligaciones.

Concluidas las obras municipales que se realicen por contrato, serán recibidas por el alcalde, después de que el jefe del departamento respectivo, por sí o por medio de peritos, comprobare que se han ejecutado de conformidad con el contrato, según la respectiva ley.

Artículo 482. Bajo la responsabilidad personal y pecuniaria de los funcionarios que intervengan, no se podrá adelantar dinero, materiales, herramientas o servicios personales, cuando se construyeren obras por cuenta de la municipalidad, sin previa caución que asegure el cumplimiento de la obligación por parte del empresario.

Artículo 483. Durante la construcción de una obra por cuenta de la municipalidad, los jefes de los departamentos respectivos la inspeccionarán e informarán acerca de ella al alcalde, en cuanto se refiere al cumplimiento de las obligaciones contraídas por el empresario.

TITULO XI
DEL PRESUPUESTO MUNICIPAL

Capítulo I
De las Normas Generales

Artículo 484. El presupuesto es un acto del gobierno municipal que contiene el plan anual operativo preparado en conformidad a los planes de mediano y largo plazo, que indica el origen y monto de los recursos que se espera recaudar y el costo de las funciones, programadas y subprogramadas de la municipalidad, expresados en términos de los resultados que se pretende alcanzar y de los recursos necesarios para lograrlos.

Artículo 485. El proceso presupuestario municipal se basará en la programación de los ingresos y en la planificación de las actividades municipales, coordinada con los planes nacionales o regionales de desarrollo, sin perjuicio de la autonomía municipal para dirigir sus propias inversiones.

Artículo 486. El ejercicio financiero municipal se iniciará el 1ro de enero y terminará el 31 de diciembre de cada año, y para ese período deberá aprobarse y regir el presupuesto. No podrá mantenerse ni prorrogarse la vigencia del presupuesto del año anterior.

Artículo 487. El presupuesto se regirá por el principio de unidad presupuestaria. En consecuencia, a partir de la vigencia de esta Ley, no habrá destinaciones especiales de rentas.

Con el producto de todos los ingresos y rentas municipales se formulará el fondo general de ingresos, con cargo al cual se girará para atender a todos los gastos de la municipalidad.

Capítulo II
De la Estructura del Presupuesto

Artículo 488. La estructura del presupuesto se ceñirá a las disposiciones expresamente consignadas en este Título, a la reglamentación general que expedirá el gobierno.

Artículo 489. El presupuesto municipal constará de las siguientes partes:

1. Ingresos;
2. Egresos; y,

3. Disposiciones generales.

4. El presupuesto contendrá, además, un anexo con el detalle distributivo de sueldos y salarios.

El presupuesto obligatoriamente contemplará el respectivo financiamiento para dar cumplimiento a los contratos colectivos, actas transaccionales o sentencias dictadas por los tribunales de conciliación y arbitraje.

Artículo 490. Los ingresos del presupuesto se agruparán por títulos y capítulos y se distribuirán por partidas dentro de cada capítulo.

Los egresos se agruparán por funciones, programas y subprogramas.

Las disposiciones generales que no estuvieren establecidas en la ley o en un reglamento general sobre la materia, contendrán las normas necesarias para el mejor cumplimiento del presupuesto.

Sección 1a.
De los Ingresos

Artículo 491. Los ingresos presupuestarios se dividirán en los siguientes títulos:

Título I. Ingresos tributarios;

Título II. Ingresos no tributarios;

Título III. Empréstitos.

TITULO I
INGRESOS TRIBUTARIOS

Artículo 492. Los ingresos tributarios comprenderán las contribuciones señaladas en esta Ley y se dividirán en los tres capítulos básicos siguientes:

Capítulo I.- Impuestos, que incluirán todos los que corresponden a la municipalidad, por recaudación directa o por participación.

Capítulo II.- Tasas, que comprenderá únicamente las que recaude la tesorería municipal, no incluyéndose, por consiguiente, las tasas que recauden las empresas municipales.

Capítulo III.- Contribuciones especiales de mejoras, que se sujetarán a la misma norma del inciso anterior.

Artículo 493. Los impuestos se dividirán en los siguientes grupos:

1. Impuestos de recaudación directa, que comprenderán todos aquellos que sean recaudados por la tesorería municipal; y,

2. Impuestos de participación, que incluirán aquellos ingresos por concepto de participaciones en impuestos unificados u otros.

Artículo 494. Las tasas comprenderán:

a) Aferición de pesas y medidas;

b) Aprobación de planos e inspección de construcciones;

c) Rastro;

d) Agua potable;

e) Matrículas y pensiones escolares;

f)   Recolección de basura y aseo público;

g)   Control de alimentos;

h)   Habilitación y control de establecimientos comerciales e industriales;

i)   Servicios administrativos; y,

j)   Otros servicios de naturaleza semejante a los antes mencionados.

Artículo 495. Las contribuciones especiales de mejoras comprenderán los ingresos por:

a)   Pavimentación y repavimentación;

b)   Apertura o ensanche de calles;

c)   Construcción de aceras y cercas;

d)   Obras de alcantarillado;

e)   Construcción de parques, plazas y jardines; y,

f)   Obras de regadío.

TITULO II
INGRESOS NO TRIBUTARIOS

Artículo 496. Los ingresos no tributarios se clasificarán en los siguientes capítulos:

Capítulo I.- Rentas patrimoniales, que comprenderán los siguientes grupos:

1.   Ingresos provenientes del dominio predial (tierras y edificios);

2.   Utilidades provenientes del dominio comercial (almacenes de suministros, materiales y similares);

3.   Utilidades provenientes del dominio industrial (transportes, empresas eléctricas, pasteurizadoras y similares);

4.   Utilidades de inversiones financieras; y,

5.   Ingresos provenientes de utilización o arriendo de bienes de dominio público (ocupación de calles, mercados y similares).

Capítulo II.- Transferencias y aportes con los siguientes grupos:

1.   Asignaciones fiscales; y,

2.   Asignaciones de entidades autónomas, descentralizadas o de otros organismos públicos, nacionales o extranjeros.

Capítulo III.- Venta de activos, con los siguientes grupos:

1.   De bienes raíces; y,

2.   De otros activos.

Capítulo IV.- Ingresos varios, que comprenderán los que no deben figurar en ninguno de los grupos anteriores.

TITULO III
EMPRÉSTITOS

Artículo 497. Los empréstitos se clasificarán en los siguientes capítulos:

Capítulo I.- Internos.

Capítulo II.- Externos.

Sección 2a.
De los Gastos

Artículo 498. Los egresos del fondo general se agruparán en funciones, programas y subprogramas. En cada programa y subprograma deberán determinarse las actividades corrientes y los proyectos de inversión, atendiendo a la naturaleza económica predominante de los gastos.

Los egresos de los programas y subprogramas se desglosarán, además, uniformemente en las partidas por objeto o materia del gasto, que sean necesarias para la mejor programación.

Artículo 499. Todos los gastos que realicen las dependencias y servicios del gobierno municipal tienen que incluirse en una unidad de asignación. Serán unidades de asignación los programas y subprogramas.

Artículo 500. El presupuesto de gastos comprenderá las siguientes funciones:

    I. Servicios generales.

    II. Servicios sociales.

    III. Servicios comunales.

    IV. Servicios económicos.

    V. Servicios inclasificables.

La función de servicios generales comprende aquellos que normalmente atiende la administración de asuntos internos de la entidad y el control del cumplimiento de las ordenanzas municipales. Esta función se lleva a cabo mediante los siguientes programas:

1. Administración general.

2. Administración financiera.

3. Justicia, policía y vigilancia.

La función de servicios sociales se relaciona con los servicios destinados a satisfacer necesidades sociales básicas. Se la lleva a cabo mediante los siguientes programas:

1. Educación y cultura.

2. Salud pública.

3. Construcción de viviendas para obreros industriales.

4. Otros servicios sociales.

La función de servicios comunales se refiere a las obras y servicios públicos necesarios para la vida de la comunidad.

1. Esta función se llevará a cabo mediante los siguientes programas:
2. Planificación urbana y rural.
3. Higiene ambiental.

4.   Abastecimiento de agua potable.

5.   Canalización y alcantarillado.

6.   Otros servicios comunales.

La función de servicios económicos se refiere primordialmente a la provisión de las obras de infraestructura económica del territorio municipal. Corresponde a esta función los siguientes programas:

1.   Transportes y comunicaciones.

2.   Otros servicios económicos.

Artículo 501. Las municipalidades, de conformidad con sus necesidades, podrán prescindir de cualquier programa, o crear uno nuevo, dentro de la correspondiente función.

Capítulo III
Formulación del Presupuesto
Sección 1a.
Programación del Presupuesto

Artículo 502. Todas las dependencias municipales deberán preparar, antes del 10 de septiembre de cada año, un programa de trabajo para el año siguiente, de conformidad con los procedimientos y sistemas administrativos de planificación adoptados.

Artículo 503. Cada programa de trabajo deberá contener una descripción de la magnitud e importancia de la necesidad pública que satisface, la especificación de sus objetivos y metas, la indicación de los recursos necesarios para su cumplimiento.

Cuando sea procedente, los programas deberán formularse en función de los planes de largo plazo.

A fin de hacer posible su evaluación técnica, las dependencias municipales deberán presentar programas alternativos con objetivos máximos, medios y mínimos.

Sección 2a.
Estimación de Ingresos y Gastos

Artículo 504. Corresponderá a la dirección financiera efectuar antes del 30 de julio, una estimación provisional de los ingresos para el próximo ejercicio financiero.

Artículo 505. La base para la estimación de los ingresos será la suma resultante del promedio de los incrementos de recaudación de los últimos tres años más la recaudación efectiva del año inmediato anterior.

La base así obtenida podrá ser aumentada o disminuida según las perspectivas económicas y fiscales que se prevean para el ejercicio vigente y para el año en que va a regir el presupuesto, o de acuerdo a las nuevas disposiciones legales que modifiquen al rendimiento de la respectiva fuente de ingreso, o bien de conformidad a las mejoras introducidas en la administración tributaria.

Artículo 506. En base a la estimación provisional de ingresos, el alcalde, con la asesoría del jefe de la dirección financiera, establecerá el cálculo definitivo de los ingresos y señalará a cada dependencia o servicio hasta el 15 de agosto, los límites del gasto a los cuales deberán ceñirse en la formulación de sus respectivos proyectos de presupuesto.

Artículo 507. Los proyectos de presupuesto de las dependencias y servicios municipales deberán ser presentados al jefe de la dirección financiera hasta el 30 de septiembre, debidamente justificados, con las observaciones que creyeren del caso.

Estos proyectos se prepararán de acuerdo con las instrucciones y formularios que envíe la dirección financiera.

Artículo 508. Sobre la base del cálculo de ingresos y de las previsiones de gastos de las dependencias y servicios, el jefe de la dirección financiera preparará el anteproyecto de presupuesto y lo presentará a consideración del alcalde hasta el 20 de octubre.

Artículo 509. El alcalde con la asesoría del jefe de la dirección financiera, elaborará y presentará al concejo el proyecto definitivo del presupuesto hasta el 31 de octubre, acompañado de los informes y documentos que deberá preparar la dirección financiera, entre los cuales figurarán los relativos a los aumentos o disminuciones en las estimaciones de ingresos y en las previsiones de gastos, así como la liquidación del presupuesto del ejercicio anterior y un estado de ingresos y gastos efectivos del primer semestre del año en curso. Además, cuando fuere procedente, deberá acompañarse el proyecto complementario de financiamiento a que se refiere el artículo siguiente.

Artículo 510. El total de los gastos del proyecto de presupuesto no podrá exceder del total de sus ingresos. Si el costo de los programas anuales de la municipalidad fuere superior a los ingresos calculados, el alcalde deberá presentar al concejo un proyecto complementario de financiamiento para aquellos programas, subprogramas, actividades o proyectos que considere de alta prioridad y para cuya ejecución se requieren ingresos adicionales de los estimados. La inclusión definitiva de estos programas, subprogramas, actividades o proyectos en el presupuesto, quedará sujeta a la aprobación, por el concejo, de financiamiento complementario propuesto por el alcalde.

Capítulo IV
Aprobación y Sanción del Presupuesto

Artículo 511. La comisión de finanzas del concejo estudiará el proyecto de presupuesto y sus antecedentes, y emitirá su informe hasta el 20 de noviembre.

La comisión de finanzas podrá sugerir cambios que no impliquen la necesidad de nuevo financiamiento, así como la supresión o reducción de gastos.

Si la comisión de finanzas no presentare su informe dentro del plazo señalado en el inciso primero de este artículo, el concejo entrará a conocer el proyecto del presupuesto presentado por el alcalde, sin esperar tal informe.

Artículo 512. El concejo estudiará el proyecto de presupuesto, lo dictará y lo aprobará por programas y subprogramas hasta el 10 de diciembre, conjuntamente con el proyecto complementario de financiamiento, cuando corresponda. Si a la expiración de este plazo no lo hubiere despachado, se entenderá aprobado el proyecto presentado por el alcalde.

El alcalde y el jefe de la dirección financiera asistirán obligatoriamente a las sesiones del concejo y de la comisión de finanzas, para suministrar los datos e informaciones necesarias.

Artículo 513. El concejo no podrá aumentar la estimación de los ingresos del proyecto de presupuesto, salvo que se demostrara la existencia de ingresos no considerados en el cálculo respectivo.

Tampoco podrá el concejo aumentar el monto de los ingresos sino en virtud de los ingresos no considerados de que se habla en el inciso anterior, pero podrá modificar las asignaciones establecidas en el proyecto de presupuesto sin alterar el equilibrio presupuestario.

Artículo 514. El alcalde conocerá el proyecto aprobado por el concejo y podrá oponer su veto hasta el 15 de diciembre, cuando encuentre que las modificaciones introducidas en el proyecto por el concejo son ilegales o inconvenientes.

El concejo deberá pronunciarse sobre el veto del alcalde al proyecto de presupuesto, hasta el 20 de diciembre. Para rechazar el veto del alcalde se requerirá la decisión de los dos tercios de los concejales.

Si a la expiración del plazo indicado en el inciso anterior el concejo no se hubiere pronunciado sobre las observaciones del alcalde, éstas se entenderán aprobadas.

Artículo 515. Una vez aprobado el proyecto de presupuesto por el concejo, el alcalde, lo sancionará dentro del plazo de tres días y entrará en vigencia, indefectiblemente, a partir del 1o. de enero.

Artículo 516. No se aprobará el presupuesto del concejo si en el mismo no se asigna, por lo menos, el diez por ciento (10%) de sus ingresos no tributarios para el financiamiento de la planificación y ejecución de los programas sociales descritos en el literal m) del artículo 149 de esta Ley.

Capítulo V
Ejecución del Presupuesto

Artículo 517. Una vez sancionada la ordenanza presupuestaria, los jefes de las dependencias y servicios municipales someterán a la consideración del alcalde un calendario de ejecución y desarrollo de sus actividades, detalladas por trimestres.

Artículo 518. El alcalde y el jefe de la dirección financiera estudiarán los calendarios de ejecución y desarrollo de actividades y los relacionarán con las previsiones mensuales de ingresos y procederán a fijar, para cada programa y subprograma, las prioridades y cupos de gasto correspondientes, dentro del término de ocho días anteriores a cada trimestre.

Corresponderá al jefe de la dirección financiera fijar los primeros ocho días de cada mes, los cupos de gasto por partidas, en relación con los cupos de disponibilidad de que trata el inciso anterior.

Los cupos así fijados se comunicarán al tesorero municipal, quien los anotará para determinar así el límite de los egresos mensuales por partidas, salvo las modificaciones que el alcalde y el jefe de la dirección financiera efectúen en los cupos de que trata el inciso anterior.

La provisión de bienes y materiales se efectuará en estricta relación con las disponibilidades, según la determinación de los cupos antes mencionados, debiendo el tesorero efectuar los pagos en estricto orden cronológico.

Todo bien a proveerse por particulares al municipio deberá estar previamente comprometido en el respectivo cupo. El funcionario que ordenare y comprometiere el crédito municipal al margen de este requisito, será personalmente responsable del pago y contra quien ejercerá la acción del cobro el acreedor. Los compromisos que no fueren satisfechos hasta el 31 de diciembre, para los fines de la liquidación definitiva del presupuesto, se considerarán anulados.

Artículo 519. La contabilidad presupuestaria será llevada por un sistema combinado, esto es, los ingresos a base de valores efectivos y los gastos a base de valores devengados.

Artículo 520. Los fondos de terceros no podrán servir para cubrir egresos que no sean los que correspondan a las entregas que deben hacerse a sus propios beneficiarios. Los funcionarios que autorizaren distinto empleo y el tesorero que lo hiciere, con o sin orden, serán responsables económicamente por el uso indebido de los fondos.

Artículo 521. No se podrá efectuar ningún egreso sino con cargo al presupuesto del ejercicio vigente.

Capítulo VI
Reforma del Presupuesto

Artículo 522. Una vez sancionado y aprobado el presupuesto sólo podrá ser reformado por alguno de los siguientes medios: traspasos, suplementos y reducciones de créditos. Estas operaciones se efectuarán de conformidad con lo previsto en las siguientes Secciones.

Sección 1a.
Traspasos de Créditos

Artículo 523. Durante el segundo semestre del ejercicio financiero, el alcalde, de oficio o previo informe del jefe de la dirección financiera, o a pedido de este funcionario, podrá autorizar traspasos de créditos disponibles dentro de una misma función, programa o subprograma, siempre que en el programa, subprograma o partida de que se tomen los fondos hayan disponibilidades suficientes, sea porque los respectivos gastos no se efectuaren en todo o en parte debido a causas imprevistas o porque se demuestre con el respectivo informe que existe excedente de disponibilidades.

Los traspasos de una función a otra deberán ser autorizados por el concejo, a petición del alcalde, previo informe del jefe de la dirección financiera.

Artículo 524. No podrán efectuarse traspasos en los casos que se indican a continuación:

1. Para egresos que hubieren sido negados por el concejo, a no ser que se efectúe siguiendo el mismo trámite establecido para los suplementos de crédito relativos a nuevos servicios;

2. Para creación de nuevos cargos o aumentos de las asignaciones para sueldos constantes en el presupuesto;

3. De programas que se hallen incluidos en planes generales o regionales de desarrollo; y,

4. De las partidas asignadas para el servicio de la deuda pública, a no ser que concurra alguno de estos hechos:

    a) Demostración de que ha habido exceso en la previsión presupuestaria;

    b) Que no se hayan emitido o no se vayan a emitir bonos correspondientes a empréstitos previstos en el presupuesto; y,

c) Que no se hayan formalizado, ni se vayan a formalizar contratos de préstamos, para cuyo servicio se estableció la respectiva partida presupuestaria.

Artículo 525. El alcalde deberá informar al concejo, en la sesión más próxima, acerca de los traspasos que hubiere autorizado.

Sección 2a.

Suplementos de Créditos

Artículo 526. Los suplementos de créditos se clasificarán en: créditos adicionales para servicios considerados en el presupuesto y créditos para nuevos servicios no considerados en el presupuesto.

Los suplementos de créditos no podrán significar en ningún caso disminución de las partidas constantes en el Presupuesto.

El otorgamiento de suplementos de créditos estará sujeto a las siguientes condiciones:

1. Que las necesidades que se trata de satisfacer sean urgentes y no se las haya podido prever;
2. Que no exista posibilidad de cumplirla ni mediante la partida de imprevistos, ni mediante traspasos de créditos;
3. Que se creen nuevas fuentes de ingreso o se demuestre que las constantes en el presupuesto deben rendir más, sea por no habérselas estimado de manera suficiente o porque, en comparación con el ejercicio o ejercicios anteriores se haya producido un aumento ponderado total de recaudaciones durante la ejecución del presupuesto y existan razones fundadas para esperar que dicho aumento se mantenga o incremente durante todo el ejercicio financiero; y,
4. Que en ninguna forma se afecte con ello al volumen de egresos destinados al servicio de la deuda pública o a las inversiones.

Artículo 527. Los suplementos de crédito serán solicitados al concejo por el alcalde en el segundo semestre del ejercicio presupuestario, salvo situación de emergencia, previo informe del jefe de la dirección financiera.

Sección 3a.

Reducción de Créditos

Artículo 528. Si en el curso del ejercicio financiero se comprobare que los ingresos efectivos tienden a ser inferiores a las cantidades asignadas en el presupuesto, el concejo, a petición del alcalde, y previo informe del jefe de la dirección financiera, resolverá la reducción de las partidas de egresos que se estime convenientes, para mantener el equilibrio presupuestario.

Artículo 529. Para efectuar las reducciones de créditos, el alcalde, consultará a los responsables de la ejecución de los programas o subprogramas afectados con esta medida, sobre las partidas que al disminuirse, afectan menos al adecuado desarrollo de las actividades programadas. Podrán también pedirles, que determinen el orden de importancia y trascendencia de los programas o subprogramas, cuando la cuantía de las reducciones haga aconsejable la supresión de los mismos.

Capítulo VII
Clausura y Liquidación del Presupuesto

Artículo 530. El cierre de las cuentas y la clausura definitiva del presupuesto se efectuará al 31 de diciembre de cada año.

Los ingresos que se recauden con posterioridad a esa fecha se acreditarán en el presupuesto vigente a la fecha en que se perciban, aun cuando hayan sido considerados en el presupuesto anterior.

Después del 31 de diciembre no se podrán contraer compromisos que afecten al presupuesto del ejercicio anterior.

Artículo 531. Las obligaciones correspondientes a servicios o bienes legalmente recibidos antes del cierre del ejercicio financiero, conservarán su validez en el próximo año presupuestario, debiendo imputarse a la partida de deudas pendientes de ejercicios anteriores, del nuevo presupuesto.

Artículo 532. La dirección financiera procederá a la liquidación del presupuesto del ejercicio anterior, hasta el 31 de enero, y a la determinación de los siguientes resultados:

1. El déficit o superávit financiero, es decir, la relación de sus activos y pasivos corrientes y a largo plazo. Si los recursos fueren mayores que las obligaciones, habrá superávit y en el caso inverso, déficit.

    Si existiere déficit financiero a corto plazo que es el resultante de la relación de sus activos y pasivos corrientes, el alcalde, bajo su responsabilidad y de inmediato, regulará, para cubrir el déficit, la partida "Deudas Pendientes de Ejercicios Anteriores" con traspasos de créditos, de acuerdo con los procedimientos señalados en los Arts. 523 y 524, según el caso.

2. El déficit o superávit provenientes de la ejecución del presupuesto, se determinará por la relación entre las rentas efectivas y los gastos devengados. Si las rentas efectivas fueren mayores que los gastos devengados se considerará superávit. En el caso inverso habrá déficit.

La dirección financiera entregará al alcalde la liquidación del presupuesto del ejercicio anterior.

Capítulo VIII
De los Presupuestos Anexos

Artículo 533. Los presupuestos de las empresas municipales, sean de servicios públicos, sean de negocios industriales, comerciales o agrícolas, se formularán y presentarán por separado. Entre los egresos constarán obligadamente las partidas necesarias para cubrir el servicio de intereses y amortización de préstamos.

Artículo 534. El período de vigencia así como el proceso de formulación y aprobación del presupuesto de las empresas municipales, se regirá por las normas de esta Ley, sin perjuicio de las disposiciones pertinentes de la Ley de Régimen Administrativo, en lo que fueren aplicables.

Artículo 535. Con el producto de todos los ingresos y rentas de la empresa se formará el fondo general de ingresos, con cargo al cual se girará para atender a todos sus gastos.

Artículo 536. El presupuesto de gastos de las empresas municipales se presentará dividido por programas y dentro de éstos se harán constar las actividades y proyectos correspondientes.

En las actividades y proyectos se establecerán las partidas que expresarán el objeto o materia del gasto.

Artículo 537. Las empresas municipales deberán efectuar sus gastos de conformidad con los presupuestos legalmente aprobados. Será facultad del gerente de la empresa autorizar los traspasos, suplementos y reducciones de créditos de las partidas de un mismo programa.

Los traspasos, suplementos o reducciones de créditos, entre partidas de diferentes programas requerirán, además, del informe favorable del directorio.

Artículo 538. Las empresas municipales se sujetarán a las normas de la contabilidad comercial y conforme a ellas establecerán sus propios resultados anuales. El superávit que se produjere, si no se ha previsto en el presupuesto municipal como aporte de la empresa, constituirá un fondo para futuras aplicaciones. Además llevará el control presupuestario correspondiente.

Artículo 539. Los fondos de terceros estarán constituidos por las recaudaciones que efectúen los tesoreros por cuenta de otras entidades incluyendo el gobierno central, así como las retenciones que la municipalidad deba realizar en calidad de agente de retenciones. Estos fondos se clasificarán por capítulos que llevarán el nombre de la entidad beneficiaria.

Los fondos de terceros se depositarán en cuentas bancarias especiales en la forma establecida en esta Ley para los fondos municipales.

TITULO XII
ORGANISMOS DE ASISTENCIA Y COORDINACIÓN

Capítulo I
De la Asociación de Municipalidades Ecuatorianas

Sección 1a.
De la Institución y sus Fines

Artículo 540. Establécese, con carácter permanente, a la Asociación de Municipalidades Ecuatorianas, de la cual serán socios todas las municipalidades del país. La Asociación será una persona jurídica autónoma de derecho público, con patrimonio propio y tendrá su sede en la Capital de la República.

Artículo 541. La Asociación tendrá como finalidades primordiales, las siguientes:

Velar porque se preserve la autonomía municipal;

a) Promover el progreso de los municipios;

b) Representar los intereses comunes de las municipalidades;

c) Propender al perfeccionamiento del gobierno municipal;

d) Cooperar con el gobierno central en el estudio y preparación de planes y programas que redunden en beneficio de los intereses municipales; y,

e) Participar en certámenes internacionales en los cuales se vaya a tratar asuntos relacionados con la vida municipal o con problemas locales.

Artículo 542. Para el cumplimiento de las finalidades enunciadas, la Asociación cumplirá, entre otras, las siguientes funciones:

a) Participar en la discusión de todo proyecto de ley o decreto que pueda afectar o menoscabar, en cualquier forma, a la autonomía municipal, y realizar todas las gestiones conducentes a procurar que no se produzcan conflictos de tales normas con las consagradas en la Constitución y en esta Ley sobre dicha materia;

b) Estimular una racional descentralización administrativa y procurar, al efecto, la delegación de facultades y funciones a cargo de otros niveles gubernativos, a medida que se desarrolle la capacidad financiera, administrativa y técnica de las municipalidades;

c) Cooperar en la defensa de los intereses cantonales y de la competencia expresa y exclusiva del concejo para ordenar la vida municipal, dentro de las normas constitucionales y legales;

d) Estudiar los problemas comunes que confronten las municipalidades para alcanzar los fines esenciales que les son propios y recomendar las medidas que deben tomarse para el perfeccionamiento del régimen municipal, y su permanente adecuación a las condiciones sociales y económicas del país;

e) Estudiar y sugerir proyectos para la universalización de los principios, sistemas y procedimientos que deben utilizarse para racionalizar el gobierno y administración municipal;

f) Buscar la justa participación de las municipalidades en los cuerpos directivos de las entidades encargadas de establecer, organizar o prestar servicios públicos a nivel local;

g) Servir de centro coordinador, de intercambio y de comunicación, sobre asuntos municipales y absolver consultas que le fueren hechas por las municipalidades;

h) Auspiciar y promover la realización de reuniones para discutir los problemas municipales generales y especiales, para lo cual organizará o cooperará en la celebración de seminarios, ciclos de conferencias, simposios, cursos de extensión y otras actividades similares; e,

i) Brindar asistencia técnica especializada a las municipalidades que lo requieran en las áreas de interés municipal.

Sección 2a.
De los Órganos Directivos y de la Administración

Artículo 543. La Asociación tendrá como organismos directivos la Asamblea General y el Comité Ejecutivo, y contará con una Secretaría General.

Artículo 544. La Asamblea General es la autoridad máxima de la Asociación y se constituye con un representante de cada una de las municipalidades miembros elegidos por el respectivo concejo, para un período de cuatro años. Cada principal tendrá un suplente.

Artículo 545. La Asamblea General se reunirá ordinariamente cada año y, extraordinariamente, cuando lo convoque el Comité Ejecutivo por su propia iniciativa o a solicitud de un tercio de las municipalidades miembros, en la ciudad que hubiere designado la propia Asamblea o en la que elija el Comité Ejecutivo, cuando se trate de una reunión extraordinaria. La Asamblea General se entenderá constituida y funcionará con la presencia de la mayoría de sus miembros. Tomará sus decisiones por mayoría de las dos terceras partes de los concurrentes, y de no obtenerse esta mayoría en dos votaciones, la decisión se tomará por simple mayoría.

La Asamblea General estará presidida por el alcalde de la municipalidad en la cual tenga lugar la reunión.

Artículo 546. Son funciones de la Asamblea General:

a)   Trazar la política general que debe desarrollar la Asociación para el logro de sus finalidades y señalar las metas que deben alcanzarse con el mismo objeto;

b)   Formular recomendaciones a los órganos del estado tendientes a defender la autonomía municipal y a promover el progreso de los municipios y a éstos para que pongan en práctica medidas que garanticen un más eficiente cumplimiento de sus fines;

c)   Fijar la posición de la Asociación de Municipalidades Ecuatorianas para las reuniones internacionales;

d)   Nombrar y remover a los miembros del comité ejecutivo, al secretario general y al auditor de la Asociación, y fijarles honorarios o la correspondiente remuneración, según el caso;

e)   Aprobar el presupuesto anual de la Asociación;

f)   Autorizar la creación o supresión de oficinas;

g)   Impartir al comité ejecutivo las normas generales que han de guiar su gestión;

h)   Estudiar los balances anuales de la Asociación y decidir respecto de ellos lo que fuere pertinente;

i)   Conocer y resolver todo otro asunto que según la ley y los estatutos le corresponda, o aquellos que no estuvieren atribuidos a otro órgano de la Asociación; y,

j)   Darse su propio reglamento interno.

Artículo 547. El Comité Ejecutivo estará compuesto por cinco miembros designados por la Asamblea General. De entre ellos elegirán presidente, quien ejercerá la representación legal de la Asociación en toda clase de actos jurídicos o de gestión administrativa. Sus atribuciones y deberes se determinarán en los respectivos estatutos.

Cada miembro principal tendrá un suplente, quien actuará en el Comité cuando el principal no pueda concurrir a las sesiones.

Los miembros del Comité Ejecutivo se elegirán para períodos de dos años, pudiendo ser reelegidos.

Artículo 548. El comité ejecutivo sesionará ordinariamente una vez por trimestre y, extraordinariamente, cuando lo convoque el secretario general por disposición del presidente o a solicitud de tres de sus miembros.

Artículo 549. Para que el comité ejecutivo pueda sesionar deben estar presentes por lo menos tres de sus cinco miembros, y las decisiones se tomarán por simple mayoría.

Artículo 550. Son atribuciones y deberes del comité ejecutivo:

a)   Velar porque se cumplan las finalidades de la Asociación, y responsabilizarse por el desarrollo de las actividades que le competen;

b)   Nombrar el personal de administración, de acuerdo con lo que dispongan los Estatutos;

c)   Atender las relaciones de la Asociación con las autoridades superiores del Estado, especialmente con el Congreso Nacional y con los distintos órganos de la Función Ejecutiva para coordinar la acción de la Asociación con la política administrativa general;

d)   Dirigir la ejecución de los planes de acción aprobados, controlar su desarrollo e informar a la Asamblea General, sobre la marcha de la Asociación y sobre la forma como se cumplieren los planes, presupuestos, resoluciones y recomendaciones de los órganos superiores;

e)   Aprobar los planes de acción a corto y a largo plazo, de acuerdo con la política general y con las metas fijadas por la Asamblea General;

f)   Formular el presupuesto anual de ingresos y egresos, a base de la proforma elaborada por el Secretario General;

g)   Aprobar el Reglamento Orgánico y Funcional de la Asociación;

h)   Sugerir las reformas que deban hacerse a los Estatutos de la Asociación;

i)   Supervisar la realización de los planes de acción adoptados, e informar a la Asamblea General sobre el desarrollo de los mismos;

j)   Absolver las consultas que se le formulen para la correcta aplicación de las leyes, estatutos y reglamentos de la Asociación;

k)   Aprobar los balances y presupuestos del Organismo en el caso de que por razones de fuerza mayor o conveniencia institucional no se reuniere la Asamblea General; y,

l)   Los demás que determinen los estatutos o que le asigne la Asamblea General de la Asociación.

Artículo 551. La Asociación tendrá un Secretario General elegido por la Asamblea General, para un período de cuatro años, pudiendo ser reelegido.

En caso de ausencia temporal del Secretario General, el Comité Ejecutivo designará su reemplazo o encargará las funciones por el tiempo que dure la ausencia. En caso de falta definitiva, la Asamblea General designará su reemplazo por el tiempo que faltare para completar el período para el cual fue elegido el principal.

El Secretario General será designado en la primera asamblea general que se reunirá dentro de los treinta días siguientes a la fecha que entran en funciones los alcaldes electos.

Artículo 552. Son deberes y atribuciones del Secretario General:

a)   Actuar como Secretario de la Asamblea General y del Comité Ejecutivo y dar fe de sus actos y resoluciones;

b)   Poner en práctica las resoluciones de la Asamblea General y del Comité Ejecutivo;

c)   Prestar la colaboración necesaria para el buen funcionamiento de las reuniones de la Asamblea General y del Comité Ejecutivo;

d)   Procurar que las recomendaciones que formule la Asociación sean tomadas en cuenta por los asociados y, al efecto, prestar toda la colaboración que requieran las municipalidades para la implantación de las medidas aconsejadas; y,

e)   Los demás que le fijen los estatutos o que le señalen la Asamblea General o el Comité Ejecutivo.

Artículo 553. Quienes prestaren servicios al mismo tiempo, en una municipalidad y en la Asociación de Municipalidades, sólo podrán percibir remuneración en una de las dos entidades.

Artículo 554. La Asociación tendrá un tesorero caucionado responsable por la administración de los fondos y bienes de la Asociación. Los deberes del tesorero entre otros, serán los de recaudar los recursos que correspondan a la Asociación y efectuar los pagos que ésta deba hacer.

Sección 3a.

De los Fondos de la Asociación

Artículo 555. Son fondos de la Asociación:

a)   Hasta el cuatro por mil de los ingresos efectivos recaudados por las municipalidades miembros en el ejercicio anterior, excepto los saldos de caja, los empréstitos y los fondos de terceros. En ningún caso la aportación anual de los municipios será inferior al equivalente de doce remuneraciones mensuales básicas unificadas del trabajador en general.

Estos fondos serán retenidos automáticamente por el Banco Central del Ecuador y acreditados a la Asociación de Municipalidades Ecuatorianas;

b)   Las donaciones y legados que se hicieren; y,

c)   Otros ingresos no especificados.

Artículo 556. Los fondos de la Asociación se depositarán en el Banco Central del Ecuador y su manejo e inversión será juzgado por la Contraloría General del Estado.

Artículo 557. En ningún caso se podrá privar a la Asociación de la percepción y empleo de los ingresos señalados en esta Ley.

Artículo 558. Los tesoreros municipales serán responsables personal y pecuniariamente de efectuar los abonos mensuales dentro de los diez primeros días de cada mes, con destino a la Asociación de Municipalidades Ecuatorianas y el incumplimiento de esta obligación será determinado por la Contraloría General del Estado la que tramitará la responsabilidad que corresponda.

Sección 4a.

De las Conferencias Especiales

Artículo 559. En forma periódica y en la ciudad que elija el Comité Ejecutivo y por recomendación de la Asamblea General o a solicitud de un tercio de las municipalidades miembros, se promoverán conferencias especiales de funcionarios municipales como asesores jurídicos, directores-financieros, directores de planeamiento y urbanismo y directores de obras para estudiar materias concretas, según agenda previamente aprobada por el Comité Ejecutivo.

DISPOSICIÓN GENERAL ÚNICA DE LA LEY 2004-44
(R.O.-S. 429, 27-09-2004)

PRIMERA.- En el Presupuesto General del Estado se hará constar las correspondientes asignaciones que compensen en montos equivalentes al ciento diez por ciento de los valores que dejaren de percibir las entidades beneficiarias de los impuestos que se derogaron mediante el Art. 66 de la Ley Orgánica Reformatoria a la Ley de Régimen

Municipal, N° 2004-44, publicada en el Suplemento del Registro Oficial N° 429 del 27 de septiembre del 2004, según el presupuesto en que estas entidades constan. Se exceptúa de esta compensación las municipalidades.

El incumplimiento de esta norma será causal de destitución del funcionario responsable. El Congreso Nacional observará que se cumpla esta disposición, en la aprobación del Presupuesto General del Estado.

DISPOSICIONES TRANSITORIAS DE LA LEY 2004-44
(R.O.-S. 429, 27-09-2004)

PRIMERA.- Las municipalidades actualizarán los catastros y los valores de las propiedades, en los términos establecidos en la presente Ley, hasta el mes de diciembre del año 2005, de tal forma que las nuevas tarifas impositivas para el primer bienio se apliquen ineludiblemente a partir del 1 de enero de 2006.

Para las tarifas que regirán el primer bienio las municipalidades aplicarán el porcentaje que resulte del valor de la última emisión, incluidos solo el impuesto principal y los adicionales de beneficio municipal, dividida para el valor de la propiedad determinado en la forma prevista en la presente Ley, esta tarifa, en el primer año de aplicación, no podrá generar emisiones inferiores a las que se obtienen con el sistema que se deja de aplicar.

La Contraloría General del Estado a través de las respectivas delegaciones, practicará auditorías financieras a las municipalidades para verificar el cumplimiento del mandato contenido en esta disposición sobre la revisión de avalúos y la aplicación de las nuevas tarifas.

SEGUNDA.- Para el caso del impuesto a las utilidades en la compraventa de predios urbanos (plusvalía), cuando se trate de la primera compraventa que se realice después de la vigencia de la presente reforma a la Ley y una vez actualizados los respectivos catastros municipales, la tarifa será del cero punto cinco por ciento (0,5%).

TERCERA.- Las nuevas tarifas al impuesto adicional sobre los predios urbanos y rurales para el cuerpo de bomberos y el adicional para los consejos provinciales prevista en el literal c) del artículo 66 de la Ley Orgánica Reformatoria a la Ley de Régimen Municipal, N° 2004-44 publicada en el Suplemento del Registro Oficial N° 429 del 27 de septiembre del 2004, serán aplicadas una vez actualizado el avalúo de los bienes inmuebles según lo dispuesto en la Ley Orgánica Reformatoria a la Ley de Régimen Municipal, N° 2004-44 publicada en el Suplemento del Registro Oficial N° 429 del 27 de septiembre del 2004, a partir de enero del 2006.

CUARTA.- La aplicación de las tarifas en base al valor de la propiedad determinada conforme a las disposiciones de la Ley Orgánica Reformatoria a la Ley de Régimen Municipal, N° 2004-44, publicada en el Suplemento del Registro Oficial N° 429 del 27 de septiembre del 2004, se hará con valores de las propiedades actualizados, sin utilizar porcentajes o fórmulas que distorsionen o alteren artificialmente el valor de la propiedad.

QUINTA.- El Consejo Nacional de la Judicatura, procederá a actualizar las tarifas de derechos notariales y aranceles por registro que aplicarán los notarios y registradores de la propiedad del país, a partir de la vigencia de los nuevos avalúos de la propiedad elaborados por las municipalidades de acuerdo con las disposiciones de la Ley Orgánica Reformatoria a la Ley de Régimen Municipal, N° 2004-44, publicada en el Suplemento del

Registro Oficial N° 429 del 27 de septiembre del 2004. Los derechos y aranceles guardarán proporcionalidad y racionalidad con las nuevas tarifas aplicables a los respectivos impuestos; en ningún caso podrán ser porcentualmente superiores a las que se aplican hasta la presente fecha.

Además de las atribuciones del Consejo Nacional de la Judicatura, la Contraloría General del Estado, practicará auditorias de control para verificar el cumplimiento de esta disposición.

SEXTA.- Hasta que se designen los jueces de contravenciones, los comisarios municipales tendrán la potestad de sancionar el uso indebido, destrucción o substracción de cualquier clase de bienes municipales por parte de terceros.

SÉPTIMA.- Las donaciones de terrenos municipales efectuadas de conformidad con el literal p) del Art. 164 que fue derogado por el número 1 del literal f) del Art. 66 de la Ley Orgánica Reformatoria de la Ley de Régimen Municipal, publicada en el Suplemento del Registro Oficial N° 429 del 27 de septiembre del 2004; tendrán validez siempre que las donaciones se hubieren realizado con anterioridad a la promulgación de la referida ley, debiendo cumplirse los plazos y condiciones establecidas en el literal p) del Art. 164 de la Ley Orgánica de Régimen Municipal que fuera publicada en el Suplemento del Registro Oficial N° 331 del 15 de octubre de 1971.

DEROGATORIAS.- De conformidad a lo establecido en el Art. 66, literal f) de la Ley N° 2004-44, publicada en el Suplemento del Registro Oficial N° 429 de 27 de septiembre de 2004, se derogaron los impuestos y porcentajes establecidos en los números 2 al 27 inclusive, que se incorporan a esta Codificación:

2.   El impuesto adicional del seis por mil a los predios urbanos (Magisterio Municipal), creado por Decreto Legislativo N° 000 publicado en el Registro Oficial N° 95 de 24 de diciembre de 1960, reformado por Decreto Ley N° 09 publicado en el Registro Oficial N° 168 de 20 de marzo de 1961 y por Decreto Ley N° 139 publicado en el Registro Oficial N° 535 del 14 de julio de 1983;

3.   El impuesto adicional del uno por mil a los predios urbanos (para el Magisterio), creado por Decreto Legislativo N° 11 publicado en el Registro Oficial N° 34 del 18 de octubre de 1968, y reformado por Decreto Ley N° 139 publicado en el Registro Oficial N° 535 del 14 de julio de 1983;

4.   El impuesto adicional del dos y tres por mil a los predios urbanos (Magisterio Municipal), creado por Decreto Ley N° 09 publicado en el Registro Oficial N° 168 del 20 de marzo de 1961;

5.   Impuesto adicional del uno por mil a los predios urbanos y rústicos en la Provincia de Loja (Colegios "La Dolorosa" y "Bernardo Valdivieso"), creado mediante Decreto Legislativo s/n del 7 de noviembre de 1952, publicado en el Registro Oficial N° 120 de 23 de enero de 1953;

6.   Impuesto adicional del uno por mil a los predios urbanos y rústicos en las provincias de Manabí, Los Ríos, El Oro, Imbabura, Bolívar y Cañar (para colegios de las respectivas provincias), creado mediante Decreto Ley publicado en el Registro Oficial N° 120 de 23 de enero de 1953 y reformado por el Decreto Legislativo s/n publicado en el Registro Oficial N° 677 del 27 de noviembre de 1954;

7.   Impuesto del cero punto cinco por mil, uno por mil, dos por mil y tres por mil adicional sobre los predios urbanos (Programa de Vivienda Rural de Interés

Social), creado por Ley N° 003 publicada en el Registro Oficial N° 183 de 10 de mayo de 1985;

8. El impuesto del cinco por ciento adicional sobre el impuesto básico a los predios rústicos para las respectivas municipalidades, creado por Decreto s/n publicado en el Registro Oficial N° 319 del 21 de septiembre de 1949;

9. El impuesto del cinco por ciento adicional sobre el impuesto a los predios rústicos (Programa de Sanidad Animal), creado por Decreto Ley N° 07 publicado en el Registro Oficial N° 143 del 18 de febrero de 1961, reformado por el Decreto Ley N° 22 publicado en el Registro Oficial N° 222 de 25 de mayo de 1961;

10. El impuesto adicional del dos por mil sobre los predios rústicos en la Provincia de Manabí, creado por Decreto Ley del 5 de noviembre de 1948, publicado en el Registro Oficial N° 94 del 24 de diciembre del mismo año;

11. El impuesto adicional del cero punto cinco por ciento sobre los predios rústicos (Centros Agrícolas) creado por Decreto 1343 publicado en el Registro Oficial N° 143 de 19 de octubre de 1966;

12. El impuesto del cero punto cinco por ciento adicional de Alcabalas y uno por mil adicional de Registro (Defensa Nacional) creado por Decreto Supremo N° 339 publicado en el Registro Oficial N° 3 del 13 de agosto de 1937, modificado por Decreto Supremo N° 2190 publicado en el Registro Oficial N° 600 de 5 de octubre de 1965;13. El Impuesto del uno por ciento Adicional de Alcabalas (agua potable de Quito, Guayaquil, Manta, Tulcán, Loja y Puerto Bolívar), creado mediante Decreto Legislativo s/n publicado en el Registro Oficial N° 51 del 1 de noviembre de 1940 y reformado por Decreto Legislativo s/n publicado en el Registro Oficial N° 375 del 29 de noviembre de 1949;

14. Impuesto Adicional de cero punto cinco por ciento de Alcabalas y Registros en la provincia de Tungurahua (Colegio Nacional Bolívar), creado mediante Decreto Legislativo s/n publicado en el Registro Oficial N° 946 del 25 de octubre de 1943 y reformado por Decreto Ley N° 31 publicado en el Registro Oficial N° 499 del 5 de julio de 1963;

15. Impuesto del cero punto cinco por ciento adicional de Alcabalas y Registros en la Provincia del Carchi (Colegio Bolívar) creado mediante Decreto Legislativo s/n publicado en el Registro Oficial N° 946 de 25 de octubre de 1943 y reformado por el Decreto Legislativo s/n publicado en el Registro Oficial N° 62 del 13 de noviembre de 1952;

16. En el artículo 18 de la Ley N° 67, publicada en el Registro Oficial N° 278 de 18 de marzo de 1998, en el numeral 2, sustitúyase: "...20%", por: "...25%"; y, suprímase el numeral 5;

17. Impuesto del cero punto cinco por ciento adicional de Alcabalas y Registros en la Provincia del Carchi (Colegio José Julián Andrade) creado mediante Decreto Legislativo s/n publicado en el Registro Oficial N° 187 de 16 de enero de 1945;

18. Impuesto del cero punto cinco por ciento adicional sobre el Impuesto de Alcabalas en el cantón Antonio Ante (Colegio 28 de Mayo), creado por Decreto Ley s/n publicado en el Registro Oficial N° 839 del 21 de marzo de 1947;

19. Impuesto del cero punto cinco por ciento adicional sobre el Impuesto de Alcabalas y el uno por mil adicional de Registro en el cantón Pelileo (Colegio Nacional Mariano Benítez), creado por Decreto Ley s/n publicado en el Registro Oficial N° 66 del 20 de noviembre de 1948;

20. Impuesto del cero punto cinco por ciento adicional sobre el Impuesto principal de Alcabalas y Registros en el cantón Jipijapa (Colegio Alejo Lascano), creado por Decreto Ley s/n publicado en el Registro Oficial N° 383 del 9 de diciembre de 1949;

21. Impuesto del cero punto cinco por ciento adicional sobre el Impuesto principal de Alcabalas en el cantón Cañar (Colegio José Peralta), creado por Decreto Ley s/n publicado en el Registro Oficial N° 390 del 17 de diciembre de 1949;

22. Impuesto del uno por ciento adicional sobre el Impuesto Principal de Alcabalas en la Provincia de Imbabura (obras de saneamiento municipal), creado por Decreto Legislativo s/n publicado en el Registro Oficial N° 937 del 14 de octubre de 1943;

23. Impuesto del cero punto cinco por ciento adicional de Alcabalas y Registro en el cantón Pelileo (Municipio de Pelileo), creado por Decreto Supremo N° 339 publicado en el Registro Oficial N° 3 del 13 de agosto de 1937 y reformado por Decreto 2009-A, publicado en Registro Oficial N° 702 del 2 de enero de 1951.

24. Impuesto adicional del dos por mil sobre el valor de toda escritura pública que se celebre en la provincia del Guayas (Colegios "Aguirre Abad" y "Dolores Sucre"), creado por Decreto Ley de Emergencia N° 44 y publicado en el Registro Oficial N° 226 del 7 de agosto de 1962;

25. Decreto Legislativo s/n expedido el 2 de noviembre de 1951 (Inversión de recursos municipales disponibles en la Defensa Nacional), publicado en el Registro Oficial N° 964 del 15 de noviembre del mismo año;

26. El Decreto Ley de Emergencia N° 19 publicado en el Registro Oficial N° 1158 del 27 de junio de 1956 (recaudación de impuestos destinados a la defensa nacional); y,

27. El artículo 3 del Decreto Supremo N° 766, publicado en el Registro Oficial N° 106 de 24 de noviembre de 1970, reformado por el Decreto Legislativo s/n publicado en el Registro Oficial N° 104 del 11 de enero de 1980.

DISPOSICIÓN FINAL.- Las disposiciones de esta Ley, sus reformas y derogatorias entraron en vigencia desde las fechas de las correspondientes publicaciones en el Registro Oficial.

En adelante cítese la nueva numeración.

Esta Codificación fue elaborada por la Comisión de Legislación y Codificación, de acuerdo con lo dispuesto en el número 2 del Art. 139 de la Constitución Política de la República.

Cumplidos los presupuestos del Art. 160 de la Constitución Política de la República, publíquese en el Registro Oficial.

Quito, 17 de octubre del 2005.

FUENTES DE LA CODIFICACIÓN DE LA LEY ORGÁNICA DE RÉGIMEN MUNICIPAL

1. Constitución Política de la República.
2. Codificación de la Ley de Régimen Municipal, publicada en el Suplemento del Registro Oficial N° 331, de 15 de octubre de 1971.
3. Decreto Supremo N° 766, publicado en el Registro Oficial N° 106, de 24 de noviembre de 1970.
4. Decreto Supremo N° 752, publicado en el Registro Oficial N° 122, de 15 de agosto de 1972.
5. Decreto Supremo N° 1376, publicado en el Registro Oficial N° 458, de 21 de diciembre de 1973.
6. Decreto Supremo N° 762, publicado en el Registro Oficial N° 613, de 9 de agosto de 1974.
7. Decreto Supremo N° 1320, publicado en el Registro Oficial N° 714, de 3 de enero de 1975.
8. Decreto Supremo N° 2466, publicado en el Registro Oficial N° 585, de 12 de mayo de 1978.
9. Ley N° 104, publicada en el Registro Oficial N° 315, de 26 de agosto de 1982.
10. Ley N° 3, publicada en el Registro Oficial N° 183, de 10 de mayo de 1985.
11. Ley N° 09, publicada en el Registro Oficial N° 300, de 25 de octubre de 1985.
12. Ley N° 29, publicada en el Registro Oficial N° 532, de 29 de septiembre de 1986.
13. Ley N° 65, publicada en el Registro Oficial N° 720, de 2 de julio de 1987.
14. Ley N° 006, publicada en el Registro Oficial N° 97, de 29 de diciembre de 1988.
15. Ley N° 69, publicada en el Registro Oficial N° 419, de 18 de abril de 1990.
16. Ley N° 72, publicada en el Registro Oficial N° 441, de 21 de mayo del 1990.
17. Ley N° 5, publicada en el Registro Oficial N° 32, de 27 de marzo de 1997.
18. Ley s/n, publicada en el Registro Oficial N° 99, de 2 de julio de 1997.
19. Ley N° 89, publicada en el Suplemento del Registro Oficial N° 323, de 22 de mayo de 1998.
20. Ley N° 107 de Mercado de Valores, publicada en el Registro Oficial N° 367, de 23 de julio de 1998.
21. Ley N° 99-37, publicada en el Registro Oficial N° 245, de 30 de julio de 1999.
22. Ley N° 2000-1, publicada en el Suplemento del Registro Oficial N° 20, de 18 de febrero del 2000.
23. Ley N° 2002-73, publicada en el Suplemento del Registro Oficial N° 595, de 12 de junio de 2002.
24. Ley s/n, publicada en el Registro Oficial N° 116, de 2 de julio de 2003.
25. Ley N° 2004-44, publicada en el Suplemento del Registro Oficial N° 429, de 27 de septiembre de 2004.

EL SALVADOR

CÓDIGO MUNICIPAL

DECRETO Nº 274

LA ASAMBLEA LEGISLATIVA DE LA REPUBLICA DE EL SALVADOR,

en uso de sus facultades constitucionales y a iniciativa del Presidente de la República por medio del Ministro del Interior,

DECRETA el siguiente:

CÓDIGO MUNICIPAL

TITULO I

OBJETO Y CAMPO DE APLICACIÓN

CAPITULO ÚNICO

Art. 1.- El presente Código tiene por objeto desarrollar los principios constitucionales referentes a la organización, funcionamiento y ejercicio de las facultades autónomas de los municipios.

TITULO II

CONCEPTOS GENERALES

CAPITULO ÚNICO

Art. 2.- El Municipio constituye la Unidad Política Administrativa primaria dentro de la organización estatal, establecida en un territorio determinado que le es propio, organizado bajo un ordenamiento jurídico que garantiza la participación popular en la formación y conducción de la sociedad local, con autonomía para darse su propio gobierno, el cual como parte instrumental del Municipio está encargado de la rectoría y gerencia del bien común local, en coordinación con las políticas y actuaciones nacionales orientadas al bien común general, gozando para cumplir con dichas funciones del poder, autoridad y autonomía suficiente.

El Municipio tiene personalidad jurídica, con jurisdicción territorial determinada y su representación la ejercerán los órganos determinados en esta ley. El núcleo urbano principal del municipio será la seda del Gobierno Municipal.

Art. 3.- La autonomía del Municipio se extiende a:

1. La creación, modificación y supresión de tasas por servicios y contribuciones públicas, para la realización de obras determinadas dentro de los límites que una ley general establezca;

2. El Decreto de su presupuesto de ingresos y egresos;

3. La libre gestión en las materias de su competencia;

4. El nombramiento y remoción de los funcionarios y empleados de sus dependencias, de conformidad al Título VII de este Código;

5. El decreto de ordenanzas y reglamentos locales;

6. La elaboración de sus tarifas de impuestos y reformas a las mismas para proponerlas como ley a la Asamblea Legislativa.

TÍTULO III

DE LA COMPETENCIA MUNICIPAL Y LA ASOCIATIVIDAD DE LOS MUNICIPIOS

CAPÍTULO UNO
DE LA COMPETENCIA MUNICIPAL (7)

Art. 4.- Compete a los Municipios:

1. LA ELABORACIÓN, APROBACIÓN Y EJECUCIÓN DE PLANES DE DESARROLLO LOCAL; (7)

2. ACTUAR EN COLABORACIÓN CON LA DEFENSORÍA DEL CONSUMIDOR EN LA SALVAGUARDA DE LOS INTERESES DEL CONSUMIDOR, DE CONFORMIDAD A LA LEY; (7)

3. El desarrollo y control de la nomenclatura y ornato público;

4. La promoción y de la educación, la cultura, el deporte, la recreación, las ciencias y las artes;

INTERPRETACIÓN AUTÉNTICA

DECRETO N° 1018

LA ASAMBLEA LEGISLATIVA DE LA REPUBLICA DE EL SALVADOR,

CONSIDERANDO:

I.- Que por Decreto Legislativo N° 274 de fecha 31 de enero de 1986, publicado en el Diario Oficial N° 23, Tomo N° 290, del 5 de febrero del mismo año, se emitió el Código Municipal.

II.- Que de conformidad con lo establecido en el numeral 4 del Artículo 4 dicho cuerpo normativo, es competencia de los Municipios, la promoción de la educación, la cultura, el deporte, la recreación, las ciencias y las artes.

III.- Que en base a lo anterior, diferentes Concejos Municipales del país otorgaron autorizaciones para la erogación de fondos en la promoción al deporte y recreación; así como para asociaciones deportivas y recreativas de la jurisdicción de cada Municipio.

IV.- Que en vista de lo anterior, han surgido diferentes interpretaciones por parte de algunos funcionarios municipales, así como representantes de entes controladores, en el sentido de observar las erogaciones realizadas por los municipios para la promoción del deporte y la recreación.

V.- Que con el fin de incentivar a la juventud en la participación de actividades deportivas y recreativas, es necesario realizar una interpretación auténtica que determine la forma en que deberá entenderse la promoción al deporte y recreación por parte de los municipios.

POR TANTO,

en uso de las facultades Constitucionales y a iniciativa del Diputado José Francisco Merino López, Mario Antonio Ponce López, Reynaldo Antonio López Cardoza, Guillermo Antonio Gallegos Navarrete, Lorena Guadalupe Peña Mendoza, Sigifredo Ochoa Pérez, Donato Eugenio Vaquerano Rivas, Julio César Fabián Pérez, Rodolfo Antonio Parker Soto, Mario Alberto Tenorio Guerrero.

DECRETA la siguiente:

Interpretación Auténtica del Artículo 4 numeral 4 del Código Municipal, emitido por medio del Decreto Legislativo N° 274 de fecha 31 de enero de 1986, publicado en el Diario Oficial N° 23, Tomo 290 de fecha 5 de febrero del mismo año.

Art. 1.- Interprétase auténticamente el Art. 4 numeral 4 del Código Municipal, así:

Deberá entenderse que el término promoción en el ámbito del deporte y la recreación, significa que podrán utilizarse los recursos provenientes de los fondos municipales, bajo las siguientes modalidades:

1. Por medio de la erogación de fondos municipales de forma directa a las asociaciones deportivas que desarrollen sus actividades principalmente dentro de la jurisdicción del Municipio, y que rindan cuentas a la municipalidad de la utilización de las erogaciones realizadas por el mismo;

2. Contratación de personal para la instrucción y enseñanza de cualquier disciplina deportiva o recreativa a desarrollarse dentro de la jurisdicción del Municipio, siempre y cuando estas asociaciones deportivas pertenezcan y desarrollen sus actividades principalmente dentro de la jurisdicción del Municipio; y,

3. La adquisición de inmuebles, construcción o mantenimiento de instalaciones, en las cuales se desarrollen las actividades deportivas o recreativas promocionadas por la municipalidad.

Las anteriores erogaciones, dependerán de la capacidad económica de cada municipalidad, sin afectar la prestación de servicios básicos municipales y la promoción social de las necesidades primordiales de los habitantes del Municipio.

Esta interpretación auténtica se considerará incorporada al tenor del numeral 4, del artículo 4 del Código Municipal, y sus efectos se retrotraerán a la fecha de entrada en vigencia del Código Municipal.

Art. 2.- El presente Decreto entrará en vigencia desde el día de su publicación en el Diario Oficial.

DADO EN EL SALÓN AZUL DEL PALACIO LEGISLATIVO: San Salvador, a los treinta días del mes de abril del año dos mil quince.

D. O. N° 85, Tomo N° 407, Fecha: 13 de mayo de 2015.

5. La promoción y desarrollo de programas de salud, como saneamiento ambiental, prevención y combate de enfermedades;

6. La regulación y supervisión de los espectáculos públicos y publicidad comercial, en cuanto conciernen a los intereses y fines específicos municipales;

7. El impulso del turismo interno y externo y la regulación del uso y explotación turística y deportiva de lagos, ríos, islas, bahías, playas y demás sitios propios del municipio;

8. La promoción de la participación ciudadana, responsable en la solución de los problemas locales en el fortalecimiento de la conciencia cívica y democrática de la población;

9. LA PROMOCIÓN DEL DESARROLLO INDUSTRIAL, COMERCIAL, AGROPECUARIO, ARTESANAL Y DE LOS SERVICIOS; ASÍ COMO FACILITAR LA FORMACIÓN LABORAL Y ESTIMULAR LA GENERACIÓN DE EMPLEO, EN COORDINACIÓN CON LAS INSTITUCIONES COMPETENTES DEL ESTADO; (7)

10. LA REGULACIÓN Y EL DESARROLLO DE PLANES Y PROGRAMAS DESTINADOS A LA PRESERVACIÓN, RESTAURACIÓN, APROVECHAMIENTO RACIONAL Y MEJORAMIENTO DE LOS RECURSOS NATURALES, DE ACUERDO A LA LEY; (7)

11. LA REGULACIÓN DEL TRANSPORTE LOCAL; ASÍ COMO LA AUTORIZACIÓN DE LA UBICACIÓN Y FUNCIONAMIENTO DE TERMINALES Y TRANSPORTE DE PASAJEROS Y DE CARGA, EN COORDINACIÓN CON EL VICEMINISTERIO DE TRANSPORTE.

    PARA LOS EFECTOS DEL INCISO ANTERIOR, SE ENTENDERÁ POR TRANSPORTE LOCAL, EL MEDIO PÚBLICO DE TRANSPORTE QUE ESTANDO LEGALMENTE AUTORIZADO, HACE SU RECORRIDO DENTRO DE LOS LÍMITES TERRITORIALES DE UN MISMO MUNICIPIO; (7)

12. La regulación de la actividad de los establecimientos comerciales, industriales, de servicio y otros similares;

13. La regulación del funcionamiento extraordinario obligatorio en beneficio de la comunidad de las farmacias y otros negocios similares;

14. La regulación del funcionamiento de restaurantes, bares, clubes nocturnos y otros establecimientos similares;

15. LA FORMACIÓN DEL REGISTRO DEL ESTADO FAMILIAR Y DE CUALQUIER OTRO REGISTRO PÚBLICO QUE SE LE ENCOMENDARE POR LEY; (7)

16. LA PROMOCIÓN Y FINANCIAMIENTO PARA LA CONSTRUCCIÓN O REPARACIÓN DE VIVIENDAS DE INTERÉS SOCIAL DE LOS HABI-

TANTES DEL MUNICIPIO, SIEMPRE Y CUANDO LA MUNICIPALIDAD TENGA LA CAPACIDAD FINANCIERA PARA SU REALIZACIÓN Y QUE LA MISMA DOCUMENTE LA ESCASES DE RECURSOS Y GRAVE NECESIDAD DE LOS HABITANTES BENEFICIADOS CON LA ADQUISICIÓN O REPARACIÓN DE LA VIVIENDA SEGÚN CORRESPONDA. (7)(12)

17. LA CREACIÓN, IMPULSO Y REGULACIÓN DE SERVICIOS QUE FACILITEN EL MERCADEO Y ABASTECIMIENTO DE PRODUCTOS DE CONSUMO DE PRIMERA NECESIDAD, COMO MERCADOS, TIANGUES, MATADEROS Y RASTROS; (7)

18. La promoción y organización de ferias y festividades populares;

19. LA PRESTACIÓN DEL SERVICIO DE ASEO, BARRIDO DE CALLES, RECOLECCIÓN, TRATAMIENTO Y DISPOSICIÓN FINAL DE BASURAS. SE EXCEPTÚAN LOS DESECHOS SÓLIDOS PELIGROSOS Y BIOINFECCIOSOS.

    EN EL CASO DE LOS DESECHOS SÓLIDOS PELIGROSOS Y BIOINFECCIOSOS LO MUNICIPIOS ACTUARÁN EN COLABORACIÓN CON LOS MINISTERIOS DE SALUD PÚBLICA Y ASISTENCIA SOCIAL Y DE MEDIO AMBIENTE Y RECURSOS NATURALES, DE ACUERDO A LA LEGISLACIÓN VIGENTE; (7)

20. La prestación del servicio de cementerios y servicios funerarios y control de los cementerios y servicios funerarios prestados por particulares;

21. La prestación del servicio de Policía Municipal;

22. La autorización y regulación de tenencia de animales domésticos y salvajes;

23. LA REGULACIÓN DEL USO DE PARQUES, CALLES, ACERAS Y OTROS SITIOS MUNICIPALES;

    EN CASO DE CALLES Y ACERAS DEBERÁ GARANTIZARSE LA LIBRE CIRCULACIÓN SIN INFRAESTRUCTURA Y OTRAS CONSTRUCCIONES QUE LA OBSTACULICEN; (7)

24. LA AUTORIZACIÓN Y REGULACIÓN DEL FUNCIONAMIENTO DE LOTERÍAS, RIFAS Y OTRAS SIMILARES; SIN EMBARGO, LOS MUNICIPIOS NO PODRÁN AUTORIZAR NI RENOVAR AUTORIZACIONES PARA EL ESTABLECIMIENTO Y FUNCIONAMIENTO DE NEGOCIOS DESTINADOS A EXPLOTAR EL JUEGO EN TRAGA NÍQUEL O TRAGA PERRAS, VEINTIUNO BANCADO, RULETAS, DADOS Y, EN GENERAL, LOS QUE SE OFRECEN EN LAS CASAS DENOMINADAS CASINOS; (5) **DECLARADO INCONSTITUCIONAL PARTE FINAL DEL ORDINAL 24º.

INTERPRETACIÓN AUTENTICA
**DECLARADA INCONSTITUCIONAL
DECRETO N° 27.-
LA ASAMBLEA LEGISLATIVA DE
LA REPUBLICA DE EL SALVADOR,

CONSIDERANDO:

I.- Que por Decreto Legislativo N° 274, de fecha 31 de enero de 1986, publicado en el Diario Oficial N° 23, Tomo 290, del 5 de febrero del mismo año, se emitió el Código Municipal;

II.- Que de conformidad a lo establecido en dicho marco legal, diferentes Concejos Municipales del país otorgaron autorizaciones para el funcionamiento de ciertos negocios, denominados popularmente como Casinos, en donde se practican distintos juegos de azar, tales como el traga níquel o traga perras, veintiuno bancado, ruletas, dados y otros similares;

III.- Que la autorización de los negocios mencionados en el Considerando anterior causó indignación en la población, lo que hizo necesario que esta Asamblea Legislativa, por medio de Decreto Legislativo N° 730, de fecha 14 de octubre de 1999, publicado en el Diario Oficial N° 210, Tomo 345 del 11 de noviembre del mismo año, reformara el Código Municipal con el objeto de que los municipios no pudieran autorizar ni renovar autorizaciones para el establecimiento y funcionamiento que ofrecen las casas denominadas casinos;

IV.- Que en la actualidad se han vencido permisos otorgados por algunas Municipalidades pero no obstante, estos negocios continúan funcionando argumentando sus propietarios que no se sabe con exactitud la autoridad competente para efectuar el cierre de los mismos;

V.- Que la intención de esta Asamblea, fue que una vez vencidos los permisos otorgados para el funcionamiento de estos negocios fuera la municipalidad que les otorgó la que ordena el cierre de éstos, por lo cual instalan juegos que no estaban autorizados en el permiso original además de no pagar impuestos y negarse a respetar ninguna regulación;

VI.- Que en razón de los Considerandos anteriores, se hace necesario interpretar auténticamente el Decreto Legislativo mencionado en el Considerando primero de este decreto, con el propósito de dejar claramente establecido que la autoridad encargada de cerrar dichos negocios es la que otorga el permiso correspondiente;

POR TANTO,
en uso de sus facultades constitucionales y a iniciativa del
Diputado Jorge Alberto Villacorta Muñoz,

DECRETA:

Art. 1.- Interprétase auténticamente el artículo 4 numeral 24 del Código Municipal, en el sentido que el permiso otorgado para el funcionamiento de las casas denominadas Casinos o salas de juego, en las que se ofrecen juegos traga níquel o traga perras, veintiuno bancado, ruletas, dados y otros juegos instalados en dichos lugares, será la municipalidad que otorgó el permiso, la encargada de cerrar los referidos negocios.

Art. 2.- Esta interpretación auténtica queda incorporada al texto del Art. 4 numeral 24 del Código Municipal.

Art. 3.- El presente Decreto entrará en vigencia desde el día de su publicación en el Diario Oficial.

DADO EN EL SALÓN AZUL DEL PALACIO LEGISLATIVO: San Salvador, **a los quince días del mes de junio del año dos mil.**

D. O. Nº 124, Tomo Nº 348, Fecha: 4 de julio de 2000.

25. PLANIFICACIÓN, EJECUCIÓN Y MANTENIMIENTO DE OBRAS DE SERVICIOS BÁSICOS, QUE BENEFICIEN AL MUNICIPIO; (7)

26. La promoción y financiamiento de programas de viviendas o renovación urbana;

Para la realización de estos programas, la Municipalidad podrá conceder préstamos a los particulares en forma directa o por medio de entidades descentralizadas, dentro de los programas de vivienda o renovación urbana;

27. LA AUTORIZACIÓN Y FISCALIZACIÓN DE PARCELACIONES, LOTIFICACIONES, URBANIZACIONES Y DEMÁS OBRAS PARTICULARES, CUANDO EN EL MUNICIPIO EXISTA EL INSTRUMENTO DE PLANIFICACIÓN Y LA CAPACIDAD TÉCNICA INSTALADA PARA TAL FIN.

DE NO EXISTIR ESTOS INSTRUMENTOS DEBERÁ HACERLO EN COORDINACIÓN CON EL VICEMINISTERIO DE VIVIENDA Y DESARROLLO URBANO Y DE CONFORMIDAD CON LA LEY DE LA MATERIA; (7)

28. CONTRATAR Y CONCURRIR A CONSTITUIR SOCIEDADES PARA LA PRESTACIÓN DE SERVICIOS PÚBLICOS LOCALES O INTERMUNICIPALES, O PARA CUALQUIER OTRO FIN LÍCITO; (7)

29. PROMOCIÓN Y DESARROLLO DE PROGRAMAS Y ACTIVIDADES DESTINADAS A FORTALECER LA EQUIDAD DE GÉNERO, POR MEDIO DE LA CREACIÓN DE LA UNIDAD MUNICIPAL DE LA MUJER; (7) (8)

30. LOS DEMÁS QUE SEAN PROPIOS DE LA VIDA LOCAL Y LAS QUE LE ATRIBUYAN OTRAS LEYES. (7)

Art. 5.- LAS COMPETENCIAS ESTABLECIDAS EN EL ARTÍCULO ANTERIOR, NO AFECTAN LAS COMPETENCIAS DE CARÁCTER NACIONAL CONFERIDAS A LAS DIVERSAS ENTIDADES DE LA ADMINISTRACIÓN PÚBLICA. (7).

Art. 6.- La administración del Estado únicamente podrá ejecutar obras o prestar servicios de carácter local o mejorarlos cuando el municipio al cual competan, no las construya o preste, o la haga deficientemente. En todo caso el Estado deberá actuar con el consentimiento de las autoridades municipales y en concordancia y coordinación con sus planes y programas.

LAS INSTITUCIONES NO GUBERNAMENTALES NACIONALES O INTERNACIONALES, AL EJECUTAR OBRAS O PRESTAR SERVICIOS DE CARÁCTER

LOCAL, COORDINARÁN CON LOS CONCEJOS MUNICIPALES A FIN DE AUNAR ESFUERZOS Y OPTIMIZAR LOS RECURSOS DE INVERSIÓN, EN CONCORDANCIA CON LOS PLANES Y PROGRAMAS QUE TENGAN LOS MUNICIPIOS. (7)

Art. 6-A. - EL MUNICIPIO REGULARÁ LAS MATERIAS DE SU COMPETENCIA Y LA PRESTACIÓN DE LOS SERVICIOS POR MEDIO DE ORDENANZAS Y REGLAMENTOS. (7)

Art. 7.- Los servicios públicos municipales podrán prestarse por:

1- El Municipio en forma directa;

2- Organismos, empresas o fundaciones de carácter municipal mediante delegaciones o contrato;

3- Concesión otorgada en licitación pública.

Art. 8.- A los Municipios no se les podrá obligar a pagar total o parcialmente obras o servicios que no haya sido contraídas o prestados mediante contrato o convenio pactado por ellos.

Art. 9.- Los Municipios tienen el derecho de intervenir temporalmente aquellos servicios públicos municipales que se prestaren deficientemente o se suspendieren sin autorización, sin importar si fuere por delegación, contrato o concesión.

Art. 10.- Los Municipios tienen el derecho a revocar la concesión, previo pago de indemnización correspondiente, la cual no incluirá el monto de las inversiones ya amortizadas.

CAPÍTULO II
DE LA ASOCIATIVIDAD DE LOS MUNICIPIOS (7)

Art. 11.- Los Municipios podrán asociarse para mejorar, defender y proyectar sus intereses o concretar entre ellos convenios cooperativos a fin de colaborar en la realización de obras o prestación de servicios que sean de interés común para dos o más municipios.

Art. 12.- LOS MUNICIPIOS INDIVIDUALES O ASOCIADOS CON OTROS, PODRÁN CREAR ENTIDADES DESCENTRALIZADAS, ASOCIACIONES CON PARTICIPACIÓN DE LA SOCIEDAD CIVIL Y DEL SECTOR PRIVADO, FUNDACIONES, EMPRESAS DE SERVICIOS MUNICIPALES O DE APROVECHAMIENTO O INDUSTRIALIZACIÓN DE RECURSOS NATURALES, CENTROS DE ANÁLISIS, INVESTIGACIÓN E INTERCAMBIO DE IDEAS, INFORMACIONES Y EXPERIENCIAS, PARA LA REALIZACIÓN DE DETERMINADOS FINES MUNICIPALES. (7)

Art. 13.- LAS ASOCIACIONES O ENTIDADES CREADAS DE CONFORMIDAD A ESTE CÓDIGO, GOZARÁN DE PERSONALIDAD JURÍDICA OTORGADA POR ÉL O LOS MUNICIPIOS, EN LA RESPECTIVA ACTA DE CONSTITUCIÓN. EN DICHA ACTA SE INCLUIRÁN SUS ESTATUTOS, LOS CUALES SE INSCRIBIRÁN EN UN REGISTRO PÚBLICO ESPECIAL QUE LLEVARÁ LA CORPORACIÓN DE MUNICIPALIDADES DE LA REPÚBLICA DE EL SALVADOR, Y DEBERÁ PUBLICARSE EN EL DIARIO OFICIAL, A COSTA DE LAS ASOCIACIONES O ENTIDADES CREADAS.

LA PARTICIPACIÓN EN ESTE TIPO DE ENTIDADES OBLIGARÁN Y COMPROMETERÁN PATRIMONIALMENTE A LAS MUNICIPALIDADES QUE HUBIEREN CONCURRIDO A SU CONSTITUCIÓN EN LA MEDIDA Y APORTES SEÑALADOS EN LOS ESTATUTOS RESPECTIVOS. (7)

Art. 14.- LOS ESTATUTOS DE LAS ASOCIACIONES O ENTIDADES MUNICIPALES DEBERÁN CONTENER COMO MÍNIMO:

a) EL NOMBRE, OBJETO Y DOMICILIO DE LA ENTIDAD QUE SE CONSTITUYE;

b) LOS FINES PARA LOS CUALES SE CREA;

c) EL TIEMPO DE SU VIGENCIA;

d) LOS APORTES A QUE SE OBLIGAN LOS MUNICIPIOS QUE LA CONSTITUYAN

e) LA COMPOSICIÓN DE SU ORGANISMO DIRECTIVO, LA FORMA DE DESIGNARLO, SUS FACULTADES Y RESPONSABILIDADES;

f) EL PROCEDIMIENTO PARA REFORMAR O DISOLVER LA ENTIDAD Y LA MANERA DE RESOLVER LAS DIVERGENCIAS QUE PUEDAN SURGIR, EN RELACIÓN A SU GESTIÓN Y A SUS BIENES;

g) LA DETERMINACIÓN DEL CONTROL FISCAL DE LA ENTIDAD POR PARTE DE LOS CREADORES Y DE LA CORTE DE CUENTAS DE LA REPÚBLICA. (7).

Art. 15.-TODAS LAS INSTITUCIONES DEL ESTADO Y ENTES AUTÓNOMOS, ESTÁN OBLIGADOS A COLABORAR CON EL MUNICIPIO EN LA GESTIÓN DE LAS MATERIAS Y SERVICIOS DE SU COMPETENCIA. (7)

Art. 16.- DEROGADO (7).

Art. 17.- DEROGADO (7).

Art. 18.- DEROGADO (7).

TITULO IV
DE LA CREACIÓN, ORGANIZACIÓN Y GOBIERNO DE LOS MUNICIPIOS

CAPITULO I
DE LA CREACIÓN DEL MUNICIPIO

Art. 19.- La creación, fusión o incorporación de municipios corresponde al Órgano Legislativo.

Art. 20.- PARA LA CREACIÓN DE UN MUNICIPIO DEBEN CONCURRIR:

1. UNA POBLACIÓN NO MENOR DE CINCUENTA MIL HABITANTES DE ACUERDO AL ÚLTIMO CENSO POBLACIONAL, CONSTITUIDOS EN COMUNIDADES INADECUADAMENTE ASISTIDAS POR LOS ÓRGANOS DE GOBIERNO DEL MUNICIPIO A QUE PERTENEZCAN;

2. UN TERRITORIO DETERMINADO;

3. UN CENTRO DE POBLACIÓN NO MENOR DE VEINTE MIL HABITAN-
    TES DE ACUERDO AL ÚLTIMO CENSO POBLACIONAL, QUE SIRVA
    DE ASIENTO A SUS AUTORIDADES;

4. POSIBILIDAD DE RECURSOS SUFICIENTES PARA ATENDER LOS
    GASTOS DE GOBIERNO, ADMINISTRACIÓN Y PRESTACIÓN DE LOS
    SERVICIOS PÚBLICOS ESENCIALES;

5. CONFORMIDAD CON LOS PLANES DE DESARROLLO NACIONAL.

EL MUNICIPIO CREADO CON ESTOS REQUISITOS TENDRÁ EL TÍTULO
DE PUEBLO. (7)

Art. 21.- La creación, fusión o incorporación de Municipios entrarán en vigencia a
partir del año fiscal siguiente.

CREADO EL MUNICIPIO, EL MINISTERIO DE GOBERNACIÓN NOMBRARÁ
UNA JUNTA DE VECINOS QUE SE ENCARGARÁ DE ADMINISTRAR EL MU-
NICIPIO DESDE LA FECHA DE SU CREACIÓN HASTA LA FECHA EN QUE
TOME POSESIÓN EL CONCEJO MUNICIPAL DEBIDAMENTE ELECTO. (7)
***DECLARADO INCONSTITUCIONAL

Art. 22.- En los casos de creación de un municipio por separación de una parte de
otro existente, o de extinción de un municipio por incorporación a otro u otros, la Asamblea Legislativa determinará todo lo referente a los bienes, derechos y obligaciones de
los municipios afectados.

Art. 23.- se reconoce como límites de los municipios los actualmente conocidos. La
definición de los límites de los municipios por cualquier causa que fuere, corresponderá
a la Asamblea Legislativa.

CAPITULO II
DE LA ORGANIZACIÓN Y GOBIERNO DE LOS MUNICIPIOS

Art. 24.- EL GOBIERNO MUNICIPAL ESTARÁ EJERCIDO POR UN CONCE-
JO, QUE TIENE CARÁCTER DELIBERANTE Y NORMATIVO Y LO INTEGRARÁ
UN ALCALDE, UN SÍNDICO Y DOS REGIDORES PROPIETARIOS Y CUATRO
REGIDORES SUPLENTES, PARA SUSTITUIR INDISTINTAMENTE A CUAL-
QUIER PROPIETARIO. ADEMÁS EN LAS POBLACIONES DE MÁS DE CINCO
MIL HABITANTES, SE ELEGIRÁN REGIDORES EN LA SIGUIENTE PROPOR-
CIÓN:

a) DOS CONCEJALES O REGIDORES EN LOS MUNICIPIOS QUE TEN-
    GAN HASTA DIEZ MIL HABITANTES.

b) CUATRO CONCEJALES O REGIDORES EN LOS MUNICIPIOS QUE
    TENGAN MÁS DE DIEZ MIL HASTA VEINTE MIL HABITANTES.

c) SEIS CONCEJALES O REGIDORES EN LOS MUNICIPIOS QUE TEN-
    GAN MÁS DE VEINTE MIL HASTA CINCUENTA MIL HABITANTES.

d) OCHO CONCEJALES O REGIDORES EN LOS MUNICIPIOS QUE TEN-
    GAN MÁS DE CINCUENTA MIL HASTA CIEN MIL HABITANTES.

e) DIEZ CONCEJALES O REGIDORES EN LOS MUNICIPIOS QUE TEN-
    GAN MÁS DE CIEN MIL HABITANTES.

EL TRIBUNAL SUPREMO ELECTORAL EN BASE A LA ANTERIOR PRO-PORCIÓN, ESTABLECERÁ EL NÚMERO DE CONCEJALES O REGIDORES EN CADA MUNICIPIO TOMANDO EN CUENTA EL ÚLTIMO CENSO NACIONAL DE POBLACIÓN.

EL CONCEJO ES LA AUTORIDAD MÁXIMA DEL MUNICIPIO Y SERÁ PRE-SIDIDO POR EL ALCALDE. (7)

LA ELECCIÓN E INTEGRACIÓN DEL CONCEJO SE EFECTUARÁ CONFOR-ME A LO DISPUESTO EN EL CÓDIGO ELECTORAL. (14)

Art. 25.- Los Concejales o Regidores Suplentes podrán asistir a las sesiones con voz pero sin voto.

LOS CONCEJALES O CONCEJALAS O REGIDORES O REGIDORAS SU-PLENTES, QUE FUNJAN COMO PROPIETARIOS EN SESIÓN DEL CONCEJO MUNICIPAL, TENDRÁN TODOS LOS DERECHOS Y DEBERES DE ÉSTOS. (14)

Art. 26.- PARA SER MIEMBRO DE UN CONCEJO SE REQUIEREN COMO ÚNICOS REQUISITOS LOS SIGUIENTES:

a) SER SALVADOREÑO;

b) SER DEL ESTADO SEGLAR;

c) ESTAR EN EL EJERCICIO DE LOS DERECHOS DE CIUDADANO Y NO HABERLOS PERDIDO EN LOS TRES AÑOS ANTERIORES A LA FE-CHA DE LA ELECCIÓN;

d) HABER CUMPLIDO VEINTIÚN AÑOS DE EDAD;

e) SABER LEER Y ESCRIBIR;

f) SER DE MORALIDAD E INSTRUCCIÓN NOTORIA;

g) SER ORIGINARIO O VECINO DEL MUNICIPIO POR LO MENOS UN AÑO ANTES DE LA ELECCIÓN DE QUE SE TRATE. (7)

Art. 27.- NO PODRÁN SER MIEMBROS DEL CONCEJO:

a) LOS QUE TENGAN EN SUSPENSO O HAYAN PERDIDO SUS DERE-CHOS DE CIUDADANO;

b) LOS CONTRATISTAS O SUBCONTRATISTAS, CONCESIONARIOS O SUMINISTRANTES DE SERVICIOS PÚBLICOS POR CUENTA DEL MUNICIPIO;

c) LOS QUE TENGAN PENDIENTE JUICIO CONTENCIOSO ADMINIS-TRATIVO O CONTROVERSIA JUDICIAL CON LA MUNICIPALIDAD O CON EL ESTABLECIMIENTO QUE DE ELLA DEPENDA O ADMINIS-TRE;

d) LOS ENAJENADOS MENTALES;

e) LOS EMPRESARIOS DE OBRAS O SERVICIOS MUNICIPALES O LOS QUE TUVIERE RECLAMOS PENDIENTES CON LA MISMA CORPO-RACIÓN;

f) LOS MILITARES DE ALTA, LOS MIEMBROS DE LA POLICÍA NACIO-NAL CIVIL Y DE LOS CUERPOS DE LA POLICÍA MUNICIPAL Y LOS FUNCIONARIOS QUE EJERZAN JURISDICCIÓN JUDICIAL Y LOS PA-RIENTES ENTRE SÍ DENTRO DEL SEGUNDO GRADO DE AFINIDAD Y

CUARTO GRADO DE CONSANGUINIDAD QUE FORMEN UNA MISMA PLANILLA;

g) LOS DESTILADORES Y PATENTADOS PARA EL EXPENDIO DE AGUARDIENTE Y SUS ADMINISTRADORES Y DEPENDIENTES;

h) LOS MINISTROS, PASTORES, DIRIGENTES O CONDUCTORES DE CUALQUIER CULTO RELIGIOSO.

i) LAS CAUSALES CONTEMPLADAS EN ESTE ARTÍCULO QUE SOBREVENGAN DURANTE EL EJERCICIO DEL CARGO, PONDRÁN FIN A ÉSTE. (7)

Art. 28.-EL CARGO DE ALCALDE, SÍNDICO Y CONCEJAL ES OBLIGATORIO Y ÚNICAMENTE PODRÁ EXONERARSE DEL DESEMPEÑO DE SUS FUNCIONES, POR JUSTA CAUSA CALIFICADA POR EL TRIBUNAL SUPREMO ELECTORAL. (2) (4) (7)

LOS MIEMBROS DE LOS CONCEJOS MUNICIPALES PODRÁN SER SUSPENDIDOS TEMPORALMENTE O DESTITUIDOS DE SUS CARGOS. (2) (4) (7)

LA SUSPENSIÓN TEMPORAL PROCEDERÁ POR LA COMISIÓN DE UN DELITO EN QUE PUDIESE INCURRIR EL MIEMBRO DEL CONCEJO MUNICIPAL, CUANDO SE DECRETE PRIVACIÓN DE LIBERTAD POR AUTORIDAD COMPETENTE. (2) (4) (7)

LA DESTITUCIÓN PROCEDERÁ EN LOS CASOS SIGUIENTES: POR NO REUNIR LOS REQUISITOS EXIGIDOS EN EL ART. 26 Y POR INCURRIR EN LAS SITUACIONES ESTABLECIDAS EN EL ART. 27 AMBOS DE ESTE CÓDIGO. (2) (4) (7)

PARA LA APLICACIÓN DE LAS SANCIONES DE SUSPENSIÓN TEMPORAL Y DESTITUCIÓN ESTABLECIDAS EN LOS INCISOS ANTERIORES, EL CONCEJO MUNICIPAL RESPECTIVO DEBERÁ SEGUIR EL PROCEDIMIENTO ESTABLECIDO EN EL ART. 131 DE ESTE CÓDIGO, EN LO QUE FUERE APLICABLE. (2) (4) (7)

EN CASO DE COMISIÓN DE UN DELITO, LA AUTORIDAD COMPETENTE LIBRARÁ OFICIO AL CONCEJO MUNICIPAL RESPECTIVO, INFORMANDO DE LA ORDEN DE DETENCIÓN Y EL CONCEJO, PREVIO EL PROCEDIMIENTO REFERIDO EN EL INCISO ANTERIOR, ACORDARÁ LA SUSPENSIÓN TEMPORAL Y DESIGNARÁ DE SU SENO UN SUSTITUTO. EL PLAZO DE SUSPENSIÓN SERÁ POR EL TIEMPO DE DURACIÓN DE LA PRIVACIÓN DE LIBERTAD ORDENADA POR EL JUEZ. (2) (4) (7)

SI EL CONCEJO MUNICIPAL DETERMINARA LA PROCEDENCIA DE LA IMPOSICIÓN DE LA SANCIÓN, EL PRESUNTO INFRACTOR PODRÁ INTERPONER RECURSO DE REVOCATORIA, DE CONFORMIDAD A LO ESTABLECIDO EN EL ART. 136 DE ESTE CÓDIGO. (2) (4) (7)

EN CASO QUE EL ALCALDE, SÍNDICO O CONCEJAL SEA CONDENADO POR EL JUEZ COMPETENTE POR LA COMISIÓN DE UN DELITO, SERÁ DESTITUIDO DEL CARGO PREVIO EL PROCEDIMIENTO MENCIONADO EN LA PRESENTE DISPOSICIÓN. (2) (4) (7)

LA SUSPENSIÓN SE DECRETARÁ CON EL VOTO FAVORABLE DE LA MITAD MÁS UNO DE LOS MIEMBROS PROPIETARIOS DEL CONCEJO; Y LA

DESTITUCIÓN SE ADOPTARÁ CON EL VOTO FAVORABLE DE LAS DOS TER-
CERAS PARTES DE LOS MIEMBROS PROPIETARIOS DEL CONCEJO. EN AM-
BOS CASOS, EL CONCEJO ENVIARÁ CERTIFICACIÓN DE LA DECISIÓN TO-
MADA EN EL PLAZO DE TRES DÍAS HÁBILES POSTERIORES A LA FECHA EN
QUE LA RESOLUCIÓN ADQUIERA ESTADO DE FIRMEZA, AL TRIBUNAL SU-
PREMO ELECTORAL PARA LOS EFECTOS LEGALES CORRESPONDIENTES.
(14)

Art. 29.- LAS DECISIONES O RESOLUCIONES DEL CONCEJO SE ADOP-
TARÁN POR MAYORÍA SIMPLE, POR MAYORÍA CALIFICADA Y MAYORÍA
CALIFICADA ESPECIAL.

PARA LA MAYORÍA SIMPLE SE REQUERIRÁ EL VOTO FAVORABLE DE
LA MITAD MÁS UNO DE LOS MIEMBROS PROPIETARIOS DEL CONCEJO.

SE REQUERIRÁ EL VOTO FAVORABLE DE LAS DOS TERCERAS PARTES
DE LOS MIEMBROS PROPIETARIOS DEL CONCEJO EN LAS DECISIONES O
RESOLUCIONES QUE SE ADOPTEN POR MAYORÍA CALIFICADA.

CUANDO SE REQUIERA MAYORÍA CALIFICADA ESPECIAL, ÉSTA SE
ADOPTARÁ CON EL VOTO FAVORABLE DE LAS TRES CUARTAS PARTES DE
LOS MIEMBROS PROPIETARIOS DEL CONCEJO.

EN LOS CASOS QUE LA LEY NO ESTABLEZCA EL TIPO DE MAYORÍA RE-
QUERIDO PARA ADOPTAR UNA DECISIÓN O RESOLUCIÓN DEL CONCEJO,
ÉSTA SE ADOPTARÁ POR MAYORÍA SIMPLE.

LA LEY ESTABLECERÁ EN FORMA CLARA Y ESPECIFICA LOS CASOS EN
QUE SE REQUIERA VOTACIÓN POR MAYORÍA CALIFICADA O POR MAYOR-
ÍA CALIFICADA ESPECIAL PARA ADOPTAR UNA DECISIÓN POR PARTE DEL
CONCEJO. (4) (14)

Art. 30.- Son facultades del Concejo:

1. Nombrar de fuera de su seno al Secretario Municipal;
2. Nombrar al Tesorero, Gerentes, Directores o Jefes de las distintas dependencias de la Administración Municipal, de una terna propuesta por el Alcalde en
cada caso;
3. Nombrar las comisiones que fueren necesarias y convenientes para el mejor
cumplimiento de sus facultades y obligaciones que podrán integrarse con
miembros de su seno o particulares;
4. Emitir ordenanzas, reglamentos y acuerdos para normar el Gobierno y la administración municipal;
5. APROBAR LOS PLANES DE DESARROLLO LOCAL; (7)
6. Aprobar el plan y los programas de trabajo de la gestión municipal;
7. Elaborar y aprobar el Presupuesto de Ingresos y Egresos del Municipio;
8. Aprobar los contratos administrativos y de interés local cuya celebración convenga al municipio;
9. ADJUDICAR LAS ADQUISICIONES Y CONTRATACIONES DE OBRAS,
BIENES Y SERVICIOS DE CONFORMIDAD A LA LEY CORRESPON-
DIENTE; (7)

10. EMITIR LOS ACUERDOS DE CREACIÓN DE ENTIDADES MUNICIPA-
    LES DESCENTRALIZADAS; SEAN EN FORMA INDIVIDUAL O ASO-
    CIADAS CON OTROS MUNICIPIOS, ASÍ COMO LA APROBACIÓN DE
    SUS RESPECTIVOS ESTATUTOS; (7)

11. Emitir los acuerdos de cooperación con otros municipios o instituciones;

12. Emitir los acuerdos de constitución y participación en las sociedades a que se
    refiere el artículo 18 de este Código;

13. EMITIR LOS ACUERDOS DE CREACIÓN DE FUNDACIONES, ASO-
    CIACIONES, EMPRESAS MUNICIPALES Y OTRAS ENTIDADES EN-
    CARGADAS DE REALIZAR ACTUACIONES DE CARÁCTER LOCAL,
    ASÍ COMO LA APROBACIÓN DE SUS RESPECTIVOS ESTATUTOS; (7)

14. Velar por la buena marcha del gobierno, administración y servicios municipa-
    les;

15. Conocer en apelación de las resoluciones pronunciadas por el Alcalde en revi-
    sión de los acuerdos propios;

16. Designar apoderados judiciales o extrajudiciales que asuman la representación
    del municipio en determinados asuntos de su competencia, facultando al Al-
    calde o Síndico para que en su nombre otorguen los poderes o mandatos res-
    pectivos;

17. Autorizar las demandas que deban interponerse, el desistimiento de acciones y
    recurso en materias laborales y de tránsito, la renuncia de plazos, la celebra-
    ción de transacciones y la designación de árbitros de hecho o de derecho;

18. ACORDAR LA COMPRA, VENTA, DONACIÓN, ARRENDAMIENTO,
    COMODATO Y EN GENERAL CUALQUIER TIPO DE ENAJENACIÓN O
    GRAVAMEN DE LOS BIENES MUEBLES E INMUEBLES DEL MUNICI-
    PIO Y CUALQUIER OTRO TIPO DE CONTRATO, DE ACUERDO A LO
    QUE SE DISPONE EN ESTE CÓDIGO.

    ESTA FACULTAD SE RESTRINGIRÁ ESPECIALMENTE EN LO RELA-
    TIVO A LA VENTA, DONACIÓN Y COMODATO EN EL AÑO EN QUE
    CORRESPONDA EL EVENTO ELECTORAL PARA LOS CONCEJOS
    MUNICIPALES, DURANTE LOS CIENTO OCHENTA DÍAS ANTERIO-
    RES A LA TOMA DE POSESIÓN DE LAS AUTORIDADES MUNICIPA-
    LES; (7) (9)

19. Fijar para el año fiscal siguiente las remuneraciones y dietas que deben recibir
    el Alcalde, Síndico y Regidores;

20. CONCEDER PERMISO O LICENCIAS TEMPORALES A LOS MIEM-
    BROS DEL CONCEJO PARA AUSENTARSE DEL EJERCICIO DE SUS
    CARGOS A SOLICITUD POR ESCRITO DEL CONCEJAL INTERESADO;
    (7)

21. Emitir los acuerdos de creación, modificación y supresión de tasas por servicio
    y contribuciones públicas para la realización de contribuciones públicas para la
    realización de obras determinadas de interés local;

22. Acordar la contratación de préstamos para obras y proyectos de interés local;

23. Conceder la personalidad jurídica a las asociaciones comunales;

24. DEROGADO (2)

25. Designar de su seno al miembro que deba sustituir al Alcalde, Síndico o Regidor en caso de ausencia temporal o definitiva;

26. DESIGNAR EN FORMA TEMPORAL AL MIEMBRO DEL CONCEJO QUE DESEMPEÑARÁ EL CARGO DE TESORERO, EN CASO QUE DICHO FUNCIONARIO NO ESTUVIERE NOMBRADO.

IGUALMENTE SE PROCEDERÁ EN CASO DE QUE EL TESORERO SE AUSENTARE, FUERE REMOVIDO, O DESTITUIDO. EN AMBOS CASOS EL PLAZO DEL NOMBRAMIENTO INTERINO NO PODRÁ EXCEDER DE NOVENTA DÍAS. (7)

Art. 31.- Son obligaciones del Concejo:

1. Llevar al día, mediante registros adecuados, el inventario de los bienes del municipio;

2. Proteger y conservar los bienes del Municipio y establecer los casos de responsabilidad administrativa para quienes los tengan a su cargo, cuidado y custodia;

3. Elaborar y controlar la ejecución del plan y programas de desarrollo local;

4. REALIZAR LA ADMINISTRACIÓN MUNICIPAL CON TRANSPARENCIA, AUSTERIDAD, EFICIENCIA Y EFICACIA; (7)

5. Constituir las obras necesarias para el mejoramiento y progreso de la comunidad y la prestación de servicios públicos locales en forma eficiente y económica;

6. Contribuir a la preservación de la salud y de los recursos naturales, fomento de la educación y la cultura, al mejoramiento económico-social y a la recreación de la comunidad;

7. Contribuir a la preservación de la moral, del civismo y de los derechos e intereses de los ciudadanos;

8. Llevar buenas relaciones con las instituciones públicas nacionales, regionales y departamentales, así como con otros municipios y cooperar con ellos para el mejor cumplimiento de los fines de los mismos;

9. Mantener informada a la comunidad de la marcha de las actividades municipales e interesarla en la solución de sus problemas;

10. SESIONAR ORDINARIAMENTE POR LO MENOS UNA VEZ CADA QUINCE DÍAS Y EXTRAORDINARIAMENTE CUANTAS VECES SEA NECESARIO Y PREVIA CONVOCATORIA DEL ALCALDE O ALCALDESA, POR SÍ O A SOLICITUD DEL SÍNDICO O SÍNDICA O AL MENOS POR LA MITAD MÁS UNO DE LAS O LOS CONCEJALES O CONCEJALAS O REGIDORES O REGIDORAS PROPIETARIOS; (14)

11. PROHIBIR LA UTILIZACIÓN DE BIENES Y SERVICIOS MUNICIPALES CON FINES PARTIDARIOS, ASÍ COMO COLORES Y SÍMBOLOS DEL PARTIDO GOBERNANTE TANTO EN MUEBLES O INMUEBLES PROPIEDAD MUNICIPAL, NI PERMITIR AL PERSONAL Y FUNCIONARIOS DE LA MUNICIPALIDAD PARTICIPAR EN ACTIVIDADES PÚBLICAS PARTIDARIAS CUANDO SE ENCUENTRE EN EL DESEMPEÑO DE SUS FUNCIONES; (7)

12. PROHIBIR LA UTILIZACIÓN DE LOS FONDOS PÚBLICOS MUNICI-
PALES QUE PERJUDIQUEN LOS BIENES E INGRESOS DEL MUNICI-
PIO, DURANTE LOS CIENTO OCHENTA DÍAS ANTERIORES A LA FI-
NALIZACIÓN DEL PERÍODO PARA EL CUAL FUERON ELECTOS LOS
CONCEJOS MUNICIPALES, EN LO RELATIVO AL AUMENTO DE SA-
LARIOS, DIETAS, BONIFICACIONES Y AL NOMBRAMIENTO DE
PERSONAL O CREACIÓN DE NUEVAS PLAZAS A CUALQUIER TÍTU-
LO; SALVO CASOS FORTUITOS O DE CALAMIDAD PÚBLICA.

ASIMISMO, DICHA PROHIBICIÓN ES EXTENSIVA PARA LA ADQUI-
SICIÓN DE CRÉDITOS NACIONALES E INTERNACIONALES QUE NO
REQUIERAN AVAL DEL ESTADO, SALVO CASOS DE CALAMIDAD
PÚBLICA; LO CUAL, NO DEBERÁ SER EN DETRIMENTO DEL CUM-
PLIMIENTO DE LAS OBLIGACIONES Y COMPROMISOS FINANCIE-
ROS QUE LOS MUNICIPIOS YA HUBIESEN ADQUIRIDO CON ANTE-
RIORIDAD A LA VIGENCIA DEL PRESENTE DECRETO.

LA INOBSERVANCIA DE ESTAS DISPOSICIONES DEBERÁ CONSI-
DERARSE COMO LA UTILIZACIÓN EN FORMA INDEBIDA DE LOS
BIENES Y PATRIMONIO DEL ESTADO; Y, (7) (10)

13. CUMPLIR Y HACER CUMPLIR LAS DEMÁS ATRIBUCIONES QUE LE
SEÑALEN LAS LEYES, ORDENANZAS Y REGLAMENTOS. (10)

CAPITULO III
DE LOS INSTRUMENTOS JURÍDICOS

Art. 32.- Las ordenanzas son normas de aplicación general dentro del municipio sobre asuntos de interés local. Entrarán en vigencia ocho días después de su publicación en
el Diario Oficial.

Art 33.- Los reglamentos constituyen normas, disposiciones y mandatos sobre el
régimen interno municipal y de prestación de servicios. Entrarán en vigencia ocho días
después de ser decretados.

Art. 34.- Los acuerdos son disposiciones específicas que expresan las decisiones del
Concejo Municipal sobre asuntos de gobierno, administrativos o de procedimientos con
interés particular. Surtirán efectos inmediatamente.

Art. 35.- Las ordenanzas, reglamentos y acuerdos son de obligatorio cumplimiento
por parte de los particulares y de las autoridades nacionales, departamentales y municipales.

Las autoridades nacionales están obligadas a colaborar para que las decisiones municipales tengan el debido cumplimiento.

TITULO V
DEL CONCEJO Y DE LOS FUNCIONARIOS Y EMPLEADOS
CAPITULO I
DEL CONCEJO

Art. 36.- Las sesiones del Concejo serán presididas por el Alcalde. En efecto de éste,
por el Concejal que se designare para tal efecto.

Art. 37.- Las sesiones pueden ser ordinarias y extraordinarias y serán celebradas en el edificio de la Municipalidad, salvo que el Concejo acordare reunirse en otro lugar dentro de su jurisdicción.

Art. 38.- EL CONCEJO CELEBRARÁ SESIÓN ORDINARIA EN LOS PRIMEROS CINCO DÍAS DE CADA QUINCENA, PREVIA CONVOCATORIA A LOS CONCEJALES PROPIETARIOS Y SUPLENTES, CON DOS DÍAS DE ANTICIPACIÓN POR LO MENOS Y EXTRAORDINARIA, DE CONFORMIDAD AL NUMERAL DIEZ DEL ARTÍCULO 31 DE ESTE CÓDIGO. PUDIENDO DECLARARSE EN SESIÓN PERMANENTE, SI LA IMPORTANCIA Y URGENCIA DEL ASUNTO LO AMERITA. (7)

Art. 39.- LAS SESIONES DEL CONCEJO SERÁN PÚBLICAS Y EN ELLAS PODRÁ TENER PARTICIPACIÓN CUALQUIER MIEMBRO DE SU COMPRENSIÓN, CON VOZ PERO SIN VOTO, PREVIAMENTE AUTORIZADO POR EL CONCEJO; SALVO QUE EL CONCEJO ACORDARE HACERLAS PRIVADAS. (7)

Art. 40.- No podrá celebrarse sesión extraordinaria sin que preceda la citación personal de los miembros del Concejo, hecha en forma personal y escrita por lo menos a veinticuatro horas de anticipación debiendo mencionarse el asunto a tratar.

Art. 41.- PARA CELEBRAR SESIÓN SE NECESITA QUE CONCURRA POR LO MENOS LA MITAD MÁS UNO DE LAS Y LOS MIEMBROS PROPIETARIOS Y PROPIETARIAS DEL CONCEJO.

LA AUSENCIA DE UNO O MÁS PROPIETARIOS O PROPIETARIAS, SE SUPLIRÁ POR LAS O LOS SUPLENTES ELECTOS QUE CORRESPONDAN AL MISMO PARTIDO O COALICIÓN AL QUE PERTENECIEREN

LAS O LOS PROPIETARIOS. EN CASO DE NO EXISTIR SUPLENTE DEL MISMO PARTIDO O COALICIÓN,

Y PARA EFECTOS DE FORMAR QUÓRUM, EL CONCEJO DECIDIRÁ POR MAYORÍA SIMPLE. (14)

Art. 42.- El Alcalde someterá al conocimiento del Concejo los asuntos que le competan, adjuntando el informe de la Comisión respectiva, o el dictamen del Síndico cuando lo hubiere.

Art. 43.- Para que haya resoluciones se requiere el voto favorable de la mitad más uno de los miembros que integran el Concejo, salvo los casos en que la ley exija una mayoría especial. En caso de empate el Alcalde tendrá voto calificado.

Art. 44.- Todos los miembros del Concejo están obligados a asistir puntualmente a las sesiones, con voz y voto y no podrán retirarse de las mismas una vez dispuesta la votación; pero si algún miembro, su cónyuge o pariente dentro del tercer grado de consanguinidad o segundo de afinidad tuviere interés personal en el negocio de que se trata, deberá abstenerse de emitir su voto, retirándose de la sesión mientras se resuelve el asunto, incorporándose posteriormente a la misma.

Art. 45.- Cuando algún miembro del Concejo salve su voto, estará exento de responsabilidad, debiéndose hacer constar en el acta respectiva dicha salvedad.

Art. 46.- LOS REGIDORES, PROPIETARIOS Y SUPLENTES, DEVENGARAN UNA REMUNERACIÓN POR CADA UNA DE LAS SESIONES PREVIAMENTE CONVOCADAS A LAS QUE ASISTAN, LAS CUALES NO PODRÁN EXCEDER DE CUATRO AL MES Y CUYO VALOR SERÁ FIJADO POR EL CONCEJO DE

ACUERDO A LA CAPACIDAD ECONÓMICA DEL MUNICIPIO. AL MONTO QUE RESULTE DE LA REMUNERACIÓN MENSUAL INDICADA DEBERÁ EFECTUARSE LOS DESCUENTOS CORRESPONDIENTES AL INSTITUTO SALVADOREÑO DEL SEGURO SOCIAL, SISTEMA DE AHORRO PARA PENSIONES E IMPUESTO SOBRE LA RENTA.

LOS REGIDORES PROPIETARIOS Y SUPLENTES, QUE SIMULTÁNEAMENTE DESEMPEÑEN OTRO CARGO O EMPLEO EN ALGUNA ENTIDAD PÚBLICA O PRIVADA, DEVENGARAN LA REMUNERACIÓN EN LA FORMA Y CUANTÍA A QUE SE REFIERE EL INCISO ANTERIOR, DEBIENDO APLICÁRSELES ÚNICAMENTE EL DESCUENTO RELATIVO AL IMPUESTO SOBRE LA RENTA. (13)

INTERPRETACIÓN AUTENTICA

DECRETO N° 371.-

LA ASAMBLEA LEGISLATIVA DE
LA REPUBLICA DE EL SALVADOR,

CONSIDERANDO:

I.- Que por Decreto Legislativo N° 274, de fecha 31 de enero de 1986, publicado en el Diario Oficial N° 23, Tomo 290, de fecha 5 de febrero del mismo año, se decretó el Código Municipal;

II.- Que el artículo 46 de dicho Código establece que los Regidores, propietarios y suplentes, podrán devengar por cada sesión a la que asistan previa convocatoria, una dieta que fijará el Concejo, de acuerdo a la capacidad económica del Municipio; y que éstas no excederán de cuatro en el mes;

III.- Que la disposición referida en el considerando anterior, ha creado confusiones en cuanto al derecho de los Regidores suplentes a devengar dietas cuando asisten a las sesiones del Concejo; por lo que es procedente que se interprete el tenor de dicho artículo, con el objeto de aclarar su contenido;

POR TANTO,

en uso de sus facultades constitucionales y a iniciativa de los Diputados Italo Agustín Orellana Liévano, Donald Ricardo Calderón Lam, Rubén Orellana Mendoza, Raúl Mijango, Nelson Funes, Mariela Peña Pinto, María Ofelia Navarrete de Dubón, Carlos Alberto Escobar, Kirio Waldo Salgado, Juan Duch Martínez, Gerardo Antonio Suvillaga García, Gerber Mauricio Aguilar Zepeda, Walter René Araujo Morales, Ana Julia Lainfiesta, Olme Remberto Contreras, Luis Alberto Cruz, Roberto José D'Aubuisson Munguía, René Mario Figueroa Figueroa, Hermes Alcides Flores Molina, Jesús Grande, José Ismael Iraheta Troya, José Roberto Larios Rodríguez, Carlos Guillermo Magaña Tobar, Alvaro Gerardo Martín Escalón, Jorge Alberto Muñoz Navarro, Salvador Horacio Orellana Alvarez, Olga Elizabeth Ortiz Murillo, Renato Antonio Pérez, Francisco Panameño, Francisco Monge, René Oswaldo Rodríguez Velasco, Mercedes Gloria Salguero Gross, María Elizabeth Zelaya Flores, Amado Aguiluz Aguiluz y Silvia Hidalgo,

DECRETA:

Art. 1.- Interprétese auténticamente el artículo 46 del Código Municipal, emitido por Decreto Legislativo N° 274, de fecha 31 de enero de 1986, publicado en el Diario Oficial N° 23, Tomo 290, de fecha 5 de febrero del mismo año, en el sentido de que, los Regidores suplentes que asistan a las sesiones del Concejo, también podrán devengar la dieta que se fije por éste, estuvieren o no sustituyendo a un propietario.

Esta interpretación auténtica se considerará incorporada al tenor del referido artículo.

Art. 2.- El presente Decreto entrará en vigencia ocho días después de su publicación en el Diario Oficial.

DADO EN EL SALÓN AZUL DEL PALACIO LEGISLATIVO: San Salvador, a los veintitrés días del mes de julio de mil novecientos noventa y ocho.

D. O. N° 172, Tomo N° 340, Fecha: 17 de septiembre de 1998.

CAPITULO II
DEL ALCALDE

Art. 47.- El Alcalde representa legal y administrativamente al Municipio. Es el titular del gobierno y de la administración municipales.

Art. 48.- Corresponde al Alcalde:

1. Presidir las sesiones del Concejo y representarlo legalmente;
2. Llevar las relaciones entre la municipalidad que representa y los organismos públicos y privados, así como con los ciudadanos en general;
3. Convocar por sí, o a petición del Síndico, o de dos Concejales por lo menos a sesión extraordinaria del Concejo;
4. Cumplir y hacer cumplir las ordenanzas, reglamentos y acuerdos emitidos por el Concejo;
5. Ejercer las funciones del gobierno y administración municipales expidiendo al efecto, los acuerdos, órdenes e instrucciones necesarias y dictando las medidas que fueren convenientes a la buena marcha del municipio y a las políticas emanadas del Concejo;
6. Resolver los casos y asuntos particulares de gobierno y administración;
7. NOMBRAR Y REMOVER A LOS FUNCIONARIOS Y EMPLEADOS CUYO NOMBRAMIENTO

    NO ESTUVIERE RESERVADO AL CONCEJO, SIGUIENDO LOS PROCEDIMIENTOS DE LEY. (7)
8. Organizar y dirigir la Policía Municipal;
9. Los demás que la ley, ordenanzas y reglamentos le señalen.

Art. 49.- El Alcalde debe ser equitativamente remunerado atendiendo las posibilidades económicas del municipio. La remuneración se fijará en el presupuesto respectivo. El Alcalde que se ausentare en cumplimiento de misión oficial, gozará de la remuneración que le corresponde y el Concejal que lo sustituya gozará igualmente de remuneración calculada en igual cuantía por todo el tiempo que dure la sustitución.

Art. 50.- El Alcalde puede delegar previo acuerdo del Concejo, la dirección de determinadas funciones con facultades para que firmen a su nombre a funcionarios municipales que responderán por el desempeño de las mismas ante él y el Concejo y serán además, directa y exclusivamente responsables por cualquier faltante, malversación o defectuosa rendición de cuentas ante la Corte de Cuentas de la República.

CAPITULO III
DEL SÍNDICO

Art. 51.- Además de sus atribuciones y deberes como miembro del Concejo, corresponde al Síndico:

a) EJERCER LA PROCURACIÓN EN LOS ASUNTOS PROPIOS DEL MUNICIPIO A QUE PERTENECE, PUDIENDO EN CONSECUENCIA, INTERVENIR EN LOS JUICIOS EN DEFENSA DE LOS BIENES DE LOS INTERESES DEL MUNICIPIO, EN LO RELACIONADO CON LOS BIENES, DERECHOS Y OBLIGACIONES MUNICIPALES CONFORME A LA LEY Y A LAS INSTRUCCIONES DEL CONCEJO. NO OBSTANTE LO ANTERIOR, EL CONCEJO PODRÁ NOMBRAR APODERADOS GENERALES Y ESPECIALES; (7)

b) VELAR POR QUE LOS CONTRATOS QUE CELEBRE LA MUNICIPALIDAD SE AJUSTEN A LAS PRESCRIPCIONES LEGALES Y A LOS ACUERDOS EMITIDOS POR EL CONCEJO; (7)

c) Emitir dictamen en forma razonada y oportuna en los asuntos que el Concejo o Alcalde le soliciten;

d) Examinar y fiscalizar las cuentas municipales, proponiendo al Concejo las medidas que tiendan a evitar inversiones ilegales, indebidas o abusos en el manejo de los recursos del municipio;

e) Asesorar al Concejo y al Alcalde;

f) VELAR POR EL ESTRICTO CUMPLIMIENTO DE ESTE CÓDIGO, ORDENANZAS, REGLAMENTOS, ACUERDOS DEL CONCEJO Y DE COMPETENCIAS QUE LE OTORGAN OTRAS LEYES; (7)

g) TRANSAR O CONCILIAR EN ASUNTOS LEGALES, PREVIA AUTORIZACIÓN DEL CONCEJO. (7)

Art. 52.- EL SÍNDICO, DE PREFERENCIA DEBERÁ SER ABOGADO Y PODRÁ SER REMUNERADO CON SUELDO O DIETAS A CRITERIO DEL CONCEJO. CUANDO EL CONCEJO ACORDARE REMUNERAR AL SÍNDICO CON SUELDO, ÉSTE DEBERÁ ASISTIR A TIEMPO COMPLETO AL DESEMPEÑO DE SUS FUNCIONES. (7)

CAPITULO IV
DE LOS REGIDORES O CONCEJALES

Art. 53.- Corresponde a los Regidores o Concejales:

1.- Concurrir con voz y voto a las sesiones del Concejo;

2.- Integrar y desempeñar las comisiones para las que fueron designados, actuando en las mismas con la mayor eficiencia y prontitud y dando cuenta de su cometido en cada sesión o cuando para ello fueren requeridos;

3.- Las demás que les correspondan por ley, ordenanzas o reglamentos.

CAPÍTULO V
DEL SECRETARIO MUNICIPAL Y DEL CONCEJO (7)

Art. 54.- El Concejo funcionará asistido de un Secretario nombrado por el mismo de fuera de su seno. Podrá ser removido en cualquier tiempo sin expresión de causa.

Art. 55.- Son deberes del Secretario:

1.- Asistir a las sesiones del Concejo y elaborar las correspondientes actas;

2.- Autorizar las ordenanzas y demás instrumentos jurídicos que emita el Concejo;

3.- Comunicar a los Concejales las convocatorias para que concurran a las sesiones;

4.- Llevar los libros, expedientes y documentos del Concejo, custodiar su archivo y conservarlo organizado, de acuerdo con las técnicas más adecuadas;

5.- Despachar las comunicaciones que emanen del Concejo y llevar con exactitud un registro de todos los expedientes o documentos que se entreguen;

6.- Expedir de conformidad con la ley, certificaciones de las actas del Concejo o de cualquier otro documento que repose en los archivos, previa autorización del Alcalde o quien haga sus veces;

7.- Dar cuenta en las sesiones de todos los asuntos que le ordenen el Alcalde o quien presida el Concejo;

8.- Dirigir el personal y los trabajos de la Secretaria del Concejo;

9.- Auxiliar a las comisiones designadas por el Concejo y Facilitar el trabajo que se les encomiende;

10.- Los demás que les señalen las leyes, ordenanzas y reglamentos.

Art. 56.- EN CASO DE AUSENCIA O FALTA DEL SECRETARIO, EL CONCEJO PODRÁ DESIGNAR INTERINAMENTE, A CUALQUIERA DE LOS CONCEJALES PARA QUE DESEMPEÑE EL CARGO TEMPORALMENTE; POR UN PERÍODO MÁXIMO DE SESENTA DÍAS Y GOZARÁ DE LA REMUNERACIÓN QUE CORRESPONDE AL SECRETARIO POR EL TIEMPO QUE DURE LA SUSTITUCIÓN, EN CUYO CASO NO DEVENGARÁ DIETA. (7)

CAPITULO VI
DISPOSICIONES COMUNES

Art. 57.- LOS MIEMBROS DEL CONCEJO, SECRETARIO DEL CONCEJO, TESORERO, GERENTES, AUDITOR INTERNO, DIRECTORES O JEFES DE LAS DISTINTAS DEPENDENCIAS DE LA ADMINISTRACIÓN MUNICIPAL, EN EL EJERCICIO DE SUS FUNCIONES RESPONDERÁN INDIVIDUALMENTE POR ABUSO DE PODER, POR ACCIÓN U OMISIÓN EN LA APLICACIÓN DE LA LEY O POR VIOLACIÓN DE LA MISMA. (1) (7)

Art. 58.- Los miembros del Concejo cuando desempeñen algún cargo o empleo público o privado compatible, no podrán ser trasladados sin su consentimiento a otro lugar que les impida el ejercicio de su función edilicia, y su jefe o patrono estará en la obligación de concederle permiso con goce de sueldo para que concurran a la sesión.

LOS EMPLEADOS PÚBLICOS QUE DE CONFORMIDAD CON EL INCISO ANTERIOR HAYAN OBTENIDO LICENCIA CON MOTIVO DE HABER SIDO ELEGIDOS PARA EL CARGO DE MIEMBROS DEL CONCEJO MUNICIPAL,

TENDRÁN DERECHO EN TODO CASO, A CONSERVAR EL EMPLEO O CARGO DESEMPEÑADO ANTES DE HABER INICIADO SU CORRESPONDIENTE PER-ÍODO, POR LO MENOS DURANTE UN LAPSO IGUAL AL DEL PERÍODO DEL RESPECTIVO CARGO DE ELECCIÓN, O A SER NOMBRADO CON LAS MIS-MAS GARANTÍAS MÍNIMAS EN UN EMPLEO O CARGO SIMILAR O EN OTRO DE MAYOR JERARQUÍA Y SALARIO. (7)

Art. 59.- Se prohíbe a los miembros del Concejo:

a)   Intervenir en la resolución de asuntos municipales en que ellos estén interesados personalmente, su cónyuge o parientes hasta el tercer grado de consanguinidad o segundo de afinidad, o empresas en las cuales sean accionistas o ejecutivos;

b)   Celebrar contratos por sí o por interpósita persona sobre bienes o rentas del municipio cuyo Concejo integra, de entidades descentralizadas o de cualquiera otra naturaleza en que el municipio tenga interés. Se exceptúa de esta prohibición los contratos que celebren con usuarios de los servicios públicos locales. Será nulo lo efectuado en contravención de este artículo y responderá al municipio por los daños causados a éste.

TITULO VI
DE LA HACIENDA PÚBLICA MUNICIPAL

CAPITULO I
DE LOS BIENES, INGRESOS Y OBLIGACIONES

Art. 60.- La Hacienda Pública Municipal comprende los bienes, ingresos y obligaciones del municipio. Gozarán de las mismas exoneraciones, garantías y privilegios que los bienes del Estado.

Art. 61.- Son bienes del Municipio:

1.-   Los de uso público, tales como plazas, áreas verdes y otros análogos;

2.-   Los bienes muebles o inmuebles, derechos o acciones que por cualquier título ingresen al patrimonio municipal o haya adquirido o adquiera el municipio o se hayan destinado o se destinen a algún establecimiento público municipal.

Art. 62.- Los bienes de uso público de municipio son inalienables e imprescriptibles, salvo que el Concejo con el voto de las tres cuartas partes de sus miembros acordare desafectarlos.

Art. 63.- Son ingresos del Municipio:

1.-   El producto de los impuestos, tasas y contribuciones municipales;

2.-   El producto de las penas o sanciones pecuniarias de toda índole impuestas por la autoridad municipal competente, así como el de aquellas penas o sanciones que se liquiden con destino al municipio de conformidad a otras leyes. Igualmente los recargos e intereses que perciban conforme a esas leyes, ordenanzas o reglamentos;

3.-   Los intereses producidos por cualquier clase de crédito municipal y recargos que se impongan;

4.-   El producto de la administración de los servicios públicos municipales;

5.- Las rentas de todo género que el municipio obtenga de las instituciones municipales autónomas y de las empresas mercantiles en que participe o que sean de su propiedad;

6.- Los dividendos o utilidades que le correspondan por las acciones o aportes que tenga en sociedad de cualquier género;

7.- Las subvenciones, donaciones y legados que reciba;

8.- El producto de los contratos que celebre;

9.- LOS FRUTOS CIVILES DE LOS BIENES MUNICIPALES O QUE SE OBTENGAN CON OCASIÓN DE OTROS INGRESOS MUNICIPALES, ASÍ COMO LOS INTERESES Y PREMIOS DEVENGADOS POR LAS CANTIDADES DE DINERO CONSIGNADOS EN CALIDAD DE DEPÓSITOS EN CUALQUIER BANCO; (7)

10.- El aporte proveniente del fondo para el desarrollo económico y social de los municipios establecido en el inciso tercero del artículo 207, de la Constitución en la forma y cuantía que fije la ley;

11.- Las contribuciones y derechos especiales previstos en otras leyes;

12.- El producto de los empréstitos, préstamos y demás operaciones de crédito que obtenga;

13.- El precio de la venta de los bienes muebles e inmuebles municipales que efectuare;

14.- Los aportes especiales o extraordinarios que le acuerden organismos estatales o autónomos;

15.- Cualquiera otra que determinen las leyes, reglamentos u ordenanzas.

Art. 64.- EL DERECHO DE LOS MUNICIPIOS PARA EXIGIR EL PAGO DE LOS TRIBUTOS MUNICIPALES Y SUS ACCESORIOS, PRESCRIBIRÁ POR LA FALTA DE INICIATIVA EN EL COBRO JUDICIAL EJECUTIVO DURANTE EL TÉRMINO DE QUINCE AÑOS CONSECUTIVOS. (7)

Art. 65.- En ningún caso de transacción habrá responsabilidad pecuniaria para los miembros del Concejo.

Art. 66.- Son obligaciones a cargo del municipio:

1.- Las legalmente contraídas por el municipio derivadas de la ejecución del Presupuesto de Gastos;

2.- Las deudas provenientes de la ejecución de presupuestos fenecidos, reconocidos conforme al ordenamiento legal vigente;

3.- Las provenientes de la deuda pública municipal contraídas de conformidad con la ley;

4.- Las deudas, derechos y prestaciones, reconocidos o transados por el municipio, de acuerdo con las leyes o a cuyo pago hubiese sido condenado por sentencia ejecutoriada de los tribunales;

5.- Los valores legalmente consignados por terceros y que el municipio esté obligado a devolver de acuerdo a la ley;

6.- El valor de las colectas voluntarias para obras de interés común o servicios públicos aportados por terceros que no llegaren a realizarse o prestarse.

Art. 67.- LA CONTRATACIÓN DE PRÉSTAMOS CON INSTITUCIONES NA-CIONALES O EXTRANJERAS QUE NO REQUIERAN AVAL DEL ESTADO, RE-QUERIRÁN DE LA APROBACIÓN DEL CONCEJO CON EL VOTO DE LAS TRES CUARTAS PARTES DE SUS MIEMBROS.

LA CONTRATACIÓN DE PRÉSTAMOS CON INSTITUCIONES EXTRANJE-RAS CON AVAL DEL ESTADO, ADEMÁS REQUERIRÁN LA AUTORIZACIÓN Y APROBACIÓN DE LA ASAMBLEA LEGISLATIVA. (7)

Art. 68.- SE PROHÍBE A LOS MUNICIPIOS CEDER O DONAR A TÍTULO GRATUITO, CUALQUIER PARTE DE SUS BIENES DE CUALQUIER NATURA-LEZA QUE FUEREN, O DISPENSAR EL PAGO DE IMPUESTO, TASA O CON-TRIBUCIÓN ALGUNA ESTABLECIDA POR LA LEY EN BENEFICIO DE SU PA-TRIMONIO; SALVO EL CASO DE MATERIALES O BIENES PARA VIVIENDA, ALIMENTACIÓN Y OTROS ANÁLOGOS, EN CASO DE CALAMIDAD PÚBLICA O DE GRAVE NECESIDAD. (9)

LOS MUNICIPIOS PODRÁN TRANSFERIR BIENES MUEBLES O INMUE-BLES MEDIANTE DONACIÓN A INSTITUCIONES PÚBLICAS, EN ATENCIÓN A SATISFACER PROYECTOS O PROGRAMAS DE UTILIDAD PÚBLICA Y DE BE-NEFICIO SOCIAL, PRINCIPALMENTE EN BENEFICIO DE LOS HABITANTES DEL MISMO Y EN CUMPLIMIENTO DE LAS COMPETENCIAS MUNICIPALES. PARA LA FORMALIZACIÓN DE ESTA TRANSFERENCIA SE ESTABLECERÁN CONDICIONES QUE ASEGUREN QUE EL BIEN MUNICIPAL SE UTILICE PARA LOS FINES ESTABLECIDOS EN ESTE CÓDIGO. EN CASO DE INCUMPLIMIEN-TO DE LAS CLÁUSULAS Y/O CONDICIONES ESTABLECIDAS, DARÁ LUGAR A QUE SE REVOQUE DE PLENO DERECHO LA VIGENCIA DEL MISMO Y SE EXIGIRÁ DE INMEDIATO LA RESTITUCIÓN DEL BIEN. (9)

LOS MUNICIPIOS PODRÁN OTORGAR COMODATOS A INSTITUCIONES PÚBLICAS Y PRIVADAS SIN FINES DE LUCRO PREVIO SU ACREDITACIÓN LEGAL, DE LOS BIENES MUNICIPALES, EN ATENCIÓN A SATISFACER PRO-YECTOS O PROGRAMAS DE UTILIDAD PÚBLICA Y DE BENEFICIO SOCIAL, PRINCIPALMENTE EN BENEFICIO DE LOS HABITANTES DEL MISMO Y EN CUMPLIMIENTO DE LAS FINALIDADES DE LAS COMPETENCIAS MUNICI-PALES. PARA LA FORMALIZACIÓN DEL MISMO SE ESTABLECERÁN ENTRE OTRAS CLÁUSULAS QUE ESTABLEZCAN TIEMPOS RAZONABLES DE VI-GENCIA DEL CONTRATO, Y EN CASO DE INCUMPLIMIENTO DE ALGUNAS DE LAS CLÁUSULAS ESTABLECIDAS, SE PROCEDERÁ INMEDIATAMENTE A EXIGIR LA RESTITUCIÓN DEL BIEN AÚN ANTES DEL TIEMPO ESTIPULADO Y ADEMÁS SI SOBREVIENE UNA NECESIDAD IMPREVISTA Y URGENTE. (9)

EN TODOS LOS CASOS MENCIONADOS EN LOS INCISOS PRECEDENTES, SE REQUERIRÁ EL VOTO FAVORABLE DE LAS TRES CUARTAS PARTES DE LOS CONCEJALES O CONCEJALAS PROPIETARIOS. (14)

Art. 69.- LAS LEYES Y ORDENANZAS QUE ESTABLEZCAN O MODIFI-QUEN TRIBUTOS MUNICIPALES DETERMINARÁN EN SU CONTENIDO: EL HECHO GENERADOR DEL TRIBUTO; LOS SUJETOS ACTIVO Y PASIVO; LA CUANTÍA DEL TRIBUTO O FORMA DE ESTABLECERLA; LAS DEDUCCIONES; LAS OBLIGACIONES DE LOS SUJETOS ACTIVO, PASIVO Y DE LOS TERCE-ROS; LAS INFRACCIONES Y SANCIONES CORRESPONDIENTES; LOS RECUR-SOS QUE DEBAN CONCEDERSE CONFORME A LA LEY GENERAL TRIBUTA-

RIA MUNICIPAL; ASÍ COMO LAS EXENCIONES QUE PUDIERAN OTORGARSE RESPECTO A LOS IMPUESTOS.

DICHAS LEYES Y ORDENANZAS DEBERÁN FUNDAMENTARSE EN LA CAPACIDAD ECONÓMICA DE LOS CONTRIBUYENTES Y EN LOS PRINCIPIOS DE GENERALIDAD, IGUALDAD, EQUITATIVA DISTRIBUCIÓN DE LA CARGA TRIBUTARIA Y DE NO CONFISCACIÓN. (7)

Art. 70.- Los Municipios podrán celebrar acuerdos entre sí para la unificación y cobro de las tarifas de determinadas tasas y contribuciones. En estos acuerdos de deberán señalar los derechos y obligaciones recíprocos de los municipios participantes, así como las demás modalidades y cláusulas que se estime convenientes.

Art. 71.- LOS TRIBUTOS MUNICIPALES QUE NO FUEREN PAGADOS EN EL PLAZO CORRESPONDIENTE, CAUSARÁN UN INTERÉS MORATORIO DE ACUERDO AL ARTÍCULO 47 DE LA LEY GENERAL TRIBUTARIA MUNICIPAL. (7).

CAPITULO II
DEL PRESUPUESTO

Art. 72.- LOS MUNICIPIOS ESTÁN OBLIGADOS A DESARROLLAR SU ACTUACIÓN ADMINISTRATIVA Y DE GOBIERNO, POR UN PRESUPUESTO DE INGRESOS Y EGRESOS APROBADO CON IGUALES FORMALIDADES QUE LAS ORDENANZAS Y CON EL VOTO FAVORABLE DE LA MITAD MÁS UNO DE LOS CONCEJALES O CONCEJALAS PROPIETARIOS. (14)

EL EJERCICIO FISCAL SE INICIA EL PRIMERO DE ENERO Y TERMINA EL TREINTA Y UNO DE DICIEMBRE DE CADA AÑO. (7)

Art. 73.- EL PRESUPUESTO COMPRENDERÁ LAS DISPOSICIONES GENERALES; EL PRESUPUESTO DE INGRESOS Y EL PRESUPUESTO DE EGRESOS. EL CONCEJO PODRÁ INCORPORAR LOS ANEXOS QUE CONSIDERE NECESARIO. (1)

EN CUANTO A LO DISPUESTO EN EL INCISO ANTERIOR, SOLAMENTE LAS CABECERAS DEPARTAMENTALES TENDRÁN LA OBLIGACIÓN DE PUBLICAR EN EL DIARIO OFICIAL O EN UNO DE MAYOR CIRCULACIÓN DEL PAÍS; UN EXTRACTO DE SU CONTENIDO EL CUAL CONTENDRÁ EL ENCABEZAMIENTO DEL ACUERDO RESPECTIVO, LOS SUMARIOS DE INGRESOS Y EGRESOS, LOS ARTÍCULOS PERTINENTES DE LAS DISPOSICIONES GENERALES, LOS ANEXOS RELATIVOS A LOS GASTOS FIJOS, EL LUGAR Y FECHA DE SU APROBACIÓN, LOS NOMBRES Y CARGOS DE LOS MIEMBROS DEL CONCEJO QUE AUTORICEN DICHO ACUERDO. (1)

LA PUBLICACIÓN A QUE SE REFIERE EL INCISO QUE ANTECEDE Y QUE SE EFECTÚE UN DIARIO DE MAYOR CIRCULACIÓN NACIONAL, SE CONTARA SU VIGENCIA A PARTIR DEL DÍA SIGUIENTE DE ESTA PUBLICACIÓN. (1)

Art. 74.- Las disposiciones generales estarán constituidas por todas aquellas normas que se consideren complementarias, reglamentarias, explicativas o necesarias para la ejecución de los presupuestos de ingresos y egresos y de los anexos que contenga.

EL CONCEJO PODRÁ APROBAR TALES DISPOSICIONES CON EL CARÁCTER DE PERMANENTES, EN FORMA SEPARADA DEL PRESUPUESTO DE IN-

GRESOS Y DEL PRESUPUESTO DE EGRESOS, NO SIENDO NECESARIO EN ESTE CASO INCORPORARLAS EN CADA PRESUPUESTO ANUAL DE INGRESOS Y DE EGRESOS. TAMBIÉN QUEDA FACULTADO EL CONCEJO PARA AUTORIZAR MODIFICACIONES O

ADICIONES A LAS MISMAS DISPOSICIONES GENERALES, CUANDO LO ESTIME CONVENIENTE. (1)

Art. 75.- El presupuesto de ingresos contendrá la enumeración de los diversos ingresos municipales cuya recaudación se autorice, con la estimación prudencial de las cantidades que se presupone habrán de ingresar por cada ramo en el año económico que debe regir, así como cualesquiera otros recursos financieros permitidos por la ley.

Se prohíbe la estimación de ingresos que no tengan base legal para su percepción cierta y efectiva.

Art. 76.- El presupuesto de egresos contendrán las partidas correspondientes para la atención de las funciones, actividades y servicios municipales, así como que correspondan a inversiones y a aportes para fundaciones, empresas, sociedades, instituciones municipales autónomas y demás organismos de carácter municipales o intermunicipal.

Art. 77.- El monto del presupuesto de egresos no podrá exceder del total del presupuesto de ingresos, cuando fuere indispensable para cumplir con esta disposición se podrá incluir las existencias de caja provenientes de economía o superávit estimados al treinta y uno de diciembre del año de presentación del proyecto.

El presupuesto de egresos podrá ser ampliado en el curso del ejercicio, con motivo de ingresos extraordinarios de cualquier naturaleza o cuando se establezca el superávit real.

Art. 78.- El Concejo, no podrá acordar ningún gasto para el cual no exista previsión presupuestaria.

Asimismo no podrá autorizar egresos de fondos que no estén consignados expresamente en el presupuesto.

Art. 79.- Las empresas municipales y las instituciones municipales autónomas tendrán su propio presupuesto, aprobado por el Concejo.

Art. 80.- El Alcalde elaborará el proyecto de presupuesto correspondiente al año inmediato siguiente oyendo la opinión de los Concejales, y jefes de las distintas dependencias, procurando conciliar sus observaciones y aspiraciones con los objetivos y metas propuestas.

Art. 81.- EL PROYECTO DE ORDENANZA DE PRESUPUESTO DE INGRESOS Y EGRESOS DEBERÁ SOMETERSE A CONSIDERACIÓN DEL CONCEJO POR LO MENOS TRES MESES ANTES DE QUE SE INICIE EL NUEVO EJERCICIO FISCAL. EL CONCEJO PODRÁ MODIFICAR EL PRESUPUESTO PERO NO PODRÁ AUTORIZAR GASTOS QUE EXCEDAN DEL MONTO DE LAS ESTIMACIONES DE INGRESOS DEL RESPECTIVO PROYECTO. (1) (7)

Art. 82.- SI EL PRIMERO DE ENERO NO ESTUVIESE EN VIGENCIA EL PRESUPUESTO DE ESE AÑO, SE APLICARÁ EL DEL AÑO ANTERIOR HASTA QUE ENTRE EN VIGENCIA EL NUEVO PRESUPUESTO, SIN QUE PUEDA EXCEDER DE UN MES DESPUÉS DE INICIADO EL NUEVO EJERCICIO FISCAL. (7)

Art. 83.- Para cada ejercicio presupuestario el Concejo aprobará la programación de la ejecución física y financiera del presupuesto especificando, entre otros aspectos, los compromisos y desembolsos máximos que podrán contraer o efectuar para cada trimestre del ejercicio presupuestario.

Art. 84.- El Alcalde informará al Concejo mensualmente sobre los resultados de la ejecución del presupuesto.

Art. 85.- Inmediatamente después de aprobado el presupuesto, el Concejo enviará un ejemplar a la Corte de Cuentas de la República.

CAPITULO III
DE LA RECAUDACIÓN, CUSTODIA Y EROGACIÓN DE FONDOS

Art. 86.- EL MUNICIPIO TENDRÁ UN TESORERO, A CUYO CARGO ESTARÁ LA RECAUDACIÓN Y CUSTODIA DE LOS FONDOS MUNICIPALES Y LA EJECUCIÓN DE LOS PAGOS RESPECTIVOS.

PARA QUE SEAN DE LEGÍTIMO ABONO LOS PAGOS HECHOS POR LOS TESOREROS O POR LOS QUE HAGAN SUS VECES, DEBERÁN ESTAR LOS RECIBOS FIRMADOS POR LOS RECIPIENTES U OTRAS PERSONAS A SU RUEGO SI NO SUPIEREN O NO PUDIEREN FIRMAR, Y CONTENDRÁN "EL VISTO BUENO" DEL SÍNDICO MUNICIPAL Y EL "DESE" DEL ALCALDE, CON EL SELLO CORRESPONDIENTE, EN SU CASO.

CUANDO EL SÍNDICO, TUVIERE OBSERVACIONES O SE NEGARE AUTORIZAR CON SU FIRMA "EL VISTO BUENO", DEBERÁ RAZONARLO Y FUNDAMENTARLO POR ESCRITO DENTRO DE UN PLAZO DE TRES DÍAS HÁBILES, A FIN DE QUE EL CONCEJO SUBSANE, CORRIJA O LO RATIFIQUE; EN CASO DE SER RATIFICADO DEBERÁ FIRMARLO EL SÍNDICO, CASO CONTRARIO SE ESTARÁ SUJETO A LO DISPUESTO EN EL ARTÍCULO 28 DE ESTE CÓDIGO, QUEDANDO EN CONSECUENCIA DE LEGÍTIMO ABONO LOS PAGOS HECHOS POR LOS TESOREROS, SEGÚN ACUERDO DE RATIFICACIÓN DEL CONCEJO Y COMO ANEXO LAS OBSERVACIONES DEL SÍNDICO Y EL ACUERDO DE RATIFICACIÓN DEL CONCEJO.

CORRESPONDE LA REFRENDA DE CHEQUES A DOS MIEMBROS DEL CONCEJO ELECTOS POR ACUERDO DEL MISMO. (7)

Art. 87.- Los ingresos municipales de toda naturaleza se centralizarán en el fondo general del municipio.

Art. 88.- De todo ingreso que perciba el municipio se extenderá comprobante en los formularios que para tal objeto tenga autorizados por la Corte de Cuentas de la República.

Art. 89.- LOS MUNICIPIOS PODRÁN CONTRATAR O CONVENIR LA RECAUDACIÓN DE SUS INGRESOS CON OTROS MUNICIPIOS, CON EL ÓRGANO EJECUTIVO DEL ESTADO, INSTITUCIONES AUTÓNOMAS, BANCOS Y EMPRESAS NACIONALES, MIXTAS Y PRIVADAS DE RECONOCIDA SOLVENCIA, SIEMPRE Y CUANDO ELLO ASEGURE LA RECAUDACIÓN MÁS EFICAZ Y A MENOR COSTO. EN ESTOS ACUERDOS SE SEÑALARÁN LOS SISTEMAS DE RECAUDACIÓN, PORCENTAJES DE COMISIÓN, FORMA Y OPORTUNIDAD EN QUE LOS MUNICIPIOS RECIBAN EL MONTO DE LO RECAUDADO Y TODO LO DEMÁS QUE FUERE NECESARIO. (7)

Art. 90.- Los ingresos municipales se depositarán a más tardar el día siguiente hábil en cualquier banco del sistema, salvo que no hubiere banco, sucursal o agencia en la localidad, quedando en estos casos, a opción del Concejo la decisión del depositar sus fondos en cualquier banco, sucursal o agencia inmediata.

Art. 91.- Las erogaciones de fondos deberán ser acordadas previamente por el Concejo, las que serán comunicadas al tesorero para efectos de pago, salvo los gastos fijos debidamente consignados en el presupuesto municipal aprobado, que no necesitarán la autorización del Concejo.

Art. 92.- En los casos en que los municipios tengan sus fondos depositados en instituciones financieras, están obligados a efectuar sus pagos por medio de cheques.

Art. 93.- Para atender gastos de menos cuantía o de carácter urgente se podrán crear fondos circulantes cuyo monto y procedimientos se establecerán en el presupuesto municipal.

La liquidación del fondo circulante se hará al final de cada ejercicio y los reintegros al fondo por pagos y gastos efectuados se harán cuando menos cada mes.

El encargado del fondo circulante responderá solidariamente con el ordenador de pagos que designare el Concejo.

Art. 94.- LAS EROGACIONES PARA EJECUCIÓN DE OBRAS, ADQUISICIÓN DE BIENES Y PRESTACIÓN DE SERVICIOS SE REGIRÁN POR LA LEY DE ADQUISICIONES Y CONTRATACIONES DE LA ADMINISTRACIÓN PÚBLICA. (3) (7).

Art. 95.- Los sueldos de los funcionarios y empleados del municipio podrán pagarse hasta con diez días hábiles de anticipación a su vencimiento.

Art. 96.- PODRÁ PAGARSE ANTICIPOS PARA DAR INICIO A LA EJECUCIÓN DE OBRAS, ADQUISICIÓN DE BIENES Y PRESTACIÓN DE SERVICIOS, DE CONFORMIDAD A LO ESTABLECIDO EN LA LEY DE ADQUISICIONES Y CONTRATACIONES DE LA ADMINISTRACIÓN PÚBLICA. (6) (7)

Art. 97.- EL TESORERO, FUNCIONARIOS Y EMPLEADOS QUE TENGAN A SU CARGO LA RECAUDACIÓN O CUSTODIA DE FONDOS, DEBERÁN RENDIR FIANZA A SATISFACCIÓN DEL CONCEJO.

EN CASO DE AUSENCIA DEL TESORERO, POR ENFERMEDAD, CASO FORTUITO, FUERZA MAYOR U OTRA CAUSA, PODRÁ SER SUSTITUIDO EN FORMA TEMPORAL POR UN PERÍODO QUE NO EXCEDERÁ DE NOVENTA DÍAS, POR UN MIEMBRO DEL CONCEJO MUNICIPAL QUIEN NO RENDIRÁ FIANZA. (7)

Art. 98.- Las empresas municipales, las instituciones municipales autónomas, fundaciones y demás entidades dependientes del municipio que guarden autonomía administrativa, patrimonial o presupuestaria se arreglarán en lo referente a la recaudación, custodia y erogación de fondos a lo dispuesto en este capítulo y a las normas que dictare el Concejo.

Art. 99.- Los sistemas y normas que regulen la recaudación, custodia y erogación de fondos serán acordados por el Concejo.

Art. 100.- Tendrá fuerza ejecutiva el informe del Tesorero Municipal, quien haga sus veces o el funcionario encargado al efecto, en el que conste lo que una persona natural o jurídica adeude al municipio, debidamente certificado por el Alcalde.

En los registros de la Propiedad Raíz e Hipotecas de la República no se inscribirá ningún instrumento o documento en el que aparezca transferencia o gravamen sobre inmueble o inmuebles, a cualquier título que fuere, si no se presenta al Registrador solvencia de impuestos municipales sobre el bien o bienes raíces objeto del traspaso o gravamen.

Tampoco se inscribirán en los Registros de Comercio las escrituras en que se constituya sociedad mercantil, o en que se modifiquen dichas escrituras o en que se disuelva la sociedad, sin que se les presente a los Registradores de Comercio, solvencia de impuestos municipales de los socios o de la sociedad, según el caso.

El Ministerio de Relaciones Exteriores y la Dirección General de Migración, por medio de sus respectivas secciones o dependencias, exigirán la solvencia municipal de los interesados cuando se trate de permitir la salida del país, a excepción de los que lo hicieren por motivos de trabajo legalmente comprobado por el Ministerio de Trabajo y los que lo hicieren por motivos de enfermedad comprobada, por el Ministerio de Salud Pública y Asistencia Social o el Instituto Salvadoreño del Seguro Social, en su caso.
*DECLARADO INCONSTITUCIONAL

Art. 101.- Las solvencias se expedirán en papel simple, libres de todo impuesto o contribución e irán firmadas y selladas por el Tesorero Municipal y por el funcionario encargado al efecto.

LAS CONSTANCIAS DE SOLVENCIAS DE TRIBUTOS MUNICIPALES A QUE SE HACE REFERENCIA EN EL PRESENTE ARTÍCULO, TENDRÁN UNA VIGENCIA DE 30 DÍAS A PARTIR DE LA FECHA DE SU CORRESPONDIENTE OTORGAMIENTO POR LA AUTORIDAD MUNICIPAL COMPETENTE. (11)

Art. 102.- Podrá extenderse solvencia, no obstante que estuviere pendiente de resolución cualquier recurso o impugnación, mediante caución otorgada por el interesado igual al monto adecuado más una tercera parte del mismo.

Se admitirá como caución:

a) Depósito de dinero en efectivo;

b) Depósito de letras o bonos, cédulas hipotecarias u otros títulos garantizados por el Estado o Instituciones Oficiales Autónomas;

c) GARANTÍA HIPOTECARIA; (7)

d) FIANZA BANCARIA, DE EMPRESA AFIANZADORA O DE SEGUROS. (7)

CAPITULO IV
DE LA CONTABILIDAD Y AUDITORIA

Art. 103.- EL MUNICIPIO ESTÁ OBLIGADO A LLEVAR SUS REGISTROS CONTABLES DE CONFORMIDAD AL SISTEMA DE CONTABILIDAD GUBERNAMENTAL, EL CUAL ESTÁ CONSTITUIDO POR EL CONJUNTO DE PRINCIPIOS, NORMAS Y PROCEDIMIENTOS TÉCNICOS PARA RECOPILAR, REGISTRAR, PROCESAR Y CONTROLAR EN FORMA SISTEMÁTICA TODA LA INFORMACIÓN REFERENTE A LAS TRANSACCIONES REALIZADAS.

ASIMISMO UTILIZARÁ LOS FORMULARIOS, LIBROS, TIPOS DE REGISTROS DEFINIDOS PARA LLEVAR CONTABILIDAD GUBERNAMENTAL Y OTROS MEDIOS QUE EXIGENCIAS LEGALES O CONTABLES REQUIERAN. (7)

Art. 104.- EL MUNICIPIO ESTÁ OBLIGADO A:

a) IMPLEMENTAR EL SISTEMA DE CONTABILIDAD DE ACUERDO CON LOS REQUERIMIENTOS DE CONTROL E INFORMACIÓN INTERNA Y

DENTRO DEL MARCO GENERAL QUE SE ESTABLEZCA PARA LA CONTABILIDAD GUBERNAMENTAL;

b)   REGISTRAR DIARIA Y CRONOLÓGICAMENTE, TODAS LAS TRANSACCIONES QUE MODIFIQUEN LA COMPOSICIÓN DE LOS RECURSOS Y OBLIGACIONES MUNICIPALES; Y EN LOS CASOS QUE PROCEDA, MANTENER REGISTROS CONTABLES DESTINADOS A CENTRALIZAR Y CONSOLIDAR LOS MOVIMIENTOS CONTABLES DE LAS ENTIDADES DEPENDIENTES DEL MUNICIPIO;

c)   ESTABLECER LOS MECANISMOS DE CONTROL INTERNO QUE ASEGUREN EL RESGUARDO DEL PATRIMONIO MUNICIPAL Y LA CONFIABILIDAD E INTEGRIDAD DE LA INFORMACIÓN, DENTRO DE LO QUE AL RESPECTO DEFINA LA CONTABILIDAD GUBERNAMENTAL Y LA CORTE DE CUENTAS DE LA REPÚBLICA; Y

d)   COMPROBAR QUE LA DOCUMENTACIÓN QUE RESPALDA LAS OPERACIONES CONTABLES CUMPLA CON LOS REQUISITOS EXIGIBLES EN EL ORDEN LEGAL Y TÉCNICO. (7)

Art. 105.- LOS MUNICIPIOS CONSERVARÁN, EN FORMA DEBIDAMENTE ORDENADA, TODOS LOS DOCUMENTOS, ACUERDOS DEL CONCEJO, REGISTROS, COMUNICACIONES Y CUALESQUIERA OTROS DOCUMENTOS PERTINENTES A LA ACTIVIDAD FINANCIERA Y QUE RESPALDE LAS RENDICIONES DE CUENTAS O INFORMACIÓN CONTABLE PARA LOS EFECTOS DE REVISIÓN CON LAS UNIDADES DE AUDITORIA INTERNA RESPECTIVAS Y PARA EL CUMPLIMIENTO DE LAS FUNCIONES FISCALIZADORAS DE LA CORTE DE CUENTAS DE LA REPÚBLICA.

TODOS LOS DOCUMENTOS RELATIVOS A UNA TRANSACCIÓN ESPECÍFICA SERÁN ARCHIVADOS JUNTOS O CORRECTAMENTE REFERENCIADOS. LA DOCUMENTACIÓN DEBERÁ PERMANECER ARCHIVADA COMO MÍNIMO POR UN PERÍODO DE CINCO AÑOS Y LOS REGISTROS CONTABLES DURANTE DIEZ AÑOS, EXCEPTO AQUELLOS DOCUMENTOS QUE CONTENGAN INFORMACIÓN NECESARIA AL MUNICIPIO PARA COMPROBAR EL CUMPLIMIENTO DE OTRO TIPO DE OBLIGACIONES.

LOS ARCHIVOS DE DOCUMENTACIÓN FINANCIERA SON PROPIEDAD DE CADA MUNICIPALIDAD Y NO PODRÁN SER REMOVIDOS DE LAS OFICINAS CORRESPONDIENTES SINO CON ORDEN ESCRITA DEL CONCEJO MUNICIPAL. (7)

Art. 106.- LOS MUNICIPIOS CON INGRESOS ANUALES INFERIORES A CINCO MILLONES DE COLONES O SU EQUIVALENTE EN DÓLARES DE LOS ESTADOS UNIDOS DE AMÉRICA, DEBERÁN TENER AUDITORIA INTERNA, CON AUTORIDAD E INDEPENDENCIA ORGÁNICA Y FUNCIONAL PARA EJERCER EL CONTROL, LA VIGILANCIA Y LA FISCALIZACIÓN DE LOS INGRESOS, GASTOS Y BIENES MUNICIPALES. ESTARÁ SOMETIDA A LAS LEYES Y ORDENANZAS DEL MUNICIPIO. (7)

La auditoría estará bajo la responsabilidad y dirección de un auditor que nombrará el Concejo por todo el período de sus funciones, pudiendo ser nombrado para otros períodos.

Art. 107.- LOS MUNICIPIOS CON INGRESOS ANUALES SUPERIORES A CINCO MILLONES DE COLONES O SU EQUIVALENTE EN DÓLARES DE LOS ESTADOS UNIDOS DE AMÉRICA, DEBERÁN CONTRATAR UN AUDITOR EXTERNO PARA EFECTOS DE CONTROL, VIGILANCIA Y FISCALIZACIÓN DE

LOS INGRESOS, GASTOS Y BIENES MUNICIPALES.

LOS EMOLUMENTOS DEL AUDITOR EXTERNO E INTERNO SERÁN FIJADOS POR EL CONCEJO, PUDIENDO LOS MUNICIPIOS CONTRATAR ESTOS SERVICIOS PROFESIONALES EN FORMA INDIVIDUAL O ASOCIADA. (7)

CAPITULO V
DEL CONTROL ADMINISTRATIVO

Art. 108.- Además de lo previsto en este Código, la Corte de Cuentas de la República ejercerá la vigilancia, fiscalización y control a posteriori sobre la ejecución del presupuesto de las municipalidades, para lo cual aplicará las normas sobre la materia, establecidas en la Ley.

Art. 109.- El resultado de las investigaciones, que practique la Corte de Cuentas de la República en la administración de las municipalidades y organismos que de ellas dependan, le será informado al Concejo con indicación de las omisiones, negligencias, violaciones a la Ley, faltas o delitos que puedan haberse cometido, señalando el procedimiento adecuado para corregir las deficiencias.

DURANTE SE ESTÉ EN EL PROCESO DE INVESTIGACIÓN Y EN EL DE CORRECCIÓN DE LAS DEFICIENCIAS INDICADAS SEGÚN EL INCISO ANTERIOR, Y NO SE HAYA PRODUCIDO EL RESULTADO FINAL, LA INFORMACIÓN RECOPILADA SE MANTENDRÁ EN PRIVADO. (7)

TITULO VII
DEL RÉGIMEN DEL PERSONAL
CAPITULO ÚNICO

Art. 110.- Los municipios deberán establecer en su jurisdicción la carrera administrativa de conformidad a la ley de la materia y podrán asociarse con otros para el mismo fin.

Art. 111.- No podrá ser empleado municipal el cónyuge o pariente hasta el tercer grado de consanguinidad y segundo de afinidad de alguno de los miembros del Concejo.

La condición señalada en el inciso anterior no se hará efectiva si al elegirse a un miembro del Concejo su pariente ya figurare como empleado.

TITULO VIII
DE LAS EXENCIONES Y BENEFICIOS
CAPITULO ÚNICO

Art. 112.- Los municipios gozarán de:

a) Exención de toda clase de impuestos, tasas, derechos y demás contribuciones fiscales establecidos o que se establezcan;

b) Franquicia para la importación de maquinaria, equipo, materiales de construcción, útiles y demás elementos necesarios para la instalación y mantenimiento de sus oficinas, planteles, dependencias y servicios. La importación de los efectos amparados por esta franquicia se llevará a cabo con sujeción a las leyes vigentes en la materia y comprende la liberación de derechos y gastos que cause la visación de los documentos exigibles para el registro aduanal.

Art. 113.- Los municipios podrán usar sin pagar remuneración, impuestos, tasas, derechos o contribuciones de cualquier índole, los bienes nacionales de uso público actuando en cumplimiento de sus fines y con arreglo a las leyes.

Art. 114.- Todos los servicios públicos prestados por los municipios al Gobierno Central e instituciones oficiales autónomas deberá serles pagados por la institución que los recibe.

En el caso de que la institución del gobierno central u oficial autónoma, prestaren a su vez algún servicio o al municipio, podrá hacerse la compensación del caso y pagará la diferencia si la hubiere, la parte a quien corresponda.

TÍTULO IX
DE LA PARTICIPACIÓN CIUDADANA Y DE LA TRANSPARENCIA

CAPÍTULO I
DE LA PARTICIPACIÓN CIUDADANA (7)

Art. 115.- ES OBLIGACIÓN DE LOS GOBIERNOS MUNICIPALES PROMOVER LA PARTICIPACIÓN CIUDADANA, PARA INFORMAR PÚBLICAMENTE DE LA GESTIÓN MUNICIPAL, TRATAR ASUNTOS QUE LOS VECINOS HUBIEREN SOLICITADO Y LOS QUE EL MISMO CONCEJO CONSIDERE CONVENIENTE. (7)

Art. 116.- SON MECANISMOS DE PARTICIPACIÓN CIUDADANA LOS SIGUIENTES:

a) SESIONES PÚBLICAS DEL CONCEJO;

b) CABILDO ABIERTO;

c) CONSULTA POPULAR;

d) CONSULTA VECINAL Y SECTORIAL;

e) PLAN DE INVERSIÓN PARTICIPATIVO;

f) COMITÉS DE DESARROLLO LOCAL;

g) CONSEJOS DE SEGURIDAD CIUDADANA;

h) PRESUPUESTO DE INVERSIÓN PARTICIPATIVA; E

i) OTROS QUE EL CONCEJO MUNICIPAL ESTIME CONVENIENTE.

EL SECRETARIO MUNICIPAL LEVANTARÁ ACTA DE TODO LO ACTUADO, CUALQUIERA QUE SEA EL MECANISMO DE PARTICIPACIÓN QUE SE HAYA UTILIZADO. (7)

Art. 117.- EN LA CONSULTA POPULAR SE TOMARÁ EN CUENTA ÚNICAMENTE A LOS CIUDADANOS DOMICILIADOS EN EL RESPECTIVO MUNICIPIO Y PODRÁ EFECTUARSE POR DECISIÓN DE LA MAYORÍA CALIFICADA DE CONCEJALES PROPIETARIOS ELECTOS, O A SOLICITUD ESCRITA DE AL MENOS EL CUARENTA POR CIENTO (40%) DE LOS CIUDADANOS DEL MU-

NICIPIO HABILITADOS PARA EJERCER EL DERECHO AL SUFRAGIO, ÉSTAS SERÁN PARA FORTALECER LAS DECISIONES DEL CONCEJO MUNICIPAL Y POLÍTICAS PÚBLICAS LOCALES, SIN OBSTACULIZAR EL EJERCICIO Y CONFORMACIÓN DEL GOBIERNO LOCAL. PARA EL DESARROLLO DE ESTA CONSULTA, LA MUNICIPALIDAD PODRÁ SOLICITAR LA ASESORÍA Y ASISTENCIA DEL TRIBUNAL SUPREMO ELECTORAL.

EL CONCEJO NO PODRÁ ACTUAR EN CONTRA DE LA OPINIÓN DE LA MAYORÍA EXPRESADA EN LA CONSULTA POPULAR, SI EN ÉSTA PARTICIPA AL MENOS EL CUARENTA POR CIENTO (40%) DEL NÚMERO DE VOTANTES EN LA ELECCIÓN DEL CONCEJO MUNICIPAL, QUE ANTECEDE A LA CONSULTA POPULAR, SEGÚN CERTIFICACIÓN DEL ACTA QUE AL RESPECTO EXTIENDA EL TRIBUNAL SUPREMO ELECTORAL. (7)

CAPITULO II
DE LAS ACCIONES COMUNALES

Art. 118.- Los habitantes de las comunidades en los barrios, colonias, cantones y caseríos, podrán constituir asociaciones comunales para participar organizadamente en el estudio, análisis de la realidad social y de los problemas y necesidades de la comunidad, así como en la elaboración e impulso de soluciones y proyectos de beneficio para la misma. Las asociaciones podrán participar en el campo social, económico, cultural, religioso, cívico, educativo y en cualquiera otra que fuere legal y provechoso a la comunidad.

Art. 119.- Las asociaciones comunales, tendrán personalidad jurídica otorgada por el Concejo respectivo.

Art. 120.- Las asociaciones comunales se constituirán con no menos de veinticinco miembros de la comunidad, mediante acto constitutivo celebrado ante el Alcalde o funcionarios y empleados delegados para tal efecto, el cual se asentará en un acta. Además deberán elaborar sus propios estatutos que contendrán disposiciones relativas al nombre de la asociación, su carácter democrático, domicilio, territorio, objeto, administración, órganos directivos y sus atribuciones, quórum reglamentario, derechos y obligaciones de la asociación, normas de control, fiscalización interna, modificación de estatutos y todas las demás disposiciones necesarias para su funcionamiento.

La constitución y aprobación de estatutos se hará en Asamblea General Extraordinaria especialmente convocada al efecto.

Art. 121.- LAS ASOCIACIONES CONSTITUIDAS DE CONFORMIDAD AL ARTÍCULO ANTERIOR, PRESENTARÁN SOLICITUD DE INSCRIPCIÓN Y OTORGAMIENTO DE PERSONALIDAD JURÍDICA AL CONCEJO RESPECTIVO, ADJUNTANDO EL ACTA DE CONSTITUCIÓN, LOS ESTATUTOS Y LA NÓMINA DE LOS MIEMBROS. EL CONCEJO DEBERÁ RESOLVER A MÁS TARDAR DENTRO DE LOS QUINCE DÍAS SIGUIENTES DE PRESENTADA LA SOLICITUD.

PARA LOS EFECTOS DEL INCISO ANTERIOR, EL CONCEJO CONSTATARÁ QUE LOS ESTATUTOS PRESENTADOS CONTENGAN LAS DISPOSICIONES A QUE SE REFIERE EL ART. 120 DE ESTE CÓDIGO Y QUE NO CONTRARÍE NINGUNA LEY NI ORDENANZA QUE SOBRE LA MATERIA EXISTA. EN CASO QUE EL CONCEJO NOTARE ALGUNA DEFICIENCIA QUE FUERE SUBSANA-

BLE, LO COMUNICARÁ A LOS SOLICITANTES PARA QUE LO RESUELVAN EN EL PLAZO DE QUINCE DÍAS CONTADOS A PARTIR DE LA FECHA DE LA NOTIFICACIÓN. SUBSANADAS QUE FUEREN LAS OBSERVACIONES, EL CONCEJO DEBERÁ RESOLVER DENTRO DE LOS QUINCE DÍAS CONTADOS A PARTIR DE LA FECHA DE LA NUEVA SOLICITUD.

SI EL CONCEJO NO EMITIERE RESOLUCIÓN EN LOS CASOS Y DENTRO DE LOS PLAZOS SEÑALADOS EN LOS INCISOS ANTERIORES, A LA ASOCIACIÓN SE LE RECONOCERÁ LA PERSONALIDAD JURÍDICA POR MINISTERIO DE LEY, QUEDANDO INSCRITA, Y APROBADOS SUS ESTATUTOS.

EN EL CASO DEL INCISO ANTERIOR, EL CONCEJO ESTARÁ OBLIGADO A ASENTAR LA INSCRIPCIÓN DE LA ASOCIACIÓN Y A ORDENAR INMEDIATAMENTE LA PUBLICACIÓN DEL ACUERDO DE APROBACIÓN Y SUS ESTATUTOS EN EL DIARIO OFICIAL.

LO DISPUESTO EN EL INCISO TERCERO DE ESTE ARTÍCULO, NO SURTIRÁ EFECTOS EN LOS CASOS DE FUERZA MAYOR O CASO FORTUITO, PREVIA COMPROBACIÓN DE ÉSTOS, PRORROGÁNDOSE EN AMBOS CASOS EL PLAZO PARA RESOLVER POR EL TIEMPO QUE DUREN LOS SUCESOS, ACONTECIMIENTOS O CONSECUENCIAS PRODUCIDAS POR EL CASO FORTUITO O FUERZA MAYOR.

EN TODO CASO EL ACUERDO DE APROBACIÓN Y LOS ESTATUTOS DE LA ASOCIACIÓN DEBERÁN SER PUBLICADOS EN EL DIARIO OFICIAL A COSTA DE LA ASOCIACIÓN RESPECTIVA.

LAS ASOCIACIONES DEBERÁN PRESENTAR A LA MUNICIPALIDAD, EN EL MES DE ENERO DE CADA AÑO, UNA CERTIFICACIÓN DE LA NÓMINA DE ASOCIADOS, INSCRITOS EN EL LIBRO RESPECTIVO Y QUINCE DÍAS DESPUÉS DE SU ELECCIÓN, LA NÓMINA DE LA NUEVA DIRECTIVA ELECTA. EL INCUMPLIMIENTO DE ESTA OBLIGACIÓN SERÁ SANCIONADA DE ACUERDO A LA ORDENANZA RESPECTIVA. (7)

Art. 121-A.- LAS ASOCIACIONES COMUNALES PODRÁN SER DISUELTAS MEDIANTE ACUERDO TOMADO EN ASAMBLEA GENERAL EXTRAORDINARIA ESPECIALMENTE CONVOCADA PARA ESE EFECTO, CON AL MENOS EL VOTO DE LAS DOS TERCERAS PARTES DE SUS MIEMBROS. EL ACUERDO DE DISOLUCIÓN SERÁ ASENTADO EN ACTA Y UNA CERTIFICACIÓN DE LA MISMA SERÁ ENVIADA AL CONCEJO MUNICIPAL PARA LOS EFECTOS DE CANCELACIÓN DE SU PERSONALIDAD JURÍDICA Y DEL REGISTRO EN EL LIBRO DE ASOCIACIONES COMUNALES QUE LLEVA LA MUNICIPALIDAD. DICHO ACUERDO SERÁ PUBLICADO EN EL DIARIO OFICIAL.

ACORDADA LA DISOLUCIÓN SE PROCEDERÁ A SU LIQUIDACIÓN DE ACUERDO AL PROCEDIMIENTO QUE SE ESTABLEZCA EN ESTE CÓDIGO. (7)

Art. 121-B.- SON CAUSALES DE DISOLUCIÓN DE LAS ASOCIACIONES COMUNALES LAS SIGUIENTES:

a) CUANDO EL NÚMERO DE MIEMBROS QUE LAS INTEGREN SEA MENOR AL REQUERIDO PARA SU CONSTITUCIÓN;

b) POR DEDICARSE A FINES DISTINTOS A LOS ESTABLECIDOS EN SUS ESTATUTOS; Y

c)   POR HABER DEJADO DE FUNCIONAR COMO ASOCIACIÓN.

EN LOS CASOS ANTERIORES, EL CONCEJO MUNICIPAL CITARÁ POR ES-CRITO A LOS MIEMBROS DE LA ASOCIACIÓN DE QUE SE TRATE, PARA EFECTOS DE NOTIFICARLES LA CAUSAL DE DISOLUCIÓN EN QUE HAN INCURRIDO Y SE LES OTORGARÁ UN PLAZO DE SESENTA DÍAS CON EL OBJETO DE QUE LAS MISMAS SEAN SUBSANADAS.

TRANSCURRIDO EL PLAZO ANTERIOR, SI PERSISTEN LAS CAUSALES DE DISOLUCIÓN DETECTADAS, LAS AUTORIDADES MUNICIPALES INICIARÁN ANTE EL JUEZ COMPETENTE EN MATERIA CIVIL EL PROCEDIMIENTO DE DISOLUCIÓN JUDICIAL.

EL FISCAL GENERAL DE LA REPÚBLICA, DE OFICIO O A PETICIÓN DE CUALQUIER AUTORIDAD PÚBLICA, TENDRÁ CAPACIDAD PARA PROMO-VER LA ACCIÓN DE DISOLUCIÓN A QUE SE REFIERE EL INCISO ANTERIOR.

EN CUALQUIER CASO LA ACCIÓN DE DISOLUCIÓN SE TRAMITARÁ EN JUICIO SUMARIO.

LA CERTIFICACIÓN DE LA SENTENCIA EJECUTORIADA QUE DECLARA LA DISOLUCIÓN DEBERÁ INSCRIBIRSE EN EL REGISTRO QUE AL EFECTO LLEVA LA MUNICIPALIDAD RESPECTIVA. DENTRO DEL PLAZO DE TREIN-TA DÍAS DESPUÉS DE EJECUTORIADA LA SENTENCIA, EL JUEZ COMPE-TENTE PROCEDERÁ DE OFICIO A NOMBRAR LIQUIDADORES Y A SEÑA-LARLES SUS FACULTADES Y EL PLAZO PARA LA LIQUIDACIÓN. LA CERTI-FICACIÓN DEL NOMBRAMIENTO DE LIQUIDADORES DEBERÁ INSCRIBIRSE EN EL MISMO REGISTRO.

LOS BIENES REMANENTES DE UNA ASOCIACIÓN PASARÁN A SER PRO-PIEDAD DE LA INSTITUCIÓN DE BENEFICIO LOCAL QUE HAYA SIDO DE-SIGNADA EN LOS ESTATUTOS. EN CASO DE NO EXISTIR TAL DESIGNA-CIÓN, O EN CASO QUE LA INSTITUCIÓN DESIGNADA YA NO TENGA EXIS-TENCIA LEGAL, LA DESIGNACIÓN SERÁ HECHA POR LAS AUTORIDADES MUNICIPALES COMPETENTES.

EN CASO QUE LA ASOCIACIÓN COMUNAL HAYA SIDO CREADA POR LA PARTICIPACIÓN DE MÁS DE UN MUNICIPIO, LA DISTRIBUCIÓN DEL REMA-NENTE SE HARÁ EN LA FORMA ESTABLECIDA EN EL INCISO ANTERIOR, DEBIENDO EN TODO CASO, LAS MUNICIPALIDADES INVOLUCRADAS, DE-SIGNAR LAS RESPECTIVAS INSTITUCIONES DE BENEFICIO COMUNAL EN SUS RESPECTIVOS MUNICIPIOS, A LAS QUE SE DISTRIBUIRÁ EL REMA-NENTE POR PARTES IGUALES. (7)

Art. 122.- Las asociaciones comunales actualmente existentes con cualquier nombre que se les conozca y cualquier otro tipo de asociación similar existente con personalidad otorgada por el Ministerio del Interior, serán reconocidas en los términos de esta ley, debiendo dicho Ministerio trasladar a los respectivos Municipios los expedientes corres-pondientes a la constitución y actuaciones de las asociaciones.

Art. 123.- Los Municipios deberán propiciar la incorporación de los ciudadanos en las asociaciones comunales y su participación organizada a través de las mismas.

De igual manera a través de las asociaciones deberá propiciar al apoyo y participa-ción en los programas estatales y municipales de beneficio general o comunal.

Art. 124.- El Concejo deberá reunirse periódicamente con las asociaciones comunales para analizar y resolver los problemas, elaborar y ejecutar obras de toda naturaleza de beneficio comunal.

Art. 125.- El Concejo podrá requerir la cooperación comunal mediante la incorporación de personas o de representantes de la comunidad en:

a)   Comisiones asesoras permanentes o especiales del propio Concejo;

b)   Comisiones o Juntas de carácter administrativo a las cuales se les encomienden gestiones específicas de orden material, cultural, cívico, moral y otras;

c)   Cualesquiera otra forma de organización o colaboración comunal.

CAPÍTULO III
DE LA TRANSPARENCIA (7)

Art. 125-A.- SE ENTENDERÁ POR TRANSPARENCIA EN LA GESTIÓN MUNICIPAL A LAS POLÍTICAS Y MECANISMOS QUE PERMITEN EL ACCESO PÚBLICO A LA INFORMACIÓN SOBRE LA ADMINISTRACIÓN MUNICIPAL. (7)

Art. 125-B.- TODOS LOS CIUDADANOS DOMICILIADOS EN EL MUNICIPIO TIENEN DERECHO A:

a)   SOLICITAR INFORMACIÓN POR ESCRITO A LOS CONCEJOS MUNICIPALES Y A RECIBIR RESPUESTA DE MANERA CLARA Y OPORTUNA;

b)   SER INFORMADOS DE LAS DECISIONES GUBERNAMENTALES QUE AFECTEN AL DESARROLLO LOCAL;

c)   CONOCER EL FUNCIONAMIENTO DEL GOBIERNO MUNICIPAL Y DEL MANEJO DE SU ADMINISTRACIÓN;

d)   SER TOMADOS EN CUENTA POR LAS AUTORIDADES MUNICIPALES EN LA APLICACIÓN DE LAS POLÍTICAS PÚBLICAS LOCALES;

e)   RECIBIR INFORME ANUAL DE RENDICIÓN DE CUENTAS Y EJERCER CONTRALORÍA A TRAVÉS DEL COMITÉ RESPECTIVO, EN LA EJECUCIÓN DE OBRAS DE INFRAESTRUCTURA. (7)

Art. 125-C.- LA MUNICIPALIDAD TIENE LA OBLIGACIÓN DE:

a)   GARANTIZAR EL EJERCICIO DE LOS DERECHOS A QUE SE REFIERE EL ART. 125-B;

b)   INFORMAR A LOS CIUDADANOS DE SU COMPRENSIÓN LO PERTINENTE A LA ADMINISTRACIÓN MUNICIPAL, EN FORMA CLARA, OPORTUNA Y ACTUALIZADA;

c)   PROPORCIONAR LA INFORMACIÓN REQUERIDA POR LOS CIUDADANOS CUANDO SEA PROCEDENTE DE ACUERDO A ESTE CÓDIGO. (7)

Art. 125-D.- LA INFORMACIÓN DE ACCESO PÚBLICO A QUE SE REFIERE EL PRESENTE CAPÍTULO, SERÁ LA CONTENIDA EN LOS DOCUMENTOS SIGUIENTES:

a)   ORDENANZAS MUNICIPALES Y SUS PROYECTOS;

b)   REGLAMENTOS;

c) PRESUPUESTO MUNICIPAL;

d) PLANES MUNICIPALES;

e) VALÚO DE BIENES A ADQUIRIR O VENDER;

f) FOTOGRAFÍAS, GRABACIONES Y FILMES DE ACTOS PÚBLICOS;

g) ACTAS DEL CONCEJO MUNICIPAL;

h) INFORMES FINALES DE AUDITORÍA.

PARA LOS EFECTOS DEL INCISO ANTERIOR, LA DOCUMENTACIÓN DE-BERÁ PERMANECER ARCHIVADA COMO MÍNIMO POR UN PERÍODO DE CINCO AÑOS.

EN EL CASO DE LOS ACUERDOS MUNICIPALES, TENDRÁN ACCESO A LA INFORMACIÓN CONTENIDA EN ELLOS, AQUELLOS CIUDADANOS QUE DI-RECTAMENTE RESULTEN AFECTADOS POR LOS MISMOS. (7)

Art. 125-E.- EL GOBIERNO LOCAL RENDIRÁ CUENTA ANUAL DE SU AD-MINISTRACIÓN, INFORMANDO A LOS CIUDADANOS SOBRE ASPECTOS RE-LEVANTES RELATIVOS A:

a) LAS FINANZAS MUNICIPALES CON RELACIÓN A LOS ESTADOS FI-NANCIEROS Y PRESUPUESTOS DE LOS PROGRAMAS, PROYECTOS, SERVICIOS MUNICIPALES Y SUS RESPECTIVAS EJECUCIONES PRE-SUPUESTARIAS;

b) LOS PROYECTOS DE INVERSIÓN PÚBLICA EN EJECUCIÓN;

c) OBRAS Y SERVICIOS MUNICIPALES;

d) EL COSTO Y LIQUIDACIÓN FINAL DE LAS OBRAS DE INFRAES-TRUCTURAS DETALLANDO LOS RUBROS MÁS IMPORTANTES;

e) PLAN DE GOBIERNO Y/O EL PLAN DE DESARROLLO DEL MUNICI-PIO;

f) ORGANIZACIÓN DE LA ALCALDÍA; Y

g) DEMÁS DOCUMENTOS DE INTERÉS PÚBLICO EMITIDO POR EL CONCEJO MUNICIPAL. EL INFORME A QUE SE REFIERE ESTE ARTÍ-CULO COMPRENDERÁ LO REALIZADO DURANTE EL PERÍODO DEL PRIMERO DE ENERO HASTA EL TREINTA Y UNO DE DICIEMBRE DE CADA AÑO Y SERÁ PRESENTADO EN LOS PRIMEROS SESENTA DÍAS DEL AÑO SIGUIENTE Y SU DIVULGACIÓN SE HARÁ POR LOS MECANISMOS DE PARTICIPACIÓN ESTABLECIDOS Y/O MEDIOS DE COMUNICACIÓN QUE TENGA A SU ALCANCE, ASEGURANDO EL CONOCIMIENTO DEL MISMO POR PARTE DE LOS CIUDADANOS DEL MUNICIPIO. (7)

Art. 125-F.- SE REGULARÁ LO RELATIVO A LA PARTICIPACIÓN CIUDA-DANA, ASOCIACIONES COMUNALES Y LA TRANSPARENCIA, A TRAVÉS DE UNA ORDENANZA QUE, SEGÚN LAS CARACTERÍSTICAS DE CADA MUNICI-PIO, ESTABLECERÁ LOS DERECHOS, OBLIGACIONES, MECANISMOS Y PROCEDIMIENTOS. (7).

TITULO X
DE LAS SANCIONES, PROCEDIMIENTOS Y RECURSOS
CAPITULO ÚNICO

Art. 126.- EN LAS ORDENANZAS MUNICIPALES PUEDEN ESTABLECERSE SANCIONES DE MULTA, CLAUSURA Y SERVICIOS A LA COMUNIDAD POR INFRACCIÓN A SUS DISPOSICIONES, SIN PERJUICIO DE LAS DEMÁS RESPONSABILIDADES A QUE HUBIERE LUGAR CONFORME A LA LEY. (7)

Las sanciones pueden aplicarse simultánea o alternativamente.

Art. 127.- DEROGADO (7)

Art. 128.- LAS FALTAS EXPRESAMENTE CONSIGNADAS EN UNA ORDENANZA PODRÁN SANCIONARSE CON MULTA IGUALMENTE ESTABLECIDA, QUE EL ALCALDE O CONCEJO FIJARÁ DE CONFORMIDAD A LA GRAVEDAD DE LA INFRACCIÓN Y A LA CAPACIDAD ECONÓMICA DEL INFRACTOR SIN QUE EL MONTO DE LA MULTA PUEDA EXCEDER DE OCHO SALARIOS MÍNIMOS MENSUALES PARA EL COMERCIO.

LAS DEMÁS INFRACCIONES A LAS ORDENANZAS, SE SANCIONARÁN DESDE UNO HASTA VEINTE DÍAS DE SALARIO MÍNIMO PARA EL COMERCIO. (7)

Art. 129.- LAS MULTAS PODRÁN PERMUTARSE POR SERVICIOS COMUNITARIOS, LO QUE SERÁ REGULADO EN LA ORDENANZA MUNICIPAL CORRESPONDIENTE. (7)

Art. 130.- La imposición de la multa no exime de las demás responsabilidades que correspondan de acuerdo a la ley.

Art. 131.-CUANDO EL ALCALDE O FUNCIONARIO DELEGADO TUVIERE CONOCIMIENTO POR CUALQUIER MEDIO, QUE UNA PERSONA HA COMETIDO INFRACCIÓN A LAS ORDENANZAS MUNICIPALES, INICIARÁ EL PROCEDIMIENTO Y RECABARÁ LAS PRUEBAS QUE FUNDAMENTEN LA MISMA.

DE LA PRUEBA OBTENIDA NOTIFICARÁ Y CITARÁ EN LEGAL FORMA AL INFRACTOR, PARA QUE COMPAREZCA A LA OFICINA DENTRO DEL TÉRMINO DE TRES DÍAS HÁBILES SIGUIENTES A LA NOTIFICACIÓN A MANIFESTAR SU DEFENSA. COMPARECIENDO O EN SU REBELDÍA, ABRIRÁ A PRUEBA POR EL TÉRMINO DE OCHO DÍAS HÁBILES, DENTRO DE LOS CUALES DEBERÁ PRODUCIRSE LAS PRUEBAS OFRECIDAS Y CONFIRMAR LAS MENCIONADAS EN EL INFORME O DENUNCIA.

CONCLUIDO EL TÉRMINO DE PRUEBA Y RECIBIDAS LAS QUE HUBIEREN ORDENADO O SOLICITADO RESOLVERÁ EN FORMA RAZONADA DENTRO DE LOS TRES DÍAS SIGUIENTES.

PARA DICTAR SENTENCIA, LA AUTORIDAD ADQUIRIRÁ SU CONVENCIMIENTO POR CUALQUIERA DE LOS MEDIOS ESTABLECIDOS EN LA LEY.

LA CERTIFICACIÓN DE LA RESOLUCIÓN QUE IMPONGA UNA MULTA TENDRÁ FUERZA EJECUTIVA. (7)

Art. 132.- DEROGADO (7)

Art. 133.- Las multas deberán ser pagadas dentro de los tres días siguientes a la notificación de la resolución en que se imponga, salvo en caso de interposición de un recurso en que la obligación de pago serán dentro de los tres días siguientes a la resolución definitiva del Concejo sobre el recurso planteado.

SEGUNDO INCISO DEROGADO (7)

Art. 134.- SIEMPRE QUE EL OBLIGADO SE NEGARE A CUMPLIR CON EL MANDATO CONSIGNADO EN UNA ORDENANZA, REGLAMENTO O ACUERDO MUNICIPAL, EL CONCEJO PODRÁ, SIN PERJUICIO DE LA SANCIÓN CORRESPONDIENTE, EJECUTAR O REALIZAR LA OBLIGACIÓN DEL OMISO, CARGANDO A LA CUENTA DE ÉSTOS LOS GASTOS.

EL CONCEJO FIJARÁ LOS PLAZOS GENERALES O ESPECÍFICOS PARA EL CUMPLIMIENTO DE LAS OBLIGACIONES Y VENCIDOS QUE FUEREN TENDRÁ LA POTESTAD DE ACCIÓN DIRECTA ESTABLECIDA EN EL INCISO ANTERIOR. (7)

Art. 135.- DE LOS ACUERDOS DEL CONCEJO SE ADMITIRÁ RECURSO DE REVISIÓN, PARA ANTE EL MISMO CONCEJO, QUE SE PODRÁ INTERPONER DENTRO DE LOS TRES DÍAS HÁBILES SIGUIENTES A LA RESPECTIVA NOTIFICACIÓN.

ADMITIDO EL RECURSO, EL CONCEJO RESOLVERÁ A MÁS TARDAR EN LA SIGUIENTE SESIÓN, SIN MÁS TRÁMITE NI DILIGENCIAS. (7)

Art. 136.- DE LOS ACUERDOS DEL CONCEJO SE ADMITIRÁ RECURSO DE REVOCATORIA ANTE EL MISMO CONCEJO.

EL RECURSO DE REVOCATORIA SE INTERPONDRÁ DENTRO DE LOS TRES DÍAS HÁBILES SIGUIENTES A LA NOTIFICACIÓN DE QUE SE TRATE O DE LA NOTIFICACIÓN DE LA DENEGATORIA DE LA REVISIÓN.

ADMITIDO EL RECURSO ABRIRÁ A PRUEBAS POR CUATRO DÍAS HÁBILES, EL CONCEJO DESIGNARÁ A UNO DE SUS MIEMBROS O ALGÚN FUNCIONARIO PARA QUE LLEVE LA SUSTANCIACIÓN DEL RECURSO Y VENCIDO EL PLAZO LO DEVOLVERÁ PARA QUE EL CONCEJO RESUELVA A MÁS TARDAR EN LA SIGUIENTE SESIÓN.

SI EL CONCEJO NO EMITE LA RESOLUCIÓN RESPECTIVA EN LOS TÉRMINOS DEL INCISO ANTERIOR O HABIENDO SIDO EMITIDA ÉSTA, NO ES NOTIFICADA AL PETICIONARIO, SE CONSIDERARÁ QUE LA RESOLUCIÓN ES FAVORABLE AL MISMO. (7)

Art. 137.- DE LAS RESOLUCIONES DEL ALCALDE O DEL FUNCIONARIO DELEGADO SE ADMITIRÁ RECURSO DE APELACIÓN PARA ANTE EL CONCEJO, DENTRO DE LOS TRES DÍAS HÁBILES SIGUIENTES A SU NOTIFICACIÓN.

INTERPUESTO EL RECURSO DE APELACIÓN, EL ALCALDE DARÁ CUENTA AL CONCEJO EN SU PRÓXIMA SESIÓN, QUIEN DESIGNARÁ A UNO DE SUS MIEMBROS O ALGÚN FUNCIONARIO PARA QUE LLEVE LA SUSTANCIACIÓN DEL RECURSO Y LO DEVUELVA OPORTUNAMENTE PARA RESOLVER.

ADMITIDO EL RECURSO POR EL CONCEJO SE NOTIFICARÁ AL APELANTE Y SE ABRIRÁ A PRUEBA POR EL TÉRMINO DE OCHO DÍAS HÁBILES.

TRANSCURRIDO EL TÉRMINO DE PRUEBA, EL ENCARGADO DE LA SUS-
TANCIACIÓN, DEVOLVERÁ EL EXPEDIENTE AL CONCEJO PARA QUE RE-
SUELVA EN SU PRÓXIMA SESIÓN.

SI EL CONCEJO NO EMITE LA RESOLUCIÓN RESPECTIVA EN LOS
TÉRMINOS DEL INCISO ANTERIOR O HABIENDO SIDO EMITIDA ÉSTA, NO
ES NOTIFICADA AL PETICIONARIO, SE CONSIDERARÁ QUE LA RESOLU-
CIÓN ES FAVORABLE AL MISMO. (7)

TÍTULO XI
DE LA VENTA VOLUNTARIA Y FORZOSA
CAPITULO ÚNICO (7)

Art. 138.- CUANDO UN CONCEJO REQUIERA LA ADQUISICIÓN DE UN IN-
MUEBLE O PARTE DE ÉL PARA LA CONSECUCIÓN DE UNA OBRA DESTI-
NADA A UN SERVICIO DE UTILIDAD PÚBLICA O DE INTERÉS SOCIAL LO-
CAL, PODRÁ DECIDIR ADQUIRIRLO VOLUNTARIA O FORZOSAMENTE CON-
FORME A LAS REGLAS DE ESTE TÍTULO. (7)

Art. 139.- El Concejo publicará por una sola vez en el Diario Oficial y por dos veces
consecutivas en dos de los periódicos de mayor circulación, avisos que señalen y descri-
ban con claridad y precisión el o los inmuebles que se desean adquirir expresando el
nombre de los propietarios o poseedores, así como su inscripción en el Registro de la
Propiedad Raíz, si estuvieren inscritos.

Los propietarios o poseedores de inmuebles que en todo o en parte estén comprendidos dentro de los lugares señalados, tienen la obligación de presentarse a la Municipalidad dentro de los quince días siguientes a la publicación del último aviso, manifestando
por escrito si están dispuestos a venderlos voluntariamente, conforme a las condiciones y
por el precio que convengan con la Municipalidad.

PARA DETERMINAR EL PRECIO DE LOS INMUEBLES A QUE SE REFIERE
ESTE ARTÍCULO, DEBERÁ PRACTICARSE VALÚO DE LOS MISMOS POR PE-
RITOS DE LA DIRECCIÓN GENERAL DEL PRESUPUESTO, QUIENES DE-
BERÁN REALIZARLO EN UN PLAZO MÁXIMO DE TREINTA DÍAS HÁBILES,
CONTADOS A PARTIR DE LA FECHA DE PRESENTACIÓN DE LA SOLICITUD
RESPECTIVA. EL PRECIO NO PODRÁ EXCEDER EN UN 5% AL DETERMINA-
DO POR ÉSTOS. PARA LOS EFECTOS DE ESTE INCISO EL AUMENTO DE
PRECIO SOLO PODRÁ SER ACORDADO POR EL CONCEJO. (7)

La Municipalidad efectuará el pago al otorgarse la escritura correspondiente, o dentro de un plazo no mayor de siete años, reconociendo el 12% de interés anual sobre
saldos deudores.

Art. 140.- La Municipalidad podrá seguir el procedimiento especial de expropiación
establecido en la presente ley, contra los propietarios o poseedores con quienes no llegare a concertar voluntariamente la compraventa de sus inmuebles respectivos o que dejaren transcurrir el término establecido en el artículo anterior, sin hacer la manifestación
que dicho artículo indica.

Art. 141.- Será competente para conocer de los juicios de expropiación a que se refiere este título, uno de los Jueces de lo Civil o en su defecto el Juez de Primera Instancia a cuya jurisdicción correspondiere el municipio interesado.

Cuando hubieren dos o más Jueces competentes conocerán a prevención.

Art. 142.- En la demanda, la Municipalidad por medio del Síndico o de apoderado suficientemente autorizado hará relación de la obra o servicio que llevará a cabo, con descripción del o de los inmuebles que se necesitará expropiar, así como la forma y condiciones de pago.

Si entre lo demandados hubiere personas ausentes o incapaces, deberá mencionarse el nombre y domicilio de sus representantes, si fueren conocidos.

Con la demanda deberá presentarse:

1) Certificación del acuerdo del Concejo en el que requiera la adquisición del o de los inmuebles;

2) Los avisos publicados en el Diario Oficial y en los periódicos de mayor circulación;

3) El valúo a que se refiere el Art. 139 inciso 3º,

4) Que el proyecto a realizarse en el inmueble o los inmuebles a expropiar, tenga planos elaborados y autorizados legalmente;

5) Que el servicio u obra que se pretende realizar no le esté prestando el municipio, o lo haga en forma insuficiente;

6) Que no haya otro inmueble que pertenezca al municipio cerca del lugar del que se pretende expropiar y que sirva para el mismo fin;

7) Que se tenga asegurado el financiamiento para efectuar la obra o prestar el servicio, o los recursos en efectivo y en una partida especial, cuando se realice con fondos propios;

8) Que el plazo para iniciar la obra a partir de la expropiación no exceda de un año;

9) Que en los casos en que haya propietario conocido, se agregará certificación de dos actas como mínimo, en las que conste haber intentado la negociación directa para la adquisición del inmueble por parte del Concejo.

En la misma demanda podrán acumularse distintas acciones contra propietarios.

Art. 143.- Admitida la demanda el Juez mandará oír dentro de tercero día a los propietarios o poseedores o a sus legítimos representantes, emplazándolos por medio de un edicto que se publicará por una sola vez en el Diario Oficial y en dos de los periódicos de mayor circulación en la República y los tres días se contarán a partir de siguiente al de la fecha de la última publicación del edicto. No habrá término de la distancia.

Además se emplazarán mediante una copia de la demanda y del auto por el que se admitió y se tuvo por parte para entregar esta copia se buscará al demandado en el inmueble que se trata de expropiar o en su casa de habitación o lugar de su trabajo, si no habitare en éste y no estando presente se le dejará copia con su cónyuge o compañera de vida, hijos, socios, dependientes, domésticos, o cualquiera otra persona que allí residieren siempre que fueren mayores de edad.

Si la persona mencionada se negare a recibirla el notificador, fijará la copia en la puerta, cumpliendo así con la notificación.

El Procurador General de la República, representará por Ministerio de ley a las personas ausentes o incapaces que deben ser oídas y carecieren de representante o éste fuere desconocido o estuviere ausente. El emplazamiento se hará personalmente al Procurador quien podrá intervenir en persona o por medio de sus agentes auxiliares específicos.

Para los efectos de este Capítulo los demandados que dentro del término del emplazamiento no comparecieren a estar a derecho, serán considerados como ausentes y estarán representados asimismo por el Procurador General de la República. En caso de que los bienes hubiesen pertenecido a personas ya fallecidas y no se hubiere aceptado o declarado yacente su herencia, el Juez nombrará curador de los bienes al Procurador General de la República, inmediatamente y sin ningún otro trámite, para que represente la sucesión y lo emplazará se conformidad al inciso segundo de este artículo.

Art. 144.- Vencido el término del emplazamiento se abrirá el juicio a pruebas por 8 días improrrogables, dentro de los cuales el Juez de oficio, ordenará inspección pericial sobre la localización del inmueble o inmuebles que se trata de expropiar o el justiprecio de los mismos si cualquiera de estos fuera objetado. Para los efectos del justiprecio el Juez nombrará dos peritos que deberán ser analistas de la Dirección General del Presupuesto.

Art. 145.- Si durante el curso del procedimiento compareciere alguien alegando derecho en el inmueble que se trata de expropiar o en el monto de la indemnización, no se interrumpirá el procedimiento, pero el Juez en la sentencia ordenará que el importe de la indemnización correspondiente se deposite en las instituciones que la Ley establece hasta que por sentencia ejecutoriada se determine a quien debe pagarse dicha indemnización. El tercero conservará en todo caso su derecho a salvo, para ejercer contra el expropiado la acción que establece el Art. 900 C.

Art. 146.- Dentro de los tres días siguientes a la conclusión del término probatorio se dictará sentencia definitiva, declarando la utilidad pública o el interés social local, y decretando la expropiación o declarándola sin lugar en el primer caso determinará el valor de la indemnización con base en los valúos con respecto a cada inmueble y la forma y condiciones del pago.

Art. 147.- La sentencia podrá comprender uno o varios inmuebles pertenecientes a un solo a diversos propietarios o poseedores y no admitirá más que el de responsabilidad.

Art. 148.- Los derechos inscritos a favor de terceros quedarán extinguidos por efecto de la expropiación en lo que se refiere a los inmuebles, conservando aquéllos sus respectivos derechos contra los expropiados a fin de hacerse pagar del monto de la indemnización o por separado, en la cuantía, prelación y con los privilegios que hubieren tenido legalmente.

Art. 149.- Todas las actuaciones se practicarán en papel simple y las notificaciones y citaciones serán hechas por edictos que se fijarán en el tablero del Juzgado.

Art. 150.- Notificada la sentencia definitiva que decrete la expropiación, quedará transferida la propiedad de los bienes, libres de todo gravamen a favor de la municipalidad; y se inscribirá, como título de dominio, la ejecutoria de dicha sentencia.

Art. 151.- Dentro de los tres días siguientes a la notificación de la sentencia los propietarios poseedores o tenedores a cualquier título que fueren, deberán hacer entrega material de los inmuebles a la municipalidad, o desocuparlos en su caso.

Si transcurrido dicho término, alguno de los expropiados o cualquier otro tenedor no hubiere cumplido con lo dispuesto en el inciso anterior, el Juez con sólo el pedimento del demande le dará posesión material del inmueble, lanzando a los ocupantes que encontrare, aún cuando no se hubiere verificado las inscripciones correspondientes.

Art. 152.- Los inmuebles que adquiera la municipalidad, sea en forma contractual o forzosa, podrán inscribirse a su favor en los correspondientes Registros de la Propiedad, no obstante que los propietarios o poseedores carezcan de títulos inscritos o los tengan defectuosos.

Para hacer las inscripciones se prescindirá en su caso de lo dispuesto en el Art. 696 C.

Art. 153.- Tanto en las escrituras de la adquisición voluntaria como en las sentencias de expropiación, deberán consignarse las descripciones y áreas de los inmuebles que adquiera la municipalidad, de acuerdo con las declaraciones de las partes contratantes o con la prueba rendida, en su caso. Tales descripciones deberán consignarse con las inscripciones que se hagan en el Registro de los respectivos inmuebles aunque no coincidan con las expresadas en los antecedentes respectivos.

Art. 154.- No será necesaria la solvencia de renta, vialidad y pavimentación e impuestos fiscales y municipales para la inscripción de inmuebles a favor de la municipalidad.

Los propietarios o poseedores que vendieren voluntaria o forzosamente sus inmuebles a favor de la Municipalidad, estarán exentos del pago de alcabala.

Art. 155.- Al efectuar la compra venta de inmuebles, si sus propietarios fueren deudores del fisco o del municipio, la municipalidad no hará efectivo el pago del valor correspondiente mientras el vendedor no cancele su deuda con el fisco o el municipio, salvo que llegue a un arreglo convencional en la forma de pago de la deuda. En todo caso deberán presentarse las constancias respectivas.

Pero si transcurrido treinta días después de firmada la escritura de compraventa, no se hubiere efectuado la cancelación de la deuda, la municipalidad podrá descontar del valor del terreno de que se trate, el monto de lo adeudado y entregará al vendedor el saldo correspondiente.

Para los efectos de los incisos anteriores, la municipalidad solicitará informe a la Dirección General de Contribuciones Directas a fin de establecer si los propietarios o poseedores son deudores del Fisco, así como la cuantía de sus deudas.

Cuando se haya seguido juicio de expropiación, del fisco y la municipalidad presentarán al Juez correspondiente, el monto de lo que adeuda la persona de que se trate y el Juez retendrá en la forma establecida en el Art. 145 de este Código, el valor de la indemnización, hasta que el deudor cancele la deuda o llegue a un arreglo convencional en la forma de pago; si transcurridos treinta días no se hubiese cancelado la deuda o llegare a un arreglo, el Juez hará las deducciones correspondientes del monto de la indemnización, entregando al expropiado el saldo y remitiendo a quien corresponda el resto.

TITULO XII
DISPOSICIONES GENERALES
CAPITULO ÚNICO

Art. 156.- Las autoridades nacionales, regionales y departamentales, deberán comunicar a los municipios respectivos los planes que se propongan ejecutar a corto, mediano y largo plazo, a efecto de evitar la creación de servicios paralelos, duplicidad de servicios o contradicción de la actividad realizada en forma concurrente por varios entes de la Administración.

Art. 157.- Deróganse la Ley del Ramo Municipal promulgada el 28 de abril de 1908, publicada en el Diario Oficial número 295, Tomo 65, del 16 de diciembre del mismo año, así como; sus reformas posteriores y todas las leyes, decretos y disposiciones sobre la materia, en todo aquello que contraríen el texto y los principios contenidos en este Código.

Art. 158.- El presente Código se aplicará con preferencia a cualquier otra ley que tenga con la materia.

Art. 159.- El presente Código entrará en vigencia el primero de marzo de mil novecientos ochenta y seis.

DADO EN EL SALÓN AZUL DEL PALACIO LEGISLATIVO: San Salvador, a los treinta y un días del mes de enero de mil novecientos ochenta y seis.

Guillermo Antonio Guevara Lacayo,

Presidente.

Alfonso Arístides Alvarenga,

Vicepresidente.

Macla Judith Romero de Torres,

Secretario.

Pedro Alberto Hernández Portillo,

Secretario.

José Humberto Posada Sánchez,

Secretario.

CASA PRESIDENCIAL: San Salvador, a los tres días del mes de febrero de mil novecientos ochenta y seis.

PUBLÍQUESE,

JOSÉ NAPOLEÓN DUARTE,

Presidente Constitucional de la República.

Edgar Ernesto Belloso Funes,

Ministro del Interior.

Julio Alfredo Samayoa h.,

Ministro de Justicia.

D. O. N° 23

Tomo N° 290

Fecha: 5 de febrero de 1986

REFORMAS:

(1)   D.L. N° 542, 11 DE DICIEMBRE DE 1986;
      D.O. N° 241, T. 293, 24 DE DICIEMBRE DE 1986.

(2)   D. L. N° 791, 9 DE OCTUBRE DE 1987;
      D. O. N° 201, T. 297, 30 DE OCTUBRE DE 1987.

(3)   D. L. N° 793, 9 DE OCTUBRE DE 1987;
      D. O. N° 191, T. 297, 16 DE OCTUBRE DE 1987.

(4)   D. L. N° 863, 8 DE ENERO DE 1988;
      D. O. N° 12, T. 298, 19 DE ENERO DE 1988. (DEROGA: Arts. 28 y 29)

(5)   D.L. N° 730, 14 DE OCTUBRE DE 1999; **DECLARADO INCONSTITU-CIONAL
      D.O. N° 210, T. 345, 11 DE NOVIEMBRE DE 1999.

(6)   D.L. N° 89, 21 DE AGOSTO DE 2000;
      D.O. N° 175, T. 348, 20 DE SEPTIEMBRE DE 2000.

(7)   D.L. N° 929, 20 DE DICIEMBRE DE 2005;
      D.O. N° 12, T. 370, 18 DE ENERO DE 2006.

(8)   D.L. N° 499, 06 DE DICIEMBRE DE 2007;
      D.O. N° 10, T. 378, 16 DE ENERO DE 2008.

(9)   D.L. N° 500, 06 DE DICIEMBRE DE 2007;
      D.O. N° 10, T. 378, 16 DE ENERO DE 2008.

REFORMA AL D.L. N° 500/07:

      D.L. N° 550, 14 DE FEBRERO DE 2008;
      DO. N° 55, T. 378, 27 DE MARZO DE 2008.

(10) D.L. N° 536, 17 DE ENERO DE 2008;
      D.O. N° 36, T. 378, 21 DE FEBRERO DE 2008.

(11) D.L. N° 274, 11 DE FEBRERO DE 2010;
      D.O. N° 51, T. 386, 15 DE MARZO DE 2010.

(12) D.L. N° 19, 7 DE JUNIO DE 2012;
      D.O. N° 127, T. 396, 10 DE JULIO DE 2012.

(13) D.L. N° 49, 5 DE JULIO DE 2012;
      D.O. N° 146, T. 396, 10 DE AGOSTO DE 2012.

(14) D.L. N° 935, 28 DE ENERO DE 2015;
      D.O. N° 30, T. 406, 13 DE FEBRERO DE 2015.

DECRETO VETADO:

      D.L. N° 1133, 29 DE ENERO DE 2003;

INTERPRETACIONES AUTÉNTICAS:

      D. L. N° 371, 23 DE JULIO DE 1998;

D. O. N° 172, T. 340, 17 DE SEPTIEMBRE DE 1998.

D. L. N° 27, 18 DE JUNIO DE 2000; **DECLARADO INCONSTITUCIONAL

D. O. N° 124, T. 348, 4 DE JULIO DE 2000.

D. L. N° 1018, 30 DE ABRIL DE 2015;

D. O. N° 85, T. 407, 13 DE MAYO DE 2015.

INCONSTITUCIONALIDADES:

*POR MEDIO DE SENTENCIA DE LA SALA DE LO CONSTITUCIONAL DE LA CORTE SUPREMA DE JUSTICIA, PUBLICADA EN EL DIARIO OFICIAL N° 120, T. 296, DE 1 DE JULIO DE 1987, FUE DECLARADO INCONSTITUCIONAL EL ART. 100, INCISO FINAL.

**LA SALA DE LO CONSTITUCIONAL DE LA CORTE SUPREMA DE JUSTICIA, POR MEDIO DE SENTENCIA N° 35-2002/38-2003/1-2004/4-2004 ACUMULADOS, PUBLICADA EN EL DIARIO OFICIAL N° 208, TOMO 377, DEL 8 DE NOVIEMBRE DE 2007 DECLARA INCONSTITUCIONAL LOS DECRETOS Nos. 730/1999, 27/2000 Y 930/2002, Y LA PARTE FINAL DEL ORDINAL 24° DEL ARTICULO 4 Y LA INTERPRETACIÓN AUTÉNTICA AL MISMO, POR CONTRAVENIR AL ARTICULO 203 DE LA CONSTITUCIÓN, EN TANTO QUE CONTIENE UNA INTROMISIÓN LEGISLATIVA NO JUSTIFICADA EN LA AUTONOMÍA MUNICIPAL (30/11/07 ROM/adar)

***LA SALA DE LO CONSTITUCIONAL DE LA CORTE SUPREMA DE JUSTICIA, POR MEDIO DE SENTENCIA N° 76-2011, PUBLICADA EN EL D. O. N° 22, T. 406, DEL 3 DE FEBRERO DE 2015, DECLARA INCONSTITUCIONAL EL ART. 21 INC. 2°, PORQUE CONTRAVIENE LOS ARTS. 80 INC. 1°, 86 INC. 1° Y 202 CN., AL PERMITIR QUE EL MINISTRO DE GOBERNACIÓN NOMBRE PERSONAS PARA ADMINISTRAR EL NUEVO MUNICIPIO HASTA QUE TOME POSESIÓN EL CONCEJO MUNICIPAL ELECTO, SIENTO ESTO INCOMPATIBLE CON LOS PRINCIPIOS DE DEMOCRACIA REPRESENTATIVA Y DE INDELEGABILIDAD DE LAS FUNCIONES PÚBLICAS. (JQ/05/03/15)

DISPOSICIONES ESPECIALES:

ESTABLECESE DISPOSICIONES A FIN DE SANCIONAR LOS ESTABLECIMIENTOS DONDE SE PRACTIQUEN JUEGOS DE AZAR PROHIBIDOS POR LA LEY.

D.L. N° 930, 18 DE JULIO DE 2002; **DECLARADO INCONSTITUCIONAL

D.O. N° 142, T. 356, 31 DE JULIO DE 2002.

CONCEDESE A LOS PROPIETARIOS DE MAQUINAS TRAGAMONEDAS, QUE HAYAN SIDO IMPORTADAS AL PAÍS, SEIS MESES MORATORIOS A PARTIR DEL PRESENTE DECRETO.

D.L. N° 240, 8 DE FEBRERO DE 2007;

D.O. N° 100, T. 375, 4 DE JUNIO DE 2007.

ESPAÑA

Ley 7/1985, de 2 de abril, Reguladora de las Bases del Régimen Local.

Jefatura del Estado

«BOE» núm. 80, de 3 de abril de 1985

Referencia: BOE-A-1985-5392

TEXTO CONSOLIDADO

Última modificación: 8 de abril de 2016

JUAN CARLOS I

REY DE ESPAÑA

A todos los que la presente vieren y entendieren, sabed:

Que las Cortes Generales han aprobado y Yo vengo en sancionar la siguiente Ley:

PREÁMBULO

I

La organización democrática de nuestra convivencia representada por la Constitución es un hecho singular de nuestra convulsa historia de los últimos siglos; singular por el grado de sosegado consenso que alcanzó en su elaboración y aprobación, hecho de por sí ya sin precedentes, y singular, también, por la importancia de los asuntos y viejas querellas que abordó; así en lo tocante a libertades y organización territorial del Estado, en torno a los cuales tal historia es pródiga en mostrarnos las notables y graves diferencias que dividían el sentimiento de los ciudadanos y eran causa de profundas alteraciones en la cosa pública.

La implantación de un cimiento tan sólido de convivencia, que vale tanto como decir de futuro, por fuerza ha de producir beneficiosos efectos a lo largo y ancho del ser nacional insuflando nueva savia y nuevas energías en los últimos reductos de la organización social; en una palabra, regenerando un tejido social desatendido cuando no decrépito y lacerado por los sucesivos embates de cuantos vicios y abusos asolaron nuestra vida pública, transformándola en campo de agramante de quienes disputaban el dominio de las instituciones para satisfacción de privados intereses.

Uno de los ámbitos en que mayores efectos produce y ha producido ya la aprobación de nuestra querida Constitución es el relativo a la Administración local tan necesitada de adaptación a la nueva realidad. En el día son numerosas las pruebas de la urgencia de definir desde el Estado el alcance de la autonomía que se reconoce a estas Entidades tan ricas en historia y en muestras de su importante contribución a la defensa y engrandecimiento de España, pero tan expuestas a sufrir los males que puedan derivarse de una abusiva limitación de su capacidad de actuación en los asuntos que son del pro-común de las villas, pueblos, parroquias, alfoces, comunidades y otros lugares que con distintos nombres son conocidos en las diferentes regiones de nuestra patria.

LEGISLACIÓN CONSOLIDADA

La gravedad del asunto no admite demora y mucho menos cuando, por mor de la nueva configuración territorial del Estado, las nuevas Comunidades Autónomas esperan, algunas con impaciencia, a que el Estado trace las líneas maestras definitorias de estas Entidades para, inmediatamente, proceder al ejercicio de las facultades que sus novísimos Estatutos les confían.

Se comprenderá fácilmente que, al elaborar las presentes normas reguladoras del régimen local, el legislador sienta la carga de una especial responsabilidad, que le incita a extender sus reflexiones a todos aquellos ámbitos relacionados con el asunto y a indagar sobre la misma desde todas las perspectivas posibles y en primer lugar volviendo la vista a la Historia. Y es que las Instituciones que conforman el régimen local, además de su importancia intrínseca, además de su inmediata proximidad no ya a colectivos más o menos nutridos, sino a la práctica totalidad de los ciudadanos, poseen extraordinaria densidad histórica; cuentan con un pasado multisecular susceptible por sí solo de proporcionar valiosas enseñanzas y de orientar el pulso del legislador.

Pensemos ante todo en el Municipio, marco por excelencia de la convivencia civil, cuya historia es en muy buena medida la del Occidente a que pertenecemos. Tanto en España como en Europa el progreso y el equilibrio social han estado asociados desde la antigüedad al esplendor de la vida urbana y al consiguiente florecimiento municipal. Y viceversa, los períodos de estancamiento o de retroceso se han caracterizado igualmente por la simultánea decadencia de las comunidades ciudadanas, que en siglos ya lejanos llegó a consumarse con la ruina y extinción de los municipios.

Al clausurarse el primer milenio de nuestra era, la confluencia de factores múltiples y de diversa índole provocó el resurgimiento de la poco menos que inexistente vida urbana. Los países de Europa occidental, España entre ellos, volvieron a presenciar la erupción de núcleos humanos compactos. Sus asentamientos dejan de ser meros centros de población para adquirir superior organicidad, personalidad progresivamente definida; para forjar lentamente un régimen jurídico específico. El municipio, claro es, no equivale sin más a la ciudad, a la materialidad de sus calles y edificios. El municipio es la organización jurídica peculiar del núcleo urbano y también, con frecuencia, de su entorno geográfico. No se olvide, en efecto, que los nacientes municipios medievales fueron durante varios siglos instrumentos esenciales de colonización de territorios ganados a los musulmanes. Con el decisivo concurso de los municipios y por impulso suyo se repoblaron amplias zonas y se crearon incontables villas y aldeas, organizándose, en suma, extensos términos y alfoces estrechamente vinculados a las ciudades respectivas. La expresión más acabada del alcance de la expansión municipal seguramente se encuentra en las numerosas comunidades castellanas de villa y tierra.

Se ha aludido a la singularidad de la organización municipal, pero ¿en qué consistió exactamente? Los hombres del siglo XX necesitamos ejercitar nuestra adormecida imaginación, trascender el horizonte histórico inmediato, para comprender cabalmente lo que antaño representó la emergencia del régimen municipal. Es menester recordar la anterior exclusividad de la vida agraria, controlada por entero por sectores señoriales cuya prepotencia se tradujo en el establecimiento y generalización de las relaciones de servidumbre. En ese contexto señorial, el renacimiento de las ciudades y su organización en municipios posibilita el disfrute de libertades hasta entonces inasequibles; permite redimirse de los malos usos y de la opresión señorial, así como adquirir un estatuto jurídico liberador de las pasadas y pesadas restricciones. No le faltaban motivos al hombre medieval para pregonar que «el aire de la ciudad hace libre». Si el Señorío es el arquetipo de la sujeción personal, el municipio es el reducto de las libertades. En verdad los municipios son enclaves liberadores en medio del océano señorial de payeses, solariegos, etcétera, sometidos a servidumbre.

No fue, naturalmente, el altruismo de los señores lo que motivó la concesión de esas libertades concretas. La iniciativa y el estímulo provienen de la Corona, interesada en debilitar la hegemonía y contrarrestar la influencia de las fuerzas señoriales, que se erige en protectora y aliada de las ciudades. De ahí que sea la monarquía la que otorga las normas singulares que cimentan el edificio municipal: innumerables y sucesivos fueros, privilegios, franquicias, exenciones, jalonan el régimen jurídico de las poblaciones que, tras recibirlas, se convierten en municipios. Como consecuencia de ese proceso no se encuentran dos municipios con idéntico régimen. Antes bien, coexisten tipos o modelos municipales diversos y dotados de distinto grado de desarrollo. Común a los municipios de realengo es, empero, el contraste jurídico con el señorío rural y la íntima conexión con la monarquía, como lo es, desde luego, haber obtenido generosas dosis de autogobierno consustanciales al municipio propiamente dicho. Porque, aun obviando los excesos interpretativos de la historiografía liberal, no es cuestionable que los municipios medievales -principal y precozmente los castellanos- cohonestaron su indiscutida dependencia de la realeza con el goce de amplia autonomía en todos los órdenes.

No obstante, la participación inicialmente igualitaria de la totalidad de los vecinos en el gobierno municipal ni se mantuvo en toda su pureza ni fue demasiado duradera. La aceptación de los criterios de estratificación estamental, a los que se sumaron las acusadas diferencias de riqueza que entre los convecinos provocó en determinadas ciudades la prosperidad comercial, no favorecía la perpetuación de la democracia municipal. La traducción jurídica de las distinciones sociales de base estamental (o económica) introdujo en el seno de las poblaciones un poderoso germen de desunión, engendró incesantes convulsiones y sumió a los municipios en una situación de crisis permanente.

La tendencia a la oligarquización del gobierno municipal, la descomposición y endémicos desórdenes del régimen urbano, la paralela propensión del poder central (en camino hacia el absolutismo) a fortalecer sus atribuciones en detrimento de la autonomía local, facilitaron la intervención de la monarquía. Entre mediados del siglo XIV y finales del XV la organización municipal experimentó profundas mutaciones que contribuyeron a estrechar considerablemente el ámbito del anterior autogobierno. Mencionemos, a título de ejemplo, sendas manifestaciones paradigmáticas del fenómeno que se acaba de indicar: las tempranas reformas de Alfonso XI en Castilla y las tardías de Fernando II en Cataluña, distintas y distanciadas en el tiempo, pero inspiradas a la postre en directrices políticas análogas.

A lo largo del bajo medievo los municipios quedaron, pues, literalmente atenazados de un lado -desde dentro-, por la acción de la nobleza y de los patriciados urbanos; de otro -desde fuera-, por las pretensiones intervencionistas de la propia monarquía. La pugna triangular que esmalta el acaecer del municipio hasta muy avanzado el Antiguo régimen desembocará en todo caso en el menoscabo de los sectores ciudadanos, a pesar de haberse alineado habitualmente en el bando de la realeza. El desarrollo de las oligarquías municipales se vió facilitado por la sustitución de las asambleas abiertas a todos los vecinos (Concejos abiertos) por organismos reducidos (Cabildos, Consells, Ayuntamientos) de los que todavía suelen formar parte, con los titulares de cargos de designación regia y sin confundirse con ellos, otros oficiales en principio rigurosamente electivos. La representatividad de las instituciones municipales es, sin embargo, decreciente. Mientras los oficios concebidos como resortes de protección del común de los vecinos pierden sustantividad, se desnaturalizan o se eclipsan, el fenómeno de patrimonialización de los cargos públicos que recorre Europa rompe el de por sí precario equilibrio y propicia el enquistamiento de las oligarquías locales gracias a la ocupación de los regimientos adquiridos por juro de heredad, transmisibles y «perpetuos».

Factores políticos y fiscales condujeron entre tanto a la monarquía a estrechar el cerco. Las vicisitudes del Estado absoluto repercutieron sobre los municipios en un doble orden de cosas. La formación de aquél supuso, en primer término, el notorio reforzamiento del control sobre el discurrir ciudadano, que se materializará en el despliegue de los corregidores reales por las poblaciones de cierta relevancia de la Corona castellana, sea cual fuere su posición geográfica (de Guipúzcoa a Cádiz, de La Coruña a Murcia). A los efectos que aquí atañen bastará con señalar que los corregidores eran los agentes por excelencia del poder regio y presidentes de los respectivos Ayuntamientos. La consolidación del Estado y los compromisos exteriores de los Austrias originaron, el segundo lugar, muy elevados costes y la consiguiente y crónica penuria de la Hacienda, que no reparó en medios para satisfacer sus perentorias exigencias. De esta suerte, a la desafortunada e inescrupulosa gestión económica de las oligarquías que gobiernan las ciudades, a la fortísima carga fiscal que gravita sobre la población pechera, se sumaron los trastornos ocasionados a los municipios por el innecesario acrecentamiento de oficios, por la proliferación de las exenciones de villas y lugares de los alfoces, por la imposición de múltiples gravámenes. Para alimentarse la Hacienda real vende sin tasa -oficios, villas, baldíos...-, a riesgo de empobrecer simultáneamente a los municipios y de poner en peligro la integridad de sus patrimonios. La historia del municipio moderno es, con todo, sumamente compleja y está colmada de hechos de significación ambivalente, de matices aún inexplorados. Desde una óptica general es indudable su decadencia. No obstante, el régimen municipal preliberal tardó en desplomarse; conservó durante un período quizá más prolongado de lo que a menudo se cree parte de su potencia y los rescoldos de su pretérita autonomía distaron de apagarse al punto. ¿Acaso los denostados corregidores, brazo ejecutor de los designios reales, no sirvieron a la vez de freno a los abusos de las minorías poderosas?

En el tramo postrero del Antiguo Régimen, la organización municipal que los Austrias habían recibido, conservado y exportado a América, fue objeto de reformas inspiradas en los principios uniformistas y centralizadores característicos de la ilustración. Por más que resulten antagónicos de la orientación que preside esta Ley rehuyamos, en aras del rigor histórico, la tentación de silenciarlos o valorarlos acríticamente. No sería aceptable la atribución al Despotismo Ilustrado de pretensiones democratizadoras de la vida local. Interesa subrayar, sin embargo, tres vertientes de las reformas aludidas. Su gradación misma no carece de significado, por cuanto insinúa el orden de prioridades de los gobernantes de la época. En una primera etapa se acomete la unificación de los modelos municipales regnícolas.

Se aborda luego el saneamiento de las postradas haciendas locales. Y se ensaya, en fin, la tímida aplicación de determinados mecanismos representativos. Salvo en lo que se refiere al primer aspecto, las transformaciones del longevo régimen municipal absolutista no fueron demasiado profundas, a pesar de lo cual su ejecución tropezó con los intereses estamentales y provocó fuerte resistencia.

La llegada del liberalismo modificó sustancialmente los supuestos del régimen municipal que hasta aquí se ha descrito a grandes rasgos. El espíritu uniformista y centralizado, entonces al servicio de la renovación, se difundió por doquier. La abolición de los privilegios estamentales y la consagración del principio representativo tornó imposible la continuidad de los regimientos perpetuos, alteró por completo el procedimiento de acceso a los cargos municipales y prejuzgó la composición de los Ayuntamientos constitucionales. La concepción de la propiedad sustentada por la burguesía no presagiaba, precisamente el disfrute pacífico e indefinido de los bienes municipales amortizados. El propósito de racionalizar y dotar de homogeneidad a la actuación pública en el ámbito territorial condujo a la introducción de la fórmula provincial y a la paralela creación de las Diputaciones.

La versión inicial del régimen local constitucional, regulada en Cádiz, se estableció efectivamente en el trienio liberal. Se caracterizaba por la implantación de Ayuntamientos de traza uniforme en todas las poblaciones que contaran al menos con 1.000 habitantes y por el tendido de la red provincial en torno al binomio Diputación-Jefe político. Los integrantes de los Ayuntamientos son elegidos por sufragio indirecto. Es innegable que la articulación de los órganos locales con los del poder central se realizó con el concurso de las técnicas centralizadoras en boga, si bien la esfera de las competencias reservadas a los Ayuntamientos era todavía amplia y, por otra parte, los autores de la Instrucción de 1823 no vacilaron en dar cabida a algunas soluciones que entonces resultaban prudentemente descentralizadoras.

Cuando, tras los consabidos interludios absolutistas se produce la definitiva instalación del sistema constitucional, el legado doceañista en materia de régimen local es prontamente reemplazado por un nuevo modelo de cuño doctrinario que moderados y progresistas comparten en lo fundamental, cierto que con variantes y diferencias de grado no desdeñables. El sufragio indirecto cede ante el directo en su modalidad censitaria. El fortalecimiento del poder ejecutivo y el coetáneo despegue de la Administración del Estado reduplican las posibilidades de controlar eficazmente a las Entidades locales, sometidas, al fin, a la férrea centralización que, ahora ya con miras inmovilistas, los moderados llevaron a sus últimas consecuencias en las leyes municipal y provincial de 1845. Los progresistas propugnarán, por el contrario, la ampliación del censo y consiguiente extensión del sufragio, la suavización de los mecanismos centralizadores, el incremento de las facultades de los Ayuntamientos, la plena electividad de los alcaldes. En la mayoría de las ocasiones, tales propuestas carecieron de eco y obtuvieron, en el mejor de los casos, éxitos fugaces. En el periodo isabelino se emprende, por lo demás, y a fuerte ritmo, la desamortización civil, que privó a los municipios de buena parte de su patrimonio.

La aportación de la inmediata Revolución de septiembre al régimen local -que se concretó en la legislación municipal y provincial de 1870- consistirá en la adopción de sufragio universal, en la electividad de todos los cargos municipales, en el robustecimiento de las Diputaciones provinciales y en la considerable atenuación del centralismo. Los gobernantes de la Restauración no tardaron, sin embargo, en retornar a la orientación del régimen local de corte moderado anterior al Sexenio. La modificación en ese sentido de las Leyes de 1870 tuvo lugar en diciembre de 1876. El Real Decreto de 2 de octubre de 1877 contiene el texto refundido de la última Ley municipal del siglo, a la vez que la regulación del régimen provincial luego sustituida por la de la Ley de 29 de agosto de 1882.

En verdad, el panorama que ofrecían las instituciones locales finiseculares era desolador. En el plano provincial, las Diputaciones permanecen subordinadas por completo a los Gobernadores civiles; en el municipal, los Ayuntamientos, escasamente representativos, siguen sometidos a la estrecha tutela del Estado. El poder central continúa investido de atribuciones sobradas para intervenir en la designación de los alcaldes, remover a las autoridades locales o suspender los acuerdos municipales. Los criterios a que respondía la legislación local mencionada, lejos de infundir vitalidad a Ayuntamientos y Diputaciones, propiciaron su parálisis. La incidencia del caciquismo agravó la situación: atrapó al régimen local en las mallas de la inautenticidad, lo rodeó de prácticas corruptoras y lo condenó a pervivir en estado agónico. Los testimonios de los contemporáneos, unánimes a este respecto, no dejan lugar a dudas.

En esa tesitura, el régimen local, constreñido por leyes caducas y asfixiado por la espesa trama caciquil, devino en problemas político de grueso calibre. Al tiempo que una serie de proyectos legislativos predestinados a fracasar desfila por las Cortes, las críticas se generalizan hasta alcanzar en la voz de los regeneracionistas un volumen clamoroso. Entre tales proyectos merecen ser recordados el de Sánchez Toca de 1891, el de Silvela de 1899 y, sobre todo, el de Maura de 1907, sin duda el más ambicioso y el que fue debatido con mayor ardor. Maura era consciente de la inocuidad de las reformas parciales y de la imposibilidad de frenar la degradación de la vida local sin extirpar el caciquismo y sin invertir la orientación centralizadora que inspiraba las leyes de 1877 y 1882 a la sazón vigentes. El suyo fue el intento más serio y meditado de reconsideración del régimen local en su conjunto, de lucha contra la corrupción y en favor del reforzamiento de los organismos municipales y Provinciales. El Proyecto reconocía la diversidad local, derogaba las disposiciones desamortizadoras, fortalecía la posición de los alcaldes, aflojaba la tutela del Estado y simultáneamente pretendía extender la acción de los entes locales por la vía -entre otras- de la municipalización de servicios. Los proyectos posteriores al de 1907 corrieron la misma suerte. Si hasta entonces la reforma del régimen local había concitado fortísima oposición, el planteamiento con caracteres agudos de la cuestión regional que a continuación sobrevino, al abrir una nueva brecha en el de por sí agrietado sistema político, aumentó las dificultades.

La trayectoria legislativa del régimen local desembocó durante la dictadura de Primo de Rivera en los Estatutos municipal de 8 de marzo de 1924 y Provincial de 20 de marzo de 1925, obra de José Calvo Sotelo íntimamente conectada con el ideario local maurista. El Estatuto municipal participa, en efecto, de la convicción de que el saneamiento de la vida local dependía, en buena parte, del previo abandono de las directrices uniformistas y centralizadoras. Se prestó en consecuencia, cierta atención a los municipios rurales y a las entidades menores, procediéndose, por otro lado, a suprimir algunas de las manifestaciones más rigurosas de la subordinación de los Ayuntamientos a la Administración del Estado y a ensanchar el ámbito de las competencias municipales. Medidas antes previstas por Maura y ya aludidas, como la derogación de la legislación desamortizadora y la municipalización de servicios, fueron igualmente incorporadas al Estatuto, expresión, en definitiva, de las soluciones técnicas que se habían ido gestando en las décadas precedentes y de las doctrinas políticas de signo autoritario, cuyo influjo se traduce, por ejemplo, en la introducción de la representación corporativa. Con independencia de las declaraciones formales en sentido contrario, régimen dictatorial, descentralización y vigorización del régimen local se excluían mutuamente; de hecho, la aplicación de aquellos preceptos de los Estatutos que simbolizaban el reflujo de la centralización se dejó en suspenso y no llegó a producirse.

El rapidísimo bosquejo que antecede sugiere algunas reflexiones, demasiado obvias por su misma elementalidad como para que el legislador prescinda de ellas y las olvide. La experiencia histórica demuestra de modo irrefutable que el florecimiento de la vida local presupone el disfrute de amplia autonomía nutrida por la participación auténtica de los vecinos. Es igualmente indudable que los entes locales precisan recursos suficientes, susceptibles de satisfacer las necesidades y de procurar los servicios que el administrado requiere y reclama. Tampoco parece cuestionable, por último, que régimen local y régimen político han evolucionado al unísono, vertebrados ambos por idénticos principios. No por otro motivo la historia tardía de nuestro régimen local es la historia de una prolongada, creciente y devastadora frustración. Cuando, como ocurrió de manera particularmente aleccionadora a partir de mediados del ochocientos, se coarta la participación vecinal, se adultera la representación, se usa y abusa de la centralización, las instituciones locales languidecen hasta agotarse. No se debió al azar que los reiterados intentos de reforma del régimen local de la Restauración resultaran a la postre estériles. El advenimiento del Estado democrático y autonómico exige consolidar de forma definitiva unas instituciones locales capaces de responsabilizarse de sus propios intereses y vivificadoras de todo el tejido del Estado.

II

Como demuestra nuestra historia y proclama hoy la Constitución, decir régimen local es decir autonomía. La pervivencia misma, a lo largo del tiempo y bajo las más diversas circunstancias políticas, de esta nota caracterizadora muestra, no obstante, la indeterminación y ambigüedad del concepto. Sólo su configuración positiva desde unos postulados y en un contexto jurídico-político determinado, es capaz de dotarlo de un contenido preciso.

Para empezar, el sentido de la autonomía local no puede prescindir de esa referencia fundamentadora de nuestro orden constitucional en que España, designándose a sí misma como sujeto real y protagonista de su historia, se constituye en Estado social y democrático de derecho; anticipando así la formalización de ese dato en la fórmula concisa de residenciar toda soberanía en el pueblo español. La autonomía local ha de situarse, pues, a la luz de ese principio y en la perspectiva de los principios nucleares que la Constitución contiene para la total estructuración del Estado.

La voluntad del pueblo español ha sido la de enriquecer su trama organizativa, multiplicando sus centros de decisión, sin mengua de la superior unidad de su realidad unificadora. La definición de los Municipios y Provincias se hace de forma suficiente, aunque no prolija, en el texto supremo. La autonomía municipal debe ser el principio rector de la regulación de cada entidad. El criterio para evitar contradicciones con otras instancias radica en la determinación de sus intereses respectivos. Qué cosa sea el interés respectivo no ha sido desarrollado por la Constitución, aunque sí ha determinado los asuntos de interés de la Comunidad Autónoma (art. 148.1) y del Estado (art. 149.1). Con esos elementos y con los datos que se desprenden de la realidad misma de las cosas, es posible construir las instituciones locales manteniéndolas en el lugar que debe corresponderles en un Estado complejo como el actual; y a las Cortes Generales compete enriquecer y concretar el diseño básico de las entidades locales como una de las piezas de la entera organización territorial del Estado. Presupone, pues, una perspectiva territorial, es decir, global y no sectorial. Su desarrollo representa poner en pie una institución territorial y, consecuentemente, su estatuto subjetivo -puntos de referencia del nuevo ordenamiento desde y por ellos vertebrado- y la ordenación de la capacidad potencialmente universal de dicha institución. Todos los sectores de la realidad a que se extiende la acción pública se encuentran, por ello, aludidos y en mayor o menor medida afectados. Se está, en definitiva, ante una Ley que atañe a la construcción misma del Estado y al diseño de uno de los ordenamientos jurídico-administrativos que en él se integran.

Si en sus orígenes medievales autonomía local es el municipio urbano, la ciudad que nace libre por exención del mundo señorial en declive y si, en el momento del surgimiento del Estado constitucional, esa caracterización pudo completarse identificándola con un supuesto orden local de competencias, ninguna de esas dos ideas sirve hoy para determinar la autonomía. No se trata ahora de utilizar el escalón municipal como pieza decisiva en un proceso histórico de emergencia de un nuevo orden político, sino más bien de delimitar el espacio y el papel propios de las entidades locales en el seno de un orden constituido, pero tampoco es posible entender hoy los poderes públicos como estructuras monolíticas, construidas en cascada de mayor a menor y dotadas de funciones relativamente estables y diferenciadas por serlo también el mundo al que se enfrenta.

Muy al contrario, la realidad social, cultural, tecnológica y económica ha roto definitivamente las situaciones singulares de relativo aislamiento y hoy la sociedad se nos muestra como un todo continuo donde la distancia, antes factor explicativo de supuestas autarquías, ha sido vencida por los medios de transporte, por las ondas y por la dependencia de un mercado único a nivel nacional a su vez ya íntimamente relacionado con la realidad internacional.

Esa continuidad del tejido social hace imposible marcar unas fronteras nítidas a los intereses cuya tutela respectiva se encomienda a los distintos poderes que destacan así su condición de formar parte de un conjunto institucional de arquitectura compleja en que las partes adquieren sentido en función del todo, pero articulándose entre sí no por principios formales, sino por criterios materiales que tratan de adaptar las competencias a los intereses reales en juego.

La autonomía local no puede definirse de forma unidimensional desde el puro objetivismo localista o regionalista, sino que requiere ser situada en el marco del ordenamiento integral del Estado.

La dificultad específica de ese objetivo radica en que éste no es único y homogéneo, sino constituido por la acción simultánea de los principios de unidad y autonomía de las nacionalidades y regiones, que encuentran su expresión organizativa en la distribución del poder entre las instituciones generales de la Nación y las Comunidades Autónomas. Puede calificarse de feliz la conceptuación de esa fórmula como Estado compuesto, un Estado con una única soberanía, un solo pueblo con un destino político común, que -reconociendo su diversidad- constituye el sistema de resolución permanente de sus contradicciones, conflictos y tensiones que no otra cosa es el Estado, sobre la base de una pluralidad de instancias autónomas y diversas, vertebradas entre sí para el mantenimiento del valor de la unidad. Carece, pues, de verdadero sentido la apelación sin más a modelos preestablecidos, pues las Corporaciones locales tienen en el sistema así descrito una posición propia, que no se define por relación a ninguna otra de las instancias territoriales, afirmándose -igual que éstas- en su condición, ganada por su peso histórico y actual, de partes componentes de la total estructura del Estado.

Huelga decir que la autonomía local, para su realidad, precisa de una institución capaz de actuarla; institución que, por expreso mandato constitucional y cuando menos en el escalón básico municipal, ha de montarse sobre la doble nota de la representatividad directa y la personificación. Pero, en lo que más interesa ahora, ello significa que el régimen local tiene que ser, por de pronto, la norma institucional de los entes locales. Esta comprobación elemental implica dos consecuencias de primera importancia. En primer término, que esa norma desarrolla la garantía constitucional de la autonomía local, función ordinamental que, al estarle reservada o, lo que es igual, vedada a cualesquiera otras normas, presta a su posición en el ordenamiento en su conjunto una vis específica, no obstante su condición formal de Ley ordinaria. De otro lado, el hecho de que las entidades locales, no obstante su inequívoca sustancia política, desplieguen su capacidad en la esfera de lo administrativo, justifica tanto esta última condición del marco definidor de su autonomía, como la identificación del título constitucional para su establecimiento en el artículo 149.1, apartado 18, en relación con el 148.1, apartado 2.º, del texto fundamental.

Queda explicado, así, que la determinación de ese marco es el resultado de la acción conjunta, según la concreta distribución de la potestad legislativa en la materia operada por el bloque normativo integrado por la Constitución y los Estatutos de Autonomía, de la Ley general y la Ley territorial.

La peculiar estructura de dicho marco -decisión básica constitucional en términos de garantía institucional y remisión al legislador ordinario de los entes locales-, no significa, sin embargo, que ese Estatuto deba quedar regulado agotadoramente por la Ley. Resurge aquí la vieja polémica entre uniformismo y diversidad en la organización local, en modo alguno resuelta con los intentos frustrados de tipificación de regímenes locales (que sólo suponen una estéril flexibilización del uniformismo), sólo que ahora transmutada en la tensión entre los valores constitucionales de unidad y autonomías (de las nacionalidades y regiones y de los entes locales). La resolución adecuada a esa tensión exige desde luego la constricción del marco general a lo estrictamente indispensable para satisfacer el interés nacional, pero también desde luego una específica ponderación, según su valor constitucional relativo, de las exigencias recíprocas del interés autonómico y el estrictamente local. De esa ponderación resulta que si en lo que trasciende a la conformación de la organización territorial (procesos de alteración de municipios y creación de nuevos entes territoriales), debe primar el interés autonómico, no sucede lo mismo en el plano de la organización interna de las entidades locales; plano en el que procede reconocer la primacía del interés de la acomodación de aquella a las características específicas de éstas.

Pero el régimen local, para cumplir su función de garantía de la autonomía e, incluso, su cometido específico en cuanto norma institucional de la Administración local, precisa extravasar lo puramente organizativo y de funcionamiento para penetrar en el campo de las competencias, las reglas de la actividad pública y el régimen de los medios personales y materiales. Obvio resulta decir que, en este campo, la regulación legal ha de tener muy presente la opción constitucional, expresada en el artículo 149.1, apartado 18, en favor de una ordenación común, configurando las inevitables peculiaridades de la Administración local desde ese fondo homogéneo, para su integración coherente en el mismo.

En punto al aspecto, absolutamente crucial, de las competencias, la base de partida no puede ser hoy otra que la de la radical obsolescencia, por las razones ya dichas anteriormente, de la vinculación de la autonomía a un bloque de competencias por naturaleza sedicentemente locales.

En efecto, salvo algunas excepciones son raras las materias que en su integridad puedan atribuirse al exclusivo interés de las corporaciones locales; lógicamente también son raras aquellas en las que no exista interés local en juego; de ahí que la cuestión de los ámbitos competenciales de los Entes locales deba tener en cuenta una composición equilibrada de los siguientes factores:

a) La necesidad de la garantía suficiente de la autonomía local, que cumple satisfacer en primer término a la Ley general por tratarse del desarrollo de una opción constructiva constitucional, que, por tanto, ha de tener vigencia en todo el territorio de la nación en términos de, cuando menos, un mínimo común denominador en cuanto al contenido de dicha autonomía.

b) La exigencia de la armonización de esa garantía general con la distribución territorial de la disposición legislativa sobre las distintas materias o sectores orgánicos de acción pública, pues es a todas luces claro que una y otra no pueden, so pena de inconstitucionalidad, anularse recíprocamente.

c) La imposibilidad material, en todo caso, de la definición cabal y suficiente de las competencias locales en todos y cada uno de los sectores de intervención potencial de la Administración local desde la legislación del régimen local.

El sistema legal de concreción competencial de la autonomía local pretende realizar esa composición equilibrada a que se ha hecho alusión. Sobre el fondo del reconocimiento expreso de las potestades y exorbitancias que corresponden a los entes locales territoriales en su condición de Administración Pública, todo el sistema pivota sobre la plasmación del criterio material desde el que debe producirse la concreción legal de las competencias; criterio que no es otro que el derecho de las Corporaciones locales a intervenir, con la intensidad y el alcance máximos -desde el principio constitucional de la descentralización y para la realización del derecho fundamental a la participación en los asuntos públicos- que permita la implicación relativa de los intereses de las diferentes colectividades territoriales en cualesquiera de dichos asuntos públicos. El mecanismo de cierre lo proporciona, de un lado, la imposición a la legislación sectorial -desde la especial posición ordinamental que a la Ley del régimen local es propia según ya se ha hecho notar- de la ponderación del expresado criterio, y de otro, la articulación de las competencias administrativas en la materia de que se trate de forma consecuente con la misma, así como la atribución a la legislación básica estatal de una función de aseguramiento de un mínimo competencial a la Administración Local.

Finalmente, la organización básica de las Corporaciones locales y las relaciones de éstas con las otras dos Administraciones Públicas territoriales, se inscriben lógicamente en las líneas maestras que han quedado trazadas.

Por lo que hace a las relaciones interadministrativas, salta a la vista la radical inadecuación del mantenimiento en el nuevo y compuesto Estado constitucional de las técnicas y las categorías cristalizadas en el Estado centralista y autoritario. En particular, ese juicio de radical obsolescencia merece predicarse de las técnicas formalizadas actuales por voluntad unilateral de una de las administraciones e incidentes normalmente en la validez o la eficacia de los actos emanados de otra, en este sentido subordinada a la anterior, técnicas que no son sino trasunto y consecuencia lógicos de la construcción piramidal y jerárquica del poder público administrativo, puesto que la tutela, a la que todas ellas se reconducen, no es sino una categoría que expresa una situación de fuerte dependencia casi jerárquica. El principio constitucional de autonomía y el administrativo de la descentralización, en que se fundamenta el nuevo Estado, implican las diversificaciones de los centros del poder público administrativo y la actuación de cada uno de ellos, en su ámbito propio, con plena capacidad y bajo la propia responsabilidad, es decir, impiden la atribución a alguno de ellos de facultades de control que recaigan sobre la actividad en general de los otros y que supongan una limitación de la capacidad de éstos. Cierto que ello no significa en modo alguno la invertebración del poder público administrativo, pues simultáneamente juega el principio de unidad y su traducción administrativa en los de coordinación y eficacia. Sucede sólo que ya no es legítima la realización de estos valores por las vías expuestas; antes bien, ha de ser el resultado del juego mismo de la vida institucional desde sus presupuestos de representatividad democrática y gestión autónoma de las propias competencias (con lo que todas las instancias administrativas son idénticas en cuanto a capacidad en la esfera de sus asuntos, derivando la desigualdad únicamente de la estructura inherente al interés público) como fruto del esfuerzo permanente de integración político-social en el orden constituido. De este modo, las técnicas de relación entre Administraciones han de tener por objeto más bien la definición del marco y de los procedimientos que faciliten el encuentro y la comunicación, incluso de carácter informal, para la colaboración y la coordinación interadministrativas, fundamentalmente voluntarios y de base negocial. Naturalmente que el cuadro de técnicas ha de cerrarse por un sistema resolutorio del supuesto límite del conflicto, por fracaso de las mismas. La configuración de ese sistema de conflictos tiene que ser, a la vez, respetuosa con la esencial igualdad posicional de las Administraciones territoriales y aseguradora de que el planteamiento y la sustanciación del conflicto no alteran la específica estructura constitucional de los intereses públicos a los que sirven dichas Administraciones.

Las anteriores reflexiones son un compendio de la filosofía que inspira la Ley. Esta, más que pretender garantizar la autonomía sobre la quietud de compartimentos estancos e incomunicados y, en definitiva, sobre un equilibrio estático propio de las cosas inanimadas, busca fundamentar aquélla en el equilibrio dinámico propio de un sistema de distribución del poder, tratando de articular los intereses del conjunto, reconociendo a cada uno lo suyo y estableciendo las competencias, principios, criterios y directrices que guíen la aplicación práctica de la norma en su conjunto de forma abierta a la realidad y a las necesidades del presente.

TÍTULO I
DISPOSICIONES GENERALES

Artículo 1.

1. Los Municipios son entidades básicas de la organización territorial del Estado y cauces inmediatos de participación ciudadana en los asuntos públicos, que institucionalizan y gestionan con autonomía los intereses propios de las correspondientes colectividades.

2. La Provincia y, en su caso, la Isla gozan, asimismo, de idéntica autonomía para la gestión de los intereses respectivos.

Artículo 2.

1. Para la efectividad de la autonomía garantizada constitucionalmente a las Entidades Locales, la legislación del Estado y la de las Comunidades Autónomas, reguladora de los distintos sectores de acción pública, según la distribución constitucional de competencias, deberá asegurar a los Municipios, las Provincias y las Islas su derecho a intervenir en cuantos asuntos afecten directamente al círculo de sus intereses, atribuyéndoles las competencias que proceda en atención a las características de la actividad pública de que se trate y a la capacidad de gestión de la Entidad Local, de conformidad con los principios de descentralización, proximidad, eficacia y eficiencia, y con estricta sujeción a la normativa de estabilidad presupuestaria y sostenibilidad financiera.

2. Las Leyes básicas del Estado previstas constitucionalmente deberán determinar las competencias que ellas mismas atribuyan o que, en todo caso, deban corresponder a los entes locales en las materias que regulen.

Artículo 3.

1. Son entidades locales territoriales:
    a) El Municipio.
    b) La Provincia.
    c) La Isla en los archipiélagos balear y canario.

2. Gozan, asimismo, de la condición de Entidades Locales:
    a) Las Comarcas u otras entidades que agrupen varios Municipios, instituidas por las Comunidades Autónomas de conformidad con esta Ley y los correspondientes Estatutos de Autonomía.
    b) Las Áreas Metropolitanas.
    c) Las Mancomunidades de Municipios.

Artículo 4.

1. En su calidad de Administraciones públicas de carácter territorial, y dentro de la esfera de sus competencias, corresponden en todo caso a los municipios, las provincias y las islas:
    a) Las potestades reglamentaria y de autoorganización.
    b) Las potestades tributaria y financiera.
    c) La potestad de programación o planificación.
    d) Las potestades expropiatoria y de investigación, deslinde y recuperación de oficio de sus bienes.
    e) La presunción de legitimidad y la ejecutividad de sus actos.
    f) Las potestades de ejecución forzosa y sancionadora.
    g) La potestad de revisión de oficio de sus actos y acuerdos.
    h) Las prelaciones y preferencias y demás prerrogativas reconocidas a la Hacienda Pública para los créditos de la misma, sin perjuicio de las que correspondan a las Haciendas del Estado y de las comunidades autóno-

mas; así como la inembargabilidad de sus bienes y derechos en los términos previstos en las leyes.

2. Lo dispuesto en el número precedente podrá ser de aplicación a las entidades territoriales de ámbito inferior al municipal y, asimismo, a las comarcas, áreas metropolitanas y demás entidades locales, debiendo las leyes de las comunidades autónomas concretar cuáles de aquellas potestades serán de aplicación, excepto en el supuesto de las mancomunidades, que se rigen por lo dispuesto en el apartado siguiente.

3. Corresponden a las mancomunidades de municipios, para la prestación de los servicios o la ejecución de las obras de su competencia, las potestades señaladas en el apartado 1 de este artículo que determinen sus Estatutos. En defecto de previsión estatutaria, les corresponderán todas las potestades enumeradas en dicho apartado, siempre que sean precisas para el cumplimiento de su finalidad, y de acuerdo con la legislación aplicable a cada una de dichas potestades, en ambos casos.

Artículo 5. Para el cumplimiento de sus fines y en el ámbito de sus respectivas competencias, las Entidades locales, de acuerdo con la Constitución y las leyes, tendrán plena capacidad jurídica para adquirir, poseer, reivindicar, permutar, gravar o enajenar toda clase de bienes, celebrar contratos, establecer y explotar obras o servicios públicos, obligarse, interponer los recursos establecidos y ejercitar las acciones previstas en las leyes.

Artículo 6.
1. Las Entidades locales sirven con objetividad los intereses públicos que les están encomendados y actúan de acuerdo con los principios de eficacia, descentralización, desconcentración y coordinación, con sometimiento pleno a la ley y al Derecho.
2. Los Tribunales ejercen el control de legalidad de los acuerdos y actos de las Entidades locales.

Artículo 7.
1. Las competencias de las Entidades Locales son propias o atribuidas por delegación.
2. Las competencias propias de los Municipios, las Provincias, las Islas y demás Entidades Locales territoriales solo podrán ser determinadas por Ley y se ejercen en régimen de autonomía y bajo la propia responsabilidad, atendiendo siempre a la debida coordinación en su programación y ejecución con las demás Administraciones Públicas.
3. El Estado y las Comunidades Autónomas, en el ejercicio de sus respectivas competencias, podrán delegar en las Entidades Locales el ejercicio de sus competencias.
4. Las competencias delegadas se ejercen en los términos establecidos en la disposición o en el acuerdo de delegación, según corresponda, con sujeción a las reglas establecidas en el artículo 27, y preverán técnicas de dirección y control de oportunidad y eficiencia.
Las Entidades Locales solo podrán ejercer competencias distintas de las propias y de las atribuidas por delegación cuando no se ponga en riesgo la sostenibilidad financiera del conjunto de la Hacienda municipal, de acuerdo con los requerimientos de la legislación de estabilidad presupuestaria y sostenibilidad

financiera y no se incurra en un supuesto de ejecución simultánea del mismo servicio público con otra Administración Pública. A estos efectos, serán necesarios y vinculantes los informes previos de la Administración competente por razón de materia, en el que se señale la inexistencia de duplicidades, y de la Administración que tenga atribuida la tutela financiera sobre la sostenibilidad financiera de las nuevas competencias.

En todo caso, el ejercicio de estas competencias deberá realizarse en los términos previstos en la legislación del Estado y de las Comunidades Autónomas.

Artículo 8. Sin perjuicio de lo dispuesto en el artículo anterior, las Provincias y las islas podrán realizar la gestión ordinaria de servicios propios de la Administración autonómica, de conformidad con los Estatutos de Autonomía y la legislación de las Comunidades Autónomas.

Artículo 9. Las normas de desarrollo de esta Ley que afecten a los Municipios, Provincias, islas u otras Entidades locales territoriales no podrán limitar su ámbito de aplicación a una o varias de dichas Entidades con carácter singular, sin perjuicio de lo dispuesto en esta Ley para los regímenes municipales o provinciales especiales.

Artículo 10.

1. La Administración Local y las demás Administraciones públicas ajustarán sus relaciones recíprocas a los deberes de información mutua, colaboración coordinación y respeto a los ámbitos competenciales respectivos.

2. Procederá la coordinación de las competencias de las entidades locales entre sí y, especialmente, con las de las restantes Administraciones públicas, cuando las actividades o los servicios locales trasciendan el interés propio de las correspondientes Entidades, incidan o condicionen relevantemente los de dichas Administraciones o sean concurrentes o complementarios de los de éstas.

3. En especial, la coordinación de las Entidades Locales tendrá por objeto asegurar el cumplimiento de la legislación de estabilidad presupuestaria y sostenibilidad financiera.

4. Las funciones de coordinación serán compatibles con la autonomía de las Entidades Locales.

TÍTULO II
EL MUNICIPIO

Artículo 11.

1. El Municipio es la Entidad local básica de la organización territorial del Estado. Tiene personalidad jurídica y plena capacidad para el cumplimiento de sus fines.

2. Son elementos del Municipio el territorio, la población y la organización.

CAPÍTULO I
TERRITORIO Y POBLACIÓN

Artículo 12.

1. El término municipal es el territorio en que el ayuntamiento ejerce sus competencias.

2. Cada municipio pertenecerá a una sola provincia.

Artículo 13.

1. La creación o supresión de municipios, así como la alteración de términos municipales, se regularán por la legislación de las Comunidades Autónomas sobre régimen local, sin que la alteración de términos municipales pueda suponer, en ningún caso, modificación de los límites provinciales. Requerirán en todo caso audiencia de los municipios interesados y dictamen del Consejo de Estado o del órgano consultivo superior de los Consejos de Gobierno de las Comunidades Autónomas, si existiere, así como informe de la Administración que ejerza la tutela financiera. Simultáneamente a la petición de este dictamen se dará conocimiento a la Administración General del Estado.

2. La creación de nuevos municipios solo podrá realizarse sobre la base de núcleos de población territorialmente diferenciados, de al menos 5.000 habitantes y siempre que los municipios resultantes sean financieramente sostenibles, cuenten con recursos suficientes para el cumplimiento de las competencias municipales y no suponga disminución en la calidad de los servicios que venían siendo prestados.

3. Sin perjuicio de las competencias de las Comunidades Autónomas, el Estado, atendiendo a criterios geográficos, sociales, económicos y culturales, podrá establecer medidas que tiendan a fomentar la fusión de municipios con el fin de mejorar la capacidad de gestión de los asuntos públicos locales.

4. Los municipios, con independencia de su población, colindantes dentro de la misma provincia podrán acordar su fusión mediante un convenio de fusión, sin perjuicio del procedimiento previsto en la normativa autonómica. El nuevo municipio resultante de la fusión no podrá segregarse hasta transcurridos diez años desde la adopción del convenio de fusión.

Al municipio resultante de esta fusión le será de aplicación lo siguiente:

a) El coeficiente de ponderación que resulte de aplicación de acuerdo con el artículo 124.1 del texto refundido de la Ley Reguladora de las Haciendas Locales, aprobado mediante Real Decreto Legislativo 2/2004, de 5 de marzo se incrementará en 0,10.

b) El esfuerzo fiscal y el inverso de la capacidad tributaria que le corresponda en ningún caso podrá ser inferior al más elevado de los valores previos que tuvieran cada municipio por separado antes de la fusión de acuerdo con el artículo 124.1 del texto refundido de la Ley Reguladora de las Haciendas Locales, aprobado mediante Real Decreto Legislativo 2/2004, de 5 de marzo.

c) Su financiación mínima será la suma de las financiaciones mínimas que tuviera cada municipio por separado antes de la fusión de acuerdo con el artículo 124.2 del texto refundido de la Ley Reguladora de las Haciendas Locales, aprobado mediante Real Decreto Legislativo 2/2004, de 5 de marzo.

d) De la aplicación de las reglas contenidas en las letras anteriores no podrá derivarse, para cada ejercicio, un importe total superior al que resulte de lo dispuesto en el artículo 123 del citado texto refundido de la Ley Reguladora de las Haciendas Locales.

e) Se sumarán los importes de las compensaciones que, por separado, corresponden a los municipios que se fusionen y que se derivan de la reforma del Impuesto sobre Actividades Económicas de la disposición adicional décima de la Ley 51/2002, de 27 de diciembre, de Reforma de la Ley 39/1988, de 28 de diciembre, Reguladora de las Haciendas Locales, actualizadas en los mismos términos que los ingresos tributarios del Estado en cada ejercicio respecto a 2004, así como la compensación adicional, regulada en la disposición adicional segunda de la Ley 22/2005, de 18 de noviembre, actualizada en los mismos términos que los ingresos tributarios del Estado en cada ejercicio respecto a 2006.

f)   Queda dispensado de prestar nuevos servicios mínimos de los previstos en el artículo 26 que le corresponda por razón de su aumento poblacional.

g)   Durante, al menos, los cinco primeros años desde la adopción del convenio de fusión, tendrá preferencia en la asignación de planes de cooperación local, subvenciones, convenios u otros instrumentos basados en la concurrencia. Este plazo podrá prorrogarse por la Ley de Presupuestos Generales del Estado.

La fusión conllevará:

a)   La integración de los territorios, poblaciones y organizaciones de los municipios, incluyendo los medios personales, materiales y económicos, del municipio fusionado. A estos efectos, el Pleno de cada Corporación aprobará las medidas de redimensionamiento para la adecuación de las estructuras organizativas, inmobiliarias, de personal y de recursos resultantes de su nueva situación. De la ejecución de las citadas medidas no podrá derivarse incremento alguno de la masa salarial en los municipios afectados.

b)   El órgano del gobierno del nuevo municipio resultante estará constituido transitoriamente por la suma de los concejales de los municipios fusionados en los términos previstos en la Ley Orgánica 5/1985, de 19 de junio, del Régimen Electoral General.

c)   Si se acordara en el Convenio de fusión, cada uno de los municipios fusionados, o alguno de ellos podrá funcionar como forma de organización desconcentrada de conformidad con lo previsto en el artículo 24 bis.

d)   El nuevo municipio se subrogará en todos los derechos y obligaciones de los anteriores municipios, sin perjuicio de lo previsto en la letra e).

e)   Si uno de los municipios fusionados estuviera en situación de déficit se podrán integrar, por acuerdo de los municipios fusionados, las obligaciones, bienes y derechos patrimoniales que se consideren liquidables en un fondo, sin personalidad jurídica y con contabilidad separada, adscrito al nuevo municipio, que designará un liquidador al que le corresponderá la liquidación de este fondo. Esta liquidación deberá llevarse a cabo durante los cinco años siguientes desde la adopción del convenio de fusión, sin perjuicio de los posibles derechos que puedan corresponder a los acreedores. La aprobación de las normas a las que tendrá que ajustarse la contabilidad del fondo corresponderá al Ministro de Hacienda y Administraciones Públicas, a propuesta de la Intervención General de la Administración del Estado.

f)   El nuevo municipio aprobará un nuevo presupuesto para el ejercicio presupuestario siguiente a la adopción del convenio de fusión.

5. Las Diputaciones provinciales o entidades equivalentes, en colaboración con la Comunidad Autónoma, coordinarán y supervisarán la integración de los servicios resultantes del proceso de fusión.

6. El convenio de fusión deberá ser aprobado por mayoría simple de cada uno de los plenos de los municipios fusionados. La adopción de los acuerdos previstos en el artículo 47.2, siempre que traigan causa de una fusión, será por mayoría simple de los miembros de la corporación.

Artículo 14.

1. Los cambios de denominación de los Municipios solo tendrán carácter oficial cuando, tras haber sido anotados en un Registro creado por la Administración del Estado para la inscripción de todas las Entidades a que se refiere la presente Ley, se publiquen en el «Boletín Oficial del Estado».

2. La denominación de los Municipios podrá ser, a todos los efectos, en castellano, en cualquier otra lengua española oficial en la respectiva Comunidad Autónoma, o en ambas.

Artículo 15. Toda persona que viva en España está obligada a inscribirse en el Padrón del municipio en el que resida habitualmente. Quien viva en varios municipios deberá inscribirse únicamente en el que habite durante más tiempo al año.

El conjunto de personas inscritas en el Padrón municipal constituye la población del municipio.

Los inscritos en el Padrón municipal son los vecinos del municipio.

La condición de vecino se adquiere en el mismo momento de su inscripción en el Padrón.

Artículo 16.

1. El Padrón municipal es el registro administrativo donde constan los vecinos de un municipio. Sus datos constituyen prueba de la residencia en el municipio y del domicilio habitual en el mismo. Las certificaciones que de dichos datos se expidan tendrán carácter de documento público y fehaciente para todos los efectos administrativos.

   La inscripción en el Padrón Municipal sólo surtirá efecto de conformidad con lo dispuesto en el artículo 15 de esta ley por el tiempo que subsista el hecho que la motivó y, en todo caso, deberá ser objeto de renovación periódica cada dos años cuando se trate de la inscripción de extranjeros no comunitarios sin autorización de residencia permanente.

   El transcurso del plazo señalado en el párrafo anterior será causa para acordar la caducidad de las inscripciones que deban ser objeto de renovación periódica, siempre que el interesado no hubiese procedido a tal renovación. En este caso, la caducidad podrá declararse sin necesidad de audiencia previa del interesado.

2. La inscripción en el Padrón municipal contendrá como obligatorios sólo los siguientes datos:

   a) Nombre y apellidos.

   b) Sexo.

   c) Domicilio habitual.

d) Nacionalidad.

e) Lugar y fecha de nacimiento.

f) Número de documento nacional de identidad o, tratándose de extranjeros:

    i. Número de la tarjeta de residencia en vigor, expedida por las autoridades españolas, o en su defecto, número del documento acreditativo de la identidad o del pasaporte en vigor expedido por las autoridades del país de procedencia, tratándose de ciudadanos nacionales de Estados Miembros de la Unión Europea, de otros Estados parte en el Acuerdo sobre el Espacio Económico Europeo o de Estados a los que, en virtud de un convenio internacional se extienda el régimen jurídico previsto para los ciudadanos de los Estados mencionados.

    ii. Número de identificación de extranjero que conste en documento, en vigor, expedido por las autoridades españolas o, en su defecto, por no ser titulares de éstos, el número del pasaporte en vigor expedido por las autoridades del país de procedencia, tratándose de ciudadanos nacionales de Estados no comprendidos en el inciso anterior de este párrafo, salvo que, por virtud de Tratado o Acuerdo Internacional, disfruten de un régimen específico de exención de visado en materia de pequeño tráfico fronterizo con el municipio en el que se pretenda el empadronamiento, en cuyo caso, se exigirá el correspondiente visado.

g) Certificado o título escolar o académico que se posea.

h) Cuantos otros datos puedan ser necesarios para la elaboración del Censo Electoral, siempre que se garantice el respeto a los derechos fundamentales reconocidos en la Constitución.

Los datos del Padrón Municipal se cederán a otras Administraciones públicas que lo soliciten sin consentimiento previo al afectado solamente cuando les sean necesarios para el ejercicio de sus respectivas competencias, y exclusivamente para asuntos en los que la residencia o el domicilio sean datos relevantes. También pueden servir para elaborar estadísticas oficiales sometidas al secreto estadístico, en los términos previstos en la Ley 12/1989, de 9 de mayo, de la Función Estadística Pública y en las leyes de estadística de las comunidades autónomas con competencia en la materia.

Artículo 17.

1. La formación, mantenimiento, revisión y custodia del Padrón municipal corresponde al Ayuntamiento, de acuerdo con lo que establezca la legislación del Estado.

Con este fin, los distintos organismos de la Administración General del Estado, competentes por razón de la materia, remitirán periódicamente a cada Ayuntamiento información sobre las variaciones de los datos de sus vecinos que con carácter obligatorio deben figurar en el Padrón municipal, en la forma que se establezca reglamentariamente.

La gestión del Padrón municipal se llevará por los Ayuntamientos con medios informáticos. Las Diputaciones Provinciales, Cabildos y Consejos insulares asumirán la gestión informatizada de los Padrones de los municipios que, por su insuficiente capacidad económica y de gestión, no puedan mantener los datos de forma automatizada.

2. Los Ayuntamientos realizarán las actuaciones y operaciones necesarias para mantener actualizados sus Padrones de modo que los datos contenidos en éstos concuerden con la realidad.

Si un ayuntamiento no llevara a cabo dichas actuaciones, el Instituto Nacional de Estadística, previo informe del Consejo de Empadronamiento, podrá requerirle previamente concretando la inactividad, y si fuere rechazado, sin perjuicio de los recursos jurisdiccionales que procedan, podrá acudir a la ejecución sustitutoria prevista en el artículo 60 de la presente ley.

3. Los Ayuntamientos remitirán al Instituto Nacional de Estadística los datos de sus respectivos Padrones, en la forma que reglamentariamente se determine por la Administración General del Estado, a fin de que pueda llevarse a cabo la coordinación entre los Padrones de todos los municipios.

El Instituto Nacional de Estadística, en aras a subsanar posibles errores y evitar duplicidades, realizará las comprobaciones oportunas, y comunicará a los Ayuntamientos las actuaciones y operaciones necesarias para que los datos padronales puedan servir de base para la elaboración de estadísticas de población a nivel nacional, para que las cifras resultantes de las revisiones anuales puedan ser declaradas oficiales, y para que los Ayuntamientos puedan remitir, debidamente actualizados, los datos del Censo Electoral.

Corresponderá al Presidente del Instituto Nacional de Estadística la resolución de las discrepancias que, en materia de empadronamiento, surjan entre los Ayuntamientos, Diputaciones Provinciales, Cabildos y Consejos insulares o entre estos entes y el Instituto Nacional de Estadística, así como elevar al Gobierno de la Nación la propuesta de cifras oficiales de población de los municipios españoles, comunicándolo en los términos que reglamentariamente se determinan al Ayuntamiento interesado.

El Instituto Nacional de Estadística remitirá trimestralmente a los Institutos estadísticos de las comunidades autónomas u órganos competentes en la materia, y en su caso, a otras Administraciones públicas los datos relativos a los padrones en los municipios de su ámbito territorial en los que se produzcan altas o bajas de extranjeros en las mismas condiciones señaladas en el artículo 16.3 de esta ley.

4. Adscrito al Ministerio de Economía y Hacienda se crea el Consejo de Empadronamiento como órgano colegiado de colaboración entre la Administración General del Estado y los Entes Locales en materia padronal, de acuerdo con lo que reglamentariamente se establezca.

El Consejo será presidido por el Presidente del Instituto Nacional de Estadística y estará formado por representantes de la Administración General del Estado y de los Entes Locales.

El Consejo funcionará en Pleno y en Comisión, existiendo en cada provincia una Sección Provincial bajo la presidencia del Delegado del Instituto Nacional de Estadística y con representación de los Entes Locales.

El Consejo de Empadronamiento desempeñará las siguientes funciones:

A. Elevar a la decisión del Presidente del Instituto Nacional de Estadística propuesta vinculante de resolución de las discrepancias que surjan en materia de empadronamiento entre Ayuntamientos, Diputaciones Provinciales, Cabildos, Consejos insulares o entre estos entes y el Instituto Nacional de Estadística.

B. Informar, con carácter vinculante, las propuestas que eleve al Gobierno el Presidente del Instituto Nacional de Estadística sobre cifras oficiales de población de los municipios españoles.

C. Proponer la aprobación de las instrucciones técnicas precisas para la gestión de los padrones municipales.

D. Cualquier otra función que se le atribuya por disposición legal o reglamentaria.

5. La Administración General del Estado, en colaboración con los Ayuntamientos y Administraciones de las Comunidades Autónomas confeccionará un Padrón de españoles residentes en el extranjero, al que será de aplicación las normas de esta Ley que regulan el Padrón municipal.

Las personas inscritas en este Padrón se considerarán vecinos del municipio español que figura en los datos de su inscripción únicamente a efectos del ejercicio del derecho de sufragio, no constituyendo, en ningún caso, población del municipio.

Artículo 18.

1. Son derechos y deberes de los vecinos:

a. Ser elector y elegible de acuerdo con lo dispuesto en la legislación electoral.

b. Participar en la gestión municipal de acuerdo con lo dispuesto en las leyes y, en su caso, cuando la colaboración con carácter voluntario de los vecinos sea interesada por los órganos de gobierno y administración municipal.

c. Utilizar, de acuerdo con su naturaleza, los servicios públicos municipales, y acceder a los aprovechamientos comunales, conforme a las normas aplicables.

d. Contribuir mediante las prestaciones económicas y personales legalmente previstas a la realización de las competencias municipales.

e. Ser informado, previa petición razonada, y dirigir solicitudes a la Administración municipal en relación a todos los expedientes y documentación municipal, de acuerdo con lo previsto en el artículo 105 de la Constitución.

f. Pedir la consulta popular en los términos previstos en la ley.

g. Exigir la prestación y, en su caso, el establecimiento del correspondiente servicio público, en el supuesto de constituir una competencia municipal propia de carácter obligatorio.

h. Ejercer la iniciativa popular en los términos previstos en el artículo 70 bis.

    i.   Aquellos otros derechos y deberes establecidos en las leyes.

2.   La inscripción de los extranjeros en el padrón municipal no constituirá prueba de su residencia legal en España ni les atribuirá ningún derecho que no les confiera la legislación vigente, especialmente en materia de derechos y libertades de los extranjeros en España.

CAPÍTULO II
ORGANIZACIÓN

Artículo 19.

1.   El Gobierno y la administración municipal, salvo en aquellos municipios que legalmente funcionen en régimen de Concejo Abierto, corresponde al ayuntamiento, integrado por el Alcalde y los Concejales.

2.   Los Concejales son elegidos mediante sufragio universal, igual, libre, directo y secreto, y el Alcalde es elegido por los Concejales o por los vecinos; todo ello en los términos que establezca la legislación electoral general.

3.   El régimen de organización de los municipios señalados en el título X de esta ley se ajustará a lo dispuesto en el mismo. En lo no previsto por dicho título, será de aplicación el régimen común regulado en los artículos siguientes.

Artículo 20.

1.   La organización municipal responde a las siguientes reglas:

    a)   El Alcalde, los Tenientes de Alcalde y el Pleno existen en todos los ayuntamientos.

    b)   La Junta de Gobierno Local existe en todos los municipios con población superior a 5.000 habitantes y en los de menos, cuando así lo disponga su reglamento orgánico o así lo acuerde el Pleno de su ayuntamiento.

    c)   En los municipios de más de 5.000 habitantes, y en los de menos en que así lo disponga su reglamento orgánico o lo acuerde el Pleno, existirán, si su legislación autonómica no prevé en este ámbito otra forma organizativa, órganos que tengan por objeto el estudio, informe o consulta de los asuntos que han de ser sometidos a la decisión del Pleno, así como el seguimiento de la gestión del Alcalde, la Junta de Gobierno Local y los concejales que ostenten delegaciones, sin perjuicio de las competencias de control que corresponden al Pleno. Todos los grupos políticos integrantes de la corporación tendrán derecho a participar en dichos órganos, mediante la presencia de concejales pertenecientes a los mismos en proporción al número de Concejales que tengan en el Pleno.

    d)   La Comisión Especial de Sugerencias y Reclamaciones existe en los municipios señalados en el título X, y en aquellos otros en que el Pleno así lo acuerde, por el voto favorable de la mayoría absoluta del número legal de sus miembros, o así lo disponga su Reglamento orgánico.

    e)   La Comisión Especial de Cuentas existe en todos los municipios, de acuerdo con la estructura prevista en el artículo 116.

2.   Las leyes de las comunidades autónomas sobre el régimen local podrán establecer una organización municipal complementaria a la prevista en el número anterior.

3.   Los propios municipios, en los reglamentos orgánicos, podrán establecer y regular otros órganos complementarios, de conformidad con lo previsto en este artículo y en las leyes de las comunidades autónomas a las que se refiere el número anterior.

Artículo 21.

1.   El Alcalde es el Presidente de la Corporación y ostenta las siguientes atribuciones:

a)   Dirigir el gobierno y la administración municipal.

b)   Representar al ayuntamiento.

c)   Convocar y presidir las sesiones del Pleno, salvo los supuestos previstos en esta ley y en la legislación electoral general, de la Junta de Gobierno Local, y de cualesquiera otros órganos municipales cuando así se establezca en disposición legal o reglamentaria, y decidir los empates con voto de calidad.

d)   Dirigir, inspeccionar e impulsar los servicios y obras municipales.

e)   Dictar bandos.

f)   El desarrollo de la gestión económica de acuerdo con el Presupuesto aprobado, disponer gastos dentro de los límites de su competencia, concertar operaciones de crédito, con exclusión de las contempladas en el artículo 158.5 de la Ley 39/1988, de 28 de diciembre, Reguladora de las Haciendas Locales, siempre que aquéllas estén previstas en el Presupuesto y su importe acumulado dentro de cada ejercicio económico no supere el 10 por ciento de sus recursos ordinarios, salvo las de tesorería que le corresponderán cuando el importe acumulado de las operaciones vivas en cada momento no supere el 15 por ciento de los ingresos corrientes liquidados en el ejercicio anterior, ordenar pagos y rendir cuentas ; todo ello de conformidad con lo dispuesto en la Ley Reguladora de las Haciendas Locales.

g)   Aprobar la oferta de empleo público de acuerdo con el Presupuesto y la plantilla aprobados por el Pleno, aprobar las bases de las pruebas para la selección del personal y para los concursos de provisión de puestos de trabajo y distribuir las retribuciones complementarias que no sean fijas y periódicas.

h)   Desempeñar la jefatura superior de todo el personal, y acordar su nombramiento y sanciones, incluida la separación del servicio de los funcionarios de la Corporación y el despido del personal laboral, dando cuenta al Pleno, en estos dos últimos casos, en la primera sesión que celebre. Esta atribución se entenderá sin perjuicio de lo dispuesto en los artículos 99.1 y 3 de esta ley.

i)   Ejercer la jefatura de la Policía Municipal.

j)   Las aprobaciones de los instrumentos de planeamiento de desarrollo del planeamiento general no expresamente atribuidas al Pleno, así como la de los instrumentos de gestión urbanística y de los proyectos de urbanización.

k) El ejercicio de las acciones judiciales y administrativas y la defensa del ayuntamiento en las materias de su competencia, incluso cuando las hubiere delegado en otro órgano, y, en caso de urgencia, en materias de la competencia del Pleno, en este supuesto dando cuenta al mismo en la primera sesión que celebre para su ratificación.

l) La iniciativa para proponer al Pleno la declaración de lesividad en materias de la competencia de la Alcaldía.

m) Adoptar personalmente, y bajo su responsabilidad, en caso de catástrofe o de infortunios públicos o grave riesgo de los mismos, las medidas necesarias y adecuadas dando cuenta inmediata al Pleno.

n) Sancionar las faltas de desobediencia a su autoridad o por infracción de las ordenanzas municipales, salvo en los casos en que tal facultad esté atribuida a otros órganos.

o) (Derogada)

p) La aprobación de los proyectos de obras y de servicios cuando sea competente para su contratación o concesión y estén previstos en el presupuesto.

q) (Derogada)

r) El otorgamiento de las licencias, salvo que las leyes sectoriales lo atribuyan expresamente al Pleno o a la Junta de Gobierno Local.

s) Ordenar la publicación, ejecución y hacer cumplir los acuerdos del Ayuntamiento.

t) Las demás que expresamente le atribuyan la leyes y aquellas que la legislación del Estado o de las comunidades autónomas asignen al municipio y no atribuyan a otros órganos municipales.

2. Corresponde asimismo al Alcalde el nombramiento de los Tenientes de Alcalde.

3. El Alcalde puede delegar el ejercicio de sus atribuciones, salvo las de convocar y presidir las sesiones del Pleno y de la Junta de Gobierno Local, decidir los empates con el voto de calidad, la concertación de operaciones de crédito, la jefatura superior de todo el personal, la separación del servicio de los funcionarios y el despido del personal laboral, y las enunciadas en los párrafos a), e), j), k), l) y m) del apartado 1 de este artículo. No obstante, podrá delegar en la Junta de Gobierno Local el ejercicio de las atribuciones contempladas en el párrafo j).

Artículo 22.

1. El Pleno, integrado por todos los Concejales, es presidido por el Alcalde.

2. Corresponden, en todo caso, al Pleno municipal en los Ayuntamientos, y a la Asamblea vecinal en el régimen de Concejo Abierto, las siguientes atribuciones:

a. El control y la fiscalización de los órganos de gobierno.

b. Los acuerdos relativos a la participación en organizaciones supramunicipales; alteración del término municipal; creación o supresión de municipios y de las entidades a que se refiere el artículo 45; creación de órganos desconcentrados; alteración de la capitalidad del municipio y el cambio de nombre de éste o de aquellas entidades y la adopción o modificación de su bandera, enseña o escudo.

c.   La aprobación inicial del planeamiento general y la aprobación que ponga fin a la tramitación municipal de los planes y demás instrumentos de ordenación previstos en la legislación urbanística, así como los convenios que tengan por objeto la alteración de cualesquiera de dichos instrumentos.

d.   La aprobación del reglamento orgánico y de las ordenanzas.

e.   La determinación de los recursos propios de carácter tributario; la aprobación y modificación de los presupuestos, y la disposición de gastos en materia de su competencia y la aprobación de las cuentas ; todo ello de acuerdo con lo dispuesto en la Ley Reguladora de las Haciendas Locales.

f.   La aprobación de las formas de gestión de los servicios y de los expedientes de municipalización.

g.   La aceptación de la delegación de competencias hecha por otras Administraciones públicas.

h.   El planteamiento de conflictos de competencias a otras entidades locales y demás Administraciones públicas.

i.   La aprobación de la plantilla de personal y de la relación de puestos de trabajo, la fijación de la cuantía de las retribuciones complementarias fijas y periódicas de los funcionarios y el número y régimen del personal eventual.

j.   El ejercicio de acciones judiciales y administrativas y la defensa de la corporación en materias de competencia plenaria.

k.   La declaración de lesividad de los actos del Ayuntamiento.

l.   La alteración de la calificación jurídica de los bienes de dominio público.

m.   La concertación de las operaciones de crédito cuya cuantía acumulada, dentro de cada ejercicio económico, exceda del 10 por ciento de los recursos ordinarios del Presupuesto -salvo las de tesorería, que le corresponderán cuando el importe acumulado de las operaciones vivas en cada momento supere el 15 por ciento de los ingresos corrientes liquidados en el ejercicio anterior- todo ello de conformidad con lo dispuesto en la Ley Reguladora de las Haciendas Locales.

n.   (Derogada)

o.   La aprobación de los proyectos de obras y servicios cuando sea competente para su contratación o concesión, y cuando aún no estén previstos en los presupuestos.

p.   (Derogada)

q.   Aquellas otras que deban corresponder al Pleno por exigir su aprobación una mayoría especial.

r.   Las demás que expresamente le confieran las leyes.

3.   Corresponde, igualmente, al Pleno la votación sobre la moción de censura al Alcalde y sobre la cuestión de confianza planteada por el mismo, que serán

públicas y se realizarán mediante llamamiento nominal en todo caso, y se rigen por lo dispuesto en la legislación electoral general.

4. El Pleno puede delegar el ejercicio de sus atribuciones en el Alcalde y en la Junta de Gobierno Local, salvo las enunciadas en el apartado 2, párrafos a), b), c), d), e), f), g), h), i), l) y p), y en el apartado 3 de este artículo.

Artículo 23.

1. La Junta de Gobierno Local se integra por el Alcalde y un número de Concejales no superior al tercio del número legal de los mismos, nombrados y separados libremente por aquél, dando cuenta al Pleno.

2. Corresponde a la Junta de Gobierno Local:

   a) La asistencia al Alcalde en el ejercicio de sus atribuciones.

   b) Las atribuciones que el Alcalde u otro órgano municipal le delegue o le atribuyan las leyes.

3. Los Tenientes de Alcalde sustituyen, por el orden de su nombramiento y en los casos de vacante, ausencia o enfermedad, al Alcalde, siendo libremente designados y removidos por éste de entre los miembros de la Junta de Gobierno Local y, donde ésta no exista, de entre los Concejales.

4. El Alcalde puede delegar el ejercicio de determinadas atribuciones en los miembros de la Junta de Gobierno Local y, donde ésta no exista, en los Tenientes de Alcalde, sin perjuicio de las delegaciones especiales que, para cometidos específicos, pueda realizar en favor de cualesquiera Concejales, aunque no pertenecieran a aquélla.

Artículo 24.

1. Para facilitar la participación ciudadana en la gestión de los asuntos locales y mejorar ésta, los municipios podrán establecer órganos territoriales de gestión desconcentrada, con la organización, funciones y competencias que cada ayuntamiento les confiera, atendiendo a las características del asentamiento de la población en el término municipal, sin perjuicio de la unidad de gobierno y gestión del municipio.

2. En los municipios señalados en el artículo 121 será de aplicación el régimen de gestión desconcentrada establecido en el artículo 128.

Artículo 24 bis.

1. Las leyes de las Comunidades Autónomas sobre régimen local regularán los entes de ámbito territorial inferior al Municipio, que carecerán de personalidad jurídica, como forma de organización desconcentrada del mismo para la administración de núcleos de población separados, bajo su denominación tradicional de caseríos, parroquias, aldeas, barrios, anteiglesias, concejos, pedanías, lugares anejos y otros análogos, o aquella que establezcan las leyes.

2. La iniciativa corresponderá indistintamente a la población interesada o al Ayuntamiento correspondiente. Este último debe ser oído en todo caso.

3. Solo podrán crearse este tipo de entes si resulta una opción más eficiente para la administración desconcentrada de núcleos de población separados de acuer-

do con los principios previstos en la Ley Orgánica 2/2012, de 27 de abril, de Estabilidad Presupuestaria y Sostenibilidad Financiera.

Téngase en cuenta lo previsto en las disposiciones transitorias 4 y 5 de la Ley 27/2013, de 27 de diciembre, Ref. BOE-A-2013-13756., que establecen:

Disposición transitoria cuarta. Disolución de entidades de ámbito territorial inferior al Municipio.

3. Las entidades de ámbito territorial inferior al Municipio existentes en el momento de la entrada en vigor de la presente Ley mantendrán su personalidad jurídica y la condición de Entidad Local.

4. Con fecha de 31 de diciembre de 2014, las entidades de ámbito territorial inferior al Municipio deberán presentar sus cuentas ante los organismos correspondientes del Estado y de la Comunidad Autónoma respectiva para no incurrir en causa de disolución.

5. La no presentación de cuentas por las entidades de ámbito territorial inferior al Municipio ante los organismos correspondientes del Estado y de la Comunidad Autónoma respectiva será causa de disolución. La disolución será acordada por Decreto del órgano de gobierno de la Comunidad Autónoma respectiva en el que se podrá determinar su mantenimiento como forma de organización desconcentrada.

La disolución en todo caso conllevará:

a) Que el personal que estuviera al servicio de la entidad disuelta quedará incorporado en el Ayuntamiento en cuyo ámbito territorial esté integrada.

b) Que el Ayuntamiento del que dependa la entidad de ámbito territorial inferior al municipio queda subrogado en todos sus derechos y obligaciones.

Disposición transitoria quinta. Entidades de ámbito territorial inferior al Municipio en constitución.

El núcleo de población que antes del 1 de enero de 2013 hubiera iniciado el procedimiento para su constitución como entidad de ámbito territorial inferior al Municipio, una vez que se constituya, lo hará con personalidad jurídica propia y con la condición de Entidad Local y se regirá por lo dispuesto en la legislación autonómica correspondiente.

CAPÍTULO III
COMPETENCIAS

Artículo 25.

1. El Municipio, para la gestión de sus intereses y en el ámbito de sus competencias, puede promover actividades y prestar los servicios públicos que contribuyan a satisfacer las necesidades y aspiraciones de la comunidad vecinal en los términos previstos en este artículo.

2. El Municipio ejercerá en todo caso como competencias propias, en los términos de la legislación del Estado y de las Comunidades Autónomas, en las siguientes materias:

a) Urbanismo: planeamiento, gestión, ejecución y disciplina urbanística. Protección y gestión del Patrimonio histórico. Promoción y gestión de la vivienda de protección pública con criterios de sostenibilidad financiera. Conservación y rehabilitación de la edificación.

b) Medio ambiente urbano: en particular, parques y jardines públicos, gestión de los residuos sólidos urbanos y protección contra la contaminación acústica, lumínica y atmosférica en las zonas urbanas.

c) Abastecimiento de agua potable a domicilio y evacuación y tratamiento de aguas residuales.

d) Infraestructura viaria y otros equipamientos de su titularidad.

e) Evaluación e información de situaciones de necesidad social y la atención inmediata a personas en situación o riesgo de exclusión social.

f) Policía local, protección civil, prevención y extinción de incendios.

g) Tráfico, estacionamiento de vehículos y movilidad. Transporte colectivo urbano.

h) Información y promoción de la actividad turística de interés y ámbito local.

i) Ferias, abastos, mercados, lonjas y comercio ambulante.

j) Protección de la salubridad pública.

k) Cementerios y actividades funerarias.

l) Promoción del deporte e instalaciones deportivas y de ocupación del tiempo libre.

m) Promoción de la cultura y equipamientos culturales.

n) Participar en la vigilancia del cumplimiento de la escolaridad obligatoria y cooperar con las Administraciones educativas correspondientes en la obtención de los solares necesarios para la construcción de nuevos centros docentes. La conservación, mantenimiento y vigilancia de los edificios de titularidad local destinados a centros públicos de educación infantil, de educación primaria o de educación especial.

o) Promoción en su término municipal de la participación de los ciudadanos en el uso eficiente y sostenible de las tecnologías de la información y las comunicaciones.

3. Las competencias municipales en las materias enunciadas en este artículo se determinarán por Ley debiendo evaluar la conveniencia de la implantación de servicios locales conforme a los principios de descentralización, eficiencia, estabilidad y sostenibilidad financiera.

4. La Ley a que se refiere el apartado anterior deberá ir acompañada de una memoria económica que refleje el impacto sobre los recursos financieros de las Administraciones Públicas afectadas y el cumplimiento de los principios de estabilidad, sostenibilidad financiera y eficiencia del servicio o la actividad. La Ley debe prever la dotación de los recursos necesarios para asegurar la suficiencia financiera de las Entidades Locales sin que ello pueda conllevar, en ningún caso, un mayor gasto de las Administraciones Públicas.

Los proyectos de leyes estatales se acompañarán de un informe del Ministerio de Hacienda y Administraciones Públicas en el que se acrediten los criterios antes señalados.

5.   La Ley determinará la competencia municipal propia de que se trate, garantizando que no se produce una atribución simultánea de la misma competencia a otra Administración Pública.

Artículo 26.

1)   Los Municipios deberán prestar, en todo caso, los servicios siguientes:

a)   En todos los Municipios: alumbrado público, cementerio, recogida de residuos, limpieza viaria, abastecimiento domiciliario de agua potable, alcantarillado, acceso a los núcleos de población y pavimentación de las vías públicas.

b)   En los Municipios con población superior a 5.000 habitantes, además: parque público, biblioteca pública y tratamiento de residuos.

c)   En los Municipios con población superior a 20.000 habitantes, además: protección civil, evaluación e información de situaciones de necesidad social y la atención inmediata a personas en situación o riesgo de exclusión social, prevención y extinción de incendios e instalaciones deportivas de uso público.

d)   En los Municipios con población superior a 50.000 habitantes, además: transporte colectivo urbano de viajeros y medio ambiente urbano.

2)   En los municipios con población inferior a 20.000 habitantes será la Diputación provincial o entidad equivalente la que coordinará la prestación de los siguientes servicios:

a)   Recogida y tratamiento de residuos.

b)   Abastecimiento de agua potable a domicilio y evacuación y tratamiento de aguas residuales.

c)   Limpieza viaria.

d)   Acceso a los núcleos de población.

e)   Pavimentación de vías urbanas.

f)   Alumbrado público.

Para coordinar la citada prestación de servicios la Diputación propondrá, con la conformidad de los municipios afectados, al Ministerio de Hacienda y Administraciones Públicas la forma de prestación, consistente en la prestación directa por la Diputación o la implantación de fórmulas de gestión compartida a través de consorcios, mancomunidades u otras fórmulas. Para reducir los costes efectivos de los servicios el mencionado Ministerio decidirá sobre la propuesta formulada que deberá contar con el informe preceptivo de la Comunidad Autónoma si es la Administración que ejerce la tutela financiera.

Cuando el municipio justifique ante la Diputación que puede prestar estos servicios con un coste efectivo menor que el derivado de la forma de gestión propuesta por la Diputación provincial o entidad equivalente, el municipio podrá asumir la prestación y coordinación de estos servicios si la Diputación lo considera acreditado.

Cuando la Diputación o entidad equivalente asuma la prestación de estos servicios repercutirá a los municipios el coste efectivo del servicio en función de su uso. Si estos servicios estuvieran financiados por tasas y asume su prestación la Diputación o entidad equivalente, será a ésta a quien vaya destinada la tasa para la financiación de los servicios.

3) La asistencia de las Diputaciones o entidades equivalentes a los Municipios, prevista en el artículo 36, se dirigirá preferentemente al establecimiento y adecuada prestación de los servicios mínimos.

Artículo 27.

1. El Estado y las Comunidades Autónomas, en el ejercicio de sus respectivas competencias, podrán delegar en los Municipios el ejercicio de sus competencias.

   La delegación habrá de mejorar la eficiencia de la gestión pública, contribuir a eliminar duplicidades administrativas y ser acorde con la legislación de estabilidad presupuestaria y sostenibilidad financiera.

   La delegación deberá determinar el alcance, contenido, condiciones y duración de ésta, que no podrá ser inferior a cinco años, así como el control de eficiencia que se reserve la Administración delegante y los medios personales, materiales y económicos, que ésta asigne sin que pueda suponer un mayor gasto de las Administraciones Públicas.

   La delegación deberá acompañarse de una memoria económica donde se justifiquen los principios a que se refiere el párrafo segundo de este apartado y se valore el impacto en el gasto de las Administraciones Públicas afectadas sin que, en ningún caso, pueda conllevar un mayor gasto de las mismas.

2. Cuando el Estado o las Comunidades Autónomas deleguen en dos o más municipios de la misma provincia una o varias competencias comunes, dicha delegación deberá realizarse siguiendo criterios homogéneos.

   La Administración delegante podrá solicitar la asistencia de las Diputaciones provinciales o entidades equivalentes para la coordinación y seguimiento de las delegaciones previstas en este apartado.

3. Con el objeto de evitar duplicidades administrativas, mejorar la transparencia de los servicios públicos y el servicio a la ciudadanía y, en general, contribuir a los procesos de racionalización administrativa, generando un ahorro neto de recursos, la Administración del Estado y las de las Comunidades Autónomas podrán delegar, siguiendo criterios homogéneos, entre otras, las siguientes competencias:

   a) Vigilancia y control de la contaminación ambiental.

   b) Protección del medio natural.

   c) Prestación de los servicios sociales, promoción de la igualdad de oportunidades y la prevención de la violencia contra la mujer.

   d) Conservación o mantenimiento de centros sanitarios asistenciales de titularidad de la Comunidad Autónoma.

   e) Creación, mantenimiento y gestión de las escuelas infantiles de educación de titularidad pública de primer ciclo de educación infantil.

   f) Realización de actividades complementarias en los centros docentes.

g)   Gestión de instalaciones culturales de titularidad de la Comunidad Autó-
     noma o del Estado, con estricta sujeción al alcance y condiciones que de-
     rivan del artículo 149.1.28.ª de la Constitución Española.

h)   Gestión de las instalaciones deportivas de titularidad de la Comunidad
     Autónoma o del Estado, incluyendo las situadas en los centros docentes
     cuando se usen fuera del horario lectivo.

i)   Inspección y sanción de establecimientos y actividades comerciales.

j)   Promoción y gestión turística.

k)   Comunicación, autorización, inspección y sanción de los espectáculos
     públicos.

l)   Liquidación y recaudación de tributos propios de la Comunidad Autóno-
     ma o del Estado.

m)   Inscripción de asociaciones, empresas o entidades en los registros adminis-
     trativos de la Comunidad Autónoma o de la Administración del Estado.

n)   Gestión de oficinas unificadas de información y tramitación administrativa.

o)   Cooperación con la Administración educativa a través de los centros aso-
     ciados de la Universidad Nacional de Educación a Distancia.

4.   La Administración delegante podrá, para dirigir y controlar el ejercicio de los
     servicios delegados, dictar instrucciones técnicas de carácter general y recabar,
     en cualquier momento, información sobre la gestión municipal, así como en-
     viar comisionados y formular los requerimientos pertinentes para la subsana-
     ción de las deficiencias observadas. En caso de incumplimiento de las directri-
     ces, denegación de las informaciones solicitadas, o inobservancia de los reque-
     rimientos formulados, la Administración delegante podrá revocar la delegación
     o ejecutar por sí misma la competencia delegada en sustitución del Municipio.
     Los actos del Municipio podrán ser recurridos ante los órganos competentes de
     la Administración delegante.

5.   La efectividad de la delegación requerirá su aceptación por el Municipio inte-
     resado.

6.   La delegación habrá de ir acompañada en todo caso de la correspondiente fi-
     nanciación, para lo cual será necesaria la existencia de dotación presupuestaria
     adecuada y suficiente en los presupuestos de la Administración delegante para
     cada ejercicio económico, siendo nula sin dicha dotación.

     El incumplimiento de las obligaciones financieras por parte de la Administra-
     ción autonómica delegante facultará a la Entidad Local delegada para compen-
     sarlas automáticamente con otras obligaciones financieras que ésta tenga con
     aquélla.

7.   La disposición o acuerdo de delegación establecerá las causas de revocación o
     renuncia de la delegación. Entre las causas de renuncia estará el incumplimien-
     to de las obligaciones financieras por parte de la Administración delegante o
     cuando, por circunstancias sobrevenidas, se justifique suficientemente la im-
     posibilidad de su desempeño por la Administración en la que han sido delega-
     das sin menoscabo del ejercicio de sus competencias propias. El acuerdo de
     renuncia se adoptará por el Pleno de la respectiva Entidad Local.

8.   Las competencias delegadas se ejercen con arreglo a la legislación del Estado o de las Comunidades Autónomas.

Artículo 28. (Suprimido)

CAPÍTULO IV
REGÍMENES ESPECIALES

Artículo 29.

1.   Funcionan en Concejo Abierto:

   a)   Los municipios que tradicional y voluntariamente cuenten con ese singular régimen de gobierno y administración.

   b)   Aquellos otros en los que por su localización geográfica, la mejor gestión de los intereses municipales u otras circunstancias lo hagan aconsejable.

2.   La constitución en concejo abierto de los municipios a que se refiere el apartado b) del número anterior, requiere petición de la mayoría de los vecinos, decisión favorable por mayoría de dos tercios de los miembros del Ayuntamiento y aprobación por la Comunidad Autónoma.

3.   En el régimen de Concejo Abierto, el gobierno y la administración municipales corresponden a un Alcalde y una asamblea vecinal de la que forman parte todos los electores. Ajustan su funcionamiento a los usos, costumbres y tradiciones locales y, en su defecto, a lo establecido en esta Ley y las leyes de las Comunidades Autónomas sobre régimen local.

4.   No obstante lo anterior, los alcaldes de las corporaciones de municipios de menos de 100 residentes podrán convocar a sus vecinos a Concejo Abierto para decisiones de especial trascendencia para el municipio. Si así lo hicieren deberán someterse obligatoriamente al criterio de la Asamblea vecinal constituida al efecto.

Los municipios que con anterioridad venían obligados por Ley en función del número de residentes a funcionar en Concejo Abierto, podrán continuar con ese régimen especial de gobierno y administración si tras la sesión constitutiva de la Corporación, convocada la Asamblea Vecinal, así lo acordaran por unanimidad los tres miembros electos y la mayoría de los vecinos.

Artículo 30. Las Leyes sobre régimen local de las Comunidades Autónomas, en el marco de lo establecido en esta Ley, podrán establecer regímenes especiales para Municipios pequeños o de carácter rural y para aquellos que reúnan otras características que lo hagan aconsejable, como su carácter histórico-artístico o el predominio en su término de las actividades turísticas, industriales, mineras u otras semejantes.

TÍTULO III
La Provincia

Artículo 31.

1.   La Provincia es una Entidad local determinada por la agrupación de Municipios, con personalidad jurídica propia y plena capacidad para el cumplimiento de sus fines.

2. Son fines propios y específicos de la Provincia garantizar los principios de solidaridad y equilibrio intermunicipales, en el marco de la política económica y social, y, en particular:

    a) Asegurar la prestación integral y adecuada en la totalidad del territorio provincial de los servicios de competencia municipal.

    b) Participar en la coordinación de la Administración local con la de la Comunidad Autónoma y la del Estado.

3. El gobierno y la administración autónoma de la Provincia corresponden a la Diputación u otras Corporaciones de carácter representativo.

CAPÍTULO I
Organización

Artículo 32. La organización provincial responde a las siguientes reglas:

1. El Presidente, los Vicepresidentes, la Junta de Gobierno y el Pleno existen en todas las Diputaciones.

2. Asimismo, existirán en todas las Diputaciones órganos que tengan por objeto el estudio, informe o consulta de los asuntos que han de ser sometidos a la decisión del Pleno, así como el seguimiento de la gestión del Presidente, la Junta de Gobierno y los Diputados que ostenten delegaciones, siempre que la respectiva legislación autonómica no prevea una forma organizativa distinta en este ámbito y sin perjuicio de las competencias de control que corresponden al Pleno.

Todos los grupos políticos integrantes de la corporación tendrán derecho a participar en dichos órganos, mediante la presencia de Diputados pertenecientes a los mismos, en proporción al número de Diputados que tengan en el Pleno.

3. El resto de los órganos complementarios de los anteriores se establece y regula por las propias Diputaciones. No obstante las leyes de las comunidades autónomas sobre régimen local podrán establecer una organización provincial complementaria de la prevista en este texto legal.

Artículo 32 bis. Personal Directivo de Diputaciones, Cabildos y Consejos Insulares.

El nombramiento del personal directivo que, en su caso, hubiera en las Diputaciones, Cabildos y Consejos Insulares deberá efectuarse de acuerdo a criterios de competencia profesional y experiencia, entre funcionarios de carrera del Estado, de las Comunidades Autónomas, de las Entidades Locales o con habilitación de carácter nacional que pertenezcan a cuerpos o escalas clasificados en el subgrupo A1, salvo que el correspondiente Reglamento Orgánico permita que, en atención a las características específicas de las funciones de tales órganos directivos, su titular no reúna dicha condición de funcionario.

Artículo 33.

1. El Pleno de la Diputación está constituido por el Presidente y los Diputados.

2. Corresponde en todo caso al Pleno:

    a) La organización de la Diputación.

    b) La aprobación de las ordenanzas.

    c) La aprobación y modificación de los Presupuestos, la disposición de gastos dentro de los límites de su competencia y la aprobación provisional de las cuentas; todo ello de acuerdo con lo dispuesto en la Ley Reguladora de las Haciendas Locales.

d) La aprobación de los planes de carácter provincial.

e) El control y la fiscalización de los órganos de gobierno.

f) La aprobación de la plantilla de personal, la relación de puestos de trabajo, la fijación de la cuantía de las retribuciones complementarias fijas y periódicas de los funcionarios, y el número y régimen del personal eventual.

g) La alteración de la calificación jurídica de los bienes de dominio público.

h) El planteamiento de conflictos de competencias a otras Entidades locales y demás Administraciones públicas.

i) El ejercicio de acciones judiciales y administrativas y la defensa de la Corporación en materias de competencia plenaria.

j) La declaración de lesividad de los actos de la Diputación.

k) La concertación de las operaciones de crédito cuya cuantía acumulada en el ejercicio económico exceda del 10 por 100 de los recursos ordinarios, salvo las de tesorería, que le corresponderán cuando el importe acumulado de las operaciones vivas en cada momento supere el 15 por 100 de los ingresos corrientes liquidados en el ejercicio anterior, todo ello de conformidad con lo dispuesto en la Ley Reguladora de las Haciendas Locales.

l) (Derogada)

m) La aprobación de los proyectos de obra y de servicios cuando sea competente para su contratación o concesión y cuando aún no estén previstos en los Presupuestos.

n) (Derogada)

o) ñ) Aquellas atribuciones que deban corresponder al Pleno por exigir su aprobación una mayoría especial.

p) Las demás que expresamente la atribuyan las leyes.

3. Corresponde, igualmente, al Pleno la votación sobre la moción de censura al Presidente y sobre la cuestión de confianza planteada por el mismo, que serán públicas y se realizarán mediante llamamiento nominal en todo caso, y se rigen por lo dispuesto en la legislación electoral general.

4. El Pleno puede delegar el ejercicio de sus atribuciones en el Presidente y en la Comisión de Gobierno, salvo las enunciadas en el número 2, letras a), b), c), d), e), f), h) y ñ), y número 3 de este artículo.

Artículo 34.

1. Corresponde en todo caso al Presidente de la Diputación:

a) Dirigir el gobierno y la administración de la provincia.

b) Representar a la Diputación.

c) Convocar y presidir las sesiones del Pleno, salvo los supuestos previstos en la presente Ley y en la legislación electoral general, de la Junta de Gobierno y cualquier otro órgano de la Diputación, y decidir los empates con voto de calidad.

d)   Dirigir, inspeccionar e impulsar los servicios y obras cuya titularidad o ejercicio corresponde a la Diputación Provincial.

e)   Asegurar la gestión de los servicios propios de la Comunidad Autónoma cuya gestión ordinaria esté encomendada a la Diputación.

f)   El desarrollo de la gestión económica de acuerdo con el Presupuesto aprobado, disponer gastos dentro de los límites de su competencia, concertar operaciones de crédito, con exclusión de las contempladas en el artículo 158.5 de la Ley 39/1988, de 28 de diciembre, Reguladora de las Haciendas Locales, siempre que aquéllas estén previstas en el Presupuesto y su importe acumulado dentro de cada ejercicio económico no supere el 10 por 100 de sus recursos ordinarios, salvo las de tesorería que le corresponderán cuando el importe acumulado de las operaciones vivas en cada momento no supere el 15 por 100 de los ingresos corrientes liquidados en el ejercicio anterior, ordenar pagos y rendir cuentas ; todo ello de conformidad con lo dispuesto en la Ley Reguladora de las Haciendas Locales.

g)   Aprobar la oferta de empleo público de acuerdo con el Presupuesto y la plantilla aprobados por el Pleno, aprobar las bases de las pruebas para la selección del personal y para los concursos de provisión de puestos de trabajo y distribuir las retribuciones complementarias que no sean fijas y periódicas.

h)   Desempeñar la jefatura superior de todo el personal, y acordar su nombramiento y sanciones, incluida la separación del servicio de los funcionarios de la Corporación y el despido del personal laboral, dando cuenta al Pleno en la primera sesión que celebre. Esta atribución se entenderá sin perjuicio de lo previsto en el artículo 99.1 y 3 de esta Ley.

i)   El ejercicio de las acciones judiciales y administrativas y la defensa de la Diputación en las materias de su competencia, incluso cuando las hubiere delegado en otro órgano, y, en caso de urgencia, en materias de la competencia del Pleno, en este último supuesto dando cuenta al mismo en la primera sesión que celebre para su ratificación.

j)   La iniciativa para proponer al Pleno la declaración de lesividad en materia de la competencia del Presidente.

k)   (Derogada)

l)   La aprobación de los proyectos de obras y de servicios cuando sea competente para su contratación o concesión y estén previstos en el Presupuesto.

m)   (Derogada)

n)   Ordenar la publicación y ejecución y hacer cumplir los acuerdos de la Diputación.

o)   Las demás que expresamente les atribuyan las leyes.

p) El ejercicio de aquellas otras atribuciones que la legislación del Estado o de las Comunidades Autónomas asigne a la Diputación y no estén expresamente atribuidas a otros órganos.

2. El Presidente puede delegar el ejercicio de sus atribuciones, salvo la de convocar y presidir las sesiones del Pleno y de la Junta de Gobierno, decidir los empates con el voto de calidad, concertar operaciones de crédito, la jefatura superior de todo el personal, la separación del servicio de funcionarios y el despido del personal laboral, y las enunciadas en los párrafos a), i) y j) del número anterior.

3. Corresponde, asimismo, al Presidente el nombramiento de los Vicepresidentes.

Artículo 35.

1. La Junta de Gobierno se integra por el Presidente y un número de Diputados no superior al tercio del número legal de los mismos, nombrados y separados libremente por aquél, dando cuenta al Pleno.

2. Corresponde a la Junta de Gobierno:

   a) La asistencia al Presidente en el ejercicio de sus atribuciones.

   b) Las atribuciones que el Presidente le delegue o le atribuyan las leyes.

3. El Presidente puede delegar el ejercicio de determinadas atribuciones en los miembros de la Junta de Gobierno, sin perjuicio de las delegaciones especiales que para cometidos específicos pueda realizar a favor de cualesquiera Diputados, aunque no perteneciera a la Junta de Gobierno.

4. Los Vicepresidentes sustituyen, por el orden de su nombramiento y en los casos de vacante, ausencia o enfermedad, al Presidente, siendo libremente designados por éste entre los miembros de la Junta de Gobierno.

CAPÍTULO II
Competencias

Artículo 36.

1. Son competencias propias de la Diputación o entidad equivalente las que le atribuyan en este concepto las leyes del Estado y de las Comunidades Autónomas en los diferentes sectores de la acción pública y, en todo caso, las siguientes:

   a) La coordinación de los servicios municipales entre sí para la garantía de la prestación integral y adecuada a que se refiere el apartado a) del número 2 del artículo 31.

   b) La asistencia y cooperación jurídica, económica y técnica a los Municipios, especialmente los de menor capacidad económica y de gestión. En todo caso garantizará en los municipios de menos de 1.000 habitantes la prestación de los servicios de secretaría e intervención.

   c) La prestación de servicios públicos de carácter supramunicipal y, en su caso, supracomarcal y el fomento o, en su caso, coordinación de la prestación unificada de servicios de los municipios de su respectivo ámbito territorial. En particular, asumirá la prestación de los servicios de tratamiento de residuos en los municipios de menos de 5.000 habitantes, y de prevención y extinción de incendios en los de menos de 20.000 habitantes, cuando éstos no procedan a su prestación.

d) La cooperación en el fomento del desarrollo económico y social y en la planificación en el territorio provincial, de acuerdo con las competencias de las demás Administraciones Públicas en este ámbito.

e) El ejercicio de funciones de coordinación en los casos previstos en el artículo 116 bis.

f) Asistencia en la prestación de los servicios de gestión de la recaudación tributaria, en periodo voluntario y ejecutivo, y de servicios de apoyo a la gestión financiera de los municipios con población inferior a 20.000 habitantes.

g) La prestación de los servicios de administración electrónica y la contratación centralizada en los municipios con población inferior a 20.000 habitantes.

h) El seguimiento de los costes efectivos de los servicios prestados por los municipios de su provincia. Cuando la Diputación detecte que estos costes son superiores a los de los servicios coordinados o prestados por ella, ofrecerá a los municipios su colaboración para una gestión coordinada más eficiente de los servicios que permita reducir estos costes.

i) La coordinación mediante convenio, con la Comunidad Autónoma respectiva, de la prestación del servicio de mantenimiento y limpieza de los consultorios médicos en los municipios con población inferior a 5000 habitantes.

2. A los efectos de lo dispuesto en las letras a), b) y c) del apartado anterior, la Diputación o entidad equivalente:

a) Aprueba anualmente un plan provincial de cooperación a las obras y servicios de competencia municipal, en cuya elaboración deben participar los Municipios de la Provincia. El plan, que deberá contener una memoria justificativa de sus objetivos y de los criterios de distribución de los fondos, criterios que en todo caso han de ser objetivos y equitativos y entre los que estará el análisis de los costes efectivos de los servicios de los municipios, podrá financiarse con medios propios de la Diputación o entidad equivalente, las aportaciones municipales y las subvenciones que acuerden la Comunidad Autónoma y el Estado con cargo a sus respectivos presupuestos. Sin perjuicio de las competencias reconocidas en los Estatutos de Autonomía y de las anteriormente asumidas y ratificadas por éstos, la Comunidad Autónoma asegura, en su territorio, la coordinación de los diversos planes provinciales, de acuerdo con lo previsto en el artículo 59 de esta Ley.

Cuando la Diputación detecte que los costes efectivos de los servicios los municipios son superiores a los de los servicios coordinados o prestados por ella, incluirá en el plan provincial fórmulas de prestación unificada o supramunicipal para reducir sus costes efectivos.

El Estado y la Comunidad Autónoma, en su caso, pueden sujetar sus subvenciones a determinados criterios y condiciones en su utilización o empleo y tendrán en cuenta el análisis de los costes efectivos de los servicios de los municipios.

b) Asegura el acceso de la población de la Provincia al conjunto de los servicios mínimos de competencia municipal y a la mayor eficacia y economía en la prestación de éstos mediante cualesquiera fórmulas de asistencia y cooperación municipal.

Con esta finalidad, las Diputaciones o entidades equivalentes podrán otorgar subvenciones y ayudas con cargo a sus recursos propios para la realización y el mantenimiento de obras y servicios municipales, que se instrumentarán a través de planes especiales u otros instrumentos específicos.

c) Garantiza el desempeño de las funciones públicas necesarias en los Ayuntamientos y les presta apoyo en la selección y formación de su personal sin perjuicio de la actividad desarrollada en estas materias por la Administración del Estado y la de las Comunidades Autónomas.

d) Da soporte a los Ayuntamientos para la tramitación de procedimientos administrativos y realización de actividades materiales y de gestión, asumiéndolas cuando aquéllos se las encomienden.

Artículo 37.

1. Las Comunidades Autónomas podrán delegar competencias en las Diputaciones, así como encomendar a éstas la gestión ordinaria de servicios propios en los términos previstos en los Estatutos correspondientes. En este último supuesto las Diputaciones actuarán con sujeción plena a las instrucciones generales y particulares de las Comunidades.

2. El Estado podrá, asimismo, previa consulta e informe de la Comunidad Autónoma interesada, delegar en las Diputaciones competencias de mera ejecución cuando el ámbito provincial sea el más idóneo para la prestación de los correspondientes servicios.

3. El ejercicio por las Diputaciones de las facultades delegadas se acomodará a lo dispuesto en el artículo 27.

Artículo 38.

Las previsiones establecidas para la Diputación en este Capítulo y en los restantes de la presente Ley serán de aplicación a aquellas otras Corporaciones de carácter representativo a las que corresponda el gobierno y la administración autónoma de la Provincia.

CAPÍTULO III
Regímenes especiales

Artículo 39.

Los órganos forales de Álava, Guipúzcoa y Vizcaya conservan su régimen peculiar en el marco del Estatuto de Autonomía de la Comunidad Autónoma del País Vasco. No obstante, las disposiciones de la presente Ley les serán de aplicación con carácter supletorio.

Artículo 40.

Las Comunidades Autónomas uniprovinciales y la Foral de Navarra asumen las competencias, medios y recursos que corresponden en el régimen ordinario a las Diputaciones Provinciales. Se exceptúa la Comunidad Autónoma de las Islas Baleares en los términos de su Estatuto propio.

Artículo 41.

1. Los Cabildos Insulares Canarios, como órganos de gobierno, administración y representación de cada isla, se rigen por las normas contenidas en la disposición adicional decimocuarta de esta ley y supletoriamente por las normas que regulan la organización y funcionamiento de las Diputaciones provinciales, asumiendo las competencias de éstas, sin perjuicio de lo dispuesto en el Estatuto de Autonomía de Canarias.

2. En el Archipiélago Canario subsisten las mancomunidades provinciales interinsulares exclusivamente como órganos de representación y expresión de los intereses provinciales. Integran dichos órganos los Presidentes de los Cabildos insulares de las provincias correspondientes, presidiéndolos el del Cabildo de la Isla en que se halle la capital de la provincia.

3. Los Consejos Insulares de las Islas Baleares, a los que son de aplicación las normas de esta ley que regulan la organización y funcionamiento de las Diputaciones provinciales, asumen sus competencias de acuerdo con lo dispuesto en esta ley y las que les correspondan de conformidad con el Estatuto de Autonomía de Baleares.

TÍTULO IV
Otras Entidades locales

Artículo 42.

1. Las Comunidades Autónomas, de acuerdo con lo dispuesto en sus respectivos Estatutos, podrán crear en su territorio comarcas u otras Entidades que agrupen varios Municipios, cuyas características determinen intereses comunes precisados de una gestión propia o demanden la prestación de servicios de dicho ámbito.

2. La iniciativa para la creación de una comarca podrá partir de los propios Municipios interesados. En cualquier caso, no podrá crearse la comarca si a ello se oponen expresamente las dos quintas partes de los Municipios que debieran agruparse en ella, siempre que, en este caso, tales Municipios representen al menos la mitad del censo electoral del territorio correspondiente. Cuando la comarca deba agrupar a Municipios de más de una Provincia, será necesario el informe favorable de las Diputaciones Provinciales a cuyo ámbito territorial pertenezcan tales Municipios.

3. Las Leyes de las Comunidades Autónomas determinarán el ámbito territorial de las comarcas, la composición y el funcionamiento de sus órganos de gobierno, que serán representativos de los Ayuntamientos que agrupen, así como las competencias y recursos económicos que, en todo caso, se les asignen.

4. La creación de las Comarcas no podrá suponer la pérdida por los Municipios de la competencia para prestar los servicios enumerados en el artículo 26, ni

privar a los mismos de toda intervención en cada una de las materias enumeradas en el apartado 2 del artículo 25.

Artículo 43.

1. Las Comunidades Autónomas, previa audiencia de la Administración del Estado y de los Ayuntamientos y Diputaciones afectados, podrán crear, modificar y suprimir, mediante Ley, áreas metropolitanas, de acuerdo con lo dispuesto en sus respectivos Estatutos.

2. Las áreas metropolitanas son Entidades locales integradas por los Municipios de grandes aglomeraciones urbanas entre cuyos núcleos de población existan vinculaciones económicas y sociales que hagan necesaria la planificación conjunta y la coordinación de determinados servicios y obras.

3. La legislación de la Comunidad Autónoma determinará los órganos de gobierno y administración, en los que estarán representados todos los Municipio integrados en el área; el régimen económico y de funcionamiento, que garantizará la participación de todos los Municipios en la toma de decisiones y una justa distribución de las cargas entre ellos; así como los servicios y obras de prestación o realización metropolitana y el procedimiento para su ejecución.

Artículo 44.

1. Se reconoce a los municipios el derecho a asociarse con otros en mancomunidades para la ejecución en común de obras y servicios determinados de su competencia.

2. Las mancomunidades tienen personalidad y capacidad jurídicas para el cumplimiento de sus fines específicos y se rigen por sus Estatutos propios. Los Estatutos han de regular el ámbito territorial de la entidad, su objeto y competencia, órganos de gobierno y recursos, plazo de duración y cuantos otros extremos sean necesarios para su funcionamiento.

    En todo caso, los órganos de gobierno serán representativos de los ayuntamientos mancomunados.

3. El procedimiento de aprobación de los estatutos de las mancomunidades se determinará por la legislación de las comunidades autónomas y se ajustará, en todo caso, a las siguientes reglas:

    a) La elaboración corresponderá a los concejales de la totalidad de los municipios promotores de la mancomunidad, constituidos en asamblea.

    b) La Diputación o Diputaciones provinciales interesadas emitirán informe sobre el proyecto de estatutos.

    c) Los Plenos de todos los ayuntamientos aprueban los estatutos.

4. Se seguirá un procedimiento similar para la modificación o supresión de mancomunidades.

5. Podrán integrarse en la misma mancomunidad municipios pertenecientes a distintas comunidades autónomas, siempre que lo permitan las normativas de las comunidades autónomas afectadas.

Artículo 45. (Sin contenido)

TÍTULO V
Disposiciones comunes a las Entidades locales

CAPÍTULO I
Régimen de funcionamiento

Artículo 46.

1. Los órganos colegiados de las Entidades locales funcionan en régimen de sesiones ordinarias de periodicidad preestablecida y extraordinarias, que pueden ser, además, urgentes.

2. En todo caso, el funcionamiento del Pleno de las Corporaciones Locales se ajusta a las siguientes reglas:

    a) El Pleno celebra sesión ordinaria como mínimo cada mes en los Ayuntamientos de municipios de más de 20.000 habitantes y en las Diputaciones Provinciales; cada dos meses en los Ayuntamientos de los municipios de una población entre 5.001 habitantes y 20.000 habitantes; y cada tres en los municipios de hasta 5.000 habitantes. Asimismo, el Pleno celebra sesión extraordinaria cuando así lo decida el Presidente o lo solicite la cuarta parte, al menos, del número legal de miembros de la Corporación, sin que ningún concejal pueda solicitar más de tres anualmente. En este último caso, la celebración del mismo no podrá demorarse por más de quince días hábiles desde que fuera solicitada, no pudiendo incorporarse el asunto al orden del día de un Pleno ordinario o de otro extraordinario con más asuntos si no lo autorizan expresamente los solicitantes de la convocatoria.

    Si el Presidente no convocase el Pleno extraordinario solicitado por el número de concejales indicado dentro del plazo señalado, quedará automáticamente convocado para el décimo día hábil siguiente al de la finalización de dicho plazo, a las doce horas, lo que será notificado por el Secretario de la Corporación a todos los miembros de la misma al día siguiente de la finalización del plazo citado anteriormente. En ausencia del Presidente o de quien legalmente haya de sustituirle, el Pleno quedará válidamente constituido siempre que concurra el quórum requerido en la letra c) de este precepto, en cuyo caso será presidido por el miembro de la Corporación de mayor edad entre los presentes.

    b) Las sesiones plenarias han de convocarse, al menos, con dos días hábiles de antelación, salvo las extraordinarias que lo hayan sido con carácter urgente, cuya convocatoria con este carácter deberá ser ratificada por el Pleno. La documentación íntegra de los asuntos incluidos en el orden del día, que deba servir de base al debate y, en su caso, votación, deberá figurar a disposición de los Concejales o Diputados, desde el mismo día de la convocatoria, en la Secretaría de la Corporación.

    c) El Pleno se constituye válidamente con la asistencia de un tercio del mínimo legal de miembros del mismo, que nunca podrá ser inferior a tres. En los municipios de hasta 100 residentes, que no funcionen en régimen de Concejo Abierto, el Pleno se constituirá válidamente con la asistencia del número legal de miembros del mismo, que nunca deberá ser inferior a dos. Estos quórums deberán mantenerse durante toda la sesión.

En todo caso, se requiere la asistencia del Presidente y del Secretario de la Corporación o de quienes legalmente les sustituyan.

d) La adopción de acuerdos se produce mediante votación ordinaria, salvo que el propio Pleno acuerde, para un caso concreto, la votación nominal. El voto puede emitirse en sentido afirmativo o negativo, pudiendo los miembros de las Corporaciones abstenerse de votar.

La ausencia de uno o varios Concejales o Diputados, una vez iniciada la deliberación de un asunto, equivale, a efectos de la votación correspondiente, a la abstención.

En el caso de votaciones con resultado de empate, se efectuará una nueva votación, y si persistiera el empate, decidirá el voto de calidad del Presidente.

e) En los plenos ordinarios la parte dedicada al control de los demás órganos de la Corporación deberá presentar sustantividad propia y diferenciada de la parte resolutiva, debiéndose garantizar de forma efectiva en su funcionamiento y, en su caso, en su regulación, la participación de todos los grupos municipales en la formulación de ruegos, preguntas y mociones.

Artículo 47.

1. Los acuerdos de las corporaciones locales se adoptan, como regla general, por mayoría simple de los miembros presentes. Existe mayoría simple cuando los votos afirmativos son más que los negativos.

2. Se requiere el voto favorable de la mayoría absoluta del número legal de miembros de las corporaciones para la adopción de acuerdos en las siguientes materias:

   a. Creación y supresión de municipios y alteración de términos municipales.

   b. Creación, modificación y supresión de las entidades a que se refiere el artículo 45 de esta ley.

   c. Aprobación de la delimitación del término municipal.

   d. Alteración del nombre y de la capitalidad del municipio.

   e. Adopción o modificación de su bandera, enseña o escudo.

   f. Aprobación y modificación del reglamento orgánico propio de la corporación.

   g. Creación, modificación o disolución de mancomunidades u otras organizaciones asociativas, así como la adhesión a las mismas y la aprobación y modificación de sus estatutos.

   h. Transferencia de funciones o actividades a otras Administraciones públicas, así como la aceptación de las delegaciones o encomiendas de gestión realizadas por otras administraciones, salvo que por ley se impongan obligatoriamente.

   i. Cesión por cualquier título del aprovechamiento de los bienes comunales.

j. Concesión de bienes o servicios por más de cinco años, siempre que su cuantía exceda del 20 por ciento de los recursos ordinarios del presupuesto.

k. Municipalización o provincialización de actividades en régimen de monopolio y aprobación de la forma concreta de gestión del servicio correspondiente.

l. Aprobaciones de operaciones financieras o de crédito y concesiones de quitas o esperas, cuando su importe supere el 10 por ciento de los recursos ordinarios de su presupuesto, así como las operaciones de crédito previstas en el artículo 158.5 de la Ley 39/1988, de 28 de diciembre, reguladora de las Haciendas Locales.

m. Los acuerdos que corresponda adoptar a la corporación en la tramitación de los instrumentos de planeamiento general previstos en la legislación urbanística.

n. Enajenación de bienes, cuando su cuantía exceda del 20 por ciento de los recursos ordinarios de su presupuesto.

o. Alteración de la calificación jurídica de los bienes demaniales o comunales.

p. Cesión gratuita de bienes a otras Administraciones o instituciones públicas.

q. Las restantes determinadas por la ley.

3. Las normas relativas a adopción de acuerdos en los municipios señalados en el artículo 121 de esta ley, son las contenidas en el apartado 2 del artículo 123.

Artículo 48.

En los asuntos en que sea preceptivo el dictamen del Consejo de Estado, la correspondiente solicitud se cursará por conducto del Presidente de la Comunidad Autónoma.

Cuando el dictamen deba ser solicitado conjuntamente por Entidades pertenecientes al ámbito territorial de distintas Comunidades Autónomas, la solicitud se cursará por conducto del Ministerio de Administraciones Públicas a petición de la Entidad de mayor población.

Artículo 49.

La aprobación de las Ordenanzas locales se ajustará al siguiente procedimiento:

a) Aprobación inicial por el Pleno.

b) Información pública y audiencia a los interesados por el plazo mínimo de treinta días para la presentación de reclamaciones y sugerencias.

c) Resolución de todas las reclamaciones y sugerencias presentadas dentro del plazo y aprobación definitiva por el Pleno.

En el caso de que no se hubiera presentado ninguna reclamación o sugerencia, se entenderá definitivamente adoptado el acuerdo hasta entonces provisional.

Artículo 50.

1. Los conflictos de atribuciones que surjan entre órganos y Entidades dependientes de una misma Corporación local se resolverán:

a) Por el Pleno, cuando se trate de conflictos que afecten a órganos colegiados, miembros de éstos o Entidades locales de las previstas en el artículo 45.

b) Por el Alcalde o Presidente de la Corporación, en el resto de los supuestos.

2. Los conflictos de competencias planteados entre diferentes entidades locales serán resueltos por la Administración de la Comunidad Autónoma o por la Administración del Estado, previa audiencia de las Comunidades Autónomas afectadas, según se trate de entidades pertenecientes a la misma o a distinta Comunidad, y sin perjuicio de la ulterior posibilidad de impugnar la resolución dictada ante la Jurisdicción contencioso-administrativa.

3. Las cuestiones que se susciten entre municipios pertenecientes a distintas Comunidades Autónomas sobre deslinde de sus términos municipales se resolverán por la Administración del Estado, previo informe del Instituto Geográfico Nacional, audiencia de los municipios afectados y de las respectivas Comunidades Autónomas y dictamen del Consejo de Estado.

Artículo 51.

Los actos de las Entidades locales son inmediatamente ejecutivos, salvo en aquellos casos en que una disposición legal establezca lo contrario o cuando se suspenda su eficacia de acuerdo con la Ley.

Artículo 52.

1. Contra los actos y acuerdos de las Entidades locales que pongan fin a la vía administrativa, los interesados podrán ejercer las acciones que procedan ante la jurisdicción competente, pudiendo no obstante interponer con carácter previo y potestativo recurso de reposición.

2. Ponen fin a la vía administrativa las resoluciones de los siguientes órganos y autoridades:

a) Las del Pleno, los Alcaldes o Presidentes y las Juntas de Gobierno, salvo en los casos excepcionales en que una ley sectorial requiera la aprobación ulterior de la Administración del Estado o de la comunidad autónoma, o cuando proceda recurso ante éstas en los supuestos del artículo 27.2.

b) Las de autoridades y órganos inferiores en los casos que resuelvan por delegación del Alcalde, del Presidente o de otro órgano cuyas resoluciones pongan fin a la vía administrativa.

c) Las de cualquier otra autoridad u órgano cuando así lo establezca una disposición legal.

Artículo 53.

Sin perjuicio de las previsiones específicas contenidas en los artículos 65, 67 y 110 de esta Ley, las Corporaciones locales podrán revisar sus actos y acuerdos en los términos y con el alcance que, para la Administración del Estado, se establece en la legislación del Estado reguladora del procedimiento administrativo común.

Artículo 54.

Las Entidades locales responderán directamente de los daños y perjuicios causados a los particulares en sus bienes y derechos como consecuencia del funcionamiento de los servicios públicos o de la actuación de sus autoridades, funcionarios o agentes, en los términos establecidos en la legislación general sobre responsabilidad administrativa.

CAPÍTULO II

Relaciones interadministrativas

Artículo 55.

Para la efectiva coordinación y eficacia administrativa, la Administración General del Estado, así como las Administraciones autonómica y local, de acuerdo con el principio de lealtad institucional, deberán en sus relaciones recíprocas:

a) Respetar el ejercicio legítimo por las otras Administraciones de sus competencias y las consecuencias que del mismo se deriven para las propias.

b) Ponderar, en la actuación de las competencias propias, la totalidad de los intereses públicos implicados y, en concreto, aquellos cuya gestión esté encomendada a otras Administraciones.

c) Valorar el impacto que sus actuaciones, en materia presupuestaria y financiera, pudieran provocar en el resto de Administraciones Públicas.

d) Facilitar a las otras Administraciones la información sobre la propia gestión que sea relevante para el adecuado desarrollo por éstas de sus cometidos.

e) Prestar, en el ámbito propio, la cooperación y asistencia activas que las otras Administraciones pudieran precisar para el eficaz cumplimiento de sus tareas.

Artículo 56.

1. Las Entidades locales tienen el deber de remitir a las Administraciones del Estado y de las Comunidades Autónomas, en los plazos y forma que reglamentariamente se determinen, copia o, en su caso, extracto comprensivo de los actos y acuerdos de las mismas. Los Presidentes y, de forma inmediata, los Secretarios de las Corporaciones serán responsables del cumplimiento de este deber.

2. En todo caso, las Administraciones del Estado y de las Comunidades Autónomas estarán facultadas, con el fin de comprobar la efectividad, en su aplicación y, respectivamente, de la legislación estatal y la autonómica, para recabar y obtener información concreta sobre la actividad municipal, pudiendo solicitar incluso la exhibición de expedientes y la emisión de informes.

3. La Administración del Estado y la de las Comunidades Autónomas deberán facilitar el acceso de los representantes legales de las Entidades locales a los instrumentos de planificación, programación y gestión de obras y servicios que les afecten directamente.

Artículo 57.

1. La cooperación económica, técnica y administrativa entre la Administración local y las Administraciones del Estado y de las Comunidades Autónomas, tanto en servicios locales como en asuntos de interés común, se desarrollará con carácter voluntario, bajo las formas y en los términos previstos en las leyes, pudiendo tener lugar, en todo caso, mediante los consorcios o los convenios administrativos que suscriban.

De cada acuerdo de cooperación formalizado por alguna de estas Administraciones se dará comunicación a aquellas otras que, resultando interesadas, no hayan intervenido en el mismo, a los efectos de mantener una recíproca y constante información.

2. La suscripción de convenios y constitución de consorcios deberá mejorar la eficiencia de la gestión pública, eliminar duplicidades administrativas y cumplir con la legislación de estabilidad presupuestaria y sostenibilidad financiera.

3. La constitución de un consorcio solo podrá tener lugar cuando la cooperación no pueda formalizarse a través de un convenio y siempre que, en términos de eficiencia económica, aquélla permita una asignación más eficiente de los recursos económicos. En todo caso, habrá de verificarse que la constitución del consorcio no pondrá en riesgo la sostenibilidad financiera del conjunto de la Hacienda de la Entidad Local de que se trate, así como del propio consorcio, que no podrá demandar más recursos de los inicialmente previstos.

Artículo 57 bis. Garantía de pago en el ejercicio de competencias delegadas. (Anulado)

Artículo 58.

1. Las leyes del Estado o de las Comunidades Autónomas podrán crear, para la coordinación administrativa, órganos de colaboración de las Administraciones correspondientes con las Entidades locales. Estos órganos, que serán únicamente deliberantes o consultivos, podrán tener ámbito autonómico o provincial y carácter general o sectorial.

    Para asegurar la colaboración entre la Administración del Estado y la n Local en materia de inversiones y de prestación de servicios, el Gobierno podrá crear en cada Comunidad Autónoma una Comisión Territorial de Administración Local. Reglamentariamente, se establecerá la composición, organización y funcionamiento de la Comisión.

2. Tanto la Administración del Estado como las de las Comunidades Autónomas podrán participar en los respectivos órganos de colaboración establecidos por cada una de ellas.

    En todo caso, las Administraciones que tengan atribuidas la formulación y aprobación de instrumentos de planificación deberán otorgar a las restantes una participación que permita armonizar los intereses públicos afectados.

    La participación de los municipios en la formación de los planes generales de obras públicas que les afecten se realizará en todo caso de conformidad con lo que disponga la correspondiente legislación sectorial. Asimismo, en la determinación de usos y en la adopción de resoluciones por parte de otras Administraciones públicas en materia de concesiones o autorizaciones relativa al dominio público de su competencia, será requisito indispensable para su aprobación el informe previo de los municipios en cuyo territorio se encuentre dicho dominio público, de acuerdo con lo establecido en los artículos 82 y 83 de la Ley 30/1992, de 26 de noviembre, de Régimen Jurídico de las Administraciones Públicas y del Procedimiento Administrativo Común.

Artículo 59.

1. A fin de asegurar la coherencia de la actuación de las Administraciones Públicas, en los supuestos previstos en el número 2 del artículo 10 y para el caso de que dicho fin no pueda alcanzarse por los procedimientos contemplados en los

artículos anteriores o éstos resultaran manifiestamente inadecuados por razón de las características de la tarea pública de que se trate, las leyes del Estado y las de las Comunidades Autónomas, reguladoras de los distintos sectores de la acción pública, podrán atribuir al Gobierno de la Nación, o al Consejo de Gobierno, la facultad de coordinar la actividad de la Administración Local y, en especial, de las Diputaciones Provinciales en el ejercicio de sus competencias.

La coordinación se realizará mediante la definición concreta y en relación con una materia, servicio o competencia determinados de los intereses generales o comunitarios, a través de planes sectoriales para la fijación de los objetivos y la determinación de las prioridades de la acción pública en la materia correspondiente. En la tramitación de los mismos se observará lo dispuesto en el número 2 del artículo anterior.

Las Entidades locales ejercerán sus facultades de programación, planificación u ordenación de los servicios o actividades de su competencia en el marco de las previsiones de los planes a que se refiere el párrafo anterior.

2. En todo caso, la Ley deberá precisar, con el suficiente grado de detalle, las condiciones y los límites de la coordinación, así como las modalidades de control que se reserven las Cortes Generales o las correspondientes Asambleas Legislativas.

Artículo 60.

Cuando una Entidad local incumpliera las obligaciones impuestas directamente por la Ley de forma que tal incumplimiento afectará al ejercicio de competencias de la Administración del Estado o de la Comunidad Autónoma, y cuya cobertura económica estuviere legalmente o presupuestariamente garantizada, una u otra, según su respectivo ámbito competencial, deberá recordarle su cumplimiento concediendo al efecto el plazo que fuere necesario. Si, transcurrido dicho plazo, nunca inferior a un mes, el incumplimiento persistiera, se procederá a adoptar las medidas necesarias para el cumplimiento de la obligación a costa y en sustitución de la Entidad local.

Artículo 61.

1. El Consejo de Ministros, a iniciativa propia y con conocimiento del Consejo de Gobierno de la comunidad autónoma correspondiente o a solicitud de éste y, en todo caso, previo acuerdo favorable del Senado, podrá proceder, mediante real decreto, a la disolución de los órganos de las corporaciones locales en el supuesto de gestión gravemente dañosa para los intereses generales que suponga incumplimiento de sus obligaciones constitucionales.

2. Se considerarán, en todo caso, decisiones gravemente dañosas para los intereses generales en los términos previstos en el apartado anterior, los acuerdos o actuaciones de los órganos de las corporaciones locales que den cobertura o apoyo, expreso o tácito, de forma reiterada y grave, al terrorismo o a quienes participen en su ejecución, lo enaltezcan o justifiquen, y los que menosprecien o humillen a las víctimas o a sus familiares.

3. Acordada la disolución, será de aplicación la legislación electoral general, cuando proceda, en relación a la convocatoria de elecciones parciales y, en todo caso, la normativa reguladora de la provisional administración ordinaria de la corporación.

Artículo 62. En aquellos casos en que la naturaleza de la actividad de que se trate haga muy difícil o inconveniente una asignación diferenciada y distinta de facultades decisorias en la materia, las Leyes reguladoras de la acción pública en relación con la misma asegurarán, en todo caso, a las Entidades locales su participación o integración en actuaciones o procedimientos conjuntamente con la Administración del Estado y/o con la de la Comunidad Autónoma correspondiente, atribuyéndole a una de éstas la decisión final.

En ningún caso estas técnicas podrán afectar a la potestad de autoorganización de los servicios que corresponde a la Entidad local.

CAPÍTULO III

Impugnación de actos y acuerdos y ejercicio de acciones

Artículo 63.

1. Junto a los sujetos legitimados en el régimen general del proceso contencioso-administrativo podrán impugnar los actos y acuerdos de las Entidades locales que incurran en infracción del ordenamiento jurídico:

   a) La Administración del Estado y la de las Comunidades Autónomas, en los casos y términos previstos en este Capítulo.

   b) Los miembros de las corporaciones que hubieran votado en contra de tales actos y acuerdos.

2. Están igualmente legitimadas en todo caso las Entidades locales territoriales para la impugnación de las disposiciones y actos de la Administraciones del Estado y de las Comunidades Autónomas que lesionen su autonomía, tal como ésta resulta garantizada por la Constitución y esta Ley.

3. Asimismo, las Entidades locales territoriales estarán legitimadas para promover, en los términos del artículo 119 de esta Ley, la impugnación ante el Tribunal Constitucional de leyes del Estado o de las Comunidades Autónomas cuando se estime que son éstas las que lesionan la autonomía constitucionalmente garantizada.

Artículo 64. La Administración del Estado y la de las Comunidades Autónomas pueden solicitar ampliación de la información a que se refiere el número 1 del artículo 56, que deberá remitirse en el plazo máximo de veinte días hábiles, excepto en el caso previsto en el artículo 67 de esta Ley, en el que lo será de cinco días hábiles. En tales casos se suspende el cómputo de los plazos a que se refieren el número 2 del artículo 65 y el 1 del artículo 67, que se reanudarán a partir de la recepción de la documentación interesada.

Artículo 65. Cuando la Administración del Estado o de las Comunidades Autónomas considere, en el ámbito de las respectivas competencias, que un acto o acuerdo de alguna Entidad local infringe el ordenamiento jurídico, podrá requerirla, invocando expresamente el presente artículo, para que anule dicho acto en el plazo máximo de un mes.

1. El requerimiento deberá ser motivado y expresar la normativa que se estime vulnerada. Se formulará en el plazo de quince días hábiles a partir de la recepción de la comunicación del acuerdo.

2. La Administración del Estado o, en su caso, la de la Comunidad Autónoma, podrá impugnar el acto o acuerdo ante la jurisdicción contencioso-

administrativa dentro del plazo señalado para la interposición del recurso de tal naturaleza señalado en la Ley Reguladora de dicha Jurisdicción, contado desde el día siguiente a aquel en que venza el requerimiento dirigido a la Entidad local, o al de la recepción de la comunicación de la misma rechazando el requerimiento, si se produce dentro del plazo señalado para ello.

3.	La Administración del Estado o, en su caso, la de la Comunidad Autónoma, podrá también impugnar directamente el acto o acuerdo ante la jurisdicción contencioso-administrativa, sin necesidad de formular requerimiento, en el plazo señalado en la Ley Reguladora de dicha Jurisdicción.

Artículo 66. Los actos o acuerdos de las Entidades locales que menoscaben competencias del Estado o de las Comunidades Autónomas, interfieran su ejercicio o excedan de la competencia de dichas Entidades, podrán ser impugnados por cualquiera de los procedimientos previstos en el artículo anterior.

La impugnación deberá precisar la lesión o, en su caso, extralimitación competencial que la motiva y las normas legales vulneradas en que se funda. En el caso de que, además, contuviera petición expresa de suspensión del acto o acuerdo impugnado, razonada en la integridad y efectividad del interés general o comunitario afectado, el Tribunal, si la estima fundada, acordará dicha suspensión en el primer trámite subsiguiente a la presentación de la impugnación. No obstante, a instancia de la Entidad local y oyendo a la Administración demandante, podrá alzar en cualquier momento, en todo o en parte, la suspensión decretada, en caso de que de ella hubiera de derivarse perjuicio al interés local no justificado por las exigencias del interés general o comunitario hecho valer en la impugnación.

Artículo 67.

1.	Si una Entidad local adoptara actos o acuerdos que atenten gravemente al interés general de España, el Delegado del Gobierno, previo requerimiento para su anulación al Presidente de la Corporación efectuado dentro de los diez días siguientes al de la recepción de aquéllos, podrá suspenderlos y adoptar las medidas pertinentes para la protección de dicho interés.

2.	El plazo concedido al Presidente de la Corporación en el requerimiento de anulación no podrá ser superior a cinco días. El del ejercicio de la facultad de suspensión será de diez días, contados a partir del siguiente al de la finalización del plazo del requerimiento o al de la respuesta del Presidente de la Corporación, si fuese anterior.

3.	Acordada la suspensión de un acto o acuerdo, el Delegado del Gobierno deberá impugnarlo en el plazo de diez días desde la suspensión ante la Jurisdicción Contencioso-administrativa.

Artículo 68.

1.	Las Entidades locales tienen la obligación de ejercer las acciones necesarias para la defensa de sus bienes y derechos.

2.	Cualquier vecino que se hallare en pleno goce de sus derechos civiles y políticos podrá requerir su ejercicio a la Entidad interesada. Este requerimiento, del que se dará conocimiento a quienes pudiesen resultar afectados por las correspondientes acciones, suspenderá el plazo para el ejercicio de las mismas por un término de treinta días hábiles.

3. Si en el plazo de esos treinta días la entidad no acordara el ejercicio de las acciones solicitadas, los vecinos podrán ejercitar dicha acción en nombre e interés de la Entidad local.

4. De prosperar la acción, el actor tendrá derecho a ser reembolsado por la Entidad de las costas procesales y a la indemnización de cuantos daños y perjuicios se le hubieran seguido.

CAPÍTULO IV
Información y participación ciudadanas

Artículo 69.

1. Las Corporaciones locales facilitarán la más amplia información sobre su actividad y la participación de todos los ciudadanos en la vida local.

2. Las formas, medios y procedimientos de participación que las Corporaciones establezcan en ejercicio de su potestad de autoorganización no podrán en ningún caso menoscabar las facultades de decisión que corresponden a los órganos representativos regulados por la Ley.

Artículo 70.

1. Las sesiones del Pleno de las corporaciones locales son públicas. No obstante, podrán ser secretos el debate y votación de aquellos asuntos que puedan afectar al derecho fundamental de los ciudadanos a que se refiere el artículo 18.1 de la Constitución, cuando así se acuerde por mayoría absoluta.

   No son públicas las sesiones de la Junta de Gobierno Local.

2. Los acuerdos que adopten las corporaciones locales se publican o notifican en la forma prevista por la Ley. Las ordenanzas, incluidos el articulado de las normas de los planes urbanísticos, así como los acuerdos correspondientes a éstos cuya aprobación definitiva sea competencia de los entes locales, se publicarán en el "Boletín Oficial" de la Provincia y no entrarán en vigor hasta que se haya publicado completamente su texto y haya transcurrido el plazo previsto en el artículo 65.2 salvo los presupuestos y las ordenanzas fiscales que se publican y entran en vigor en los términos establecidos en la Ley 39/1988, de 28 de diciembre, reguladora de las Haciendas Locales. Las Administraciones públicas con competencias urbanísticas deberán tener, a disposición de los ciudadanos que lo soliciten, copias completas del planeamiento vigente en su ámbito territorial.

3. Todos los ciudadanos tienen derecho a obtener copias y certificaciones acreditativas de los acuerdos de las corporaciones locales y sus antecedentes, así como a consultar los archivos y registros en los términos que disponga la legislación de desarrollo del artículo 105, párrafo b), de la Constitución. La denegación o limitación de este derecho, en todo cuanto afecte a la seguridad y defensa del Estado, la averiguación de los delitos o la intimidad de las personas, deberá verificarse mediante resolución motivada.

Artículo 70 bis.

1. Los ayuntamientos deberán establecer y regular en normas de carácter orgánico procedimientos y órganos adecuados para la efectiva participación de los

vecinos en los asuntos de la vida pública local, tanto en el ámbito del municipio en su conjunto como en el de los distritos, en el supuesto de que existan en el municipio dichas divisiones territoriales.

2.   Los vecinos que gocen del derecho de sufragio activo en las elecciones municipales podrán ejercer la iniciativa popular, presentando propuestas de acuerdos o actuaciones o proyectos de reglamentos en materias de la competencia municipal.

Dichas iniciativas deberán ir suscritas al menos por el siguiente porcentaje de vecinos del municipio:

a)   Hasta 5.000 habitantes, el 20 por ciento.

b)   De 5.001 a 20.000 habitantes, el 15 por ciento.

c)   A partir de 20.001 habitantes, el 10 por ciento.

Tales iniciativas deberán ser sometidas a debate y votación en el Pleno, sin perjuicio de que sean resueltas por el órgano competente por razón de la materia. En todo caso, se requerirá el previo informe de legalidad del secretario del ayuntamiento, así como el informe del Interventor cuando la iniciativa afecte a derechos y obligaciones de contenido económico del ayuntamiento. En los municipios a que se refiere el artículo 121 de esta ley, el informe de legalidad será emitido por el secretario general del Pleno y cuando la iniciativa afecte a derechos y obligaciones de contenido económico, el informe será emitido por el Interventor general municipal.

Lo dispuesto en este apartado se entiende sin perjuicio de la legislación autonómica en esta materia.

Tales iniciativas pueden llevar incorporada una propuesta de consulta popular local, que será tramitada en tal caso por el procedimiento y con los requisitos previstos en el artículo 71.

3.   Asimismo, las entidades locales y, especialmente, los municipios, deberán impulsar la utilización interactiva de las tecnologías de la información y la comunicación para facilitar la participación y la comunicación con los vecinos, para la presentación de documentos y para la realización de trámites administrativos, de encuestas y, en su caso, de consultas ciudadanas.

Las Diputaciones provinciales, Cabildos y Consejos insulares colaborarán con los municipios que, por su insuficiente capacidad económica y de gestión, no puedan desarrollar en grado suficiente el deber establecido en este apartado.

4.   Cuando se trate de procedimientos y trámites relativos a una actividad de servicios y a su ejercicio incluida en el ámbito de aplicación de la Ley 17/2009, de 23 de noviembre, sobre el libre acceso a las actividades de servicios y su ejercicio, los prestadores podrán realizarlos, por medio de una ventanilla única, por vía electrónica y a distancia, salvo que se trate de la inspección del lugar o del equipo que se utiliza en la prestación del servicio.

Asimismo, las Entidades locales garantizarán, dentro del ámbito de sus competencias, que los prestadores de servicios puedan a través de la ventanilla única obtener la información y formularios necesarios para el acceso a una actividad y su ejercicio, y conocer las resoluciones y resto de comunicaciones de las autoridades competentes en relación con sus solicitudes. Las Entidades Locales impulsarán la coordinación para la normalización de los formularios necesarios para el acceso a una actividad y su ejercicio.

Artículo 70 ter.

1. Las Administraciones públicas con competencias de ordenación territorial y urbanística deberán tener a disposición de los ciudadanos o ciudadanas que lo soliciten, copias completas de los instrumentos de ordenación territorial y urbanística vigentes en su ámbito territorial, de los documentos de gestión y de los convenios urbanísticos.

2. Las Administraciones públicas con competencias en la materia, publicarán por medios telemáticos el contenido actualizado de los instrumentos de ordenación territorial y urbanística en vigor, del anuncio de su sometimiento a información pública y de cualesquiera actos de tramitación que sean relevantes para su aprobación o alteración.

   En los municipios menores de 5.000 habitantes, esta publicación podrá realizarse a través de los entes supramunicipales que tengan atribuida la función de asistencia y cooperación técnica con ellos, que deberán prestarles dicha cooperación.

3. Cuando una alteración de la ordenación urbanística, que no se efectúe en el marco de un ejercicio pleno de la potestad de ordenación, incremente la edificabilidad o la densidad o modifique los usos del suelo, deberá hacerse constar en el expediente la identidad de todos los propietarios o titulares de otros derechos reales sobre las fincas afectadas durante los cinco años anteriores a su iniciación, según conste en el registro o instrumento utilizado a efectos de notificaciones a los interesados de conformidad con la legislación en la materia.

Artículo 71. De conformidad con la legislación del Estado y de la Comunidad Autónoma, cuando ésta tenga competencia estatutariamente atribuida para ello, los Alcaldes, previo acuerdo por mayoría absoluta del Pleno y autorización del Gobierno de la Nación, podrán someter a consulta popular aquellos asuntos de la competencia propia municipal y de carácter local que sean de especial relevancia para los intereses de los vecinos, con excepción de los relativos a la Hacienda local.

Artículo 72. Las Corporaciones locales favorecen el desarrollo de las asociaciones para la defensa de los intereses generales o sectoriales de los vecinos, les facilitan la más amplia información sobre sus actividades y, dentro de sus posibilidades, el uso de los medios públicos y el acceso a las ayudas económicas para la realización de sus actividades e impulsan su participación en la gestión de la Corporación en los términos del número 2 del artículo 69. A tales efectos pueden ser declaradas de utilidad pública.

CAPÍTULO V

Estatuto de los miembros de las Corporaciones locales

Artículo 73.

1. La determinación del número de miembros de las Corporaciones locales, el procedimiento para su elección, la duración de su mandato y los supuestos de inelegibilidad e incompatibilidad se regularán en la legislación electoral.

2. Los miembros de las Corporaciones locales gozan, una vez que tomen posesión de su cargo, de los honores, prerrogativas y distinciones propios del mis-

mo que se establezcan por la Ley del Estado o de las Comunidades Autónomas y están obligados al cumplimiento estricto de los deberes y obligaciones inherentes a aquél.

3. A efectos de su actuación corporativa, los miembros de las corporaciones locales se constituirán en grupos políticos, en la forma y con los derechos y las obligaciones que se establezcan con excepción de aquéllos que no se integren en el grupo político que constituya la formación electoral por la que fueron elegidos o que abandonen su grupo de procedencia, que tendrán la consideración de miembros no adscritos.

El Pleno de la corporación, con cargo a los Presupuestos anuales de la misma, podrá asignar a los grupos políticos una dotación económica que deberá contar con un componente fijo, idéntico para todos los grupos y otro variable, en función del número de miembros de cada uno de ellos, dentro de los límites que, en su caso, se establezcan con carácter general en las Leyes de Presupuestos Generales del Estado y sin que puedan destinarse al pago de remuneraciones de personal de cualquier tipo al servicio de la corporación o a la adquisición de bienes que puedan constituir activos fijos de carácter patrimonial.

Los derechos económicos y políticos de los miembros no adscritos no podrán ser superiores a los que les hubiesen correspondido de permanecer en el grupo de procedencia, y se ejercerán en la forma que determine el reglamento orgánico de cada corporación.

Esta previsión no será de aplicación en el caso de candidaturas presentadas como coalición electoral, cuando alguno de los partidos políticos que la integren decida abandonarla.

Los grupos políticos deberán llevar con una contabilidad específica de la dotación a que se refiere el párrafo segundo de este apartado 3, que pondrán a disposición del Pleno de la Corporación, siempre que éste lo pida.

Cuando la mayoría de los concejales de un grupo político municipal abandonen la formación política que presentó la candidatura por la que concurrieron a las elecciones o sean expulsados de la misma, serán los concejales que permanezcan en la citada formación política los legítimos integrantes de dicho grupo político a todos los efectos. En cualquier caso, el secretario de la corporación podrá dirigirse al representante legal de la formación política que presentó la correspondiente candidatura a efectos de que notifique la acreditación de las circunstancias señaladas.

Artículo 74.

1. Los miembros de las Corporaciones locales quedan en situación de servicios especiales en los siguientes supuestos:

    a) Cuando sean funcionarios de la propia Corporación para la que han sido elegidos.

    b) Cuando sean funcionarios de carrera de otras Administraciones públicas y desempeñen en la Corporación para la que han sido elegidos un cargo retribuido y de dedicación exclusiva.

En ambos supuestos, las Corporaciones afectadas abonarán las cotizaciones de las mutualidades obligatorias correspondientes para aquellos funcionarios que dejen de prestar el servicio que motivaba su pertenencia a ellas, extendiéndose a las cuotas de clases pasivas.

2. Para el personal laboral rigen idénticas reglas, de acuerdo con lo previsto en su legislación específica.

3. Los miembros de las Corporaciones locales que no tengan dedicación exclusiva en dicha condición tendrán garantizada, durante el período de su mandato, la permanencia en el centro o centros de trabajo públicos o privados en el que estuvieran prestando servicios en el momento de la elección, sin que puedan ser trasladados u obligados a concursar a otras plazas vacantes en distintos lugares.

Artículo 75.

1. Los miembros de las Corporaciones locales percibirán retribuciones por el ejercicio de sus cargos cuando los desempeñen con dedicación exclusiva, en cuyo caso serán dados de alta en el Régimen general de la Seguridad Social, asumiendo las Corporaciones el pago de las cuotas empresariales que corresponda, salvo lo dispuesto en el artículo anterior.

   En el supuesto de tales retribuciones, su percepción será incompatible con la de otras retribuciones con cargo a los presupuestos de las Administraciones públicas y de los entes, organismos o empresas de ellas dependientes, así como para el desarrollo de otras actividades, todo ello en los términos de la Ley 53/1984, de 26 de diciembre, de Incompatibilidades del Personal al Servicio de las Administraciones Públicas.

2. Los miembros de las Corporaciones locales que desempeñen sus cargos con dedicación parcial por realizar funciones de presidencia, vicepresidencia u ostentar delegaciones, o desarrollar responsabilidades que así lo requieran, percibirán retribuciones por el tiempo de dedicación efectiva a las mismas, en cuyo caso serán igualmente dados de alta en el Régimen General de la Seguridad Social en tal concepto, asumiendo las Corporaciones las cuotas empresariales que corresponda, salvo lo dispuesto en el artículo anterior. Dichas retribuciones no podrán superar en ningún caso los límites que se fijen, en su caso, en las Leyes de Presupuestos Generales del Estado. En los acuerdos plenarios de determinación de los cargos que lleven aparejada esta dedicación parcial y de las retribuciones de los mismos, se deberá contener el régimen de la dedicación mínima necesaria para la percepción de dichas retribuciones.

   Los miembros de las Corporaciones locales que sean personal de las Administraciones públicas y de los entes, organismos y empresas de ellas dependientes solamente podrán percibir retribuciones por su dedicación parcial a sus funciones fuera de su jornada en sus respectivos centros de trabajo, en los términos señalados en el artículo 5 de la Ley 53/1984, de 26 de diciembre, sin perjuicio de lo dispuesto en el apartado sexto del presente artículo.

3. Sólo los miembros de la Corporación que no tengan dedicación exclusiva ni dedicación parcial percibirán asistencias por la concurrencia efectiva a las sesiones de los órganos colegiados de la Corporación de que formen parte, en la cuantía señalada por el pleno de la misma.

4. Los miembros de las Corporaciones locales percibirán indemnizaciones por los gastos efectivos ocasionados en el ejercicio de su cargo, según las normas de

aplicación general en las Administraciones públicas y las que en desarrollo de las mismas apruebe el pleno corporativo.

5.   Las Corporaciones locales consignarán en sus presupuestos las retribuciones, indemnizaciones y asistencias a que se hace referencia en los cuatro números anteriores, dentro de los límites que con carácter general se establezcan, en su caso. Deberán publicarse íntegramente en el "Boletín Oficial" de la Provincia y fijarse en el tablón de anuncios de la Corporación los acuerdos plenarios referentes a retribuciones de los cargos con dedicación exclusiva y parcial y régimen de dedicación de estos últimos, indemnizaciones y asistencias, así como los acuerdos del Presidente de la Corporación determinando los miembros de la misma que realizarán sus funciones en régimen de dedicación exclusiva o parcial.

6.   A efectos de lo dispuesto en el artículo 37.3.d) del Estatuto de los Trabajadores y en el artículo 30.2 de la Ley 30/1984, se entiende por tiempo indispensable para el desempeño del cargo electivo de una Corporación local, el necesario para la asistencia a las sesiones del pleno de la Corporación o de las Comisiones y atención a las Delegaciones de que forme parte o que desempeñe el interesado.

7.   Los representantes locales, así como los miembros no electos de la Junta de Gobierno Local, formularán declaración sobre causas de posible incompatibilidad y sobre cualquier actividad que les proporcione o pueda proporcionar ingresos económicos.

Formularán asimismo declaración de sus bienes patrimoniales y de la participación en sociedades de todo tipo, con información de las sociedades por ellas participadas y de las autoliquidaciones de los impuestos sobre la Renta, Patrimonio y, en su caso, Sociedades.

Tales declaraciones, efectuadas en los modelos aprobados por los plenos respectivos, se llevarán a cabo antes de la toma de posesión, con ocasión del cese y al final del mandato, así como cuando se modifiquen las circunstancias de hecho.

Las declaraciones anuales de bienes y actividades serán publicadas con carácter anual, y en todo caso en el momento de la finalización del mandato, en los términos que fije el Estatuto municipal.

Tales declaraciones se inscribirán en los siguientes Registros de intereses, que tendrán carácter público:

a)   La declaración sobre causas de posible incompatibilidad y actividades que proporcionen o puedan proporcionar ingresos económicos, se inscribirá, en el Registro de Actividades constituido en cada Entidad local.

b)   La declaración sobre bienes y derechos patrimoniales se inscribirá en el Registro de Bienes Patrimoniales de cada Entidad local, en los términos que establezca su respectivo estatuto.

Los representantes locales y miembros no electos de la Junta de Gobierno Local respecto a los que, en virtud de su cargo, resulte amenazada su seguridad personal o la de sus bienes o negocios, la de sus familiares, socios, empleados o personas con quienes tuvieran relación económica o profesional podrán realizar la declaración de sus bienes y derechos patrimoniales ante el Secretario o la Secretaria de la Diputación Provincial o, en su caso, ante el órgano competente de la Comunidad Autónoma correspondiente. Tales declaraciones se inscribirán en el Registro Especial de Bienes Patrimoniales, creado a estos efectos en aquellas instituciones.

En este supuesto, aportarán al Secretario o Secretaria de su respectiva entidad mera certificación simple y sucinta, acreditativa de haber cumplimentado sus declaraciones, y que éstas están inscritas en el Registro Especial de Intereses a que se refiere el párrafo anterior, que sea expedida por el funcionario encargado del mismo.

8. Durante los dos años siguientes a la finalización de su mandato, a los representantes locales a que se refiere el apartado primero de este artículo que hayan ostentado responsabilidades ejecutivas en las diferentes áreas en que se organice el gobierno local, les serán de aplicación en el ámbito territorial de su competencia las limitaciones al ejercicio de actividades privadas establecidas en el artículo 15 de la Ley 3/2015, de 30 de marzo, reguladora del ejercicio del alto cargo de la Administración General del Estado.

A estos efectos, los Ayuntamientos podrán contemplar una compensación económica durante ese periodo para aquéllos que, como consecuencia del régimen de incompatibilidades, no puedan desempeñar su actividad profesional, ni perciban retribuciones económicas por otras actividades.

Artículo 75 bis. Régimen retributivo de los miembros de las Corporaciones Locales y del personal al servicio de las Entidades Locales.

1. Los miembros de las Corporaciones Locales serán retribuidos por el ejercicio de su cargo en los términos establecidos en el artículo anterior. Los Presupuestos Generales del Estado determinarán, anualmente, el límite máximo total que pueden percibir los miembros de las Corporaciones Locales por todos los conceptos retributivos y asistencias, excluidos los trienios a los que en su caso tengan derecho aquellos funcionarios de carrera que se encuentren en situación de servicios especiales, atendiendo entre otros criterios a la naturaleza de la Corporación local y a su población según la siguiente tabla:

Habitantes	Referencia
Más de 500.000	Secretario de Estado.
300.001 a 500.000	Secretario de Estado -10%.
150.001 a 300.000	Secretario de Estado -20%.
75.001 a 150.000	Secretario de Estado -25%.
50.001 a 75.000	Secretario de Estado -35%.
20.001 a 50.000	Secretario de Estado -45%.
10.001 a 20.000	Secretario de Estado -50%.
5.001 a 10.000	Secretario de Estado -55%.
1.000 a 5.000	Secretario de Estado -60%.

Los miembros de Corporaciones locales de población inferior a 1.000 habitantes no tendrán dedicación exclusiva. Excepcionalmente, podrán desempeñar sus cargos con dedicación parcial, percibiendo sus retribuciones dentro de los límites máximos señalados al efecto en la Ley de Presupuestos Generales del Estado.

2.   Sin perjuicio de la regla general establecida en el apartado anterior, en el caso de las retribuciones de los Presidentes de las Diputaciones provinciales o entidades equivalentes, tendrán un límite máximo por todos los conceptos retributivos y asistencias que será igual a la retribución del tramo correspondiente al Alcalde o Presidente de la Corporación municipal más poblada de su provincia.

En el caso de los Cabildos y Consejos Insulares, sus Presidentes tendrán un límite máximo por todos los conceptos retributivos y asistencias referenciado a la retribución del tramo correspondiente al Alcalde o Presidente de la Corporación municipal más poblada de su provincia, según la siguiente tabla:

Habitantes	Referencia
Más de 150.000	Alcalde o Presidente de la Corporación municipal más poblada de su provincia.
25.000 a 150.000	70% del Alcalde o Presidente de la Corporación municipal más poblada de su provincia.
0 a 25.000	50% del Alcalde o Presidente de la Corporación municipal más poblada de su provincia.

Los concejales que sean proclamados diputados provinciales o equivalentes deberán optar por mantener el régimen de dedicación exclusiva en una u otra Entidad Local, sin que en ningún caso puedan acumularse ambos regímenes de dedicación.

3.   Solo los miembros de la Corporación que no tengan dedicación exclusiva ni dedicación parcial percibirán asistencias por la concurrencia efectiva a las sesiones de los órganos colegiados de la Corporación de que formen parte, en la cuantía señalada por el Pleno de la misma.

4.   En el marco de lo establecido en la Ley Orgánica 2/2012, de 27 de abril, de Estabilidad Presupuestaria y Sostenibilidad Financiera, y en el artículo 93.2 de esta Ley, las Leyes anuales de Presupuestos Generales del Estado podrán establecer un límite máximo y mínimo total que por todos los conceptos retributivos pueda percibir el personal al servicio de las Entidades Locales y entidades de ellas dependientes en función del grupo profesional de los funcionarios públicos o equivalente del personal laboral, así como de otros factores que se puedan determinar en las Leyes de Presupuestos Generales del Estado de cada año.

Artículo 75 ter. Limitación en el número de los cargos públicos de las Entidades Locales con dedicación exclusiva.

1.   De conformidad con lo establecido en el artículo 75 de esta Ley, la prestación de servicios en los Ayuntamientos en régimen de dedicación exclusiva por parte de sus miembros deberá ajustarse en todo caso a los siguientes límites:

a)   En los Ayuntamientos de Municipios con población inferior a 1.000 habitantes, ningún miembro podrá prestar sus servicios en régimen de dedicación exclusiva.

b)   En los Ayuntamientos de Municipios con población comprendida entre 1.001 y 2.000 habitantes, solo un miembro podrá prestar sus servicios en régimen de dedicación exclusiva.

c)   En los Ayuntamientos de Municipios con población comprendida entre 2.001 y 3.000 habitantes, los miembros que podrán prestar sus servicios en régimen de dedicación exclusiva no excederá de dos.

d)   En los Ayuntamientos de Municipios con población comprendida entre 3.001 y 10.000 habitantes, los miembros que podrán prestar sus servicios en régimen de dedicación exclusiva no excederá de tres.

e)   En los Ayuntamientos de Municipios con población comprendida entre 10.001 y 15.000 habitantes, los miembros que podrán prestar sus servicios en régimen de dedicación exclusiva no excederá de cinco.

f)   En Ayuntamientos de Municipios con población comprendida entre 15.001 y 20.000 habitantes, los miembros que podrán prestar sus servicios en régimen de dedicación exclusiva no excederá de siete.

g)   En los Ayuntamientos de Municipios con población comprendida entre 20.001 y 35.000 habitantes, los miembros que podrán prestar sus servicios en régimen de dedicación exclusiva no excederá de diez.

h)   En los Ayuntamientos de Municipios con población comprendida entre 35.001 y 50.000 habitantes, los miembros que podrán prestar sus servicios en régimen de dedicación exclusiva no excederá de once.

i)   En los Ayuntamientos de Municipios con población comprendida entre 50.001 y 100.000 habitantes, los miembros que podrán prestar sus servicios en régimen de dedicación exclusiva no excederá de quince.

j)   En los Ayuntamientos de Municipios con población comprendida entre 100.001 y 300.000 habitantes, los miembros que podrán prestar sus servicios en régimen de dedicación exclusiva no excederá de dieciocho.

k)   En los Ayuntamientos de Municipios con población comprendida entre 300.001 y 500.000 habitantes, los miembros que podrán prestar sus servicios en régimen de dedicación exclusiva no excederá de veinte.

l)   En los Ayuntamientos de Municipios con población comprendida entre 500.001 y 700.000 habitantes, los miembros que podrán prestar sus servicios en régimen de dedicación exclusiva no excederá de veintidós.

m)   En los Ayuntamientos de Municipios con población comprendida entre 700.001 y 1.000.000 habitantes, los miembros que podrán prestar sus servicios en régimen de dedicación exclusiva no excederá de veinticinco.

n)   En los Ayuntamientos de Municipios de Madrid y Barcelona, los miembros que podrán prestar sus servicios en régimen de dedicación exclusiva no excederán, respectivamente, de cuarenta y cinco y de treinta y dos.

2.   El número máximo de miembros que podrán prestar sus servicios en régimen de dedicación exclusiva en las Diputaciones provinciales será el mismo que el

del tramo correspondiente a la Corporación del municipio más poblado de su provincia.

3.   En los Cabildos y Consejos Insulares el número máximo de miembros que podrán prestar sus servicios en régimen de dedicación exclusiva se determinará en función del siguiente criterio: en las islas con más de 800.000 habitantes se reduce en 2 respecto al número actual de miembros de cabildo, y en las de menos de 800.000 habitantes el 60% de los cargos electos en cada Cabildo Insular.

Artículo 76. Sin perjuicio de las causas de incompatibilidad establecidas por la Ley, los miembros de las Corporaciones locales deberán abstenerse de participar en la deliberación, votación, decisión y ejecución de todo asunto cuando concurra alguna de las causas a que se refiere la legislación de procedimiento administrativo y contratos de las Administraciones Públicas. La actuación de los miembros en que concurran tales motivos implicará, cuando haya sido determinante, la invalidez de los actos en que hayan intervenido.

Artículo 77. Todos los miembros de las Corporaciones locales tienen derecho a obtener del Alcalde o Presidente o de la Comisión de Gobierno cuantos antecedentes, datos o informaciones obren en poder de los servicios de la Corporación y resulten precisos para el desarrollo de su función.

La solicitud de ejercicio del derecho recogido en el párrafo anterior habrá de ser resuelta motivadamente en los cinco días naturales siguientes a aquél en que se hubiese presentado.

Artículo 78.

1.   Los miembros de las Corporaciones locales están sujetos a responsabilidad civil y penal por los actos y omisiones realizados en el ejercicio de su cargo. Las responsabilidades se exigirán ante los Tribunales de Justicia competentes y se tramitarán por el procedimiento ordinario aplicable.

2.   Son responsables de los acuerdos de las Corporaciones locales los miembros de las mismas que los hubiesen votado favorablemente.

3.   Las Corporaciones locales podrán exigir la responsabilidad de sus miembros cuando por dolo o culpa grave, hayan causado daños y perjuicios a la Corporación o a terceros, si éstos hubiesen sido indemnizados por aquélla.

4.   Los Presidentes de las Corporaciones locales podrán sancionar con multa a los miembros de las mismas, por falta no justificada de asistencia a las sesiones o incumplimiento reiterado de sus obligaciones, en los términos que determine la Ley de la Comunidad Autónoma y, supletoriamente, la del Estado.

TÍTULO VI

Bienes, actividades y servicios, y contratación

CAPÍTULO I

Bienes

Artículo 79.

1.   El patrimonio de las Entidades locales está constituido por el conjunto de bienes, derechos y acciones que les pertenezcan.

2. Los bienes de las Entidades locales son de dominio público o patrimoniales.

3. Son bienes de dominio público los destinados a un uso o servicio público. Tienen la consideración de comunales aquellos cuyo aprovechamiento corresponda al común de los vecinos.

Artículo 80.

1. Los bienes comunales y demás bienes de dominio público son inalienables, inembargables e imprescriptibles y no están sujetos a tributo alguno.

2. Los bienes patrimoniales se rigen por su legislación específica y, en su defecto, por las normas de Derecho privado.

Artículo 81.

1. La alteración de la calificación jurídica de los bienes de las Entidades locales requiere expediente en el que se acrediten su oportunidad y legalidad.

2. No obstante, la alteración se produce automáticamente en los siguientes supuestos:

    a) Aprobación definitiva de los planes de ordenación urbana y de los proyectos de obras y servicios.

    b) Adscripción de bienes patrimoniales por más de veinticinco años a un uso o servicio públicos.

Artículo 82. Las Entidades locales gozan, respecto de sus bienes, de las siguientes prerrogativas:

    a) La de recuperar por sí mismas su posesión en cualquier momento cuando se trate de los de dominio público, y en el plazo de un año, los patrimoniales.

    b) La de deslinde, que se ajustará a lo dispuesto en la legislación del Patrimonio del Estado y, en su caso, en la legislación de los montes.

Artículo 83. Los montes vecinales en mano común se regulan por su legislación específica.

CAPÍTULO II
Actividades y servicios

Artículo 84.

1. Las Entidades locales podrán intervenir la actividad de los ciudadanos a través de los siguientes medios:

    a) Ordenanzas y bandos.

    b) Sometimiento a previa licencia y otros actos de control preventivo. No obstante, cuando se trate del acceso y ejercicio de actividades de servicios incluidas en el ámbito de aplicación de la Ley 17/2009, de 23 de noviembre, sobre el libre acceso a las actividades de servicios y su ejercicio, se estará a lo dispuesto en la misma.

    c) Sometimiento a comunicación previa o a declaración responsable, de conformidad con lo establecido en el artículo 71 bis de la Ley 30/1992, de 26 de noviembre, de Régimen Jurídico de las Administraciones Públicas y del Procedimiento Administrativo Común.

d)   Sometimiento a control posterior al inicio de la actividad, a efectos de ve-
     rificar el cumplimiento de la normativa reguladora de la misma.

e)   Órdenes individuales constitutivas de mandato para la ejecución de un ac-
     to o la prohibición del mismo.

2.   La actividad de intervención de las Entidades locales se ajustará, en todo caso,
     a los principios de igualdad de trato, necesidad y proporcionalidad con el obje-
     tivo que se persigue.

3.   Las licencias o autorizaciones otorgadas por otras Administraciones Públicas
     no eximen a sus titulares de obtener las correspondientes licencias de las Enti-
     dades locales, respetándose en todo caso lo dispuesto en las correspondientes
     leyes sectoriales.

Artículo 84 bis.

1.   Sin perjuicio de lo dispuesto en el artículo anterior, con carácter general, el
     ejercicio de actividades no se someterá a la obtención de licencia u otro medio
     de control preventivo.

     No obstante, podrá exigirse una licencia u otro medio de control preventivo
     respecto a aquellas actividades económicas:

a)   Cuando esté justificado por razones de orden público, seguridad pública,
     salud pública o protección del medio ambiente en el lugar concreto donde
     se realiza la actividad, y estas razones no puedan salvaguardarse mediante
     la presentación de una declaración responsable o de una comunicación.

b)   Cuando por la escasez de recursos naturales, la utilización de dominio
     público, la existencia de inequívocos impedimentos técnicos o en función
     de la existencia de servicios públicos sometidos a tarifas reguladas, el
     número de operadores económicos del mercado sea limitado.

2.   Las instalaciones o infraestructuras físicas para el ejercicio de actividades
     económicas solo se someterán a un régimen de autorización cuando lo esta-
     blezca una Ley que defina sus requisitos esenciales y las mismas sean suscep-
     tibles de generar daños sobre el medioambiente y el entorno urbano, la seguri-
     dad o la salud públicas y el patrimonio histórico y resulte proporcionado. La
     evaluación de este riesgo se determinará en función de las características de las
     instalaciones, entre las que estarán las siguientes:

a)   La potencia eléctrica o energética de la instalación.

b)   La capacidad o aforo de la instalación.

c)   La contaminación acústica.

d)   La composición de las aguas residuales que emita la instalación y su ca-
     pacidad de depuración.

e)   La existencia de materiales inflamables o contaminantes.

f)   Las instalaciones que afecten a bienes declarados integrantes del patrimo-
     nio histórico.

3.   En caso de existencia de licencias o autorizaciones concurrentes entre una En-
     tidad Local y otra Administración, la Entidad Local deberá motivar expresa-
     mente en la justificación de la necesidad de la autorización o licencia el interés

general concreto que se pretende proteger y que éste no se encuentra ya cubierto mediante otra autorización ya existente.

Artículo 84 ter. Cuando el ejercicio de actividades no precise autorización habilitante y previa, las Entidades locales deberán establecer y planificar los procedimientos de comunicación necesarios, así como los de verificación posterior del cumplimiento de los requisitos precisos para el ejercicio de la misma por los interesados previstos en la legislación sectorial.

Artículo 85.

1. Son servicios públicos locales los que prestan las entidades locales en el ámbito de sus competencias.

2. Los servicios públicos de competencia local habrán de gestionarse de la forma más sostenible y eficiente de entre las enumeradas a continuación:

   A. Gestión directa:

      a) Gestión por la propia Entidad Local.

      b) Organismo autónomo local.

      c) Entidad pública empresarial local.

      d) Sociedad mercantil local, cuyo capital social sea de titularidad pública.

   Solo podrá hacerse uso de las formas previstas en las letras c) y d) cuando quede acreditado mediante memoria justificativa elaborada al efecto que resultan más sostenibles y eficientes que las formas dispuestas en las letras a) y b), para lo que se deberán tener en cuenta los criterios de rentabilidad económica y recuperación de la inversión. Además, deberá constar en el expediente la memoria justificativa del asesoramiento recibido que se elevará al Pleno para su aprobación en donde se incluirán los informes sobre el coste del servicio, así como, el apoyo técnico recibido, que deberán ser publicitados. A estos efectos, se recabará informe del interventor local quien valorará la sostenibilidad financiera de las propuestas planteadas, de conformidad con lo previsto en el artículo 4 de la Ley Orgánica 2/2012, de 27 de abril, de Estabilidad Presupuestaria y Sostenibilidad Financiera.

   B. Gestión indirecta, mediante las distintas formas previstas para el contrato de gestión de servicios públicos en el texto refundido de la Ley de Contratos del Sector Público, aprobado por Real Decreto Legislativo 3/2011, de 14 de noviembre.

   La forma de gestión por la que se opte deberá tener en cuenta lo dispuesto en el artículo 9 del Estatuto Básico del Empleado Público, aprobado por Ley 7/2007, de 12 de abril, en lo que respecta al ejercicio de funciones que corresponden en exclusiva a funcionarios públicos.

Artículo 85 bis.

1. La gestión directa de los servicios de la competencia local mediante las formas de organismos autónomos locales y de entidades públicas empresariales locales se regirán, respectivamente, por lo dispuesto en los artículos 45 a 52 y 53 a 60 de la Ley 6/1997, de 14 de abril, de Organización y Funcionamiento de la Administración General del Estado, en cuanto les resultase de aplicación, con las siguientes especialidades:

a)   Su creación, modificación, refundición y supresión corresponderá al Pleno de la entidad local, quien aprobará sus estatutos. Deberán quedar adscritas a una Concejalía, Área u órgano equivalente de la entidad local, si bien, en el caso de las entidades públicas empresariales, también podrán estarlo a un organismo autónomo local. Excepcionalmente, podrán existir entidades públicas empresariales cuyos estatutos les asignen la función de dirigir o coordinar a otros entes de la misma o distinta naturaleza.

b)   El titular del máximo órgano de dirección de los mismos deberá ser un funcionario de carrera o laboral de las Administraciones públicas o un profesional del sector privado, titulados superiores en ambos casos, y con más de cinco años de ejercicio profesional en el segundo. En los municipios señalados en el título X, tendrá la consideración de órgano directivo.

c)   En los organismos autónomos locales deberá existir un consejo rector, cuya composición se determinará en sus estatutos.

d)   En las entidades públicas empresariales locales deberá existir un consejo de administración, cuya composición se determinará en sus Estatutos. El secretario del Consejo de Administración, que debe ser un funcionario público al que se exija para su ingreso titulación superior, ejercerá las funciones de fe pública y asesoramiento legal de los órganos unipersonales y colegiados de estas entidades.

e)   La determinación y modificación de las condiciones retributivas, tanto del personal directivo como del resto del personal, deberán ajustarse en todo caso a las normas que al respecto apruebe el Pleno o la Junta de Gobierno, según corresponda.

f)   Estarán sometidos a controles específicos sobre la evolución de los gastos de personal y de la gestión de sus recursos humanos por las correspondientes concejalías, áreas u órganos equivalentes de la entidad local.

g)   Su inventario de bienes y derechos se remitirá anualmente a la concejalía, área u órgano equivalente de la entidad local.

h)   Será necesaria la autorización de la concejalía, área u órgano equivalente de la entidad local a la que se encuentren adscritos, para celebrar contratos de cuantía superior a las cantidades previamente fijadas por aquélla.

i)   Estarán sometidos a un control de eficacia por la concejalía, área u órgano equivalente de la entidad local a la que estén adscritos.

j)   Cualquier otra referencia a órganos estatales efectuada en la Ley 6/1997, de 14 de abril, y demás normativa estatal aplicable, se entenderá realizada a los órganos competentes de la entidad local.

k)   Las referencias efectuadas en el presente artículo a la Junta de Gobierno, se entenderán efectuadas al Pleno en los municipios en que no exista aquélla.

2.   Los estatutos de los organismos autónomos locales y de las entidades públicas empresariales locales comprenderán los siguientes extremos:

a)   La determinación de los máximos órganos de dirección del organismo, ya sean unipersonales o colegiados, así como su forma de designación, con respeto en todo caso a lo dispuesto en el apartado anterior, con indicación de aquellos actos y resoluciones que agoten la vía administrativa.

b) Las funciones y competencias del organismo, con indicación de las potestades administrativas generales que éste puede ejercitar.

c) En el caso de las entidades públicas empresariales, los estatutos también determinarán los órganos a los que se confiera el ejercicio de las potestades administrativas.

d) El patrimonio que se les asigne para el cumplimiento de sus fines y los recursos económicos que hayan de financiar el organismo.

e) El régimen relativo a recursos humanos, patrimonio y contratación.

f) El régimen presupuestario, económico-financiero, de contabilidad, de intervención, control financiero y control de eficacia, que serán, en todo caso, conformes con la legislación sobre las Haciendas Locales y con lo dispuesto en el capítulo III del título X de esta ley.

3. Los estatutos deberán ser aprobados y publicados con carácter previo a la entrada en funcionamiento efectivo del organismo público correspondiente.

Artículo 85 ter.

1. Las sociedades mercantiles locales se regirán íntegramente, cualquiera que sea su forma jurídica, por el ordenamiento jurídico privado, salvo las materias en que les sea de aplicación la normativa presupuestaria, contable, de control financiero, de control de eficacia y contratación, y sin perjuicio de lo señalado en el apartado siguiente de este artículo.

2. La sociedad deberá adoptar una de las formas previstas en el texto refundido de la Ley de Sociedades de Capital aprobado por el Real Decreto Legislativo 1/2010, de 2 de julio, y en la escritura de constitución constará el capital que deberá ser aportado por las Administraciones Públicas o por las entidades del sector público dependientes de las mismas a las que corresponda su titularidad.

3. Los estatutos determinarán la forma de designación y el funcionamiento de la Junta General y del Consejo de Administración, así como los máximos órganos de dirección de las mismas.

Artículo 86.

1. Las Entidades Locales podrán ejercer la iniciativa pública para el desarrollo de actividades económicas, siempre que esté garantizado el cumplimiento del objetivo de estabilidad presupuestaria y de la sostenibilidad financiera del ejercicio de sus competencias. En el expediente acreditativo de la conveniencia y oportunidad de la medida habrá de justificarse que la iniciativa no genera riesgo para la sostenibilidad financiera del conjunto de la Hacienda municipal debiendo contener un análisis del mercado, relativo a la oferta y a la demanda existente, a la rentabilidad y a los posibles efectos de la actividad local sobre la concurrencia empresarial.

Corresponde al pleno de la respectiva Corporación local la aprobación del expediente, que determinará la forma concreta de gestión del servicio.

2. Se declara la reserva en favor de las Entidades Locales de las siguientes actividades o servicios esenciales: abastecimiento domiciliario y depuración de aguas; recogida, tratamiento y aprovechamiento de residuos, y transporte público de viajeros, de conformidad con lo previsto en la legislación sectorial aplicable. El Estado y las Comunidades Autónomas, en el ámbito de sus respectivas competencias, podrán establecer, mediante Ley, idéntica reserva para otras actividades y servicios.

La efectiva ejecución de estas actividades en régimen de monopolio requiere, además del acuerdo de aprobación del pleno de la correspondiente Corporación local, la aprobación por el órgano competente de la Comunidad Autónoma.

3. En todo caso, la Administración del Estado podrá impugnar los actos y acuerdos previstos en este artículo, con arreglo a lo dispuesto en el Capítulo III del Título V de esta Ley, cuando incumplan la legislación de estabilidad presupuestaria y sostenibilidad financiera.

Artículo 87. (Derogado). Téngase en cuenta que esta última derogación, establecida por la disposición derogatoria única. a) de la Ley 40/2015, de 1 de octubre. Ref. BOE-A-2015-10566., entra en vigor el 2 de octubre de 2016, según determina su disposición final 18.1.

Redacción anterior:

"Artículo 87.

1. Las entidades locales pueden constituir consorcios con otras Administraciones públicas para fines de interés común o con entidades privadas sin ánimo de lucro que persigan fines de interés público, concurrentes con los de las Administraciones públicas.

2. Los consorcios podrán utilizarse para la gestión de los servicios públicos locales, en el marco de los convenios de cooperación transfronteriza en que participen las entidades locales españolas, y de acuerdo con las previsiones de los convenios internacionales ratificados por España en la materia."

CAPÍTULO III
Contratación

Artículo 88. (Derogado)

TÍTULO VII
Personal al servicio de las Entidades locales

CAPÍTULO I
Disposiciones generales

Artículo 89. El personal al servicio de las Entidades locales estará integrado por funcionarios de carrera, contratados en régimen de derecho laboral y personal eventual que desempeña puestos de confianza o asesoramiento especial.

Artículo 90.

1. Corresponde a cada Corporación local aprobar anualmente, a través del Presupuesto, la plantilla, que deberá comprender todos los puestos de trabajo reservados a funcionarios, personal laboral y eventual.

    Las plantillas deberán responder a los principios de racionalidad, economía y eficiencia y establecerse de acuerdo con la ordenación general de la economía, sin que los gastos de personal puedan rebasar los límites que se fijen con carácter general.

2. Las Corporaciones locales formarán la relación de todos los puestos de trabajo existentes en su organización, en los términos previstos en la legislación básica sobre función pública.

    Corresponde al Estado establecer las normas con arreglo a las cuales hayan de confeccionarse las relaciones de puestos de trabajo, la descripción de puestos de trabajo tipo y las condiciones requeridas para su creación, así como las normas básicas de la carrera administrativa, especialmente por lo que se refiere a la promoción de los funcionarios a niveles y grupos superiores.

3. Las Corporaciones locales constituirán Registros de personal, coordinados con los de las demás Administraciones públicas, según las normas aprobadas por el Gobierno. Los datos inscritos en tal Registro determinarán las nóminas, a efectos de la debida justificación de todas las retribuciones.

Artículo 91.

1. Las Corporaciones locales formarán públicamente su oferta de empleo, ajustándose a los criterios fijados en la normativa básica estatal.

2. La selección de todo el personal, sea funcionario o laboral, debe realizarse de acuerdo con la oferta de empleo público, mediante convocatoria pública y a través del sistema de concurso, oposición o concurso-oposición libre en los que se garanticen, en todo caso, los principios constitucionales de igualdad, mérito y capacidad, así como el de publicidad.

CAPÍTULO II

Disposiciones comunes a los funcionarios de carrera

Artículo 92. Funcionarios al servicio de la Administración local.

1. Los funcionarios al servicio de la Administración local se rigen, en lo no dispuesto en esta Ley, por la Ley 7/2007, de 12 de abril, del Estatuto Básico del Empleado Público, por la restante legislación del Estado en materia de función pública, así como por la legislación de las Comunidades Autónomas, en los términos del artículo 149.1.18.ª de la Constitución.

2. Con carácter general, los puestos de trabajo en la Administración local y sus Organismos Autónomos serán desempeñados por personal funcionario.

3. Corresponde exclusivamente a los funcionarios de carrera al servicio de la Administración local el ejercicio de las funciones que impliquen la participación directa o indirecta en el ejercicio de las potestades públicas o en la salvaguardia de los intereses generales. Igualmente son funciones públicas, cuyo cumplimiento queda reservado a funcionarios de carrera, las que impliquen

ejercicio de autoridad, y en general, aquellas que en desarrollo de la presente Ley, se reserven a los funcionarios para la mejor garantía de la objetividad, imparcialidad e independencia en el ejercicio de la función.

Artículo 92 bis. Funcionarios de administración local con habilitación de carácter nacional.

1. Son funciones públicas necesarias en todas las Corporaciones locales, cuya responsabilidad administrativa está reservada a funcionarios de administración local con habilitación de carácter nacional:

    a) La de Secretaría, comprensiva de la fe pública y el asesoramiento legal preceptivo.

    b) El control y la fiscalización interna de la gestión económico-financiera y presupuestaria, y la contabilidad, tesorería y recaudación.

        No obstante, en los municipios de gran población se tendrá en cuenta lo dispuesto en el Título X de la presente Ley y en los municipios de Madrid y de Barcelona la regulación contenida en las Leyes 22/2006, de 4 de julio, de Capitalidad y de Régimen Especial de Madrid y 1/2006, de 13 de marzo, por la que se regula el Régimen Especial del municipio de Barcelona respectivamente.

2. La escala de funcionarios de administración local con habilitación de carácter nacional se subdivide en las siguientes subescalas:

    a) Secretaría, a la que corresponden las funciones contenidas en el apartado 1.a) anterior.

    b) Intervención-tesorería, a la que corresponden las funciones contenidas en el apartado 1.b).

    c) Secretaría-intervención a la que corresponden las funciones contenidas en los apartados 1.a) y 1.b).

3. Los funcionarios de las subescalas de Secretaría e Intervención-tesorería estarán integrados en una de estas dos categorías: entrada o superior.

4. El Gobierno, mediante real decreto, regulará las especialidades de la creación, clasificación y supresión de puestos reservados a funcionarios de administración local con habilitación de carácter nacional así como las que puedan corresponder a su régimen disciplinario y de situaciones administrativas.

5. La aprobación de la oferta de empleo público, selección, formación y habilitación de los funcionarios de administración local con habilitación de carácter nacional corresponde al Estado, a través del Ministerio de Hacienda y Administraciones Públicas, conforme a las bases y programas aprobados reglamentariamente.

6. El Gobierno, mediante real decreto, regulará las especialidades correspondientes de la forma de provisión de puestos reservados a funcionarios de administración local con habilitación de carácter nacional. En todo caso, el concurso será el sistema normal de provisión de puestos de trabajo. El ámbito territorial de los concursos será de carácter estatal.

    Los méritos generales, de preceptiva valoración, se determinarán por la Administración del Estado, y su puntuación alcanzará un mínimo del 80% del total posible conforme al baremo correspondiente. Los méritos correspondientes a las especialidades de la Comunidad Autónoma se fijarán por cada una de ellas y su puntuación podrá alcanzar hasta un 15% del total posible. Los méritos correspondientes a las especialidades de la Corporación local se fijarán por ésta, y su puntuación alcanzará hasta un 5% del total posible.

Existirán dos concursos anuales: el concurso ordinario y el concurso unitario. El concurso unitario será convocado por la Administración del Estado. Las Corporaciones locales con puestos vacantes aprobarán las bases del concurso ordinario, de acuerdo con el modelo de convocatoria y bases comunes que se aprueben en el real decreto previsto en el apartado anterior, y efectuarán las convocatorias, remitiéndolas a la correspondiente Comunidad Autónoma para su publicación simultánea en los diarios oficiales.

Excepcionalmente, los puestos de trabajo reservados a funcionarios de administración local con habilitación de carácter nacional podrán cubrirse por el sistema de libre designación, en los municipios incluidos en el ámbito subjetivo definido en los artículos 111 y 135 del texto refundido de la Ley Reguladora de Haciendas Locales, aprobado por el Real Decreto Legislativo 2/2004, de 5 de marzo, así como las Diputaciones Provinciales, Áreas Metropolitanas, Cabildos y Consejos Insulares y las ciudades con estatuto de autonomía de Ceuta y Melilla, entre funcionarios de la subescala y categoría correspondiente. Cuando se trate de puestos de trabajo que tengan asignadas las funciones contenidas en el apartado 1.b) de este artículo, será precisa la autorización expresa del órgano competente de la Administración General del Estado en materia de Haciendas locales.

Igualmente, será necesario informe preceptivo previo del órgano competente de la Administración General del Estado en materia de Haciendas locales para el cese de aquellos funcionarios que tengan asignadas las funciones contenidas en el apartado 1.b) de este artículo y que hubieran sido nombrados por libre designación.

En caso de cese de un puesto de libre designación, la Corporación local deberá asignar al funcionario cesado un puesto de trabajo de su mismo grupo de titulación.

7. Las Comunidades Autónomas efectuarán, de acuerdo con la normativa establecida por la Administración del Estado, los nombramientos provisionales de funcionarios con habilitación de carácter nacional, así como las comisiones de servicios, acumulaciones, nombramientos de personal interino y de personal accidental.

8. Los funcionarios deberán permanecer en cada puesto de trabajo, obtenido por concurso, un mínimo de dos años para poder participar en los concursos de provisión de puestos de trabajo o ser nombrados con carácter provisional en otro puesto de trabajo, salvo en el ámbito de una misma Entidad Local.

Excepcionalmente, antes del transcurso de dicho plazo, se podrán efectuar nombramientos con carácter provisional por el Ministerio de Hacienda y Administraciones Públicas, siempre que existan razones y circunstancias que requieran la cobertura del puesto con carácter urgente por estos funcionarios, y la imposibilidad de efectuar un nombramiento provisional conforme a lo establecido en el párrafo anterior.

Reglamentariamente se establecerán las circunstancias excepcionales que justifiquen la solicitud de un nombramiento provisional, debiendo tenerse en cuenta, en todo caso, el posible perjuicio o menoscabo que se generaría en la Entidad Local en la que se ocupe el puesto en el momento de la solicitud.

9. En el Ministerio de Hacienda y Administraciones Públicas existirá un Registro de funcionarios de administración local con habilitación de carácter nacional integrado con las Comunidades Autónomas, donde se inscribirán y anotarán todos los actos que afecten a la vida administrativa de estos funcionarios.

10. Son órganos competentes para la incoación de expedientes disciplinarios a los funcionarios de administración local con habilitación de carácter nacional los siguientes:

a) El órgano correspondiente de la Corporación donde el funcionario hubiera cometido los hechos que se le imputan, cuando pudieran ser constitutivos de falta leve.

b) La Comunidad Autónoma respecto a funcionarios de corporaciones locales en su ámbito territorial, salvo cuando los hechos denunciados pudieran ser constitutivos de faltas muy graves tipificadas en la normativa básica estatal.

c) El Ministerio de Hacienda y Administraciones Públicas cuando los hechos denunciados pudieran ser constitutivos de faltas muy graves, tipificadas en la normativa básica estatal.

El órgano competente para acordar la incoación del expediente lo será también para nombrar instructor del mismo y decretar o alzar la suspensión provisional del expedientado, así como para instruir diligencias previas antes de decidir sobre tal incoación.

La instrucción del expediente se efectuará por un funcionario de carrera de cualquiera de los Cuerpos o Escalas del Subgrupo A1 de titulación, incluida la Escala de Funcionarios con Habilitación de carácter nacional, que cuente con conocimientos en la materia a la que se refiera la infracción.

11. Son órganos competentes para la imposición de sanciones disciplinarias a los funcionarios de administración local con habilitación de carácter nacional los siguientes:

a) El Ministro de Hacienda y Administraciones Públicas, cuando la sanción que recaiga sea por falta muy grave, tipificada en la normativa básica estatal.

b) La Comunidad Autónoma, cuando se trate de imponer sanciones de suspensión de funciones y destitución, no comprendidas en el párrafo anterior.

c) El órgano local competente, cuando se trate de imponer sanciones por faltas leves.

La sanción impuesta se ejecutará en sus propios términos, aún cuando en el momento de la ejecución, el funcionario se encontrara ocupando un puesto distinto a aquel en el que se produjeron los hechos que dieron lugar a la sanción.

La sanción de destitución implicará la pérdida del puesto de trabajo, con la prohibición de obtener destino en la misma Corporación en la que tuvo lugar la sanción, en el plazo que se fije, con el máximo de seis años, para las faltas muy graves, y de tres años para las faltas graves.

La sanción de suspensión de funciones tendrá una duración máxima de seis años, para las faltas muy graves, y de tres años para las faltas graves.

Artículo 93.

1. Las retribuciones básicas de los funcionarios locales tendrán la misma estructura e idéntica cuantía que las establecidas con carácter general para toda la función pública.

2. Las retribuciones complementarias se atenderán, asimismo, a la estructura y criterios de valoración objetiva de las del resto de los funcionarios públicos. Su cuantía global será fijada por el Pleno de la Corporación dentro de los límites máximos y mínimos que se señalen por el Estado.

3. Las Corporaciones locales reflejarán anualmente en sus presupuestos la cuantía de las retribuciones de sus funcionarios en los términos previstos en la legislación básica sobre función pública.

Artículo 94.

La jornada de trabajo de los funcionarios de la Administración local será en computo anual la misma que se fije para los funcionarios de la Administración Civil del Estado.

Se les aplicarán las mismas normas sobre equivalencia y reducción de jornada.

Artículo 95.

La participación de los funcionarios, a través de sus organizaciones sindicales, en la determinación de sus condiciones de empleo, será la establecida con carácter general para todas las Administraciones Públicas en el Estatuto básico de la función pública.

Artículo 96.

El Instituto de Estudios de Administración Local desarrollará cursos de perfeccionamiento, especialización y promoción para los funcionarios al servicio de las Entidades locales, y colaborará en dichas funciones con los Institutos o Escuelas de funcionarios de las Comunidades Autónomas, así como con las instituciones de este tipo que acuerden constituir las propias Corporaciones.

Artículo 97.

Los anuncios de convocatorias de pruebas de acceso a la función pública local y de concursos para la provisión de puestos de trabajo deberán publicarse en el «Boletín Oficial del Estado».

Las bases se publicarán en el «Boletín Oficial de la Provincia», salvo las relativas a las convocatorias de pruebas selectivas para la obtención de la habilitación de carácter nacional, que se publicarán en el «Boletín Oficial del Estado».

CAPÍTULO III

Selección y formación de los funcionarios con habilitación de carácter nacional y sistema de provisión de plazas

Téngase en cuenta que este Capítulo, derogado por la disposición derogatoria única.d) de la Ley del Estatuto Básico del Empleado Público, texto refundido aprobado por

Real Decreto Legislativo 5/2015, de 30 de octubre. Ref. BOE-A-2015-11719. se mantendrá vigente en tanto no se oponga a lo establecido en el mismo hasta que se dicten las Leyes de Función Pública y las normas reglamentarias de desarrollo, según establece su disposición final 4.2.

Artículo 98.

1.   La selección, formación y habilitación de los funcionarios a que se refiere el número 3 del artículo 92 corresponde al Instituto de Estudios de Administración Local, conforme a las bases y programas aprobados reglamentariamente.

Podrá descentralizarse territorialmente la realización de las pruebas de selección para el acceso a los cursos de formación en relación con las Corporaciones de determinado nivel de población, en los términos que establezca la Administración del Estado.

El Instituto de Estudios de Administración Local, deberá encomendar, mediante convenio, a los Institutos o Escuelas de funcionarios de las Comunidades Autónomas que así lo soliciten, la formación, por delegación, de los funcionarios que deben obtener una habilitación de carácter nacional.

2.   Quienes hayan obtenido la habilitación a que se refiere el número anterior ingresarán en la Función Pública Local y estarán legitimados para participar en los concursos de méritos convocados para la provisión de las plazas o puestos de trabajo reservados a estos funcionarios en las plantillas de cada Entidad local.

Artículo 99.

1.   El concurso será el sistema normal de provisión de puestos de trabajo y en él se tendrán en cuenta los méritos generales, entre los que figuran la posesión de un determinado grado personal, la valoración del trabajo desarrollado, los cursos de formación y perfeccionamiento superados y la antigüedad; los méritos correspondientes al conocimiento de las especialidades de la organización territorial de cada Comunidad Autónoma y de la normativa autonómica, y los méritos específicos directamente relacionados con las características del puesto.

Los méritos generales serán de preceptiva valoración en todo caso, se determinarán por la Administración del Estado, y su puntuación alcanzará el 65 por 100 del total posible conforme al baremo correspondiente. No regirá esta limitación cuando no se establezcan otros méritos

Los méritos correspondientes al conocimiento de las especialidades de la organización territorial de la Comunidad Autónoma y de su normativa específica se fijará por cada Comunidad Autónoma, y su puntuación podrá alcanzar hasta un 10 por 100 del total posible.

Los méritos específicos se podrán determinar por cada Corporación local, y su puntuación alcanzará hasta un 25 por 100 del total posible.

Las Corporaciones locales aprobarán las bases del concurso, con inclusión de los méritos específicos que puedan establecer los determinados por su Comunidad Autónoma, así como el conocimiento de la lengua oficial propia de la misma en los términos previstos en la legislación autonómica respectiva.

Los Presidentes de las Corporaciones locales efectuarán las convocatorias de los concursos y las remitirán a las correspondientes Comunidades Autónomas para su publicación simultánea en los diarios oficiales, dentro de los plazos fijados reglamentariamente. Asimismo, el Ministerio para las Administraciones Públicas publicará en el "Boletín Oficial del Estado" extracto de las mismas, que servirá de base para el cómputo de plazos.

Las resoluciones de los concursos se efectuarán por las Corporaciones locales y se remitirán al Ministerio para las Administraciones Públicas, quien previa coordinación de las mismas para evitar la pluralidad simultánea de adjudicaciones a favor de un mismo concursante, procederá a formalizar los nombramientos, que serán objeto de publicación en los diarios oficiales de las Comunidades Autónomas y en el "Boletín Oficial del Estado".

El Ministerio de Administraciones Públicas efectuará, supletoriamente, en función de los méritos generales y los de valoración autonómica y de acuerdo con las Comunidades Autónomas respecto del requisito de la lengua, la convocatoria anual de los puestos de trabajo vacantes reservados a funcionarios de Administración Local con habilitación de carácter nacional que deban proveerse mediante concurso y que se encuentren en alguna de las siguientes situaciones:

a) Aquellos puestos que, encontrándose vacantes, no hubiesen sido convocados por las Corporaciones Locales en el concurso ordinario.

b) Aquellos puestos que, habiendo sido convocados en el concurso ordinario, se hubiesen quedado desiertos.

c) Aquellos puestos que, habiendo sido incluidos en el concurso ordinario, no se hubieran adjudicado por la Corporación Local por otras causas.

d) Aquellos puestos cuyas Corporaciones Locales soliciten expresamente su inclusión, a pesar de haber resultado vacantes con posterioridad a la convocatoria del concurso ordinario. La solicitud de la inclusión de nuevos puestos en el concurso unitario se efectuará por el Presidente de la Corporación que la enviará a la Dirección General para la Administración Local del Ministerio de Administraciones Públicas.

2. Excepcionalmente, podrán cubrirse por el sistema de libre designación, entre habilitados de carácter nacional de la subescala y categoría correspondientes, los puestos a ellos reservados que se determinen en las relaciones de puestos de trabajo. Dicho sistema sólo podrá adoptarse, en atención al carácter directivo de sus funciones o a la especial responsabilidad que asuman, respecto de los puestos en Diputaciones Provinciales, Cabildos y Consejos Insulares, Ayuntamientos, capitales de Comunidad Autónoma o de provincia y de municipios con población superior a cien mil habitantes, siempre que tengan asignado nivel 30 de complemento de destino.

Cuando se trate de puestos de intervención o tesorería, además de los requisitos anteriores, la cuantía mínima del presupuesto ordinario de la Corporación habrá de ser superior a tres mil millones de pesetas. A los funcionarios cesados en los mismos se les garantizará un puesto de trabajo de su subescala y categoría en la Corporación, que deberá figurar en su relación de puestos de trabajo.

Las bases de la convocatoria para cubrir estos puestos serán aprobadas por el Presidente de la Corporación y contendrán la denominación y requisitos indispensables para desempeñarlos.

La convocatoria, que se realizará con los requisitos de publicidad de los concursos, y la resolución, previa constatación de la concurrencia de los requisitos exigidos en la convocatoria, corresponden al Presidente de la Corporación, quien dará cuenta de esta última al Pleno de la misma.

3. La toma de posesión determina la adquisición de los derechos y deberes funcionariales inherentes a la situación en activo, pasando a depender el funcionario de la correspondiente Corporación, sin perjuicio de la facultad disciplinaria de destitución del cargo y de separación definitiva del servicio que queda reservada en todo caso a la Administración del Estado.

4. En todo caso, en esta última Administración se llevará un Registro relativo a los funcionarios locales con habilitación nacional, en el que deberán inscribirse, para su efectividad, todas las incidencias y situaciones de dichos funcionarios.

CAPÍTULO IV

Selección de los restantes funcionarios y reglas sobre provisión de puestos de trabajo

Artículo 100.

1. Es competencia de cada Corporación local la selección de los funcionarios con la excepción de los funcionarios con habilitación de carácter nacional.

2. Corresponde, no obstante, a la Administración del Estado, establecer reglamentariamente:

    a) Las reglas básicas y los programas mínimos a que debe ajustarse el procedimiento de selección y formación de tales funcionarios.

    b) Los títulos académicos requeridos para tomar parte en las pruebas selectivas, así como los Diplomas expedidos por el Instituto de Estudios de Administración Local o por los Institutos o Escuelas de funcionarios establecidos por las Comunidades Autónomas, complementarios de los títulos académicos, que puedan exigirse para participar en las mismas.

Artículo 101.

Los puestos de trabajo vacantes que deban ser cubiertos por los funcionarios a que se refiere el artículo anterior se proveerán en convocatoria pública por los procedimientos de concurso de méritos o de libre designación, de acuerdo con las normas que regulen estos procedimientos en todas las Administraciones públicas.

En dichas convocatorias de provisión de puestos de trabajo, además de la participación de los funcionarios propios de la entidad convocante, podrán participar los funcionarios que pertenezcan a cualquiera de las Administraciones públicas, quedando en este caso supeditada la participación a lo que al respecto establezcan las relaciones de puestos de trabajo.

Artículo 102.

1.   Las pruebas de selección y los concursos para la provisión de puestos de trabajo, a que se refiere el presente Capítulo, se regirán por las bases que apruebe el
Presidente de la Corporación, a quien corresponderá su convocatoria.

2.   En las pruebas selectivas, el tribunal u órgano similar elevará la correspondiente relación de aprobados al Presidente de la Corporación para hacer el
nombramiento, a quien también corresponderá la resolución motivada de los
concursos para la provisión de puestos de trabajo, previa propuesta de aquellos
órganos de selección.

CAPÍTULO V

Del personal laboral y eventual

Artículo 103. El personal laboral será seleccionado por la propia Corporación ate-
niéndose, en todo caso, a lo dispuesto en el artículo 91 y con el máximo respeto al principio de igualdad de oportunidades de cuantos reúnan los requisitos exigidos.

Artículo 103 bis. Masa salarial del personal laboral del sector público local.

1.   Las Corporaciones locales aprobarán anualmente la masa salarial del personal
laboral del sector público local respetando los límites y las condiciones que se
establezcan con carácter básico en la correspondiente Ley de Presupuestos Generales del Estado.

2.   La aprobación indicada en el apartado anterior comprenderá la referente a la
propia Entidad Local, organismos, entidades públicas empresariales y demás
entes públicos y sociedades mercantiles locales de ella dependientes, así como
las de los consorcios adscritos a la misma en virtud de lo previsto en la legislación básica de régimen jurídico de las Administraciones Públicas y de las fundaciones en las que concurra alguna de las siguientes circunstancias:

  a)   Que se constituyan con una aportación mayoritaria, directa o indirecta, de
las entidades citadas en este apartado.

  b)   Que su patrimonio fundacional, con un carácter de permanencia, esté
formado en más de un 50 por 100 por bienes o derechos aportados o cedidos por las referidas entidades.

3.   La masa salarial aprobada será publicada en la sede electrónica de la Corporación y en el Boletín Oficial de la Provincia o, en su caso, de la Comunidad
Autónoma uniprovincial en el plazo de 20 días.

Artículo 104.

1.   El número, características y retribuciones del personal eventual será determinado por el Pleno de cada Corporación, al comienzo de su mandato. Estas de-
terminaciones sólo podrán modificarse con motivo de la aprobación de los presupuestos anuales.

2.   El nombramiento y cese de estos funcionarios es libre y corresponde al Alcalde o al Presidente de la Entidad local correspondiente. Cesan automáticamente
en todo caso cuando se produzca el cese o expire el mandato de la autoridad a
la que presten su función de confianza o asesoramiento.

3. Los nombramientos de funcionarios de empleo, el régimen de sus retribucio-
    nes y su dedicación se publicarán en el «Boletín Oficial» de la Provincia y, en
    su caso, en el propio de la Corporación.

Artículo 104 bis. Personal eventual de las Entidades Locales.

1. Las dotaciones de puestos de trabajo cuya cobertura corresponda a personal
    eventual en los Ayuntamientos deberán ajustarse a los siguientes límites y
    normas:

    a) Los Municipios de población entre 2.000 a 5.000 habitantes podrán ex-
        cepcionalmente contar con un puesto de trabajo cuya cobertura corres-
        ponda a personal eventual cuando no haya miembros de la corporación
        local con dedicación exclusiva.

    b) Los Ayuntamientos de Municipios con población superior a 5.000 y no
        superior a 10.000 habitantes podrán incluir en sus plantillas puestos de
        trabajo de personal eventual por un número que no podrá exceder de uno.

    c) Los Ayuntamientos de Municipios con población superior a 10.000 y no
        superior a 20.000 habitantes podrán incluir en sus plantillas puestos de
        trabajo de personal eventual por un número que no podrá exceder de dos.

    d) Los Ayuntamientos de Municipios con población superior a 20.000 y no
        superior a 50.000 habitantes podrán incluir en sus plantillas puestos de
        trabajo de personal eventual por un número que no podrá exceder de sie-
        te.

    e) Los Ayuntamientos de Municipios con población superior a 50.000 y no
        superior a 75.000 habitantes podrán incluir en sus plantillas puestos de
        trabajo de personal eventual por un número que no podrá exceder de la
        mitad de concejales de la Corporación local.

    f) Los Ayuntamientos de Municipios con población superior a 75.000 y no
        superior a 500.000 habitantes podrán incluir en sus plantillas puestos de
        trabajo de personal eventual por un número que no podrá exceder del
        número de concejales de la Corporación local.

    g) Los Ayuntamientos de Municipios con población superior a 500.000 habi-
        tantes podrán incluir en sus plantillas puestos de trabajo de personal even-
        tual por un número que no podrá exceder al 0,7 por ciento del número total
        de puestos de trabajo de la plantilla de las respectivas Entidades Locales,
        considerando, a estos efectos, los entes que tengan la consideración de
        Administración pública en el marco del Sistema Europeo de Cuentas.

        Estos Ayuntamientos, si lo fueran del Municipio de mayor población de-
        ntro de un Área Metropolitana, podrán incluir en sus plantillas un número
        adicional de puestos de trabajo de personal eventual, que no podrá exce-
        der del siguiente número:

        — Seis, si el Municipio tiene una población entre 500.000 y 1.000.000
          de habitantes.

        — Doce, si el Municipio tiene una población entre 1.000.001 y
          1.500.000 habitantes.

        — Dieciocho, si el Municipio tiene una población de más de 1.500.000
          habitantes.

2. El número de puestos de trabajo cuya cobertura corresponda a personal eventual en las Diputaciones provinciales será el mismo que el del tramo correspondiente a la Corporación del Municipio más poblado de su Provincia. En el caso de los Consejos y Cabildos insulares, no podrá exceder de lo que resulte de aplicar el siguiente criterio: en las islas con más de 800.000 habitantes, se reduce en 2 respecto al número actual de miembros de cabildo, y, en las de menos de 800.000 habitantes, el 60% de los cargos electos en cada Cabildo o Consejo Insular.

3. El resto de Entidades Locales o de sus organismos dependientes no podrán incluir en sus respectivas plantillas, puestos de trabajo cuya cobertura corresponda a personal eventual.

4. El personal eventual al que se refieren los apartados anteriores tendrá que asignarse siempre a los servicios generales de las Entidades Locales en cuya plantilla aparezca consignado. Solo excepcionalmente podrán asignarse, con carácter funcional, a otros de los servicios o departamentos de la estructura propia de la Entidad Local, si así lo reflejare expresamente su reglamento orgánico.

5. Las Corporaciones locales publicarán semestralmente en su sede electrónica y en el Boletín Oficial de la Provincia o, en su caso, de la Comunidad Autónoma uniprovincial el número de los puestos de trabajo reservados a personal eventual.

6. El Presidente de la Entidad Local informará al Pleno con carácter trimestral del cumplimiento de lo previsto en este artículo.

TÍTULO VIII
Haciendas Locales

Artículo 105.

1. De conformidad con la legislación prevista en el artículo 5, se dotará a las Haciendas locales de recursos suficientes para el cumplimiento de los fines de las Entidades locales.

2. Las Haciendas locales se nutren, además de tributos propios y de las participaciones reconocidas en los del Estado y en los de las Comunidades Autónomas, de aquellos otros recursos que prevea la Ley.

Artículo 106.

1. Las Entidades locales tendrán autonomía para establecer y exigir tributos de acuerdo con lo previsto en la legislación del Estado reguladora de las Haciendas locales y en las Leyes que dicten las Comunidades Autónomas en los supuestos expresamente previstos en aquélla.

2. La potestad reglamentaria de las Entidades locales en materia tributaria se ejercerá a través de Ordenanzas fiscales reguladoras de sus tributos propios y de Ordenanzas generales de gestión, recaudación e inspección. Las Corporaciones locales podrán emanar disposiciones interpretativas y aclaratorias de las mismas.

3. Es competencia de las Entidades locales la gestión, recaudación e inspección
    de sus tributos propios, sin perjuicio de las delegaciones que puedan otorgar a
    favor de las Entidades locales de ámbito superior o de las respectivas Comuni-
    dades Autónomas, y de las fórmulas de colaboración con otras Entidades loca-
    les, con las Comunidades Autónomas o con el Estado, de acuerdo con lo que
    establezca la legislación del Estado.

Artículo 107.

1. Las Ordenanzas fiscales reguladoras de los tributos locales comenzarán a apli-
    carse en el momento de su publicación definitiva en el "Boletín Oficial" de la
    provincia o, en su caso, de la Comunidad Autónoma uniprovincial, salvo que
    en las mismas se señale otra fecha.

2. Las Ordenanzas fiscales obligan en el territorio de la respectiva Entidad local y
    se aplican conforme a los principios de residencia efectiva y de territorialidad,
    según los casos.

Artículo 108. Contra los actos sobre aplicación y efectividad de los tributos locales,
y de los restantes ingresos de Derecho Público de las entidades locales, tales como prestaciones patrimoniales de carácter público no tributarias, precios públicos, y multas y
sanciones pecuniarias, se formulará el recurso de reposición específicamente previsto a
tal efecto en la Ley reguladora de las Haciendas Locales. Dicho recurso tendrá carácter
potestativo en los municipios a que se refiere el título X de esta ley.

Artículo 109.

1. La extinción total o parcial de las deudas que el Estado, las Comunidades
    Autónomas, la Seguridad Social y cualesquiera entidades de Derecho público
    dependientes de las anteriores tengan respectivamente con las Entidades Loca-
    les, o viceversa, podrá acordarse por vía de compensación, cuando se trate de
    deudas vencidas, líquidas y exigibles.

    Lo previsto en este apartado se aplicará de conformidad con lo dispuesto en la
    normativa específica de la Seguridad Social y de la Hacienda Pública en mate-
    ria de compensación de deudas.

2. La extinción total o parcial de las deudas de derecho público que las Comuni-
    dades Autónomas y cualesquiera otras entidades de Derecho público depen-
    dientes de ellas tengan con las entidades de Derecho público o sociedades vin-
    culadas, dependientes o íntegramente participadas por las Entidades Locales, o
    viceversa, podrá acordarse por vía de compensación, cuando se trate de deudas
    vencidas, líquidas y exigibles.

Artículo 110.

1. Corresponderá al Pleno de la Corporación la declaración de nulidad de pleno
    derecho y la revisión de los actos dictados en vía de gestión tributaria, en los
    casos y de acuerdo con el procedimiento establecido en los artículos 153 y 154
    de la Ley General Tributaria.

2. En los demás casos, las Entidades locales no podrán anular sus propios actos
    declarativos de derechos, y su revisión requerirá la previa declaración de lesi-
    vidad para el interés público y su impugnación en vía contencioso-
    administrativa, con arreglo a la Ley de dicha Jurisdicción.

Artículo 111. Los acuerdos de establecimiento, supresión y ordenación de tributos locales, así como las modificaciones de las correspondientes Ordenanzas fiscales, serán aprobados, publicados y entrarán en vigor, de acuerdo con lo dispuesto en las normas especiales reguladoras de la Imposición y Ordenación de tributos locales , sin que les sea de aplicación lo previsto en el artículo 70.2 en relación con el 65.2, ambos de la presente Ley.

Artículo 112.

1. Las Entidades locales aprueban anualmente un presupuesto único que constituye la expresión cifrada, conjunta y sistemática de las obligaciones que, como máximo, pueden reconocer, y de los derechos con vencimiento o que se prevean realizar durante el correspondiente ejercicio económico. El Presupuesto coincide con el año natural y está integrado por el de la propia entidad y los de todos los organismos y empresas locales con personalidad jurídica propia dependientes de aquélla.

2. La Administración del Estado determinará con carácter general la estructura de los Presupuestos de las Entidades locales.

3. Aprobado inicialmente el presupuesto, se expondrá al público durante el plazo que señale la legislación del Estado reguladora de las Haciendas locales, con objeto de que los interesados puedan interponer reclamaciones frente al mismo. Una vez resueltas las que se hayan presentado, en los términos que prevea la Ley, el presupuesto definitivamente aprobado será insertado en el «Boletín Oficial» de la Corporación, si lo tuviera, y resumido, en el de la Provincia.

4. La aprobación definitiva del presupuesto por el Pleno de la Corporación habrá de realizarse antes del 31 de diciembre del año anterior al del ejercicio en que deba aplicarse.

   Si el presupuesto no fuera aprobado antes del primer día del ejercicio económico correspondiente, quedará automáticamente prorrogada la vigencia del anterior.

Artículo 113.

1. Contra los actos que pongan fin a las reclamaciones formuladas en relación con los acuerdos de las Corporaciones en materia de presupuestos, imposición, aplicación y efectividad de tributos o aprobación y modificación de Ordenanzas fiscales, los interesados podrán interponer directamente el recurso contencioso-administrativo.

2. El Tribunal de Cuentas deberá en todo caso emitir informe cuando la impugnación afecte o se refiera a la nivelación presupuestaria.

3. La interposición del recurso previsto en el párrafo primero y de las reclamaciones establecidas en los artículos 49, 108 y 112, número 3, no suspenderá por sí sola la efectividad del acto o acuerdo impugnado.

Artículo 114. Las Entidades locales quedan sometidas al régimen de contabilidad pública. La Administración del Estado establecerá, con carácter general, el plan de cuentas de las Entidades locales.

Artículo 115. La fiscalización externa de las cuentas y de la gestión económica de las Entidades locales corresponde al Tribunal de Cuentas, con el alcance y condiciones que establece la Ley Orgánica que lo regula, y sin perjuicio de los supuestos de delegación previstos en la misma.

Artículo 116. Las cuentas anuales se someterán antes del 1 de junio a informe de la Comisión Especial de Cuentas de la Entidad local, la cual estará constituida por miembros de los distintos grupos políticos integrantes de la Corporación, y serán asimismo objeto de información pública antes de someterse a la aprobación del Pleno, a fin de que puedan formularse contra las mismas reclamaciones, reparos u observaciones. Todo ello sin perjuicio de que pueda denunciarse ante el Tribunal de Cuentas la existencia de irregularidades en la gestión económica y en las cuentas aprobadas.

Artículo 116 bis. Contenido y seguimiento del plan económico-financiero.

1. Cuando por incumplimiento del objetivo de estabilidad presupuestaria, del objetivo de deuda pública o de la regla de gasto, las corporaciones locales incumplidoras formulen su plan económico-financiero lo harán de conformidad con los requisitos formales que determine el Ministerio de Hacienda y Administraciones Públicas.

2. Adicionalmente a lo previsto en el artículo 21 de la Ley Orgánica 2/2012, de 27 de abril, de Estabilidad Presupuestaria y Sostenibilidad Financiera, el mencionado plan incluirá al menos las siguientes medidas:

   a) Supresión de las competencias que ejerza la Entidad Local que sean distintas de las propias y de las ejercidas por delegación.

   b) Gestión integrada o coordinada de los servicios obligatorios que presta la Entidad Local para reducir sus costes.

   c) Incremento de ingresos para financiar los servicios obligatorios que presta la Entidad Local.

   d) Racionalización organizativa.

   e) Supresión de entidades de ámbito territorial inferior al municipio que, en el ejercicio presupuestario inmediato anterior, incumplan con el objetivo de estabilidad presupuestaria o con el objetivo de deuda pública o que el período medio de pago a proveedores supere en más de treinta días el plazo máximo previsto en la normativa de morosidad.

   f) Una propuesta de fusión con un municipio colindante de la misma provincia.

3. La Diputación provincial o entidad equivalente asistirá al resto de corporaciones locales y colaborará con la Administración que ejerza la tutela financiera, según corresponda, en la elaboración y el seguimiento de la aplicación de las medidas contenidas en los planes económicos-financiero. La Diputación o entidad equivalente propondrá y coordinará las medidas recogidas en el apartado anterior cuando tengan carácter supramunicipal, que serán valoradas antes de aprobarse el plan económico-financiero, así como otras medidas supramunicipales distintas que se hubieran previsto, incluido el seguimiento de la fusión de Entidades Locales que se hubiera acordado.

Artículo 116 ter. Coste efectivo de los servicios.

1. Todas las Entidades Locales calcularán antes del día 1 de noviembre de cada año el coste efectivo de los servicios que prestan, partiendo de los datos contenidos en la liquidación del presupuesto general y, en su caso, de las cuentas anuales aprobadas de las entidades vinculadas o dependientes, correspondiente al ejercicio inmediato anterior.

2.   El cálculo del coste efectivo de los servicios tendrá en cuenta los costes reales directos e indirectos de los servicios conforme a los datos de ejecución de gastos mencionados en el apartado anterior: Por Orden del Ministro de Hacienda y Administraciones Públicas se desarrollarán estos criterios de cálculo.

3.   Todas las Entidades Locales comunicarán los costes efectivos de cada uno de los servicios al Ministerio de Hacienda y Administraciones Públicas para su publicación.

TÍTULO IX

Organizaciones para la cooperación entre las Administraciones Públicas en materia de Administración Local

Artículo 117.

1.   La Comisión Nacional de Administración Local es el órgano permanente para la colaboración entre la Administración General del Estado y la Administración local.

2.   La Comisión estará formada, bajo la presidencia del Ministro de Administraciones Públicas, por un número igual de representantes de las entidades locales y de la Administración General del Estado. La designación de los representantes de las entidades locales corresponde en todo caso a la asociación de ámbito estatal con mayor implantación.

Su composición, funcionamiento y régimen de adopción de acuerdos se determinará reglamentariamente, mediante real decreto aprobado por el Consejo de Ministros, a propuesta del Ministro de Administraciones Públicas.

3.   La Comisión se reúne previa convocatoria de su Presidente, a iniciativa propia o a solicitud de la representación local. A sus reuniones podrán asistir, cuando sean convocados por su Presidente, representantes de las comunidades autónomas.

4.   El Pleno de la Comisión Nacional de Administración Local podrá delegar funciones en sus Subcomisiones, con excepción del informe de los anteproyectos de ley que versen sobre las siguientes materias:

a)   Normativa básica de régimen local.

b)   Haciendas Locales.

c)   Leyes Orgánicas que afecten a la Administración Local.

Artículo 118.

1.   Corresponde a la Comisión:

A.   Emitir informe en los siguientes supuestos:

a)   Anteproyectos de Ley y proyectos de disposiciones administrativas de competencia del Estado en las materias que afecten a la Administración local, tales como las referentes a su régimen organizativo y de funcionamiento; régimen sustantivo de sus funciones y servicios - incluidas la atribución o supresión de competencias-; régimen estatutario de sus funcionarios; procedimiento administrativo, contratos, concesiones y demás formas de prestación de los servicios públicos; expropiación y responsabilidad patrimonial; régimen de sus bienes y haciendas locales.

b) Criterios para las autorizaciones de operaciones de endeudamiento de las Corporaciones locales.

c) Previamente y en los supuestos en que el Consejo de Ministros acuerde la aplicación de lo dispuesto en el artículo 61 de la presente Ley.

B. Efectuar propuestas y sugerencias al Gobierno en materia de Administración local y, en especial, sobre:

a) Atribución y delegación de competencias en favor de las Entidades locales.

b) Distribución de las subvenciones, créditos y transferencias del Estado a la Administración local.

c) Participación de las Haciendas locales en los tributos del Estado.

d) Previsiones de los Presupuestos Generales del Estado que afecten a las Entidades locales.

2. La Comisión, para el cumplimiento de sus funciones, puede requerir del Instituto de Estudios de Administración Local la realización de estudios y la emisión de informes.

Artículo 119. La Comisión podrá solicitar de los órganos constitucionalmente legitimados para ello la impugnación ante el Tribunal Constitucional de las leyes del Estado o de las Comunidades Autónomas que estime lesivas para la autonomía local garantizada constitucionalmente.

Esta misma solicitud podrá realizarla la representación de las Entidades locales en la Comisión.

Artículo 120.

1. El Instituto de Estudios de Administración Local, adscrito al Ministerio de Administración Territorial, es una entidad de Derecho público, dotada de personalidad y capacidad jurídicas y patrimonio propios, que actúa con plena autonomía funcional para el cumplimiento de sus fines.

Son fines esenciales del Instituto la investigación, el estudio, la información y la difusión sobre todas las materias que afecten a la Administración local, así como la selección, formación y perfeccionamiento de funcionarios de las Entidades locales.

2. Son órganos de gobierno del Instituto el Director y el Consejo Rector. El Director asume las funciones representativas, ejecutivas, de programación y coordinación, así como de dirección de los servicios. El Consejo Rector, al que corresponde la aprobación del presupuesto, programa de actividades y Memoria anuales, está integrado por el Director, que lo preside, y por ocho representantes de las Entidades locales designados por la asociación de éstas de ámbito estatal de mayor implantación, tres representantes de las Comunidades Autónomas designados por un período anual y por el orden cronológico de aprobación de los Estatutos de Autonomía y cinco representantes de la Administración del Estado designados por el Ministerio de Administración Territorial.

3. El Instituto, comprendido entre las Entidades a que se refiere el artículo 5 de la Ley de Entidades Estatales Autónomas de 26 de diciembre de 1958, tendrá la

consideración de organismo autónomo de carácter administrativo a los efectos de lo establecido en el artículo 4 de la Ley General Presupuestaria de 4 de enero de 1977.

El Reglamento de régimen interior regula su organización y funcionamiento, y será aprobado por el Ministerio de Administración Territorial, a propuesta del Consejo Rector.

Artículo 120 bis. El Estado impulsará la colaboración con las comunidades autónomas con el fin de crear órganos de cooperación conjuntos en materia de régimen local, tanto bajo la forma jurídica de Conferencia Sectorial como de otra naturaleza, de acuerdo con lo dispuesto en el artículo 5 de la ley 30/1992, de 26 de noviembre, de Régimen Jurídico de las Administraciones Públicas y del procedimiento Administrativo Común.

TÍTULO X
Régimen de organización de los municipios de gran población

CAPÍTULO I
Ámbito de aplicación

Artículo 121. Ámbito de aplicación.

1. Las normas previstas en este título serán de aplicación:

    a) A los municipios cuya población supere los 250.000 habitantes.

    b) A los municipios capitales de provincia cuya población sea superior a los 175.000 habitantes.

    c) A los municipios que sean capitales de provincia, capitales autonómicas o sedes de las instituciones autonómicas.

    d) Asimismo, a los municipios cuya población supere los 75.000 habitantes, que presenten circunstancias económicas, sociales, históricas o culturales especiales.

    En los supuestos previstos en los párrafos c) y d), se exigirá que así lo decidan las Asambleas Legislativas correspondientes a iniciativa de los respectivos ayuntamientos.

2. Cuando un municipio, de acuerdo con las cifras oficiales de población resultantes de la revisión del padrón municipal aprobadas por el Gobierno con referencia al 1 de enero del año anterior al del inicio de cada mandato de su ayuntamiento, alcance la población requerida para la aplicación del régimen previsto en este título, la nueva corporación dispondrá de un plazo máximo de seis meses desde su constitución para adaptar su organización al contenido de las disposiciones de este Título.

    A estos efectos, se tendrá en cuenta exclusivamente la población resultante de la indicada revisión del padrón, y no las correspondientes a otros años de cada mandato.

3. Los municipios a los que resulte de aplicación el régimen previsto en este título, continuarán rigiéndose por el mismo aun cuando su cifra oficial de población se reduzca posteriormente por debajo del límite establecido en esta ley.

CAPÍTULO II

Organización y funcionamiento de los órganos municipales necesarios

Artículo 122. Organización del Pleno.

1. El Pleno, formado por el Alcalde y los Concejales, es el órgano de máxima representación política de los ciudadanos en el gobierno municipal.

2. El Pleno será convocado y presidido por el Alcalde, salvo en los supuestos previstos en esta ley y en la legislación electoral general, al que corresponde decidir los empates con voto de calidad. El Alcalde podrá delegar exclusivamente la convocatoria y la presidencia del Pleno, cuando lo estime oportuno, en uno de los concejales.

3. El Pleno se dotará de su propio reglamento, que tendrá la naturaleza de orgánico. No obstante, la regulación de su organización y funcionamiento podrá contenerse también en el reglamento orgánico municipal.

   En todo caso, el Pleno contará con un secretario general y dispondrá de Comisiones, que estarán formadas por los miembros que designen los grupos políticos en proporción al número de concejales que tengan en el Pleno.

4. Corresponderán a las comisiones las siguientes funciones:

   a) El estudio, informe o consulta de los asuntos que hayan de ser sometidos a la decisión del Pleno.

   b) El seguimiento de la gestión del Alcalde y de su equipo de gobierno, sin perjuicio del superior control y fiscalización que, con carácter general, le corresponde al Pleno.

   c) Aquéllas que el Pleno les delegue, de acuerdo con lo dispuesto en esta ley.

   En todo caso, serán de aplicación a estas Comisiones las previsiones contenidas para el Pleno en el artículo 46.2, párrafos b), c) y d).

5. Corresponderá al secretario general del Pleno, que lo será también de las comisiones, las siguientes funciones:

   a) La redacción y custodia de las actas, así como la supervisión y autorización de las mismas, con el visto bueno del Presidente del Pleno.

   b) La expedición, con el visto bueno del Presidente del Pleno, de las certificaciones de los actos y acuerdos que se adopten.

   c) La asistencia al Presidente del Pleno para asegurar la convocatoria de las sesiones, el orden en los debates y la correcta celebración de las votaciones, así como la colaboración en el normal desarrollo de los trabajos del Pleno y de las comisiones.

   d) La comunicación, publicación y ejecución de los acuerdos plenarios.

   e) El asesoramiento legal al Pleno y a las comisiones, que será preceptivo en los siguientes supuestos:

   1°. Cuando así lo ordene el Presidente o cuando lo solicite un tercio de sus miembros con antelación suficiente a la celebración de la sesión en que el asunto hubiere de tratarse.

2º. Siempre que se trate de asuntos sobre materias para las que se exija una mayoría especial.

3º. Cuando una ley así lo exija en las materias de la competencia plenaria.

4º. Cuando, en el ejercicio de la función de control y fiscalización de los órganos de gobierno, lo solicite el Presidente o la cuarta parte, al menos, de los Concejales.

5º. Dichas funciones quedan reservadas a funcionarios de Administración local con habilitación de carácter nacional. Su nombramiento corresponderá al Presidente en los términos previstos en la disposición adicional octava, teniendo la misma equiparación que los órganos directivos previstos en el artículo 130 de esta ley, sin perjuicio de lo que determinen a este respecto las normas orgánicas que regulen el Pleno.

Artículo 123. Atribuciones del Pleno.

1. Corresponden al Pleno las siguientes atribuciones:

   a) El control y la fiscalización de los órganos de gobierno.

   b) La votación de la moción de censura al Alcalde y de la cuestión de confianza planteada por éste, que será pública y se realizará mediante llamamiento nominal en todo caso y se regirá en todos sus aspectos por lo dispuesto en la legislación electoral general.

   c) La aprobación y modificación de los reglamentos de naturaleza orgánica. Tendrán en todo caso naturaleza orgánica:

   La regulación del Pleno.

   La regulación del Consejo Social de la ciudad.

   La regulación de la Comisión Especial de Sugerencias y Reclamaciones.

   La regulación de los órganos complementarios y de los procedimientos de participación ciudadana.

   La división del municipio en distritos, y la determinación y regulación de los órganos de los distritos y de las competencias de sus órganos representativos y participativos, sin perjuicio de las atribuciones del Alcalde para determinar la organización y las competencias de su administración ejecutiva.

   La determinación de los niveles esenciales de la organización municipal, entendiendo por tales las grandes áreas de gobierno, los coordinadores generales, dependientes directamente de los miembros de la Junta de Gobierno Local, con funciones de coordinación de las distintas Direcciones Generales u órganos similares integradas en la misma área de gobierno, y de la gestión de los servicios comunes de éstas u otras funciones análogas y las Direcciones Generales u órganos similares que culminen la organización administrativa, sin perjuicio de las atribuciones del Alcalde para determinar el número de cada uno de tales órganos y establecer niveles complementarios inferiores.

   La regulación del órgano para la resolución de las reclamaciones económico-administrativas.

d)   La aprobación y modificación de las ordenanzas y reglamentos municipales.

e)   Los acuerdos relativos a la delimitación y alteración del término municipal; la creación o supresión de las entidades a que se refiere el artículo 45 de esta ley ; la alteración de la capitalidad del municipio y el cambio de denominación de éste o de aquellas Entidades, y la adopción o modificación de su bandera, enseña o escudo.

f)   Los acuerdos relativos a la participación en organizaciones supramunicipales.

g)   La determinación de los recursos propios de carácter tributario.

h)   La aprobación de los presupuestos, de la plantilla de personal, así como la autorización de gastos en las materias de su competencia. Asimismo, aprobará la cuenta general del ejercicio correspondiente.

i)   La aprobación inicial del planeamiento general y la aprobación que ponga fin a la tramitación municipal de los planes y demás instrumentos de ordenación previstos en la legislación urbanística.

j)   La transferencia de funciones o actividades a otras Administraciones públicas, así como la aceptación de las delegaciones o encomiendas de gestión realizadas por otras Administraciones, salvo que por ley se impongan obligatoriamente.

k)   La determinación de las formas de gestión de los servicios, así como el acuerdo de creación de organismos autónomos, de entidades públicas empresariales y de sociedades mercantiles para la gestión de los servicios de competencia municipal, y la aprobación de los expedientes de municipalización.

l)   Las facultades de revisión de oficio de sus propios actos y disposiciones de carácter general.

m) El ejercicio de acciones judiciales y administrativas y la defensa jurídica del Pleno en las materias de su competencia.

n)   Establecer el régimen retributivo de los miembros del Pleno, de su secretario general, del Alcalde, de los miembros de la Junta de Gobierno Local y de los órganos directivos municipales.

o)   El planteamiento de conflictos de competencia a otras entidades locales y otras Administraciones públicas.

p)   Acordar la iniciativa prevista en el último inciso del artículo 121.1, para que el municipio pueda ser incluido en el ámbito de aplicación del título X de esta ley.

q)   Las demás que expresamente le confieran las leyes.

2.   Se requerirá el voto favorable de la mayoría absoluta del número legal de miembros del Pleno, para la adopción de los acuerdos referidos en los párrafos c), e), f), j) y o) y para los acuerdos que corresponda adoptar al Pleno en la tramitación de los instrumentos de planeamiento general previstos en la legislación urbanística.

r)   Los demás acuerdos se adoptarán por mayoría simple de votos.

3. Únicamente pueden delegarse las competencias del Pleno referidas en los párrafos d), k), m) y ñ) a favor de las comisiones referidas en el apartado 4 del artículo anterior.

Artículo 124. El Alcalde.

1. El Alcalde ostenta la máxima representación del municipio.
2. El Alcalde es responsable de su gestión política ante el Pleno.
3. El Alcalde tendrá el tratamiento de Excelencia.
4. En particular, corresponde al Alcalde el ejercicio de las siguientes funciones:

   a) Representar al ayuntamiento.

   b) Dirigir la política, el gobierno y la administración municipal, sin perjuicio de la acción colegiada de colaboración en la dirección política que, mediante el ejercicio de las funciones ejecutivas y administrativas que le son atribuidas por esta ley, realice la Junta de Gobierno Local.

   c) Establecer directrices generales de la acción de gobierno municipal y asegurar su continuidad.

   d) Convocar y presidir las sesiones del Pleno y las de la Junta de Gobierno Local y decidir los empates con voto de calidad.

   e) Nombrar y cesar a los Tenientes de Alcalde y a los Presidentes de los Distritos.

   f) Ordenar la publicación, ejecución y cumplimiento de los acuerdos de los órganos ejecutivos del ayuntamiento.

   g) Dictar bandos, decretos e instrucciones.

   h) Adoptar las medidas necesarias y adecuadas en casos de extraordinaria y urgente necesidad, dando cuenta inmediata al Pleno.

   i) Ejercer la superior dirección del personal al servicio de la Administración municipal.

   j) La Jefatura de la Policía Municipal.

   k) Establecer la organización y estructura de la Administración municipal ejecutiva, sin perjuicio de las competencias atribuidas al Pleno en materia de organización municipal, de acuerdo con lo dispuesto en el párrafo c) del apartado 1 del artículo 123.

   l) El ejercicio de las acciones judiciales y administrativas en materia de su competencia y, en caso de urgencia, en materias de la competencia del Pleno, en este supuesto dando cuenta al mismo en la primera sesión que celebre para su ratificación.

   m) Las facultades de revisión de oficio de sus propios actos.

   n) La autorización y disposición de gastos en las materias de su competencia.

   o) Las demás que le atribuyan expresamente las leyes y aquéllas que la legislación del Estado o de las comunidades autónomas asignen al municipio y no se atribuyan a otros órganos municipales.

   5. El Alcalde podrá delegar mediante decreto las competencias anteriores en la Junta de Gobierno Local, en sus miembros, en los demás concejales y, en su caso, en los coordinadores generales, directores

generales u órganos similares, con excepción de las señaladas en los párrafos b), e), h) y j), así como la de convocar y presidir la Junta de Gobierno Local, decidir los empates con voto de calidad y la de dictar bandos. Las atribuciones previstas en los párrafos c) y k) sólo serán delegables en la Junta de Gobierno Local.

Artículo 125. Los Tenientes de Alcalde.

1. El Alcalde podrá nombrar entre los concejales que formen parte de la Junta de Gobierno Local a los Tenientes de Alcalde, que le sustituirán, por el orden de su nombramiento, en los casos de vacante, ausencia o enfermedad.

2. Los Tenientes de Alcalde tendrán el tratamiento de Ilustrísima.

Artículo 126. Organización de la Junta de Gobierno Local.

1. La Junta de Gobierno Local es el órgano que, bajo la presidencia del Alcalde, colabora de forma colegiada en la función de dirección política que a éste corresponde y ejerce las funciones ejecutivas y administrativas que se señalan en el artículo 127 de esta ley.

2. Corresponde al Alcalde nombrar y separar libremente a los miembros de la Junta de Gobierno Local, cuyo número no podrá exceder de un tercio del número legal de miembros del Pleno, además del Alcalde.El Alcalde podrá nombrar como miembros de la Junta de Gobierno Local a personas que no ostenten la condición de concejales, siempre que su número no supere un tercio de sus miembros, excluido el Alcalde. Sus derechos económicos y prestaciones sociales serán los de los miembros electivos.

   Declarado inconstitucional y nulo el inciso destacado del párrafo segundo del apartado 2 por Sentencia del TC 103/2013, de 25 de abril. Ref. BOE-A-2013-5446.

   En todo caso, para la válida constitución de la Junta de Gobierno Local se requiere que el número de miembros de la Junta de Gobierno Local que ostentan la condición de concejales presentes sea superior al número de aquellos miembros presentes que no ostentan dicha condición.

   Los miembros de la Junta de Gobierno Local podrán asistir a las sesiones del Pleno e intervenir en los debates, sin perjuicio de las facultades que corresponden a su Presidente.

3. La Junta de Gobierno Local responde políticamente ante el Pleno de su gestión de forma solidaria, sin perjuicio de la responsabilidad directa de cada uno de sus miembros por su gestión.

4. La Secretaría de la Junta de Gobierno Local corresponderá a uno de sus miembros que reúna la condición de concejal, designado por el Alcalde, quien redactará las actas de las sesiones y certificará sobre sus acuerdos. Existirá un órgano de apoyo a la Junta de Gobierno Local y al concejal-secretario de la misma, cuyo titular será nombrado entre funcionarios de Administración local con habilitación de carácter nacional. Sus funciones serán las siguientes:

   a) La asistencia al concejal-secretario de la Junta de Gobierno Local.

   b) La remisión de las convocatorias a los miembros de la Junta de Gobierno Local.

c) El archivo y custodia de las convocatorias, órdenes del día y actas de las reuniones.

d) Velar por la correcta y fiel comunicación de sus acuerdos.

5. Las deliberaciones de la Junta de Gobierno Local son secretas. A sus sesiones podrán asistir los concejales no pertenecientes a la Junta y los titulares de los órganos directivos, en ambos supuestos cuando sean convocados expresamente por el Alcalde.

Artículo 127. Atribuciones de la Junta de Gobierno Local.

1. Corresponde a la Junta de Gobierno Local:

a) La aprobación de los proyectos de ordenanzas y de los reglamentos, incluidos los orgánicos, con excepción de las normas reguladoras del Pleno y sus comisiones.

b) La aprobación del proyecto de presupuesto.

c) La aprobación de los proyectos de instrumentos de ordenación urbanística cuya aprobación definitiva o provisional corresponda al Pleno.

d) Las aprobaciones de los instrumentos de planeamiento de desarrollo del planeamiento general no atribuidas expresamente al Pleno, así como de los instrumentos de gestión urbanística y de los proyectos de urbanización.

e) La concesión de cualquier tipo de licencia, salvo que la legislación sectorial la atribuya expresamente a otro órgano.

f) (Derogada)

g) El desarrollo de la gestión económica, autorizar y disponer gastos en materia de su competencia, disponer gastos previamente autorizados por el Pleno, y la gestión del personal.

h) Aprobar la relación de puestos de trabajo, las retribuciones del personal de acuerdo con el presupuesto aprobado por el Pleno, la oferta de empleo público, las bases de las convocatorias de selección y provisión de puestos de trabajo, el número y régimen del personal eventual, la separación del servicio de los funcionarios del Ayuntamiento, sin perjuicio de lo dispuesto en el artículo 99 de esta ley, el despido del personal laboral, el régimen disciplinario y las demás decisiones en materia de personal que no estén expresamente atribuidas a otro órgano.

La composición de los tribunales de oposiciones será predominantemente técnica, debiendo poseer todos sus miembros un nivel de titulación igual o superior al exigido para el ingreso en las plazas convocadas. Su presidente podrá ser nombrado entre los miembros de la Corporación o entre el personal al servicio de las Administraciones públicas.

i) El nombramiento y el cese de los titulares de los órganos directivos de la Administración municipal, sin perjuicio de lo dispuesto en la disposición adicional octava para los funcionarios de Administración local con habilitación de carácter nacional.

j) El ejercicio de las acciones judiciales y administrativas en materia de su competencia.

k)   Las facultades de revisión de oficio de sus propios actos.

l)   Ejercer la potestad sancionadora salvo que por ley esté atribuida a otro órgano.

m)   Designar a los representantes municipales en los órganos colegiados de gobierno o administración de los entes, fundaciones o sociedades, sea cual sea su naturaleza, en los que el Ayuntamiento sea partícipe.

n)   Las demás que le correspondan, de acuerdo con las disposiciones legales vigentes.

2.   La Junta de Gobierno Local podrá delegar en los Tenientes de Alcalde, en los demás miembros de la Junta de Gobierno Local, en su caso, en los demás concejales, en los coordinadores generales, directores generales u órganos similares, las funciones enumeradas en los párrafos e), f), g), h) con excepción de la aprobación de la relación de puestos de trabajo, de las retribuciones del personal, de la oferta de empleo público, de la determinación del número y del régimen del personal eventual y de la separación del servicio de los funcionarios, y l) del apartado anterior.

Artículo 128. Los distritos.

1.   Los ayuntamientos deberán crear distritos, como divisiones territoriales propias, dotadas de órganos de gestión desconcentrada, para impulsar y desarrollar la participación ciudadana en la gestión de los asuntos municipales y su mejora, sin perjuicio de la unidad de gobierno y gestión del municipio.

2.   Corresponde al Pleno de la Corporación la creación de los distritos y su regulación, en los términos y con el alcance previsto en el artículo 123, así como determinar, en una norma de carácter orgánico, el porcentaje mínimo de los recursos presupuestarios de la corporación que deberán gestionarse por los distritos, en su conjunto.

3.   La presidencia del distrito corresponderá en todo caso a un concejal.

Artículo 129. La asesoría jurídica.

2.   Sin perjuicio de las funciones reservadas al secretario del Pleno por el párrafo e) del apartado 5 del artículo 122 de esta ley, existirá un órgano administrativo responsable de la asistencia jurídica al Alcalde, a la Junta de Gobierno Local y a los órganos directivos, comprensiva del asesoramiento jurídico y de la representación y defensa en juicio del ayuntamiento, sin perjuicio de lo dispuesto en el apartado segundo del artículo 447 de la Ley 6/1985, de 1 de julio, del Poder Judicial.

3.   Su titular será nombrado y separado por la Junta de Gobierno Local, entre personas que reúnan los siguientes requisitos:

a)   Estar en posesión del título de licenciado en derecho.

b)   Ostentar la condición de funcionario de administración local con habilitación de carácter nacional, o bien funcionario de carrera del Estado, de las comunidades autónomas o de las entidades locales, a los que se exija para su ingreso el título de doctor, licenciado, ingeniero, arquitecto o equivalente.

Artículo 130. Órganos superiores y directivos.

1. Son órganos superiores y directivos municipales los siguientes:

    A) Órganos superiores:

        a) El Alcalde.

        b) Los miembros de la Junta de Gobierno Local.

    B) Órganos directivos:

        a) Los coordinadores generales de cada área o concejalía.

        b) Los directores generales u órganos similares que culminen la organización administrativa dentro de cada una de las grandes áreas o concejalías.

        c) El titular del órgano de apoyo a la Junta de Gobierno Local y al concejal-secretario de la misma.

        d) El titular de la asesoría jurídica.

        e) El Secretario general del Pleno.

        f) El interventor general municipal.

        g) En su caso, el titular del órgano de gestión tributaria.

2. Tendrán también la consideración de órganos directivos, los titulares de los máximos órganos de dirección de los organismos autónomos y de las entidades públicas empresariales locales, de conformidad con lo establecido en el artículo 85 bis, párrafo b).

3. El nombramiento de los coordinadores generales y de los directores generales, atendiendo a criterios de competencia profesional y experiencia deberá efectuarse entre funcionarios de carrera del Estado, de las Comunidades Autónomas, de las Entidades Locales o con habilitación de carácter nacional que pertenezcan a cuerpos o escalas clasificados en el subgrupo A1, salvo que el Reglamento Orgánico Municipal permita que, en atención a las características específicas de las funciones de tales órganos directivos, su titular no reúna dicha condición de funcionario.

4. Los órganos superiores y directivos quedan sometidos al régimen de incompatibilidades establecido en la Ley 53/1984, de 26 de diciembre, de Incompatibilidades del personal al servicio de las Administraciones públicas, y en otras normas estatales o autonómicas que resulten de aplicación.

Artículo 131. El Consejo Social de la Ciudad.

1. En los municipios señalados en este título, existirá un Consejo Social de la Ciudad, integrado por representantes de las organizaciones económicas, sociales, profesionales y de vecinos más representativas.

2. Corresponderá a este Consejo, además de las funciones que determine el Pleno mediante normas orgánicas, la emisión de informes, estudios y propuestas en materia de desarrollo económico local, planificación estratégica de la ciudad y grandes proyectos urbanos.

Artículo 132. Defensa de los derechos de los vecinos.

1. Para la defensa de los derechos de los vecinos ante la Administración municipal, el Pleno creará una Comisión especial de Sugerencias y Reclamaciones, cuyo funcionamiento se regulará en normas de carácter orgánico.

2.   La Comisión especial de Sugerencias y Reclamaciones estará formada por representantes de todos los grupos que integren el Pleno, de forma proporcional al número de miembros que tengan en el mismo.

3.   La citada Comisión podrá supervisar la actividad de la Administración municipal, y deberá dar cuenta al Pleno, mediante un informe anual, de las quejas presentadas y de las deficiencias observadas en el funcionamiento de los servicios municipales, con especificación de las sugerencias o recomendaciones no admitidas por la Administración municipal. No obstante, también podrá realizar informes extraordinarios cuando la gravedad o la urgencia de los hechos lo aconsejen.

4.   Para el desarrollo de sus funciones, todos los órganos de Gobierno y de la Administración municipal están obligados a colaborar con la Comisión de Sugerencias y Reclamaciones.

CAPÍTULO III
Gestión económico-financiera

Artículo 133. Criterios de la gestión económico-financiera.

La gestión económico-financiera se ajustará a los siguientes criterios:

a)   Cumplimiento del objetivo de estabilidad presupuestaria, de acuerdo con lo dispuesto en la legislación que lo regule.

b)   Separación de las funciones de contabilidad y de fiscalización de la gestión económico-financiera.

c)   La contabilidad se ajustará en todo caso a las previsiones que en esta materia contiene la Ley 39/1988, de 28 de diciembre, reguladora de las Haciendas Locales.

d)   El ámbito en el que se realizará la fiscalización y el control de legalidad presupuestaria será el presupuesto o el estado de previsión de ingresos y gastos, según proceda.

e)   Introducción de la exigencia del seguimiento de los costes de los servicios.

f)   La asignación de recursos, con arreglo a los principios de eficacia y eficiencia, se hará en función de la definición y el cumplimiento de objetivos.

g)   La administración y rentabilización de los excedentes líquidos y la concertación de operaciones de tesorería se realizarán de acuerdo con las bases de ejecución del presupuesto y el plan financiero aprobado.

h)   Todos los actos, documentos y expedientes de la Administración municipal y de todas las entidades dependientes de ella, sea cual fuere su naturaleza jurídica, de los que se deriven derechos y obligaciones de contenido económico estarán sujetos al control y fiscalización interna por el órgano que se determina en esta Ley, en los términos establecidos en los artículos 194 a 203 de la Ley 39/1988, de 28 de diciembre, Reguladora de las Haciendas Locales.

Artículo 134. Órgano u órganos de gestión económico-financiera y presupuestaria.

1.   Las funciones de presupuestación, contabilidad, tesorería y recaudación serán ejercidas por el órgano u órganos que se determinen en el Reglamento orgánico municipal.

2.   El titular o titulares de dicho órgano u órganos deberá ser un funcionario de Administración local con habilitación de carácter nacional, salvo el del órgano que desarrolle las funciones de presupuestación.

Artículo 135. Órgano de Gestión Tributaria.

1.   Para la consecución de una gestión integral del sistema tributario municipal, regido por los principios de eficiencia, suficiencia, agilidad y unidad en la gestión, se habilita al Pleno de los ayuntamientos de los municipios de gran población para crear un órgano de gestión tributaria, responsable de ejercer como propias las competencias que a la Administración Tributaria local le atribuye la legislación tributaria.

2.   Corresponderán a este órgano de gestión tributaria, al menos, las siguientes competencias:

a)   La gestión, liquidación, inspección, recaudación y revisión de los actos tributarios municipales.

b)   La recaudación en período ejecutivo de los demás ingresos de derecho público del ayuntamiento.

c)   La tramitación y resolución de los expedientes sancionadores tributarios relativos a los tributos cuya competencia gestora tenga atribuida.

d)   El análisis y diseño de la política global de ingresos públicos en lo relativo al sistema tributario municipal.

e)   La propuesta, elaboración e interpretación de las normas tributarias propias del ayuntamiento.

f)   El seguimiento y la ordenación de la ejecución del presupuestos de ingresos en lo relativo a ingresos tributarios.

3.   En el caso de que el Pleno haga uso de la habilitación prevista en el apartado 1, la función de recaudación y su titular quedarán adscritos a este órgano, quedando sin efecto lo dispuesto en el artículo 134.1 en lo que respecta a la función de recaudación.

Artículo 136. Órgano responsable del control y de la fiscalización interna.

1.   La función pública de control y fiscalización interna de la gestión económico-financiera y presupuestaria, en su triple acepción de función interventora, función de control financiero y función de control de eficacia, corresponderá a un órgano administrativo, con la denominación de Intervención general municipal.

2.   La Intervención general municipal ejercerá sus funciones con plena autonomía respecto de los órganos y entidades municipales y cargos directivos cuya gestión fiscalice, teniendo completo acceso a la contabilidad y a cuantos documentos sean necesarios para el ejercicio de sus funciones.

3.   Su titular será nombrado entre funcionarios de Administración local con habilitación de carácter nacional.

Artículo 137. Órgano para la resolución de las reclamaciones económico-administrativas.

1.   Existirá un órgano especializado en las siguientes funciones:

a) El conocimiento y resolución de las reclamaciones sobre actos de gestión, liquidación, recaudación e inspección de tributos e ingresos de derecho público, que sean de competencia municipal.

b) El dictamen sobre los proyectos de ordenanzas fiscales.

c) En el caso de ser requerido por los órganos municipales competentes en materia tributaria, la elaboración de estudios y propuestas en esta materia.

2. La resolución que se dicte pone fin a la vía administrativa y contra ella sólo cabrá la interposición del recurso contencioso-administrativo.

3. No obstante, los interesados podrán, con carácter potestativo, presentar previamente contra los actos previstos en el apartado 1 a) el recurso de reposición regulado en el artículo 14 de la Ley 39/1988, de 28 de diciembre, reguladora de las Haciendas Locales. Contra la resolución, en su caso, del citado recurso de reposición, podrá interponerse reclamación económico-administrativa ante el órgano previsto en el presente artículo.

4. Estará constituido por un número impar de miembros, con un mínimo de tres, designados por el Pleno, con el voto favorable de la mayoría absoluta de los miembros que legalmente lo integren, de entre personas de reconocida competencia técnica, y cesarán por alguna de las siguientes causas:

a) A petición propia.

b) Cuando lo acuerde el Pleno con la misma mayoría que para su nombramiento.

c) Cuando sean condenados mediante sentencia firme por delito doloso.

d) Cuando sean sancionados mediante resolución firme por la comisión de una falta disciplinaria muy grave o grave.

Solamente el Pleno podrá acordar la incoación y la resolución del correspondiente expediente disciplinario, que se regirá, en todos sus aspectos, por la normativa aplicable en materia de régimen disciplinario a los funcionarios del ayuntamiento.

5. Su funcionamiento se basará en criterios de independencia técnica, celeridad y gratuidad. Su composición, competencias, organización y funcionamiento, así como el procedimiento de las reclamaciones se regulará por reglamento aprobado por el Pleno, de acuerdo en todo caso con lo establecido en la Ley General Tributaria y en la normativa estatal reguladora de las reclamaciones económico-administrativas, sin perjuicio de las adaptaciones necesarias en consideración al ámbito de actuación y funcionamiento del órgano.

6. La reclamación regulada en el presente artículo se entiende sin perjuicio de los supuestos en los que la ley prevé la reclamación económico-administrativa ante los Tribunales Económico-Administrativos del Estado.

CAPÍTULO IV

Conferencia de Ciudades

Artículo 138. En el seno de la Conferencia sectorial para asuntos locales, existirá una Conferencia de ciudades de la que formarán parte la Administración General del Estado, las comunidades autónomas y los alcaldes de los municipios comprendidos en el ámbito de aplicación del título X de esta ley.

TÍTULO XI

Tipificación de las infracciones y sanciones por las Entidades Locales en determinadas materias

Artículo 139. Tipificación de infracciones y sanciones en determinadas materias.

Para la adecuada ordenación de las relaciones de convivencia de interés local y del uso de sus servicios, equipamientos, infraestructuras, instalaciones y espacios públicos, los entes locales podrán, en defecto de normativa sectorial específica, establecer los tipos de las infracciones e imponer sanciones por el incumplimiento de deberes, prohibiciones o limitaciones contenidos en las correspondientes ordenanzas, de acuerdo con los criterios establecidos en los artículos siguientes.

Artículo 140. Clasificación de las infracciones.

1. Las infracciones a las ordenanzas locales a que se refiere el artículo anterior se clasificarán en muy graves, graves y leves.

   Serán muy graves las infracciones que supongan:

   a) Una perturbación relevante de la convivencia que afecte de manera grave, inmediata y directa a la tranquilidad o al ejercicio de derechos legítimos de otras personas, al normal desarrollo de actividades de toda clase conformes con la normativa aplicable o a la salubridad u ornato públicos, siempre que se trate de conductas no subsumibles en los tipos previstos en el capítulo IV de la Ley 1/1992, de 21 de febrero, de Protección de la Seguridad Ciudadana.

   b) El impedimento del uso de un servicio público por otra u otras personas con derecho a su utilización.

   c) El impedimento o la grave y relevante obstrucción al normal funcionamiento de un servicio público.

   d) Los actos de deterioro grave y relevante de equipamientos, infraestructuras, instalaciones o elementos de un servicio público.

   e) El impedimento del uso de un espacio público por otra u otras personas con derecho a su utilización.

   f) Los actos de deterioro grave y relevante de espacios públicos o de cualquiera de sus instalaciones y elementos, sean muebles o inmuebles, no derivados de alteraciones de la seguridad ciudadana.

2. Las demás infracciones se clasificarán en graves y leves, de acuerdo con los siguientes criterios:

   a) La intensidad de la perturbación ocasionada en la tranquilidad o en el pacífico ejercicio de los derechos de otras personas o actividades.

b) La intensidad de la perturbación causada a la salubridad u ornato públicos.

c) La intensidad de la perturbación ocasionada en el uso de un servicio o de un espacio público por parte de las personas con derecho a utilizarlos.

d) La intensidad de la perturbación ocasionada en el normal funcionamiento de un servicio público.

e) La intensidad de los daños ocasionados a los equipamientos, infraestructuras, instalaciones o elementos de un servicio o de un espacio público.

Artículo 141. Límites de las sanciones económicas.

Salvo previsión legal distinta, las multas por infracción de Ordenanzas locales deberán respetar las siguientes cuantías:

Infracciones muy graves: hasta 3.000 euros.

Infracciones graves: hasta 1.500 euros.

Infracciones leves: hasta 750 euros.

DISPOSICIONES ADICIONALES

Primera.

1. Las competencias legislativas o de desarrollo de la legislación del Estado sobre régimen local asumidas, según lo dispuesto en sus respectivos Estatutos, por las Comunidades Autónomas del Principado de Asturias, Cantabria, La Rioja, Murcia, Aragón, Castilla-La Mancha, Castilla y León, Islas Baleares, Extremadura y Madrid, se ejercerán, según los casos, en el marco de lo establecido en el artículo 13 y en el Título IV de esta Ley, así como, si procediere, en los términos y con el alcance previstos en los artículos 20.2, 32.2, 29 y 30 de la misma.

2. Las funciones administrativas que la presente Ley atribuye a las Comunidades Autónomas se entienden transferidas a las mencionadas en el número anterior, que ostentarán, asimismo, todas aquellas otras funciones de la misma índole que les transfiera la legislación estatal que ha de dictarse conforme a lo establecido en la disposición final primera de la misma.

Segunda. Régimen foral vasco.

Las disposiciones de la presente Ley, de acuerdo con la Constitución y el Estatuto de Autonomía para el País Vasco, se aplicarán en los Territorios Históricos de Araba/Álava, Gipuzkoa y Bizkaia, sin perjuicio de las siguientes peculiaridades:

1. De acuerdo con la disposición adicional primera de la Constitución y con lo dispuesto en los artículos 3, 24.2 y 37 del Estatuto Vasco, los Territorios Históricos de Araba/Álava, Gipuzkoa y Bizkaia organizarán libremente sus propias instituciones y dictarán las normas necesarias para su funcionamiento, amparando y garantizando, asimismo, las peculiaridades históricas de las Entidades Locales de sus territorios, sin que les sean de aplicación las contenidas en la presente Ley en materia de organización provincial.

2. Los Territorios Históricos de Araba/Álava, Gipuzkoa y Bizkaia ejercerán las competencias que les atribuyen el Estatuto Vasco y la legislación interna de la Comunidad Autónoma que se dicte en su desarrollo y aplicación, así como las

que la presente Ley asigna con carácter general a las Diputaciones provinciales.

3. En el ejercicio de las competencias que el Estatuto y la legislación de la Comunidad Autónoma que se dicte en su desarrollo y aplicación les asignen, corresponde a las Instituciones Forales de los Territorios Históricos el desarrollo normativo y ejecución de la legislación básica del Estado en las materias correspondientes, cuando así se les atribuyan.

4. Cuando las Instituciones Forales de los Territorios Históricos realicen actividades en campos cuya titularidad competencial corresponde a la Administración del Estado o a la Comunidad Autónoma, les serán de aplicación las normas de esta Ley que disciplinen las relaciones de las Diputaciones provinciales con la Administración del Estado y la Administración Autónoma, en su caso, siempre y cuando dichas actividades las ejerciten en calidad de Diputaciones provinciales ordinarias, y no como Instituciones Forales de acuerdo con su régimen especial privativo, en cuyo caso solo serán de aplicación tales normas cuando desarrollen o apliquen la legislación básica del Estado o invadan las competencias de éste.

5. En materia de Hacienda las relaciones de los Territorios Históricos con la Administración del Estado se ajustarán a lo dispuesto en la Ley 12/2002, de 23 de mayo, por la que se aprueba el concierto económico con la Comunidad Autónoma del País Vasco. Las funciones que los artículos 7.4 y 26.2 atribuyen a la Administración que ejerza la tutela financiera, serán ejercidas en el País Vasco por sus Instituciones competentes de conformidad con el artículo 48.5 de la mencionada Ley 12/2002, de 23 de mayo.

6. Los Territorios Históricos del País Vasco continuarán conservando su régimen especial en materia municipal en lo que afecta al régimen económico-financiero en los términos de la Ley del Concierto Económico, sin que ello pueda significar un nivel de autonomía de las Corporaciones Locales vascas inferior al que tengan las demás Corporaciones Locales, sin perjuicio de la aplicación de lo dispuesto en el artículo 115 de la presente Ley y de las competencias que a este respecto puedan corresponder a la Comunidad Autónoma.

A dichos efectos, las Diputaciones Forales desarrollarán los criterios de cálculo de conformidad con lo establecido en el artículo 116 ter de esta Ley recibiendo la comunicación del coste efectivo de los servicios que prestan las Entidades Locales de sus respectivos territorios.

Asimismo, en relación con el artículo 116 bis de esta Ley, en ejercicio de las facultades de tutela financiera, corresponderá a las Diputaciones Forales la aprobación, concretando las reglas necesarias para su formulación, de los planes económico-financieros de sus respectivas corporaciones, de conformidad con la normativa dictada al efecto por el Estado.

Igualmente, de acuerdo con lo previsto en la disposición transitoria cuarta de la Ley 27/2013 de racionalización y sostenibilidad de la Administración Local, las entidades de ámbito territorial inferior al municipio comunicarán a las Instituciones Forales sus cuentas y serán estas Instituciones Forales quienes acuerden su disolución si así procede en aplicación de la mencionada disposición.

7. En el ámbito de la Comunidad Autónoma del País Vasco, la normativa regula-
    dora de los funcionarios de administración local con habilitación de carácter
    nacional prevista en el artículo 92 bis y concordantes de esta Ley, se aplicará
    de conformidad con la disposición adicional primera de la Constitución, con el
    artículo 149.1.18.ª de la misma y con la Ley Orgánica 3/1979, de 18 de di-
    ciembre, por la que se aprueba el Estatuto de Autonomía para el País Vasco,
    teniendo en cuenta que todas las facultades previstas respecto a dicho personal
    serán ostentadas por las instituciones competentes, en los términos que esta-
    blezca la normativa autonómica, incluyendo la facultad de convocar exclusi-
    vamente para su territorio los concursos para las plazas vacantes en el mismo,
    así como la facultad de nombramiento de los funcionarios, en dichos concur-
    sos.

8. El porcentaje de baremo reservado al Estado en el artículo 92 bis.6 se establece
    en el 65 por 100, atribuyéndose un 30 por 100 del total posible a las institucio-
    nes competentes de la Comunidad Autónoma del País Vasco para que fije los
    méritos que correspondan al conocimiento de las especialidades jurídicas y
    económico-administrativas que se derivan de sus derechos históricos y espe-
    cialmente del Concierto Económico.

    Dentro del 5 por 100 restante, la Corporación Local interesada podrá estable-
    cer libremente los méritos específicos que estime convenientes en razón a las
    características locales.

9. En el convenio que se establecerá entre Instituciones que tengan encomendada
    la formación de este personal en el ámbito nacional y el Instituto Vasco de
    Administración Pública (IVAP) para la formación por este último de los fun-
    cionarios a que se refiere el artículo 92 bis de esta Ley, la Comunidad Autó-
    noma del País Vasco podrá incluir materias o disciplinas propias de sus especí-
    ficas peculiaridades, con la única condición del cumplimiento de los requisitos
    mínimos de orden académico que con carácter general estén establecidos para
    las cuestiones de exigencia común en todo el Estado, nunca superiores a los
    que rijan para el propio Instituto Nacional de Administración Pública.

10. El control y la fiscalización interna de la gestión económico-financiera y pre-
    supuestaria y la contabilidad, tesorería y recaudación de las Diputaciones Fora-
    les se organizará libremente por éstas en el marco del Concierto Económico
    sin que sea de aplicación lo dispuesto en el artículo 92 bis de la presente Ley.

11. En el marco de los objetivos de estabilidad presupuestaria y en virtud de las
    competencias y facultades que en materia de régimen local y financiación local
    les confiere la disposición adicional primera de la Constitución Española, el
    Estatuto de Autonomía, la Ley del Concierto Económico y la disposición adi-
    cional segunda de la Ley de Bases de Régimen Local, los órganos forales de
    los Territorios Históricos vascos determinarán los límites máximos totales del
    conjunto de las retribuciones y asistencias de los miembros de las Corporacio-
    nes Locales, del personal eventual y del resto de personal al servicio de las
    Corporaciones Locales y su sector público y de los funcionarios con habilita-
    ción de carácter nacional. La determinación de tales retribuciones atenderá a
    los principios y estructura establecidos, en su caso, por la legislación estatal.

Tercera.

La presente Ley regirá en Navarra en lo que no se oponga al régimen que para su Administración local establece el artículo 46 de la Ley Orgánica 13/1982, de 10 de agosto, de Reintegración y Amejoramiento del Régimen Foral de Navarra. A estos efectos, la normativa estatal que, de acuerdo con las Leyes citadas en el mencionado precepto, rige en Navarra, se entenderá modificada por las disposiciones contenidas en la presente Ley.

De acuerdo con lo dispuesto en el número 1 del citado artículo 46, será de aplicación a la Comunidad Foral de Navarra lo establecido en el número 2 de la disposición adicional primera de esta Ley.

Cuarta.

En el supuesto de que, en aplicación de lo previsto en el número 2 del artículo 42 de esta Ley, se impidiera de forma parcial y minoritaria la organización comarcal del conjunto del territorio de la Comunidad Autónoma, la Generalidad de Cataluña, por haber tenido aprobada en el pasado una organización comarcal para la totalidad de su territorio y prever su Estatuto, asimismo, una organización comarcal de carácter general, podrá, mediante Ley aprobada por mayoría absoluta de su Asamblea Legislativa, acordar la constitución de la comarca o las comarcas que resten para extender dicha organización a todo su ámbito territorial.

Quinta.

1. Las entidades locales pueden constituir asociaciones, de ámbito estatal o autonómico, para la protección y promoción de sus intereses comunes, a las que se les aplicará su normativa específica y, en lo no previsto en él, la legislación del Estado en materia de asociaciones.

2. Las asociaciones de entidades locales se regirán por sus estatutos, aprobados por los representantes de las entidades asociadas, los cuales deberán garantizar la participación de sus miembros en las tareas asociativas y la representatividad de sus órganos de gobierno. Asimismo, se señalará en los estatutos la periodicidad con la que hayan de celebrarse las Asambleas Generales Ordinarias, en caso de que dicha periodicidad sea superior a la prevista, con carácter general, en el artículo 11.3 de la Ley Orgánica 1/2002, de 22 de marzo, reguladora del Derecho de Asociación.

3. Dichas asociaciones, en el ámbito propio de sus funciones, podrán celebrar convenios con las distintas Administraciones Públicas. Asimismo, de conformidad con lo establecido en el artículo 12.2 de la Ley 38/2003, de 17 de noviembre, General de Subvenciones, podrán actuar como entidades colaboradoras de la Administración en la gestión de las subvenciones de la que puedan ser beneficiarias las Entidades Locales y sus organismos dependientes.

   Las asociaciones de Entidades Locales podrán adherirse al sistema de contratación centralizada estatal regulado en el artículo 206 del Texto Refundido de la Ley de Contratos del Sector Público, aprobado por Real Decreto Legislativo 3/2011, de 14 de noviembre, en los mismos términos que las Entidades Locales.

   Conforme a lo previsto en el artículo 203 del Texto Refundido de la Ley de Contratos del Sector Público, estas asociaciones podrán crear centrales de contratación. Las Entidades Locales a ellas asociadas, podrán adherirse a dichas centrales para aquéllos servicios, suministros y obras cuya contratación se haya efectuado por aquéllas, de acuerdo con las normas previstas en ese Texto Refundido, para la preparación y adjudicación de los contratos de las Administraciones Públicas.

4. Las asociaciones de Entidades Locales de ámbito estatal con mayor implantación en todo el territorio ostentarán la representación institucional de la Administración local en sus relaciones con la Administración General del Estado.

Sexta.

1. El régimen especial del Municipio de Madrid, contenido en el Texto articulado aprobado por Decreto 1674/1963, de 11 de julio, modificado por Decreto 2482/1970, de 22 de agosto, continuará vigente, hasta tanto se dicte la Ley prevista en el artículo 6.º de la Ley Orgánica 3/1983, de 25 de febrero, del Estatuto de Autonomía de la Comunidad de Madrid, salvo en lo que se oponga, contradiga o resulte incompatible con lo establecido en la presente Ley. En particular, quedan expresamente derogados los artículos 2.º, apartado c); 4.º, párrafo 2, inciso final; 11, 12, 13 y 39, párrafo 2, de la mencionada Ley especial, así como todos aquellos que configuren un sistema de relaciones interadministrativas distinto al previsto en esta Ley.

2. El régimen especial del Municipio de Barcelona, contenido en el texto articulado aprobado por Decreto 1166/1960, de 23 de mayo; el Decreto-ley 5/1974, de 24 de agosto, y el Decreto 3276/1974, de 28 de noviembre, de constitución y desarrollo de la Entidad Metropolitana de Barcelona y sus disposiciones concordantes continuarán vigentes salvo en lo que se oponga, contradiga o resulte incompatible con lo establecido en la presente Ley.

3. Sin perjuicio de lo establecido en los apartados anteriores, mediante ley de las Comunidades Autónomas respectivas, se podrán actualizar dichos regímenes especiales, a cuyo efecto, respetando el principio de autonomía local y a instancia de los correspondientes Ayuntamientos, podrán establecerse las siguientes especialidades al régimen general de organización municipal previsto en la presente Ley:

    1º. Se podrá modificar la denominación de los órganos necesarios contemplados en el artículo 20.1 de esta Ley.

    2º. El Pleno u órgano equivalente podrá funcionar también mediante Comisiones. Corresponde, en este caso, a las Comisiones, además de las funciones previstas en el artículo 20.1.c) de esta Ley para los órganos complementarios que tengan como función el estudio, informe o consulta de los asuntos que hayan de ser sometidos a la decisión del Pleno, aquéllas que les atribuya o delegue dicho Pleno, salvo las contenidas en los apartados 2 y 3 del artículo 47 y las atribuciones contenidas en el apartado 3 del artículo 22 de esta Ley.

    3º. Se podrán atribuir a la Comisión de Gobierno prevista en el artículo 23 de esta Ley, como propias, competencias en las siguientes materias:

        a) Aquéllas que la presente Ley no reserve en exclusiva al Pleno, por ser delegables o por no requerir una mayoría específica para la adopción de acuerdos.

        b) Las que esta Ley atribuye al Alcalde en relación con el urbanismo, contratación, personal y adquisición y enajenación de bienes.

c) La aprobación de proyectos de reglamentos y ordenanzas y el proyecto de Presupuesto.

4º. Se podrán atribuir al Alcalde, como propias, aquellas competencias que la presente Ley no reserva en exclusiva al Pleno, por ser delegables o por no requerir una mayoría específica para la adopción de acuerdos.

Séptima. Acceso a los datos del padrón.

Para la exclusiva finalidad del ejercicio de las competencias establecidas en la Ley orgánica de derechos y libertades de los extranjeros en España y su integración social, sobre control y permanencia de extranjeros en España, la Dirección General de la Policía accederá a los datos de inscripción padronal de los extranjeros existentes en los Padrones Municipales, preferentemente por vía telemática.

A fin de asegurar el estricto cumplimiento de la legislación de protección de datos de carácter personal, los accesos se realizarán con las máximas medidas de seguridad. A estos efectos, quedará constancia en la Dirección General de la Policía de cada acceso, la identificación de usuario, fecha y hora en que se realizó, así como de los datos consultados.

Con el fin de mantener actualizados los datos de inscripción padronal de extranjeros en los padrones municipales, la Dirección General de la Policía comunicará mensualmente al Instituto Nacional de Estadística, para el ejercicio de sus competencias, los datos de los extranjeros anotados en el Registro Central de Extranjeros.

Se habilita a los Ministros de Economía y del Interior para dictar las disposiciones que regulen las comunicaciones de los datos de los extranjeros anotados en el Registro Central de Extranjeros por medios electrónicos, informáticos o telemáticos al Instituto Nacional de Estadística.

Octava. Especialidades de las funciones correspondientes a los funcionarios de Administración Local con habilitación de carácter nacional en los municipios incluidos en el ámbito de aplicación del título X y en los Cabildos Insulares Canarios regulados en la disposición adicional decimocuarta.

En los municipios incluidos en el ámbito de aplicación del título X de esta ley y en los Cabildos Insulares Canarios regulados en la disposición adicional decimocuarta, se aplicarán las siguientes normas:

a) Las funciones reservadas en dicho título a los funcionarios de Administración local con habilitación de carácter nacional serán desempeñadas por funcionarios de las subescalas que correspondan, de acuerdo con lo dispuesto en su normativa reglamentaria.

b) La provisión de los puestos reservados a estos funcionarios se efectuará por los sistemas previstos en el artículo 99 de esta ley y en las disposiciones reglamentarias de desarrollo y requerirá en todo caso una previa convocatoria pública.

c) Las funciones que la legislación electoral general asigna a los secretarios de los ayuntamientos, así como la llevanza y custodia del registro de intereses de miembros de la Corporación, serán ejercidas por el secretario del Pleno.

d) Las funciones de fe pública de los actos y acuerdos de los órganos unipersonales y las demás funciones de fe pública, salvo aquellas que estén atribuidas al secretario general del Pleno, al concejal secretario de la Junta de Gobierno Local y al secretario del consejo de administración de las entidades públicas empresariales, serán ejercidas por el titular del órgano de apoyo al secretario de la Junta de Gobierno Local, sin perjuicio de que pueda delegar su ejercicio en otros funcionarios del ayuntamiento.

e) Las funciones que la legislación sobre contratos de las Administraciones públicas asigna a los secretarios de los ayuntamientos, corresponderán al titular de asesoría jurídica, salvo las de formalización de los contratos en documento administrativo.

f) El secretario general del Pleno y el titular del órgano de apoyo al secretario de la Junta de Gobierno Local, dentro de sus respectivos ámbitos de actuación, deberán remitir a la Administración del Estado y a la de la comunidad autónoma copia o, en su caso, extracto, de los actos y acuerdos de los órganos decisorios del ayuntamiento.

Novena. Redimensionamiento del sector público local.

1. Las Entidades Locales del artículo 3.1 de esta Ley y los organismos autónomos de ellas dependientes no podrán adquirir, constituir o participar en la constitución, directa o indirectamente, de nuevos organismos, entidades, sociedades, consorcios, fundaciones, unidades y demás entes durante el tiempo de vigencia de su plan económico-financiero o de su plan de ajuste.

   Las entidades mencionadas en el párrafo anterior durante el tiempo de vigencia de su plan económico-financiero o de su plan de ajuste no podrán realizar aportaciones patrimoniales ni suscribir ampliaciones de capital de entidades públicas empresariales o de sociedades mercantiles locales que tengan necesidades de financiación. Excepcionalmente las Entidades Locales podrán realizar las citadas aportaciones patrimoniales si, en el ejercicio presupuestario inmediato anterior, hubieren cumplido con los objetivos de estabilidad presupuestaria y deuda pública y su período medio de pago a proveedores no supere en más de treinta días el plazo máximo previsto en la normativa de morosidad.

2. Aquellas entidades que a la entrada en vigor de la presente Ley desarrollen actividades económicas, estén adscritas a efectos del Sistema Europeo de Cuentas a cualesquiera de las Entidades Locales del artículo 3.1 de esta Ley o de sus organismos autónomos, y se encuentren en desequilibrio financiero, dispondrán del plazo de dos meses desde la entrada en vigor de esta Ley para aprobar, previo informe del órgano interventor de la Entidad Local, un plan de corrección de dicho desequilibrio. A estos efectos, y como parte del mencionado plan de corrección, la Entidad Local de la que dependa podrá realizar aportaciones patrimoniales o suscribir ampliaciones de capital de sus entidades solo si, en el ejercicio presupuestario inmediato anterior, esa Entidad Local hubiere cumplido con los objetivos de estabilidad presupuestaria y deuda pública y su período medio de pago a proveedores no supere en más de treinta días el plazo máximo previsto en la normativa de morosidad.

   Si esta corrección no se cumpliera a 31 diciembre de 2014, la Entidad Local en el plazo máximo de los seis meses siguientes a contar desde la aprobación de las cuentas anuales o de la liquidación del presupuesto del ejercicio 2014 de la entidad, según proceda, disolverá cada una de las entidades que continúe en situación de desequilibrio. De no hacerlo, dichas entidades quedarán automáticamente disueltas el 1 de diciembre de 2015.

Los plazos citados en el párrafo anterior de este apartado 2 se ampliarán hasta el 31 de diciembre de 2015 y el 1 de diciembre de 2016, respectivamente, cuando las entidades en desequilibrio estén prestando alguno de los siguientes servicios esenciales: abastecimiento domiciliario y depuración de aguas, recogida, tratamiento y aprovechamiento de residuos, y transporte público de viajeros.

Esta situación de desequilibrio financiero se referirá, para los entes que tengan la consideración de Administración pública a efectos del Sistema Europeo de Cuentas, a su necesidad de financiación en términos del Sistema Europeo de Cuentas, mientras que para los demás entes se entenderá como la situación de desequilibrio financiero manifestada en la existencia de resultados negativos de explotación en dos ejercicios contables consecutivos.

3. Los organismos, entidades, sociedades, consorcios, fundaciones, unidades y demás entes que estén adscritos, vinculados o sean dependientes, a efectos del Sistema Europeo de Cuentas, a cualquiera de las Entidades Locales del artículo 3.1 de esta Ley o de sus organismos autónomos, no podrán constituir, participar en la constitución ni adquirir nuevos entes de cualquier tipología, independientemente de su clasificación sectorial en términos de contabilidad nacional.

4. Aquellos organismos, entidades, sociedades, consorcios, fundaciones, unidades y demás entes que a la entrada en vigor de esta Ley no estén en situación de superávit, equilibrio o resultados positivos de explotación, estuvieran controlados exclusivamente por unidades adscritas, vinculadas o dependientes, a efectos del Sistema Europeo de Cuentas, de cualquiera de las Entidades Locales del artículo 3.1 de esta Ley, o de sus organismos autónomos deberán estar adscritos, vinculados o dependientes directamente a las Entidades Locales del artículo 3.1 de esta Ley, o bien ser disueltos, en ambos casos, en el plazo de tres meses desde la entrada en vigor de esta Ley e iniciar, si se disuelve, el proceso de liquidación en el plazo de tres meses a contar desde la fecha de disolución. De no hacerlo, dichas entidades quedarán automáticamente disueltas transcurridos seis meses desde la entrada en vigor de esta Ley.

En el caso de que aquel control no se ejerza con carácter exclusivo las citadas unidades dependientes deberán proceder a la transmisión de su participación en el plazo de tres meses desde la entrada en vigor de esta Ley.

Los plazos para el cambio de adscripción, vinculación o dependencia, la disolución y para proceder a la transmisión de la correspondiente participación citados en los dos párrafos anteriores de este apartado 4 se ampliarán en un año más, cuando las entidades en desequilibrio estén prestando alguno de los siguientes servicios esenciales: abastecimiento domiciliario y depuración de aguas, recogida, tratamiento y aprovechamiento de residuos, y transporte público de viajeros.

Décima. Policías locales.

En el marco de lo dispuesto en las Leyes Orgánicas 6/1985, de 1 de julio, del Poder Judicial; 2/1986, de 13 de marzo, de Fuerzas y Cuerpos de Seguridad ; 1/1992, de 21 de febrero, sobre Protección de la Seguridad Ciudadana, y en las disposiciones legales reguladoras del régimen local, se potenciará la participación de los Cuerpos de policía local en el mantenimiento de la seguridad ciudadana, como policía de proximidad, así como en el ejercicio de las funciones de policía judicial, a cuyos efectos, por el Gobierno de la Nación, se promoverán las actuaciones necesarias para la elaboración de una norma que defina y concrete el ámbito material de dicha participación.

Undécima. Régimen especial de los municipios de gran población.

Las disposiciones contenidas en el título X para los municipios de gran población prevalecerán respecto de las demás normas de igual o inferior rango en lo que se opongan, contradigan o resulten incompatibles.

Duodécima. Retribuciones en los contratos mercantiles y de alta dirección del sector público local y número máximo de miembros de los órganos de gobierno.

1. Las retribuciones a fijar en los contratos mercantiles o de alta dirección suscritos por los entes, consorcios, sociedades, organismos y fundaciones que conforman el sector público local se clasifican, exclusivamente, en básicas y complementarias.

   Las retribuciones básicas lo serán en función de las características de la entidad e incluyen la retribución mínima obligatoria asignada a cada máximo responsable, directivo o personal contratado.

   Las retribuciones complementarias, comprenden un complemento de puesto y un complemento variable. El complemento de puesto retribuiría las características específicas de las funciones o puestos directivos y el complemento variable retribuiría la consecución de unos objetivos previamente establecidos.

2. Corresponde al Pleno de la Corporación local la clasificación de las entidades vinculadas o dependientes de la misma que integren el sector público local, en tres grupos, atendiendo a las siguientes características: volumen o cifra de negocio, número de trabajadores, necesidad o no de financiación pública, volumen de inversión y características del sector en que desarrolla su actividad.

   Esta clasificación determinará el nivel en que la entidad se sitúa a efectos de:

   a) Número máximo de miembros del consejo de administración y de los órganos superiores de gobierno o administración de las entidades, en su caso.

   b) Estructura organizativa, con fijación del número mínimo y máximo de directivos, así como la cuantía máxima de la retribución total, con determinación del porcentaje máximo del complemento de puesto y variable.

3. Las retribuciones en especie que, en su caso, se perciban computarán a efectos de cumplir los límites de la cuantía máxima de la retribución total. La cuantía máxima de la retribución total no podrá superar los límites fijados anualmente en la Ley de presupuestos generales del Estado.

4. El número máximo de miembros del consejo de administración y órganos superiores de gobierno o administración de las citadas entidades no podrá exceder de:

   a) 15 miembros en las entidades del grupo 1.

   b) 12 miembros en las entidades del grupo 2.

   c) 9 miembros en las entidades del grupo 3.

5. Sin perjuicio de la publicidad legal a que estén obligadas, las entidades incluidas en el sector público local difundirán a través de su página web la composición de sus órganos de administración, gestión, dirección y control, incluyendo los datos y experiencia profesional de sus miembros.

    Las retribuciones que perciban los miembros de los citados órganos se recogerán anualmente en la memoria de actividades de la entidad.

6. El contenido de los contratos mercantiles o de alta dirección celebrados, con anterioridad a la entrada en vigor de esta Ley, deberá ser adaptados a la misma en el plazo de dos meses desde la entrada en vigor.

    La adaptación no podrá producir ningún incremento, en relación a su situación anterior.

    Las entidades adoptarán las medidas necesarias para adaptar sus estatutos o normas de funcionamiento interno a lo previsto en esta Ley en el plazo máximo de tres meses contados desde la comunicación de la clasificación.

7. La extinción de los contratos mercantiles o de alta dirección no generará derecho alguno a integrarse en la estructura de la Administración Local de la que dependa la entidad del sector público en la que se prestaban tales servicios, fuera de los sistemas ordinarios de acceso.

Decimotercera. El Gobierno adoptará las medidas necesarias para hacer efectiva la participación de las entidades locales, a través de la asociación de ámbito estatal más representativa, en la formación de la voluntad nacional en la fase ascendente del proceso de elaboración de todas aquellas políticas comunitarias que afectan de manera directa a las competencias locales.

Decimocuarta. Régimen especial de organización de los Cabildos Insulares Canarios.

1. Las normas contenidas en los capítulos II y III del título X de esta ley, salvo los artículos 128, 132 y 137, serán de aplicación:

    a) A los Cabildos Insulares Canarios de islas cuya población sea superior a 175.000 habitantes.

    b) A los restantes Cabildos Insulares de islas cuya población sea superior a 75.000 habitantes, siempre que así lo decida mediante Ley el Parlamento Canario a iniciativa de los Plenos de los respectivos Cabildos.

2. Serán órganos insulares necesarios de los Cabildos el Pleno, el Presidente y el Consejo de Gobierno Insular.

3. Las referencias contenidas en los artículos 122, 123, 124, 125 y 126 al Alcalde, se entenderán hechas al Presidente del Cabildo ; las contenidas en los artículos 124, 125 y 127 a los Tenientes de Alcalde, a los Vicepresidentes ; las contenidas en los artículos 123, 126, 127, 129 y 130 a la Junta de Gobierno local, al Consejo de Gobierno Insular y las contenidas en los artículos 122, 124 y 126 a los Concejales, a los Consejeros.

4. Las competencias atribuidas a los órganos mencionados en el apartado anterior serán asumidas por el respectivo órgano insular del Cabildo, siempre que las mismas no sean materias estrictamente municipales.

5. La Asesoría Jurídica, los Órganos Superiores y Directivos y el Consejo Social Insular, tendrán las competencias asignadas a los mismos en los artículos 129, 130 y 131. El nombramiento de los titulares de la Asesoría Jurídica y de los

Órganos Directivos se efectuará teniendo en cuenta los requisitos exigidos en los artículos 129 y 130.

Decimoquinta. Régimen de incompatibilidades y declaraciones de actividades y bienes de los Directivos locales y otro personal al servicio de las Entidades locales.

1. Los titulares de los órganos directivos quedan sometidos al régimen de incompatibilidades establecido en la Ley 53/1984, de 26 de diciembre, de Incompatibilidades del Personal al Servicio de las Administraciones Públicas, y en otras normas estatales o autonómicas que resulten de aplicación.

   No obstante, les serán de aplicación las limitaciones al ejercicio de actividades privadas establecidas en el artículo 15 de la Ley 3/2015, de 30 de marzo, reguladora del ejercicio del alto cargo de la Administración General del Estado, en los términos en que establece el artículo 75.8 de esta Ley.

   A estos efectos, tendrán la consideración de personal directivo los titulares de órganos que ejerzan funciones de gestión o ejecución de carácter superior, ajustándose a las directrices generales fijadas por el órgano de gobierno de la Corporación, adoptando al efecto las decisiones oportunas y disponiendo para ello de un margen de autonomía, dentro de esas directrices generales.

2. El régimen previsto en el artículo 75.7 de esta Ley será de aplicación al personal directivo local y a los funcionarios de las Corporaciones Locales con habilitación de carácter estatal que, conforme a lo previsto en el artículo 5.2 de la disposición adicional segunda de la Ley 7/2007, de 12 de abril, del Estatuto Básico del Empleado Público, desempeñen en las Entidades locales puestos que hayan sido provistos mediante libre designación en atención al carácter directivo de sus funciones o a la especial responsabilidad que asuman.

Decimosexta. Mayoría requerida para la adopción de acuerdos en las Corporaciones Locales.

1. Excepcionalmente, cuando el Pleno de la Corporación Local no alcanzara, en una primera votación, la mayoría necesaria para la adopción de acuerdos prevista en esta Ley, la Junta de Gobierno Local tendrá competencia para aprobar:

   a) El presupuesto del ejercicio inmediato siguiente, siempre que previamente exista un presupuesto prorrogado.

   b) Los planes económico-financieros, los planes de reequilibrio y los planes de ajuste a los que se refiere la Ley Orgánica 2/2012, de 27 de abril.

   c) Los planes de saneamiento de la Corporación Local o los planes de reducción de deudas.

   d) La entrada de la Corporación Local en los mecanismos extraordinarios de financiación vigentes a los que se refiere la Ley Orgánica 2/2012, de 27 de abril, y, en particular, el acceso a las medidas extraordinarias de apoyo a la liquidez previstas en el Real Decreto-ley 8/2013, de 28 de junio, de medidas urgentes contra la morosidad de las administraciones públicas y de apoyo a Entidades Locales con problemas financieros.

2. La Junta de Gobierno Local dará cuenta al Pleno en la primera sesión que se celebre con posterioridad a la adopción de los acuerdos mencionados en el apartado anterior, los cuales serán objeto de publicación de conformidad con las normas generales que les resulten de aplicación.

DISPOSICIÓN DEROGATORIA

Quedan derogadas, en cuanto se opongan, contradigan o resulten incompatibles con las disposiciones de esta Ley:

a) La Ley de Régimen Local, texto articulado y refundido, aprobado por Decreto de 24 de junio de 1955.

b) El texto articulado parcial de la Ley 41/1975, de Bases del Estatuto de Régimen Local, aprobado por Real Decreto 3046/1977, de 6 de octubre.

c) La Ley 40/1981, de 28 de octubre, sobre Régimen Jurídico de las Corporaciones Locales, sin perjuicio de la vigencia transitoria del régimen de reclamaciones económico-administrativas en los términos previstos en la disposición transitoria décima.

d) La Ley 11/1960, de 12 de mayo, por la que se crea y regula la Mutualidad Nacional de Previsión de la Administración Local.

e) Cuantas otras normas, de igual o inferior rango, incurran en la oposición, contradicción o incompatibilidad a que se refiere el párrafo inicial de esta disposición.

DISPOSICIONES TRANSITORIAS

Primera. Las disposiciones que ha de refundir el Gobierno en uso de la autorización que le confiere la disposición final primera de esta Ley constituyen la legislación del Estado transitoriamente aplicable en los términos de los diferentes apartados de su artículo 5, teniendo, en consecuencia, según los diversos supuestos en él contemplados, el carácter de normativa estatal básica o, en su caso, supletoria de la que puedan ir aprobando las Comunidades Autónomas.

Segunda. Hasta tanto la legislación del Estado y la de las Comunidades Autónomas que se dicte de conformidad con lo establecido en los artículos 5, apartado B), letra a); 25, apartado 2; y 36 de esta Ley, no disponga otra cosa, los Municipios, las Provincias y las Islas conservarán las competencias que les atribuye la legislación sectorial vigente en la fecha de entrada en vigor de esta Ley.

Los Municipios ostentarán, además, en las materias a que se refiere el artículo 28 de esta Ley, cuantas competencias de ejecución no se encuentren conferidas por dicha legislación sectorial a otras Administraciones Públicas.

Tercera. Las Comisiones Permanentes municipales y las Comisiones de Gobierno de las Diputaciones provinciales constituidas con arreglo a la Ley 39/1978, de 17 de julio, de elecciones locales, cesarán en sus funciones en el momento en que queden designadas por el Presidente de la Corporación las respectivas Comisiones de Gobierno, lo que habrá de hacerse en el plazo máximo de tres meses desde la entrada en vigor de esta Ley en todos los Ayuntamientos y Diputaciones en que, de acuerdo con ella, la existencia de tal órgano resulta preceptiva.

Cuarta. Los Municipios que vean afectada su organización actual por lo establecido en la letra a) del número 1 del artículo 29 de la presente Ley, la mantendrán hasta la celebración de las próximas elecciones locales.

Quinta.

En el plazo de seis meses desde la entrada en vigor de la presente Ley, la Administración del Estado organizará el Registro previsto en el artículo 14, inscribiendo, en un primer momento, todas las Entidades locales a que se refiere esta Ley, bajo su actual denominación.

Sexta.

1. Dentro de los cinco meses siguientes a la entrada en vigor de esta Ley, el Gobierno aprobará el Reglamento de Organización y Funcionamiento de la Comisión Nacional de Administración Local.

2. Dentro del mismo plazo indicado en el número anterior, por el Ministro de Administración Territorial se aprobará el Reglamento del Instituto de Estudios de Administración Local.

3. Dentro de los tres meses siguientes a la entrada en vigor de los Reglamentos a que se alude en los números anteriores deberán quedar constituidos la Comisión Nacional de Administración Local y el Consejo Rector del Instituto de Estudios de Administración Local de acuerdo con sus previsiones y con lo dispuesto en esta Ley.

Séptima.

1. En tanto no se desarrolle lo dispuesto en esta Ley para los funcionarios públicos que precisen habilitación nacional, será de aplicación a quienes integran los actuales Cuerpos Nacionales de Administración Local el régimen estatutario vigente en todo aquello que sea compatible y no quede derogado por la presente Ley y por la legislación general del Estado en materia de Función Pública. Los actuales miembros de los Cuerpos Nacionales de Secretarios, Interventores y Depositarios tendrán a todos los efectos la habilitación de carácter nacional regulada en esta Ley.

2. Se autoriza al Gobierno para que, a iniciativa del Ministro de Administración Territorial y a propuesta del Ministro de la Presidencia, declare a extinguir determinados Cuerpos cuando lo exija el proceso general de racionalización o el debido cumplimiento de la presente Ley, estableciendo los criterios, requisitos y condiciones para que los funcionarios de estos Cuerpos se integren en otros.

3. Los funcionarios del actual Cuerpo Nacional de Directores de Bandas de Música Civiles, que queda suprimido en virtud de lo dispuesto en esta Ley, pasarán a formar parte de la plantilla de la respectiva Corporación como funcionarios propios de la misma, con respeto íntegro de sus derechos y situación jurídica surgidos al amparo de la legislación anterior, incluido el de traslado a otras Corporaciones locales, para lo cual gozarán de preferencia absoluta en los concursos que éstas convoquen para cubrir plazas de esa naturaleza.

Octava.

1. No podrán celebrarse por las Administraciones locales contratos de colaboración temporal en régimen de Derecho administrativo, ni renovarse los existentes.

2. En el plazo de seis meses, a partir de la fecha de entrada en vigor de la presente Ley, las Administraciones locales procederán a realizar la clasificación de las funciones desempeñadas hasta ese momento por el personal contratado administrativo.

   Esta clasificación determinará los puestos a desempeñar, según los casos, por funcionarios públicos o por personal laboral fijo o temporal.

De la citada clasificación podrán derivarse las modificaciones precisas en la plantilla.

3. Todo el personal que haya prestado servicios como contratado administrativo de colaboración temporal o como funcionario de empleo interino podrá participar en las pruebas de acceso para cubrir las correspondientes plazas.

En todo caso, estas convocatorias de acceso deberán respetar los criterios de mérito y capacidad, mediante las pruebas selectivas que reglamentariamente se determinen, en las que se valorarán los servicios efectivos prestados por este personal.

4. Mientras existan en vigor contratos administrativos y nombramientos de funcionarios de empleo en cualquier Administración Pública, éstos quedarán en suspenso durante el tiempo en que quienes los ocupan desempeñan en una Corporación local un cargo electivo retribuido y de dedicación exclusiva. Durante los treinta días siguientes al cese en estas condiciones, éstos tendrán derecho a reintegrarse en el puesto de trabajo que ocupaban hasta la suspensión, siempre que continuaran dándose las condiciones legales para el restablecimiento pleno de las correspondientes relaciones.

Asimismo, conservarán los derechos adquiridos hasta el momento de la suspensión y se les reconocerán, a título personal, los que pudieran haber adquirido durante la misma por aplicación de disposiciones de carácter general.

Novena. En el plazo máximo de un año desde la entrada en vigor de la presente Ley el Gobierno dispondrá, mediante Real Decreto, la disolución de la Mancomunidad de Diputaciones de Régimen Común, estableciendo lo necesario para la liquidación del patrimonio, obligaciones y personal de la misma.

Décima.

1. A los acuerdos de aprobación de presupuestos y de Ordenanzas fiscales de imposición y ordenación de tributos locales, así como a los actos de aplicación y efectividad de dichas Ordenanzas, aprobados o dictados por las Corporaciones locales dentro del plazo de un año desde la entrada en vigor de esta Ley, les será de aplicación el régimen de reclamaciones económico-administrativas actualmente vigente.

2. Asimismo continuarán en todo caso tramitándose en vía económico-administrativa las reclamaciones interpuestas ante los Tribunales Económico-Administrativos Provinciales y los recursos de alzada presentados ante el Tribunal Económico-Administrativo Central, con anterioridad a la fecha señalada en el número anterior y que para entonces se hallen pendientes de resolución.

DISPOSICIONES FINALES

Primera. Se autoriza al Gobierno de la Nación para refundir en el plazo de un año, y en un solo texto, las disposiciones legales vigentes de acuerdo con lo dispuesto en la disposición derogatoria. La refundición comprenderá también la regularización, aclaración y armonización de dichas disposiciones.

El Gobierno, en idéntico plazo, procederá a actualizar y acomodar a lo dispuesto en la misma, todas las normas reglamentarias que continúen vigentes y, en particular, los siguientes Reglamentos:

a) El Reglamento de Población y Demarcación Territorial de las Entidades Locales, aprobado por Decreto de 17 de mayo de 1952, con las modificaciones de que haya sido objeto por disposiciones posteriores.

b) El Reglamento de Organización, Funcionamiento y Régimen Jurídico de las Corporaciones Locales, aprobado por Decreto de 17 de mayo de 1952, con las modificaciones de que haya sido objeto por disposiciones posteriores.

c) El Reglamento de Funcionarios de Administración Local, aprobado por Decreto de 30 de mayo de 1952, con las modificaciones de que haya sido objeto por disposiciones posteriores.

d) El Reglamento de Contratación de las Corporaciones Locales, aprobado por Decreto de 9 de enero de 1953, con las modificaciones de que haya sido objeto por disposiciones posteriores.

e) El Reglamento de Bienes de las Entidades locales, aprobado por Decreto de 27 de mayo de 1955, con las modificaciones de que haya sido objeto por disposiciones posteriores.

f) El Reglamento de Servicios de las Corporaciones Locales, aprobado por Decreto de 17 de junio de 1955, con las modificaciones de que haya sido objeto por disposiciones posteriores.

Segunda.

1. Los funcionarios públicos de la Administración local tendrán la misma protección social, en extensión e intensidad, que la que se dispense a los funcionarios públicos de la Administración del Estado y estará integrada en el Sistema de Seguridad Social.

2. La aportación de los funcionarios de la Administración local para la financiación de su Seguridad Social será la misma que se establezca para los funcionarios públicos de la Administración del Estado, cuando sea idéntica la acción protectora.

3. La gestión de la Seguridad Social de los funcionarios de la Administración Local correrá a cargo de la MUNPAL, persona jurídica de Derecho público dotada de plena capacidad jurídica y patrimonio propio para el cumplimiento de sus fines, adscrita orgánicamente al Ministerio de Administración Territorial, al que corresponde su superior dirección y tutela.

    La MUNPAL gozará de los mismos beneficios de pobreza, franquicia postal y telegráfica y exenciones tributarias, reconocidos a las entidades gestoras de la Seguridad Social, de acuerdo con lo establecido en la Ley General de Seguridad Social, siendo en lo demás de aplicación la Ley 11/1960, en lo que no se oponga a la presente Ley, y sus normas de desarrollo.

Tercera. El personal de las Policías Municipales y de los Cuerpos de Bomberos gozará de un Estatuto específico, aprobado reglamentariamente, teniendo en cuenta respecto de los primeros la Ley de Fuerzas y Cuerpos de Seguridad del Estado.

Cuarta.

1. Quedan expresamente derogados los artículos 344 a 360, ambos inclusive, de la Ley de Régimen Local, de 24 de junio de 1955, sobre el Servicio Nacional de Inspección y Asesoramiento de las Corporaciones Locales.

2. El Gobierno regulará en el plazo de tres meses, a contar desde la entrada en vigor de la presente Ley, las peculiaridades del régimen orgánico y funcional del personal anteriormente adscrito a dicho Servicio, que se regirá por la legislación de funcionarios civiles del Estado.

3. Para el debido cumplimiento de las funciones que le competen a la Administración del Estado, en relación con las Entidades locales, el Gobierno podrá adscribir a sus servicios funcionarios de las Corporaciones Locales.

Quinta. A partir de la entrada en vigor de esta Ley, los Municipios cabeza de partido judicial en que no exista establecimiento penitenciario alguno asumirán, en régimen de competencia delegada, la ejecución del servicio de depósito de detenidos a disposición judicial, correspondiendo la custodia de dichos detenidos a la Policía Municipal en funciones de Policía Judicial.

La Administración competente en materia penitenciaria pondrá a disposición de los Municipios a que se refiere el párrafo anterior los medios económicos suficientes para el mantenimiento del referido servicio en los términos previstos por la legislación sectorial correspondiente.

Por tanto,

Mando a todos los españoles, particulares y autoridades que guarden y hagan guardar esta Ley.

Palma de Mallorca a 2 de abril de 1985.

JUAN CARLOS R.
El Presidente del Gobierno,
FELIPE GONZÁLEZ MÁRQUEZ

GUATEMALA

CÓDIGO MUNICIPAL

(Decreto número 12-2002)

EL CONGRESO DE LA REPUBLICA DE GUATEMALA
DECRETO NÚMERO 12-2002

EL CONGRESO DE LA REPUBLICA DE GUATEMALA

CONSIDERANDO:

Que de conformidad con la Constitución Política de la República el Estado, de Guatemala se organiza para proteger a la persona y la familia, siendo su fin supremo la realización del bien común, y son deberes del Estado garantizar a los habitantes de la República la vida, la libertad, la justicia, la seguridad, la paz y el desarrollo integral de la persona, por lo que, para el cumplimiento de tales fines, es imperativo modernizar el ordenamiento jurídico de la Administración Pública.

CONSIDERANDO:

Que la Constitución Política de la República reconoce y establece el nivel de Gobierno Municipal, con autoridades electas directa y popularmente, lo que implica el régimen autónomo de su administración, como expresión fundamental del poder local, y que la administración pública será descentralizada, lo que hace necesario dar una mejor definición y organización al régimen municipal respaldando la autonomía que la Carta Magna consagra, para que en el marco de ésta se promueva su desarrollo integral y el cumplimiento de sus fines.

CONSIDERANDO:

Que el proceso de modernización y descentralización del Estado guatemalteco desarrolla una nueva visión de administración que interpreta el contenido del Acuerdo de Paz Firme y Duradera en cuanto a su compromiso de emitir una legislación municipal adecuada a la realidad de la nación guatemalteca, la cual se caracteriza como de unidad nacional, multiétnica, pluricultural y multilingüe.

POR TANTO:

En ejercicio de las atribuciones que le confiere el artículo 171 literal a) de la Constitución Política de la República de Guatemala.

DECRETA:

El siguiente:

CÓDIGO MUNICIPAL
TITULO I
GENERALIDADES

Artículo 1. Objeto.

El presente Código tiene por objeto desarrollar los principios constitucionales referentes a la organización, gobierno, administración, y funcionamiento de los municipios y demás entidades locales determinadas en este Código y el contenido de las competencias que correspondan a los municipios en cuanto a las materias que éstas regulen.

Artículo 2. Naturaleza del municipio.

El municipio es la unidad básica de la organización territorial del Estado y espacio inmediato de participación ciudadana en los asuntos públicos. Se caracteriza primordialmente por sus relaciones permanentes de vecindad, multietnicidad, pluriculturalidad, y multilingüismo, organizado para realizar el bien común de todos los habitantes de su distrito.

Artículo 3. Autonomía.

En ejercicio de la autonomía que la Constitución Política de la República garantiza al municipio, éste elige a sus autoridades y ejerce por medio de ellas, el gobierno y la administración de sus intereses, obtiene y dispone de sus recursos patrimoniales, atiende los servicios públicos locales, el ordenamiento territorial de su jurisdicción, su fortalecimiento económico y la emisión de sus ordenanzas y reglamentos. Para el cumplimiento de los fines que le son inherentes coordinará sus políticas con las políticas generales del Estado y en su caso, con la política especial del ramo al que corresponda. Ninguna ley o disposición legal podrá contratar, disminuir o tergiversar la autonomía municipal establecida en la Constitución Política de la República.

Artículo 4.* Formas de ordenamiento territorial.

El municipio podrá dividirse en las siguientes formas de ordenamiento territorial: cabecera municipal, aldea, caserío, paraje, cantón, barrio, zona, colonia, lotificación, parcelamiento urbano o agrario, microregión, finca, las formas propias de ordenamiento territorial de los pueblos indígenas y las demás formas de ordenamiento territorial definidas localmente al interior del municipio, conforme lo establecido en el artículo 22 de este Código.

*Reformado por el Artículo 1, del Decreto Número 22-2010 el 22-06-2010

Artículo 5. Servicio a los intereses públicos.

Los municipios y otras entidades locales sirven a los intereses públicos que les están encomendados y actúan de acuerdo con los principios de eficacia, eficiencia, descentralización, desconcentración y participación comunitaria, con observancia del ordenamiento jurídico aplicable.

Artículo 6. Competencias propias y atribuidas.

Las competencias de los municipios son:

a) Propias y

b) Atribuidas por delegación.

Las competencias propias son todas aquellas inherentes a su autonomía establecida constitucionalmente de acuerdo a sus fines propios. Las competencias atribuidas son las que el Gobierno Central delega a los municipios mediante convenio y se ejercen en los términos de la delegación o transferencia respetando la potestad de autoorganización de los servicios del municipio, establecidos en ese Código.

Artículo 7. El municipio en el sistema jurídico.

El municipio, como institución autónoma de derecho público, tiene personalidad jurídica y capacidad para adquirir derechos y contraer obligaciones, y en general para el cumplimiento de sus fines en los términos legalmente establecidos, y de conformidad con sus características multiétnicas, pluriculturales y multilingües. Su representación la ejercen los órganos determinados en este Código.

Artículo 8. Elementos del municipio. Integran el municipio los elementos básicos siguientes:

a) La población.

b) El territorio.

c) La autoridad ejercida en representación de los habitantes, tanto por el Concejo Municipal como por las autoridades tradicionales propias de las comunidades de su circunscripción.

d) La comunidad organizada.

e) La capacidad económica.

f) El ordenamiento jurídico municipal y el derecho consuetudinario del lugar.

g) El patrimonio del municipio.

Artículo 9. Del concejo y gobierno municipal.

El Concejo Municipal es el órgano colegiado superior de deliberación y de decisión de los asuntos municipales cuyos miembros son solidaria y mancomunadamente responsables por la toma de decisiones y tiene su sede en la cabecera de la circunscripción municipal. El gobierno municipal corresponde al Concejo Municipal, el cual es responsable de ejercer la autonomía del municipio. Se integra por el alcalde, los síndicos y los concejales, todos electos directa y popularmente en cada municipio de conformidad con la ley de la materia. El alcalde es el encargado de ejecutar y dar seguimiento a las políticas, planes, programas y proyectos autorizados por el Concejo Municipal.

Artículo 10. Asociación de municipalidades.

Las municipalidades podrán asociarse para la defensa de sus intereses y el cumplimiento de sus fines generales y los que garantiza la Constitución Política de la República, y en consecuencia, celebrar acuerdos y convenios para el desarrollo común y el fortalecimiento institucional de las municipalidades.

Las asociaciones formadas por municipalidades tendrán personalidad jurídica propia y distinta de cada municipalidad integrante, y se constituirán para la defensa de sus intereses municipales, departamentales, regionales o nacionales y para la formulación, ejecución y seguimiento de planes, programas, proyectos o la planificación, ejecución y evaluación en la ejecución de obras o la prestación de servicios municipales.

Las Asociaciones de Municipalidades a nivel departamental, regional o nacional se regirán por las disposiciones del presente Código y los estatutos que se les aprueben, pero en todo caso, las municipalidades que las integran estarán representadas por el alcalde o por quien haga sus veces.

TITULO II
POBLACIÓN Y TERRITORIO

Capítulo I
Población

Artículo 11. Población.

La población del municipio está constituida por todos los habitantes de su circunscripción territorial.

Artículo 12. Vecindad.

La vecindad es la circunscripción municipal en la que reside una persona individual.

Artículo 13. Vecino y transeúnte.

Es vecino la persona que tiene residencia continua por más de un (1) año en una circunscripción municipal o quien, allí mismo, tiene el asiento principal de sus negocios o intereses patrimoniales de cualquier naturaleza. En ausencia de estas circunstancias la persona individual será vecino de la circunscripción municipal en la que se halle. Asimismo, se considera vecino el extranjero residente legalmente en el país y radicado habitualmente en una circunscripción municipal. Es transeúnte quien se encuentre accidentalmente en una circunscripción municipal, teniendo su vecindad en otra. Se presume el ánimo de residir por la permanencia continua durante un (1) año en una circunscripción municipal, cesando esa presunción si se comprobare que la residencia es accidental.

Artículo 14.* Calidad de vecino.

La calidad de vecino se prueba con la cédula de vecindad, cuyo uso es obligatorio, y que deberá extender el Alcalde Municipal, concejal u otro funcionario que designe el Concejo Municipal, en el caso de los mayores de edad. Los menores de edad se identifican con la certificación de su partida de nacimiento y mantienen la vecindad de sus padres. *Derogado a partir del treinta de septiembre de dos mil ocho, por el Artículo 13, del Decreto Número 23-2008 el 17-05-2008

Artículo 15. Vecindad de guatemalteco en el extranjero.

El guatemalteco que por razones de trabajo, profesión, estudios u otra causa similar, radica temporalmente en el extranjero, mantendrá su condición de vecino de la última circunscripción municipal en que aparezca inscrito como tal.

Artículo 16.* Registro de vecindad.

Cada municipio tendrá su registro de vecindad en el que constará la calidad de cada vecino mayor de edad y los demás datos personales que lo identifican. Es prohibido, bajo responsabilidad penal, que un habitante está inscrito como vecino en más de un (1) municipio, siendo en consecuencia, responsable de conformidad con la ley. Todo vecino está obligado a inscribirse en el registro de vecindad de su municipio dentro de los treinta (30) días hábiles siguientes de alcanzar la mayoría de edad o al darse las condiciones para adquirir esa calidad consignada en el presente Código. El incumplimiento de lo dispuesto en este párrafo será sancionado con una multa que fijará el Concejo Municipal dentro de los límites establecidos en este Código. Cuando la persona cambie de vecindad, deberá presentar certificación literal de su partida de nacimiento y su cédula de vecindad ante el registro de la nueva residencia para que se le inscriba como vecino, y se le extienda una nueva cédula, recogiéndosele la anterior. Inmediatamente después, el registro dará aviso certificado con conocimiento al de la vecindad antigua, para que se haga la cancelación de la inscripción correspondiente. La omisión de este aviso o la falta de cancelación de registro de vecindad anterior, hará responsable al funcionario o empleado que deba darlo u operarlo, al pago de una multa equivalente al cincuenta por ciento (50%) del sueldo base devengado mensualmente por el funcionario y empleado responsable, que impondrá el Alcalde e ingresará a la tesorería de la municipalidad, sin perjuicio de las demás responsabilidades legales. Las cédulas de la anterior vecindad serán anuladas y los avisos correspondientes serán debidamente archivados bajo la responsabilidad del funcionario que tenga a su cargo el registro de vecindad.

*Derogado a partir del treinta de septiembre de dos mil ocho, por el Artículo 13, del Decreto Número 23-2008 el 17-05-2008

Artículo 17. Derechos y obligaciones de los vecinos. Son derechos y obligaciones de los vecinos:

a) Ejercer los derechos ciudadanos de conformidad con lo dispuesto en la Constitución Política de la República y la Ley Electoral y de Partidos Políticos.

b) Optar a cargos públicos municipales.

c) Servir y defender los intereses del municipio y la autonomía municipal.

d) Contribuir a los gastos públicos municipales, en la forma prescrita por la ley.

e) Participar en actividades políticas municipales.

f) Participar activa y voluntariamente en la formulación, planificación, ejecución y evaluación de las políticas públicas municipales y comunitarias.

g) Ser informado regularmente por el gobierno municipal de los resultados de las políticas y planes municipales y de la rendición de cuentas, en la forma prevista por la ley.

h) Integrar la comisión ciudadana municipal de auditoría social.

i) Utilizar de acuerdo con su naturaleza los servicios públicos municipales y acceder a los aprovechamientos comunales conforme a las normas aplicables.

j) Participar en las consultas a los vecinos de conformidad con la ley.

k) Pedir la consulta popular municipal en los asuntos de gran trascendencia para el municipio, en la forma prevista por este Código.

l) Solicitar la prestación, y en su caso, el establecimiento del correspondiente servicio público municipal.

m) Aquellos otros derechos y deberes establecidos en las leyes.

Los extranjeros domiciliados que sean mayores de edad tienen los derechos y deberes propios de los vecinos, salvo los de carácter político. No obstante, tendrán los derechos que en los términos prevea la legislación electoral general.

Artículo 18. Organización de vecinos.

Los vecinos podrán organizarse en asociaciones comunitarias, incluyendo las formas propias y tradicionales surgidas en el seno de las diferentes comunidades, en la forma que las leyes de la materia y este Código establecen.

Artículo 19. Autorización para la organización de vecinos.

Las asociaciones de vecinos a las que se refiere el artículo anterior, se constituirán mediante escritura pública cuyo testimonio será presentado al registrador civil, para los efectos del otorgamiento de la personalidad jurídica, la que será efecto de su inscripción en el libro correspondiente del registro civil, en un tiempo no mayor de treinta (30) días calendario. Los requisitos que debe cumplir la escritura pública, sin perjuicio de lo que establece el artículo veintinueve (29) del Código de Notariado, serán: nombre, sede y la duración de la asociación, establecer claramente sus fines, objetivos, el ámbito de su acción, forma de su organización, la identificación fehaciente de las personas que la integran, y designación de quien o quienes ejercerán su representación legal.

Artículo 20. Comunidades de los pueblos indígenas.

Las comunidades de los pueblos indígenas son formas de cohesión social natural y como tales tienen derecho al reconocimiento de su personalidad jurídica, debiendo inscribirse en el registro civil de la municipalidad correspondiente, con respeto de su organización y administración interna que se rige de conformidad con sus normas, valores y procedimientos propios, con sus respectivas autoridades tradicionales reconocidas y respetadas por el Estado, de acuerdo a disposiciones constitucionales y legales.

Artículo 21. Relaciones de las comunidades de los pueblos indígenas entre sí.

Se respetan y reconocen las formas propias de relación u organización de las comunidades de los pueblos indígenas entre sí, de acuerdo a criterios y normas tradicionales o a la dinámica que las mismas comunidades generen.

CAPITULO II

TERRITORIO

Artículo 22.* División territorial.

Cuando convenga a los intereses del desarrollo y administración municipal, o a solicitud de los vecinos, el Concejo Municipal podrá dividir el municipio en distintas formas de ordenamiento territorial internas, observando, en todo caso, las normas de urbanismo y desarrollo urbano y rural establecidas en el municipio, los principios de desconcentración y descentralización local y con sujeción a lo estipulado en los artículos del presente capitulo. Previo a emitir el acuerdo mediante el cual modifica la categoría de un centro poblado de los indicados en los artículos subsiguientes, el Concejo Municipal deberá contar con el dictamen favorable de la Oficina Municipal de Planificación, del Instituto Nacional de Estadística y del Instituto de Fomento Municipal.

La municipalidad remitirá en el mes de julio de cada año, certificación de la división territorial de su municipio al Instituto Nacional de Estadística y al Instituto Geográfico Nacional.

*Reformado por el Artículo 2, del Decreto Número 22-2010 el 22-06-2010

Artículo 23. Distrito municipal.

Distrito municipal es la circunscripción territorial en la que ejerce autoridad un Concejo Municipal. La circunscripción territorial es continua y por ello se integra con las distintas formas de ordenamiento territorial que acuerde el Concejo Municipal. La cabecera del distrito es el centro poblado donde tiene su sede la municipalidad.

Artículo 23 Bis.* Requisitos y condiciones para elevar de categoría una aldea o caserío. Los requisitos y condiciones para elevar de categoría una aldea o caserío son los siguientes: ALDEA: centro poblado que tenga o cuente con:

a)   Una población entre 5,000 a 9,999 habitantes,

b)   Un índice de alfabetismo del 25% de su población,

c)   Construcciones o edificaciones alineadas formando calles en cualquier forma,

d)   Red de drenajes de aguas negras y pluviales subterráneos,

e)   Abastecimiento domiciliar de agua potable distribuida por cañería y tanque pública,

f)   Un mercado con edificación, como mínimo,

g)   Un parque o plaza,

h)   Servicio de alumbrado público en por lo menos el 75% de su territorio,

i)   Centro de Salud y farmacia,

j)   Cementerio autorizado.

k)   Escuela Mixta de Educación Primaría con biblioteca,

l)   Seguridad Pública,

m)   Agencia bancaria en cualquiera de sus modalidades.

CASERÍO: centro poblado que tenga o cuente con:

a)   Una población entre 2,000 a 4,999 habitantes,

b)   Un índice de alfabetismo del 10% de su población,

c)   Construcciones o edificaciones formando calles o no calles,

d)   Red de drenajes de aguas negras y pluviales subterráneos,

e)   Abastecimiento domiciliar de agua potable distribuida por cañería y tanque público,

f)   Servicio de alumbrado público en por lo menos el 25% de su territorio.

*Adicionado por el Artículo 3, del Decreto Número 22-2010 el 22-06-2010

Artículo 23* Ter. Formas de ordenamiento territorial municipal locales.

Las formas de ordenamiento territorial municipal establecidas en este Código como paraje, cantón, barrio, zona, colonia, distrito, lotificación, asentamiento, parcelamiento urbano o agrario, microregión, finca y demás formas de ordenamiento territorial municipal, corresponde definirlas al Concejo Municipal, quien deberá formular y ejecutar planes de ordenamiento territorial y desarrollo integral del municipio, emitiendo las ordenanzas y reglamentos que correspondan. En todo caso, las lotificaciones, asentamientos, apreciamientos, colonias, fincas y demás formas de ordenamiento territorial municipal que desarrollen proyectos de urbanización, deberán contar con licencia municipal.

Los términos o vocablos de ciudad y villa serán utilizados únicamente con carácter denominativo para distinguir a la cabecera de un municipio y no para establecer una categoría con fines de elevación territorial municipal, por no estar contemplados dentro de las entidades locales en que el municipio se divide.

*Reformado por el Artículo 4, del Decreto Número 22-2010 el 22-06-2010

Artículo 24. Conflicto de límites entre distritos municipales.

Los conflictos derivados de la falta de definición en los límites existentes entre dos o más municipios serán sometidos, por los Concejos Municipales afectados, a conocimiento del Ministerio de Gobernación, que dispondrá de un plazo de seis (6) meses, a partir de la recepción del expediente, para recabar los antecedentes que aquellos deberán proporcionarle y el dictamen del Instituto Geográfico Nacional, completar los estudios, informaciones, diligencias y demás medidas que sean necesarias, con base en las cuales emitirá opinión, y lo elevará a conocimiento del Presidente de la República, para que, si así lo considera, presente a consideración del Congreso de la República la iniciativa de ley correspondiente, para su conocimiento y resolución.

Artículo 25. Conflicto de límites jurisdiccionales entre comunidades.

Los conflictos de límites que existan o surjan entre comunidades de un mismo municipio, serán resueltos con mediación del Concejo Municipal, tomando en cuenta las posiciones de cada una de las partes en conflicto, en coordinación con las autoridades reconocidas por las comunidades, promoviendo la participación de las comunidades afectadas y la conciliación entre las mismas.

Capítulo III
Procedimientos para la Creación y Modificación de Municipios

Artículo 26. Solicitud de creación o modificación de municipios.

Para la iniciación del expediente de creación o modificación de municipios se requiere la solicitud, debidamente firmada o signada con la impresión digital, de por lo menos el diez (10%) por ciento de los vecinos en ejercicio de sus derechos, residentes en los lugares donde se pretende su creación o modificación. Dicha solicitud se formalizará ante la Gobernación del departamento jurisdiccional o la de aquél en el que esté la mayor parte del territorio a segregar, anexar o fusionar, según sea el caso, exponiendo en ella los hechos y circunstancias que la motivan y que se llenen los demás requisitos a que se refiere el artículo 28 de este Código.

Artículo 27. Modificación del distrito municipal.

La circunscripción de un distrito municipal sólo podrá ser modificada por las causas y en la forma que determina la Constitución Política de la República y este Código. En todo caso, la circunscripción de un municipio deberá estar en el ámbito de un solo departamento, quedando sujeto a lo que el Congreso de la República determine cuando, a consecuencia de división o fusión, la circunscripción de un municipio nuevo afecte a más de un departamento.

Artículo 28. Creación de un municipio.

La creación de un municipio requiere:

a) Que tenga veinte mil (20,000) habitantes, o más;

b) Que pueda asignársele una circunscripción territorial para la satisfacción de las necesidades de sus vecinos y posibilidades de desarrollo social, económico y cultural, dentro de la cual cuente con los recursos naturales y financieros que le permiten y garanticen la prestación y mantenimiento de los servicios públicos locales. Para lo expuesto, el Instituto Geográfico Nacional deberá emitir dictamen, en el que se definirán los límites del territorio del nuevo municipio;

c) Que la circunscripción municipal asignada al nuevo municipio no perjudique los recursos naturales y financieros esenciales para la existencia del municipio del cual se está separando. Respecto de dicha situación, los Ministerios de Ambiente y Recursos Naturales y de Finanzas Públicas, respectivamente, deberán emitir los dictámenes que señalen que no se perjudican dichos recursos;

d) Que exista infraestructura tísica y social básica que garantice condiciones aceptables para el desarrollo del nuevo municipio. Para el efecto, el Concejo Municipal solicitará dicho informe a la Oficina Municipal de Planificación del municipio del cual se segregará el nuevo municipio;

e) Que se garanticen fuentes de ingreso de naturaleza constante, lo que debe ser garantizado por el Concejo Municipal del cual se segregará el nuevo municipio;

f) Que se haya emitido dictamen técnico favorable por parte de la Secretaria de Planificación y Programación de la Presidencia, considerando los insumos técnicos y de información de las instituciones y dependencias pertinentes.

*Reformado por el Artículo 5, del Decreto Número 22-2010 el 22-06-2010.

Artículo 29. Trámite de la solicitud.

Recibida la solicitud y cumplidos los requisitos correspondientes, en un plazo que no exceda de treinta (30) días, el gobernador departamental realizará lo siguiente:

a) Conceder audiencia a los representantes de los vecinos y autoridades locales de las comunidades o lugares del correspondiente municipio que quieren formar uno nuevo.

b) Conceder audiencia a los concejos municipales de la municipalidad o municipalidades afectadas, o eventualmente interesadas en la gestión, y a la gobernación o gobernaciones de los departamentos que pudieran resultar perjudicados.

c) Ordenar la investigación y comprobación de todos los hechos y circunstancias expuestos en la solicitud y de otros que se soliciten en este Código, para lo cual las entidades autónomas y descentralizadas y demás dependencias públicas deben dar la información y prestar la colaboración que les sea requerida, así como recabar cualquier otra información o documentación y practicar cualquier diligencia probatoria que se crea necesaria para la mejor comprensión del caso.

Evacuadas las audiencias, y agotadas las investigaciones, el gobernador departamental, expresando su opinión, elevará lo actuado a conocimiento del Ministerio de Gobernación, dentro de un plazo que no exceda de noventa (90) días.

Artículo 30. Procedimiento ante el Ministerio de Gobernación.

El Ministerio de Gobernación dispondrá de un plazo de seis (6) meses, a partir de la recepción del expediente, para verificar todo lo actuado ante la gobernación departamental y para completar los estudios, informaciones, diligencias y demás medidas que sean necesarias para determinar el cumplimiento exacto de los requisitos para decidir sobre la creación o modificación de un municipio, emitiendo además el dictamen correspondiente, y lo elevará a conocimiento del Presidente de la República, para que, si así lo considera, en un plazo de treinta (30) días, presente a consideración del Congreso de la República la iniciativa de ley correspondiente, para su conocimiento y resolución.

Artículo 31. Procedimientos consultivos.

Si el Congreso de la República lo considerase necesario podrá someter a consulta de las poblaciones del o de los municipios o departamentos afectados, cualquier asunto dirigido a dividir o modificar su circunscripción, antes de emitir la ley que lo decida.

Artículo 32. Cabecera del municipio nuevo.

La cabecera municipal estará en el poblado que se designe en el decreto de su creación que emita el Congreso de la República. El Concejo Municipal o el diez por ciento (10%) de vecinos que reúnan las calidades a que se refiere este Código, podrá solicitar el traslado de la cabecera municipal, para cuyo efecto se procederá de conformidad con lo establecido en este capítulo, en lo que fuere aplicable.

TITULO III
GOBIERNO Y ADMINISTRACION DEL MUNICIPIO

Capítulo I
Gobierno del Municipio

Artículo 33. Gobierno del municipio.

Corresponde con exclusividad al Concejo Municipal el ejercicio del gobierno del municipio, velar por la integridad de su patrimonio, garantizar sus intereses con base en los valores, cultura y necesidades planteadas por los vecinos, conforme a la disponibilidad de recursos.

Artículo 34. Reglamentos internos.

El Concejo Municipal emitirá su propio reglamento interno de organización y funcionamiento, los reglamentos y ordenanzas para la organización y funcionamiento de sus oficinas, así como el reglamento de personal, reglamento de viáticos y demás disposiciones que garanticen la buena marcha de la administración municipal.

*Reformado por el Artículo 6, del Decreto Número 22-2010 el 22-06-2010

Artículo 35.* Atribuciones generales del Concejo Municipal.

Son atribuciones del Concejo Municipal:

a) La iniciativa, deliberación y decisión de los asuntos municipales;

b) El ordenamiento territorial y control urbanístico de la circunscripción municipal;

c) La convocatoria a los distintos sectores de la sociedad del municipio para la formulación e institucionalización de las políticas públicas municipales y de los planes de desarrollo urbano y rural del municipio, identificando y priorizando las necesidades comunitarias y propuestas de solución a los problemas locales.

d) El control y fiscalización de los distintos actos del gobierno municipal y de su administración;

e) El establecimiento, planificación, reglamentación, programación, control y evaluación de los servicios públicos municipales, así como las decisiones sobre las modalidades institucionales para su prestación, teniendo siempre en cuenta la preeminencia de los intereses públicos;

f) La aprobación, control de ejecución, evaluación y liquidación del presupuesto de ingresos y egresos del municipio, en concordancia con las políticas públicas municipales;

g) La aceptación de la delegación ó transferencia de competencias;

h) El planteamiento de conflictos de competencia a otras entidades presentes en el municipio;

i) La emisión y aprobación de acuerdos, reglamentos y ordenanzas municipales;

j) La creación, supresión o modificación de sus dependencias, empresas y unidades de servicios administrativos, para lo cual impulsará el proceso de modernización tecnológica de la municipalidad y de los servicios públicos municipales o comunitarios, así como la administración de cualquier registro municipal o público que le corresponda de conformidad con la ley;

k) Autorizar el proceso de desconcentración del gobierno municipal, con el propósito de mejorar los servicios y crear los órganos institucionales necesarios, sin perjuicio de la unidad de gobierno y gestión de la administración municipal;

l) La organización de cuerpos técnicos, asesores y consultivos que sean necesarios al municipio, así como el apoyo que estime necesario a los consejos asesores indígenas de la alcaldía comunitaria o auxiliar, así como de los órganos de coordinación de los Consejos Comunitarios de Desarrollo y de los Consejos Municipales de Desarrollo;

m) La preservación y promoción del derecho de los vecinos y de las comunidades a su identidad cultural, de acuerdo a sus valores, idiomas, tradiciones y costumbres;

n) La fijación de rentas de los bienes municipales, sean éstos de uso común o no, la de tasas por servicios administrativos y tasas por servicios públicos locales, contribuciones por mejoras o aportes compensatorios de los propietarios o poseedores de inmuebles beneficiados por las obras municipales de desarrollo urbano y rural. En el caso de aprovechamiento privativo de bienes municipales de uso común, la modalidad podrá ser a título de renta, servidumbre de paso o usufructo oneroso;

o) Proponer la creación, modificación o supresión de arbitrio al Organismo Ejecutivo, quien trasladará el expediente con la iniciativa de ley respectiva al Congreso de la República;

p) La fijación de sueldo y gastos de representación del alcalde; las dietas por asistencia a sesiones del Concejo Municipal; y, cuando corresponda, las remuneraciones a los alcaldes comunitarios o alcaldes auxiliares;

q) La concesión de licencias temporales y aceptación de excusas a sus miembros para no asistir a sesiones;

r) La aprobación de la emisión, de conformidad con la ley, de acciones, bonos y demás títulos y valores que se consideren necesarios para el mejor cumplimiento de los fines y deberes del municipio;

s) La aprobación de los acuerdos o convenios de asociación o cooperación con otras corporaciones municipales, entidades u organismos públicos o privados, nacionales e internacionales que propicien el fortalecimiento de la gestión y desarrollo municipal, sujetándose a las leyes de la materia;

t) La promoción y mantenimiento de relaciones con instituciones públicas nacionales, regionales, departamentales y municipales;

u) Adjudicar la contratación de obras, bienes, suministros y servicios que requiera la municipalidad, sus dependencias, empresas y demás unidades administrativas de conformidad con la ley de la materia, exceptuando aquellas que corresponden adjudicar al alcalde;

v) La creación del cuerpo de policía municipal;

w) En lo aplicable, las facultades para el cumplimiento de las obligaciones atribuidas al Estado por el artículo 119 de la Constitución Política de la República de Guatemala;

x) La elaboración y mantenimiento del catastro municipal en concordancia con los compromisos adquiridos en los acuerdos de paz y la ley de la materia;

y) La promoción y protección de los recursos renovables y no renovables del municipio;

z) Emitir el dictamen favorable para la autorización de establecimientos que por su naturaleza estén abiertos al público, sin el cual ninguna autoridad podrá emitir la licencia respectiva;

    aa) Las demás competencias inherentes a la autonomía del municipio; y,

    bb) La discusión, aprobación, control de ejecución y evaluación de las políticas municipales de desarrollo de la juventud.

*Reformado por el Artículo 7, del Decreto Número 22-2010 el 22-06-2010

Artículo 36. Organizaciones de Comisiones.

En su primera sesión ordinaria anual, el Concejo Municipal organizará las comisiones que considere necesarias para el estudio y dictamen de los asuntos que conocerá durante todo el año, teniendo carácter obligatorio las siguientes comisiones:

1. Educación, educación bilingüe intercultural, cultura y deportes;
2. Salud y asistencia social;
3. Servicios, infraestructura, ordenamiento territorial, urbanismo y vivienda;
4. Fomento económico, turismo, ambiente y recursos naturales;
5. Descentralización, fortalecimiento municipal y participación ciudadana;
6. De finanzas;
7. De probidad;
8. De los derechos humanos y de la paz;
9. *De la familia, la mujer, la niñez, la juventud, adulto mayor o cualquier otra formada proyección social; todas las municipalidades deben reconocer, del

monto de ingresos recibidos del situado constitucional un monto no menor del 0.5% para esta Comisión, del Municipio respectivo.

El Concejo Municipal podrá organizar otras comisiones además de las ya establecidas.

*Reformado el numeral 9 por el Artículo 8, del Decreto Número 22-2010 el 22-06-2010

Artículo 37. Dictámenes, informes y asesorías de las comisiones.

Las comisiones presentarán al Concejo Municipal, por intermedio de su presidente, los dictámenes e informes que les sean requeridos con relación a los asuntos sometidos a su conocimiento y estudio; así como también propondrán las acciones necesarias para lograr una mayor eficiencia en los servicios públicos municipales y la administración en general del municipio.

Cuando las comisiones del Concejo Municipal lo consideren necesario, podrán requerir la asesoría profesional de personas y entidades públicas o privadas especializadas en la materia que se trate.

Solo cuando para resolver asuntos de interés para el municipio, la ley exija al Concejo Municipal contar con opinión, dictamen o resolución favorable previamente, de alguna entidad estatal especializada, sin costo alguno, esta entidad deberá pronunciarse como corresponda, en un tiempo no mayor de treinta (30) días calendario, salvo que por razones técnicas requiera de un plazo mayor, lo que deberá hacer del conocimiento del Concejo Municipal interesado.

Artículo 38. Sesiones del Concejo Municipal.

Las sesiones del Concejo Municipal serán presididas por el alcalde o por el concejal que, legalmente, le sustituya temporalmente en el cargo.

Habrá sesiones ordinarias y extraordinarias. Las sesiones ordinarias se realizarán cuando menos una vez a la semana por convocatoria del alcalde; y las extraordinarias se realizarán las veces que sea necesario a solicitud de cualquiera de los miembros del Concejo Municipal, en cuyo caso el alcalde hará la convocatoria correspondiente, de conformidad con lo previsto en este Código y el reglamento de organización y funcionamiento del mismo.

No podrá haber sesión extraordinaria si no precede citación personal y escrita, cursada a todos los integrantes del Concejo Municipal y con expresión del asunto a tratar.

Las sesiones serán públicas, pero podrán ser privadas cuando así se acuerde y siempre que el asunto a considerar afecte el orden público, o el honor y decoro de la municipalidad o de cualesquiera de sus integrantes. También, cuando la importancia de un asunto sugiera la conveniencia de escuchar la opinión de los vecinos, el Concejo Municipal, con el voto de las dos terceras partes del total de sus integrantes, podrá acordar que la sesión se celebre a cabildo abierto, fijando en la convocatoria, el lugar, día y hora de la sesión. En estas sesiones del concejo, los vecinos que asistan tendrán voz pero no voto, debiendo todos guardar la compostura, decoro y dignidad que corresponde a una reunión de tal naturaleza, de lo contrario, la misma se suspenderá sin responsabilidad del Concejo Municipal.

El Concejo Municipal podrá declararse en sesión permanente si la importancia y urgencia del asunto así lo ameritara.

Igualmente celebrará sesiones ceremoniales o solemnes en ocasiones especiales. Todas las sesiones se llevarán a cabo en el edificio de la municipalidad, salvo casos especiales calificados por el Concejo Municipal o de fuerza mayor, en cuya situación, las sesiones pueden tener verificativo en cualquier otra parte de la circunscripción territorial del municipio.

Cuando la importancia del tema lo amerite, el Concejo Municipal podrá consultar la opinión de los Consejos Comunitarios de Desarrollo, a través de sus representantes autorizados.

Artículo 39. Asistencia a sesiones.

Todos los miembros del Concejo Municipal están obligados a asistir puntualmente a las sesiones. Todos los miembros tienen voz y voto, sin que ninguno pueda abstenerse de votar ni retirarse una vez dispuesta la votación; pero si alguno tuviera interés personal del asunto del que se trate, o lo tuviere algún pariente suyo dentro de los grados de ley, deberá abstenerse de participar en su discusión y, en consecuencia, de votar retirándose mientras se tome la decisión. De existir esa situación, y no se abstuviere, cualesquiera de los miembros del Concejo Municipal podrá solicitárselo; y desde luego procederá a retirarse.

La inasistencia a las sesiones, sin excusa escrita justificada, será sancionada disciplinariamente de conformidad con el reglamento del Concejo Municipal, pudiéndose declarar vacante el cargo por inasistencia, sin causa justificada, a cinco (5) sesiones consecutivas, comunicando de inmediato su decisión al Tribunal Supremo Electoral para los efectos que disponga la Ley Electoral y de Partidos Políticos.

En el caso de inasistencia de los síndicos, para la sesión de la que se trate, el alcalde nombrará síndico específico a uno de los concejales.

Artículo 40. Votación de las decisiones.

Los acuerdos, ordenanzas y resoluciones del Concejo Municipal serán válidos si concurre el voto favorable de la mayoría absoluta del total de miembros que legalmente lo integran, salvo los casos en que este Código exija una mayoría calificada. En caso de empate en la votación, el alcalde tendrá doble voto o voto decisorio.

Artículo 41. Acta detallada.

El secretario municipal debe elaborar acta detallada de cada sesión, la que será firmada por quien la haya presidido y por el secretario, siendo válida después de haber sido leída y aprobada por los miembros del Concejo Municipal, a más tardar treinta (30) días a partir de su realización. La copia certificada de cada acta, se archivará cronológicamente bajo su responsabilidad.

Artículo 42.* Vigencia de acuerdos y resoluciones.

Los acuerdos, ordenanzas y resoluciones del Concejo Municipal serán de efecto inmediato, pero, los de observancia general Mitrarán en vigencia ocho (8) días después de su publicación en el Diario Oficial, a menos que tal resolución o acuerdo amplíe o restrinja dicho plazo.

La publicación de acuerdos, ordenanzas y reglamentos de observancia general en el Diario Oficial no tendrá costo alguno para las municipalidades, debiendo ser publicados por dicho ente, a más tardar, dentro de los treinta días siguientes de la recepción del instrumento correspondiente.

*Reformado por el Artículo 9, del Decreto Número 22-2010 el 22-06-2010.

Artículo 43. Requisitos para optar al cargo de alcalde, síndico o concejal.

Para ser electo alcalde, síndico o concejal se requiere:

a) Ser guatemalteco de origen y vecino inscrito en el distrito municipal.

b) Estar en el goce de sus derechos políticos.

c) Saber leer y escribir.

Artículo 44. Remuneraciones especiales.

Los cargos de síndico y concejal son de servicio a la comunidad, por lo tanto de prestación gratuita, pero podrán ser remunerados por el sistema de dietas por cada sesión completa a la que asista, siempre y cuando la situación financiera lo permita y lo demande el volumen de trabajo, debiendo en todo caso, autorizarse las remuneraciones con el voto de las dos terceras (2/3) partes del total de miembros que integran el Concejo Municipal. El alcalde y secretario tendrán derecho a iguales dietas que las establecidas para síndicos y concejales, cuando las sesiones se celebren en horas o días inhábiles. Cualquier incremento al sueldo del alcalde, y en su caso a las dietas y remuneraciones establecidas, requiere del voto favorable de las dos terceras (2/3) partes de los miembros que integran el Concejo Municipal y que las finanzas del municipio lo permitan.

Los síndicos y concejales que trabajan como dependientes en el sector público o privado, gozarán de licencia de sus centros de trabajo de diez (10) horas semanales, sin descuentos de sus remuneraciones, tiempo que será dedicado con exclusividad a las labores propias de sus cargos en el Concejo Municipal. El empleador está obligado a conceder la licencia semanal.

Los síndicos y concejales no serán trasladados ni reasignados por su empleador, sin su consentimiento, mientras ejercen sus funciones.

Artículo 45. Prohibiciones.

No pueden ejercer las funciones de alcalde, síndico o concejal:

a) El inhabilitado judicialmente por sentencia firme por delito doloso o sujeto a auto de prisión preventiva.

b) El que directa o indirectamente tenga parte en servicios públicos, contratos, concesiones o suministros con o por cuenta del municipio.

c) El deudor por fianzas o alcances de cuentas a los fondos municipales.

d) Cuando exista parentesco dentro de los grados de ley entre los electos. Si el parentesco fuere entre el alcalde y uno de los síndicos o concejales, se tendrá por electo al alcalde. Si fuere entre otros miembros del Concejo Municipal, se tendrá por electo al síndico o concejal que tenga a su favor la adjudicación preferente, llenándose ipso facto la vacante que se produzca por ese motivo, en la forma que establece la Ley Electoral y de Partidos Políticos.

Si posteriormente a la elección el alcalde, el síndico o el concejal resultaren incluidos en cualesquiera de las prohibiciones de este artículo, una vez comprobada plenamente, el Concejo Municipal declarará vacante el cargo y solicitará al Tribunal Supremo Electoral la acreditación del sustituto.

Artículo 46. Causas para no aceptar o renunciar a cargos municipales.

Son causas para no aceptar o renunciar al cargo de alcalde, síndico o concejal:

a) Las expresadas en el artículo anterior.

b)   Ser mayor de setenta años.

c)   Padecer de enfermedad o impedimento que no le permita ejercer sus funciones.

Previa ratificación de la no-aceptación o renuncia ante el Concejo Municipal, y reunido éste en sesión ordinaria, resolverá con el voto favorable de la mayoría absoluta de sus integrantes y declarará la vacante, comunicando de inmediato su decisión al Tribunal Supremo Electoral, para los efectos de la Ley Electoral y de Partidos Políticos.

La renuncia del cargo de alcalde sólo puede ser aceptada por el voto favorable de las dos terceras (2/3) partes del total de integrantes del Concejo Municipal y, al declararse vacante, de inmediato dará posesión al concejal primero, y si éste no aceptare, se llamará al concejal suplente primero, de conformidad con la Ley Electoral y de Partidos Políticos, observándose las formalidades y solemnidades de ley.

El síndico o el concejal que sustituya al titular, tomará posesión de su cargo en sesión ordinaria del Concejo Municipal, una vez sea acreditado como tal por el Tribunal Supremo Electoral, observándose las formalidades y solemnidades de ley. El renunciante no podrá, sin incurrir en responsabilidad, abandonar el cargo mientras no tome posesión el sustituto, salvo el caso de sustitución del alcalde.

Artículo 47. Toma de posesión.

Los miembros del Concejo Municipal tomarán posesión de los cargos para los que fueron electos, en la fecha en que, de conformidad con la Ley Electoral y de Partidos Políticos, se inicia el período de gobierno municipal.

Artículo 48. Derecho de antejuicio.

Los alcaldes municipales no podrán ser detenidos ni perseguidos penalmente, sin que preceda declaración de autoridad Judicial competente de que ha lugar a formación de causa, excepto en el caso de flagrante delito.

Durante su encausamiento, gozarán, los funcionarios procesados, de los derechos que otorga la Ley de Probidad y Responsabilidades de Funcionarios y Empleados Públicos, debiendo restituírseles en su cargo si dentro del proceso se les otorga medida sustitutiva de la prisión preventiva y no los inhabilite para el ejercicio de sus funciones.

Si la sentencia fuere condenatoria y no los inhabilita para el ejercicio de sus funciones públicas, y la pena impuesta es conmutable en su totalidad, pagada la multa dentro de los tres (3) días de ejecutado el fallo si no estuvieren en funciones, reasumirán su cargo; caso contrario, se declarará la vacante y se procederá a llenarla conforme lo dispone la Ley Electoral y de Partidos Políticos.

Ningún funcionario o empleado público, ni persona individual o asociada podrá, sin incurrir en responsabilidad penal, deponer o tratar de deponer ilegalmente al alcalde y demás autoridades municipales legalmente electas.

Capítulo II
Mancomunidades de Municipios

Artículo 49. Mancomunidades.

Las mancomunidades son asociaciones de municipios que se instituyen como entidades de derecho público, con personalidad jurídica propia, constituidas mediante acuerdos celebrados entre los concejos de dos o más municipios, de conformidad con este Código, para la formulación común de políticas públicas municipales, planes, programas y proyectos, así como la ejecución de obras y la prestación eficiente de servicios municipales.

Además, podrán cumplir aquellas competencias que le sean descentralizadas a los municipios, siempre que así lo establezcan los estatutos y los Concejos Municipales así lo hayan aprobado específicamente.

Los órganos de gobierno de las mancomunidades son: a) la Asamblea General, integrada por alcaldes, los concejales y/o síndicos que determine cada Concejo Municipal de los municipios que forman la mancomunidad, teniendo derecho cada municipio mancomunado a un voto; b) la Junta Directiva, electa por la Asamblea General y que actuará conforme a las disposiciones de esta última.

Para la administración y ejecución eficiente de las decisiones de las mancomunidades, éstas deberán contar con su propia estructura administrativa y al menos con un Gerente.

*Reformado por el Artículo 10, del Decreto Número 22-2010 el 22-06-2010

Artículo 50.* Asociación de municipios en mancomunidades.

Los municipios tienen el derecho de asociarse con otros en una o varias mancomunidades. Las mancomunidades se regirán según lo establecido en este Código y sus estatutos. No podrán comprometer a los municipios que la integran más allá de los límites señalados en sus estatutos.

*Reformado por el Artículo 11, del Decreto Número 22-2010 el 22-06-2010

Artículo 51.* Procedimiento para la aprobación de los estatutos de las mancomunidades. El procedimiento de aprobación de los estatutos de las mancomunidades de municipios deberá cumplir las reglas siguientes:

a) Hacer constar la voluntad de cada municipio de constituirse en mancomunidad, mediante certificación del punto de acta de la sesión celebrada por cada Concejo Municipal que así lo acredite;

b) Los estatutos de las mancomunidades deberán ser elaborados por los alcaldes, concejales y síndicos designados, de la totalidad de los municipios promotores de la mancomunidad, constituidos en asamblea general de municipios por mancomunarse, con voz cada uno, para un voto por municipio.

c) Cada Concejo Municipal de los municipios mancomunados aprobará la constitución de la mancomunidad y sus respectivos estatutos, mediante acuerdo tomado por lo menos con las dos terceras partes del total de sus integrantes. Del referido Acuerdo Municipal se extenderá certificación del punto de Acta de la Sesión celebrada por cada Concejo Municipal.

d) Los estatutos de cada mancomunidad deberán contener al menos los siguientes aspectos:

1. El nombre, objeto y domicilio de la mancomunidad;

2. Los municipios que constituyen la mancomunidad;

3. Los fines para los cuales se crea;

4. El tiempo de su vigencia;

5. El aporte inicial de cada uno de los municipios que la crean y la cuota ordinaria inicial;

6. La facultad de la asamblea general de aumentar las cuotas ordinarias y de establecer cuotas extraordinarias;

7. La composición de los órganos directivos de la mancomunidad, la forma de designarlos, sus atribuciones, responsabilidades y el tiempo que durarán en sus cargos, los cuales serán en función del cargo que desempeñen;

8. La forma de designar al gerente de la mancomunidad; sus funciones y atribuciones;

9. El procedimiento para reformarla o disolverla, y la manera de resolver las divergencias que puedan surgir con relación a su gestión y a sus bienes; y,

10. Los mecanismos de control de la mancomunidad.

e) Las mancomunidades y sus respectivos representantes legales se registrarán en la municipalidad en donde fueron constituidas. De igual manera se registrarán las asociaciones de municipalidades reguladas en el artículo 10 de este Código, así como sus representantes legales.

*Reformado por el Artículo 12, del Decreto Número 22-2010 el 22-06-2010

Capítulo III
De los alcaldes, Síndicos y Concejales

Artículo 52. Representación municipal.

El alcalde representa a la municipalidad y al municipio; es el personero legal de la misma, sin perjuicio de la representación judicial que se le atribuye al síndico; es el jefe del órgano ejecutivo del gobierno municipal; miembro del Consejo Departamental de Desarrollo respectivo y presidente del Concejo Municipal de Desarrollo.

Artículo 53.* Atribuciones y obligaciones del alcalde.

En lo que le corresponde, es atribución y obligación del alcalde hacer cumplir las ordenanzas, reglamentos, acuerdos, resoluciones y demás disposiciones del Concejo Municipal y al efecto expedirá las órdenes e instrucciones necesarias, dictará las medidas de política y buen gobierno y ejercerá la potestad de acción directa y, en general, resolverá los asuntos del municipio que no estén atribuidos a otra autoridad.

El alcalde preside el Concejo Municipal y tiene las atribuciones específicas siguientes:

a) Dirigir la administración municipal.

b) Representar a la municipalidad y al municipio.

c) Presidir las sesiones del Concejo Municipal y convocar a sus miembros a sesiones ordinarias y extraordinarias de conformidad con este Código.

d) Velar por el estricto cumplimiento de las políticas públicas municipales y de los planes, programas y proyectos de desarrollo del municipio.

e) Dirigir, inspeccionar e impulsar los servicios públicos y obras municipales.

f) Disponer gastos, dentro de los límites de su competencia; autorizar pagos y rendir cuentas con arreglo al procedimiento legalmente establecido.

g) Desempeñar la jefatura superior de todo el personal administrativo de la municipalidad; nombrar, sancionar y aceptar la renuncia y remover de conformidad con la ley, a los empleados municipales.

h) Ejercer la jefatura de la policía municipal, así como el nombramiento y sanción de sus funcionarios.

i) Ejercitar acciones judiciales y administrativas en caso de urgencia.

j) Adoptar personalmente, y bajo su responsabilidad en caso de catástrofe o desastres o grave riesgo de los mismos, las medidas necesarias, dando cuenta inmediata al pleno del Concejo Municipal.

k) Sancionar las faltas por desobediencia a su autoridad o por infracción de las ordenanzas municipales, salvo en los casos en que tal facultad esté atribuida a otros órganos.

l) Contratar obras y servicios con arreglo al procedimiento legalmente establecido, con excepción de los que corresponda contratar al Concejo Municipal.

m) Promover y apoyar, conforme a este Código y demás leyes aplicables, la participación y trabajo de, las asociaciones civiles y los comités de vecinos que operen en su municipio, debiendo informar al Concejo Municipal, cuando éste lo requiera.

n) Tramitar los asuntos administrativos cuya resolución corresponda al Concejo Municipal y, una vez substanciados, darle cuenta al pleno del Concejo en la sesión inmediata.

o) *Autorizar, conjuntamente con el Secretario Municipal, todos los libros que deben usarse en la municipalidad, las asociaciones civiles y comités de vecinos que operen en el municipio; se exceptúan los libros (físicos o digitales) y registras auxiliares a utilizarse en operaciones contables, que por ley corresponde autorizar a la Contraloría General de Cuentas.

p) Autorizar, a título gratuito, los matrimonios civiles, dando dentro de la ley las mayores facilidades para que se verifiquen, pudiendo delegar esta función en uno de los concejales.

q) Tomar el juramento de ley a los concejales, síndicos y a los alcaldes, comunitarios o auxiliares, al darles posesión de sus cargos.

r) Enviar copia autorizada a la Contraloría General de Cuentas del inventario de los bienes del municipio, dentro de los primeros quince (15) días calendario del mes de enero de cada año.

s) Ser el medio de comunicación entre el Concejo Municipal y las autoridades y funcionarios públicos.

t) Presentar el presupuesto anual de la municipalidad, al Concejo Municipal para su conocimiento y aprobación.

u) Remitir dentro de los primeros cinco (5) días hábiles de vencido cada trimestre del año, al Registro de Ciudadanos del Tribunal Supremo Electoral, informe de los avecindamientos realizados en el trimestre anterior y de los vecinos fallecidos durante el mismo período.

v) Las demás atribuciones que expresamente le atribuyan las leyes y aquellas que la legislación del Estado asigne al municipio y no atribuya a otros órganos municipales.

*Reformada la literal o) por el Artículo 13, del Decreto Número 22-2010 el 22-06-2010

Artículo 54. Atribuciones y deberes de síndicos y concejales.

Los síndicos y los concejales, como miembros del órgano de deliberación y de decisión, tienen las siguientes atribuciones:

a) Proponer las medidas que tiendan a evitar abusos y corruptelas en las oficinas y dependencias municipales.

b) Los concejales sustituirán, en su orden, al alcalde en caso de ausencia temporal, teniendo el derecho a devengar una remuneración equivalente al sueldo del alcalde cuando ello suceda.

c) Emitir dictamen en cualquier asunto que el alcalde o el Concejo Municipal lo soliciten. El dictamen debe ser razonado técnicamente y entregarse a la mayor brevedad.

d) Integrar y desempeñar con prontitud y esmero las comisiones para las cuales sean designados por el alcalde o el Concejo Municipal.

e) Los síndicos representar a la municipalidad, ante los tribunales de justicia y oficinas administrativas y, en tal concepto, tener, el carácter de mandatarios judiciales, debiendo ser autorizados expresamente por el Concejo Municipal para el ejercicio de facultades especiales de conformidad con la ley. No obstante lo anterior, el Concejo Municipal puede, en casos determinados, nombrar mandatarios específicos.

f) Fiscalizar la acción administrativa del alcalde y exigir el cumplimiento de los acuerdos y resoluciones del Concejo Municipal.

g) Interrogar al alcalde sobre las medidas que hubiere adoptado en uso o extralimitación de sus funciones, y por mayoría de votos de sus integrantes, aprobar o no las medidas que hubiesen dado lugar a la interrogación.

Capítulo IV
Alcaldías Indígenas, Alcaldías Comunitarias o Alcaldías Auxiliares

Artículo 55. Alcaldías indígenas.

El gobierno del municipio debe reconocer, respetar y promover las alcaldías indígenas, cuando éstas existan, incluyendo sus propias formas de funcionamiento administrativo.

Artículo 56. Alcaldías comunitarias o alcaldías auxiliares.

El Concejo Municipal, de acuerdo a los usos, normas, y tradiciones de las comunidades, reconocerá a las alcaldías comunitarias o alcaldías auxiliares, como entidades representativas de las comunidades, en especial para la toma de decisiones y como vínculo de relación con el gobierno municipal.

El nombramiento de alcaldes comunitarios o alcaldes auxiliares lo emitirá el alcalde municipal, con base a la designación o elección que hagan las comunidades de acuerdo a los principios, valores, procedimientos y tradiciones de las mismas.

Artículo 57. Duración de los cargos de la alcaldía comunitaria o auxiliar.

Los miembros de las alcaldías comunitarias o alcaldías auxiliares durarán en el ejercicio de sus cargos el período que determine la asamblea comunitaria, el cual no podrá exceder el período del Concejo Municipal, con base en los principios, valores, normas y procedimientos de la comunidad, o en forma supletoria, según las ordenanzas que emita el Concejo Municipal.

Artículo 58. Atribuciones del alcalde comunitario o alcalde auxiliar.

Son atribuciones del alcalde comunitario o alcalde auxiliar, en su respectiva circunscripción, las siguientes:

a) Promover la organización y la participación sistemática y efectiva de la comunidad en la identificación y solución de los problemas locales.

b) Colaborar en la identificación de las necesidades locales y en la formulación de propuestas de solución a las mismas.

c) Proponer lineamientos e instrumentos de coordinación en la comunidad para la ejecución de programas o proyectos por parte de personas, instituciones o entidades interesadas en el desarrollo de las comunidades.

d) Elaborar, gestionar y supervisar, con el apoyo y la coordinación del Concejo Municipal, programas y proyectos que contribuyan al desarrollo integral de la comunidad.

e) Cooperar en censos nacionales y municipales, así como en el levantamiento y actualización del catastro municipal.

f) Promover y gestionar en el ámbito comunitario y municipal las acciones que garanticen el uso racional y sostenible de la infraestructura pública.

g) Ejercer y representar, por delegación del alcalde, a la autoridad municipal.

h) Ser vínculo de comunicación entre las autoridades del municipio y los habitantes.

i) Rendir los informes que le sean requeridos por el Concejo Municipal o el alcalde.

j) Mediar en los conflictos que los vecinos de la comunidad le presenten, coordinando esfuerzos con el Juzgado de Asuntos Municipales, cuando el caso lo requiera.

k) Velar por el cumplimiento de las ordenanzas, reglamentos y disposiciones de carácter general, emitidos por el Concejo Municipal o el alcalde, a quien dará cuenta de las infracciones y faltas que se cometan.

l) Velar por la conservación, protección y desarrollo de los recursos naturales de su circunscripción territorial.

m) Las demás que le sean asignadas por la ley y, las que le delegue el Concejo Municipal o el alcalde municipal, en el ámbito de sus respectivas competencias.

Los funcionarios y empleados municipales, deberán prestar, en lo que les corresponda, la colaboración necesaria para el cumplimiento de las atribuciones del alcalde comunitario o alcalde auxiliar.

El Consejo Municipal sesionará, cuando menos dos (2) veces al año, con los alcaldes comunitarios o auxiliares del municipio, para coordinar actividades.

Artículo 59. Retribución a los cargos de alcaldes comunitarios o alcaldes auxiliares.

Cada municipalidad, de acuerdo a sus recursos financieros, regulará en el reglamento municipal la retribución que corresponda por el servicio de alcalde comunitario o alcalde auxiliar.

TITULO IV
INFORMACIÓN Y PARTICIPACIÓN CIUDADANA

Capítulo I
Información y Participación Ciudadana

Artículo 60. Facilitación de información y participación ciudadana.

Los Concejos Municipales facilitarán la más amplia información sobre su actividad y la participación de todos los ciudadanos en la vida local.

Artículo 61. Facultades de decisión.

Las formas, medios y procedimientos de participación ciudadana que los concejos municipales de desarrollo establezcan en ejercicio de su potestad para auto-organizarse no podrán en ningún caso menoscabar las facultades de decisión que corresponden al Concejo Municipal, el alcalde y los demás órganos representativos regulados por la ley.

Artículo 62. Derecho a ser informado.

Todos los vecinos tienen derecho a obtener copias y certificaciones que acrediten los acuerdos de los concejos municipales, sus antecedentes, así como consultar los archivos y registros financieros y contables, en los términos del artículo 30 de la Constitución Política de la República.

Artículo 63. Consulta a los vecinos.

Cuando la trascendencia de un asunto aconseje la conveniencia de consultar la opinión de los vecinos, el Concejo Municipal, con el voto de las dos terceras (2/3) partes del total de sus integrantes, podrá acordar que tal consulta se celebre tomando en cuenta las modalidades indicadas en los artículos siguientes.

Artículo 64. Consulta a solicitud de los vecinos.

Los vecinos tienen el derecho de solicitar al Concejo Municipal la celebración de consultas cuando se refiera a asuntos de carácter general que afectan a todos los vecinos del municipio. La solicitud deberá contar con la firma de por lo menos el diez por ciento (10%) de los vecinos empadronados en el municipio. Los resultados serán vinculantes si participa en la consulta al menos el veinte por ciento (20%) de los vecinos empadronados y la mayoría vota favorablemente el asunto consultado.

Artículo 65. Consultas a las comunidades o autoridades indígenas del municipio.

Cuando la naturaleza de un asunto afecte en particular los derechos y los intereses de las comunidades indígenas del municipio o de sus autoridades propias, el Concejo Municipal realizará consultas a solicitud de las comunidades o autoridades indígenas, inclusive aplicando criterios propios de las costumbres y tradiciones de las comunidades indígenas.

Artículo 66. Modalidades de esas consultas.

Las modalidades de las consultas a que se refiere los artículos 64 y 65 de este Código, entre otras, podrán realizarse de la manera siguiente:

1. Consulta en boleta diseñada técnica y específicamente para el caso, fijando en la convocatoria el asunto a tratar, la fecha y los lugares donde se llevará a cabo la consulta.

2. Aplicación de criterios del sistema jurídico propio de las comunidades del caso.

Los resultados serán vinculantes si participa en la consulta al menos el cincuenta (50) por ciento de los vecinos empadronados y la mayoría vota favorablemente el asunto consultado.

TITULO V
ADMINISTRACION MUNICIPAL

Capítulo I
Competencias Municipales

Artículo 67. Gestión de intereses del municipio.

El municipio, para la gestión de sus intereses y en el ámbito de sus competencias puede promover toda clase de actividades económicas, sociales, culturales, ambientales, y prestar cuantos servicios contribuyan a mejorar la calidad de vida, a satisfacer las necesidades y aspiraciones de la población del municipio.

Artículo 68.* Competencias propias del municipio.

Las competencias propias deberán cumplirse por el municipio, por dos o más municipios bajo convenio, o por mancomunidad de municipios, y son las siguientes:

a) Abastecimiento domiciliario de agua potable debidamente clorada; alcantarillado; alumbrado público; mercados; rastros; administración de cementerios y la autorización y control de los cementerios privados; limpieza y ornato; formular y coordinar políticas, planes y programas relativos a la recolección, tratamiento y disposición final de desechos y residuos sólidos hasta su disposición final;

b) Pavimentación de las vías públicas urbanas y mantenimiento de las mismas;

c) Regulación del transporto de pasajeros y carga, y sus terminales locales;

d) La autorización de megáfonos o equipos de sonido a exposición al público en la circunscripción del municipio;

e) Administrar la biblioteca pública del municipio;

f) Promoción y gestión de parques, jardines y lugares de recreación;

g) Gestión y administración de farmacias municipales populares;

h) La prestación del servicio de policía municipal;

i) Cuando su condición financiera y técnica se los permita, generar la energía eléctrica necesaria para cubrir el consumo municipal y privado;

j) Delimitar el área o áreas que dentro del perímetro de sus poblaciones puedan ser autorizadas para el funcionamiento de los siguientes establecimientos: expendio de alimentos y bebidas, hospedaje, higiene o arreglo personal, recreación, cultura y otros que por su naturaleza estén abiertos al público;

k) Desarrollo de viveros forestales municipales permanentes, con el objeto de reforestar las cuencas de los ríos, lagos, reservas ecológicas y demás áreas de su circunscripción territorial para proteger la vida, salud, biodiversidad, recursos naturales, fuentes de agua y luchar contra el calentamiento global; y,

l) Las que por mandato de ley, le sea trasladada la titularidad de la competencia en el proceso de descentralización del Organismo Ejecutivo.

*Reformado por el Artículo 14, del Decreto Número 22-2010 el 22-06-2010

Artículo 69. Obras y servicios a cargo del Gobierno Central.

El Gobierno Central u otras dependencias públicas podrán, en coordinación con los planes, programas y proyectos de desarrollo municipal, prestar servicios locales cuando el municipio lo solicite.

Artículo 70. Competencias delegadas al municipio.

El municipio ejercerá competencias por delegación en los términos establecidos por la ley y los convenios correspondientes, en atención a las características de la actividad pública de que se trate y a la capacidad de gestión del gobierno municipal, de conformidad con las prioridades de descentralización, desconcentración y el acercamiento de los servicios públicos a los ciudadanos. Tales competencias podrán ser, entre otras:

a) Construcción y mantenimiento de caminos de acceso dentro de la circunscripción municipal;

b) Velar por el cumplimiento y observancia de las normas de control sanitario de producción, comercialización y consumo de alimentos y bebidas, a efecto de garantizar la salud de los habitantes del municipio;

c) Gestión de la educación pre-primaria y primaria, así como de los programas de alfabetización y educación bilingüe;

d) Promoción y gestión ambiental de los recursos naturales del municipio;

e) Construcción y mantenimiento de edificios escolares; y,

f) Ejecutar programas y proyectos de salud preventiva.

*Reformado por el Artículo 15, del Decreto Número 22-2010 el 22-06-2010

Artículo 71. Efectividad de la delegación.

La efectividad de la delegación requerirá su aceptación por parte del municipio interesado; en todo caso, la delegación habrá de ir acompañada necesariamente, de la dotación o el incremento de los recursos necesarios para desempeñarla, sin menoscabo de la autonomía municipal.

Artículo 72. Servicios públicos municipales.

El municipio debe regular y prestar los servicios públicos municipales de su circunscripción territorial y, por lo tanto, tiene competencia para establecerlos, mantenerlos, ampliarlos y mejorarlos, en los términos indicados en los artículos anteriores, garantizando un funcionamiento eficaz, seguro y continuo y, en su caso, la determinación y cobro de tasas y contribuciones equitativas y justas. Las tasas y contribuciones deberán ser fijadas atendiendo los costos de operación, mantenimiento y mejoramiento de calidad y cobertura de servicios.

Artículo 73. Forma de establecimiento y prestación de los servicios municipales.

Los servicios públicos municipales serán prestados y administrados por:

a) La municipalidad y sus dependencias administrativas, unidades de servicio y empresas públicas;

b) La mancomunidad de municipios según regulaciones acordadas conjuntamente;

c) Concesiones otorgadas de conformidad con las normas contenidas en este Código, la Ley de Contrataciones del Estado y Reglamentos Municipales.

Artículo 74. Concesión de servicio público municipal.

La municipalidad tiene facultad para otorgar a personas individuales o jurídicas, la concesión de la prestación de servicios públicos municipales que operen en su circunscripción territorial, con excepción de los centros de acopio, terminales de mayoreo, mercados municipales y similares, mediante contrato de derecho público y a plazo determinado, en el que se fije la naturaleza y condiciones del servicio y las garantías de funcionamiento a las que se refiere el artículo 75 de este Código. Asimismo deberá estipularse que el reglamento municipal para la prestación del servicio, forma parte del contrato de concesión.

En todo caso, el plazo de duración de la concesión no podrá ser superior de veinticinco (25) años; pudiendo ser prorrogable. El plazo será fijado en cada caso, de acuerdo con la cuantía e importancia de la inversión, tomando en cuenta el interés municipal, y el de los usuarios e inquilinos.

El Consejo Municipal fijará, además, las contribuciones municipales y tasas derivadas del contrato que percibirá del concesionario.

Artículo 75. Otras condiciones de la concesión.

Además de lo establecido en la Ley de Contrataciones del Estado, el contrato en que se formalice una concesión para la prestación de un servicio municipal deberá establecer:

a) La aceptación, por parte del concesionario, de las ordenanzas y reglamentos municipales que regulen el funcionamiento del servicio.

b) La obligación del concesionario de llevar contabilidad de conformidad con la ley, para su verificación en todo tiempo, por la Contraloría General de Cuentas, al ser requerida a la municipalidad el estado financiero de la empresa.

c) La obligación del concesionario de poner a disposición de municipalidad los libros y documentos de contabilidad y de proporcionarle, en cualquier momento, la información que se le requiera.

d) El derecho de la municipalidad de adquirir el servicio gratuitamente o previa indemnización, según sea la naturaleza y condiciones en las que la misma se otorgó, al expirar el plazo de la concesión. En el supuesto de indemnización, se hará el avalúo de los bienes, tomando en consideración todos los elementos y factores que determinen su precio real, sin atenerse exclusivamente a declaraciones catastrales o fiscales, informes o datos de entidades o dependencias del Estado, debiendo someterse el expediente y el proyecto de contrato correspondiente a revisión de la Contraloría General de Cuentas antes de su aprobación, y no se hará ningún pago a cargo del contrato de traslación de los bines sino hasta que haya sido aprobado por el Concejo Municipal y la resolución esté firme. En todo caso, la municipalidad debe hacerse cargo del servicio, libre de pasivos de cualquier clase.

Artículo 76. Intervención de los servicios municipales.

Sin perjuicio de lo que establece la Constitución Política de la República y de las responsabilidades civiles y penales en que incurra el concesionario, la municipalidad tiene la potestad de intervenir temporalmente el servicio público municipal, que se administre y preste deficientemente, o que deje de prestarse sin autorización alguna, o en el que se falte a las ordenanzas y reglamentos municipales o a las obligaciones contraídas por el concesionario en el contrato correspondiente.

En todo caso, la intervención del servicio del que se trate se hará a costa del concesionario y se llevará a cabo conforme a las disposiciones del Código Procesal Civil y Mercantil y demás leyes que regulan la materia, independientemente del carácter de la empresa que pudiera tener la persona individual o jurídica afectada, pudiendo, en consecuencia, determinarse, en el acuerdo respectivo, las funciones que cumplirá la intervención. El servicio o empresa podrá embargarse con carácter de intervención.

El alcalde nombrará a la persona que deba hacerse cargo de la intervención, inmediatamente después de que se haya emitido el acuerdo por parte del Concejo Municipal y, acto seguido, le dará posesión.

En la intervención de colonias, lotificaciones y parcelamiento se observará el procedimiento previsto en los dos (2) párrafos anteriores, sin perjuicio de cumplirse las leyes, reglamentos y ordenanzas que regulan el desarrollo urbano y rural.

Si durante la intervención, el comprador o adquiriente legítimo de un lote o parcela pagara el saldo a su cargo, el interventor lo hará saber al lotificador o parcelador, para que cumpla con otorgar la correspondiente escritura traslativa de dominio o, en su caso, la carta de pago a favor del comprador o adquiriente y si, en quince (15) días, no se ha cumplido, podrá otorgarla el interventor, en rebeldía, haciendo constar esa circunstancia.

Artículo 77. Causas para revocar la concesión.

La concesión de servicio público municipal podrá ser revocada por cualquiera de las siguientes causas:

a)   Cuando el Concejo Municipal declare que es lesiva a los intereses del municipio.

b)   Por violación de disposiciones relativas al orden público y al interés social.

c)   Por incumplimiento de disposiciones de carácter general o local, relativas a la salud e higiene públicas y protección del medio ambiente.

d)   Cuando las deficiencias del servicio no sean subsanables por el procedimiento previsto en el artículo anterior.

En cualesquiera de estos casos queda excluida la vía de lo contencioso administrativo.

Artículo 78. Deficiencias del servicio municipal.

Si el servicio fuere prestado por la municipalidad, sus dependencias administrativas, unidades de servicio y sus empresas, al ser denunciadas las deficiencias o irregularidades que se le atribuyan, el alcalde o el Concejo Municipal, según sea el caso, quedan obligados a comprobarlas y resolverlas, adoptando las medidas que sean necesarias.

Capítulo II

Policía Municipal

Artículo 79. Organización de la Policía Municipal.

El municipio tendrá, si lo estima conveniente y cuenta con los recursos necesarios, un cuerpo de policía municipal, bajo las órdenes del alcalde. Se integrará conforme a sus necesidades, los requerimientos del servicio y los valores, principios, normas y tradiciones de las comunidades.

En el ejercicio de sus funciones, la Policía Municipal observará las leyes de la República y velará por el cumplimiento de los acuerdos, reglamentos, ordenanzas y resoluciones emitidas por el Concejo Municipal y el alcalde, respetando los criterios básicos de las costumbres y tradiciones propias de las comunidades del municipio. Un reglamento normará su funcionamiento.

Capítulo III
Régimen laboral

Artículo 80. Relaciones laborales.

Las relaciones laborales entre la municipalidad y sus funcionarios y empleados se rigen por la Ley de Servicio Municipal, los reglamentos que sobre la materia emita el Concejo Municipal, y los pactos y convenios colectivos que suscriban de conformidad con la ley.

Artículo 81.* Nombramiento de funcionarios.

El Concejo Municipal hará el nombramiento de los funcionarios que le competen, con base en las ternas que para cada cargo proponga el alcalde. El secretario, el Director de la Administración Financiera Integrada Municipal -AFIM-, el auditor y demás funcionarios que demande la modernización de la administración municipal, sólo podrán ser nombrados o removidos por Acuerdo del Concejo Municipal.

*Reformado por el Artículo 16, del Decreto Número 22-2010 el 22-06-2010

Artículo 82. Prohibiciones.

No podrán ser nombrados ni ejercer un cargo municipal:

a) Los parientes del alcalde, de los síndicos o de los concejales, dentro del cuarto grado de consanguinidad o segundo de afinidad.

b) Los contemplados en el artículo 45 de este Código.

c) Los que hubieren manejado, recaudado, custodiado o administrado fondos, bienes y valores del Estado o del municipio, si no hubiera rendido cuentas y obtenido finiquito.

Si al tiempo del nombramiento o posteriormente, el nombrado resultare incluido en cualesquiera de las prohibiciones contenidas en este artículo, se declarará vacante el cargo y, en su caso, se le indemnizará de conformidad con la ley.

Capítulo IV
Funcionarios Municipales

Artículo 83. Secretario municipal.

El Consejo Municipal contará con un secretario, quien, a la vez, lo será del alcalde. Para ser nombrado secretario se requiere ser guatemalteco de origen, ciudadano en ejercicio de sus derechos políticos y tener aptitud para optar al cargo, de conformidad con el reglamento municipal respectivo.

Artículo 84. Atribuciones del Secretario.

Son atribuciones del secretario, las siguientes:

a) Elaborar, en los libros correspondientes, las actas de las sesiones del Concejo Municipal y autorizarlas, con su firma, al ser aprobadas de conformidad con lo dispuesto en este Código.

b)   Certificar las actas y resoluciones del alcalde o del Concejo Municipal.

c)   Dirigir y ordenar los trabajos de la Secretaría, bajo la dependencia inmediata del alcalde, cuidando que los empleados cumplan sus obligaciones legales y reglamentarias.

d)   Redactar la memoria anual de labores y presentarla al Concejo Municipal, durante la primera quincena del mes de enero de cada año, remitiendo ejemplares de ella al Organismo Ejecutivo, al Congreso de la República y al Concejo Municipal de Desarrollo y a los medios de comunicación a su alcance.

e)   Asistir a todas las sesiones del Concejo Municipal, con voz informativa, pero sin voto, dándole cuenta de los expedientes, diligencias y demás asuntos, en el orden y forma que indique el alcalde.

f)   Archivar las certificaciones de las actas de cada sesión del Concejo Municipal.

g)   Recolectar, archivar y conservar todos los números del diario oficial.

h)   Organizar, ordenar y mantener el archivo de la municipalidad.

i)   Desempeñar cualquier otra función que le sea asignada por el Concejo Municipal o por el alcalde.

Artículo 85. Ausencia del Secretario.

En los casos de ausencia temporal, licencia o excusa del secretario, éste será sustituido por el oficial de Secretaría que, en el orden numérico, corresponda. Si no hubiere, el Concejo Municipal, a propuesta del alcalde, hará el nombramiento de quien deba sustituirlo interinamente.

Artículo 86.* Derogado.

*Derogado por el Artículo 17, del Decreto Número 22-2010 el 22-06-2010

Artículo 87.* Derogado.

*Derogado por el Artículo 18, del Decreto Número 22-2010 el 22-06-2010

Artículo 88. Auditor interno.

Las municipalidades deberán contratar un auditor interno, quien deberá ser guatemalteco de origen, ciudadano en el ejercicio de sus derechos políticos, contador público y auditor colegiado activo, quien, además de velar por la correcta ejecución presupuestaria, deberá implantar un sistema eficiente y ágil de seguimiento y ejecución presupuestaria, siendo responsable de sus actuaciones ante el Concejo Municipal. El auditor, interno podrá ser contratado a tiempo completo o parcial. Las municipalidades podrán contratar, en forma asociativa, un auditor interno. Sus funciones serán normadas por el reglamento interno correspondiente.

Artículo 89.* Registrador civil.

El Concejo Municipal nombrará al registrador civil de su municipio. En su ausencia el secretario municipal ejercerá sus funciones. Para el nombramiento del cargo, es necesario ser guatemalteco de origen y ciudadano en ejercicio de sus derechos políticos. En el desempeño del cargo, las funciones del registrador civil estarán normadas por lo que establece el Código Civil y el reglamento respectivo de cada municipio.

*Derogado a partir del treinta de septiembre de dos mil ocho, por el Artículo 13, del Decreto Número 23-2008 el 17-05-2008

Artículo 90.* Otros funcionarios.

Cuando las necesidades de modernización y volúmenes de trabajo lo exijan, a propuesta del Alcalde, el Concejo Municipal podrá autorizar la contratación del Gerente Municipal, Juez de Asuntos Municipales y otros funcionarios que coadyuven al eficiente desempeño de las funciones técnicas y administrativas de las municipalidades, cuyas atribuciones serán reguladas por los reglamentos respectivos.

*Reformado por el Artículo 19, del Decreto Número 22-2010 el 22-06-2010

Artículo 91. Prohibiciones.

No podrán ocupar los cargos a que se refieren los artículos 81, 83, 86, 88, 89 y 90 de este Código, los parientes del alcalde y demás miembros de su corporación, incluidos dentro de los grados de ley ni los excluidos por otras leyes.

Artículo 92. Empleados municipales.

Los derechos, obligaciones, atribuciones y responsabilidades de los empleados municipales están determinadas en la Ley de Servicio Municipal, los reglamentos que sobre la materia emita el Concejo Municipal, y los pactos y convenios colectivos que se suscriban de conformidad con la ley.

Todo empleado o funcionario municipal será personalmente responsable, conforme a las leyes, por las infracciones u omisiones en que incurra en el desempeño de su cargo.

Artículo 93. Carrera administrativa municipal.

Las municipalidades deberán establecer un procedimiento de oposición para el otorgamiento de puestos, e instituir la carrera administrativa, debiéndose garantizar las normas adecuadas de disciplina y recibir justas prestaciones económicas y sociales, así como, estar garantizados contra sanciones o despidos que no tengan fundamento legal, de conformidad con la Ley de Servicio Municipal.

Artículo 94.* Capacitación a empleados municipales.

Las municipalidades en coordinación con otras entidades municipalistas y de capacitación, tanto públicas como privadas, deberán promover el desarrollo de esfuerzos de capacitación a su personal por lo menos una vez por semestre, con el propósito de fortalecer la carrera administrativa del empleado municipal.

En lo que respecta al sistema de capacitación de competencias de funcionarios municipales, establecido en este Código, es responsabilidad de la municipalidad elaborar los programas que orientarán la capacitación.

*Adicionado un párrafo por el Artículo 20, del Decreto Número 22-2010 el 22-06-2010

Artículo 94.* Bis. Capacitación de competencias para los funcionarios municipales.

Es responsabilidad de la Municipalidad, que los funcionarios municipales a que se refieren los artículos 83, 88, 90, 95 y 97 del presente Código, además de los requisitos que para cada uno de ellos se establece en dichos artículos, para ser nombrados como tales, deberán ser capacitados de acuerdo a los recursos que disponga.

*Adicionado por el Artículo 21, del Decreto Número 22-2010 el 22-06-2010

Artículo 94.* Ter. Proceso de capacitación y rectoría.

Sin perjuicio de lo establecido en el artículo 94 de este Código, el proceso para la capacitación a que se refiere el artículo anterior, exigible a los funcionarios municipales, será normado por el Concejo Municipal, el que observará los principios de igualdad de oportunidades, objetividad y ecuanimidad, así como lo establecido en la Ley de Servicio Municipal.

*Adicionado por el Artículo 22, del Decreto Número 22-2010 el 22-06-2010

Capítulo V
Oficinas Técnicas Municipales

Artículo 95. Dirección Municipal de Planificación.

El Concejo Municipal tendrá una Dirección Municipal de Planificación que coordinará y consolidará los diagnósticos, planes, programas y proyectos de desarrollo del municipio. La Dirección Municipal de Planificación podrá contar con el apoyo sectorial de los ministerios y secretarias de Estado que integran el Organismo Ejecutivo. La Dirección Municipal de Planificación es responsable de producir la información precisa y de calidad requerida para la formulación y gestión de las políticas públicas municipales.

El Director de la Oficina Municipal de Planificación deberá ser guatemalteco de origen, ciudadano en ejercicio de sus derechos políticos y profesional, o tener experiencia calificada en la materia.

*Reformado por el Artículo 23, del Decreto Número 22-2010 el 22-06-2010

Artículo 96.* Funciones de la Dirección Municipal de Planificación.

La Dirección Municipal de Planificación tendrá las siguientes funciones:

a) Cumplir y ejecutar las decisiones del Concejo Municipal en lo correspondiente a su responsabilidad y atribuciones específicas;

b) Elaborar los perfiles, estudios de pre inversión y factibilidad de los proyectos para el desarrollo del municipio, a partir de las necesidades sentidas y priorizadas;

c) Mantener actualizadas las estadísticas socioeconómicas del municipio, incluyendo la información geográfica de ordenamiento territorial y de recursos naturales;

d) Mantener actualizado el registro de necesidades identificadas y priorizadas, y de los planes, programas y proyectos en sus fases de perfil, factibilidad, negociación y ejecución;

e) Mantener un inventario permanente de la infraestructura social y productiva con que cuenta cada centro poblado, así como de la cobertura de los servicios públicos de los que gozan éstos;

f) Asesorar al Concejo Municipal y al Alcalde en sus relaciones con las entidades de desarrollo públicas y privadas;

g) Suministrar la información que le sea requerida por las autoridades municipales u otros interesados, con base a los registros existentes; y,

h) Mantener actualizado el catastro municipal.

Las municipalidades podrán contratar en forma asociativa los servicios de un coordinador de sus oficinas municipales de planificación.

*Reformado por el Artículo 24, del Decreto Número 22-2010 el 22-06-2010

Artículo 96 Bis.*Oficina Municipal de la Mujer.

El Concejo Municipal creará, antes de finalizar el año 2010, mediante el acuerdo correspondiente, la Oficina Municipal de la Mujer, que será la responsable de la atención de las necesidades específicas de las mujeres del municipio y del fomento de su liderazgo comunitario, participación económica, social y política. El Concejo Municipal deberá velar porque a dicha Oficina se le asignen fondos suficientes en el presupuesto municipal de cada año, para su funcionamiento y para el cumplimiento de sus objetivos. La Oficina Municipal de la Mujer coordinará sus funciones con las demás oficinas técnicas de la Municipalidad.

La responsable de la Oficina Municipal de la Mujer será nombrada por el Concejo Municipal; debe ser guatemalteca, vivir en el municipio que la seleccione, hablar el o los idiomas principales que se hablen en el municipio, tener experiencia en trabajo con mujeres y encontrarse en ejercicio de sus derechos civiles y políticos.

*Adicionado por el Artículo 25, del Decreto Número 22-2010 el 22-06-2010

Artículo 96 Ter.*Atribuciones de la Oficina Municipal de la Mujer. Son atribuciones de la Oficina Municipal de la Mujer.

a) Planificar y programar las acciones de carácter técnico que implementará la Oficina Municipal de la Mujer;

b) Proponer al Concejo Municipal para el funcionamiento de la Oficina Municipal de la Mujer y el cumplimiento de sus atribuciones;

c) Elaborar el Manual de las Funciones de la Oficina Municipal de la Mujer específico del municipio;

d) Informar al Concejo Municipal y a sus Comisiones, al alcalde o Alcaldesa, al Consejo Municipal de Desarrollo y a sus comisiones, sobre la situación de las mujeres del municipio;

e) Ser la responsable de elaborar e implementar propuestas de políticas municipales basadas en la Política Nacional de Promoción y Desarrollo de las Mujeres Guatemaltecas para integrarlas a políticas, agendas locales y acciones municipales;

f) Brindar información, asesoría y orientación a las mujeres del municipio, especialmente sobre sus derechos; así como apoyar el proceso de organización y formalización de los grupos de mujeres, acompañándolas en la obtención de su personalidad jurídica;

g) Organizar cursos de capacitación y formación para las mujeres del municipio, para fortalecer sus habilidades, capacidades y destrezas;

h) Informar y difundir el quehacer de la Oficina Municipal de la Mujer a través de los medios de comunicación, con el objeto de visualizar las acciones que la Oficina realiza en el municipio;

i) Promover la organización social y participación comunitaria de las mujeres en los distintos niveles del Sistema de Consejos de Desarrollo Urbano y Rural;

j) Coordinar con las dependencias responsables, la gestión de cooperación técnica y financiera con entes nacionales e internacionales, para la implementación de acciones y proyectos a favor de las mujeres del municipio;

k) Mantener y actualizar permanentemente un centro de documentación que contenga material informativo, de capacitación y de investigación, así como leyes generales y específicas, en especial las que se refieren a los derechos humanos de las mujeres, participación ciudadana y auditoría social; y,

l) Proponer la creación de guarderías municipales para la atención de los menores que habitan el municipio.

*Adicionado por el Artículo 26, del Decreto Número 22-2010 el 22-06-2010

Artículo 97.* Administración Financiera Integrada Municipal.

Para efectos de cumplir y hacer cumplir todo lo relativo al régimen jurídico financiero del municipio, la recaudación y administración de los ingresos municipales, la gestión de financiamiento, la ejecución presupuestaria y control de los bienes comunales y patrimoniales del municipio, cada municipalidad deberá contar con la Administración Financiera integrada Municipal, la que organizará acorde a la complejidad de su organización municipal. Dicha unidad deberá contar como mínimo con las áreas de tesorería, contabilidad y presupuesto. Las funciones de cada una de dichas áreas serán normadas en el reglamento interno correspondiente.

*Reformado por el Artículo 27, del Decreto Número 22-2010 el 22-06-2010

Artículo 98. Competencia y funciones de la Dirección de Administración Financiera Integrada Municipal.

La Dirección de Administración Financiera Integrada Municipal tendrá las atribuciones siguientes:

a) Proponer, en coordinación con la oficina municipal de planificación, al Alcalde Municipal, la política presupuestaria y las normas para su formulación, coordinando y consolidando la formulación del proyecto de presupuesto de ingresos y egresos del municipio, en lo que corresponde a las dependencias municipales;

b) Rendir cuenta al Concejo Municipal, en su sesión inmediata, para que resuelva sobre los pagos que haga por orden del Alcalde y que, a su juicio, no estén basados en la ley, lo que lo eximirá de toda responsabilidad con relación a esos pagos;

c) Programar el flujo de ingresos y egresos con base a las prioridades y disponibilidades de la municipalidad, en concordancia con los requerimientos de sus dependencias municipales, responsables de la ejecución de programas y proyectos; así como efectuar los pagos que estén fundados en las asignaciones del presupuesto municipal, verificando previamente su legalidad;

d) Llevar el registro de lo ejecución presupuestaria y de la contabilidad de la municipalidad y preparar los informes analíticos correspondientes;

e) Remitir a la Contraloría General de Cuentas, certificación del acta que documenta el corte de caja y arqueo de valores municipales, a más tardar cinco (5) días hábiles después de efectuadas esas operaciones;

f) Evaluar cuatrimestralmente la ejecución del presupuesto de ingresos y gastos del municipio y proponer las medidas que sean necesarias;

g) Efectuar el cierre contable y liquidar anualmente el presupuesto de ingresos y gastos del municipio;

h) Recaudar, administrar, controlar y fiscalizar los tributos y, en general, todas las demás rentas e ingresos que deba percibir la municipalidad, de conformidad con la ley;

i) Asesorar al Alcalde y al Concejo Municipal en materia de administración financiera;

j) Mantener una adecuada coordinación con los entes rectores de los sistemas de administración financiera y aplicar las normas y procedimientos que emanen de éstos;

k) Elaborar y mantener actualizado el registro de contribuyentes, en coordinación con el catastro municipal;

l) Informar al Alcalde y a la Oficina Municipal de Planificación sobre los cambios de los oblatos y sujetos de la tributación;

m) Administrar la deuda pública municipal;

n) Administrar la cuenta caja única, basándose en los instrumentos gerenciales, de la Cuenta Única del Tesoro Municipal;

o) Elaborar y presentar la información financiera que por ley le corresponde; y,

p) Desempeñar cualquier otra función o atribución que le sea asignada por la ley, por el Concejo o por el alcalde Municipal en materia financiera.

*Reformado por el Artículo 28, del Decreto Número 22-2010 el 22-06-2010

TITULO VI
HACIENDA MUNICIPAL

Capítulo I
Finanzas Municipales

Artículo 99. Finanzas Municipales.

Las finanzas del municipio comprenden el conjunto de bienes, ingresos y obligaciones que conforman el activo y el pasivo del municipio.

Artículo 100.* Ingresos del municipio.

Constituyen ingresos del municipio:

a) Los provenientes del aporte que por disposición constitucional, el Organismo Ejecutivo debe trasladar directamente a cada municipio;

b) El producto de los impuestos que el Congreso de la República decrete a favor del municipio;

c) Las donaciones que se hicieren al municipio;

d) Los bienes comunales y patrimoniales del municipio, y las rentas, frutos y productos de tales bienes;

e) El producto de los arbitrios, tasas administrativas y servicios municipales;

f) El ingreso proveniente de las contribuciones por mejoras, aportes compensatorios, derechos e impuestos por obras de desarrollo urbano y rural que realice la municipalidad, así como el ingreso proveniente de las contribuciones que paguen quienes se dedican a la explotación comercial de los recursos del municipio o que tengan su sede en el mismo;

g)   Los ingresos provenientes de préstamos y empréstitos;

h)   Los ingresos provenientes de multas administrativas y de otras fuentes legales;

i)   Los intereses producidos por cualquier clase de débito fiscal;

j)   Los intereses devengados por las cantidades de dinero consignadas en calidad de depósito en el sistema financiero nacional;

k)   Los provenientes de las empresas, fundaciones o cualquier ente desconcentrado del municipio;

l)   Los provenientes de las transferencias recurrentes de los distintos fondos nacionales;

m) Los provenientes de los convenios de mancomunidades de municipios;

n)   Los provenientes de los contratos de concesión de servicios públicos municipales;

o)   Los provenientes de las donaciones;

p)   Los provenientes de aportes especiales esporádicos que acuerden los órganos del Estado;

q)   El precio de la venta de bienes inmuebles;

r)   El ingreso, sea por la modalidad de rentas de los bienes municipales de uso común o no, por servidumbre onerosa, arrendamientos o tasas; y,

s)   Cualesquiera otros que determinen las leyes o los acuerdos y demás normas municipales.

*Reformado por el Artículo 29, del Decreto Número 22-2010 el 22-06-2010

Artículo 101. Principio de legalidad.

La obtención y captación de recursos para el fortalecimiento económico y desarrollo del municipio y para realizar las obras y prestar los servicios que se necesitan, deben ajustarse al principio de legalidad que fundamentalmente descansa en la equidad y justicia tributaria.

Es prohibida la percepción de ingresos que no estén autorizados. Cualquier cobro que se haga bajo este criterio, debe ser devuelto al contribuyente, previa solicitud al Concejo Municipal el que antes de autorizar la devolución comprobará el extremo del cobro indebido.

Artículo 102. Contribución por mejoras.

Los vecinos beneficiarios de las obras de urbanización que mejoren las áreas o lugares en que estén situados sus inmuebles, pagarán las contribuciones que establezca el Concejo Municipal, las cuales no podrán exceder del costo de las mejoras. El reglamento que emita el Concejo Municipal establecerá el sistema de cuotas y los procedimientos de cobro.

Los ingresos por concepto de contribuciones, tasas administrativas y de servicios, de rentas y los provenientes de los bienes y empresas municipales preferentemente se destinarán para cubrir gastos de administración, operación y mantenimiento y el pago del servicio de deuda contraída por el Concejo Municipal para la prestación del servicio de que se trate.

Al producto de las contribuciones anticipadas para la realización de obras de urbanización no podrá dársele ningún otro uso o destino.

Artículo 103. Inversiones con fondos del gobierno central. Cuando se hagan inversiones con fondos del gobierno central en la planificación, programación y ejecución de proyectos tendentes a establecer o mejorar servicios en el municipio, la municipalidad no está obligada a reintegrarlos, a menos que exista un convenio preestablecido, aprobado por el Concejo Municipal. Las entidades del gobierno central, descentralizadas y autónomas, deberán celebrar convenios de ejecución de obras civiles con las municipalidades del país y mancomunidades de municipalidades.

Artículo 104. Destino de los impuestos.

A los impuestos con destino específico que el Congreso de la República decrete en beneficio directo del municipio, no podrá dárseles otro destino. En el caso de aquellos impuestos cuya recaudación le sea confiada a las municipalidades por el Ministerio de Finanzas Públicas, para efectuar su cobro, requerirá de la capacitación y certificación de dicho ministerio.

Artículo 105. Prohibición de eximir arbitrios o tasas.

Ningún organismo del Estado está facultado para eximir de pago de arbitrios o tasas a las personas individuales o jurídicas contribuyentes, salvo la propia municipalidad y lo que al respecto establece la Constitución Política de la República.

El Concejo Municipal podrá resolver, con el voto favorable de las dos terceras (2/3) partes del total de los miembros que lo integran, la condonación o la rebaja de multas y recargos por falta de pago de arbitrios, tasas y otras contribuciones y derechos, siempre que lo adeudado se cubra en el tiempo que se señale.

Artículo 106. Privilegios y garantías de los bienes y valores del municipio.

Los bienes y valores que constituyen la hacienda municipal, son propiedad exclusiva del municipio y gozan de las mismas garantías y privilegios que los bienes y valores propiedad del Estado.

Artículo 107. Libre administración.

La municipalidad tiene la administración de sus bienes y valores sin más limitaciones que las establecidas por las leyes.

Las Municipalidades, por efecto de su autonomía, pueden constituir sus depósitos en las entidades bancarias y financieras autorizadas por la Superintendencia de Bancos. Esta decisión debe ser acordada por lo menos con el voto favorable de las dos terceras (2/3) partes del total de miembros que integran el Concejo, conforme los criterios de oportunidad, eficiencia, solidez y rentabilidad. Los depósitos que se realicen en las entidades bancarias o financieras deberán contratarse con una tasa de interés que esté por arriba del promedio de tasa pasiva que reporte el Banco de Guatemala al momento de realizar la operación.

Artículo 108. Venta, permuta y arrendamiento de bienes del municipio.

La venta, permuta y arrendamiento de bienes del municipio está sujeta a las disposiciones que la Ley de Contrataciones del Estado y demás leyes fiscales, establecen, para los bienes del Estado, entendiéndose que las atribuciones que en el mismo corresponden al Ministerio de Finanzas Públicas serán aplicables al Concejo Municipal.

La resolución que disponga la venta, permuta, arrendamiento inscribible, o apruebe el remate de bienes del municipio, será emitida con el voto favorable de las dos terceras (2/3) partes del total de miembros que integran el Concejo Municipal, salvo que se trate de bienes y servicios producidos por la municipalidad, sus unidades de servicio y sus empresas, en cuyos supuestos se aplicará lo que disponen las normas sobre la libertad de comercio.

Artículo 109. Tierras comunitarias.

El gobierno municipal establecerá, previa consulta con las autoridades comunitarias, los mecanismos que garanticen a los miembros de las comunidades el uso, conservación y administración de las tierras comunitarias cuya administración se haya encomendado tradicionalmente al gobierno municipal; en todo caso, los mecanismos deben basarse en lo indicado en el Titulo IV, Capítulo I de este Código.

Capítulo II
Endeudamiento Municipal

Artículo 110.* Objeto.

Las municipalidades, para el logro de sus fines, podrán contratar préstamos cumpliendo con los requisitos legales establecidos para el efecto. Deberán observar cuidadosamente el principio de capacidad de pago para no afectar las finanzas municipales y asegurar que el endeudamiento en que incurren no afecte ni comprometa las finanzas públicas nacionales.

Las municipalidades no podrán contraer obligaciones crediticias cuyo plazo de amortización exceda el período de gobierno del Concejo Municipal que las contrae, siempre que se apoye en las conclusiones y recomendaciones de los estudios técnicos de factibilidad que para el efecto se elaboren.

Igualmente podrán emitir, negociar y colocar títulos-valores en el mercado nacional o en el exterior, para cuyo efecto deberán contar previamente con las opiniones del Organismo Ejecutivo y de la Junta Monetaria.

*Reformado por el Artículo 30, del Decreto Número 22-2010 el 22-06-2010

Artículo 111.* Ámbito de aplicación.

El ámbito de aplicación del presente Capitulo será para todas las municipalidades, empresas, entidades u otras figuras jurídicas municipales de carácter descentralizado que tienen presupuestos independientes, pero dependen financieramente de aportes del Gobierno Central, del Instituto de Fomento Municipal o de alguna municipalidad.

Los préstamos que sean contratados y no cumplan con los requisitos establecidos en este capítulo, lo establecido en el artículo 15 de la Ley Orgánica del Presupuesto y su Reglamento, o les contravengan, serán nulos de pleno derecho, siendo civil, penal y administrativamente responsables por su contratación, conforme a la ley, el Concejo o autoridad municipal que lo acuerde y el representante legal de la entidad financiera o personal individual que lo autorice.

*Reformado por el Artículo 31, del Decreto Número 22-2010 el 22-06-2010

Artículo 112. Principio general de capacidad de pago.

El endeudamiento de las municipalidades en ningún caso, deberá exceder su capacidad de pago. Se entenderá por capacidad de pago para cualquier año, el límite máximo entre los recursos ordinarios obtenidos (ingresos propios y transferencias obtenidas en forma permanente) y egresos por concepto de gastos de funcionamiento y servicio de la deuda.

Artículo 113.* Otros requisitos y condiciones de los préstamos internos y externos.

En la contratación de préstamos internos y externos es necesario además, que:

1. El producto se destine exclusivamente a financiar la planificación, programación y ejecución de obras o servicios públicos municipales, o a la ampliación, mejoramiento y mantenimiento de los existentes.

2. Sea acordada con el voto favorable de las dos terceras (2/3) partes del total de miembros que integran el Concejo Municipal, previa consideración y discusión de las conclusiones y recomendaciones de los estudios técnicos de factibilidad que para el efecto haya realizado la Oficina Municipal de Planificación.

3. Los préstamos externos deberán ser canalizados por el Ministerio de Finanzas Públicas y estar sujetos a la política de endeudamiento establecida por el Estado para el sector público. En el caso de los préstamos internos, deberán sujetarse a la política de endeudamiento establecida por el Estado para el sector público.

4. La emisión, negociación y colocación de títulos-valores, tendrá que contar con una calificación de riesgo conforme a la Ley del Mercado de Valores y Mercancías, Decreto Número 34-96 del Congreso de la República. Posterior a la colocación, se deberá informar al Ministerio de Finanzas Públicas, para efectos del registro del endeudamiento público.

5. La tasa de interés que se contrate para los préstamos, en ningún caso puede exceder la tasa activa promedio de interés del Sistema Financiero Nacional reportada por el Banco de Guatemala.

6. Los préstamos internos solamente podrán ser contratados con los bancos del sistema financiero nacional; cualquier préstamo realizado con personas individuales o jurídicas que no sean supervisadas por la Superintendencia de Bancos será nulo de pleno derecho y el alcalde o Concejo Municipal que lo haya autorizado serán responsables conforme a la ley.

*Reformado por el Artículo 32, del Decreto Número 22-2010 el 22-06-2010

Artículo 114.* Objeto.

Las municipalidades solamente podrán pignorar los ingresos propios o las transferencias del Gobierno Central hasta un monto que no exceda de lo que la administración municipal prevea razonablemente que percibirá por tales conceptos durante su periodo correspondiente de gobierno, y que se destinará exclusivamente para el pago del monto de las deudas contraídas. Los responsables de utilizar los fondos provenientes de aquellas pignoraciones para un uso distinto serán responsables de conformidad con la ley.

*Reformado por el Artículo 33, del Decreto Número 22-2010 el 22-06-2010

Artículo 115.* Información financiera.

El Concejo Municipal deberá presentar mensualmente, dentro de los diez (10) días del mes siguiente, a través del módulo de deuda del Sistema Integrado de Administración Financiera, en cualquiera de sus modalidades, el detalle de los préstamos internos y externos vigentes y el saldo de la deuda contratada. La Dirección de Crédito Público del Ministerio de Finanzas Públicas, velará porque las municipalidades mantengan la información actualizada; cuando determine que una municipalidad no está cumpliendo dicha obligación, lo comunicará a la Contraloría General de Cuentas para que la aplique la sanción legalmente correspondiente.

*Reformado por el Artículo 34, del Decreto Número 22-2010 el 22-06-2010

Artículo 116. Fideicomisos.

La municipalidad podrá optar por obtener fondos corrientes en fideicomiso directamente del Organismo Ejecutivo y por intermedio del Ministerio de finanzas Públicas. Para el efecto, deberá presentar los estudios técnicos, económicos y financieros de la operación proyectada.

Artículo 117.* Rendición de cuentas.

En el mes de febrero de cada año, los Concejos Municipales que utilicen préstamos internos o externos, deberán informar a la población, a través de los Consejos Municipales de Desarrollo y de los medios de comunicación disponibles, sobre el destino y la ejecución de los recursos.

*Reformado por el Artículo 35, del Decreto Número 22-2010 el 22-06-2010

Capítulo II

Asignación Constitucional

Artículo 118. * Asignación constitucional y entrega de fondos.

Los recursos financieros a los que se refiere el artículo 257 de la Constitución Política de la República de Guatemala, serán distribuidos a las municipalidades del país en forma mensual, conforme los criterios que este Código indica para ese efecto.

El Ministerio de Finanzas Públicas depositará en forma directa, sin intermediación alguna, antes del día quince de cada mes, el monto correspondiente a cada municipalidad, en las cuentas que las mismas abrirán en el sistema bancario nacional. Igual mecanismo bancario de entrega de fondos se aplicará a cualquier asignación o transferencia establecida o acordada legalmente.

* Reformado por el Artículo 1 del Decreto Del Congreso Número 56-2002 el 10-10-2002.

*Reformado por el Artículo 35, del Decreto Número 22-2010 el 22-06-2010

Artículo 119.* Criterios para la distribución de la asignación constitucional.

Los recursos financieros a los que se refiere este capítulo, serán distribuidos conforme al cálculo matemático que para el efecto realice la comisión específica integrada por:

a) El Secretario de Planificación y Programación de la Presidencia, quien la preside; o el Subsecretario que éste designe;

b) Un representante titular y suplante, designado por al Ministro de Finanzas Públicas;

c) El Presidente de la Asociación Nacional de Municipalidades o el vicepresidente que la Junta Directiva designe;

d) El Presidente de la Asociación Guatemalteca de Alcaldes y Autoridades Indígenas -AGAAI-; o el vicepresidente que la Junta Directiva designe;

e) Un representante titular y suplente, designado por el Contralor General de Cuentas.

La distribución se efectuará de acuerdo con los siguientes criterios:

1. El 30% distribuido proporcionalmente a la población total de cada municipio.

2. El 35% distribuido en partes iguales a todas las municipalidades.

3. El 25% distribuido proporcionalmente a los ingresos propios por cápita de cada municipio.

4. El 10% distribuido directamente proporcional al número de aldeas y caseríos.

Para los efectos de lo establecido en el numeral tres del presente artículo, se entenderá por ingresos propios por cápita de cada municipio, el resultado derivado de la sumatoria de los ingresos provenientes por concepto de arbitrios, tasas administrativas, servicios, rentas, empresas municipales sin contabilizar transferencias o aportes del Estado específicos, contribuciones por mejoras, frutos, productos y los impuestos recaudados por efecto de competencias atribuidas por delegación, dividida entre la población total del municipio.

La Comisión hará un precálculo en el mes de septiembre de cada año, con base en la información del año fiscal inmediato anterior, rendido y liquidado ante la Contraloría General de Cuentas (año n-2), y en las asignaciones contenidas en el proyecto de presupuesto de ingresos y egresos del Estado que constitucionalmente les corresponden a las municipalidades. El cálculo definitivo lo realizará la Comisión, durante los primeros cinco días después de entrada en vigencia la ley anual del presupuesto general de ingresos y egresos del Estado.

Para el caso de aquellos municipios de reciente creación que no cuenten con datos históricos sobre las variables utilizadas para la asignación del situado constitucional, la Comisión definirá la metodología de asignación a utilizar.

*Reformado por el Artículo 37, del Decreto Número 22-2010 el 22-06-2010

Artículo 120.* Instituciones que proporcionan información para el cálculo de distribución de la asignación constitucional.

La Secretaria de Planificación y Programación de la Presidencia recibirá, en forma directa, la información para el cálculo matemático de la asignación constitucional, de las instituciones siguientes:

1. Del Tribunal Supremo Electoral: El número de municipios constituidos al momento de hacer el cálculo;

2. Del Instituto Nacional de Estadística: La población total de cada municipio estimada para el año anterior al que se va a hacer el cálculo y el número de aldeas y caseríos de cada municipio;

3. Del Ministerio de Finanzas Públicas: El monto de los ingresos propios de cada municipalidad, incluyendo el de las empresas municipales reportados al Sistema Integrado de Administración Financiera, rendido y liquidado ante la Contraloría General de Cuentas;

4. De la Contraloría General de Cuentas: Para verificar la autenticidad de la información a que alude el numeral anterior.

Cada una de las instituciones deberá trasladar la información correspondiente antes del treinta y uno de enero de cada año. La información debe estar en la red a través de internet.

*Reformado por el Artículo 38, del Decreto Número 22-2010 el 22-06-2010

Artículo 121.* Información municipal para el cálculo de la distribución de la asignación constitucional.

A más tardar el treinta y uno de marzo de cada año, los Concejos Municipales deben haber presentado la información sobre su ejecución de gastos e ingresos del año anterior, a través del Sistema Integrado de Administración Financiera -SIAF-, en cualquiera de sus modalidades, según lo manda la Ley Orgánica del Presupuesto y el Código Municipal. Para aquel municipio que no cumpla con presentar la información a través del SIAF, se considerarán como ingresos propios los reportados en el SIAF en el año anterior. En caso que no reporte el siguiente año, se considerará que no tuvo ingresos propios, para efectos del cálculo.

*Reformado por el Artículo 39, del Decreto Número 22-2010 el 22-06-2010

Artículo 122.* Publicidad de los datos.

La Comisión Especifica integrada en el artículo 119 de este Código, publicará en el Diario Oficial y otro diario de amplia circulación, el cálculo definitivo que indique el monto correspondiente a cada municipio, así como la información utilizada para distribuir el situado constitucional. Dicha publicación deberá hacerse antes de finalizar el mes de enero de cada año. Asimismo, deben publicarse los ajustes que se realicen a los montos asignados a cada municipio; dicha publicación deberá hacerse dentro de los quince días siguientes. La publicación de dicha información en el Diario Oficial se hará en forma gratuita e inmediata.

*Reformado por el Artículo 40, del Decreto Número 22-2010 el 22-06-2010

Artículo 123. Saldo de los fondos constitucionales.

La asignación constitucional asignada a las municipalidades que no sea utilizada durante el período fiscal para el que fue asignada, podrá ser reprogramada para el siguiente ejercicio fiscal, manteniendo su carácter de asignación constitucional para efecto de la aplicación de los fondos.

Artículo 124. Otras asignaciones.

Las municipalidades seguirán percibiendo aquellas asignaciones establecidas a su favor en leyes específicas.

Capítulo IV
Presupuesto Municipal

Artículo 125. Ejercicio fiscal.

El ejercicio fiscal del presupuesto y la contabilidad municipal principian el uno (1) de enero y termina el treinta y uno (31) de diciembre de cada año.

Artículo 126.* Unidad presupuestaria.

El presupuesto municipal es uno, y en él deben figurar todos los ingresos estimados y los gastos autorizados para el ejercicio fiscal correspondiente. Las empresas municipales tendrán su propio presupuesto de ingresos y egresos que será aprobado por el Concejo Municipal. El Concejo Municipal podrá acordar subsidios provenientes del presupuesto municipal para el sostenimiento de sus empresas. En el caso de las empresas municipales, los ingresos generados por éstas se incluirán en la estimación de ingresos del presupuesto municipal.

*Reformado por el Artículo 41, del Decreto Número 22-2010 el 22-06-2010.

Artículo 127. Determinación del monto de egresos.

En ningún caso el monto fijado por concepto de egresos podrá ser superior al de los ingresos previstos, más la suma disponible en caja por economía o superávit de ejercicios anteriores.

El presupuesto de ingresos y egresos podrá ser ampliado durante el ejercicio por motivos de ingresos derivados de saldos de caja, ingresos extraordinarios, préstamos, empréstitos, donaciones, nuevos arbitrios, o por modificación de los mismos, tasas, rentas y otras contribuciones locales.

Al ampliarse el presupuesto con el saldo de caja o cualquier otro ingreso estacional o eventual, estos no deben aplicarse al aumento de sueldos o salarios, la creación de plazas o gastos corrientes permanentes.

Artículo 128. Sujeción del presupuesto.

La elaboración del presupuesto se sujetará a la realidad financiera del municipio, con base en las estimaciones y resultados de los últimos cinco (5) años.

Artículo 129.* Estructura del presupuesto.

El presupuesto municipal tendrá su estructurará de acuerdo a la técnica del presupuesto, por programas, atendiendo a las siguientes categorías programáticas:

a)   Programa;

b)   Subprograma;

c)   Proyecto; y,

d)   Actividad u obra.

Para la conformación del presupuesto de ingresos se utilizará el clasificador de recursos por rubro, y en lo que respecto a los egresos se utilizarán las clasificaciones siguientes:

a)   Institucional;

b)   Objeto del gasto;

c)   Tipo de gasto;

d)   Económica;

e)   Finalidades y funciones:

f)   Fuentes de financiamiento; y,

g)   Localización geográfica.

*Reformado por el Artículo 42, del Decreto Número 22-2010 el 22-06-2010

Artículo 130. Objetivo de las inversiones.

Las inversiones se harán preferentemente en la creación, mantenimiento y mejora de los servicios públicos municipales y en la realización de obras sanitarias y de urbanización.

No puede asignarse ni disponerse de cantidad alguna para objetivos ajenos a los fines del municipio.

Artículo 131. Formulación y aprobación del presupuesto.

El alcalde municipal, asesorado por las comisiones de finanzas y probidad y funcionarios municipales, con sujeción a las normas presupuestarias contenidas en la Constitución Política de la República de Guatemala, este Código, y la Ley Orgánica del Presupuesto, formulará el proyecto de presupuesto en coordinación con las políticas públicas vigentes, y en la primera semana del mes de octubre de cada año, lo someterá a la consideración del Consejo Municipal que, al aprobarlo, podrá hacerle las modificaciones convenientes. El presupuesto debe quedar aprobado a más tardar el quince (15) de diciembre de cada año. Si se iniciare el ejercicio siguiente sin estar aprobado el nuevo presupuesto, regirá el del año anterior, el cual podrá ser modificado o ajustado por el Concejo Municipal.

La municipalidad debe disponer y administrar equitativamente su presupuesto anual entre las comunidades rurales y urbanas, indígenas y no indígenas, tomando en cuenta la densidad de población, las necesidades básicas insatisfechas, los indicadores de salud y educación, la situación ambiental y la disponibilidad de recursos financieros.

Cuando las condiciones financieras de las municipalidades lo permitan, las alcaldías comunitarias o auxiliares recibirán anualmente una asignación financiera del presupuesto municipal destinada estrictamente para gastos de operación y administración. El monto de esta asignación será determinado por las dos terceras (2/3) partes de los miembros que integran el Consejo Municipal, tomando en cuenta las necesidades de las alcaldías comunitarias o auxiliares y la capacidad económica de la municipalidad.

Artículo 132. Participación de las organizaciones comunitarias en la formulación del presupuesto municipal.

El alcalde en la formulación del presupuesto podrá integrar los compromisos acordados en el seno de su respectivo Concejo Municipal de desarrollo, siempre que hayan sido aprobados esos proyectos en las otras instancias de gestión de la inversión pública; asimismo, incorporar las recomendaciones de su oficina municipal de planificación.

El Concejo Municipal establecerá los mecanismos que aseguren a las organizaciones comunitarias la oportunidad de comunicar y discutir con los órganos municipales, los proyectos que desean incluir en el presupuesto de inversión así como los gastos de funcionamiento.

El Concejo Municipal informará a las organizaciones comunitarias los criterios y limitaciones técnicas, financieras y políticas que incidieron en la inclusión o exclusión de los proyectos en el presupuesto municipal, y en su caso, la programación diferida de los mismos.

Artículo 133.* Aprobación de modificaciones y transferencias presupuestarias.

La aprobación del presupuesto, las modificaciones al aprobado y la transferencia de partidas del mismo, requieren del voto favorable de las dos terceras (2/3) partes de los miembros que integran el Concejo Municipal, que deberá observar las normas nacionales y municipales relativas a la ejecución presupuestaria. De estas aprobaciones se enviará copia.

El Concejo Municipal podrá incluir en las normas de ejecución presupuestaria los techos presupuestarios dentro de los cuales el Alcalde Municipal podrá efectuar las transferencias o ampliaciones de partidas que no modifiquen el monto total del presupuesto aprobado.

*Reformado por el Artículo 43, del Decreto Número 22-2010 el 22-06-2010

Artículo 134. Responsabilidad.

El uso indebido, ilegal y sin autorización de recursos, gastos y desembolsos, hacen responsables administrativa o penalmente en forma solidaria al empleado y funcionario que los realizaron y autorizaron, si fuera el caso. De la misma manera, si hubiere resultado perjuicio a los intereses municipales, se hará efectiva la responsabilidad de quienes concurran a calificar favorablemente una fianza en resguardo de los intereses municipales si al tiempo de admitirla, el fiador resultare notoriamente incapaz o insolvente, comprobado fehacientemente.

Artículo 135.* Información sobre la ejecución del presupuesto.

El alcalde debe informar cuatrimestralmente a su Concejo Municipal sobre la ejecución del presupuesto de ingresos y egresos de su municipio. Además, según la tecnología de la información utilizada para el registro de las transacciones financieras y seta realizaciones físicas, pondrá a disposición de la Contraloría General de Cuentas, de manera constante o mensual, según sea el caso, el registro de las transacciones presupuestarias, extra-presupuestarias y patrimoniales para su control, fiscalización y asesoría.

Igualmente, con fines de consolidación presupuestaria del sector público y actualización de los portales de transparencia fiscal, dicha información, de manera agregada, estará disponible para el Ministerio de Finanzas Públicas y la Secretaria de Planificación y Programación de la Presidencia de la República.

Para satisfacer el principio de unidad en la fiscalización de los ingresos y egresos del Estado, la municipalidad presentará al Congreso de la República la liquidación de su presupuesto, para lo cual deberá observarse lo preceptuado en el artículo 241 de la Constitución Política de la República de Guatemala. Para hacer posible la auditoria social, el Concejo Municipal compartirá cada cuatro meses con el Consejo Municipal de Desarrollo, la información sobre el estado de ingresos y egresos del presupuesto municipal. La misma información deberá estar a disposición de las comunidades, a través de los alcaldes comunitarios o alcaldes auxiliares, y a la población en general, utilizando los medios a su alcance.

*Reformado por el Artículo 44, del Decreto Número 22-2010 el 22-06-2010

Artículo 136. Fiscalización.

La fiscalización de ejecución de los recursos municipales estará a cargo de la Contraloría General de Cuentas, y tiene por objeto:

a) Comprobar y verificar la legalidad de los ingresos y los egresos.

b) Velar porque la administración de los bienes e intereses financieros del municipio se realicen legal, técnica y racionalmente y se obtengan los mayores beneficios a favor de su desarrollo económico, social e institucional.

c) Velar por la adecuada inversión de los fondos del municipio en cualesquiera de sus programas de funcionamiento, inversión y deuda.

d) Deducir responsabilidad a los funcionarios y empleados municipales, por actos y omisiones que dañen o perjudiquen los intereses del municipio.

*Reformado por el Artículo 45, del Decreto Número 22-2010 el 22-06-2010

Artículo 137. Medios de fiscalización.

La fiscalización se hará por los siguientes medios:

a) Glosa y examen de las cuentas del municipio.

b)   Corte de caja, arqueos de valores y verificación de inventarios.

c)   Auditoria de los estados financieros.

d)   Aseguramiento de aquellos bienes del municipio que razonablemente requieran protección.

e)   Auditorias administrativas.

f)   Caución, mediante fianza de fidelidad que garantice la responsabilidad de funcionarios y empleados municipales que recauden, administren y custodien bienes, fondos y valores del municipio.

Artículo 138. Fiscalización y rendición de cuentas.

La municipalidad deberá rendir cuentas conforme lo establece la Ley Orgánica del Tribunal y Contraloría de Cuentas.

TITULO VII
PRINCIPIOS REGULADORES DE LOS PROCEDIMIENTOS ADMINISTRATIVOS

Capítulo I
Procedimientos Administrativos

Artículo 139. Información para la Auditoría Social.

Las oficinas, registros, documentos y expedientes existentes en la municipalidad, son públicos y pueden ser examinados o consultados por cualquier persona y obtener certificaciones en la forma prescrita por el artículo 30 de la Constitución Política de la República.

Artículo 140. Formación de expedientes.

De todo asunto que se tramite por escrito se formará expediente, debidamente foliado con los memoriales que se presenten y demás actos de autoridad que correspondan a las actuaciones.

Los interesados deberán indicar en su primer escrito o comparecencia personal, la dirección exacta donde recibirán citaciones dentro del perímetro de los centros poblados o de su residencia en la circunscripción municipal; en caso de no manifestarse el cambio de dirección, las citaciones se harán en el lugar que conste en autos.

Los expedientes administrativos deberán impulsarse de oficio, observándose el derecho de audiencia y asegurando la celeridad, sencillez, y eficacia del trámite. La actuación administrativa será gratuita.

Artículo 141. Resoluciones.

En la sustentación y resolución de los asuntos relativos a plazos, apremios y notificaciones, se aplicará lo que disponen las leyes administrativas y procesales, en lo que fuere aplicable.

Capítulo II
Ordenamiento Territorial y Desarrollo Integral

Artículo 142. Formulación y ejecución de planes.

Las Municipalidades están obligadas a formular y ejecutar planes de ordenamiento territorial y de desarrollo integral de sus municipios, y por consiguiente, les corresponde la función de proyector, realizar y reglamentar la planeación, proyección, ejecución y control urbanísticos, así como la preservación y mejoramiento del entorno y el ornato.

Las lotificaciones, parcelamientos, urbanizaciones y cualesquiera otras formas de desarrollo urbano o rural que pretendan realizar o realicen el Estado o sus entidades o instituciones autónomas y descentralizadas, así como las personas individuales o jurídicas que sean calificadas para ello, deberán contar con la aprobación y autorización de la municipalidad en cuya circunscripción se localicen.

Tales formas de desarrollo, cumpliendo los requerimientos establecidos, deberán comprender y garantizar, como mínimo y sin excepción alguna, el establecimiento, funcionamiento y administración de los servicios públicos siguientes, sin afectar los servicios que ya se prestan a otros habitantes del municipio:

a) Vías, calles, avenidas, camellones y aceras de las dimensiones, seguridades y calidades adecuadas, según su naturaleza;

b) Agua potable y sus correspondientes instalaciones, equipos y red de distribución;

c) Energía eléctrica, alumbrado público y domiciliar;

d) Alcantarillado y drenajes generales y conexiones domiciliares; y,

e) Áreas recreativas y deportivas, escuelas, mercados, terminales de transporte y de pasajeros y centros de salud.

La municipalidad será responsable de velar por el cumplimiento de todos estos requisitos.

*Reformado por el Artículo 46, del Decreto Número 22-2010 el 22-06-2010

Artículo 143. Planes y usos del suelo.

Los planes de ordenamiento territorial y de desarrollo integral del municipio deben respetar, en todo caso, los lugares sagrados o de significación histórica o cultural, entre los cuales están los monumentos, áreas, plazas, edificios de valor histórico y cultural de las poblaciones, así como sus áreas de influencia.

En dichos planes se determinará, por otra parte, el uso del suelo dentro de la circunscripción territorial del municipio, de acuerdo con la vocación del mismo y las tendencias de crecimiento de los centros poblados y desarrollo urbanístico.

Artículo 144. Aprobación de los planes.

La aprobación de los planes de ordenamiento territorial y de desarrollo integral, así como sus modificaciones, se hará con el voto favorable de las dos terceras (2/3) partes de los miembros que integran el Concejo Municipal.

Artículo 145. Obras del Gobierno Central.

La realización por parte del Gobierno Central o de otras dependencias públicas, de obras públicas que se relacionen con el desarrollo urbano de los centros poblados, se hará en armonía con el respectivo plan de ordenamiento territorial y conocimiento del Concejo Municipal.

Artículo 146. Autorización para construcciones a la orilla de las carreteras.

Para edificar a la orilla de las carreteras, se necesita autorización escrita de la municipalidad, la que la denegará si la distancia, medida del centro de vía a rostro de la edificación, es menor de cuarenta (40) metros en las carreteras de primera categoría y de veinticinco (25) metros en carreteras de segunda categoría.

Quedan prohibidos los establecimientos de bebidas alcohólicas o cantinas a una distancia menor de cien (100) metros del centro de la carretera.

Para conceder las autorizaciones anteriormente indicadas, la municipalidad tomará en cuenta además, las prescripciones contenidas en tratados, convenios y acuerdos internacionales vigentes en materia de carreteras. Cuando los derechos de vía afecten la totalidad de una parcela de terreno, ya sea rural o urbana, o el área que quede de excedente no pueda destinarse a fin alguno, el propietario deberá ser indemnizado de conformidad con la ley de la materia.

Artículo 147. Licencia o autorización municipal de urbanización.

La Municipalidad está obligada a formular y efectuar planes de ordenamiento territorial, de desarrollo integral y planificación urbana de sus municipios, en la forma y modalidades establecidas en el primer párrafo del artículo 142 de este Código.

Las lotificaciones, parcelamientos, urbanizaciones y cualquier otra forma de desarrollo urbano o rural que pretenda realizar o realicen el Estado o sus entidades o instituciones autónomas y descentralizadas, así como personas individuales o jurídicas, deberán contar asimismo con licencia municipal.

Tales formas de desarrollo deben cumplir con los requerimientos establecidos por la municipalidad y, en todo caso, cumplir como mínimo con los servicios públicos siguientes:

a) Vías, avenidas, calles, camellones y aceras de las dimensiones, seguridades y calidades adecuadas, según su naturaleza.

b) Agua potable y sus correspondientes instalaciones, equipos y red de distribución.

c) Energía eléctrica, alumbrado público y domiciliar.

d) Alcantarillado y drenajes generales y conexiones domiciliares.

e) Áreas recreativas y deportivas, escuelas, mercados, terminales de transporte y de pasajeros, y centros de salud, cuando aplique.

*Reformado por el Artículo 47, del Decreto Número 22-2010 el 22-06-2010

Artículo 148. Garantía de cumplimiento.

Previo a obtener la licencia municipal a que se refiere el artículo anterior, las personas individuales o jurídicas deberán garantizar el cumplimiento de la totalidad de las obligaciones que conlleva el proyecto hasta su terminación, a favor de la municipalidad que deba extenderla, a través de fianza otorgada por cualquiera de las compañías afianzadoras autorizadas para operar en el país, por un monto equivalente al avalúo del inmueble en que se llevará a cabo; efectuado por la municipalidad.

Si transcurrido el plazo previsto el proyecto no se termina, la compañía afianzadora hará efectivo el valor de la fianza a la municipalidad para que esta concluya los trabajos pendientes.

Artículo 149. Escrituración.

Previo al otorgamiento de la escritura de promesa de venta o compraventa por parte de los lotificadores o urbanizadores debe obtenerse la licencia a que se refiere el artículo 147 de este Código, cuyo número de identificación y fecha de emisión deberá hacerse constar en el texto de la misma, requisito sin el cual el Registro General de la Propiedad no operará su inscripción.

TITULO VIII
RÉGIMEN SANCIONATORIO

Capítulo I
Faltas y Sanciones

Artículo 150. Faltas.

Serán sancionadas las faltas que estén expresamente consignadas en las ordenanzas, reglamentos, acuerdos y disposiciones municipales, que tengan que observar los vecinos, transeúntes y personas jurídicas en la circunscripción municipal de que se trate.

Artículo 151. Sanciones.

En el ejercicio de su facultad sancionatoria, la municipalidad podrá imponer, según sea el caso, las siguientes sanciones por faltas administrativas o infracciones legales administrativas cometidas contra las ordenanzas, reglamentos o disposiciones municipales y el presente Código:

a) Amonestación verbal o escrita.

b) Multa.

c) Suspensión hasta por tres (3) meses, según sea la gravedad de la falta administrativa o infracción de la licencia o permiso municipal, en cuyo ejercicio se hubiere cometido.

d) Cancelación de la licencia o permiso.

e) Cierre provisional del establecimiento.

f) Demolición total o parcial, cuando así procediere, de la obra o construcción.

Las sanciones serán aquellas determinadas expresamente en las leyes y reglamentos, así como en las ordenanzas, acuerdos y disposiciones municipales; y aplicadas por el juez de asuntos municipales o el alcalde municipal, a falta de juzgado de asuntos municipales; y se aplicarán con sujeción al orden señalado.

Las multas se graduarán entre un mínimo de cincuenta quetzales (Q50.00), a un máximo de quinientos mil quetzales (Q500, 000.00), según la naturaleza y gravedad de la falta. Sin embargo, cuando la gravedad de la falta afecte notoriamente los intereses del municipio, el monto del rango superior de la sanción podrá elevarse al cien por ciento (100%) del daño causado.

Artículo 152. Falta de pago de las multas.

Cuando no se pague una multa dentro del plazo fijado, el alcalde podrá iniciar u ordenar las acciones legales que proceden en contra del infractor, pudiendo delegar estas facultades, según el caso, en quien corresponda.

De acuerdo a la ley, el pago de la multa no exime de las demás obligaciones y responsabilidades que correspondan.

Artículo 153. Acción directa para el cobro de multas.

El ejercicio de la potestad de acción directa es sin perjuicio de la multa que la falta amerite; pero el costo de la obra o trabajo ejecutado por la municipalidad en sustitución del particular remiso se cobrará por el procedimiento económico coactivo.

Artículo 154. Derecho de defensa.

Ninguna persona podrá ser objeto de sanción sin que se le haya citado, oído y vencido en atención a la infracción que se le impute.

Capítulo II
Medios de Impugnación

Artículo 155. Recurso de revocatoria.

Contra los acuerdos y resoluciones dictados por el alcalde, por cualquier órgano colegiado municipal distinto del Concejo Municipal, o de cualquiera de las empresas municipales, u otras autoridades administrativas municipales, procede recurso de revocatoria, el cual deberá interponerse ante quien dictó la resolución que se impugna.

Artículo 156. Revocatoria de oficio.

El Concejo Municipal, el alcalde y demás órganos colegiados municipales, o de cualquiera de las empresas municipales, y autoridades administrativas de la municipalidad podrán revocar de oficio sus propias resoluciones, antes de que hayan sido consentidas por los afectados.

Artículo 157. Recurso de reposición.

Contra las resoluciones originarias del Concejo Municipal procede el recurso de reposición.

Artículo 158. Recurso contencioso-administrativo.

Contra las resoluciones de los recursos de revocatoria y reposición dictadas por el Concejo Municipal procederá el proceso contencioso administrativo, de conformidad con la ley de la materia.

Artículo 159. Impugnación municipal en lo contencioso-administrativo.

La municipalidad podrá interponer el proceso contencioso administrativo contra las resoluciones del Organismo Ejecutivo, ministerios de Estado, entidades autónomas y descentralizadas, direcciones generales y cualquier entidad pública que no tenga autoridad administrativa superior, en los mismos casos en que conforme a la ley, pueden hacerlo los particulares.

Artículo 160. Procedimientos de impugnación.

La interposición, requisitos, plazos, trámite y resolución de los medios de impugnación a que se refiere este Capítulo, se regirán por las disposiciones establecidas en la Ley de lo Contencioso Administrativo.

Capítulo III
Juzgado de Asuntos Municipales

Artículo 161. Creación de juzgados de asuntos municipales.

Para la ejecución de sus ordenanzas, el cumplimiento de sus reglamentos, demás disposiciones y leyes ordinarias, la Municipalidad podrá crear, según sus recursos y necesidades, los juzgados de asuntos municipales que estime convenientes y los juzgados de asuntos municipales de tránsito que considere necesarios. En la creación de juzgados podrá asignarse competencia por razón de la materia y territorio, según las necesidades del municipio.

*Reformado por el Artículo 48, del Decreto Número 22-2010 el 22-06-2010

Artículo 162. Ejercicio de la Jurisdicción administrativa del juzgado de asuntos municipales. El juez de asuntos municipales ejerce jurisdicción y autoridad en todo el ámbito de la circunscripción municipal de que se trate, conforme a las normas de la Constitución Política de la República de Guatemala, de este Código y demás leyes ordinarias, ordenanzas, reglamentos y demás disposiciones municipales y leyes de la materia, así como el derecho consuetudinario correspondiente. Los juzgados de asuntos municipales de tránsito, tendrán a su cargo conocer las infracciones a la ley y reglamentos de tránsito, cuando la municipalidad ejerza la administración del mismo en su circunscripción territorial.

*Reformado por el Artículo 49, del Decreto Número 22-2010 el 22-06-2010

Artículo 163. Nombramiento y remoción del juez de asuntos municipales.

El Concejo Municipal nombrará al juez de asuntos municipales conforme a los requisitos establecidos en este Código y el reglamento correspondiente. En los municipios que carezcan de juzgado de asuntos municipales será el alcalde o la persona que designe el Concejo Municipal quien asuma las funciones que corresponden al juez de asuntos municipales, observando las disposiciones de este Código. Únicamente el Concejo Municipal podrá remover al juez de asuntos municipales, mediando para ello causa justificada.

Artículo 164.* Requisitos para ser juez de asuntos municipales.

Para ser juez de asuntos municipales se deben llenar los mismos requisitos que la ley establece para los jueces de paz; además deberá hablar el idioma mayoritario del municipio o auxiliarse de un traductor para el ejercicio de sus funciones.

*Reformado por el Artículo 50, del Decreto Número 22-2010 el 22-06-2010

Artículo 165.* Ámbito de su competencia.

El juez de asuntos municipales es competente para conocer, resolver y ejecutar lo que juzgue:

a) De todos aquellos asuntos en que se afecten las buenas costumbres, el ornato y limpieza de las poblaciones, el medio ambiente, la salud, los servicios públicos municipales y los servicios públicos en general, cuando el conocimiento de tales materias no esté atribuido al alcalde, el Concejo Municipal u otra autoridad municipal, o el ámbito de aplicación tradicional del derecho consuetudinario, de conformidad con las leyes del país, las ordenanzas, reglamentos y demás disposiciones municipales.

b) En caso que las transgresiones administrativas concurran con hechos punibles, el juez de asuntos municipales tendrá, además, la obligación de certificar lo conducente al Ministerio Público, si se tratare de delito flagrante, dar parte inmediatamente a las autoridades de la Policía Nacional Civil, siendo responsable, de conformidad con la ley, por su omisión. Al proceder en estos casos tomará debidamente en cuenta el derecho consuetudinario correspondiente y, de ser necesario, se hará asesorar de un experto en esa materia.

c) De las diligencias voluntarias de titulación supletoria, con el sólo objeto de practicar las pruebas que la ley específica asigna al alcalde, remitiendo inmediatamente el expediente al Concejo Municipal para su conocimiento y, en su caso, aprobación. El juez municipal cuidará que en estas diligencias no se violen arbitrariamente las normas consuetudinarias cuya aplicación corresponde tomar en cuenta.

d) De todas aquellas diligencias y expedientes administrativos que le traslade el alcalde o el Concejo Municipal, en que debe intervenir la municipalidad por mandato legal o le sea requerido informe, opinión o dictamen.

e) De los asuntos en los que una obra nueva cause daño público, o que se trate de obra peligrosa para los habitantes y el público, procediendo, según la materia, conforme a la ley y normas del derecho consuetudinario correspondiente, debiendo tomar las medidas preventivas que el caso amerite.

f) *De las infracciones a la ley y reglamentos de tránsito, cuando la municipalidad ejerza la administración del mismo en su circunscripción territorial y no tenga el municipio, juzgado de asuntos municipales de tránsito.

g) De las infracciones de las leyes y reglamentos sanitarios que cometan los que expendan alimentos o ejerzan el comercio en mercados municipales, rastros y ferias municipales, y ventas en la vía pública de su respectiva circunscripción territorial.

h) De todos los asuntos que violen las leyes, ordenanzas, reglamentos o disposiciones del gobierno municipal.

En todos los asuntos de los que el juez de asuntos municipales conozca, deberá tomar y ejecutar las medidas e imponer las sanciones que procedan, según el caso.

*Reformada la literal f) por el Artículo 51, del Decreto Número 22-2010 el 22-06-2010

Artículo 166. Características del procedimiento administrativo.

Salvo disposición en contrario de la ley, las ordenanzas y reglamentos, el procedimiento ante el juzgado de asuntos municipales será oral, público, sencillo, desprovisto de mayores formalismos y actuado e impulsado de oficio, por lo que es necesaria la inmediación del juez en actos y diligencias de prueba.

Artículo 167. Iniciación.

El procedimiento se iniciará en los siguientes casos:

a) Cuando la ley, la ordenanza, el reglamento o la disposición municipal así lo establezcan.

b) Por denuncia o queja verbal, en cuyo supuesto, de inmediato, se levantará acta, en la que se identifique al denunciante y se hagan constar los hechos u omisiones que la motiven y las peticiones que se formulen.

c) Por denuncia o queja escrita, en la que el denunciante o querellante se identificará por sus nombres y apellidos completos, edad, estado civil, profesión u oficio, nacionalidad, vecindad, residencia y lugar para recibir citaciones y notificaciones dentro del perímetro de la ciudad o población en que tenga su sede el juzgado; expresará los hechos u omisiones que la motiven y las peticiones que formule.

d) Denuncias o reportes que, por razón de su cargo o empleo, obligadamente deberán hacer o presentar los funcionarios y empleados de la municipalidad, o la dependencia u oficina bajo su responsabilidad.

Las denuncias, quejas o reportes, se documentarán en papel corriente y, según el caso, se sacarán o presentarán tantas copias o fotocopias como partes o interesados deba ser notificados, y una copia o fotocopia para archivo y reposición de expediente en caso de pérdida.

El ejercicio de los derechos que garantiza este procedimiento no está condicionado a la presentación o exhibición del boleto de ornato, o de solvencia municipal alguna, por lo que al ser requerida la intervención del juzgado, el mismo debe actuar de inmediato.

Artículo 168. Trámite y desarrollo del procedimiento.

Recibida la denuncia, queja o reporte, el juzgado dictará las medidas de urgencia y practicará las diligencias de prueba que considere oportunas y necesarias concediendo audiencia por cinco (5) días hábiles a los interesados, conforme a la ley, ordenanza, reglamento o disposición municipal que regule el caso.

Artículo 169. Otras facultades del juez de asuntos municipales.

Antes de resolver, el juez podrá ordenar, en auto para mejor fallar, la práctica de cualquier diligencia o la presentación o exhibición de cualquier documento, que considere necesario para el esclarecimiento de los hechos, fijando para ello un plazo que no exceda de cinco (5) días y dentro del mismo, si fuere el caso, fijar la audiencia en que deba practicarse la prueba.

Asimismo, las personas que, estando debidamente citadas y notificadas, dejen de cumplir en el plazo señalado con las resoluciones dictadas por el juez de asuntos municipales, pueden ser sujetas a los apremios y medidas coercitivas siguientes: a) apercibimientos, b) multa, y c) conducción personal. Para esta última medida debe pedirse la orden al juez de paz correspondiente, con motivo de la desobediencia.

Artículo 170. Resolución del expediente.

Agotada la investigación, el juez de asuntos municipales dentro de los quince (15) días hábiles dictará la resolución final, en la que hará un resumen de los hechos, valorando las pruebas y con fundamento en ello, y conforme a derecho, aplicará las sanciones correspondientes, si procediere.

Artículo 171. Leyes supletorias.

En lo que no contraríe su naturaleza son aplicables a este procedimiento las disposiciones del Código Procesal Civil y Mercantil, el Código Procesal Penal, la Ley del Organismo Judicial y la Ley de lo Contencioso Administrativo.

Capítulo IV
Disposiciones Finales

Artículo 172. Exenciones y privilegios.

El alcalde, síndicos y concejales, los alcaldes comunitarios y auxiliares y los alguaciles cumplen al servir los cargos municipales con el deber establecido en la literal g) del artículo 135 de la Constitución Política de la República.

Artículo 173. Credenciales.

En las credenciales que extienda el alcalde a síndicos, concejales, alcaldes comunitarios o auxiliares y alguaciles, cuando desempeñen gratuitamente el cargo, se hará constar esa circunstancia para los efectos del artículo anterior.

Artículo 174. Solemnidades en la toma de posesión.

En la transmisión de los cargos de alcalde, síndico y concejales, se observará el procedimiento solemne que sigue:

a) El alcalde saliente, en sesión solemne del Concejo Municipal que preside, tomará juramento al alcalde entrante, quien levantando la mano derecha y con la mano izquierda sobre la Constitución Política de la República y el Código Municipal responderá a la fórmula que dice: ¿Juráis por vuestro honor de ciudadano, desempeñar con lealtad y patriotismo el cargo de alcalde para el que habéis sido directa y popularmente electo; ser fiel a la Constitución Política de la República, respetar y cumplir las leyes del país, defender la autonomía municipal?" y contestando afirmativamente, el saliente le dará posesión del cargo y le entregará la vara símbolo de autoridad municipal.

b) El alcalde entrante, dirigiéndose a los nuevos miembros del Concejo Municipal les pedirá que levanten su mano derecha y acto seguido les tomará juramento colectivamente y conforme a la fórmula que dice: "¿Juráis por vuestro honor de ciudadanos, desempeñar con lealtad y patriotismo los cargos para los que habéis sido directa y popularmente electos, ser fieles a la Constitución Política de la República, respetar y cumplir las leyes del país y defender la autonomía municipal?" Y contestando afirmativamente, les dará posesión de sus cargos.

El acta respectiva será firmada por los miembros salientes y entrantes del concejo Municipal y por el secretario, presentes en el mismo acto.

Artículo 175. Asociaciones civiles y comités.

Las asociaciones civiles y comités, a que se refieren los artículos 18 y 19 de este Código, autorizados por las gobernaciones departamentales y otras autoridades, quedarán, a partir de la vigencia de este Código, bajo la competencia técnica y legal del alcalde municipal de su circunscripción territorial.

De conformidad con la ley respectiva las asociaciones civiles y comités quedan exentos del pago del impuesto de timbres fiscales.

Artículo 176. Género.

En las normas de este Código se asume el concepto de equidad de género, entendido como la no-discriminación entre ambos sexos de conformidad con lo dispuesto en el artículo 4 de la Constitución Política de la República de Guatemala.

Artículo 177. Derogatoria.

Se deroga el Código Municipal, Decreto Número 58-88, y el artículo 23 del Decreto Número 52-87, ambos del Congreso de la República.

Artículo 178.

El presente Decreto fue aprobado por más de las dos terceras partes del total de diputados que integran el Congreso de la República, entrará en vigencia el uno de julio del año dos mil dos, y será publicado en el diario oficial.

Pase al organismo ejecutivo para su sanción, promulgación y publicación.

Dado en el palacio del organismo legislativo, en la ciudad de Guatemala, a los dos días del mes de abril del año dos mil dos.

JOSÉ EFRAÍN RÍOS MONTT
Presidente

RUDIO LECSAN MERIDA HERRERA
Secretario

MARVIN AROLDO GARCÍA BUENAFE
Secretario

SANCIÓN AL DECRETO DEL CONGRESO NUMERO 12-2002

PALACIO NACIONAL: Guatemala, nueve de mayo del año dos mil dos.

PUBLÍQUESE Y CÚMPLASE

PORTILLO CABRERA
EDUARDO ARÉVALO LACS
General de División Ministro de Gobernación

LIC. J. LUIS MIJANGOS
Secretario General Presidencia de la República

HONDURAS

LEY DE MUNICIPALIDADES

(Publicación: 19 de noviembre de 1990)

PODER LEGISLATIVO

DECRETO NÚMERO 134-90

EL CONGRESO NACIONAL,

CONSIDERANDO: Que la Ley de Municipalidades y del Régimen Político, del 1 de abril de 1927 y sus reformas, han quedado superadas en el tiempo y no guardan relación con la Constitución de la República.

CONSIDERANDO: Que la nominada Constitución, por voluntad soberana del pueblo hondureño, decretó que las Corporaciones serán independientes de los poderes del Estado, lo que configura un régimen especial y autónomo.

CONSIDERANDO: Que la autonomía municipal solo puede concentrarse por medio del ejercicio democrático, la dotación de recursos, un territorio delimitado y una población homogénea, sobre los cuales ejerza autoridad la Corporación Municipal sin más limitaciones que las impuestas por la leyes.

CONSIDERANDO: Que se hace imprescindible emitir una ley que organice el municipio hondureño, de forma práctica, elemental y democrática, procurando elevar el nivel de vida de sus habitantes y equilibrando el desarrollo económico y social interno, estableciendo las bases que afiancen un estado de derecho soberano, republicano, democrático e independiente, cuyos habitantes gocen de justicia, libertad, cultura y bienestar.

POR TANTO,

DECRETA:

LA SIGUIENTE:

LEY DE MUNICIPALIDADES

TITULO I

OBJETO, DEFINICIÓN Y TERRITORIO

Artículo 1. Objeto de la Ley (Según reforma por Decreto 48- 91) Esta Ley tiene por objeto desarrollar los principios constitucionales referentes al Régimen Departamental y Municipal.

Artículo 2. Concepto de Municipio (Según reforma por Decreto 48- 91) El Municipio es una población o asociación de personas residentes en un término municipal, gobernada por una municipalidad que ejerce y extiende su autoridad en su territorio y es la estructura básica territorial del Estado y cause inmediato de participación ciudadana en los asuntos públicos.

Artículo 3. División del Territorio Nacional. El territorio hondureño se divide en departamentos y estos en municipios autónomos, administrados sin más sujeción que a la Ley, por Corporaciones electas directamente por el pueblo, de conformidad con la Ley.

TITULO II
DE LOS DEPARTAMENTOS

Capítulo I
Creación

Artículo 4. Creación de Departamentos. Los Departamentos son creados mediante Ley, sus límites están fijados en la misma. La cabecera será la sede del gobierno departamental.

Capítulo II
Del Gobernador Departamental

Artículo 5. Nombramiento y Sustitución del Gobernador. El Gobernador Departamental será del libre nombramiento y remoción del Poder Ejecutivo. En caso de ausencia mayor de cinco días, lo sustituirá el Alcalde de la Cabecera Departamental.

Artículo 6. Perfil del Gobernador. El Gobernador Departamental es el representante del Poder Ejecutivo en su jurisdicción.

Al momento de ser nombrado deberá estar viviendo consecutivamente en el Departamento por más de cinco años y llenar los mismos requisitos que para ser Alcalde.

Artículo 7. Atribuciones del Gobernador. Son atribuciones del Gobernador Departamental las siguientes:

1) Servir de enlace entre el Poder Ejecutivo y las autoridades nacionales que tengan delegación en el Departamento y en las Municipalidades;

2) (Según Decreto 48-91) Supervisar el funcionamiento de las penitenciarías y centros de reclusión y coadyuvar con las diferentes Secretarías de Estado para el mejor cumplimiento de las responsabilidades de sus dependencias que funcionen en el Departamento;

3) Representar al Poder Ejecutivo en los actos oficiales en su Departamento;

4) Conocer y resolver los recursos de apelación de los particulares contra las Municipalidades, las quejas contra los funcionarios y los conflictos suscitados entre municipios de su Departamento;

5) Asistir a las sesiones de las Corporaciones Municipales, por lo menos una vez al año, participando con voz, pero sin voto;

6) Evacuar las consultas que le planteen las Municipalidades;

7) Conocer de las excusas y renuncias de los miembros de las Corporaciones Municipales;

8) Concurrir a las reuniones de las asociaciones de Municipalidades del departamento; y,

9) Ejercer las atribuciones que por Leyes especiales se le confieran.

Artículo 8. Secretario del Gobernador. El Gobernador Departamental tendrá un Secretario de su libre nombramiento y remoción, quien será remunerado y deberá reunir las mismas condiciones que el Secretario Municipal.

Artículo 9. Conflictos entre Gobernadores. Los conflictos de competencia entre Gobernadores serán resueltos por la Secretaría de Estado en los Despachos de Gobernación y Justicia.

Artículo 10. Requisitos del Gobernador. No podrán ser Gobernadores quienes no puedan ser Alcaldes municipales.

Artículo 11. Presupuesto de las Gobernaciones Los gastos de funcionamiento de las Gobernaciones Políticas se cargarán en el Presupuesto General de Ingresos y Egresos de la República, en el Título correspondiente a la Secretaría de Gobernación y Justicia.

TITULO III
DE LOS MUNICIPIOS
Capítulo I
De la Autonomía Municipal

Artículo 12. Concepto de Autonomía (Según reforma por Decreto 143-2009) Se entiende por autonomía municipal el conjunto de potestades o facultades otorgadas por la Constitución de la República y la presente Ley al municipio y a la municipalidad como su órgano de Gobierno, que se organiza y funciona en forma independiente de los poderes del Estado, con capacidad para gobernar y administrar los asuntos que afecten sus intereses y ejercer su competencia para satisfacer las necesidades y aspiraciones de su población en el término municipal.

Previo a la reforma de la presente Ley o emisión de normas que afecten el patrimonio o el marco de competencias de las municipalidades, deberá contarse con la opinión de la Asociación de Municipios de Honduras (AMHON).

Artículo 12-A. Postulador de la Autonomía (Adicionado por Decreto 143-2009) La autonomía municipal se fundamenta en los postulados siguientes:

1) La libre elección de sus autoridades mediante sufragio directo y secreto, de conformidad con la ley;

2) La libre administración que implica la toma de decisiones bajo el marco legal, los intereses generales de la nación y los programas de desarrollo municipal, incluyendo las inversiones de impacto social que generen riqueza y empleo local, con el respaldo de la comunidad en cabildo abierto y de la Comisión Ciudadana de Transparencia;

3) La facultad para recaudar sus propios recursos e invertirlos en beneficio del Municipio;

4) La protección, conservación, reforestación y preservación del medio ambiente;

5) La elaboración, aprobación, ejecución y administración de su presupuesto;

6) La planificación, organización y administración de los servicios públicos municipales;

7) La facultad para crear su propia estructura administrativa y forma de funcionamiento, de acuerdo con la realidad y necesidades municipales; y,

8) Las demás que en el ejercicio de sus atribuciones les correspondan por ley a las municipalidades.

La legitimidad de los derechos enunciados en las disposiciones anteriores se ampara en el principio de subsidiariedad, cuyo propósito es el de garantizar a los titulares de los órganos de gobierno municipal, la toma de decisiones lo más cercana posible del ciudadano, con plena armonía entre las acciones y decisiones del gobierno municipal con las de definición de políticas, regulación y control del Gobierno Central.

Artículo 13. Atribuciones Municipales (Según reforma por Decreto 48-91 en los numerales 1, 2, 4, 6, 8, 11, 13, 16, 17 y 18) Las municipalidades tienen las atribuciones siguientes:

1) Elaboración y ejecución de planes de desarrollo del municipio;

2) Control y regulación del desarrollo urbano, uso y administración de las tierras municipales, ensanchamiento del perímetro de las ciudades y el mejoramiento de las poblaciones de conformidad con lo prescrito en la Ley;

3) Ornato, aseo e higiene municipal;

4) Construcción de redes de distribución de agua potable, alcantarillado para aguas negras y alcantarillado pluvial, así como su mantenimiento y administración;

5) Construcción y mantenimiento de vías públicas por sí o en colaboración con otras entidades.

6) Construcción y administración de cementerios, mercados, rastros y procesadoras de carne, municipales;

7) Protección de la ecología, del medio ambiente y promoción de la reforestación;

8) Mantenimiento, limpieza y control sobre las vías públicas urbanas, aceras, parques y playas que incluyen su ordenamiento, ocupación, señalamiento vial urbano, terminales de transporte urbano e interurbano. El acceso a estos lugares es libre, quedando, en consecuencia, prohibido cualquier cobro, excepto cuando se trate de recuperación de la inversión mediante el sistema de contribución por mejoras legalmente establecido;

9) Fomento y regulación de la actividad comercial, industrial, de servicios y otros;

10) Control y regulación de espectáculos y de establecimientos de diversión pública, incluyendo restaurantes, bares, clubes nocturnos, expendios de aguardiente y similares;

11) Suscripción de convenios con el Gobierno Central y con otras entidades descentralizadas con las cuales concurra en la explotación de los recursos, en los que figuren las áreas de explotación, sistemas de reforestación, protección del medio ambiente y pagos que les correspondan;

Las entidades con las que las Municipalidades acuerden los convenios mencionados, otorgarán permisos o contratos, observando lo prescrito en los convenios;

12) Promoción del turismo, la cultura, la recreación, la educación y el deporte;

13) Creación y mantenimiento de cuerpos de bomberos;

14) Prestación de los servicios públicos locales, y mediante convenio, los servicios prestados por el Estado o instituciones autónomas, cuando convenga a la municipalidad;

15) Celebración de contratos de construcción, mantenimiento o administración de los servicios públicos u obras locales con otras entidades públicas o privadas, según su conveniencia, de conformidad a la ley;

Cuando las Municipalidades otorguen el contrato para la construcción de obras o prestación de servicios municipales a empresas particulares con recursos de éstas, podrán autorizarlas a recuperar sus costos y obtener una utilidad razonable, por medio del sistema de cobro más apropiado. Sin perjuicio de los derechos que correspondan a la municipalidad;

16) Coordinación e implantación de las medidas y acciones higiénicas que tiendan a asegurar y a preservar la salud y bienestar general de la población, en lo que al efecto señala el Código de Salud;

17) Gestión, construcción y mantenimiento, en su caso, de los sistemas de electrificación del municipio, en colaboración con la Empresa Nacional de Energía Eléctrica (ENEE); y,

18) Coordinación de sus programas de desarrollo con los planes de desarrollo nacionales.

Artículo 14. Objetivos de la Municipalidad (Según reforma por Decreto 143-2009) La municipalidad es el órgano de gobierno y administración del municipio, dotada de personalidad jurídica de derecho público y cuya finalidad es lograr el bienestar de los habitantes, promover su desarrollo integral y la preservación del medio ambiente, con las facultades otorgadas por la Constitución de la República y demás leyes; serán sus objetivos los siguientes:

1) Velar por que se cumplan la Constitución de la República y las Leyes;

2) Asegurar la participación de la comunidad en la solución de los problemas del municipio;

3) Alcanzar el bienestar social y material del Municipio, ejecutando programas de obras públicas y servicios;

4) Preservar el patrimonio histórico y las tradiciones cívico-culturales del Municipio; fomentarlas y difundirlas por sí o en colaboración con otras entidades públicas o privadas;

5) Propiciar la integración regional;

6) Proteger el ecosistema municipal y el medio ambiente;

7) Utilizar la planificación para alcanzar el desarrollo integral del Municipio; y,

8) Racionalizar el uso y explotación de los recursos municipales, de acuerdo con las prioridades locales y los programas de desarrollo nacional.

Artículo 15. Creación y Fusión de Municipios (Según reforma por Decreto 127-2000) La creación o fusión de municipios corresponde al Congreso Nacional.

Para la creación y fusión de un municipio es necesario cumplir los requisitos siguientes:

1) Tener una población no inferior a treinta mil (30,000.00) habitantes;

2) Garantizar un ingreso anual igual al cincuenta por ciento (50%) del presupuesto de los ingresos corrientes del municipio del cual se habrá de desmembrar, excepto aquellos que se desmembren de ciudades con una población mayor de ciento cincuenta mil (150,000) habitantes, en cuyo caso solo se exigirá el diez (10%) por ciento de ingreso anual con respecto a los ingresos corrientes del municipio matriz;

3) Cuando ocurra un desmembramiento no se podrá fraccionar ni aislar los servicios públicos existentes; sin embargo, para su administración y control se deberán celebrar los convenios correspondientes, los cuales tendrán fuerza de ley;

4) Territorio continuo no menor de cuarenta (40) kilómetros cuadrados, debidamente delimitado, por la Secretaría de Estado en los Despachos de Gobernación y Justicia, previo dictamen del Instituto Geográfico Nacional con la concurrencia de las partes y considerando aspectos de levantamiento topográfico, delimitación y demarcación del territorio; y,

5) Plebiscito favorable para la creación del municipio con un resultado en que haya participación como mínimo el diez por ciento (10%), de los ciudadanos del área geográfica, que lo conformará, el cual será convocado por la Secretaría de Estado en los Despachos de Gobernación y Justicia, cuando así lo soliciten por escrito por lo menos mil ciudadanos residentes en el área que se propone desmembrar, cuyo plebiscito será supervisado por el Tribunal Nacional de Elecciones (T.N.E.). En todo lo demás el Reglamento de esta Ley regulará esta materia.

El Congreso Nacional, previo a la aprobación de la creación de un municipio, deberá oír la opinión del Poder Ejecutivo, por conducto de la Secretaría de Estado en los Despachos de Gobernación y Justicia, cuya opinión deberá ser evacuada en el plazo perentorio de noventa (90) días.

En la solicitud deberá acreditarse, además, que en el nuevo término propuesto, no se están alcanzando equitativamente los objetivos establecidos en esta Ley por carecer de gobierno propio y que además, la creación del nuevo municipio no impide que aquel, del cual se desmembra, alcance dichos objetivos, ni cumplir con los requisitos establecidos en este Artículo.

Artículo 16. Creación de Municipios por Excepción. En casos especiales de importancia estratégica o interés nacional debidamente calificado, principalmente por razones de soberanía, el Congreso Nacional, a propuesta del Poder Ejecutivo, a través de la Secretaría de Estado en los Despachos de Gobernación y Justicia, podrá crear municipios que no llenen los requisitos indicados en el artículo anterior, siempre que se obtengan dos tercios de los votos del Congreso Nacional.

Artículo 16-A. Fondos para Nuevos Municipios (Adicionado por Decreto 127-2000) En el primer año de gestión de todo nuevo municipio, el Gobierno Central, le transferirá, en calidad de adelanto una cantidad no inferior a medio millón de Lempiras

(L.500.000.00). Este adelanto será amortizado con los recursos provenientes de las transferencias anuales que posteriormente le corresponden al nuevo municipio de acuerdo con la Ley. Sin embargo, las amortizaciones no podrán ser superiores al veinte por ciento (20%) de dichas transferencias anuales.

Artículo 16-B. Mancomunidad Obligatoria (Adicionado por Decreto 127-2000) Los Municipios que dejaren de reunir cualquiera de dichos requisitos por más de dos (2) años consecutivos, deberán mancomunarse obligatoriamente con otro u otros contiguos. Desaparecida la causa que le dio origen, podrá disolverse la mancomunidad.

La mancomunidad, no supone la extinción ni la fusión de los municipios, salvo que así lo conviniere, en este último caso, deberá ser aprobado por el Congreso Nacional, previo plebiscito con resultado favorable convocado por las Corporaciones Municipales respectivas.

Además, deberán mancomunarse de manera obligatoria aquellos municipios contiguos que conformen zonas conurbanadas.

Todo convenio de mancomunidad deberá inscribirse en un libro especial que llevará la Gobernación Departamental, cuyo registro será público. En dicho documento se hará constar las modalidades de organización, coordinación, planificación y cooperación recíproca y la forma de compartir los costos.

En el Consejo de Mancomunidad, participarán los Alcaldes con voz y voto, será presidido por el Alcalde que cuente con mayor población a quien se denominará Alcalde Mayor. El Consejo será asistido con carácter consultivo y únicamente con voz, por un representante de los Consejos de Desarrollo Municipal, respectivos.

Artículo 17. División del Territorio Municipal (Según reforma por Decreto 48-91) Los Municipios para su mejor administración se podrán dividir, además de ser cabeceras municipales, en ciudades, aldeas, y caseríos; y las ciudades en colonias y barrios.

Artículo 18. Catastro y Plan Regulador (Según reforma por Decreto 48-91) Las Municipalidades están en la obligación de levantar el catastro urbano y rural de su término municipal y elaborar el Plan Regulador de las ciudades.

Se entiende por Plan Regulador el instrumento de planificación local que define en un conjunto de planos, mapas, reglamentos y cualquier otro documento gráfico o de otra naturaleza, la política de desarrollo y los planes para la distribución de la población, uso de la tierra, vías de circulación, servicios públicos, facilidades comunales, saneamiento y protección ambiental, así como la de construcción, conservación y rehabilitación de áreas urbanas.

Artículo 19. Fusión de Municipios. La fusión de los Municipios limítrofes, a fin de constituir uno solo, podrá realizarse mediante el procedimiento establecido para su creación cuando concurran las circunstancias siguientes:

1) Carestía de recursos suficientes para atender los servicios mínimos exigidos por esta Ley en cada uno de los Municipios;

2) Confusión de sus núcleos urbanos como consecuencia del desarrollo urbanístico;

3) Existencia de notorios motivos de necesidad, o conveniencia económico administrativa, y;

4) Plebiscito con un resultado afirmativo del setenta por ciento (70%) de los ciudadanos de cada uno de los municipios a fusionarse.

Capítulo II
De las Mancomunidades o Asociaciones Voluntarias de Municipios

Artículo 20. Requisito para Mancomunidad (Según reforma por Decreto N° 143-2009) Las municipalidades, con el voto afirmativo de los dos tercios de los miembros de la Corporación Municipal, podrán mancomunarse o asociarse voluntariamente bajo cualquier forma entre sí para el mejor cumplimiento de sus objetivos y atribuciones.

Artículo 20-A. Concepto de Mancomunidad (Adicionado por Decreto N° 143-2009) Como modalidades asociativas, la mancomunidad o asociación de municipios se define como una entidad territorial local, auxiliar y subordinada a los municipios miembros, sujeta al derecho público y exclusivamente gestora y ejecutora por delegación, de programas, proyectos y servicios de interés prioritario, que permiten a sus miembros abordar de manera conjunta problemas que no pueden afrontarse individualmente.

Artículo 20-B. Pertenencia a más de una Mancomunidad (Adicionado por Decreto N° 143-2009) Las Municipalidades podrán pertenecer a más de una mancomunidad o asociación, siempre y cuando prevalezcan objetivos, intereses y beneficios comunes para las poblaciones que representan y, que tengan capacidad para cumplir con las obligaciones financieras de los aportes para su organización y funcionamiento, y de cualquier otra relacionada con la gestión de la mancomunidad o asociación.

Artículo 20-C. Fuerza del Acuerdo de Mancomunidad (Adicionado por Decreto N° 143-2009) Los Acuerdos Municipales que aprueban la creación de una mancomunidad o asociación son normas con fuerza de ley en el territorio correspondiente por lo que ostentan la naturaleza de instrumentos jurídicos municipales.

Artículo 20-D. Estatuto de la Mancomunidad y Registro del Acuerdo de Mancomunidad (Adicionado por Decreto N° 143-2009) Cada asociación o mancomunidad emitirá su Estatuto General de Organización, Funcionamiento y Atribuciones como instrumento normativo principal y podrá, además, formular normas complementarias para regular su actividad formal y material con igual obligatoriedad para su cumplimiento.

El Acuerdo de la Corporación Municipal que dispone y aprueba la creación de la asociación o mancomunidad y su integración como municipalidad miembro, así como el Acta Constitutiva firmada por los Alcaldes miembros y el Estatuto General de Organización, Funcionamiento y Atribuciones, deberán ser inscritos en un registro especial que creará al efecto la Secretaría de Estado en los Despachos de Gobernación y Justicia.

El Estatuto General de Organización, Funcionamiento y Atribuciones, deberá contener, por lo menos, lo siguiente:

1) Constitución, denominación y domicilio;
2) Objetivos y áreas de acción;
3) Deberes y derechos de los miembros;
4) Estructura organizativa;
5) Régimen económico;
6) Régimen disciplinario; y,
7) Disolución y liquidación de la mancomunidad o asociación.

Artículo 20-E. Junta Directiva y Uti de la Mancomunidad (Adicionado por Decreto N° 143-2009) Toda mancomunidad o asociación contará con una Junta Directiva como órgano de dirección superior, integrada por los Alcaldes miembros y presidida por el Alcalde que designen estos por mayoría simple, todos con derecho a voz y voto. Asimismo, dispondrá de una Unidad Técnica Intermunicipal, responsable de atender las tareas de planificación, coordinación, control y evaluación de actividades, programas y proyectos y estará conformada por un grupo de trabajo específico, y dirigida por una coordinación general.

Artículo 20-F. Financiamiento de la Mancomunidad (Adicionado por Decreto N° 143-2009) Para garantizar la sostenibilidad financiera de las mancomunidades o asociaciones, el porcentaje de aportación de las municipalidades miembros deberá ser definido por la Junta Directiva de la Mancomunidad o Asociación y aprobado por los dos tercios de votos de cada Corporación Municipal miembro, tomando en cuenta la capacidad financiera, deduciéndose directamente del porcentaje que para inversión destina la transferencia que el Gobierno hace a los gobiernos municipales, de los ingresos tributarios del Presupuesto General de Ingresos y Egresos de la República, independientemente de los fondos externos e internos que se negocien y asignen a estos.

Artículo 20-G. Mancomunidad Fronteriza (Adicionado por Decreto N° 143-2009) Los casos de municipios fronterizos que pretendan asociarse con municipios de otros países requerirán la consulta previa al Poder Ejecutivo por medio de las Secretarías de Estado en los Despachos de Gobernación y Justicia y Relaciones Exteriores, canalizada a través de la Asociación de Municipios de Honduras (AMHON).

TITULO IV
TERRITORIO, POBLACIÓN Y ORGANIZACIÓN

Capítulo I
Del Territorio Nacional

Artículo 21. Término Municipal. El término municipal es el espacio geográfico hasta donde se extiende la jurisdicción y competencia de un municipio.

Artículo 22. Municipio en el Departamento. Todo término municipal forma parte de un Departamento, sujeto a la jurisdicción departamental. La extensión departamental no se modificará por efecto de cambios en los territorios municipales. Ningún Municipio podrá extenderse a otro departamento.

Capítulo II
De la Población

Artículo 23. Tipos de Habitantes. Los habitantes del término municipal se clasifican en vecinos y transeúntes.

Los vecinos son las personas que habitualmente residen en el municipio;

Los transeúntes son las personas que temporalmente se encuentran en el municipio.

Artículo 24. Derechos y Obligaciones Vecinales. Los vecinos de un municipio tienen derechos y obligaciones. Son sus derechos los siguientes:

1) Optar a los cargos municipales de elección o de nombramiento;

2) Residir en el término municipal en forma tranquila y no ser inquietado por sus actividades lícitas;

3) Hacer peticiones por motivos de orden particular o general y obtener pronta respuesta, así como reclamar contra los actos, acuerdos o resoluciones de la municipalidad y deducirle responsabilidades, si fuere procedente;

4) Recibir el beneficio de los servicios públicos municipales;

5) Participar de los programas y proyectos de inversión y a ser informados de las finanzas municipales;

6) Participar en la gestión y desarrollo de los asuntos locales;

7) Pedir cuentas a la Corporación Municipal sobre la gestión municipal, tanto en los cabildos abiertos por medio de sus representantes, como en forma directa, y;

8) Los demás derechos contemplados en la Constitución de la República y las Leyes.

Son sus obligaciones, las siguientes:

1) Ejercer los cargos para los cuales fueren electos en la Municipalidad;

2) Tributar de conformidad al Plan de Arbitrios y la presente Ley;

3) Participar en la salvaguarda de los bienes patrimoniales y valores cívicos, morales y culturales del municipio y preservar el medio ambiente, y;

4) Las demás obligaciones contenidas en la Constitución de la República y las Leyes.

Capítulo III
De la Corporación Municipal y su Funcionamiento

Artículo 25. Facultades de la Corporación Municipal (Según Decreto 48-91 modificado el primer párrafo, derogado el numeral 17 y adicionado el último párrafo) La Corporación Municipal es el órgano deliberativo de la Municipalidad, electa por el pueblo y máxima autoridad dentro del término municipal; en consecuencia, le corresponde ejercer las facultades siguientes:

1) Crear, reformar y derogar los instrumentos normativos locales de conformidad con esta Ley;

2) Crear, suprimir, modificar y trasladar unidades administrativas. Asimismo, podrá crear y suprimir empresas, fundaciones o asociaciones, de conformidad con la Ley, en forma mixta, para la prestación de los servicios municipales;

3) Aprobar el presupuesto anual a más tardar el treinta (30) de noviembre del año anterior, así como sus modificaciones. Efectuar el desglose de las partidas globales y aprobar previamente los gastos que se efectúen con cargo a las mismas;

4) Emitir los reglamentos y manuales para el buen funcionamiento de la Municipalidad;

5) Nombrar los funcionarios señalados en esta Ley;

6) Dictar todas las medidas de ordenamiento urbano;

7) Aprobar anualmente el Plan de Arbitrios, de conformidad con la Ley;

8) Conferir, de conformidad con la Ley, los poderes que se requieran;

9) Celebrar asambleas de carácter consultivo en cabildo abierto con representantes de organizaciones locales, legalmente constituidas, como ser: comunales,

sociales, gremiales, sindicales, ecológicas y otras que por su naturaleza lo ameritan, a juicio de la Corporación, para resolver todo tipo de situaciones que afecten a la comunidad;

10) Convocar a plebiscito a todos los ciudadanos vecinos del término municipal, para tomar decisiones sobre asuntos de suma importancia, a juicio de la Corporación. El resultado del plebiscito será de obligatorio cumplimiento y deberá ser publicado;

11) Recibir, aprobar o improbar todo tipo de solicitudes, informes, estudios y demás que de acuerdo con la Ley deben ser sometidos a su consideración y resolver los recursos de reposición;

12) Crear premios y reglamentar su otorgamiento;

13) Aprobar la contratación de empréstitos y recibir donaciones, de acuerdo con la Ley;

14) Conocer en alzada de las resoluciones de las dependencias inmediatas inferiores;

15) Declarar el estado de emergencia o calamidad pública en su jurisdicción, cuando fuere necesario y ordenar las medidas de convenientes;

16) Designar los Consejeros Municipales;

17) Derogado.

18) Planear el desarrollo urbano determinando, entre otros, sectores residenciales, cívicos, históricos, comerciales, industriales y de recreación, así como zonas oxigenantes, contemplando la necesaria arborización ornamental;

19) Disponer lo conveniente sobre trazado, apertura, ensanche y arreglo de las calles de las poblaciones y caseríos; y conceder permiso para ocuparlas con canalización subterránea y postes para alambres y cables eléctricos, rieles para ferrocarriles, torres y otros aparatos para cables aéreos y en general, con accesorios de empresas de interés municipal;

20) Sancionar las infracciones a los acuerdos que reglamenten el urbanismo y planeamiento de las ciudades, con la suspensión de las obras, demolición de lo construido y sanciones pecuniarias; y,

21) Ejercitar de acuerdo con su autonomía toda acción dentro de la Ley.

Para atender estas facultades, la Corporación Municipal nombrará las comisiones de trabajo que sean necesarias, las cuales serán presididas por el Regidor nombrado al efecto.

Artículo 26. Integración de la Corporación Municipal. (Según reforma por Decreto 127-2000) La Corporación Municipal estará integrada por un Alcalde, un Vice Alcalde y por un número de Regidores, en la forma siguiente:

1) Municipios con menos de 5,000 habitantes 4 Regidores

2) Municipios de 5,001 a 10,000 habitantes 6 Regidores

3) Municipios de 10,001 a 80,000 habitantes 8 Regidores

4) Municipios con más de 80,000 habitantes 10 Regidores

Al partido político que ganare la Alcaldía le corresponderá el Vice Alcalde. El Vice Alcalde gozará de los mismos derechos de los Regidores, con voz y sin voto, y la ausencia de los Regidores será cubierta de acuerdo como manda la Ley, salvo en el caso de ejercer la titularidad que llega a gozar de todos los privilegios.

Artículo 27. Requisitos para Integrar la Corporación (Según reforma por Decreto 48-91) Para ser miembro de la Corporación Municipal se requiere:

1) Ser hondureño nacido en el municipio o estar domiciliado en el mismo por más de cinco años consecutivos;

2) Ser mayor de dieciocho años y estar en el goce de sus derechos políticos, y;

3) Saber leer y escribir.

Artículo 28. Pagos y Prerrogativas a los miembros de la Corporación (Según reforma por Decreto 127-2000) Los miembros de las Corporaciones Municipales, dependiendo de la capacidad económica de las respectivas municipalidades, percibirán dietas por su asistencia a sesiones, o recibirán el sueldo correspondiente según se desempeñen en comisiones de trabajo a medio tiempo o a tiempo completo.

Los miembros de las Corporaciones Municipales tendrán derecho a viáticos y gastos de viaje cuando tuvieren que ausentarse de sus municipios para cumplir misiones temporales que les encomiende la propia Corporación Municipal, o en su defecto, el Alcalde. En todo caso, los gastos de funcionamiento de las municipalidades, incluido el pago de dietas, no podrán exceder los límites establecidos en el Artículo 98 numeral 6) de esta Ley, so pena de incurrir en responsabilidad.

El Alcalde, Vice Alcalde y los Regidores gozarán de las prerrogativas siguientes:

1) No ser llamado a prestar servicio militar en tiempo de guerra;

2) No ser responsable por sus propuestas dentro de la ley, ni por sus opiniones vertidas en relación con sus funciones. En estos casos, si se les imputare un delito, se aplicará el procedimiento especial de antejuicio en la misma forma que a los jueces;

3) Derecho a que se les extienda pasaporte oficial para el cumplimiento de funciones;

4) Presentar toda clase de propuestas, peticiones y recursos;

5) Pedir información a la Alcaldía en las diferentes dependencias, así como a obtener oportuna respuesta; y,

6) No ser removidos ni suspendidos, sin que previamente se les siga el antejuicio correspondiente, conforme al procedimiento establecido por la Ley.

Artículo 29. Deberes de los Miembros de la Corporación. Son deberes de los miembros de la Corporación Municipal:

1) Asistir puntualmente a las sesiones de la Corporación y cumplir sus funciones con diligencia;

2) Emitir su voto en los asuntos que se sometan a decisión de la Corporación. En ningún caso podrán abstenerse de votar, salvo que tuviese interés personal;

3) Cumplir las comisiones que le sean asignadas;

4) Justificar las solicitudes de licencia para no asistir a sesiones;

5) Responder solidariamente por los actos de la Corporación Municipal, a menos que salven su voto; y,

6) Las demás que la Ley señale.

Artículo 30. Prohibiciones a los Miembros de la Corporación. Está prohibido a los miembros de las Corporaciones Municipales:

1) Intervenir directa o por interpósita persona en la discusión y resolución de asuntos municipales en los que ellos estén interesados, o que lo estén sus socios, parientes dentro del cuarto grado de consanguinidad o segundo de afinidad, así como en la contratación u operación de cualquier asunto en el que estuviesen involucrados;

2) Adquirir o recibir bajo cualquier titulo directa o indirectamente bienes municipales; y,

3) Desempeñar cargos administrativos remunerados dentro de la Municipalidad.

La violación de lo anterior, dará lugar a la nulidad del acto incurrido, sin perjuicio de las acciones legales que en derecho procedieren.

Artículo 31. No Pueden Ser Miembros de la Corporación. (Según reforma por Decreto 48-91) No podrán optar a cargos para miembros de la Corporación Municipal:

1) Los deudores morosos con el Estado o con cualquier Municipalidad;

2) Quienes ocupen cargos en la administración pública por Acuerdo o por Contrato del Poder Ejecutivo y los militares en servicio. Se exceptúan los cargos de docencia del área de salud pública y asistencia social, cuando no haya incompatibilidad para el ejercicio simultáneo de ambas funciones;

3) Quienes habiendo sido electos en otros períodos, no hubiesen asistido a las sesiones de la Corporación Municipal en más de sesenta por ciento (60%) en forma injustificada;

4) Quienes fueren contratistas o concesionarios de la Municipalidad;

5) Los ministros de cualquier culto religioso; y,

6) Los concesionarios del Estado, sus apoderados o representantes para la explotación de riquezas naturales o contratistas de servicios y obras públicas que se costeen con fondos del municipio y quienes por tales conceptos tengan cuentas pendientes con este.

Artículo 31-A. Funcionarios que Nombra la Corporación (Adicionado por Decreto 127-2000) La Corporación nombrará un Secretario, un Auditor, en su caso, un Tesorero y un Comisionado Municipal que ejercerá funciones de Contralor Social, cargos estos últimos que recaerán en personas ajenas a la Corporación. El Alcalde, o en su defecto el Vice Alcalde convocará y presidirá las sesiones de la Corporación.

Artículo 31-B. (Derogado Según artículo 5 del Decreto 143-2009).

Artículo 31-C. Secretario, Auditor, Tesorero y Comisionado (Adicionado por Decreto 127-2000) El Secretario, el Auditor, el Tesorero y el Comisionado Municipal, cumplirán con las funciones establecidas en esta Ley.

Artículo 32. Sesiones Corporativas (Según reforma por Decreto 127-2000) Las Corporaciones Municipales sesionarán ordinariamente dos veces por mes, una vez cada quincena en las fechas establecidas en el calendario de sesiones que aprueben en la primera sesión anual. Extraordinariamente cuando sean convocadas por el Secretario de la Corporación Municipal por orden del Alcalde, actuando de oficio o a petición de la mitad de los Regidores, por lo menos. Si el Alcalde no convocase a sesiones ordinarias en las fechas establecidas en el calendario, será sancionado por la infracción, conforme a esta Ley.

La Corporación podrá instalarse, sin necesidad de previa convocatoria, cuando el Alcalde, Vice Alcalde y los Regidores propietarios se encontrasen todos presentes y así lo decidieren, lo mismo que la agenda.

Artículo 32-A. Convocatoria a Sesiones (Adicionado por Decreto 127-2000) Las convocatorias para sesión de la Corporación, deberán hacerse por escrito, indicando el lugar, el día y hora, detallando los asuntos a tratar y deberán ser firmados por el Alcalde o Vice Alcalde, en su caso. Las convocatorias se entregarán junto con copias de los documentos objeto de la misma, personalmente a los Regidores o, en su defecto, un ciudadano que habite en su residencia, con tres (3) días de anticipación, salvo caso calificado de urgencia.

Artículo 32-B. Sesiones de Cabildo Abierto (Adicionado por Decreto 127-2000) La sesiones de cabildo abierto serán convocadas por el Alcalde, previa resolución de la mayoría de los miembros de la Corporación Municipal; no podrán celebrarse menos de cinco (5) sesiones de cabildo abierto al año. Las sesiones de cabildo abierto podrán celebrarse con una o más comunidades cuando la naturaleza del asunto se circunscribe a su interés exclusivo o la densidad demográfica así lo exija. La infracción a la presente disposición dará lugar a la imposición de las sanciones que establece esta Ley.

Artículo 33. Quórum para Sesiones. El quórum para las sesiones se establece con la concurrencia de la mitad más uno de los miembros.

Las resoluciones se aprobarán con el voto de la mayoría de los miembros.

Artículo 34. Publicidad de las Sesiones. Las sesiones serán públicas; no obstante en casos excepcionales, la Corporación Municipal podrá determinar que se haga de otra forma.

Artículo 35. Actas y Votos de las Sesiones (Según reforma por Decreto 127-2000) De toda sesión se levantará acta, en la que se consignará una relación sucinta de todo lo actuado y deberá ser firmada obligatoriamente por los miembros presentes y el Secretario que dará fe. En cada resolución se consignará los votos a favor, votos en contra y abstenciones.

Ningún miembro de la Corporación podrá excusarse de emitir su voto, salvo el caso que tenga conflicto de intereses, en cuyo caso deberá de abstenerse de participar con voz y voto.

El Acta deberá ser debidamente firmada por todos los miembros que participen en la sesión y servirá de base a la Tesorería para el pago de las dietas respectivas, en su caso. El incumplimiento de estas obligaciones será sancionado de conformidad con lo establecido en esta Ley.

Las actas municipales tienen carácter de documentos públicos, en consecuencia, cualquier ciudadano podrá solicitar certificación de las resoluciones y acuerdos, una vez que se encuentren firmes.

A efecto de que toda la población o todos los habitantes tengan pleno conocimiento del contenido de las sesiones celebradas por la Corporación Municipal, la Secretaría Municipal enviará dentro de los tres (3) días siguientes, una certificación de las resoluciones y de los Acuerdos a la Biblioteca Pública Municipal o, en su defecto, exhibirá dicha certificación en un lugar visible y accesible para el público.

El incumplimiento de las disposiciones del presente Artículo, dará lugar a las sanciones que establece esta Ley, sin perjuicio del cumplimiento de la misma que podrá exigir cualquier ciudadano vecino del término.

Artículo 36. Vigencia de las Resoluciones (Según reforma por Decreto 127-2000) Las resoluciones de la Corporación quedarán firmes en la misma o en la siguiente sesión y entrarán en vigencia una vez aprobadas, salvo que sean de alcance general, en cuyo caso deberán previamente publicarse.

Artículo 37. Competencia para Sesionar. Es competencia de la Corporación Municipal reunirse para sesionar. Ninguna otra autoridad tendrá facultades para ordenar, suspender o impedir las sesiones de la Corporación Municipal.

Artículo 37-A. Presupuesto para la Corporación (Adicionado por Decreto 127-2000) En el presupuesto anual deberán hacerse las previsiones presupuestarias para el funcionamiento de la Corporación.

Capítulo IV
De las Responsabilidades, Destitución y Suspensión de los Miembros de la Corporación Municipal

Artículo 38. Responsabilidad Judicial de la Corporación. Las Municipalidades, lo mismo que sus miembros, incurren en responsabilidad judicial, así:

1) Por toda acción u omisión voluntaria cometida en el ejercicio de sus funciones y penada por la Ley;

2) Auto de prisión decretado por delito que merezca pena que produzca responsabilidad civil, conforme con la Ley; y,

3) Por daños causados por imprudencia temeraria o descuido culpable o por actos permitidos u obligatorios, que se ejecuten sin convención expresa.

Artículo 39. Causas de Suspensión y Remoción (Según reforma por Decreto 48-91) Son causas de suspensión o remoción en su caso, de los miembros de la Corporación Municipal:

1) Haber sido ejecutoriamente condenado por la comisión de un delito;

2) Habérsele decretado auto de prisión por delito que merezca pena de reclusión;

3) Conducta Inmoral;

4) Actuaciones que impliquen abandono, y toda conducta lesiva a los intereses de la comunidad en el desempeño de sus funciones, debidamente comprobadas;

5) Estar comprendido en las causales que establece el Artículo 31 de la presente Ley;

6) Prevalerse de su cargo en aprovechamiento personal, o para favorecer empresas de su propiedad en las que el sea socio, o de familiares dentro del cuarto grado de consanguinidad o segundo de afinidad, debidamente comprobado por autoridad competente; sin perjuicio de las acciones criminales y civiles que procedan; y,

7) Malversación de la Hacienda Municipal, comprobada mediante auditoría realizada por la Contraloría General de la República.

Artículo 40. Destitución de los Miembros de la Corporación. La destitución la determinará el Secretario de Estado en los Despachos de Gobernación y Justicia, oyendo previamente al funcionario implicado, y el perecer ilustrativo del señor Gobernador Político y de la Corporación Municipal competente.

Artículo 41. Sustitución de los Miembros de la Corporación (Según reforma por Decreto 127-2000) En caso de que vacara el Alcalde lo sustituirá el Vice Alcalde, en el caso de los Regidores su sustitución se hará conforme lo establece la Ley Electoral y de las Organizaciones Políticas. Si vacaren el Alcalde y el Vice Alcalde, corresponderá a la Organización Política que los hubiere propuesto, efectuar la sustitución respectiva, por conducto de la Directiva Central.

Artículo 42. Suspensión Precautoria. Cuando la actuación irregular derivase del manejo o custodia de los bienes administrados, podrá el Secretario de Estado en los Despachos de Gobernación y Justicia, proceder a la suspensión del implicado, en cuyo caso deberá dictar la resolución final, dentro del término de 30 días hábiles, contados a partir de la fecha de su suspensión.

Capitulo V
Del Alcalde Municipal

Artículo 43. Facultades del Alcalde Municipal. Las facultades de administración general y representación legal de la Municipalidad corresponden al Alcalde Municipal.

Artículo 44. Alcalde como Máxima Autoridad Ejecutiva. El Alcalde Municipal presidirá todas las sesiones, asambleas, reuniones y demás actos que realizase la Corporación.

El Alcalde Municipal es la máxima autoridad ejecutiva dentro del término municipal y sancionará los acuerdos, ordenanzas y resoluciones emitidos por la Corporación Municipal, convirtiéndolas en normas de obligatorio cumplimiento para los habitantes y demás autoridades.

En consecuencia, toda otra autoridad, civil o de policía, acatará, colaborara y asistirá en el cumplimiento de dichas disposiciones

Artículo 45. Ausencias del Alcalde y Vice-Alcalde Municipal. (Según reforma por Decreto 127-2000) El Alcalde no podrá ausentarse de sus labores por más de diez (10) días, sin autorización de la Corporación Municipal, so pena de incurrir en responsabilidad.

En ausencia o incapacidad del Alcalde lo sustituirá el Vice Alcalde.

Cuando vacare definitivamente el Alcalde y el Vice Alcalde, ambos serán sustituidos conforme al procedimiento establecido por la Ley. Si la ausencia fuese temporal, el cargo será llenado por el Regidor que designe el Alcalde.

El Vice Alcalde devengará el sueldo que le asigne la Corporación Municipal y cumplirá las funciones que le delegue el Alcalde Municipal. El salario que se le asigne al Vice Alcalde no deberá ser menor que el que devengan los Regidores de tiempo completo.

Artículo 46. Informes del Alcalde. El Alcalde presentará a la Corporación Municipal un informe trimestral sobre su gestión y uno semestral al Gobierno Central por conducto de la Secretaría de Estado en los Despachos de Gobernación y Justicia.

Artículo 47. Iniciativas del Alcalde Municipal ante la Corporación Municipal (Según reforma por Decreto 127-2000) El Alcalde someterá a la consideración y aprobación de la Corporación Municipal, los asuntos siguientes:

1) Presupuesto por programas del plan operativo anual;

2) Plan de Arbitrios;

3) Ordenanzas Municipales;

4) Reconocimientos que se otorguen a personas e instituciones por relevantes servicios prestados a la comunidad;

5) Manual de clasificación de Puestos y Salarios;

6) Reglamentos especiales; y,

7) Los demás que de conformidad con esta Ley sean de competencia de la Corporación.

Capítulo VI
Del Consejo de Desarrollo Municipal

Artículo 48. Consejo de Desarrollo Municipal (Según reforma por Decreto 143-2009) Cada Municipalidad tendrá un Consejo de Desarrollo Municipal nombrado por la Corporación Municipal entre los representantes de los diversos sectores de la comunidad o ciudadanos destacados, el cual será presidido por el Alcalde Municipal. Sus miembros fungirán en forma ad-honoren. Dicho consejo estará integrado por un número de miembros igual al de los Regidores que tenga la municipalidad.

Los miembros del Consejo podrán asistir a las sesiones de la Corporación cuando sean invitados, con derecho a voz pero sin voto.

Compete al Consejo asesorar a la Municipalidad en los asuntos que estime oportunos o en aquellos que esta le indique; pudiendo dicho Consejo incorporar temporalmente a cualquier ciudadano que estime conveniente para el análisis de aspectos especiales.

Capítulo VII
Del Secretario de la Corporación Municipal

Artículo 49. Secretario de la Corporación Municipal. Toda Corporación Municipal tendrá un Secretario de su libre nombramiento. Su nombramiento y remoción requerirá del voto de la mayoría de los miembros de la Corporación Municipal.

Artículo 50. Requisitos del Secretario. Para ser Secretario Municipal se requiere:

1) Ser hondureño;

2) Ser mayor de 18 años de edad y estar en pleno ejercicio de sus derechos civiles y políticos; y,

3) Saber leer y escribir, y preferentemente ostentar título profesional.

Artículo 51. Deberes del Secretario Municipal. Son deberes del Secretario Municipal:

1) Concurrir a las sesiones de la Corporación Municipal y levantar las actas correspondientes;

2) Certificar los acuerdos, ordenanzas y resoluciones de la Corporación Municipal;

3) Comunicar a los miembros de la Corporación Municipal las convocatorias a sesiones incluyendo el orden del día;

4) Archivar, conservar, custodiar los libros de actas, expedientes y demás documentos;

5) Remitir anualmente copia de actas a la Gobernación Departamental y al Archivo Nacional;

6) Transcribir y notificar a quienes correspondan los acuerdos, ordenanzas y resoluciones de la Corporación Municipal;

7) Auxiliar a las comisiones nombradas por la Corporación Municipal;

8) Coordinar la publicación de la Gaceta Municipal, cuando haya recursos económicos suficientes para su edición;

9) Autorizar con su firma los actos y resoluciones del Alcalde y de la Corporación Municipal y,

10) Las demás atinentes al cargo de Secretario.

Capítulo VIII
Del Auditor Municipal

Artículo 52. Nombramiento y Remoción del Auditor. Las Municipalidades que tengan ingresos corrientes anuales superiores al millón de Lempiras, tendrán un Auditor nombrado por la Corporación Municipal, y para su remoción se requerirán las dos terceras partes de los votos de la misma.

Artículo 53. Requisitos de Auditor. Para se Auditor Municipal se requiere

1) Ser hondureño;

2) Ser ciudadano en el pleno goce de sus derechos civiles y políticos; y,

3) Poseer título de Licenciado en Contaduría Pública o Perito Mercantil y Contador Público con experiencia en Auditoría y estar debidamente colegiado.

Artículo 54. Dependencia del Auditor. El Auditor Municipal depende directamente de la Corporación Municipal a la que debe presentar informes mensuales sobre su actividad de fiscalización y sobre lo que esta ordene.

Artículo 55. Obligaciones del Auditor. El Auditor Municipal está obligado a cumplir con lo prescrito en la presente Ley y sus Reglamentos.

Capítulo IX
Del Tesorero Municipal

Artículo 56. Nombramiento del Tesorero. Toda Municipalidad tendrá un Tesorero nombrado por la Corporación Municipal a propuesta del Alcalde, a cuyo cargo estará la recaudación y custodia de los fondos municipales y la ejecución de los pagos respectivos.

Artículo 57. Requisitos del Tesorero. (Según reforma por Decreto 48-91) El Tesorero será, de preferencia un profesional de la contabilidad, para poder tomar posesión de su cargo rendirá a favor de la Hacienda Municipal garantía calificada por la Contraloría General de la República, para responder por su gestión.

Artículo 58. Obligaciones del Tesorero. (Según reforma por Decreto 48-91) Son obligaciones del Tesorero Municipal las siguientes:

1) Efectuar los pagos contemplados en el Presupuesto y que llenen los requisitos legales correspondientes;

2) Registrar las cuentas municipales en libros autorizados al efecto;

3) Depositar diariamente en un Banco local preferentemente del Estado, las recaudaciones que reciba la Corporación Municipal. De no existir Banco local, las Municipalidades establecerán las medidas adecuadas para la custodia y manejo de los fondos;

4) Informar mensualmente a la Corporación del Movimiento de Ingresos y Egresos;

5) Informar en cualquier tiempo a la Corporación Municipal, de las irregularidades que dañaren los intereses de la Hacienda Municipal; y,

6) Las demás propias a su cargo.

Capítulo X
Del Comisionado Municipal y las Comisiones Ciudadanas de Transparencia Municipal

Artículo 59. Funciones del Comisionado (Según reforma por Decreto 143-2009) Toda Municipalidad tendrá un Comisionado Municipal nombrado por la Corporación Municipal, de una nómina de cuatro (4) personas propuestas por las organizaciones de la sociedad civil en cabildo abierto y durará dos (2) años en el ejercicio de su cargo.

El Comisionado Municipal deberá ser mayor de edad, encontrarse en el pleno goce de sus derechos civiles, de reconocido liderazgo, solvencia moral y con residencia continua en los últimos cinco (5) años en el municipio al momento de su postulación.

Son funciones y atribuciones del Comisionado Municipal:

1) Procurar el cumplimiento de la presente Ley y su Reglamento, cuidando la defensa de los derechos humanos, con atención especial a grupos vulnerables;

2) Velar por que la administración de los servicios públicos este fundamentada en un mejor servicio a la ciudadanía;

3) Vigilar que se cumplan los plazos de Ley en la elaboración del presupuesto y la adecuada distribución de los recursos;

4) Presentar toda clase de peticiones a las autoridades municipales con derecho a obtener respuesta oportuna;

5) Solicitar a la Corporación Municipal la celebración de plebiscitos o de cabildos abiertos en temas trascendentales para la vida del municipio;

6) Vigilar por la pronta respuesta ante solicitudes, informes y otros sometidos a consideración de la Corporación Municipal, por parte de la ciudadanía u otro ente, dentro de los plazos del procedimiento administrativo;

7) Verificar que los empréstitos y donaciones cumplan con el fin para el cual fueron gestionados y otorgados;

8) Supervisar la ejecución de los subsidios que se otorguen a los patronatos y organizaciones civiles;

9)   Supervisar el manejo de los fondos que perciben las Juntas de Agua, protección de los recursos y sus componentes; y,

10) Exigir una conformación técnica, enfoque de género y operatividad del Consejo de Desarrollo Municipal.

Los planes, programas y proyectos que ejecute el Comisionado deberán guardar concordancia con el Plan de Desarrollo Municipal, asignándole una partida dentro del Presupuesto General de Ingresos y Egresos de la República, a través del Comisionado Nacional de los Derechos Humanos, para gastos de oficina y movilización conforme a la partida correspondiente.

Artículo 59-A. El Comisionado como Contralor Social. (Adicionado por Decreto 143-2009) Para el ejercicio de las responsabilidades de contralor social establecidas en el Artículo 31-A de esta Ley, el Comisionado Municipal vigilará la transparencia de los actos de los funcionarios que ejercen cargos de elección, así como de los servidores permanentes o temporales nombrados por acuerdo municipal o por contrato, tanto en las municipalidades como en las mancomunidades o asociaciones de municipios.

Los esfuerzos para garantizar la transparencia del Gobierno Municipal estarán orientados por un Programa de Transparencia Municipal que el Comisionado Municipal preparará con el apoyo de la Comisión de Transparencia, con la participación de la Corporación Municipal y las organizaciones comunitarias que operan en el término municipal y que se aprobará en Cabildo Abierto convocado de acuerdo a la ley.

Artículo 59-B. Comisiones Ciudadanas de Transparencia. (Adicionado por Decreto 143- 2009) En cada municipio se crearán las Comisiones Ciudadanas de Transparencia (CCT), teniendo como objetivo principal realizar auditorías sociales en el término municipal entendiéndose esta como el proceso de participación ciudadana, tanto de hombres como de mujeres, orientado a vigilar los procesos de la gestión pública que aseguren la transparente ejecución de programas y proyectos, así como la prestación de servicios públicos de manera eficaz y eficiente.

La Comisión podrá establecer coordinación con el Comisionado Municipal en aquellas actividades afines a su trabajo.

Para la conformación de esta Comisión, la Corporación Municipal brindará todo el apoyo necesario a la sociedad civil para que esta en asambleas de representantes de organizaciones comunitarias, gremiales, empresariales y todas aquellas de carácter social existentes en el término municipal, elijan a la Comisión Ciudadana de Transparencia, la cual ejercerá sus funciones durante un período de tres (3) años, pudiendo ser reelectos por un período más.

La Comisión Ciudadana de Transparencia (CCT) estará integrada por un mínimo de cinco (5) miembros y contará con el apoyo de los auditores sociales comunitarios que serán nombrados por cada comunidad.

Para ser miembro de la Comisión Ciudadana de Transparencia (CCT) se requerirá estar en el pleno goce de los derechos ciudadanos y ser de reconocida solvencia moral.

De la asamblea ciudadana en la que se elija a la Comisión Ciudadana de Transparencia (CCT) se levantará acta donde constarán todos los detalles de la elección y el nombre de los integrantes de la misma, esta será presentada para su inscripción en el registro que al efecto llevará la Municipalidad y será juramentada por el Alcalde Municipal o su representante.

Las formas de funcionamiento de la Comisión Ciudadana de Transparencia (CCT) serán reguladas por su respectivo reglamento, el cual será elaborado por la Comisión y consensuado con la Corporación Municipal para su aprobación.

Artículo 59-C. Atribuciones de la Comisión de Transparencia. (Adicionado por Decreto 143-2009) Son atribuciones de la Comisión Ciudadana de Transparencia, las siguientes:

1) Vigilar la participación de la ciudadanía en la socialización del presupuesto municipal;

2) Velar porque el nombramiento y destitución de servidores públicos municipales sea de acuerdo a los manuales y las leyes del Estado;

3) Verificar que los cabildos abiertos y otros procedimientos de participación ciudadana respondan a los intereses de la ciudadanía, cumplan con los requisitos estipulados por la Ley, y dar seguimiento a los acuerdos;

4) Garantizar la transparencia de los escrutinios en las elecciones de patronatos, plebiscitos o cabildos abiertos;

5) Verificar que las respuestas ante peticiones ciudadanas de intervención de la Corporación Municipal sean respondidas imparcialmente;

6) Verificar y dar seguimiento al estudio de impacto ambiental en toda obra pública y también obras privadas cuando atenten contra los intereses municipales;

7) Apoyar al gobierno municipal en la creación de alianzas estratégicas con las distintas organizaciones públicas y privadas y grupos locales que actúen en el ámbito municipal, potenciando la autonomía municipal;

8) Participar en acciones conjuntas de evaluación de los servicios públicos que presta la municipalidad y otras entidades públicas presentes en el territorio y plantear las recomendaciones del caso;

9) Verificar e informar sobre la ejecución de proyectos comunitarios bajo cualquier modalidad de financiamiento, otorgados a patronatos o cualquier otra forma de organización comunitaria pública y de sociedad civil presente en el municipio;

10) Apoyar a la Corporación Municipal en la corresponsabilidad ciudadana de pagar los tributos municipales;

11) Velar por el cumplimiento de la Ley de Transparencia de Acceso a la Información Pública.

12) Contribuir a la identificación y prevención de actos de corrupción de los funcionarios públicos existentes en el territorio;

13) Otros afines a su competencia que la Comisión estime conveniente;

14) Brindar informes a la Corporación Municipal de las auditorías sociales realizadas; y,

15) Dar control y seguimiento a la ejecución presupuestaria de la Corporación Municipal.

Artículo 59-D. Día de la Rendición de Cuentas (Adicionado por Decreto 143-2009) Se instituye el Día de Rendición de Cuentas de las municipalidades en cabildo abierto para conocer, discutir y tomar acuerdos anualmente sobre los resultados del Programa de Transparencia Municipal y, promover las medidas que consoliden la transparencia de los actos de las autoridades y servidores de las municipalidades. El Día de Rendición de Cuentas se celebrará durante la segunda quincena del mes de enero de cada año y se presentará el presupuesto ejecutado en el año anterior y el presupuesto proyectado para el nuevo año.

Artículo 59-E. Políticas Públicas Sociales Locales (Adicionado por Decreto 143-2009) En cada municipio se formularán y ejecutarán políticas públicas locales, orientados a atender las necesidades de la mujer, la juventud, la niñez, el adulto mayor, los discapacitados, las etnias y otros grupos prioritarios, las cuales podrán concretarse con la creación de unidades, departamentos o gerencias de desarrollo social para lo cual la Corporación Municipal asignará los recursos financieros de su presupuesto anual de ingresos y egresos para la implementación de programas y proyectos específicos, de acuerdo a sus posibilidades financieras y a las necesidades de cada municipio.

Aquellas municipalidades que al momento de entrar en vigencia estas disposiciones tengan organizadas oficinas específicas, podrán seguir funcionando de acuerdo a las presentes disposiciones.

Artículo 59-F. Estado Colabore con Políticas Locales (Adicionado por Decreto 143-2009) Para el cumplimiento de lo dispuesto en el Artículo anterior, las entidades públicas del gobierno central y las instituciones descentralizadas o desconcentradas del Estado, contribuirán según sus competencias con asistencia técnica y asignación de recursos financieros mediante transferencias específicas a las municipalidades.

Artículo 59-G. Funciones de Oficinas Sociales Municipales (Adicionado por Decreto 143-2009) Son funciones de la unidad, departamento o gerencia, las siguientes:

1) Establecer una agenda municipal de políticas públicas locales relativas a la mujer, infancia, juventud, adulto mayor, discapacitados, etnias y otros grupos prioritarios para que sean incorporados activamente en todos los procesos de desarrollo del municipio en concordancia con las políticas públicas nacionales pertinentes;

2) Establecer alianzas estratégicas con las instituciones públicas y privadas para la implementación de políticas públicas locales;

3) Velar por el cumplimiento de la legislación nacional e internacional vigente, a favor de los grupos antes señalados;

4) Apoyar técnicamente a la Corporación Municipal, en la celebración de cabildos abiertos para discutir la problemática de los grupos señalados en el numeral 1) de este Artículo e incorporar sus demandas en el Plan Estratégico de Desarrollo Municipal y el respectivo plan operativo anual;

5) Formular programas y proyectos en apoyo a la gestión de la Alcaldía Municipal ante organismos de cooperación nacional e internacional, organizaciones no gubernamentales y otras de carácter público y privado; y,

6) Otras afines a su competencia.

Artículo 60. Alcaldes Auxiliares. Nombramiento y Remuneración (Según reforma por Decreto 127-2000) Habrá Alcaldes Auxiliares en barrios, colonias y aldeas propuestos en cada una de ellas por la asamblea popular respectiva y serán acreditados por el Alcalde correspondiente, este cargo es incompatible con los miembros de la Corporación.

El nombramiento de los Alcaldes Auxiliares deberá recaer en personas de reconocida honorabilidad que sepan leer y escribir. Durarán en su cargo un (1) año pudiendo ser reelectos. Serán remunerados económicamente de acuerdo con las reuniones a las cuales asistan y cuyo monto estará sujeto a la disponibilidad financiera de la municipalidad, dichas reuniones no podrán exceder de dos (2) por mes.

Todas las autoridades de la administración central y del propio municipio que hayan de tener intervención en su jurisdicción están en la obligación de cooperar con el Alcalde Auxiliar para el cumplimiento eficiente de sus funciones, incluyendo la dotación de los materiales requeridos para tal propósito y de la capacitación correspondiente.

Los Alcaldes solo podrán ser removidos por negligencia manifiesta, incapacidad física o mental, así como por actos reñidos con la Ley o la moral.

Artículo 61. Derechos y Obligaciones de Alcaldes Auxiliares. (Según reforma por Decreto 127-2000) Los Alcaldes Auxiliares tendrán derecho a asistir a las sesiones de la Corporación con voz, solo para referirse a asuntos de interés directo con respecto al área que representan, cuando sean convocados al efecto o tengan asuntos que plantear, en estos casos la municipalidad respectiva le reembolsará los gastos que ocasione la gestión.

La Corporación Municipal regulará los demás derechos y obligaciones de los Alcaldes Auxiliares.

Capítulo XI

De los Alcaldes Auxiliares y Otras Formas de Organización Comunitaria

Artículo 62. Organización de Patronatos, Estatutos y Regulación Municipal (Según reforma por Decreto 143-2009) En cada municipio, barrio, colonia o aldea, los vecinos tendrán derecho a organizarse democráticamente en patronatos o en otras modalidades de organización comunitaria aceptadas y reconocidas tanto por las autoridades locales como por la misma comunidad y que también son auxiliares en la gestión de los intereses de la municipalidad y de sus habitantes y que tienen como objetivo procurar el mejoramiento de sus respectivas comunidades.

El Patronato y las otras modalidades de organización comunitaria, se consideran estructuras naturales de organización, vinculadas por lazos de convivencia en una comunidad determinada, constituidas como unidades básicas auxiliares de administración pública local, a la que el Estado les reconoce su personalidad jurídica.

Estas modalidades de organización comunitaria, estarán conformadas por una junta Directiva la que será electa anualmente mediante voto directo y secreto de los ciudadanos y ciudadanas de su comunidad, debiendo inscribir sus planillas con un mes de anticipación en la alcaldía municipal; una vez electas se procederá a sus registro por la Corporación Municipal.

Inscritas estas organizaciones y sus juntas directivas, solo podrá decretarse su nulidad o inexistencia mediante sentencia judicial.

Los estatutos contendrán lo siguiente:

1) Nombre de la organización comunitaria;

2) Descripción de su territorio;

3) Finalidad;

4) Duración o expresión de constituirse por tiempo indefinido;

5) Domicilio;

6) Estructura organizativa de sus órganos, con especificación de la periodicidad de las reuniones y funciones;

7) Patrimonio;

8) Disolución; y,

9) Liquidación, en cuyo caso se aplicará lo dispuesto en los estatutos y en su defecto a lo que establezca el Código Civil para las asociaciones civiles.

La Municipalidad respectiva velará por el adecuado funcionamiento de los patronatos u organizaciones comunitarias y por el correcto ejercicio de su democracia interna, a cuyos efectos dictará las ordenanzas y disposiciones correspondientes y supervisara el proceso electoral de sus órganos.

Capitulo XII
De los Otros Órganos de la Administración Municipal

Artículo 63. Otro Órganos de la Municipalidad. Cuando las condiciones económicas lo permitan y el trabajo lo amerite queda facultado el Alcalde para nombrar los titulares de otros órganos de la administración como Oficialía Mayor, Procuraduría General y demás que creare la Corporación Municipal.

Artículo 64. Nombramiento y Remoción de Empleados. Los empleados municipales deben ser hondureños idóneos y gozar de una notoria y buena conducta y serán de libre nombramiento y remoción del Alcalde.

Capítulo XIII
De los Instrumentos Jurídicos Municipales

Artículo 65. Tipos de Instrumentos Jurídicos Municipales. Tendrán la categoría de instrumentos jurídicos municipales los siguientes:

1) Las ordenanzas municipales o acuerdos que son normas de aplicación general dentro del término municipal, sobre asuntos de la exclusiva competencia de la Municipalidad;

2) Las resoluciones, que son las disposiciones emitidas por la Corporación Municipal que ponen término al procedimiento administrativo municipal para decidir todas las cuestiones planteadas por los interesados que resulten de expedientes levantados de oficio o a petición de parte;

3) Los reglamentos que conforme a esta Ley se emitan;

4) Las providencias o autos que son los trámites que permiten darle curso al procedimiento municipal y se encabezarán con el nombre del Municipio que la dicte, la dependencia que la elabora y la fecha; y,

5) Las actas de las sesiones de la Corporación Municipal.

Artículo 66. Jerarquía de los Actos Municipales. Los actos de la administración municipal deberán ajustarse a la jerarquía normativa siguiente:

1) La Constitución de la República;

2) Los Tratados Internacionales ratificados por Honduras;

3) La presente Ley;

4) Las leyes administrativas especiales;

5) Las leyes especiales y generales vigentes en la República;

6) Los Reglamentos que se emitan para la aplicación de la presente Ley;

7) Los demás Reglamentos generales o especiales;

8) La Ley de Policía en lo que no oponga a la presente Ley;

9) Los principios generales del Derecho Público.

Artículo 67. Autoridades Apoyen a la Municipalidad. Dentro del término municipal, las autoridades civiles y militares están obligadas a cumplir, y hacer que se cumplan las ordenanzas y disposiciones de orden emitidas por la Municipalidad.

Capítulo XIV

Del Período de Transición y Traspaso de Gobierno Municipal

Artículo 67-A. Transición y Traspaso Municipal. (Adicionado por Decreto 143-2009) Se establece y regula el período de transición y traspaso de Gobierno Municipal, que comprende la finalización del período de gestión del gobierno municipal en funciones y, el inicio de la gestión del gobierno municipal electo. Para tales propósitos, las normas que regulen los procesos de transición, serán aplicables a todas las municipalidades cuyas autoridades finalicen el ejercicio de sus cargos de acuerdo con lo establecido por la presente Ley.

Artículo 67-B. Período de Transición y Traspaso de Gobierno Municipal (Adicionado por Decreto 143-2009) El período de transición y traspaso de gobierno municipal abarcará desde el 25 de octubre del año en que se realizan las elecciones de autoridades municipales hasta el 25 de enero del año de inicio de la gestión de las nuevas autoridades electas. El período de transición mencionado estará organizado en tres (3) etapas, siendo estas las siguientes:

1) **PRIMERA ETAPA.** Elaboración del Informe de Gestión Municipal del Período correspondiente a la autoridad saliente, según el manual elaborado por la Asociación de Municipios de Honduras (AMHON); el informe será elaborado entre el 25 de octubre y el 25 de noviembre del año en que se realizan las elecciones de autoridades municipales;

2) **SEGUNDA ETAPA.** Presentación, análisis, verificación y entrega formal de información, incluyendo el informe de gestión; la verificación de información se realizará entre la fecha en que se oficializa el nombre del candidato electo y el 25 de Enero del año de inicio de la gestión de las nuevas autoridades electas, quienes deben recibir toda la documentación de conformidad y firmando para constancia; y,

3) **TERCERA ETAPA.** Toma de Posesión de las nuevas autoridades municipales electas, la que se desarrolla el 25 de enero del año de inicio de la gestión.

Para todos los efectos, la primera y segunda etapas estarán bajo la observación de la Comisión Ciudadana de Transparencia Municipal.

Artículo 67-C. Ceremonia de Traspaso y Juramentación (Adicionado por Decreto 143-2009) La ceremonia del traspaso de mando estará a cargo de la Comisión de Transición y Traspaso de Gobierno Municipal presidida por el Alcalde saliente e integrada por representantes de ambas partes.

El acto final de esta etapa será la juramentación de la nueva Corporación Municipal, de conformidad con la Ley Electoral y de las Organizaciones Políticas. Una vez agotada la agenda aprobada, el Secretario Municipal dará lectura al acta levantada, la cual será firmada por la Corporación Municipal saliente y la Corporación Municipal entrante.

Las disposiciones anteriores serán desarrolladas y complementadas en disposiciones reglamentarias y en manuales específicos elaborados y aprobados por la Asociación de Municipios de Honduras (AMHON).

TÍTULO V
DE LA HACIENDA MUNICIPAL

Capítulo I
De la Administración General

Artículo 68. Contenido de la Hacienda Municipal (Según reforma por Decreto 48-91) Constituye la Hacienda Municipal:

1) Las tierras urbanas y rurales, así como los demás bienes inmuebles cuyo dominio o posesión corresponda a la Municipalidad, sin perjuicio de lo dispuesto en leyes especiales;

2) Las tierras urbanas registradas a favor del Estado y cuyo dominio le sea transferido por el Poder Ejecutivo a cualquier título;

3) Las tierras nacionales o ejidales que en concepto de áreas para crecimiento poblacional sean concedidas por el Estado. Las tierras rurales de vocación agrícola y ganadera quedan sujetas a lo prescrito en la Ley de la Reforma Agraria;

4) Las aportaciones que el Poder Ejecutivo haga en favor de las Municipalidades o los recursos que le transfiera;

5) Los valores que adquiera la Municipalidad en concepto de préstamos, con entidades nacionales y extranjeras;

6) Los recursos que la Municipalidad obtenga en concepto de herencia, legados o donaciones;

7) Los demás bienes, derechos, ingresos o activos de cualquier clase que perciba o le correspondan a la Municipalidad.

Artículo 69. Administración de la Hacienda Municipal (Según reforma por Decreto 127-2000) La Hacienda Municipal se administra por la Corporación Municipal por sí o por delegación en el Alcalde, dentro de cada año fiscal que comienza el 1 de enero y finalizará el 31 de diciembre de cada año.

Los bienes inmuebles ejidales rurales de vocación forestal, pasarán a dominio pleno del Municipio, una vez que se haya determinado su vocación y el perímetro del área forestal, siendo entendido que la vocación forestal y su perímetro será establecido técnicamente por la Administración Forestal del Estado a petición de la Municipalidad.

Para ese efecto el Instituto Nacional Agrario (INA) otorgará el título de tradición respectiva, en el plazo máximo de ciento ochenta (180) días calendario contados a partir de la fecha de recepción de la solicitud; en caso de incumplimiento, la Municipalidad podrá instaurar la acción ejecutiva de hacer, para lograr que se le otorgue la Escritura correspondiente ante los Tribunales competentes. El título será inscribible en el Registro de la Propiedad sin necesidad de Escritura Pública.

Las Municipalidades deberán lograr el manejo sostenible, por sí, en asociación o por conducto de terceras personas, de los recursos forestales de su propiedad, de conformidad con su vocación y con el plan de manejo que apruebe la Administración Forestal del Estado.

Capítulo II
De los Bienes Municipales

Artículo 70. Municipalidad Titula Tierras. (Según reforma por Decreto 127-2000) Las Municipalidades podrán titular equitativamente a favor de terceros, los terrenos de su propiedad que no sean de vocación forestal, pudiendo cobrar por tal concepto los valores correspondientes, siempre que no violentaren lo dispuesto en esta Ley.

Los bienes inmuebles ejidales que no correspondan a los señalados en el Artículo anterior, en donde haya asentamientos humanos permanentes, serán titulados en dominio pleno por el Instituto Nacional Agrario (INA), en un plazo máximo de ciento ochenta (180) días calendario contados a partir de la fecha de recepción de la solicitud, gratuitamente a favor del municipio, una vez que su perímetro haya sido delimitado. En el caso de los bienes inmuebles ejidales y aquellos otros de dominio de la municipalidad, donde haya asentamientos humanos o que estén dentro de los límites urbanos y que estén en posesión de particulares sin tener dominio pleno, podrá la Municipalidad, a solicitud de estos, otorgar título de dominio pleno pagando la cantidad que acuerde la Corporación Municipal, a un precio no inferior al diez (10%) por ciento del último valor catastral, o en su defecto, del valor real del inmueble, excluyendo en ambos casos las mejoras realizadas a expensas del poseedor.

Se exceptúan de las disposiciones anteriores, los terrenos ejidales ubicados dentro de los límites de los asentamientos humanos que hayan sido o estén siendo detentados por personas naturales o jurídicas a través de concesiones del Estado o del Municipio, terrenos que pasarán a favor del Municipio una vez concluido el plazo de la concesión.

En caso de los predios urbanos o en asentamientos humanos marginales habitados al 31 de Diciembre de 1999, por personas de escasos recursos, el valor del inmueble será el precio no superior al diez por ciento (10%) del valor catastral del inmueble, excluyendo las mejoras realizadas por el poseedor. Ninguna persona podrá adquirir bajo este procedimiento más de un lote, salvo que se tratare de terrenos privados municipales cuyo dominio pleno haya sido adquirido por compra, donación o herencia.

En los demás casos, la municipalidad podrá establecer programas de vivienda de interés social, en cuyo caso los precios de venta y las modalidades de pago se determinarán con base a la capacidad de pago de los beneficiarios y con sujeción a la reglamentación de adjudicación respectiva, debiendo en todo caso recuperar su costo. Cuando los proyectos privados sean de interés social, la Corporación Municipal podrá dispensarle de alguno o algunos de los requerimientos urbanísticos relativos a la infraestructura en materia de pavimento y bordillos. Excepcionalmente en proyectos de interés social, las municipalidades podrán autorizar proyectos de vivienda mínima y de urbanización dentro de un esquema de desarrollo progresivo.

Para efectos de lo dispuesto en el presente artículo, el avalúo excluirá el valor de las mejoras realizadas por el poseedor u ocupante.

No podrá otorgarse el dominio de más de un lote a cada pareja en los programas de vivienda de interés social, ni a quienes ya tuvieren vivienda.

Para esos efectos, la Secretaría Municipal llevará control de los títulos otorgados, so pena de incurrir en responsabilidad.

Artículo 71. Destino de Fondos por Venta de Tierras (Según reforma por Decreto 127-2000) Todos los ingresos provenientes de la enajenación de los bienes a que se refiere el artículo anterior, se destinarán exclusivamente a proyectos de beneficio directo de la comunidad, aprobados por la Corporación Municipal, previo dictamen del Consejo de Desarrollo Municipal.

Cualquier otro destino que se le diera a este ingreso, se sancionará de acuerdo a lo dispuesto en la presente Ley. Cualquier persona del término municipal tendrá la facultad de denunciar o acusar al funcionario infractor de las disposiciones de este Capítulo, ante los Tribunales de la República.

Las Municipalidades velarán porque de sus inmuebles se reserven suficientes áreas para dotación social, para interconexiones de calles, avenidas, bulevares, aceras, aparcamientos, para zonas de oxigenación, recreo y deportes.

Artículo 72. Prohibición en Bienes de Uso Público (Según reforma por Decreto 127-2000) Los bienes inmuebles nacionales de uso público como playas, hasta una distancia de diez (10) metros contados desde la más alta marea, los parques, calles, avenidas, puentes, riberas, litorales, lagos, lagunas, ríos, obras de dotación social y de servicios públicos, así como los bienes destinados a estos propósitos o para áreas verdes, no podrán enajenarse, gravarse, embargarse o rematarse, so pena de nulidad absoluta y responsabilidad civil y penal para los involucrados, los propietarios ribereños deberán permitir el acceso a las playas, lagos y ríos, dejando espacios adecuados para calles no menor de 15 metros, cada cien metros en las áreas urbanas y cada 300 en áreas rurales.

En ningún caso podrá otorgarse título a favor de particulares sobre los bienes nacionales y municipales de uso público, ni en aquellos otros que tengan un valor histórico o cultural o que estén afectados para la prestación de un servicio público.

Si cesare la prestación del servicio público o si el bien deviniere innecesario para la prestación del mismo y no se afectase la seguridad y bienestar de la colectividad, la Corporación Municipal podrá desafectarlo mediante resolución adoptada previa consulta con los vecinos del poblado, barrio, colonia o aldea respectiva, hecha en cabildo abierto.

También podrá enajenar dichos bienes en los casos de concesionamiento de la prestación del servicio, sujetándose a la normativa sobre la materia.

Los demás bienes inmuebles municipales podrán ser transferidos, en el caso de viviendas, mediante el procedimiento reglamentario de adjudicación aprobado por la Corporación. También podrá transferir bienes inmuebles a otra institución pública, en cuyo caso bastará el acuerdo de la Corporación y de la otra institución. En lo no previsto en este artículo se observará lo establecido en el Código Civil.

Capítulo III
De los Ingresos

Artículo 73. Tipos de Ingresos. Los ingresos de la Municipalidad se dividen en tributarios y no tributarios. Son tributarios, los que provienen de los impuestos, tasas por servicio y contribuciones; y no tributarios, los que ingresan a la Municipalidad en concepto de ventas, transferencias, subsidios, herencias, legados, donaciones, multas, recargos, intereses y créditos.

Capítulo IV
De los Impuestos, Servicios, Tasas y Contribuciones

Artículo 74. Creación de Impuestos y Tasas. Compete a la Municipalidades crear las tasas por servicio y los montos por contribución por mejoras. No podrán crear o modificar impuestos.

Artículo 75. Tipos de Impuesto (Según reforma por Decreto 177-91) Tienen el carácter de impuestos municipales, los siguientes:

1) Bienes Inmuebles;

2) Personal;

3) Industria, Comercio y Servicios;

4) Extracción y Explotación de Recursos, y;

5) Pecuarios.

Artículo 76. Impuesto Sobre Bienes Inmuebles (Según reforma por Decreto 124-95), el Impuesto sobre Bienes Inmuebles se pagará anualmente, aplicando una tarifa de hasta L.3.50 por millar, tratándose de bienes inmuebles urbanos y hasta de L.2.50 por millar, en caso de inmuebles rurales. La tarifa aplicable la fijará la Corporación Municipal, pero en ningún caso los aumentos serán mayores a L.0.50 por millar, en relación a la tarifa vigente, la cantidad a pagar se calculará de acuerdo a su valor catastral y en su defecto, al valor declarado.

El valor catastral podrá ser ajustado en los años terminados en (0) cero y en (5) cinco, siguiendo los criterios siguientes:

a) Uso de suelo;

b) Valor del Mercado;

c) Ubicación, y;

d) Mejoras

El Impuesto se cancelará en el mes de Agosto de cada año, aplicándose en caso de mora, un recargo de dos por ciento (2%) mensual9, calculado sobre la cantidad del impuesto a pagar, excepto en el año de 1995.

Están exentos del pago de este impuesto:

a) Los inmuebles destinados para habitación de su propietario, así:

    1. En cuanto a los primeros CIEN MIL LEMPIRAS (L.100,000.00) de su valor catastral registrado o declarado en los municipios de 300.001 habitantes en adelante.

2. En cuanto a los primeros SESENTA MIL LEMPIRAS (L.60,000.00) de su valor catastral registrado o declarado en los municipios con 75.000 a 300.000 habitantes.

3. En cuanto a los primeros VEINTE MIL LEMPIRAS (L.20,000.00) de su valor catastral registrado o declarado en los municipios de hasta 75.000 habitantes.

b) Los bienes del Estado;

c) Los templos destinados a cultos religiosos y sus centros parroquiales;

ch) Los centros de educación gratuita o sin fines de lucro, los de asistencia o previsión social y los pertenecientes a las organizaciones privadas de desarrollo, calificados en cada caso, por la Corporación Municipal y;

d) Los centros para exposiciones industriales, comerciales y agropecuarias, pertenecientes a instituciones sin fines de lucro calificados por la Corporación Municipal.

Artículo 77. Impuesto Personal (Según reforma por Decreto 48-91). Toda persona natural pagará anualmente un impuesto personal único, sobre sus ingresos anuales, en el municipio en que lo perciba, de acuerdo a la tabla siguiente:

DE LPS.	HASTA LPS.	MILLAR
1	5.000	1.50
5.001	10.000	2.00
10.001	20.000	2.50
20.001	30.000	3.00
30.001	50.000	3.50
50.001	75.000	3.75
75.001	100.000	4.00
100.001	150.000	5.00
150.001	o más	5.25

Las personas a que se refiere el presente Artículo deberán presentar a más tardar en el mes de abril de cada año, una declaración jurada, de los ingresos percibidos durante el año calendario anterior, en los formularios que para tal efecto proporcionará gratuitamente la Municipalidad.

El hecho de que el contribuyente no se haya provisto del formulario, no lo exime de la obligación de hacer la declaración, la que en este caso podrá presentar en papel común con los requisitos contenidos en el mismo formulario.

La presentación de la declaración fuera del plazo establecido en este Artículo, se sancionará con multa equivalente al diez por ciento (10%) del impuesto a pagar.

Este impuesto se pagará a más tardar en el mes de mayo; a juicio de la municipalidad, podrá deducirse en la fuente en el primer trimestre del año, quedando los patronos obligados a deducirlo y enterarlo a la Municipalidad dentro de un plazo de quince (15) días después de haberse percibido.

La falta de cumplimiento a lo dispuesto en el párrafo anterior, se sancionará con una multa equivalente al veinticinco por ciento (25%) del valor dejado de retener y con el tres por ciento (3%) mensual sobre las cantidades retenidas y no enteradas en el plazo señalado; sin perjuicio de pagar las cantidades retenidas o dejadas de retener.

Se exceptúan del pago de este impuesto:

a) Quienes constitucionalmente lo estén;

b) Los jubilados y pensionados por invalidez, sobre las cantidades que reciban por estos conceptos;

c) Los ciudadanos mayores de sesenta y cinco (65) años que tuvieren ingresos brutos anuales inferiores al mínimum vital que fije la Ley del Impuesto Sobre la Renta, y;

ch) Quienes, cuando por los mismos ingresos, estén afectos en forma individual al impuesto de Industrias, comercios y Servicios

Cada año, en el mes de febrero, la Municipalidad enviará a la Dirección General de Tributación, un informe que incluya el nombre del contribuyente, su Registro Tributario Nacional y el valor declarado.

Los Diputados electos al Congreso Nacional y los funcionarios públicos con jurisdicción nacional, nombrados constitucionalmente podrán efectuar el pago del presente impuesto en el Municipio de su residencia habitual o donde ejerzan sus funciones, a su elección.

Artículo 78. Impuesto Sobre Industrias, Comercios y Servicios (Según reforma por Decreto 48-91) Impuesto sobre Industrias, Comercios y Servicios, es el que paga mensualmente, toda persona natural o comerciante individual o social por su actividad mercantil, industrial, minera, agropecuaria, de prestación de servicios públicos y privados, de comunicación electrónica, constructoras de desarrollo urbanístico, casinos, instituciones bancarias de ahorro y préstamo, aseguradoras y toda otra actividad lucrativa, la cual tributarán de acuerdo a su volumen de producción, ingresos o ventas anuales, así:

de L.0.00	a L.500.000.00	L.0.30 por millar
de L.500.001.00	a L.10.000.000.00	L.0.40 por millar
de L.10.000.001.00	a L.20.000.000.00	L.0.30 por millar
de L.20.000.001.00	a L.30.000.000.00	L.0.20 por millar
de L.30.000.001.00	en adelante	L.0.15 por millar

No se computarán para el cálculo de este impuesto el valor de las exportaciones de productos clasificados como no tradicionales.

Los contribuyentes a que se refiere el presente Artículo, están obligados a presentar en el mes de enero de cada año, una declaración jurada de la actividad económica del año anterior. La falta de cumplimiento de esta disposición será sancionada con una multa equivalente al impuesto correspondiente a un mes.

Artículo 79. Impuesto a Billares y Productos Controlados (Según reforma por Decreto 177-91) No obstante lo dispuesto en el Artículo 78, los establecimientos que a continuación se detallan, pagarán los impuestos siguientes:

1)   Billares, por cada mesa pagarán mensualmente el equivalente a un salario mínimo diario;

2)   La fabricación y venta de los productos sujetos a control de precios por el Estado, pagará mensualmente su impuesto, en base a sus ventas anuales de acuerdo a la escala siguiente:

POR MILLAR

De 0 a L. 30.000.000.00	L.0.10
De L.a 30.000.001.00 en adelante	L.0.01

El impuesto indicado a este Artículo deberá ser pagado durante los diez (10) primeros días de cada mes, sin perjuicio del pago que por los ingresos de otros productos deberán efectuar de conformidad con lo establecido en el Artículo 78 anterior.

Artículo 80. Impuesto Sobre Explotación de Recursos (Según reforma por Decreto 48-91) Impuesto de Extracción o Explotación de Recursos, es el que pagan las personas naturales o jurídicas que extraen o explotan canteras, minerales, hidrocarburos, bosques y sus derivados; pescan, cazan o extraen especies marítimas, lacustres o fluviales en mares y lagos, hasta 200 metros de profundidad y en ríos.

La tarifa, excepto para casos contemplados en los párrafos subsiguientes, será el 1% del valor comercial de la extracción o explotación del recurso dentro del término municipal, independiente de su centro de transformación, almacenamiento, proceso o acopio, o cualquier otra disposición que acuerde el Estado.

En el caso de explotaciones minerales metálicas, además del impuesto sobre Industrias, Comercios y Servicios, se pagará a la Municipalidad por cada tonelada de material o broza procesable, en Lempiras, la suma equivalente a cincuenta centavos de Dólar de los Estados Unidos de América, conforme al Factor de Valoración Aduanera.

En caso de sal común y cal, Impuesto de Extracción o Explotación de Recursos, se pagará a partir de dos mil (2,000) toneladas métricas.

Cuando se trate de explotaciones mineras metálicas y mientras se establecen en nuestro país las refinerías para operar la separación industrial de los metales, las Municipalidades designarán el personal que estimen conveniente a los sitios de acopio o almacenamiento de material o broza procesable que mantengan las empresas, para constatar el peso de los envíos y para tomar muestras de estas, con el propósito de que aquellas, las Municipalidades, por su cuenta puedan verificar en los laboratorios nacionales o extranjeros el tipo de clase de materiales exportados.

Artículo 81. Derogado Impuesto Tradición (Derogado según Decreto 48-91) Impuesto de Tradición de Bienes Inmuebles es el que paga el tradente al momento de efectuar la venta de un inmueble con base a su valor catastral, registrado con la tarifa siguiente:

1)   Urbanos con mejoras 3%

2)   Urbanos Baldíos 4%

3)   Rurales con mejoras, 2%

4)   Rurales baldíos 3%

Efectuada la venta, el Notario insertará el testimonio respectivo, la constancia de solvencia municipal y el recibo de pago de este impuesto.

Artículo 82. Impuesto Pecuario. Impuesto Pecuario: Es el que se paga por desacate de ganado, así:

1) Por ganado mayor un salario mínimo diario, y;

2) Por ganado menor medio salario mínimo diario.

Sin perjuicio de exhibir la carta de venta en el destace de ganado mayor al momento de pagar la boleta.

Artículo 83. Servicio de Bomberos. Servicio de Bomberos: Es el que paga toda persona individual o social, mercantil e industrial. Los ingresos por este concepto deberán ser invertidos exclusivamente, en los gastos operacionales y de mantenimiento de los cuerpos de bomberos.

Artículo 84. Tasas Municipales. Las Municipalidades quedan facultadas para establecer tasas por:

1) La prestación de servicios municipales directos e indirectos;

2) La utilización de bienes municipales o ejidales; y,

3) Los servicios administrativos que afecten o beneficien al habitante del término municipal.

Cada Plan de Arbitrios establecerá las tasas y demás por menores de su cobro con base en los costos reales en que incurra la Municipalidad y únicamente se podrá cobrar a quien reciba el servicio.

Artículo 85. Contribución por Mejoras. La contribución por concepto de mejoras es la que pagarán a las Municipalidades, hasta que esta recupere total o parcialmente la inversión, los propietarios de bienes inmuebles y demás beneficiarios de obras municipales, cuando por efecto de los mismos, se produjera un beneficio para la propiedad o persona.

Artículo 86. Porcentaje de la Contribución por Mejoras. Facúltase a las Municipalidades para decidir sobre el porcentaje del costo de la obra o servicios a recuperar de parte de los beneficiarios, teniendo en cuenta, además del costo de la obra, las condiciones económicas y sociales de la comunidad beneficiada, y deberán las Municipalidades emitir por cada obra su propio Reglamento de Distribución y Cobro de Inversiones.

Una vez distribuido el costo de una obra o servicio entre los beneficiarios, la Municipalidad hará exigible el pago de la contribución sobre el inmueble beneficiado a su propietario, o al usuario del servicio mejorado.

Capitulo V
De los Créditos y Transferencias

Artículo 87. Préstamos y Operaciones Financieras (Según reforma por Decreto 48-91) Las Municipalidades podrán contratar empréstitos y realizar otras operaciones financieras con cualquier institución nacional, de preferencia estatal.

Cuando los empréstitos se realicen con entidades extranjeras, se seguirán los procedimientos establecidos en la Ley de Crédito Público.

Artículo 88. Bonos Municipales. Las Municipalidades podrán emitir bonos para el financiamiento de obras y servicios, con autorización de la Secretaría de Hacienda y Crédito Público, previo dictamen favorable del Directorio del Banco Central de Honduras.

Artículo 89. Destino de Fondos de Préstamos y Bonos. Los fondos obtenidos mediante empréstitos o bonos no podrán destinarse a fines distintos que para los autorizados.

Artículo 90. Pago de Inversiones No Recuperables. No se podrán dedicar al pago de empréstitos o emisión de bonos, un porcentaje superior al 20% de los ingresos ordinarios anuales de la Municipalidad, cuando se tratare de financiar obras cuya inversión no es recuperable.

Artículo 91. Transferencias de Ingresos Tributarios Nacionales a los Municipios (Según reforma por Decreto 143-2009) El Estado transferirá anualmente a las municipalidades, por partidas mensuales anticipadas, de los ingresos tributarios del Presupuesto General de Ingresos y Egresos de la República y directamente de la Secretaría de Estado en el Despacho de Finanzas (SEFIN) a las cuentas de las municipalidades registradas en el sistema bancario nacional, el siete por ciento (7%) en el año 2010, el ocho por ciento (8%) en el año 2011, el nueve por ciento (9%) en el año 2012, el diez por ciento (10%) en el año 2013 y el once por ciento (11%) del año 2014 en adelante.

Este porcentaje será distribuido así:

1) Un cincuenta por ciento (50%) de la transferencia se distribuirá en partes iguales a las municipalidades; y

2) Un cincuenta por ciento (50%) será distribuido conforme a los criterios siguientes:

   a) Veinte por ciento (20%) por población proyectada conforme al último Censo de Población y Vivienda por el Instituto Nacional de Estadísticas (INE);

   b) Treinta por ciento (30%) por pobreza, de acuerdo a la proporción de población pobre de cada municipio en base al método de Necesidades Básicas Insatisfechas (NBI), según el último Censo de Población y Vivienda.

De estos ingresos las municipalidades deberán destinar el uno por ciento (1%) para la ejecución y mantenimiento de programas y proyectos en beneficio de la niñez y la adolescencia, y un dos por ciento (2%) para los programas y proyectos para el desarrollo económico, social y el combate a la violencia en contra de la mujer, que se ha incrementado en forma impactante, y un trece por ciento (13%) para la operación y mantenimiento de la infraestructura social, entendiéndose comprendidas en esta última, las asignaciones necesarias para asegurar la sostenibilidad de dicha infraestructura. También podrán usar hasta el quince por ciento (15%) para gastos de administración propia; las Municipalidades cuyos ingresos propios anuales, excluidas las transferencias, no excedan de Quinientos Mil Lempiras (L.500,000.00), podrán destinar para dichos fines hasta el doble de este porcentaje.

El uno por ciento (1%) de las transferencias a que se refiere el primer párrafo de este Artículo, se destinará para el Tribunal Superior de Cuentas (TSC), como contraparte municipal para realizar las capacitaciones, seguimiento, cumplimiento a recomendaciones y una mayor cobertura de auditorías municipales. Es entendido que mientras se identifican recursos de otras fuentes para cumplir con estas obligaciones el Tribunal Superior de Cuentas (TSC), formalizará convenio con la Asociación de Municipios de Honduras (AMHON) a partir de los treinta (30) días siguientes de entrar en vigencia el presente Decreto con el propósito de planificar en forma conjunta:

1) El plan de capacitación para los municipios clasificados por la Secretaría de Estado en los Despachos de Gobernación y Justicia en las categorías A, B, C y D y de mancomunidades o asociaciones de municipios;

2) Seguimiento a recomendaciones derivadas de las auditorías municipales realizadas; y,

3) Concertar un plan de ampliación de cobertura de auditorías municipales con el fin de alcanzar el (100%) de los municipios.

El resto de los recursos de la transferencia se destinará a inversión, a cubrir la contraparte exigida por los organismos que financien los proyectos; al pago de las aportaciones a la Asociación de Municipios de Honduras (AMHON), al pago de las aportaciones que los municipios hacen a las mancomunidades o asociaciones previa decisión de las Corporaciones Municipales mediante el voto afirmativo de los dos tercios de sus miembros, y para transferencias en bienes o servicios a las comunidades para inversión, debiendo en todo caso respetarse lo dispuesto en el Artículo 98, numeral 6), de esta Ley. Las municipalidades que gocen del beneficio económico establecido en el Decreto N°72-86 de fecha 20 de mayo de 1986, podrán acogerse al régimen establecido en el presente Artículo, siempre y cuando renuncien ante la Secretaría de Estado en el Despacho de Finanzas al beneficio establecido en el Decreto antes mencionado.

La transferencia debe ingresar a la Tesorería Municipal y manejarse en cuenta bancaria a nombre de la Municipalidad respectiva, pudiendo disponerse de los recursos de la misma únicamente con la firma mancomunada y solidaria del Alcalde y Tesorero Municipal.

Capítulo VI
Del Presupuesto

Artículo 92. Concepto de Presupuesto. El Presupuesto es el plan financiero por programas de obligatorio cumplimiento del Gobierno Municipal, que responde a las necesidades de su desarrollo y que establece las normas para la recaudación de los ingresos y la ejecución del gasto y la inversión.

Artículo 93. Contenido del Presupuesto. (Según reforma por Decreto 48-91) El Presupuesto de Egresos debe contener una clara descripción de los programas, subprogramas, actividades y tareas, debiendo hacerse referencia en el mismo a los documentos de apoyo y consignarse las asignaciones siguientes:

1) Plan financiero completo para el año económico respectivo;

2) Un resumen general de los gastos por concepto de sueldos, salarios, jornales, materiales y equipo y obligaciones por servicios;

3) Pago a instituciones públicas, como el Instituto Hondureño de Seguridad Social, Instituto de Formación Profesional, Banco Municipal Autónomo, Instituto Nacional de Jubilaciones y Pensiones de los Empleados y Funcionarios del Poder Ejecutivo, Servicio Nacional de Acueductos y Alcantarillados, Empresa Nacional de Energía Eléctrica u otras;

4) Los gastos a que estuviere legalmente obligado el Municipio por contratos celebrados;

5) Inversiones y Proyectos;

6) Transferencia al Cuerpo de Bomberos del Municipio;

7)   Otros gastos por obligaciones contraídas; y,

8)   Otros gastos de funcionamiento.

Artículo 94. Presupuesto de Ingresos. (Según reforma por Decreto 48-91) El Presupuesto de Ingresos deberá contener una estimación de los ingresos que se espera del período, provenientes de las fuentes siguientes:

1)   Producto de los impuestos establecidos en la presente Ley;

2)   Producto de las tasas y contribuciones contenidas en el Plan de Arbitrios;

3)   Ingresos de Capital;

4)   Producto de la venta de bienes;

5)   Valor de los préstamos y convenios con bancos nacionales y extranjeros;

6)   Transferencia de Capital que el Poder Ejecutivo otorgue en aplicación a la presente Ley, y del sector privado;

7)   Recursos obtenidos de impuestos y recuperación de obras públicas; y,

8)   Otros ingresos extraordinarios.

Artículo 95. Presentación y Aprobación del Presupuesto (Según reforma por Decreto 48-91) El Presupuesto debe ser sometido a la consideración de la Corporación, a más tardar el 15 de Septiembre de cada año. Si por fuerza mayor u otras causas no estuviere aprobado el 31 de Diciembre, se aplicará en el año siguiente el del año anterior.

Para su aprobación o modificación se requiere el voto afirmativo de la mitad más uno de los miembros de la Corporación Municipal.

Artículo 96. Codificación y Nomenclatura del Presupuesto. La Secretaría de Gobernación y Justicia asistirá a las Municipalidades en el sistema de codificación, nomenclatura y clasificación de cuentas del presupuesto por programas y estimación de ingresos.

Artículo 97. Envío de Copia de Presupuesto. Copia del presupuesto aprobado y la liquidación final correspondiente al año anterior, serán remitidas a la Secretaría de Planificación, Coordinación y Presupuesto, a más tardar el 10 de enero de cada año.

Artículo 98. Normas del Presupuesto (Según reforma por Decreto 48-91) La formulación y ejecución del Presupuesto deberá ajustarse a las disposiciones siguientes:

1)   Los egresos, en ningún caso, podrán exceder los ingresos;

2)   Los gastos fijos ordinarios solamente podrán financiarse con los ingresos ordinarios de la Municipalidad;

3)   Solo podrá disponerse de los ingresos extraordinarios a través de ampliaciones presupuestarias;

4)   Los ingresos extraordinarios únicamente podrán destinarse a inversiones de capital;

5)   No podrá contraerse ningún compromiso ni efectuarse pagos fuera de las asignaciones contenidas en el Presupuesto, o en contravención a las disposiciones presupuestarias del mismo;

6)   (Según reforma por Decreto 127-2000) Los gastos de funcionamiento no podrán exceder de los siguientes límites, so pena de incurrir en responsabilidad:

Ingresos Anuales Corrientes	Gastos de Funcionamiento
Hasta 3.000.000.00	hasta 65%
De 3.000.000.01 hasta 10.000.000.00	hasta 60%
De 10.000.000.01 hasta 20.000.000.00	hasta 55%
De 20.000.000.01 hasta 32.000.000.00	hasta 50%
De 32.000.000.01 hasta 50.000.000.00	hasta 45%
De 50.000.000.01 en adelante	hasta 40%

7)   Los bienes y fondos provenientes de donaciones y transferencias para fines específicos, no podrán ser utilizados para finalidad diferente;

8)   No podrán hacerse nombramientos ni adquirir compromisos económicos, cuando la asignación esté agotada o resulte insuficiente, sin perjuicio de la anulación de la acción y la deducción de las responsabilidades correspondientes.

La violación de lo antes dispuesto será motivo de suspensión del funcionario o empleado responsable y la reincidencia será causal de remoción.

Artículo 99. Creación de Entes Municipales (Según reforma por Decreto 143-2009) La Municipalidad podrá crear empresas, divisiones o cualquier ente municipal desconcentrado, las que tendrán su propio presupuesto aprobado por la Corporación Municipal.

Asimismo podrá crear fondos rotatorios que custodiará el Tesorero Municipal.

Artículo 99-A. Contratos de Obras y Servicios (Adicionado por Decreto 127-2000) Las Municipalidades solo podrán contratar las obras o servicios necesarios para el desarrollo del Municipio con las personas naturales o jurídicas que tengan capacidad legal para ello.

Las obras civiles municipales cuyo costo excede de CIENTO VEINTE MIL LEMPIRAS (L.120.000.00) a valores constantes del 31 de diciembre de 1999, deberán ser dirigidas por un Ingeniero Civil colegiado, a tiempo parcial. Si excediere el costo de SEISCIENTOS MIL LEMPIRAS (L. 600.000.00), siempre a los mismos valores constantes, deberán ser dirigidas por un Ingeniero Civil colegiado permanente.

Queda prohibido el fraccionamiento de la obra para los efectos de la contratación.

TITULO VI
DEL PERSONAL

Capítulo I
De los Empleados

Artículo 100. Empleados Bajo Autoridad del Alcalde. El Alcalde Municipal tiene la facultad de nombrar, ascender, trasladar y destituir al personal, de conformidad con la Ley, excepto los señalados en los artículos 49, 52, 56, y 59.

Artículo 101. (DEROGADO POR DECRETO 149- 97 Los empleados y servidores municipales no electos se acogerán al régimen del Servicio Civil, para garantizarles estabilidad laboral.).

Artículo 102. El Parentesco y los Cargos Municipales. No podrán desempeñar cargo alguno dentro de la administración municipal, cónyuges o parientes dentro del tercer grado de consanguinidad y segundo de afinidad del Alcalde Municipal o de los miembros de la Corporación Municipal. Se exceptúan a quienes les sobrevinieren causas de incompatibilidad y los que resultaren candidatos en los casos en que hubiere concurso por oposición.

Artículo 103. Manual de Clasificación de Puestos y Salarios (Según reforma por Decreto 48-91) Las Municipalidades están obligadas a mantener un Manual de Clasificación de

Puestos y Salarios, actualizados.

Deberán, además, establecer sistemas de capacitación técnica e investigación científica, tanto para los funcionarios electos como para los nombrados, sobre diferentes actividades y programas.

Artículo 104. Afiliación a INJUPEMP. Las Corporaciones Municipales podrán afiliar a su personal laborante al régimen de Jubilaciones y Pensiones de los Empleados y Funcionarios del Poder Ejecutivo, siempre y cuando sus condiciones económicas lo permitan.

Capítulo II
Del Instituto de Desarrollo Municipal

Artículo 105. Instituto de Desarrollo Municipal (Según reforma por Decreto 48-91) Créase el Instituto de Desarrollo Municipal con personalidad jurídica y patrimonio propio.

El Instituto será un organismo destinado a promover el desarrollo integral de los Municipios, mediante la capacitación de los funcionarios y empleados municipales, la asesoría técnica, la promoción de la cooperación internacional y la coordinación de los entes nacionales de apoyo municipal.

Una Ley especial regulará su organización y funcionamiento.

Las municipalidades destinarán recursos propios o compartidos para su funcionamiento.

TÍTULO VII
DE LA PRESCRIPCIÓN
Capítulo Único

Artículo 106. Prescripción de Tributos Municipales (Según reforma por Decreto 48-91) Las acciones que las municipalidades tuvieren en contra de particulares, provenientes de obligaciones tributarias, por los efectos de esta Ley y normas subalternas, prescribirán en el término de cinco (5) años únicamente interrumpida por acciones judiciales.

Artículo 107. Responsables por Prescripción. Cuando la prescripción ocurriere por negligencia atribuida a funcionarios o a empleados municipales serán estos responsables de los daños y perjuicios que se hubieran ocasionado a las Municipalidades.

Artículo 108. No Prescripción Sobre Inmuebles Municipales (Según reforma por Decreto 125-2000) Son imprescriptibles los derechos sobre los bienes inmuebles municipales. No se podrá decretar diligencias prejudiciales ni medidas precautorias sobre los bienes inmuebles municipales.

Todo título de propiedad que otorgue la Municipalidad en cumplimiento de la política social, deberá hacerlo en forma conjunta con el cónyuge, compañera o compañero de hogar.

La certificación del acuerdo municipal será equivalente al título de propiedad y el mismo podrá inscribirse en el Registro de la Propiedad sin necesidad de escritura pública; estará exonerada del pago del Impuesto de Timbres de Contratación y del Impuesto de Tradición de Bienes Inmuebles; sin embargo, deberán cumplir con los demás requisitos registrales.

Queda prohibido al Instituto Nacional Agrario (INA), titular tierras en los núcleos de las áreas protegidas, nacionales y municipales, así como en los inmuebles de los cuales sean plenas propietarias las Municipalidades.

TITULO VIII
DE LAS DISPOSICIONES GENERALES

Artículo 109. Interés y Recargo por Tributos. (Según reforma por Decreto 127-2000) El atraso en el pago de cualquier tributo municipal dará lugar al pago de un interés anual, igual a la tasa que los bancos utilizan en sus operaciones comerciales activas, más un recargo del dos por ciento (2%) anual calculado sobre saldos.

Artículo 110. Descuento por Pago Anticipado. Las Municipalidades podrán recibir anticipadamente el pago de los tributos municipales; en estos casos deberán rebajar el diez por ciento (10%) del total; asimismo en casos especiales tales como caso fortuito o fuerza mayor, prorrogarán el período de cobro hasta por treinta días o hasta que cesen las causas que hubieren generado la calamidad o emergencia. El beneficio del pago anticipado solo será aplicable cuando se efectúe cuatro meses antes de la fecha legal del pago.

Artículo 111. Crédito Preferente por Tributos. Toda deuda proveniente del pago del Impuesto de Bienes Inmuebles, industria, comercio, servicios, contribución por mejoras constituye un crédito preferente a favor de la Municipalidad y para su reclamo judicial se procederá por la vía ejecutiva. Servirá de Título Ejecutivo la certificación del monto adeudado, extendido por el Alcalde Municipal.

Artículo 112. Apremio para el Cobro de Tributos. La morosidad en el pago de los impuestos establecidos en esta Ley, dará lugar a que la Municipalidad ejercite para el cobro, la vía de apremio judicial, previo a dos requerimientos por escrito a intervalos de un mes cada uno y después podrá entablar contra el contribuyente deudor el Juicio Ejecutivo correspondiente, sirviendo de Título Ejecutivo la certificación de falta de pago, extendida por el Alcalde Municipal.

Artículo 113. Inscripción en el Registro de la Propiedad. Los inmuebles garantizarán el pago de los impuestos que recaigan sobre los mismos, sin importar el cambio de propietario que sobre ellos se produzca, aun cuando se refieran a remates judiciales o extrajudiciales, los nuevos dueños deberán cancelar dichos impuestos, previa inscripción en el Registro de la Propiedad.

Artículo 114. Responder en Cabildo Abierto. Las Corporaciones Municipales, tendrán la obligación de responder en cabildo abierto en forma inmediata a las peticiones que sobre su gestión planteen los que concurran a la misma; y en caso de gestión particular distinta, deberán resolver en el plazo de quince días.

Artículo 115. Publicación de Gaceta Municipal. Las Municipalidades, cuando sus recursos lo permitan, están obligadas a publicar la Gaceta Municipal donde consten sus resoluciones más relevantes, un resumen del presupuesto, su liquidación y la respuesta a las solicitudes de rendición de cuenta. La edición de la Gaceta Municipal se hará por los menos semestralmente. La forma de su emisión queda sujeta a la capacidad económica de las Municipalidades.

Artículo 116. Financiamiento de Gaceta Municipal. Para financiar la publicación de la Gaceta Municipal, todo vecino del término respectivo podrá adquirirla al precio que se fije en el Plan de Arbitrios.

Además, las Municipalidades pueden vender espacios para publicidad, a efectos de financiar sus costos.

Artículo 117. Expropiación Forzosa. (Según reforma por Decreto 127-2000) Son motivos de utilidad pública e interés social, para decretar la expropiación total o parcial de predios, además de los determinados en las leyes vigentes, las obras de seguridad, ornato, embellecimiento de barrios, apertura o ampliación de calles, carreteras, edificaciones para mercados, plazas, parques, jardines públicos, áreas de recreo y deportes, construcción de terminales de transporte urbano e interurbano, centros educativos, clínicas y hospitales, represas, sistemas de agua potable y su tratamiento, así como, de desechos sólidos, zonas de oxigenación, áreas para la urbanización de protección a la biodiversidad, cuencas y sus afluentes y otras obras públicas de necesidad comunitaria o municipal calificadas por la Corporación Municipal. Excepcionalmente para los mismos fines, podrá adquirir inmuebles mediante contratación directa, por su valor catastral, cuando no hubiese otros disponibles, debiendo dejar evidencia de estas circunstancias.

Para proceder a la expropiación se observarán los procedimientos establecidos en la Constitución de la República y en la Ley de Expropiación Forzosa en lo que fueren aplicables. Sobre los predios del Estado, del municipio o sobre aquellos en que los particulares únicamente tengan dominio útil, solo se reconocerá el valor de las mejoras.

La Corporación también podrá gravar con servidumbres los bienes de propiedad privada, siempre que la utilización del inmueble a gravarse sea necesaria para la prestación de un servicio público. Las servidumbres, incluirán, además, el derecho de inspeccionar el inmueble y de ingresar al mismo para efectuar las reparaciones que fuesen necesarias para la prestación del servicio.

Artículo 118. Planes de Desarrollo y Reservas para Expansión (Según reforma por Decreto 48-91) La ejecución de planes de desarrollo urbano y la constitución de reservas para futuras extensiones de las ciudades, o para la protección del sistema ecológico, son de utilidad pública e interés social.

La Secretaría de Estado en los Despachos de Gobernación y Justicia, a través de la Dirección General de Asistencia Técnica Municipal, colaborará con las municipalidades para el cumplimiento de lo dispuesto en este Artículo y para la delimitación del perímetro urbano.

Los planes relacionados con las expansiones futuras de las ciudades serán sometidos a la aprobación del Poder Ejecutivo. **(PÁRRAFO DEROGADO).**

Artículo 119. Reclamos por Actos de la Gobernación. La Corporación Municipal podrá ocurrir a la Secretaría de Estado en los Despachos de Gobernación y Justicia, en apelación de resoluciones, acuerdos, disposiciones, actos u órdenes de la Gobernación Departamental u otra autoridad cuando lesionen el interés municipal. Esta Secretaría de

Estado tendrá el plazo que señala el Artículo 138 de la Ley de Procedimiento Administrativo para resolver lo pertinente.

Artículo 120. Coordinación de Obras, Servicios e Inversiones (Según reforma por Decreto 143-2009) Toda ejecución de obras y servicios públicos o inversiones de desarrollo en el término municipal, que proyecte cualquier entidad estatal, privada u Organización No Gubernamental (ONG's) y otras similares, deberá estar en armonía con el Plan de Desarrollo Municipal y en coordinación con la Corporación Municipal.

Artículo 121. Condonación de Tributos y Plan de Pago. Salvo lo autorizado en la presente Ley, las Municipalidades no podrán condonar los tributos, sus multas la mora o cualquier recargo, no obstante quedan facultadas para establecer planes de pago.

Artículo 122. Obligación de la DEI y Banco Central (Según reforma por Decreto 127-2000) La Dirección Ejecutiva de Ingresos (DEI), está obligada a extender de oficio a las Municipalidades el respectivo carnet de exención de impuestos de ventas y a proporcionar por escrito a las Municipalidades, toda la información relativa a los ingresos tributarios y su comportamiento trimestral, lo mismo que la demás información que requiera sobre el patrimonio o ingresos de las personas naturales o jurídicas de su territorio para efectos de tributo, debiendo respetarse en todo caso el derecho de intimidad. Igual obligación de información tendrá el Banco Central de Honduras.

Artículo 122-A. Impuestos Sobre Valor Agregado y Tasa Ambiental (Adicionado por Decreto 127-2000) Las instituciones descentralizadas que realicen actividades económicas, los procesadores y revendedores de café y demás cultivos no tradicionales, están obligados al pago de los impuestos municipales correspondientes por el valor agregado que generen. Asimismo, están obligados al pago de las tasas por los servicios que preste, derechos por licencias y permisos y de las contribuciones municipales.

También podrán imponer tasas y contribuciones por los servicios que presten en materia de preservación del ambiente.

Los montos pagados en concepto de impuestos, tasas, derechos y contribuciones declarados por los contribuyentes más los ajustes introducidos por la Administración Tributaria de las municipalidades, serán ingresados inmediatamente en la Tesorería Municipal. Las devoluciones por el pago de las acciones tributarias especificadas en el párrafo anterior que resulten de los ajustes correspondientes, se efectuarán por las municipalidades a más tardar, dentro de los quince (15) días siguientes a la fecha en que se reconoció tal devolución.

Cuando en el ejercicio de la acción tributaria existiera duda sobre la veracidad de las declaraciones, para efecto del pago de los impuestos, tasas, derechos, o contribuciones municipales, o cuando el contribuyente niegue tal obligación, el Alcalde de acuerdo al dictamen de la administración tributaria, procederá de oficio a tasar dichos impuestos, tasas, derechos y contribuciones.

Artículo 122-B. Sanciones a Funcionarios y Empleados Municipales. (Adicionado por Decreto 127-2000) Sin perjuicio a lo dispuesto en esta Ley, para casos especiales, se impondrá a los miembros de la Corporación Municipal, funcionarios y empleados municipales por el incumplimiento de sus respectivas funciones y obligaciones previstas en la Ley o por infracciones a la misma, una multa de CIEN LEMPIRAS (L.100.00) a MIL LEMPIRAS (L.1.000.00) según la gravedad de la infracción, por la primera vez; por la segunda vez se le aplicará el doble del máximo y por la tercera y ulteriores veces, suspensión del cargo hasta por tres (3) meses; lo anterior, sin perjuicio del cumplimiento de la obligación o función dejada de ejecutar en tiempo y forma, la indemnización de daños y perjuicios y la destitución de dicho funcionario o empleado.

Artículo 122-C. Procedimiento para Sancionar (Adicionado por Decreto 127-2000) Para los efectos de los artículos anteriores, se entiende que las sanciones serán impuestas por la Corporación, al Alcalde, los Regidores considerados individualmente, al Secretario, Tesorero y Auditor, por la Secretaría de Estado en los Despachos de Gobernación y Justicia a la Corporación Municipal en pleno; por el Alcalde Municipal a los empleados y por el Alcalde o por el Juez Municipal de Policía, a los particulares. Las sanciones impuestas se harán constar en un libro que para tal efecto llevará el Secretario respectivo.

Artículo 122-D. Apelación de Sanciones (Adicionado por Decreto 127-2000) Los sancionados podrán recurrir contra las resoluciones respectivas conforme a la Ley de Procedimiento Administrativo. Las multas e indemnizaciones serán enteradas en la Tesorería Municipal.

TITULO IX
DE LOS TRANSITORIOS

Artículo 123. El ingreso de los servidores municipales al régimen del Servicio Civil se hará dentro de un período que no deberá exceder de tres años.

Artículo 124.- El Gobierno de la República con relación a su obligación de transferir el cinco (5%) de sus ingresos tributarios del presupuesto General de la República, indicado en el artículo 91, hará la primera entrega durante el año 1992, por un monto equivalente al dos por ciento (2%), en 1993 aportará el equivalente al cuatro por ciento (4%); y en año de 1994 su transferencia será completada en cinco por ciento (5%).

Artículo 125. Delimitación de Perímetros Urbanos. (Según reforma por Decreto 127-2000) Todo Municipio deberá tener plenamente delimitado, mediante acuerdos de la Corporación Municipal, los límites urbanos de todos los asentamientos humanos de su jurisdicción, con base en el estudio técnico que se elabore al efecto. La delimitación incluirá la zonificación y servirá para los fines urbanísticos, administrativos, tributarios, así como de ordenamiento y planificación de los asentamientos. La resolución que apruebe la delimitación, deberá notificarse al Instituto Nacional Agrario (INA), Instituto Geográfico Nacional, Instituto Nacional de Estadísticas (INE) y a la Secretaría de Estado en los Despachos de Gobernación y Justicia.

Dichas resoluciones deberán respetar la normativa contenida en el convenio 169 de la Organización Internacional del Trabajo (OIT), aprobado mediante Decreto N° 26-94, de fecha 10 de mayo de 1994.

Cualquier interesado podrá impugnar el acuerdo en los plazos establecidos en la Ley de Procedimiento Administrativo.

Para este efecto, son límites de asentamientos humanos los perímetros de los espacios de tierra destinados a la vivienda o permanencia de personas, que son establecidos con el propósito de salvaguardar la salud, integridad y bienestar humano, los que deberán reunir las condiciones mínimas siguientes:

1) Conglomerado de personas y un número mínimo de viviendas que fijará el Reglamento de esta Ley;

2) Trazado de calles; y,

3) Un mínimo de servicios públicos y comunitarios.

En la delimitación la Corporación deberá tomar como base el estudio que al efecto se elabore, con proyección a veinte (20) años plazo y tomando en cuenta el crecimiento de las dos últimas décadas y, además, eventuales crecimientos intempestivos originados por parques industriales o la creación de fuentes masivas de empleo. Deberá tomar en cuenta, además, la vocación del suelo, particularmente su aptitud para su habitabilidad y la exclusión de las áreas donde puede lograrse un óptimo aprovechamiento para otros fines productivos.

La delimitación y demarcación deberá hacerse utilizando los procedimientos técnicos que establezca el Reglamento de esta Ley.

Artículo 125-A. Normativa de Asociaciones de Municipios (Adicionado por Decreto 143-2009) Para el cumplimiento de las disposiciones contenidas en los Artículos 20-D y 20-E, las mancomunidades o asociaciones de municipios, deberán adecuar los instrumentos normativos que regulan su organización y funciones, al Reglamento General de Organización, Funcionamiento y Atribuciones, que deberá ser elaborado y aprobado en un plazo no mayor a los tres (3) meses de la vigencia de estas disposiciones.

Artículo 126. Los Síndicos electos el 26 de noviembre de 1989, actualmente en funciones, continuarán en sus cargos únicamente durante el presente período, y se desempeñarán exclusivamente como fiscal de la Municipalidad respectiva, debiendo participar en las sesiones con voz y voto.

Artículo 127. (Derogado por Decreto 48-91. El impuesto de Tradición de Bienes Inmuebles a que se refiere el artículo 81 de la presente Ley, continuará pagándose a través de la Secretaría de Estado en los Despachos de Hacienda y Crédito Público y será transferido el cobro a las Municipalidades, a partir del uno de enero de (1993) mil novecientos noventa y tres.)

Artículo 127-A. Plazo para Definir Perímetros Urbanos (Adicionado por Decreto 48-91) Las Municipalidades, el Instituto Nacional Agrario (INA) y el Secretario de Estado en los Despachos de Gobernación y Justicia, colaborarán con el propósito que dentro del término de dos (2) años quedan definidos todos los perímetros urbanos.

TITULO X
DISPOSICIONES FINALES

Artículo 128. Derogatorias. (Según reforma por Decreto 48-91) La presente Ley deroga la Ley de Municipalidades y del Régimen Político, contenida en el Decreto N. 127 del 7 de Abril de 1927 y sus reformas, el Decreto N° 5 del 20 de Febrero de 1958, el Decreto N° 33 del 31 de Marzo de 1958, el Decreto N° 370 del 30 de Agosto de 1976 y el Decreto N. 73-84, del 10 de Mayo de 1984.

Esta Ley será reglamentada por el Poder Ejecutivo a través de la Secretaría del Estado en los Despachos de Gobernación y Justicia.

Artículo 129. Vigencia de esta Ley. La presente Ley deberá publicarse en el diario Oficial "La Gaceta" y entrará en vigencia el uno de enero de (1991) mil novecientos noventa y uno.

Dado en la ciudad de Tegucigalpa, Municipio del Distrito Central, en el Salón de Sesiones del Congreso Nacional, a los veintinueve días del mes de octubre de mil novecientos noventa.

RODOLFO IRIAS NAVAS
Presidente

MARCO AUGUSTO HERNÁNDEZ ESPINOZA
Secretario

CARLOS GABRIEL KATTAN SALEM
Secretario

Al Poder Ejecutivo
Por tanto: Ejecútese.

Tegucigalpa, M.D.C. 7 de Noviembre de 1990

RAFAEL LEONARDO CALLEJAS
Presidente

El Secretario de Estado en los Despachos de Gobernación y Justicia
FRANCISCO CARDONA ARGUELLES.

NICARAGUA

Ley de Municipios

LEYES Nº 40 Y 261

EL PRESIDENTE DE LA REPÚBLICA DE NICARAGUA

Hace saber al pueblo nicaragüense que:

LA ASAMBLEA NACIONAL DE LA REPUBLICA DE NICARAGUA

En uso de sus facultades:

HA DICTADO

La siguiente: **Reformas e incorporaciones a la Ley Nº 40, "Ley de Municipios"**; publicada en La Gaceta, Diario Oficial, Nº 155 de 17 de agosto de 1988, las que incorporadas a la Ley se leerán así:

DE LOS MUNICIPIOS

Capítulo I

Disposiciones Generales

Arto. 1.- El territorio nacional para su administración, se divide en Departamentos, Regiones Autónomas de la Costa Atlántica y Municipios. Las Leyes de la materia determinan su creación, extensión, número, organización, estructura y funcionamiento de las diversas circunscripciones territoriales.

El Municipio es la unidad base de la división política administrativa del país. Se organiza y funciona con la participación ciudadana. Son elementos esenciales del Municipio: el territorio, la población y su gobierno.

Los Municipios son Personas Jurídicas de Derecho Público, con plena capacidad para adquirir derechos y contraer obligaciones.

Arto. 2.- La Autonomía es el derecho y la capacidad efectiva de las Municipalidades para regular y administrar, bajo su propia responsabilidad y en provecho de sus pobladores, los asuntos públicos que la Constitución y las leyes le señalen.

La Autonomía Municipal es un principio consignado en la Constitución Política de la República de Nicaragua, que no exime ni inhibe al Poder Ejecutivo ni a los demás Poderes del Estado de sus obligaciones y responsabilidades para con los municipios.

Cualquier materia que incida en el desarrollo socio-económico de la circunscripción territorial de cada Municipio, y cualquier función que pueda ser cumplida de manera eficiente dentro de su jurisdicción o que requiera para su cumplimiento de una relación estrecha con su propia comunidad, debe de estar reservada para el ámbito de competencias de los mismos municipios. Estos tienen el deber de desarrollar su capacidad técnica, administrativa financiera, a fin de que puedan asumir las competencias que les correspondan.

Arto. 3.- El Gobierno Municipal garantiza la democracia participativa y goza de plena autonomía, la que consiste en:

1. La existencia de los Consejos Municipales, Alcaldes y Vice-Alcaldes electos mediante el ejercicio del sufragio universal por los habitantes de su circunscripción.

2. La creación y organización de estructuras administrativas, en concordancia con la realidad del Municipio.

3. La gestión y disposición de sus propios recursos con plena autonomía. Para tal efecto, deberá elaborar anualmente su Presupuesto de Ingresos y Egresos.

4. El ejercicio de las competencias municipales señaladas en las leyes, con el fin de satisfacer las necesidades de la población y en general, en cualquier materia que incida en el desarrollo socio-económico de su circunscripción, tomando en cuenta si fuese el caso los intereses de las comunidades indígenas que habiten en ella.

5. El derecho de tener un patrimonio propio del que podrán dis-poner con libertad, de conformidad con la ley sujeto única-mente al control de la Contraloría General de la República.

6. Ejercer las demás funciones de su competencia establecidas en la presente Ley y su Reglamento.

Capítulo II

De la Creación de Municipios

Arto. 4.- La creación y demarcación de los Municipios se hará por medio de ley y en ella se deberá tomar en cuenta, entre otros criterios, los siguientes:

1. La población que lo integrará, tomando en cuenta su identidad natural, socio-económica y cultural.

   En ningún caso la población deberá ser menor de 10,000 habitantes. Esta prohibición no rige para los municipios de las Regiones Autónomas de la Costa Atlántica ni para el caso de fusión de municipios de escasa población.

2. La capacidad de generar recursos propios y suficientes para atender las competencias municipales básicas y para prestar y desarrollar los servicios públicos.

3. El dictamen técnico de INETER sobre la conveniencia de su creación y el diagnóstico que especifique el territorio jurisdiccional del nuevo Municipio, indicando de donde se segrega ese territorio.

Arto. 5.- La solicitud de creación de nuevos municipios o la modificación de los límites territoriales de los ya existentes, podrá ser presentada por:

1. La población residente en la circunscripción municipal pro-puesta.

2. Los Consejos Municipales correspondientes a los Municipios cuyos límites territoriales se afectarán.

3. Los Concejos Regionales de las Regiones Autónomas de la Costa Atlántica de Nicaragua, para el caso de municipios comprendidos en sus territorios.

TITULO II

DE LAS COMPETENCIAS

Capítulo Único

Arto. 6.- Los Gobiernos Municipales tienen competencia en todas las materias que incidan en el desarrollo socioeconómico y en la conservación del ambiente y los recursos naturales de su circunscripción territorial. Tienen el deber y el derecho de resolver, bajo su responsabilidad, por sí o asociados, la prestación y gestión de todos los asuntos de la comunidad local, dentro del marco de la Constitución Política y demás leyes de la Nación.

Los recursos económicos para el ejercicio de estas competencias se originarán en los ingresos propios y en aquéllos que transfiera el Gobierno ya sea mediante el traslado de impuestos o de recursos financieros.

Dentro de la capacidad administrativa, técnica y financiera, el Municipio debe realizar todas las tareas relacionadas con la prestación de los servicios municipales comprendidos en su jurisdicción para el desarrollo de su población.

Arto. 7.- El Gobierno Municipal tendrá, entre otras, las competencias siguientes:

1) Promover la salud y la higiene comunal. Para tales fines deberá:

   a. Realizar la limpieza pública por medio de la recolección, tratamiento y disposición de los desechos sólidos.

   b. Responsabilizarse de la higiene comunal, realizando el drenaje pluvial y la eliminación de charcas.

   c. Coordinar con los organismos correspondientes la construcción y mantenimiento de puestos y centros de salud urbanos y rurales.

   d. Promover y participar en las campañas de higiene y de salud preventiva en coordinación con los organismos correspondientes.

2) Cumplir y hacer cumplir el funcionamiento seguro e higiénico de mercados, rastros y lavaderos públicos, ya sea los que se encuentren bajo su administración o los autorizados a privados, ejerciendo en ambos casos el control de los mismos.

3) Autorizar y registrar fierros, guías de transporte y cartas de venta de semovientes.

4) Dictar las normas de funcionamiento de los cementerios de acuerdo al reglamento correspondiente, por lo que podrá:

    a.   Construir, dar mantenimiento y administrar los cementerios públicos.

    b.   Otorgar concesiones cuando lo estimase conveniente para la construcción o administración de cementerios privados y supervisar el cumplimiento del reglamento respectivo.

5)   La Planificación, formación y control del uso del suelo y del desarrollo urbano, suburbano y rural, por lo que podrá:

    a.   Impulsar la elaboración de planes o esquemas de desarrollo urbano y garantizar el cumplimiento de los mismos.

    b.   Delimitar el área urbana de la ciudad cabecera municipal y de las áreas rurales del Municipio sin afectación de las líneas limítrofes establecidas. Para esta tarea solicitarán los oficios de los organismos correspondientes.

          En caso que dichas áreas no estuviesen demarcadas a la entrada en vigencia de la presente Ley, los Alcaldes y los Concejos Municipales tendrán como función primordial efectuar estas delimitaciones.

    c.   Regular y controlar el uso del suelo urbano de acuerdo a los planes de desarrollo vigente.

    d.   Monitorear el uso del subsuelo, de conformidad con la ley de la materia y el ente estatal correspondiente.

    e.   Controlar el cumplimiento de las normas de construcción en general, que se realicen en su territorio.

    f.   Garantizar el ornato público.

    g.   Ejercer las facultades de declaración de utilidad pública de predios urbanos y baldíos, contempladas en los Artículos 3 y 5 del Decreto N° 895, publicado en La Gaceta, Diario Oficial del 14 de Diciembre de 1981, observando lo dispuesto en el Artículo 44 Cn.

    h.   Construir y dar mantenimiento a calles, aceras, andenes, parques y plazas.

6)   Promover la cultura, el deporte y la recreación. Proteger el patrimonio arqueológico, histórico, lingüístico y artístico de su circunscripción. Por lo que deberá:

    a.   Preservar la identidad cultural del municipio promoviendo las artes y folklore local por medio de museos, exposiciones, ferias, fiestas tradicionales, bandas musicales, monumentos, sitios históricos, exposiciones de arte culinario, etc.

    b.   Impulsar la construcción, mantenimiento y administración de bibliotecas.

    c.   Impulsar la construcción y el mantenimiento de campos y canchas deportivas, así como promover la formación de equipos deportivos e impulsar la realización de campeonatos y torneos intra e intermunicipales.

7)   La prestación a la población de los servicios básicos de agua, alcantarillado sanitario y electricidad. En tal sentido el municipio podrá:

    a.   Construir, dar mantenimiento y administrar los acueductos municipales y las redes de abastecimiento domiciliar en el municipio.

b. Construir, dar mantenimiento y administrar la red de alcantarillado sanitario, así como el sistema de depósito y tratamiento de las aguas negras del municipio.

c. Construir, dar mantenimiento y administrar las redes de abastecimiento de energía a nivel domiciliar y público en el municipio.

8) Desarrollar, conservar y controlar el uso racional del medio ambiente y los recursos naturales como base del desarrollo sostenible del Municipio y del país, fomentando iniciativas locales en estas áreas y contribuyendo a su monitoreo, vigilancia y control, en coordinación con los entes nacionales correspondientes.

En tal sentido, además de las atribuciones establecidas en la Ley N° 217 "Ley General del Medio Ambiente y los Recursos Naturales", publicada en La Gaceta, Diario Oficial, del 6 de Junio de 1996, y en concordancia con la misma, corresponde al Municipio las competencias siguientes:

a. Emitir opinión respecto a los contratos o concesiones de explotación de los recursos naturales ubicados en su circunscripción, como condición previa para su aprobación por la autoridad competente.

b. Percibir al menos el 25% de los ingresos obtenidos por el Físico, en concepto de derechos y regalías que se recaudan por el otorgamiento de concesiones de exploración, explotación o licencias sobre los recursos naturales ubicados en su territorio.

c. Autorizar en coordinación con el Ministerio del Ambiente y los Recursos Naturales el marcaje y transporte de árboles y madera, para controlar su racional aprovechamiento.

d. Declarar y establecer parques ecológicos municipales para pro-mover la conservación de los recursos naturales más valioso del municipio.

Dicha declaratoria podrá recaer en un área de dominio público o en terrenos privados, previa indemnización establecida en el Artículo 44 de la Constitución Política.

e. Participar en conjunto con el Ministerio del Ambiente y los Recursos Naturales en la evaluación de los Estudios de Impacto Ambiental de obras o proyectos que se desarrollen en el Municipio, previo al otorgamiento del permiso ambiental.

9) Impulsar y desarrollar de manera sostenible el turismo en su localidad, aprovechando los paisajes, sitios históricos, arqueo-lógicos y centros turísticos.

10) Promover el respeto a los derechos humanos y en especial los derechos de la mujer y la niñez.

11) Constituir Comités Municipales de Emergencia que en coord.-nación y con apoyo del Comité Nacional de Emergencia, elaboren un plan que defina responsabilidades de cada institución, y que organicen y dirijan la defensa de la comunidad en caso de desastres naturales.

12) Desarrollar el transporte y las vías de comunicación; además podrá:

a. Construir y dar mantenimiento a puentes y caminos vecinales e intramunicipales.

    b.   Impulsar, regular y controlar el servicio de transporte colectivo intramu-nicipal, urbano, rural así como administrar las terminales de transporte terrestre interurbano, en coordinación con el ente nacional correspon-diente.

        Nota: En la interpretación auténtica establecida por la Ley N° 395, de Interpretación Auténtica de este inciso, publicada en La Gaceta N° 126 de Julio del 2001, le da al Municipio carácter de ente regulador pudiendo impulsar, regular y controlar el transporte colectivo intra municipal ya sea urbano o rural.

    c.   Administrar puertos fluviales y lacustres, según sea el caso, en coordina-ción con el ente nacional correspondiente.

    d.   Diseñar y planificar la señalización de las vías urbanas y rurales.

  13) Todas las demás funciones que le establezcan las leyes y reglamentos, sin detrimento del principio constitucional de la autonomía municipal.

Arto. 8.- El Registro del Estado Civil de las Personas es una dependencia administrativa del Gobierno Municipal y se regirá, además de lo dispuesto en la ley de la materia, conforme las directrices, normativas y metodologías que dicte el Consejo Supremo Electoral.

Arto. 9.- En el ejercicio de su competencia, los Municipios podrán:

    a.   Contratar con otras instituciones del Estado la prestación de servicios que por su naturaleza puedan ser realizados por ellas de una mejor forma, observando su correcta ejecución.

    b.   Celebrar contratos u otorgar concesiones previa licitación con personas naturales o jurídicas, de carácter privado, para la ejecución de funciones o administración de establecimientos o bienes que posea a cualquier título, sin menoscabo de ejercer sus facultades normativas y de control.

En ambos casos, los contratos y concesiones deberán ser otorgados de conformidad con la Ley de Contrataciones del Estado, Municipalidades y Entes Descentralizados, ser ratificados por el Concejo Municipal y asegurar la calidad y equidad en la prestación del servicio.

Arto. 10.- El Gobierno Nacional y sus instituciones tienen la obligación de brindar la información relativa a la jurisdicción del municipio que estos le soliciten. Asimismo, los gobiernos municipales tienen la facultad de intervenir y participar en todos los asuntos que afecten sus competencias. Al respecto, intervendrán y participarán en la planificación y ejecución de obras y acciones institucionales, interinstitucionales e intersectoriales de la Administración Pública.

Arto. 11.- Los Gobiernos Municipales, previa aprobación de sus respectivos Concejos, podrán contratar con el Poder Ejecutivo la delegación de atribuciones que correspondan a la administración central, acompañada de la transferencia de los recursos necesarios para la ejecución de la obra o la prestación del servicio.

Arto. 12.- Los Municipios podrán asociarse voluntariamente por medio de asociaciones municipales que promueven y representen sus intereses y prestarse cooperación mutua para el eficaz cumplimiento de sus actividades.

Los Municipios también podrán, voluntariamente, constituir Mancomunidades y otras formas de asociación municipal con personalidad jurídica, cuyo propósito será racionalizar y mejorar la calidad en la prestación de los servicios públicos.

Las Mancomunidades son personas jurídicas de derecho público de prestación de determinados servicios municipales. Para su creación se requiere, además de la aprobación de la Resolución respectiva por los Concejos Municipales de los Municipios a mancomunarse, de la posterior aprobación de la Asamblea Nacional.

La Resolución creadora de una Mancomunidad deberá contener lo siguiente:

a. Nombre, objeto y domicilio de la Mancomunidad y de las municipalidades que la constituyen.

b. Fines para los cuales se crea.

c. Duración.

d. Aportes a que se obligan, si lo hubiese.

e. Composición de organismos directivos, formas de su elección, nombramientos, facultades y responsabilidades.

f. Mecanismos de controles financieros.

g. Procedimiento para reformarla y para resolver sus divergencias en relación a su gestión y a sus bienes.

h. Procedimiento para la separación de una de las partes, que incluya el plazo necesario para que surta efecto, así como la forma para la disolución y liquidación de la Mancomunidad.

Las Mancomunidades tendrán personalidad jurídica propia y no podrán comprometer a los Municipios que las integren más allá de los límites señalados en el estatuto respectivo.

TITULO III
TERRITORIO, POBLACIÓN Y GOBIERNO MUNICIPAL

Capítulo I
Del Territorio Municipal

Arto. 13.- La circunscripción o término municipal es el ámbito territorial en que el Municipio ejerce sus atribuciones. El territorio del Municipio se establece en la Ley de División Política Administrativa.

Arto. 14.- Los conflictos limítrofes entre Municipios serán dirimidos por la Corte Suprema de Justicia, la que siguiendo el procedimiento establecido en el Reglamento de la presente Ley, podrá auxiliarse con los informes de las instituciones gubernamentales competentes para los estudios territoriales.

Capítulo II
De la Población Municipal

Arto. 15.- La población municipal está integrada por:

1. Los pobladores residentes, que son las personas que habitan permanentemente en el Municipio.

2. Las personas que con carácter temporal permanecen en el Municipio.

Arto. 16.- Son derechos y obligaciones de los pobladores del Municipio los siguientes:

1) Participar en la gestión de los asuntos locales, sea en forma individual o colectiva.

2) Hacer peticiones, denunciar anomalías y formular sugerencias de actuación a las autoridades municipales, individual o colectivamente, y obtener una pronta resolución o respuesta de la misma y que se les comunique lo resuelto en los plazos que la ley señale. Los pobladores podrán respaldar o rechazar las gestiones de sus autoridades municipales ante las instancias del Gobierno Central.

3) Denunciar ante las autoridades municipales y nacionales las anomalías y los abusos en contra de una racional explotación de los recursos naturales ubicados en la circunscripción municipal.

4) Ser informado de la gestión administrativa, conocer el Proyecto de Presupuesto y Estados Financieros de la municipalidad y participar en la elaboración del Plan de Inversiones.

5) Contribuir económicamente a las finanzas municipales cumpliendo con las obligaciones establecidas en el Plan de Arbitrios y demás disposiciones legales.

6) Apoyar la realización de acciones y obras de interés social municipal por medio del trabajo comunitario.

7) Integrarse a las labores de protección del medio ambiente y de mejoramiento de las condiciones higiénicas y sanitarias de la comunidad, así como la prevención y auxilio antes situaciones de catástrofe natural y social que afecten al Municipio.

8) Participar en las sesiones públicas del Concejo de conformidad con la presente Ley y su Reglamento.

9) Las demás que establezcan otras leyes, reglamentos, ordenanzas y bandos.

Capítulo III
Del Gobierno Municipal

Arto. 17.- El gobierno y la administración de los Municipios corresponden a las autoridades municipales, las que desempeñarán sus atribuciones de conformidad con la Constitución Política y la presente Ley, a fin de satisfacer las necesidades y aspiraciones de su comunidad.

Arto. 18.- El gobierno de los Municipios corresponde a un Concejo Municipal con carácter deliberante, normativo y administrativo, el que estará presidido por el Alcalde.

Arto. 19.- El Alcalde, Vice-Alcalde y los Concejales serán electos por el pueblo, mediante sufragio universal, igual, directo, libre y secreto, de conformidad a la ley de la materia.

Arto. 20.- El período del Alcalde, Vice-Alcalde y los Concejales será de cuatro años, contados a partir de la toma de posesión del cargo ante el Consejo Supremo Electoral.

Arto. 21.- Para ser Concejal se requiere de las siguientes calidades:

1) Ser nicaragüense, estar en pleno goce de sus derechos civiles y políticos y haber cumplido veintiún años de edad.

2) Haber residido en el Municipio al menos los últimos dos años anteriores a su inscripción como candidato.

Arto. 22.- El Alcalde, Vice-Alcalde y los Concejales serán responsables civil y penalmente, por las acciones y omisiones realizadas en el ejercicio de sus cargos.

Arto. 23.- El Alcalde, Vice-Alcalde y los Concejales quedarán suspensos en el ejercicio de sus derechos, mientras dure la pena de privación de libertad o de inhabilitación para ejercer el cargo al que fueron electos, siempre y cuando hayan sido condenados mediante sentencia firme.

Arto. 24.- El Alcalde, Vice-Alcalde y los Concejales perderán su condición por las siguientes causas:

1) Renuncia al cargo.

2) Muerte.

3) Condena mediante sentencia firme a pena de privación de libertad o de inhabilitación para ejercer el cargo por delito que merezca pena más que correccional por un término igual o mayor al resto de su período.

4) Abandono de sus funciones en forma injustificada durante sesenta días continuos.

   Se considera abandono de funciones en forma injustificada del Alcalde, Vice-Alcalde y Concejales, la inasistencia a las sesiones y actividades a las que fuere convocado por el Concejo Municipal, de forma continua y sin notificación previa ante la Secretaría del mismo.

   En el caso del Alcalde, además de lo dispuesto en el párrafo anterior, se presumirá abandono de funciones en forma injustificada, en los siguientes casos:

   a. Falta de convocatoria al Concejo Municipal por un período igual o mayor a los sesenta días continuos.

   b. Reincidencia en el incumplimiento de los acuerdos del Concejo Municipal, en el plazo establecido en el literal anterior.

5) Contravención a lo dispuesto en el tercer párrafo del Artículo 130 de la Constitución Política de la República.

6) Incumplimiento de la obligación de declarar sus bienes ante la Contraloría General de la República al momento de la toma de posesión del cargo.

7) Haber sido declarado incurso de malos manejos de los fondos de la Alcaldía, según resolución de la Contraloría General de la República.

En los casos de los numerales 4 y 5, el Concejo Municipal correspondiente deberá aprobar una resolución declarando que el Alcalde, el Vice-Alcalde o el Concejal, según sea el caso, ha incurrido en la circunstancia que motiva la pérdida de su condición.

Dicha resolución o los documentos públicos o auténticos que acrediten las circunstancias establecidas en los otros numerales, deberá ser remitida al Consejo Supremo Electoral, acompañando el nombre del llamado a llenar la vacante, que será: el Vice-Alcalde cuando se sustituya al Alcalde; cualquier Concejal electo, cuando se trate del Vice-Alcalde; o la declaración de Propietario, cuando se trate de los Concejales.

El Consejo Supremo Electoral procederá a tomar la promesa de Ley y darle posesión del cargo al designado en un término no mayor de quince días, contados a partir de la recepción de la resolución o documento público o auténtico señalado.

Arto. 25.- La máxima autoridad normativa del gobierno local es el Concejo Municipal, quien será el encargado de establecer las directrices fundamentales de la gestión municipal en los asuntos económicos, políticos y sociales del Municipio.

El concejo ejerce funciones de control y fiscalización sobre la actuación administrativa del Alcalde.

Arto. 26.- El Concejo Municipal está integrado por el Alcalde y los Concejales electos, y contará con:

1) Veinte Miembros en el Municipio de Managua, que serán: el Alcalde, diecisiete Concejales propietarios, electos con sus respectivos suplentes, y los candidatos a Alcalde y Vice-Alcalde que obtengan la segunda y tercera mayor votación, quienes se incorporarán al Concejo Municipal como propietarios y suplentes, respectivamente.

2) Diez Miembros en los Municipios sede de las cabeceras departamentales o que tengan más de treinta mil habitantes, que serán: el Alcalde, ocho Concejales propietarios, electos con sus respectivos suplentes, y los candidatos a Alcalde y Vice-Alcalde que obtengan la segunda mayor votación en su circunscripción, quienes se incorporarán al Concejo Municipal como propietario suplente, respectivamente.

3) Cinco Miembros en los Municipios con menos de treinta mil habitantes, que serán: el Alcalde y cuatro Concejales propietarios, electos con sus respectivos suplentes.

El Vice-Alcalde será el suplente del Alcalde en el Concejo Municipal pero, en presencia de éste, podrá participar en las Sesiones del Concejo con derecho a voz. Los Concejales suplentes se incorporarán al Concejo cuando corresponda en la forma establecida en la presente Ley.

Arto. 27.- Los Miembros del Concejo Municipal están exentos de responsabilidad por las opiniones emitidas en las reuniones del mismo.

Arto. 28.- Son atribuciones del Concejo Municipal:

1) Discutir y decidir el Plan de Desarrollo Municipal y definir anualmente las metas de desarrollo integral del Municipio, bus-cando el equilibrio económico, social y ecológico de todas las partes del territorio y de todos los estratos de la población municipal.

2) Presentar ante la Asamblea Nacional Iniciativas de Ley en materia de su competencia.

3) Solicitar a la Asamblea Nacional la modificación de los límites municipales o creación de nuevos municipios sin perjuicio de lo establecido en el Artículo 5 de la presente Ley.

4) Dictar y aprobar Ordenanzas y Resoluciones municipales.

5) Garantizar el mejoramientote de las condiciones higiénico-sanitarias de la comunidad y la protección del medio ambiente, con especial énfasis en las fuentes de agua potable, suelos y bosques, y la eliminación de residuales líquidos y sólidos.

6) Emitir opinión respecto a los contratos o concesiones de explotación de los recursos naturales ubicados en su circunscripción.

Una vez solicitada la opinión del Concejo Municipal, se procederá a integrar una comisión bipartita entre autoridades nacionales y municipales, la que conocerá de la misma en un plazo no mayor de treinta días; vencidos éstos, el Concejo Municipal deberá emitir su opinión, para ser tomada en cuenta por la autoridad competente, sin perjuicio del posterior ejercicio de las acciones y recursos legales pertinentes por parte del municipio.

7) Aprobar la composición e integración de los Comités de Desarrollo para la planificación y ejecución de proyectos y obras municipales, tanto comunales como aquéllos que incidan en el desarrollo económico social del municipio y recibir informes periódicos de los avances en la ejecución de los mismos.

8) Autorizar y supervisar los proyectos de inversión pública a ser ejecutados en el municipio y tomar las acciones legales pertinentes en la defensa del patrimonio e intereses del municipio.

9) Promover la participación de la empresa privada en la contratación de las prestaciones de los servicios públicos municipales, con el propósito de mejorarlos y ampliarlos, fomentando la competencia en el otorgamiento de las concesiones; asimismo, promover la participación de la población en el trabajo comunitario, para la realización de acciones y obras de interés social municipal que así lo requieran.

10) Conocer, discutir y aprobar el Proyecto de Plan de Arbitrios del Municipio y sus Reformas, con base en la legislación tributaria municipal y someterlo a la aprobación de la Asamblea Nacional.

11) Discutir y aprobar las relaciones públicas nacionales e internacionales del Municipio, entre ellas, las relaciones de hermanamiento con Municipios del país o de otros países, de solidaridad o cooperación, y de ayuda técnica y económica, todo de conformidad con las leyes de la materia.

12) Conocer, discutir y aprobar el Presupuesto Municipal, sus reformas o modificaciones y supervisar su ejecución.

13) Aprobar la creación de las instancias administrativas y órganos complementarios de administración en el ámbito territorial del municipio, necesarias para fortalecer la participación de la población, mejorar la prestación de servicios e imprimir mayor eficacia en la gestión municipal. Dicha atribución se regulará en el Manual de Organización y Funciones de la Municipalidad.

14) Elaborar y aprobar el Reglamento Interno de Organización y Funcionamiento del Concejo Municipal.

15) Elegir de su seno al secretario del Concejo Municipal, cuyas atribuciones se determinarán en el Reglamento de la presente Ley.

16) Acordar con el voto favorable de las dos terceras partes de sus miembros, la realización de auditorías externas sobre las finanzas municipales, y con esta misma votación, nombrar o remover al auditor interno, en los casos en que exista este cargo en el Manual de Organización y Funciones de la Municipalidad, todo de conformidad con la ley de la materia.

17) Conocer para su aprobación trimestral y anual los Estados Financieros, así como los Informes sobre la ejecución presupuestaria que le presente el Alcalde.

18) Aprobar el Manual de Organización Funciones de la Municipalidad.

19) Conocer, discutir y aprobar las operaciones del Crédito Municipal.

20) Conocer, aceptar o rechazar donaciones al Municipio.

21) Aprobar enajenaciones o gravámenes a cualquier título de bienes municipales particulares o de derechos pertenecientes al Municipio, con el voto favorable de al menos las cuatro quintas partes del total de miembros del Concejo, con las limitaciones, requisitos y procedimientos previstos en las leyes reguladoras del patrimonio estatal.

22) Requerir del Alcalde, periódicamente o cuando lo juzgue necesario, la información sobre el desarrollo de la gestión municipal.

23) Autorizar las salidas del territorio nacional del Alcalde o del Vice-Alcalde cuando sea mayor de quince días; en ningún caso, ambos funcionarios podrán ausentarse simultáneamente del país.

24) Resolver sobre la suspensión o pérdida de la condición de Alcalde, Vice-Alcalde y Concejal, en los casos previstos en los Artículos 23 y 24 de la presente ley, e incorporar a quien corresponda.

25) Elegir de su seno al sustituto del Vice-Alcalde, en caso que éste asuma el cargo de Alcalde o pierda su condición.

26) Organizar y dirigir, por medio del Alcalde, la inspectoría municipal para vigilar e inducir al cumplimiento de las ordenanzas municipales en los asuntos de su competencia.

27) Definir y asignar las atribuciones al Vice-Alcalde quien desempeñará funciones específicas, administrativas o de supervisión, sin detrimento de aquéllas establecidas por la ley.

28) Conocer y aprobar los presupuestos, balances y estados financieros de las empresas municipales que le presente al Alcalde.

29) Las demás que le señalen la presente Ley y su Reglamento y las que le confieran otras leyes de la República.

Arto. 29.- Cada Concejo Municipal determinará en su presupuesto el monto de las remuneraciones del Alcalde, el Vice-Alcalde y el Secretario y de las dietas a que tendrán derecho sus Concejales por la asistencia cumplida a las sesiones del mismo, de conformidad con la Ley de Régimen Presupuestario Municipal, la que establecerá los límites mínimos y máximos para cada categoría de ingresos municipales. El Alcalde, Vice-Alcalde y el Secretario no devengarán dieta por la participación en las sesiones del Concejo.

El ejercicio del cargo de Concejal en propiedad es incompatible con el desempeño de los cargos de Ministro, Vice- Ministro, Presidente o Director de Entes Autónomos y Gubernamentales, de miembro de los Consejos Regionales de la Costa Atlántica, de Director de empresas públicas nacionales y de Delegado Departamental y Municipal de los Poderes del Estado. En este caso, mientras duren las circunstancias que ocasionan la incompatibilidad, el Concejal será suspendido en el ejercicio de su cargo. Ningún Concejal en propiedad podrá desempeñar cargo alguno en la administración municipal, sin perjuicio de su integración en comisiones técnicas o investigativas del Concejo.

Exceptuando el caso del Servicio Civil y la Carrera Administrativa, se prohíben los nombramientos del cónyuge o de personas que tengan parentesco dentro del cuarto grado de consanguinidad o segundo de afinidad con el Alcalde, el Vice-Alcalde, los Concejales o con la autoridad que hace el nombramiento.

Arto. 30.- Es deber de los Concejales asistir a las sesiones del Con-cejo. El quórum para las sesiones del Concejo Municipal se constituye con la presencia de más de la mitad de sus miembros. La ruptura del quórum durante una sesión del Concejo no anula los actos ya aprobados pero, al ser constatado, se suspenderá la sesión, consignándose la lista de los Concejales presentes. El Concejal que abandone la sesión sin causa justificada no tendrá derecho a dieta.

En todos los casos se requerirá la asistencia del Alcalde, salvo lo establecido en el Artículo 28, numeral 24 de la presente Ley.

El funcionamiento del Concejo Municipal será normado en el Reglamento de la presente ley.

Arto. 31.- Salvo lo dispuesto en el párrafo segundo del Artículo 29 de la presente ley, los concejales que desempeñen algún cargo público o privado tendrán derecho a permiso con goce de salario para asistir a las sesiones del Concejo Municipal y no podrán, sin su anuencia, ser objeto de traslado a otro municipio que les impida el ejercicio de sus funciones de Concejales electos.

Cuando el Concejal Propietario no pueda asistir a una sesión, deberá informar por escrito al menos con 24 horas de anticipación a su suplente y a la Secretaría del Concejo.

Si al momento de la constatación del quórum, el Propietario no se encontrase presente, el Concejo incorporará a su Suplente, quien no podrá ser sustituido durante el desarrollo de dicha sesión.

De faltar definitivamente el Propietario y el Suplente, la vacante de ese escaño será llenada por el Suplente siguiente en el orden descendente del mismo Partido, Alianza o Asociación de Suscripción Popular. Agotada la lista en ese orden, se escogerá al Suplente siguiente en el orden ascendente de forma sucesiva. De esta forma, quien resulte designado para llenar la vacante será declarado propietario conforme la presente Ley.

Arto. 32.- El Concejo Municipal tomará sus decisiones con el voto favorable de la mayoría simple de sus miembros presentes, excepto en los casos en que la ley establezca una mayoría calificada. Los Concejales tendrán derecho a que su voto razonado conste en acta. En caso de empate, luego de una segunda ronda de votación, decidirá el voto doble del Alcalde.

Cuando un asunto sometido a la consideración del Concejo Municipal, sea de interés personal del Alcalde, Vice-Alcalde o de uno o varios Concejales, de sus cónyuges o de sus parientes dentro el cuarto grado de consanguinidad o segundo de afinidad o de una persona jurídica a la que pertenezcan o con la que mantienen una relación de trabajo, se excusará de participar en el debate y la votación; si no lo hiciere, el Concejo Municipal, a instancia de cualquiera de sus miembros, podrá acordar que así lo haga.

Arto. 33.- El Alcalde es la máxima autoridad ejecutiva del Gobierno Municipal. Dirige la ejecución de las atribuciones municipales, coordina su ejercicio con los programas y acciones de otras instituciones y vela por el efectivo cumplimiento de éstos, así como por la inclusión en tales programas de las demandas de su población.

Para ser Alcalde y Vice-Alcalde, además de las calidades establecidas en el Artículo 21, numeral 1) de la presente Ley, se requiere haber residido o trabajado de forma continua en el país, durante los dos años anteriores a la elección, salvo que cumpliera misiones diplomáticas o de estudios en el extranjero. Además, haber nacido en el Municipio por el cual se pretende salir electo o haber residido en él los últimos dos años.

Arto. 34.- Son atribuciones del Alcalde:

1) Dirigir y presidir el Gobierno Municipal.

2) Representar legalmente al Municipio.

3) Nombrar delegados del Municipio ante las instancias de coordinación interinstitucional, públicas y privadas.

4) Dictar y publicar bandos y acuerdos.

5) Publicar las Ordenanzas y Resoluciones Municipales aprobadas por el Concejo.

6) Promover la participación e inserción del Municipio en todo proceso de planificación de nivel superior al municipal.

7) Convocar y presidir las sesiones del Concejo Municipal.

8) Cumplir y hacer cumplir las decisiones tomadas por el Concejo Municipal.

9) Elaborar y presentar al Concejo Municipal el Proyecto de Presupuesto Anual, así como sus reformas o modificaciones.

10) Elaborar y presentar al Concejo Municipal para su aprobación, el Proyecto de Plan de Arbitrios, así como sus reformas o modificaciones.

11) Dar a conocer a la población el Presupuesto Municipal, sus reformas o modificaciones, el Informe Final sobre su ejecución y otros documentos que el Concejo Municipal determine.

12) Administrar la prestación de los servicios públicos de competencia municipal.

13) Autorizar los pagos y disponer los gastos previstos en el Presupuesto Municipal y sus modificaciones aprobadas por el Concejo.

14) Rendir cuentas al Concejo Municipal y a los ciudadanos de la gestión económica desarrollada conforme al Presupuesto Municipal.

15) Someter a la consideración del Concejo para su discusión y aprobación las operaciones de crédito municipal.

16) Solicitar al Concejo Municipal la autorización para la enajenación de bienes o derechos particulares del Municipio, de conformidad con la legislación de la materia.

17) Organizar, dirigir, inspeccionar e impulsar los servicios y obras municipales, con participación ciudadana.

18) Dirigir ejecutivamente la administración y al personal de ser-vicio de la municipalidad y realizar su contratación dentro de los límites presupuestarios, de acuerdo con la ley que regule la carrera administrativa municipal, salvo lo dispuesto para el caso del Auditor Interno del Gobierno Municipal.

    En la dirección de la administración municipal, el Alcalde elabora, junto con los responsables de las áreas, los planes y las metas anuales de cada unidad administrativa y controla su cumplimiento.

19) Nombrar y remover en su caso al Registrador del Estado Civil de las Personas y dirigir el trabajo de la dependencia a su cargo, con apego a la ley de la materia y a la dirección normativa y metodológica del Consejo Supremo Electoral.

20) Resolver los recursos administrativos de su competencia.

21) Sancionar las infracciones a los reglamentos, ordenanzas, resoluciones, acuerdos y demás disposiciones municipales, de conformidad con lo que éstos establezcan.

22) Elaborar el Manual de Organización y Funciones de la Municipalidad.

23) Proponer al Concejo Municipal el establecimiento de instancias administrativas en el ámbito territorial del Municipio, de acuerdo con lo establecido en el Artículo 28, numeral 13 de la presente Ley.

24) Promover y mantener la comunicación con todos los sectores de la sociedad civil.

25) Dirigir el Comité Municipal de Emergencia y promover la integración de la población en la organización de la defensa civil del Municipio.

26) Acordar con la Policía Nacional las medidas necesarias para el aseguramiento del orden público y las labores meramente municipales, de conformidad con la ley.

27) Proponer al Concejo Municipal el establecimiento de relaciones de hermanamiento con municipios y ciudades del país y de otros países; asimismo, fomentar la solidaridad o cooperación internacional y la ayuda técnica y económica de acuerdo a las leyes.

28) Las demás que le señalan la presente Ley y su Reglamento y las que le confieran otras leyes.

El Vice-Alcalde desempeñará las funciones que le asigne el Concejo Municipal de acuerdo con el Artículo 28 de la presente Ley, sin detrimento de las facultades del Alcalde. Asimismo, sustituirá a éste en el cargo en caso de ausencia o imposibilidad temporal. En caso de falta definitiva, se estará a lo dispuesto en el Artículo 24 de la presente Ley.

Capítulo IV

De la Organización Complementaria y la Participación de la Población

Arto. 35.- El municipio, en el ejercicio de su autonomía y en virtud del numeral 13 del artículo 28, puede crear órganos complementarios de administración con el fin de fortalecer la participación de la población, mejorar la prestación de servicios y dar una mayor eficacia a la gestión municipal.

Estos órganos complementarios pueden ser, entre otros, las Delegaciones Territoriales, Delegados y Auxiliares del Alcalde, cuya integración y funciones se determinarán en el Manual de Organización y Funciones de la Municipalidad.

El Alcalde puede delegar, en forma genérica o específica, el ejercicio de sus atribuciones en funcionarios de la Alcaldía. En ningún caso podrán ser delegadas las atribuciones señaladas en los numerales 10, 12, 15, y 21 del Artículo 34 de la presente Ley y las demás inherentes al cargo.

El Alcalde nombrará Auxiliares, propuestos por Asambleas de ciudadanos que habiten en barrios, comarcas, valles, caseríos o comunidades a fin de mejorar los vínculos de comunicación e impulsar la gestión municipal.

Arto. 36.- Los Municipios promoverán y estimularán la participación ciudadana en la gestión local, mediante la relación estrecha y permanente de las autoridades y ciudadanía, y la definición y eficaz funcionamiento de mecanismos e instancias de participación, entre los cuales destacan los Cabildos Municipales y la participación en las sesiones de los Concejos Municipales, que son de naturaleza pública.

En cada Municipio se convocarán los Cabildos Municipales, que son asambleas integradas por los pobladores de cada Municipio, quienes participarán en los mismos, sin impedimento alguno, de manera libre y voluntaria para conocer criticar constructivamente y contribuir con la gestión municipal.

Los Cabildos Municipales serán presididos siempre por el Alcalde y el Concejo Municipal y se elaborará acta de celebración de los mismos. Habrán dos clases de Cabildos: Ordinarios y Extraordinarios.

A) Cabildos Ordinarios

Los Cabildos se reunirán ordinariamente al menos dos veces al año para tratar el Proyecto de Presupuesto Municipal y su ejecución, así como para conocer el Plan de Desarrollo Municipal.

Los Cabildos Ordinarios son de carácter obligatorio y serán convocados, al menos con 60 días de anticipación a su realización, por el Alcalde por acuerdo del Concejo Municipal o a iniciativa de los pobladores en la forma que lo establezca el Reglamento de la presente Ley.

El primero de ellos se celebrará antes de que el Concejo Municipal apruebe definitivamente el Presupuesto, y el segundo, en los meses de Enero o Febrero de cada año, para informar sobre la ejecución del ejercicio presupuestario inmediato anterior.

Dentro de los 60 días anteriores a la celebración del Cabildo Ordinario, los Miembros del Concejo Municipal deberán realizar consultas previas entre la población sobre la información presupuestaria a ser abordada en el mismo, sin detrimento del derecho de los ciudadanos de consultar directamente la documentación presupuestaria en la Alcaldía.

B) Cabildos Extraordinarios

Serán convocados, al menos con 15 días de anticipación a su realización, por acuerdo del Concejo Municipal o a iniciativa de los ciudadanos en la forma que lo establezca el Reglamento de la presente Ley. Se reunirán cuantas veces sean convocados para considerar entre otros:

1) Los asuntos que los ciudadanos hayan solicitado ser tratados públicamente; y

2) Los problemas y necesidades de la comunidad, con el fin de adecuar la gestión municipal y la participación de la población en la solución de los mismos.

Arto. 37.- Cada Concejo Municipal podrá crear órganos colegiados e instancias de participación ciudadana, y los regularán en su respectivo Reglamento Interno.

En estos mecanismos o instancias participarán las instituciones estatales, organizaciones económicas y sociales comprometidas en el desarrollo socio-económico integral del Municipio, a efectos de coordinar el ejercicio de las atribuciones municipales con sus programas y acciones, así como promover la cooperación inter-institucional.

Con el mismo propósito, el Concejo Municipal apoyará la creación de asociaciones de pobladores que tengan como fin el desarrollo municipal y fomentará la participación de las organizaciones y asociaciones sectoriales, culturales, gremiales, deportivas, profesiones y otras en la gestión municipal.

Asimismo los ciudadanos, en forma individual o colectiva, gozarán del derecho de iniciativa para presentar Proyectos de Ordenanza y de Resolución ante el Concejo Municipal correspondiente. Se exceptúan los casos en que la iniciativa sea facultad exclusiva del Alcalde.

TÍTULO IV
DE LAS RELACIONES INTER-ADMINISTRATIVAS Y DE LOS RECURSOS
Capítulo Único

Arto. 38.- El Estado garantiza a los Municipios la autonomía política, administrativa y financiera, de la que gozan de conformidad con la Constitución Política. El Gobierno de la República y los Municipios armonizarán sus acciones y las adecuarán a los intereses nacionales y al ordenamiento jurídico del país.

Arto. 39.- Los conflictos que surjan entre los diferentes Municipios y los surjan entre éstos y los organismos del Gobierno Nacional por actos y disposiciones que lesionen su autonomía serán conocidos y resueltos por la Corte Suprema de Justicia.

Arto. 40.- Los pobladores que se consideren agraviados por actos y disposiciones del Alcalde podrán impugnarlos mediante la interposición del recurso de revisión ante él mismo, y de apelación ante el Concejo Municipal. También podrán impugnar las decisiones del Concejo Municipal mediante la interposición del recurso de revisión. En ambos casos, la decisión del Concejo agota la vía administrativa.

En plazo para la interposición del recurso de revisión en ambos casos, será de cinco días hábiles más el término de la distancia, contados a partir de la notificación del acto o disposición que se impugna. La resolución deberá dictarse en un plazo máximo de treinta días, en el caso del Alcalde, y de cuarenta y cinco días, en el caso del Concejo.

El plazo para interponer el recurso de apelación será de cinco días hábiles más el término de la distancia, contados a partir de la notificación, y el Concejo deberá resolver en un plazo máximo de treinta días. Agotada la vía administrativa, podrán ejercer los recursos judiciales correspondientes.

Los recursos interpuestos y no resueltos en los términos establecidos en los párrafos anteriores, se entenderán resueltos a favor de los recurrentes.

Los recursos administrativos en materia tributaria municipal serán establecidos en la ley de la materia.

Arto. 41.- Con la interposición de los recursos administrativos regulados en el artículo precedente, podrá solicitarse la suspensión de la ejecución del acto o disposición impugnada en los casos siguientes:

1. Cuando se trate de algún acto que de llegar a efectuarse, haga materialmente imposible restituir al quejoso el goce del derecho reclamado;
2. Cuando sea notoria la falta de competencia de la autoridad, funcionario o agente contra quien se interpusiese el recurso; y
3. Cuando el acto sea de aquéllos que ninguna autoridad pueda ejecutar legalmente.

La suspensión será atendida cuando concurran las siguientes circunstancias:

1.   Cuando la suspensión no cause perjuicio al interés general ni sea contraria a otras disposiciones de orden público;

2.   Cuando la ejecución pudiera llegar a causar daños y perjuicios al agraviado y éstos fueren de difícil reparación; y

3.   Que el recurrente otorgue garantía suficiente para reparar el daño o indemnizar los perjuicios que la suspensión pudiese causar a terceros, si el recurso administrativo fuese declarado sin lugar.

TITULO V
DE LA ECONOMÍA MUNICIPAL
Capítulo I
Del Patrimonio Municipal

Arto. 42.- El patrimonio de los Municipios está constituido por los bienes municipales públicos y particulares, así como los ingresos que perciba a cualquier título, los derechos y obligaciones, y las acciones que posea.

Son bienes públicos municipales los destinados a uso o servicio de toda la población. Los bienes particulares municipales son aquéllos cuyo uso está limitado por las normativas de las autoridades municipales.

Arto. 43.- Los bienes públicos municipales son inalienables, inembargables e imprescriptibles y no están sujetos a tributo alguno. El Reglamento de la presente Ley determinará los aspectos de naturaleza registral que identificarán los bienes de dominio público municipal.

Los bienes particulares municipales se rigen por las normas de derecho común. Los municipios no podrán donar salvo a entidades públicas o asociaciones privadas sin fines de lucro para la ejecución de proyectos o programas de desarrollo económico-social, con la aprobación del Concejo municipal y de conformidad con la presente ley.

Arto. 44.- Los terrenos ejidales son propiedad municipal, de carácter comunal; podrán ser objeto de arriendo pero no de enajenación. La utilización será determinada por el Concejo Municipal respectivo, de conformidad con la ley que sobre esta materia se dicte.

Arto. 45.- El patrimonio de los municipios y su gestión administrativa serán fiscalizados periódicamente por la Contraloría General de la República, de conformidad con la ley de la materia.

Capítulo II
De los Ingresos Municipales

Arto. 46.- Los ingresos de los municipios pueden ser tributarios, particulares, financieros, transferidos por el Gobierno Central y cualquiera otro que determinen las leyes, decretos y resoluciones.

Arto. 47.- Los ingresos tributarios se crearán y regularán en la legislación tributaria municipal, la que establecerá para cada uno de ellos su incidencia, los rangos de tipos impositivos máximos y mínimos, así como las garantías a los contribuyentes.

Arto. 48.- Cada Concejo Municipal aprobará su Proyecto de Plan de Arbitrios, con fundamento en la legislación tributaria municipal, y en él determinará los tipos impositivos aplicables a cada uno de los tributos, dentro de los rangos a que se refiere el Artículo precedente.

Los Planes de Arbitrios Municipales y sus Reformas deberán ser presentados ante la Asamblea Nacional para su aprobación, de conformidad con lo establecido en el Artículo 138 Cn; numeral 27)

Arto. 49.- Los ingresos tributarios pueden proceder de impuestos municipales, tasas y contribuciones especiales, los que serán regulados por la ley de la materia.

Arto. 50.- El Concejo Municipal no podrá acordar exenciones, exoneraciones o rebajas de impuestos, tasas o contribuciones especia-les, salvo en los casos previstos en la legislación tributaria municipal y de acuerdo con las formalidades establecidas en la misma.

Arto. 51.- Los gobiernos municipales podrán solicitar y obtener de la banca pública o privada, créditos a corto y mediano plazo, para la realización de obras y para la prestación y mejora de servicios públicos derivados de sus competencias, debidamente aprobados por los respectivos Concejos Municipales, de conformidad con sus Planes de Desarrollo.

El Municipio podrá garantizar estos créditos hasta con el 50% de sus gastos presupuestados para inversión, y con sus bienes muebles e inmuebles de carácter particular.

Capítulo III
Del Presupuesto Municipal

Arto. 52.- Los municipios elaborarán y aprobarán anualmente su presupuesto en el que consignarán los ingresos que razonablemente estimen obtener y los egresos que prevean, atendiéndose estricta-mente al equilibrio entre ambos. El presupuesto Municipal inicia el primero de Enero y concluye el treinta y uno de Diciembre de cada año.

En el Presupuesto Municipal se deberá destinar un porcentaje mínimo para gastos de inversión, conforme a las categorías de Municipios que se establezcan en la Ley de Régimen Presupuestario Municipal.

Arto. 53.- A más tardar el quince de Octubre de cada año, el Alcalde elaborará y presentará el proyecto de presupuesto del año inmediato siguiente al Concejo Municipal, el que lo deberá discutir y aprobar antes de finalizar dicho año.

Si por cualquier causa, el Concejo no aprobase el Presupuesto Municipal antes del treinta y uno de Diciembre, quedará automáticamente prorrogada la vigencia del anterior, sin perjuicio de las transferencias presupuestarias a favor de las municipalidades. El Concejo deberá discutir y aprobar el nuevo Presupuesto Municipal antes de finalizar el primer trimestre del año correspondiente.

Arto. 54.- A más tardar 20 días después de aprobado, el Alcalde deberá remitir copia del Presupuesto a la Contraloría General de la República, a fin de que ejerza sobre el mismo las facultades de control que le confiere el Artículo 155 Cn; en caso de incumplimiento de esta obligación, el Alcalde incurrirá en las sanciones de carácter Administrativo contempladas en la Ley Orgánica de la Contraloría y sus Reglamentos.

Asimismo, el Alcalde deberá remitir copia del Presupuesto al Instituto Nicaragüense de Fomento Municipal (INIFOM), para fines de estadísticas y asistencia técnica.

Arto. 55.- La ejecución presupuestaria será controlada periódica-mente por la Contraloría General de la República, de conformidad con las normas y procedimientos establecidos en su Ley Orgánica y sus Reglamentos.

Arto. 56.- La Ley de Régimen Presupuestario Municipal regulará la elaboración, modificación, ejecución, seguimiento, cierre y evaluación del Presupuesto Municipal, el que se deberá sujetar a las políticas nacionales sobre presupuesto y a las normas técnicas y procedimientos para la administración del proceso presupuestario.

Arto. 57.- No se podrán realizar egresos superiores a los consignados en el Presupuesto Municipal ni efectuar egresos en conceptos no presupuestados, sin la previa reforma al mismo por el Concejo Municipal respectivo que amplíe, dote o traslade el crédito presupuestario correspondiente.

La ampliación, dotación y traslado del crédito presupuestario, una vez aprobadas por el Concejo Municipal, deberán ser informadas por el Alcalde a la Contraloría General de la República y al Instituto Nicaragüense de Fomento Municipal en el mismo término y bajo el mismo procedimiento previsto para la remisión del Presupuesto, so pena de incurrir en las sanciones establecidas en el Artículo 56 de la presente Ley.

Capítulo IV

De las Empresas Municipales

Arto. 58.- Los municipios podrán constituir empresas para la prestación de servicios públicos municipales, estrictamente relacionados con el ejercicio de sus competencias establecidas en el Artículo 7 de la presente Ley.

Arto. 59.- Corresponde al Concejo a propuesta del Alcalde, aprobar la constitución de empresas municipales, que se regirán de conformidad con la presente Ley, su Reglamento y demás leyes de la República.

Arto. 60.- Anualmente, los Directores o Gerentes de las Empresas Municipales deberán presentar los informes financieros sobre la gestión y resultados de estas Empresas ante el Concejo respectivo para su aprobación.

Los excedentes obtenidos por las empresas municipales estarán exentos de impuestos fiscales, y deberán ser incluidos anualmente en el Presupuesto Municipal; podrán ser reinvertidos en la empresa o destinados a obras, ampliación y mejora de los servicios municipales.

Arto. 61.- Las incompatibilidades establecidas en el Artículo 29 de la presente Ley son aplicables para los Directores, Directivos o Gerentes de las empresas municipales.

TITULO VI

DE LOS MUNICIPIOS Y LAS COMUNIDADES INDÍGENAS

Capítulo I

De los Municipios en las Regiones Autónomas

Arto. 62.- Los Municipios ubicados en las Regiones Autónomas Atlántico Norte y Atlántico Sur se regirán por el Estatuto de Autonomía de las Regiones de la Costa Atlántica de Nicaragua y la presente Ley.

En virtud de la autonomía regional y municipal, y en aras de una eficiente y racional prestación de servicios a la población, se deberán establecer entre los gobiernos municipales y regionales correspondientes relaciones de coordinación, cooperación, mutua ayuda y respeto a cada una de las esferas de competencia.

Los Concejos Municipales de las Regiones Autónomas de la Costa Atlántica se integrarán conforme lo dispuesto en la presente Ley.

Arto. 63.- Los Concejos Municipales de los Municipios ubicados en las Regiones Autónomas de la Costa Atlántica, al aprobar la creación de las instancias administrativas u órganos complementarios de administración en sus ámbitos territoriales, reconocerán y respetarán el derecho de los pueblos indígenas y comunidades étnicas, a organizarse socialmente en las formas que correspondan a sus tradiciones históricas y culturales.

Arto. 64.- En el caso de los contratos o concesiones de explotación de los recursos naturales ubicados en la circunscripción municipal, el Concejo Municipal respectivo deberá emitir opinión respecto a los mismos, como condición previa para su aprobación por el Consejo Regional Autónomo correspondiente.

Arto. 65.- En el caso de los Municipios de las Regiones Autónomas de la Costa Atlántica, en atención a los problemas de comunicación, el plazo para la interposición de los recursos administrativos establecidos en la presente ley será de ocho días hábiles, más el término de la distancia. Los plazos y modalidades para resolver serán los establecidos en el Artículo 40 de la presente Ley.

Arto. 66.- En materia de solución a conflictos limítrofes en que estén involucrados Municipios de las Regiones Autónomas de la Costa Atlántica, la Corte Suprema de Justicia, además de lo dispuesto en el Artículo 14 de la presente Ley resolverá previa consulta al Consejo Regional correspondiente.

Capítulo II
De los Municipios con Pueblos Indígenas en sus Territorios

Arto. 67.- Los municipios reconocerán la existencia de las comunidades indígenas ubicadas en sus territorios, legalmente constituidas o en estado de hecho, según las disposiciones de la Ley de Comunidades Indígenas de 1914, 1918 y otras, sean propietarias de terrenos comunales o no. Asimismo, respetarán a sus autoridades formales y tradicionales, a quienes deberán tomar en cuenta en los planes y programas de desarrollo municipal y en las decisiones que afecten directa o indirectamente a su población y territorio.

Arto. 68.- Se entiende por autoridades formales, aquéllas denominadas Juntas Directivas y que se desprenden de la legislación de la materia y de proceso formales de elección. Son autoridades tradicionales en las comunidades indígenas, aquéllas que se rigen por la tradición y la costumbre, como son los denominados Con-cejos de Ancianos, Consejos de Reforma, Alcaldes de Vara u otra denominación, cuya elección o nombramiento no tiene previsto un reglamento oficial.

Arto. 69.- Corresponderá a los Concejos Municipales respectivos de conformidad con las leyes de la materia, asegurar, reconocer y certificar la elección de las autoridades comunitarias de las comunidades ubicadas en el ámbito territorial del Municipio.

TITULO VII

Capítulo Único

Disposiciones Transitorias y Finales de la
Ley de Reforma a la Ley Nº 40 "Ley de Municipios"

Arto. 70.- Mientras la Asamblea Nacional no conozca y apruebe la ley en materia tributaria municipal a que hace referencia la presente Ley, mantendrán plena vigencia el Decreto Nº 10-91 "Plan de Arbitrios del Municipio de Managua", publicado en La Gaceta, Diario Oficial del 12 de Febrero de 1991 para dicho Municipio, y el Decreto Nº 455 "Plan de Arbitrios Municipal", publicado en La Gaceta, Diario Oficial, del 31 de Julio de 1989, y su Reforma, para los demás municipios existentes en el país y para nuevos Municipios que puedan ser creados con anterioridad a la aprobación de la ley referida.

Arto. 71.- Mientras no se dicte la Ley de Régimen Presupuestario Municipal a que hace referencia la presente Ley, regirá el Acuerdo Presidencial Nº 257-95 "Normativa Presupuestaria Municipal para la elaboración, modificación, ejecución, seguimiento, cierre y evaluación del Presupuesto Municipal, publicado en La Gaceta, Diario Oficial, del 28 de Diciembre de 1995, en lo que no contradiga a la presente Ley.

En ningún caso, el monto de los salarios anuales que correspondan a la suma del salario, viáticos, gastos de representación, dietas o cualquier otra asignación proveniente de las alcaldías para el Alcalde, Vice-Alcalde, Concejales y Personal Administrativo o de oficina podrá ser superior al 30 % de los ingresos ordinarios anuales de la municipalidad.

De esta norma quedan exceptuadas las alcaldías que reciban un ingreso ordinario menor a un millón y medio de córdobas.

Arto. 72.- Asimismo, mientras no se dicte la Ley de Régimen Presupuestario Municipal, el Alcalde o el Concejo Municipal no podrán aprobar créditos o deudas que no puedan pagar con los ingresos tributarios correspondientes al período para el que fueron electos. Queda prohibido al Alcalde o al Concejo Municipal trasladar cualquier deuda a los Gobiernos Municipales sucesores. La transgresión a esta norma implicará la imposición de las sanciones que correspondan por los Tribunales de Justicia.

Se exceptúan de la prohibición anterior, las obras municipales de alto costo que impliquen préstamos a largo plazo, las que requerirán de la aprobación de la Asamblea Nacional.

Arto. 73.- A más tardar 90 días después de la entrada en vigencia de la presente Ley, los Alcaldes deberán adecuar lo relativo a los nombramientos de los funcionarios municipales con lo dispuesto en los Artículos 29 y 61 de la misma.

Arto. 74.- La presente Ley deroga cualquier disposición que se le oponga y será publicada en La Gaceta, Diario Oficial, incorporando íntegramente al texto de la Ley, las presentes reformas. El Reglamento de la Ley Nº 40 "Ley de Municipios" deberá ser reformando, adecuándolo a la presente Ley.

La presente Ley entrará en vigencia a partir de su publicación en La Gaceta, Diario Oficial.

Dada en la ciudad de Managua, en la Sala de Sesiones de la Asamblea Nacional a los veintiocho días del mes de junio de mil novecientos ochenta y ocho, y por lo que hace a las reformas a los veintiséis días del mes de junio de mil novecientos noventa y siete.- **JAIME BONILLA,** Presidente de la Asamblea Nacional por la Ley.- **CARLOS GUE-RRA GALLARDO,** Secretario de la Asamblea Nacional.

Por Tanto: Téngase como Ley de la República. Publíquese y Ejecútese. Managua, veintidós de Agosto de mil novecientos noventa y siete.- **ARNOLDO ALEMÁN LA-CAYO**, Presidente de la República de Nicaragua.

(Publicada en La Gaceta Nº 62 del 26 de Agosto de 1997)

PANAMÁ

Ley sobre régimen municipal

LEY N° 9.106

"SOBRE RÉGIMEN MUNICIPAL"

(8 de octubre de 1973)

EL CONSEJO NACIONAL DE LEGISLACIÓN

DECRETA:

TITULO PRELIMINAR

Capítulo Único
Disposiciones Generales

Artículo 1. El Municipio es la organización política autónoma de la comunidad establecida en un Distrito. La Organización Municipal será democrática y responderá al carácter esencialmente administrativo del gobierno local.

Artículo 2. Cuando el Gobierno Nacional por sí o por medio de cualquier dependencia, coopere total o parcialmente en la realización de una obra municipal o en el establecimiento de un servicio municipal, el Ejecutivo podrá establecer las condiciones de tal cooperación.

Artículo 3. Las autoridades municipales tienen el deber de 1 cumplir y hacer cumplir la Constitución y las leyes de la República, los decretos y órdenes del Ejecutivo y las resoluciones de los tribunales de justicia ordinaria y administrativa.

Artículo 4. Las corporaciones o personas que legalmente representen a los municipios, cuando actúen en nombre de éstos y estén legalmente autorizados para ello por el respectivo Concejo, tendrán Capacidad plena para adquirir, reivindicar, conservar, administrar gravar bienes del Municipio, o para establecer u explotar obras y servicios públicos, dentro de su territorio para obligarse o en fin para ejercitar toda clase de acciones en el orden judicial administrativo, fiscal o contencioso-administrativo.

Artículo 5. Los Municipios podrán impugnar todo acto legislativo o administrativo emanado de las autoridades nacionales cuando lo estimaren violatorio de la autonomía municipal.

Artículo 6. El Estado complementará la gestión municipal, cuando sea ésta insuficiente, en casos de epidemias, grave alteración de orden público u otros motivos de interés general, en la forma que determina la Ley.

Artículo 7. Los ciudadanos tienen el derecho de iniciativa y de referéndum en los asuntos atribuidos a los Concejos.

Artículo 8. Los Municipios podrán crear empresas municipales o mixtas para la. Explotación de bienes o servicios.

Artículo 9. La jurisdicción del Municipio se extiende al respectivo Distrito, el cual será denominado y delimitado por la Ley.

TITULO I
LA ADMINISTRACION MUNICIPAL

Capítulo I
El Consejo Municipal

Artículo 10. En cada Municipio habrá una corporación que se denominará Consejo Municipal, compuesto por un mínimo de cinco (5) Representantes ante la Asamblea Nacional de Corregimientos. Si la representación de un Distrito ante ésta es menor de cinco (5), el Alcalde del mismo, de acuerdo con los Representantes, designará las personas necesarias para completar dicho número, quienes sólo tendrán la investidura y las funciones de Concejales. También formará parte el Alcalde respectivo, quien la presidirá.

Artículo 11. En el caso de vacantes, porque los miembros de la Asamblea Nacional de Representantes de Corregimientos que forman el Consejo Municipal de un Distrito sean menos de cinco (5), al instalarse el mismo, el que preside la corporación respectiva, ordenará la elección de las personas necesarias para completar el número anteriormente prefijado. En todo lo relacionado con la designación e investidura del cargo de Concejal de número, serán aplicables, los Numerales 1, 2 y 3 del Artículo 133 de la Constitución Política

Artículo 12. Para la designación de los Concejales de que trato el Artículo 212 de la Constitución Política, tanto el Alcalde del Distrito como los respectivos Representantes de Corregimientos, ejerciendo funciones de Concejal, votarán en una sola papeleta por el miembro principal y un suplente, declarándose electos a los que hayan obtenido mayoría absoluta de votos.

Artículo 13. El período de los Concejales y los suplentes respectivos que hayan sido designados conforme al Artículo anterior será de tres (3) años.

Artículo 14. Los Consejos Municipales regularán la vida jurídica de los Municipios por medio de Acuerdos que tienen fuerza de Ley dentro del respectivo Distrito.

Artículo 15. Los acuerdos, resoluciones y demás actos de los Consejos Municipales y los decretos de los Alcaldes, sólo podrán ser reformados, suspendidos o anulados por el mismo órgano o autoridad que los hubiere dictado y mediante lo mismo formalidad que revistieron los actos originales. También podrán ser suspendidos o anulados por los Tribunales competentes, previo los procedimientos que la Ley establezca.

Artículo 16. Deberán asistir con derecho a voz a las sesiones del Consejo Municipal, los servidores públicos siguientes:

1. El tesorero, jueces municipales, personeros, auditores, abogados, ingenieros, agrimensores, inspectores de obras municipales y los síndicos donde los hubieren; y

2. Los miembros de la Junto Técnica Provincial y de las Juntas Comunales y Locales cuando sean citados por el Concejo.

Sección Primera
Competencia del Concejo

Artículo 17. Los Consejos Municipales tendrán competencia exclusiva, para el cumplimiento de las siguientes funciones:

1. Formular, con la colaboración y asesoría del Ministerio de Planificación y Política Económica, la política de desarrollo del Distrito y de los Corregimientos;

2. Preparar, evaluar y ejecutar los programas y proyectos de desarrollo del Distrito y de los Corregimientos respectivos; con la colaboración y asesoría del Ministerio de Planificación y Política Económica;

3. Estudiar, evaluar y aprobar el programa de inversiones públicas municipales y aprobar el plan de obras públicas que para cada ejercicio fiscal presente el Alcalde del Distrito previa consulto con la Junto Comunal respectivo, y aprobar el presupuesto de rentas y gastos;

4. Crear empresas municipales o mixtas para la explotación de bienes y servicios, en especial las que tiendan al desarrollo Industrial, agrícola y pecuario; y fomentar la creación de empresas privadas, industriales y agrícolas;

5. Promover la celebración de contrato con entidades públicas o privados, para la creación de empresas municipales o mixtas, cuya finalidad sea la explotación de bienes o servicios;

6. Crear Juntas, Comisiones o Departamentos para la prestación de servicios públicos municipales, reglamentar sus funciones, nombrar sus miembros y aprobar los presupuestos de rentas y gastos que éstos les presenten;

7. Crear o suprimir empleos y determinar sus funciones, períodos, asignaciones y viáticos, de conformidad con lo que dispongan la Constitución y leyes vigentes;

8. Disponer de los bienes y derechos del Municipio y adquirir lo que sea necesario para la eficiente prestación de los servicios públicos municipales, con las limitaciones que establezca esta Ley;

9. Establecer impuestos, contribuciones, rentas, derechos y tasas, de conformidad con las leyes, para atender a los gastos de la administración, servicios e inversiones municipales;

10. Reglamentar el uso, arrendamiento, ventas y adjudicación de solares o lotes y demás bienes municipales que se encuentren dentro de las áreas y ejidos de las poblaciones, y de los demás terrenos municipales;

11. Crear y mantener empresas y servicios de utilidad pública en especial, agua, luz, teléfonos, gas, transporte, alcantarillado y drenaje; prestar éstos, ya sea directamente o en forma de concesión y en este último caso preferentemente mediante licitación pública o mediante acuerdos con otras entidades estatales.

También podrá municipalizar los servicios públicos para prestarlos directamente;

12. Autorizar y aprobar la celebración de contratos sobre concesiones de servicios públicos municipales y lo relativo a la construcción y ejecución de obras públicas municipales;

13. Construir mataderos, mercados, crematorios, cementerios públicos y reglamentar sus servicios.

    La construcción de mataderos estará sujeta a la reglamentación que dicte el Órgano Ejecutivo;

14. Construir, conservar y mejorar las plazas, parques, paseos y vías públicas municipales;

15. Efectuar la recolección, destrucción o aprovechamiento de basuras y residuos;

16. Reglamentar lo relativo a las construcciones y servicios públicos municipales, teniendo en cuenta las disposiciones generales sobre salubridad, urbanismo y otras;

17. Ejercer los acciones constitucionales y legales a que haya lugar, en nombre del Municipio y en defensa de sus derechos;

18. Seleccionar al Alcalde de la terna que le remito el Gobernador y elegir al Vicepresidente y nombrar al Secretario del Consejo Municipal; al Tesorero, al Ingeniero, Agrimensor, Inspector de Obras Municipales y Abogado Consultor del Municipio, así como su respectivo representante ante organismos municipales, nacionales e internacionales, según el caso;

19. Examinar la memoria e informe anuales que deben presentar los Alcaldes y demás jefes de dependencias municipales, para adoptar las medidas más convenientes en beneficio del Distrito y los Corregimientos;

20. Deslindar las tierras que formen porte de los ejidos del Municipio y del Corregimiento con la cooperación de la Junta Comunal respectiva;

21. Dar copia de sus actos, y demás documentos autenticados de su archivo, mediante el pago de la tasa correspondiente, cuando éstos sean pedidos por particulares;

22. Dictar medidas a fin de proteger a las personas y las cosas; y

23. Todas las demás señaladas por la Constitución y las Leyes.

Artículo 18. Los Consejos Municipales tendrán además las siguientes funciones:

1. Defender y fomentar la riqueza forestal y establecer por sí o en cooperación con el Gobierno Nacional, granjas o campos de experimentación agrícola;

2. Fomentar las pequeñas industrias;

3. Colaborar en el fomento de la formación de cooperativas, asentamientos u otras organizaciones de producción;

4. Colaborar con las autoridades o instituciones competentes en el encauzamiento y rectificación de cursos de agua, construcción de embolses y canales de riego y disecación de pantanos;

5. Difundir la cultura y cooperar en los gastos de administración de escuelas primarias, industriales, vocacionales, de bellas artes y especiales, bibliotecas, museos y academias de enseñanzas especiales;

6. Contribuir con el fomento y financiamiento de campamentos o colonias infantiles;

7. Examinar, cuando lo considere conveniente, las cuentas y cualesquiera otros documentos relativos o la haciendo municipal y tomar las medidas convenientes a los intereses del Municipio en esta materia;

8. Cooperar en el mantenimiento de los servicios de extinción de incendios, de salubridad y asistencia pública;

9. Brindar cooperación económica para el sostenimiento de establecimientos de beneficencia, saneamiento e higiene y de manera especial la asistencia de indigentes;

10. Impulsar el deporte, la recreación y el esparcimiento;

11. Construir locales comunales; y

12. Todos las demás señaladas por la Constitución y las Leyes.

Artículo 19. Las autoridades municipales actuarán en forma coordinada con los organismos e instituciones estatales correspondientes.

Artículo 20. Los Consejos Municipales podrán establecer y regular cualquier servicio público que no haya sido confiado por la Constitución y la Ley a otras entidades públicas o a las instituciones autónomas o semiautónomas.

Artículo 21. Es prohibido a los Concejos:

1. Delegar las funciones privativas que les asignen la Constitución y las leyes;

2. Reconocer indemnizaciones con cargo al Tesoro Municipal mientras la obligación no se base en sentencia firme del Tribunal de Justicia competente;

3. Condonar obligaciones a favor de los municipios;

4. Aplicar los bienes, rentas, impuestos, contribuciones, derechos y tasas de los municipios, a objetivos distintos de los servicios, empresas y obras públicas municipales;

5. Dar el nombre de personas vivas a los Corregimientos, Regidurías, Comisarías, vías, lugares, edificios o cualquier otra obra de interés público;

6. Gravar con impuestos lo que ya ha sido gravado por la Nación;

7. Obligar a los vecinos del Distrito o a los transeúntes a contribuir con dinero, especies o servicios para fiestas o regocijos públicos o privados; y

8. Destinar o transferir fondos a juntas, comisiones o instituciones particulares cuya reglamentación y presupuestos no hayan sido previamente aprobados mediante Acuerdo Municipal.

Sección Segunda
Los Concejales

Artículo 22. Los Concejales no son legalmente responsables por las opiniones y votos que emitan en el ejercicio de su cargo y merecen consideración y respeto por parte de las autoridades civiles y militares.

Artículo 23. Es prohibido a los Concejales principales y a los suplentes en el ejercicio del cargo, desempeñar cualquier empleo remunerado con fondos del municipio respectivo en el cual ejercen funciones.

La infracción de este precepto vicia de nulidad el nombramiento.

Artículo 24. Los Concejales podrán devengar dietas por cada sesión ordinaria a que asistan cuyo monto será establecido según las posibilidades fiscales de cada Municipio y con base en la siguiente escala de ingresos reales corrientes por cada año:

Ingreso Anual Municipal	Dieta por Reunión
Menos de B/.20,000.00	hasta B/. 10.00
de B/.20,001.00 hasta B/.50,000.00	" 15.00
de B/.50,001.00 hasta B/.100,000.00	" 20.00
de B/.100,001.00 hasta B/.250,000.00	" 30.00
de B/.250,001.00 hasta B/.1,000,000.00	" 40.00
de B/.1,000,000.00 hasta B/.3,000,000.00	" 50.00
de B/.3,000,001.00 hasta B/.9,000,000.00	" 75.00
de B/.9,000,001.00 y más	" 100.00

Las dietas se establecerán todos los años con base a los ingresos reales corrientes del último ejercicio fiscal.

En ningún caso habrá más de una sesión semanal con derecho a dieta, aunque en dicha semana hayan celebrado sesiones ordinarias y extraordinarios.

Sección Tercera
La Mesa Directiva y Sus Funciones

Artículo 25. Cada Consejo Municipal tendrá:

1. Un Presidente, puesto éste que ejercerá el Alcalde del Distrito respectivo;
2. Un Vicepresidente, quien reemplazará al Presidente en sus faltas temporales; y
3. Un Secretario, quien no será Concejal.

Los servidores públicos citados en los Numerales 2 y 3 serán elegidos por el Concejo en pleno, para un periodo que se determinará en el Reglamento Interno del respectivo Concejo.

Artículo 26. Son funciones del Presidente del Consejo Municipal las siguientes:

1. Representar al Concejo;
2. Convocar al Concejo a sus sesiones ordinarias o extraordinarias, de conformidad con lo que disponga la Ley y el Reglamento Interno del Concejo;
3. Presidir las sesiones del Concejo y dirigir sus debates;
4. Presidir la Comisión de la Mesa y nombrar las comisiones accidentales que estime conveniente;
5. Suscribir las actas de las sesiones del Concejo, de la Comisión de la Mesa y las comunicaciones del Concejo;
6. Distribuir los asuntos que deben pasar a las comisiones y señalar el plazo en que deben ser rendidos los informes correspondientes;

7. Formular conjuntamente con el Secretario el orden del día de las sesiones; y

8. Las demás funciones que les señalen la Ley, el Reglamento Interno y el Concejo.

Artículo 27. El Vicepresidente ejercerá las mismas funciones que le corresponden al Presidente cuando lo reemplace.

Artículo 28. El Secretario del Concejo Municipal será retribuido con fondos municipales y sus funciones serán determinadas por el Reglamento Interno del respectivo Consejo Municipal y aquellas que la Ley determine.

En las ausencias temporales o accidentales del Secretario, éste podrá ser sustituido por un Subsecretario o un Secretario ad-hoc, respectivamente, pudiendo éste último ser un Concejal.

Artículo 29. Los Secretarios de los Consejos Municipales sólo podrán ser destituidos por la Corporación respectiva en los siguientes casos:

1. Infracción de sus deberes como servidores públicos;

2. Condena por falta cometida en el ejercicio de sus funciones o por delito común; y

3. Mala conducta.

El Reglamento Interno de los Concejos Municipales establecerá el procedimiento para la comprobación de los hechos y la determinación de la responsabilidad de los servidores públicos mencionados.

Sección Cuarta
Las Sesiones

Artículo 30. Los Consejos Municipales se instalarán por derecho propio el día 15 de noviembre siguiente a la elección de sus miembros. Hará las veces de Secretario interino el más joven de los Concejales. Si faltare algún principal, podrá concurrir a la instalación su suplente.

Artículo 31. Cuando por cualquier motivo o circunstancia no pudiere instalarse un Concejo en la fecha indicado, continuará funcionando el Concejo del período anterior hasta que la instalación tuviere lugar. En este caso la nueva Directiva desempeñará sus funciones sólo por el resto del período respectivo.

Artículo 32. Las sesiones de los Concejos Municipales se celebrarán en la cabecera del Distrito correspondiente, en el salón de actos habitualmente destinado para el efecto o en el que se señale previamente. Sin embargo, el Concejo procurará celebrar sesiones en Corregimientos distintos a la cabecera. Sin embargo a solicitud de un Concejal la Corporación podrá celebrar sesiones en otro Corregimiento.

Artículo 33. Los Consejos Municipales reglamentarán mediante acuerdos lo relativo a las sesiones ordinarias de los Concejos estableciendo los días y horas en que deban celebrarse. El Presidente del Concejo Municipal puede convocar sesiones extraordinarias con la anticipación que el Reglamento Interno señale, expresando los fines que la motivan y sólo se tratarán los asuntos para los cuales se hizo la convocatoria.

También se celebrarán sesiones extraordinarias cuando así lo soliciten las dos terceras (2/3) partes del Concejo y en los casos en que el Alcalde no haga la convocatoria pertinente, la reunión podrá celebrarse bajo la Presidencia del Vicepresidente o cualquier otro miembro de la Corporación.

Artículo 34. Las sesiones de los Concejos se celebrarán con la asistencia de la mayoría de sus miembros principales. Sin embargo, puede formarse mayoría con suplentes si éstos hubieren sido llamados a ocupar los puestos de sus principales, por excusa de los mismos.

Las licencias, ausencias temporales sin excusa previa o con ella, relativas a los Concejales, serán materia del Reglamento Interno.

El quórum para las sesiones de los Concejos Municipales estará constituido por el número entero siguiente a la mitad de sus miembros, incluyendo el Presidente de la Corporación.

Artículo 35. Las sesiones de los Concejos Municipales serán públicas y de ellas se extenderá un acta que firmará el Presidente y el Secretario, una vez que haya sido aprobada.

Sección Quinta
Las Comisiones y Delegaciones

Artículo 36. Los Concejos Municipales podrán integrar con sus miembros y servidores públicos, comisiones permanentes o accidentales, para los fines que estimen convenientes las cuales se regirán por el Reglamento Interno del Concejo. Asimismo habrá una Comisión de Mesa que estará formada por el Presidente, el Vicepresidente y el Secretario.

Artículo 37. Para el cumplimiento de sus labores las comisiones podrán recibir asesoramiento y colaboración de los miembros de las Juntas Técnicas Provinciales y de otros funcionarios públicos, pudiendo recabar de éstos y de las instituciones del Estado los informes que estimare necesarios.

Con fundamento en el Artículo 215 de la Constitución Política, los Alcaldes podrán designar en calidad de colaboradores o auxiliares permanentes, los especialistas que requieran en cada una de las actividades de la administración municipal, los cuales participarán en las comisiones de trabajo y devengarán los emolumentos que el Concejo señale.

Estos nombramientos requerirán para su validez ser ratificados por el pleno del Concejo.

Sección Sexta
Los Acuerdos y Resoluciones de los Concejos

Artículo 38. Los Concejos dictarán sus disposiciones por medio de acuerdos o resoluciones que serán de forzoso cumplimiento en el Distrito respectivo tan pronto sean promulgados, salvo que ellos mismos señalen otra fecha para su vigencia.

Artículo 39. Los acuerdos se promulgarán por medio de su fijación en tablillas ubicadas en la Secretaría del Concejo, en las de la Alcaldía y en las Corregidurías. Estos acuerdos serán fijados por el término de diez (10) días calendarios a fin de que surtan sus efectos legales.

Los acuerdos referentes a impuestos, contribuciones, derechos, tasas y adjudicación de bienes municipales deben ser publicados en la Gaceta Oficial.

Artículo 40. Además de los miembros del Concejo y las Juntas Comunales, por conducto de su Presidente podrán presentar proyectos de acuerdos, los personeros, tesoreros, auditores, abogados consultores e ingenieros municipales.

Artículo 41. Todo proyecto de acuerdo o resolución, una vez cumplidos los trámites previstos en el Reglamento Interno del Concejo, pasará al pleno de éste, donde sufrirá un solo debate y será adoptado mediante el voto favorable de la mayoría absoluta, entendiéndose por ésta el número entero siguiente a la mitad de los miembros del Concejo. Se exceptúan los acuerdos especiales para cuya aprobación se requieran otras formalidades exigidas por esta Ley o por el Reglamento del Concejo, y una vez aprobado, será remitido a la Secretaría para su promulgación.

Artículo 42. Los Concejos adoptarán por medio de resoluciones las decisiones que no sean de carácter general y establecerán en su Reglamento los requisitos relativos a otras no previstas en esta Ley.

Capítulo II
Los Alcaldes

Artículo 43. Habrá en cada Distrito un Alcalde, Jefe de la administración municipal, y un suplente, pero no podrá elegirse para estos cargos a personas condenadas por delito contra lo cosa pública.

En los casos que corresponda designar al Alcalde y dentro de los siete (7) días siguientes, a la toma de posesión de los Gobernadores de Provincias, éstos presentarán una terna de candidatos y nombrarán a los que seleccione el Concejo para uno y otro cargo.

Los Alcaldes y sus suplentes serán nombrados por un período de tres (3) años, podrán ser reelectos por otro, y sólo serán destituidos por las causas que determine esta Ley.

Artículo 44. Los Alcaldes tienen el deber de cumplir y hacer cumplir la Constitución y las leyes de la República, los decretos y órdenes del Ejecutivo y las resoluciones de los Tribunales de Justicia ordinaria y administrativa. Los Alcaldes son Jefes de Policías en sus respectivos Distritos. Los Alcaldes, cuando actúen como agentes del Gobierno en desempeño de actividades ajenas a la autonomía municipal quedarán subordinados en tales casos, al Gobernador de la Provincia y a los demás organismos superiores de la jerarquía administrativa.

Artículo 45. Los Alcaldes tendrán las atribuciones siguientes:

1. Presidir el Consejo Municipal y presentar proyectos de acuerdos, especialmente el de presupuesto de rentas y gastos;

2. Ordenar los gastos de la administración local ajustándose al presupuesto y a los reglamentos de contabilidad;

3. Nombrar y remover a los Corregidores de común acuerdo con los Representantes de Corregimientos; y a los servidores públicos municipales cuya designación no corresponda a otra autoridad, con sujeción a lo que dispone el Título XII de lo Constitución Política de 1972 y la presente Ley;

4. Promover el progreso de la comunidad municipal y velar por el cumplimiento de los deberes de sus servidores públicos;

5. Fijar el horario de trabajo de los servidores públicos municipales, si por acuerdo municipal no se hubiere fijado;

6. Vigilar las labores en las oficinas municipales para que cumplan leal y fielmente los deberes a ellos encomendados imponiéndoles sanciones que no comprendan suspensión mayor de tres (3) días ni multa mayor de quince balboas (B/.15.00);

7. Cumplir y hacer cumplir las disposiciones del Consejo Municipal;

8. Presentar al Concejo el 15 de noviembre de cada año, una memoria de sus gestiones;

9. Dictar decretos en desarrollo de los acuerdos municipales y en los asuntos relativos a su competencia;

10. Suministrar a los servidores públicos y a los particulares los informes que soliciten sobre los asuntos que se ventilen en sus despachos, que no sean de carácter reservado;

11. Sancionar las faltas de obediencia y respeto a su autoridad con multa de cinco (B/.5.00) a veinticinco (B/.25.00) balboas o arresto equivalente, con arreglo a lo indicado en las disposiciones legales vigentes; y

12. Todos las demás que señalen las leyes y los acuerdos municipales y los organismos y servidores públicos de mayor jerarquía de la Nación.

Artículo 46. Cuando los Alcaldes actúen como agentes del Gobierno Central y en actividades ajenas a la autonomía municipal les corresponde las siguientes funciones:

1. Publicar en el Distrito las disposiciones dictadas por autoridades nacionales competentes de mayor jerarquía y cualesquiera otros documentos oficiales que la población deba conocer;

2. Mantener el orden público en el Distrito con el auxilio de la Guardia Nacional;

3. Prestar por conducto del Gobernador de la Provincia, los servicios que les encomienden los distintos organismos de la administración nacional; y

4. Desempeñar las demás funciones previstas en la Constitución o las leyes, y las que les delegue el Gobernador de la Provincia.

Artículo 47. Los Gobernadores de los Provincias podrán suspender a los Alcaldes de Distrito en el ejercicio de sus cargos por un periodo no mayor de quince (15) días, cuando éstos se negaren a cumplir los deberes que se señalan las leyes o los acuerdos municipales, sin perjuicio de lo dispuesto en las leyes penales cuya aplicación corresponde a las autoridades judiciales. Los Gobernadores deberán notificar al Concejo esta medida disciplinaria y llamar al suplente del Alcalde para que ocupe el cargo mientras dure la ausencia del Alcalde para que ocupe el cargo mientras dure la ausencia temporal del titular.

Artículo 48. El Alcalde del Distrito será separado definitivamente de su cargo en los casos siguientes:

1. Por condena judicial fundada en delito; y

2. Por impedir la reunión del Consejo Municipal u obstaculizar la labor del mismo, en cuyo caso cualquier miembro de dicha Corporación podrá presentar la denuncia.

Artículo 49. La separación definitiva a que se refiere el Artículo anterior será decretada por los jueces de circuito del ramo penal de la respectiva jurisdicción previo el juicio correspondiente.

Artículo 50. En los casos que no constituyen delitos sino faltas que deben sancionar las autoridades de policía, el Gobernador de la Provincia es competente para conocer en primera instancia, de las infracciones cometidas por los Alcaldes, para suspenderlos y en su caso sancionarlos de conformidad con las disposiciones legales.

Artículo 51. Las resoluciones y demás actos de los Alcaldes cuando se relacionen con la gestión administrativa municipal son impugnables ante los tribunales competentes. Contra las multas y sanciones disciplinarias, cuando actúa como Jefe de Policía del Distrito, se interpondrá recurso de apelación ante el Gobernador de la Provincia. En esos casos no procederá el recurso de avocamiento.

Capítulo III
Los Tesoreros Municipales

Artículo 52. En cada municipio habrá un Tesorero Municipal escogido por el Consejo Municipal para un periodo de tres (3) años y podrán ser reelegidos.

Artículo 53. No podrán ser escogidos Tesoreros Municipales, el cónyuge ni los parientes dentro del cuarto grado de consanguinidad o segundo de afinidad del Alcalde o los Concejales ni quienes hayan sido condenados por delitos contra la cosa pública.

Artículo 54. Los Tesoreros devengarán los emolumentos que señale el Consejo Municipal.

Artículo 55. Los Tesoreros Municipales sólo podrán ser destituidos por la Corporación respectiva en los siguientes casos:

1. Incumplimiento de sus deberes como servidores públicos;

2. Condena por falta cometida en el ejercicio de sus funciones o por delito común; y

3. Mala conducta.

El Reglamento Interno de los Consejos Municipales establecerá el procedimiento para la comprobación de los hechos y la determinación de la responsabilidad de los servidores públicos mencionados.

Artículo 56. Antes de entrar a ejercer sus cargos los Tesoreros y demás funcionarios de manejo, deberán prestar fianza por la cuantía que establezca la Contraloría General de la República.

Las primas de las pólizas respectivas serán pagadas de los fondos municipales.

Los Tesoreros Municipales deberán declarar ante un Notario Público sus bienes o rentas dentro de los cinco (5) días siguientes a la toma de posesión y hasta cinco (5) días después de cesar en sus funciones. Estas declaraciones serán protocolizadas gratuitamente por el Notario.

Artículo 57. Los Tesoreros Municipales tienen las atribuciones siguientes:

1. Efectuar las recaudaciones y hacer los pagos del Municipio, para lo cual llevarán libros de ingresos y egresos;

2. Llevar los libros de contabilidad necesarios para el control del movimiento de tesorería y la ejecución del presupuesto;

3. Asesorar a los Alcaldes en la elaboración de los presupuestos y suministrarles los datos e informes necesarios;

4. Registrar las órdenes de los pagos que hayan de efectuarse y presentarlos a la firma del Alcalde así como examinar los comprobantes;

5. Enviar al Concejo y al Alcalde copia del Estado de Caja, la relación pormenorizada de los ingresos y egresos con la periodicidad que determine el Consejo Municipal;

6. Presentar al Concejo, al Alcalde y a la Contraloría General de la República al final de cada ejercicio fiscal, un informe del movimiento de tesorería, e informar, cada vez que fuere requerido, sobre la situación del Tesoro Municipal;

7. Proponer al Consejo Municipal las medidas oportunas y conducentes para el aumento de las recaudaciones;

8. Depositar los fondos del Municipio en las instituciones bancarias oficiales con la periodicidad que determine el Consejo Municipal;

9. Formar los expedientes relativos a créditos adicionales al presupuesto, devoluciones de ingresos y contratos sobre servicios municipales;

10. Llevar a cabo las subastas públicas ordenadas por el respectivo Concejo;

11. Ejercer la dirección activa y la pasiva del Tesoro Municipal;

12. Llevar registros de los contribuyentes para los efectos del cobro de los impuestos, contribuciones, derechos y tasas;

13. Examinar y autorizar las planillas de pagos a los servidores públicos y empleados municipales;

14. Depositar en cuentas separadas las sumas asignadas a fondos especiales por Ley o por acuerdo municipal;

15. Nombrar y destituir el personal subalterno de la Tesorería. Los cargos serán creados por los Consejos Municipales;

16. Realizar las investigaciones necesarias en aquellos casos en que existan indicios de defraudación fiscal o malversación para lo cual tendrán acceso a los libros y documentos de empresas privadas y contarán con la asesoría de los auditores municipales; y

17. Todos las demás que les señalen las leyes o los acuerdos municipales.

Capítulo IV
El Servicio de Auditoria

Artículo 58. Corresponde a la Contraloría General de la República, en conformidad con las normas constitucionales pertinentes, la fiscalización y control de los actos de manejo sobre fondos y patrimonios municipales, para lo cual creará las oficinas respectivas, designará al Auditor Municipal y al personal subalterno, y les asignará las remuneraciones correspondientes, según las necesidades.

Los Auditores Municipales, tendrán, con respecto a la fiscalización y control de los actos de manejo sobre fondos y patrimonios municipales, las mismas funciones, atribuciones y deberes que la Constitución y las leyes señalen al Contralor General de la República, con respecto a los fondos y bienes de la Nación, además asistirán con derecho a voz a las sesiones de los Concejos, emitirán conceptos sobre los acuerdos que afecten el presupuesto y estarán facultados para presentar proyectos de acuerdo sobre materia relacionada con sus funciones.

Artículo 59. En los municipios cuyos ingresos reales asciendan anualmente a quinientos mil (B/.500,000.00) balboas o más, los salarios y demás gastos del servicio de auditoría serán pagados con cargo el Tesoro Municipal para lo cual los Concejos incluirán la partida necesaria. Para los fines de este Artículo, se tomarán como referencia los ingresos reales que se hayan producido durante el año inmediatamente anterior.

Artículo 60. En los municipios en que no haya un Departamento de Auditoría Interna, la Contraloría General de la República designará un Contador o Jefe de Contabilidad, que tendrá a su cargo todo lo relacionado con los registros, libros e informes de contabilidad.

Capítulo V

Los Jueces y Personeros Municipales

Artículo 61. En los municipios cuyos ingresos anuales ascienden a quinientos mil (B/.500,000.00) balboas o más los salarios y demás gastos de los Juzgados y Personeros Municipales serán pagados con cargo al Tesoro Municipal.

Capítulo VI

Otros Servidores Públicos Municipales

Artículo 62. Los Municipios podrán crear mediante acuerdo municipal, los cargos de Abogado Consultor, ingeniero, agrimensor o inspector de obras y de juez ejecutor, cuyas funciones serán determinadas por el Concejo.

Capítulo VII

Los Corregidores, Regidores y Comisarios

Artículo 63. Los Corregidores serán nombrados y removidos por los Alcaldes de común acuerdo con el Representante de Corregimiento quien presentará una terna de candidatos para que el Alcalde escoja.

Para ser Corregidor se requiere:

1. Ser panameño por nacimiento o haber adquirido, en forma definitiva, la nacionalidad panameña diez (10) años antes de la fecha de las elecciones;
2. Haber cumplido dieciocho (18) años de edad;
3. No haber sido condenado por delito contra la cosa pública, la libertad y pureza del sufragio; y
4. Ser residente del Corregimiento para el cual ha sido escogido.

No podrán ser Corregidores el cónyuge ni los parientes dentro del segundo grado de consanguinidad y primero de afinidad del Alcalde o del Representante de Corregimiento.

Los Corregidores tendrán las funciones que la Ley y los acuerdos municipales les señalen.

La remoción de los Corregidores se hará de común acuerdo entre el Alcalde y el Representante de Corregimiento.

Artículo 64. Los Regidores serán los Jefes de Policía de su respectiva jurisdicción y agentes de los Corregidores.

Sólo en los Corregimientos que no sean cabeceras de Distritos, podrá haber Comisarios. Serán designados por los Juntas Comunales y auxiliarán a éstas y a los Corregidores y Regidores en sus funciones. Tendrán las funciones que la Ley, los acuerdos municipales y la Junta Comunal les señalen.

Capítulo VIII
Disposiciones Comunes a los Capítulos Anteriores

Artículo 65. Los Alcaldes tomarán posesión ante un Juez Municipal del lugar, y en su defecto, ante un Notario o ante dos (2) testigos hábiles. Los demás servidores públicos municipales tomarán posesión ante la autoridad nominadora.

Artículo 66. Los servidores públicos municipales serán nombrados por la Comisión de la Mesa, salvo las excepciones establecidas en la Constitución o las Leyes. El personal subalterno del Departamento de Ingeniería Municipal será nombrado por el Ingeniero Municipal.

A falta de la reglamentación correspondiente y mientras se dicte la misma, el Alcalde hará cualquier nombramiento que no esté específicamente atribuido a otra autoridad.

Artículo 67. Los sueldos y asignaciones de los servidores públicos municipales pueden ser alterados en cualquier tiempo, inclusive los de los Alcaldes y Corregidores cuya remuneración sea pagada por el Tesoro Municipal. Para aumentar los sueldos y asignaciones será indispensable que hayan aumentado también los ingresos municipales recaudados durante el último año.

Capítulo IX
Los Recursos Contra los Actos Municipales

Artículo 68. Cualquier persona natural o jurídica podrá recurrir contra los acuerdos, resoluciones o actos del Concejo, o de cualesquiera actos de servidores públicos administrativos del Municipio que considere inconstitucionales o ilegales o violatorios de Acuerdos Municipales.

TÍTULO II
LA HACIENDA MUNICIPAL

Capítulo I
El Patrimonio Municipal

Artículo 69. El Patrimonio Municipal está constituido por el conjunto de bienes, rentas, impuestos, derechos, acciones y servicios pertenecientes al Municipio. De modo concreto lo integran:

1. Como bienes de uso público las calles, avenidas, parques y plazas, paseos, caminos, puentes, fuentes y arbolados siempre que no pertenezcan a la Nación;
2. Todos los bienes que hayan adquirido por cualquier título así como los que les corresponde según la Ley;
3. Todos los bienes mostrencos y vacantes que se encuentren en el Distrito;
4. Las herencias de los que fallecieron en sus jurisdicciones sin dejar herederos;
5. Las instalaciones y empresas mercantiles e industriales pertenecientes al Municipio;
6. Las rentas y demás productos de los bienes anteriormente enumerados; y
7. Todos los demás derechos y acciones que adquieran a título oneroso o gratuito.

Artículo 70. Los Concejos, con la cooperación del Alcalde, del Personero, del Tesorero, del Ingeniero, Agrimensor o Inspector de Obras Municipales, del Abogado y del Auditor Municipal estarán obligados dentro del primer año de su instalación, a levantar un inventario formal y completo de los bienes, derechos y en general de todos los que conforman el Patrimonio Municipal, con expresión de las valorizaciones y los gravámenes que tuvieren; asimismo, los Municipios están obligados a inscribir, en los registros respectivos, todos los bienes que por su naturaleza deben ser registrados.

El inventario será extendido en sendos ejemplares que los servidores públicos municipales mencionados conservarán en los archivos de sus oficinas. Copias de estos inventarios se les enviará a la Contraloría General de la República, al Consejo Provincial de Coordinación por conducto del Gobernador de la Provincia y al Notario del Circuito correspondiente para los efectos de su protocolización por intermedio del Alcalde.

Igual procedimiento se aplicará para las alteraciones del inventario los cuales se irán anotando a medida que se produzcan.

Cada seis (6) años, en el curso del primer año del período de un nuevo Concejo, se procederá a levantar un nuevo inventario de todos los bienes que integran el Patrimonio Municipal, cumpliendo con toda la tramitación y formalidades descritas en los párrafos anteriores.

Artículo 71. Los bienes, derechos y acciones de los Municipios gozarán de las mismas garantías de que gozan los particulares y de los mismos privilegios de que gozan los de la Nación.

Capítulo II
El Tesoro Municipal

Artículo 72. El Tesoro Municipal lo componen, sin que ello constituya limitación:

1. Las rentas, productos, intereses o cupones de los bienes, títulos, créditos y demás derechos municipales;

2. Las multas que impongan las autoridades municipales;

3. El rendimiento liquido de los servicios y empresas municipales;

4. El producto de sus áreas o ejidos lo mismo que de sus bienes propios;

5. Las tasas por el uso de sus bienes o servicios;

6. Los derechos sobre espectáculos públicos;

7. Los impuestos sobre expendio de bebidas alcohólicas, según lo establecido por la Ley;

8. Los derechos, determinados por la Ley, sobre extracción de arena, piedra de cantera, tosca, arcilla, coral, cascajo y piedra caliza;

9. Los derechos sobre extracción de moderas, explotación y talo de bosques, según el procedimiento establecido por la Ley;

10. El impuesto de degüello según los procedimientos establecidos por la Ley;

11. Impuestos sobre solares sin edificar ubicados en áreas pobladas;

12. Impuesto sobre tierras incultas de acuerdo con lo que establece el Código Fiscal;

13. Las subvenciones o los auxilios que le conceda el Estado y las participaciones existentes o que se establezcan en los rentas nacionales; y

14. Los legados o donaciones que se hagan a favor del Municipio que se aceptarán a beneficio de inventario.

Artículo 73. Las rentas municipales se determinarán por los siguientes conceptos:

1. Arbitrios, recargos existentes;
2. Arbitrios con fines no fiscales;
3. Contribuciones de las personas especialmente interesadas en los obras, instalaciones o servicios municipales;
4. Derechos y tasas;
5. Aprovechamientos y reintegros;
6. Multas;
7. Los arbitrios y contribuciones debidamente autorizados y cualesquiera que la Ley consigne en concepto de rentas municipales; y
8. Impuesto sobre tierras incultas según el procedimiento del Código Fiscal.

Capítulo III
Impuestos y Contribuciones

Artículo 74. Son gravables por los Municipios con impuestos y contribuciones todas las actividades industriales, comerciales o lucrativas de cualquier clase que se realicen en el Distrito.

Artículo 75. Son gravables por los Municipios las actividades siguientes:

1. Agencias y representaciones de fábricas o empresas, comisionistas, distribuidores, publicitarios y de viajes en los municipios donde tengan su domicilio;
2. Anuncios y rótulos;
3. Aparatos de juegos mecánicos permitidos y de ventas automáticas de producto;
4. Aprovechamientos;
5. Barberías y peluquerías;
6. Bailes, balnearios y lugares de recreaciones;
7. Billares;
8. Estaciones de ventas de gasolina, kerosene, diesel y demás derivados;
9. Cajas de música (sinfonolas) y con pantallas;
10. Casas de empeño, de préstamos, bancos privados, capitalizadoras y financieras y empresas de Fondos Mutuos;
11. Hoteles, casa de huéspedes, pensiones, moteles y similares;
12. Casas de alojamiento ocasional y prostíbulos, cabarets y boites;
13. Casetas sanitarias;
14. Cementerios públicos y privados (inhumaciones, renovaciones, ventas y alquileres de bóvedas y lotes);
15. Canteras y extracciones de tierras, arcillas o tierras arcillosas con fines industriales o comerciales;
16. Cantinas y bodegas;
17. Compraventa de artículos y accesorios;
18. Comercio al por mayor y al por menor;
19. Empresas de seguros de cualquier clase y de compraventa y administraciones bienes raíces en los municipios de su domicilio comercial;
20. Descascadoras de granos,

21. Edificaciones y reedificaciones;
22. Espectáculos públicos de carácter lucrativo;
23. Floristerías,
24. Estudios fotográficos, de televisión, cinematográficos, cinematógrafos, y los anuncios comerciales que se exhiban en éstos;
25. Funerarias o velatorios privados con fines comerciales;
26. Heladerías, refresquerías y pasteurizadoras;
27. Industrias, fábricas, talleres y actividades manufactureras de cualquier clase en los municipios;
28. Juegos permitidos;
29. Lavanderías y tintorerías;
30. Laboratorios y clínicas comerciales e industriales de propiedad privada, o de servicio público;
31. Mataderos y zahurdas (servicio de matanza, acarreo de carnes, lavado de entrañas, depósitos de carnes y cueros, extracción de grasas, corrales);
32. Mercados privados (derechos de bancos);
33. Mercados públicos (participación en la renta nacional derivada de éstos);
34. Panaderías, dulcerías y reposterías;
35. Participación en otras rentas nacionales;
36. Perros;
37. Pesas, medidas y aparatos para medir energía, líquidos, gas y otras especies;
38. Salones de belleza;
39. Torrefacción de café;
40. Trapiches comerciales;
41. Restaurantes y fondas;
42. Clubes de mercancías;
43. Aserríos y aserraderos;
44. Vehículos;
45. Venta de mercaderías extranjeras al por menor;
46. Venta nocturna de licores al por menor;
47. Uso de aceras y calles con fines de lucro; y
48. Cualquier otra actividad lucrativa.

En los casos señalados por los numerales 5 y 38 serán gravables cuando se emplee mano de obra asalariada o que en los locales donde se desarrollan las actividades profesionales, en los ordinales precitados, se venda artículos al público.

Capítulo IV
Los Derechos y Tasas

Artículo 76. Los Municipios fijarán y cobrarán derechos y tasas sobre la prestación de los servicios siguientes:

1. Tasas de administración por los documentos que expidan las autoridades municipales a instancias de parte;
2. Concesión de placas y otros distintivos análogos que impongan o autoricen los Acuerdos Municipales;
3. Participaciones que conceden las leyes o los municipios en las licencias de caza y pesca y otros análogas;
4. Licencias para construcciones de obras;

5. Inspección de casas de baño;

6. Pesas y medidas y aparatos para medir energía, líquidos, gas y otras especies;

7. Desinfección a domicilio requerida por los interesados;

8. Servicios de mataderos, zahurdas y mercados y acarreos de carnes,

9. Recolección de basuras de los domicilios particulares y limpieza de pozos sépticos;

10. Servicio de alcantarillado;

11. Colocación de tuberías, hilos conductores y cables en postes y galerías del Municipio;

12. Los servicios para extinción de incendios cuando la organización fuere municipal;

13. Conducción de cadáveres y otros servicios fúnebres organizados por el Municipio;

14. Cementerios municipales;

15. Asistencia en dispensarios, farmacias y boticas de carácter municipal salvo la prestación de los primeros auxilios;

16. Enseñanza técnica o especial en establecimientos municipales;

17. Visitas a museos y exposiciones municipales;

18. Servicios de transporte, colectivo y de carga, sean éstas terrestres, fluviales, marítimos o aéreos;

19. Anuncios fijos, carteleras o instalaciones análogos en la vía pública o en terrenos municipales;

20. Enarenado de las vías públicas a solicitud particular;

21. Expedición de carnet de alternadoras; y

22. Cualquier otro de naturaleza análoga.

Estarán exentos de derechos y tasas: La Nación, la Asociación Intermunicipal de la que forme parte del Municipio que lo impone y los pobres de solemnidad.

Artículo 77. Son derechos y tasas por aprovechamientos especiales los siguientes:

1. Las concesiones o licencias para establecer balnearios u otros aprovechamientos de aguas en el Municipio, que no consistan tan sólo en su uso común;

2. Concesiones para construir en terrenos municipales sistemas de aljibe para recoger las aguas pluviales;

3. Desagües en las vías públicas o en terrenos municipales;

4. Apertura de viaductos en terrenos municipales;

5. Ocupación con escombros de vías públicas o lotes municipales;

6. La instalación de vallas, puntales o manillas y andamios en las vías públicas;

7. Las rejas de piso o instalaciones análogas en las vías públicas;

8. Las tribunas, toldos y otras instalaciones semejantes voladizas sobre la vía pública o que sobresalgan de la misma;

9. Los postes, palomillas, cajas de amarras de distribución o de registro, básculas, aparatos para la venta automática y otros análogos que se establezcan sobre lo vía pública o sobresalgan de la misma;

10. Mesas de cantinas, hotelerías, cafés y establecimientos análogos situados en la vía pública;

11. Colocación de sillas o tribunas en la vía pública y ocupación de aceras;

12. Kioskos en la vía pública;

13. Puestos, barracas y casetas de ventas, espectáculos o recreos, en la vía pública o en terrenos de uso común;

14. Estacionamientos en la vía pública de vehículos en general y terminales municipales;

15. Empresas privadas de estacionamiento;

16. Licencias para industrias callejeras y ambulantes;

17. Escaparates, vitrinas y letreros y anuncios visibles desde la vía pública;

18. Fumigación aérea; y

19. Cualesquiera otros de naturaleza análoga según criterio del Concejo.

Artículo 78. Ningún gravamen puede ser rematado, ser motivo de contratación por tiempo determinado, ni traspasado a particulares por ningún concepto.

Artículo 79. Las cosas, objetos y servicios ya gravados por la Noción no pueden ser materia de impuestos, derechos y tasas municipales sin que la Ley autorice especialmente su establecimiento.

Artículo 80. Los municipios pueden establecer sanciones aplicables a los defraudadores, morosos o remisos en el pago de sus rentas, impuestos, tasas y contribuciones.

Los Tesoreros y Jueces Ejecutores donde éstos últimos existan quedan investidos de jurisdicción coactiva para efecto del cobro de esas obligaciones.

Artículo 81. Los caudales de los Municipios serán depositados en instituciones bancarias oficiales con la periodicidad que determine el Consejo Municipal.

Artículo 82. Todos los bienes y sus productos, así como los derechos, acciones, fondos, rentas, impuestos, contribuciones, tasas, subsidios y aprovechamientos de los municipios serán usados e invertidos en beneficio exclusivo del respectivo Distrito, salvo que se trate del caso de Asociación Intermunicipal.

Artículo 83. Facúltase a los municipios para lo siguiente:

1. Establecer que los impuestos contribuciones, rentas y tasas fijadas por mes, deberán pagarse en la Tesorería Municipal respectiva durante el mes correspondiente. Una vez vencido el plazo para el pago, el valor de éste sufrirá un recargo del veinte (20%) por ciento durante el primer mes y un recargo adicional de uno (1%) por ciento por cada mes de mora, cobrables por jurisdicción coactiva;

2. Establece que los impuestos, contribuciones, rentas y tasas fijadas por año, se pagarán dentro del primer trimestre de cada año fiscal sin recargo alguno y pasado el primer mes del período siguiente se pagarán con un recargo adicional de diez (10 %) por ciento;

3. Establecer que los contribuyentes que no paguen los impuestos, contribuciones, rentas y tasas serán considerados incursos en mora con el Tesoro Municipal y quedarán obligados a pagar el importe correspondiente desde la fecha en que se hubiese causado y a pagar los recargos señalados en los incisos anteriores de este Artículo; y conceder, acción popular para denunciar a los infractores de las disposiciones sobre impuestos, contribuciones y tasas que expidan los municipios, con derecho a percibir el denunciante, lo totalidad del recargo;

4. Disponer que cuando el interesado no acredite previamente que está a paz y salvo con el Tesoro Municipal, por concepto de pago de los impuestos, contribuciones, rentas y tasas respectivas que debieron ser pagados en los períodos fiscales vencidos, no podrán, en su beneficio, ser autorizados, permitidos o admitidos por los servidores públicos municipales los actos que se indican a saber:

    1. Celebración de contratos con el Municipio respectivo;

    2. Pagos que efectúe el Tesoro Municipal, excepto los correspondientes a los sueldos, salarios o remuneraciones por servicios personales prestados; y

    3. Expedición y renovación de permisos para actividades de carácter lucrativo.

5. Establecer que los interesados comprobarán que se encuentran a paz y salvo con el Tesoro Municipal para los efectos indicados, mediante certificados que expedirá el Tesorero Municipal, en formularios; y

6. Disponer que los servidores públicos municipales encargados de expedir los certificados de paz y salvo serán responsables, solidariamente con los interesados, de las contribuciones, rentas y tasas amparadas por esos documentos cuando se compruebe que no habían sido efectivamente pagadas, o que el interesado no estaba exento de los mismos, según el caso.

Capítulo V
Procedimiento para el Cobro de Impuesto o Contribuciones Municipales

Artículo 84. Toda persona que establezca en los Distritos de la República cualquier negocio, o empresa o actividad gravable está obligada a comunicarlo inmediatamente al Tesorero Municipal para su clasificación e inscripción en el registro respectivo.

Artículo 85. Quienes omitieron cumplir con lo ordenado en el Artículo anterior, serán considerados como defraudadores del fisco municipal y quedarán obligados a pagar el impuesto que le corresponde desde la fecha en que iniciaron la actividad objeto del gravamen, con recargo por morosidad más el veinticinco (25%) por ciento y el valor del impuesto correspondiente al primer período.

Artículo 86. Es obligación de todo contribuyente que cese en sus operaciones notificarlo por escrito al Tesorero Municipal, por lo menos quince (15) días antes de ser retirado de la actividad. El que omitiere cumplir con la obligación que le impone este Artículo pagará el impuesto por todo el tiempo de la omisión, salvo causa de fuerzo mayor.

Artículo 87. La calificación o aforo de las personas o entidades naturales o jurídicas sujetas al pago de los impuestos, contribuciones y servicios que estableciere esta Ley, corresponde al Tesorero Municipal y regirán después de haberse efectuado la respectiva calificación y previa comunicación al contribuyente, los catastros se confeccionarán cada dos (2) años y los gravámenes de que tratan se harán efectivos el primero de enero de cada año fiscal.

La Tesorería Municipal informará al contribuyente una vez realizado el aforo, a fin de que éste conozca de su obligación con el Tesoro Municipal.

Artículo 88. Los aforos o calificaciones se harán por porte del Tesorero Municipal, con el asesoramiento de la Comisión de Hacienda. Una vez preparadas las listas del Catastro, éstas se expondrán a la vista de los interesados en pliegos que permanecerán en lugar visible y accesible en la Tesorería Municipal durante treinta (30) días hábiles a partir de cada año. Si se considerase conveniente podrán publicarse las listas del Catastro en uno o más diarios o fijarlos en tablillas en otras oficinas de dependencias municipales.

Dentro del término antes señalado pueden los contribuyentes presentar sus reclamos que tendrán como objeto no sólo las calificaciones hechas, sino también la omisión de los mismos en las listas respectivas.

Artículo 89. Las reclamaciones de que trata el Artículo anterior serán presentadas para su consideración y decisión a una Junta Calificadora Municipal que estará integrada así: el Vicepresidente del Consejo Municipal quien la presidirá, el Tesorero Municipal, un miembro de la Comisión de Hacienda Municipal, el Auditor Municipal. También designará el Consejo Municipal un Representante de la Cámara de Comercio, Industrias y Agricultura o del Sindicato de Industrias o de la Asociación de Comerciantes Minoristas en los Distritos donde existieren estos tres últimos organismos, en caso contrario, un comerciante o un industrial, con licencia para ejercer cualquiera de esas ocupaciones. Actuarán como suplentes de los servidores públicos municipales, los Concejales que designe el Consejo Municipal y los que actúen sin la investidura de Concejales tendrán como suplentes quienes sean nombrados en su orden, por los mismos organismos que designaron a los principales. Actuará como Secretario de la Junta, el Secretario del Consejo Municipal.

Artículo 90. La Junta Calificadora conocerá de las solicitudes de revisión que ante ella eleven los contribuyentes del Distrito o a propuesta de algunos de sus miembros.

Todos los habitantes del Distrito tendrán acción paro denunciar la calificación señalada a un contribuyente si estimaren que ésta fuere injusta. Habrá acción popular para el denuncio contra cualquier contribuyente que no aparezca en el Catastro Municipal. Al denunciante corresponderá como gratificación el cincuenta (50%) por ciento del impuesto correspondiente a los seis (6) primeros meses que tenga que pagar el contribuyente.

Artículo 91. El gravamen señalado por la Junta Calificadora entrará en vigencia el día primero del mes siguiente. La calificación de los contribuyentes que comenzaren a ejercer sus actividades después de confeccionados los catastros corresponden al Tesorero, sujeta a la confirmación de la Junta Calificadora. Todos los miembros de la Junta Calificadora tienen el derecho de proponer estudios o revisión de calificaciones. Las decisiones de la Junta serán adoptadas por mayoría de votos y serán definitivas.

Artículo 92. Los memoriales en que se propongan y, sustenten apelaciones, impugnaciones o denuncias serán presentados al Tesorero Municipal quien anotará la hora y fecha del recibo en el original y una copia. El original será llevado al Presidente de la Junta para conocimiento de la misma con los documentos y antecedentes que hubiere. La copia será entregada al interesado o proponente.

Artículo 93. La Junta conocerá de los reclamos, denuncias y solicitudes, notificando a los interesados las resoluciones que dicte al respecto. La Junta tendrá un plazo máximo de treinta (30) días calendarios para resolver los asuntos que se presenten a su consideración.

Artículo 94. Los gravámenes o derechos establecidos por el Municipio para aquellas actividades cuyo impuesto, derecho o contribución hayan sido previamente determinados se aforarán o calificarán a cada contribuyente teniendo en cuenta, entre otros, los siguientes elementos de juicio: el tipo de actividad u ocupación, el valor del inventario, el valor del arrendamiento del local, su ubicación y frente de la calle o avenida, el espacio del piso, la capacidad de asiento, el número de cuartos, unidades o piezas de equipo, el número de trabajadores, el número aproximado de clientes, el número de compañías representadas, el precio de entrada, el capital invertido, el volumen de compras, el volumen de ventas, los ingresos brutos, el tipo o tamaño del equipo, el volumen de producción o lo capacidad productiva.

Dentro de los límites o el alcance, del gravamen señalado para cada actividad se fijarán tres grupos de categorías. Los contribuyentes serán clasificados en una de las categorías establecidas de acuerdo con los criterios antes enumerados. A la empresa principal o empresas dominantes dentro de cada actividad corresponderán el gravamen de la categoría superior.

Las otras personas, naturales o jurídicos, serán clasificadas de conformidad con sus respectivas posiciones relativas.

Artículo 95. El Tesorero Municipal está obligado a informar de inmediato al Alcalde y al Consejo Municipal de los establecimientos comerciales o industriales que estén en mora por tres (3) meses o más de sus impuestos.

En estos casos el Tesorero Municipal adoptará las medidas para el cobro de los impuestos morosos, incluso el cierre de los establecimientos.

Artículo 96. Las obligaciones resultantes de los impuestos municipales prescriben a los cinco (5) años de haberse causado.

Artículo 97. No serán autorizados, permitidos, admitidos, registrados ni en forma alguna reconocidos como válidos, los actos en los cuales intervengan interesados que no comprueben que están a paz y salvo con el Tesoro Municipal por razón de impuestos, contribuciones, derechos y tasas que afectan los bienes, materia de la contratación respectiva.

Capítulo VI
Enajenaciones y Arrendamientos

Artículo 98. Todos los bienes municipales que no sean necesarios para un uso o servicio público, podrán venderse o arrendarse por medio de licitación pública, siguiendo las normas que para los bienes nacionales tienen establecidos el Código Fiscal y leyes que lo reforman. Se exceptúan los terrenos adquiridos por el Municipio para área y ejidos, las cuales serán vendidos o arrendados de conformidad con lo que establezca esta Ley y los Acuerdos Municipales.

PARÁGRAFO. Se excluye el requisito de la licitación pública en las transacciones contractuales que celebren los municipios, ya sea con la Nación o con las Instituciones Autónomas o Semiautónomas del Estado.

Artículo 99. La venta de bienes municipales deberá ser decretada por el respectivo Concejo, mediante acuerdo, y se llevará a efecto por medio de licitación pública de conformidad con las reglas establecidas por la Ley para la venta de bienes nacionales en cuanto fueren aplicables. Cuando se trate de bienes inmuebles se requerirá un acuerdo aprobado por las dos terceras (2/3) partes del Concejo.

Artículo 100. En el caso de que no circulara ningún periódico en el lugar donde debe llevarse a cabo la licitación el anuncio se hará por medio de carteles, que se fijarán en las esquinas de las calles y lugares públicos de mayor circulación de la cabecera del respectivo Distrito y de la población en que estuviere situado el bien.

Artículo 101. La licitación se llevará a cabo por el Tesorero Municipal del respectivo Distrito y para ser postor hábil en ella se necesita consignar previamente el diez (10%) por ciento del avalúo del bien que vaya a ser rematado.

Artículo 102. El Tesorero devolverá a los postores vencidos en las licitaciones las sumas consignados por ellos en calidad de fianza. El postor favorecido que no pagare el precio dentro de los cuarenta y ocho (48) horas siguientes a la adjudicación provisional, perderá el depósito dado en garantía.

Artículo 103. Los ocupantes de lotes o solares municipales con construcciones anteriores a la vigencia de la Ley 8 de 1954, tienen derecho a que se les adjudique el lote o solar ocupado por el cual pagarán al Municipio lo que resulte del avalúo de dos (2) peritos designados, uno por el Auditor Municipal y el otro por el Tesorero Municipal.

Los Consejos Municipales señalarán los procedimientos para la adjudicación.

Artículo 104. El arrendamiento de bienes municipales se efectuará en lo pertinente con arreglo al procedimiento establecido para la venta de dichos bienes.

Artículo 105. Los bienes municipales de uso común no podrán ni enajenarse, ni arrendarse, ni gravarse en ninguna forma.

Artículo 106. Los bienes que por su función u origen estén destinados a un objeto especial, no podrán tener en ningún caso otra finalidad, excepto cuando se demuestre la necesidad de darle otro uso, y siempre que ello se determine por acuerdo municipal, y mediante consulta previa a la Junta Comunal, respectiva.

Artículo 107. Los contratos de obras y servicios municipales cuando excedan de cinco mil balboas (B/.5,000.00) se efectuarán mediante licitación pública que será anunciada con treinta (30) días calendarios de anticipación en uno de los periódicos de reconocida circulación en el país y por lo menos en tres ediciones y en fechas distintas, así como en la Gaceta Oficial, no menos de cinco (5) días hábiles antes. Los municipios con presupuesto mayor de quinientos mil balboas (B/.500,000.00) se regirán por el límite que establece el Código Fiscal.

Se exceptúan los contratos de reconocida urgencia para prestar un servicio inmediato y aquellos en los cuales la licitación sea declarada desierta, después de haberse efectuado dos veces consecutivas por falta de postores o por no ajustarse a las condiciones señaladas. La urgencia del contrato deberá hacerse constar en el mismo acuerdo que autorice su celebración y el cual debe ser aprobado por las dos terceras partes (2/3) de los miembros del Concejo respectivo.

Capítulo VII
Las Compras Municipales

Artículo 108. Los municipios pueden adquirir a título oneroso toda clase de bienes, derechos y acciones siempre que exista en el presupuesto de gastos la partida correspondiente, destinado para ese fin.

La adquisición de bienes, derechos y acciones no previstos en el presupuesto necesitarán el voto favorable de las tres cuartas (3/4) partes de los miembros del Concejo y la opinión previa del Auditor y en su defecto del Tesorero del Municipio.

PARÁGRAFO. En cualesquiera de los supuestos anteriores en que el Municipio adquiera a título oneroso acciones en sociedades por acciones; debe obtener la mayoría del capital social.

Artículo 109. Las compras a que se refiere este Artículo se harán por conducto de la Tesorería Municipal y mediante los procedimientos señalados en esta Ley para el arrendamiento y venta de bienes, derechos y acciones de los Municipios, hasta donde esas disposiciones puedan ser aplicables a dichos casos, y lo que dispongan los Acuerdos que en desarrollo de esas disposiciones dicten los Concejos.

Artículo 110. Las compras por sumas menores de cinco mil (B/.5,000.00) balboas, se someterán a la reglamentación que para el efecto dicten los respectivos Concejos.

Artículo 111. Los Municipios no pueden adquirir a título oneroso ninguna clase de bienes, derechos y acciones que no sean necesarios para el cumplimiento de los fines municipales.

Capítulo VIII
Los Gastos Municipales

Artículo 112. Los Municipios asignarán el porcentaje de sus ingresos reales que estimen convenientes a la educación pública, educación física, salud pública e instituciones de bomberos y para las Juntas Comunales en sus respectivas jurisdicciones. Tales asignaciones atenderán a las necesidades municipales y a la planificación estatal de estos servicios públicos y sociales. Para estos efectos, antes de aprobar su presupuesto, los Municipios consultarán con el Ministerio de Planificación y Política Económica.

Artículo 113. Los Municipios prepararán los programas y administrarán las partidas presupuestarias asignadas a los renglones mencionados en el Artículo anterior, en coordinación con las agencias estatales respectivas.

Artículo 114. Las cuentas y los cheques sobre gastos municipales serán librados y pagados de acuerdo con las reglas o métodos establecidos por la Contraloría General de la República de conformidad con el Ordinal 8 * del Artículo 240 de la Constitución Política de la República.

Artículo 115. Se considera suspendido todo sueldo, sobresueldo o gasto para el cual no exista la correspondiente partida en la relación de egresos del presupuesto.

Artículo 116. Ninguna dependencia del Municipio nombrará personal con carácter interino cuando el titular de cargo se encuentre en uso de vocaciones o licencia con derecho a sueldo, exceptuándose de esta disposición los casos previstos en el presupuesto y para los cuales se hayan incluido las partidas correspondientes.

Artículo 117. Ningún servidor público municipal tendrá el derecho a recibir el sueldo de vocaciones, sin hacer uso de las mismas.

Artículo 118. No podrá efectuarse gesto alguno en concepto de donación, préstamo de dinero, obsequios, subvenciones o auxilios fuera de los casos previstos en esta Ley.

Se exceptúan de tal prohibición la asistencia a los indigentes y los socorros prestados con motivo de siniestros o calamidades públicas dentro del Distrito la cual será administrada por las Juntas Comunales.

Artículo 119. Los Tesoreros Municipales no pagarán ninguna cuenta por gastos no decretados por el Consejo Municipal y para cuyo pago no figure la correspondiente partida en el presupuesto de gastos vigente.

Artículo 120. El uso incorrecto de las partidas correspondientes a las subvenciones o auxilios concedidos por los Municipios, en que incurra alguna entidad oficial o privada, así como la falta de presentación de informe mensual de sus operaciones, ocasionarán la suspensión inmediata de tal ayuda, la cual sólo podrá ser reanudada previo cumplimiento de las condiciones mencionadas. El Consejo Municipal, por conducto del Presidente del Concejo y el Tesorero Municipal señalarán a dichas entidades un plazo improrrogable dentro del cual formularán y presentarán sus presupuestas. A las entidades que dejaren de cumplir con este requisito se le suspenderán los servicios o auxilios hasta tanto cumplan con él.

Capítulo IX
Los Presupuestos Municipales

Artículo 121. El Presupuesto es un acto del Gobierno Municipal que contiene el plan anual operativo preparado de conformidad con los planes de mediano y largo plazo, que indica el origen y monto de los recursos que se espera recaudar y el costo de las funciones y programas de la municipalidad, expresados en términos de los resultados que se pretenden alcanzar y de los recursos necesarios para lograrlos.

Artículo 122. El presupuesto municipal se basará en la programación de los ingresos y en lo programación de las actividades municipales, coordinada con los planes nacionales de desarrollo, sin perjuicio de la autonomía municipal para dirigir sus propias inversiones.

Artículo 123. El ejercicio financiero municipal se iniciará el 19 de enero y terminará el 31 de diciembre de cada año calendario, salvo que la mayoría del Consejo Municipal, motivadamente establezca otro periodo en que habrá de regir el presupuesto. Si por alguna causa justificada no se hubiese aprobado un nuevo presupuesto, seguirá rigiendo el presupuesto anterior, hasta que sea aprobado el que corresponda.

Artículo 124. Corresponde al Alcalde, presentar al Concejo el proyecto de presupuesto de rentas y gastos, que elaborará a base de los datos e informes que le dé el Tesorero y el Auditor Municipal donde lo haya.

PARAGRAFO. El presupuesto de rentas en ningún caso será por una suma inferior a la recaudación del año anterior.

Artículo 125. Los Concejos pueden expedir acuerdos para votar créditos extraordinarios y suplementales a un presupuesto, en los casos siguientes:

1. EXTRAORDINARIOS: Cuando después de aprobado el presupuesto resulte urgente e inaplazable la ejecución de una obra o la prestación de un servicio público; y

2. SUPLEMENTALES: Cuando las partidas fijadas en el presupuesto para determinados gastos se hubieren agotado y fuere urgente o inaplazable hacer nuevos gastos de esa naturaleza.

Artículo 126. Los proyectos de acuerdos para votar créditos extraordinarios y suplementales sólo pueden ser presentados a la consideración del Concejo, por el Alcalde o por el Tesorero del Distrito.

Artículo 127. Cuando el presupuesto fuere revocado parcialmente mediante Acuerdo Municipal, proseguirá en vigor aquella parte que no fue objeto de la revocación.

Capítulo X
Los Empréstitos Municipales

Artículo 128. Los Municipios podrán contratar empréstitos previa autorización del Órgano Ejecutivo, en los casos siguientes:

1. Para crear empresas municipales o mixtas para la explotación de bienes o servicios;
2. Para construir obras públicas y de mejoramiento y servicio social y adquisición de equipo; y
3. Para organizar o municipalizar servicios públicos.

Artículo 129. Para que los Municipios puedan contratar empréstitos se necesita:

1. Que sus rentas no le permitan costear el gasto en que se va a emplear dicho empréstito; y
2. Que el Ministerio de Planificación y Política Económica emita un concepto favorable en relación con la inversión que se hará con el préstamo, después de haber hecho un estudio de factibilidad con miras a establecer si es conveniente o no la inversión.

PARÁGRAFO. Los préstamos a que se refieren los dos Artículos anteriores, podrán concertarlos los Municipios con los bancos nacionales o extranjeros o con entidades autónomas o privadas, a corto o largo plazos y dentro de las mejores condiciones relacionadas con amortizaciones e intereses.

Artículo 130. La contratación del o los empréstitos se harán previo el acuerdo adoptado por la mayoría absoluta de los integrantes del Consejo Municipal y sólo serán invertidos en los fines que se indiquen en los respectivos acuerdos.

Artículo 131. Con el fin de facilitar el cumplimiento en el pago de intereses y amortizaciones del servicio de la deuda municipal, facúltase a los municipios, previo el asesoramiento del Ministerio de Planificación y Política Económica y la garantía del Gobierno Nacional, para la expedición de bonos o acciones de la deuda municipal. El Consejo Municipal mediante acuerdo aprobado por la mayoría absoluta determinará el sistema de venta y redención de bonos o tenencias de acciones en las empresas de carácter municipal.

Capítulo XI
Disposiciones Generales a los Capítulos Anteriores

Artículo 132. El Estado ayudará, según lo permita el Tesoro Nacional, a los Municipios que no puedan atender con sus propios recursos, los gastos de sostenimiento de su administración. En estos casos, cuando un municipio se encuentra en tales condiciones se dirigirá al Órgano Ejecutivo, exponiéndole con todo sus detalles su situación económica. El Órgano Ejecutivo solicitará un informe sobre la situación del Municipio a la Controlaría General de la República y los Ministerios de Hacienda y Tesoro y Planificación y Política Económica, que deberá contener:

1. Un plan de economía o de administración que solucione el problema que afecta al Municipio de que se ha hecho mención; y

2. Recomendaciones sobre la mejor forma como el Estado podrá ayudar al Municipio económicamente.

Artículo 133. Mientras no se incluyan en el Presupuesto Nacional las partidas necesarias para cubrir los gastos del servicio de auditoría en aquellos municipios que hasta el presente les han sufragado y que, de conformidad con esta Ley, no deben seguir pagándoles, tales gastos seguirán siendo cubiertos por dichos municipios.

Artículo 134. Las disposiciones del Código Fiscal son aplicables en las cuestiones de Hacienda Municipal en los casos no previstos en esta Ley.

Artículo 135. Facúltase al Presidente de la República para que mediante Decreto Ejecutivo, dictado por intermedio del Ministerio que corresponda, y a solicitud expresa de los municipios interesados, declare como lugares de turismo, las playas, riberas de ríos, lagos y lagunas y pozos termales y otros lugares como también cualesquiera otros que se estimen necesarios para el esparcimiento y recreación. Declárense de utilidad pública o interés social las obras que sean necesarias, en especial las vías de acceso o caminos, para el aprovechamiento de los bienes antes mencionados.

TITULO III
SERVICIOS DE UTILIDAD PÚBLICA

Artículo 136. Los Municipios podrán prestar servicios de utilidad pública por medio de departamentos, empresas municipales o empresas mixtas.

Artículo 137. Los Municipios podrán municipalizar servicios de utilidad pública mediante acuerdos adoptados por la mayoría absoluta del Consejo Municipal. Antes de la expedición del acuerdo, el Concejo nombrará una comisión especial que presentará un informe que será publicado antes de la sesión del Concejo en que será discutido. Estará integrado por varios Concejales, un representante del Ministerio de Planificación y Política Económica y expertos en la materia. El Concejo en cada caso fijará el término para rendir el informe respectivo.

En caso de ser necesario el procedimiento de expropiación, éste se realizará conforme a las disposiciones constitucionales.

Artículo 138. La concesión de servicio público municipal deberá ser decretado por el Concejo mediante acuerdo adoptado por el voto favorable de la mayoría absoluta de sus miembros, y la contratación deberá ajustarse a las siguientes normas:

1. Que el objeto por conceder sea un servicio público municipal;

2. Que tal servicio público sea de imposible o muy onerosa prestación por parte del municipio;

3. Que el municipio perciba algún interés, pago, rendimiento, derecho y participación sobre las actividades del concesionario; y

4. Para los efectos de contratar con el concesionario puede seguirse la forma de la licitación pública.

TITULO IV
ORGANISMOS DE PRODUCCIÓN

Artículo 139. El municipio cooperará con el Ministerio de Desarrollo Agropecuario en lo referente el fomento y fiscalización de las cooperativas, asentamientos y otras organizaciones de producción, así como en su organización y funcionamiento de conformidad con las leyes correspondientes.

TITULO V
LA ASOCIACIÓN INTERMUNICIPAL

Capítulo I
Los Requisitos para la Asociación

Artículo 140. Dos o más Municipios, o todos los Municipios de una Provincia, pueden asociarse para unificar su régimen económico estableciendo un tesoro y una administración fiscal comunes.

Artículo 141. Para que tenga lugar la asociación a que se refiere el Artículo anterior, se necesita:

1. Que proceda de la iniciativa popular constituida por la solicitud escrita que formule ante el Consejo Municipal un número no menor del cinco (5%) por ciento de la población electoral del Municipio comprendiendo dentro de esta cifra un mínimo de diez (10) electores por cada Corregimiento;

2. Que así lo dispongan los Concejos de los Municipios respectivos mediante acuerdos; y

3. Que las bases señaladas para la asociación sean aceptadas por todos los municipios que la forman.

Se le reconoce vigencia legal a las asociaciones intermunicipales existentes a la fecha de esta Ley las que deberán regirse por medio de las disposiciones contempladas en la misma.

Artículo 142. También podrán asociarse dos o más municipios para el establecimiento de Servicios Públicos Comunes, o la explotación de bienes o servicios mediante empresas intermunicipales o mixtas. En este caso dicha asociación será convenida por los municipios interesados lo cual debe ser aprobado por las dos terceras (2/3) partes de los respectivos Concejos. Dicha asociación podrá formarse con municipios ubicados en distintas Provincias.

Artículo 143. El municipio asociado puede separarse cuando así lo decida el Consejo Municipal mediante el voto favorable de las dos terceras (2/3) partes de sus integrantes. La separación sólo surtirá efecto al terminar el año fiscal vigente. El municipio que se separe continuará siendo responsable solidario o mancomunadamente, según el caso, de las obligaciones contraídas durante la asociación.

Capítulo II
El Consejo Intermunicipal

Artículo 144. La Asociación Intermunicipal será regida por un cuerpo deliberante que se llamará "CONSEJO INTERMUNICIPAL". Cada municipio asociado designará un Concejal como su representante ante este Organismo, elegido por mayoría absoluta de los miembros que integran el Concejo respectivo.

Cuando en este Organismo surja algún conflicto que requiera un dirigente, actuará como tal el Ministerio de Gobierno y Justicia.

Artículo 145. Los Miembros de los Consejos Intermunicipales tendrán derecho a percibir los viáticos que los Consejos Intermunicipales fijarán de acuerdo con las condiciones fiscales de la Hacienda de la Asociación Intermunicipal, dentro de un límite total que no será menor de cinco (B/.5.00) balboas ni mayor de quince (B/.15.00) balboas por cada sesión.

Artículo 146. El Consejo Intermunicipal funcionará en la cabecera de la Provincia o en la población cabecera del Distrito que se acuerde en las bases de la Asociación Intermunicipal. Cada año dicho Concejo elegirá de su seno un Presidente y un Secretario.

Capítulo III
La Administración Intermunicipal

Artículo 147. El régimen formado por una Asociación Intermunicipal estará regido por las mismas disposiciones de esta Ley.

Artículo 148. El Consejo Intermunicipal dictará las disposiciones necesarias para ordenar la vida jurídica de la comunidad formada por la Asociación Intermunicipal.

Los acuerdos municipales sobre materias fiscales que estén en vigencia en los municipios de la Asociación Intermunicipal cuando ésta se realice, quedarán sin efecto seis (6) meses después, si el Consejo Intermunicipal respectivo no los aprueba.

Capítulo IV
La Hacienda Intermunicipal

Artículo 149. La Hacienda de la Asociación Intermunicipal estará formada por la Hacienda de los municipios asociados y se denominará "HACIENDA INTERMUNICIPAL", la cual se rige en cuanto a su organización, administración y disposición, por los acuerdos respectivos, dentro de los límites prescritos por la Constitución y la Ley.

Artículo 150. Los municipios que integran la Asociación Intermunicipal deben expedir sus respectivos presupuestos ajustándose a las cifras y datos que les suministren la ejecución de los presupuestos anteriores y el Tesorero Intermunicipal.

Artículo 151. El Tesorero de la Asociación Intermunicipal, será el Tesorero de uno de los municipios que la integran, elegido en forma rotativa cada seis (6) meses por el Consejo Intermunicipal que se denominará Tesorero Intermunicipal.

Los Tesoreros de los demás municipios asociados tendrán la obligación de rendir cuenta al Tesoro Intermunicipal y de entregarle los fondos que colecten o perciban.

TITULO VI
REFERÉNDUM, INICIATIVA Y PLEBISCITOS

Artículo 152. Referéndum es el acto por el cual un acuerdo municipal es sometido al voto afirmativo o negativo de los electores del respectivo municipio.

Iniciativa es el procedimiento por el cual un grupo de electores de un municipio redacta y suscribe un proyecto de acuerdo y lo presenta al Consejo Municipal, ya sea para que éste por sí mismo lo convierta en acuerdo o bien para que lo someta a referéndum popular.

CÓDIGO DE LEGISLACIÓN LOCAL IBEROAMERICANA

Plebiscito es el acto por el cual los electores de un municipio, a través de votación especial, se pronuncian afirmativa o negativamente con respecto a cuestiones específicas de gobierno municipal.

Artículo 153. Corresponde a cada Concejo, mediante acuerdo, reglamentar el ejercicio del derecho de referéndum, iniciativa y plebiscito.

Artículo 154. El resultado de cualquier referéndum o plebiscito es definitivo dentro de la esfera municipal respectiva.

TITULO VII

LA COORDINACIÓN Y ASESORÍA DE LOS CONSEJOS MUNICIPALES

Artículo 155. La Comisión de Legislación del Consejo Nacional de Legislación ejercerá funciones de coordinación y asesoría técnica permanente a los Consejos Municipales y Juntas Comunales de la República.

Artículo 156. La Comisión de Legislación del Consejo Nacional de Legislación sólo prestará asesoramiento técnico y absolverá las consultas formuladas por los Consejos Municipales y los Representantes de Corregimientos cuando éstas se hagan por intermedio del Presidente del Concejo respectivo.

Artículo 157. La Comisión de Legislación del Consejo Nacional de Legislación tendrá la facultad de solicitar a los servidores públicos municipales informes verbales o escritos, cuando lo juzgue necesario para cumplir con los fines de esta Ley.

Artículo 158. La Comisión de Legislación del Consejo Nacional de Legislación despachará las peticiones y consultas que le formulen los Consejos Municipales dentro de un término no mayor de treinta (30) días.

CAPITULO FINAL

Artículo 159 - (TRANSITORIO). El período para el cual fueron nombrados los Tesoreros Municipales que desempeñen tal función al momento de entrar en vigencia esta Ley, vencerá el 15 de noviembre de 1975.

Artículo 160 - (TRANSITORIO). No obstante lo dispuesto en el Artículo 87 de esta Ley, el próximo catastro, a partir de la entrada en vigencia de la misma, se realizará cumplidos dos (2) años del último catastro realizado de conformidad a la Ley anterior.

Artículo 161. Esta Ley comenzará a regir desde su promulgación y derogará en todas sus partes la Ley 8 de 1 de febrero de 1964; la Ley 125 de 1949; la Ley 56 de 1962; la Ley 78 de 1960 y todas las disposiciones que le sean contrarias.

Derógense los Artículos del 4 el 32, ambos inclusive, excepto el Articulo31, del Decreto de Gabinete 258 de 30 de julio de 1970.

COMUNIQUESE Y PUBLIQUESE

Dado en la ciudad de Panamá, a los ocho días del mes de octubre de mil novecientos setenta y tres.

(fdo.) DEMETRIO B. LAKAS
Presidente de la República

(fdo.) ARTURO SUCRE P.,
Vice-Presidente de la República

(fdo.) ELÍAS CASTILLO G.,
Presidente de la Asamblea Nacional de Representantes de Corregimientos

El Ministro de Gobierno y Justicia,
(fdo.) JUAN MATERNO VÁSQUEZ

El Ministro de Relaciones Exteriores,
(fdo.) JUAN ANTONIO TACK

El Ministro de Hacienda y Tesoro,
(fdo.) MIGUEL A SANCHIZ

El Ministro de Educación,
(fdo.) MANUEL B. MORENO

El Ministro de Obras Públicas,
(fdo.) EDWIN FABREGA

El Ministro de Desarrollo Agropecuario,
(fdo.) GERARDO GONZÁLEZ

El Ministro de Comercio e Industrias,
(fdo.) FERNANDO MANFREDO JR.

El Ministro de Trabajo y Bienestar Social,
(fdo.) ROLANDO MURGAS

El Ministro de Salud, a.i.,
(fdo.) ENRIQUE GARCÍA

El Ministro de Vivienda,
(fdo.) JOSÉ DE LA OSSA

El Ministro de Planificación y Política Económica,
(fdo.) NICOLAS ARDITO BARLETTA

Comisionado de Legislación,
(fdo.) MARCELINO JAEN

Comisionado de Legislación,
(fdo.) NILSON A. ESPINO

Comisionado de Legislación,
(fdo.) ARÍSTIDES ROYO

Comisionado de Legislación,
(fdo.) RICARDO RODRÍGUEZ

Comisionodo de Legislación,
(fdo.) ADOLFO AHUMADA

PARAGUAY

Ley Orgánica Municipal

LEY N° 3.966

ORGÁNICA MUNICIPAL.

(Promulgación: 08/02/2010 – Publicación: 10/02/2010)

EL CONGRESO DE LA NACIÓN PARAGUAYA SANCIONA CON FUERZA DE LEY:

TÍTULO PRIMERO
DISPOSICIONES GENERALES

Capítulo I
Del Municipio

Artículo 1°. El Municipio. El municipio es la comunidad de vecinos con gobierno y territorio propios, que tiene por objeto el desarrollo de los intereses locales. Su territorio deberá coincidir con el del distrito y se dividirá en zonas urbanas y rurales.

Artículo 2°. La creación, fusión y modificación territorial de los municipios serán dispuestas por ley, siempre que reúna los siguientes requisitos:

a) una población mínima de 10.000 (diez mil) habitantes, residentes en el perímetro establecido para el futuro municipio;

b) la delimitación debe ser exclusivamente por límites naturales como ríos, arroyos, lagos o cerros y artificiales como rutas, caminos vecinales, esquineros o inmuebles bien identificados con el correspondiente número de finca o padrón;

c) el informe pericial y el plano (georreferenciado) del futuro municipio deben contener los rumbos, distancias y linderos de cada línea, con sus respectivas coordenadas (U.T.M.) de cada punto, elaborados y firmados por un ingeniero o licenciado geógrafo;

d) una capacidad económica, financiera, suficiente para sufragar los gastos de funcionamiento de su gobierno, administración y de prestación de servicios públicos esenciales de carácter municipal;

e) que la creación no afecte el normal desenvolvimiento de los municipios vecinos, no dejar al municipio madre sin recurso económico al desprenderse de la misma;

f) que estén funcionando regularmente en el lugar, Juntas Comunales de Vecinos o Comisiones de Fomento Urbano, reconocidas por las autoridades locales;

g) una petición de los vecinos, expresada formalmente y firmada por el 10% (diez por ciento), por lo menos de la población a que se refiere el inciso a);

h) al crearse un municipio, la ley no cambiará el nombre toponímico, salvo que concurran circunstancias excepcionales;

i) el futuro municipio debe contar con la infraestructura urbana mínima, necesaria, propia de un pueblo o ciudad con calles y caminos bien trazados, escuelas, colegios, centro de salud, comisaría policial, oficina del registro civil y de los entes prestadores de los servicios básicos de agua y fluido eléctrico;

j) presupuesto anual del municipio madre y monto que corresponderá anualmente en el futuro al nuevo municipio en concepto de impuestos, tasas, y otros rubros como royalties y cánones por juegos de azar;

k) el proyecto de futuro municipio debe estar acompañado por el informe pericial de cómo quedará el municipio madre, toda vez que la misma tenga ley de creación con límites bien definidos;

l) exposición de motivos;

m) proyecto de ley.

El requisito establecido en el inciso a) de este artículo, podrá ser omitido cuando circunstancias especiales relacionadas con la mejor administración en razón del tamaño del territorio y la distribución poblacional hagan aconsejable la división de un municipio madre para la creación del segundo.

Artículo 3°. Período de Elecciones. Si la creación de un municipio se estableciera dentro de la primera mitad del mandato de las últimas elecciones municipales, la Justicia Electoral realizará la convocatoria a elección de sus autoridades para que las mismas se realicen en un plazo no mayor de ocho meses.

Cuando la creación se establezca dentro de la segunda mitad del mandato, la elección coincidirá con las próximas elecciones municipales. En todos los casos, el territorio del nuevo municipio continuará bajo la administración del o de los municipios cuyos territorios hayan sido desmembrados hasta la asunción de sus autoridades.

Capítulo II
De la Municipalidad

Artículo 4°. Municipalidad. El gobierno de un municipio es la municipalidad.

Habrá una municipalidad en cada uno de los municipios en que se divide el territorio de la República, cuyo asiento será el pueblo o ciudad que se determine en la Ley respectiva.

Artículo 5°. Las Municipalidades y su Autonomía. Las municipalidades son los órganos de gobierno local con personería jurídica que, dentro de su competencia, tienen autonomía política, administrativa y normativa, así como autarquía en la recaudación e inversión de sus recursos, de conformidad al Artículo 166 de la Constitución Nacional.

Artículo 6°. Representación del Municipio. Corresponde a la municipalidad la representación del municipio, la disposición y administración de sus bienes e ingresos, la prestación de los servicios públicos en general, y toda otra función establecida en la Constitución Nacional y en las leyes.

Artículo 7°. Derechos y Obligaciones. La municipalidad podrá adquirir derechos y contraer obligaciones y goza de las ventajas y privilegios que la legislación reconozca a favor del Estado, con relación a los tributos y demás actos jurídicos que celebre con otras personas jurídicas o físicas.

Esta disposición rige también para las asociaciones de municipalidades.

Artículo 8°. Grupos de Municipalidades. Las municipalidades del país, a excepción de Asunción, serán agrupadas según sean los montos de los respectivos presupuestos generales, como sigue:

Primer grupo: Superiores al 50% (cincuenta por ciento) del promedio anual del total de los montos presupuestarios correspondientes a las municipalidades de las capitales departamentales.

Segundo grupo: Inferiores al 50% (cincuenta por ciento) del promedio mencionado en el punto anterior, hasta el 12% (doce por ciento) del mismo promedio.

Tercer grupo: Inferiores al 12% (doce por ciento) del promedio mencionado en el punto anterior, hasta el 3% (tres por ciento) del mismo promedio.

Cuarto grupo: Inferiores al mínimo establecido para el tercer grupo.

La determinación del grupo al cual corresponden las municipalidades conforme a lo dispuesto en este artículo, será establecida por decreto del Poder Ejecutivo, debiendo revisarse esta clasificación para cada elección municipal.

Artículo 9°. Protección de Recursos Municipales. Ninguna institución del Estado, ente autónomo, autárquico o descentralizado podrá apropiarse de ingresos o rentas de las municipalidades, de conformidad al Artículo 170 de la Constitución Nacional.

Artículo 10. Recaudación de Tributos de Carácter Nacional. Las municipalidades no están obligadas a recaudar tributos de carácter fiscal, sino de conformidad con la Ley. Sin embargo, podrán celebrar acuerdos con el Ministerio de Hacienda para la recaudación de dichos tributos, a cambio de una retribución que será prevista en el convenio de delegación.

Artículo 11. Intervención de Municipalidades. De conformidad al Artículo 165 de la Constitución Nacional, las municipalidades podrán ser intervenidas por el Poder Ejecutivo, previo acuerdo de la Cámara de Diputados, en los siguientes casos:

1) a solicitud de la Junta Municipal, por decisión de la mayoría absoluta;

2) por desintegración de la Junta Municipal, que imposibilite su funcionamiento; y,

3) por grave irregularidad en la ejecución del presupuesto o en la administración de sus bienes, previo dictamen de la Contraloría General de la República.

La intervención no se prolongará por más de noventa días, y si de ella resultase la existencia del caso previsto en el inciso 3), la Cámara de Diputados, por mayoría absoluta, podrá destituir al Intendente, o a la Junta Municipal, debiendo el Tribunal Superior de

Justicia Electoral convocar a nuevos comicios para constituir las autoridades que reemplacen a las que hayan cesado en sus funciones, dentro de los noventa días siguientes a la resolución dictada por la Cámara de Diputados.

Capítulo III

De las Funciones Municipales

Artículo 12. Funciones. Las municipalidades no estarán obligadas a la prestación de los servicios que estén a cargo del Gobierno Central, mientras no sean transferidos los recursos de conformidad a los convenios de delegación de competencias, previstos en los Artículos 16, 17 y 18.

Sin perjuicio de lo expresado en el párrafo anterior y de conformidad a las posibilidades presupuestarias, las municipalidades, en el ámbito de su territorio, tendrán las siguientes funciones:

1. En materia de planificación, urbanismo y ordenamiento territorial:

   a. la planificación del municipio, a través del Plan de Desarrollo Sustentable del Municipio y del Plan de Ordenamiento Urbano y Territorial;

   b. la delimitación de las áreas urbanas y rurales del municipio;

   c. la reglamentación y fiscalización del régimen de uso y ocupación del suelo;

   d. la reglamentación y fiscalización del régimen de loteamiento inmobiliario;

   e. la reglamentación y fiscalización del régimen de construcciones públicas y privadas, incluyendo aspectos sobre la alteración y demolición de las construcciones, las estructuras e instalaciones mecánicas, eléctricas y electromecánicas, acústicas, térmicas o inflamables;

   f. la reglamentación y fiscalización de la publicidad instalada en la vía pública o perceptible desde la vía pública;

   g. la reglamentación y fiscalización de normas contra incendios y derrumbes;

   h. la nomenclatura de calles y avenidas y otros sitios públicos, así como la numeración de edificaciones;

   i. el establecimiento, mantenimiento y actualización de un sistema de información catastral municipal.

2. En materia de infraestructura pública y servicios:

   a. la construcción, equipamiento, mantenimiento, limpieza y ornato de la infraestructura pública del municipio, incluyendo las calles, avenidas, parques, plazas, balnearios y demás lugares públicos;

   b. la construcción y mantenimiento de los sistemas de desagüe pluvial del municipio;

   c. la prestación de servicios de agua potable y alcantarillado sanitario, de conformidad con la ley que regula la prestación de dichos servicios, en los casos en que estos servicios no fueren prestados por otros organismos públicos;

   d. la construcción, equipamiento y mantenimiento de los caminos vecinales rurales y otras vías de comunicación que no estén a cargo de otros organismos públicos;

e. la regulación y prestación de servicios de aseo, de recolección, disposición y tratamiento de residuos del municipio;

f. la regulación de servicios funerarios y de cementerios, así como la prestación de los mismos;

g. la regulación, así como la organización y administración de los centros de abasto, mercados, mataderos y ferias municipales, y similares.

3. En materia de transporte público y de tránsito:

a. la prestación, regulación y fiscalización del servicio de transporte público de pasajeros y de cargas;

b. la regulación y fiscalización del tránsito en calles, avenidas y demás caminos municipales, incluyendo lo relativo a la seguridad y la circulación de vehículos y de peatones, y los requisitos de conducir para mayores de edad. En los tramos de rutas nacionales e internacionales que atraviesen un municipio, estas facultades serán ejercidas por la autoridad establecida para el efecto por el Gobierno Central;

c. la regulación y fiscalización del estado de los vehículos con atención preferencial de la seguridad pública, a la higiene y salubridad, y a la prevención de la contaminación.

Los requisitos mínimos para la habilitación del transporte público y para conducir, serán establecidos por la Dirección Nacional de Transporte (DINATRAN) y la Secretaría de Transporte del Área Metropolitana (SETAMA), en los casos que correspondiere.

4. En materia de ambiente:

a. la preservación, conservación, recomposición y mejoramiento de los recursos naturales significativos;

b. la regulación y fiscalización de estándares y patrones que garanticen la calidad ambiental del municipio;

c. la fiscalización del cumplimiento de las normas ambientales nacionales, previo convenio con las autoridades nacionales competentes;

d. el establecimiento de un régimen local de servidumbre y de delimitación de las riberas de los ríos, lagos y arroyos.

5. En materia de espectáculos públicos y lugares de concurrencia pública:

La reglamentación y fiscalización de los espectáculos públicos y de lugares privados de acceso público, en atención preferente a la preservación ambiental, seguridad, salubridad, higiene, protección de niños y adolescentes y a los derechos individuales o colectivos al reposo y tranquilidad.

6. En materia de patrimonio histórico y cultural:

a. la preservación y restauración del patrimonio cultural, arqueológico, histórico o artístico, y de sitios o lugares de valor ambiental o paisajístico;

b. la formación del inventario del patrimonio de edificios y de sitios de valor cultural arqueológico, histórico o artístico, y de sitios o lugares de valor ambiental o paisajístico.

7. En materia de salud, higiene y salubridad:

    a. la reglamentación y control de las condiciones higiénicas de manipulación, producción, traslado y comercialización de comestibles y bebidas; la reglamentación y control de las condiciones higiénicas de los locales donde se fabriquen, guarden o expendan comestibles o bebidas de cualquier naturaleza;

    b. la reglamentación y control de las condiciones higiénicas de los locales y espacios de concurrencia pública;

    c. la reglamentación y control de las condiciones de tenencia de animales domésticos en las zonas urbanas;

    d. la protección de los derechos de los consumidores;

    e. la elaboración de planes municipales de salud conforme a las necesidades de la población del municipio, teniendo en cuenta el enfoque de igualdad de oportunidades, de equidad de género, de no discriminación y de diversidad étnica;

    f. la elaboración e implementación de planes especiales de salud reproductiva, planificación familiar, salud sexual y salud materno-infantil para la población de escasos recursos;

    g. la organización y coordinación de los Consejos Locales de Salud;

    h. la participación en la formulación de la política y estrategia nacional, regional y local de salud, y en la fiscalización, monitoreo y evaluación de la ejecución del Plan Nacional de Salud a través de los Consejos Locales de Salud y de los Comités Ejecutivos Locales;

    i. la prestación de servicios de salud;

    j. la participación en actividades de promoción, recuperación y rehabilitación de la salud y prevención de enfermedades;

    k. la promoción de la educación sanitaria.

8. En materia de educación, cultura y deporte:

    a. la prestación de servicios de educación;

    b. la elaboración de planes municipales de educación, tomando en cuenta las necesidades educativas de la población del municipio, y considerando el enfoque de igualdad de oportunidades, de equidad de género, de no discriminación y de diversidad étnica;

    c. la estimulación de acciones de promoción educativa comunal, el apoyo a las organizaciones de padres de familia y de estudiantes, y el fomento de la contribución privada a la educación;

    d. la construcción, mejoramiento y mantenimiento de locales destinados a la enseñanza pública, incluyendo la dotación del equipamiento, mobiliario, insumos y suministros en general;

    e. el fomento de la cultura, deporte y turismo;

    f. la promoción de la conciencia cívica y la solidaridad de la población para su participación de las actividades de interés comunal.

9. En materia de desarrollo productivo:

    a. la prestación de servicios de asistencia técnica y de promoción de las micro y pequeñas empresas y de emprendimientos;

    b. la planificación, elaboración y ejecución de proyectos municipales de desarrollo sostenible;

    c. la participación en la formulación de la política y estrategia nacional, regional y local de desarrollo económico, social, ambiental;

    d. el desarrollo de planes y programas de empleo en coordinación con las autoridades nacionales competentes, a fin de encausar la oferta y demanda de mano de obra y fomentar el empleo.

10. En materia de desarrollo humano y social:

    a. la planificación, elaboración y ejecución de proyectos municipales de desarrollo humano y social, de atención de sectores vulnerables y de promoción de la equidad de género;

    b. la construcción, mejoramiento y mantenimiento de la infraestructura social necesaria en el municipio, incluyendo la dotación del equipamiento, mobiliario, insumos y suministros en general, administrando y supervisando su uso para la adecuada prestación del servicio de atención a la mujer, a la niñez y adolescencia, a la tercera edad y a los sectores vulnerables en general;

    c. la participación en la formulación de la política y estrategia nacional y departamental de equidad de género, de promoción y atención de la mujer, de la niñez y adolescencia y de los sectores más vulnerables;

    d. la implementación de programas integrales, dirigidos a la protección y promoción de la niñez y de la adolescencia, la igualdad entre hombres y mujeres, la participación política y social de la mujer, la integración a la vida social de personas con discapacidad física y mental, y de la tercera edad;

    e. la implementación de programas integrales de lucha contra la pobreza.

11. Además, las municipalidades tendrán las siguientes funciones:

    a. la reglamentación de la apertura, control y funcionamiento de casas de empeño y de institutos municipales de crédito;

    b. la prevención y atención de situaciones de emergencias y desastres;

    c. la organización y funcionamiento de la policía municipal; para el control del tránsito, las construcciones, los espectáculos públicos y la salubridad e higiene de los alimentos, los comercios y demás locales con alta concurrencia de personas;

    d. la promoción de soluciones pacíficas de controversias y conflictos comunitarios e institucionales, mediante la aplicación de la mediación, conciliación, mesas de diálogos u otros medios alternativos y complementarios a la justicia ordinaria reconocidos por la ley;

    e. contrastación e inspección de pesas y medidas o de cualquier instrumento de medición;

f. las demás funciones prescriptas en esta u otras leyes, así como las que estén implícitas en las funciones municipales constitucionales o sean imprescindibles para el cumplimiento de éstas.

Artículo 13. Condiciones de Ejercicio de las Funciones Municipales. Las funciones municipales se ejercerán de conformidad a la legislación aplicable y en coordinación con las autoridades nacionales y departamentales competentes.

Artículo 14. Funciones no Enunciadas. Las municipalidades pueden promover, en el ámbito de sus funciones, toda clase de actividades y prestar cuantos servicios públicos contribuyan a satisfacer los intereses locales, en tanto, los mismos no estén supeditados a un régimen nacional o departamental.

Artículo 15. Potestades. De conformidad a la legislación vigente, las municipalidades podrán:

a. dictar y ejecutar las ordenanzas, reglamentos y resoluciones;

b. establecer y reglamentar las reparticiones de la municipalidad;

c. establecer los montos de las tasas creadas por ley, no pudiendo superar los costos de los servicios efectivamente prestados;

d. elaborar, aprobar, modificar y ejecutar su propio presupuesto general;

e. contraer créditos y fideicomisos públicos y privados, nacionales e internacionales;

f. contratar obras, servicios y suministros; y otorgar concesiones, permisos y autorizaciones;

g. recaudar, administrar y disponer de sus bienes y recursos;

h. nombrar, trasladar y despedir a sus funcionarios e imponer sanciones disciplinarias;

i. aplicar sanciones por la comisión de faltas;

j. dictar órdenes individuales para la ejecución de un acto o la prohibición del mismo;

k. conceder licencias o revocarlas;

l. suscribir convenios con instituciones públicas o privadas;

m. constituir asociaciones entre sí, cooperativas, fundaciones y otras entidades sin fines de lucro; así como con municipalidades de otros países, en el marco de la legislación nacional;

n. suscribir convenios de cooperación, asistencia e integración con municipios nacionales o de otros países;

ñ. desconcentrar la gestión de los servicios y el cobro de los mismos, habilitando locales alternativos a los que pueda acudir el usuario para la gestión correspondiente;

o. ejecutar sus resoluciones, en virtud de la presunción de legitimidad, ejecutividad y ejecutoriedad de sus actos; y,

p. cualquier otra atribución prevista en la Constitución Nacional, las leyes o que derive del carácter público y autónomo de las municipalidades.

Artículo 16. Convenio de Delegación de Competencias. Además de las funciones propias establecidas en la ley, las municipalidades podrán ejercer competencias nacionales o departamentales delegadas de otros organismos y entidades públicas en materias que afecten a sus intereses propios.

El ejercicio de competencias nacionales o departamentales delegadas requerirá de un convenio previo entre la administración delegante y la municipalidad.

En el convenio deberá constar el alcance, contenido, condiciones y duración de éste, así como el control que se reserve la administración delegante, los casos de resolución del convenio, y los recursos que transfiera la administración delegante a la municipalidad.

Para que la delegación sea efectiva, se requiere que el convenio esté aprobado por las respectivas Juntas Municipales.

Las competencias delegadas se ejercen de acuerdo con la legislación vigente para la administración delegante.

Capítulo IV
De las relaciones Interinstitucionales

Artículo 17.- Relaciones Intergubernamentales. En sus relaciones recíprocas, el Gobierno Nacional, los gobiernos departamentales y las municipalidades deberán:

a) respetar el ejercicio legítimo de las atribuciones de cada administración;

b) considerar, en la actuación de las atribuciones propias, la totalidad de los intereses públicos implicados y, en concreto, aquéllos, cuya gestión esté encomendada a otras administraciones;

c) facilitar información sobre sus respectivas gestiones que sea relevante para las otras administraciones; y,

d) prestar asistencia a las otras administraciones, en especial a las municipalidades de menores recursos, basada en la cooperación técnica, financiera y de recursos humanos.

Artículo 18. Convenios Intergubernamentales. Los convenios o acuerdos que celebren las municipalidades con los gobiernos departamentales o con los organismos y entidades del Estado, deberán especificar cuanto menos:

a) los órganos que celebran y la capacidad jurídica con la que actúa cada una de las partes;

b) la función que tendrá cada órgano;

c) su financiación;

d) las actuaciones que se acuerden para su cumplimiento;

e) el plazo de vigencia, lo que no impedirá su prórroga si así lo acuerdan las partes;

f) la extinción por causa distinta a la prevista en el apartado anterior, así como la forma de determinar las actuaciones en curso para el supuesto de extinción.

Artículo 19. Relación entre Municipalidades. Las municipalidades podrán constituir entre sí asociaciones nacionales o departamentales para encarar en común la realización de sus fines. Asimismo, ley mediante, podrán ser parte de asociaciones con municipalidades de otros países, de conformidad al Artículo 171 de la Constitución Nacional.

TÍTULO SEGUNDO
DEL GOBIERNO MUNICIPAL

Capítulo I
Generalidades

Artículo 20. Gobierno Municipal. El gobierno municipal es ejercido por la Junta Municipal y la Intendencia Municipal.

La Junta Municipal es el órgano normativo, de control y deliberante. La Intendencia Municipal tiene a su cargo la administración general de la municipalidad.

Artículo 21. Organización Municipal.

La organización y el funcionamiento de las reparticiones municipales serán reglamentados de acuerdo con las necesidades que deba satisfacer y a la capacidad financiera del municipio.

Capítulo II
De la Junta Municipal

Sección 1
De la Elección, Composición y Proclamación

Artículo 22. Elección Directa de Concejales. Las Juntas Municipales serán elegidas directamente por el pueblo, en la forma y tiempo determinados por la ley.

Artículo 23. Requisitos para ser Intendentes o Concejales.

Para ser Intendente, se requiere: ser ciudadano paraguayo, mayor de veinticinco años de edad, natural del municipio o con una residencia en él, de por lo menos cinco años. Para ser Concejal, se requiere: ser ciudadano paraguayo, mayor de veintitrés años de edad, natural del municipio o con una residencia en él, de por lo menos tres años. Tanto el Intendente como el Concejal no deben estar comprendidos en las inhabilidades previstas en la Constitución Nacional y en las leyes electorales.

Los extranjeros con radicación definitiva tendrán los mismos derechos que los ciudadanos paraguayos.

Artículo 24. Número de Concejales. Las Juntas Municipales se compondrán:

a)   en la Municipalidad de Asunción, de veinticuatro miembros titulares;

b)   en las Municipalidades de las capitales departamentales y en las que se hallen comprendidas en los Grupos Primero y Segundo, de doce miembros titulares; y,

c)   en las Municipalidades que se hallan comprendidas en los grupos Tercero y Cuarto de nueve miembros titulares.

En todos los casos, se elegirá el mismo número de suplentes.

Artículo 25. Inhabilidades para ser Concejal. No pueden ser candidatos a Concejales, quienes se hallen incursos en las inhabilidades previstas en el Artículo 197 de la Constitución Nacional y en las leyes electorales.

No podrán ser electos como Concejales, quienes se hallen incursos en las causales de inhabilidad relativa, establecidas en el Artículo 198 de la Constitución Nacional y en las leyes electorales.

Artículo 26. Incompatibilidades. Podrán ser electos, pero no podrán desempeñar sus funciones como Concejales quienes se hallen incursos en las causales de incompatibilidad, establecidas en el Artículo 196 de la Constitución Nacional y en las leyes electorales.

Artículo 27. Prohibiciones. Queda prohibido a los Concejales, sin perjuicio de lo que se establezca en otras leyes:

a) utilizar la autoridad o influencia que pudiere tener a través del cargo, o la que se derive por influencia de terceras personas, para ejercer presión sobre la conducta de sus subordinados;

b) utilizar personal, material o información reservada o confidencial de la municipalidad para fines ajenos a los municipales; y en especial, ejercer cualquier actividad política partidaria dentro del mismo;

c) vestir o cargar insignias o uniformes de naturaleza proselitista dentro de las instalaciones municipales;

d) recibir obsequios, propinas, comisiones o aprovechar ventajas en razón del cargo, para ejecutar, abstenerse de ejecutar, ejecutar con mayor esmero o con retardo cualquier acto inherente a sus funciones;

e) discriminar la atención de los asuntos a su cargo, poniendo o restando esmero en los mismos, según de quién provengan o para quién sean;

f) intervenir directamente, por interpósita persona o con actos simulados, en la obtención de contratos o concesiones municipales o de cualquier privilegio por parte del mismo que importe beneficio propio o de terceros;

g) obtener directa o indirectamente beneficios originados en contratos, comisiones, franquicias u otros actos que intervenga en su carácter de autoridad municipal;

h) efectuar o patrocinar para terceros trámites o gestiones administrativas ante la municipalidad donde ejerza sus funciones;

i) dirigir, administrar, asesorar, patrocinar, representar o prestar servicios remunerados o no, a personas físicas o jurídicas que gestionen o exploten concesiones en la municipalidad donde ejerzan sus funciones, o que fueren proveedores o contratistas de la misma.

j) celebrar contrato con la Municipalidad, relacionado con la industria o el comercio, sea personalmente como socio o miembro de la dirección, administración o sindicatura de sociedades con fines de lucro. También es incompatible con toda ocupación que no pueda conciliarse con las obligaciones o la dignidad del cargo.

Artículo 28. Dietas para Concejales. Los miembros de las Juntas Municipales percibirán una dieta mensual, la que será prevista en cada ejercicio presupuestario y cuyo monto será establecido como sigue:

Municipalidades: Forma de liquidación

Asunción: no superior a ocho salarios mínimos para actividades diversas no especificadas en la República por cada Concejal;

Primer y Segundo Grupo: hasta el 12% (doce por ciento) sobre el monto de los ingresos corrientes ejecutados, según el último informe anual de ejecución presupuestaria;

Tercer Grupo: hasta el 14% (catorce por ciento) sobre el monto de los ingresos corrientes ejecutados, según el último informe anual de ejecución presupuestaria;

Cuarto Grupo: hasta el 18% (dieciocho por ciento) sobre el monto de los ingresos corrientes ejecutados, según el último informe anual de ejecución presupuestaria.

En todos los grupos de municipalidades, salvo Asunción, el monto de la dieta que podrán percibir los Concejales, en ningún caso, podrá superar los seis salarios mínimos mensuales por cada Concejal.

Para el cálculo de los porcentajes establecidos en este artículo no se incluirán, dentro de los ingresos corrientes ejecutados, las transferencias corrientes que reciban las municipalidades.

Sección 2
De la Instalación y del Funcionamiento

Artículo 29. Posesión de Cargos.

Las autoridades municipales electas en comicios municipales, de no mediar contiendas judiciales, tomarán posesión de sus cargos treinta días después de realizadas las elecciones. Una vez incorporados los Concejales electos en número suficiente para formar quórum, constituirán la nueva Junta Municipal y la sesión preliminar de instalación de la mesa directiva, dirigirá el miembro que figure a la cabeza de la lista proclamada, y en dicha ocasión, elegirán sucesivamente un Presidente, un Vicepresidente y fijará su día y hora de sesiones. Estas elecciones se harán por votación nominal y luego de efectuado el respectivo escrutinio, serán proclamados los electos.

Artículo 30. Integración de Comisiones Asesoras.

Una vez constituida la Junta Municipal, en la primera sesión ordinaria integrarán las comisiones asesoras permanentes en cada servicio comunal y a la fijación de día y hora de sesiones. Posteriormente, reunida cada comisión, elegirá de entre sus miembros la mesa directiva de la misma.

La integración de las comisiones será hecha en forma que los partidos políticos estén representados, en lo posible, en la misma proporción que en el seno de la Junta. Todos los Concejales tienen el derecho y la obligación de formar parte de una o más Comisiones.

Artículo 31. Comisiones Asesoras.

Para el mejor tratamiento de sus atribuciones, la Junta Municipal organizará las siguientes comisiones asesoras permanentes:

a)   Legislación;

b)   Hacienda y Presupuesto;

c)   Infraestructura Pública y Servicios;

d)   Planificación, Urbanismo y Ordenamiento Territorial;

e)   Salud, Higiene, Salubridad y Ambiente;

f)   Educación, Cultura, Deporte, Turismo y Espectáculos Públicos;

g)   Transporte público y Tránsito; y,

h)   Desarrollo Productivo, Humano y Social.

Artículo 32. Modificaciones de Comisiones. La Junta Municipal podrá fusionar, modificar o suprimir las comisiones asesoras permanentes, crear otras o designar comisiones especiales para el mejor cumplimiento de sus atribuciones.

Artículo 33. Integración de las Comisiones. Cada comisión estará compuesta como mínimo de tres miembros, atendiendo a la representación de los partidos y movimientos políticos que integran la Junta Municipal.

Artículo 34. Reglamento Interno. Cada Junta Municipal dictará un reglamento interno que regule su funcionamiento, dentro de los límites establecidos por la Ley. Regirán supletoriamente, las disposiciones del reglamento de la Cámara de Diputados.

El Presidente en las votaciones de la Junta Municipal, votará como un miembro más del quórum legal. Si el resultado de la votación fuere un empate, se reabrirá la discusión y se votará nuevamente, y si persistiere el empate decidirá el Presidente.

El Presidente podrá nombrar, trasladar o sancionar a sus funcionarios, conforme a la Ley de la Función Pública, de acuerdo con las disponibilidades presupuestarias. El número de funcionarios de la Junta Municipal se limitará al estrictamente necesario para atender el funcionamiento de dicho órgano de gobierno.

Artículo 35. Receso. La Junta Municipal entrará en receso a partir del uno hasta el veinte de enero. Durante el receso funcionará una comisión permanente, cuya organización y atribuciones serán determinadas en el reglamento interno de cada Junta, siendo aplicables supletoriamente las normas reglamentarias que regulan a la Comisión Permanente del Congreso.

Sección 3
De los Deberes y Atribuciones de la Junta Municipal

Artículo 36. La Junta Municipal tendrá las siguientes atribuciones:

a)   sancionar ordenanzas, resoluciones, reglamentos en materias de competencia municipal;

b)   autorizar por resolución los llamados a licitación pública y a licitación por concurso de ofertas y aprobar los correspondientes pliegos de bases y condiciones;

c)   aprobar las adjudicaciones y los contratos suscritos con los adjudicatarios o concesionarios en virtud de llamados a licitación pública y a licitación por concurso de ofertas;

d)   aprobar la enajenación de bienes del dominio privado municipal;

e)   autorizar por resolución los convenios para la participación de la municipalidad en asociaciones u otras entidades;

f)   aprobar por resolución los convenios suscritos por la Intendencia, cuya vigencia dependa de esta aprobación;

g)   sancionar anualmente la Ordenanza de Presupuesto de la municipalidad, y controlar su ejecución;

h)   sancionar anualmente la Ordenanza Tributaria, estableciendo el monto de impuestos, tasas, contribuciones especiales y multas dentro de los límites autorizados por la Ley. Asimismo, se establecerán disposiciones para el régimen impositivo que incluya, procedimientos para la recaudación de los recursos y el contralor en la utilización de ésos;

i)   autorizar vía resolución, la contratación de empréstitos;

j)   aceptar vía resolución, legados, donaciones o herencias para la municipalidad;

k)   considerar la rendición de cuentas de la ejecución presupuestaria, presentada por el Intendente Municipal;

l)   autorizar vía resolución, la contratación de servicios de auditoría para la administración municipal en caso necesario;

m)   designar, enjuiciar y sancionar a los jueces de faltas;

n)   la Junta Municipal, por resolución fundada, podrá solicitar a la Intendencia Municipal datos, informaciones e informes con relación a cualquier cuestión relacionada con el funcionamiento de la municipalidad. En cada caso concreto, el petitorio realizado por la Junta podrá fijar el plazo dentro del cual deberá responderse al pedido y, en caso de que no se fije ningún plazo, se entenderá que el mismo es de 30 (treinta) días. La Intendencia Municipal estará compelida a responder dentro del plazo respectivo pudiendo solicitar prórroga por una sola vez;

ñ)   todas aquellas atribuciones normativas y de control en el marco de las funciones municipales, y demás atribuciones previstas en las leyes;

o)   designar un Secretario, cuyas funciones serán reglamentadas por la Junta.

Sección 4

De la Formación, Sanción y Promulgación de Ordenanzas y Resoluciones

Artículo 37. Ordenanzas y Resoluciones. La norma jurídica municipal de aplicación general con fuerza obligatoria en todo el municipio, sancionada por la Junta Municipal y promulgada por la Intendencia Municipal, se denominará Ordenanza.

La norma jurídica municipal de aplicación particular se denominará Resolución.

Artículo 38. Iniciativa de Proyectos de Ordenanzas. La iniciativa de proyectos de Ordenanzas corresponde a los miembros de la Junta Municipal, al Intendente Municipal y a los ciudadanos por iniciativa popular, en la forma establecida en esta Ley.

Corresponde exclusivamente al Intendente Municipal la iniciativa de proyectos de Ordenanzas sobre presupuesto, creación de cargos y reparticiones de la municipalidad, de contratación de empréstitos y las demás establecidas expresamente en la Ley.

Corresponde exclusivamente al Intendente Municipal la estimación de ingresos, incluida en la Ordenanza que aprueba o modifica el Presupuesto General de la municipalidad.

Artículo 39. Iniciativa Popular. Los proyectos de ordenanzas presentados por medio de iniciativa popular, deberán contener lo siguiente:

a)   texto articulado del proyecto de ordenanza, precedido de una exposición de motivos;

b) la firma de por lo menos el 5% (cinco por ciento) de electores, en distritos electorales de 1 a 20.000 electores; del 4% (cuatro por ciento), en distritos electorales de 20.001 a 50.000 electores; del 3% (tres por ciento), en distritos electorales de 50.001 a 100.000 electores; del 2% (dos por ciento), en distritos electorales de más de 100.000 electores. Los electores firmantes deberán encontrarse inscriptos en el registro cívico permanente correspondiente al municipio, y deberán estar identificados con su nombre, apellido y número de documento de identidad; y,

c) designación de la comisión promotora de la iniciativa, con expresión de sus datos personales y la constitución del domicilio de la comisión. Esta comisión actuará en representación de los firmantes, a los efectos de la tramitación del proyecto y estará integrada como mínimo por tres electores.

Corresponde a la justicia electoral competente verificar si los promotores han alcanzado el porcentaje de electores requerido en este artículo.

Admitido el proyecto de ordenanza por iniciativa popular, el mismo seguirá el procedimiento establecido para el tratamiento de un proyecto presentado por el Intendente o cualquier Concejal Municipal. El estudio correspondiente se iniciará sin demora.

Con cinco días hábiles de antelación a la fecha del plenario para el tratamiento de la iniciativa, se notificará a la comisión promotora para que asista a través de sus integrantes a la sesión, con derecho a voz; pero sin voto. Los representantes de la comisión podrán solicitar el uso de la palabra, exponer los fundamentos de la iniciativa y responder las objeciones y observaciones que se hubieren planteado, conforme con los reglamentos de las respectivas Juntas.

Artículo 40. Consideración en la Junta Municipal. Los proyectos de ordenanzas y de resoluciones serán remitidos por el plenario de la Junta Municipal para estudio y dictamen de las comisiones asesoras. Concluido el estudio, será devuelto al plenario para su consideración.

Artículo 41. Promulgación. El Intendente Municipal promulgará la ordenanza o resolución en el plazo de quince días corridos. Si dentro de dicho plazo, el Intendente Municipal no lo veta, quedará automáticamente promulgada.

Artículo 42. Tratamiento de Vetos. El Intendente Municipal podrá vetar la Ordenanza o Resolución expresando a la Junta los fundamentos de sus objeciones, con excepción de las siguientes resoluciones:

a) designación de representantes de la misma;

b) sanción del reglamento interno, siempre y cuando no afecte a funciones de la Intendencia;

c) designación de autoridades de la Junta Municipal;

d) nombramiento de funcionarios y asesores de la Junta Municipal;

e) la decisión de solicitar la intervención de la municipalidad; y,

f) las demás que fije la ley.

La Junta Municipal podrá rechazar total o parcialmente el veto por mayoría absoluta de dos tercios y la norma quedará automáticamente promulgada.

En caso de veto parcial, si las objeciones fueren total o parcialmente aceptadas, la Junta Municipal podrá decidir, siempre por mayoría absoluta, la sanción de la parte no objetada de la norma, en cuyo caso, ésta quedará automáticamente promulgada.

Salvo las ordenanzas que poseen plazos especiales en la Ley, todo veto remitido por el Intendente Municipal deberá ser tratado por la Junta Municipal en un plazo perentorio de cuarenta y cinco días corridos. Cumplido este plazo sin que la Junta se pronuncie, el veto total quedará firme y la Ordenanza o Resolución no será promulgada; si el veto fuere parcial, la Ordenanza o Resolución quedará promulgada con las modificaciones introducidas.

Artículo 43. Remisión de Ordenanzas a Otros Organismos. Entre el uno y el diez de cada mes, el Intendente Municipal remitirá las ordenanzas promulgadas en el mes anterior, para su conocimiento, a la Junta Municipal, al Ministerio del Interior y al Gobierno Departamental respectivo.

El Ministerio del Interior y cada Gobierno Departamental deberán implementar un archivo ordenado, actualizado y abierto al público de las ordenanzas municipales.

Artículo 44. Publicación de Ordenanzas. Las ordenanzas tendrán fuerza obligatoria desde el día siguiente de su publicación íntegra en cuanto menos un diario de amplia circulación local.

A falta de diarios de circulación local o de recursos económicos para la publicación, las ordenanzas tendrán fuerza obligatoria después de la exposición de su texto íntegro durante diez días, por lo menos, en sitios públicos del municipio o mediante la difusión por otros medios idóneos escritos, radiales, televisivos o medios electrónicos durante el mismo plazo.

En estos casos, deberá dejarse constancia de las fechas de difusión o exhibición mediante acta labrada por el Secretario General de la Municipalidad.

Copias íntegras de todas las ordenanzas, reglamentos y resoluciones municipales deberán estar a libre disposición del público en el local de la Municipalidad respectiva.

El Intendente Municipal y el Secretario General de la Municipalidad deberán velar por el cumplimiento de las disposiciones previstas en este artículo, so pena de incurrir en mal desempeño de sus funciones.

Artículo 45. Plazo para Considerar Ordenanzas. Los proyectos de ordenanzas remitidos a la Junta Municipal por el Intendente, que no se encuentren sujetos a procedimientos y plazos especiales, serán sancionados en un plazo de cuarenta y cinco días corridos. En caso contrario, se reputará que fueron sancionados, y el Intendente Municipal los promulgará como Ordenanza.

Los proyectos de Ordenanza Tributaria y Ordenanza del Presupuesto General de la Municipalidad, deberán ser tratados prioritariamente.

Artículo 46. Quórum y Mayorías. Salvo los casos en que la Ley exija mayoría determinada, las decisiones se tomarán por simple mayoría de votos de los miembros presentes. En las votaciones, el Presidente votará como un miembro más de la Junta Municipal. Si el resultado de la votación fuere un empate, se reabrirá la discusión y si en la segunda votación persistiere el empate, decidirá el Presidente.

De conformidad al Artículo 185 de la Constitución Nacional, el quórum legal se formará con la mitad más uno del total de la Junta. Se entenderá por "simple mayoría" la mitad más uno de los miembros presentes; por "mayoría de dos tercios", las dos terceras partes de los miembros presentes; por "mayoría absoluta" el quórum legal, y por "mayoría absoluta de dos tercios", las dos terceras partes del total de miembros.

Artículo 47. Modificación de Ordenanza. Para modificar o derogar Ordenanzas, se observará el mismo procedimiento establecido para su formación.

Capítulo III
De la Intendencia Municipal
Sección 1
De la Toma de Posesión del Cargo y de las Atribuciones del Intendente Municipal

Artículo 48.- Inhabilidades, Incompatibilidades y Prohibiciones. Son aplicables a los Intendentes, las inhabilidades, incompatibilidades y prohibiciones establecidas en los Artículos 25, 26 y 27 de esta Ley.

Artículo 49. Toma de Posesión de Cargo. En la misma sesión preliminar de instalación de la nueva Junta Municipal, el Intendente Municipal electo tomará posesión de su cargo. Si hubiere inconvenientes, lo hará ante el Juez electoral.

Artículo 50. Remuneración del Intendente. La remuneración total anual del Intendente, incluidos los rubros correspondientes a sueldos, será de hasta el 10% (diez por ciento) de los ingresos corrientes ejecutados, no debiendo superar bajo ningún aspecto el equivalente a diez salarios mínimos para actividades diversas no especificadas en la República. Para el cálculo de este porcentaje, no se incluirá, dentro de los ingresos corrientes ejecutados, las transferencias corrientes que reciban las municipalidades.

Queda exceptuado de esta disposición, el Intendente de la Municipalidad de Asunción, cuya remuneración mensual, incluido el rubro correspondiente a sueldo, será equivalente a trece salarios mínimos para actividades diversas no especificadas en la República.

Artículo 51. Deberes y Atribuciones del Intendente. Son atribuciones del Intendente Municipal:

a) ejercer la representación legal de la municipalidad;

b) promulgar las Ordenanzas y Resoluciones, cumplirlas y reglamentarlas, o en su caso, vetarlas;

c) remitir a la Junta Municipal proyectos de Ordenanzas;

d) establecer y reglamentar la organización de las reparticiones a su cargo, conforme a las necesidades y posibilidades económicas de la Municipalidad y dirigir, coordinar y supervisar el funcionamiento de las distintas unidades administrativas;

e) administrar los bienes municipales y recaudar e invertir los ingresos de la municipalidad, de acuerdo con el presupuesto;

f) elaborar y someter a consideración de la Junta Municipal el Proyecto de Ordenanza Tributaria de la Municipalidad, a más tardar el treinta de agosto de cada año, y el Proyecto de Ordenanza de Presupuesto de la Municipalidad, a más tardar el treinta de setiembre de cada año;

g) ejecutar el presupuesto municipal;

h) presentar a la Junta Municipal para su conocimiento un informe sobre la ejecución presupuestaria cada cuatro meses, dentro de los treinta días siguientes;

i)   presentar a la Junta Municipal una Memoria de las gestiones y la rendición de cuentas de la ejecución presupuestaria del ejercicio fenecido, dentro de los tres primeros meses de cada año;

j)   efectuar adquisiciones, contratar obras y servicios, llamar a licitación pública o concurso de ofertas, y realizar las adjudicaciones;

k)   nombrar y remover al personal de la intendencia, conforme a la Ley;

l)   suministrar datos relativos al funcionamiento de la municipalidad cuando sean requeridos por la Junta u otras instituciones públicas;

m)   disponer el inventario y la buena conservación de los bienes mobiliarios e inmobiliarios del patrimonio municipal.

n)   participar en las sesiones de la Junta Municipal con voz, pero sin voto;

ñ)   solicitar la convocatoria a sesiones extraordinarias a la Junta Municipal cuando asuntos urgentes de interés público así lo requieran;

o)   conocer de los recursos de reconsideración o revocatoria interpuestos contra sus propias resoluciones y, de apelación, contra las resoluciones del juzgado de faltas municipales;

p)   aplicar las multas previstas en la legislación municipal, conforme a los procedimientos establecidos en la ley;

q)   otorgar poderes para representar a la municipalidad en juicios o fuera de él;

r)   contratar servicios técnicos y de asesoramiento que sean necesarios;

s)   conceder o revocar licencias; y,

t)   efectuar las demás actividades administrativas previstas en la legislación vigente, como así mismo, aquéllas que emerjan de las funciones municipales.

Artículo 52. Asistencia obligatoria del Intendente. El Intendente Municipal deberá asistir a la sesión de la Junta Municipal por lo menos cada cuatro meses, y las veces que la Junta Municipal o el Intendente Municipal crea conveniente.

Artículo 53. Ausencia, Renuncia, Inhabilitación o Muerte del Intendente Municipal. En caso de ausencia, renuncia, inhabilitación o muerte del Intendente Municipal, se procederá como sigue:

a)   la ausencia hasta veinte días será comunicada a la Junta Municipal y se encargará del despacho el Presidente de la misma.

b)   si la ausencia fuese por más de veinte días, se requerirá permiso de la Junta Municipal y se encargará del despacho el Presidente de la misma;

c)   en caso de ausencia no justificada por más de 30 (treinta) días, renuncia, inhabilitación, muerte o impedimento definitivo de un Intendente Municipal, ocurrido durante los tres primeros años del período, el Tribunal Superior de Justicia Electoral convocará a nuevas elecciones, dentro de los noventa días siguientes al hecho que motivare la vacancia, hasta tanto el Presidente de la Junta Municipal asumirá interinamente las funciones de aquél. Si el hecho ocurriera durante los dos últimos años, el Presidente de la Junta Municipal convocará a sesión de la misma, en la cual mediante el voto secreto de cada uno de sus miembros, será elegido de entre los mismos un nuevo Intendente por el voto de la mayoría absoluta para completar el mandato, dentro del plazo perentorio de treinta días siguientes al hecho que motivare la vacancia, hasta tanto el Presidente de la Junta Municipal asumirá interinamente las funciones de aquél.

La renuncia del Intendente será presentada ante la Junta Municipal correspondiente para su aceptación o rechazo.

Sección 2
De la Secretaría General

Artículo 54. Secretaría General. La Intendencia General contará con una Secretaría que tendrá por función:

a) asistirlo en sus distintas actividades;

b) refrendar, cuando corresponda, sus actos jurídicos, controlando su legalidad;

c) organizar y conservar el archivo municipal;

d) poner a disposición de la ciudadanía las ordenanzas vigentes y las demás fuentes públicas de información; y certificar los documentos municipales.

Sección 3
De la Policía Municipal

Artículo 55. Creación de la Policía Municipal. Créase la Policía Municipal, cuya organización y funcionamiento serán establecidos por ordenanza, conforme a las necesidades y recursos financieros de cada municipio. Dependerá directamente del intendente municipal.

Artículo 56. Funciones de la Policía Municipal. Serán funciones de la Policía Municipal, las siguientes:

a) vigilar   exhibición de licencias municipales;

b) ejecutar o hacer cumplir lo dispuesto en ordenanzas, reglamentos y resoluciones municipales y las órdenes del Intendente y de los juzgados municipales de faltas;

c) ordenar, dirigir y señalizar la circulación de personas y vehículos en la vía pública y en los predios municipales;

d) redactar actas, partes, informes o constancias de los hechos en que intervienen, elevándolos a las autoridades municipales correspondientes;

e) solicitar la intervención de la Policía Nacional para la prevención de hechos ilícitos, el mantenimiento del orden y la tranquilidad pública;

f) prevenir la ocurrencia o prestar auxilios en casos de siniestros como: incendios, derrumbes, intoxicaciones colectivas, contaminación ambiental y accidentes en general, pudiendo formar cuerpos especializados y concertar planes de acción conjunta con cuerpos similares;

g) organizar escuelas de formación o de especialización para el eficaz cumplimiento de sus funciones; y,

h) realizar todo cuanto sea compatible con sus funciones.

Sección 4
De las Juntas Comunales de Vecinos

Artículo 57. Carácter y Creación. Las Juntas Comunales de Vecinos son organismos auxiliares de la municipalidad con asiento en las Compañías, Colonias y Barrios. Son creadas por resolución de la Intendencia Municipal con acuerdo de la Junta Municipal.

La elección de sus autoridades debe ser fiscalizada por la Intendencia, conforme con las normas.

Artículo 58.- Creación y Límites. Los límites jurisdiccionales de una Junta Comunal de Vecinos, serán establecidos en la resolución que la crea.

La creación de la Junta Comunal de Vecinos estará condicionada al grado de desarrollo social, económico y comunitario del lugar y la real necesidad de su funcionamiento.

Artículo 59. Integración. Cada Junta Comunal de Vecinos estará integrada por electores del municipio que residan dentro de los límites jurisdiccionales de dicha junta comunal. Sus autoridades no deberán estar afectadas por las inhabilidades previstas para ser miembro de las Juntas Municipales.

Contarán con un presidente, un vicepresidente, un secretario, un tesorero y dos vocales, conforme a la integración de la Junta Municipal en forma proporcional.

Se reunirán semanalmente o al menos dos veces al mes y se labrarán actas de sus sesiones. Las decisiones se tomarán por simple mayoría de votos.

Artículo 60. Organización. Las Juntas Comunales de Vecinos tendrán su propia organización administrativa de acuerdo con la resolución que dicte la Intendencia Municipal.

Dentro de sus posibilidades económicas y de acuerdo con sus necesidades, y previa autorización de la Intendencia, podrán contar con funcionarios rentados.

Artículo 61. Funciones. Son funciones de las Juntas Comunales de Vecinos:

a)   coadyuvar con la Intendencia Municipal en la tarea de percepción de tributos, la realización de obras de interés comunitario y en la prestación de servicios básicos;

b)   informarse de las necesidades del vecindario y transmitirlas a la Intendencia, como también las propuestas de soluciones;

c)   desarrollar actividades de carácter social, cultural y deportivo;

d)   colaborar con la Intendencia Municipal en el cumplimiento de las ordenanzas, resoluciones y otras disposiciones municipales, difundiendo su contenido entre los vecinos; y,

e)   cooperar con la municipalidad en el cumplimiento de las funciones municipales.

Artículo 62. Patrimonio. Los inmuebles, muebles, herramientas y útiles adquiridos por las Juntas Comunales de Vecinos, formarán parte del patrimonio de la municipalidad. Las Juntas Comunales de Vecinos no podrán enajenar ni gravar estos bienes sin la debida autorización de la Intendencia Municipal, con acuerdo de la Junta Municipal.

Artículo 63. Intervención. La Intendencia Municipal podrá intervenir las Juntas Comunales de Vecinos, con acuerdo de la mayoría absoluta de la Junta Municipal, por las siguientes causas:

a)   por graves irregularidades en la administración;

b)   por incumplimiento de sus funciones; y,

c)   por acefalía.

Artículo 64. Reuniones. El Intendente Municipal deberá reunirse cada dos meses con la Junta Comunal de Vecinos representadas como mínimo, por su presidente y uno de los miembros. El resultado de estas reuniones será hecho público en los asientos de dichas juntas y deberá ser informado a la Junta Municipal.

Sección 5
De las Comisiones Vecinales

Artículo 65. Creación, Organización y Funciones. La organización, funciones y otros aspectos relativos al régimen jurídico de las Comisiones Vecinales serán determinados por ordenanza. El reconocimiento de las Comisiones Vecinales creadas será efectuado por resolución de la Intendencia Municipal.

TÍTULO TERCERO
DE LA PARTICIPACIÓN CIUDADANA
Capítulo I
Disposiciones Generales

Artículo 66. Promoción de la Participación Ciudadana. Las municipalidades promoverán la participación de los habitantes del municipio en la gestión municipal y el desarrollo de las asociaciones ciudadanas para la realización de actividades de interés municipal, que será reglamentada por Ordenanza, conforme a lo que establece la Constitución Nacional y las leyes que regulan la materia.

Artículo 67. Libertad de Asociación. La ciudadanía puede darse las formas de organización que estime más apropiadas para el desarrollo de sus intereses, de conformidad con el Artículo 42 de la Constitución Nacional.

Capítulo II
Del Acceso a la Información

Artículo 68. Obligación de Proporcionar Información. La Municipalidad estará obligada a proporcionar toda información pública que haya creado u obtenido, de conformidad al Artículo 28 "Del derecho a informarse" de la Constitución Nacional, dentro del plazo que se les señale, el cual no podrá ser mayor de quince días.

Capítulo III
De las Audiencias Públicas

Artículo 69. Objetivo y Carácter de las Audiencias Públicas. Las municipalidades podrán convocar a audiencias públicas para brindar información al público, recabar la opinión de la ciudadanía, evaluar la calidad de los servicios o debatir otros asuntos de interés público.

Los participantes tendrán el derecho de opinar, debatir, formular observaciones y sugerencias en el acto de la audiencia sobre el tema objeto de la convocatoria.

Las audiencias públicas tendrán carácter consultivo. Las opiniones y propuestas presentadas emitidas en ellas no son vinculantes. La forma de realización de las audiencias públicas, será reglamentada por Ordenanza.

Capítulo IV
Participación Ciudadana en las Sesiones Plenarias de las Juntas Municipales

Artículo 70. Carácter Público de las Sesiones de las Juntas Municipales. Las sesiones plenarias de las Juntas Municipales serán de carácter público.

Artículo 71.- Publicidad de los Órdenes del Día. Las Presidencias de las Juntas Municipales deberán hacer públicos sus órdenes del día como mínimo veinticuatro horas antes de la sesión plenaria, salvo en los casos de sesiones extraordinarias urgentes, en que deberá ser comunicado con doce horas de anticipación.

La publicidad se realizará a través de murales que deberán estar colocados al acceso del público en el local de la Junta Municipal. Además, deberá estar disponible en las oficinas de atención al público de la Intendencia.

Artículo 72. Participación de las Organizaciones Ciudadanas en las Sesiones de las Comisiones Asesoras de las Juntas Municipales. Las organizaciones ciudadanas podrán solicitar a la Junta Municipal un espacio para efectuar alguna exposición verbal ante las Comisiones Asesoras de la Junta Municipal que guarde relación con algún punto del orden del día o bien tenga un interés relevante para su organización y para la población en general.

La participación en las Comisiones Asesoras se regirá por el reglamento aprobado por la respectiva Junta Municipal.

TÍTULO CUARTO
DEL RÉGIMEN DE FALTAS MUNICIPALES

Capítulo I
Disposiciones Generales

Artículo 73. Falta o Contravención. Se entenderá por "falta o contravención" toda acción u omisión, calificada como tal, que transgreda normas jurídicas de carácter municipal y las de carácter nacional, cuya aplicación haya sido delegada a la Municipalidad.

Artículo 74. Derechos Procesales.

1) no se sancionará a nadie más de una vez por la misma falta;

2) las faltas concurrentes se sancionarán cada una de ellas por separado;

3) no se aplicarán otras normas jurídicas por analogía ni se harán interpretaciones extensivas para condenar al trasgresor;

4) si la acción u omisión que constituya falta dejare de serlo, la causa será sobreseída; y, si la calificación o el monto de las sanciones fuera modificado antes de concluido el proceso, se aplicará la norma que sea más favorable al encausado;

5) si la calificación o el monto de las sanciones fuere modificado antes de concluido el proceso, se aplicará la norma que sea más favorable al encausado.

Artículo 75. Opción de Pagar Multa Promedio. En los casos en que la sanción que correspondiera aplicar sea la multa, los jueces podrán sobreseer la causa si el procesado, antes de dictada la sentencia, se aviniere a abonar el monto promedio del que cabría aplicarle en caso de condena.

Artículo 76. Responsabilidad. Las personas de existencia física y las de existencia ideal son responsables por las faltas cometidas por quienes actúen en su representación o a su servicio, con su autorización o para su beneficio, o en cumplimiento de funciones o de labores que les presten aun ocasionalmente, sin perjuicio de la responsabilidad personal que a estas personas les correspondiere.

Artículo 77. Atribución del Intendente en las Faltas Leves. En caso de faltas leves, el Intendente y a solicitud del trasgresor, podrá reducir la sanción de la multa que correspondiere abonar o fraccionar su pago con sujeción a las normas establecidas en el Capítulo V, Sección 2 del presente Título.

No podrá hacer uso de esta facultad cuando la falta haya sido cometida y sancionada con agravante.

Artículo 78. Reparación del Daño. Si los efectos de una falta fueren susceptibles de ser revertidos, el Intendente podrá conminar al trasgresor a hacerlo en un plazo razonable. Si éste cumpliere a satisfacción, le será aplicable lo dispuesto en el artículo anterior.

Resueltos los casos con sujeción a lo dispuesto en el artículo anterior y el presente, la causa quedará concluida.

Capítulo II
De las Sanciones

Artículo 79. Tipos de Sanciones. Las sanciones aplicables a las faltas serán:

a) amonestación;

b) multa;

c) inhabilitación;

d) clausura; y,

e) comiso.

Artículo 80. Amonestación. La amonestación es la sanción por la cual se hace notar la comisión de una falta, se identifica al infractor y se registra la misma en el prontuario municipal.

Artículo 81. Multa. La pena de multa consiste en el pago a la municipalidad de una suma de dinero determinada. Los montos de las multas, sus escalas y plazos de pago serán fijados por Ordenanza.

Artículo 82. Inhabilitación. La inhabilitación consistirá en la suspensión del goce de las licencias otorgadas por la municipalidad para conducir, para ejercer funciones profesionales o actividades comerciales, industriales, de artes u oficios generales, deportivas o de recreación o para utilizar locales, instrumentos, sustancias o insumos.

La inhabilitación será aplicada en el marco establecido por la ordenanza respectiva. Podrá ser parcial o total, de plazo determinado o indeterminado, si la rehabilitación queda sujeta a condición.

Artículo 83. Clausura. La clausura consistirá en el cierre de locales privados de uso público o de espacios públicos de uso privado o de uso colectivo.

Artículo 84. Decomiso. El decomiso procederá contra bienes de tenencia, de empleo, de tránsito o de comercios restringidos o prohibidos.

Artículo 85. Faltas Gravísimas, Graves o Leves. A los efectos de la gradación de las sanciones, las faltas deberán ser calificadas gravísimas, graves o leves en la ordenanza respectiva. Para la fijación de la sanción, dentro de cada escala, se tendrán en cuenta las circunstancias atenuantes o agravantes.

La calificación de faltas, así como los atenuantes y agravantes de cada caso, deberán ser determinados teniendo en consideración el grado de ofensividad o peligrosidad de los hechos, el perjuicio causado a los intereses comunales, el provecho producido al infractor por la perpetración y sus condiciones y antecedentes personales.

Artículo 86. Aplicación Conjunta de Sanciones.

Diferentes sanciones podrán ser aplicadas en forma conjunta a una misma falta cuando la calificación lo amerite, con excepción de la amonestación.

Artículo 87. Pérdida de beneficios. La condena por la comisión de faltas graves o gravísimas implicará la pérdida de beneficios especiales concedidos por la municipalidad.

Artículo 88. Sanción al cómplice. El cómplice será sancionado con la mitad de la sanción de multa que corresponda al autor. En caso de que éste sea sancionado con sanciones de inhabilitación, clausura o comiso, la ordenanza fijará la multa que le corresponde al cómplice.

Capítulo III

De la Concurrencia y de la Reincidencia

Artículo 89. Sanciones Acumuladas. Las sanciones serán acumuladas o sumadas en caso de comisión concurrente de varias faltas por parte de una misma persona o por parte de varias personas que obran por cuenta de una sola. En el caso de inhabilitación, la sanción podrá ser aumentada hasta un 50% (cincuenta por ciento) del máximo establecido para las faltas más graves.

Artículo 90. Una Sola Falta. Se considerarán una sola falta, las acciones u omisiones que estén ligadas entre sí, de tal manera que la falta principal haya requerido necesariamente la comisión de las otras.

Artículo 91. Reincidencia – Agravante. Incurrirá en reincidencia quien cometa nuevamente la misma falta que ya haya sido sancionada dentro de los dos años inmediatos anteriores.

La reincidencia constituirá agravante.

Capítulo IV

De la Extinción de las Acciones y Responsabilidades

Artículo 92. Extinción de la sanción. La responsabilidad por las faltas se extingue por el cumplimiento de la sanción, por prescripción y por las demás circunstancias previstas en la Ley.

Artículo 93. Prescripción e Interrupción. Las acciones para iniciar procesos por faltas o contravenciones se extinguen a los dos años de cometidas. Las obligaciones para el cumplimiento de sanciones prescriben en idéntico lapso, a contar desde el último requerimiento. Ambas prescripciones se interrumpen por la comisión de una nueva falta de la misma índole.

Capítulo V
Del Procedimiento en Materia de Faltas Municipales
Sección 1
De la Jurisdicción, Competencia y Organización

Artículo 94. Jurisdicción. La jurisdicción en materia de faltas municipales será ejercida por los juzgados de faltas municipales, cuya organización y procedimiento se establecen en la Ley.

Artículo 95. Acción. Toda falta da lugar a una acción que deberá ser promovida de oficio por el Intendente Municipal o por la jefatura de la dependencia interviniente, ante el Juzgado de Faltas Municipales.

Artículo 96. Designación de Juez y Secretario. Cada Juzgado de Faltas Municipales estará a cargo de un Juez, que será designado por la Junta Municipal, la cual designará también al secretario del juzgado.

A partir de la vigencia de esta Ley, el Juez será designado por un período de cinco años, al cabo de los cuales se evaluará su gestión para confirmarlo en forma definitiva o llamar de nuevo a concurso.

Si los recursos lo permiten, dispondrá de una oficina de notificaciones, de ujieres y del personal necesario para las demás labores.

Si no hubiere oficina de notificaciones, el secretario podrá actuar como notificador o comisionar a un funcionario municipal para el diligenciamiento de las cédulas, con las facultades y responsabilidades inherentes a la función.

Sección 2
Del Procedimiento Administrativo Previo

Artículo 97. Contenido y Remisión del Acta. El funcionario municipal que constate uno o varios hechos que pudieran constituir faltas, labrará un acta en el lugar, que contendrá la información siguiente:

1) lugar, fecha y hora del hecho o de la constatación del mismo;

2) nombre y domicilio del imputado, en caso de que puedan ser determinados, así como de testigos, si los hubiere;

3) naturaleza y circunstancias del hecho y descripción de los medios empleados para la comisión;

4) la disposición legal presuntamente infringida;

5) la firma del funcionario interviniente con aclaración de nombre y cargo; y,

6) la firma del imputado o, en su defecto, las firmas e identificación de los testigos si los hubiere.

La jefatura de la dependencia interviniente remitirá el acta de intervención junto con la acusación y, en su caso, los informes técnicos y demás elementos de juicio recogidos, que conforman el legajo acusatorio que deberá ser remitido al Intendente para los casos previstos en el Artículo 82 o al juzgado de faltas en los demás casos.

Artículo 98. Validez del Acta. Las actas de intervención labradas regularmente y no refutadas válidamente en el proceso, serán consideradas por el Juez como suficiente prueba de culpabilidad.

El acta de intervención tendrá carácter de declaración testifical para el funcionario interviniente y para los testigos que la suscribieron mediante la respectiva ratificación.

Sección 3
De las Medidas de Urgencia

Artículo 99. Medida de Urgencia de la Intendencia. La Intendencia podrá disponer, en resolución fundada, por la vía administrativa medidas de urgencia destinadas a hacer cumplir normas legales o resoluciones comunales, para evitar o revertir circunstancias que sean susceptibles de causar peligro de vida o inminente daño al ambiente, a la salud, a la seguridad o al patrimonio público, de tornar ineficaces los fallos judiciales o de hacer desaparecer evidencias de faltas o contravenciones.

Artículo 100. Contenido de la Resolución. El considerando de la resolución que disponga medidas de urgencia contendrá los datos principales del causante, si fuere conocido; una relación sucinta de las circunstancias del hecho o presunta infracción y de los riesgos o daños que implique; la norma o Resolución que se hace cumplir o la que fue presuntamente vulnerada, así como la que sustenta la medida.

La parte resolutiva determinará las medidas de urgencia procedentes y el plazo por el que se las apliquen.

Una vez dispuestas y aplicadas estas medidas, deberán remitirse los antecedentes al juzgado de Faltas Municipales y, en su caso, al del fuero ordinario que las haya autorizado, en un plazo perentorio de cuarenta y ocho horas.

Artículo 101. Medidas de Urgencia Posibles. Las medidas de urgencia que podrán ser dictadas son:

1) desocupaciones o recuperaciones de bienes públicos municipales;

2) inhabilitaciones de locales;

3) suspensión de actividades o de obras;

4) retiro de circulación, inmovilizaciones, demoliciones, remociones e inutilización o destrucción de cosas;

5) suspensión de autorizaciones o retención de licencias;

6) cierres de vías de circulación o de espacios de uso público; y,

7) reconstrucción o reposición de cosas o situaciones a su estado habitual o regular.

Estas medidas de urgencia podrán ser reglamentadas por Ordenanza.

Artículo 102. Medidas de Policía. Si en lugares públicos o en recintos privados de uso público se constataran hechos que verosímilmente puedan ser considerados faltas, los funcionarios municipales podrán actuar de forma inmediata, disponiendo la corrección de la situación ilegal mediante medidas de policía y por los medios lícitos a su alcance, sin perjuicio del posterior cumplimiento de los trámites indicados en el Capítulo V, Sección 2 del presente Título.

Artículo 103. Ingreso a Recinto Privado. Si para el cumplimiento de la medida de urgencia fuere necesario el ingreso a recintos privados que no sean de uso público y no se dieren las circunstancias excepcionales previstas en la legislación, el Intendente deberá solicitar la medida al Juez de Turno de Primera Instancia del fuero ordinario o donde no hubiere, al Juez de Paz, adjuntando su resolución fundada. Quedan habilitados para el efecto días y horas inhábiles.

La autorización judicial se podrá otorgar para que la medida de urgencia sea ejecutada en días o en horas inhábiles.

A los efectos de las medidas de urgencia, no se considerarán recintos privados los baldíos ni las edificaciones desocupadas ni los lugares de concurrencia pública.

Artículo 104. Procedimiento en Desocupación e Inhabilitación. Si la medida de urgencia consistiere en la desocupación o en la inhabilitación de recintos privados, se precintará el sitio y se fijará una notificación que indique la autoridad que dictó la resolución, la fecha de ésta, el plazo de aplicación y, en su caso, el juzgado interviniente.

En medidas que impliquen retiro de circulación, retención, inmovilización, inutilización o destrucción de cosas, se las consignará por escrito y se otorgará una copia al propietario o responsable. La devolución o la rehabilitación se efectuará previa satisfacción de las condiciones indicadas por las normas o por las resoluciones judiciales o administrativas.

En los cierres de vías de circulación o de espacios de uso público, se señalizará adecuadamente.

Artículo 105. Responsabilidad por Daños y Perjuicios. En todos los casos, la municipalidad será responsable por los daños y perjuicios que las medidas de urgencia que aplicare o las cautelares que solicitare pudieren causar, si no hubiere habido méritos suficientes para justificarlas.

Artículo 106. Costos de Medidas de Urgencia. Los costos que demande la ejecución de medidas de urgencia causadas por transgresiones serán a cargo del infractor, quien deberá abonarlos a la Municipalidad en el plazo perentorio de diez días, a contar desde la notificación de la resolución correspondiente, la que constituirá título ejecutivo. Vencido el plazo, la Municipalidad podrá recurrir a la vía judicial, en las condiciones indicadas en el Capítulo V, Sección 6 del presente Título.

Sección 4
Del Procedimiento en el Juzgado de Faltas Municipales

Artículo 107. Antecedentes y Providencia. Recibidos los antecedentes remitidos por el Intendente, el Juez, mediante providencia, determinará la pertinencia de la acción; en caso afirmativo, dispondrá la sustanciación de la causa; en caso contrario, dispondrá su archivamiento.

Resolverá en el mismo acto la confirmación, la modificación o el levantamiento de las medidas de urgencia, si hubieren sido tomadas; o podrá ordenarlas.

Artículo 108. Casos de Desestimación. El Juez deberá desestimar la acción en los siguientes casos:

1) si el acta de intervención no reuniere los requisitos señalados en la Sección 2 del Capítulo V o si el legajo de antecedentes remitido contuviere vicios sustanciales imposibles de ser subsanados;

2) si los hechos constatados no constituyeren faltas o hayan dejado de constituir-las; y,

3) si el imputado estuviere exento de responsabilidad.

Artículo 109. Resolución de Admisión. En la resolución que admita la causa, se dispondrá además:

1) la notificación de la misma al imputado;

2) su citación por cinco días perentorios a comparecer, por sí o por apoderado, a fin de ejercer su defensa; y,

3) a ofrecer en el mismo acto las pruebas de descargo que tuviere.

Artículo 110. Notificación - Contenido. La resolución que admita la causa y la que contenga el fallo deberá ser notificada por escrito. Las demás notificaciones serán hechas en el Juzgado en los días fijados por éste.

La cédula de notificación de toda resolución deberá redactarse en dos ejemplares y contener:

1) membrete del Juzgado Municipal de Faltas;

2) lugar y fecha de emisión de la cédula;

3) nombre y dirección de la persona a la que se remite;

4) identificación del Juzgado y de la causa;

5) número, fecha y transcripción de la parte resolutiva del fallo;

6) dirección del Juzgado, días y horas de atención pública; y,

7) nombre, cargo y firma del funcionario oficiante.

Artículo 111. Forma de notificación. El funcionario oficiante entregará un ejemplar al destinatario, a su representante, a sus familiares o dependientes, portero o vecino; en defecto de éstos, lo introducirá en el buzón o en el interior de la habitación de acceso o lo fijará en la puerta principal.

En el segundo ejemplar, labrará acta de lo actuado, la que deberá ir firmada por él y por quien recibiere la cédula.

Artículo 112. Pruebas. Las pruebas que no fueren producidas en el mismo acto de comparecencia del imputado no serán consideradas, salvo casos excepcionales admitidos por el Juez.

El Juzgado podrá disponer pruebas periciales, de examen, de informe o medidas para mejor proveer, si las estimare indispensables para emitir el fallo.

En estos casos, será abierto un período de prueba por un plazo perentorio no mayor a diez días hábiles.

Artículo 113. Contenido de la Sentencia. Cumplida con la audiencia y, en su caso, producidas las pruebas o transcurrido el plazo fijado para su producción, el Juzgado dictará fallo en el plazo de veinte días, en el que consignará:

a) el lugar y la fecha de la sentencia;

b) la identificación de la causa;

c) una relación sucinta de la imputación; en su caso, de la concurrencia de faltas; de la defensa y de los méritos de las pruebas producidas; la mención de pruebas rechazadas; de reincidencias y de circunstancias agravantes o atenuantes, si las hubiere;

d)   la mención de las disposiciones municipales violadas y de aquéllas en las que se funda el fallo;

e)   una parte resolutoria absolviendo o condenando, en todo o en parte, al imputado o, en caso de varios imputados, lo que correspondiere a cada uno, con expresa mención de la calificación de la falta y de las sanciones aplicadas;

f)   en su caso, los plazos que se concedan para el cumplimiento de la condena o para el levantamiento de medidas de urgencia, así como el pronunciamiento sobre costas;

g)   la disposición de notificar a las partes y de archivar las copias de la Resolución; y,

h)   las firmas del Juez y del secretario.

Artículo 114. Sentencia No Recurrida. La sentencia no recurrida en plazo quedará firme y ejecutoriada.

Artículo 115. Sobreseimiento Definitivo y Provisional. Deberá sobreseerse definitivamente en la causa si:

1)   la falta no fue demostrada;

2)   con conocimiento e intervención del Juzgado, el imputado hiciere el pago de la multa o revirtiere satisfactoriamente y en plazo el hecho u omisión que se le imputa como falta; y,

3)   se ha producido la prescripción.

Deberá sobreseerse provisionalmente en la causa si no es posible individualizar al imputado ni a sus cómplices.

Sección 5
De los Recursos

Artículo 116. Recurso. Contra las sentencias del Juzgado de Faltas Municipales, cabrá recurso de apelación y nulidad ante el Intendente, que deberá deducirse en escrito fundamentado y presentado ante el Juzgado dentro del plazo perentorio de cinco días hábiles.

La apelación se concederá con efecto suspensivo.

Concedido el recurso, los autos deberán ser remitidos sin demora al Intendente Municipal.

Artículo 117. Plazo para Resolver Apelación. Recibidos los autos o concedido el recurso de queja, el Intendente deberá expedirse en el plazo de diez días, confirmando, modificando, revocando o anulando la sentencia recurrida o una parte de ella; si no lo hiciere en este lapso, se tendrá por confirmada de modo automático, la resolución apelada.

Si hubiere pluralidad de recurrentes, todas las apelaciones se substanciarán simultáneamente.

Artículo 118. Irregularidades Procesales. Si fueren constatadas irregularidades procesales susceptibles de haber modificado la suerte del juicio, el Intendente deberá devolver los autos al Juzgado de origen, a fin de que se retrotraiga el procedimiento al estadio pertinente y el vicio sea subsanado.

Artículo 119. Recurso de Queja. Cabrá el recurso de queja ante el Intendente en los siguientes casos:

1) por causa de la denegatoria del recurso de apelación; deberá ser interpuesto dentro de las veinticuatro horas de notificada la resolución correspondiente; y,

2) por demora injustificada en la remisión de los autos al Intendente, deberá ser interpuesto después de haberse urgido la remisión y transcurridos dos días, dentro de las veinticuatro horas siguientes al cumplimiento de este último plazo.

Artículo 120. Plazo para Resolver Queja. El Intendente ordenará al Juzgado la remisión de los autos y, examinados éstos, admitirá o denegará la queja. En caso negativo, se devolverán los autos al origen.

Si transcurrieran diez días sin que el Intendente se expida, se considerará de modo ficto que el recurso fue concedido.

Artículo 121. Demanda Contencioso-Administrativo. De la sentencia confirmada en forma automática y, en su caso, de la Resolución del Intendente, podrá recurrirse ante la jurisdicción contencioso-administrativa en el plazo perentorio de dieciocho días.

Sección 6
De la Ejecución de Sentencias y Resoluciones

Artículo 122. Ejecución Forzosa de Fallos. Las actuaciones del Juzgado de Faltas Municipales, sus fallos y los fallos del Intendente, constituirán instrumentos públicos y podrán ser ejecutadas forzosamente por la vía administrativa.

Artículo 123. Excepciones. Las sentencias y resoluciones que apliquen sanciones pecuniarias y determinen accesorios legales, constituirán títulos ejecutivos contra los que podrán oponerse solamente las excepciones de incompetencia de jurisdicción, falta de personería, falsedad o inhabilidad del título, prescripción, pago total documentado y cosa juzgada.

Artículo 124. Costos por Incumplimiento de Sentencia. Si la sentencia o resolución dispone hacer o no hacer y, por omisión o renuencia, el condenado deja transcurrir el plazo sin cumplirla y por tal causa debe ser subrogado en su obligación de hacer o rectificado en la de abstenerse, los costos generados serán a su cargo y para su resarcimiento, la municipalidad deberá emplear el procedimiento dispuesto en el Capítulo III del presente Título.

Artículo 125. Ejecución de Sentencia. Si para la ejecución de la sentencia fuese necesario recurrir a la justicia ordinaria, la acción correspondiente deberá ser promovida por el Intendente Municipal ante el Juez de Primera Instancia en lo Civil de Turno, por la vía de ejecución de sentencia.

En ningún estadio del juicio, le serán exigidas cauciones a la municipalidad, y sólo serán admisibles las excepciones establecidas en la presente Ley.

Artículo 126. Asistencia de la Policía Nacional. La Policía Nacional prestará de inmediato la asistencia que le sea requerida por el Juzgado de Faltas Municipales o por el Intendente para el cumplimiento de leyes, ordenanzas, resoluciones, medidas de urgencia o sentencias municipales, acompañándose copia auténtica de la resolución que la ordene.

Sección 7

De los Requisitos, Facultades y Responsabilidades de los Jueces

Artículo 127. Jueces - Requisitos - Juramento. Para ser Juez de Faltas Municipales, deberán reunirse los mismos requisitos exigidos para el cargo de Juez de Primera Instancia.

Antes de asumir el cargo, las personas designadas deberán prestar juramento de fiel cumplimiento de funciones ante el pleno de la Junta Municipal.

Si no fuera posible encontrar candidato a Juez que reúna los requisitos exigidos en la presente Ley, la Junta Municipal podrá resolver la designación de candidatos con los requisitos exigidos para los Jueces de Paz.

Las municipalidades podrán, mediante convenio celebrado al efecto, compartir entre sí un mismo Juzgado de Faltas, con el objeto de lograr un mejor aprovechamiento de los recursos disponibles.

El convenio deberá determinar como mínimo:

a)   la municipalidad responsable del nombramiento, enjuiciamiento y sanción de los jueces;

b)   la municipalidad responsable del pago de los salarios;

c)   el aporte de cada municipalidad.

Artículo 128. Sustitución de Jueces. En defecto del Juez, por ausencia, impedimentos, inhibición o recusación, será sustituido por otro de igual jerarquía; si no lo hubiere, la Junta Municipal designará un Juez ad hoc que reúna los mismos requisitos y cumpla las mismas condiciones establecidas para los jueces regulares.

Artículo 129. Enjuiciamiento de Jueces. La Junta Municipal, por simple mayoría de votos, podrá decidir el enjuiciamiento de jueces de faltas municipales por mal desempeño de sus funciones o faltas al decoro debido, para lo cual constituirá con sus miembros una comisión ad hoc, elegidos por sorteo la que deberá expedirse en el plazo de diez días hábiles, en fallo fundado, previa audiencia del inculpado.

El fallo de la comisión enjuiciadora podrá ser recurrido en última instancia ante el plenario de la Junta Municipal en el plazo de cinco días hábiles.

Artículo 130. Sanciones Aplicables a Jueces. Las sanciones aplicables por la Junta a los jueces, de acuerdo con la gravedad, serán: la amonestación, la multa equivalente al monto de uno a noventa jornales mínimos, la destitución e inhabilitación de hasta cinco años para ejercer funciones municipales no electivas.

Artículo 131. Sanciones. Los jueces de faltas municipales podrán imponer las sanciones a los funcionarios del Juzgado, a los encausados o a sus representantes, a peritos y otros auxiliares, por conducta desarreglada, irreverente u obstruccionista en el Juzgado o en el curso del proceso.

Estas sanciones podrán consistir, de acuerdo con la gravedad, en amonestación o multas equivalentes al monto de uno a noventa jornales mínimos. Las sanciones podrán ser recurridas en última instancia ante el Intendente en el plazo de cinco días.

Artículo 132. Plazos en Días Hábiles. Los plazos señalados en el presente Título, deberán contarse en días hábiles laborables, salvo los casos en que ella establece otra modalidad.

TÍTULO QUINTO
DE LOS BIENES MUNICIPALES

Capítulo I
De la Clasificación

Artículo 133. Bienes Municipales.

Los bienes municipales están constituidos por:

a)   los bienes del dominio público; y,

b)   los bienes del dominio privado.

Capítulo II
De los Bienes del Dominio Público

Artículo 134. Bienes del Dominio Público. Son bienes del dominio público, los que en cada municipio están destinados al uso y goce de todos sus habitantes, tales como:

a)   las calles, avenidas, caminos, puentes, pasajes y demás vías de comunicación que no pertenezcan a otra administración;

b)   las plazas, parques, inmuebles destinados a edificios públicos y demás espacios destinados a recreación pública;

c)   las aceras y los accesorios de las vías de comunicación o de espacios públicos a los que se refieren los incisos a) y b);

d)   los ríos, lagos y arroyos comprendidos en las zonas urbanas del Municipio, que sirven al uso público, y sus lechos;

e)   los que el Estado transfiera al dominio público municipal;

f)   las fracciones destinadas para plazas, edificios públicos, calles y avenidas, resultantes de loteamientos; y,

g)   los bienes del dominio privado municipal declarados de dominio público, por ordenanza municipal, que deberán ser inscriptos en la Dirección General de los Registros Públicos.

En el caso excepcional en que alguno de estos bienes estén sujetos al uso de ciertas personas o entidades, deberán pagar el canon que se establezca. Sin embargo, los espacios destinados a plazas, parques, calles y avenidas no podrán ser objeto de concesión para uso de particulares.

Artículo 135. Bienes Inalienables, Inembargables e Imprescriptibles. Los bienes del dominio público son inalienables, inembargables e imprescriptibles. Por su naturaleza, no tendrán una estimación monetaria y consecuentemente no figurarán en el activo contable municipal, aunque debe ser objeto de documentación y registro en la municipalidad.

Artículo 136. Afectación del Dominio Público al Privado por Ley. La Ley podrá establecer que un bien del dominio público municipal pase a ser un bien del dominio privado cuando así lo exija el interés general, a excepción de los inmuebles destinados a plazas, parques y espacios verdes en general.

Capítulo III
De los Bienes del Dominio Privado

Artículo 137. Bienes del Dominio Privado. Son bienes del dominio privado:

a) los bienes municipales que no sean del dominio público;

b) los inmuebles situados en las zonas urbanas que carezcan de dueño según ordenanza respectiva;

c) los bienes municipales destinados a rentas;

d) las inversiones financieras; y,

e) todos los otros bienes que integran el activo contable municipal.

Los bienes del dominio privado tendrán una estimación monetaria y formarán parte del activo contable municipal, debiendo ser debidamente inventariados por la municipalidad, con los documentos correspondientes. A tales efectos, se deberá realizar la mensura judicial de conformidad al Código Civil.

Siempre y cuando sea para destinarlo a instituciones públicas de salud y/o educación, las municipalidades podrán solicitar al Congreso Nacional la autorización correspondiente para transferir a título gratuito sus bienes de dominio privado municipal.

Artículo 138. Subasta Pública de Bienes y Excepciones. Las municipalidades podrán enajenar los bienes de su dominio privado, por el procedimiento de la subasta pública o excepcionalmente en forma directa previo avalúo pericial que no será menor al valor fiscal, salvo las excepciones de permuta, excedente y cumplimiento de contrato por los arrendatarios.

En todos los casos, se requerirá la aprobación de la Junta Municipal.

Artículo 139. Condiciones de Arrendamiento. Las condiciones de arrendamiento de terrenos municipales, serán establecidas por ordenanza, en la que se contemplarán los requisitos correspondientes, entre ellos un plazo no menor de un año y la revocabilidad en caso de incumplimiento de dichas condiciones.

Artículo 140. Venta Directa para Arrendatarios. Cuando los arrendatarios de terrenos municipales hubieren cumplido debidamente los contratos, la municipalidad, a petición de ellos, podrá proceder a la venta directa de los predios sin que sea necesaria la subasta, previo avalúo pericial.

Artículo 141. Permuta de Interés Municipal. Las municipalidades podrán, asimismo, permutar tierras de su dominio privado cuando la operación sea conveniente a los intereses municipales.

Artículo 142. Venta Directa de Excedentes. Los excedentes de terrenos del dominio privado municipal cuyo frente y superficie no tengan las dimensiones mínimas exigidas por la Ley para constituir un lote, podrán ser vendidos directamente a los propietarios de predios colindantes, previa tasación pericial.

TÍTULO SEXTO
DE LOS INGRESOS MUNICIPALES

Capítulo I
Generalidades

Artículo 143. Financiamiento. El funcionamiento de las municipalidades y de los servicios que deben prestar para el cumplimiento de sus atribuciones y objeto, serán financiados con los ingresos previstos por la Ley.

Artículo 144. Tipos de Ingresos. Las municipalidades tendrán ingresos corrientes, ingresos de capital, y recursos de financiamiento y donaciones, así como participación en tributos en regalías de otros niveles de la administración del Estado.

Artículo 145. Ingresos Corrientes. Los ingresos corrientes se clasifican en:

a) ingresos tributarios;

b) ingresos no tributarios;

c) transferencias y donaciones destinadas expresamente a cubrir gastos corrientes; y;

d) demás ingresos corrientes no previstos en los incisos precedentes.

Artículo 146. Ingresos Tributarios. Son ingresos tributarios los provenientes de impuestos, tasas y contribuciones especiales, creados por las leyes.

Artículo 147. Ingresos no Tributarios. Son ingresos no tributarios, los generados por otras fuentes que son básicamente las siguientes:

a) las multas;

b) las prestaciones de servicios;

c) las rentas de activos fijos;

d) las rentas de activos financieros;

e) las concesiones; y,

f) otros ingresos destinados a gastos corrientes que respondan a la naturaleza de los ingresos no tributarios.

Artículo 148. Transferencias Corrientes. Las transferencias corrientes son ingresos provenientes del Tesoro Nacional y de organismos y entidades del sector público, en calidad de aportes sin contraprestación y no reembolsables, destinados a atender gastos corrientes.

Artículo 149. Ingresos de Capital. Son ingresos de capital:

a) venta de activos;

b) enajenación de inmuebles u otros bienes de capital;

c) transferencias y donaciones destinadas a gastos de capital; y

d) demás ingresos de capital no clasificados en los incisos precedentes.

Artículo 150. Recursos de Financiamiento. Son recursos de financiamiento:

a) endeudamiento interno;

b) endeudamiento externo;

c)   recuperación de préstamos; y,

d)   demás recursos de financiamiento no clasificados en los incisos precedentes, tales como los negocios fiduciarios.

Capítulo II
De los Ingresos Tributarios
Sección 1
De los Impuestos

Artículo 151. Impuestos Exclusivos y Compartidos. Los impuestos municipales son de exclusiva fuente municipal y de participación con el Estado.

Las municipalidades quedan autorizadas a regular por ordenanza un descuento de hasta el 12% (doce por ciento) por el pago puntual de impuestos y tasas, del mismo modo que regulará el período dentro del cual se pagará el monto nominal y el período durante el cual se cobrarán multas y recargos por gestión de cobranza.

Artículo 152. Impuestos Municipales. Son impuestos de fuente municipal, los siguientes:

a)   impuesto inmobiliario, en los porcentajes establecidos en la Constitución Nacional;

b)   impuesto a los baldíos y a inmuebles de grandes extensiones;

c)   patente comercial, industrial y profesional;

d)   patentes de rodados;

e)   a la construcción;

f)   al fraccionamiento de la propiedad inmobiliaria;

g)   a la transferencia de dominio de bienes raíces;

h)   edilicio;

i)   de registro de marcas de ganado;

j)   de transferencia y faenamiento de ganado;

k)   al transporte público de pasajeros;

l)   a los espectáculos públicos y a los juegos de entretenimientos y de azar;

m)   a las rifas y sorteos;

n)   a las operaciones de crédito;

ñ)   a la publicidad y propaganda;

o)   a sellados y estampillas municipales;

p)   de cementerios;

q)   a los propietarios de animales; y,

r)   los demás creados por Ley.

Artículo 153. Impuesto Inmobiliario. Corresponderá a las Municipalidades y a los Departamentos la totalidad de los tributos que graven la propiedad inmueble en forma directa. Su recaudación será competencia de las municipalidades. El 70% (setenta por ciento) de lo recaudado por cada municipalidad quedará en propiedad de la misma, el 15% (quince por ciento) en la del Departamento respectivo y el 15% (quince por ciento) restante será distribuido entre las municipalidades de menores recursos, de conformidad al Artículo 169 de la Constitución Nacional.

A la municipalidad de Asunción, que es sede de la ciudad capital de la República y es independiente de todo Departamento, le corresponderá la propiedad del 85% (ochenta y cinco por ciento) de todo lo recaudado en concepto de dicho tributo.

Artículo 154. Base Imponible del Impuesto Inmobiliario. La base imponible la constituye la valuación fiscal de cada inmueble, que será determinada por la municipalidad sobre la base de la reglamentación general que dicte anualmente el Servicio Nacional de Catastro.

En el caso de los inmuebles urbanos, la reglamentación general que dicte el Servicio Nacional de Catastro determinará los valores fiscales por metro cuadro de superficie de terreno y de construcciones, por los servicios y demás mejoras. Dichos valores fiscales establecidos guardarán relación directa con:

a)   la ubicación de los inmuebles dentro del municipio;

b)   la antigüedad, el tipo, la clase y características de las construcciones y el estado de conservación de las mismas; y,

c)   el tipo de pavimentación.

En el caso de los inmuebles rurales, la reglamentación general que dicte el Servicio Nacional de Catastro determinará los valores fiscales por hectárea de superficie de terreno. Dichos valores fiscales establecidos guardarán relación directa con la ubicación de los inmuebles dentro del municipio y las características de la zona.

La valuación fiscal de cada inmueble será aprobada por resolución de la Intendencia Municipal.

Artículo 155. Revalúos Especiales. Las avaluaciones vigentes serán modificadas por las municipalidades, de oficio o a pedido de parte, siempre que se produzcan modificaciones catastrales por desmembración, división o reunión de parcelas, por accesión, aluvión, avulsión, demolición, construcción, ampliación de obras y reconstrucción de edificios u otras mejoras. Las modificaciones de los avalúos según el presente artículo entrarán a regir a partir del año siguiente a aquel en que el inmueble ha sido transformado o modificado; pero si el revalúo se operó con retraso podrán contraliquidarse los impuestos percibidos indebidamente sobre la base anterior. La contraliquidación no podrá abarcar un período mayor de cinco años.

Los revalúos especiales serán aprobados por resolución de la Intendencia.

Artículo 156. Revisión de las Valuaciones Fiscales. Los contribuyentes podrán solicitar al Servicio Nacional de Catastro la revisión de la valuación fiscal del inmueble y de los revalúos especiales determinados por la municipalidad, con el objeto de verificar si dichos actos municipales se ajustan a las normas técnicas aplicables.

El Servicio Nacional de Catastro correrá traslado a la municipalidad, a fin de que conteste el pedido de revisión del contribuyente dentro del plazo de diez días hábiles.

Si la valuación fiscal del inmueble o el revalúo especial no se ajustare a las normas técnicas aplicables, el Servicio Nacional de Catastro dictará resolución modificando la avaluación o revalúo con efectos retroactivos a la fecha de la resolución municipal que hubiera aprobado la valuación fiscal o el revalúo especial.

El Servicio Nacional de Catastro deberá dictar resolución sobre la petición de revisión del contribuyente dentro del plazo de noventa días corridos.

Artículo 157. Reducción de Impuestos en Caso de Calamidades. Cuando se produzcan calamidades de carácter natural que afecten a los inmuebles, el Impuesto Inmobiliario podrá reducirse hasta en un 50% (cincuenta por ciento). El Intendente Municipal con aprobación de la Junta Municipal queda facultado para establecer esta rebaja siempre que se verifiquen los referidos extremos. La mencionada reducción se deberá fijar para cada año fiscal.

Sección 2
De las Tasas

Artículo 158. Tipos de Tasas. Las tasas serán las siguientes:

a)   barrido y limpieza;

b)   recolección, tratamiento y disposición final de residuos;

c)   conservación de parques, jardines y paseos públicos;

d)   contrastación e inspección de pesas y medidas;

e)   chapas de numeración domiciliaria;

f)   servicios de salubridad;

g)   servicios de cementerios;

h)   tablada;

i)   desinfección y lucha contra insectos, roedores y otros agentes transmisores de enfermedades;

j)   inspección de instalaciones;

k)   servicios de identificación e inspección de vehículos;

l)   servicios de alumbrado, aprovisionamiento de agua, alcantarillado sanitario y desagüe pluvial, siempre que no se hallen a cargo de otros organismos;

m)   servicio de prevención y protección contra riesgo de incendios, derrumbes y otros accidentes graves; y,

n)   las demás que se establezcan por Ley.

Artículo 159. Tasa de Conservación de Parques, Jardines y Paseos Públicos. Todos los propietarios de inmuebles pagarán a la Municipalidad, previa prestación efectiva del servicio, una tasa por los servicios de conservación de parques, jardines y paseos públicos, conforme a la escala que se establezca por ordenanza.

Artículo 160. Tasa de Servicio de Prevención y Protección contra Riesgo de Incendios, Derrumbes y otros Accidentes Graves. Todos los propietarios de establecimientos comerciales, industriales y de servicio, oficinas de atención al público en general, garajes, depósitos, locales que involucren la permanencia y movimiento de personas, así como locales de reuniones públicas, están obligados a solicitar los pertinentes permisos de construcción, ampliación, reforma y/o demolición de edificaciones, y pagarán a la Municipalidad, en cada caso, previa prestación efectiva del servicio, una tasa por los servicios de inspección de las medidas de seguridad para la prevención y protección contra riesgos de incendios, derrumbes y otros accidentes graves, conforme a la escala que se establezca por Ordenanza.

Artículo 161. Tasa Ambiental. En los casos que las municipalidades celebren convenios con las autoridades competentes y asuman la función de fiscalizar las normas ambientales, podrán percibir una tasa ambiental, que guardará relación con el servicio efectivamente prestado, no pudiendo sobrepasar el costo de los mismos. Los beneficiarios del servicio estarán obligados al pago de la tasa ambiental establecido por ordenanza.

Artículo 162. Regulación del Monto de las Tasas. La Municipalidad determinará por Ordenanza, la regulación del monto de las tasas creadas por ley. Los montos que se establezcan no podrán sobrepasar el costo de los servicios efectivamente prestados, de conformidad al Artículo 168 de la Constitución Nacional.

Sección 3

De las Contribuciones Especiales

Artículo 163. Contribución por Obra Pública. Cuando la realización de una obra pública municipal beneficie a propietarios de inmuebles y contribuya a aumentar el valor de dichos inmuebles, dará lugar a una contribución especial, excluyéndose las obras pagadas a prorrata por los propietarios.

Artículo 164. Criterio de Contribución. Si el beneficio fuese directo, como en el caso de los propietarios colindantes, la contribución, a cargo de los beneficiarios será, por una sola vez, la suma equivalente al 20% (veinte por ciento) de incremento que adquieren por tal motivo los inmuebles.

En los demás casos, se considerará que el beneficio es indirecto y la contribución de los beneficiarios no será superior al 10% (diez por ciento) del aumento valor que adquieren los inmuebles.

Para establecer la base imponible de la contribución, se tendrá en cuenta el valor fiscal de los predios antes de iniciada la obra, y el valor fiscal fijado una vez concluida. El pago de esta contribución podrá ser fraccionado en cuotas mensuales.

Artículo 165. Transferencia de Obras Particulares. Las calles, caminos y puentes abiertos y construidos en los dominios particulares, por sus respectivos dueños, con el objeto de valorizarlos y venderlos, se transferirán gratuitamente a la municipalidad y se inscribirá inmediatamente en el Registro Público. Las obras mencionadas se harán previo permiso municipal y de acuerdo con las ordenanzas.

Sección 4

De la Pavimentación

Artículo 166. Fondo Especial para la Pavimentación, Desagüe Pluvial, Desagüe Cloacal (en convenio con la ESSAP) y Obras Complementarias y Cuenta Especial Créase el fondo especial para la pavimentación y obras complementarias constituido por:

a) la contribución especial de todos los propietarios de inmuebles; cuya cuantía será equivalente a un 10% (diez por ciento) adicional al monto del Impuesto Inmobiliario;

b) la contribución especial de los propietarios de rodados; cuya cuantía será equivalente a un 10% (diez por ciento) adicional a la patente de rodados;

c) otros recursos tales como; fondos propios de las municipalidades, transferencias recibidas en concepto de royalties y compensaciones provenientes de

Itaipú y Yacyretá, y empréstitos a ser definidos en el presupuesto municipal en el porcentaje establecido por Ordenanza.

Para su ejecución, todas las municipalidades habilitarán una cuenta bancaria especial a la que deberán acreditarse todos los ingresos que constituyen dicho fondo especial para la pavimentación, el cual sólo podrá gastarse para hacer frente a dicho objeto.

Artículo 167. Plan Quinquenal y Anual de Pavimentación. La Municipalidad elaborará un plan quinquenal de pavimentación, basado en un relevamiento técnico, el interés general y las estimaciones financieras del fondo especial para la pavimentación. Dicho plan será actualizado anualmente e incorporado su ejecución en la Ordenanza de Presupuesto.

Artículo 168. Duración y Tipos de Pavimento. La duración y tipos de pavimento se definirán por normas técnicas nacionales a través del Instituto Nacional de Tecnología y Normalización, quien estará obligado a preparar las especificaciones técnicas de carácter general. Los pavimentos existentes al momento de la entrada en vigencia de esta Ley, tendrán la vida útil establecida en las normas aplicables de la anterior Ley Orgánica Municipal.

Artículo 169. Conservación de Pavimentos y Demás Vías de Tránsito Vehicular No-Pavimentadas. La conservación de pavimentos y de las vías de tránsito vehicular no-pavimentadas por desperfectos provenientes de la acción natural del tiempo y del tránsito de vehículos, será efectuada por la Municipalidad, y el costo de ella será cubierto con la contribución especial establecida por Ordenanza para el efecto, a cargo de los propietarios de inmuebles y de autovehículos de transporte de carga según su tonelaje.

Artículo 170. Reparación de Pavimentos. La reparación del pavimento será costeada directamente por el causante del daño.

Artículo 171. Definiciones por Ordenanza. Se definirán por Ordenanza:

a) forma de pago de la contribución especial; y,

b) otros recursos a saber: porcentajes de impuestos, recursos de créditos para financiar la pavimentación, o de transferencias recibidas en concepto de royalties y compensaciones provenientes de Itaipú y Yacyretá.

Sección 5
Disposiciones de Aplicación General

Artículo 172. Aplicabilidad del Régimen Tributario Nacional. Serán aplicables las disposiciones legales de aplicación general del régimen tributario nacional en todo lo que no contradigan las disposiciones de esta Ley.

Por Ordenanza, se podrán establecer recargos e intereses en caso de mora en el pago de tributos y otros recursos, conforme con los criterios establecidos en el régimen tributario nacional.

Artículo 173. Prescripción para Cobro de Tributos. La acción para el cobro de los tributos municipales prescribirá a los cinco años, contados a partir del uno de enero del año siguiente a aquél en que la obligación debió cumplirse.

Artículo 174. Exoneración Tributaria para Inmuebles con Edificaciones Catalogadas como Patrimonio Histórico. Los inmuebles que posean edificaciones catalogadas y declaradas por la autoridad competente como patrimonio histórico nacional o municipal, estarán exonerados del pago de impuestos municipales.

Capítulo III
De los Empréstitos

Artículo 175. Acceso al Crédito. Las municipalidades podrán acceder al crédito público y privado, nacional e internacional con arreglo a lo dispuesto en la presente Ley.

Capítulo IV
De las Multas

Artículo 176. Multas. El incumplimiento de las disposiciones de la Ley, Ordenanzas y Resoluciones municipales dará lugar a la imposición de las multas previstas en ellas.

Capítulo V
Del Cobro de las Deudas por Vía Judicial

Artículo 177. Deudas Exigibles Vía Ejecución de Sentencia. Las deudas por impuestos, tasas y contribuciones municipales que no hayan sido pagadas en los plazos establecidos en las leyes y ordenanzas, y una vez declaradas en mora, serán exigibles judicialmente por la vía de la ejecución de sentencia, previa notificación al deudor.

La liquidación, la constancia escrita de su previa notificación fehaciente al deudor, y el certificado suscripto por el Intendente y el secretario municipal serán suficientes títulos para promover la ejecución.

TÍTULO SÉPTIMO
DEL RÉGIMEN DE ADMINISTRACIÓN FINANCIERA MUNICIPAL

Capítulo I
De la Normativa de Aplicación General

Artículo 178. Régimen Jurídico. Las municipalidades en materia de Administración Financiera, Principios Generales, Sistema de Presupuesto, Principios Presupuestarios, Normas Presupuestarias, Lineamientos, Criterios, Terminología Presupuestaria, Clasificador Presupuestario, Estructura del Presupuesto y Programación del Presupuesto se regirá por las disposiciones establecidas en la Ley N° 1.535/99 "DE ADMINISTRACIÓN FINANCIERA DEL ESTADO" y sus decretos y resoluciones reglamentarias que le sean aplicables, así como las leyes anuales de Presupuesto.

Artículo 179. Servicios Personales. Las municipalidades no podrán gastar en servicios personales más del 60% (sesenta por ciento) de sus ingresos corrientes ejecutados, según el último informe anual de ejecución presupuestaria.

Las remuneraciones del personal municipal serán establecidas en la Ordenanza de Presupuesto, de acuerdo con las posibilidades económicas de la municipalidad.

Artículo 180. Vigencia del Presupuesto General de la Municipalidad. El ejercicio financiero o ejercicio fiscal se iniciará el 1 de enero y finalizará el 31 de diciembre de cada año.

Artículo 181. Proyecto de Ordenanza de Presupuesto. El Intendente Municipal elevará el proyecto de Ordenanza de Presupuesto a la Junta Municipal para su consideración, a más tardar el 30 de setiembre de cada año. Si la fecha fuese inhábil, podrá elevarse el día siguiente hábil.

Si por cualquier motivo no se hubiere presentado el proyecto de Ordenanza de Presupuesto en plazo, seguirá vigente el del ejercicio fiscal en curso.

Artículo 182. Plazo de Estudio - Sanción Automática - Rechazo. La Junta Municipal dará prioridad al estudio del proyecto de Ordenanza de Presupuesto.

En el estudio del proyecto, la Junta Municipal no podrá reasignar recursos destinados a inversiones con el propósito de incrementar gastos corrientes.

La Junta Municipal no podrá realizar una reestimación de ingresos con excepción de modificaciones que respondan a una omisión de orden legal.

La Junta Municipal deberá sancionar el proyecto a más tardar el 20 de noviembre de cada año. La falta de despacho dentro de este plazo se entenderá como aprobación.

La Junta Municipal podrá rechazar totalmente el proyecto, sólo por mayoría absoluta de dos tercios. En este caso, seguirá vigente el presupuesto del ejercicio fiscal del año en curso.

Artículo 183. Plazo de Remisión de la Junta Municipal. Sancionada la Ordenanza que apruebe el presupuesto, la Junta la remitirá al Intendente en el plazo de tres días corridos, para su promulgación a más tardar el 30 de noviembre.

Artículo 184. Veto de la Ordenanza de Presupuesto. La Intendencia Municipal, dentro del plazo establecido en el artículo anterior, podrá objetar el presupuesto sancionado expresando a la Junta Municipal los fundamentos.

El veto deberá ser tratado dentro del plazo perentorio de diez días corridos de su presentación en la Junta Municipal.

Si la Junta se ratificare en su decisión con el voto de la mayoría absoluta de dos tercios, el Intendente Municipal promulgará la ordenanza respectiva.

Si la Junta no alcanzare la mayoría requerida o no se tratare el veto en el plazo establecido, la ordenanza quedará automáticamente promulgada con las modificaciones introducidas en el veto.

Artículo 185. Ejecución del Presupuesto. La Intendencia Municipal, a través de las reparticiones correspondientes, tendrá a su cargo la ejecución del presupuesto, de conformidad con los principios, normas y criterios presupuestarios que establece la Ley, sus reglamentos, las ordenanzas y resoluciones.

El Intendente deberá determinar una Unidad de Administración y Finanzas, que será responsable de la administración y uso de los recursos asignados en el Presupuesto General de la Municipalidad. Podrán establecerse Subunidades.

Artículo 186. Plan Financiero. La ejecución presupuestaria se realizará en base al Plan Financiero Municipal, de acuerdo con las normas que se establezca en la ordenanza. Se tomarán en cuenta el flujo estacional de los ingresos y la capacidad real de ejecución del presupuesto.

Dicho Plan Financiero servirá de marco de referencia para la programación de caja y la asignación de cuotas.

Sólo se podrán contraer obligaciones con cargo a saldos disponibles de asignación presupuestaria específica. No se podrá disponer de las asignaciones para una finalidad distinta a la establecida en el Presupuesto.

Artículo 187. Etapas de la ejecución del Presupuesto. Las etapas en la ejecución del Presupuesto son:

a)   Ingresos:

  i)   Liquidación: identificación de la fuente y cuantificación económico- fi-
       nanciera del monto del recurso a percibir; y,

  ii) Recaudación: percepción efectiva del recurso originado en un ingreso de-
       vengado y liquidado.

b)   Egresos:

  i)   Previsión: asignación específica del crédito presupuestario;

  ii) Obligación: compromiso de pago originado en un vínculo jurídico-
       financiero entre la municipalidad y una persona física o jurídica; y,

  iii) Pago: cumplimiento parcial o total de las obligaciones.

Artículo 188. Ampliación del Presupuesto General de la Municipalidad. Las modificaciones al Presupuesto General de la Municipalidad que impliquen la ampliación de
los gastos previstos, deberán asignar explícitamente los recursos con los que se sufragará
la ampliación.

Los recursos provenientes de operaciones de crédito serán incorporados al Presupuesto General de la Municipalidad. A tal efecto, el Intendente remitirá a la Junta Municipal el proyecto de ampliación presupuestaria, acompañando al pedido de aprobación el
respectivo convenio de crédito.

Artículo 189. Modificación de Programas Presupuestarios. La Intendencia podrá
disponer por resolución fundada la modificación de créditos presupuestarios dentro un
mismo programa, debiendo informar con la rendición cuatrimestral del presupuesto a la
Junta Municipal acerca de las modificaciones realizadas.

No podrá ejercer esta atribución para transferir créditos de gastos de capital a gastos
corrientes.

Tampoco efectuará transferencia alguna de créditos de un programa a otro, sino por
la vía de la ordenanza. En este caso, la Junta Municipal tendrá un plazo perentorio e
improrrogable de treinta días corridos para expedirse sobre cualquier solicitud de modificación presupuestaria remitida por la Intendencia Municipal, cumplido el cual, el proyecto de ordenanza se considerará aprobado.

Artículo 190. Modificación de las Remuneraciones del Personal. La creación de
nuevos cargos y la modificación de las remuneraciones previstas en el Presupuesto General de la Municipalidad, cualquiera sea su denominación, requerirán en todos los casos
de una modificación del presupuesto con aprobación de la Junta Municipal.

Artículo 191. Cierre y Liquidación Presupuestaria. El cierre de las cuentas de ingresos y gastos para la liquidación presupuestaria se efectuará el 31 de diciembre de
cada año, a cuyo efecto, se aplicarán, las siguientes normas:

a)   con posterioridad al 31 de diciembre, no podrán contraerse obligaciones con
     cargo al ejercicio cerrado en esa fecha. Las asignaciones presupuestarias no
     afectadas se extinguirán sin excepción;

b)   las obligaciones exigibles, no pagadas por la municipalidad al 31 de diciembre,
     constituirán la deuda flotante que se cancelará, a más tardar el último día del
     mes de febrero;

c)   los saldos en cuentas generales y administrativas de la municipalidad, una vez
     deducidas las sumas que se destinarán al pago de la deuda flotante, se conver-

tirán en ingresos del siguiente ejercicio fiscal, en la misma cuenta de origen y en libre disponibilidad.

Luego del cierre del ejercicio se elaborará el estado de resultados de la ejecución presupuestaria detallando los ingresos, los gastos y su financiamiento.

Capítulo II
Del Sistema de Tesorería

Artículo 192. Plan de Caja. Las municipalidades aplicarán técnicas de programación financiera adecuadas para el manejo de los fondos públicos mediante la utilización del plan de caja basado en el análisis financiero de los flujos de fondos, que se estructurará en base al plan financiero de recursos y egresos elaborados conforme a la presente Ley.

Artículo 193. Administración de Caja. El Intendente podrá autorizar la utilización de fondos rotatorios para el manejo de recursos institucionales, cuyo destino específico debe estar autorizado en el presupuesto y cuya aplicación deberá ser justificada el mes siguiente a su utilización.

Artículo 194. Recaudación, Depósito, Contabilización y Custodia de Fondos. La recaudación, contabilización, custodia temporal, depósito o ingreso de fondos públicos municipales se sujetará a la reglamentación establecida, de acuerdo con las siguientes disposiciones:

a) el producto de los impuestos, tasas, contribuciones y otros ingresos deberá contabilizarse y depositarse en la respectiva cuenta de recaudación por su importe íntegro, sin deducción alguna, salvo aquellas establecidas en la Ley;

b) los funcionarios y agentes habilitados para la recaudación de fondos públicos garantizarán su manejo y no podrán retener tales recursos por ningún motivo, fuera del plazo establecido que determine la Contraloría General de la República;

c) cualquier uso o la retención no justificada mayor al plazo establecido por la Contraloría General de la República, constituirá hecho punible contra el patrimonio y contra el ejercicio de la función pública; y,

d) los valores en custodia deberán ser depositados exclusivamente en cuentas autorizadas para el efecto.

Artículo 195. Proceso de Pagos. Los pagos, en cualquiera de sus formas o mecanismos, se realizarán exclusivamente en cumplimiento de las obligaciones legales contabilizadas y con cargo a las asignaciones presupuestarias y a las cuotas disponibles. Los pagos deberán ser ordenados por el Intendente o por otro funcionario municipal autorizado por el Intendente y por el responsable de la Unidad de Administración y Finanzas.

Artículo 196. Financiamiento Temporal de Caja. Las municipalidades podrán obtener, con autorización de sus respectivas Juntas Municipales, préstamos de corto plazo para cubrir déficit temporales de caja. Los límites de tal endeudamiento estarán determinados por la capacidad institucional de pago y las previsiones de su presupuesto, las cuales no podrán ser sobrepasadas en ningún caso.

El plazo de pago de este tipo de financiamiento no podrá superar el presupuesto del ejercicio fiscal correspondiente.

Capítulo III
Del Sistema de Crédito y Deuda Pública

Artículo 197. Crédito Público. Se entenderá por "crédito público" la capacidad que tiene la municipalidad de captar recursos financieros para realizar inversiones productivas, para atender casos de evidente necesidad o emergencia, para reestructurar su organización o para refinanciar sus pasivos, incluyendo los intereses, comisiones y gastos respectivos. Se prohíben realizar operaciones de crédito público para financiar gastos corrientes.

Artículo 198. Deuda Pública Municipal. El endeudamiento que resulte de las operaciones de crédito público se denominará "deuda pública municipal" y puede originarse en:

a)   la emisión y colocación de títulos, bonos u obligaciones de largo o mediano plazo, relativos a un empréstito;

b)   la contratación de empréstitos con instituciones financieras;

c)   la contratación de obras, servicios o adquisiciones cuyo pago total o parcial se estipule realizar en el transcurso de más de un ejercicio financiero, siempre y cuando los conceptos que se financien, se hayan devengado anteriormente;

d)   el otorgamiento de avales, fianzas y garantías, cuyo vencimiento supere el período del ejercicio fiscal y se encuentren autorizadas por la Junta Municipal respectiva; y,

e)   la consolidación, conversión y renegociación de otras deudas.

No se considera "deuda pública municipal" las operaciones que se realicen en el marco del financiamiento temporal de caja.

Artículo 199. Autorización para Contratar. Formalización, Firma y Aprobación de los Contratos de Empréstitos. La negociación y firma de los contratos de empréstitos corresponderá al Intendente Municipal.

Formalizado el contrato de empréstito, el Intendente lo remitirá a la Junta Municipal para su consideración.

Los contratos de empréstito serán válidos y exigibles sólo en caso de ser aprobados por las respectivas Juntas Municipales.

Capítulo IV
Del Sistema de Contabilidad Municipal

Artículo 200. Las Municipalidades en cuanto a sus Sistemas de Contabilidad: Objetivo, características principales del sistema, contabilidad institucional, fundamentos técnicos y estructura de la contabilidad municipal, se regirán por las disposiciones establecidas en la Ley N° 1.535/99 "DE ADMINISTRACIÓN FINANCIERA DEL ESTADO" y sus decretos y resoluciones reglamentarias que le sean aplicables.

Capítulo V
Del Sistema de Control y Evaluación

Artículo 201. Estructura del Sistema de Control. El sistema de control de la Administración Financiera Municipal será interno y externo, y estará a cargo de las respectivas Juntas Municipales, de los órganos de auditoría interna que determine cada Intendencia Municipal, y de la Contraloría General de la República.

Artículo 202. Control Interno. El control interno está conformado por los instrumentos, mecanismos y técnicas de control, que serán establecidos en la reglamentación pertinente. El control interno comprende el control a cargo del órgano de la auditoría interna que determine la Intendencia y el control a cargo de la Junta Municipal.

Artículo 203. Control Externo. El control externo estará a cargo de la Contraloría General de la República, que tendrá a su cargo el estudio de la rendición y el examen de cuentas de las municipalidades, a los efectos del control de la ejecución del presupuesto, la administración de los fondos y el movimiento de los bienes. Se basará, principalmente, en la verificación y evaluación de los documentos que respaldan las operaciones contables que dan como resultado los estados de situación financiera, presupuestaria y patrimonial, sin perjuicio de otras informaciones que se podrán solicitar para la comprobación de las operaciones realizadas.

Artículo 204. Información Contable para el Control Externo. Las municipalidades deben tener a disposición de los órganos del control interno y externo correspondientes, la contabilidad al día y la documentación respaldatoria de las cuentas correspondientes a las operaciones efectuadas y registradas.

Artículo 205. Auditorías Externas Independientes. Sin perjuicio de lo establecido en el artículo anterior, las municipalidades podrán contratar auditorías externas independientes.

Artículo 206. Rendición de la Ejecución Presupuestaria. La rendición anual de cuentas de la ejecución presupuestaria comprenderá el balance patrimonial y de ingresos y egresos, el estado financiero, la comparación analítica del presupuesto general y de su ejecución y el inventario de bienes patrimoniales y otros requisitos establecidos en la reglamentación correspondiente que dicte la Contraloría General de la República.

Artículo 207. Procedimiento. La rendición anual de cuentas de la ejecución presupuestaria será sometida a la aprobación o rechazo de la Junta Municipal respectiva y al posterior examen de la Contraloría General de la República.

A tales efectos, la Intendencia Municipal remitirá a la Junta Municipal la rendición de cuentas de la ejecución presupuestaria dentro de los tres primeros meses del año siguiente.

La Junta Municipal considerará la rendición, dando su aprobación o rechazo en el plazo de cuarenta días de recibida dicha comunicación. Transcurrido dicho plazo sin que la Junta Municipal se pronunciare, se la tendrá por aprobada.

Si lo considerare necesario, podrá requerir la documentación respaldatoria de la rendición de cuentas y el Intendente deberá remitirla dentro del plazo establecido en el requerimiento. La falta de cumplimiento de esta requisitoria podrá ser considerada como una causal de rechazo de la rendición de cuentas.

En caso de rechazo, la Junta devolverá la rendición de cuentas de la ejecución presupuestaria a la Intendencia con las observaciones correspondientes.

La Intendencia Municipal considerará dichas observaciones y en el plazo de treinta días de recibida la devolución, enviará nuevamente dicha rendición a la Junta, la que la aprobará o rechazará, en este último caso, con el voto de la mayoría absoluta de dos tercios.

La Intendencia remitirá a la Contraloría General de la República la Resolución de la Junta Municipal que apruebe o rechace la rendición de cuentas de la ejecución presupuestaria, acompañada de los documentos correspondientes, para su examen, de acuerdo con las leyes y reglamentaciones respectivas.

Artículo 208. Informes. La Intendencia Municipal deberá presentar a la Junta Municipal para su conocimiento, un informe sobre la ejecución presupuestaria cada cuatro meses dentro de los treinta días siguientes.

TÍTULO OCTAVO
DEL RÉGIMEN DE CONTRATACIÓN MUNICIPAL

Artículo 209. Ámbito de Aplicación. Las contrataciones públicas, que realicen las municipalidades, se regirán por las disposiciones de la Ley N° 2.051/03 "DE CONTRATACIONES PÚBLICAS" o la que le sustituya y por las normas establecidas en esta Ley.

Artículo 210. Información al Sistema de Información de Contrataciones Públicas. Las informaciones que suministren las municipalidades al Sistema de Información de Contrataciones Públicas (SICP), serán realizadas al solo efecto de garantizar la transparencia y el acceso del público a la información y no implicarán la sujeción de las contrataciones municipales a autorizaciones o aprobaciones de la Unidad Central Normativa y Técnica del Ministerio de Hacienda (UCNT).

Si la Unidad Central Normativa y Técnica detectare alguna irregularidad en el procedimiento de contratación municipal, deberá comunicar dicha circunstancia a la Contraloría General de la República y a la respectiva Junta Municipal para que estos órganos ejerzan sus funciones de control pertinentes.

Artículo 211. Iniciativa Contractual. Todo procedimiento de contratación deberá ser iniciado por la Intendencia Municipal.

Artículo 212. Inicio del Proceso. La Intendencia Municipal deberá solicitar a la Junta Municipal la aprobación del Pliego de Bases y Condiciones correspondiente, así como la autorización para realizar llamados a Licitación Pública o Licitación por concurso de ofertas.

Artículo 213. Consideración del Pliego de Bases y Condiciones de la Junta Municipal. La Junta Municipal tendrá un plazo máximo de treinta días para aprobar, modificar o rechazar el Pliego de Bases y Condiciones.

Artículo 214. Aprobación Automática. El silencio de la Junta Municipal durante el plazo señalado en el artículo anterior, será considerado como aprobación automática.

Artículo 215. Adjudicación. La adjudicación corresponde a la Intendencia Municipal.

Artículo 216. Aprobación de la Adjudicación. Corresponde a la Junta Municipal aprobar la adjudicación de las licitaciones públicas y de las licitaciones por concurso de ofertas. Si no se expidiere en el plazo de veinte días computados desde la recepción de los antecedentes del caso, se considerará que ha habido una aprobación automática.

Artículo 217. Contratación. Aprobada la adjudicación, la Intendencia Municipal procederá a suscribir el contrato respectivo, previo otorgamiento por parte del interesado de la correspondiente garantía de cumplimiento de contrato.

Artículo 218. Obligación de Parecer Jurídico. Tanto la Junta como el Intendente Municipal deberán requerir el dictamen del Director Jurídico antes de aceptar, suscribir o rescindir cualquier contrato.

Artículo 219. Excepción de la Obligación de Retención sobre Contratos Suscriptos. Exceptúase a las municipalidades de la obligación de retener la contribución sobre contratos suscriptos prevista en el Artículo 41 de la Ley N° 2.051/03 "DE CONTRATACIONES PÚBLICAS".

TÍTULO NOVENO
DEL RÉGIMEN DEL PERSONAL MUNICIPAL

Artículo 220. Régimen Jurídico. Serán aplicables a las municipalidades y a su personal, las disposiciones de la Ley "DE LA FUNCIÓN PÚBLICA", que regula la situación jurídica de los funcionarios públicos en general, en todo lo que no contradigan a las normas especiales previstas en la presente Ley.

Artículo 221. Cargos de Confianza.

Son cargos de confianza de la municipalidad, y sujetos a libre disposición, los ejercidos por las siguientes personas:

a) El secretario general de la municipalidad;

b) El secretario privado del Intendente;

c) El secretario general de la Junta Municipal;

d) El director jurídico, el director administrativo, el director de hacienda y finanzas, el tesorero, y los funcionarios que ocupen cargos con funciones y jerarquías similares, con excepción de los que integran la carrera de la función pública;

e) Los funcionarios que ocupen el nivel de directores generales, directores o cargos de jerarquía equivalentes, con excepción de los que integran la carrera de la función pública.

Esta enumeración es taxativa.

Quienes ocupen tales cargos, podrán ser removidos por la autoridad de nombramiento. La remoción de estos cargos, aún por causas no imputables al funcionario, no conlleva los efectos económicos del despido. Los funcionarios que hayan sido promovidos a ocupar estos cargos conservan los derechos adquiridos con anterioridad al respectivo nombramiento.

Artículo 222. Designación Provisoria. El cargo que ocupara el funcionario designado para otro calificado en esta Ley como "cargo de confianza", será cubierto provisionalmente por quien corresponda según el escalafón. Del mismo modo y, sucesivamente, se llenarán las consecuentes vacancias.

Artículo 223. Sanciones Disciplinarias. Las sanciones disciplinarias correspondientes a las faltas graves cometidas por el personal dependiente de la Intendencia, serán aplicadas por el Intendente Municipal, previo sumario administrativo a cargo de un Juez Instructor que dicha autoridad designe. La resolución que dicte el Intendente será fundada y se pronunciará sobre la comprobación de los hechos investigados, la culpabilidad o inocencia del encausado y, en su caso, la sanción correspondiente.

Las sanciones disciplinarias cometidas por el personal dependiente de la Junta Municipal serán aplicadas por el Presidente de la Junta Municipal, conforme al procedimiento establecido en el párrafo anterior.

TÍTULO DÉCIMO
DE LA PLANIFICACIÓN Y ORDENAMIENTO TERRITORIAL DEL MUNICIPIO

Capítulo I
Generalidades

Artículo 224. Planificación del Municipio. Las municipalidades establecerán un sistema de planificación del municipio que constará, como mínimo, de dos instrumentos: el plan del desarrollo sustentable del municipio y el plan del ordenamiento urbano y territorial.

Artículo 225. El Plan de Desarrollo Sustentable. El Plan de Desarrollo Sustentable tendrá por finalidad el desarrollo urbano y rural armónico con sus recursos naturales, con miras al bienestar colectivo.

El Plan de Desarrollo Sustentable es un instrumento técnico y de gestión municipal en el que se define los objetivos, líneas estratégicas, programas y proyectos en los ámbitos social, económico, ambiental, institucional y de infraestructura orientados a lograr la equidad social, el crecimiento económico y la sustentabilidad ecológica en el municipio.

El Plan de Desarrollo Sustentable tendrá como contenido básico un plan social, un plan económico y un plan ambiental del municipio.

Los planes operativos y de inversión de la municipalidad deberán responder al Plan de Desarrollo Sustentable.

Los organismos de la Administración Central, las entidades descentralizadas y las gobernaciones coordinarán con las municipalidades sus planes y estrategias, a fin de armonizarlas con el Plan de Desarrollo Sustentable del municipio.

Artículo 226. Plan de Ordenamiento Urbano y Territorial.

El Plan de Ordenamiento Urbano y Territorial tendrá por finalidad orientar el uso y ocupación del territorio en el área urbana y rural del municipio para conciliarlos con su soporte natural.

El Plan de Ordenamiento Urbano y Territorial es un instrumento técnico y de gestión municipal donde se definen los objetivos y estrategias territoriales en concordancia con el Plan de Desarrollo Sustentable y contiene como mínimo los siguientes aspectos:

a) la delimitación de las áreas urbana y rural;

b) la zonificación del territorio: establecimiento de zonas con asignaciones y limitaciones de usos específicos en función a criterios de compatibilización de actividades, optimización de sus interacciones funcionales y de concordancia con la aptitud y significancia ecológica del régimen natural;

c) el régimen de fraccionamiento y de loteamiento inmobiliario para cada zona;

d) el régimen de construcciones;

e) el sistema vial; y,

f) el sistema de infraestructura y servicios básicos.

Artículo 227. Dimensión de los Lotes. Se considerará superficie mínima de lote urbano 360 (trescientos sesenta) metros cuadrados.

Cada municipalidad podrá, a través de ordenanza, establecer dimensiones mínimas superiores al párrafo anterior.

Excepcionalmente, para implementar soluciones habitacionales de carácter social o autorizar los asentamientos de hecho que sean anteriores a la vigencia de esta Ley, podrán establecerse medidas menores aprobadas por Ordenanza.

Artículo 228. Área Edificada. El área edificada de los solares no podrá exceder de los límites que fijen las Ordenanzas Municipales según las zonas urbanas, pero en ningún caso, pasará del 75% (setenta y cinco por ciento) de la superficie del terreno.

Artículo 229. Dimensión de Calles y Avenidas. Las avenidas deberán tener un ancho mínimo de 32 m. (treinta y dos metros), y el de las calles no será menor de 16 m. (dieciséis metros), incluyendo las veredas.

Los loteamientos que linden con rutas nacionales o internacionales deberán prever una calle interna, paralela a dichas rutas.

Excepcionalmente, para implementar soluciones a los asentamientos de hecho de carácter social, anteriores a la vigencia de esta Ley, se podrán fijar medidas inferiores, siempre que permita el acceso de vehículos de emergencia, por ordenanza aprobada por una mayoría absoluta de dos tercios de la Junta Municipal.

Artículo 230. Sistema de Información Catastral. Las municipalidades establecerán un sistema de información catastral de inmuebles.

La elaboración, actualización continua y aprobación del catastro es atribución de la Intendencia.

El catastro deberá ajustarse a las normas técnicas que elabore el Servicio Nacional de Catastro. A tales efectos, la Intendencia deberá remitir la información catastral generada al Servicio Nacional de Catastro, a fin de que este organismo verifique el cumplimiento de los reglamentos técnicos previamente establecidos y dicte la resolución pertinente.

Sólo en caso de desajuste con las normas técnicas vigentes, el Servicio Nacional de Catastro podrá emitir observaciones y formular el requerimiento pertinente a la Intendencia para que introduzca las modificaciones correspondientes y se ajuste a las normas técnicas.

La resolución del Servicio Nacional de Catastro deberá ser expedida dentro del plazo de ciento ochenta días, a partir de la fecha de la presentación realizada por la Intendencia. En caso contrario, se considerará que la información catastral no tiene reparos.

La Intendencia aprobará el catastro por Resolución. Copia de la misma será remitida al Servicio Nacional de Catastro para la incorporación de la información catastral al régimen de catastro nacional.

Artículo 231. Elaboración Parcial del Catastro. La elaboración del catastro e incorporación de la información al régimen de catastro del Servicio Nacional de Catastro podrá realizarse de manera parcial con relación al área total del municipio.

Capítulo II
De la Superficie y Límites de las Áreas Urbanas

Artículo 232. Límites de las Áreas Urbanas. Los límites de las áreas urbanas del municipio serán determinados por Ordenanza atendiendo a:

a)   la distribución y densidad de la población;

b)   los equipamientos y servicios disponibles y proyectados;

c)   la expansión urbana proyectada; y,

d)   los límites físicos naturales o artificiales.

Artículo 233. Procedimiento de Delimitación. La delimitación de las áreas urbanas del municipio deberá ajustarse a las normas técnicas que dicte por resolución el Servicio Nacional de Catastro.

A tales efectos, con anterioridad al tratamiento del proyecto de la ordenanza, la Intendencia deberá remitir al Servicio Nacional de Catastro, copia del anteproyecto de delimitación urbana, a fin de que este verifique el cumplimiento de los reglamentos técnicos previamente establecidos y dicte la resolución pertinente.

Solo en caso de desajuste con las normas técnicas vigentes, el Servicio Nacional de Catastro podrá emitir observaciones y formular el requerimiento pertinente a la Intendencia para que introduzca las modificaciones correspondientes y se ajuste a las normas técnicas.

La resolución del Servicio Nacional de Catastro deberá ser expedida dentro del plazo de sesenta días, a partir de la fecha de la presentación de la Intendencia. En caso contrario, se considerará que el anteproyecto de delimitación urbana no tiene reparos y cuenta con resolución favorable del Servicio Nacional de Catastro.

La Intendencia remitirá a la Junta Municipal el proyecto de Ordenanza de delimitación urbana y la resolución favorable del Servicio Nacional de Catastro.

Una vez dictada la Ordenanza de delimitación urbana, la Intendencia remitirá al Servicio Nacional de Catastro una copia de la misma, a fin de que registre los nuevos límites fijados en el catastro nacional.

Artículo 234. Transferencias de Inmuebles a la Municipalidad. Cuando por la extensión de las áreas urbanas, se afectaren tierras fiscales, ellas serán transferidas a título gratuito a las municipalidades. Dicha transferencia será formalizada dentro del plazo de ciento ochenta días de la entrada en vigencia de la Ordenanza respectiva, por la Escribanía Mayor de Gobierno.

Capítulo III
Normas Generales sobre Construcciones e Instalaciones

Artículo 235. Régimen General de Construcciones. Toda persona interesada en construir, ampliar, reformar o demoler una obra deberá obtener previamente un permiso de la Municipalidad y ajustarse a las normas establecidas en las leyes y en las ordenanzas. Esta disposición rige igualmente para las entidades y organismos de derecho público y privado.

Los permisos municipales de construcción serán actos administrativos reglados y se limitarán a verificar el cumplimiento de las normas establecidas en las leyes y ordenanzas.

Artículo 236. Seguridad en Edificios.

Todos los edificios deberán contar con medidas de seguridad de acuerdo con la naturaleza del mismo y como mínimo deberá contemplar:

1) protección preventiva, a través principalmente, del control de instalaciones eléctricas, gas, calefacción, y del uso de material inflamable;

2) protección pasiva o estructural, relacionada con la construcción de edificios, considerando la situación de éstos en orden, especialmente, a su resistencia al fuego, puertas contra incendio, cajas de escaleras, ascensores protegidos, escaleras de escape de incendio y helipuerto; y,

3) protección activa, o capacidad para combatir siniestros, contando para ello con equipos manuales y otros de mayor envergadura, instalaciones fijas, alarmas, detectores y capacitación del personal.

La habilitación parcial o total de los edificios estará supeditada al cumplimiento de las condiciones establecidas en cada caso, conforme a las disposiciones de este artículo.

Artículo 237. Construcción o Instalación de Monumentos y Otros. La construcción o instalación de bustos, estatuas o monumentos conmemorativos de personas fallecidas o acontecimientos históricos en lugares públicos, deberá ser aprobada por Ordenanza.

Artículo 238. Instalaciones Publicitarias. Todas las personas interesadas en instalar carteles, letreros u otros anuncios publicitarios en la vía pública o perceptible desde la vía pública, deberán obtener previamente un permiso municipal y ajustarse a las normas establecidas en las leyes y ordenanzas.

Capítulo IV

De los Loteamientos

Artículo 239. Definición. Se entenderá por "loteamiento" a toda división de inmueble en dos o más partes.

Las expresiones loteamiento, fraccionamiento o parcelamiento serán consideradas equivalentes. Paralelamente, las partes resultantes de la división del inmueble podrán ser denominadas indistintamente: lotes, fracciones o parcelas.

Artículo 240. Alcance Normativo. Las disposiciones de la presente Ley se aplicarán a los loteamientos realizados tanto por personas físicas como jurídicas; públicas o privadas, sin excepción alguna.

Asimismo, se aplicarán las disposiciones de esta Ley, a aquellos inmuebles provenientes de sucesión o partición de condominio sea cual fuere el motivo, el origen o la finalidad de la división.

Igualmente, quedan sometidas a las disposiciones de esta Ley, aquellas divisiones que tienen por finalidad la anexión de una parte de un inmueble a otro.

Artículo 241. Requisitos para la Aprobación.

El interesado en obtener la aprobación municipal del loteamiento de un inmueble deberá presentar la solicitud respectiva a la Intendencia Municipal, acompañando los siguientes recaudos:

a)   la copia autenticada del título de propiedad. En caso que se trate de un condo-
     minio, el pedido deberá estar firmado por todos los copropietarios o deberá
     acreditarse fehacientemente la representación de los mismos;

b)   el Certificado de Condiciones de Dominio, que deberá ser expedido por la Di-
     rección General de los Registros Públicos. Si el inmueble está gravado con hi-
     poteca se requerirá la conformidad del acreedor hipotecario. No procederá a la
     aprobación si está embargado o si está inscripto como litigioso;

c)   el comprobante de pago del impuesto inmobiliario. Dicho comprobante deberá
     acreditar el pago de la última obligación que haya vencido. No se tendrá en
     cuenta la existencia de deudas tributarias por otros conceptos, aunque se trate
     del impuesto inmobiliario relativo a inmuebles distintos al afectado por el pro-
     yecto;

d)   el informe descriptivo del inmueble. Este informe descriptivo, también deno-
     minado informe pericial, deberá ser elaborado y firmado por un profesional
     matriculado en el municipio de que se trate, en tantas copias como las que es-
     tablezca, vía reglamentación, la Intendencia Municipal.

     Dicho informe deberá contener:

     1)   la individualización exacta y precisa del inmueble a ser loteado, con indi-
          cación de los siguientes datos: a) Cta. Cte. Ctral.; y b) Finca, con expre-
          sión del Distrito, la Sección, la fecha, el tomo y el folio de su inscripción
          en la Dirección General de los Registros Públicos;

     2)   la indicación de la superficie total del inmueble a ser loteado;

     3)   la especificación de los linderos del inmueble a ser loteado y las referen-
          cias naturales y artificiales dentro del inmueble y fuera de él para su ubi-
          cación en el municipio;

     4)   la indicación de la superficie de cada una de las fracciones resultantes del
          loteamiento;

     5)   la especificación de los linderos de cada una de las fracciones resultantes
          del loteamiento;

     6)   la indicación, en su caso, de las fracciones destinadas para calles y aveni-
          das, con sus respectivas superficies y linderos;

     7)   la especificación, en su caso, de las fracciones destinadas para plazas, con
          sus respectivas superficies y linderos;

     8)   la indicación, en su caso, de las fracciones destinadas para edificios
          públicos, con sus respectivas superficies y linderos;

     9)   la individualización del propietario del inmueble; y,

     10) la mención y firma del profesional responsable del informe.

     Todas las indicaciones técnicas del informe pericial deberán realizarse con
     coordenadas y grados y referencias existentes, en cuanto fueren pertinentes.

e)   el plano de fraccionamiento. A través del mismo, se deberá describir gráfica-
     mente el contenido del informe pericial relacionado con el loteamiento que se
     pretende realizar. Dicho plano deberá ser elaborado y firmado por el mismo
     profesional matriculado que confeccionó el informe pericial, en tantos juegos
     como copias del informe requiera la municipalidad.

Artículo 242. Requisitos para Casos Especiales.

Además de los requisitos señalados en el artículo anterior, el proyecto de loteamiento podrá requerir el acompañamiento de los siguientes requisitos:

a) Estudio de evaluación de Impacto Ambiental: En los casos señalados en la Ley N° 294/93 "DE EVALUACIÓN DE IMPACTO AMBIENTAL" y sus reglamentaciones; y,

b) Mensura judicial: Si el inmueble cuyo loteamiento se pretende no estuviere adecuadamente delimitado o existieren dudas con relación a dicha delimitación, se requerirá la mensura judicial previa.

Artículo 243. Requisitos Urbanísticos. Los proyectos de loteamientos deberán cumplir con las disposiciones establecidas en las leyes y ordenanzas correspondientes a su desarrollo urbano.

La Municipalidad proporcionará al interesado en el loteamiento los criterios generales que deberá respetar, a fin de armonizar con los trazados de las calles previstas en los terrenos adyacentes o con los estudios relativos al Plan de Ordenamiento Urbano y Territorial.

Artículo 244. Aprobación Municipal. Todo loteamiento debe ser previamente aprobado por la municipalidad, conforme al procedimiento previsto en el artículo siguiente, antes de su implementación.

Artículo 245. Procedimiento de Aprobación. El loteamiento requiere la aprobación provisoria de la Intendencia Municipal y la aprobación definitiva de la Junta Municipal, conforme al procedimiento que se detalla más abajo:

a) Aprobación provisoria de la Intendencia:

Una vez cumplidos los requisitos establecidos en la legislación, la Intendencia Municipal dictará una resolución fundada, aprobando provisoriamente el loteamiento en cuestión dentro del plazo máximo de treinta días, contados desde el cumplimiento de la totalidad de los requisitos por parte del propietario.

De existir objeciones, la Intendencia Municipal deberá rechazar el proyecto mediante resolución fundada.

b) Aprobación definitiva o ratificación de la Junta:

Una vez aprobado provisoriamente el loteamiento por parte de la Intendencia Municipal y cumplidas las obligaciones impuestas al propietario en los Artículos 246 "Obligaciones del propietario" y 247 "Contribución inmobiliaria obligatoria" de este Capítulo, el Expediente será puesto a consideración de la Junta Municipal, la que deberá expedirse en el plazo máximo de quince días, contados desde su recepción en la sesión ordinaria de la Junta Municipal.

Si no existieren objeciones, se aprobará en forma definitiva el proyecto de loteamiento ratificando la resolución de la Intendencia Municipal. En caso contrario, el proyecto será rechazado mediante resolución fundada.

c) Aprobación automática:

Si la Junta Municipal no se pronunciara dentro del plazo previsto en el inciso anterior, el proyecto de fraccionamiento se considerará aprobado en forma automática, siempre y cuando se hayan cumplido las obligaciones impuestas al propietario en los Artículos referidos 246 "Obligaciones del propietario" y 247 "Contribución inmobiliaria obligatoria".

En ese caso, la Intendencia Municipal deberá, a pedido de interesado, emitir una constancia en la que se certifique dicha aprobación definitiva ante el silencio de la Junta Municipal, previa verificación del cumplimiento de las obligaciones impuestas al propietario mencionadas en el párrafo anterior.

Artículo 246. Obligaciones del Propietario. Una vez obtenida la aprobación provisoria de la Intendencia Municipal, el propietario tendrá treinta días para realizar los siguientes trabajos:

a)   delimitación y amojonamiento de cada una de las fracciones resultantes;

b)   realización de las obras de drenaje y otras que se hubieren exigido;

c)   apertura y limpieza de las fracciones destinadas para calles y avenidas;

d)   apertura y limpieza de las fracciones destinadas para plazas y edificios públicos;

e)   ajuste de las rasantes de las vías públicas;

f)   transferencia e inscripción en la Dirección General de los Registros Públicos de las fracciones destinadas para uso público, debiendo indicarse expresamente la naturaleza pública de las mismas, así como el destino que se les asigna; y,

g)   pago del impuesto al fraccionamiento del inmueble.

Artículo 247. Contribución Inmobiliaria Obligatoria. Se entenderá por "contribución inmobiliaria obligatoria" la superficie de terreno que el propietario de un inmueble deberá transferir gratuitamente a favor de la Municipalidad, en concepto de vías de circulación, de plazas o de edificios públicos.

En los inmuebles que alcancen o superen las dos hectáreas de superficie, la contribución será equivalente al 5% (cinco por ciento) de la misma, que será destinada para plaza y/o edificios públicos en la ubicación que la municipalidad decida según los planes y necesidades urbanísticas.

Si el inmueble fuere igual o superior a tres hectáreas, la contribución será del 7% (siete por ciento).

Artículo 248. Ubicación de las Fracciones Públicas. Tanto el trazado de las vías de circulación (calles y avenidas) como la ubicación de las fracciones destinadas para plazas y/o edificios públicos serán determinados por la Municipalidad, para lo cual el profesional encargado de la confección del proyecto deberá realizar las consultas técnicas previas que correspondan.

De acuerdo con criterios urbanísticos debidamente fundados, se podrá dividir la fracción destinada para plaza y/o edificios públicos, ubicándolas en dos o más sitios distintos dentro del proyecto de fraccionamiento.

Artículo 249. Responsabilidad por los Gastos. Los gastos que demanden la transferencia e inscripción de las fracciones que deben transferirse a favor de la municipalidad en concepto de contribución inmobiliaria obligatoria, correrán por cuenta del loteador.

Por otro lado, los gastos de transferencia de los lotes, ya sean al contado o a plazo, serán cubiertos por vendedor y comprador en partes iguales. La escritura de dicha transferencia se realizará en cualquier escribanía del municipio en el cual se realizó el loteamiento.

Artículo 250. Venta de Lotes a Plazo - Obligación de Inscripción. El propietario que obtenga la aprobación de un proyecto de fraccionamiento de un inmueble cuyos lotes serán ofertados para compra-ventas a plazo, deberá inscribir en la Dirección General de los Registros Públicos, los siguientes:

a) la Resolución Municipal de aprobación definitiva del proyecto en cuestión, como una nota marginal puesta en el Registro de la Finca correspondiente; y,

b) el contrato de compra-venta tipo a ser utilizado en la operación.

La formalización de cada uno los contratos de compra-venta a plazo, deberá también ser inscripta tanto en la Dirección General de los Registros Públicos como en la Dirección de Catastro de la municipalidad o en la repartición que la Intendencia Municipal indique.

Artículo 251. Creación de una División Especial. A los efectos de la inscripción del contrato de compra-venta tipo, así como de los respectivos contratos debidamente formalizados entre vendedor y comprador, el Registro de Inmuebles de la Dirección General de los Registros Públicos habilitará una nueva División en cada una de sus Secciones, la que se agregará a la nómina de 5 Divisiones previstas en el Artículo 265 del Código de Organización Judicial.

Artículo 252. Número de Ejemplares del Contrato. El contrato de compra-venta de lotes a plazo deberá expedirse en tres ejemplares de idéntico contenido y mismo tenor. Uno de esos ejemplares quedará en poder del vendedor, otro ejemplar quedará en poder del comprador y el tercer ejemplar deberá quedar en el Registro General de la Propiedad, específicamente en la División Sexta creada conforme al artículo anterior, debiendo confeccionarse el correspondiente Libro Índice.

Artículo 253. Efectos de la Inscripción. La inscripción de los contratos de compra-venta de lotes a plazo suscritos entre vendedor y comprador implican la indisponibilidad del inmueble por parte del vendedor. En consecuencia, el referido inmueble no podrá ser vendido, arrendado ni constituirse sobre los mismos derechos reales de ningún tipo. La realización de estas operaciones será consideradas nulas.

No obstante, tanto el vendedor como el comprador podrán ceder sus respectivos derechos, de conformidad con las reglas del derecho común.

Artículo 254. Cláusulas Contractuales obligatorias. Todo contrato de compra-venta de lotes a plazo deberá contener los siguientes datos:

a) nombre completo o denominación de la persona física o jurídica que vende el inmueble;

b) nombre completo o denominación de la persona física o jurídica que adquiere el inmueble;

c) domicilio de las partes;

d) individualización exacta del inmueble objeto del contrato de compra-venta, con indicación de los siguientes datos: i) ubicación de la fracción en el loteamiento y en el municipio; ii) número de manzana; iii) número de lote o de Cuenta Corriente Catastral; iv) superficie total del lote; v) linderos y accidentes naturales dentro del lote;

e) precio de venta;

f) plazo de pago;

g)   monto de cada una de las cuotas;

h)   periodicidad del pago de las cuotas;

i)   número de la resolución a través de la cual se aprobó en forma definitiva el proyecto de fraccionamiento de referencia;

j)   descripción de los datos de la inscripción de la matriz en la Dirección General de los Registros Públicos: finca, distrito, sección, fecha, tomo y folio.

Artículo 255. Cláusulas Contractuales Implícitas. Aunque en los contratos de compra-venta a plazo no se encuentren literalmente expresadas, se considerarán que forman parte del mismo, las siguientes cláusulas:

a)   la obligación del vendedor de otorgar la posesión libre del lote al efectuarse el pago de la primera cuota;

b)   la obligación del vendedor de transferir el dominio del lote en cuestión, una vez que el comprador haya efectuado el pago del 25% (veinticinco por ciento) cuando menos del precio total convenido. En este caso, el lote de referencia deberá quedar gravado con hipoteca a favor del vendedor hasta la cancelación total del saldo de la deuda;

c)   que, la rescisión unilateral del contrato imputable al comprador por falta de pago a su vencimiento sólo podrá tener lugar cuanto exista un atraso superior a las diez cuotas;

d)   que, en el caso que el contrato se rescinda por cualquier causa, el comprador podrá retirar, a su costa, las mejoras que ha introducido en el inmueble;

e)   que, en el caso que materialmente sea imposible el retiro de dichas mejoras, se procederá su tasación debiendo abonarse el importe de la misma al propietario de ellas, ya sea en forma directa por parte del propietario del inmueble o a través de una subasta, dentro del plazo máximo de tres meses, contados desde la realización de la tasación; y,

f)   que, tanto la limpieza como el mantenimiento en buen estado del lote son responsabilidad del comprador.

Artículo 256. Cláusula Contractual Nula. Será considerada nula y, por lo tanto, sin ningún valor, aquella cláusula contractual que disponga que las mejoras introducidas por el comprador quedarán en poder del vendedor en caso de que el contrato de compra-venta se rescinda por falta de pago de las cuotas a su vencimiento.

Artículo 257. Embargo Decretado contra el Vendedor. Los embargos preventivos o ejecutivos que se decreten judicialmente contra el vendedor de un lote a plazo, que se verifiquen con posterioridad a la inscripción del contrato de compra-venta correspondiente, solamente afectarán al crédito que posea el vendedor con relación al comprador por las cuotas aún no abonadas.

Artículo 258. Concurso de Acreedores y Quiebra del Vendedor. Los contratos de compra-venta de lotes a plazo serán oponibles contra terceros acreedores del vendedor, tanto en el Concurso de Acreedores como en la Quiebra, siempre y cuando se hubiere abonado por lo menos el 25% (veinticinco por ciento) del precio total.

En este caso, el Síndico deberá otorgar la correspondiente Escritura Pública de Transferencia a favor del comprador, constituyendo una garantía real de hipoteca sobre el saldo adeudado.

Artículo 259. Obligaciones de la Dirección General de los Registros Públicos. Cuando el Registro General de la Propiedad expida un Certificado de Dominio, deberá también expedirse sobre las notas marginales que existieren con relación al inmueble en cuestión, así como sobre el contenido del Registro de la División Sexta relativa a los contratos de compra-venta de lotes a plazo.

Si el contrato de compra-venta de lotes a plazo no reúne los requisitos mínimos exigidos en esta Ley, el Registro deberá rechazar su inscripción.

Capítulo V

De los Conjuntos Habitacionales y de la Propiedad Horizontal

Artículo 260. Conjunto Habitacional o Residencial. Se considerará "conjunto habitacional o residencial" al grupo de unidades habitacionales reunidas o aisladas en un mismo edificio, cuya propiedad pueda ser individual o colectiva.

Artículo 261. Áreas Libres en Conjuntos Habitacionales.

Los conjuntos habitacionales o residenciales tendrán un porcentaje de áreas libres según su tamaño:

a) en terrenos mayores de 8.000 m2 (ocho mil metros cuadrados) de superficie, deberán contar con un área libre mínima del 30% (treinta por ciento) de la superficie total del terreno; y,

b) en terrenos entre 600 m2 (seiscientos metros cuadrados) y 7.999 m2 (siete mil novecientos noventa y nueve metros cuadrados), deberán contar con un área libre mínima de 25% (veinticinco por ciento) de la superficie total del terreno.

Como mínimo, el 50% (cincuenta por ciento) de estas áreas libres estará destinado a espacios recreativos colectivos.

Artículo 262. Requisitos de Aprobación. Los proyectos de conjuntos habitacionales o residenciales, para ser aprobados, deberán estar provistos, como mínimo, de los servicios de agua potable, energía eléctrica, desagües cloacales y pluviales, red de alumbrado público. Las redes viales internas deberán permitir el acceso de vehículos de emergencia.

Artículo 263. Reglamentación de Conjuntos Habitacionales. La localización, construcción y habilitación, así como el tipo de diseño de las unidades de los conjuntos habitacionales o residenciales y otros aspectos serán reglamentados por ordenanzas, según sus planes urbanos.

Artículo 264. Edificios por Pisos o Departamentos. Los edificios construidos por pisos o departamentos conforme al régimen establecido por el Código Civil, serán objeto de regulación por Ordenanza, en la cual se determinará la superficie mínima de las unidades, las facilidades de acceso y de circulación y las medidas de prevención contra incendio y otras medidas de seguridad que considere el municipio.

Artículo 265. Procedimiento. Los proyectos de conjuntos habitaciones deberán ser aprobados por la Intendencia con anterioridad a su ejecución, conforme con las normas de procedimiento que se establezcan por Ordenanza.

Artículo 266. Inscripción de Contratos de Compra-Venta. Los contratos o boletos de compra-venta de los pisos o departamentos mencionados en el artículo anterior, serán inscriptos por el vendedor, en el Registro de Catastro Municipal, en la Dirección General de los Registros Públicos y en el Servicio Nacional de Catastro en un plazo no mayor de treinta días de la firma de los mismos.

Capítulo VI
De la Expropiación

Artículo 267. Expropiación por Causa de Interés Social. Para la ejecución de los planes de desarrollo urbano, se podrá gestionar la expropiación por causa de interés social de los inmuebles a ser afectados. A dichos efectos, el Intendente Municipal solicitará a la Junta Municipal la autorización, que debe indicar:

a)   los fundamentos de la medida solicitada;

b)   la situación jurídica del inmueble;

c)   el destino que tendrá el mismo;

d)   el informe pericial georreferenciado y los planos del inmueble;

e)   avaluación fiscal del bien a expropiar; y,

f)   la fuente de recursos para sufragar los costos.

Una vez promulgada la Ley de expropiación, la Municipalidad y los propietarios acordarán en un plazo no mayor a noventa días, el precio del inmueble expropiado. Si no llegaren a un acuerdo se acudirá inmediatamente al Juez de Primera Instancia en lo Civil para la determinación judicial del precio.

Si la expropiación correspondiera a la mayor parte del inmueble, y la porción restante no pudiere tener un destino útil para el propietario, deberá ella abarcar la totalidad del terreno.

TÍTULO UNDÉCIMO
DE LAS ACCIONES Y RECURSOS CONTRA LAS RESOLUCIONES Y DEMÁS ACTOS MUNICIPALES

Capítulo I
Procedimientos y Recursos Administrativos

Artículo 268. Sanciones Tributarias. Los procedimientos para sancionar administrativamente las infracciones tributarias municipales y el régimen de recursos, se rigen por las disposiciones pertinentes de la legislación tributaria, municipal y nacional.

Artículo 269. Sanciones Disciplinarias. Las sanciones disciplinarias al personal municipal y el régimen de recursos se rigen por las disposiciones pertinentes de la Ley N° 1.626/00 "DE LA FUNCIÓN PÚBLICA".

Artículo 270. Recursos de Reconsideración o Reposición. El recurso de reconsideración o reposición es de carácter optativo y podrá interponerse contra el mismo órgano que dictó la resolución; dentro del plazo perentorio de diez días hábiles, computados a partir del día siguiente de la fecha en que se notificó la resolución que se recurre. El órgano administrativo deberá resolver el recurso dentro del plazo de diez días hábiles. En caso de que dicho órgano ordene pruebas o medidas para mejor proveer, dicho plazo se contará desde que se hubieren cumplido éstas.

Si no se emitiere resolución en el término señalado, se entenderá que hay denegatoria tácita del recurso.

El recurso de reconsideración no procederá contra las resoluciones dictadas por el Intendente en un recurso de apelación.

Artículo 271. Recurso de Apelación o Jerárquico. El recurso de apelación o jerárquico podrá interponerse en el perentorio término de cinco días hábiles, en contra de una resolución expresa o tácita, dictada por un órgano inferior al Intendente. Dicho plazo se contará desde el día siguiente a la notificación de esa resolución o desde el vencimiento del plazo para dictarla. El recurso se interpondrá ante quien dictó la resolución y se substanciará ante el Intendente, a quien deberán remitirse todos los antecedentes dentro del plazo de dos días hábiles.

El pronunciamiento del Intendente deberá emitirse dentro del plazo de diez días hábiles, contados desde el día siguiente al de la fecha de interposición del recurso. Transcurrido dicho término sin que se hubiere adoptado resolución expresa, se entenderá automáticamente denegado el recurso.

La regulación del recurso de apelación establecida en este artículo no será aplicable a las decisiones del Juzgado de Faltas, las cuales serán recurribles en los términos y de acuerdo con el procedimiento establecido en el Título IV.

Capítulo II
Acciones Judiciales

Artículo 272. Acción Contencioso-Administrativa. En contra de las resoluciones que pongan fin a la vía administrativa, se podrá ejercer la acción contencioso-administrativa ante el Tribunal de Cuentas dentro de los 18 (dieciocho) días hábiles de resuelto el recurso.

Artículo 273. No Suspensión de Resoluciones Municipales. No se admitirá ante las autoridades judiciales o administrativas acción que tenga por objeto impedir o suspender el cumplimiento de las resoluciones municipales en lo concerniente a la seguridad, higiene y bienes del dominio público comunal. Los particulares perjudicados por ella deberán ejercitar su derecho en la forma prevista en el artículo anterior.

Artículo 274. Conflictos de Competencia. Las cuestiones de competencia de jurisdicción entre las municipalidades y entre éstas y cualquier otra autoridad, serán resueltas por la Corte Suprema de Justicia de conformidad al Artículo 259 de la Constitución Nacional.

Artículo 275. Bienes Municipales Inembargables. Los ingresos y bienes de las municipalidades afectados a servicios municipales son inembargables. En ningún caso, procederá la inhibición judicial contra las municipalidades.

Los bienes del dominio privado municipal no afectados a servicios municipales pueden ser ejecutados si las municipalidades no abonaren la deuda en el término de doce meses siguientes al vencimiento de la misma, o a la notificación de la sentencia condenatoria, en su caso.

Artículo 276. Responsabilidades de las Autoridades Municipales. Los miembros de la Junta serán personalmente responsables con sus bienes, conforme a las leyes civiles y penales, por los perjuicios ocasionados a la Municipalidad en el ejercicio de sus funciones, por actos y operaciones cuya realización autoricen en contravención a las disposiciones legales vigentes, salvo aquéllos que hubieren hecho constar su voto en disidencia en el acta de la respectiva sesión o los ausentes con permiso previo. El Intendente y los demás funcionarios municipales están sujetos a la responsabilidad civil y penal por incumplimiento de las disposiciones de esta Ley en el desempeño de sus funciones.

La acción para hacer efectiva la responsabilidad civil prescribe a los dos años contados desde la fecha de finalización de sus funciones.

TÍTULO DÉCIMO SEGUNDO
DE LAS DISPOSICIONES FINALES Y TRANSITORIAS
Capítulo I
Disposiciones Finales

Artículo 277. Comparecencia ante la Justicia. El Intendente Municipal y el Presidente de la Junta Municipal no podrán ser obligados a comparecer ante los tribunales para absolver posiciones o para otros actos relacionados con las gestiones que ante dichos tribunales se prosigan; pero podrá recabarse por escrito un informe de los mismos en los casos que su deposición personal fuere indispensable.

Artículo 278. Prohibición y Excepción Contractual. Los miembros de la Junta Municipal, el Intendente y los funcionarios municipales no podrán celebrar contrato con la municipalidad donde prestan sus servicios so pena de nulidad del acto, salvo de usufructo de lote de cementerio, arrendamiento y compra de inmueble destinado a vivienda, para este último caso, el funcionario municipal no deberá poseer otro inmueble en el territorio de la República, el cual comprobará a través de un certificado de no poseer bienes inmuebles.

Una vez que el inmueble municipal sea adquirido como propiedad privada, el mismo no podrá ser transferido nuevamente antes de cinco años de su adquisición.

Artículo 279. Servicios personales. Los gastos de los ingresos corrientes en servicios personales establecidos en el Artículo 179 de esta Ley, se aplicarán de la siguiente manera: a un año de la vigencia de la Ley, el límite será el 85% (ochenta y cinco por ciento), a los dos años, el 75% (setenta y cinco por ciento), a los tres años, el 65%(sesenta y cinco por ciento), y a los cuatro años, el 60% (sesenta por ciento).

Artículo 280. Reglamentación. La Contraloría General de la República reglamentará las disposiciones sobre administración financiera, establecidas en la presente Ley dentro del plazo de seis meses computados desde su entrada en vigencia.

Artículo 281. Plazos. Salvo disposición expresa en contrario, todos los plazos establecidos en esta Ley se computarán en días corridos.

Los plazos en días corridos, si vencen en un día inhábil, vencerán el primer día hábil siguiente.

Se considerarán días inhábiles además de los feriados, los sábados y domingos y los días que se fijen como asueto municipal.

Artículo 282. Jornales. Cuando la presente Ley se refiera a jornales, se entenderá por el mismo al jornal mínimo para actividades diversas no especificadas en la República.

Artículo 283. Derogaciones. Deróganse las siguientes Leyes:

1) N° 1.294/87 "ORGÁNICA MUNICIPAL";

2) N° 1.276/98 "QUE ESTABLECE EL RÉGIMEN DE FALTAS MUNICIPALES Y EL PROCEDIMIENTO EN MATERIA DE FALTAS MUNICIPALES";

3) N° 1.733/01 "QUE MODIFICA EL ARTÍCULO 27, INCISO g) DE LA LEY N° 1.294/87, ORGÁNICA MUNICIPAL";

4) N° 1.909/02 "DE LOTEAMIENTOS";

5) N° 2.454/04 "QUE MODIFICA EL ARTÍCULO 26 DE LA LEY N° 1.294/87 "ORGÁNICA MUNICIPAL"; y,

6) N° 3.325/07 "QUE MODIFICA LOS ARTÍCULOS 38, 62, 163, 164 Y 165 DE LA LEY N° 1.294/87, ORGÁNICA MUNICIPAL".

Deróganse las demás disposiciones legales que sean contrarias a la presente Ley.

Capítulo II
Disposición Transitoria

Artículo 284. De la Pavimentación. El Fondo Especial para la pavimentación y la Cuenta Especial no serán obligatorios para los municipios de Tercera y Cuarta Categoría hasta el año 2011.

Artículo 285. Comuníquese al Poder Ejecutivo.

Aprobado el Proyecto de Ley por la Honorable Cámara de Diputados, a quince días del mes de septiembre del año dos mil nueve, y por la Honorable Cámara de Senadores, a los diecisiete días del mes de diciembre del año dos mil nueve, quedando sancionado el mismo, de conformidad con lo dispuesto en el Artículo 207, numeral 3 de la Constitución Nacional.

Enrique Salyn Buzarquis Cáceres

Presidente

H. Cámara de Diputados

Miguel Carrizosa Galiano

Presidente

H. Cámara de Senadores

Oscar Luis Tuma Bogado

Secretario Parlamentario

Ana María Mendoza de Acha

Secretaria Parlamentaria.

Asunción, 8 de febrero de 2010

Téngase por Ley de la República, publíquese e insértese en el Registro Oficial.

El Presidente de la República

Fernando Lugo Méndez

Rafael Filizzola

Ministro del Interior

PERÚ

Ley orgánica de municipalidades

LEY ORGÁNICA DE MUNICIPALIDADES

LEY Nº 27972

(Publicada el 27 de mayo del 2003)

TÍTULO PRELIMINAR

ARTÍCULO I.- GOBIERNOS LOCALES

Los gobiernos locales son entidades, básicas de la organización territorial del Estado y canales inmediatos de participación vecinal en los asuntos públicos, que institucionalizan y gestionan con autonomía los intereses propios de las correspondientes colectividades; siendo elementos esenciales del gobierno local, el territorio, la población y la organización.

Las municipalidades provinciales y distritales son los órganos de gobierno promotores del desarrollo local, con personería jurídica de derecho público y plena capacidad para el cumplimiento de sus fines.

CONCORDANCIA:

Constitución Política, Art. 188°

Ley N° 27783, Art. 40°

ARTÍCULO II.- AUTONOMÍA

Los gobiernos locales gozan de autonomía política, económica y administrativa en los asuntos de su competencia.

La autonomía que la Constitución Política del Perú establece para las municipalidades radica en la facultad de ejercer actos de gobierno, administrativos y de administración, con sujeción al ordenamiento jurídico.

CONCORDANCIA:

Constitución Política, Arts. 194° y 195°

Ley N° 27783, Arts. 8° y 9°

ARTÍCULO III.- ORIGEN

Las municipalidades provinciales y distritales se originan en la respectiva demarcación territorial que aprueba el Congreso de la República, a propuesta del Poder Ejecutivo. Sus principales autoridades emanan de la voluntad popular conforme a la Ley Electoral correspondiente.

Las municipalidades de centros poblados son creadas por ordenanza municipal provincial.

CONCORDANCIA:

Constitución Política, Art. 189°

ARTÍCULO IV.- FINALIDAD

Los gobiernos locales representan al vecindario, promueven la adecuada prestación de los servicios públicos locales y el desarrollo integral, sostenible y armónico de su circunscripción.

CONCORDANCIA:

Constitución Política, Art. 195°

ARTÍCULO V.- ESTADO DEMOCRÁTICO, DESCENTRALIZADO Y DESCONCENTRADO

La estructura, organización y funciones específicas de los gobiernos locales se cimientan en una visión de Estado democrático, unitario, descentralizado y desconcentrado, con la finalidad de lograr el desarrollo sostenible del país.

En el marco del proceso de descentralización y conforme al criterio de subsidiariedad, el gobierno más cercano a la población es el más idóneo para ejercer la competencia o función; por consiguiente el gobierno nacional no debe asumir competencias que pueden ser cumplidas más eficientemente por los gobiernos regionales, y éstos, a su vez, no deben hacer aquello que puede ser ejecutado por los gobiernos locales.

CONCORDANCIA:

Constitución Política, Art. 188°

D.S. N° 043-2005-PCM

ARTÍCULO VI.- PROMOCIÓN DEL DESARROLLO ECONÓMICO LOCAL

Los gobiernos locales promueven el desarrollo económico local, con incidencia en la micro y pequeña empresa, a través de planes de desarrollo económico local aprobados en armonía con las políticas y planes nacionales y regionales de desarrollo; así como el desarrollo social, el desarrollo de capacidades y la equidad en sus respectivas circunscripciones.

CONCORDANCIA:

Constitución Política, Art. 195°

Ley N° 28015,

Art. 4° Art. 36° de esta Ley

ARTÍCULO VII.- RELACIONES ENTRE LOS GOBIERNOS NACIONAL, REGIONAL Y LOCAL

El gobierno en sus distintos niveles se ejerce dentro de su jurisdicción, evitando la duplicidad y superposición de funciones, con criterio de concurrencia y preeminencia del interés público. Las relaciones entre los tres niveles de gobierno deben ser de cooperación y coordinación, sobre la base del principio de subsidiariedad.

CONCORDANCIA:

Constitución Política, Art. 191°

Ley N° 27783, Art. 49°

ARTÍCULO VIII.- APLICACIÓN DE LEYES GENERALES Y POLÍTICAS Y PLANES NACIONALES

Los gobiernos locales están sujetos a las leyes y disposiciones que, de manera general y de conformidad con la Constitución Política del Perú, regulan las actividades y funcionamiento del Sector Público; así como a las normas técnicas referidas a los servicios y bienes públicos, y a los sistemas administrativos del Estado que por su naturaleza son de observancia y cumplimiento obligatorio.

Las competencias y funciones específicas municipales se cumplen en armonía con las políticas y planes nacionales, regionales y locales de desarrollo.

CONCORDANCIA:

Constitución Política, Art. 195°

D.S. N° 027-2007-PCM (Define y establece las Políticas Nacionales de obligatorio cumplimiento para las entidades del Gobierno Nacional)

ARTÍCULO IX.- PLANEACIÓN LOCAL

El proceso de planeación local es integral, permanente y participativo, articulando a las municipalidades con sus vecinos. En dicho proceso se establecen las políticas públicas de nivel local, teniendo en cuenta las competencias y funciones específicas exclusivas y compartidas establecidas para las municipalidades provinciales y distritales.

El sistema de planificación tiene como principios la participación ciudadana a través de sus vecinos y organizaciones vecinales, transparencia, gestión moderna y rendición de cuentas, inclusión, eficiencia, eficacia, equidad, imparcialidad y neutralidad, subsidiariedad, consistencia con las políticas nacionales, especialización de las funciones, competitividad e integración.

CONCORDANCIA:

Constitución Política, Art. 197°

Ley N° 27783, Art. 42°, 43°.

Ley N° 26300, Art. 2°, 3° y 7°

ARTÍCULO X.- PROMOCIÓN DEL DESARROLLO INTEGRAL

Los gobiernos locales promueven el desarrollo integral, para viabilizar el crecimiento económico, la justicia social y la sostenibilidad ambiental.

La promoción del desarrollo local es permanente e integral. Las municipalidades provinciales y distritales promueven el desarrollo local, en coordinación y asociación con los niveles de gobierno regional y nacional, con el objeto de facilitar la competitividad local y propiciar las mejores condiciones de vida de su población.

CONCORDANCIA:

Art. VII y 36° de esta Ley.

TÍTULO I
DISPOSICIONES GENERALES
CAPÍTULO ÚNICO
EL OBJETO Y ALCANCE DE LA LEY Y LAS CLASES DE MUNICIPALIDADES

ARTÍCULO 1º.- OBJETO DE LA LEY

La presente ley orgánica establece normas sobre la creación, origen, naturaleza, autonomía, organización, finalidad, tipos, competencias, clasificación y régimen económico de las municipalidades; también sobre la relación entre ellas y con las demás organizaciones del Estado y las privadas, así como sobre los mecanismos de participación ciudadana y los regímenes especiales de las municipalidades.

CONCORDANCIA:

Ley Nº 27783, Art. 41º, 42º, 43º.

Ley Nº 26300, Art. 2º, 3º y 7º

ARTÍCULO 2º.- TIPOS DE MUNICIPALIDADES

Las municipalidades son provinciales o distritales. Están sujetas a régimen especial las municipalidades de frontera y la Municipalidad Metropolitana de Lima. Las municipalidades de centros poblados son creadas conforme a la presente ley.

CONCORDANCIA:

Constitución Política, Art. 198º

ARTÍCULO 3º.- JURISDICCIÓN Y REGÍMENES ESPECIALES

Las municipalidades se clasifican, en función de su jurisdicción y régimen especial, en las siguientes:

En función de su jurisdicción:

1. La municipalidad provincial, sobre el territorio de la respectiva provincia y el distrito del cercado.
2. La municipalidad distrital, sobre el territorio del distrito.
3. La municipalidad de centro poblado, cuya jurisdicción la determina el respectivo concejo provincial, a propuesta del concejo distrital.

Están sujetas a régimen especial las siguientes:

1. Metropolitana de Lima, sujeta al régimen especial que se establece en la presente ley.
2. Fronterizas, las que funcionan en las capitales de provincia y distritos ubicados en zona de frontera.

CONCORDANCIA:

Constitución Política, Art. 198º

TÍTULO II
LA ORGANIZACIÓN DE LOS GOBIERNOS LOCALES
CAPÍTULO ÚNICO
LOS ÓRGANOS DE LOS GOBIERNOS LOCALES

ARTÍCULO 4º.- LOS ÓRGANOS DE LOS GOBIERNOS LOCALES

Son órganos de gobierno local las municipalidades provinciales y distritales. La estructura orgánica de las municipalidades está compuesta por el concejo municipal y la alcaldía.

CONCORDANCIA:

Constitución Política, Art. 194°

ARTÍCULO 5º.- CONCEJO MUNICIPAL

El concejo municipal, provincial y distrital, está conformado por el alcalde y el número de regidores que establezca el Jurado Nacional de Elecciones, conforme a la Ley de Elecciones Municipales.

Los concejos municipales de los centros poblados están integrados por un alcalde y 5 (cinco) regidores.

El concejo municipal ejerce funciones normativas y fiscalizadoras.

CONCORDANCIA:

Constitución Política, Arts. 194° y 199°

Ley N° 26864, Art. 24°

ARTÍCULO 6º.- LA ALCALDÍA

La alcaldía es el órgano ejecutivo del gobierno local. El alcalde es el representante legal de la municipalidad y su máxima autoridad administrativa.

CONCORDANCIA:

Constitución Política, Art. 194°

ARTÍCULO 7º.- ÓRGANOS DE COORDINACIÓN

Son órganos de coordinación:

1. El Consejo de Coordinación Local Provincial.
2. El Consejo de Coordinación Local Distrital.
3. La Junta de Delegados Vecinales.

Pueden establecerse también otros mecanismos de participación que aseguren una permanente comunicación entre la población y las autoridades municipales.

ARTÍCULO 8º.- ADMINISTRACIÓN MUNICIPAL

La administración municipal está integrada por los funcionarios y servidores públicos, empleados y obreros, que prestan servicios para la municipalidad. Corresponde a cada municipalidad organizar la administración de acuerdo con sus necesidades y presupuesto.

SUBCAPÍTULO I

EL CONCEJO MUNICIPAL

ARTÍCULO 9º.- ATRIBUCIONES DEL CONCEJO MUNICIPAL

Corresponde al concejo municipal:

1. Aprobar los Planes de Desarrollo Municipal Concertados y el Presupuesto Participativo.

2. Aprobar, monitorear y controlar el plan de desarrollo institucional y el programa de inversiones, teniendo en cuenta los Planes de Desarrollo Municipal Concertados y sus Presupuestos Participativos.

3. Aprobar el régimen de organización interior y funcionamiento del gobierno local.

4. Aprobar el Plan de Acondicionamiento Territorial de nivel provincial, que identifique las áreas urbanas y de expansión urbana; las áreas de protección o de seguridad por riesgos naturales; las áreas agrícolas y las áreas de conservación ambiental declaradas conforme a ley.

5. Aprobar el Plan de Desarrollo Urbano, el Plan de Desarrollo Rural, el Esquema de Zonificación de áreas urbanas, el Plan de Desarrollo de Asentamientos Humanos y demás planes específicos sobre la base del Plan de Acondicionamiento Territorial.

6. Aprobar el Plan de Desarrollo de Capacidades.

7. Aprobar el sistema de gestión ambiental local y sus instrumentos, en concordancia con el sistema de gestión ambiental nacional y regional.

8. Aprobar, modificar o derogar las ordenanzas y dejar sin efecto los acuerdos.

9. Crear, modificar, suprimir o exonerar de contribuciones, tasas, arbitrios, licencias y derechos, conforme a ley.

10. Declarar la vacancia o suspensión de los cargos de alcalde y regidor.

11. Autorizar los viajes al exterior del país que, en comisión de servicios o representación de la municipalidad, realicen el alcalde, los regidores, el gerente municipal y cualquier otro funcionario.

12. Aprobar por ordenanza el reglamento del concejo municipal.

13. Aprobar los proyectos de ley que en materia de su competencia sean propuestos al Congreso de la República.

14. Aprobar normas que garanticen una efectiva participación vecinal.

15. Constituir comisiones ordinarias y especiales, conforme a su reglamento.

16. Aprobar el presupuesto anual y sus modificaciones dentro de los plazos señalados por ley, bajo responsabilidad.

17. Aprobar el balance y la memoria.

18. Aprobar la entrega de construcciones de infraestructura y servicios públicos municipales al sector privado a través de concesiones o cualquier otra forma de participación de la inversión privada permitida por ley, conforme a los artículos 32 y 35 de la presente ley.

19. Aprobar la creación de centros poblados y de agencias municipales.

20. Aceptar donaciones, legados, subsidios o cualquier otra liberalidad.

21. Solicitar la realización de exámenes especiales, auditorías económicas y otros actos de control.

22. Autorizar y atender los pedidos de información de los regidores para efectos de fiscalización.

23. Autorizar al procurador público municipal, para que, en defensa de los intereses y derechos de la municipalidad y bajo responsabilidad, inicie o impulse procesos judiciales contra los funcionarios, servidores o terceros respecto de los cuales el órgano de control interno haya encontrado responsabilidad civil o penal; así como en los demás procesos judiciales interpuestos contra el gobierno local o sus representantes.

24. Aprobar endeudamientos internos y externos, exclusivamente para obras y servicios públicos, por mayoría calificada y conforme a ley.

25. Aprobar la donación o la cesión en uso de bienes muebles e inmuebles de la municipalidad a favor de entidades públicas o privadas sin fines de lucro y la venta de sus bienes en subasta pública.

26. Aprobar la celebración de convenios de cooperación nacional e internacional y convenios interinstitucionales.

27. Aprobar las licencias solicitadas por el alcalde o los regidores, no pudiendo concederse licencias simultáneamente a un número mayor del 40% (cuarenta por ciento) de los regidores.

28. Aprobar la remuneración del alcalde y las dietas de los regidores.

29. Aprobar el régimen de administración de sus bienes y rentas, así como el régimen de administración de los servicios públicos locales.

30. Disponer el cese del gerente municipal cuando exista acto doloso o falta grave.

31. Plantear los conflictos de competencia.

32. Aprobar el cuadro de asignación de personal y las bases de las pruebas para la selección de personal y para los concursos de provisión de puestos de trabajo.

33. Fiscalizar la gestión de los funcionarios de la municipalidad.

34. Aprobar los espacios de concertación y participación vecinal, a propuesta del alcalde, así como reglamentar su funcionamiento.

35. Las demás atribuciones que le correspondan conforme a ley.

CONCORDANCIA:

Constitución Política, Art. 199°

ARTÍCULO 10°.- ATRIBUCIONES Y OBLIGACIONES DE LOS REGIDORES

Corresponden a los regidores las siguientes atribuciones y obligaciones:

1. Proponer proyectos de ordenanzas y acuerdos.

2. Formular pedidos y mociones de orden del día.

3. Desempeñar por delegación las atribuciones políticas del alcalde.

4. Desempeñar funciones de fiscalización de la gestión municipal.

5. Integrar, concurrir y participar en las sesiones de las comisiones ordinarias y especiales que determine el reglamento interno, y en las reuniones de trabajo que determine o apruebe el concejo municipal.

6. Mantener comunicación con las organizaciones sociales y los vecinos a fin de informar al concejo municipal y proponer la solución de problemas.

ARTÍCULO 11°.- RESPONSABILIDADES, IMPEDIMENTOS Y DERECHOS DE LOS REGIDORES

Los regidores son responsables, individualmente, por los actos violatorios de la ley practicados en el ejercicio de sus funciones y, solidariamente, por los acuerdos adoptados contra la ley, a menos que salven expresamente su voto, dejando constancia de ello en actas.

Los regidores no pueden ejercer funciones ni cargos ejecutivos o administrativos, sean de carrera o de confianza, ni ocupar cargos de miembros de directorio, gerente u otro, en la misma municipalidad o en las empresas municipales o de nivel municipal de su jurisdicción. Todos los actos que contravengan esta disposición son nulos y la infracción de esta prohibición es causal de vacancia en el cargo de regidor.

Para el ejercicio de la función edil, los regidores que trabajan como dependientes en el sector público o privado gozan de licencia con goce de haber hasta por 20 (veinte) horas semanales, tiempo que será dedicado exclusivamente a sus labores municipales. El empleador está obligado a conceder dicha licencia y a preservar su nivel remunerativo, así como a no trasladarlos ni reasignarlos sin su expreso consentimiento mientras ejerzan función municipal, bajo responsabilidad.

ARTÍCULO 12°.- RÉGIMEN DE DIETAS

Los regidores desempeñan su cargo a tiempo parcial y tienen derecho a dietas fijadas por acuerdo del concejo municipal dentro del primer trimestre del primer año de gestión. El acuerdo que las fija será publicado obligatoriamente bajo responsabilidad.

El monto de las dietas es fijado discrecionalmente de acuerdo a la real y tangible capacidad económica del gobierno local, previas las constataciones presupuestales del caso. No pueden otorgarse más de cuatro dietas mensuales a cada regidor. Las dietas se pagan por asistencia efectiva a las sesiones.

El alcalde no tiene derecho a dietas. El primer regidor u otro que asuma las funciones ejecutivas del alcalde por suspensión de éste, siempre que ésta se extienda por un período mayor a un mes, tendrá derecho a percibir la remuneración del alcalde suspendido, vía encargatura de cargo, sin derecho a dieta mientras perciba la remuneración del suspendido.

ARTÍCULO 13°.- SESIONES DEL CONCEJO MUNICIPAL

Las sesiones del concejo municipal son públicas, salvo que se refieran a asuntos que puedan afectar los derechos fundamentales al honor, la intimidad personal o familiar y la propia imagen; pueden ser ordinarias, extraordinarias y solemnes. El alcalde preside las sesiones del concejo municipal y en su ausencia las preside el primer regidor de su lista.

El concejo municipal se reúne en sesión ordinaria no menos de dos, ni más de cuatro veces al mes, para tratar los asuntos de trámite regular.

En la sesión extraordinaria sólo se tratan los asuntos prefijados en la agenda; tiene lugar cuando la convoca el alcalde o a solicitud de una tercera parte del número legal de sus miembros.

En el caso de no ser convocada por el alcalde dentro de los 5 (cinco) días hábiles siguientes a la petición, puede hacerlo el primer regidor o cualquier otro regidor, previa notificación escrita al alcalde. Entre la convocatoria y la sesión mediará, cuando menos, un lapso de 5 (cinco) días hábiles.

Se puede convocar a sesión solemne en los casos que señala el respectivo reglamento de organización interior.

En situaciones de emergencia declaradas conforme a ley, el concejo municipal podrá dispensar del trámite de convocatoria a sesión extraordinaria, siempre que se encuentren presentes suficientes regidores como para hacer quórum, según la presente ley.

En caso de que el concejo municipal no pueda sesionar por falta de quórum, el alcalde o quien convoca a la sesión deberá notificar a los regidores que, aunque debidamente notificados, dejaron de asistir a la sesión convocada, dejando constancia de dicha inasistencia para efectos de lo establecido en el artículo 22.

ARTÍCULO 14.- DERECHO DE INFORMACIÓN

Desde el día de la convocatoria, los documentos, mociones y proyectos relacionados con el objeto de la sesión deben estar a disposición de los regidores en las oficinas de la municipalidad o en el lugar de celebración de la sesión, durante el horario de oficina.

Los regidores pueden solicitar con anterioridad a la sesión, o durante el curso de ella los informes o aclaraciones que estimen necesarios acerca de los asuntos comprendidos en la convocatoria. El alcalde, o quien convoque, está obligado a proporcionárselos, en el término perentorio de 5 (cinco) días hábiles, bajo responsabilidad.

El requerimiento de información de los regidores se dirige al alcalde o quien convoca la sesión.

ARTÍCULO 15.- APLAZAMIENTO DE SESIÓN

A solicitud de dos tercios del número legal de regidores, el concejo municipal aplazará por una sola vez la sesión, por no menos de 3 (tres) ni más de 5 (cinco) días hábiles y sin necesidad de nueva convocatoria, para discutir y votar los asuntos sobre los que no se consideren suficientemente informados.

ARTÍCULO 16.- QUÓRUM

El quórum para las sesiones del concejo municipal es de la mitad más uno de sus miembros hábiles.

ARTÍCULO 17.- ACUERDOS

Los acuerdos son adoptados por mayoría calificada o mayoría simple, según lo establece la presente ley.

El alcalde tiene voto dirimente en caso de empate.

Texto modificado por el Artículo Único de la Ley N° 28268, publicada el 03-07-2004

ARTÍCULO 18.- NÚMERO LEGAL Y NÚMERO HÁBIL

Para efecto del cómputo del quórum y las votaciones, se considera en el número legal de miembros del concejo municipal, al alcalde y los regidores elegidos conforme a la ley electoral correspondiente. Se considera como número hábil de regidores el número legal menos el de los regidores con licencia o suspendidos.

ARTÍCULO 19.- NOTIFICACIÓN

El acto de la notificación tiene por objeto poner en conocimiento de los interesados el contenido de lo acordado o resuelto por los órganos de gobierno y de administración municipal.

Los actos administrativos o de administración que requieren de notificación sólo producen efectos en virtud de la referida notificación hecha con arreglo a lo dispuesto en esta ley y la Ley de Procedimiento Administrativo General, salvo los casos expresamente exceptuados.

Las notificaciones de carácter tributario se sujetan a las normas del Código Tributario.

CONCORDANCIA:

Código Tributario,

Arts. 104°, 105°

Ley N° 27444, Arts. 18°, 19°, 20° y 24°.

SUBCAPÍTULO II
LA ALCALDÍA

ARTÍCULO 20.- ATRIBUCIONES DEL ALCALDE

Son atribuciones del alcalde:

1. Defender y cautelar los derechos e intereses de la municipalidad y los vecinos;

2. Convocar, presidir y dar por concluidas las sesiones del concejo municipal;

3. Ejecutar los acuerdos del concejo municipal, bajo responsabilidad;

4. Proponer al concejo municipal proyectos de ordenanzas y acuerdos;

5. Promulgar las ordenanzas y disponer su publicación;

6. Dictar decretos y resoluciones de alcaldía, con sujeción a las leyes y ordenanzas;

7. Dirigir la formulación y someter a aprobación del concejo el plan integral de desarrollo sostenible local y el programa de inversiones concertado con la sociedad civil;

8. Dirigir la ejecución de los planes de desarrollo municipal;

9. Someter a aprobación del concejo municipal, bajo responsabilidad y dentro de los plazos y modalidades establecidos en la Ley Anual de Presupuesto de la República, el Presupuesto Municipal Participativo, debidamente equilibrado y financiado;

10. Aprobar el presupuesto municipal, en caso de que el concejo municipal no lo apruebe dentro del plazo previsto en la presente ley;

11. Someter a aprobación del concejo municipal, dentro del primer trimestre del ejercicio presupuestal siguiente y bajo responsabilidad, el balance general y la memoria del ejercicio económico fenecido;

12. Proponer al concejo municipal la creación, modificación, supresión o exoneración de contribuciones, tasas, arbitrios, derechos y licencias; y, con acuerdo del concejo municipal, solicitar al Poder Legislativo la creación de los impuestos que considere necesarios;

13. Someter al concejo municipal la aprobación del sistema de gestión ambiental local y de sus instrumentos, dentro del marco del sistema de gestión ambiental nacional y regional;

14. Proponer al concejo municipal los proyectos de reglamento interno del concejo municipal, los de personal, los administrativos y todos los que sean necesarios para el gobierno y la administración municipal;

15. Informar al concejo municipal mensualmente respecto al control de la recaudación de los ingresos municipales y autorizar los egresos de conformidad con la ley y el presupuesto aprobado;

16. Celebrar matrimonios civiles de los vecinos, de acuerdo con las normas del Código Civil;

CONCORDANCIA:

Código Civil, Capítulo Tercero.

17. Designar y cesar al gerente municipal y, a propuesta de éste, a los demás funcionarios de confianza;

18. Autorizar las licencias solicitadas por los funcionarios y demás servidores de la municipalidad;

19. Cumplir y hacer cumplir las disposiciones municipales con el auxilio del serenazgo y la Policía Nacional;

20. Delegar sus atribuciones políticas en un regidor hábil y las administrativas en el gerente municipal;

21. Proponer al concejo municipal la realización de auditorías, exámenes especiales y otros actos de control;

22. Implementar, bajo responsabilidad, las recomendaciones contenidas en los informes de auditoría interna;

23. Celebrar los actos, contratos y convenios necesarios para el ejercicio de sus funciones;

24. Proponer la creación de empresas municipales bajo cualquier modalidad legalmente permitida, sugerir la participación accionaria, y recomendar la concesión de obras de infraestructura y servicios públicos municipales;

25. Supervisar la recaudación municipal, el buen funcionamiento y los resultados económicos y financieros de las empresas municipales y de las obras y servicios públicos municipales ofrecidos directamente o bajo delegación al sector privado;

26. Presidir las Comisiones Provinciales de Formalización de la Propiedad Informal o designar a su representante, en aquellos lugares en que se implementen;

27. Otorgar los títulos de propiedad emitidos en el ámbito de su jurisdicción y competencia;

CONCORDANCIA:

Ley N° 28687, Art. 9

28. Nombrar, contratar, cesar y sancionar a los servidores municipales de carrera;

29. Proponer al concejo municipal las operaciones de crédito interno y externo, conforme a Ley;

30. Presidir el comité de defensa civil de su jurisdicción;

31. Suscribir convenios con otras municipalidades para la ejecución de obras y prestación de servicios comunes;

32. Atender y resolver los pedidos que formulen las organizaciones vecinales o, de ser el caso, tramitarlos ante el concejo municipal;

33. Resolver en última instancia administrativa los asuntos de su competencia de acuerdo al Texto Único de Procedimientos Administrativos de la Municipalidad;

34. Proponer al concejo municipal espacios de concertación y participación vecinal;

35. Las demás que le correspondan de acuerdo a ley.

ARTÍCULO 21.- DERECHOS, OBLIGACIONES Y REMUNERACIÓN DEL ALCALDE

El alcalde provincial o distrital, según sea el caso, desempeña su cargo a tiempo completo, y es rentado mediante una remuneración mensual fijada por acuerdo del concejo municipal dentro del primer trimestre del primer año de gestión. El acuerdo que la fija será publicado obligatoriamente bajo responsabilidad.

El monto mensual de la remuneración del alcalde es fijado discrecionalmente de acuerdo a la real y tangible capacidad económica del gobierno local, previas las constataciones presupuestales del caso; la misma que anualmente podrá ser incrementada con arreglo a ley, siempre y cuando se observe estrictamente las exigencias presupuestales y económicas propias de su remuneración.

ARTÍCULO 22.- VACANCIA DEL CARGO DE ALCALDE O REGIDOR

El cargo de alcalde o regidor se declara vacante por el concejo municipal, en los siguientes casos:

1. Muerte;

2. Asunción de otro cargo proveniente de mandato popular;

3. Enfermedad o impedimento físico permanente que impida el desempeño normal de sus funciones;

4. Ausencia de la respectiva jurisdicción municipal por más de treinta (30) días consecutivos, sin autorización del concejo municipal;

5. Cambio de domicilio fuera de la respectiva jurisdicción municipal;

6. Condena consentida o ejecutoriada por delito doloso con pena privativa de la libertad;

7. Inconcurrencia injustificada a tres (3) sesiones ordinarias consecutivas o seis (6) no consecutivas durante tres (3) meses;

8. Nepotismo, conforme a ley de la materia;

9. Por incurrir en la causal establecida en el artículo 63 de la presente Ley;

10. Por sobrevenir algunos de los impedimentos establecidos en la Ley de Elecciones Municipales, después de la elección.

Para efecto del numeral 5 no se considera cambio de domicilio el señalamiento de más de un domicilio, siempre que uno de ellos se mantenga dentro de la circunscripción territorial.

Artículo modificado por el Artículo 1° de la Ley N° 28961, publicada el 24-01-2007.

ARTÍCULO 23.- PROCEDIMIENTO DE DECLARACIÓN DE VACANCIA DEL CARGO DE ALCALDE O REGIDOR

La vacancia del cargo de alcalde o regidor es declarada por el correspondiente concejo municipal, en sesión extraordinaria, con el voto aprobatorio de dos tercios del número legal de sus miembros, previa notificación al afectado para que ejerza su derecho de defensa.

El acuerdo de concejo que declara o rechaza la vacancia es susceptible de recurso de reconsideración, a solicitud de parte, dentro del plazo de 15 (quince) días hábiles perentorios ante el respectivo concejo municipal.

El acuerdo que resuelve el recurso de reconsideración es susceptible de apelación. El recurso de apelación se interpone, a solicitud de parte, ante el concejo municipal que resolvió el recurso de reconsideración dentro de los 15 (quince) días hábiles siguientes, el cual elevará los actuados en el término de 3 (tres) días hábiles al Jurado Nacional de Elecciones, que resolverá en un plazo máximo de 30 (treinta) días hábiles, bajo responsabilidad.

La resolución del Jurado Nacional de Elecciones es definitiva y no revisable en otra vía.

Cualquier vecino puede solicitar la vacancia del cargo de un miembro del concejo ante el concejo municipal o ante el Jurado Nacional de Elecciones; su pedido debe estar fundamentado y debidamente sustentado, con la prueba que corresponda, según la causal. El concejo se pronuncia en sesión extraordinaria en un plazo no mayor de 30 (treinta) días hábiles después de presentada la solicitud y luego de notificarse al afectado para que ejerza su derecho de defensa.

En caso de que la solicitud sea presentada al Jurado Nacional de Elecciones, él correrá traslado al concejo municipal respectivo para que proceda conforme a este artículo.

CONCORDANCIA:

Ley N° 26486, Art. 5°, inc. u)

ARTÍCULO 24.- REEMPLAZO EN CASO DE VACANCIA O AUSENCIA

En caso de vacancia o ausencia del alcalde lo reemplaza el Teniente Alcalde que es el primer regidor hábil que sigue en su propia lista electoral.

En caso de vacancia del regidor, lo reemplaza:

1. Al Teniente Alcalde, el regidor hábil que sigue en su propia lista electoral.

2. A los regidores, los suplentes, respetando la precedencia establecida en su propia lista electoral.

CONCORDANCIA:

R. N° 860-2006-JNE (Establecen disposiciones aplicables a los candidatos a Presidentes, Vicepresidentes y Consejeros Regionales así como candidatos a Alcaldes y Regidores Municipales).

ARTÍCULO 25.- SUSPENSIÓN DEL CARGO

El ejercicio del cargo de alcalde o regidor se suspende por acuerdo de concejo en los siguientes casos:

1. Por incapacidad física o mental temporal;

2. Por licencia autorizada por el concejo municipal, por un período máximo de treinta (30) días naturales;

3. Por el tiempo que dure el mandato de detención;

4. Por sanción impuesta por falta grave de acuerdo al reglamento interno del concejo municipal.

5. Por sentencia judicial condenatoria emitida en segunda instancia por delito doloso con pena privativa de la libertad.

Con excepción de la causal establecida en el numeral 2, una vez acordada la suspensión, se procederá de acuerdo a lo señalado en el artículo 24 de la presente Ley, según corresponda.

Concluido el mandato de detención a que se refiere el numeral 3, el alcalde o regidor reasume sus funciones en forma automática e inmediata, sin requerir pronunciamiento alguno del concejo municipal. En el caso del numeral 5, la suspensión es declarada hasta que no haya recurso pendiente de resolver y el proceso se encuentre con sentencia consentida o ejecutoriada. En todo caso la suspensión no podrá exceder el plazo de la pena mínima prevista para el delito materia de sentencia. De ser absuelto en el proceso penal, el suspendido reasumirá el cargo, caso contrario, el concejo municipal declarará su vacancia.

Contra el acuerdo que aprueba o rechaza la suspensión procede recurso de reconsideración ante el mismo concejo municipal, dentro de los ocho (8) días hábiles posteriores a la notificación del acuerdo, no siendo exigible su presentación para la interposición del recurso a que se contrae el párrafo siguiente.

El recurso de apelación se interpone ante el concejo municipal dentro de los diez (10) días hábiles posteriores a la notificación del acuerdo de concejo que aprueba o rechaza la suspensión, o resuelve su reconsideración.

El concejo municipal lo elevará al Jurado Nacional de Elecciones en un plazo no mayor de cinco (5) días hábiles, bajo responsabilidad.

El Jurado Nacional de Elecciones resuelve en instancia definitiva y su fallo es inapelable e irrevisable.

En todos los casos el Jurado Nacional de Elecciones expide las credenciales a que haya lugar.

Artículo modificado por el Artículo 1 de la Ley N° 28961, publicada el 24-01-2007.

TÍTULO III
LOS ACTOS ADMINISTRATIVOS Y DE ADMINISTRACIÓN DE LAS MUNICIPALIDADES

CAPÍTULO I
LA ADMINISTRACIÓN MUNICIPAL

SUBCAPÍTULO I
LA ESTRUCTURA ADMINISTRATIVA

ARTÍCULO 26.- ADMINISTRACIÓN MUNICIPAL

La administración municipal adopta una estructura gerencial sustentándose en principios de programación, dirección, ejecución, supervisión, control concurrente y posterior. Se rige por los principios de legalidad, economía, transparencia, simplicidad, eficacia, eficiencia, participación y seguridad ciudadana, y por los contenidos en la Ley N° 27444.

Las facultades y funciones se establecen en los instrumentos de gestión y la presente ley.

CONCORDANCIA:

Ley N° 27444, Arts. I inc. 5, IV

ARTÍCULO 27.- GERENCIA MUNICIPAL

La administración municipal está bajo la dirección y responsabilidad del gerente municipal, funcionario de confianza a tiempo completo y dedicación exclusiva designado por el alcalde, quien puede cesarlo sin expresión de causa. El gerente municipal también puede ser cesado mediante acuerdo del concejo municipal adoptado por dos tercios del número hábil de regidores en tanto se presenten cualesquiera de las causales previstas en su atribución contenida en el artículo 9 de la presente ley.

ARTÍCULO 28.- ESTRUCTURA ORGÁNICA ADMINISTRATIVA

La estructura orgánica municipal básica de la municipalidad comprende en el ámbito administrativo, a la gerencia municipal, el órgano de auditoría interna, la procuraduría pública municipal, la oficina de asesoría jurídica y la oficina de planeamiento y presupuesto; ella está de acuerdo a su disponibilidad económica y los límites presupuestales asignados para gasto corriente.

Los demás órganos de línea, apoyo y asesoría se establecen conforme lo determina cada gobierno local.

SUBCAPÍTULO II
LA DEFENSA JUDICIAL DE LOS INTERESES Y DERECHOS DE LOS GOBIERNOS LOCALES

ARTÍCULO 29.- PROCURADURÍAS PÚBLICAS MUNICIPALES

La representación y defensa de los intereses y derechos de las municipalidades en juicio, se ejercitan a través del órgano de defensa judicial conforme a ley, el cual está a cargo de procuradores públicos municipales y el personal de apoyo que requiera.

Los procuradores públicos municipales son funcionarios designados por el alcalde y dependen administrativamente de la municipalidad, y funcional y normativamente del Consejo de Defensa Judicial del Estado.

El concejo municipal, a propuesta del alcalde, aprueba el Reglamento de Organización, Funciones y Responsabilidades de la Procuraduría Pública Municipal.

Los procuradores públicos municipales de las municipalidades provinciales extienden sus funciones a las municipalidades distritales de su circunscripción que no cuenten con ellos, previo convenio sobre la materia.

CONCORDANCIA:

Decreto Legislativo N° 17537, Art. 5°, 14°, 15° y 16°.

SUBCAPÍTULO III
LA FISCALIZACIÓN Y EL CONTROL

ARTÍCULO 30.- ÓRGANOS DE AUDITORÍA INTERNA

El órgano de auditoría interna de los gobiernos locales está bajo la jefatura de un funcionario que depende funcional y administrativamente de la Contraloría General de la República, y designado previo concurso público de méritos y cesado por la Contraloría General de la República. Su ámbito de control abarca a todos los órganos del gobierno local y a todos los actos y operaciones, conforme a ley.

El jefe del órgano de auditoría interna emite informes anuales al concejo municipal acerca del ejercicio de sus funciones y del estado del control del uso de los recursos municipales. Las observaciones, conclusiones y recomendaciones de cada acción de control se publican en el portal electrónico del gobierno local. En el cumplimiento de dichas funciones, el jefe del órgano de auditoría interna deberá garantizar el debido cumplimiento de las normas y disposiciones que rigen el control gubernamental, establecida por la Contraloría General como Órgano Rector del Sistema Nacional de Control.

La Contraloría General de la República, cuando lo estime pertinente, podrá disponer que el órgano de control provincial o distrital apoye y/o ejecute acciones de control en otras municipalidades provinciales o distritales, de acuerdo con las normas que para tal efecto establezca.

La auditoría a los estados financieros y presupuestarios de la entidad, será efectuada anualmente, de acuerdo a lo establecido por la Contraloría General de la República.

ARTÍCULO 31.- FISCALIZACIÓN

La prestación de los servicios públicos locales es fiscalizada por el concejo municipal conforme a sus atribuciones y por los vecinos conforme a la presente ley.

SUBCAPÍTULO IV
LA GESTIÓN MUNICIPAL

ARTÍCULO 32.- MODALIDADES PARA LA PRESTACIÓN DE SERVICIOS

Los servicios públicos locales pueden ser de gestión directa y de gestión indirecta, siempre que sea permitido por ley y que se asegure el interés de los vecinos, la eficiencia y eficacia del servicio y el adecuado control municipal.

En toda medida destinada a la prestación de servicios deberá asegurarse el equilibrio presupuestario de la municipalidad.

CONCORDANCIA:

Ley N° 29021, Segunda Disp. Comp. Final

ARTÍCULO 33.- OTORGAMIENTO DE CONCESIÓN

Los gobiernos locales pueden otorgar concesiones a personas jurídicas, nacionales o extranjeras para la ejecución y explotación de obras de infraestructura o de servicios públicos locales, conforme a ley.

La concesión puede autorizar el reembolso de la inversión mediante los rendimientos de la obra o el aprovechamiento sostenible de los recursos naturales generados, según sea el caso.

Las decisiones de concesión de nuevos proyectos, obras y servicios públicos existentes o por crear, son adoptadas por acuerdo municipal en sesión de concejo y se definen por mayoría simple. Las municipalidades pueden celebrar convenios de asesoría y de apoyo para el financiamiento con las instituciones nacionales de promoción de la inversión, conforme a ley.

CONCORDANCIA:

Constitución Política, Art. 73°.

ARTÍCULO 34.- CONTRATACIONES Y ADQUISICIONES LOCALES

Las contrataciones y adquisiciones que realizan los gobiernos locales se sujetan a la ley de la materia, debiendo hacerlo en acto público y preferentemente con las empresas calificadas constituidas en su jurisdicción, y a falta de ellas con empresas de otras jurisdicciones.

Los procesos de contratación y adquisición se rigen por los principios de moralidad, libre competencia, imparcialidad, eficiencia, transparencia, economía, vigencia tecnológica y trato justo e igualitario; tienen como finalidad garantizar que los gobiernos locales obtengan bienes, servicios y obras de la calidad requerida, en forma oportuna y a precios o costos adecuados.

CONCORDANCIA:

Decreto Supremo 012-2001-PCM, Art. 3°

ARTÍCULO 35.- ACTIVIDAD EMPRESARIAL MUNICIPAL

Las empresas municipales son creadas por ley, a iniciativa de los gobiernos locales con acuerdo del concejo municipal con el voto favorable de más de la mitad del número legal de regidores. Dichas empresas adoptan cualquiera de las modalidades previstas por la legislación que regula la actividad empresarial y su objeto es la prestación de servicios públicos municipales.

En esta materia, las municipalidades pueden celebrar convenios de asesoría y financiamiento con las instituciones nacionales de promoción de la inversión.

Los criterios de dicha actividad empresarial tendrán en cuenta el principio de subsidiariedad del Estado y estimularán la inversión privada creando un entorno favorable para ésta. En ningún caso podrán constituir competencia desleal para el sector privado ni proveer de bienes y servicios al propio municipio en una relación comercial directa y exclusiva.

El control de las empresas municipales se rige por las normas de la Ley Orgánica del Sistema Nacional de Control y de la Contraloría General de la República.

ARTÍCULO 36.- DESARROLLO ECONÓMICO LOCAL

Los gobiernos locales promueven el desarrollo económico de su circunscripción territorial y la actividad empresarial local, con criterio de justicia social.

SUBCAPÍTULO V
EL TRABAJADOR MUNICIPAL

ARTÍCULO 37.- RÉGIMEN LABORAL

Los funcionarios y empleados de las municipalidades se sujetan al régimen laboral general aplicable a la administración pública, conforme a ley.

Los obreros que prestan sus servicios a las municipalidades son servidores públicos sujetos al régimen laboral de la actividad privada, reconociéndoles los derechos y beneficios inherentes a dicho régimen.

CONCORDANCIA:

Decreto Legislativo 276, Arts. 2°, 5, y 6°.

Decreto Supremo 003-97-TR, Arts. 34°, 35°, 36°, 40° y 79°.

CAPÍTULO II
LAS NORMAS MUNICIPALES Y
LOS PROCEDIMIENTOS ADMINISTRATIVOS

SUBCAPÍTULO I
LAS NORMAS MUNICIPALES

ARTÍCULO 38.- ORDENAMIENTO JURÍDICO MUNICIPAL

El ordenamiento jurídico de las municipalidades está constituido por las normas emitidas por los órganos de gobierno y administración municipal, de acuerdo al ordenamiento jurídico nacional.

Las normas y disposiciones municipales se rigen por los principios de exclusividad, territorialidad, legalidad y simplificación administrativa, sin perjuicio de la vigencia de otros principios generales del derecho administrativo.

Ninguna autoridad puede avocarse a conocer o normar las materias que la presente ley orgánica establece como competencia exclusiva de las municipalidades.

Las autoridades políticas, administrativas y policiales, ajenas al gobierno local, tienen la obligación de reconocer y respetar la preeminencia de la autoridad municipal en los asuntos de su competencia y en todo acto o ceremonia oficial realizada dentro de su circunscripción. Dichas autoridades no pueden interferir en el cumplimiento de las normas y disposiciones municipales que se expidan con arreglo al presente subcapítulo, bajo responsabilidad.

ARTÍCULO 39.- NORMAS MUNICIPALES

Los concejos municipales ejercen sus funciones de gobierno mediante la aprobación de ordenanzas y acuerdos. Los asuntos administrativos concernientes a su organización interna, los resuelven a través de resoluciones de concejo.

El alcalde ejerce las funciones ejecutivas de gobierno señaladas en la presente ley mediante decretos de alcaldía. Por resoluciones de alcaldía resuelve los asuntos administrativos a su cargo.

Las gerencias resuelven los aspectos administrativos a su cargo a través de resoluciones y directivas.

ARTÍCULO 40.- ORDENANZAS

Las ordenanzas de las municipalidades provinciales y distritales, en la materia de su competencia, son las normas de carácter general de mayor jerarquía en la estructura normativa municipal, por medio de las cuales se aprueba la organización interna, la regulación, administración y supervisión de los servicios públicos y las materias en las que la municipalidad tiene competencia normativa.

Mediante ordenanzas se crean, modifican, suprimen o exoneran, los arbitrios, tasas, licencias, derechos y contribuciones, dentro de los límites establecidos por ley.

Las ordenanzas en materia tributaria expedidas por las municipalidades distritales deben ser ratificadas por las municipalidades provinciales de su circunscripción para su vigencia.

Para efectos de la estabilización de tributos municipales, las municipalidades pueden suscribir convenios de estabilidad tributaria municipal; dentro del plazo que establece la ley. Los conflictos derivados de la ejecución de dichos convenios de estabilidad serán resueltos mediante arbitraje.

CONCORDANCIA:

Constitución Política, Arts. 74°, 195 inc. 4).

ARTÍCULO 41.- ACUERDOS

Los acuerdos son decisiones, que toma el concejo, referidas a asuntos específicos de interés público, vecinal o institucional, que expresan la voluntad del órgano de gobierno para practicar un determinado acto o sujetarse a una conducta o norma institucional.

ARTÍCULO 42.- DECRETOS DE ALCALDÍA

Los decretos de alcaldía establecen normas reglamentarias y de aplicación de las ordenanzas, sancionan los procedimientos necesarios para la correcta y eficiente administración municipal y resuelven o regulan asuntos de orden general y de interés para el vecindario, que no sean de competencia del concejo municipal.

ARTÍCULO 43.- RESOLUCIONES DE ALCALDÍA

Las resoluciones de alcaldía aprueban y resuelven los asuntos de carácter administrativo.

ARTÍCULO 44.- PUBLICIDAD DE LAS NORMAS MUNICIPALES

Las ordenanzas, los decretos de alcaldía y los acuerdos sobre remuneración del alcalde y dietas de los regidores deben ser publicados:

1. En el Diario Oficial El Peruano en el caso de las municipalidades distritales y provinciales del departamento de Lima y la Provincia Constitucional del Callao.

2. En el diario encargado de las publicaciones judiciales de cada jurisdicción en el caso de las municipalidades distritales y provinciales de las ciudades que cuenten con tales publicaciones, o en otro medio que asegure de manera indubitable su publicidad.

3. En los carteles municipales impresos fijados en lugares visibles y en locales municipales, de los que dará fe la autoridad judicial respectiva, en los demás casos.

4.   En los portales electrónicos, en los lugares en que existan.

5.   Las normas municipales rigen a partir del día siguiente de su publicación, salvo que la propia norma postergue su vigencia.

6.   No surten efecto las normas de gobierno municipal que no hayan cumplido con el requisito de la publicación o difusión.

ARTÍCULO 45.- DISPOSICIONES DE INTERÉS PARTICULAR

Las disposiciones municipales de interés particular se notifican en forma personal o de modo que se pueda acreditar la efectiva recepción por los interesados. Las notificaciones de carácter tributario se sujetan a las normas del Código Tributario.

SUBCAPÍTULO II
LA CAPACIDAD SANCIONADORA

ARTÍCULO 46.- SANCIONES

Las normas municipales son de carácter obligatorio y su incumplimiento acarrea las sanciones correspondientes, sin perjuicio de promover las acciones judiciales sobre las responsabilidades civiles y penales a que hubiere lugar.

Las ordenanzas determinan el régimen de sanciones administrativas por la infracción de sus disposiciones, estableciendo las escalas de multas en función de la gravedad de la falta, así como la imposición de sanciones no pecuniarias.

Las sanciones que aplique la autoridad municipal podrán ser las de multa, suspensión de autorizaciones o licencias, clausura, decomiso, retención de productos y mobiliario, retiro de elementos antirreglamentarios, paralización de obras, demolición, internamiento de vehículos, inmovilización de productos y otras.

A solicitud de la municipalidad respectiva o del ejecutor coactivo correspondiente, la Policía Nacional prestará su apoyo en el cumplimiento de las sanciones que se impongan, bajo responsabilidad.

ARTÍCULO 47.- MULTAS

El concejo municipal aprueba y modifica la escala de multas respectivas.

Las multas de carácter tributario se sujetan a lo establecido por el Código Tributario.

La autoridad municipal no puede aplicar multas sucesivas por la misma infracción ni por falta de pago de una multa. Asimismo, no puede hacerlo por sumas mayores o menores que las previstas en la escala aprobada.

ARTÍCULO 48.- DECOMISO Y RETENCIÓN

La autoridad municipal debe disponer el decomiso de artículos de consumo humano adulterados, falsificados o en estado de descomposición; de productos que constituyen peligro contra la vida o la salud y de los artículos de circulación o consumo prohibidos por la ley; previo acto de inspección que conste en acta y en coordinación con el Ministerio de Salud, el Ministerio de Agricultura, el Instituto Nacional de Defensa de la Competencia y Propiedad Intelectual (INDECOPI) u otro vinculado al tema, con la participación del Ministerio Público.

Las especies en estado de descomposición y los productos de circulación o consumo prohibidos se destruyen o eliminan inmediatamente bajo responsabilidad de los órganos municipales respectivos.

Los productos que no se encuentran incursos en los párrafos anteriores están sujetos a retención ante la verificación de infracciones municipales determinadas en la norma municipal respectiva. Producida la retención, se deberá extender copia del acta y constancia de los bienes retenidos al infractor, bajo responsabilidad. Procede la devolución inmediata de los productos cuando el sancionado cumple con las multas o demás sanciones y subsana la infracción por la que fue pasible de la sanción.

ARTÍCULO 49.- CLAUSURA, RETIRO O DEMOLICIÓN

La autoridad municipal puede ordenar la clausura transitoria o definitiva de edificios, establecimientos o servicios cuando su funcionamiento está prohibido legalmente o constituye peligro o riesgo para la seguridad de las personas y la propiedad privada o la seguridad pública, o infrinjan las normas reglamentarias o de seguridad del sistema de defensa civil, o produzcan olores, humos, ruidos u otros efectos perjudiciales para la salud o la tranquilidad del vecindario.

La autoridad municipal puede ordenar el retiro de materiales o la demolición de obras e instalaciones que ocupen las vías públicas o mandar ejecutar la orden por cuenta del infractor; con el auxilio de la fuerza pública o a través del ejecutor coactivo, cuando corresponda.

La autoridad municipal puede demandar autorización judicial en la vía sumarísima para la demolición de obras inmobiliarias que contravengan las normas legales, reglamentos y ordenanzas municipales.

SUBCAPÍTULO III
LOS PROCEDIMIENTOS ADMINISTRATIVOS

ARTÍCULO 50.- AGOTAMIENTO DE VÍA ADMINISTRATIVA Y EXCEPCIONES

La vía administrativa se agota con la decisión que adopte el alcalde, con excepción de los asuntos tributarios y lo estipulado en el artículo siguiente.

ARTÍCULO 51.- RECONSIDERACIÓN DE ACUERDOS

El 20% (veinte por ciento) de los miembros hábiles del concejo pueden solicitar la reconsideración respecto de los acuerdos, en estricta observancia de su reglamento de organización interna y dentro del tercer día hábil contado a partir de la fecha en que se adoptó el acuerdo.

ARTÍCULO 52.- ACCIONES JUDICIALES

Agotada la vía administrativa proceden las siguientes acciones:

1. Acción de inconstitucionalidad ante el Tribunal Constitucional contra las ordenanzas municipales que contravengan la Constitución.

2. Acción popular ante el Poder Judicial contra los decretos de alcaldía que aprueben normas reglamentarias y/o de aplicación de las ordenanzas o resuelvan cualquier asunto de carácter general en contravención de las normas legales vigentes.

3. Acción contencioso-administrativa, contra los acuerdos del concejo municipal y las resoluciones que resuelvan asuntos de carácter administrativo.

Las acciones se interponen en los términos que señalan las leyes de la materia. Si no hubiera ley especial que precise el término, éste se fija en 30 (treinta) días hábiles, computados desde el día siguiente de publicación o notificación, según sea el caso.

TÍTULO IV
EL RÉGIMEN ECONÓMICO MUNICIPAL

CAPÍTULO I
EL PRESUPUESTO

SUBCAPÍTULO ÚNICO
LOS PRESUPUESTOS PARTICIPATIVOS MUNICIPALES Y LA CONTABILIDAD

ARTÍCULO 53.- PRESUPUESTO DE LOS GOBIERNOS LOCALES

Las municipalidades se rigen por presupuestos participativos anuales como instrumentos de administración y gestión, los cuales se formulan, aprueban y ejecutan conforme a la ley de la materia, y en concordancia con los planes de desarrollo concertados de su jurisdicción. El presupuesto participativo forma parte del sistema de planificación.

Las municipalidades, conforme a las atribuciones que les confiere el artículo 197 de la Constitución, regulan la participación vecinal en la formulación de los presupuestos participativos.

El presupuesto municipal debe sustentarse en el equilibrio real de sus ingresos y egresos y estar aprobado por el concejo municipal dentro del plazo que establece la normatividad sobre la materia.

Para efectos de su administración presupuestaria y financiera, las municipalidades provinciales y distritales constituyen pliegos presupuestarios cuyo titular es el alcalde respectivo.

CONCORDANCIA:

Constitución Política, Art. 197°.

ARTÍCULO 54.- CONTABILIDAD MUNICIPAL

La contabilidad se lleva de acuerdo con las normas generales de contabilidad pública, a no ser que la ley imponga otros criterios contables simplificados. Los registros y libros respectivos deben estar legalizados.

Fenecido el ejercicio presupuestal, bajo responsabilidad del gerente municipal o quien haga sus veces, se formula el balance general de ingresos y egresos y se presenta la memoria anual, documentos que deben ser aprobados por el concejo municipal dentro de los plazos establecidos por el Sistema Nacional de Contabilidad.

CAPÍTULO II
EL PATRIMONIO MUNICIPAL
SUBCAPÍTULO I
DISPOSICIONES GENERALES

ARTÍCULO 55.- PATRIMONIO MUNICIPAL

Los bienes, rentas y derechos de cada municipalidad constituyen su patrimonio.

El patrimonio municipal se administra por cada municipalidad en forma autónoma, con las garantías y responsabilidades de ley.

Los bienes de dominio público de las municipalidades son inalienables e imprescriptibles.

Todo acto de disposición o de garantía sobre el patrimonio municipal debe ser de conocimiento público.

CONCORDANCIA: Constitución Política, Art. 196°.

SUBCAPÍTULO II
LOS BIENES MUNICIPALES

ARTÍCULO 56.- BIENES DE PROPIEDAD MUNICIPAL

Son bienes de las municipalidades:

1. Los bienes inmuebles y muebles de uso público destinados a servicios públicos locales.

2. Los edificios municipales y sus instalaciones y, en general, todos los bienes adquiridos, construidos y/o sostenidos por la municipalidad.

3. Las acciones y participaciones de las empresas municipales.

4. Los caudales, acciones, bonos, participaciones sociales, derechos o cualquier otro bien que represente valores cuantificables económicamente.

5. Los terrenos eriazos, abandonados y ribereños que le transfiera el Gobierno Nacional.

6. Los aportes provenientes de habilitaciones urbanas.

7. Los legados o donaciones que se instituyan en su favor.

8. Todos los demás que adquiera cada municipio.

Las vías y áreas públicas, con subsuelo y aires son bienes de dominio y uso público.

ARTÍCULO 57.- MARGESÍ DE BIENES MUNICIPALES

Cada municipalidad abre y mantiene actualizado el margesí de bienes municipales, bajo responsabilidad solidaria del alcalde, el gerente municipal y el funcionario que la municipalidad designe en forma expresa.

ARTÍCULO 58.- INSCRIPCIÓN DE BIENES MUNICIPALES EN EL REGISTRO DE LA PROPIEDAD

Los bienes inmuebles de las municipalidades a que se refiere el presente capítulo, se inscriben en los Registros Públicos, a petición del alcalde y por el mérito del acuerdo de concejo correspondiente.

ARTÍCULO 59.- DISPOSICIÓN DE BIENES MUNICIPALES

Los bienes municipales pueden ser transferidos, concesionados en uso o explotación, arrendados o modificado su estado de posesión o propiedad mediante cualquier otra modalidad, por acuerdo del concejo municipal.

Cualquier transferencia de propiedad o concesión sobre bienes municipales se hace a través de subasta pública, conforme a ley.

Estos acuerdos deben ser puestos en conocimiento de la Contraloría General de la República en un plazo no mayor de 7 (siete) días, bajo responsabilidad.

ARTÍCULO 60.- TRANSFERENCIA DE TIERRAS PÚBLICAS

El gobierno nacional, a petición de las municipalidades, puede transferir las tierras eriazas, abandonadas y ribereñas que se encuentren en el territorio de su jurisdicción y que requiera para sus planes de desarrollo.

ARTÍCULO 61.- PETICIÓN DE ADJUDICACIÓN DE TIERRAS AL ESTADO

La petición de adjudicación de tierras al Estado se aprueba por el concejo municipal, para sí o para la municipalidad de centro poblado que lo requiera, con el voto conforme de las dos terceras partes del número legal de regidores y teniendo a la vista el proyecto completo de uso de los bienes solicitados y las evaluaciones del impacto ambiental que puede generarse.

ARTÍCULO 62.- CONDICIÓN DE BIENES PÚBLICOS

Las playas, ríos, manantiales, corrientes de agua, así como los lagos, son bienes de uso público. Solamente por razones de seguridad nacional pueden ser objeto de concesión para otros usos.

ARTÍCULO 63.- RESTRICCIONES DE CONTRATACIÓN

El alcalde, los regidores, los servidores, empleados y funcionarios municipales no pueden contratar, rematar obras o servicios públicos municipales ni adquirir directamente o por interpósita persona sus bienes. Se exceptúa de la presente disposición el respectivo contrato de trabajo, que se formaliza conforme a la ley de la materia.

Los contratos, escrituras o resoluciones que contravengan lo dispuesto en este artículo son nulos, sin perjuicio de las responsabilidades administrativas, civiles y penales a que hubiese lugar, inclusive la vacancia en el cargo municipal y la destitución en la función pública.

ARTÍCULO 64.- DONACIÓN DE BIENES MUNICIPALES

Las municipalidades, por excepción, pueden donar, o permutar, bienes de su propiedad a los Poderes del Estado o a otros organismos del Sector Público.

Las donaciones de bienes a favor de una municipalidad están exoneradas de todo impuesto, conforme a la ley de la materia, así como del pago de los derechos regístrales y derechos arancelarios cuando los bienes provienen del extranjero.

ARTÍCULO 65.- CESIÓN EN USO O CONCESIÓN

Las municipalidades están facultadas para ceder en uso o conceder en explotación bienes de su propiedad, en favor de personas jurídicas del sector privado, a condición de que sean destinados exclusivamente a la realización de obras o servicios de interés o necesidad social, y fijando un plazo.

ARTÍCULO 66.- APROBACIÓN DEL CONCEJO MUNICIPAL

La donación, cesión o concesión de bienes de las municipalidades se aprueba con el voto conforme de los dos tercios del número legal de regidores que integran el concejo municipal.

ARTÍCULO 67.- APROBACIÓN POR CONSULTA POPULAR

Cuando se trate de donaciones de inmuebles cuyo valor sea superior al 20% (veinte por ciento) del patrimonio inmobiliario municipal, se requiere de aprobación por consulta popular.

ARTÍCULO 68.- DESTINO DE LOS BIENES DONADOS

El acuerdo municipal de donación, cesión o concesión debe fijar de manera inequívoca el destino que tendrá el bien donado y su modalidad.

El incumplimiento parcial o total de la finalidad que motivó la donación, cesión o concesión, ocasiona la reversión del bien inmueble a la municipalidad, la cual incorpora a su patrimonio las mejoras, a título gratuito.

CAPÍTULO III
LAS RENTAS MUNICIPALES

ARTÍCULO 69.- RENTAS MUNICIPALES

Son rentas municipales:

1. Los tributos creados por ley a su favor.

2. Las contribuciones, tasas, arbitrios, licencias, multas y derechos creados por su concejo municipal, los que constituyen sus ingresos propios.

3. Los recursos asignados del Fondo de Compensación Municipal (FONCOMUN).

4. Las asignaciones y transferencias presupuestales del gobierno nacional.

5. Los recursos asignados por concepto de canon y renta de aduana, conforme a ley.

6. Las asignaciones y transferencias específicas establecidas en la Ley Anual de Presupuesto, para atender los servicios descentralizados de su jurisdicción.

7. Los recursos provenientes de sus operaciones de endeudamiento, concertadas con cargo a su patrimonio propio, y con aval o garantía del Estado y la aprobación del Ministerio de Economía y Finanzas cuando se trate de endeudamientos externos, conforme a ley.

8. Los recursos derivados de la concesión de sus bienes inmuebles y los nuevos proyectos, obras o servicios entregados en concesión.

9. Los derechos por la extracción de materiales de construcción ubicados en los álveos y cauces de los ríos, y canteras localizadas en su jurisdicción, conforme a ley.

CONCORDANCIA:

Ley N° 28221

10. El íntegro de los recursos provenientes de la privatización de sus empresas municipales.

11.   El peaje que se cobre por el uso de la infraestructura vial de su competencia.

12.   Los dividendos provenientes de sus acciones.

13.   Las demás que determine la ley.

Los gobiernos locales pueden celebrar operaciones de crédito con cargo a sus recursos y bienes propios, requiriendo la aprobación de la mayoría del número legal de miembros del concejo municipal.

La concertación y contratación de los empréstitos y operaciones de endeudamiento se sujetan a la Ley de Endeudamiento del Sector Público.

CONCORDANCIA:

Ley N° 28423, 10ma., 11ma., 12ma., 13ra. y 14ta.

Ley N° 28563 (Ley General del Sistema Nacional de Endeudamiento)

Los servicios de amortización e intereses no pueden superar el 30% (treinta por ciento) de los ingresos del año anterior.

CONCORDANCIA:

R.D. Nª 033-2005-EF-76.01 (Directiva N° 013-2005-EF-76.01), Precisiones para el Registro y Destino del Gasto, Numeral V.

D.S. N° 114-2005-EF, Art. 11

CAPÍTULO IV
EL SISTEMA TRIBUTARIO MUNICIPAL
SUBCAPÍTULO ÚNICO
DISPOSICIONES GENERALES

ARTÍCULO 70.- SISTEMA TRIBUTARIO MUNICIPAL

El sistema tributario de las municipalidades, se rige por la ley especial y el Código Tributario en la parte pertinente.

Las municipalidades pueden suscribir convenios con la Superintendencia Nacional de Administración Tributaria (SUNAT), orientados a optimizar la fiscalización y recaudación de sus tributos, tasas, arbitrios, licencias y derechos. El costo que representa el cobro de los referidos tributos a través de dichos convenios no podrá ser trasladado a los contribuyentes.

CAPÍTULO V
LA BANCA MUNICIPAL
SUBCAPÍTULO ÚNICO
LAS CAJAS MUNICIPALES DE AHORRO Y CRÉDITO

ARTÍCULO 71.- CREACIÓN DE CAJAS MUNICIPALES

Las cajas municipales de ahorro y crédito se crean por una o más municipalidades provinciales o distritales y funcionan con estricto arreglo a la legislación especial sobre la materia.

ARTÍCULO 72.- ÁMBITO TERRITORIAL DE LAS CAJAS MUNICIPALES

Las cajas municipales de ahorro y crédito operan preferentemente dentro de los territorios provinciales en que las autoriza la Superintendencia de Banca y Seguros y no pueden concertar créditos con ninguna de las municipalidades del país.

TÍTULO V
LAS COMPETENCIAS Y FUNCIONES ESPECÍFICAS
DE LOS GOBIERNOS LOCALES

CAPÍTULO I
LAS COMPETENCIAS Y FUNCIONES ESPECÍFICAS GENERALES

ARTÍCULO 73.- MATERIAS DE COMPETENCIA MUNICIPAL

La Ley de Bases de la Descentralización establece la condición de exclusiva o compartida de una competencia.

Las funciones específicas municipales que se derivan de las competencias se ejercen con carácter exclusivo o compartido entre las municipalidades provinciales y distritales, con arreglo a lo dispuesto en la presente ley orgánica.

Dentro del marco de las competencias y funciones específicas establecidas en la presente ley, el rol de las municipalidades provinciales comprende:

a) Planificar integralmente el desarrollo local y el ordenamiento territorial, en el nivel provincial.

    Las municipalidades provinciales son responsables de promover e impulsar el proceso de planeamiento para el desarrollo integral correspondiente al ámbito de su provincia, recogiendo las prioridades propuestas en los procesos de planeación de desarrollo local de carácter distrital.

b) Promover, permanentemente la coordinación estratégica de los planes integrales de desarrollo distrital. Los planes referidos a la organización del espacio físico y uso del suelo que emitan las municipalidades distritales deberán sujetarse a los planes y las normas municipales provinciales generales sobre la materia.

c) Promover, apoyar y ejecutar proyectos de inversión y servicios públicos municipales que presenten, objetivamente, externalidades o economías de escala de ámbito provincial; para cuyo efecto, suscriben los convenios pertinentes con las respectivas municipalidades distritales.

d) Emitir las normas técnicas generales, en materia de organización del espacio físico y uso del suelo así como sobre protección y conservación del ambiente.

Cuando se trate del caso de municipalidades conurbadas, los servicios públicos locales que, por sus características, sirven al conjunto de la aglomeración urbana, deberán contar con mecanismos de coordinación en el ámbito de la planificación y prestación de dichos servicios entre las municipalidades vinculadas, de modo que se asegure la máxima eficiencia en el uso de los recursos públicos y una adecuada provisión a los vecinos.

Las municipalidades, tomando en cuenta su condición de municipalidad provincial o distrital, asumen las competencias y ejercen las funciones específicas señaladas en el Capítulo II del presente Título, con carácter exclusivo o compartido, en las materias siguientes:

1.   Organización del espacio físico - Uso del suelo

    1.1.   Zonificación.

    1.2.   Catastro urbano y rural.

    1.3.   Habilitación urbana.

    1.4.   Saneamiento físico legal de asentamientos humanos.

CONCORDANCIA:

Ley N° 28687, Art. 4, numeral 4.1 y Art. 16

    1.5.   Acondicionamiento territorial.

    1.6.   Renovación urbana.

    1.7.   Infraestructura urbana o rural básica.

    1.8.   Vialidad.

    1.9.   Patrimonio histórico, cultural y paisajístico

2.   Servicios públicos locales

    2.1   Saneamiento ambiental, salubridad y salud.

    2.2   Tránsito, circulación y transporte público.

    2.3.   Educación, cultura, deporte y recreación.

    2.4.   Programas sociales, defensa y promoción de derechos ciudadanos.

    2.5.   Seguridad ciudadana.

    2.6.   Abastecimiento y comercialización de productos y servicios.

    2.7.   Registros Civiles, en mérito a convenio suscrito con el Registro Nacional de Identificación y Estado Civil, conforme a ley.

    2.8.   Promoción del desarrollo económico local para la generación de empleo.

    2.9.   Establecimiento, conservación y administración de parques zonales, parques zoológicos, jardines botánicos, bosques naturales, directamente o a través de concesiones.

    2.10 Otros servicios públicos no reservados a entidades de carácter regional o nacional.

3.   Protección y conservación del ambiente

    3.1.   Formular, aprobar, ejecutar y monitorear los planes y políticas locales en materia ambiental, en concordancia con las políticas, normas y planes regionales, sectoriales y nacionales.

    3.2.   Proponer la creación de áreas de conservación ambiental.

CONCORDANCIA: R. N° 029-2006-INRENA (Aprueban Lineamientos Generales para la Gestión de las Áreas de Conservación Municipal)

    3.3.   Promover la educación e investigación ambiental en su localidad e incentivar la participación ciudadana en todos sus niveles.

    3.4.   Participar y a poyar a las comisiones ambientales regionales en el cumplimiento de sus funciones

    3.5.   Coordinar con los diversos niveles de gobierno nacional, sectorial y regional, la correcta aplicación local de los instrumentos de planeamiento y de gestión ambiental, en el marco del sistema nacional y regional de gestión ambiental.

4. En materia de desarrollo y economía local

    4.1. Planeamiento y dotación de infraestructura para el desarrollo local.

    4.2. Fomento de las inversiones privadas en proyectos de interés local.

    4.3. Promoción de la generación de empleo y el desarrollo de la micro y pequeña empresa urbana o rural.

    4.4. Fomento de la artesanía.

    4.5. Fomento del turismo local sostenible.

    4.6. Fomento de programas de desarrollo rural.

5. En materia de participación vecinal

    5.1. Promover, apoyar y reglamentar la participación vecinal en el desarrollo local.

    5.2. Establecer instrumentos y procedimientos de fiscalización.

    5.3. Organizar los registros de organizaciones sociales y vecinales de su jurisdicción.

6. En materia de servicios sociales locales

    6.1. Administrar, organizar y ejecutar los programas locales de lucha contra la pobreza y desarrollo social.

    6.2. Administrar, organizar y ejecutar los programas locales de asistencia, protección y apoyo a la población en riesgo, y otros que coadyuven al desarrollo y bienestar de la población.

    6.3. Establecer canales de concertación entre los vecinos y los programas sociales.

    6.4. Difundir y promover los derechos del niño, del adolescente, de la mujer y del adulto mayor; propiciando espacios para su participación a nivel de instancias municipales.

7. Prevención, rehabilitación y lucha contra el consumo de drogas

    7.1. Promover programas de prevención y rehabilitación en los casos de consumo de drogas y alcoholismo y crear programas de erradicación en coordinación con el gobierno regional.

    7.2. Promover convenios de cooperación internacional para la implementación de programas de erradicación del consumo ilegal de drogas.

A iniciativa de la municipalidad se podrán organizar comités multisectoriales de prevención del consumo de drogas, con la participación de los vecinos, con la finalidad de diseñar, monitorear, supervisar, coordinar y ejecutar programas o proyectos de prevención del consumo de drogas y de conductas de riesgo en el ámbito local, pudiendo contar para ello con la asistencia técnica de la Comisión Nacional para el Desarrollo y Vida sin Drogas - DEVIDA.

ARTÍCULO 74.- FUNCIONES ESPECÍFICAS MUNICIPALES

Las municipalidades ejercen, de manera exclusiva o compartida, una función promotora, normativa y reguladora, así como las de ejecución y de fiscalización y control, en las materias de su competencia, conforme a la presente ley y la Ley de Bases de la Descentralización.

ARTÍCULO 75.- EJERCICIO DE LAS COMPETENCIAS Y FUNCIONES

Ninguna persona o autoridad puede ejercer las funciones específicas que son de competencia municipal exclusiva. Su ejercicio constituye usurpación de funciones.

Las normas municipales en las materias establecidas en la presente ley, que estén en concordancia con las normas técnicas de carácter nacional, son de cumplimiento obligatorio por los ciudadanos y las autoridades nacionales y regionales respectivas.

Sólo por ley expresa y con las mismas formalidades exigidas para la aprobación de la presente ley, se establecen regímenes especiales transitorios por los cuales otros organismos públicos pueden ejercer competencias que son exclusivas de las municipalidades. El régimen especial transitorio debe tener un plazo determinado.

Las municipalidades están obligadas a informar y realizar coordinaciones con las entidades con las que compartan competencias y funciones, antes de ejercerlas.

ARTÍCULO 76.- DELEGACIÓN DE COMPETENCIAS Y FUNCIONES ESPECÍFICAS

Las municipalidades pueden delegar, entre ellas o a otras entidades del Estado, las competencias y funciones específicas exclusivas establecidas en la presente ley, en los casos en que se justifique la necesidad de brindar a los vecinos un servicio oportuno y eficiente, o por economías de escala.

Los convenios establecen la modalidad y el tiempo de la delegación, así como las condiciones y causales para su revocación.

Los convenios en materia tributaria se rigen por ley especial.

La responsabilidad es indelegable.

ARTÍCULO 77.- AVOCACIÓN

Las municipalidades distritales, ante la falta de cobertura o imposibilidad temporal de prestar algún servicio público de su competencia, pueden solicitar de manera excepcional a la municipalidad provincial, cubrir de manera temporal la demanda de dicho servicio público. El servicio cubierto no deberá afectar la calidad ni el costo del servicio de la municipalidad demandante.

El concejo provincial o la asamblea metropolitana, según sea el caso, determinan la procedencia o no procedencia de la demanda y las condiciones, tiempo y modo en que se ejercerá la competencia por la municipalidad demandada. La resolución puede ser objeto de recurso de reconsideración.

CAPÍTULO II
LAS COMPETENCIAS Y FUNCIONES ESPECÍFICAS

ARTÍCULO 78.- SUJECIÓN A LAS NORMAS TÉCNICAS Y CLAUSURA

El ejercicio de las competencias y funciones específicas de las municipalidades se realiza de conformidad y con sujeción a las normas técnicas sobre la materia.

Las autoridades municipales otorgarán las licencias de construcción, bajo responsabilidad, ajustándose estrictamente a las normas sobre barreras arquitectónicas y de accesibilidad.

Asimismo, pueden ordenar la clausura transitoria o definitiva de edificios, establecimientos o, servicios cuando su funcionamiento esté prohibido legalmente y constituya peligro, o cuando estén en contra de las normas reglamentarias o de seguridad de defensa civil; o produzcan olores, humos, ruidos u otros efectos perjudiciales para la salud o tranquilidad del vecindario.

ARTÍCULO 79.- ORGANIZACIÓN DEL ESPACIO FÍSICO Y USO DEL SUELO

Las municipalidades, en materia de organización del espacio físico y uso del suelo, ejercen las siguientes funciones:

1. Funciones específicas exclusivas de las municipalidades provinciales:

    1.1. Aprobar el Plan de Acondicionamiento Territorial de nivel provincial, que identifique las áreas urbanas y de expansión urbana, así como las áreas de protección o de seguridad por riesgos naturales; las áreas agrícolas y las áreas de conservación ambiental.

CONCORDANCIA:

Ley N° 28221, 2da. Disp. Comp. y Derg.

R. N° 029-2006-INRENA (Aprueban Lineamientos Generales para la Gestión de las Áreas de Conservación Municipal)

    1.2. Aprobar el Plan de Desarrollo Urbano, el Plan de Desarrollo Rural, el Esquema de Zonificación de áreas urbanas, el Plan de Desarrollo de Asentamientos Humanos y demás planes específicos de acuerdo con el Plan de Acondicionamiento Territorial.

    1.3. Pronunciarse respecto de las acciones de demarcación territorial en la provincia.

    1.4. Aprobar la regulación provincial respecto del otorgamiento de licencias y las labores de control y fiscalización de las municipalidades distritales en las materias reguladas por los planes antes mencionados, de acuerdo con las normas técnicas de la materia, sobre:

    1.4.1. Otorgamiento de licencias de construcción, remodelación o demolición.

    1.4.2. Elaboración y mantenimiento del catastro urbano y rural.

    1.4.3. Reconocimiento, verificación, titulación y saneamiento físico legal de asentamientos humanos.

CONCORDANCIA:

Ley N° 28687, Art. 4, numeral 4.1 y Art. 16

    1.4.4. Autorizaciones para ubicación de anuncios y avisos publicitarios y propaganda política.

CONCORDANCIA:

R. N° 007-2006-JNE (Aprueban el Reglamento sobre Difusión y Control de Propaganda Electoral durante el Proceso de Elecciones Generales)

    1.4.5. Nomenclatura de calles, parques y vías.

    1.4.6. Seguridad del Sistema de Defensa Civil.

    1.4.7. Estudios de Impacto Ambiental.

    1.5. Fiscalizar el cumplimiento de los Planes y normas provinciales sobre la materia, señalando las infracciones y estableciendo las sanciones correspondientes.

    1.6. Diseñar y ejecutar planes de renovación urbana.

2.   Funciones específicas compartidas de las municipalidades provinciales:

    2.1. Ejecutar directamente o concesionar la ejecución de las obras de infraestructura urbana o rural de carácter multidistrital que sean indispensables para la producción, el comercio, el transporte y la comunicación de la provincia, tales como corredores viales, vías troncales, puentes, parques, parques industriales, embarcaderos, terminales terrestres, y otras similares, en coordinación con las municipalidades distritales o provinciales contiguas, según sea el caso; de conformidad con el Plan de Desarrollo Municipal y el Plan de Desarrollo Regional.

    2.2. Diseñar y promover la ejecución de programas municipales de vivienda para las familias de bajos recursos.

3.   Funciones específicas exclusivas de las municipalidades distritales:

    3.1. Aprobar el plan urbano o rural distrital, según corresponda, con sujeción al plan y a las normas municipales provinciales sobre la materia.

    3.2. Autorizar y fiscalizar la ejecución del plan de obras de servicios públicos o privados que afecten o utilicen la vía pública o zonas aéreas, así como sus modificaciones; previo cumplimiento de las normas sobre impacto ambiental.

    3.3. Elaborar y mantener el catastro distrital.

    3.4. Disponer la nomenclatura de avenidas, jirones, calles, pasajes, parques, plazas, y la numeración predial.

    3.5. Reconocer los asentamientos humanos y promover su desarrollo y formalización.

CONCORDANCIA:

Ley N° 28687, Arts: 8 num. 2 Art. 16

    3.6. Normar, regular y otorgar autorizaciones, derechos y licencias, y realizar la fiscalización de:

        3.6.1.   Habilitaciones urbanas.

        3.6.2.   Construcción, remodelación o demolición de inmuebles y declaratorias de fábrica.

        3.6.3.   Ubicación de avisos publicitarios y propaganda política.

CONCORDANCIA:

R. N° 007-2006-JNE (Aprueban el Reglamento sobre Difusión y Control de Propaganda Electoral durante el Proceso de Elecciones Generales)

        3.6.4.   Apertura de establecimientos comerciales, industriales y de actividades profesionales de acuerdo con la zonificación.

        3.6.5.   Construcción de estaciones radioeléctricas y tendido de cables de cualquier naturaleza.

3.6.6. Las demás funciones específicas establecidas de acuerdo a los planes y normas sobre la materia.

4. Funciones específicas compartidas de las municipalidades distritales:

4.1 Ejecutar directamente o proveer la ejecución de las obras de infraestructura urbana o rural que sean indispensables para el desenvolvimiento de la vida del vecindario, la producción, el comercio, el transporte y la comunicación en el distrito, tales como pistas o calzadas, vías, puentes, parques, mercados, canales de irrigación, locales comunales, y obras similares, en coordinación con la municipalidad provincial respectiva.

4.2 Identificar los inmuebles en estado ruinoso y calificar los tugurios en los cuales deban realizarse tareas de renovación urbana en coordinación con la municipalidad provincial y el gobierno regional.

En el saneamiento de la propiedad predial la Comisión de Formalización de la Propiedad Informal actuará como órgano técnico de asesoramiento de los gobiernos locales, para cuyo efecto se suscribirán los convenios respectivos.

CONCORDANCIA:

D.S. N° 014-2003-JUS, Art. 1

ARTÍCULO 80.- SANEAMIENTO, SALUBRIDAD Y SALUD

Las municipalidades, en materia de saneamiento, salubridad y salud, ejercen las siguientes funciones:

1. Funciones específicas exclusivas de las municipalidades provinciales:

1.1 Regular y controlar el proceso de disposición final de desechos sólidos, líquidos y vertimientos industriales en el ámbito provincial.

1.2 Regular y controlar la emisión de humos, gases, ruidos y demás elementos contaminantes de la atmósfera y el ambiente.

2. Funciones específicas compartidas de las municipalidades provinciales:

2.1. Administrar y reglamentar directamente o por concesión el servicio de agua potable, alcantarillado y desagüe, limpieza pública y tratamiento de residuos sólidos, cuando por economías de escala resulte eficiente centralizar provincialmente el servicio.

2.2. Los procesos de concesión son ejecutados por las municipalidades provinciales del cercado y son coordinados con los órganos nacionales de promoción de la inversión, que ejercen labores de asesoramiento.

2.3. Proveer los servicios de saneamiento rural cuando éstos no puedan ser atendidos por las municipalidades distritales o las de los centros poblados rurales, y coordinar con ellas para la realización de campañas de control de epidemias y sanidad animal.

2.4. Difundir programas de saneamiento ambiental en coordinación con las municipalidades distritales y los organismos regionales y nacionales pertinentes.

2.5. Gestionar la atención primaria de la salud, así como construir y equipar postas médicas, botiquines y puestos de salud en los centros poblados que los necesiten, en coordinación con las municipalidades distritales, centros poblados y los organismos regionales y nacionales pertinentes.

2.6. Realizar campañas de medicina preventiva, primeros auxilios, educación sanitaria y profilaxis local.

3. Funciones específicas exclusivas de las municipalidades distritales:

3.1. Proveer del servicio de limpieza pública determinando las áreas de acumulación de desechos, rellenos sanitarios y el aprovechamiento industrial de desperdicios.

3.2. Regular y controlar el aseo, higiene y salubridad en los establecimientos comerciales, industriales, viviendas, escuelas, piscinas, playas y otros lugares públicos locales.

3.3. Instalar y mantener servicios higiénicos y baños de uso público.

3.4. Fiscalizar y realizar labores de control respecto de la emisión de humos, gases, ruidos y demás elementos contaminantes de la atmósfera y el ambiente.

3.5. Expedir carnés de sanidad.

4. Funciones específicas compartidas de las municipalidades distritales:

4.1 Administrar y reglamentar, directamente o por concesión el servicio de agua potable, alcantarillado y desagüe, limpieza pública y tratamiento de residuos sólidos, cuando esté en capacidad de hacerlo.

4.2 Proveer los servicios de saneamiento rural y coordinar con las municipalidades de centros poblados para la realización de campañas de control de epidemias y control de sanidad animal.

4.3 Difundir programas de saneamiento ambiental en coordinación con las municipalidades provinciales y los organismos regionales y nacionales pertinentes.

4.4 Gestionar la atención primaria de salud, así como construir y equipar postas médicas, botiquines y puestos de salud en los centros poblados que los necesiten, en coordinación con las municipalidades provinciales, los centros poblados y los organismos regionales y nacionales pertinentes.

4.5 Realizar campañas locales sobre medicina preventiva, primeros auxilios, educación sanitaria y profilaxis.

CONCORDANCIA:

Ley N° 28719, Arts. 8 y 10 (Ley del boleto turístico)

ARTÍCULO 81.- TRÁNSITO, VIALIDAD Y TRANSPORTE PÚBLICO

Las municipalidades, en materia de tránsito, vialidad y transporte público, ejercen las siguientes funciones:

1. Funciones específicas exclusivas de las municipalidades provinciales:

1.1. Normar, regular y planificar el transporte terrestre, fluvial y lacustre a nivel provincial.

1.2. Normar y regular el servicio público de transporte terrestre urbano e interurbano de su jurisdicción, de conformidad con las leyes y reglamentos nacionales sobre la materia.

1.3. Normar, regular, organizar y mantener los sistemas de señalización y semáforos y regular el tránsito urbano de peatones y vehículos.

1.4. Normar y regular el transporte público y otorgar las correspondientes licencias o concesiones de rutas para el transporte de pasajeros, así como regular el transporte de carga e identificar las vías y rutas establecidas para tal objeto.

1.5. Promover la construcción de terminales terrestres y regular su funcionamiento.

1.6. Normar, regular y controlar la circulación de vehículos menores motorizados o no motorizados, tales como taxis, mototaxis, triciclos, y otros de similar naturaleza.

1.7. Otorgar autorizaciones y concesiones para la prestación del servicio público de transporte provincial de personas en su jurisdicción.

1.8. Otorgar certificado de compatibilidad de uso, licencia de construcción, certificado de conformidad de obra, licencia de funcionamiento y certificado de habilitación técnica a los terminales terrestres y estaciones de ruta del servicio de transporte provincial de personas de su competencia, según corresponda.

1.9. Supervisar el servicio público de transporte urbano de su jurisdicción, mediante la supervisión, detección de infracciones, imposición de sanciones y ejecución de ellas por incumplimiento de las normas o disposiciones que regulan dicho servicio, con el apoyo de la Policía Nacional asignada al control de tránsito.

1.10. Instalar, mantener y renovar los sistemas de señalización de tránsito en su jurisdicción, de conformidad con el reglamento nacional respectivo.

2. Funciones específicas compartidas de las municipalidades provinciales:

2.1. Controlar, con el apoyo de la Policía Nacional, el cumplimiento de las normas de tránsito y las de transporte colectivo; sin perjuicio de las funciones sectoriales de nivel nacional que se deriven de esta competencia compartida, conforme a la Ley de Bases de la Descentralización.

2.2. Organizar la señalización y nomenclatura de vías, en coordinación con las municipalidades distritales.

2.3. Ejercer la función de supervisión del servicio público de transporte provincial de su competencia, contando con el apoyo de la Policía Nacional asignada al control del tránsito.

2.4. Instalar, mantener y renovar los sistemas de señalización de tránsito en su jurisdicción y establecer la nomenclatura de vías, en coordinación con las municipalidades distritales.

3. Funciones específicas compartidas de las municipalidades distritales:

3.1. Establecer la nomenclatura y señalización de calles y vías de acuerdo con la regulación provincial y en coordinación con la municipalidad provincial.

3.2. Otorgar licencias para la circulación de vehículos menores y demás, de acuerdo con lo establecido en la regulación provincial. (*)

(*) De conformidad con el Artículo 13° de la Ley N° 28750, publicada el 03 junio 2006, se precisa que los recursos por la imposición de papeletas por infracciones al Reglamento Nacional de Tránsito, provenientes de los convenios suscritos o por suscribirse entre las Municipalidades y la Policía Nacional del Perú a nivel nacional, a favor de la Policía de Tránsito de las jurisdicciones respectivas, se incorporan en el presupuesto del Pliego Ministerio del Interior, para ser orientados exclusivamente a los fines señalados en los convenios. El Ministerio del Interior, queda autorizado para que mediante resolución suprema y dentro del plazo de treinta (30) días siguientes de publicada la presente Ley, establezca un régimen de incentivos excepcionales de carácter no remunerativo ni pensionable, a la Policía de Tránsito con cargo de hasta el 75% de los recursos de los mencionados convenios, así como regule los procesos y procedimientos para la ejecución presupuestal y financiera y uso de los citados recursos.

CONCORDANCIA:

Ley N° 28719, Arts. 8 y 10 (Ley del boleto turístico)

ARTÍCULO 82.- EDUCACIÓN, CULTURA, DEPORTES Y RECREACIÓN

Las municipalidades, en materia de educación, cultura, deportes y recreación, tienen como competencias y funciones específicas compartidas con el gobierno nacional y el regional las siguientes:

1. Promover el desarrollo humano sostenible en el nivel local, propiciando el desarrollo de comunidades educadoras.

2. Diseñar, ejecutar y evaluar el proyecto educativo de su jurisdicción, en coordinación con la Dirección Regional de Educación y las Unidades de Gestión Educativas, según corresponda, contribuyendo en la política educativa regional y nacional con un enfoque y acción intersectorial.

3. Promover la diversificación curricular, incorporando contenidos significativos de su realidad sociocultural, económica, productiva y ecológica.

4. Monitorear la gestión pedagógica y administrativa de las instituciones educativas bajo su jurisdicción, en coordinación con la Dirección Regional de Educación y las Unidades de Gestión Educativas, según corresponda, fortaleciendo su autonomía institucional.

5. Construir, equipar y mantener la infraestructura de los locales educativos de su jurisdicción de acuerdo al Plan de Desarrollo Regional concertado y al presupuesto que se le asigne.

6. Apoyar la creación de redes educativas como expresión de participación y cooperación entre los centros y los programas educativos de su jurisdicción. Para ello se harán alianzas estratégicas con instituciones especializadas de la comunidad.

7. Impulsar y organizar el Consejo Participativo Local de Educación, a fin de generar acuerdos concertados y promover la vigilancia y el control ciudadanos.

8. Apoyar la incorporación y el desarrollo de nuevas tecnologías para el mejoramiento del sistema educativo. Este proceso se realiza para optimizar la relación con otros sectores.

9. Promover, coordinar, ejecutar y evaluar, con los gobiernos regionales, los programas de alfabetización en el marco de las políticas y programas nacionales, de acuerdo con las características socioculturales y lingüísticas de cada localidad.

10. Fortalecer el espíritu solidario y el trabajo colectivo, orientado hacia el desarrollo de la convivencia social, armoniosa y productiva, a la prevención de desastres naturales y a la seguridad ciudadana.

11. Organizar y sostener centros culturales, bibliotecas, teatros y talleres de arte en provincias, distritos y centros poblados.

12. Promover la protección y difusión del patrimonio cultural de la nación, dentro de su jurisdicción, y la defensa y conservación de los monumentos arqueológicos, históricos y artísticos, colaborando con los organismos regionales y nacionales competentes para su identificación, registro, control, conservación y restauración.

13. Promover la cultura de la prevención mediante la educación para la preservación del ambiente.

14. Promover y administrar parques zoológicos, jardines botánicos, bosques naturales ya sea directamente o mediante contrato o concesión, de conformidad con la normatividad en la materia.

15. Fomentar el turismo sostenible y regular los servicios destinados a ese fin, en cooperación con las entidades competentes.

16. Impulsar una cultura cívica de respeto a los bienes comunales, de mantenimiento y limpieza y de conservación y mejora del ornato local.

17. Promover espacios de participación, educativos y de recreación destinados a adultos mayores de la localidad.

18. Normar, coordinar y fomentar el deporte y la recreación de la niñez y del vecindario en general, mediante la construcción de campos deportivos y recreacionales o el empleo temporal de zonas urbanas apropiadas, para los fines antes indicados.

19. Promover actividades culturales diversas.

20. Promover la consolidación de una cultura de ciudadanía democrática y fortalecer la identidad cultural de la población campesina, nativa y afroperuana.

En aquellos casos en que las municipalidades distritales no puedan asumir las funciones específicas a que se refiere el presente artículo, se procederá conforme a lo dispuesto en los artículos 76 y 77.

CONCORDANCIA:

D.S. N° 009-2005-ED, Art. 10 (Reglamento de la Gestión del Sistema Educativo)

Ley N° 28719, Arts. 8 y 10

R.PRES. N° 044-CND-P-2006, Sector Mujer y Desarrollo Social 2.6.2 (Plan de Transferencias 2006-2010)

R.M. N° 0031-2007-ED (Plan de Municipalización de la Gestión Educativa y Lineamientos del Plan Piloto 2007)

ARTÍCULO 83.- ABASTECIMIENTO Y COMERCIALIZACIÓN DE PRO-DUCTOS Y SERVICIOS

Las municipalidades, en materia de abastecimiento y comercialización de productos y servicios, ejercen las siguientes funciones:

1.   Funciones específicas exclusivas de las municipalidades provinciales:

    1.1.   Regular las normas respecto del acopio, distribución, almacenamiento y comercialización de alimentos y bebidas, en concordancia con las normas nacionales sobre la materia.

    1.2.   Establecer las normas respecto del comercio ambulatorio.

2.   Funciones específicas compartidas de las municipalidades provinciales:

    2.1.   Construir, equipar y mantener, directamente o por concesión, mercados de abastos al mayoreo o minoristas, en coordinación con las municipalidades distritales en las que estuvieran ubicados.

    2.2.   Realizar programas de apoyo a los productores y pequeños empresarios a nivel de la provincia, en coordinación con las municipalidades distritales y las entidades públicas y privadas de nivel regional y nacional.

3.   Funciones específicas exclusivas de las municipalidades distritales:

    3.1.   Controlar el cumplimiento de las normas de higiene y ordenamiento del acopio, distribución, almacenamiento y comercialización de alimentos y bebidas, a nivel distrital, en concordancia con las normas provinciales.

    3.2.   Regular y controlar el comercio ambulatorio, de acuerdo a las normas establecidas por la municipalidad provincial.

    3.3.   Realizar el control de pesos y medidas, así como el del acaparamiento, la especulación y la adulteración de productos y servicios.

    3.4.   Promover la construcción, equipamiento y mantenimiento de mercados de abastos que atiendan las necesidades de los vecinos de su jurisdicción.

    3.5.   Promover la construcción, equipamiento y mantenimiento de camales, silos, terminales pesqueros y locales similares, para apoyar a los productores y pequeños empresarios locales.

    3.6.   Otorgar licencias para la apertura de establecimientos comerciales, industriales y profesionales.

4.   Funciones específicas compartidas de las municipalidades distritales:

    4.1.   Promover la realización de ferias de productos alimenticios, agropecuarios y artesanales, y apoyar la creación de mecanismos de comercialización y consumo de productos propios de la localidad.

ARTÍCULO 84.- PROGRAMAS SOCIALES, DEFENSA Y PROMOCIÓN DE DERECHOS

Las municipalidades, en materia de programas sociales, de defensa y promoción de derechos, ejercen las siguientes funciones:

1.   Funciones específicas exclusivas de las municipalidades provinciales:

    1.1.   Planificar y promover el desarrollo social en su circunscripción en armonía con las políticas y planes nacionales y regionales, de manera concertada con las municipalidades distritales de su jurisdicción.

1.2. Establecer canales de concertación entre las instituciones que trabajan en defensa de derechos de niños y adolescentes, mujeres, discapacitados y adultos mayores. Así como de los derechos humanos en general, manteniendo un registro actualizado.

1.3. Regular las acciones de las Defensorías Municipales de los Niños y Adolescentes, DEMUNA, adecuando las normas nacionales a la realidad local.

1.4. Ejecutar el Programa del Vaso de Leche y demás programas de apoyo alimentario con participación de la población y en concordancia con la legislación sobre la materia, cuando la municipalidad distrital no pueda asumir dicha función.

1.5. Establecer canales de comunicación y cooperación entre los vecinos y los programas sociales.

1.6. Contar con un registro actualizado de organizaciones juveniles de la provincia, así como de su participación activa en la vida política, social, cultural y económica del gobierno local.

1.7. Crear una oficina de protección, participación y organización de los vecinos con discapacidad, como un programa dependiente de la Dirección de Servicios Sociales.

2. Funciones específicas exclusivas de las municipalidades distritales:

2.1. Planificar y concertar el desarrollo social en su circunscripción en armonía con las políticas y planes regionales y provinciales, aplicando estrategias participativas que permitan el desarrollo de capacidades para superar la pobreza.

2.2. Reconocer y registrar a las instituciones y organizaciones que realizan acción y promoción social concertada con el gobierno local.

2.3. Organizar, administrar y ejecutar los programas locales de lucha contra la pobreza y de desarrollo social del Estado, propios y transferidos, asegurando la calidad y localización de los servicios, la igualdad de oportunidades y el fortalecimiento de la economía regional y local.

2.4. Organizar, administrar y ejecutar los programas locales de asistencia, protección y apoyo a la población en riesgo, de niños, adolescentes, mujeres, adultos mayores, personas con discapacidad y otros grupos de la población en situación de discriminación.

2.5. Contribuir al diseño de las políticas y planes nacionales, regionales y provinciales de desarrollo social, y de protección y apoyo a la población en riesgo.

2.6. Facilitar y participar en los espacios de concertación y participación ciudadana para la planificación, gestión y vigilancia de los programas locales de desarrollo social, así como de apoyo a la población en riesgo.

2.7. Promover y concertar la cooperación pública y privada en los distintos programas sociales locales.

2.8. Organizar e implementar el servicio de Defensoría Municipal de los Niños y Adolescentes -DEMUNA- de acuerdo a la legislación sobre la materia.

2.9. Promover el desarrollo integral de la juventud para el logro de su bienestar físico, psicológico, social, moral y espiritual, así como su participación activa en la vida política, social, cultural y económica del gobierno local.

2.10. Resolver administrativamente los conflictos entre vecinos y fiscalizar el cumplimiento de los acuerdos de las juntas de propietarios de edificios y de las juntas vecinales de su localidad, con facultad para imponer sanciones por dichos incumplimientos, luego de una obligatoria etapa de conciliación extrajudicial.

2.11. Ejecutar el Programa del Vaso de Leche y demás programas de apoyo alimentario con participación de la población y en concordancia con la legislación sobre la materia.

2.12. Crear la Oficina de Protección, Participación y Organización de los vecinos con discapacidad como un programa dependiente de la dirección de servicios sociales.

3. Funciones específicas compartidas de las municipalidades distritales:

3.1. Difundir y promover los derechos del niño y del adolescente, de la mujer y del adulto mayor, propiciando espacios para su participación en el nivel de las instancias municipales.

3.2. Promover, organizar y sostener, de acuerdo a sus posibilidades, cunas y guarderías infantiles, establecimientos de protección a los niños y a personas con impedimentos y ancianos desvalidos, así como casas de refugio.

3.3. Promover la igualdad de oportunidades con criterio de equidad.

ARTÍCULO 85.- SEGURIDAD CIUDADANA

Las municipalidades en seguridad ciudadana ejercen las siguientes funciones:

1. Funciones específicas exclusivas de las municipalidades provinciales:

1.1. Establecer un sistema de seguridad ciudadana, con participación de la sociedad civil y de la Policía Nacional, y normar el establecimiento de los servicios de serenazgo, vigilancia ciudadana, rondas urbanas, campesinas o similares, de nivel distrital o del de centros poblados en la jurisdicción provincial, de acuerdo a ley.

1.2. Ejercer la labor de coordinación para las tareas de defensa civil en la provincia, con sujeción a las normas establecidas en lo que respecta a los Comités de Defensa Civil Provinciales.

2. Funciones específicas compartidas de las municipalidades provinciales:

2.1. Coordinar con las municipalidades distritales que la integran y con la Policía Nacional el servicio interdistrital de serenazgo y seguridad ciudadana.

2.2. Promover acciones de apoyo a las compañías de bomberos, beneficencias, Cruz Roja y demás instituciones de servicio a la comunidad.

3. Funciones específicas exclusivas de las municipalidades distritales:

3.1. Organizar un servicio de serenazgo o vigilancia municipal cuando lo crea conveniente, de acuerdo a las normas establecidas por la municipalidad provincial respectiva.

3.2. Coordinar con el Comité de Defensa Civil del distrito las acciones necesarias para la atención de las poblaciones damnificadas por desastres naturales o de otra índole.

3.3. Establecer el registro y control de las asociaciones de vecinos que recaudan cotizaciones o administran bienes vecinales, para garantizar el cumplimiento de sus fines.

CONCORDANCIA:

Constitución Política, Art. 197°.

Ley N° 28719, Arts. 8 y 10

ARTÍCULO 86.- PROMOCIÓN DEL DESARROLLO ECONÓMICO LOCAL

1. Funciones específicas exclusivas de las municipalidades provinciales:

   1.1. Diseñar un plan estratégico de desarrollo económico local sostenible y un plan operativo anual, e implementarlos en función de los recursos disponibles y de las necesidades de la actividad empresarial de la provincia, según diagnóstico económico de su jurisdicción.

   1.2. Flexibilizar y simplificar los procedimientos de obtención de licencias y permisos en el ámbito de su jurisdicción, sin obviar las normas técnicas de seguridad.

   1.3. Mantener un registro de las empresas que operan en su jurisdicción y cuentan con licencia municipal de funcionamiento, definitiva o provisional, consignando expresamente el cumplimiento o incumplimiento de las normas técnicas de seguridad.

   1.4. Concertar con el sector público y el privado la elaboración y ejecución de programas de apoyo al desarrollo económico local sostenible en su espacio territorial.

2. Funciones específicas compartidas de las municipalidades provinciales:

   2.1. Organizar, en coordinación con el respectivo gobierno regional y las municipalidades distritales de su jurisdicción, instancias de coordinación para promover el desarrollo económico local; aprovechando las ventajas comparativas de los corredores productivos, ecoturísticos y de biodiversidad.

   2.2. Realizar campañas conjuntas para facilitar la formalización de las micro y pequeñas empresas de su circunscripción territorial con criterios homogéneos y de simplificación administrativa.

   2.3. Elaborar junto con las instancias correspondientes, evaluaciones de impacto de los programas y proyectos de desarrollo económico local.

   2.4. Promover, en coordinación con el gobierno regional, agresivas políticas orientadas a generar productividad y competitividad en las zonas urbanas y rurales, así como la elaboración de mapas provinciales sobre potenciales riquezas, con el propósito de generar puestos de trabajo y desanimar la migración.

   2.5. En los municipios rurales, concertar con las comunidades campesinas.

   2.6. Articular las zonas rurales con las urbanas, fortaleciendo así la economía regional.

3.   Funciones específicas exclusivas de las municipalidades distritales:

3.1.   Diseñar un plan estratégico para el desarrollo económico sostenible del distrito y un plan operativo anual de la municipalidad, e implementarlos en función de los recursos disponibles y de las necesidades de la actividad empresarial de su jurisdicción, a través de un proceso participativo.

3.2.   Ejecutar actividades de apoyo directo e indirecto a la actividad empresarial en su bfinanciamiento y otros campos a fin de mejorar la competitividad.

3.3.   Concertar con instituciones del sector público y privado de su jurisdicción sobre la elaboración y ejecución de programas y proyectos que favorezcan el desarrollo económico del distrito.

3.4.   Brindar la información económica necesaria sobre la actividad empresarial en su jurisdicción, en función de la información disponible, a las instancias provinciales, regionales y nacionales.

3.5.   Promover las condiciones favorables para la productividad y competitividad de las zonas urbanas y rurales del distrito.

ARTÍCULO 87.- OTROS SERVICIOS PÚBLICOS

Las municipalidades provinciales y distritales, para cumplir su fin de atender las necesidades de los vecinos, podrán ejercer otras funciones y competencias no establecidas específicamente en la presente ley o en leyes especiales, de acuerdo a sus posibilidades y en tanto dichas funciones y competencias no estén reservadas expresamente a otros organismos públicos de nivel regional o nacional.

TÍTULO VI
EL USO DE LA PROPIEDAD EN ARMONÍA CON EL BIEN COMÚN
CAPÍTULO ÚNICO

ARTÍCULO 88.- USO DE LA PROPIEDAD INMUEBLE

Corresponde a las municipalidades provinciales y distritales dentro del territorio de su jurisdicción, velar por el uso de la propiedad inmueble en armonía con el bien común.

ARTÍCULO 89.- DESTINO DE SUELOS URBANOS

Las tierras que son susceptibles de convertirse en urbanas solamente pueden destinarse a los fines previstos en la zonificación aprobada por la municipalidad provincial, los planes reguladores y el Reglamento Nacional de Construcciones. Todo proyecto de urbanización, transferencia o cesión de uso, para cualquier fin, de terrenos urbanos y suburbanos, se someterá necesariamente a la aprobación municipal.

ARTÍCULO 90.- OBRAS INMOBILIARIAS

La construcción, reconstrucción, ampliación, modificación o reforma de cualquier inmueble, se sujeta al cumplimiento de los requisitos que establezcan la Ley, el Reglamento Nacional de Construcciones y las ordenanzas o reglamentos sobre seguridad de Defensa Civil, y otros organismos que correspondan, para garantizar la salubridad y estética de la edificación; asimismo deben tenerse en cuenta los estudios de impacto ambiental, conforme a ley.

ARTÍCULO 91.- CONSERVACIÓN DE ZONAS MONUMENTALES

Las municipalidades provinciales, en coordinación con el Instituto Nacional de Cultura o a su solicitud, pueden establecer limitaciones especiales por la necesidad de conservación de zonas monumentales y de edificios declarados monumentos históricos o artísticos, de conformidad con las leyes sobre la materia y con las ordenanzas sobre protección urbana y del patrimonio cultural.

ARTÍCULO 92.- LICENCIA DE CONSTRUCCIÓN

Toda obra de construcción, reconstrucción, conservación, refacción o modificación de inmueble, sea pública o privada, requiere una licencia de construcción, expedida por la municipalidad provincial, en el caso del cercado, y de la municipalidad distrital dentro de cuya jurisdicción se halla el inmueble, previo certificado de conformidad expedido por el Cuerpo General de Bomberos Voluntarios o del Comité de Defensa Civil, según corresponda, además del cumplimiento de los correspondientes requisitos reglamentarios.

Las licencias de construcción y de funcionamiento que otorguen las municipalidades deben estar, además, en conformidad con los planes integrales de desarrollo distrital y provincial.

ARTÍCULO 93.- FACULTADES ESPECIALES DE LAS MUNICIPALIDADES

Las municipalidades provinciales y distritales, dentro del ámbito de su jurisdicción, están facultadas para:

1. Ordenar la demolición de edificios construidos en contravención del Reglamento Nacional de Construcciones, de los planos aprobados por cuyo mérito se expidió licencia o de las ordenanzas vigentes al tiempo de su edificación.

2. Ordenar la demolición de obras que no cuenten con la correspondiente licencia de construcción.

3. Declarar la inhabitabilidad de inmuebles y disponer su desocupación en el caso de estar habitados.

4. Hacer cumplir, bajo apercibimiento de demolición y multa, la obligación de conservar el alineamiento y retiro establecidos y la de no sobrepasar la altura máxima permitida en cada caso.

5. Hacer cumplir la obligación de cercar propiedades, bajo apremio de hacerlo en forma directa y exigir coactivamente el pago correspondiente, más la multa y los intereses de ley.

6. Disponer la pintura periódica de las fachadas, y el uso o no uso de determinados colores.

7. Revocar licencias urbanísticas de construcción y funcionamiento.

ARTÍCULO 94.- EXPROPIACIÓN SUJETA A LEGISLACIÓN

La expropiación de bienes inmuebles se sujeta a la legislación sobre la materia. El requerimiento de expropiación por causas de necesidad pública es acordado por el concejo provincial o distrital de su jurisdicción, con el voto aprobatorio de más de la mitad del número legal de regidores y procede únicamente para la ejecución de los planes de desarrollo local o la prestación, o mejor prestación, de los servicios públicos.

ARTÍCULO 95.- EXPROPIACIÓN A TRAVÉS DEL PODER EJECUTIVO

Acordada la expropiación por necesidad pública por el concejo provincial o distrital, con estricta sujeción a lo previsto en el artículo anterior, éste solicita que el Poder Ejecutivo disponga la expropiación de acuerdo a la Ley General de Expropiaciones.

ARTÍCULO 96.- CAUSAS DE NECESIDAD PÚBLICA

Para los efectos de expropiación con fines municipales, se consideran causas de necesidad pública, las siguientes:

1. La ejecución de obras públicas municipales.

2. La instalación y funcionamiento de servicios públicos locales.

3. La salvaguarda, restauración y conservación de inmuebles incorporados al patrimonio cultural de la Nación o de la humanidad o que tengan un extraordinario valor arquitectónico, artístico, histórico o técnico, debidamente declarado como tal por el Instituto Nacional de Cultura.

4. La conservación ineludible de la tipicidad panorámica de un lugar que sea patrimonio natural de la Nación.

5. La salvaguarda de recursos naturales necesarios para la vida de la población.

6. El saneamiento físico-legal de espacios urbanizados que hayan sido ocupados por acciones de hecho y sin posibilidad real de restablecimiento del estado anterior.

7. El mejoramiento y renovación de la calidad habitacional, a través de programas de destugurización.

8. La demolición por peligro inminente.

9. El establecimiento de servidumbres que requieran la libre disponibilidad del suelo.

10. La reubicación de poblaciones afectadas por catástrofes o peligros inminentes.

11. La instalación y/o remodelación de centros poblados.

CONCORDANCIA:

Ley N° 28687, Art. 21

TÍTULO VII
LOS PLANES DE DESARROLLO MUNICIPAL CONCERTADOS Y LOS ÓRGANOS DE COORDINACIÓN

CAPÍTULO I
DISPOSICIONES GENERALES

ARTÍCULO 97.- PLAN DE DESARROLLO MUNICIPAL CONCERTADO

Basándose en los Planes de Desarrollo Municipal Distritales Concertados y sus Presupuestos Participativos, el Consejo de Coordinación Local Provincial procede a coordinar, concertar y proponer el Plan de Desarrollo Municipal Provincial Concertado y su Presupuesto Participativo, el cual luego de aprobado es elevado al Consejo de Coordinación Regional para su integración a todos los planes de desarrollo municipal provincial concertados de la región y la formulación del Plan de Desarrollo Regional Concertado.

Estos planes deben responder fundamentalmente a los principios de participación, transparencia, gestión moderna y rendición de cuentas, inclusión, eficacia, eficiencia, equidad, sostenibilidad, imparcialidad y neutralidad, subsidiariedad, consistencia de las políticas locales, especialización de las funciones, competitividad e integración.

Los planes de desarrollo municipal concertados y sus presupuestos participativos tienen un carácter orientador de la inversión, asignación y ejecución de los recursos municipales. Son aprobados por los respectivos concejos municipales.

Las municipalidades promueven, apoyan y reglamentan la participación vecinal en el desarrollo local, conforme al artículo 197 de la Constitución.

CAPÍTULO II
CONSEJO DE COORDINACIÓN LOCAL PROVINCIAL

ARTÍCULO 98.- DEFINICIÓN Y COMPOSICIÓN

El Consejo de Coordinación Local Provincial es un órgano de coordinación y concertación de las Municipalidades Provinciales. Está integrado por el Alcalde Provincial que lo preside, pudiendo delegar tal función en el Teniente Alcalde, y los regidores provinciales; por los Alcaldes Distritales de la respectiva jurisdicción provincial y por los representantes de las organizaciones sociales de base, comunidades campesinas y nativas, asociaciones, organizaciones de productores, gremios empresariales, profesionales, universidades, juntas vecinales y cualquier otra forma de organización de nivel provincial, con las funciones y atribuciones que le señala la presente Ley.

La proporción de los representantes de la sociedad civil será del 40% (cuarenta por ciento) del número que resulte de la sumatoria del total de miembros del respectivo Concejo Municipal Provincial y la totalidad de los Alcaldes Distritales de la jurisdicción provincial que corresponda.

Los representantes de la sociedad civil son elegidos democráticamente, por un período de 2 (dos) años, de entre los delegados legalmente acreditados de las organizaciones de nivel provincial, que se hayan inscrito en el registro que abrirá para tal efecto la Municipalidad Provincial, siempre y cuando acrediten personería jurídica y un mínimo de 3 (tres) años de actividad institucional comprobada. La elección de representantes será supervisada por el organismo electoral correspondiente.

Una misma organización o componente de ella no puede acreditarse simultáneamente a nivel provincial y distrital.

ARTÍCULO 99.- INSTALACIÓN Y SESIONES

Para la instalación y funcionamiento del Consejo de Coordinación Local Provincial se requiere de la asistencia de la mitad más uno de sus miembros. La ausencia de acuerdos por consenso no impide al Concejo Municipal Provincial decidir lo pertinente. La asistencia de los alcaldes es obligatoria e indelegable.

El Consejo de Coordinación Local Provincial se reúne ordinariamente dos veces al año y en forma extraordinaria cuando lo convoque el Alcalde Provincial. En sesión ordinaria, una vez al año, se reúne para integrar los planes distritales y coordinar, concertar y proponer el Plan de Desarrollo Municipal Provincial Concertado y el Presupuesto Participativo Provincial.

ARTÍCULO 100.- FUNCIONES

Corresponde al Consejo de Coordinación Local Provincial:

1. Coordinar y concertar el Plan de Desarrollo Municipal Provincial Concertado y el Presupuesto Participativo Provincial.

2. Proponer las prioridades en las inversiones de infraestructura de envergadura regional.

3. Proponer proyectos de cofinanciación de obras de infraestructura y de servicios públicos locales.

4. Promover la formación de Fondos de Inversión como estímulo a la inversión privada en apoyo del desarrollo económico local sostenible.

5. Otras que le encargue o solicite el Concejo Municipal Provincial.

El Consejo de Coordinación local Provincial no ejerce funciones ni actos de gobierno.

ARTÍCULO 101.- REGLAMENTO DEL CONSEJO

El Consejo de Coordinación Local Provincial se rige por Reglamento aprobado por Ordenanza Provincial, durante el primer semestre de su funcionamiento, a propuesta del Consejo de Coordinación Local Provincial.

CAPÍTULO III
CONSEJO DE COORDINACIÓN LOCAL DISTRITAL

ARTÍCULO 102.- DEFINICIÓN Y COMPOSICIÓN

El Consejo de Coordinación local Distrital es un órgano de coordinación y concertación de las Municipalidades Distritales. Está integrado por el Alcalde Distrital que lo preside, pudiendo delegar tal función en el Teniente Alcalde, y los regidores distritales; por los Alcaldes de Centros Poblados de la respectiva jurisdicción distrital y por los representantes de las organizaciones sociales de base, comunidades campesinas y nativas, asociaciones, organizaciones de productores, gremios empresariales, juntas vecinales y cualquier otra forma de organización de nivel distrital, con las funciones y atribuciones que le señala la presente Ley.

La proporción de los representantes de la sociedad civil será del 40% (cuarenta por ciento) del número que resulte de la sumatoria del total de miembros del respectivo Concejo Municipal Distrital y la totalidad de los Alcaldes de Centros Poblados de la jurisdicción distrital que corresponda. En el caso de jurisdicciones municipales que no cuenten con municipalidades de centros poblados o su número sea inferior al 40% del número legal de miembros del respectivo concejo municipal distrital, la representación de la sociedad civil será del 40% sobre dicho número legal.

Los representantes de la sociedad civil son elegidos democráticamente, por un período de 2 (dos) años, de entre los delegados legalmente acreditados de las organizaciones de nivel distrital, que se hayan inscrito en el registro que abrirá para tal efecto la Municipalidad Distrital, siempre y cuando acrediten personería jurídica y un mínimo de 3 (tres) años de actividad institucional comprobada. La elección de representantes será supervisada por el organismo electoral correspondiente.

Una misma organización o componente de ella no puede acreditarse simultáneamente a nivel provincial y distrital.

ARTÍCULO 103.- INSTALACIÓN Y SESIONES

Para la instalación y funcionamiento del Consejo de Coordinación Local Distrital se requiere de la asistencia de la mitad más uno de sus miembros. La ausencia de acuerdos por consenso no impide al Concejo Municipal Distrital decidir lo pertinente. La asistencia de los alcaldes es obligatoria e indelegable. El Consejo de Coordinación Local Distrital se reúne ordinariamente dos veces al año y en forma extraordinaria cuando lo convoque el Alcalde Distrital. En sesión ordinaria, una vez al año, se reúne para coordinar, concertar y proponer el Plan de Desarrollo Municipal Distrital Concertado y el Presupuesto Participativo Distrital.

ARTÍCULO 104.- FUNCIONES

Corresponde al Consejo de Coordinación Local Distrital:

1. Coordinar y concertar el Plan de Desarrollo Municipal Distrital Concertado y el Presupuesto Participativo Distrital.

2. Proponer la elaboración de proyectos de inversión y de servicios públicos locales.

3. Proponer convenios de cooperación distrital para la prestación de servicios públicos.

4. Promover la formación de Fondos de Inversión como estímulo a la inversión privada en apoyo del desarrollo económico local sostenible.

5. Otras que le encargue o solicite el Concejo Municipal Distrital.

    El Consejo de Coordinación Local Distrital no ejerce funciones ni actos de gobierno.

ARTÍCULO 105.- REGLAMENTO DEL CONSEJO

El Consejo de Coordinación Local Distrital se rige por Reglamento aprobado por Ordenanza Distrital, durante el primer trimestre de su funcionamiento, a propuesta del Consejo de Coordinación Local Distrital.

CAPÍTULO IV
LA JUNTA DE DELEGADOS VECINALES COMUNALES

ARTÍCULO 106.- DEFINICIÓN Y COMPOSICIÓN

La junta de delegados vecinales comunales es el órgano de coordinación integrado por los representantes de las agrupaciones urbanas y rurales que integran el distrito dentro de la provincia y que están organizadas, principalmente, como juntas vecinales.

Asimismo, está integrada por las organizaciones sociales de base, vecinales o comunales, las comunidades nativas, respetando su autonomía y evitando cualquier injerencia que pudiera influir en sus decisiones, y por los vecinos que representan a las organizaciones sociales de la jurisdicción que promueven el desarrollo local y la participación vecinal, para cuyo efecto las municipalidades regulan su participación, de conformidad con el artículo 197 de la Constitución Política del Estado.

ARTÍCULO 107.- FUNCIONES

La Junta de Delegados Vecinales Comunales tiene entre sus funciones:

1. Concertar y proponer las prioridades de gasto e inversión dentro del distrito y los centros poblados.

2. Proponer las políticas de salubridad.

3. Apoyar la seguridad ciudadana por ejecutarse en el distrito.

4. Apoyar el mejoramiento de la calidad de los servicios públicos locales y la ejecución de obras municipales.

5. Organizar los torneos y competencias vecinales y escolares del distrito en el ámbito deportivo y en el cultural.

6. Fiscalizar la ejecución de los planes de desarrollo municipal.

7. Las demás que le delegue la municipalidad distrital.

El primer regidor de la municipalidad distrital la convoca y preside. El alcalde podrá asistir a las sesiones, en cuyo caso la presidirá.

ARTÍCULO 108.- SESIONES

La Junta de Delegados Vecinales Comunales se reunirá, en forma ordinaria, cuatro veces al año. Podrá ser convocada en forma extraordinaria por el primer regidor del distrito o por no menos del 25% (veinticinco por ciento) de los delegados vecinales.

ARTÍCULO 109.- DELEGADO VECINAL

El delegado vecinal comunal es elegido, en forma directa, por los vecinos del área urbana o rural a la que representan. Tiene como función representar a su comunidad ante la Junta de Delegados Vecinales por el período de un año y velar por el cumplimiento de los acuerdos que se adopten en ella.

Para ser elegido delegado vecinal comunal se requiere ser ciudadano en ejercicio y tener su residencia en el área urbana o rural a la que representa. Su ejercicio no constituye función pública, ni genera incompatibilidad alguna.

ARTÍCULO 110.- REGULACIÓN

La constitución y delimitación de las Juntas Vecinales Comunales, el número de sus delegados, así como la forma de su elección y revocatoria, serán establecidos mediante ordenanza de la respectiva municipal distrital.

TÍTULO VIII
LOS DERECHOS DE PARTICIPACIÓN Y CONTROL VECINAL
CAPÍTULO I
DISPOSICIÓN GENERAL

ARTÍCULO 111.- PARTICIPACIÓN Y CONTROL VECINAL

Los vecinos de una circunscripción municipal intervienen en forma individual o colectiva en la gestión administrativa y de gobierno municipal a través de mecanismos de participación vecinal y del ejercicio de derechos políticos, de conformidad con la Constitución y la respectiva ley de la materia.

CONCORDANCIA:

Constitución Política, Art. 197°.

Ley N° 26300, Art. 2°, 3° y 7°

Ley N° 27783, Art. 17°

CAPÍTULO II
LA PARTICIPACIÓN DE LOS VECINOS EN EL GOBIERNO LOCAL

ARTÍCULO 112.- PARTICIPACIÓN VECINAL

Los gobiernos locales promueven la participación vecinal en la formulación, debate y concertación de sus planes de desarrollo, presupuesto y gestión.

Para tal fin deberá garantizarse el acceso de todos los vecinos a la información.

CONCORDANCIA:

Ley N° 27783, Art. 17°

ARTÍCULO 113.- EJERCICIO DEL DERECHO DE PARTICIPACIÓN

El vecino de una jurisdicción municipal puede ejercer su derecho de participación vecinal en la municipalidad de su distrito y su provincia, mediante uno o más de los mecanismos siguientes:

1. Derecho de elección a cargos municipales.

2. Iniciativa en la formación de dispositivos municipales.

3. Derecho de referéndum.

4. Derecho de denunciar infracciones y de ser informado.

5. Cabildo Abierto, conforme a la ordenanza que lo regula.

6. Participación a través de Juntas Vecinales, comités de vecinos, asociaciones vecinales, organizaciones comunales, sociales u otras similares de naturaleza vecinal.

7. Comités de gestión.

CONCORDANCIA:

Ley N° 26300, Art. 2°, 3° y 7°

ARTÍCULO 114.- INICIATIVA EN LA FORMACIÓN DE DISPOSITIVOS MUNICIPALES

La iniciativa en la formación de dispositivos municipales es el derecho mediante el cual los vecinos plantean al gobierno local la adopción de una norma legal municipal de cumplimiento obligatorio por todos o una parte de los vecinos de la circunscripción o del propio concejo municipal. La iniciativa requiere el respaldo mediante firmas, certificadas por el RENIEC, de más del 1 % (uno por ciento) del total de electores del distrito o provincia correspondiente.

El concejo municipal, a propuesta del alcalde, aprobará las normas para el ejercicio de la iniciativa a que se refiere el presente artículo.

ARTÍCULO 115.- DERECHO DE REFERÉNDUM

El referéndum municipal es un instrumento de participación directa del pueblo sobre asuntos de competencia municipal, mediante el cual se pronuncia con carácter decisorio, respecto a la aprobación o desaprobación de las ordenanzas municipales, excepto aquellas de naturaleza tributaria que estén de acuerdo a ley.

El referéndum municipal es convocado por el Jurado Nacional de Elecciones a través de su instancia local o regional, a pedido del concejo municipal o de vecinos que representen no menos del 20% (veinte por ciento) del número total de electores de la provincia o el distrito, según corresponda.

El referéndum municipal se realiza dentro de los 120 (ciento veinte) días siguientes al pedido formulado por el Concejo Municipal o por los vecinos. El Jurado Electoral fija la fecha y las autoridades políticas, militares, policiales, y las demás que sean requeridas, prestan las facilidades y su concurrencia para la realización del referéndum en condiciones de normalidad.

Para que los resultados del referéndum municipal surtan efectos legales, se requiere que hayan votado válidamente por lo menos el 35% (treinta y cinco por ciento) del total de electores de la circunscripción consultada.

El referéndum municipal obliga al concejo municipal a someterse a sus resultados y, en consecuencia, a dictar las normas necesarias para su cumplimiento. Pasados los tres años un mismo tema puede someterse a referéndum municipal por segunda vez.

CONCORDANCIA:

Constitución Política, Art. 32° inc. 3)

Ley N° 26300, Art. 27°, 38°, 39° inc. d) y 44

Ley N° 27783, Art. 17°

Ley N° 26486, Art. 1°, 5° inc. i)

ARTÍCULO 116.- JUNTAS VECINALES COMUNALES

Los concejos municipales, a propuesta del alcalde, de los regidores, o a petición de los vecinos, constituyen juntas vecinales, mediante convocatoria pública a elecciones; las juntas estarán encargadas de supervisar la prestación de servicios públicos locales, el cumplimiento de las normas municipales, la ejecución de obras municipales y otros servicios que se indiquen de manera precisa en la ordenanza de su creación. Las juntas vecinales comunales, a través de sus representantes acreditados, tendrán derecho a voz en las sesiones del concejo municipal.

El concejo municipal aprueba el reglamento de organización y funciones de las juntas vecinales comunales, donde se determinan y precisan las normas generales a que deberán someterse.

CONCORDANCIA:

D.S. N° 023-2005-VIVIENDA, Art. 184

ARTÍCULO 117.- COMITÉS DE GESTIÓN

Los vecinos tienen derecho de coparticipar, a través de sus representantes, en comités de gestión establecidos por resolución municipal para la ejecución de obras y gestiones de desarrollo económico. En la resolución municipal se señalarán los aportes de la municipalidad, los vecinos y otras instituciones.

CONCORDANCIA:

D.S. N° 005-2005-MIMDES, Art. 2°

D.S. N° 005-2006-MIMDES, Art. 2

Ley N° 27783, Art. 17°

ARTÍCULO 118.- DERECHO DE DENUNCIAR INFRACCIONES Y A SER INFORMADO

Los vecinos tienen el derecho de formular denuncias por escrito sobre infracciones, individual o colectivamente, y la autoridad municipal tiene la obligación de dar respuesta en la misma forma en un plazo no mayor de 30 (treinta) días hábiles, bajo responsabilidad directa del funcionario, regidor o alcalde, según sea el caso, y a imponer las sanciones correspondientes o, en caso pertinente, a declarar de manera fundamentada la improcedencia de dicha denuncia.

La municipalidad establecerá mecanismos de sanción en el caso de denuncias maliciosas.

El vecino tiene derecho a ser informado respecto a la gestión municipal y a solicitar la información que considere necesaria, sin expresión de causa; dicha información debe ser proporcionada, bajo responsabilidad, de conformidad con la ley en la materia.

CONCORDANCIA:

Ley N° 27806, Art. 3°, 7°, 8°, 9°, 10° y 15°

Ley N° 27783, Art. 17°

ARTÍCULO 119.- CABILDO ABIERTO

El cabildo abierto es una instancia de consulta directa del gobierno local al pueblo, convocada con un fin específico. El concejo provincial o el distrital, mediante ordenanza reglamentará la convocatoria a cabildo abierto.

CONCORDANCIA:

Ley N° 26300, Art. 2°, inc. e; Art. 7°

Ley N° 27783, Art. 17°

ARTÍCULO 120.- PARTICIPACIÓN LOCAL DEL SECTOR EMPRESARIAL

Los empresarios, en forma colectiva, a través de gremios, asociaciones de empresarios, u otras formas de organizaciones locales, participan en la formulación, discusión, concertación y control de los planes de desarrollo económico local.

CAPÍTULO III
LOS DERECHOS DE CONTROL VECINAL A LOS GOBIERNOS LOCALES

ARTÍCULO 121.- NATURALEZA

Los vecinos ejercen los siguientes derechos de control:

1. Revocatoria de autoridades municipales
2. Demanda de rendición de cuentas

CONCORDANCIA:

Constitución Política, Art. 31°, 194°

Ley N° 26300, Art. 3° inc. A

ARTÍCULO 122.- REVOCATORIA DEL MANDATO

El mandato de los alcaldes y regidores es irrenunciable conforme a ley y revocable de acuerdo a las normas previstas en la Constitución Política y la ley en la materia.

TÍTULO IX
LAS RELACIONES INTERINSTITUCIONALES Y CONFLICTOS DE COMPETENCIAS

CAPÍTULO I
LAS RELACIONES CON EL GOBIERNO NACIONAL Y LOS GOBIERNOS REGIONALES

ARTÍCULO 123.- RELACIONES DE LOS GOBIERNOS LOCALES

Las relaciones que mantienen las municipalidades con el Gobierno Nacional, los gobiernos regionales y los poderes del Estado tienen por finalidad garantizar el ejercicio del derecho de iniciativa legislativa, la coordinación de las acciones de competencia de cada uno, así como el derecho de propuesta o petición de normas reglamentarias de alcance nacional. Estas relaciones implican respeto mutuo y atención a las solicitudes que se formulen recíprocamente.

La Policía Nacional tiene la obligación de prestar el apoyo que requiera la autoridad municipal para hacer cumplir sus disposiciones, conforme a ley.

CONCORDANCIA:

Constitución Política, Art. 197°

CAPÍTULO II
LAS RELACIONES ENTRE MUNICIPALIDADES

ARTÍCULO 124.- RELACIONES ENTRE MUNICIPALIDADES

Las relaciones que mantienen las municipalidades entre ellas, son de coordinación, de cooperación o de asociación para la ejecución de obras o prestación de servicios. Se desenvuelven con respeto mutuo de sus competencias y gobierno.

CONCORDANCIA:

Ley N° 29029, Art. 1

ARTÍCULO 125.- REPRESENTACIÓN DE LAS MUNICIPALIDADES

Las municipalidades tienen como órgano representativo a una o más asociaciones de municipalidades que se constituye conforme a las normas establecidas en el Código Civil.

ARTÍCULO 126.- INSTITUTO DE FOMENTO MUNICIPAL

Los gobiernos locales, en función de los recursos disponibles y en coordinación con el gobierno regional, podrán formar un Instituto de Fomento Municipal para el Desarrollo Económico Local, para el fortalecimiento institucional de las municipalidades, que pueda absolver consultas técnicas, brindar información, llevar un banco de datos sobre iniciativas vecinales, realizar estudios estratégicos de buen nivel profesional y académico a favor de los gobiernos locales y con orientación hacia el horizonte económico de la Macro Región.

El Instituto de Fomento Municipal, para el cumplimiento de sus funciones, podrá suscribir convenios de cooperación con el Consejo Nacional de Descentralización.

CAPÍTULO III
LOS CONFLICTOS DE COMPETENCIAS

ARTÍCULO 127.- CONFLICTOS DE LAS MUNICIPALIDADES

Los conflictos de competencia que surjan entre las municipalidades, sean distritales o provinciales, y entre ellas y los gobiernos regionales o con organismos del gobierno nacional con rango constitucional son resueltos por el Tribunal Constitucional de acuerdo a su ley orgánica.

Los conflictos no comprendidos en el primer párrafo son resueltos en la vía judicial.

TÍTULO X
LAS MUNICIPALIDADES DE CENTRO POBLADO Y LAS FRONTERIZAS
CAPÍTULO I
LAS MUNICIPALIDADES DE LOS CENTROS POBLADOS
SUBCAPÍTULO ÚNICO
LA CREACIÓN; LAS AUTORIDADES, LAS LIMITACIONES Y LOS RECURSOS

ARTÍCULO 128.- CREACIÓN DE MUNICIPALIDADES DE CENTROS POBLADOS

Las municipalidades de centros poblados son creadas por ordenanza de la municipalidad provincial, que determina además:

1. La delimitación territorial.
2. El régimen de organización interior.
3. Las funciones que se le delegan.
4. Los recursos que se le asignan.
5. Sus atribuciones administrativas y económico-tributarias.

ARTÍCULO 129.- REQUISITOS PARA LA CREACIÓN DE UNA MUNICIPALIDAD DE CENTRO POBLADO

Para la creación de municipalidades de centros poblados se requiere la aprobación mayoritaria de los regidores que integran el concejo provincial correspondiente y la comprobación previa del cumplimiento de los siguientes requisitos:

1. Solicitud de un comité de gestión suscrita por un mínimo de mil habitantes mayores de edad domiciliados en dicho centro poblado y registrados debidamente y acreditar dos delegados.
2. Que el centro poblado no se halle dentro del área urbana del distrito al cual pertenece.
3. Que exista comprobada necesidad de servicios locales en el centro poblado y su eventual sostenimiento.
4. Que exista opinión favorable del concejo municipal distrital, sustentada en informes de las gerencias de planificación y presupuesto, de desarrollo urbano y de asesoría jurídica, o sus equivalentes, de la municipalidad distrital respectiva.
5. Que la ordenanza municipal de creación quede consentida y ejecutoriada.

Es nula la ordenanza de creación que no cumple con los requisitos antes señalados, bajo responsabilidad exclusiva del alcalde provincial.

ARTÍCULO 130.- PERÍODO DE ALCALDES Y REGIDORES DE CENTROS POBLADOS

Los concejos municipales de los centros poblados están integrados por un alcalde y cinco regidores.

Los alcaldes y regidores de centros poblados son elegidos por un periodo de cuatro años, contados a partir de su creación.

ARTÍCULO 131.- DESIGNACIÓN DE AUTORIDADES

El alcalde y los regidores de las municipalidades de centros poblados son proclamados por el alcalde provincial, ratificando el resultado de las elecciones convocadas para tal fin.

ARTÍCULO 132.- PROCEDIMIENTO PARA LA ELECCIÓN DEL ALCALDE Y REGIDORES DE UN CENTRO POBLADO

El procedimiento para la elección de alcaldes y regidores de municipalidades de centros poblados se regula por la ley de la materia.

CONCORDANCIA:

Ley N° 28440, Art. 1

ARTÍCULO 133.- RECURSOS DE LAS MUNICIPALIDADES DE CENTRO POBLADO

Las municipalidades provinciales y distritales están obligadas a entregar a las municipalidades de centros poblados de su jurisdicción, en proporción a su población y los servicios públicos delegados, un porcentaje de sus recursos propios y los transferidos por el gobierno nacional, para el cumplimiento de la prestación de los servicios públicos delegados. La entrega o transferencia de recursos se efectuará en forma mensual, bajo responsabilidad del alcalde y del gerente municipal correspondiente. Las municipalidades provinciales y distritales pueden incrementar las transferencias de recursos a las municipalidades de centros poblados, previo acuerdo de sus concejos municipales.

La ordenanza de creación o de adecuación, según sea el caso, podrá contemplar otros ingresos.

La delegación de los servicios públicos locales que asuman las municipalidades de centro poblado puede implicar la facultad de cobrar directamente a la población los recursos que por concepto de arbitrio se encuentren estimados percibir como contraprestación de los respectivos servicios.

La percepción de los recursos que cobren, por delegación expresa, las municipalidades de centro poblado, se entenderán como transferencias efectuadas por parte de la municipalidad provincial o distrital pertinente, para cuyo efecto, deben rendir cuenta mensualmente de los importes recaudados por dicho concepto.

CONCORDANCIA:

Ley N° 28458, Art. 3°

R.D. Nª 033-2005-EF-76.01 (Directiva Nª 013-2005-EF-76.01), Registro de la Estructura Funcional Programática, Literal a)

ARTÍCULO 134.- RESPONSABILIDAD EN EL USO DE LOS RECURSOS

La utilización de los recursos transferidos es responsabilidad de los alcaldes y regidores de los centros poblados.

ARTÍCULO 135.- LIMITACIONES

No se pueden dictar ordenanzas de creación de municipalidades de centro poblado durante el último año del período de gestión municipal.

CAPÍTULO II
LAS MUNICIPALIDADES FRONTERIZAS
SUBCAPÍTULO ÚNICO
DEFINICIÓN, PARTICIPACIÓN E INTEGRACIÓN

ARTÍCULO 136.- DEFINICIÓN

Las municipalidades de frontera son aquellas que funcionan en las provincias o los distritos limítrofes con un país vecino, por lo cual no puede tener la condición de municipio de frontera una provincia o distrito que no tenga esa condición aun cuando pertenezca a la misma región.

ARTÍCULO 137.- INTEGRACIÓN

Las municipalidades de frontera pueden celebrar convenios y protocolos de integración entre sí y con sus similares nacionales, con la asistencia técnica del Consejo Nacional de Descentralización, e internacionales, en este último caso con participación del Ministerio de Relaciones Exteriores, con el objeto de promover el intercambio de experiencias sobre la gestión municipal y planes de desarrollo conjunto, así como brindar o recibir apoyo financiero y asistencia técnica.

ARTÍCULO 138.- PARTICIPACIÓN EN EL FONDO DE DESARROLLO DE FRONTERAS

Las municipalidades de frontera participan de la distribución de los recursos del Fondo de Desarrollo de Fronteras, que se crea por ley, la cual establece la forma en que se financia, y que tiene por finalidad prioritaria la implementación de planes de desarrollo sostenido de las fronteras.

TÍTULO XI
LA PROMOCIÓN DEL DESARROLLO MUNICIPAL EN ZONAS RURALES
CAPÍTULO ÚNICO
DEFINICIÓN, COMPETENCIAS Y DESARROLLO DE MUNICIPIOS EN ZONAS RURALES

ARTÍCULO 139.- DEFINICIÓN

Las municipalidades ubicadas en zonas rurales son las que funcionan en capitales de provincia o distrito cuya población urbana no es mayor que el 50% (cincuenta por ciento) de su población total. Tienen a su cargo la promoción del desarrollo integral, particularmente el desarrollo rural sostenible.

ARTÍCULO 140.- COMPETENCIAS Y TRANSFERENCIAS

Corresponden a las municipalidades ubicadas en zonas rurales, en lo que les sea aplicable, las competencias, atribuciones, funciones, responsabilidades, derechos, deberes y obligaciones que conforme a esta ley corresponden a las municipalidades provinciales y distritales, según el caso, además de las condiciones especiales que establece el presente título.

La condición de municipalidad ubicada en zona rural es considerada para efecto de la distribución del FONCOMUN, canon u otras transferencias de recursos a favor de ellas.

ARTÍCULO 141.- COMPETENCIAS ADICIONALES

Las municipalidades ubicadas en zonas rurales, además de las competencias básicas, tienen a su cargo aquellas relacionadas con la promoción de la gestión sostenible de los recursos naturales: suelo, agua, flora, fauna, biodiversidad, con la finalidad de integrar la lucha contra la degradación ambiental con la lucha contra la pobreza y la generación de empleo; en el marco de los planes de desarrollo concertado.

ARTÍCULO 142.- ESTRUCTURA ADMINISTRATIVA

Las municipalidades ubicadas en zonas rurales no están obligadas a adoptar la estructura administrativa básica que señala la presente ley, sin que ello suponga que no se deban ejercer las funciones previstas.

ARTÍCULO 143.- ÓRGANO DE CONTROL INTERNO

Las Municipalidades ubicadas en zonas rurales que no cuenten con órganos de control interno a efectos del control gubernamental, deberán sujetarse a las disposiciones específicas que para tal efecto emita la Contraloría General de la República.

ARTÍCULO 144.- PARTICIPACIÓN VECINAL

Para efectos de la participación vecinal, las municipalidades ubicadas en zonas rurales deben promover a las organizaciones sociales de base, vecinales o comunales, y a las comunidades nativas y afroperuanas, respetando su autonomía y evitando cualquier injerencia que pudiera influir en sus decisiones, en el marco del respeto a los derechos humanos. Deben igualmente asesorar a los vecinos, a sus organizaciones sociales y a las comunidades campesinas en los asuntos de interés público, incluyendo la educación y el ejercicio de los derechos humanos.

Las municipalidades garantizarán la convocatoria a las comunidades nativas y afroperuanas para las sesiones del concejo municipal, bajo responsabilidad.

ARTÍCULO 145.- SEGURIDAD CIUDADANA

Para la elaboración del sistema de seguridad ciudadana se convocará y concertará con las organizaciones sociales, vecinales o comunales, las rondas urbanas y campesinas, los comités de autodefensa y las comunidades campesinas, nativas y afroperuanas.

ARTÍCULO 146.- ASIGNACIÓN PRIORITARIA Y COMPENSATORIA DE FONCOMUN

Las municipalidades ubicadas en zonas rurales tienen asignación prioritaria y compensatoria de los recursos del Fondo de Compensación Municipal.

ARTÍCULO 147.- PUBLICACIÓN DE NORMAS MUNICIPALES

Para efecto de la exigencia de publicidad de las normas emitidas por las municipalidades ubicadas en zonas rurales se podrá cumplir con tal requisito a través de carteles, emisoras radiales u otros medios similares, siempre que se pueda probar que se cumplió con la publicidad y la fecha o fechas en que se produjo.

TÍTULO XII
LA TRANSPARENCIA FISCAL Y LA NEUTRALIDAD POLÍTICA
CAPÍTULO ÚNICO
DISPOSICIONES GENERALES

ARTÍCULO 148.- TRANSPARENCIA FISCAL Y PORTALES ELECTRÓNICOS

Los gobiernos locales están sujetos a las normas de transparencia y sostenibilidad fiscal y a otras conexas en su manejo de los recursos públicos; dichas normas constituyen un elemento fundamental para la generación de confianza de la ciudadanía en el accionar del Estado, así como para alcanzar un manejo eficiente de los recursos públicos. Para tal efecto, se aprobarán normas complementarias que establezcan mecanismos efectivos para la rendición de cuentas.

Los gobiernos locales deberán contar con portales de transparencia en Internet, siempre y cuando existan posibilidades técnicas en el lugar. En los lugares en que no se cuente con presupuesto para implementar los portales de transparencia, se cumplirá con publicar periódicamente la información respectiva a través de otro medio de comunicación social.

CONCORDANCIA:

Ley N° 27806, Art. 5°.

ARTÍCULO 149.- TRANSPARENCIA FUNCIONAL

Los alcaldes y regidores, así como los funcionarios y servidores de los gobiernos locales, están prohibidos de ejercer actividades inherentes a su cargo con el objeto de obtener ventajas de cualquier orden. Asimismo, están obligados a actuar imparcialmente y a no dar trato preferencial de naturaleza alguna a ninguna persona natural o jurídica.

Los alcaldes y regidores presentarán, bajo responsabilidad, su declaración jurada de bienes y rentas, conforme a ley.

CONCORDANCIA:

Constitución Política, Art. 40°, 41°.

Código Penal, Art. 401°

ARTÍCULO 150.- NEUTRALIDAD POLÍTICA

Los alcaldes y regidores, así como los funcionarios y servidores de los gobiernos locales, tienen la obligación de velar por el desarrollo de los procesos electorales sin interferencias ni presiones, a fin de permitir que los ciudadanos expresen sus preferencias electorales en forma auténtica, espontánea y libre, dentro del marco constitucional y legal que regula la materia.

Los funcionarios y servidores de los gobiernos locales, cualquiera sea su condición laboral, están prohibidos de realizar actividad política partidaria o electoral durante los procesos electorales en los horarios de oficina, bajo responsabilidad. Igualmente, dentro de esos horarios no podrán asistir a ningún comité u organización política, ni hacer propaganda a favor o en contra de una organización política o candidato en los horarios y ocasiones indicados.

Está absolutamente prohibido el uso de la infraestructura de los gobiernos locales para realizar reuniones o actos políticos o para elaborar instrumentos de propaganda política a favor o en contra de organizaciones políticas o de candidatos. Asimismo, está absolutamente prohibido el uso de otros recursos del Estado para los mismos fines, incluyendo tanto los fondos obtenidos del Tesoro Público y los recursos directamente recaudados como los provenientes de las agencias de cooperación internacional. Esta prohibición se hace extensiva a los bienes y servicios obtenidos de fuentes de financiamiento de dicha cooperación.

TÍTULO XIII
LA MUNICIPALIDAD METROPOLITANA
CAPÍTULO I
DISPOSICIONES GENERALES

ARTÍCULO 151.- RÉGIMEN ESPECIAL

La capital de la República tiene el régimen especial del presente título, de conformidad con el artículo 198 de la Constitución.

Dicho régimen especial otorga a la Municipalidad Metropolitana de Lima, en armonía con el artículo 198 de la Constitución y el artículo 33 de la Ley N° 27783, Ley de Bases de la Descentralización, competencias y funciones específicas irrestrictas de carácter local metropolitano y regional.

ARTÍCULO 152.- SEDE Y JURISDICCIÓN

La capital de la República es sede de la Municipalidad Metropolitana de Lima, la que ejerce jurisdicción exclusiva sobre la provincia de Lima en materias municipales y regionales. En casos de discrepancias generadas por el fenómeno de conurbación provincial, la decisión final corresponde a la Municipalidad Metropolitana de Lima.

ARTÍCULO 153.- ÓRGANOS METROPOLITANOS

Son órganos de la Municipalidad Metropolitana de Lima:

1. El Concejo Metropolitano;
2. La Alcaldía Metropolitana; y
3. La Asamblea Metropolitana de Lima.

Son órganos de asesoramiento:

1. La Junta de Planeamiento;
2. La Junta de Cooperación Metropolitana; y
3. Las Comisiones Especiales de Asesoramiento.

ARTÍCULO 154.- MUNICIPALIDADES DISTRITALES

La Municipalidad Metropolitana de Lima ejerce jurisdicción, en las materias de su competencia, sobre las municipalidades distritales ubicadas en el territorio de la provincia de Lima. Se rigen por las disposiciones establecidas para las municipalidades distritales en general, en concordancia con las competencias y funciones metropolitanas especiales, con las limitaciones comprendidas en la presente ley y las que se establezcan mediante ordenanza metropolitana.

ARTÍCULO 155.- APLICACIÓN DE DISPOSICIONES GENERALES

Las demás disposiciones de la presente ley rigen también para la Municipalidad Metropolitana de Lima y las municipalidades distritales de su jurisdicción en todo aquello que no se oponga expresamente al presente título.

CAPÍTULO II
EL CONCEJO METROPOLITANO

ARTÍCULO 156.- CONFORMACIÓN

El Concejo Metropolitano de Lima está integrado por el alcalde y los regidores que establezca la Ley de Elecciones Municipales.

ARTÍCULO 157.- ATRIBUCIONES

Compete al Concejo Metropolitano:

1. Aprobar el Estatuto del Gobierno Metropolitano de Lima mediante ordenanza;

2. Dictar ordenanzas sobre asuntos municipales y regionales, dentro de su ámbito territorial, las cuales tendrán alcance, vigencia y preeminencia metropolitana;

3. Velar por el respeto de la Constitución, de la presente ley de desarrollo constitucional, de las ordenanzas que dicte, así como por la autonomía política, económica y administrativa del gobierno municipal metropolitano de Lima;

4. Crear, modificar y suprimir contribuciones, tasas, arbitrios, licencias y derechos municipales;

5. Ejercer las atribuciones que conforme a esta ley corresponden a los concejos provinciales;

6. Aprobar y evaluar el Plan Regional de Desarrollo Concertado y los Planes Directores de los distritos;

7. Aprobar mediante ordenanza la organización y funciones de la Junta de Planeamiento Metropolitano, la Junta de Cooperación Metropolitana y las Comisiones Especiales de Asesoramiento;

8. Aprobar mediante ordenanza las normas reguladoras del desarrollo del Centro Histórico de Lima, del Proyecto de la Costa Verde, del Sistema Metropolitano de Seguridad Ciudadana, de la Economía y Hacienda Municipal; y de otras que lo requieran;

9. Aprobar el Presupuesto Regional Participativo de Lima y fiscalizar su ejecución;

10. Acordar el régimen de organización interior de la Municipalidad Metropolitana de Lima y de sus órganos de gobierno y aprobar la remuneración del alcalde metropolitano y las dietas de los regidores, de acuerdo al régimen especial que le confiere la Constitución Política;

11. Aprobar normas necesarias para implementar la integración de las Municipalidades Distritales ubicadas en la Provincia de Lima en la Municipalidad Metropolitana de Lima, de acuerdo al desarrollo de los planes y programas metropolitanos en forma integral y armónica;

12. Aprobar planes y programas metropolitanos en materia de acondicionamiento territorial y urbanístico, infraestructura urbana, vivienda, seguridad ciudadana, población, salud, protección del medio ambiente, educación, cultura, conservación de monumentos, turismo, recreación, deporte, abastecimiento, comer-

cialización de productos, transporte, circulación, tránsito y participación ciudadana, planes y programas destinados a lograr el desarrollo integral y armónico de la capital de la República, así como el bienestar de los vecinos de su jurisdicción. Los planes y programas metropolitanos relacionados con inmuebles integrantes del patrimonio cultural de la Nación deberán contar con opinión favorable previa del Instituto Nacional de Cultura;

13. Aprobar la creación, modificación, ampliación y liquidación de empresas municipales y, en general, de personas jurídicas de derecho público, cuyo objeto social corresponda a la implementación de las funciones y al cumplimiento de los fines de la Municipalidad Metropolitana de Lima;

14. Aprobar la emisión de bonos e instrumentos de financiamiento cotizables y comercializables en el mercado de valores nacional e internacional;

15. Aprobar la participación de la Municipalidad Metropolitana de Lima en empresas mixtas, dedicadas a la prestación de servicios públicos locales y a la ejecución de actividades municipales metropolitanas;

16. Aprobar los planes ambientales en su jurisdicción, así como controlar la preservación del medio ambiente;

17. Aprobar el Sistema Metropolitano de Seguridad Ciudadana y crear el Serenazgo Municipal Metropolitano, así como reglamentar su funcionamiento;

18. Dictar las normas necesarias para brindar el servicio de seguridad ciudadana, con la cooperación de la Policía Nacional;

19. Regular la cooperación de la Policía Nacional para el cabal cumplimiento de las competencias, funciones y fines de la Municipalidad Metropolitana de Lima;

20. Regular el funcionamiento de la Policía de Tránsito, de Turismo y de Ecología;

21. Regular el funcionamiento del transporte público, la circulación y el tránsito metropolitano;

22. Aprobar empréstitos internos y externos, de acuerdo a ley;

23. Aprobar el régimen de administración de bienes y rentas de la Municipalidad Metropolitana de Lima, así como la organización de los servicios públicos locales de carácter metropolitano;

24. Promover y organizar la activa participación de los vecinos en el gobierno de la Municipalidad Metropolitana de Lima y de las municipalidades distritales que la integran;

25. Contratar, sin aprobación previa o ratificación de otro organismo, la atención de los servicios que no administre directamente; y

26. Fiscalizar a la Alcaldía Metropolitana, a las empresas municipales, a los organismos públicos descentralizados municipales, a los entes municipales metropolitanos y a las municipalidades distritales que integran la Municipalidad Metropolitana de Lima.

La presente enumeración no es limitativa; por ordenanza municipal podrán asignarse otras competencias, siempre que correspondan a la naturaleza y funciones de la Municipalidad Metropolitana de Lima como órgano del gobierno local de la capital de la República e instrumento fundamental de la descentralización del país.

CAPÍTULO III
LA ALCALDÍA METROPOLITANA

ARTÍCULO 158.- ALCALDÍA

La alcaldía metropolitana es el órgano ejecutivo de la Municipalidad Metropolitana de Lima, cuyo titular es el alcalde metropolitano del concejo metropolitano, mediante ordenanza, aprueba el Reglamento de Organización y Funciones de la Alcaldía.

ARTÍCULO 159.- COMPETENCIAS

Son competencias y funciones de la alcaldía metropolitana:

1. En materia de administración económica y financiera:

    1.1. Administrar los bienes y rentas de la municipalidad;

    1.2. Formular y ejecutar el presupuesto anual;

    1.3. Formular y ejecutar el plan anual de obras e inversiones metropolitanas;

    1.4. Organizar y actualizar permanentemente su margesí de bienes;

    1.5. Organizar y administrar el sistema de recaudación metropolitana de ingresos y rentas; y

    1.6. Formular y sustentar las operaciones de endeudamiento de la Municipalidad Metropolitana de Lima.

2. En materia de planificación y urbanismo:

    2.1. Dirigir el Sistema Metropolitano de Planificación y formular el Plan Integral de Desarrollo Metropolitano, en coordinación con la Municipalidad Provincial del Callao y las reparticiones correspondientes;

    2.2. Aprobar y normar los distintos procesos de habilitación urbana;

    2.3. Dictar normas sobre ornato y vigilar su cumplimiento.

3. En materia educativa, cultural y recreacional:

    3.1. Formular el Plan de Desarrollo Educativo;

    3.2. Promover las actividades artísticas y culturales;

    3.3. Construir y mantener infraestructura deportiva y recreacional;

    3.4. Promover la práctica masiva de los deportes y la recreación; y

    3.5. Celebrar convenios de asesoría, capacitación, estudios e investigación con universidades y centros de investigación públicos y privados, nacionales o extranjeros.

4. En materia de saneamiento ambiental:

    4.1. Formular los planes ambientales en su jurisdicción, así como controlar la preservación del medio ambiente;

    4.2. Conservar y acrecentar las áreas verdes de la metrópoli;

    4.3. Fomentar la ejecución de programas de educación ecológica

ARTÍCULO 160.- FUNCIONES

La alcaldía metropolitana tiene además a su cargo las siguientes funciones:

1. Regular y promover el desarrollo de las organizaciones, asociaciones y juntas de vecinos;

2.	Disponer la delegación de funciones específicas a sus municipalidades distritales;

3.	Nombrar a sus representantes ante los organismos o comisiones que formen los poderes públicos;

4.	Disponer el despliegue del Cuerpo Metropolitano de Vigilancia para garantizar el cumplimiento de sus disposiciones; y

5.	Resolver, en última instancia administrativa, los asuntos derivados del ejercicio de sus funciones.

CAPÍTULO IV
LAS COMPETENCIAS Y FUNCIONES METROPOLITANAS ESPECIALES
ARTÍCULO 161.- COMPETENCIAS Y FUNCIONES

La Municipalidad Metropolitana de Lima tiene las siguientes competencias y funciones metropolitanas especiales:

1.	En materia de planificación, desarrollo urbano y vivienda

	1.1.	Mantener y ampliar la infraestructura metropolitana;

	1.2.	Controlar el uso del suelo y determinar las zonas de expansión urbana e identificar y adjudicar los terrenos fiscales, urbanos, eriazos y ribereños de su propiedad con fines urbanos;

	1.3.	Constituir, organizar y administrar el sistema metropolitano de parques, integrado por parques zonales existentes, parques zoológicos, jardines botánicos, bosques naturales y áreas verdes ubicadas en el Cercado de Lima, en forma directa o a través de sus organismos descentralizados o de terceros mediante concesión.

	1.4.	Administrar y mantener actualizado el catastro metropolitano;

	1.5.	Definir, mantener y señalar la nomenclatura de la red vial metropolitana y mantener el sistema de señalización del tránsito;

	1.6.	Reglamentar el otorgamiento de licencias de construcción; remodelaciones y demoliciones;

	1.7.	Diseñar y promover la ejecución de programas municipales de vivienda para las familias de bajos recursos;

	1.8.	Diseñar y ejecutar programas de destugurización y renovación urbana; y

	1.9.	Promover y controlar la prestación de servicios funerarios; y

	1.10.	Promover y controlar la prestación de servicios en casos de conmoción civil o desastre.

2.	En materia de promoción del desarrollo económico social:

	2.1.	Promover el desarrollo de empresas;

	2.2.	Promover y controlar los centros de formación, capacitación y recalificación laboral;

	2.3.	Fomentar la inversión privada en proyectos de infraestructura metropolitana que impulsen el empleo; y

	2.4.	Evaluar los recursos laborales y mantener actualizadas las estadísticas del empleo.

3. En materia de abastecimiento de bienes y servicios básicos:

   3.1. Controlar el acopio, almacenamiento y distribución de los alimentos básicos, sancionando la especulación, adulteración y acaparamiento de los mismos, así como el falseamiento de las pesas y medidas;

   3.2. Controlar el cumplimiento de las normas de calidad de la industria de alimentos y de bebidas;

   3.3. Reglamentar y controlar el comercio ambulatorio;

   3.4. Firmar contratos de concesión con empresas de servicios públicos locales; y

   3.5. Supervisar los procesos de fijación de tarifas de los servicios públicos locales.

4. En materia de industria, comercio y turismo:

   4.1. Promover y regular la comercialización mayorista y minorista de productos alimenticios, promoviendo la inversión y habilitación de la infraestructura necesaria de mercados y centros de acopio

   4.2. Autorizar la realización de ferias industriales y comerciales;

   4.3. Autorizar la ubicación y disponer la reubicación de plantas industriales;

   4.4. Otorgar licencias de apertura de establecimientos comerciales, artesanales, de servicios turísticos y de actividades profesionales, de conformidad con la zonificación aprobada;

   4.5. Dictar las políticas de la banca municipal para el apoyo y promoción de la micro y pequeña empresa industrial;

   4.6. Establecer, fomentar y administrar parques y centros industriales;

   4.7. Promover y controlar la calidad de los servicios turísticos; y

   4.8. Colaborar con los organismos competentes, en la identificación y conservación del patrimonio histórico - monumental y urbanístico.

5. En materia de población y salud:

   5.1. Promover la calidad de los servicios de salud que brinden los centros de salud públicos, en coordinación con el Ministerio de Salud y ESSALUD;

   5.2. Controlar el cumplimiento de las normas de higiene y seguridad en establecimientos industriales, comerciales, educativos, recreacionales y en otros lugares públicos, en coordinación con el Ministerio de Salud;

   5.3. Supervisar el normal abastecimiento de los medicamentos genéricos;

   5.4. Formular y ejecutar programas de apoyo y protección a niños y personas adultas mayores y personas con discapacidad que se encuentren en estado de abandono;

   5.5. Supervisar la acción de las entidades privadas que brinden servicios de asistencia y rehabilitación social a grupos en riesgo, en coordinación con los órganos de gobierno competentes;

   5.6. Promover y organizar campañas de salud preventiva y control de epidemias; en coordinación con el Ministerio de Salud;

   5.7. Construir, equipar o administrar establecimiento de salud primaria;

5.8.   Promover la realización de proyectos de evaluación del nivel nutrición y de apoyo alimentario a los sectores de bajos recursos; y

5.9.   Promover y controlar la prestación de servicios funerarios.

6.   En materia de saneamiento ambiental:

6.1.   Coordinar los procesos interinstitucionales de saneamiento ambiental que se desarrollan en su circunscripción;

6.2.   Organizar el Sistema Metropolitano de Tratamiento y Eliminación de Residuos Sólidos, limpieza pública y actividades conexas, firmar contratos de concesión de servicios, así como controlar su eficaz funcionamiento;

6.3.   Fomentar la ejecución de programas de educación ecológica;

6.4.   Controlar las epidemias que puedan afectar a la fauna de la metrópoli; y

6.5.   Organizar y controlar la sanidad animal así como la regulación y control en la tenencia de animales domésticos.

7.   En materia de transportes y comunicaciones:

7.1.   Planificar, regular y gestionar el transporte público;

7.2.   Planificar, regular y gestionar el tránsito urbano de peatones y vehículos;

7.3.   Planificar, regular, organizar y mantener la red vial metropolitana, los sistemas de señalización y semáforos;

7.4.   Otorgar las concesiones, autorizaciones y permisos de operación para la prestación carga, de ámbito urbano e interurbano, así como de las instalaciones conexas; ámbito urbano e interurbano, así como de las instalaciones conexas;

7.5.   Promover la construcción de terminales terrestres y regular su funcionamiento;

7.6.   Verificar y controlar el funcionamiento de vehículos automotores, a través de revisiones técnicas periódicas; y

7.7.   Regular la circulación de vehículos menores motorizados o no motorizados, tales como mototaxis, taxis, triciclos y otros de similar naturaleza.

8.   En materia de Seguridad Ciudadana:

8.1.   Crear, normar, dirigir y controlar el Sistema Metropolitano de Seguridad Ciudadana, con arreglo a la ley de la materia.

8.2.   Crear y desarrollar, conjuntamente con el Sistema Nacional de Defensa Civil, el Plan Metropolitano de Contingencia, para la prevención y atención de situaciones de emergencia y desastres; y

8.3.   Crear el sistema de promoción del deporte comunal y distrital, integrado por el representante de la oficina de Fomento del Deporte y el representante de la Junta Vecinal.

CAPÍTULO V
LA ASAMBLEA METROPOLITANA

ARTÍCULO 162.- CONFORMACIÓN

La Asamblea Metropolitana de Lima es el órgano consultivo y de coordinación de la Municipalidad Metropolitana de Lima, le corresponden, la coordinación para la eficiente ejecución de las funciones, desarrollo de planes y cumplimiento de fines de la Municipalidad Metropolitana, las funciones del Consejo de Coordinación Regional como órgano consultivo y de coordinación y las que norme la Ley. La ausencia de acuerdos por consenso en este órgano no impide al Concejo Metropolitano de Lima decidir sobre lo pertinente.

La Asamblea Metropolitana de Lima está presidida por el Alcalde Metropolitano e integrada por los alcaldes distritales y por representantes de la sociedad civil de la provincia. El Concejo Metropolitano de Lima, reglamentará la participación de estos últimos.

CAPÍTULO VI
LOS ÓRGANOS DE ASESORAMIENTO METROPOLITANO

ARTÍCULO 163.- JUNTA DE PLANEAMIENTO METROPOLITANO La Junta de Planeamiento es el órgano de asesoramiento de la Municipalidad Metropolitana de Lima en la formulación y evaluación de la planificación del desarrollo integral de la jurisdicción y en la gestión de los servicios públicos a su cargo. Está presidida por el Alcalde Metropolitano de Lima e integrada por alcaldes distritales y los representantes de más alto nivel de las reparticiones públicas relacionadas con las competencias y funciones específicas municipales. La integrarán también los delegados de las juntas vecinales comunales, de acuerdo a la norma municipal respectiva. El reglamento de organización interior de la municipalidad determina su organización y funcionamiento.

ARTÍCULO 164.- JUNTA DE COOPERACIÓN METROPOLITANA

La Junta de Cooperación es el órgano de asesoramiento de la Municipalidad Metropolitana de Lima en la gestión del desarrollo integral de la jurisdicción a su cargo. Está presidida por el Alcalde Metropolitano de Lima e integrada por los representantes de las organizaciones sociales vecinales y de Instituciones de la Cooperación Internacional. El reglamento de organización interior de la municipalidad determina su organización y funcionamiento.

ARTÍCULO 165.- COMISIONES ESPECIALES DE ASESORAMIENTO

Las comisiones especiales de asesoramiento son los órganos de asesoría ad-honorem constituidos por el Alcalde Metropolitano de Lima en los asuntos metropolitanos que estime necesarios. Su organización y funcionamiento se rigen con arreglo al acto administrativo que las constituye, según cada caso

CAPÍTULO VI
LAS RENTAS METROPOLITANAS ESPECIALES

ARTÍCULO 166.- RENTAS METROPOLITANAS ESPECIALES

Son rentas municipales metropolitanas, además de las contenidas en la presente ley, las siguientes:

1. Las que genere el Fondo Metropolitano de Inversiones (INVERMET), así como las empresas municipales y organismos descentralizados que la conformen.

2. El íntegro de las rentas que por concepto del cobro de peaje se obtengan dentro de su jurisdicción.

3. Las demás que determine la ley.

DISPOSICIONES COMPLEMENTARIAS

PRIMERA.- La Superintendencia Nacional de Registros Públicos - SUNARP -, a través de sus oficinas registrales, procederán a la regularización administrativa del tracto sucesivo o a la prescripción adquisitiva de dominio de los bienes inscritos, de conformidad con los reglamentos que para dichos efectos emita, tomando en consideración, en lo que resulte pertinente, lo dispuesto en el Decreto Supremo N° 032-99-MTC.

Las acciones antes indicadas serán desarrolladas progresivamente y de oficio, sea directamente o por convenio con otras entidades públicas, salvo los supuestos de tramitación a pedido de parte que dispongan los reglamentos.

Lo dispuesto se aplicará en todo aquello que no se oponga a las acciones de formalización de la propiedad a cargo del Programa Especial de Titulación de Tierras y de COFOPRI; siendo de aplicación lo dispuesto en el artículo 2014 del Código Civil.

SEGUNDA.- La asignación de competencias a las municipalidades provinciales y distritales a que se refieren los artículos 73 y siguientes, se realizará de manera gradual de acuerdo a la normatividad de la materia, respetando las particularidades de cada circunscripción.

TERCERA.- El Poder Ejecutivo, a propuesta de la Contaduría de la Nación, la Contraloría General de la República, así como el Ministerio de Justicia, mediante decreto supremo, dictará normas especiales acordes a la realidad de las municipalidades rurales que no cuentan con los recursos humanos y económicos para aplicar las normas vigentes.

CUARTA.- Las competencias y funciones específicas contempladas en la presente ley que se encuentren supeditadas al proceso de descentralización establecido en la Ley de Bases de Descentralización, se cumplirán progresivamente conforme se ejecuten las transferencias de la infraestructura, acervo, recursos humanos y presupuestales, y cualquier otro que correspondan, dentro del marco del proceso de descentralización.

QUINTA.- El Consejo Nacional de Descentralización, en coordinación con los sectores, iniciará en el año 2003 el proceso de transferencia de funciones a los gobiernos locales de los fondos y proyectos sociales, así como de los programas sociales de lucha contra la pobreza.

SEXTA.- En concordancia con los principios y criterios de gradualidad, neutralidad y de provisión contenidos en los artículos 4, 5 y 14 de la Ley N° 27783, Ley de Bases de Descentralización, las transferencias de recursos económicos del gobierno nacional a los gobiernos locales, se incrementarán en cada ejercicio fiscal, de acuerdo al avance del proceso de descentralización. Los gobiernos locales adoptarán acciones administrativas orientadas a incrementar sus ingresos propios en función a lo que se disponga en la Ley de Descentralización Fiscal.

Para el ejercicio fiscal 2004, el incremento de las transferencias permitirá a los gobiernos locales, una participación no menor al 6% (seis por ciento) del total del Presupuesto del Sector Público. A partir del año 2005, y por un lapso de 4 (cuatro) años, esta participación se incrementará anualmente hasta alcanzar no menos del 12% (doce por ciento) del total del Presupuesto del Sector Público.

SÉTIMA.- Para asegurar que el proceso de transferencia se realice en forma progresiva y ordenada, el Poder Ejecutivo constituirá, dentro de los 10 (diez) primeros días hábiles contados a partir de la vigencia de la presente Ley, Comisiones Sectoriales de Transferencia, presididas por los viceministros de los sectores correspondientes.

Las comisiones sectoriales de transferencia propondrán, hasta el último día útil del mes de febrero de cada año, los planes anuales de transferencia, los mismos que serán presentados al Consejo Nacional de Descentralización.

Hasta el último día útil del mes de marzo del año correspondiente el Consejo Nacional de Descentralización evaluará y articulará los planes sectoriales y coordinará la formulación del plan anual de transferencia de competencias sectoriales a las municipalidades, el mismo que será presentado para su aprobación por decreto supremo, con el voto favorable del Consejo de Ministros.

OCTAVA.- Los predios que correspondan a las municipalidades en aplicación de la presente ley se inscriben en el Registro de Predios por el sólo mérito del acuerdo de concejo que lo disponga, siempre que no se encuentren inscritos a favor de terceros.

En este único supuesto, la regularización de la titularidad municipal estará exonerada del pago de derechos registrales, siempre que se efectúe en el plazo de un año a partir de la vigencia de la presente ley.

NOVENA.- Mediante decreto supremo, con el voto aprobatorio del Consejo de Ministros, se aprobará el listado de las municipalidades rurales.

DÉCIMA.- Las funciones de la Municipalidad Metropolitana de Lima en materia regional se determinan en la Ley Orgánica de Gobiernos Regionales.

DÉCIMO PRIMERA.- La ejecución de obras e instalación de servicios de agua potable, alcantarillado sanitario y pluvial, disposición sanitaria con excretas y electrificación hecha con aportes de la población, constituyen patrimonio de la municipalidad donde se ejecutaron las mismas. Por tanto la entidad prestadora que opera en esa localidad, recepcionará dicha infraestructura con carácter de contribución reembolsable.

Este reembolso podrá hacerse a través de la transferencia de acciones, bonos u otras modalidades que garanticen su recuperación real.

Los recursos que obtengan las municipalidades por dicho concepto deberán ser utilizados en obras dentro de su jurisdicción, bajo responsabilidad.

DÉCIMO SEGUNDA.- Las municipalidades de centros poblados creadas a la vigencia de la presente ley adecuan su funcionamiento, en lo que sea pertinente, a las normas dispuestas en la presente ley.

Los centros poblados creados por resoluciones expresas se adecuan a lo previsto en la presente Ley, manteniendo su existencia en mérito a la adecuación respectiva y las ordenanzas que sobre el particular se expidan.

El período de los alcaldes y regidores de los centros poblados existentes se adecua a lo previsto en la presente ley.

Confrontar con la Única Disposición Complementaria de la Ley N° 28458, publicada el 09-01-2005.

CONCORDANCIA:

Ley N° 28440, 1ra. Disp. Comp.

DÉCIMO TERCERA.- Tratándose de predios respecto de los cuales dos o más jurisdicciones reclamen para sí los tributos municipales que se calculan en base al valor de autovalúo de los mismos o al costo de servicio prestado, se reputarán como válidos los pagos efectuados al municipio de la jurisdicción a la que corresponda el predio según inscripción en el registro de propiedad inmueble correspondiente. En caso de predios que no cuenten con inscripción registral, se reputarán como válidos los pagos efectuados a cualquiera de las jurisdicciones distritales en conflicto, a elección del contribuyente.

La validación de los pagos, conforme a lo anterior, tendrá vigencia hasta que se defina el conflicto de límites existente, de manera tal que a partir del año siguiente a aquél en que se defina el conflicto de límites, se deberá tributar al municipio a cuya jurisdicción se haya atribuido el predio.

A partir del día de publicación de la presente norma, se dejará sin efectos todo proceso de cobranza iniciado respecto de tributos municipales por los predios ubicados en zonas de conflicto de jurisdicción, a la sola acreditación por el contribuyente de los pagos efectuados de acuerdo a los párrafos precedentes de este artículo.

CONCORDANCIA:

Ley N° 28374, Art. 4

DÉCIMO CUARTA.- Los propietarios de edificaciones que hayan sido construidas sin licencia de construcción y/o en terrenos sin habilitación urbana, hasta el 31 de diciembre de 2003, podrán regularizar su situación, sin pago de multas ni otras sanciones, hasta el 31 de diciembre de 2005, mediante el procedimiento de regularización de edificaciones a que se refiere la Ley N° 27157 y normas reglamentarias.

Disposición complementaria modificada por la Ley 28437, publicada el 28-12-2004.

DÉCIMO QUINTA.- El sistema de acreditación de los gobiernos locales es regulado por ley, con votación calificada, sobre la base de la propuesta técnica elaborada por el Consejo Nacional de Descentralización.

CONCORDANCIA:

Ley N° 28273

DÉCIMO SEXTA.- Las municipalidades determinarán espacios de concertación adicionales a los previstos en la presente ley y regularán mediante ordenanza los mecanismos de aprobación de sus presupuestos participativos.

DÉCIMO SÉTIMA.- Las deudas provenientes de aportes a las diferentes entidades del Estado que se encuentren pendientes de pago hasta el 31 de diciembre de 2002 podrán reprogramarse, refinanciarse o reestructurarse, con un plazo no menor a los cuatro años ni mayor a los diez años. Los términos y condiciones del fraccionamiento especial a favor de los municipios, se determinará por libre acuerdo entre las partes.

DÉCIMO OCTAVA.- Las municipalidades que tengan a su cargo beneficiarios del Decreto Ley N° 20530, deberán priorizar el pago oportuno de sus pensiones pendientes o por generarse; para tal efecto y cuando estas no puedan ser cubiertas con los otros ingresos de sus presupuestos, deberán disponer de hasta el diez por ciento de los recursos del Fondo de Compensación Municipal (FONCOMUN). Incurren en responsabilidad los Concejos que contravengan lo dispuesto en el presente párrafo.

DÉCIMO NOVENA.- Para la implementación de los portales electrónicos el Consejo Nacional de Descentralización diseñará un software con una estructura uniforme para todas las municipalidades.

VIGÉSIMA.- Las municipalidades provinciales o distritales, por única vez, con acuerdo adoptado por dos tercios de los miembros del concejo municipal, podrán declararse en emergencia administrativa o financiera, por un plazo máximo de noventa días, con el objeto de hacer las reformas, cambios o reorganizaciones que fueran necesarias para optimizar sus recursos y funciones, respetando los derechos laborales adquiridos legalmente.

VIGÉSIMO PRIMERA.- Los fondos municipales de inversión se mantienen vigentes y se rigen por su ley de creación.

VIGÉSIMO SEGUNDA.- Cuando la gestión financiera y presupuestaria de los gobiernos locales comprometa gravemente la estabilidad macroeconómica del país, podrán dictarse medidas extraordinarias en materia económica y financiera conforme inciso 19) del artículo 118 de la Constitución Política del Perú.

VIGÉSIMO TERCERA.- Hasta la entrada en vigencia de la Ley de Descentralización Fiscal los recursos mensuales que perciben las municipalidades por concepto del Fondo de Compensación Municipal no podrán ser inferiores al monto equivalente a 8 UIT vigentes a la fecha de aprobación de la Ley Anual de Presupuesto.

VIGÉSIMO CUARTA.- En concordancia con el artículo 125 de la presente Ley, se mantiene la vigencia de la Asociación de Municipalidades del Perú, AMPE.

VIGÉSIMO QUINTA.- Derógase la Ley N° 23853 que aprueba la Ley Orgánica de Municipalidades, sus normas legales complementarias y toda disposición legal que se oponga a la presente ley, en lo que corresponda.

Comuníquese al señor Presidente de la República para su promulgación.

En Lima, a los seis días del mes de mayo de dos mil tres.

CARLOS FERRERO
Presidente del Congreso de la República

JESÚS ALVARADO HIDALGO
Primer Vicepresidente del Congreso de la República

AL SEÑOR PRESIDENTE CONSTITUCIONAL DE LA REPÚBLICA POR TANTO:

Mando se publique y cumpla.

Dado en la Casa de Gobierno, en Lima, a los veintiséis días del mes de mayo del año dos mil tres.

ALEJANDRO TOLEDO
Presidente Constitucional de la República

LUIS SOLARI DE LA FUENTE
Presidente del Consejo de Ministros

PORTUGAL

Regime jurídico das autarquias locais

REGIME JURÍDICO DAS AUTARQUIAS LOCAIS

[Nº de artigos:139]

Lei n.º 75/2013, de 12 de Setembro (versão actualizada)

Contém as seguintes alterações:

- Retificação n.º 46-C/2013, de 01 de Novembro

- Retificação n.º 50-A/2013, de 11 de Novembro

- Lei n.º 25/2015, de 30 de Março

- Lei n.º 69/2015, de 16 de Julho

- Lei n.º 7-A/2016, de 30 de Março

SUMÁRIO

Estabelece o regime jurídico das autarquias locais, aprova o estatuto das entidades intermunicipais, estabelece o regime jurídico da transferência de competências do Estado para as autarquias locais e para as entidades intermunicipais e aprova o regime jurídico do associativismo autárquico

---

Lei nº 75/2013, de 12 de setembro

Estabelece o regime jurídico das autarquias locais, aprova o estatuto das entidades intermunicipais, estabelece o regime jurídico da transferência de competências do Estado para as autarquias locais e para as entidades intermunicipais e aprova o regime jurídico do associativismo autárquico.

A ASSEMBLEIA DA REPÚBLICA DECRETA,

nos termos da alínea c) do artigo 161.º da Constituição,

o seguinte:

Artigo 1º *Objeto*

1. A presente lei aprova:

   a) O regime jurídico das autarquias locais;

   b) O estatuto das entidades intermunicipais;

    c)   O regime jurídico da transferência de competências do Estado para as autarquias locais e para as entidades intermunicipais, assim como da delegação de competências do Estado nas autarquias locais e nas entidades intermunicipais e dos municípios nas entidades intermunicipais e nas freguesias;

    d)   O regime jurídico do associativismo autárquico.

2.   Os regimes jurídicos e o estatuto referidos no número anterior são aprovados no anexo i à presente lei, da qual faz parte integrante.

Artigo 2.º *Sucessão*

1.   Sem prejuízo do disposto nos números seguintes, as comunidades intermunicipais existentes à data da entrada em vigor da presente lei mantêm-se com as áreas geográficas e as denominações constantes do anexo ii à presente lei, da qual faz parte integrante.

2.   Quando todos os municípios que integrem uma comunidade intermunicipal existente à data da entrada em vigor da presente lei passem a ficar abrangidos pelas áreas geográficas de outras comunidades intermunicipais, a primeira é extinta, ficando os municípios em questão automaticamente integrados nas últimas, sem prejuízo do direito de abandoná-las.

3.   Quando as áreas geográficas de várias comunidades intermunicipais existentes à data da entrada em vigor da presente lei passem a ficar abrangidas por uma única área geográfica, aquelas comunidades intermunicipais fundem-se, ficando os municípios nela abrangidos automaticamente integrados na nova comunidade intermunicipal, sem prejuízo do direito de abandoná-las.

4.   Quando seja dividida a área geográfica de uma comunidade intermunicipal existente à data da entrada em vigor da presente lei, esta cinde-se em tantas comunidades intermunicipais quantas as áreas geográficas resultantes da divisão, que sucedem nas partes correspondentes dos direitos e deveres das anteriores, ficando os municípios automáticamente integrados na comunidade intermunicipal por cuja área geográfica tenham passado a estar abrangidos, sem prejuízo do direito de abandoná-las.

5.   Os municípios que deixem de estar abrangidos pela área territorial de uma comunidade intermunicipal existente à data da entrada em vigor da presente lei deixam automaticamente de fazer parte daquela e ficam automáticamente integrados na área metropolitana ou na comunidade intermunicipal por cuja área geográfica tenham passado a estar abrangidos, sem prejuízo de abandonar a comunidade intermunicipal.

6.   No prazo de 90 dias, as novas comunidades intermunicipais aprovam os seus estatutos e as comunidades intermunicipais existentes à data da entrada em vigor da presente lei que sofram alterações nas respetivas áreas geográficas reveem os seus estatutos e regulam as consequências jurídicas da alteração.

7.   Mantêm-se válidos e em vigor, com as devidas adaptações, e em tudo o que não contrarie o disposto no regime jurídico das entidades intermunicipais, aprovado no anexo i, os regulamentos com eficácia externa e os regulamentos de organização e funcionamento dos serviços das entidades intermunicipais existentes à data da entrada em vigor da presente lei.

8. Caso o direito de abandono das comunidades intermunicipais referido nos n.os 2, 3, 4 e 5 seja exercido no prazo de 6 meses após a entrada em vigor da presente lei não é aplicável o disposto no n.º 2 do artigo 65.º

Artigo 3.º Norma revogatória

1. São revogados:

    a) Os artigos 2.º a 7.º, 10.º, 11.º, 13.º, 14.º, 44.º, 103.º, 105.º e 177.º a 187.º do Código Administrativo;

    b) O Decreto-Lei n.º 78/84, de 8 de março;

    c) A Lei n.º 159/99, de 14 de setembro, alterada pelos Decretos-Leis n.os 7/2003, de 15 de janeiro, e 268/2003, de 28 de outubro, e pelas Leis n.os 107-B/2003, de 31 de dezembro, 55-B/2004, de 30 de dezembro, 60-A/2005, de 30 de dezembro, 53-A/2006, de 29 de dezembro, 67-A/2007, de 31 de dezembro, 64-A/2008, de 31 de dezembro, 3-B/2010, de28 de abril, e 55-A/2010, de 31 de dezembro;

    d) Os artigos 1.º a 3.º, 10.º-A, 13.º a 16.º, as alíneas c) a o) e q) a s) do n.º 1 e os n.os 2 a 6 do artigo 17.º, os artigos 18.º a 20.º, o n.º 1 do artigo 23.º, 30.º a 41.º, 46.º-A, 49.º a 52.º-A, as alíneas b) a j) e m) a r) do n.º 1 e os n.os 2 a 8 do artigo 53.º, os artigos 54.º e 55.º, 62.º a 74.º, 81.º a 95.º, e 98.º e 99.º da Lei n.º 169/99, de 18 de setembro, alterada e republicada pela Lei n.º 5-A/2002, de 11 de janeiro, pela Lei n.º 67/2007, de 31 de dezembro, e pela Lei Orgânica n.º 1/2011, de 30 de novembro;

    e) O n.º 1 do artigo 2.º do Decreto-Lei n.º 310/2002, de 18 de dezembro, alterado pelos Decretos-Leis n.os 156/2004, de 30 de junho, 9/2007, de 17 de janeiro, 114/2008, de 1 de julho, 48/2011, de 1 de abril, e 204/2012, de 29 de agosto, na parte em que refere as alíneas b), c) e f) do artigo 1.º do mesmo diploma, bem como as suas subsequentes disposições relativas à titularidade da competência para o licenciamento das atividades de venda ambulante de lotarias, de arrumador de automóveis e atividades ruidosas de caráter temporário que respeitem a festas populares, romarias, feiras, arraiais e bailes;

    f) A Lei n.º 45/2008, de 27 de agosto, sem prejuízo do disposto no número seguinte;

    g) A Lei n.º 46/2008, de 27 de agosto, alterada pela Lei n.º 55-A/2010, de 31 de dezembro, sem prejuízo do disposto no número seguinte.

2. Os artigos 23.º a 30.º da Lei n.º 45/2008, de 27 de agosto, e os artigos 23.º a 28.º da Lei n.º 46/2008, de 27 de agosto, alterada pela Lei n.º 55-A/2010, de 31 de dezembro, mantêm-se em vigor até 31 de dezembro de 2013.

3. A revogação da Lei n.º 159/99, de 14 de setembro, prevista na alínea c) do número anterior, não prejudica as transferências e delegações de competências efetuadas previamente à entrada em vigor da presente lei.

Artigo 4.º *Entrada em vigor*

Sem prejuízo do disposto no n.º 2 do artigo anterior, a presente lei entra em vigor no dia seguinte ao da realização das eleições gerais para os órgãos das autarquias locais imediatamente subsequentes à sua publicação.

Artigo 5.º *Regime especial*

A presente lei não prejudica o disposto na Lei n.º 56/2012, de 8 de novembro.

Aprovada em 29 de julho de 2013.

A Presidente da Assembleia da República, Maria da Assunção A. Esteves.

Promulgada em 22 de agosto de 2013.

Publique-se.

O Presidente da República, Aníbal Cavaco Silva.

Referendada em 26 de agosto de 2013.

O Primeiro-Ministro, Pedro Passos Coelho.

ANEXO I

(a que se refere o n.º 2 do artigo 1.º)

TÍTULO I
DISPOSIÇÕES GERAIS

ARTIGO 1.º *Objeto*

1. A presente lei estabelece:
    a) O regime jurídico das autarquias locais;
    b) O estatuto das entidades intermunicipais;
    c) O regime jurídico da transferência de competências do Estado para as autarquias locais e para as entidades intermunicipais, assim como da delegação de competências do Estado nas autarquias locais e nas entidades intermunicipais e dos municípios nas entidades intermunicipais e nas freguesias;
    d) O regime jurídico do associativismo autárquico.
2. As normas constantes da presente lei são de aplicação imperativa e prevalecem sobre as normas especiais atualmente em vigor, salvo na medida em que o contrário resulte expressamente da presente lei.

Artigo 2.º *Atribuições*

Constituem atribuições das autarquias locais a promoção e salvaguarda dos interesses próprios das respetivas populações, designadamente nos domínios referidos no n.º 2 do artigo 7.º e no n.º 2 do artigo 23.º da presente lei.

Artigo 3.º *Competências*

As autarquias locais prosseguem as suas atribuições através do exercício pelos respetivos órgãos das competências legalmente previstas, designadamente:
a) De consulta;
b) De planeamento;
c) De investimento;
d) De gestão;
e) De licenciamento e controlo prévio;
f) De fiscalização.

Artigo 4.º *Princípios gerais*

A prossecução das atribuições e o exercício das competências das autarquias locais e das entidades intermunicipais devem respeitar os princípios da descentralização administrativa, da subsidiariedade, da complementaridade, da prossecução do interesse público e da proteção dos direitos e interesses dos cidadãos e a intangibilidade das atribuições do Estado.

TÍTULO II
AUTARQUIAS LOCAIS
CAPÍTULO I
Disposições gerais

Artigo 5.º *Órgãos*

1. Os órgãos representativos da freguesia são a assembleia de freguesia e a junta de freguesia.

2. Os órgãos representativos do município são a assembleia municipal e a câmara municipal.

Artigo 6.º *Natureza*

1. A assembleia de freguesia e a assembleia municipal são os órgãos deliberativos, respetivamente, da freguesia e do município.

2. A junta de freguesia e a câmara municipal são os órgãos executivos, respetivamente, da freguesia e do município.

3. A constituição, composição e organização dos órgãos das autarquias locais são reguladas na Lei n.º 169/99, de 18 de setembro, alterada pelas Leis n.os 5-A/2002, de 11 de janeiro, e 67/2007, de 31 de dezembro, e pela Lei Orgânica n.º 1/2011, de 30 de novembro.

CAPÍTULO II
Freguesia
SECÇÃO I
Atribuições

Artigo 7.º *Atribuições da freguesia*

1. Constituem atribuições da freguesia a promoção e salvaguarda dos interesses próprios das respetivas populações, em articulação com o município.

2. As freguesias dispõem de atribuições designadamente nos seguintes domínios:

   a) Equipamento rural e urbano;

   b) Abastecimento público;

   c) Educação;

   d) Cultura, tempos livres e desporto;

   e) Cuidados primários de saúde;

   f) Ação social;

   g) Proteção civil;

h)   Ambiente e salubridade;

i)   Desenvolvimento;

j)   Ordenamento urbano e rural;

k)   Proteção da comunidade.

3.   As atribuições das freguesias abrangem ainda o planeamento, a gestão e a realização de investimentos nos casos e nos termos previstos na lei.

SECÇÃO II
Assembleia de freguesia
SUBSECÇÃO I
Competências

Artigo 8.º *Natureza das competências*

Sem prejuízo das demais competências legais e de acordo com o disposto no artigo 3.º, a assembleia de freguesia tem as competências de apreciação e fiscalização e as competências de funcionamento previstas na presente lei.

Artigo 9.º *Competências de apreciação e fiscalização*

1.   Compete à assembleia de freguesia, sob proposta da junta de freguesia:

a)   Aprovar as opções do plano e a proposta de orçamento, bem como as suas revisões;

b)   Apreciar o inventário dos bens, direitos e obrigações patrimoniais e a respetiva avaliação, bem como apreciar e votar os documentos de prestação de contas;

c)   Autorizar a junta de freguesia a contrair empréstimos e a proceder a aberturas de crédito;

d)   Aprovar as taxas e os preços da freguesia e fixar o respetivo valor;

e)   Autorizar a aquisição, alienação ou oneração de bens imóveis de valor superior ao limite fixado para a junta de freguesia e definir as respetivas condições gerais, podendo determinar o recurso à hasta pública;

f)   Aprovar os regulamentos externos;

g)   Autorizar a celebração de contratos de delegação de competências e de acordos de execução entre a junta de freguesia e a câmara municipal, bem como a respetiva resolução e, no caso dos contratos de delegação de competências, a sua revogação;

h)   Autorizar a celebração de protocolos de delegação de tarefas administrativas entre a junta de freguesia e as organizações de moradores;

i)   Autorizar a celebração de protocolos com instituições públicas, particulares e cooperativas que desenvolvam a sua atividade na circunscrição territorial da freguesia, designadamente quando os equipamentos envolvidos sejam propriedade da freguesia e se salvaguarde a sua utilização pela comunidade local;

j)   Autorizar a freguesia a estabelecer formas de cooperação com entidades públicas ou privadas;

k) Autorizar a freguesia a constituir as associações previstas no capítulo IV do título III;

l) Autorizar a concessão de apoio financeiro ou de qualquer outra natureza às instituições dedicadas ao desenvolvimento de atividades culturais, recreativas e desportivas legalmente constituídas pelos trabalhadores da freguesia;

m) Aprovar o mapa de pessoal dos serviços da freguesia;

n) Aprovar a criação e a reorganização dos serviços da freguesia;

o) Regulamentar a apascentação de gado, na respetiva área geográfica;

p) Estabelecer, após parecer da Comissão de Heráldica da Associação dos Arqueólogos Portugueses, a constituição dos brasões, dos selos e das bandeiras da freguesia e das suas localidades e povoações e proceder à sua publicação no Diário da República;

q) Verificar a conformidade dos requisitos relativos ao exercício de funções a tempo inteiro ou a meio tempo do presidente da junta de freguesia;

r) Autorizar a celebração de protocolos de geminação, amizade, cooperação ou parceria entre freguesias com afinidades, quer ao nível das suas denominações, quer quanto ao orago da freguesia ou a outras características de índole cultural, económica, histórica ou geográfica.

2. Compete ainda à assembleia de freguesia:

a) Aceitar doações, legados e heranças a benefício de inventário;

b) Estabelecer as normas gerais de administração do património da freguesia ou sob sua jurisdição;

c) Deliberar sobre a administração dos recursos hídricos que integram o domínio público da freguesia;

d) Conhecer e tomar posição sobre os relatórios definitivos resultantes de ações tutelares ou de auditorias executadas sobre a atividade dos órgãos e serviços da freguesia;

e) Apreciar, em cada uma das sessões ordinárias, uma informação escrita do presidente da junta de freguesia acerca da atividade desta e da situação financeira da freguesia, a qual deve ser enviada ao presidente da mesa da assembleia de freguesia com a antecedência de cinco dias sobre a data de início da sessão;

f) Discutir, na sequência de pedido de qualquer dos titulares do direito de oposição, o relatório a que se refere o Estatuto do Direito de Oposição;

g) Aprovar referendos locais;

h) Apreciar a recusa da prestação de quaisquer informações ou recusa da entrega de documentos por parte da junta de freguesia ou de qualquer dos seus membros que obstem à realização de ações de acompanhamento e fiscalização;

i) Acompanhar e fiscalizar a atividade da junta de freguesia;

j) Pronunciar-se e deliberar sobre todos os assuntos que visem a prossecução das atribuições da freguesia;

k) Pronunciar-se e deliberar sobre todos os assuntos com interesse para a freguesia, por sua iniciativa ou após solicitação da junta de freguesia.

3. Não podem ser alteradas na assembleia de freguesia as propostas apresentadas pela junta de freguesia referidas nas alíneas a), f) e m) do n.º 1, nem os documentos referidos na alínea b) do mesmo número, sem prejuízo de esta poder vir a acolher em nova proposta as recomendações ou sugestões feitas pela assembleia de freguesia.

Contém as alterações introduzidas pelos seguintes diplomas:

- Retificação n.º 46-C/2013, de 01 de Novembro

Versões anteriores deste artigo:

- 1ª versão: Lei n.º 75/2013, de 12 de Setembro

Artigo 10.º *Competências de funcionamento*

1. Compete à assembleia de freguesia:

   a) Elaborar e aprovar o seu regimento;

   b) Deliberar sobre recursos interpostos da marcação de faltas injustificadas aos seus membros;

   c) Deliberar sobre a constituição de delegações, comissões ou grupos de trabalho para o estudo de matérias relacionadas com as atribuições da freguesia e sem prejudicar o funcionamento e a atividade normal da junta de freguesia;

   d) Solicitar e receber informação, através da mesa e a pedido de qualquer membro, sobre assuntos de interesse para a freguesia e sobre a execução de deliberações anteriores.

2. No exercício das respetivas competências, a assembleia de freguesia é apoiada, sendo caso disso, por trabalhadores dos serviços da freguesia designados pela junta de freguesia.

SUBSECÇÃO II
Funcionamento

Artigo 11.º *Sessões ordinárias*

1. A assembleia de freguesia reúne em quatro sessões ordinárias anuais, em abril, junho, setembro e novembro ou dezembro, convocadas com uma antecedência mínima de oito dias por edital e por carta com aviso de receção ou protocolo.

2. A apreciação do inventário dos bens, direitos e obrigações patrimoniais, a respetiva avaliação e a apreciação e votação dos documentos de prestação de contas do ano anterior devem ter lugar na primeira sessão e a aprovação das opções do plano e da proposta de orçamento para o ano seguinte na quarta sessão, salvo o disposto no artigo 61.º

Artigo 12.º *Sessões extraordinárias*

1. A assembleia de freguesia reúne em sessão extraordinária por iniciativa da mesa ou após requerimento:

   a) Do presidente da junta de freguesia, em cumprimento de deliberação desta;

   b) De um terço dos seus membros;

c)   De um número de cidadãos eleitores inscritos no recenseamento eleitoral da freguesia equivalente a 30 vezes o número de elementos que compõem a assembleia de freguesia, quando aquele número de cidadãos eleitores for igual ou inferior a 5000, ou a 50 vezes, quando for superior.

2.   presidente da assembleia de freguesia, no prazo de cinco dias após a iniciativa da mesa ou a receção dos requerimentos previstos no número anterior, por edital e por carta com aviso de receção ou protocolo, convoca a sessão extraordinária da assembleia de freguesia.

3.   A sessão extraordinária referida no número anterior deve ser realizada no prazo mínimo de 3 dias e máximo de 10 dias após a sua convocação.

4.   Quando o presidente da mesa da assembleia de freguesia não convoque a sessão extraordinária requerida, podem os requerentes convocá-la diretamente, observando, com as devidas adaptações, o disposto nos n.os 2 e 3 e promovendo a respetiva publicitação nos locais habituais.

Artigo 13.º *Mesa da assembleia de freguesia*

1.   Compete à mesa:

a)   Elaborar a ordem do dia das sessões e proceder à sua distribuição;

b)   Deliberar sobre as questões de interpretação e de integração de lacunas do regimento;

c)   Encaminhar, em conformidade com o regimento, as iniciativas dos membros da assembleia de freguesia e da junta de freguesia;

d)   Comunicar à assembleia de freguesia as decisões judiciais relativas à perda de mandato em que incorra qualquer dos seus membros;

e)   Dar conhecimento à assembleia de freguesia do expediente relativo aos assuntos relevantes;

f)   Proceder à marcação e justificação de faltas dos membros da assembleia de freguesia;

g)   Exercer os poderes funcionais e cumprir as diligências que lhe sejam determinadas pela assembleia de freguesia;

h)   Exercer as demais competências legais.

2.   pedido de justificação de faltas pelo interessado é feito por escrito e dirigido à mesa, no prazo de cinco dias a contar da data da sessão ou reunião em que a falta se tenha verificado, e a decisão é notificada ao interesado pessoalmente ou por via postal.

3.   Das deliberações da mesa cabe recurso para o plenário da assembleia de freguesia.

Artigo 14.º *Competências do presidente e dos secretários*

1.   Compete ao presidente da assembleia de freguesia:

a)   Representar a assembleia de freguesia, assegurar o seu regular funcionamento e presidir aos seus trabalhos;

b)   Convocar as sessões ordinárias e extraordinárias;

c)   Elaborar a ordem do dia das sessões e proceder à sua distribuição;

d)   Abrir e dirigir os trabalhos, mantendo a disciplina das sessões;

e) Assegurar o cumprimento da lei e a regularidade das deliberações;

f) Suspender e encerrar antecipadamente as sessões, quando circunstâncias excecionais o justifiquem, mediante decisão fundamentada a incluir na ata da reunião;

g) Comunicar à junta de freguesia as faltas do seu presidente ou do substituto legal às sessões da assembleia de freguesia;

h) Comunicar ao Ministério Público as faltas injustificadas dos membros da assembleia de freguesia e da junta de freguesia, quando em número relevante para efeitos legais;

i) Exercer os poderes funcionais e cumprir as diligências que lhe sejam determinadas pelo regimento ou pela assembleiade freguesia;

j) Exercer as demais competências legais.

2. Compete aos secretários coadjuvar o presidente da assembleia de freguesia no exercício das suas funções, assegurar o expediente e, na falta de trabalhador designado para o efeito, lavrar as atas das sessões.

SECÇÃO III
Junta de freguesia
SUBSECÇÃO I
Competências

Artigo 15.º *Natureza das competências*

Sem prejuízo das demais competências legais e de acordo com o disposto no artigo 3.º, a junta de freguesia tem as competências materiais e as competências de funcionamento previstas na presente lei.

Artigo 16.º *Competências materiais*

1. Compete à junta de freguesia:

a) Elaborar e submeter à aprovação da assembleia de freguesia as opções do plano e a proposta do orçamento, assim como as respetivas revisões;

b) Executar as opções do plano e o orçamento, assim como aprovar as suas alterações;

c) Adquirir, alienar ou onerar bens imóveis de valor até 220 vezes a remuneração mínima mensal garantida (RMMG) nas freguesias até 5000 eleitores, de valor até 300 vezes a RMMG nas freguesias com mais de 5000 eleitores e menos de 20000 eleitores e de valor até 400 vezes a RMMG nas freguesias com mais de 20 000 eleitores;

d) Alienar em hasta pública, independentemente de autorização da assembleia de freguesia, bens imóveis de valor superior aos referidos na alínea anterior, desde que a alienação decorra da execução das opções do plano e a respetiva deliberação tenha sido aprovada por maioria de dois terços dos membros da assembleia de freguesia em efetividade de funções;

e) Elaborar e aprovar a norma de controlo interno, bem como o inventário dos bens, direitos e obrigações patrimoniais da freguesia e respetiva avaliação, e ainda os documentos de prestação de contas, a submeter à apreciação da assembleia de freguesia;

f) Executar, por empreitada ou administração direta, as obras que constem das opções do plano e tenham dotação orçamental adequada nos instrumentos de gestão previsional aprovados pela assembleia de freguesia;

g) Aprovar operações urbanísticas em imóveis integrados no domínio patrimonial privado da freguesia, após parecer prévio das entidades competentes;

h) Elaborar e submeter à aprovação da assembleia de freguesia os projetos de regulamentos externos da freguesia, bem como aprovar regulamentos internos;

i) Discutir e preparar com a câmara municipal contratos de delegação de competências e acordos de execução, nos termos previstos na presente lei;

j) Submeter à assembleia de freguesia, para efeitos de autorização, propostas de celebração de contratos de delegação de competências e de acordos de execução, bem como da respetiva resolução e, no caso de contratos de delegação de competências, revogação;

k) Discutir e preparar com as organizações de moradores protocolos de delegação de tarefas administrativas que não envolvam o exercício de poderes de autoridade;

l) Submeter à assembleia de freguesia, para efeitos de autorização, propostas de celebração dos protocolos de delegação de tarefas administrativas previstos na alínea anterior;

m) Discutir e preparar com instituições públicas, particulares e cooperativas que desenvolvam a sua atividade na circunscrição territorial da freguesia protocolos de colaboração, designadamente quando os respetivos equipamentos sejam propriedade da freguesia e se salvaguarde a sua utilização pela comunidade local;

n) Submeter à assembleia de freguesia, para efeitos de autorização, propostas de celebração dos protocolos de colaboração referidos na alínea anterior;

o) Deliberar sobre as formas de apoio a entidades e organismos legalmente existentes, nomeadamente com vista à execução de obras ou à realização de eventos de interesse para a freguesia, bem como à informação e defesa dos direitos dos cidadãos;

p) Pronunciar-se sobre projetos de construção e de ocupação da via pública, sempre que tal lhe for requerido pela câmara municipal;

q) Participar, nos termos acordados com a câmara municipal, no processo de elaboração dos planos municipais de ordenamento do território;

r) Colaborar, nos termos acordados com a câmara municipal, na discussão pública dos planos municipais do ordenamento do território;

s) Facultar a consulta pelos interessados dos planos municipais de ordenamento do território;

t) Promover e executar projetos de intervenção comunitária nas áreas da ação social, cultura e desporto;

u) Participar, em colaboração com instituições particulares de solidariedade social, em programas e iniciativas de ação social;

v) Apoiar atividades de natureza social, cultural, educativa, desportiva, recreativa ou outra de interesse para a freguesia;

w) Emitir parecer sobre a denominação das ruas e praças das localidades e das povoações;

x) Prestar a outras entidades públicas toda a colaboração que lhe for solicitada, designadamente nos domínios da estatística e outros do interesse da população da freguesia;

y) Colaborar com a autoridade municipal de proteção civil na iminência ou ocorrência de acidente grave ou catástrofe;

z) Promover a conservação de abrigos de passageiros existentes na freguesia;

    aa) Gerir, conservar e promover a limpeza de balneários, lavadouros e sanitários públicos;

    bb) Gerir e manter parques infantis públicos e equipamentos desportivos de âmbito local;

    cc) Conservar e promover a reparação de chafarizes e fontanários públicos;

    dd) Colocar e manter as placas toponímicas;

    ee) Conservar e reparar a sinalização vertical não iluminada instalada nas vias municipais;

    ff) Proceder à manutenção e conservação de caminhos, arruamentos e pavimentos pedonais;

    gg) Conceder terrenos, nos cemitérios propriedade da freguesia, para jazigos, mausoléus e sepulturas perpétuas;

    hh) Gerir, conservar e promover a limpeza dos cemitérios propriedade da freguesia;

    ii) ii) Administrar e conservar o património da freguesia;

    jj) Elaborar e manter atualizado o cadastro dos bens móveis e imóveis propriedade da freguesia;

    kk) Adquirir e alienar bens móveis;

    ll) Declarar prescritos a favor da freguesia, após publicação de avisos, os jazigos, mausoléus ou outras obras, bem como sepulturas perpétuas instaladas nos cemitérios propriedade da freguesia, quando não sejam conhecidos os proprietários ou relativamente aos quais se mostre que, após notificação judicial, se mantém desinteresse na sua conservação e manutenção de forma inequívoca e duradoura;

    mm) Fornecer material de limpeza e de expediente às escolas do 1.º ciclo do ensino básico e aos estabelecimentos de educação pré-escolar;

    nn) Proceder ao registo e ao licenciamento de canídeos e gatídeos;

    oo) Proceder à administração ou à utilização de baldios sempre que não existam assembleias de compartes;

pp) Executar, no âmbito da comissão recenseadora, as operações de recenseamento eleitoral, bem como desempenhar as funções que lhe sejam determinadas pelas leis eleitorais e dos referendos;

qq) Lavrar termos de identidade e justificação administrativa;

rr) Passar atestados;

ss) Conhecer e tomar posição sobre os relatórios definitivos de ações tutelares ou de auditorias levadas a efeito aos órgãos ou serviços da freguesia;

tt) Dar cumprimento ao Estatuto do Direito de Oposição;

uu) Deliberar sobre a constituição e participação nas associações previstas no capítulo IV do título III;

vv) Remeter ao Tribunal de Contas as contas da freguesia;

ww) Exercer os poderes funcionais e cumprir as diligências que lhe sejam determinadas pela assembleia de freguesia;

xx) Apresentar propostas à assembleia de freguesia sobre matérias da competência desta.

2. Compete também à junta de freguesia proceder à construção dos equipamentos referidos nas alíneas z) a cc) e hh) do número anterior quando os mesmos se destinem a integrar o respetivo património.

3. Compete ainda à junta de freguesia o licenciamento das seguintes atividades:

a) Venda ambulante de lotarias;

b) Arrumador de automóveis;

c) Atividades ruidosas de caráter temporário que respeitem a festas populares, romarias, feiras, arraiais e bailes.

4. A alienação de bens e valores artísticos do património da freguesia é objeto de legislação especial.

Contém as alterações introduzidas pelos seguintes diplomas:

- Retificação n.º 46-C/2013, de 01 de Novembro

Versões anteriores deste artigo:

- 1ª versão: Lei n.º 75/2013, de 12 de Setembro

Artigo 17.º *Delegação de competências no presidente da junta de freguesia*

1. A junta de freguesia pode delegar as suas competências no respetivo presidente, com exceção das previstas nas alíneas a), c), e), h), j), l), n), o), p), q), r), v), oo), ss), tt) e xx) do n.º 1 do artigo anterior, com possibilidade de subdelegação em qualquer dos vogais ou em titulares de cargos de direção intermédia.

2. À revogação dos atos e ao recurso das decisões do presidente da junta de freguesia ou dos vogais no exercício de competências delegadas ou subdelegadas é aplicável, com as devidas adaptações, o previsto nos n.os 2 e 3 do artigo 34.º

Contém as alterações introduzidas pelos seguintes diplomas:

- Lei n.º 7-A/2016, de 30 de Março

Versões anteriores deste artigo:

- 1ª versão: Lei n.º 75/2013, de 12 de Setembro

Artigo 18.° *Competências do presidente da junta de freguesia*

1. Compete ao presidente da junta de freguesia:

    a) Representar a freguesia em juízo e fora dele;

    b) Elaborar a ordem do dia, convocar, abrir e encerrar as reuniões da junta de freguesia, dirigir os trabalhos e asegurar o cumprimento da lei e a regularidade das deliberações;

    c) Representar a junta de freguesia na assembleia de freguesia e integrar a assembleia municipal do município em cuja circunscrição territorial se compreende a circunscrição territorial da respetiva freguesia, comparecendo às sessões, salvo caso de justo impedimento, sendo representado, neste caso, pelo substituto legal por si designado;

    d) Responder, no prazo máximo de 30 dias, aos pedidos de informação formulados pelos membros da assembleia de freguesia através da respetiva mesa;

    e) Suspender ou encerrar antecipadamente as reuniões, quando circunstâncias excecionais o justifiquem, mediante decisão fundamentada a incluir na ata da reunião;

    f) Executar as deliberações da junta de freguesia e coordenar a respetiva atividade;

    g) Dar cumprimento às deliberações da assembleia de freguesia, sempre que para a sua execução seja necessária a intervenção da junta de freguesia;

    h) Autorizar a realização de despesas até ao limite estipulado por delegação da junta de freguesia;

    i) Autorizar o pagamento das despesas orçamentadas, de acordo com as deliberações da junta de freguesia;

    j) Submeter a norma de controlo interno, quando aplicável, bem como o inventário dos bens, direitos e obrigações patrimoniais e respetiva avaliação e ainda os documentos de prestação de contas, à aprovação da junta de freguesia e à apreciação e votação da assembleia de freguesia, com exceção da norma de controlo interno;

    k) Submeter a visto prévio do Tribunal de Contas, nos termos da lei, os atos praticados e os contratos celebrados pela junta de freguesia, assim como quaisquer outros instrumentos que impliquem despesa para a freguesia;

    l) Assinar, em nome da junta de freguesia, toda a correspondência, bem como os termos, atestados e certidões da competência da mesma;

    m) Colaborar com outras entidades no domínio da proteção civil, tendo em vista o cumprimento dos planos de emergência e programas estabelecidos, designadamente em operações de socorro e assistência na iminência ou ocorrência de acidente grave ou catástrofe;

    n) Participar no conselho municipal de segurança;

    o) Presidir à unidade local de proteção civil;

    p) Determinar a instrução dos processos de contraordenação e proceder à aplicação das coimas, com a faculdade de delegação em qualquer dos restantes membros da junta de freguesia;

q) Comunicar à assembleia de freguesia as faltas injustificadas marcadas aos membros da junta de freguesia;

r) Dar conhecimento aos restantes membros da junta de freguesia e remeter à assembleia de freguesia cópias dos relatórios definitivos de ações tutelares ou de auditorias sobre a atividade da junta de freguesia e dos serviços da freguesia, no prazo máximo de 10 dias após o recebimento dos mesmos;

s) Promover a publicação por edital do relatório de avaliação previsto no Estatuto do Direito de Oposição;

t) Presidir à comissão recenseadora da freguesia;

u) Promover todas as ações necessárias à administração do património da freguesia;

v) Elaborar e enviar à assembleia de freguesia os elementos referidos na alínea e) do n.º 2 do artigo 9.º;

w) Informar a câmara municipal sobre a existência de edificações degradadas ou que ameacem desmoronar-se e solicitar a respetiva vistoria;

x) Responder, no prazo máximo de 20 dias, aos pedidos de informação formulados pelos cidadãos recenseados na freguesia sobre matérias nas quais tenham interesse e que sejam da atribuição da freguesia ou da competência da junta de freguesia;

y) Exercer as demais competências legais e delegadas, bem como exercer os poderes funcionais e cumprir as diligências que lhe sejam determinadas pela junta de freguesia.

2. Compete ainda ao presidente da junta de freguesia:

a) Decidir sobre o exercício de funções em regime de tempo inteiro ou de meio tempo, nos termos da lei;

b) Proceder à distribuição de funções pelos restantes membros da junta de freguesia e designar o seu substituto nas situações de faltas e impedimentos.

3. A distribuição de funções implica a designação dos membros aos quais as mesmas cabem e deve prever, designadamente:

a) A elaboração das atas das reuniões da junta de freguesia, na falta de trabalhador nomeado para o efeito;

b) A certificação, mediante despacho do presidente da junta de freguesia, dos factos que constem dos arquivos da freguesia e, independentemente de despacho, o conteúdo das atas das reuniões da junta de freguesia;

c) A subscrição dos atestados que devam ser assinados pelo presidente da junta de freguesia;

d) A execução do expediente da junta de freguesia;

e) A arrecadação das receitas, o pagamento das despesas autorizadas e a escrituração dos modelos contabilísticos da receita e da despesa, com base nos respetivos documentos que são assinados pelo presidente da junta de freguesia.

Artigo 19.º *Competências de funcionamento*

Compete à junta de freguesia:

a) Executar e velar pelo cumprimento das deliberações da assembleia de freguesia;

b) Gerir os serviços da freguesia;

c) Proceder à marcação das faltas dos seus membros e à respetiva justificação;

d) Instaurar pleitos e defender-se neles, podendo confessar, desistir ou transigir, se não houver ofensa de direitos de terceiros;

e) Gerir os recursos humanos ao serviço da freguesia.

SUBSECÇÃO II
Funcionamento

Artigo 20.º *Periodicidade das reuniões*

1. A junta de freguesia reúne ordinariamente uma vez por mês, ou quinzenalmente, se o julgar conveniente, e extraordinariamente sempre que necessário.

2. A junta de freguesia delibera sobre os dias e horas das reuniões ordinárias, podendo estabelecer dia e hora certos para as mesmas, devendo, neste último caso, publicar editais, o que dispensa outras formas de convocação.

Artigo 21.º *Convocação das reuniões ordinárias*

1. Na falta da deliberação a que se refere o n.º 2 do artigo anterior, compete ao presidente da junta de freguesia marcar o dia e hora certos das reuniões ordinárias e publicitar a decisão nos termos e com os efeitos da parte final do mesmo número.

2. Quaisquer alterações ao dia e hora marcados nos termos do número anterior devem ser comunicadas a todos os membros da junta de freguesia com, pelo menos, três dias de antecedência e por carta com aviso de receção ou protocolo.

Artigo 22.º *Convocação das reuniões extraordinárias*

1. As reuniões extraordinárias podem ser convocadas por iniciativa do presidente da junta de freguesia ou a requerimento da maioria dos seus membros, não podendo, neste caso, ser recusada a convocação.

2. As reuniões extraordinárias são convocadas com, pelo menos, cinco dias de antecedência, sendo comunicadas a todos os membros da junta de freguesia por edital e por carta com aviso de receção ou protocolo.

3. O presidente da junta de freguesia convoca a reunião para um dos oito dias subsequentes à receção do requerimento previsto no n.º 1.

4. Quando o presidente da junta de freguesia não efetue a convocação que lhe tenha sido requerida nos termos do número anterior, podem os requerentes efetuá-la diretamente, observando, com as devidas adaptações, o disposto nos n.os 2 e 3 e promovendo a respetiva publicitação nos locais habituais.

CAPÍTULO III
Município

SECÇÃO I
Atribuições

Artigo 23.º *Atribuições do município*

1. Constituem atribuições do município a promoção e salvaguarda dos interesses próprios das respetivas populações, em articulação com as freguesias.

2. Os municípios dispõem de atribuições, designadamente, nos seguintes domínios:

   a) Equipamento rural e urbano;

   b) Energia;

   c) Transportes e comunicações;

   d) Educação, ensino e formação profissional;

   e) Património, cultura e ciência;

   f) Tempos livres e desporto;

   g) Saúde;

   h) Ação social;

   i) Habitação;

   j) Proteção civil;

   k) Ambiente e saneamento básico;

   l) Defesa do consumidor;

   m) Promoção do desenvolvimento;

   n) Ordenamento do território e urbanismo;

   o) Polícia municipal;

   p) Cooperação externa.

Contém as alterações introduzidas pelos seguintes diplomas:

- Lei n.º 69/2015, de 16 de Julho

Versões anteriores deste artigo:

- 1ª versão: Lei n.º 75/2013, de 12 de Setembro

SECÇÃO II
Assembleia municipal

SUBSECÇÃO I
Competências

Artigo 24.º *Competências*

Sem prejuízo das demais competências legais e de acordo com o disposto no artigo 3.º, a assembleia municipal tem as competências de apreciação e fiscalização e as competências de funcionamento previstas na presente lei.

Artigo 25.º *Competências de apreciação e fiscalização*

1. Compete à assembleia municipal, sob proposta da câmara municipal:

    a) Aprovar as opções do plano e a proposta de orçamento, bem como as respetivas revisões;

    b) Aprovar as taxas do município e fixar o respetivo valor;

    c) Deliberar em matéria de exercício dos poderes tributários do município;

    d) Fixar anualmente o valor da taxa do imposto municipal sobre imóveis, bem como autorizar o lançamento de derramas;

    e) Pronunciar-se, no prazo legal, sobre o reconhecimento pelo Governo de benefícios fiscais no âmbito de impostos cuja receita reverte para os municípios;

    f) Autorizar a contratação de empréstimos;

    g) Aprovar as posturas e os regulamentos com eficácia externa do município;

    h) Aprovar os planos e demais instrumentos estratégicos necessários à prossecução das atribuições do município;

    i) Autorizar a câmara municipal a adquirir, alienar ou onerar bens imóveis de valor superior a 1000 vezes a RMMG, e fixar as respetivas condições gerais, podendo determinar o recurso à hasta pública, assim como a alienar ou onerar bens ou valores artísticos do município, independentemente do seu valor, sem prejuízo do disposto no n.º 2 do artigo 33.º;

    j) Deliberar sobre formas de apoio às freguesias no quadro da promoção e salvaguarda articulada dos interesses próprios das populações;

    k) Autorizar a celebração de contratos de delegação de competências entre a câmara municipal e o Estado e entre a câmara municipal e a entidade intermunicipal e autorizar a celebração e denúncia de contratos de delegação de competências e de acordos de execução entre a câmara municipal e as juntas de freguesia;

    l) Autorizar a resolução e revogação dos contratos de delegação de competências e a resolução dos acordos de execução;

    m) Aprovar a criação ou reorganização dos serviços municipais e a estrutura orgânica dos serviços municipalizados;

    n) Deliberar sobre a criação de serviços municipalizados e todas as matérias previstas no regime jurídico da atividade empresarial local e das participações locais que o mesmo não atribua à câmara municipal;

    o) Aprovar os mapas de pessoal dos serviços municipais e dos serviços municipalizados;

    p) Autorizar a câmara municipal a celebrar contratos de concessão e fixar as respetivas condições gerais;

    q) Deliberar sobre a afetação ou desafetação de bens do domínio público municipal;

    r) Aprovar as normas, delimitações, medidas e outros atos previstos nos regimes do ordenamento do território e do urbanismo;

s) Deliberar sobre a criação do conselho local de educação;

t) Autorizar a geminação do município com outros municípios ou entidades equiparadas de outros países;

u) Autorizar o município a constituir as associações previstas no capítulo IV do título III;

v) Autorizar os conselhos de administração dos serviços municipalizados a deliberar sobre a concessão de apoio financiero ou de qualquer outra natureza a instituições legalmente constituídas ou participadas pelos seus trabalhadores, tendo por objeto o desenvolvimento de atividades culturais, recreativas e desportivas, ou a concessão de benefícios sociais aos mesmos e respetivos familiares;

w) Deliberar sobre a criação e a instituição em concreto do corpo de polícia municipal.

2. Compete ainda à assembleia municipal:

a) Acompanhar e fiscalizar a atividade da câmara municipal, dos serviços municipalizados, das empresas locais e de quaisquer outras entidades que integrem o perímetro da administração local, bem como apreciar a execução dos contratos de delegação de competências previstos na alínea k) do número anterior;

b) Apreciar, com base na informação disponibilizada pela câmara municipal, os resultados da participação do municipio nas empresas locais e em quaisquer outras entidades;

c) Apreciar, em cada uma das sessões ordinárias, uma informação escrita do presidente da câmara municipal acerca da atividade desta e da situação financeira do município, a qual deve ser enviada ao presidente da assembleia municipal com a antecedência mínima de cinco dias sobre a data do início da sessão;

d) Solicitar e receber informação, através da mesa e a pedido de qualquer membro, sobre assuntos de interesse para o município e sobre a execução de deliberações anteriores;

e) Aprovar referendos locais;

f) Apreciar a recusa da prestação de quaisquer informações ou recusa da entrega de documentos por parte da cámara municipal ou de qualquer dos seus membros que obstem à realização de ações de acompanhamento e fiscalização;

g) Conhecer e tomar posição sobre os relatórios definitivos resultantes de ações tutelares ou de auditorias executadas sobre a atividade dos órgãos e serviços do município;

h) Discutir, na sequência de pedido de qualquer dos titulares do direito de oposição, o relatório a que se refere o Estatuto do Direito de Oposição;

i) Elaborar e aprovar o regulamento do conselho municipal de segurança;

j) Tomar posição perante quaisquer órgãos do Estado ou entidades públicas sobre assuntos de interesse para o município;

k)   Pronunciar-se e deliberar sobre todos os assuntos que visem a prossecução das atribuições do município;

l)   Apreciar o inventário dos bens, direitos e obrigações patrimoniais e a respetiva avaliação, bem como apreciar e votar os documentos de prestação de contas;

m)   Fixar o dia feriado anual do município;

n)   Estabelecer, após parecer da Comissão de Heráldica da Associação dos Arqueólogos Portugueses, a constituição dos brasões, dos selos e das bandeiras do município e proceder à sua publicação no Diário da República.

3.   Não podem ser alteradas na assembleia municipal as propostas apresentadas pela câmara municipal referidas nas alíneas a), i) e m) do n.º 1 e na alínea l) do número anterior, sem prejuízo de esta poder vir a acolher em nova proposta as recomendações ou sugestões feitas pela assembleia municipal.

4.   As propostas de autorização para a contratação de empréstimos apresentadas pela câmara municipal, nos termos da alínea f) do n.º 1, são obrigatoriamente acompanhadas de informação detalhada sobre as condições propostas por, no mínimo, três instituições de crédito, bem como do mapa demonstrativo da capacidade de endividamento do município.

5.   Compete ainda à assembleia municipal:

a)   Convocar o secretariado executivo metropolitano ou a comunidade intermunicipal, conforme o caso, e nos termos da presente lei, com o limite de duas vezes por ano, para responder perante os seus membros pelas atividades desenvolvidas no âmbito da área metropolitana ou comunidade intermunicipal do respetivo município;

b)   Aprovar moções de censura à comissão executiva metropolitana ou ao secretariado executivo intermunicipal, no máximo de uma por mandato.

Contém as alterações introduzidas pelos seguintes diplomas:

- Retificação n.º 50-A/2013, de 11 de Novembro

Versões anteriores deste artigo:

- 1ª versão: Lei n.º 75/2013, de 12 de Setembro

Artigo 26.º *Competências de funcio*namento

1.   Compete à assembleia municipal:

a)   Elaborar e aprovar o seu regimento;

b)   Deliberar sobre recursos interpostos de marcação de faltas injustificadas aos seus membros;

c)   Deliberar sobre a constituição de delegações, comissões ou grupos de trabalho para o estudo de matérias relacionadas com as atribuições do município e sem prejudicar o funcionamento e a atividade normal da câmara municipal.

2.   No exercício das respetivas competências, a assembleia municipal é apoiada por trabalhadores dos serviços do município a afetar pela câmara municipal, nos termos do artigo 31.º

SUBSECÇÃO II
Funcionamento

Artigo 27.º *Sessões ordinárias*

1. A assembleia municipal reúne em cinco sessões ordinárias anuais, em fevereiro, abril, junho, setembro e novembro ou dezembro, convocadas com uma antecedência mínima de oito dias por edital e por carta com aviso de receção ou protocolo.

2. A apreciação do inventário dos bens, direitos e obrigações patrimoniais, a respetiva avaliação e a apreciação e votação dos documentos de prestação de contas do ano anterior devem ter lugar na sessão ordinária de abril, e a aprovação das opções do plano e da proposta de orçamento para o ano seguinte na sessão de novembro, salvo o disposto no artigo 61.º

Artigo 28.º *Sessões extraordinárias*

1. A assembleia municipal reúne em sessão extraordinária por iniciativa do seu presidente, da mesa ou após requerimento:

   a) Do presidente da câmara municipal, em cumprimento de deliberação desta;

   b) De um terço dos seus membros;

   c) De um número de cidadãos eleitores inscritos no recenseamento eleitoral do município equivalente a 5 % do número de cidadãos eleitores até ao limite máximo de 2500.

2. O presidente da assembleia municipal, no prazo de cinco dias após a sua iniciativa ou a da mesa ou a receção dos requerimentos previstos no número anterior, por edital e por carta com aviso de receção ou protocolo, convoca a sessão extraordinária da assembleia municipal.

3. A sessão extraordinária referida no número anterior deve ser realizada no prazo mínimo de três dias e máximo de 10 após a sua convocação.

4. Quando o presidente da mesa da assembleia municipal não convoque a sessão extraordinária requerida, podem os requerentes convocá-la diretamente, observando, com as devidas adaptações, o disposto nos n.os 2 e 3, e promovendo a respetiva publicitação nos locais habituais.

Artigo 29.º *Mesa da assembleia municipal*

1. Compete à mesa:

   a) Elaborar o projeto de regimento da assembleia municipal ou propor a constituição de um grupo de trabalho para o efeito;

   b) Deliberar sobre as questões de interpretação e integração de lacunas do regimento;

   c) Elaborar a ordem do dia das sessões e proceder à sua distribuição;

   d) Verificar a conformidade legal e admitir as propostas da câmara municipal legalmente sujeitas à competencia deliberativa da assembleia municipal;

e) Encaminhar, em conformidade com o regimento, as iniciativas dos membros da assembleia municipal, dos grupos municipais e da câmara municipal;

f) Assegurar a redação final das deliberações;

g) Realizar as ações que lhe sejam determinadas pela assembleia municipal no exercício da competência a que se refere a alínea a) do n.º 2 do artigo 25.º;

h) Encaminhar para a assembleia municipal as petições e queixas dirigidas à mesma;

i) Requerer à câmara municipal ou aos seus membros a documentação e informação que considere necessárias ao exercício das competências da assembleia municipal, assim como ao desempenho das suas funções, nos termos e com a periodicidade julgados convenientes;

j) Proceder à marcação e justificação de faltas dos membros da assembleia municipal;

k) Comunicar à assembleia municipal a recusa da prestação de quaisquer informações ou documentos, bem como a falta de colaboração por parte da câmara municipal ou dos seus membros;

l) Comunicar à assembleia municipal as decisões judiciais relativas à perda de mandato em que incorra qualquer membro;

m) Dar conhecimento à assembleia municipal do expediente relativo aos assuntos relevantes;

n) Exercer os poderes funcionais e cumprir as diligências que lhe sejam determinadas pela assembleia municipal;

o) Exercer as demais competências legais.

2. pedido de justificação de faltas pelo interessado é feito por escrito e dirigido à mesa, no prazo de cinco dias a contar da data da sessão ou reunião em que a falta se tenha verificado, e a decisão é notificada ao interessado, pessoalmente ou por via postal.

3. Das deliberações da mesa da assembleia municipal cabe recurso para o plenário.

Artigo 30.º *Presidente e secretários*

1. Compete ao presidente da assembleia municipal:

a) Representar a assembleia municipal, assegurar o seu regular funcionamento e presidir aos seus trabalhos;

b) Convocar as sessões ordinárias e extraordinárias;

c) Abrir e encerrar os trabalhos das sessões;

d) Dirigir os trabalhos e manter a disciplina das sessões;

e) Assegurar o cumprimento da lei e a regularidade das deliberações;

f) Suspender e encerrar antecipadamente as sessões, quando circunstâncias excecionais o justifiquem, mediante decisão fundamentada a incluir na ata da sessão;

g) Integrar o conselho municipal de segurança;

h)   Comunicar à assembleia de freguesia ou à câmara municipal as faltas dos presidentes de junta de freguesia e do presidente da câmara municipal às sessões da assembleia municipal;

i)   Comunicar ao Ministério Público competente as faltas injustificadas dos restantes membros da assembleia, para os efeitos legais;

j)   Exercer os poderes funcionais e cumprir as diligências que lhe sejam determinados pelo regimento ou pela assembleia municipal;

k)   Exercer as demais competências legais.

2.   Compete ainda ao presidente da assembleia municipal autorizar a realização de despesas orçamentadas relativas a senhas de presença, ajudas de custo e subsídios de transporte dos membros da assembleia municipal e de despesas relativas às aquisições de bens e serviços correntes necessárias ao seu regular funcionamento e representação, comunicando o facto, para os devidos efeitos legais, incluindo os correspondentes procedimentos administrativos, ao presidente da câmara municipal.

3.   Compete aos secretários coadjuvar o presidente da assembleia municipal no exercício das suas funções, assegurar o expediente e, na falta de trabalhador designado para o efeito, lavrar as atas das sessões.

Artigo 31.º *Funcionamento*

1.   A assembleia municipal dispõe de um núcleo de apoio próprio, sob orientação do respetivo presidente e composto por trabalhadores do município, nos termos definidos pela mesa e a afetar pela câmara municipal.

2.   A assembleia municipal dispõe igualmente de instalações e equipamentos necessários ao seu funcionamento e representação, a afetar pela câmara municipal.

3.   No orçamento municipal são inscritas, sob proposta da mesa da assembleia municipal, dotações discriminadas em rubricas próprias para pagamento das senhas de presença, ajudas de custo e subsídios de transporte dos membros da assembleia municipal, bem como para a aquisição dos bens e serviços correntes necessária ao seu funcionamento e representação.

SECÇÃO III
Câmara municipal
SUBSECÇÃO I
Competências

Artigo 32.º *Natureza das competências*

Sem prejuízo das demais competências legais e de acordo com o disposto no artigo 3.º, a câmara municipal tem as competências materiais e as competências de funcionamento previstas na presente lei.

Artigo 33.º *Competências materiais*

1.   Compete à câmara municipal:

a)   Elaborar e submeter à aprovação da assembleia municipal os planos necessários à realização das atribuições municipais;

b) Participar, com outras entidades, no planeamento que diretamente se relacione com as atribuições do município, emitindo parecer a submeter a apreciação e deliberação da assembleia municipal;

c) Elaborar e submeter a aprovação da assembleia municipal as opções do plano e a proposta do orçamento, assim como as respetivas revisões;

d) Executar as opções do plano e orçamento, assim como aprovar as suas alterações;

e) Fixar os preços da prestação de serviços ao público pelos serviços municipais ou municipalizados, sem prejuízo, quando for caso disso, das competências legais das entidades reguladoras;

f) Aprovar os projetos, programas de concurso, cadernos de encargos e a adjudicação de empreitadas e aquisição de bens e serviços, cuja autorização de despesa lhe caiba;

g) Adquirir, alienar ou onerar bens imóveis de valor até 1000 vezes a RMMG;

h) Alienar em hasta pública, independentemente de autorização da assembleia municipal, bens imóveis de valor superior ao referido na alínea anterior, desde que a alienação decorra da execução das opções do plano e a respetiva deliberação tenha sido aprovada por maioria de dois terços dos membros da assembleia municipal em efetividade de funções;

i) Elaborar e aprovar a norma de controlo interno, bem como o inventário dos bens, direitos e obrigações patrimoniais do município e respetiva avaliação e ainda os documentos de prestação de contas, a submeter à apreciação e votação da assembleia municipal;

j) Aceitar doações, legados e heranças a benefício de inventário;

k) Elaborar e submeter à aprovação da assembleia municipal os projetos de regulamentos externos do município, bem como aprovar regulamentos internos;

l) Discutir e preparar com os departamentos governamentais e com as juntas de freguesia contratos de delegação de competências e acordos de execução, nos termos previstos na presente lei;

m) Submeter à assembleia municipal, para efeitos de autorização, propostas de celebração de contratos de delegação de competências com o Estado e propostas de celebração e denúncia de contratos de delegação de competências com o Estado e as juntas de freguesia e de acordos de execução com as juntas de freguesia;

n) Submeter à assembleia municipal, para efeitos de autorização, propostas de resolução e revogação dos contratos de delegação de competências e dos acordos de execução;

o) Deliberar sobre as formas de apoio a entidades e organismos legalmente existentes, nomeadamente com vista à execução de obras ou à realização de eventos de interesse para o município, bem como à informação e defesa dos direitos dos cidadãos;

p) Deliberar sobre a concessão de apoio financeiro ou de qualquer outra natureza a instituições legalmente constituídas ou participadas pelos trabalhadores do município, tendo por objeto o desenvolvimento de atividades culturais, recreativas e desportivas, ou a concessão de benefícios sociais aos mesmos e respetivos familiares;

q) Assegurar a integração da perspetiva de género em todos os domínios de ação do município, designadamente através da adoção de planos municipais para a igualdade;

r) Colaborar no apoio a programas e projetos de interesse municipal, em parceria com entidades da administração central;

s) Deliberar sobre a constituição e participação nas associações previstas no capítulo IV do título III;

t) Assegurar, incluindo a possibilidade de constituição de parcerias, o levantamento, classificação, administração, manutenção, recuperação e divulgação do património natural, cultural, paisagístico e urbanístico do município, incluindo a construção de monumentos de interesse municipal;

u) Promover a oferta de cursos de ensino e formação profissional dual, no âmbito do ensino não superior, e apoiar atividades de natureza social, cultural, educativa, desportiva, recreativa ou outra de interesse para o município, incluindo aquelas que contribuam para a promoção da saúde e prevenção das doenças;

v) Participar na prestação de serviços e prestar apoio a pessoas em situação de vulnerabilidade, em parceria com as entidades competentes da administração central e com instituições particulares de solidariedade social, nas condições constantes de regulamento municipal;

w) Ordenar, precedendo vistoria, a demolição total ou parcial ou a beneficiação de construções que ameacem ruína ou constituam perigo para a saúde ou segurança das pessoas;

x) Emitir licenças, registos e fixação de contingentes relativamente a veículos, nos casos legalmente previstos;

y) Exercer o controlo prévio, designadamente nos domínios da construção, reconstrução, conservação ou demolição de edifícios, assim como relativamente aos estabelecimentos insalubres, incómodos, perigosos ou tóxicos;

z) Emitir parecer sobre projetos de obras não sujeitas a controlo prévio;

aa) Promover a observância das normas legais e regulamentares aplicáveis às obras referidas na alínea anterior;

bb) Executar as obras, por administração direta ou empreitada;

cc) Alienar bens móveis;

dd) Proceder à aquisição e locação de bens e serviços;

ee) Criar, construir e gerir instalações, equipamentos, serviços, redes de circulação, de transportes, de energia, de distribuição de bens e recursos físicos integrados no património do município ou colocados, por lei, sob administração municipal;

ff)   Promover e apoiar o desenvolvimento de atividades e a realização de eventos relacionados com a atividade económica de interesse municipal;

gg)   Assegurar, organizar e gerir os transportes escolares;

hh)   Deliberar no domínio da ação social escolar, designadamente no que respeita a alimentação, alojamento e atribuição de auxílios económicos a estudantes;

ii)   ii) Proceder à captura, alojamento e abate de canídeos e gatídeos;

jj)   Deliberar sobre a deambulação e extinção de animais considerados nocivos;

kk)   Declarar prescritos a favor do município, após publicação de avisos, os jazigos, mausoléus ou outras obras, assim como sepulturas perpétuas instaladas nos cemitérios propriedade municipal, quando não sejam conhecidos os seus proprietários ou relativamente aos quais se mostre que, após notificação judicial, se mantém desinteresse na sua conservação e manutenção, de forma inequívoca e duradoura;

ll)   Participar em órgãos de gestão de entidades da administração central;

mm) Designar os representantes do município nos conselhos locais;

nn)   Participar em órgãos consultivos de entidades da administração central;

oo)   Designar o representante do município na assembleia geral das empresas locais, assim como os seus representantes em quaisquer outras entidades nas quais o município participe, independentemente de integrarem ou não o perímetro da administração local;

pp)   Nomear e exonerar o conselho de administração dos serviços municipalizados;

qq)   Administrar o domínio público municipal;

rr)   Deliberar sobre o estacionamento de veículos nas vias públicas e demais lugares públicos;

ss)   Estabelecer a denominação das ruas e praças das localidades e das povoações, após parecer da correspondente junta de freguesia;

tt)   Estabelecer as regras de numeração dos edifícios;

uu)   Deliberar sobre a administração dos recursos hídricos que integram o domínio público do município;

vv)   Propor a declaração de utilidade pública para efeitos de expropriação;

ww) Enviar ao Tribunal de Contas as contas do município;

xx)   xx) Deliberar, no prazo máximo de 30 dias, sobre os recursos hierárquicos impróprios das deliberações do conselho de administração dos serviços municipalizados;

yy)   Dar cumprimento ao Estatuto do Direito de Oposição;

zz)   Promover a publicação de documentos e registos, anais ou de qualquer outra natureza, que salvaguardem e perpetuem a história do município;

  aaa) Deliberar sobre a participação do município em projetos e ações de cooperação descentralizada, designadamente no âmbito da União Europeia e da Comunidade dos Países de Língua Portuguesa;

  bbb) Assegurar o apoio adequado ao exercício de competências por parte do Estado;

  ccc) Apresentar propostas à assembleia municipal sobre matérias da competência desta.

2. A alienação de bens e valores artísticos do património do município é objeto de legislação especial.

Contém as alterações introduzidas pelos seguintes

diplomas:

- Retificação n.º 46-C/2013, de 01 de Novembro

- Lei n.º 69/2015, de 16 de Julho

Versões anteriores deste artigo:

- 1ª versão: Lei n.º 75/2013, de 12 de Setembro

- 2ª versão: Retificação n.º 46-C/2013, de 01 de Novembro

Artigo 34.º *Delegação de competências no presidente da câmara municipal*

1. A câmara municipal pode delegar as suas competências no respetivo presidente, com exceção das previstas nas alíneas a), b), c), e), i), j), k), m), n), o), p), s), u), z), aa), hh), oo), vv), aaa) e ccc) do n.º 1 do artigo anterior e na alínea a) do artigo 39.º, com possibilidade de subdelegação em qualquer dos vereadores.

2. Das decisões tomadas pelo presidente da câmara municipal ou pelos vereadores no exercício de competências delegadas ou subdelegadas cabe recurso para a câmara municipal, sem prejuízo da sua impugnação contenciosa.

3. O recurso para a câmara municipal pode ter por fundamento a ilegalidade ou inconveniência da decisão e é apreciado no prazo máximo de 30 dias.

Artigo 35.º *Competências do presidente da câmara municipal*

1. Compete ao presidente da câmara municipal:

  a) Representar o município em juízo e fora dele;

  b) Executar as deliberações da câmara municipal e coordenar a respetiva atividade;

  c) Dar cumprimento às deliberações da assembleia municipal, sempre que para a sua execução seja necessária a intervenção da câmara municipal;

  d) Elaborar e manter atualizado o cadastro dos bens móveis e imóveis do município;

  e) Participar ao Ministério Público as faltas injustificadas dos membros da câmara municipal, para os efeitos legais;

  f) Aprovar os projetos, programas de concurso, cadernos de encargos e a adjudicação de empreitadas e aquisição de bens e serviços, cuja autorização de despesa lhe caiba;

g) Autorizar a realização das despesas orçamentadas até ao limite estipulado por lei ou por delegação da cámara municipal, com a exceção das referidas no n.º 2 do artigo 30.º;

h) Autorizar o pagamento das despesas realizadas;

i) Comunicar, no prazo legal, às entidades competentes para a respetiva cobrança o valor da taxa do imposto municipal sobre imóveis, assim como, quando for o caso, a deliberação sobre o lançamento de derramas;

j) Submeter a norma de controlo interno, bem como o inventário dos bens, direitos e obrigações patrimoniais do município e respetiva avaliação, e ainda os documentos de prestação de contas, à aprovação da câmara municipal e à apreciação e votação da assembleia municipal, com exceção da norma de controlo interno;

k) Enviar ao Tribunal de Contas os documentos que devam ser submetidos à sua apreciação, sem prejuízo do disposto na alínea ww) do n.º 1 do artigo 33.º;

l) Assinar ou visar a correspondência da câmara municipal que tenha como destinatários quaisquer entidades ou organismos públicos;

m) Convocar, nos casos previstos no n.º 4 do artigo 40.º, as reuniões ordinárias da câmara municipal para o dia e hora marcados e enviar a ordem do dia a todos os outros membros;

n) Convocar as reuniões extraordinárias;

o) Estabelecer e distribuir a ordem do dia das reuniões;

p) Abrir e encerrar as reuniões, dirigir os trabalhos e assegurar o cumprimento da lei e a regularidade das deliberações;

q) Suspender ou encerrar antecipadamente as reuniões, quando circunstâncias excecionais o justifiquem, mediante decisão fundamentada a incluir na ata da reunião;

r) Representar a câmara municipal nas sessões da assembleia municipal;

s) Responder, em tempo útil e de modo a permitir a sua apreciação na sessão seguinte da assembleia municipal, aos pedidos de informação apresentados por esta;

t) Promover a publicação das decisões ou deliberações previstas no artigo 56.º;

u) Promover o cumprimento do Estatuto do Direito de Oposição e a publicação do respetivo relatório de avaliação;

v) Dirigir, em articulação com os organismos da administração pública com competência no domínio da proteção civil, o serviço municipal de proteção civil, tendo em vista o cumprimento dos planos de emergência e programas estabelecidos e a coordenação das atividades a desenvolver naquele âmbito, designadamente em operações de socorro e assistência na iminência ou ocorrência de acidente grave ou catástrofe;

w) Presidir ao conselho municipal de segurança;

x) Remeter à assembleia municipal a minuta das atas e as atas das reuniões da câmara municipal, logo que aprovadas;

y) Enviar à assembleia municipal, para os efeitos previstos na alínea c) do n.º 2 do artigo 25.º, toda a documentação, designadamente relatórios, pareceres, memorandos e documentos de igual natureza, incluindo a respeitante às entidades abrangidas pelo regime jurídico da atividade empresarial local e das participações locais, quando existam, indispensável para a compreensão e análise crítica e objetiva da informação aí inscrita.

2. Compete ainda ao presidente da câmara municipal:

a) Decidir todos os assuntos relacionados com a gestão e direção dos recursos humanos afetos aos serviços municipais;

b) Designar o trabalhador que serve de oficial público para lavrar todos os contratos nos termos da lei;

c) Modificar ou revogar os atos praticados por trabalhadores afetos aos serviços da câmara municipal;

d) Gerir os recursos humanos dos estabelecimentos de educação;

e) Promover a execução, por administração direta ou empreitada, das obras, bem como proceder à aquisição de bens e serviços;

f) Outorgar contratos em representação do município;

g) Intentar ações judiciais e defender-se nelas, podendo confessar, desistir ou transigir, se não houver ofensa de direitos de terceiros;

h) Praticar os atos necessários à administração corrente do património do município e à sua conservação;

i) Proceder aos registos prediais do património imobiliário do município, bem como a registos de qualquer outra natureza;

j) Conceder autorizações de utilização de edifícios;

k) Embargar e ordenar a demolição de quaisquer obras, construções ou edificações, efetuadas por particulares ou pessoas coletivas, nos seguintes casos:

    i. Sem licença ou na falta de qualquer outro procedimento de controlo prévio legalmente previsto ou com inobservância das condições neles constantes;

    ii. Com violação dos regulamentos, das posturas municipais, de medidas preventivas, de normas provisórias, de áreas de construção prioritária, de áreas de desenvolvimento urbano prioritário ou de planos municipais de ordenamento do território plenamente eficazes;

l) Ordenar o despejo sumário dos prédios cuja expropriação por utilidade pública tenha sido declarada;

m) Conceder licenças policiais ou fiscais, nos termos da lei, regulamentos e posturas;

n) Determinar a instrução dos processos de contraordenação e aplicar as coimas, com a faculdade de delegação em qualquer dos outros membros da câmara municipal;

o) Dar conhecimento à câmara municipal e enviar à assembleia municipal cópias dos relatórios definitivos resultantes de ações tutelares ou de auditorias sobre a atividade da câmara municipal e dos serviços do município, no prazo máximo de 10 dias após o recebimento dos mesmos;

p)   Conceder terrenos, nos cemitérios propriedade do município, para jazigos, mausoléus e sepulturas perpétuas.

3.   Em circunstâncias excecionais, e no caso de, por motivo de urgência, não ser possível reunir extraordinariamente a câmara municipal, o presidente pode praticar quaisquer atos da competência desta, ficando os mesmos sujeitos a ratificação na primeira reunião realizada após a sua prática, sob pena de anulabilidade.

4.   Da informação prevista na alínea c) do n.º 2 do artigo 25.º devem constar o saldo e o estado das dívidas a fornecedores e as reclamações, recursos hierárquicos e processos judiciais pendentes, com indicação da respetiva fase e estado.

Artigo 36.º *Distribuição de funções*

1.   O presidente da câmara municipal é coadjuvado pelos vereadores no exercício das suas funções.

2.   O presidente da câmara municipal pode delegar ou subdelegar competências nos vereadores.

Artigo 37.º *Coordenação dos serviços municipais*

Sem prejuízo dos poderes de fiscalização dos quais sejam titulares os membros da câmara municipal nos domínios sob sua responsabilidade, compete ao presidente da câmara municipal a coordenação dos serviços municipais.

Artigo 38.º *Delegação de competências nos dirigentes*

1.   O presidente da câmara municipal e os vereadores podem delegar ou subdelegar no dirigente da unidade orgánica materialmente competente as competências previstas nas alíneas a), b), c), g), h), k) e v) do n.º 1 e d), f), h), i), m) e p) do n.º 2 do artigo 35.º

2.   No domínio da gestão e direção de recursos humanos, podem ainda ser objeto de delegação ou subdelegação as seguintes competências:

a)   Aprovar e alterar o mapa de férias e restantes decisões relativas a férias, sem prejuízo pelo regular funcionamento do serviço e da salvaguarda do interesse público;

b)   Justificar faltas;

c)   Conceder licenças sem remuneração ou sem vencimento até ao prazo máximo de um ano;

d)   Homologar a avaliação de desempenho dos trabalhadores, nos casos em que o delegado ou subdelegado não tenha sido o notador;

e)   Decidir em matéria de organização e horário de trabalho, tendo em conta as orientações superiormente fixadas;

f)   Autorizar a prestação de trabalho extraordinário;

g)   Assinar contratos de trabalho em funções públicas;

h)   Homologar a avaliação do período experimental;

i)   Praticar os atos relativos à aposentação dos trabalhadores;

j)   Praticar os atos respeitantes ao regime de segurança social, incluindo os relativos a acidentes em serviço e accidentes de trabalho.

3.   Podem ainda ser objeto de delegação ou subdelegação as seguintes competências:

a)   Autorizar a realização e o pagamento de despesas em cumprimento de contratos de adesão cuja celebração tenha sido autorizada e com cabimento no orçamento em vigor;

b)   Autorizar a realização de despesas até ao limite estabelecido por lei;

c)   Autorizar o registo de inscrição de técnicos;

d)   Autorizar termos de abertura e encerramento em livros sujeitos a essa formalidade, designadamente livros de obra;

e)   Autorizar a restituição aos interessados de documentos juntos a processos;

f)   Autorizar a passagem de termos de identidade, idoneidade e justificação administrativa;

g)   Autorizar a passagem de certidões ou fotocópias autenticadas aos interessados, relativas a processos ou documentos constantes de processos arquivados e que careçam de despacho ou deliberação dos eleitos locais;

h)   Emitir alvarás exigidos por lei na sequência da decisão ou deliberação que confiram esse direito;

i)   Conceder licenças de ocupação da via pública por motivo de obras;

j)   Autorizar a renovação de licenças que dependa unicamente do cumprimento de formalidades burocráticas ou similares pelos interessados;

k)   Emitir o cartão de vendedor ambulante;

l)   Determinar a instrução de processos de contraordenação e designar o respetivo instrutor;

m)   Praticar outros atos e formalidades de caráter instrumental necessários ao exercício da competência decisória do delegante ou subdelegante.

4.   A delegação ou subdelegação da competência prevista na alínea a) do n.º 1 do artigo 35.º depende da prática de ato especialmente dirigido a cada uma das representações em causa.

5.   Às delegações e subdelegações previstas no presente artigo é aplicável, com as devidas adaptações, o disposto nos n.os 2 e 3 do artigo 34.º

Artigo 39.º *Competências de funcionamento*

Compete à câmara municipal:

a)   Elaborar e aprovar o regimento;

b)   Executar e velar pelo cumprimento das deliberações da assembleia municipal;

c)   Proceder à marcação e justificação das faltas dos seus membros.

SUBSECÇÃO II
Funcionamento

Artigo 40.º *Periodicidade das reuniões*

1.	A câmara municipal tem uma reunião ordinária semanal, ou quinzenal, se o julgar conveniente, e reuniões extraordinárias sempre que necessário.

2.	As reuniões ordinárias da câmara municipal devem ter lugar em dia e hora certos, cuja marcação é objeto de deliberação na sua primeira reunião.

3.	A deliberação prevista no número anterior é objeto de publicitação por edital e deve constar em permanência no sítio da Internet do município, considerando-se convocados todos os membros da câmara municipal.

4.	Quaisquer alterações ao dia e hora objeto da deliberação prevista no n.º 2 devem ser devidamente justificadas e comunicadas a todos os membros do órgão com, pelo menos, três dias de antecedência e por protocolo.

Artigo 41.º *Convocação das reuniões extraordinárias*

1.	As reuniões extraordinárias podem ser convocadas por iniciativa do presidente da câmara municipal ou após requerimento de, pelo menos, um terço dos respetivos membros.

2.	As reuniões extraordinárias são convocadas com, pelo menos, dois dias de antecedência por protocolo, aplicando-se, com as devidas adaptações, o disposto no n.º 3 do artigo anterior.

3.	O presidente da câmara municipal convoca a reunião para um dos oito dias subsequentes à receção do requerimento previsto no n.º 1.

4.	Quando o presidente da câmara municipal não efetue a convocação que lhe tenha sido requerida ou não o faça nos termos do número anterior, podem os requerentes efetuá-la diretamente, aplicando-se, com as devidas adaptações, o disposto no número anterior e publicitando a convocação nos locais habituais.

Artigo 42.º *Apoio aos membros da câmara municipal*

1.	O presidente da câmara municipal pode constituir um gabinete de apoio à presidência, com a seguinte composição:

	a)	Nos municípios com um número de eleitores igual ou inferior a 50 000, um chefe do gabinete e um adjunto ou secretário;

	b)	Nos municípios com um número de eleitores superior a 50 000 e igual ou inferior a 100.000, um chefe do gabinete, um adjunto e um secretário;

	c)	Nos restantes municípios, um chefe do gabinete, dois adjuntos e um secretário.

2.	O presidente da câmara municipal pode constituir um gabinete de apoio ao conjunto dos vereadores que exerçam funções a tempo inteiro ou a meio tempo, com a seguinte composição:

	a)	Nos municípios com um número de eleitores igual ou inferior a 10.000, um secretário;

	b)	Nos municípios com um número de eleitores superior a 10.000 e igual ou inferior a 50.000, dois secretários;

c)   Nos municípios com um número de eleitores superior a 50.000 e igual ou inferior a 100.000, três secretários;

d)   Nos restantes municípios, um adjunto e um secretário por cada vereador a tempo inteiro, até ao limite máximo do número de vereadores indispensável para assegurar uma maioria de membros da câmara municipal em exercício de funções a tempo inteiro.

3.   O gabinete de apoio previsto no n.º 2 é denominado gabinete de apoio à vereação.

4.   O gabinete de apoio à presidência pode ser constituído por mais um adjunto ou secretário, desde que tal implique a não nomeação do chefe do gabinete.

5.   O gabinete de apoio à presidência e os gabinetes de apoio à vereação podem ser constituídos por um número de secretários superior ao referido nos n.os 1 e 2, desde que tal implique a não nomeação, em igual número, de adjuntos.

6.   O presidente da câmara municipal e os vereadores podem delegar a prática de atos de administração ordinária nos membros dos respetivos gabinetes de apoio.

7.   O presidente da câmara municipal deve disponibilizar a todos os vereadores os recursos físicos, materiais e humanos necessários ao exercício do respetivo mandato, devendo, para o efeito, recorrer preferencialmente aos serviços do município.

Artigo 43.º

Estatuto dos membros dos gabinetes de apoio pessoal

1.   A remuneração do chefe do gabinete de apoio à presidência é igual a 90 % da remuneração base do vereador a tempo inteiro, em regime de exclusividade, da câmara municipal correspondente.

2.   A remuneração dos adjuntos dos gabinetes de apoio à presidência e à vereação é igual a 80 % da remuneração base do vereador a tempo inteiro, em regime de exclusividade, da câmara municipal correspondente.

3.   A remuneração dos secretários dos gabinetes de apoio à presidência e à vereação é igual a 60 % da remuneração base do vereador a tempo inteiro, em regime de exclusividade, da câmara municipal correspondente.

4.   Os membros dos gabinetes de apoio à presidência e à vereação são designados e exonerados pelo presidente da câmara municipal, sob proposta dos vereadores no caso do gabinete de apoio à vereação, e o exercício das suas funções cessa igualmente com a cessação do mandato do presidente da câmara municipal.

5.   Aos membros dos gabinetes de apoio referidos nos números anteriores é aplicável, com as devidas adaptações, o disposto no diploma que estabelece o regime jurídico a que estão sujeitos os gabinetes dos membros do Governo no que respeita a designação, funções, regime de exclusividade, incompatibilidades, impedimentos, deveres e garantias.

CAPÍTULO IV
Disposições comuns aos órgãos das autarquias locais

Artigo 44.º *Princípio da independência*

Os órgãos das autarquias locais são independentes e as suas deliberações só podem ser suspensas, modificadas, revogadas ou anuladas nos termos da lei.

Artigo 45.º *Princípio da especialidade*

Os órgãos das autarquias locais só podem deliberar no quadro da prossecução das atribuições destas e no âmbito do exercício das suas competências, nos termos da lei.

Artigo 46.º *Sessão*

Os órgãos deliberativos podem, quando necessário, reunir mais do que uma vez no decurso da mesma sessão.

Artigo 47.º *Participação de eleitores*

1. Nas sessões extraordinárias dos órgãos deliberativos convocadas após requerimento de cidadãos eleitores têm o direito de participar, nos termos a definir no regimento e sem direito de voto, dois representantes dos respetivos requerentes.

2. Os representantes referidos no número anterior podem apresentar sugestões ou propostas, as quais são votadas se tal for deliberado.

Artigo 48.º *Primeira reunião*

A primeira reunião dos órgãos executivos realiza-se no prazo máximo de cinco dias após a sua constituição, competindo ao seu presidente a respetiva marcação e convocação, com a antecedência mínima de dois dias, por edital e por carta com aviso de receção ou protocolo.

Artigo 49.º *Sessões e reuniões*

1. As sessões dos órgãos deliberativos das autarquias locais são públicas, sendo fixado, nos termos do regimento, um período para intervenção e esclarecimento ao público.

2. Os órgãos executivos das autarquias locais realizam, pelo menos, uma reunião pública mensal, aplicando-se, com as devidas adaptaç oes, o disposto na parte final do núero anterior.

3. À sessõs e reuniõs dos ógãs das autarquias locais deve ser dada publicidade, com indicaç ao dos dias, horas e locais da sua realizaç ao, de forma a promover o conhecimento dos interessados com uma antecedêcia de, pelo menos, dois dias úeis sobre a data das mesmas.

4. A nenhum cidadã épermitido intrometer-se nas discussõs, aplaudir ou reprovar as opiniõs emitidas, as votaç oes feitas ou as deliberaç oes tomadas.

5. A violaç ao do disposto no núero anterior épunida com coima de (euro) 150 a (euro) 750, para cuja aplicaç ao é competente o juiz da comarca, apó participaç ao do presidente do respetivo ógã.

6. As atas das sessõs e reuniõs, terminada a menç ao aos assuntos incluíos na ordem do dia, fazem referêcia sumáia à eventuais intervenç oes do púlico na solicitaç ao de esclarecimentos e à respostas dadas.

Artigo 50.º *Objeto das deliberações*

1. Só podem ser objeto de deliberação os assuntos incluídos na ordem do dia da sessão ou reunião.

2. Tratando-se de sessão ordinária de órgão deliberativo, e no caso de urgência reconhecida por dois terços dos seus membros, pode o mesmo deliberar sobre assuntos não incluídos na ordem do dia.

Artigo 51.º *Convocação ilegal de sessões ou reuniões*

A ilegalidade resultante da inobservância das disposições sobre convocação de sessões ou reuniões só se considera sanada quando todos os membros do órgão compareçam e não suscitem oposição à sua realização.

Artigo 52.º *Período de antes da ordem do dia*

Em cada sessão ou reunião ordinária dos órgãos das autarquias locais é fixado um período de antes da ordem do dia, com a duração máxima de 60 minutos, para tratamento de assuntos gerais de interesse autárquico.

Artigo 53.º *Ordem do dia*

1. A ordem do dia deve incluir os assuntos indicados pelos membros do respetivo órgão, desde que sejam da competência deste e o pedido correspondente seja apresentado por escrito com uma antecedência mínima de:

    a) Cinco dias úteis sobre a data da sessão ou reunião, no caso de sessões ou reuniões ordinárias;

    b) Oito dias úteis sobre a data da sessão ou reunião, no caso de sessões ou reuniões extraordinárias.

2. A ordem do dia é entregue a todos os membros do órgão com a antecedência mínima de dois dias úteis sobre a data do início da sessão ou reunião, enviando-se-lhes, em simultâneo, a respetiva documentação.

Artigo 54.º *Quórum*

1. Os órgãos das autarquias locais só podem reunir e deliberar quando esteja presente a maioria do número legal dos seus membros.

2. As deliberações são tomadas à pluralidade de votos, tendo o presidente voto de qualidade em caso de empate, não contando as abstenções para o apuramento da maioria.

3. Quando o órgão não possa reunir por falta de quórum, o presidente designa outro dia para nova sessão ou reunião, que tem a mesma natureza da anterior, a convocar nos termos previstos na presente lei.

4. Das sessões ou reuniões canceladas por falta de quórum é elaborada ata na qual se registam as presenças e ausências dos respetivos membros, dando estas lugar à marcação de falta.

Artigo 55.º *Formas de votação*

1. A votação é nominal, salvo se o regimento estipular ou o órgão deliberar, por proposta de qualquer membro, outra forma de votação.

2. O presidente vota em último lugar.

3. As deliberações que envolvam a apreciação de comportamentos ou de qualidades de qualquer pessoa são tomadas por escrutínio secreto e, em caso de dúvida, o órgão delibera sobre a forma da votação.

4. Havendo empate em votação por escrutínio secreto, procede-se imediatamente a nova votação e, se o empate se mantiver, adia-se a deliberação para a sessão ou reunião seguinte, procedendo-se a votação nominal se na primeira votação desta sessão ou reunião se repetir o empate.

5. Quando necessária, a fundamentação das deliberações tomadas por escrutínio secreto é feita pelo presidente após a votação, tendo em conta a discussão que a tiver precedido.

6. Não podem estar presentes no momento da discussão nem da votação os membros do órgão que se encontrem ou se considerem impedidos.

Artigo 56.º *Publicidade das deliberações*

1. Para além da publicação em Diário da República quando a lei expressamente o determine, as deliberações dos órgãos das autarquias locais, bem como as decisões dos respetivos titulares destinadas a ter eficácia externa, devem ser publicadas em edital afixado nos lugares de estilo durante cinco dos 10 dias subsequentes à tomada da deliberação ou decisão, sem prejuízo do disposto em legislação especial.

2. Os atos referidos no número anterior são ainda publicados no sítio da Internet, no boletim da autarquia local e nos jornais regionais editados ou distribuídos na área da respetiva autarquia, nos 30 dias subsequentes à sua prática, que reúnam cumulativamente as seguintes condições:

   a) Sejam portugueses, nos termos da lei;

   b) Sejam de informação geral;

   c) Tenham uma periodicidade não superior à quinzenal;

   d) Contem com uma tiragem média mínima por edição de 1500 exemplares nos últimos seis meses;

   e) Não sejam distribuídas a título gratuito.

   3. As tabelas de custos relativas à publicação das decisões e deliberações referidas no n.º 1 são estabelecidas anualmente por portaria dos membros do Governo responsáveis pelas áreas da comunicação social e da administração local, ouvidas as associações representativas da imprensa regional e a Associação Nacional dos Municípios Portugueses.

Artigo 57.º *Atas*

1. De cada sessão ou reunião é lavrada ata, a qual contém um resumo do que de essencial nela se tiver passado, indicando, designadamente, a data e o local da sessão ou reunião, os membros presentes e ausentes, os asuntos apreciados, as decisões e deliberações tomadas e a forma e o resultado das respetivas votações e, bem assim, o facto de a ata ter sido lida e aprovada.

2. As atas são lavradas, sempre que possível, por trabalhador da autarquia local designado para o efeito e são postas à aprovação de todos os membros no final da respetiva sessão ou reunião ou no início da seguinte, sendo assinadas, após aprovação, pelo presidente e por quem as lavrou.

3. As atas ou o texto das deliberações mais importantes podem ser aprovadas em minuta, no final das sessões ou reuniões, desde que tal seja deliberado pela maioria dos membros presentes, sendo assinadas, após aprovação, pelo presidente e por quem as lavrou.

4. As deliberações dos órgãos só adquirem eficácia depois de aprovadas e assinadas as respetivas atas ou depois de assinadas as minutas, nos termos dos números anteriores.

Artigo 58.º *Registo na ata do voto de vencido*

1. Os membros do órgão podem fazer constar da ata o seu voto de vencido e as respetivas razões justificativas.

2. Quando se trate de pareceres a emitir para outras entidades, as deliberações são sempre acompanhadas das declarações de voto apresentadas.

3. O registo na ata do voto de vencido exclui o eleito da responsabilidade que eventualmente resulte da deliberação.

Artigo 59.º *Atos nulos*

1. São nulos os atos para os quais a lei comine expressamente essa forma de invalidade.

2. São, em especial, nulos:

    a) Os atos que prorroguem ilegal ou irregularmente os prazos de pagamento voluntário dos impostos, taxas, derramas, mais-valias e preços;

    b) As deliberações de qualquer órgão das autarquias locais que envolvam o exercício de poderes tributários ou determinem o lançamento de taxas ou mais-valias não previstas na lei;

    c) As deliberações de qualquer órgão das autarquias locais que determinem ou autorizem a realização de despesas não permitidas por lei;

Artigo 60.º *Formalidades dos requerimentos de convocação de sessões extraordinárias*

1. Os requerimentos aos quais se reportam as alíneas c) dos n.os 1 dos artigos 12.º e 28.º são acompanhados de certidões comprovativas da qualidade de cidadão recenseado na área da respetiva autarquia local.

2. As certidões referidas no número anterior são passadas no prazo de oito dias pela comissão recenseadora respetiva e estão isentas de quaisquer taxas, emolumentos e do imposto do selo.

3. A apresentação do pedido das certidões deve ser acompanhada de uma lista contendo as assinaturas, bem como de documento de identificação, dos cidadãos que pretendem requerer a convocação da sessão extraordinária.

Artigo 61.º *Aprovação especial dos instrumentos previsionais*

A aprovação das opções do plano e da proposta de orçamento para o ano imediato ao da realização de eleições intercalares nos meses de novembro ou dezembro tem lugar, em sessão ordinária ou extraordinária do órgão deliberativo que resultar do ato eleitoral, até ao final do mês de abril do referido ano.

Artigo 62.º *Alvarás*

Salvo se a lei prescrever forma especial, o título dos direitos conferidos aos particulares por deliberação dos órgãos das autarquias locais ou decisão dos seus titulares é um alvará expedido pelo respetivo presidente.

TÍTULO III

ENTIDADES INTERMUNICIPAIS

CAPÍTULO I

Natureza, criação e regime

Artigo 63.º *Natureza e fins*

1. Podem ser instituídas associações públicas de autarquias locais para a prossecução conjunta das respetivas atribuições, nos termos da presente lei.

2. São associações de autarquias locais as áreas metropolitanas, as comunidades intermunicipais e as associações de freguesias e de municípios de fins específicos.

3. São entidades intermunicipais a área metropolitana e a comunidade intermunicipal.

Artigo 64.º *Tutela administrativa*

As associações de autarquias locais estão sujeitas ao regime da tutela administrativa.

Artigo 65.º *Abandono de associações de autarquias locais*

1. As autarquias locais integrantes de uma comunidade intermunicipal ou de uma associação de fins específicos podem a todo o tempo abandoná-las, mediante deliberação à pluralidade de votos do respetivo órgão deliberativo.

2. Sem prejuízo do disposto no número anterior, as autarquias locais que abandonem uma associação nos três anos seguintes à data em que nela ingressaram perdem todos os benefícios financeiros e administrativos que tenham recebido em virtude da sua pertença à mesma e ficam impedidas, durante um período de dois anos, de integrar outras associações com a mesma finalidade.

CAPÍTULO II

Área metropolitana

SECÇÃO I

Órgãos

Artigo 66.º *Identificação*

1. As áreas metropolitanas são as indicadas no anexo ii e assumem as designações dele constantes.

2. As comunidades intermunicipais são as livremente instituídas pelos municípios integrantes das áreas geográficas definidas no anexo ii e assumem as designações dele constantes.

Artigo 67.º *Atribuições das áreas metropolitanas*

1. As áreas metropolitanas visam a prossecução dos seguintes fins públicos:

    a) Participar na elaboração dos planos e programas de investimentos públicos com incidência na área metropolitana;

    b) Promover o planeamento e a gestão da estratégia de desenvolvimento económico, social e ambiental do territorio abrangido;

    c) Articular os investimentos municipais de caráter metropolitano;

    d) Participar na gestão de programas de apoio ao desenvolvimento regional, designadamente no âmbito do Quadro de Referência Estratégico Nacional (QREN);

    e) Participar, nos termos da lei, na definição de redes de serviços e equipamentos de âmbito metropolitano;

    f) Participar em entidades públicas de âmbito metropolitano, designadamente no domínio dos transportes, águas, energia e tratamento de resíduos sólidos;

    g) Planear a atuação de entidades públicas de caráter metropolitano.

2. Cabe igualmente às áreas metropolitanas assegurar a articulação das atuações entre os municípios e os serviços da administração central nas seguintes áreas:

    a) Redes de abastecimento público, infraestruturas de saneamento básico, tratamento de águas residuais e residuos urbanos;

    b) Rede de equipamentos de saúde;

    c) Rede educativa e de formação profissional;

    d) Ordenamento do território, conservação da natureza e recursos naturais;

    e) Segurança e proteção civil;

    f) Mobilidade e transportes;

    g) Redes de equipamentos públicos;

    h) Promoção do desenvolvimento económico e social;

    i) Rede de equipamentos culturais, desportivos e de lazer.

3. Cabe ainda às áreas metropolitanas de Lisboa e do Porto exercer as atribuições transferidas pela administração central e o exercício em comum das competências delegadas pelos municípios que as integram.

4. Cabe igualmente às áreas metropolitanas designar os representantes municipais em entidades públicas ou entidades empresariais sempre que tenham natureza metropolitana.

Artigo 68.º *Órgãos*

São órgãos da área metropolitana o conselho metropolitano, a comissão executiva metropolitana e o conselho estratégico para o desenvolvimento metropolitano.

SUBSECÇÃO I
Conselho metropolitano

Artigo 69.º *Natureza e constituição*

1. O conselho metropolitano é o órgão deliberativo da área metropolitana.
2. O conselho metropolitano é constituído pelos presidentes das câmaras municipais dos municípios que integram a área metropolitana.
3. O conselho metropolitano tem um presidente e dois vice-presidentes, eleitos por aquele, de entre os seus membros.
4. Ao exercício de funções no conselho metropolitano não corresponde qualquer remuneração, sem prejuízo das ajudas de custo devidas nos termos da lei.

Artigo 70.º *Reuniões*

1. O conselho metropolitano tem 12 reuniões anuais com periodicidade mensal.
2. O conselho metropolitano reúne extraordinariamente por iniciativa do seu presidente ou após requerimento de um terço dos seus membros.
3. As reuniões do conselho metropolitano são públicas.
4. A primeira reunião tem lugar no prazo de 30 dias após a realização de eleições gerais para os órgãos deliberativos dos municípios e é convocada pelo presidente da câmara municipal do município com maior número de eleitores.
5. As reuniões do conselho metropolitano podem realizar-se na circunscrição territorial de qualquer dos municípios que integram a área metropolitana.
6. O presidente do conselho metropolitano pode convocar, sempre que entender necessário, os membros da comissão executiva metropolitana para as reuniões daquele órgão.
7. É aplicável, com as devidas adaptações, o disposto nos n.os 3 e 4 do artigo 40.º

Artigo 71.º *Competências*

1. Compete ao conselho metropolitano:

   a) Eleger o seu presidente e vice-presidentes, na sua primeira reunião;

   b) Definir e aprovar as opções políticas e estratégicas da área metropolitana;

   c) Aprovar o plano de ação da área metropolitana e a proposta de orçamento e as suas alterações e revisões, bem como apreciar o inventário de todos os bens, direitos e obrigações patrimoniais e respetiva avaliação e, ainda, apreciar e votar os documentos de prestação de contas;

   d) Aprovar os planos, os programas e os projetos de investimento e desenvolvimento de interesse metropolitano, cujos regimes jurídicos são definidos em diploma próprio, incluindo:

      i. Plano metropolitano de ordenamento do território;

      ii. Plano metropolitano de mobilidade e logística;

      iii. Plano metropolitano de proteção civil;

      iv. Plano metropolitano de gestão ambiental;

      v. Plano metropolitano de gestão de redes de equipamentos de saúde, educação, cultura e desporto;

e) Acompanhar e fiscalizar a atividade da comissão executiva metropolitana, das empresas locais e de quaisquer outras entidades que integrem o perímetro da administração local;

f) Apreciar, com base na informação disponibilizada pela comissão executiva metropolitana, os resultados da participação da área metropolitana nas empresas locais e em quaisquer outras entidades;

g) Conhecer e tomar posição sobre os relatórios definitivos resultantes de ações tutelares ou de auditorias executadas sobre a atividade dos órgãos e serviços da área metropolitana;

h) Tomar posição perante quaisquer órgãos do Estado ou entidades públicas sobre assuntos de interesse para a área metropolitana;

i) Autorizar a celebração de contratos de delegação de competências com o Estado e com os municípios, bem como a respetiva resolução e revogação;

j) Autorizar a área metropolitana a associar-se com outras entidades públicas, privadas ou do setor social e cooperativo, a criar ou participar noutras pessoas coletivas e a constituir empresas locais;

k) Deliberar sobre o número de secretários metropolitanos remunerados, nos termos da presente lei;

l) Aprovar o seu regimento;

m) Aprovar, sob proposta da comissão executiva metropolitana, os regulamentos com eficácia externa;

n) Deliberar, sob proposta da comissão executiva metropolitana, sobre a forma de imputação material aos municipios integrantes da área metropolitana das despesas não cobertas por receitas próprias;

o) Apreciar e deliberar sobre o exercício da competência de cobrança dos impostos municipais pelos serviços da área metropolitana, nos termos a definir por diploma próprio;

p) Aprovar ou autorizar a contratação de empréstimos;

q) Designar, sob proposta da comissão executiva metropolitana, o representante da área metropolitana na assembleia geral das empresas locais, assim como os seus representantes em quaisquer outras entidades, organismos ou comissões nos quais a área metropolitana participe, independentemente de integrarem ou não o perímetro da administração local;

r) Designar, sob proposta da comissão executiva metropolitana, o revisor oficial de contas ou a sociedade de revisores oficiais de contas;

s) Acompanhar a atividade da área metropolitana, e avaliar os respetivos resultados, nas empresas locais e noutras entidades nas quais a área metropolitana detenha alguma participação;

t) Aprovar a criação ou reorganização dos serviços metropolitanos;

u) Aprovar o mapa de pessoal dos serviços metropolitanos;

v) Autorizar a comissão executiva metropolitana a celebrar, após concurso público, contratos de concessão e fixar as respetivas condições gerais;

w) Aceitar doações, legados e heranças a benefício de inventário;

x) Autorizar a comissão executiva metropolitana a adquirir, alienar ou onerar bens imóveis e fixar as respetivas condições gerais, podendo determinar o recurso à hasta pública, assim como a alienar ou onerar bens ou valores artísticos da área metropolitana, aplicando-se, com as devidas adaptações, o disposto no n.º 2 do artigo 33.º;

y) Deliberar sobre a participação da área metropolitana em projetos e ações
de cooperação descentralizada, designadamente no âmbito da União Europeia e da Comunidade dos Países de Língua Portuguesa;

z) Deliberar sobre a composição em concreto do conselho estratégico para o
desenvolvimento metropolitano;

    aa) Ratificar o regimento de organização e funcionamento do conselho
estratégico para o desenvolvimento metropolitano;

    bb) Deliberar sobre a emissão de parecer relativo às matérias previstas
nas alíneas b) a e) do n.º 1 do artigo 25.º e na alínea e) do n.º 1 do artigo 33.º;

    cc) Aprovar a constituição da entidade gestora para a requalificação nas
autarquias, bem como o regulamento específico;

    dd) Pronunciar-se e deliberar sobre todos os assuntos que visem a pros-
secução das atribuições da área metropolitana;

    ee) Exercer as demais competências previstas na lei e no regimento.

2. Compete ainda ao conselho metropolitano deliberar sobre a demissão da comissão executiva.

3. As deliberações do conselho metropolitano sobre as matérias previstas nas
alienas k), n) e o) do n.º 1 são tomadas por unanimidade.

Artigo 72.º Presidente

Compete ao presidente do conselho metropolitano:

a) Representar em juízo a área metropolitana;

b) Assegurar a representação institucional da área metropolitana;

c) Convocar as sessões ordinárias e extraordinárias;

d) Dirigir os trabalhos do conselho metropolitano;

e) Conferir posse aos membros da comissão executiva metropolitana;

f) Dar início ao processo de formação da comissão executiva metropolitana;

g) Exercer as demais competências previstas na lei e no regimento.

SUBSECÇÃO II
Comissão executiva metropolitana

Artigo 73.º *Natureza e constituição*

1. A comissão executiva metropolitana é o órgão executivo da área metropolitana.

2. A comissão executiva metropolitana é constituída por um primeiro-secretário e
por quatro secretários metropolitanos e é eleita nos termos dos artigos seguintes.

Artigo 74.º *Eleição*

1. Na sua primeira reunião, o conselho metropolitano aprova, à pluralidade de votos, a lista ordenada dos candidatos a membros da comissão executiva metropolitana a submeter a votação nas assembleias municipais.

2. Na reunião prevista no número anterior, o conselho metropolitano delibera ainda sobre o dia e hora para a votação, que deve ocorrer num período entre 20 a 45 dias.

3. O presidente do conselho metropolitano comunica, nos 5 dias seguintes, aos presidentes das assembleias municipais dos municípios associados o conteúdo das deliberações previstas no número anterior.

4. Os presidentes das assembleias municipais desencadeiam todos os procedimentos necessários para assegurar a reunião regular das assembleias municipais na data e na hora fixadas, tendo em vista a realização da votação a que se refere o número anterior.

5. Nas reuniões a que se refere o número anterior só participam e têm direito a voto os membros eleitos das assembleias municipais, com base nos quais se apura o quórum.

6. A votação decorre em simultâneo em todas as assembleias municipais e realiza-se por sufrágio secreto, sob pena de nulidade.

7. A lista submetida a votação é eleita se reunir a maioria dos votos favoráveis num número igual ou superior a metade das assembleias municipais, desde que aqueles votos sejam representativos da maioria do número de eleitores somados de todos os municípios integrantes da área metropolitana.

8. Para efeitos do número anterior, os votos representativos dos eleitores dos municípios integrantes da área metropolitana são apurados nos seguintes termos:

   a) Os votos dos membros das assembleias municipais integrantes da área metropolitana são transportados e contabilizados globalmente, com a ponderação prevista na alínea seguinte;

   b) Cada voto expresso numa dada assembleia municipal tem a ponderação igual ao produto da divisão do número total de eleitores do município pelo número total de membros dessa assembleia municipal com direito de voto nesta votação.

9. Caso a lista submetida a votação não seja eleita, o conselho metropolitano, tendo em conta os resultados das eleições gerais para as assembleias municipais e ouvidos os partidos, coligações e grupos de cidadãos nelas representados, aprova e submete a eleição uma nova lista, aplicando-se o disposto nos números anteriores, com as necessárias adaptações.

Artigo 75.º *Reuniões*

1. A comissão executiva metropolitana tem uma reunião ordinária quinzenal e reuniões extraordinárias sempre que necessário.

2. As reuniões da comissão executiva metropolitana não são públicas.

3. Sem prejuízo do disposto no número anterior, a comissão executiva metropolitana deve assegurar a consulta e a participação das populações sobre matérias de interesse metropolitano, designadamente através da marcação de datas para esse efeito.

4. As atas das reuniões da comissão executiva metropolitana são obrigatoriamente publicitadas no sítio da Internet da área metropolitana.

Artigo 76.º *Competências*

1. Compete à comissão executiva metropolitana:

    a. Elaborar e submeter à aprovação do conselho metropolitano os planos necessários à realização das atribuições metropolitanas;

    b. Propor ao Governo os planos, os programas e os projetos de investimento e desenvolvimento de interesse metropolitano;

    c. Participar, com outras entidades, no planeamento que diretamente se relacione com as atribuições da área metropolitana, emitindo parecer a submeter a apreciação e deliberação do conselho metropolitano;

    d. Pronunciar-se sobre os planos e programas da administração central com interesse metropolitano;

    e. Assegurar a articulação entre os municípios e os serviços da administração central;

    f. Colaborar com os serviços da administração central com competência no domínio da proteção civil e com os serviços municipais de proteção civil, tendo em vista o cumprimento dos planos de emergência e programas estabelecidos, bem como nas operações de proteção, socorro e assistência na iminência ou ocorrência de acidente grave ou catástrofe;

    g. Participar na gestão de programas de desenvolvimento regional e apresentar candidaturas a financiamentos através de programas, projetos e demais iniciativas;

    h. Elaborar e submeter a aprovação do conselho metropolitano o plano de ação e a proposta do orçamento, assim como as respetivas alterações e revisões;

    i. Executar as opções do plano e orçamento;

    j. Elaborar e apresentar ao conselho metropolitano propostas de harmonização no domínio dos poderes tributários dos municípios;

    k. Aprovar os projetos, programas de concurso, cadernos de encargos e a adjudicação de empreitadas e aquisição de bens e serviços, cuja autorização de despesa lhe caiba;

    l. Propor ao conselho metropolitano o representante da área metropolitana na assembleia geral das empresas locais, assim como os seus representantes em quaisquer outras entidades, organismos ou comissões nos quais a área metropolitana participe, independentemente de integrarem ou não o perímetro da administração local;

    m. Alienar bens imóveis em hasta pública, independentemente de autorização do conselho metropolitano, desde que a alienação decorra da execução das opções do plano e a respetiva deliberação tenha sido aprovada por unanimidade do conselho metropolitano;

    n. Elaborar e aprovar a norma de controlo interno, bem como o inventário dos bens, direitos e obrigações patrimoniais da área metropolitana e respetiva avaliação e ainda os documentos de prestação de contas, a submeter à apreciação e votação do conselho metropolitano;

o. Colaborar no apoio a programas e projetos de interesse metropolitano, em parceria com entidades da administração central;

p. Elaborar e submeter à aprovação do conselho metropolitano projetos de regulamentos com eficácia externa da área metropolitana;

q. Proceder à aquisição e locação de bens e serviços;

r. Executar obras por empreitada;

s. Dirigir os serviços metropolitanos de apoio técnico e administrativo;

t. Alienar bens móveis;

u. Participar em órgãos de gestão de entidades da administração central;

v. Participar em órgãos consultivos de entidades da administração central;

w. Propor a declaração de utilidade pública para efeitos de expropriação;

x. Enviar ao Tribunal de Contas as contas da área metropolitana;

y. Dar conhecimento das contas da área metropolitana às assembleias municipais dos respetivos municípios;

z. Desenvolver projetos de formação dos recursos humanos dos municípios;

    aa. Desenvolver projetos de apoio à gestão municipal;

    bb. Acompanhar e apoiar a instrução dos processos de execução fiscal no âmbito da administração municipal;

    cc. Acompanhar e apoiar a instrução dos procedimentos de controlo prévio, designadamente nos domínios da construção, reconstrução, conservação ou demolição de edifícios, assim como relativamente aos estabelecimentos insalubres, incómodos, perigosos ou tóxicos, da competência das câmaras municipais;

    dd. Exercer as competências delegadas nos termos dos contratos previstos no artigo 120.º;

    ee. Assegurar o cumprimento das deliberações do conselho metropolitano;

    ff. Dirigir os serviços metropolitanos;

    gg. Discutir e preparar com os departamentos governamentais e com as câmaras municipais contratos de delegação de competências, nos termos previstos na presente lei;

    hh. Submeter ao conselho metropolitano, para efeitos de autorização, propostas de celebração dos contratos de delegação de competências previstos na alínea anterior;

    ii. Submeter ao conselho metropolitano, para efeitos de autorização, propostas de resolução e revogação dos contratos previstos na alínea dd);

    jj. Propor ao conselho metropolitano o parecer relativo às matérias previstas nas alíneas b) a e) do n.º 1 do artigo 25.º;

    kk. Propor ao conselho metropolitano a constituição da entidade gestora da requalificação nas autarquias;

    ll.   Exercer as demais competências legais, incluindo aquelas que o Estado venha a transferir para as áreas metropolitanas no quadro da descentralização;

    mm. Apresentar propostas ao conselho metropolitano sobre matérias da competência deste.

2.   A comissão executiva metropolitana pode delegar as suas competências no primeiro-secretário, com faculdade de subdelegação nos secretários metropolitanos, com exceção das previstas nas alíneas a), b), c), d), h), j), k), l), m), n), p), s), u), v), x), hh), ii), jj), kk) e mm) do número anterior.

3.   Compete ao primeiro-secretário, com faculdade de subdelegação nos secretários metropolitanos, outorgar contratos em representação da área metropolitana.

4.   Compete ainda à comissão executiva metropolitana comparecer perante as assembleias municipais, nos termos e para os efeitos do n.º 5 do artigo 25.º

Artigo 77.º *Estatuto dos membros da comissão executiva metropolitana*

1.   A remuneração do primeiro-secretário é igual a 45 % da remuneração base do Presidente da República.

2.   A remuneração dos secretários metropolitanos é igual à remuneração base de vereador a tempo inteiro, em regime de exclusividade, de câmara municipal de município com um número de eleitores superior a 10 000 e inferior a 40 000.

3.   O primeiro-secretário e os secretários metropolitanos têm direito a despesas de representação, respetivamente, no valor de 30 % e de 20 % das suas remunerações base.

4.   O primeiro-secretário é obrigatoriamente remunerado.

5.   O conselho metropolitano delibera, por unanimidade, sobre o número de secretários metropolitanos remunerados, o qual não pode ser inferior a dois.

6.   Os membros da comissão executiva metropolitana remunerados exercem funções em regime de exclusividade.

7.   Aos membros da comissão executiva metropolitana está vedado o exercício de quaisquer cargos nos órgãos de soberania ou das autarquias locais.

8.   Os membros da comissão executiva metropolitana não podem ser prejudicados na respetiva colocação ou emprego permanente por virtude do desempenho dos seus mandatos.

9.   Durante o exercício do respetivo mandato não podem os membros da comissão executiva metropolitana ser prejudicados no que respeita a promoções, gratificações, benefícios sociais ou qualquer outro direito adquirido de caráter não pecuniário.

10.   O tempo de serviço prestado como membro da comissão executiva metropolitana é contado como se tivesse sido prestado à entidade empregadora.

11.   As remunerações base e as despesas de representação devidas aos membros da comissão executiva metropolitana são suportadas pelo orçamento da respetiva área metropolitana.

12.   É aplicável o disposto nos artigos 78.º e 79.º do Estatuto da Aposentação, aprovado pelo Decreto-Lei n.º 498/72, de 9 de dezembro.

SUBSECÇÃO III
Conselho estratégico para o desenvolvimento metropolitano

Artigo 78.º *Natureza e constituição*

1. O conselho estratégico para o desenvolvimento metropolitano é um órgão de natureza consultiva destinado ao apoio ao processo de decisão dos restantes órgãos da área metropolitana.

2. O conselho estratégico para o desenvolvimento metropolitano é constituído por representantes das instituições, entidades e organizações com relevância e intervenção no domínio dos interesses metropolitanos.

3. Compete ao conselho metropolitano deliberar sobre a composição em concreto do conselho estratégico para o desenvolvimento metropolitano.

Artigo 79.º *Funcionamento*

1. Compete ao conselho estratégico para o desenvolvimento metropolitano aprovar o respetivo regimento de organização e funcionamento.

2. O regimento previsto no número anterior é válido após a ratificação pelo conselho metropolitano.

3. Ao exercício de funções no conselho estratégico para o desenvolvimento metropolitano não corresponde qualquer remuneração.

CAPÍTULO III
COMUNIDADE INTERMUNICIPAL
SECÇÃO I
Órgãos

Artigo 80.º *Instituição e estatutos*

1. A constituição das comunidades intermunicipais compete às câmaras municipais, ficando a eficácia do acordó constitutivo, que define os seus estatutos, dependente da aprovação pelas assembleias municipais.

2. As comunidades intermunicipais constituem-se por contrato, nos termos previstos na lei civil, sendo outorgantes os presidentes dos órgãos executivos dos municípios envolvidos.

3. Os estatutos de cada comunidade intermunicipal estabelecem obrigatoriamente:

   a) A denominação, contendo a referência à unidade territorial que integra, a sede e a composição da comunidade intermunicipal;

   b) Os fins da comunidade intermunicipal;

   c) Os bens, serviços e demais contributos com que os municípios concorrem para a prossecução das suas atribuições;

   d) A estrutura orgânica, o modo de designação e de funcionamento dos seus órgãos;

   e) As competências dos seus órgãos.

4. Qualquer município integrante de uma unidade territorial em que já exista uma comunidade intermunicipal tem o direito potestativo de a ela aderir, mediante deliberação da câmara municipal aprovada pela assembleia municipal respeti-

va e comunicada à comissão executiva intermunicipal, sem necessidade de autorização ou aprovação dos restantes municípios.

5. Não podem existir comunidades intermunicipais com um número de municípios inferior a cinco ou que tenham uma população que somada seja inferior a 85 000 habitantes.

Artigo 81.º *Atribuições das comunidades intermunicipais*

1. As comunidades intermunicipais destinam-se à prossecução dos seguintes fins públicos:

    a) Promoção do planeamento e da gestão da estratégia de desenvolvimento económico, social e ambiental do territorio abrangido;

    b) Articulação dos investimentos municipais de interesse intermunicipal;

    c) Participação na gestão de programas de apoio ao desenvolvimento regional, designadamente no âmbito do QREN;

    d) Planeamento das atuações de entidades públicas, de caráter supramunicipal.

2. Cabe às comunidades intermunicipais assegurar a articulação das atuações entre os municípios e os serviços da administração central, nas seguintes áreas:

    a) Redes de abastecimento público, infraestruturas de saneamento básico, tratamento de águas residuais e residuos urbanos;

    b) Rede de equipamentos de saúde;

    c) Rede educativa e de formação profissional;

    d) Ordenamento do território, conservação da natureza e recursos naturais;

    e) Segurança e proteção civil;

    f) Mobilidade e transportes;

    g) Redes de equipamentos públicos;

    h) Promoção do desenvolvimento económico, social e cultural;

    i) Rede de equipamentos culturais, desportivos e de lazer.

3. Cabe às comunidades intermunicipais exercer as atribuições transferidas pela administração estadual e o exercício em comum das competências delegadas pelos municípios que as integram, nos termos da presente lei.

4. Cabe às comunidades intermunicipais designar os representantes das autarquias locais em entidades públicas e entidades empresariais sempre que a representação tenha natureza intermunicipal.

Artigo 82.º *Órgãos*

São órgãos da comunidade intermunicipal a assembleia intermunicipal, o conselho intermunicipal, o secretariado executivo intermunicipal e o conselho estratégico para o desenvolvimento intermunicipal.

SUBSECÇÃO I
Assembleia intermunicipal

Artigo 83.º *Constituição e funcionamento*

1. A assembleia intermunicipal é constituída por membros de cada assembleia municipal, eleitos de forma proporcional, nos seguintes termos:

    a) Dois nos municípios até 10 000 eleitores;

    b) Quatro nos municípios entre 10 001 e 50 000 eleitores;

    c) Seis nos municípios entre 50 001 e 100 000 eleitores;

    d) Oito nos municípios com mais de 100 000 eleitores.

2. A eleição ocorre em cada assembleia municipal pelo colégio eleitoral constituído pelo conjunto dos membros da assembleia municipal, eleitos diretamente, mediante a apresentação de listas que não podem ter um número de candidatos superior ao previsto no número anterior e que devem apresentar, pelo menos, um suplente.

3. Os mandatos são atribuídos, em cada assembleia municipal, segundo o sistema de representação proporcional e o método da média mais alta de Hondt.

4. A assembleia intermunicipal reúne ordinariamente duas vezes por ano e extraordinariamente sempre que convocada nos termos dos estatutos da comunidade intermunicipal.

Artigo 84.º *Competências*

Compete à assembleia intermunicipal:

a) Eleger a mesa da assembleia intermunicipal;

b) Aprovar, sob proposta do conselho intermunicipal, as opções do plano, o orçamento e as suas revisões, bem como apreciar o inventário de todos os bens, direitos e obrigações patrimoniais e respetiva avaliação e, ainda, apreciar e votar os documentos de prestação de contas;

c) Eleger, sob proposta do conselho intermunicipal, o secretariado executivo intermunicipal;

d) Aprovar o seu regimento e os regulamentos, designadamente de organização e funcionamento;

e) Exercer os demais poderes que lhe sejam conferidos por lei, pelos estatutos ou pelo regimento;

f) Aprovar moções de censura ao secretariado executivo intermunicipal.

Artigo 85.º *Mesa da assembleia intermunicipal*

1. Os trabalhos da assembleia intermunicipal são dirigidos por uma mesa, constituída pelo presidente, um vicepresidente e um secretário, a eleger por voto secreto de entre os seus membros.

2. Enquanto não for eleita a mesa da assembleia intermunicipal, a mesma é dirigida pelos eleitos mais antigos.

Artigo 86.º *Presidente da assembleia intermunicipal*

Compete ao presidente da assembleia:

a) Convocar as reuniões ordinárias e extraordinárias;

b) Dirigir os trabalhos da assembleia;

c) Exercer os demais poderes que lhe sejam conferidos por lei, pelos estatutos, pelo regimento ou pela assembleia.

Artigo 87.º *Senhas de presença*

1. Os membros da assembleia intermunicipal têm direito a uma senha de presença pela participação nas reuniões ordinárias, calculada nos termos aplicáveis ao pagamento das senhas de presença abonadas aos membros das assembleias municipais.

2. Os membros da assembleia intermunicipal não têm direito a ajudas de custo pela sua participação nas reuniões deste órgão.

SUBSECÇÃO II
Conselho intermunicipal

Artigo 88.º *Constituição*

1. O conselho intermunicipal é constituído pelos presidentes das câmaras municipais dos municípios que integram a comunidade intermunicipal.

2. O conselho intermunicipal tem um presidente e dois vice-presidentes, eleitos por aquele, de entre os seus membros.

3. Ao exercício de funções no conselho intermunicipal não corresponde qualquer remuneração, sem prejuízo das ajudas de custo devidas nos termos da lei.

Artigo 89.º *Reuniões*

1. O conselho intermunicipal tem 12 reuniões anuais com periodicidade mensal.

2. O conselho intermunicipal reúne extraordinariamente por iniciativa do seu presidente ou após requerimento de um terço dos seus membros.

3. As reuniões do conselho intermunicipal são públicas.

4. A primeira reunião tem lugar no prazo de 30 dias após a realização de eleições gerais para os órgãos deliberativos dos municípios e é convocada pelo presidente da câmara municipal do município com maior número de eleitores.

5. As reuniões do conselho intermunicipal podem realizar-se na circunscrição territorial de qualquer dos municípios que integram a comunidade intermunicipal.

6. O presidente do conselho intermunicipal pode convocar, sempre que entender necessário, os membros do secretariado executivo intermunicipal para as reuniões daquele órgão.

7. É aplicável, com as devidas adaptações, o disposto nos n.os 3 e 4 do artigo 40.º

Artigo 90.º *Competências*

1. Compete ao conselho intermunicipal:

a) Eleger o seu presidente e vice-presidentes, na sua primeira reunião;

b) Definir e aprovar as opções políticas e estratégicas da comunidade inter-municipal;

c) Submeter à assembleia intermunicipal a proposta do plano de ação da comunidade intermunicipal e o orçamento e as suas alterações e revisões;

d) Aprovar os planos, os programas e os projetos de investimento e desenvolvimento de interesse intermunicipal, cujos regimes jurídicos são definidos em diploma próprio, incluindo:

   i. Plano intermunicipal de ordenamento do território;

   ii. Plano intermunicipal de mobilidade e logística;

   iii. Plano intermunicipal de proteção civil;

   iv. Plano intermunicipal de gestão ambiental;

   v. Plano intermunicipal de gestão de redes de equipamentos de saúde, educação, cultura e desporto;

e) Propor ao Governo os planos, os programas e os projetos de investimento e desenvolvimento de interesse intermunicipal;

f) Pronunciar-se sobre os planos e programas da administração central com interesse intermunicipal;

g) Acompanhar e fiscalizar a atividade do secretariado executivo intermunicipal, das empresas locais e de quaisquer outras entidades que integrem o perímetro da administração local;

h) Apreciar, com base na informação disponibilizada pelo secretariado executivo intermunicipal, os resultados da participação da comunidade intermunicipal nas empresas locais e em quaisquer outras entidades;

i) Conhecer e tomar posição sobre os relatórios definitivos resultantes de ações tutelares ou de auditorias executadas sobre a atividade dos órgãos e serviços da comunidade intermunicipal;

j) Tomar posição perante quaisquer órgãos do Estado ou entidades públicas sobre assuntos de interesse para a comunidade intermunicipal;

k) Discutir e preparar com os departamentos governamentais e com as câmaras municipais contratos de delegação de competências, nos termos previstos na presente lei;

l) Aprovar a celebração de contratos de delegação de competências com o Estado e com os municípios, bem como a respetiva resolução e revogação;

m) Autorizar a comunidade intermunicipal a associar-se com outras entidades públicas, privadas ou do setor social e cooperativo, a criar ou participar noutras pessoas coletivas e a constituir empresas locais;

n) Propor a declaração de utilidade pública para efeitos de expropriação;

o) Deliberar sobre a existência e o número de secretários intermunicipais, no limite máximo de dois, e se os mesmos são remunerados, nos termos da presente lei;

p) Aprovar o seu regimento;

q) Aprovar, sob proposta do secretariado executivo intermunicipal, os regulamentos com eficácia externa;

r)   Deliberar sobre a forma de imputação material aos municípios integrantes da comunidade intermunicipal das despesas não cobertas por receitas próprias;

s)   Apresentar à assembleia intermunicipal, para aprovação, os documentos de prestações de contas da comunidade intermunicipal;

t)   Aprovar a constituição da entidade gestora da requalificação nas autarquias, bem como o regulamento específico.

2.   Compete ao conselho comparecer nas assembleias municipais para efeitos da alínea a) do n.º 5 do artigo 25.º, com faculdade de delegação no secretariado executivo intermunicipal.

3.   Compete ainda ao conselho intermunicipal deliberar sobre a demissão do secretariado executivo intermunicipal.

Contém as alterações introduzidas pelos seguintes diplomas:

- Retificação n.º 46-C/2013, de 01 de Novembro

Versões anteriores deste artigo:

- 1ª versão: Lei n.º 75/2013, de 12 de Setembro

Artigo 91.º *Representação externa*

É da competência do conselho intermunicipal a representação da comunidade intermunicipal perante quaisquer entidades externas, com faculdade de delegação no secretariado executivo intermunicipal.

Artigo 92.º *Presidente*

Compete ao presidente do conselho intermunicipal:

a)   Representar em juízo a comunidade intermunicipal;

b)   Assegurar a representação institucional da comunidade intermunicipal;

c)   Convocar as sessões ordinárias e extraordinárias;

d)   Dirigir os trabalhos do conselho intermunicipal;

e)   Conferir posse aos membros do secretariado executivo intermunicipal;

f)   Dar início ao processo de formação do secretariado executivo intermunicipal;

g)   Exercer as demais competências previstas na lei e no regimento.

SUBSECÇÃO III

Secretariado executivo intermunicipal

Artigo 93.º *Constituição*

O secretariado executivo intermunicipal é constituído por um primeiro-secretário e, mediante deliberação unânime do conselho intermunicipal, até dois secretários intermunicipais.

Artigo 94.º *Eleição*

1.   Na sua primeira reunião, o conselho intermunicipal aprova, à pluralidade de votos, a lista ordenada dos candidatos a membros do secretariado executivo intermunicipal a submeter a votação e comunica-a ao presidente da assembleia intermunicipal.

2. O presidente da assembleia intermunicipal desencadeia todos os procedimentos necessários para assegurar a reunião regular da assembleia intermunicipal num dos 30 dias subsequentes à comunicação a que se refere o dia anterior, tendo em vista a deliberação sobre a lista dos candidatos a membros do secretariado executivo intermunicipal.

3. A votação realiza-se por sufrágio secreto, sob pena de nulidade.

4. Caso a lista submetida a votação não seja eleita, o conselho intermunicipal, tendo em conta os resultados das eleições gerais para as assembleias municipais e ouvidos os partidos, coligações e grupos de cidadãos nelas representados, aprova e submete a eleição uma nova lista, aplicando-se o disposto nos números anteriores, com as necessárias adaptações.

Artigo 95.º *Reuniões*

1. O secretariado executivo intermunicipal tem uma reunião ordinária quinzenal e reuniões extraordinárias sempre que necessário.

2. As reuniões do secretariado executivo intermunicipal não são públicas.

3. Sem prejuízo do disposto no número anterior, o secretariado executivo intermunicipal deve assegurar a consulta e a participação das populações sobre matérias de interesse intermunicipal, designadamente através da marcação de datas para esse efeito.

4. As atas das reuniões do secretariado executivo intermunicipal são obrigatoriamente publicitadas no sítio da Internet da comunidade intermunicipal.

Artigo 96.º *Competências*

1. Compete ao secretariado executivo intermunicipal:

   a) Elaborar e submeter à aprovação do conselho intermunicipal os planos necessários à realização das atribuições intermunicipais;

   b) Participar, com outras entidades, no planeamento que diretamente se relacione com as atribuições da comunidade intermunicipal, emitindo parecer a submeter a apreciação e deliberação do conselho intermunicipal;

   c) Assegurar a articulação entre os municípios e os serviços da administração central;

   d) Colaborar com os serviços da administração central com competência no domínio da proteção civil e com os serviços municipais de proteção civil, tendo em vista o cumprimento dos planos de emergência e programas estabelecidos, bem como nas operações de proteção, socorro e assistência na iminência ou ocorrência de acidente grave ou catástrofe;

   e) Participar na gestão de programas de desenvolvimento regional e apresentar candidaturas a financiamentos através de programas, projetos e demais iniciativas;

   f) Preparar para o conselho intermunicipal a proposta do plano de ação e a proposta do orçamento, assim como as respetivas propostas de alteração e revisão;

   g) Executar as opções do plano e o orçamento;

   h) Aprovar os projetos, programas de concurso, cadernos de encargos e a adjudicação de empreitadas e aquisição de bens e serviços, cuja autorização de despesa se encontre abaixo do limite definido pelo conselho intermunicipal;

i)   Alienar bens imóveis em hasta pública, por autorização do conselho intermunicipal;

j)   Preparar para o conselho intermunicipal a norma de controlo interno, bem como o inventário dos bens, direitos e obrigações patrimoniais da comunidade intermunicipal e respetiva avaliação e ainda os documentos de prestação de contas;

k)   Colaborar no apoio a programas e projetos de interesse intermunicipal, em parceria com entidades da administração central;

l)   Elaborar e submeter à aprovação do conselho intermunicipal projetos de regulamentos com eficácia externa da comunidade intermunicipal;

m)   Proceder à aquisição e locação de bens e serviços, cuja autorização de despesa se encontre abaixo do limite definido pelo conselho intermunicipal;

n)   Dirigir os serviços intermunicipais;

o)   Alienar bens móveis, dependente de autorização quando o valor se encontre acima do limite definido pelo conselho intermunicipal;

p)   Participar em órgãos de gestão de entidades da administração central;

q)   Participar em órgãos consultivos de entidades da administração central;

r)   Enviar ao Tribunal de Contas as contas da comunidade intermunicipal;

s)   Executar projetos de formação dos recursos humanos dos municípios;

t)   Executar projetos de apoio à gestão municipal;

u)   Exercer as competências delegadas nos termos dos contratos previstos no artigo 120.º;

v)   Assegurar o cumprimento das deliberações do conselho intermunicipal;

w)   Apresentar propostas ao conselho intermunicipal sobre matérias da competência deste;

x)   Exercer as demais competências legais.

2.   As competências previstas nas alíneas b), c), d), k), p) e q) do número anterior são exercidas por delegação do conselho intermunicipal.

3.   O secretariado executivo intermunicipal pode delegar as suas competências no primeiro-secretário, com faculdade de subdelegação nos secretários intermunicipais.

Contém as alterações introduzidas pelos seguintes diplomas:

- Retificação n.º 50-A/2013, de 11 de Novembro

Versões anteriores deste artigo:

- 1ª versão: Lei n.º 75/2013, de 12 de Setembro

Artigo 97.º *Estatuto dos membros do secretariado executivo intermunicipal*

1.   A remuneração do primeiro-secretário é igual a 45 % da remuneração base do Presidente da República.

2. A remuneração dos secretários intermunicipais é igual à remuneração base de vereador a tempo inteiro, em regime de exclusividade, de câmara municipal de município com um número de eleitores superior a 10 000 e inferior a 40 000.

3. O primeiro-secretário e os secretários intermunicipais têm direito a despesas de representação, respetivamente, no valor de 30 % e de 20 % das suas remunerações base.

4. O cargo de primeiro-secretário é remunerado.

5. O conselho intermunicipal delibera, por unanimidade, sobre a existência e o número de secretários intermunicipais, no limite máximo de dois, e se os mesmos são remunerados.

6. Os membros do secretariado executivo intermunicipal remunerados exercem funções em regime de exclusividade.

7. Aos membros do secretariado executivo intermunicipal está vedado o exercício de quaisquer cargos nos órgãos de soberania ou das autarquias locais.

8. Os membros do secretariado executivo intermunicipal não podem ser prejudicados na respetiva colocação ou emprego permanente por virtude do desempenho dos seus mandatos.

9. Durante o exercício do respetivo mandato não podem os membros do secretariado executivo intermunicipal ser prejudicados no que respeita a promoções, gratificações, benefícios sociais ou qualquer outro direito adquirido de caráter não pecuniário.

10. O tempo de serviço prestado como membro do secretariado executivo intermunicipal é contado como se tivesse sido prestado à entidade empregadora.

11. As remunerações base e as despesas de representação devidas aos membros do secretariado executivo intermunicipal são suportadas pelo orçamento da respetiva comunidade intermunicipal.

12. Aos membros do secretariado executivo intermunicipal é aplicável o disposto nos artigos 78.º e 79.º do Estatuto da Aposentação, aprovado pelo Decreto-Lei n.º 498/72, de 9 de dezembro.

SUBSECÇÃO IV
Conselho estratégico para o desenvolvimento intermunicipal

Artigo 98.º *Natureza e constituição*

1. O conselho estratégico para o desenvolvimento intermunicipal é um órgão de natureza consultiva destinado ao apoio ao processo de decisão dos restantes órgãos da comunidade intermunicipal.

2. O conselho estratégico para o desenvolvimento intermunicipal é constituído por representantes das instituições, entidades e organizações com relevância e intervenção no domínio dos interesses intermunicipais.

3. Compete ao conselho intermunicipal deliberar sobre a composição em concreto do conselho estratégico para o desenvolvimento intermunicipal.

Artigo 99.º *Funcionamento*

1. Compete ao conselho estratégico para o desenvolvimento intermunicipal aprovar o respetivo regimento de organização e funcionamento.

2. O regimento previsto no número anterior é válido após a ratificação pelo conselho intermunicipal.

3. Ao exercício de funções no conselho estratégico para o desenvolvimento intermunicipal não é atribuída qualquer remuneração.

SECÇÃO II

Disposições comuns aos órgãos das entidades intermunicipais

Artigo 100.º *Tomada de posse dos membros da comissão executiva metropolitana e do secretariado executivo intermunicipal*

Os membros da comissão executiva metropolitana e do secretariado executivo intermunicipal tomam posse perante o conselho metropolitano e perante a assembleia intermunicipal, respetivamente, no prazo máximo de cinco dias após as eleições a que se referem os artigos 74.º e 94.º

Artigo 101.º *Mandato dos membros do conselho metropolitano, da assembleia intermunicipal e do conselho intermunicipal*

1. O mandato dos membros do conselho metropolitano e do conselho intermunicipal coincide com o que legalmente estiver fixado para os órgãos das autarquias locais.

2. A perda, a cessação e a renúncia ao mandato de presidente de câmara municipal determina o mesmo efeito no mandato detido nos órgãos referidos no número anterior.

3. O mandato dos membros da comissão executiva metropolitana e do secretariado executivo intermunicipal tem início com a tomada de posse e cessa com a eleição de novo presidente do conselho metropolitano e da assembleia intermunicipal, respetivamente, na sequência da realização de eleições gerais para os órgãos deliberativos dos municípios, sem prejuízo do disposto no artigo seguinte.

4. Os membros da comissão executiva metropolitana e do secretariado executivo intermunicipal mantêm-se em funções até à tomada de posse dos novos membros.

Artigo 102.º *Demissão da comissão executiva metropolitana e do secretariado executivo intermunicipal*

1. Qualquer dos seguintes factos determina a demissão da comissão executiva metropolitana e do secretariado executivo intermunicipal:

    a) A aprovação de moções de censura pela maioria das assembleias municipais dos municípios que integram a respetiva área metropolitana ou comunidade intermunicipal;

    b) As deliberações do conselho metropolitano, do conselho intermunicipal e da assembleia intermunicipal previstas no n.º 2 do artigo 71.º, no n.º 3 do artigo 90.º e na alínea f) do artigo 84.º

2. Na sequência da demissão da comissão executiva metropolitana ou do secretariado executivo intermunicipal nos termos do número anterior é aplicável, com as devidas adaptações, o disposto nos artigos 74.º e 94.º

Contém as alterações introduzidas pelos seguintes diplomas:

- Retificação n.º 46-C/2013, de 01 de Novembro

Versões anteriores deste artigo:

- 1ª versão: Lei n.º 75/2013, de 12 de Setembro

Artigo 103.º *Vacatura*

1. A vacatura do cargo de primeiro-secretário por morte, renúncia, perda de mandato ou qualquer outro motivo atendível legalmente previsto determina a dissolução da comissão executiva metropolitana e do secretariado executivo intermunicipal e a realização de novo ato eleitoral.

2. A vacatura do cargo de secretário da comissão executiva metropolitana e do secretariado executivo intermunicipal por morte, renúncia, perda de mandato ou qualquer outro motivo atendível legalmente previsto determina a realização de um novo ato eleitoral limitado à eleição de um novo membro.

3. Os membros eleitos na sequência de dissolução da comissão executiva metropolitana e do secretariado executivo intermunicipal ou de vacatura do cargo de secretário completam os mandatos antes iniciados na decorrência da realização de eleições gerais para os órgãos deliberativos dos municípios.

4. Os atos eleitorais previstos nos n.os 1 e 2 realizam-se de acordo com as disposições dos artigos 74.º e 94.º, com as devidas adaptações.

Artigo 104.º *Funcionamento*

O funcionamento das entidades intermunicipais regula-se, em tudo o que não esteja previsto na presente lei, pelo regime jurídico aplicável aos órgãos municipais.

Artigo 105.º *Deliberações*

1. As deliberações dos órgãos das entidades intermunicipais vinculam os municípios que as integram.

2. As deliberações do conselho metropolitano e do conselho intermunicipal consideram-se aprovadas quando os votos favoráveis dos seus membros correspondam, cumulativamente, a um número igual ou superior ao dos votos desfavoráveis e à representação de mais de metade do universo total de eleitores dos municípios integrantes da área metropolitana ou da comunidade intermunicipal.

3. Para efeitos do número anterior, considera-se que o voto de cada membro é representativo do número de eleitores do município de cuja câmara municipal seja presidente.

Contém as alterações introduzidas pelos seguintes diplomas:

- Retificação n.º 46-C/2013, de 01 de Novembro

Versões anteriores deste artigo:

- 1ª versão: Lei n.º 75/2013, de 12 de Setembro

Artigo 106.º *Serviços municipais*

1. As entidades intermunicipais podem criar serviços de apoio técnico e administrativo.

2. A natureza, estrutura e funcionamento dos serviços referidos no número anterior são definidos em regulamento interno, aprovado pelo conselho da entidade

intermunicipal, sob proposta da comissão executiva metropolitana ou do secretariado executivo intermunicipal.

Artigo 107.º *Pessoal*

1. As entidades intermunicipais dispõem de mapa de pessoal próprio, privilegiando-se o recurso ao seu preenchimento através dos instrumentos de mobilidade geral legalmente previstos, preferencialmente de trabalhadores oriundos dos mapas de pessoal dos municípios que as integram.

2. Aos trabalhadores das entidades intermunicipais é aplicável o regime jurídico do contrato de trabalho em funções públicas.

CAPÍTULO IV
ASSOCIAÇÕES DE FREGUESIAS E DE MUNICÍPIOS DE FINES ESPECÍFICOS

Artigo 108.º *Constituição*

1. A constituição das associações de autarquias locais de fins específicos compete aos órgãos executivos colegiais dos municípios ou das freguesias interessados, ficando a eficácia do acordo constitutivo, que define os seus estatutos, dependente da aprovação pelos respetivos órgãos deliberativos.

2. As associações de autarquias locais de fins específicos constituem-se por contrato, nos termos previstos na lei civil, sendo outorgantes os presidentes dos órgãos executivos dos municípios ou das freguesias envolvidas.

3. A constituição de uma associação de autarquias locais de fins específicos é comunicada pela autarquia local em cuja circunscrição esteja sedeada ao membro do Governo que tutela as autarquias locais.

Artigo 109.º *Estatutos*

1. Os estatutos das associações de autarquias locais de fins específicos devem especificar:

    a) A denominação, incluindo a menção «Associação de Municípios» ou «Associação de Freguesias», consoante os casos, a sede e a composição;

    b) Os fins da associação;

    c) Os bens, os serviços e os demais contributos com que os municípios concorrem para a prossecução das suas atribuições;

    d) As competências dos seus órgãos;

    e) A estrutura orgânica e o modo de designação e funcionamento dos seus órgãos;

    f) A duração, quando a associação de municípios de fins específicos não se constitua por tempo indeterminado.

2. Os estatutos devem especificar ainda os direitos e obrigações dos municípios associados, as condições das suas saída e exclusão e da admissão de novos municípios, bem como os termos da extinção da associação e da consequente divisão do seu patrimônio.

3. A modificação de estatutos obedece às mesmas regras da sua aprovação originária.

Artigo 110.º *Regime jurídico*

As associações de autarquias locais de fins específicos regem-se pelo disposto na presente lei e na demais legislação aplicável às pessoas coletivas públicas, bem como pelos respetivos estatutos e regulamentos internos, estando nomeadamente sujeitas, quaisquer que sejam as particularidades dos seus estatutos e do seu regime de gestão:

a) Aos princípios constitucionais de direito administrativo;

b) Aos princípios gerais da atividade administrativa;

c) Ao Código do Procedimento Administrativo;

d) Ao Código dos Contratos Públicos;

e) Às leis do contencioso administrativo;

f) À lei de organização e processo do Tribunal de Contas e ao regime de jurisdição e controlo financeiro do Tribunal de Contas e da Inspeção-Geral de Finanças;

g) Ao regime jurídico da administração financeira e patrimonial do Estado;

h) Ao regime jurídico das incompatibilidades e impedimentos de cargos públicos e dos trabalhadores em funções públicas, incluindo as incompatibilidades previstas nos artigos 78.º e 79.º do Estatuto da Aposentação, aprovado pelo Decreto-Lei n.º 498/72, de 9 de dezembro;

i) Aos princípios da publicidade, da concorrência e da não discriminação em matéria de recrutamento de pessoal e ao regime jurídico aplicável aos trabalhadores que exercem funções públicas;

j) Ao regime da realização das despesas públicas;

k) Ao regime da responsabilidade civil do Estado e das demais entidades públicas.

TÍTULO IV
Descentralização administrativa
CAPÍTULO I
DISPOSIÇÕES GERAIS
SECÇÃO I
Disposições gerais

Artigo 111.º *Descentralização administrativa*

Para efeitos da presente lei, a descentralização administrativa concretiza-se através da transferência por via legislativa de competências de órgãos do Estado para órgãos das autarquias locais e das entidades intermunicipais.

Artigo 112.º *Objetivos*

A concretização da descentralização administrativa visa a aproximação das decisões aos cidadãos, a promoção da coesão territorial, o reforço da solidariedade inter-regional, a melhoria da qualidade dos serviços prestados às populações e a racionalização dos recursos disponíveis.

Artigo 113.º

Intangibilidade das atribuições e natureza e âmbito da descentralização administrativa

No respeito pela intangibilidade das atribuições autárquicas e intermunicipais, o Estado concretiza a descentralização administrativa promovendo a transferência progressiva, contínua e sustentada de competências em todos os domínios dos interesses próprios das populações das autarquias locais e das entidades intermunicipais, em especial no âmbito das funções económicas e sociais.

SECÇÃO II
Transferência de competências

Artigo 114.º *Transferência de competências*

A transferência de competências tem caráter definitivo e universal.

Artigo 115.º *Recursos*

1. A lei deve prever expressamente os recursos humanos, patrimoniais e financeiros necessários e suficientes ao exercício pelos órgãos das autarquias locais e das entidades intermunicipais das competências para eles transferidas.

2. Na previsão dos recursos referidos no número anterior, a lei faz obrigatoriamente referência às respetivas fontes de financiamento e aos seus modos de afetação.

3. O Estado deve promover os estudos necessários de modo a que a concretização da transferência de competências assegure a demonstração dos seguintes requisitos:

    a) O não aumento da despesa pública global;

    b) O aumento da eficiência da gestão dos recursos pelas autarquias locais ou pelas entidades intermunicipais;

    c) Os ganhos de eficácia do exercício das competências pelos órgãos das autarquias locais ou das entidades intermunicipais;

    d) O cumprimento dos objetivos referidos no artigo 112.º;

    e) A articulação entre os diversos níveis da administração pública.

4. Os estudos referidos no número anterior são elaborados por equipas técnicas multidisciplinares, compostas por representantes dos departamentos governamentais envolvidos, das comissões de coordenação e desenvolvimento regional, da Associação Nacional dos Municípios Portugueses e da Associação Nacional de Freguesias.

5. A lei deve obrigatoriamente fazer referência aos estudos referidos no n.º 3.

CAPÍTULO II
DELEGAÇÃO DE COMPETÊNCIAS
SECÇÃO I
Disposições gerais

Artigo 116.º *Âmbito*

O presente capítulo estabelece o regime jurídico da delegação de competências de órgãos do Estado nos órgãos das autarquias locais e das entidades intermunicipais e dos órgãos dos municípios nos órgãos das freguesias e das entidades intermunicipais.

Artigo 117.º Prossecução de atribuições e delegação de competências

1. O Estado, as autarquias locais e as entidades intermunicipais articulam entre si, nos termos do artigo 4.º, a prossecução das respetivas atribuições, podendo, para o efeito, recorrer à delegação de competências.

2. Para efeitos do disposto no número anterior, os órgãos do Estado podem delegar competências nos órgãos das autarquias locais e das entidades intermunicipais e os órgãos dos municípios podem delegar competências nos órgãos das freguesias e das entidades intermunicipais.

Artigo 118.º *Objetivos*

A concretização da delegação de competências visa a promoção da coesão territorial, o reforço da solidariedade interregional, a melhoria da qualidade dos serviços prestados às populações e a racionalização dos recursos disponíveis.

Artigo 119.º

Intangibilidade das atribuições e âmbito da delegação de competências No respeito pela intangibilidade das atribuições estaduais, autárquicas e intermunicipais, o Estado e os municipios concretizam a delegação de competências em todos os domínios dos interesses próprios das populações das freguesias, dos municípios e das entidades intermunicipais.

Artigo 120.º *Contrato*

1. A delegação de competências concretiza-se através da celebração de contratos interadministrativos, sob pena de nulidade.

2. À negociação, celebração e execução dos contratos é aplicável o disposto na presente lei e, subsidiariamente, o Código dos Contratos Públicos e o Código do Procedimento Administrativo.

Artigo 121.º *Princípios gerais*

A negociação, celebração, execução e cessação dos contratos obedece aos seguintes princípios:

a) Igualdade;

b) Não discriminação;

c) Estabilidade;

d) Prossecução do interesse público;

e) Continuidade da prestação do serviço público;

f) Necessidade e suficiência dos recursos.

Artigo 122.º *Recursos*

1. É aplicável, com as devidas adaptações, o disposto nos n.os 1, 2 e 5 do artigo 115.º

2. Os contraentes públicos devem promover os estudos necessários à demonstração dos requisitos previstos nas alíneas a) a e) do n.º 3 do artigo 115.º

3. A afetação dos recursos humanos através de instrumento de mobilidade é válida pelo período de vigência do contrato, salvo convenção em contrário.

Artigo 123.º *Cessação do contrato*

1. O contrato pode cessar por caducidade, revogação ou resolução.

2. O contrato cessa por caducidade nos termos gerais, designadamente pelo decurso do respetivo período de vigência.

3. Sem prejuízo do disposto no n.º 3 do artigo 126.º e no n.º 3 do artigo 129.º, a mudança dos titulares dos órgãos dos contraentes públicos não determina a caducidade do contrato.

4. Os contraentes públicos podem revogar o contrato por mútuo acordo.

5. Os contraentes públicos podem resolver o contrato por incumprimento da contraparte ou por razões de relevante interesse público devidamente fundamentadas.

6. No caso de cessação por revogação ou resolução por razões de relevante interesse público, os contraentes públicos devem demonstrar o preenchimento dos requisitos previstos nas alíneas a) a e) do n.º 3 do artigo 115.º

7. A cessação do contrato não pode originar quebra ou descontinuidade da prestação do serviço público.

8. Os contraentes públicos podem suspender o contrato com os fundamentos referidos no n.º 5.

9. À suspensão do contrato prevista do número anterior é aplicável, com as devidas adaptações, o disposto nos n.os 6 e

SECÇÃO II
Delegação de competências do Estado nos municipios e nas entidades intermunicipais

Artigo 124.º *Intangibilidade das atribuições e âmbito da delegação de competências*

1. No respeito pela intangibilidade das atribuições estaduais, o Estado concretiza a delegação de competências em todos os domínios dos interesses próprios das populações das autarquias locais e das entidades intermunicipais, em especial no âmbito das funções económicas e sociais.

2. As competências delegáveis são as previstas em lei.

Artigo 125.º *Igualdade e não discriminação*

1. Na concretização da delegação de competências, e no respeito pelos princípios da igualdade e da não discriminação referidos nas alíneas a) e b) do artigo 121.º, o Estado considera, designadamente, a caraterização da entidade intermunicipal como área metropolitana ou como comunidade intermunicipal.

2. Na concretização da delegação de competências, e no respeito pelos princípios da igualdade e da não discriminação referidos nas alíneas a) e b) do artigo 121.º, o Estado considera, designadamente, a caraterização da autarquia local como município ou freguesia, bem como critérios relacionados com a respetiva caraterização geográfica, demográfica, económica e social.

3. É aplicável, com as devidas adaptações, o disposto no n.º 4 do artigo 115.º

Artigo 126.º *Período de vigência*

1. O período de vigência do contrato coincide com a duração do mandato do Governo, salvo casos excecionais, devidamente fundamentados, e sem prejuízo do disposto no número seguinte.

2. O contrato considera-se renovado após a tomada de posse do Governo, sem prejuízo do disposto no número seguinte.

3. Os outorgantes podem promover a denúncia do contrato, no prazo de seis meses após a tomada de posse do Governo ou após a instalação do órgão autárquico.

4. Os órgãos deliberativos das autarquias locais e das entidades intermunicipais não podem, em caso algum, promover a denúncia do contrato.

Artigo 127.º *Comunicação*

1. Os departamentos governamentais competentes comunicam ao serviço da administração central responsável pelo acompanhamento das autarquias locais, por via eletrónica e no prazo de 30 dias, a celebração, alteração e cessação dos contratos, mediante o envio de cópia.

2. Compete ao serviço referido no número anterior manter atualizado o registo dos contratos mencionados no número anterior.

3. Os contratos estão disponíveis para consulta, nos termos da lei.

SECÇÃO III

Delegação de competências dos municípios

SUBSECÇÃO I

Nas entidades intermunicipais

Artigo 128.º *Âmbito da delegação de competências*

1. Os municípios concretizam a delegação de competências nas entidades intermunicipais em todos os domínios dos interesses próprios das populações destas, em especial no âmbito do planeamento e gestão da estratégia de desenvolvimento económico e social, da competitividade territorial, da promoção dos recursos endógenos e da valorização dos recursos patrimoniais e naturais, do empreendedorismo e da criação de emprego, da mobilidade, da gestão de infraestruturas urbanas e das respetivas atividades prestacionais e da promoção e gestão de atividades geradoras de fluxos significativos de população, bens e informação.

2. Os municípios concretizam ainda a delegação de competências nas entidades intermunicipais nos domínios instrumentais relacionados com a organização e funcionamento dos serviços municipais e de suporte à respetiva atividade.

3. A validade e eficácia da delegação de competências de um município numa entidade intermunicipal não depende da existência de um número mínimo de municípios com contratos de delegação de competências na mesma entidade intermunicipal.

Artigo 129.º *Período de vigência*

1. O período de vigência do contrato coincide com a duração do mandato do órgão deliberativo do município, salvo casos excecionais, devidamente fundamentados, e sem prejuízo do disposto no número seguinte.

2. O contrato considera-se renovado após a instalação do órgão deliberativo do município, sem prejuízo do disposto no número seguinte.

3. Os outorgantes podem promover a denúncia do contrato, no prazo de seis meses após a instalação do órgão deliberativo do município.

Artigo 130.º *Registo*

1.   Os contraentes públicos mantêm um registo atualizado dos contratos celebrados.

2.   Os contratos estão disponíveis para consulta, nos termos da lei.

SUBSECÇÃO II
Nas freguesias

Artigo 131.º *Âmbito da delegação de competências*

Os municípios concretizam a delegação de competências nas freguesias em todos os domínios dos interesses próprios das populações destas, em especial no âmbito dos serviços e das atividades de proximidade e do apoio direto às comunidades locais.

Artigo 132.º *Delegação legal*

1.   Consideram-se delegadas nas juntas de freguesia as seguintes competências das câmaras municipais:

   a)   Gerir e assegurar a manutenção de espaços verdes;

   b)   Assegurar a limpeza das vias e espaços públicos, sarjetas e sumidouros;

   c)   Manter, reparar e substituir o mobiliário urbano instalado no espaço público, com exceção daquele que seja objeto de concessão;

   d)   Gerir e assegurar a manutenção corrente de feiras e mercados;

   e)   Assegurar a realização de pequenas reparações nos estabelecimentos de educação pré-escolar e do primeiro ciclo do ensino básico;

   f)   Promover a manutenção dos espaços envolventes dos estabelecimentos referidos na alínea anterior.

2.   Consideram-se ainda delegadas nas juntas de freguesia, quando previstas em lei, as competências de controlo prévio, realização de vistorias e fiscalização das câmaras municipais nos seguintes domínios:

   a)   Utilização e ocupação da via pública;

   b)   Afixação de publicidade de natureza comercial;

   c)   Atividade de exploração de máquinas de diversão;

   d)   Recintos improvisados;

   e)   Realização de espetáculos desportivos e divertimentos na via pública, jardins e outros lugares públicos ao ar livre, sem prejuízo do disposto na alínea c) do n.º 3 do artigo 16.º;

   f)   Atividade de guarda-noturno;

   g)   Realização de acampamentos ocasionais;

   h)   Realização de fogueiras e queimadas.

Artigo 133.º *Acordos de execução*

1.   As câmaras municipais e as juntas de freguesia, no prazo de 180 dias após a respetiva instalação, celebram um acordó de execução que prevê expressamente os recursos humanos, patrimoniais e financeiros necessários e suficientes ao exercício de todas ou algumas das competências previstas no artigo anterior.

2.   É aplicável, com as devidas adaptações, o disposto no n.º 2 do artigo 115.º, no n.º 2 do artigo 120.º, no artigo 121.º e no n.º 1 do artigo 135.º

Artigo 134.º *Cessação*

1. O período de vigência do acordo de execução coincide com a duração do mandato do órgão deliberativo do município, salvo casos excecionais, devidamente fundamentados, e sem prejuízo do disposto no número seguinte.

2. Até à entrada em vigor do acordo de execução, as competências previstas no artigo 132.º são exercidas pela cámara municipal.

3. O acordo de execução considera-se renovado após a instalação do órgão deliberativo do município, não determinando a mudança dos titulares dos órgãos do município e da freguesia a sua caducidade, sem prejuízo do disposto no número seguinte.

4. O órgão deliberativo do município pode autorizar a denúncia do acordo de execução, no prazo de seis meses após a sua instalação.

5. É aplicável, com as devidas adaptações, o disposto nos n.os 2, 5, 6 e 7 do artigo 123.º

6. O disposto na parte final do n.º 2 é aplicável aos casos de caducidade e resolução do acordo de execução.

7. O acordo de execução não é suscetível de revogação.

Artigo 135.º *Igualdade e não discriminação*

1. Na concretização da delegação de competências, e no respeito pelos princípios da igualdade e da não discriminação referidos nas alíneas a) e b) do artigo 121.º, os municípios consideram, designadamente, critérios relacionados com a caraterização geográfica, demográfica, económica e social de todas as freguesias abrangidas pela respetiva circunscrição territorial.

2. É aplicável, com as devidas adaptações, o disposto nos n.os 3 e 4 do artigo 115.º

Contém as alterações introduzidas pelos seguintes diplomas:

- Retificação n.º 46-C/2013, de 01 de Novembro

Versões anteriores deste artigo:

- 1ª versão: Lei n.º 75/2013, de 12 de Setembro

Artigo 136.º *Período de vigência*

É aplicável o disposto nos n.os 1 a 3 do artigo 129.º

TÍTULO V
Disposições finais

Artigo 137.º *Prazos*

Salvo disposição em contrário, os prazos previstos na presente lei são contínuos.

Artigo 138.º *Regiões autónomas*

1. A presente lei aplica-se às Regiões Autónomas dos Açores e da Madeira, com exceção dos artigos 63.º a 107.º e sem prejuízo do disposto no número seguinte.

2. As disposições do capítulo i e das secções i e ii do capítulo ii do título iv são aplicáveis, com as devidas adaptações e nos termos dos respetivos estatutos político-administrativos, nas Regiões Autónomas dos Açores e da Madeira.

Contém as alterações introduzidas pelos seguintes diplomas:

- Lei n.º 25/2015, de 30 de Março

Versões anteriores deste artigo:

- 1ª versão: Lei n.º 75/2013, de 12 de Setembro

Artigo 139.º *Unidades administrativas*

As entidades intermunicipais previstas na presente lei constituem unidades administrativas, incluindo para os efeitos previstos no Regulamento (CE) n.º 1059/2003, do Parlamento Europeu e do Conselho, de 26 de maio de 2003, relativo à instituição de uma nomenclatura comum às unidades territoriais estatísticas (NUTS).

ANEXO II

Comunidade Intermunicipal do Alto Minho			
Entidade Intermunicipal	**Designação**	**Municípios**	**População**
Comunidade Intermunicipal	Comunidade Intermunicipal do Alto Minho....	Arcos de Valdavez.......	22.847
		Caminha.................	16.684
		Melgaço.................	9.213
		Monção.................	19.230
		Paredes de Coura.......	9.198
		Ponte de Barca..........	12.061
		Ponte de Lima..........	43.498
		Valença.................	14.127
		Viana do Castelo........	88.725
Total.............		Vila Nova de Cerveira..	9.253
		10	244.836
Comunidade Intermunicipal do Cávado			
Entidade Intermunicipal	**Designação**	**Municípios**	**População**
Comunidade Intermunicipal	Comunidade Intermunicipal do Cávado..........	Amares..................	18.889
		Barcelos.................	120.391
		Braga...................	181.494
		Esposende..............	34.254
		Terras de Bouro........	7.253
		Vila Verde..............	47.888
Total...........		6	410.169

Comunidade Intermunicipal do Ave			
Entidade In-termunicipal	**Designação**	**Municípios**	**População**
Comunidade Intermunicipal...	Comunidade Inter-municipal do Ave.....	Fafe............................	50.633
		Guimarães....................	158.124
		Póvoa de Lanhoso..........	21.889
		Vieira do Minho............	12.997
		Vila Nova de Familicão...	133.832
		Vizela........................	23.736
		Cabeceiras de Basto.......	16.710
		Mondim de Basto..........	7.493
Total............		8	425.411

Área Metropolitana do Porto			
Entidade In-termunicipal	**Designação**	**Municípios**	**População**
Área Metropoli-tana..............	Área Metropolitana do Porto.....................	Santo Tirso................	71.530
		Trofa........................	38.999
		Arouca......................	22.359
		Olivereira de Azeméis...	68.611
		Santa Maria de Feira....	139.312
		São João de Madeira....	21.713
		Vale de Cambra..........	22.864
		Espinho.....................	31.786
		Gondomar..................	168.027
		Maia........................	135.306
		Matosinhos...............	175.478
		Porto.......................	237.591
		Póvoa de Varzim.........	63.408
		Valongo....................	93.858
		Vila do Conde............	79.533
		Vila Nova de Gaia.......	302.295
		Paredes....................	86.854
Total..............		17	1.759.524

Comunidade Intermunicipal do Alto Támega			
Entidade In-termunicipal	**Designação**	**Municípios**	**População**
Comunidade Intermunicipal...	Comunidade Inter-municipal do Alto Támega...............	Boticas......................	5.750
		Chaves.................…....	41.243
		Montalegre................	10.537
		Valpaços...................	16.882
		Vila Pouca de Aguiar.....	13.187
		Ribeira de Pena.........	6.544
Total............…...		6	94.143

Comunidade Intermunicipal do Tâmega e Sousa			
Entidade In-termunicipal	**Designação**	**Municípios**	**População**
Comunidade Intermunicipal...	Comunidade Inter-municipal do Tâme-ga e Sousa.......…..	Amarante.............…....	56.264
		Baião...................…...	20.522
		Castelo de Paiva...........	16.733
		Celorico de Basto.........	20.098
		Cinfães....................	20.427
		Felgueira..................	58.065
		Lousada...................	47.387
		Marco de Canaveses.....	53.450
		Paços de Ferreira..........	56.340
		Penafiel....................	72.265
		Resende................…...	11.364
Total............…...		11	432.915

Comunidade Intermunicipal do Douro			
Entidade Intermunicipal	**Designação**	**Municípios**	**População**
Comunidade Intermunicipal...	Comunidade Intermunicipal do Douro	Murça...........................	5.952
		Alijó.............................	11.942
		Armamar.......................	6.297
		Carrazeda de Ansiães..........	6.373
		Freixo de Espada..............	3.780
		Lamego.........................	26.691
		Mesão Frio.....................	4.433
		Moimenta da Beira............	10.212
		Penedono.......................	2.952
		Peso da Régua.................	17.131
		Sabrosa.........................	6.361
		Santa Marta de Penaguião....	7.356
		São João da Pesqueira.........	7.874
		Sernancelhe....................	5.671
		Tabuaço........................	6.350
		Tarouca.........................	8.048
		Torre de Moncorvo............	8.572
		Vila Nova de Foz Côa.........	7.312
		Vila Real.......................	51.850
Total............		19	205.157

Comunidade Intermunicipal das Terras de Tras-os-Montes			
Entidade Intermunicipal	**Designação**	**Municípios**	**População**
Comunidade Intermunicipal...	Comunidade Intermunicipal das Terras de Tras-os-Monte.	Alfândega da fé.................	5.104
		Bragança.......................	35.341
		Macedo de Cavaleiros..........	15.776
		Miranda do Douro.............	7.482
		Mirandela......................	23.850
		Magadouro.....................	9.542
		Vimioso........................	4.669
		Vinhais.........................	9.066
Total............		Vila Flor.......................	6.697
		9	117.527

Comunidade Intermunicipal da Região de Aveiro			
Entidade In-termunicipal	**Designação**	**Municípios**	**População**
Comunidade Intermunicipal...	Comunidade Inter-municipal da Região de Aveiro............	Águeda...................	47.729
		Albergaria-a-Velha.......	25.252
		Anadia...................	29.150
		Aveiro...................	78.450
		Estarreja.................	26.997
		Ílhavo...................	38.598
		Murtosa.................	10.585
		Oliveira do Bairro........	23.028
		Ovar...................	55.398
		Sever do Vouga..........	12.356
		Vagos...................	22.851
Total...........		11	370.394

Comunidade Intermunicipal da Região de Coimbra			
Entidade In-termunicipal	**Designação**	**Municípios**	**População**
Comunidade Intermunicipal...	Comunidade Inter-municipal da Região de Coimbra..........	Cantanhede................	36.595
		Coimbra..................	143.396
		Condeixa-a-Nova.........	17.078
		Figueira da Foz...........	62.125
		Mira.....................	12.465
		Montemor-o-Velho.......	26.171
		Penacova.................	15.251
		Soure....................	19.245
		Mealhada.................	20.428
		Mortágua.................	9.607
		Arganil..................	12.145
		Góis.....................	4.260
		Lousâ....................	17.604
		Miranda do Corvo........	13.098
		Oliveira do Hospital.....	20.855
		Pampilhosa da Serra........	4.481
		Panela...................	5.983
		Tábua...................	12.071
		Vila Nova de Poiares...	7.281
Total...........		19	460.139

Comunidade Intermunicipal da Região de Leiria			
Entidade In-termunicipal	**Designação**	**Municípios**	**População**
Comunidade Intermunicipal...	Comunidade Intermunicipal da Região de Leiria	Alvaiázere..................	7.287
		Ansião.....................	13.128
		Castanheira de Pêra........	3.191
		Figueiró dos Vinhos......	6.169
		Pedrógão Grande...........	3.915
		Batalha....................	15.805
		Leiria.....................	126.897
		Marinha Grande............	38.681
		Pombal....................	55.217
		Porto de Mós..............	24.342
Total...........		10	294.632

Comunidade Intermunicipal Viseu Dão Lafoões			
Entidade In-termunicipal	**Designação**	**Municípios**	**População**
Comunidade Intermunicipal...	Comunidade Intermunicipal Viseu Dão Lafo-ões................	Aguiar da Beira.............	5.473
		Carregal do Sal.............	9.835
		Castro Daire...............	15.339
		Mangualde.................	19.880
		Nelas.....................	14.037
		Oliveira de Frades..........	10.261
		Penalva do Castelo.........	7.956
		Santa Comba Dão..........	11.597
		São Pedro do Sul..........	16.851
		Sátão......................	12.444
		Tondela...................	28.946
		Vila Nova de Paiva........	5.176
		Viseu.....................	99.274
		Vouzela...................	10.564
Total.............		14	267.633

Comunidade Intermunicipal das Beiras e Serra da Estrela			
Entidade In-termunicipal	**Designação**	**Municípios**	**População**
Comunidade Intermunicipal...	Comunidade Intermunicipal das Beiras e Serra da Estrela	Almeida............................	7.242
		Celorico da Beira...............	7.693
		Figueira da Castelo Rodrigo..	42.541
		Guarda............................	3.430
		Manteigas.........................	5.202
		Mêda..............................	9.627
		Pinhel............................	12.544
		Sabugal...........................	9.878
		Trancoso..........................	9.878
		Belmonte..........................	6.859
		Covilhã...........................	51.797
		Fundão............................	29.213
		Fornos de Algodres..............	4.989
		Gouveia...........................	14.046
		Seia..............................	24.702
Total............		15	236.023

Comunidade Intermunicipal da Beira Baixa			
Entidade In-termunicipal	**Designação**	**Municípios**	**População**
Comunidade Intermunicipal...	Comunidade Intermunicipal da Beira Baixa.	Castelo Branco..................	56.109
		Idanha-a-Nova...................	9.716
		Penamacor.......................	5.682
		Vila Velha de Róão.............	3.521
		Oleiros..........................	5.721
		Proença-a-Nova..................	8.314
Total............		6	89.063

Comunidade Intermunicipal do Oeste			
Entidade Intermunicipal	**Designação**	**Municípios**	**População**
Comunidade Intermunicipal...	Comunidade Intermunicipal do Oeste.	Alcobaça..................	56..693
		Alenquer..................	43.267
		Arruda dos Vinhos.......	13.391
		Bombarral.................	13.193
		Cadaval...................	14.228
		Caldas da Rainha.........	51.729
		Lourinhã..................	25.735
		Nazaré....................	15.158
		Obidos....................	11.772
		Peniche...................	27.753
		Sobral de Monte Agraço	10.156
Total............		Torres Vedras.............	79.465
		12	362.540
Comunidade Intermunicipal do Médio Tejo			
Entidade Intermunicipal	**Designação**	**Municípios**	**População**
Comunidade Intermunicipal...	Comunidade Intermunicipal do Médio Tejo.................	Abrantes..................	39.325
		Alcanena..................	13.868
		Constância.................	4..056
		Entrocamento.............	20.206
		Ferreira do Zêzere........	8.619
		Ourém....................	45.932
		Sardoal...................	3.939
		Tomar....................	40.677
		Torres Novas..............	36.717
		Vila Nova da Barquinha	7.322
		Mação....................	7.338
		Sertã.....................	15.880
Total............		Vila de Rei...............	3.452
		13	247.331

Área Metropolitana de Lisboa			
Entidade Intermunicipal	Designação	Municípios	População
Comunidade Intermunicipal...	Área Metropolitana de Lisboa.............	Amadora...................	175.136
		Cascais....................	206.479
		Lisboa.....................	547.733
		Loures.....................	205.054
		Mafra......................	76.685
		Odivelas..................	144.549
		Oeiras....................	172.120
		Sintra....................	377.835
		Vila Franca de Xira......	136.886
		Alcochete.................	17.569
		Almada....................	174.030
		Barreiro..................	78.764
		Moita.....................	66.029
		Motijo....................	51.222
		Palmela...................	62.831
		Seixal....................	158.269
		Sesimbra..................	49.500
		Setúbal...................	121.185
Total...........		18	2.821.8876

Comunidade Intermunicipal do Alentejo Litoral			
Entidade Intermunicipal	Designação	Municípios	População
Comunidade Intermunicipal...	ComunidadeIntermunicipal do Alentejo Litoral..............	Alcácer do Sal...........	13.046
		Grándola.................	14.826
		Odemira..................	26.066
		Santiago do Cacém......	29.749
		Sines....................	14.238
Total...........		5	97.925

Comunidade Intermunicipal do Alto Alentejo			
Entidade In-termunicipal	**Designação**	**Municípios**	**População**
Comunidade Intermunicipal...	Comunidade Intermunicipal do Alto Alentejo......	Sousel........................	5.074
		Alter do Chão..............	3.562
		Arronches....................	3.165
		Avis...........................	4.571
		Campo Maior...............	8.456
		Castelo de Vide..............	3.407
		Crato..........................	3.708
		Elvas.........................	23.078
		Froteîra.....................	3.410
		Gavião.......................	4.132
		Marvão......................	3.512
		Monforte....................	3.329
		Nisa..........................	7.450
		Ponte de Sor................	16.722
		Portalegre...................	24.930
Total...........		15	11.506

Comunidade Intermunicipal do Alentejo Central			
Entidade In-termunicipal	**Designação**	**Municípios**	**População**
Comunidade Intermunicipal...	Comunidade In-termunicipal do Alentejo Central...	Alandroal....................	5.843
		Arraiolos....................	7.363
		Borba.........................	7.333
		Estremoz....................	14.318
		Évora.........................	56.596
		Montemor-o-Novo..........	17.437
		Mourão......................	2.663
		Portel........................	6.428
		Redondo......................	7.031
		Reguengos de Monsaraz...	10.828
		Vendas Novas..............	11.846
		Viana do Alentejo..........	5.743
		Vila Viçosa.................	8.319
Total...........		Mora.........................	4.978
		14	166.726

Comunidade Intermunicipal do Baixo Alentejo			
Entidade Intermunicipal	**Designação**	**Municípios**	**População**
Comunidade Intermunicipal...	Comunidade Intermunicipal do Baixo Alentejo..............	Aljustrel..................	9.257
		Almodóvar...............	7.449
		Alvito.....................	2.504
		Barrancos................	1.834
		Beja.......................	35.834
		Castro Verde............	7.276
		Cuba......................	4.878
		Ferreira do Alentejo....	8.255
		Mértola..................	7.274
		Moura....................	15.167
		Ourique..................	5.389
		Serpa.....................	15.623
		Vidigueira...............	5.932
Total...........		13	126.692

Comunidade Intermunicipal da Lezíria do Tejo			
Entidade Intermunicipal	**Designação**	**Municípios**	**População**
Comunidade Intermunicipal...	Comunidade Intermunicipal da Lezíria do Tejo.............	Almeirim................	23.376
		Alpiarça..................	7.702
		Azambuja................	21.814
		Benavente...............	29.019
		Cartaxo...................	24.462
		Chamusca................	10.120
		Coruche..................	19.944
		Golegã...................	5.465
		Rio Maior...............	21.192
		Salvaterra de Magos....	22.159
		Santarém.................	62.200
Total.............		11	247.453

Comunidade Intermunicipal do Algarve			
Entidade Intermunicipal	**Designação**	**Municípios**	**População**
Comunidade Intermunicipal...	Comunidade Intermunicipal do Algarve..............	Albufeira.........................	40.828
		Alcoutim......................	2.917
		Aljezur.........................	5.884
		Castro Marim.................	6.747
		Faro...........................	64.560
		Lagoa...........................	22.975
		Lagos...........................	31.049
		Loulé...........................	70.622
		Monchique....................	6.045
		Olhão..........................	45.396
		Portimão......................	55.614
		São Brás de Alportel.........	10.662
		Silves..........................	37.126
		Tavira..........................	26.167
		Vila do Bispo.................	5.258
		Vila Real de Santo António..	19.156
Total...........		16	451.006

REPÚBLICA DOMINICANA

Ley del distrito nacional y los municipios

LEY N° 176-07 DEL DISTRITO NACIONAL Y LOS MUNICIPIOS

(Del 17 de julio del 2007. Gaceta Oficial N° 10426 del 20 de julio del 2007)

EL CONGRESO NACIONAL
DE LA REPÚBLICA DOMINICANA
LEY DEL DISTRITO NACIONAL Y LOS MUNICIPIOS
EN NOMBRE DE LA REPÚBLICA

Ley N° 176-07

CONSIDERANDO: Que los municipios y el Distrito Nacional constituyen las entidades básicas del territorio, en donde la comunidad ejerce todas sus actividades, estando representada por sus ayuntamientos, que como gobiernos locales que son, deben garantizar y promover el bienestar social, económico y la prestación de servicios eficientes a todos los munícipes;

CONSIDERANDO: Que los ayuntamientos, como organismos de la administración pública que forman parte del Estado deben contar para el desarrollo de sus actividades con un marco regulatorio que defina de manera clara y coherente las bases políticas, administrativas e institucionales a los fines de garantizar la participación democrática de sus habitantes en la toma de decisiones de los gobiernos locales;

CONSIDERANDO: Que las leyes Nos. 3455 y 3456 de Organización Municipal y del Distrito Nacional, del 21 de diciembre de 1952, por el tiempo transcurrido y los cambios socio-políticos acaecidos desde su aprobación, no se ajustan a las necesidades organizacionales y de funcionamiento de los municipios, haciéndose necesaria su profunda revisión;

CONSIDERANDO: Que el régimen jurídico municipal debe responder a las nuevas corrientes de reformas, modernización institucional y descentralización, teniendo en cuenta que los ayuntamientos son las instancias que más cerca están del ciudadano y, por ende, garantizan que los servicios que les son consustanciales a su propia naturaleza de ser entidades de servicios públicos, sean prestados de manera continua y permanente;

CONSIDERANDO: Que el municipio dominicano precisa de una legislación unificada y que incorpore la experiencia práctica de la vida municipal al precepto legal, asegurando así un vínculo de legitimidad entre el quehacer del gobierno municipal y su base jurídica.

VISTA: La Constitución de la República.

VISTA: La Ley 49, que crea la Liga Municipal Dominicana, de fecha 23 de diciembre de 1938.

VISTO: El Código Penal de la República Dominicana vigente.

VISTA: La Ley de Organización Municipal, N° 3455, de fecha 21 de diciembre de 1952 y sus modificaciones.

VISTA: La Ley 3456 de Organización del Distrito Nacional, de fecha 21 de diciembre de 1952.

VISTA: La Ley de Autonomía Municipal N° 5622, de fecha 21 de septiembre de 1961.

VISTA: La Ley 180, sobre Establecimiento de Arbitrios Municipales, de fecha 12 de abril de 1966.

VISTA: La Ley N° 14-91, sobre Servicio Civil y Carrera Administrativa, de fecha 7 de mayo de 1991.

VISTA: La Ley N° 87-01 que creó el Sistema Dominicano de Seguridad Social, de fecha 9 de mayo del 2001.

VISTA: La Ley N° 200-04, sobre el Libre Acceso a la Información Pública, de fecha 28 de julio del 2004.

VISTA: La Ley 108-05, sobre Registro Inmobiliario, de fecha 23 de marzo del 2005 y sus modificaciones.

VISTA: La Ley 340-06, sobre Compras y Contrataciones, de fecha 24 de julio del 2006 y sus modificaciones.

VISTA: La Ley de Presupuesto N° 423-06, de fecha 4 de diciembre del 2006.

HA DADO LA SIGUIENTE LEY:

TÍTULO I
DISPOSICIONES GENERALES

Capítulo I
Principios del Régimen Municipal Dominicano

Artículo 1.- Objeto.

La presente ley tiene por objeto, normar la organización, competencia, funciones y recursos de los ayuntamientos de los municipios y del Distrito Nacional, asegurándoles que puedan ejercer, dentro del marco de la autonomía que los caracteriza, las competencias, atribuciones y los servicios que les son inherentes; promover el desarrollo y la integración de su territorio, el mejoramiento sociocultural de sus habitantes y la participación efectiva de las comunidades en el manejo de los asuntos públicos locales, a los fines de obtener como resultado mejorar la calidad de vida, preservando el medio ambiente, los patrimonios históricos y culturales, así como la protección de los espacios de dominio público.

Artículo 2.- Definición y Objetivos del Ayuntamiento.

El ayuntamiento constituye la entidad política administrativa básica del Estado dominicano, que se encuentra asentada en un territorio determinado que le es propio. Como tal es una persona jurídica descentralizada, que goza de autonomía política, fiscal, administrativa y funcional, gestora de los intereses propios de la colectividad local, con patrimonio propio y con capacidad para realizar todos los actos jurídicos que fueren necesarios y útiles para garantizar el desarrollo sostenible de sus habitantes y el cumplimiento de sus fines en la forma y con las condiciones que la Constitución y las leyes lo determinen.

Artículo 3.- Características Jurídicas del Órgano de Gobierno del Municipio.

El ayuntamiento como entidad de la administración pública, tiene independencia en el ejercicio de sus funciones y competencias con las restricciones y limitaciones que establezcan la Constitución, su ley orgánica y las demás leyes, cuentan con patrimonio propio, personalidad jurídica y capacidad para adquirir derechos y contraer obligaciones, y, en general el cumplimiento de sus fines en los términos legalmente establecidos.

Artículo. 4.- Ámbito de Actuación.

Los ayuntamientos tendrán como ámbito de actuación las competencias propias, y además, las coordinadas y delegadas con los demás entes que conformen la administración pública, que le defina la Constitución, su ley, las legislaciones sectoriales y las que rijan las relaciones interadministrativas. Se considera que las competencias de los ayuntamientos recaerán sobre todos los ámbitos de la administración pública, exceptuando aquellas que la Constitución reserve para la administración central.

Párrafo.- Se considera como competencia mínima el derecho de ser informado y coordinación.

Artículo 5.- Competencias Municipales.

La Constitución, la presente ley y las leyes sectoriales definen los ámbitos de actuación en cada una de las competencias para los diferentes entes en la división política administrativa de la administración pública, lo cuales deben garantizar conjuntamente la gestión eficiente, eficaz, transparente y participativa, en base a los principios de descentralización, desconcentración, concurrencia, coordinación y subsidiariedad. Estas asegurarán a los ayuntamientos el ejercicio y/o la transferencia progresiva de las competencias propias, concurrentes o delegadas, en función de las características de la actividad pública que se trate, las capacidades de gestión existentes en cada uno de ellos y la garantía del derecho a la suficiencia financiera para el adecuado ejercicio.

Artículo 6.- Conceptos y Principios.

La Ley Municipal se enmarca en el pleno respeto a los siguientes conceptos y principios:

a) **Descentralización.** Proceso que busca transferir funciones, competencias y recursos, gradualmente y según su complejidad, a los gobiernos de los municipios y que involucra a la totalidad de los entes de la administración pública.

b) **Desconcentración.** Delegación de autoridad y funciones a un nivel jerárquicamente inferior sin que el receptor de esta delegación deje de pertenecer al organismo o institución pública que delega.

c) **Subsidiariedad.** Consiste en la acción mediante la cual el nivel nacional transfiere la ejecución y los recursos, sin perder la titularidad de la competencia, al órgano de la administración pública que demuestre estar en mejores condiciones para desarrollarla. El ente de la administración pública más cercano a la población es el más idóneo para ejercer las distintas funciones que le competen al Estado. Por consiguiente, el ayuntamiento está en una posición territorial y administrativa privilegiada para el ejercicio y gestión de las competencias propias, coordinadas o delegadas, por lo que el Estado desarrollará acciones tendentes a fortalecer sus capacidades para mejorar la eficiencia, la eficacia, la participación, la transparencia de sus intervenciones y la satisfacción de los(as) ciudadanos(as) de la gestión pública local.

d)   **Concurrencia.** Sugiere que asignada una función a un ente de la administración pública, no puede otro ejercerla, pero puede coexistir la mecánica de la acción conjunta, pudiendo los ayuntamientos especificar los aspectos correspondientes al contexto de su municipio, pero basado en la normativa nacional.

e)   **Coordinación.** De acuerdo con este principio y del carácter de independencia que la Constitución le otorga a los ayuntamientos, como gobierno del municipio, consiste en la capacidad de armonizarse con los demás niveles superiores de la administración pública y no manejarse aisladamente.

f)   **Eficiencia en la Asignación y Utilización de los Recursos Públicos.** En la elaboración y ejecución de los planes, debe optimizarse el uso de los recursos humanos, materiales, técnicos y financieros necesarios, teniendo en cuenta que sea positiva la relación entre los beneficios y los costos.

g)   **Eficacia en el Cumplimiento de los Objetivos Establecidos.** Las políticas y objetivos contenidos en los planes deben procurar la satisfacción de las demandas de la sociedad y el logro de los impactos previstos sobre las necesidades insatisfechas.

h)   **Equidad de Género.** En el ejercicio de las competencias los ayuntamientos deberán tener como un principio transversal la equidad de género, en cuanto a garantizar la igualdad de acceso a las oportunidades para la mujer en todas sus iniciativas.

i)   **Transparencia.** En el ejercicio de sus competencias y las iniciativas a desarrollarse debe ser de pleno conocimiento de la ciudadanía.

j)   **Participación del Munícipe.** Durante los procesos correspondientes al ejercicio de sus competencias, los ayuntamientos deben garantizar la participación de la población en su gestión, en los términos que defina esta legislación, la legislación nacional y la Constitución.

k)   **Equidad Social.** En el ejercicio de sus competencias los ayuntamientos en todas sus iniciativas priorizarán los grupos socialmente vulnerables, garantizándole el acceso a oportunidades para la superación de la pobreza.

l)   **Concertación.** Implica que las autoridades locales en el ejercicio de sus competencias deberán garantizar que exista la debida armonía, coherencia y coordinación en la definición y ejecución de sus iniciativas.

Artículo 7.- Entidades Municipales.

Además del ayuntamiento, tendrán consideración de entidades municipales sujetas en su organización a las disposiciones de esta ley y los reglamentos, en los Títulos y Capítulos correspondientes, las siguientes:

a) El Distrito Nacional es el municipio sede del gobierno nacional.

b) Las mancomunidades como forma asociativa intermunicipal, y por tanto, supramunicipal, con órganos de gestión definidos en función de los intereses de los ayuntamientos a mancomunarse, garantizando el cumplimiento de las disposiciones del capítulo correspondiente de esta ley.

c) Las juntas de distritos municipales, como órgano desconcentrado del ayuntamiento del municipio, y que ejercerá gobierno sobre los distritos municipales.

d) Las demás entidades que sean creadas conforme con lo establecido en la Constitución de la República que estén instituidas con tal carácter por la ley.

Capítulo II
Potestades, Prerrogativas y Principios de Actuación

Artículo 8.- Potestades y Prerrogativas.

Corresponden al ayuntamiento las siguientes potestades:

a) Normativa y de auto-organización.

b) Tributaria y financiera.

c) De programación y planificación.

d) Sancionadora y de ejecución forzosa.

e) De revisión de oficio a sus acuerdos, decisiones y resoluciones

f) Expropiatoria y de investigación, deslinde y recuperación de oficio de sus bienes.

g) Las demás establecidas en la Constitución, las leyes sectoriales y las que rijan las relaciones interadministrativas.

Párrafo.- Los ayuntamientos disponen de las siguientes prerrogativas en los términos que prevén la Constitución y las leyes:

a) La inembargabilidad de sus bienes y derechos en los términos previstos en las leyes.

b) La presunción de legitimidad de sus actos y disposiciones normativas.

c) Los mismos derechos, preferencias y prelaciones reconocidos al Estado en favor de sus créditos y deudas.

Artículo 9.- Condiciones de Actuación.

Los ayuntamientos se regirán por las disposiciones establecidas en la Constitución de la República, por la presente ley y por las demás leyes y reglamentos que les sean conexos.

Párrafo.- Mediante ordenanzas y reglamentos los ayuntamientos podrán adecuar y complementar las disposiciones legales a fin de ajustar su aplicación a las condiciones y necesidades locales y a las peculiaridades y características de sus comunidades.

Artículo 10.- Control de Legalidad de sus Actos.

A los tribunales de justicia les corresponde el control de legalidad de los actos, acuerdos y resoluciones de las administraciones y autoridades municipales.

Artículo 11.- Capacidad Jurídica.

Los ayuntamientos tendrán plena capacidad jurídica para adquirir, poseer, reivindicar, permutar, gravar o enajenar toda clase de bienes, celebrar contratos, establecer y explotar obras y servicios públicos, obligarse, interponer los recursos establecidos y ejercitar las acciones previstas en las leyes.

Artículo 12.- Relaciones Interadministrativas.

Las relaciones entre los ayuntamientos y los organismos, entidades e instituciones del Gobierno Central deberán desarrollarse conforme a los principios de colaboración, coordinación, concurrencia, subsidiariedad, información mutua y respeto a sus respectivas competencias.

Artículo 13.- Exenciones Fiscales.

Los ayuntamientos gozarán de las mismas exenciones que hayan sido reconocidas en el pago de tributos, contribuciones, tasas y cualquier otro derecho a los organismos, entidades e instituciones de la administración pública.

Capítulo III
Derechos y Deberes de las y los Munícipes

Artículo 14.- Las y Los Munícipes.

Las y Los munícipes son los habitantes que tienen su residencia habitual en el territorio municipal. El conjunto de personas que reside en un municipio constituye la población del mismo.

Artículo 15.- Derechos y Deberes de Las y Los Munícipes:

Los derechos y deberes del y de la munícipe son:

1°. Elegir y ser elegible de acuerdo a lo dispuesto en la Constitución, la Ley Electoral y esta ley.

2°. Hacer uso de los servicios públicos municipales en las condiciones establecidas en las ordenanzas y reglamentos municipales.

3°. Exigir que las competencias propias, coordinadas y/o delegadas sean prestadas con eficiencia, eficacia y transparencia ante el ayuntamiento, las instancias de lo contencioso administrativo, instancias de control interno y externo de la administración pública.

4°. Participar en la gestión municipal de acuerdo con lo dispuesto en las leyes y reglamentos.

5°. Consultar los archivos y registros de los ayuntamientos, así como obtener copias y certificaciones de los documentos de dominio público municipal, conforme lo establecido en la Ley de Libre Acceso a la Información Pública.

6°. Desarrollar y formar asociaciones destinadas a la defensa de los intereses colectivos de ámbito comunitario.

7°. Reclamar ante los órganos de gobierno municipal contra los actos u omisiones de éstos que les perjudiquen individual o colectivamente.

8°. Cumplir con las ordenanzas y disposiciones municipales, con sus obligaciones tributarias y denunciar los hechos y actos que lesionen el patrimonio municipal.

9°. Todos aquellos otros derechos y deberes previstos en la Constitución y las leyes.

Artículo 16.- Autorizaciones y Licencias Municipales.

Las licencias o autorizaciones otorgadas por otros organismos públicos no eximen a sus titulares de obtener las correspondientes licencias municipales, respetándose en todo caso lo dispuesto en las leyes sectoriales.

Artículo 17.- Relación de Residentes.

Los ayuntamientos contarán con una relación de residentes y para tales fines podrán solicitar a la Junta Central Electoral una relación de todas las personas que figuran inscritos como electores del municipio para su conocimiento y a los fines que se derivan de las disposiciones de esta ley.

TÍTULO II
EL AYUNTAMIENTO

Capítulo I
Competencias

Artículo 18.- Marco General.

El ayuntamiento ejercerá para la gestión de sus intereses las competencias propias, coordinadas y/o concurrentes atribuidas por la Constitución, la presente ley y las leyes sectoriales para satisfacer las necesidades y aspiraciones de sus respectivas comunidades y lograr su mayor bienestar, prosperidad y desarrollo. Las mismas se ejecutarán conforme a los principios de descentralización, subsidiariedad, coordinación, concurrencia, desconcentración, democracia local, participación, concertación, solidaridad social y equidad de género.

Párrafo I: Se considerarán como competencias propias, aquellas cuyo ejercicio le corresponde exclusivamente a los municipios, de acuerdo a lo que especifique la Constitución, las leyes sectoriales y las que rijan las relaciones interadministrativas entre las diferentes instancias de la administración pública.

Párrafo II: Se considerarán como competencias coordinadas o compartidas, aquellas competencias en cuyo ejercicio, los diferentes entes de la administración pública le corresponden fases sucesivas o concurrentes, definiendo la ley la función específica, los reglamentos y los acuerdos entre los entes, la responsabilidad y financiación que corresponde a cada nivel de gobierno.

Párrafo III: Se consideran como competencias delegadas, aquellas que el Gobierno Central, previa aceptación, y con la garantía de la suficiencia financiera, transfiere parcial o totalmente al ayuntamiento, para asegurar mayor eficiencia, eficacia, transparencia y participación ciudadana en su ejercicio.

Párrafo IV: Los ayuntamientos podrán solicitar la delegación de determinadas competencias al Gobierno Central, respondiendo a la demanda de la población y a partir de la demostración de que pueden hacer un ejercicio de las mismas más eficiente, eficaz, transparente y participativa.

Párrafo V: La solicitud de la delegación establecida en el Párrafo 4 del presente artículo, se hará directamente ante la instancia sectorial correspondiente, a la instancia de planificación de la administración pública con atribuciones sobre la materia y a las instancias de control interno y externo de la administración pública, quienes deberán dar respuesta en un plazo no mayor de tres meses. De no dar respuesta en el plazo previsto, se reputa como aprobada la solicitud y las consecuencias derivadas. En caso de respuesta negativa, los ayuntamientos podrán recurrir ante la instancia de lo contencioso administrativo que tenga competencia en la materia siendo en última instancia, estas decisiones obligatorias para las partes.

Artículo 19.- Competencias Propias del Ayuntamiento.

El ayuntamiento ejercerá como propias o exclusivas la competencia en los siguientes asuntos:

a) Ordenamiento del tránsito de vehículos y personas en las vías urbanas y rurales.

b) Normar y gestionar el espacio público, tanto urbano como rural.

c) Prevención, extinción de incendios y financiación de las estaciones de bomberos.

d) Ordenamiento del territorio, planeamiento urbano, gestión del suelo, ejecución y disciplina urbanística;

e) Normar y gestionar el mantenimiento y uso de las áreas verdes, parques y jardines.

f) Normar y gestionar la protección de la higiene y salubridad públicas para garantizar el saneamiento ambiental.

g) Construcción de infraestructuras y equipamientos urbanos, pavimentación de las vías públicas urbanas, construcción y mantenimiento de caminos rurales, construcción y conservación de aceras, contenes y caminos vecinales.

h) Preservación del patrimonio histórico y cultural del municipio.

i) Construcción y gestión de mataderos, mercados y ferias.

j) Construcción y gestión de cementerios y servicios funerarios.

k) Instalación del alumbrado público.

l) Limpieza vial

m) Servicios de limpieza y ornato público, recolección, tratamiento y disposición final de residuos sólidos.

n) Ordenar y reglamentar el transporte público urbano.

o) Promoción, fomento y desarrollo económico local.

Párrafo I: Los ayuntamientos podrán ejercer como competencias compartidas o coordinadas todas aquellas que corresponden a la función de la administración pública, salvo aquellas que la Constitución le asigne exclusivamente al Gobierno Central, garantizándoles como competencias mínimas el derecho a estar debidamente informado, el derecho a ser tomado en cuenta, el derecho a participar en la coordinación y a la suficiencia financiera para su adecuada participación.

En específico, las correspondientes a:

a) La coordinación en la gestión de la prestación y financiación de los servicios sociales y la lucha contra la pobreza, dirigido a los grupos socialmente vulnerables, y principalmente, a la infancia, la adolescencia, la juventud, la mujer, los discapacitados y los envejecientes.

b) Coordinación, gestión y financiación de la seguridad ciudadana y mantenimiento del orden público.

c) Coordinación y gestión de la prestación de los servicios de atención primaria de salud.

d) Promoción y fomento de la educación inicial, básica y capacitación técnico-vocacional, así como el mantenimiento de los locales escolares públicos.

e) Coordinación de la provisión de los servicios de abastecimiento de agua potable, alcantarillado y tratamiento de aguas residuales.

f) Promoción de la cultura, el deporte y de la recreación.

g) Defensa civil, emergencias y previsión de desastres.

h) Promover la prevención de la violencia intrafamiliar y de género, así como de apoyo y protección de derechos humanos.

i) Desarrollo de políticas públicas focalizadas a mujeres jefas de hogar y madres solteras.

j) Promoción y fomento del turismo.

Párrafo II. El Gobierno Central, y cualquier otro ente de la administración pública, podrán delegar total o parcialmente el ejercicio de otras competencias a los ayuntamientos, previa aceptación de los mismos, siempre que con ello se mejore la eficacia y eficiencia de la gestión pública y se alcance una mayor participación ciudadana y transparencia. La disposición o el acuerdo de delegación deben determinar el alcance, contenido, condiciones y duración de ésta, así como los medios personales, materiales y económicos que esta transfiera.

Párrafo III. Los ayuntamientos podrán solicitar la delegación de determinadas competencias al Gobierno Central, respondiendo a la demanda de la ciudadanía, la demostración de que pueden hacer un ejercicio de las mismas más eficiente, eficaz, transparente y participativa.

Artículo 20.- Servicios Municipales Mínimos:

El ayuntamiento, por sí o asociado a otros, prestará con carácter obligatorio los servicios mínimos siguientes:

a) En todos los municipios: Cementerios y servicios fúnebres, recolección, tratamiento y disposición final de los desechos sólidos urbanos y rurales, limpieza vial, acceso a los núcleos de población, reconstrucción y mantenimiento de calles, aceras, contenes y caminos rurales, plazas, parques públicos, biblioteca pública, instalaciones deportivas, matadero, mercado, protección y defensa civil, prevención y extinción de incendios, protección del medio ambiente, planeamiento urbano y servicios sociales básicos. La construcción, reconstrucción y mantenimiento de autopistas y carreteras intermunicipales son responsabilidad del Gobierno Central.

Párrafo I. Los ayuntamientos podrán solicitar la cooperación y asistencia técnica de otros municipios o de otras instituciones públicas para prestar los servicios mínimos que les correspondan, según lo dispuesto en el presente artículo, cuando por sus características peculiares y capacidad institucional y financiera, resulte imposible su cumplimiento por sí mismos.

Párrafo II. La asistencia y colaboración del Poder Ejecutivo a los ayuntamientos se dirigirá preferentemente al establecimiento y adecuada prestación de los servicios municipales mínimos, al desarrollo de sus competencias propias y a garantizar la suficiencia financiera para su provisión. Para tal fin, la Tesorería Nacional transferirá íntegramente a los ayuntamientos los recursos correspondientes previstos en las leyes. Cuando no se le garantice a los ayuntamientos la suficiencia financiera para ejercer la competencia adecuada, realizarán la solicitud de asistencia específica a la instancia del Poder Ejecutivo que definan las leyes.

Artículo 21.- Destino de los Fondos.

Los ayuntamientos destinarán los ingresos propios y los recibidos por las diferentes modalidades establecidas por las leyes nacionales para satisfacer sus competencias manteniendo los siguientes límites en cuanto a su composición:

a. Hasta el veinticinco por ciento (25%) para gastos de personal, sean éstos relativos al personal fijo o bajo contrato temporal.

b. Hasta el treinta y un por ciento (31%), para la realización de actividades y el funcionamiento y mantenimiento ordinario de los servicios municipales de su competencia que prestan a la comunidad.

c. Al menos el cuarenta por ciento (40%), para obras de infraestructura, adquisición, construcción y modificación de inmuebles y adquisición de bienes muebles asociados a esos proyectos, incluyendo gastos de preinversión e inversión para iniciativas de desarrollo económico local y social.

d. Un 4% dedicado a programas educativos, de género y salud.

Párrafo I: El concejo municipal por resolución establecerá las organizaciones e instituciones con las cuales la administración municipal coordinará estas acciones y el proceso de aplicación de los programas consignados en el Literal d) del presente artículo.

Párrafo II: Los porcentajes fijados en los Literales a) y b) de este artículo, no se podrán sobrepasar, salvo casos de emergencia y de desastres.

Párrafo III: En los casos atendibles a que se refiere el párrafo anterior, será preciso su aprobación por el concejo municipal mediante voto favorable de las 2/3 partes de su matrícula, y se requerirá el visado de la contraloría interna del ayuntamiento.

Párrafo IV: La violación de este artículo será sancionado con penas de 2 a 5 años de prisión, con el pago de una indemnización de cinco (5) a veinte (20) salarios mínimos, así como también a la inhabilitación para el servicio público prevista por la legislación penal dominicana para estos casos. En el caso de que el tesorero y el contralor municipal no denuncien ante las autoridades de control y persecución competentes, se castigarán como infractores y de acuerdo con la sanción antes mencionada.

Párrafo V: La Cámara de Cuentas de la República Dominicana deberá publicar cada año, en la forma en que ésta determine, los resultados de las auditorias anuales realizadas a los municipios y distritos municipales en cuanto a la eficacia y eficiencia presupuestaria de acuerdo con lo establecido en la presente ley. En los casos de que como resultado de dichas auditorias se determine que se ha violado lo establecido en la misma, procederá conforme a la ley que la rige a solicitar la puesta en movimiento de la acción pública. Cualquier persona física o moral en caso de violación a la presente ley podrá solicitar a las jurisdicciones penales competentes la puesta en movimiento de la acción pública, constituirse en calidad de querellante y actor civil según los términos del Código Procesal Penal, y solicitar las sanciones correspondientes.

Capítulo II
El Territorio

Artículo 22.- Definición.

El territorio municipal es el espacio geográfico delimitado por la ley de creación del municipio, dentro del cual el ayuntamiento ejerce sus atribuciones. La misma también determinará el núcleo urbano en el que el ayuntamiento tendrá su sede.

Artículo 23.- Subdivisiones del Municipio.

Dentro del término municipal, mediante ley se podrán establecer distritos municipales, secciones y parajes. Los ayuntamientos mediante ordenanza podrán determinar los límites de sus áreas urbanas así como establecer otras divisiones de su territorio de carácter administrativo.

Artículo 24.- De las Secciones y Parajes.

Al objeto de mejorar el funcionamiento de la administración municipal y facilitar la participación ciudadana en la gestión de los asuntos de interés comunitario, en cada sección existirá una alcaldía pedánea y en cada uno de los parajes que la componen, una ayudantía de alcalde pedáneo.

Artículo 25.- De las Delegaciones Barriales.

En los sectores urbanos o barrios de los núcleos urbanos con una población significativa, mediante ordenanza, los ayuntamientos podrán acordar la creación de órganos territoriales de gestión desconcentrada, así como la organización, atribuciones y funciones que les correspondan.

Artículo 26.- Creación de Municipios.

La creación, supresión o modificación de municipios, así como sus límites y su designación, serán dispuestas por ley.

Párrafo I.- La ley que proceda a la creación de municipios, así como la modificación de su territorio, deberá disponer su denominación, límites, y las subdivisiones territoriales que en el mismo se establezcan. Igualmente deberá prever los criterios a seguir para la instalación del ayuntamiento y la distribución de los bienes, derechos y obligaciones que hayan de atribuirse a cada una de las partes resultantes.

Párrafo II.- El municipio empezará a funcionar como tal a partir del día en que se constituya su gobierno, previa celebración de las elecciones municipales según lo establece la Constitución de la República y la Ley Electoral.

Artículo 27.- Modificación del Municipio y Segregación.

La segregación de parte del territorio de uno o varios municipios para constituir otro independiente, requerirá la existencia de un motivo legítimo de interés público que lo justifique y que los resultantes cuenten con la capacidad y los recursos suficientes para el cumplimiento de sus competencias y atribuciones. La modificación de un municipio ocurre en cualquiera de los casos siguientes:

a) Por segregación de parte de su territorio para anexarlo a otro.

b) Por la creación de un nuevo municipio mediante la elevación a esta categoría de un distrito municipal.

c) Por la fusión de dos o más municipios en uno sólo.

Párrafo.- En todos los casos deberán cumplirse los siguientes requisitos:

a) Que el municipio que resulte de la nueva creación tenga una identidad geográfica, social, económica y cultural.

b) Que tanto el nuevo municipio como el del que se segrega resulten con una población superior a 15,000 habitantes.

c) Que en cada municipio existan las infraestructuras físicas y condiciones sociales y económicas básicas que garanticen la viabilidad de su desarrollo futuro.

d) Que dispongan de fuentes de ingresos de naturalezas constantes y suficientes, que superen el 10% del presupuesto de ingresos municipal, para garantizar el funcionamiento, el desarrollo y la independencia financiera de los municipios resultantes.

e) Deberá realizarse, mediante encuesta, una consulta en las comunidades afectadas para conocer su posición sobre el mismo.

Artículo 28.- Agregación Territorial de un Municipio a Otro.

La segregación de parte del territorio de un municipio para agregarlo a otro colindante, sólo podrá realizarse siempre que el municipio del que se segrega mantenga una población superior a los 15,000 habitantes y se produzcan al menos una de las siguientes situaciones:

a) Se confunda el núcleo urbano existente con el del municipio que se pretende agregar.

b) Existan motivos justificados de la necesidad o conveniencia económica, social o administrativa de que ello se produzca.

Artículo 29.- Distribución de los Bienes, Derechos y Acciones.

En cualquiera de los casos de modificación del territorio municipal, se procederá simultáneamente a la distribución de los bienes, derechos, acciones, deudas, cargas y obligaciones existentes entre los municipios que resulten afectados. A tales efectos, el ayuntamiento cuyo territorio municipal ha sido segregado estará en la obligación de suministrar al municipio recién creado o al que se haya agregado el territorio, todas las informaciones financieras, registro de bienes y las relaciones bases de contribuyentes de la parte afectada. Para efectuar la distribución se considerará el número de habitantes, los recursos del territorio que se trata de segregar y las inversiones y gastos de capital efectuados en el mismo que estén pendientes de pago al producirse la alteración.

Párrafo I.- Cuando parte del territorio de un municipio sea incorporado a otro, pasarán a pertenecer a éste todos los bienes del dominio público municipal que pertenecían a aquél sobre la porción segregada, así como, todos los activos y pasivos correspondientes.

Párrafo II.- Esta disposición no es aplicable a los bienes patrimoniales del municipio segregado, manteniendo éste su derecho de propiedad, salvo disposición legal en contrario.

Artículo 30.- Estudio Previo de Factibilidad.

Cualquier creación, modificación, supresión y fusión de municipios, requerirá que con carácter previo se realice un estudio de factibilidad por parte del Congreso Nacional o una de sus Cámaras o quien éste delegue, justificativo del cambio, en la que se demuestre su conveniencia, social, política, económica y administrativa, tomando en consideración su potencial fiscal, sus posibilidades económicas y su identificación como área territorial de desarrollo.

TÍTULO III
FORMACIÓN E INTEGRACIÓN DEL AYUNTAMIENTO
Capítulo I
Organización del Gobierno Municipal

Artículo 31.- El Gobierno y la Administración Municipal.

El ayuntamiento es el órgano de gobierno del municipio y está constituido por dos órganos de gestión complementarios, uno normativo, reglamentario y de fiscalización que se denominará concejo municipal, y estará integrado por los regidores/as, y un órgano ejecutivo o sindicatura que será ejercido por el síndico/a, los cuales son independientes en el ejercicio de sus respectivas funciones, y estarán interrelacionados en virtud de las atribuciones, competencias y obligaciones que les confiere la Constitución de la República y la presente ley.

Artículo 32.- Reglas de Organización.

La organización municipal responde a las siguientes reglas:

a) Los ayuntamientos organizarán sus estructuras internas, y los puestos correspondientes, de acuerdo con sus necesidades y conveniencias sin otros límites que los establecidos en la ley.

b) Las leyes sectoriales podrán establecer una organización municipal complementaria a la prevista en esta ley.

c) Las que definan las instancias de control interno de la administración pública.

Párrafo I.- Los bloques políticos integrantes del concejo municipal tendrán derecho a participar en los órganos complementarios del ayuntamiento que tengan por función el estudio, informe o consulta de los asuntos que hayan de ser sometidos a la decisión del concejo municipal.

Párrafo II.- La estructura organizativa debe estar en correspondencia y justificada en función de las competencias que asuma cada ayuntamiento o junta de distrito municipal.

Párrafo III.- La estructura organizativa debe estar en correspondencia con los puestos integrados a la Ley de Carrera Civil y Administrativa del Estado. Las funciones que están establecidas para un determinado cargo o puesto sujeto al servicio civil y carrera administrativa, no podrán ser asignadas a ningún otro puesto de libre remoción.

Párrafo IV.- Los síndicos tendrán exclusivamente el derecho a presentar iniciativas de modificación de la estructura organizativa y creación de puestos. Para lo cual presentarán la documentación siguiente: a) estructura del organigrama actual, b) modificaciones propuestas, c) justificación funcional, d) carga financiera que representa, e) funciones y descripción del puesto, f) consideraciones de las instancias de control interno de la administración pública, g) informe de las consideraciones de los regidores y la ciudadanía durante el período de consulta pública.

Párrafo V.- Las iniciativas de modificación de la estructura organizativa deberán ser presentadas al concejo de regidores para fines de su aprobación. Luego de la introducción de la propuesta al concejo de regidores, se presentará la iniciativa a un período de consultas públicas de 15 días. Transcurrido este período, el concejo de regidores tendrá un período de 30 días para proceder a su aprobación o externar sus reservas con la iniciativa presentada. En caso de que no sea conocida, la propuesta entrará en vigor al perimir el plazo. Los síndicos podrán recurrir ante las instancias de control interno de la administración pública, las definidas por la Ley de Servicio Civil y Carrera Administrativa y de las instancias de lo contencioso administrativo para fines de consideración de la pertinencia de las iniciativas presentadas, y en caso de obtener la validación de la misma entrará en vigencia automáticamente.

Artículo 33.- Elección de los Miembros del Ayuntamiento.

El síndico/a, el vicesíndico/a y los regidores/as y sus suplentes, son elegidos por los(as) munícipes en la forma y por el término que determinen la Constitución y las leyes.

Articulo 34.- Equidad de Género en las Postulaciones a Cargos Municipales.

En las propuestas para cargos electivos a nivel municipal los partidos y movimientos políticos, están en la obligación de preservar y estimular la participación de la mujer, en consecuencia cuando el candidato a síndico sea un hombre, la candidata a vice-síndico será una mujer.

En las candidaturas a regidor/a y sus suplentes, los partidos y movimientos políticos presentarán un 33% de las candidaturas de mujeres. En los municipios donde sólo se eligen 5 regidores todas las propuestas de candidaturas deberán contar con un mínimo de dos mujeres.

Artículo 35.- Composición del Concejo Municipal.

El concejo municipal estará compuesto por el síndico y un número de regidores y regidoras que resulte de acuerdo a la aplicación de la siguiente escala:

-   En los municipios de menos de veinticinco mil (25,000) habitantes, por cinco (5) regidores.

-   En los municipios de hasta cincuenta mil (50,000) habitantes, por siete (7) regidores.

-   En los municipios de hasta setenta y cinco mil (75,000) habitantes, por nueve (9) regidores.

-   En los municipios de hasta cien mil (100,000) habitantes, por once (11) regidores.

-   En los de más de cien mil (100,000) habitantes, se incrementará el anterior número con un (1) regidor por cada cincuenta mil (50,000) habitantes o fracción superior a veinticinco mil (25,000).

Párrafo.- Si como consecuencia de la aplicación de los anteriores criterios, resultase que el número total de componentes fuera par, se incrementará en uno más.

Artículo 36.- Suplentes de Regidores/as.

El suplente de regidor/a será llamado a sustituirle cuando haya cesado en el ejercicio de sus funciones por cualquiera de las causas previstas en esta ley. Si no hubiese suplente o este renunciase, serán llamados sucesivamente para ocupar la regiduría, los restantes miembros de la boleta y sus suplentes, según el orden en el que figuraban en la misma.

Párrafo I.- Cuando ocurran vacantes en los cargos de regidor/a o síndico/a y éstas no se puedan cubrir por haberse agotado los posibles sustitutos dentro de la candidatura del partido político o agrupación a la que corresponden, se procederá conforme lo dispone la Constitución de la República.

Párrafo II.- Corresponde al concejo municipal conocer acerca de las vacantes que se produzcan en los cargos de síndico/a, vicesíndico/a y regidor/a.

Capitulo II
Requisitos, Inelegibilidades e Incompatibilidades para desempeñar
Los cargos de Síndicos/as, Vicesíndicos/as y Regidores/as

Artículo 37.- Requisitos.

Para ser síndico/a, vicesíndico/a y regidor/a se requiere:

a) Ser dominicano mayor de edad.

b) Estar en pleno goce de los derechos civiles y políticos.

c) Estar domiciliado en el municipio con al menos un año de antigüedad.

d) Saber leer y escribir.

Párrafo I.- La condición de residencia no será indispensable cuando se trate de municipios de reciente creación.

Párrafo II.- Los extranjeros podrán optar a los cargos indicados con las condiciones que establezcan la Constitución y las leyes.

Artículo 38.- Causas de Inelegibilidad.

Son inelegibles para el cargo de síndico/a o regidor/a:

a) Los que hayan perdido los derechos de ciudadanía o estén suspendidos en ellos, conforme dispone la Constitución de la República.

b) Los que hayan sido condenados a la privación de los derechos a que se refiere el Código Penal, mientras duren los efectos de la pena.

c) Los condenados por sentencia con autoridad de cosa juzgada a pena privativa de libertad, durante el período que dure la pena.

Párrafo I.- También serán inelegibles y no podrán ser candidatos mientras duren en sus funciones:

a) El Presidente y miembros de la Suprema Corte de Justicia y demás jueces de la República.

b) El Defensor del Pueblo y sus Adjuntos.

c) El Procurador General de la República y los representantes del Ministerio Público.

d) Los Secretarios y Subsecretarios de Estado, Directores Generales de aquellos Departamentos y los equiparados a ellos.

e) Los jefes de misión acreditados, con carácter de residentes, ante un Estado extranjero u organismo internacional.

f) Los miembros de las Fuerzas Armadas y cuerpos policiales, en activo.

g) Los Presidentes, Vocales y Secretarios de las Juntas Electorales.

h) Los Gobernadores Civiles y las autoridades similares con distinta competencia territorial.

i) Los Presidentes, Directores y cargos asimilados de los organismos estatales autónomos con competencia en todo el territorio nacional.

j) El Director de la Oficina Nacional de Estadística.

k) El Gobernador y Subgobernador del Banco Central y administradores de las entidades de crédito del Estado.

l) Los funcionarios y empleados del mismo ayuntamiento.

Párrafo II.- Los funcionarios antes descritos que deseen presentarse a las elecciones, deben solicitar previamente licencia en el ejercicio de sus cargos tres meses antes del día de las elecciones municipales. De ser elegidos, podrán reincorporarse a sus cargos hasta el día de la toma de posesión de las nuevas autoridades.

Artículo 39.- Incompatibilidades.

El ejercicio de los cargos de síndico/a, vicesíndico/a y regidor/a es incompatible con el desempeño de las siguientes funciones:

a)   Cualquier cargo electivo de los contemplados en la Constitución de la República.

b)   Los empleos públicos cuyo desempeño son motivo de inelegibilidad.

c)   Empleos en el ayuntamiento, sea como asalariado, contratado o sin disfrute de sueldo.

d)   La administración de bienes o fondos municipales.

e)   Contratas y consultorías de cualquier tipo o condición con el municipio.

Artículo 40.- Plazo y Procedimiento para Resolver la Incompatibilidad.

Producida una causa de incompatibilidad y declarada la misma por el concejo municipal, el afectado por tal declaración debe optar, en el plazo de quince días siguientes a aquel en que reciba la notificación, entre la renuncia a la condición de síndico/a o regidor/a o el abandono de la situación que origine la referida incompatibilidad. Transcurrido dicho plazo sin haber ejercido la opción, se entiende que el afectado ha renunciado a su cargo en el ayuntamiento, debiendo el concejo municipal declarar la vacante correspondiente e instar para que sea cubierta.

Artículo 41.- Denuncia Ciudadana.

Cualquier ciudadano tiene derecho a dirigirse al concejo municipal para denunciar a aquellos de sus miembros que no reúnan las condiciones que la ley exige para ejercer el cargo de síndico/a o regidor/a o hayan incurrido en causas de incompatibilidad.

Párrafo.- En caso de que un plazo no mayor de 15 días no se hayan tomado en cuenta la denuncia, pueden someter a los regidores y al síndico ante la jurisdicción de lo contencioso administrativo, quienes deben igualmente emitir sus consideraciones en un período no mayor de 15 días.

Artículo 42.- Verificación de las Condiciones Legales.

Las cuestiones que afectan a las condiciones personales de aptitud para el cargo serán resueltas por el tribunal electoral o contencioso competente en razón de la naturaleza de la causa.

Artículo 43.- Pérdida de la Condición de Síndico/a, ViceSíndico/a y Regidor/a.

La condición de síndico/a, vicesíndico/a o regidor/a se pierde por las siguientes causas:

a)   Por decisión judicial con autoridad de cosa irrevocablemente juzgada.

b)   La nulidad de la elección.

c)   Por fallecimiento o incapacitación declarada judicialmente.

d)   Por extinción del mandato al expirar su plazo, sin perjuicio de que continúe en sus funciones solamente para la administración ordinaria hasta la toma de posesión de sus sucesores.

e) Por renuncia, que debe hacerse efectiva por escrito ante el concejo municipal.

f) Por incumplimiento reiterado e injustificado en el desempeño de sus funciones en un período de tres (3) meses.

g) Por incompatibilidad en las condiciones establecidos en esta ley.

Artículo 44.- Suspensión de los Síndicos/as, Vicesíndicos/as y Regidores/as.

Procede la suspensión en sus funciones de los síndicos y síndicas, vicesíndicos y vicesíndicas, regidores y regidoras, desde el mismo momento en el que:

a) Se dicten en su contra medida de coerción que conlleven arresto domiciliario o la privación de libertad.

b) Se inicie juicio de fondo en el que se les impute un crimen o delito que se castigue con pena privativa de libertad.

Párrafo I.- Corresponde al concejo municipal conocer sobre la suspensión en sus funciones del síndico y regidores, así como disponer su reincorporación al cargo.

Párrafo II.- Mientras permanezcan en la situación de suspensión de funciones, los afectados no percibirán las retribuciones y viáticos establecidos. En caso de ser absueltos, tendrán derecho al reintegro de los mismos.

Artículo 45.- Ausencias Temporales.

Se considera ausencias temporales de los síndicos/as, vicesíndicos/as, regidores/as y director de distrito municipal, las siguientes:

a) La permanencia fuera del municipio por espacio de más de quince (15) días.

b) Por encontrarse en situación de licencia para separarse del cargo.

Párrafo.- Las ausencias fuera del país deberán ser autorizadas por el concejo municipal.

Capítulo III
Constitución del Ayuntamiento, Vigencia y Finalización del Mandato

Artículo 46.- Comisiones de Transición.

Los ayuntamientos, dentro de los treinta días siguientes a la celebración de las elecciones, constituirán comisiones de transición integradas por los síndicos/as y vicesíndicos/as salientes, los electos/as y los funcionarios/as y delegados/as que respectivamente aquellos designen, a fin de que los primeros informen a los segundos sobre la marcha de la administración municipal y los asuntos que estén pendientes.

Párrafo I.- Igualmente y con la misma finalidad se conformará una comisión integrada por los regidores y regidoras salientes y electos.

Párrafo II.- A partir de la publicación oficial de las instancias electorales pertinentes, las listas serán publicadas para la presentación de objeciones por incompatibilidades a las autoridades electas.

Artículo 47.- Constitución del Ayuntamiento.

El síndico/a, el vicesíndico/a y los regidores y regidoras electos tomarán posesión de sus cargos en acto público el día 16 del mes de agosto siguiente al de su elección, el cual tendrá lugar en el salón de sesiones del concejo municipal. Corresponderá al Presidente/a de la Junta Electoral Municipal establecer la hora de celebración.

Artículo 48.- Juramentación.

El acto de constitución del ayuntamiento se iniciará con la comprobación de las credenciales de sus miembros por parte del Presidente/a de la Junta Electoral Municipal o funcionario/a en quien delegue, quien les tomará el juramento de respetar la Constitución y las leyes, servir a sus munícipes y desempeñar fielmente las funciones y obligaciones de sus cargos.

Artículo 49.- Elección del Presidente/a y Vicepresidente/a del Concejo Municipal.

Comprobada la presencia de más de la mitad de su matrícula, el concejo municipal se reunirá a los solos efectos de proceder a la elección de su presidente/a y vicepresidente/a. Actuarán como presidente/a y secretario/a del proceso eleccionario, las y los regidores de mayor y menor edad presentes.

Artículo 50.- Vigencia y Finalización del Mandato.

El mandato de los miembros de los ayuntamientos, sea cual fuere la fecha de su elección, termina el 16 de agosto del año en el que se celebren las elecciones municipales ordinarias.

Párrafo.- El síndico/a saliente y el tesorero/a municipal informarán en el día de la toma de posesión de las nuevas autoridades, del estado de situación financiera del ayuntamiento, debiendo tener preparados y actualizados los documentos justificativos de los recursos disponibles del ayuntamiento depositados en la tesorería municipal o entidades bancarias correspondientes, así como la documentación relativa al catastro e inventario de bienes del municipio.

Artículo 51.- Celebración Sesión Extraordinaria.

Dentro de los quince días siguientes a la toma de posesión, el nuevo concejo municipal celebrará una sesión extraordinaria a fin de resolver sobre los siguientes puntos:

a)   Nombramiento del secretario/a del concejo.

b)   Periodicidad de sus sesiones ordinarias, con mención expresa del día y hora de celebración.

c)   Determinar las comisiones permanentes y especiales que considere necesario integrar y designar a los miembros de las mismas.

d)   Nombramientos de representantes en organismos y entidades que dependan del ayuntamiento o en los que éste participe.

e)   Nombramiento de los empleados/as al servicio del concejo municipal, salvo aquellos casos que no son de libre remoción, de acuerdo a la legislación vigente sobre Servicio Civil y Carrera Administrativa.

f)   Conocimiento de las designaciones del síndico/a en materia de nombramientos, salvo aquellos casos que no son de libre remoción de acuerdo a la legislación vigente sobre Carrera Civil y Administrativa.

Capitulo IV
El Concejo Municipal

Artículo 52.- Definición y Atribuciones.

El concejo municipal es el órgano colegiado del ayuntamiento, su rol es estrictamente normativo y de fiscalización, en modo alguno ejerce labores administrativas y ejecutivas. Tiene las siguientes atribuciones:

La fiscalización de las unidades de gestión y administración de las entidades territoriales adscritas al municipio, los organismos autónomos que de él dependan y las empresas municipales.

a) Conocer los acuerdos nacionales o internacionales relativos a la participación en organizaciones supramunicipales e informes y resoluciones sobre la modificación del territorio municipal, creación o supresión de municipios y de las entidades que formen parte del mismo y la creación de órganos descentralizados y desconcentrados.

b) Aprobación de delegaciones municipales a iniciativa de la sindicatura.

c) La aprobación de los planes de desarrollo operativos anuales y demás instrumentos de ordenamiento del territorio, uso de suelo y edificación, que presentará la sindicatura.

d) La aprobación del reglamento de funcionamiento interno del concejo.

e) La aprobación de la organización, estructura de la administración y servicios del ayuntamiento y de las entidades y organismos que dependan del mismo, y los puestos correspondientes, a iniciativa de la sindicatura.

f) La aprobación de los reglamentos y ordenanzas municipales a iniciativa propia, de la sindicatura y de las instancias sociales que esta ley u otra le otorguen derecho a presentar iniciativas.

g) La aprobación y modificación del presupuesto municipal, el cual será presentado a iniciativa de la sindicatura, y previa información pública de 15 días de los documentos presentados para que la ciudadanía pueda presentar sus consideraciones. Los bloques partidarios podrán presentar modificaciones en las sesiones de discusión, cumpliendo con la información pública de 15 días, previa a su discusión por el concejo municipal.

h) Ratificar el presupuesto formulado de los distritos municipales.

i) Evaluar los planes operativos anuales en correspondencia con el presupuesto a los fines de que se garanticen la prestación de servicios de calidad a la ciudadanía.

j) La aprobación de los egresos en los asuntos que no estén previstos en el presupuesto.

k) La aprobación de las cuentas del ayuntamiento y las de las entidades, organismos y empresas dependientes del mismo.

l) Conocer y aprobar los informes periódicos de la sindicatura.

m) Solicitar, conocer y aprobar los informes del contralor interno.

n) Conocer y aprobar los informes trimestrales de los distritos municipales.

o) La aprobación de los empréstitos del municipio a iniciativa de la sindicatura.

p) La concesión de aplazamiento en el pago de los tributos, rentas, deudas e ingresos de cualquier tipo que correspondan al municipio a iniciativa de la sindicatura.

q) Nombrar, destituir y aceptar la renuncia de los funcionarios y empleados bajo dependencia de las instancias organizativas propias del concejo municipal.

r)   Aprobación de los nombramientos y renuncias de los funcionarios y emplea-dos bajo dependencia de la sindicatura, de acuerdo a la estructura organizativa, organigrama, funciones y descripciones de puestos aprobada y validada por el concejo municipal y las instancias de control interno de la administración pública.

s)   Nombrar al gerente financiero, tesorero/a y al contador, de acuerdo a propuesta hecha por el síndico/a,

t)   Nombrar y supervisar al contralor municipal.

u)   Autorizar el ejercicio de acciones ante otros organismos o entidades y los tri-bunales de justicia en función del interés del ayuntamiento y de la población de sus respectivos municipios.

v)   La aprobación de la regulación del aprovechamiento, administración y explo-tación de los bienes del municipio a iniciativa de la sindicatura y propia.

w)   La adquisición o enajenación de bienes y derechos del ayuntamiento, salvo en los casos en que legalmente se atribuyan a la sindicatura.

x)   Aprobar la enajenación del patrimonio municipal, con las disposiciones que establezcan esta ley, y cualquier otra legislación, reglamento o normativa que aplique para la administración pública. Se requerirá el voto favorable de ¾ de la matrícula del concejo municipal y la información pública de por lo menos 15 días para que la ciudadanía exprese sus consideraciones.

y)   Conocer y resolutar sobre las propuestas presentadas por la ciudadanía de acuerdo a los procedimientos de la iniciativa popular en un plazo no menor de 45 días.

z)   Aquellas otras que le deban corresponder por establecerlo así la ley, otras le-gislaciones sectoriales de la administración pública o requerir su aprobación una mayoría especial.

Artículo 53.- El Presidente/a y Vicepresidente/a del Concejo Municipal.

El presidente/a y vicepresidente/a del concejo municipal son elegidos anualmente, pudiendo ser reelectos.

Párrafo I.- En los casos de ausencia o impedimento temporal del presidente/a, le re-emplazará en el ejercicio de sus funciones el vicepresidente/a. Si faltare definitivamente, éste/a asumirá la presidencia hasta la conclusión del periodo anual para el cual aquél había sido elegido, procediéndose a la elección de un nuevo vicepresidente/a quien per-manecerá en el cargo por el mismo periodo de tiempo.

Párrafo II.- En el caso de que se produjese simultáneamente la falta definitiva del presidente/a y vicepresidente/a, el concejo municipal procederá a la elección de sus sustitutos, los cuales permanecerán en sus cargos hasta la terminación del periodo anual para el cual habían sido elegidos aquellos/as. Si hubiese alguna vacante en el concejo, la elección se realizará una vez se haya cubierto.

Párrafo III.- En los casos de ausencia o impedimento temporal del presidente/a y el vicepresidente/a, presidirá el concejo municipal, el regidor/a de mayor edad entre los miembros que acepten asumir tal responsabilidad.

Artículo 54.- Ausencias Temporales.

En los casos de ausencias temporales del presidente/a, las funciones del vicepresidente/a se limitarán a la tramitación de los asuntos ordinarios del concejo, incluida la celebración de las sesiones ordinarias.

Párrafo.- En el caso de ausencias temporales los regidores podrán hacerse representar por sus respectivos suplentes, con la notificación previa a la presidencia o a la secretaría del concejo de regidores.

Artículo 55.- Sustitución Definitiva.

Procederá la sustitución definitiva del presidente/a y vicepresidente/a por:

a)   La pérdida de su condición de miembro del ayuntamiento por cualquiera de las causas previstas en la ley.

b)   Renuncia.

c)   Muerte.

Párrafo.- La renuncia al cargo de presidente/a o vicepresidente/a no supone la renuncia de su condición de regidor/a.

Artículo 56.- Funciones del Presidente/a del Concejo Municipal.

Corresponde al presidente/a del concejo municipal, las siguientes funciones:

a)   Ostentar la representación del concejo municipal.

b)   Acordar la convocatoria de las sesiones del concejo municipal y fijar la agenda del mismo, teniendo en cuenta las peticiones del síndico/a y los demás regidores/as.

c)   Presidir las sesiones del concejo y de las comisiones en las que esté presente, abrir y levantar las sesiones, dirigir y moderar el desarrollo de los debates y suspenderlos por causas justificadas y someterlos a votación.

d)   Nombrar los miembros de los organismos y comisiones que el concejo establezca.

e)   Firmar los actos y correspondencias del concejo.

f)   Visar las certificaciones de los acuerdos del concejo, comisiones y órganos dependientes del mismo, así como las actas de las sesiones haya presidido.

g)   Disponer la publicación y comunicación a quien corresponda de los acuerdos del concejo y sus órganos auxiliares.

h)   Visar previamente las órdenes de pago expedidas por el síndico/a cuando se trate de gastos extraordinarios, cuyo detalle no conste en el presupuesto, indicando la fecha de la disposición votada por el concejo municipal para acordar el pago.

i)   Proponer al concejo municipal el nombramiento del funcionario/a que ejercerá como secretario/a del mismo, salvo que se considere que esta función esté entre los funcionarios de Carrera Administrativa.

j)   Supervisar los trabajos de la contraloría interna.

k)   Nombrar los empleados de la presidencia.

l)   Ejercer cuantas otras funciones sean inherentes a su condición de presidente/a del concejo, asignadas por esta ley u otras legislaciones.

Artículo 57.- Nombramiento del Secretario/a del Concejo.

El concejo municipal tendrá un secretario/a, quien dispondrá en sus sesiones solamente de voz.

Párrafo I.- El nombramiento y destitución del secretario/a del concejo municipal será realizado por éste a propuesta de cualquiera de sus miembros(as). El candidato/a propuesto será preferiblemente, licenciado/a en Derecho.

Párrafo II.- En caso de ausencia o impedimento temporal del secretario/a, desempeña sus funciones el empleado/a de mayor categoría de la secretaría que cuente con la titulación exigida para el desempeño del puesto.

Artículo 58.- Régimen de Sesiones.

El concejo municipal funciona en régimen de sesiones ordinarias, de periodicidad preestablecida, y extraordinarias, que pueden ser, en su caso, urgentes. Las sesiones del concejo tendrán lugar en el salón habilitado para tal fin en el ayuntamiento. Son públicas y se realizan con carácter ordinario por lo menos una vez al mes.

Párrafo.- El funcionamiento del concejo se ajusta a las siguientes reglas:

a)   El concejo celebra sesión ordinaria al menos una vez al mes y extraordinaria cuando así lo decida el presidente o lo soliciten la cuarta parte de sus miembros, no pudiendo demorarse por más de 15 días desde que fuese solicitada.

b)   Las sesiones se convocan, al menos con cuarenta y ocho (48) horas de antelación, salvo las sesiones extraordinarias que lo hayan sido con carácter de urgencia, y que serán ratificadas por el concejo. Desde su convocatoria, la documentación de los asuntos incluidos en la agenda deben estar a disposición de los regidores en la secretaría del concejo.

c)   El concejo se constituye válidamente con la asistencia de más de la mitad de sus miembros. Este quórum deberá mantenerse durante toda la sesión, así como la presencia del presidente/a y secretario/a.

d)   La adopción de acuerdos se produce mediante votación ordinaria, salvo que se acuerde, para un caso concreto, la votación nominal. El voto puede emitirse en sentido afirmativo o negativo, pudiendo también los miembros abstenerse de votar.

Artículo 59.- Votaciones.

Los acuerdos del concejo municipal se adoptan, como regla general, por mayoría simple de los miembros presentes. Esta mayoría se da cuando los votos afirmativos son más que los negativos. En caso de empate, se efectuará una nueva votación, y si persistiera está paridad, se pospondrá la decisión para la próxima reunión ordinaria. Luego de tres reuniones presentándose igual situación, decidirá el voto de calidad del presidente/a.

Párrafo.- Se requiere el voto favorable de la mayoría absoluta de la matrícula del concejo, la adopción de acuerdos en los siguientes asuntos:

a)   Conocimiento de asuntos declarados de urgencia.

b)   Aprobación y modificación del reglamento interno del concejo municipal y del orgánico del ayuntamiento.

c)   Creación, modificación o disolución de mancomunidades y otras organizaciones asociativas, así como la adhesión a las mismas y la aprobación y modificación de sus estatutos.

d)   Creación de delegaciones municipales.

e)   Aceptación de las delegaciones o encomiendas de gestión realizadas por otros organismos.

f)   Aprobaciones de crédito cuando su importe supere el 5% de los recursos ordinarios de su presupuesto anual, así como los empréstitos contraídos.

g)   Imposición y ordenación de los arbitrios municipales.

h)   Planes e instrumentos de ordenamiento del territorio y uso del suelo.

i)   Enajenación de bienes.

j)   Alteración de la calificación jurídica de los bienes de dominio público.

k)   Cesión gratuita de bienes a otras entidades, organismos e instituciones públicas o asociaciones sin fines de lucro.

l)   Otras restantes determinadas por la ley.

Capítulo V
La Sindicatura

Artículo 60.- Desempeño y Atribuciones.

La sindicatura es el órgano ejecutivo del gobierno municipal cuyo desempeño es realizado por el síndico/a, a quien corresponden las siguientes atribuciones:

1°.   Representar al ayuntamiento y presidir todos los actos públicos organizados por éste.

2°.   Dirigir la administración del ayuntamiento y la organización de los servicios municipales.

3°.   Asistir y participar con voz en las sesiones del concejo municipal.

4°.   Nombrar y destituir a los funcionarios y empleados del Ayuntamiento, de conformidad con la Ley de Servicio Civil y Carrera Administrativa vigente, la estructura organizativa, manual de funciones y descripción de puestos aprobada por el concejo de regidores y la validación de las instancias de control interno para la administración pública.

5°.   Ejecutar las ordenanzas y reglamentos municipales.

6°.   Dirigir, impulsar e inspeccionar las obras y servicios municipales.

7°.   Requerir a todos los que estén obligados al fiel cumplimiento de los servicios u obligaciones de carácter público.

8°.   La concesión de licencias de apertura de establecimientos fabriles, industriales, comerciales o de cualquier índole y de licencias de obras en general, salvo que las ordenanzas o las leyes sectoriales, de acuerdo a la normativa del Plan de Ordenamiento Territorial, planeamiento urbano y de medio ambiente vigente en las leyes nacionales, y en los reglamentos y ordenanzas propios del ayuntamiento.

9°.   Proponer al concejo municipal las solicitudes de expropiación de inmuebles al Poder Ejecutivo con fines de utilidad pública y tramitarlas conforme a la ley.

10°. Suscribir en nombre y representación del ayuntamiento, contratos, escrituras, documentos y pólizas de conformidad con la Ley de Contrataciones Públicas que rige la materia, y velar por su fiel ejecución.

11º. Cumplir y hacer cumplir las disposiciones que se refieran a la administración de los bienes municipales.

12º. Velar por la conservación de los bienes y derechos del municipio y hacer todos los actos conservatorios de urgencia a que hubiere lugar, dando cuenta al concejo municipal en la primera sesión que celebre.

13º. Llevar un registro de todos los contratos de arrendamiento en que haya intervenido el ayuntamiento y velar por su cumplimiento y o rescisión cuando los arrendatarios no cumplan con todas las cláusulas de sus contratos contractuales.

14º. Desempeñar la dirección superior de todo el personal al servicio de la sindicatura y ejercer todas las funciones que no sean de la atribución del concejo municipal.

15º. Ejercer la dirección de la Policía Municipal, así como proponer el nombramiento y sanción de sus miembros.

16º. Dirigir y supervisar en el ejercicio de sus funciones a los inspectores que designe el ayuntamiento y a los alcaldes pedáneos.

17º. Formular el proyecto de presupuesto municipal y sus modificaciones.

18º. Disponer gastos dentro de los límites de sus atribuciones y los expresamente previstos en las normas de ejecución del presupuesto, ordenar todos los pagos que se efectúen con los fondos municipales y autorizar los documentos que impliquen formalización de ingresos en la tesorería del ayuntamiento.

19º. Desarrollar la gestión económica municipal conforme al presupuesto municipal aprobado, al ciclo de gestión del mismo y rendir cuentas al concejo municipal de las operaciones efectuadas.

20º. Organizar los servicios de tesorería y recaudación.

21º. Asistir a los arqueos ordinarios y extraordinarios y darles su aprobación.

22º. Aprobar las facturas que correspondan al desarrollo normal del presupuesto y que hubiesen sido recibidas por la contraloría municipal.

23º. Ejercer acciones judiciales y administrativas en caso de urgencia, dando cuenta al concejo municipal en la primera sesión que celebre.

24º. Sancionar las faltas del personal por infracción de las leyes ordenanzas y reglamentos municipales, salvo en los casos en que tal facultad esté atribuida al concejo municipal.

25º. Publicar las ordenanzas, reglamentos, resoluciones y acuerdos en general aprobados por el concejo municipal.

26º. Convocar las consultas populares municipales en los términos previstos en esta ley y el período de exposición pública a la población de las resoluciones que lo ameriten y las que estén especificadas en la presente ley o cualquier otra norma que defina obligaciones al respecto.

27º. Adoptar, en caso de catástrofe o de infortunios públicos o grave riesgo, las medidas necesarias, urgentes y adecuadas, informando las mismas al concejo municipal en la primera sesión que celebre.

28º. Velar por la exactitud de las pesas y medidas que se utilicen dentro del territorio municipal.

29º. Las demás que le atribuyan expresamente las leyes y aquéllas que asignadas por las mismas al municipio, no se atribuyen al concejo municipal.

Artículo 61.- Deberes de Información al Concejo Municipal.

El síndico/a dará cuenta sucinta al concejo municipal en cada sesión ordinaria, de las decisiones que hubiere adoptado desde la sesión anterior para que las y los regidores conozcan el desarrollo de la administración municipal. Además, ofrecerá los informes periódicos que defina esta ley, otras legislaciones y normativas y las instancias de control interno de la administración pública y cualquier otro que el concejo de regidores o un regidor considere pertinente.

Artículo 62.- Intervención del/ Síndico/a en las Sesiones del Concejo Municipal.

El síndico/a puede intervenir en las deliberaciones del concejo municipal y de acuerdo con el procedimiento establecido en el reglamento interno, presentar y someter propuestas de ordenanzas, reglamentos, resoluciones y rendir informes así como cualquier otra iniciativa o solicitud en relación con sus atribuciones y funciones.

Párrafo I.- El síndico/a recibirá la convocatoria para las sesiones del concejo municipal en igual forma y plazo que las y los regidores.

Párrafo II.- El síndico/a podrá hacerse representar en las sesiones del concejo municipal por el vicesíndico/a o un funcionario/a de la sindicatura, a quien le corresponderán los mismos derechos y obligaciones establecidos para aquél.

Artículo 63.- Ausencia Temporal del Síndico/a.

En los casos de ausencia, enfermedad o impedimento que imposibilite al síndico/a para el ejercicio de sus atribuciones por más de quince (15) días, desempeñará sus funciones el vicesíndico/a, quien se limitará a la gestión de los asuntos ordinarios, no pudiendo realizar o revocar nombramientos ni delegaciones, así como realizar contratos que no resulten estrictamente necesarios para el normal funcionamiento de la administración y los servicios municipales.

Párrafo.- Las ausencias del síndico/a fuera del país por más de 72 horas deberán ser autorizadas por el concejo municipal.

Artículo 64.- Sustitución del Síndico/a.

Si se produjere vacante en el cargo de síndico/a por cualquiera de las causas que producen la pérdida del mismo, se procederá a posesionar al vicesíndico/a, quien prestará juramento ante el concejo municipal en sesión extraordinaria convocada al efecto.

Párrafo I.- Si no hubiera vicesíndico/a, el presidente/a del concejo municipal se dirigirá al Presidente de la República para que proceda a su designación conforme el procedimiento establecido en la Constitución de la República.

Párrafo II.- Si el vicesíndico/a renunciase o no pudiese ejercer las funciones de síndico, con carácter provisional las ejercerá el secretario/a general o funcionario que designe el concejo municipal.

Párrafo III.- Quien actúe en funciones de síndico/a deberá hacer constar expresamente en su correspondencia y actuaciones su condición.

Artículo 65.- Vicesíndico/a.

En cada ayuntamiento habrá un vicesíndico/a, el cual será elegido en la misma fecha y forma que el síndico/a y para igual período que éste.

Artículo 66.- Funciones del Vicesíndico/a.

El vicesíndico/a ejercerá sus funciones bajo la dirección y supervisión del/de la síndico/a. Le corresponderá sustituir al síndico en los casos de ausencia temporal o definitiva del mismo, y desarrollará las actividades y actuaciones que el síndico/a les delegue y confiera.

Capítulo VI
Delegaciones Municipales

Artículo 67.- Delegaciones Municipales.

Los ayuntamientos podrán crear delegaciones municipales. Estás tendrán el carácter de órganos territoriales de gestión desconcentrada y su finalidad será garantizar una eficaz y eficiente gestión de los asuntos de competencia municipal y facilitar la participación ciudadana en el territorio que comprende su ámbito de actuación.

Párrafo I.- Las solicitudes de creación de delegaciones municipales son exclusivas de la sindicatura, quien presentará los estudios que ameritan la creación de las mismas y su impacto positivo en la eficacia, eficiencia y participación ciudadana del territorio que le será asignado, así como el impacto sobre el presupuesto del ayuntamiento.

Párrafo II.- Se requerirá la consulta de la población atendida por la delegación correspondiente, la cual deberá a través de las instancias de participación que esta ley u otras les conceden manifestar su acuerdo con la decisión a ser votada por el concejo de regidores.

Artículo 68.- Composición y Funcionamiento.

La composición, organización y ámbito territorial de las delegaciones son establecidas por el ayuntamiento en el acuerdo de su creación. Igualmente se determinarán las funciones y atribuciones que en las mismas se deleguen.

Párrafo.- Las delegaciones municipales operan bajo la coordinación y supervisión de la sindicatura.

TÍTULO IV
EL DISTRITO NACIONAL

Capítulo I
Organización del Distrito Nacional

Artículo 69.- Régimen del Distrito Nacional.

El Distrito Nacional, sede de la capital de la República Dominicana, como demarcación especial constituye una entidad política y administrativa, dotada de personalidad jurídica, patrimonio propio y capacidad para realizar todos los actos jurídicos que fueren necesarios o útiles para el cumplimiento de sus objetivos, en las condiciones que la Constitución y las leyes determinen.

Artículo 70.- Límites del Distrito Nacional.

Los límites del territorio del Distrito Nacional, son aquellos establecidos por la ley.

Artículo 71.- División Territorial Administrativa.

El Ayuntamiento del Distrito Nacional, puede mediante ordenanza municipal crear dentro de su área urbana las divisiones administrativas que considere necesarias, a fin de garantizar una eficiente prestación de los servicios públicos y un desarrollo integral de sus comunidades.

Párrafo.- Como unidades desconcentradas del territorio, se rigen en cuanto a su organización interna, funcionamiento y atribuciones por las disposiciones que al respecto emita el ayuntamiento, en virtud de su poder reglamentario.

TÍTULO V
OTRAS ENTIDADES MUNICIPALES
Capítulo I
Las Mancomunidades

Artículo 72.- Derecho.

Se reconoce a los municipios el derecho a asociarse con otros en mancomunidades para la ejecución en común de obras y servicios determinados de su competencia.

Párrafo I.- Para que los municipios se mancomunen no es necesario que pertenezcan a la misma provincia, ni que exista entre ellos continuidad territorial.

Párrafo II.- Los ayuntamientos y las mancomunidades pueden crear empresas de capital público o mixto para los propósitos de la mancomunidad, en cuyo capital accionario participan en función de sus aportes, pudiendo incorporar tributos del sector privado cuando se considere que el mismo pueda realizar contribuciones significativas de carácter financieras o de tecnologías, según lo previsto en la ley.

Artículo 73.- Procedimiento de Creación.

El procedimiento de creación de una mancomunidad y la aprobación de sus estatutos se realiza conforme a las siguientes normas:

a) Los ayuntamientos que la promueven adopta una resolución manifestando su interés, apoderando al síndico/a y regidores/as para que participen en la asamblea que promueve su creación.

b) La elaboración de los estatutos corresponde a los síndicos/as y regidores/as de la totalidad de los municipios promotores de la mancomunidad, constituidos en asamblea. En esta asamblea se elegirá una junta gestora integrada por el síndico/a de cada uno de los municipios que promueven su creación, la cual impulsará y dirigirá los trabajos de elaboración de los estatutos y su remisión a cada unos los ayuntamientos participantes para su aprobación.

c) Los concejos municipales de los ayuntamientos que la promueven deben aprobar los estatutos con el voto favorable de la mayoría absoluta de los miembros que los componen.

d) Se requiere la consulta popular, a través de las instancias definidas en la presente ley, para avalar la integración del ayuntamiento a la mancomunidad.

e) Son creadas en virtud de la Ley 122-05 para la regulación y fomento de las asociaciones sin fines de lucro, y de los procedimientos de aprobación que la misma establece.

Párrafo.- Para el caso de la modificación y supresión de las mancomunidades se seguirá el mismo procedimiento que para su creación, tomando en cuenta además, lo estipulado en los propios estatutos para la disolución de la mancomunidad.

Artículo 74.- Integración y Separación de sus Miembros.

Constituida una mancomunidad, pueden adherirse a la misma, mediante el mismo procedimiento de su constitución, los municipios interesados que se encuentren comprendidos en las condiciones previstas en los estatutos, asumiendo las obligaciones que en ellos se determinen.

Párrafo I.- La adhesión puede realizarse por una, varias o todas las finalidades de la mancomunidad, siempre que las obras o servicios sean independientes entre sí, atendiendo a sus aspectos técnicos o financieros.

Párrafo II.- Las adhesiones son aprobadas por el órgano administrativo de gobierno de la mancomunidad y por cada uno de los ayuntamientos integrantes, quienes tienen derecho a veto.

Párrafo III.- Por trámites análogos y con sujeción a las previsiones estatutarias, puede separarse de la mancomunidad cualquiera de los ayuntamientos que la integran, definiéndose un período de cura acordado entre las partes, que garantice que la separación no afecte la operación de la mancomunidad.

Artículo 75.- Estatutos.

Los estatutos de las mancomunidades municipales expresarán no limitante:

a)   Los fines de la misma.

b)   Los municipios y entidades que la componen.

c)   Órganos de gobierno y estructura administrativa y financiera.

d)   Sede de sus órganos de gobierno y administración.

e)   El número y forma de designación de los representantes de los municipios que integran los órganos de gobierno de la mancomunidad.

f)   Los recursos económicos y materiales, si los hubiere.

g)   El plazo de vigencia de la misma.

h)   El procedimiento para modificar los estatutos, y

i)   Las causas de disolución.

Artículo 76.- Órganos de Dirección de la Mancomunidad.

El órgano de dirección de las mancomunidades está formado con representantes de los ayuntamientos y juntas de distritos municipales y del que formarán parte los síndicos/as y regidores/as, y directores y vocales que la componen, en representación de sus respectivas entidades.

Párrafo I.- Están integrados por un presidente/a, un vicepresidente/a, un secretario/a general y un concejo de la mancomunidad, cuyo número de miembros será el que determinen los estatutos.

Párrafo II.- Los estatutos definirán como mayoría calificada aquellas decisiones sobre las cuales los representantes de los ayuntamientos y juntas de distritos municipales requerirán la aprobación previa de su respectivo concejo de regidores.

Capítulo II

Distritos Municipales

Artículo 77.- Definición.

Mediante ley podrán crearse distritos municipales en los municipios para la administración desconcentrada de áreas del territorio perfectamente diferenciadas y que comparten derechos o condiciones socioeconómicas similares. Esto bajo la coordinación superior del municipio a que pertenece.

Artículo 78.- Condiciones y Requisitos de Creación.

La creación de distritos municipales sólo se realizará sobre aquellos territorios en los que se den las condiciones y el conjunto de los requisitos siguientes:

a.   Que cuenten con al menos una población de diez mil (10,000) habitantes.

b.   Que el territorio tenga identidad natural, social, económica y cultural;

c.   Que genere ingresos propios equivalentes al menos el 10% de los recursos que le serán transferidos por ley para atender los servicios que deba prestar.

Párrafo I.- El núcleo urbano y la zona suburbana del territorio donde radique el ayuntamiento no podrá consensuarse en distrito municipal.

Párrafo II.- Cualquier creación, modificación, supresión y fusión de distrito munici-pal, requiere que, con carácter previo, se realice un estudio de factibilidad por parte del Congreso Nacional o una de sus Cámaras o quien el mismo delegue, justificativo del cambio, en la que se compruebe su conveniencia, social, política, económica y adminis-trativa.

Artículo 79.- Atribuciones y Funciones.

Los distritos municipales, de acuerdo al territorio que la ley le asigna, tienen las si-guientes competencias:

a)   Constitución, conservación y reparación de calles, aceras, contenes, caminos vecinales, puentes, fuentes y otras infraestructuras de interés comunitario exis-tentes en su territorio.

b)   Cementerios y servicios funerarios.

c)   Conmemoración de las efemérides patrias y otras fechas importantes.

d)   Llevar registros de marcas, señales y estampas de animales.

e)   Registro urbanos sobre solares y predios rústicos.

f)   La conservación, mejora y ampliación del alumbrado público.

g)   La recogida de desechos sólidos municipales y su disposición final.

h)   La vigilancia y protección de caminos, campos, fuentes, ríos y demás recursos naturales.

i)   La limpieza de calles y el ornato público.

j)   La administración y conservación de su patrimonio y los recursos naturales.

k)   La ejecución de obras y la prestación de servicios comprendidos en la compe-tencia municipal y de exclusivo interés del distrito municipal.

Artículo 80.- Órganos de Gobierno y Administración.

El gobierno y administración de los distritos municipales estará a cargo de un direc-tor y de la junta de distrito municipal integrada por 3 vocales, quienes ejercerán las atri-buciones equivalentes al concejo municipal de los ayuntamientos, con los límites esta-blecidos en la presente ley.

Párrafo I.- Para ser director/a o vocal de una junta de distrito municipal se requieren las mismas cualidades que para ser síndico/a o regidor/a del ayuntamiento.

Párrafo II.- Los distritos municipales tendrán los funcionarios siguientes: tesorero/a quien además de las funciones que la ley le asigna, sustituye al director en caso de au-sencia temporal, contador/a y secretario/a de la junta de distrito municipal con iguales atribuciones que los establecidos para los ayuntamientos. Además dispondrá del personal que resulte indispensable para su eficaz desenvolvimiento.

Párrafo III.- Los/as directores/as y los/as vocales de los distritos municipales están sometidos al mismo régimen de inelegibilidad e incompatibilidad, destitución y suspensión en el cargo que el establecido para las demás autoridades municipales electas.

Artículo 81.- Elección del Director y los Vocales del Distrito Municipal.

El director y los vocales de cada uno de los distritos municipales son electos por cuatro años en las elecciones congresionales y municipales por el voto directo de los(as) munícipes inscritos en ese distrito municipal, dentro de la boleta correspondiente a las candidaturas municipales del municipio al cual pertenecen.

En caso de que se produzcan vacantes en los cargos de director o vocales de los distritos municipales, serán cubiertas por decisión del concejo municipal, a solicitud del partido político, movimiento o agrupación sustentadora de la vacante que se ha producido.

Párrafo I: Los candidatos serán presentados por cada uno de los partidos políticos postulantes o movimientos autorizados en la boleta de las candidaturas a síndicos y regidores del municipio al cual pertenezca dicho distrito municipal.

Párrafo II: Los vocales de los distritos son electos de las listas presentadas en las boletas electorales y en el orden establecido en proporción a los votos obtenidos y de conformidad con la metodología establecida en la ley electoral y sus reglamentos.

Párrafo III: El director del distrito municipal es el del partido político, agrupación o movimiento que haya obtenido mayor cantidad de votos en ese distrito, aún en los casos en que haya resultado electo el candidato a síndico de otro partido, agrupación o movimiento en el municipio.

Párrafo IV: La Junta Municipal Electoral entregará los certificados de elección correspondientes a las/os directores y vocales de los distritos municipales que hayan obtenido mayor cantidad de votos en la boleta municipal.

Párrafo Transitorio. Las/os jefes y vocales de los distritos municipales existentes al momento de promulgarse la presente ley, permanecerán en sus cargos hasta el 16 de agosto del 2010.

Artículo 82.- Atribuciones y Limitaciones del Director/a y Vocales del Distrito Municipal.

Las y los directores y vocales de los distritos municipales tienen, limitado a su demarcación territorial, las mismas atribuciones que las/os síndicas/os y regidoras/es del municipio al cual pertenecen, con las excepciones siguientes, que previa autorización del concejo municipal:

 a.   Realizar empréstitos;

 b.   Apropiar y enajenar bajo cualquier forma bienes municipales sin importar su naturaleza;

 c.   La creación de arbitrios de cualquier naturaleza;

 d.   Autorizar el inicio de contrataciones en lo referente a licitaciones y concesiones de conformidad con ley que regula la materia.

Párrafo.- Los directores/as de los distritos municipales están obligados a presentar un informe trimestral de ejecución presupuestaria en el concejo municipal al que pertenecen, y estén sometidos al sistema de control establecido para los ayuntamientos.

Artículo 83.- Presidente/a y Secretario/a de la Junta Municipal.

Los/as vocales de la junta de distrito municipal elegirán entre ellos a un/a presidente y a un secretario/a.

TÍTULO VI
ESTATUTO DE LOS MIEMBROS DE LOS AYUNTAMIENTOS
Capítulo I
Los Miembros de los Ayuntamientos

Artículo 84.- Prerrogativas y Limitantes de sus Miembros.

Los miembros de los ayuntamientos una vez tomen posesión de sus cargos gozan de las prerrogativas y distinciones que se establecen en la ley, estando obligados al cumplimiento estricto de sus deberes y obligaciones.

Párrafo.- Los miembros del ayuntamiento no pueden invocar ni hacer uso de su condición para el ejercicio de cualquier actividad comercial, industrial o profesional.

Artículo 85.- Deberes.

Los síndicos/as, vicesíndicos/as y regidores debe observar en todo momento las normas sobre incompatibilidad y deben poner en conocimiento del concejo municipal cualquier hecho que pudiera constituir causa de la misma.

Artículo 86.- Desarrollo de sus Funciones.

Los regidores/as tienen el derecho y el deber de asistir, con voz y voto, a las sesiones del concejo municipal y a las de aquellos otros organismos colegiados de que formen parte, salvo justa causa que se lo impida, situación que deberá ser comunicada con antelación al presidente/a.

Párrafo.- Las ausencias de los regidores y regidoras fuera del municipio que excedan de ocho días serán puestas en conocimiento del presidente/a del concejo municipal.

Artículo 87.- Abstención.

Los/as síndicos/as, vicesíndicos/as y regidores/as deberán abstenerse de participar en la deliberación, votación y ejecución de todos aquellos asuntos en el que concurra alguna de las siguientes circunstancias:

a. Tener interés personal en el asunto de que se trate o en otro cuya resolución pudiera influir la de aquél; ser administrador de sociedad o entidad interesada, o tener cuestión litigiosa pendiente con algún interesado.

b. Tener parentesco de consanguinidad en línea directa o colateral hasta el grado de primo hermano, o de afinidad hasta el grado de cuñados y suegros, con cualquiera de los interesados, con los administradores de entidades o sociedades interesados y con los asesores, representantes legales o mandatarios que intervengan en el procedimiento, así como compartir despacho profesional o estar asociado con éstos para el asesoramiento, la representación o el mandato.

c. Tener amistad íntima o enemistad manifiesta con alguna de las personas mencionadas en el apartado anterior.

d. Tener relación de servicio con persona física o jurídica interesada directamente en el asunto, o haberle prestado en los dos últimos años servicios profesionales de cualquier tipo y en cualquier circunstancia o lugar.

Párrafo I.- La actuación de los miembros en que concurran tales motivos implica, cuando haya sido determinante, la invalidez de las decisiones en que hayan intervenido.

Párrafo II.- Cualquier ciudadano(a) que se sienta afectado puede requerir la abstención de cualquier miembro(a) que tenga interés contrapuesto a nivel privado, lo cual será requerido a través de la secretaría general del concejo de regidores. Y ponderado por el concejo de regidores en pleno, previo al inicio de las deliberaciones, el cual podrá aceptar o no el recurso planteado. En caso de que no se obtempere el mismo, puede canalizar su decisión ante la jurisdicción correspondiente de lo contencioso administrativo, sin que esto inhabilite la entrada en vigencia de las decisiones que se tomen en el concejo de regidores.

Artículo 88.- Responsabilidades.

Los miembros de los ayuntamientos están sujetos a responsabilidad civil y penal por los actos y omisiones realizados en el ejercicio de su cargo.

Artículo 89.- Retribuciones por el Ejercicio del Cargo.

Los síndicos/as, regidores/as, directores y vocales, tienen derecho a percibir, con cargo al presupuesto municipal o distrital, los salarios y otras retribuciones por el ejercicio de sus funciones.

Párrafo I.- El vice-síndico/a devengará un sueldo mensual de hasta el sesenta por ciento (60%) del que le corresponda al síndico/a.

Párrafo II.- El presidente/a y vice-presidente/a del concejo municipal percibirán en concepto de retribuciones un 25 y 10 por ciento más, respectivamente, que la cantidad autorizada para las y los regidores.

Párrafo III.- Los miembros del concejo municipal no pueden recibir un salario mayor al del vice síndico/a. En los distritos municipales, los vocales no podrán recibir un salario mayor al 40% del salario que devengan los regidores del municipio correspondiente.

Párrafo IV.- Los distritos municipales que reciben menos de un (1) millón de pesos por concepto de las transferencias desde el Presupuesto de la Nación, sólo podrán dedicar al pago de los vocales un monto no mayor al 20% del 25% que la ley asigna para el pago de personal.

Artículo 90.- Compensaciones y Viáticos.

Todos los miembros de los ayuntamientos tendrán derecho a recibir compensaciones y viáticos por los gastos ocasionados por el ejercicio del cargo, previa justificación y soporte documental, según las normas establecidas a tal efecto por el concejo municipal.

Artículo 91.- Acceso a la Información.

Todos los miembros de los ayuntamientos tienen derecho a obtener del síndico/a y del presidente/a del concejo municipal cuantos datos e informaciones se encuentren en los archivos y oficinas municipales y resulten precisos para el desarrollo de su función.

Artículo 92.- Consulta de Expedientes y Documentos.

La consulta y el examen de los expedientes, libros y documentación en general se realizará conforme a las siguientes normas:

1. La consulta general de cualquier expediente podrá realizarse, en el archivo general o en la dependencia donde se encuentre, mediante la entrega de copias al regidor/a interesado/a.

2. En ningún caso los expedientes, libros o documentación podrán salir del palacio municipal, o de las correspondientes oficinas.

3. La consulta de los libros de actas deberá efectuarse en la secretaría del concejo municipal o lugar que se habilite al efecto. Igualmente se actuará para el examen de los expedientes que conforman la agenda de cada sesión.

Párrafo I.- Al recibir cualquier documentación y como mecanismo de control administrativo, el interesado firmará un acuse de recibo y tiene la obligación de devolverlos en un término máximo de cuarenta y ocho horas.

Párrafo II.- Los miembros del concejo municipal tienen el deber de guardar discreción en relación con las informaciones que se les faciliten para hacer posible el desarrollo de su función, en especial, de las que han de servir de antecedentes para decisiones que aún se encuentren pendientes de adopción, así como para evitar la reproducción de la documentación que les sea facilitada, en original o copia, para su estudio.

Párrafo III.- Los regidores pueden auxiliarse del contralor interno del ayuntamiento para el ejercicio de estas consultas de expedientes y documentos.

Artículo 93.- Medios a su Disposición.

Todos los regidores/as dispondrán en el palacio municipal de un buzón para la correspondencia oficial interior y la de procedencia externa.

Artículo 94- Sanciones.

El concejo municipal puede imponer a los regidores/as sanciones por inasistencia no justificada a las sesiones o por el incumplimiento reiterado de sus obligaciones.

Párrafo.- Si la causa de la sanción pudiera ser, a juicio del concejo municipal, constitutiva de falta, delito o crimen, el presidente/a lo pondrá en conocimiento del órgano judicial competente.

Artículo 95.- Uso de Locales y Dependencias Municipales.

Los bloques políticos podrán hacer uso de locales y dependencias municipales para celebrar reuniones o sesiones de trabajo con asociaciones y entidades de la sociedad civil que tengan por objeto la defensa de los intereses colectivos, generales o sectoriales de la comunidad.

Párrafo.- El presidente/a en coordinación con el síndico/a municipal, establecerá el régimen concreto de utilización de los locales y dependencias por parte de los bloques, sin que en ningún caso pueda coincidir con las sesiones del concejo municipal.

Capítulo II
Registro de Declaración de Bienes

Artículo 96.- Declaración de Bienes.

Las y los síndicos, regidores y aquellos funcionarios responsables de administrar recursos estarán obligados dentro del mes de su toma de posesión, a levantar un inventario detallado, jurado de conformidad con las leyes y normas que rigen la materia, de los bienes que constituyen en ese momento su patrimonio. Igual requisito deberán cumplir dentro del mes siguiente de haber cesado en sus funciones.

Artículo 97.- Registro de Declaraciones.

La declaración de bienes debidamente instrumentada será depositada ante la Tesorería Nacional, de acuerdo con la Ley de Declaración de Bienes vigente que rige la materia.

Igualmente en un registro que para tales fines existirá en el ayuntamiento, el cual estará bajo la responsabilidad de la secretaría del concejo municipal.

TÍTULO VII
RELACIONES CON LOS PODERES Y ORGANISMOS DEL ESTADO

Capítulo I
Relaciones Interadministrativas

Artículo 98.- Principios Generales.

Los ayuntamientos, además de ejercer sus propias competencias y funciones, coadyuvarán a la realización de los fines del Estado. El gobierno deberá suplir a los ayuntamientos la asistencia que precisen cuando un servicio municipal por razones justificadas o de fuerza mayor resulte insuficiente.

Párrafo.- El Poder Ejecutivo y los municipios deben en sus relaciones recíprocas:

1. Respetar el ejercicio legítimo de las competencias de cada uno.

2. Facilitarse las informaciones de su gestión que resulten precisas para lograr la debida coordinación de sus competencias coordinadas o delegadas.

3. Prestarse toda la cooperación y asistencia para garantizar un eficaz cumplimiento de las actividades a desarrollar.

Artículo 99.- Comunicación de Actos y Resoluciones.

Los ayuntamientos deberán remitir en el plazo de diez días hábiles desde la fecha de su adopción, copia de las ordenanzas, reglamentos y acuerdos referidos a aspectos financieros a las instancias de control interno y externo instituidas por la Constitución o las leyes.

Artículo 100.- Municipios Prioritarios.

La colaboración de los organismos e instituciones del Estado será objeto de especial consideración cuando se trate de municipios que se encuentren en alguna de las circunstancias objetivas siguientes:

a. Estén incluidos en áreas de extrema pobreza de acuerdo a las fuentes y estudios de la Secretaría de Estado de Economía, Planificación y Desarrollo.

b. Por su localización geográfica o forma de asentamiento de su población, experimenten un mayor costo en los servicios considerados esenciales.

c. Hayan sufrido las consecuencias de fenómenos catastróficos que, por la magnitud de los daños, volumen de la población afectada y carencia de recursos locales, exijan asistencia especial temporal.

d. Tengan un reconocido valor medioambiental o marcado interés turístico.

Artículo 101.- Participación de los Municipios en la Planificación, Programación y Gestión de Servicios e Inversión Pública.

Los ayuntamientos coordinarán sus actuaciones en cuanto a la planificación, programación, gestión de servicios e inversión pública. Esto de acuerdo a la autonomía municipal y a la normativa legal vigente en esta materia para la administración pública y los aspectos específicos que contengan para los ayuntamientos.

Capítulo II
Recursos e Impugnaciones de Actos y Normativas de los Ayuntamientos

Artículo 102.- Régimen General.

Las ordenanzas, reglamentos, resoluciones y acuerdos de los ayuntamientos que incurran en infracción del ordenamiento jurídico podrán ser impugnados por:

a)	El Poder Ejecutivo.

b)	Las y los miembros de los ayuntamientos que hubieran votado en contra de tales actos y normativas.

c)	Las organizaciones sin fines de lucro, los munícipes o cualquier ciudadano que se consideren directamente afectados por los mismos.

Artículo 103.- Solicitud de Impugnación.

La solicitud de impugnación deberá dirigirse ante el tribunal de primera instancia competente actuando de conformidad con el procedimiento establecido en la legislación y reglamento sobre contencioso administrativo, precisando la violación y lesión que la motiva, el interés y las normas legales vulneradas.

Capítulo III
Recursos de los Ayuntamientos en Defensa de la Independencia y Autonomía Municipal

Artículo 104.- Recurso ante las Disposiciones y Actos del Poder Ejecutivo.

Los ayuntamientos, a través de la sindicatura, tienen la facultad de impugnar los actos y disposiciones del Poder Ejecutivo, de otros ayuntamientos y otros organismos de la administración pública ante el Tribunal Contencioso, Tributario y Administrativo, que lesionen su independencia y la autonomía funcional en los términos que les concede la Constitución y las leyes.

Capítulo IV
De la Liga Municipal

Artículo 105.- La Liga Municipal Dominicana.

La Liga Municipal Dominicana constituye una entidad de asesoría en materia técnica y de planificación, dirigida por un secretario general electo por los síndicos/as de los municipios y el Distrito Nacional cuatro años.

Párrafo.- Para ostentar el cargo de secretario general de la Liga Municipal Dominicana, los/as candidatos/as deben poseer al menos las siguientes cualidades:

a.	Poseer un grado universitario en economía, derecho, contabilidad, administración pública, administración de empresas, o áreas afines a éstas.

b.	Demostrar una amplia experiencia en materia municipal.

c.	Cualquier otra que se establezca por ley para funcionarios de alto nivel del sector público.

Artículo 106.- Funciones.

Corresponde esencialmente a la Liga Municipal Dominicana, lo siguiente:

a)   Promover por todos los medios a su alcance las mejores relaciones y el más eficaz espíritu de cooperación entre los municipios de la República Dominicana, con el gobierno central, con el fin de que puedan prestarse la mayor ayuda mutua que sea posible en la realización de las funciones que les corresponden, en la solución de sus problemas, en el desarrollo de sus planes de progreso, y en todo cuanto propenda al mayor bienestar de sus localidades respectivas.

b)   Adquirir y difundir entre los municipios, de la manera más eficaz posible, cuantos datos, informes, publicaciones y otras materias que puedan ser útiles para la realización de sus fines.

c)   Promover el intercambio frecuente y útil de informaciones, publicaciones, visitas y otros medios de cooperación intermunicipal.

d)   Promover igualmente la cooperación entre los municipios de la República y los correspondientes organismos de otros países.

e)   Favorecer la celebración de congresos, conferencias, concursos, ferias, exposiciones y otras manifestaciones de interés para la vida municipal, nacional e internacional.

f)   Mantener oficinas permanentes para la tramitación de sus asuntos.

g)   Editar publicaciones adecuadas a sus fines.

h)   Ejercer todas aquellas actividades que guarden relación con los fines anteriormente enunciados o que sean accesorios de aquellos, y que no colidan con las disposiciones constitucionales y legales.

i)   Defender los derechos y atribuciones que la Constitución y las leyes confieren a los ayuntamientos de la República.

j)   Colaborar con los ayuntamientos en el ejercicio de sus actos legales, administrativos, económicos, financieros y de servicios, tanto ante los poderes públicos como ante la ciudadanía y las comunidades nacionales en general.

k)   Promover el adecuado desenvolvimiento económico de los organismos municipales, alentando su adecuada organización, su más amplia capacidad en el cumplimiento de sus servicios y la promoción social y económica de sus pobladores, con miras al logro del bien común.

l)   Procurar la solución a los problemas comunes a los organismos municipales.

m)   Propiciar la investigación, la discusión y el estudio de las estructuras legales, administrativas y organizativas de los ayuntamientos, a fin de establecer mejores niveles de servicios. Alentar la participación ciudadana en los eventos de las municipalidades y afianzar el espíritu de colaboración entre los problemas locales y los pobladores de los términos municipales del país.

n)   Promover tratos con organismos edilicios de otros países y con asociaciones, entidades nacionales e internacionales que agrupen a instituciones de la misma naturaleza.

ñ)   Ofrecer la más amplia asistencia técnica en favor de los municipios del país, a fin de que propendan a una más alta calidad de la vida entre sus pobladores, al mejor ordenamiento social y al bien común.

Artículo 107.- Límites de la Asesoría.

La Liga Municipal Dominicana y sus funcionarios, por su condición de órgano técnico asesor le está impedido fiscalizar e intervenir en las actividades y decisiones de los ayuntamientos, limitándose las decisiones de sus órganos a hacer recomendaciones a los gobiernos locales, las que serán adoptadas o rechazadas por las instancias del gobierno local correspondiente.

Artículo 108.- Financiamiento.

El presupuesto de la Liga Municipal Dominicana será determinado por la Asamblea Anual de los Municipios de los fondos destinados a los mismos, en coordinación con la Secretaría de Estado de Economía, Planificación y Desarrollo, a los fines que sea contemplado en la Ley de Presupuesto Público correspondiente.

Párrafo Transitorio: La Secretaría de Estado de Economía, Planificación y Desarrollo conjuntamente con la Secretaría General de la Liga Municipal Dominicana determinarán su presupuesto a los fines de dar satisfacción a las obligaciones contraídas.

TÍTULO VIII
RÉGIMEN DE FUNCIONAMIENTO DE LOS AYUNTAMIENTOS
Capítulo I
Normas y Actos del Concejo Municipal

Artículo 109.- Concepto y Definición.

El ayuntamiento ejercerá sus atribuciones a través de la aprobación de ordenanzas, reglamentos, acuerdos y resoluciones.

Párrafo.- Las ordenanzas son disposiciones generales de carácter normativo, aprobadas por el ayuntamiento para la regulación de la convivencia ciudadana, el desarrollo de las actividades de los munícipes o la imposición y ordenación de arbitrios, contribuciones y derechos de carácter económico en favor del ayuntamiento. Los reglamentos son disposiciones generales de carácter normativo, mediante las cuales el ayuntamiento ordena la organización y funcionamiento de la propia administración municipal, los servicios públicos que presta a la ciudadanía y las relaciones de éstos con los munícipes. Las resoluciones son las disposiciones en asuntos administrativos internos del gobierno local o las referidas a materia individualizada, específica de efectos limitados que no impongan obligaciones de carácter general a los habitantes del municipio.

Artículo 110.- Carácter de los Actos Municipales.

Los actos de los ayuntamientos son inmediatamente ejecutivos, salvo en aquellos casos en que estén sometidos a algún trámite legal posterior o se suspenda su ejecución de acuerdo con la ley.

Artículo 111.- Recursos.

En contra de las ordenanzas, reglamentos y resoluciones municipales, los interesados podrán interponer de manera potestativa recurso de reconsideración sin perjuicio de las facultades que establece la ley.

Artículo 112.- Revisión.

Los ayuntamientos podrán revisar sus actos en los términos y con el alcance que, para la administración central, se establece en la ley.

Artículo 113.- Responsabilidad.

Los municipios responderán directamente de los daños y perjuicios causados a los particulares en sus bienes y derechos como consecuencia del funcionamiento de los servicios públicos o de la actuación de sus autoridades, funcionarios o empleados, en los términos establecidos en la legislación general sobre responsabilidad administrativa.

Artículo 114.- Inmunidad Parlamentaria y la Responsabilidad de Síndicos/as y Regidores/as.

Los regidores/as y los síndicos/as gozarán de plena inmunidad parlamentaria por los pronunciamientos hechos durante los debates de las sesiones del concejo municipal.

Párrafo.- Los regidores/as y los síndicos/as son responsables por mala conducta o falta en el ejercicio de sus funciones, y como tales están sujetos a ser acusados y juzgados de conformidad con la Constitución y las leyes, por su condición de funcionarios electos, sin que este juicio lo exima del juicio y sanciones previstas en la legislación ordinaria cuando las faltas constituyan también crímenes o delitos.

Capítulo II
Proceso Normativo

Artículo 115.- Iniciativa Normativa.

Tienen derecho a iniciativa en la presentación de ordenanzas y reglamentos:

a. Las y los regidores

b. Las y los síndicos

c. Las organizaciones debidamente registradas en el ayuntamiento y las y los munícipes, o cualquier munícipe, cuando cuenten con el apoyo firmado del 3% del padrón electoral municipal.

Artículo 116.- Procedimiento de Aprobación.

La aprobación de las ordenanzas y reglamentos se realizará conforme al procedimiento previsto en la Ley de Libre Acceso a la Información Pública para las normas de carácter general por parte de los organismos, instituciones y entidades públicas.

Capítulo III
Infracciones y Sanciones Municipales

Artículo 117.- Clasificación de las Infracciones.

Las infracciones a las ordenanzas municipales a que se refiere el artículo anterior se clasificarán en muy graves, graves y leves.

Artículo 118.- Infracciones Muy Graves.

Son infracciones muy graves las que supongan:

a) Una perturbación relevante de la convivencia que afecte de manera inmediata y directa a la tranquilidad o al ejercicio de derechos legítimos de otras personas, al normal desarrollo de actividades de toda clase conforme con la normativa aplicable o a la salubridad u ornato públicos.

b) El impedimento del uso de un servicio público por otra u otras personas con derecho a su utilización.

c)   El impedimento o relevante obstrucción al normal funcionamiento de un servicio público.

d)   Los actos que impliquen un deterioro relevante de equipamientos, infraestructuras, instalaciones, espacio público o elementos de un servicio público, bien
sea morales e inmorales.

e)   El impedimento del uso de un espacio público por otra u otras personas con
derecho a su utilización.

Artículo 119.- Infracciones Graves y Leves.

Las demás infracciones se clasifican en graves y leves, de acuerdo con los siguientes
criterios:

a)   La intensidad de la perturbación ocasionada en la tranquilidad o en el pacífico
ejercicio de los derechos de otras personas o actividades.

b)   La intensidad de la perturbación causada a la salubridad u ornato público.

c)   La intensidad de la perturbación ocasionada en el uso de un servicio o de un
espacio público por parte de las personas con derecho a utilizarlo.

d)   La intensidad de la perturbación ocasionada en el normal funcionamiento de
un servicio público.

e)   La intensidad de los daños ocasionados a los equipamientos, infraestructuras,
instalaciones o elementos de un servicio o de un espacio público.

Artículo 120.- Multas por Violación de Ordenanzas y Reglamentos.

Salvo previsión legal distinta, las multas por infracción de ordenanzas y reglamentos
municipales no excederán de las siguientes cuantías:

a.   Infracciones muy graves: Entre 5 y hasta 100 salarios mínimos.

b.   Infracciones graves: Entre 2 y hasta 50 salarios mínimos.

c.   Infracciones leves: Entre 1 y hasta 10 salarios mínimos.

Párrafo.- El tribunal competente para conocer de dichas infracciones es el juzgado
de paz municipal y en los casos donde no exista será el juzgado de paz ordinario. El
tribunal, además de la multa, ordenará el pago de la reparación de los daños o perjuicios
que hubiese ocasionado a favor del municipio o los gastos que conlleve restaurar la situación a su estado anterior.

Artículo 121.- Plazos de Prescripción.

Son de aplicación a las infracciones de las ordenanzas y reglamentos los plazos de
prescripción que establece el Código Penal para las contravenciones de policía, sin perjuicio de lo que, en cada caso, establezcan las leyes.

TÍTULO IX
PLANIFICACIÓN Y GESTIÓN AMBIENTAL MUNICIPAL

Capítulo I
Planificación Municipal

Artículos 122.- Planes Municipales de Desarrollo.

Los ayuntamientos aprobarán, a iniciativa de las y los síndicos y con participación de
la comunidad, planes municipales de desarrollo, a los fines de:

a. Lograr una utilización e inversión adecuada de los recursos municipales para impulsar su desarrollo integral, equitativo y sostenible.

b. Brindar una oportuna y eficiente atención a las necesidades básicas de la comunidad.

c. Lograr un ordenamiento racional e integral del territorio municipal.

Artículo 123.- El Consejo Económico y Social Municipal.

La elaboración, discusión y seguimiento del plan municipal de desarrollo se efectuará por el concejo económico y social municipal, del que formarán parte representantes de la comunidad.

Párrafo I.- Se contempla la coinversión en iniciativas relevantes para el ayuntamiento con el Gobierno Central, a partir de la coordinación con las entidades subnacionales y nacionales de la administración pública, para lo que los ayuntamientos canalizarán las propuestas de acuerdo a las normas, reglamentos, metodologías y formatos que se acuerden.

Párrafo II.- Estas iniciativas de ser aprobadas se incorporarán a los planes de inversión pública multianuales y anuales que serán incorporadas en el presupuesto y ley de presupuesto para el año fiscal correspondiente.

Párrafo III.- En la definición de estos planes, los ayuntamientos tomarán en cuenta los criterios propuestos en la legislación en materia de la planificación e inversión pública.

Párrafo IV.- Las instancias nacionales y sectoriales, incluyendo las subnacionales, de planificación e inversión pública deberán garantizar la participación de los ayuntamientos en los procesos nacionales, regionales, provinciales y municipales, en todas aquellas cuestiones que les afecten directamente el territorio sobre el cual les toca ejercer gobierno, y en especial en aquellas que tienen que ver con las obras públicas, infraestructuras, servicios sociales, equipamiento y servicios públicos, a fin de permitir la coordinación efectiva entre los diferentes niveles de la administración pública.

Artículo 124.- Las Oficinas Municipales de Planificación y Programación.

Los ayuntamientos crearán oficinas de planificación y programación entre cuyos fines estarán los de garantizar la coordinación e integración de las políticas sectoriales y de equidad de género del gobierno con las del municipio, así como la evaluación de los resultados de la gestión en cuanto a la eficiencia, eficacia, impacto, pertinencia y visibilidad.

Párrafo.- Las instancias nacionales y sectoriales, incluyendo las subnacionales, de planificación e inversión pública deberán garantizar la participación de los ayuntamientos en los procesos nacionales, regionales, provinciales y municipales, en todas aquellas cuestiones que les afecten directamente el territorio sobre el cual les toca ejercer gobierno, y en especial en aquellas que tienen que ver con las obras públicas, infraestructuras, servicios sociales, equipamiento y servicios públicos, a fin de permitir la coordinación efectiva entre los diferentes niveles de la administración pública.

Artículo 125.- Vigencia de los Planes de Desarrollo.

Los planes de desarrollo de los municipios serán aprobados dentro de los primeros seis (6) meses del inicio de cada gestión y su vigencia será por cuatro (4) años a partir de la fecha de aprobación del plan.

Artículo 126.- Oficinas de Planeamiento Urbano.

En cada ayuntamiento habrá una oficina de planeamiento urbano, cuyo objetivo central es asistir técnicamente al ayuntamiento y a las comunidades en el diseño, elaboración y ejecución de los planes de desarrollo del municipio, y regular y gestionar el planeamiento urbanístico, uso de suelo y edificación en las áreas urbanas y rurales del territorio municipal, desde criterios de inclusión y equidad social y de género, participación y eficiencia.

Párrafo I.- Los ayuntamientos coordinarán la formulación y evaluación de los planes y programas de desarrollo urbano y rural, con los planes y programas de desarrollo regional, provincial y nacional.

Párrafo II.- Los municipios que no tengan posibilidades de sostener las oficinas de planeamiento urbano podrán hacerlo asociados con otros municipios, y contarán con la asistencia de los organismos sectoriales correspondientes.

Capítulo II
Gestión Ambiental Municipal

Artículo 127.- Unidades Ambientales Municipales

Los ayuntamientos, a los fines de garantizar un desarrollo armónico de los asentamientos urbanos y la preservación de los recursos naturales y un medio ambiente sostenible, tendrán unidades medio ambientales municipales, y en aquellos que por razones presupuestarias no les sea posible el mantenimiento de estas unidades deberán asociarse con otros municipios vecinos en las mismas condiciones para sostener una unidad de medio ambiente en común.

Artículo 128.- Atribuciones de las Unidades Ambientales

Son atribuciones de las unidades ambientales municipales:

a) Elaborar las normativas para la preservación del medio ambiente y los recursos naturales del municipio tomando como base fundamental las disposiciones generales contenidas en la ley.

b) La elaboración de los programas de educación ciudadana para el manejo y tratamiento de los residuos sólidos domésticos, comerciales, hospitalarios, e industriales que se producen en el municipio, para su sometimiento al concejo municipal por el síndico/o alcalde.

c) Emitir la opinión técnica correspondiente sobre los proyectos que le son sometidos al ayuntamiento y que requieren estudios y evaluaciones de impacto ambiental.

d) Realizar las recomendaciones correspondientes a los organismos municipales a los fines de que en el municipio se garantice el cumplimiento de la Ley General de Medio Ambiente y las resoluciones y reglamentaciones dictadas por los organismos nacionales para tales fines.

e) Elaborar los programas de aprovechamiento y uso de los espacios de dominio público como parques, plazoletas y áreas verdes municipales.

TÍTULO X
PROCEDIMIENTO Y RÉGIMEN ADMINISTRATIVO DE LOS AYUNTAMIENTOS

Capítulo I
Procedimiento Administrativo

Artículo 129.- Regulación General.

El procedimiento administrativo municipal se rige:

a.   Por las disposiciones de la presente ley y la Constitución de la República.

b.   Por las leyes sectoriales y adjetivas y los reglamentos del Poder Ejecutivo que las desarrollen, que establezcan procedimientos específicos a seguir por los municipios en sus actuaciones en relación con las materias y asuntos que regulan.

c.   Por los reglamentos sobre procedimiento administrativo que aprueben los municipios en el ejercicio de sus competencias y potestades.

d.   Supletoriamente por la legislación y normativa que regula el procedimiento general de la administración pública.

Artículo 130.- Trámites Administrativos.

La tramitación administrativa se desarrolla por procedimientos de economía, eficacia y coordinación que estimulen el diligente funcionamiento de la organización municipal. Los ayuntamientos evitarán el entorpecimiento o demora en la tramitación de expedientes, reduciendo los trámites a los estrictamente indispensables y procurando la implementación de procedimientos informáticos para su realización.

Artículo 131.- Memoria Anual.

Los síndicos/as presentarán el 16 de agosto de cada año una memoria en la que darán cuenta detallada de la gestión municipal, incluyendo referencias al desarrollo de los servicios, estadísticas de trabajos, iniciativas, proyectos en trámite, estados de situación económicos y modificaciones introducidas en el inventario general del patrimonio y catastro de bienes inmuebles del municipio.

Artículo 132.- Los Sellos.

Cada ayuntamiento tendrá dos sellos, de los que harán uso en todos los actos oficiales que emitan sus órganos de gobierno. En los sellos aparecerán el escudo nacional o del municipio, el nombre del municipio y el órgano de gobierno municipal, sindicatura o concejo municipal, que lo genera.

Artículo 133.- Registro de Documentos.

En los ayuntamientos existirán dos libros en los que se registrarán los documentos, escritos y correspondencia recibidos por la sindicatura y el concejo municipal, respectivamente, haciendo constar:

- Número de orden de registro.

- La fecha de recepción.

- Fecha del documento.

- El órgano y dependencia municipal al que va dirigido.

- El nombre del remitente.

- Mención suscinta de su contenido

- Las observaciones que se estime conveniente resaltar.

Párrafo I.- Igualmente, existirán dos libros en los que se dejará constancia de todos los documentos, escritos y correspondencias que la sindicatura y concejo municipal, respectivamente, dirijan a los munícipes u otros organismos, entidades e instituciones públicas o privadas. En los mismos se hará constar.

- Número de orden de registro.

- La fecha de registro.

- Fecha del documento.

- El órgano y dependencia municipal que lo remite.

- Destinatario.

- Mención suscinta de su contenido

- Las observaciones que se estime conveniente resaltar.

Párrafo II.- Los ayuntamientos podrán establecer sistemas informáticos para el archivo de los asuntos que se definen precedentemente, garantizando impresiones de los mismos que serán encuadernadas con iguales garantías y requisitos para su control impreso. En estos casos, los ayuntamientos quedarán eximidos de la transcripción a mano de los mismos.

Párrafo III.- Los aspectos que respondan a solicitudes de los ciudadanos(as) serán publicados en el Boletín Oficial del ayuntamiento, en versión impresa cada 30 días, y en versión electrónica en la página Web del ayuntamiento a más tardar 3 días de su recepción.

Capítulo II
Formalización de las Actas y Certificaciones

Artículo 134.- Libro de Control Administrativo.

En la secretaría general del ayuntamiento y bajo la custodia y responsabilidad de su titular, existirá un libro en el que se transcribirán íntegramente por orden cronológico de su fecha de emisión, las resoluciones que la sindicatura emita a lo largo del año. Dicho libro irá firmado por quien desempeñe la secretaría general y se elaborará con las demás garantías y requisitos que los libros de actas.

Párrafo I.- Los ayuntamientos podrán establecer sistemas informáticos para el archivo de los asuntos que tiene a su cargo la secretaría general del ayuntamiento, garantizando impresiones de los mismos que serán encuadernadas con iguales garantías y requisitos para su control impreso. En estos casos, los ayuntamientos quedarán eximidos de la transcripción a mano de los mismos.

Párrafo II.- Cada ayuntamiento tendrá un boletín (gaceta) oficial, donde publicará todas las resoluciones y actos públicos, el cual circulará física cada 30 días y digitalmente será puesto en circulación a más tardar tres días después de su aprobación, no entrando en vigencia sus consecuencias hasta que no se cumpla con el requisito de su publicación.

Artículo 135.- Certificaciones de las Resoluciones Municipales.

Las certificaciones de todas las resoluciones municipales, así como las copias y certificados de los libros y documentos que en las distintas dependencias municipales existan, se expedirán siempre por el secretario/a del concejo municipal y el secretario/a general del ayuntamiento, conforme corresponda según el órgano del que aquellas dependan.

Artículo 136.- Expedición de Certificaciones.

Las certificaciones se expedirán por orden del presidente/a del concejo municipal o el síndico/a, según corresponda, y con su visto bueno, para garantizar que el secretario/a o funcionario/a que las expide y autoriza está en el ejercicio del cargo y que su firma es auténtica.

Párrafo.- Podrán expedirse certificaciones de las resoluciones y acuerdos del concejo municipal, antes de ser aprobadas las actas que los contengan, siempre que se haga la advertencia o salvedad en este sentido y a reserva de los términos que resulten de la aprobación del acta correspondiente.

Capítulo III

Recursos contra los Actos y Acuerdos de los Ayuntamientos

Artículo 137.- Recurso de Reconsideración.

Contra los actos municipales se podrá interponer recurso de reconsideración de manera potestativa, el cual se dirigirá y resolverá por el órgano que los hubiere dictado.

Artículo 138.- Plazo de Presentación.

El plazo para la presentación del recurso será de un mes a contar desde la notificación del mismo al interesado, sin menoscabo de introducir su requerimiento directamente a partir de las instancias y procedimientos establecidos en la jurisdicción de lo contencioso administrativo.

Párrafo.- El plazo para interponer un recurso de reconsideración por los regidores/as que hubieran votado en contra de un acuerdo se contará desde la fecha de la sesión en que se hubiera votado el mismo.

Capítulo IV

Símbolos Municipales, Honores y Distinciones

Artículo 139.- Escudos y Banderas Municipales.

La adopción de escudos y banderas municipales requerirá el acuerdo de las dos terceras partes de la matrícula del concejo municipal, con expresión de las razones que la justifiquen.

Artículo 140.- Distinciones Municipales.

Los ayuntamientos podrán otorgar méritos y reconocimientos a personas físicas y morales, nacionales o extranjeras que a criterio del concejo municipal o solicitud de la población merezcan tales honores. Los criterios de selección atenderán a las labores sociales realizadas, las cualidades, la dedicación al trabajo y circunstancias especiales en las cuales el o los candidatos y candidatas hayan participado.

Párrafo I.- Asimismo podrán acordar nombramientos de hijas e hijos predilectos y adoptivos, miembros honorarios, visitantes distinguidos y otros similares, atendiendo a los méritos, cualidades y circunstancias singulares que en los galardonados concurran y que serán aplicados con el mayor rigor en expediente que se instruirá al efecto.

Párrafo II.- Los nombramientos de miembros honorarios de los ayuntamientos no otorgarán en ningún caso facultades para intervenir en el gobierno municipal, pero habilitarán para el desarrollo de funciones representativas.

Artículo 141.- Reglamento Especial.

Mediante reglamento se establecerán los requisitos y trámites necesarios para la concesión de los honores y distinciones a que se refiere el artículo precedente.

TÍTULO XI
PERSONAL AL SERVICIO DE LOS AYUNTAMIENTOS

Capítulo I
Disposiciones Generales

Artículo 142.- El Personal al Servicio de los Municipios.

El personal al servicio de los ayuntamientos está compuesto por todas aquellas personas vinculadas a los mismos por una relación de servicios retribuidos.

Párrafo.- Este personal se clasificará en profesional, técnico, auxiliar, subalterno y de oficios según los conocimientos y capacitación precisos para el desempeño de las funciones que desarrollan.

Artículo 143.- Nómina.

Corresponde a cada ayuntamiento aprobar anualmente, a través del presupuesto, la nómina, la cual comprenderá todos los puestos de trabajo reservados a funcionarios, personal laboral y eventual y su conformación deberá responder a los principios de racionalidad, economía y eficiencia. Asimismo, organizará un registro con todo el personal que presta servicios en él.

Artículo 144.- Personal Nominal y Temporal.

Las plazas cuyo nombramiento no esté atribuido al concejo municipal, serán desempeñadas por el personal nominal y temporal, los cuales serán designados por el síndico/a entre los aspirantes que reúnan los requisitos exigidos.

Párrafo I.- Las plazas a ser llenadas por personal nominal deben ser aprobadas previamente por el concejo de regidores, aunque su nombramiento no requiera la aprobación del concejo de regidores.

Párrafo II.- El personal temporal será el correspondiente a los proyectos y servicios que lo requieran, en los cuales se especificará la cantidad y monto por este concepto, y serán estrictamente los necesarios para la ejecución de las iniciativas en función de los requerimientos técnicos.

Artículo 145.- Selección.

La selección del personal municipal deberá realizarse teniendo en cuenta el mérito profesional y la capacidad de los aspirantes.

Artículo 146.- Puestos y Funciones.

Corresponde al concejo municipal definir los puestos de trabajo existentes en el ayuntamiento y reglamentar sus funciones, estableciendo los requisitos, deberes y responsabilidades requeridas para el desempeño de los mismos.

Artículo 147.- Capacitación del Personal.

Los ayuntamientos ejecutarán planes y programas permanentes de capacitación de sus funcionarios/as y su empleados/as.

Artículo 148.- Sueldos.

Los sueldos del personal municipal serán fijados en el presupuesto del ayuntamiento por el concejo municipal a propuesta del síndico/a. Para la determinación de su cuantía se tendrán en cuenta la titulación académica requerida para el trabajo que realizan, su dificultad técnica, dificultad, peligrosidad e incompatibilidad con el desarrollo de otros trabajos.

Capítulo II
Estatuto del Empleado Municipal

Artículo 149.- Función Pública Municipal.

La función pública municipal es regulada de conformidad con la Ley y Reglamentos de Servicio Civil y Carrera Administrativa que aplique en general para la administración pública.

Artículo 150.- Derechos de las y los Empleados Municipales.

El sistema de seguridad social, riesgos laborales, salud y pensiones de los empleados municipales se regirá de conformidad con las leyes que rigen la materia.

Párrafo I.- Las y los empleados municipales tendrán derecho a las recompensas, permisos, licencias y vacaciones retribuidas previstas con carácter general para los empleados del Estado.

Párrafo II.- El personal que labora en los ayuntamientos gozará del derecho a organizarse para defender sus intereses generales y los derechos que le reconocen la Constitución y las leyes.

Capítulo III
Funciones Públicas en los Ayuntamientos y Juntas de Distritos Municipales.

Artículo 151.- Funciones Públicas Necesarias en los Municipios y Juntas de Distritos Municipales en Correspondencia con su Tamaño.

Son funciones públicas necesarias en todos los municipios, cuyo cumplimiento queda reservado exclusivamente a personal funcionario según se determina en esta ley, las que impliquen ejercicio de autoridad, las de fe pública, las de control y fiscalización interna de la gestión económico-financiera y presupuestaria, las de contabilidad, recaudaciones y tesorería y, en general, aquellas que, en desarrollo de la presente ley, se reserven a determinados funcionarios para la mejor garantía de la objetividad, imparcialidad e independencia en el ejercicio de la función.

Párrafo I.- Los/as empleados/as públicos/as que desempeñen las funciones señaladas en este capítulo deberán prestar el juramento de respetar la Constitución y las leyes y de cumplir fielmente los deberes de su cargo que requiere el Artículo 106 de la Constitución. Este juramento será prestado ante el síndico y el presidente del concejo municipal, y de ello se redactará la correspondiente acta por el secretario del concejo municipal.

Párrafo II.- Las funciones de tesorería, contabilidad, recaudaciones, contralor interno y secretaría del concejo de regidores son obligatorias para todos los ayuntamientos.

Párrafo III.- Las funciones de tesorería, contabilidad y secretaría del concejo son obligatorias para las juntas de distritos municipales.

Párrafo IV.- Las funciones de secretario general son exclusivas para los ayuntamientos que tengan más de 100,000 habitantes.

Párrafo V.- Las funciones de la gerencia financiera serán exclusivas para los ayuntamientos que tengan más de 30,000 habitantes. En estos casos coordinará las funciones de tesorería, contabilidad, recaudaciones y cualquier otra área desconcentrada para el manejo del área financiera del ayuntamiento. En los ayuntamientos menores de esta población la coordinación de tesorería, recaudaciones y contabilidad recaerá sobre el síndico(a).

Artículo 152.- Secretario/a General.

Designado por el concejo de regidores a iniciativa del síndico, le corresponde las funciones que le delegue el síndico, y en específico podrá tener ámbito sobre los siguientes aspectos: coordinación de los servicios municipales, relación con los concejos de regidores, relaciones con las comunidades y grupos organizados.

Artículo 153.- Gerente Financiero.

Designado por el concejo de regidores a iniciativa del síndico, le corresponde las que le delegue el síndico, y podrá tener atribuciones sobre los siguientes aspectos:

1. Proponer y coordinar la política financiera del ayuntamiento y sus componentes: ingresos, gastos, inversiones y su financiamiento.

2. Formular y dar seguimiento al plan anual de recaudaciones en coordinación con el ayuntamiento y las unidades organizativas subordinadas.

3. Dirigir el proceso de formulación del presupuesto, conjuntamente con la sindicatura, la unidad organizativa de presupuesto del ayuntamiento y el concejo de regidores y su consistencia con la planificación operativa anual.

4. Coordinar la ejecución, las modificaciones y evaluaciones presupuestarias de las diferentes unidades organizativas que integran la estructura organizativa del ayuntamiento.

5. Coordinar la administración financiera del ayuntamiento y los subsistemas relacionados: sistema de presupuesto, tesorería, contabilidad, contrataciones públicas y administración de bienes e inmuebles, sistema tributario municipal, registro civil y conservaduría de hipotecas.

6. Analizar, diseñar y evaluar la política tributaria municipal, que comprende impuestos, arbitrios, tasas, contribuciones especiales, de cualquiera otra procedencia.

7. Elaborar y proponer las resoluciones para la actualización del sistema tributario municipal, así como realizar los estudios económicos y financieros necesarios, coordinado con la consultoría jurídica del ayuntamiento.

8. Supervisar para que el sistema tributario municipal opere en el marco de la legalidad vigente, con eficiencia, eficacia y transparencia.

9. Formular medidas que tiendan a la reducción del gasto y al mejoramiento del resultado fiscal, así como a mejorar la eficacia, eficiencia y calidad del gasto del ayuntamiento.

10. Participar en la definición de la política salarial y de seguridad laboral del ayuntamiento.

11. Implementar la política de contrataciones públicas de bienes, obras, servicios y concesiones y velar por su adecuada ejecución y transparencia.

12. Operar y mantener el Sistema Integrado de Gestión Financiera en correspondencia con las legislaciones vigentes y las reglamentaciones y normativas de los organismos autorizados.

13. Facilitar el libre acceso de la ciudadanía a la información pública en el área de su competencia y de acuerdo con la legislación vigente.

14. Coordinar y supervisar en forma periódica los estados presupuestarios, financieros y económicos del ayuntamiento, a las diferentes instancias internas y externas de control de acuerdo a las legislaciones vigentes, y las reglamentaciones y normativas de los organismos autorizados.

15. Administrar las cuentas bancarias del organismo.

16. Autorizar y refrendar las nóminas, órdenes de compra, órdenes de pago, depósitos y cualesquier otros documentos que comprometan las finanzas municipales.

17. Coordinar y supervisar la aplicación de las normas contables aplicables a los ayuntamientos y del ciclo de gestión presupuestaria asignada,

18. Garantizar el cumplimiento de la legislación vigente en cuanto a la implementación de los Sistemas de Control Interno ex-antes y expost en las transacciones económicas y financieras del ayuntamiento.

19. Proveer a la sindicatura, y a través suyo, al concejo de regidores, los informes financieros establecidos por la ley y cualquier otra información financiera establecida en los procedimientos internos o que se solicite de forma extraordinaria.

20. Verificar las recaudaciones de los ingresos y los pagos efectuados resultantes o no de la ejecución presupuestaria.

21. Coordinar el cumplimiento de las disposiciones legales y contractuales en la ejecución de acuerdos, contratos y convenios, incluyendo el proceso de las subastas de los proventos municipales y de los bienes embargados.

22. Coordinar el cumplimiento de los procedimientos y normas establecidas en el Sistema de Control Interno para los ayuntamientos.

23. Coordinar el cumplimiento de los procedimientos y normas establecidos en la Ley de Planificación e Inversión Pública en los aspectos financieros.

24. Realizar los estudios de costos de los servicios municipales, proponiendo siempre que sea necesario la actualización de las tasas o tarifas respectivas.

25. Revisar y recibir los informes periódicos de las unidades organizativas bajo su dependencia.

26. Supervisar los procesos de registros contables de las operaciones del ayuntamiento.

27. Supervisar la ejecución presupuestaria del ayuntamiento.

28. Supervisar el registro de contribuyente.

29. Supervisar la gestión de cobro de las unidades correspondientes.

30. Supervisar y firmar los informes periódicos del ayuntamiento a la Liga Municipal Dominicana y la Contraloría General de la Republica.

31. Supervisar las operaciones de la Oficina de Registro Civil y Conservaduría de Hipotecas.

32. Supervisar las operaciones de tesorería.

33. El desempeño de otras actividades afines y complementarias.

Párrafo I.- Para los fines de la presente ley, en el caso de aquellos ayuntamientos que no tienen los requisitos de población para tener en su estructura la figura de la gerencia financiera, la sindicatura dentro de sus funciones asumirá aquellas que no están conferidas exclusivamente al tesorero municipal.

Párrafo II.- Para los fines de la presente ley, cuando exista la figura de la gerencia financiera, su función respecto a la tesorería será de supervisión de ésta para la ejecución de sus funciones, no delegándose a éste las funciones que están conferidas exclusivamente al tesorero municipal.

Párrafo III.- Cuando exista la función de la gerencia financiera ésta coordinará y supervisará las áreas correspondientes a tesorería, contabilidad, presupuesto y recaudaciones establecidas como funciones obligatorias para todos los ayuntamientos, de acuerdo a las atribuciones asignadas en el presente artículo.

Artículo 154.- Contralor/a Municipal.

El concejo municipal designará el contralor municipal mediante concurso público, correspondiéndole a este funcionario municipal las siguientes funciones dentro del municipio y las demás entidades municipales establecidas en la presente ley:

a) La fiscalización, en los términos previstos en la legislación de control interno y externo de la administración pública, de todo acto, documento o expediente que dé lugar al reconocimiento de derechos y obligaciones de contenido económico o que puedan tener repercusión financiera o patrimonial, emitiendo el correspondiente informe o formulando, en su caso, los reparos procedentes.

b) La preparación de políticas, normas y controles internos adecuados para asegurar el logro de los objetivos y metas institucionales, sus diferentes unidades organizativas y programáticas, y del movimiento económico y financiero del ayuntamiento.

c) Implementar el Sistema de Control Interno, sobre bases técnicas uniformes, por las diferentes unidades organizativas y programáticas del ayuntamiento, siguiendo las normativas de la Contraloría General de la República y la Cámara de Cuentas.

d) Proporcionar seguridad razonable de la adecuada recaudación y el debido manejo e inversión de los recursos públicos.

e) Establecer procedimientos con el propósito de que la información administrativa, financiera y operativa, obtenida por los sistemas de registro sea útil, confiable y oportuna para la toma de decisiones.

f) Verificar el cumplimiento de las normas de la administración pública establecidas en la presente ley y en las legislaciones de control interno y externo, de presupuesto, de contabilidad pública y cualquier otra que determine aplicación para el ámbito de los ayuntamientos.

g) Promoción de la importancia del control interno en la respectiva entidad u organismo y sensibilización de los servidores públicos al respecto.

h) Coordinar con la gerencia financiera, el área administrativa, contabilidad, tesorería, recaudaciones y otras áreas organizativas relevantes para posibles deficiencias de los sistemas administrativos con la finalidad de establecer las medidas de corrección adecuando el sistema de control interno.

i) Analizar y controlar la veracidad y pulcritud de los comprobantes, registros e informes de contabilidad y la adecuada aplicación de los procedimientos contables financieros.

j) Garantizar el cumplimiento de la aplicación de los controles previos o autocontroles de las órdenes de pago y demás a que se refieren el Sistema Nacional de Control Interno.

k) Visar y mantener examen continuo de los comprobantes y justificantes requeridos para la expedición de cheques, del fondo de caja chica y cualquier otro retiro de valores de la institución, y comprobar que éstos se están efectuando de acuerdo con los manuales de procedimientos y reglamentos establecidos.

l) Controlar los distintos formularios y comprobantes utilizados en el desenvolvimiento de las operaciones, velando para que se conserve un riguroso orden en la secuencia numérica de éstos.

m) Hacer arqueos sorpresivos del efectivo en caja, fondos de caja chica y cualquier otro valor de la institución.

n) Comprobar periódicamente que los bienes de la institución estén íntegros y bien manejados y protegidos.

o) Garantizar el cumplimiento de las disposiciones legales aplicables y de la normativa que regula la contratación de bienes, servicios, obras y concesiones.

p) Realizar la supervisión del ayuntamiento sobre la ejecución de los contratos de bienes y servicios.

q) Registrar, con fines de control interno posterior, los contratos de las entidades u organismos que impliquen una erogación de fondos públicos.

r) Realizar revisiones sobre los gastos, inversiones, manejo de valores y uso de bienes en cualquiera de las dependencias municipales.

s) Realizar auditorías internas a las diferentes unidades organizativas de acuerdo a las normativas definidas, para la comprobación de las operaciones financieras realizadas, y la formulación de recomendaciones para la mejora del sistema de control interno del ayuntamiento.

t) Seguimiento y verificación del cumplimiento de las recomendaciones de auditorías realizadas, por la Contraloría General de la República y externas de la Cámara de Cuentas de la República.

u) Coordinación con el control externo, Contraloría General de la República y Cámara de Cuentas y colaboración con el control social y las actividades anticorrupción.

v) El control ex -ante del ciclo de gestión presupuestario establecido en la presente ley y en la legislación correspondiente al manejo presupuestal para la administración pública, así como la ordenación del pago y de su realización material.

w) Presentar reparos al proceso de tramitación cuando no cumpla con los requerimientos establecidos para el manejo de los fondos públicos y notificar de los mismos al concejo de regidores.

x) La comprobación de la aplicación de las cantidades destinadas a obras, suministros, adquisiciones y servicios.

y) El control de los ingresos y fiscalización de todos los actos de gestión tributaria.

z) La expedición de certificaciones de contribuyentes que adeuden al municipio.

aa) El informe de los proyectos de presupuestos y de los expedientes de modificación de créditos de los mismos.

bb) La emisión de informes, dictámenes y propuestas que en materia económico-financiera o presupuestaria le hayan sido solicitadas por el síndico, el presidente del ayuntamiento o por una tercera parte de los regidores/as o cuando se trate de materias para las que legalmente se exija una mayoría especial, así como el dictamen sobre la procedencia de nuevos servicios o reforma de los existentes a efectos de la evaluación de la repercusión económico-financiera de las respectivas propuestas.

cc) La realización de las comprobaciones o procedimientos de auditoría interna en los organismos autónomos o sociedades mercantiles dependientes del ayuntamiento con respecto a las operaciones no sujetas a intervención previa, así como el control de carácter financiero de los mismos, de conformidad con las disposiciones y directrices que los rijan y los acuerdos que al respecto adopte el ayuntamiento.

dd) La Supervisión de las funciones o actividades contables de la entidad local, emitiendo las instrucciones técnicas oportunas e inspeccionando su aplicación.

ee) El examen e informe de las cuentas de tesorería.

ff) Supervisar y controlar las conciliaciones bancarias.

gg) Fiscalizar la correcta aplicación del gasto del municipio de conformidad con lo establecido en el Artículo 20 de la presente ley.

Párrafo.- Para ser contralor/a municipal es requisito mínimo, ser contador público autorizado, cumplir con los requisitos establecidos en el manual de descripción de puestos y no tener conflicto de intereses en el ejercicio de sus funciones.

Artículo 155.- Tesorería Municipal.

Designado por el concejo de regidores a iniciativa del síndico, le corresponde las que le delegue el síndico y la gerencia financiera, y tendrá atribuciones sobre los siguientes aspectos:

1. Participar en la definición de la programación financiera del plan de trabajo y operaciones del ayuntamiento en el marco del presupuesto vigente, de acuerdo a los sistemas de control interno y de presupuesto junto con la gerencia financiera y el síndico, en el marco de las autorizaciones del concejo de regidores.

2. Elaborar, en coordinación con la gerencia financiera y las instancias de presupuesto, con las directrices de la sindicatura y el concejo de regidores, la programación mensual, trimestral y anual de caja y evaluar su ejecución.

3. Realizar el seguimiento y evaluación de la ejecución de la programación mensual, trimestral y anual de caja a que se refiere el numeral anterior.

4. Percibir, centralizar y registrar los ingresos públicos recaudados de las diferentes fuentes tanto propias como externas e importes adeudados.

5. Participar en la fijación de las cuotas periódicas de compromiso, en coordinación con la gerencia financiera, la unidad técnica de planificación y la sindicatura.

6. Fijar cuotas periódicas de pago del ayuntamiento en coordinación con la gerencia financiera, la unidad técnica de planificación, la sindicatura y la unidad de presupuesto, basándose en la disponibilidad de fondos, en la programación de los compromisos y en los gastos efectivamente devengados.

7. Administrar los recursos a disposición del ayuntamiento tomando en cuenta los flujos previstos de ingreso, financiamiento y gastos.

8. Ejecutar los pagos originados en obligaciones previamente contraídas por las diferentes unidades organizativas del ayuntamiento, en coordinación con la gerencia financiera y autorizadas por la sindicatura.

9. Registrar en el Sistema de Información Financiera, los movimientos de ingresos y egresos que ejecuta de acuerdo con las normativas de las instancias nacionales de presupuesto y contabilidad gubernamental.

10. Administrar el sistema de cuentas bancarias establecidas en el ayuntamiento.

11. Depositar diariamente en las cuentas bancarias los ingresos recibidos.

12. Mantener informado permanentemente a la gerencia financiera y a la sindicatura sobre los movimientos y situación de las cuentas bancarias y las disponibilidades existentes.

13. Firmar conjuntamente con la sindicatura, todos los cheques emitidos y/o endosar aquellos recibidos a nombre de la organización.

14. Llevar a cabo la administración de las cuentas bancarias bajo su cargo, así como de las que correspondan entre las subcuentas que integren la estructura programática del gasto.

15. Custodiar los fondos, garantías y valores pertenecientes al ayuntamiento o de terceros que se pongan a su cargo.

16. Todas las demás actividades que le asigne el reglamento de la presente ley, y leyes que incidan en el ayuntamiento.

Párrafo I.- Para ser tesorero municipal es requisito mínimo ser licenciado/a en contabilidad, en administración de empresas, economía o estudios afines y cumplir con la selección y aprobación con los requisitos establecidos en el manual de descripción de puestos.

Párrafo II.- Los tesoreros/as serán responsables personalmente por el valor de los tributos, rentas e ingresos que por descuido o negligencia dejare de cobrar. Las y los colectores o agentes de recaudación de rentas municipales que nombrare el ayuntamiento, estarán bajo las órdenes inmediatas del tesorero/a.

Artículo 156.- Contador/a Municipal.

Designado por el concejo de regidores a iniciativa del síndico, le corresponde las que le delegue el síndico y la gerencia financiera, y tendrá atribuciones sobre los siguientes aspectos:

1. Programar, controlar y dirigir la aplicación de los registros contables conforme ha sido establecido en el catálogo de cuentas como instrumento de orientación para la toma de decisiones financieras en coordinación con el director de finanzas.

2. Organizar el sistema contable de tal forma que permita conocer oportunamente la gestión presupuestaría, financiera y patrimonial del ayuntamiento y sus unidades organizativas.

3. Llevar la contabilidad general del ayuntamiento y elaborar los estados financieros correspondientes, realizando las operaciones de apertura, ajuste y cierre de la misma.

4. Aplicar las normas, procedimientos y sistemas de contabilidad prescritos por el Sistema de Control Interno, por la Ley Orgánica de Presupuesto, Planificación e Inversión Pública, la Dirección General de Contabilidad Gubernamental, Cámara de Cuentas, y cualquier otra a las cuales se les asignen funciones sobre el manejo de fondos públicos.

5. Elaborar el estado de recaudación e inversión de los ingresos propios y las transferencias realizadas con la periodicidad que lo determinen las instancias de control y supervisión.

6. Cumplir las normas e instrucciones necesarias para la organización y funcionamiento del archivo financiero de las unidades organizativas del ayuntamiento, incluyendo la conservación de los documentos por medios informáticos. Para estos fines deberán aplicarse los mecanismos de seguridad que garanticen sus estabilidad, perdurabilidad, inmutabilidad e inalterabilidad, mediante medios de prueba en cualquier instancia judicial.

7. Verificar que las operaciones contables se encuentren respaldadas por los documentos con los requisitos legales exigidos y los controles previos a la ejecución del gasto.

8. Registrar diariamente las informaciones de ingresos y egresos suministradas por la tesorería.

9. Hacer diariamente un estado de caja del cual remitirá a la gerencia financiera, y en caso de que esta figura no exista directamente al tesorero, síndico y contralor interno y a cualquier otra instancia que estos decidan.

10. Suministrar cualquier otro dato y rendir cualesquier otros informes relativos a las operaciones a la gerencia financiera o tesorería a solicitud de las instancias correspondientes del ayuntamiento y por las instancias de control interno o externo.

11. Velar por la seguridad y confiabilidad de los libros de registros y los informes financieros elaborados.

12. Mantener los registros relativos los libros diario y demás libros adicionales.

13. Recopilar las documentaciones e informaciones necesarias para efectuar los informes establecidos por las instancias internas del ayuntamiento, Sistema de Control Interno la Administración Pública, Contraloría General de la República y de Control Externo de la Administración Pública, Cámara de Cuentas de la República Dominicana.

14. Preparar los informes periódicos que corresponda a la parte financiera.

15. Analizar e interpretar la información estadística - contable para valorar los resultados de operación.

16. Presentar a las autoridades departamentales, locales, al gobierno y a cualquier ente regulador y fiscalizador los estados financieros para las auditorias y verificaciones contables en coordinación con la gerencia financiera, sindicatura y/o tesorería.

17. Proceder a los registros oportunos de todas las obligaciones del ayuntamiento, a fin de mantener actualizada la situación de las obligaciones contraídas.

18. Coordinar esfuerzos con otros departamentos con la finalidad de actualizar y mejorar los formularios, recibos y el catálogo de cuenta según las necesidades cambiantes del ayuntamiento en coordinación con la gerencia financiera.

19. Preparar los comprobantes de pagos para fines de autorización de la sindicatura, en coordinación con la gerencia financiera y/o tesorería.

20. Realizar otras tareas afines y complementarias.

Párrafo.- Para ser contador municipal es requisito mínimo ser licenciado/a en contabilidad y cumplir con los requisitos establecidos en el manual de descripción de puestos.

Artículo 157.- Encargado Recaudaciones.

1. Realizar las funciones de cobros de los impuestos, rentas, arbitrios, derechos, rentas y toda clase de ingresos que pertenezcan al ayuntamiento.

2. Gestionar el sistema de registro de contribuyente: identificación registros, actualización y supervisión.

3. Obtener y mantener actualizada la información definida en el sistema de base de datos de los contribuyentes.

4. Obtener la información correspondiente de los impuestos, arbitrios, tasas y precios públicos aplicables a cada inmueble o contribuyente del municipio.

5. Facturar de acuerdo a la periodicidad del cobro de los diferentes impuestos, arbitrios, tasas y precios públicos aplicable a cada inmueble o contribuyente del municipio.

6. Aplicar la legislación tributaria municipal.

7. Recaudar los impuestos, arbitrios, derechos, rentas y toda clase de ingresos que corresponda a la municipalidad, así como los ingresos del Estado cuya recaudación esté a su cargo por virtud de disposiciones legales.

8. Rendir informes diariamente o con la periodicidad que se le defina al gerente de finanzas, síndico, tesorero y contralor municipal sobre el resultado de las recaudaciones.

9. Dirigir, supervisar y controlar las gestiones y procedimientos de cobros del ayuntamiento.

10. Suministrar cualesquier otros datos y rendir cualesquier otros informes relativos a las recaudaciones que le fueren solicitados por el gerente de finanzas.

11. Asistir al tesorero en la preparación del proyecto de presupuesto y de los proyectos de reestimación de ingresos para ser presentados a la sindicatura y al ayuntamiento.

12. Llevar al día el catastro y los inventarios de los inmuebles.

13. Realizar otras tareas afines y complementarias.

Párrafo.- Para ser encargado recaudaciones es requisito mínimo ser licenciado/a en contabilidad y cumplir con los requisitos establecidos en el manual de descripción de puestos.

Articulo 158.- Secretario/a del Concejo.

Corresponde al secretario/a del concejo municipal:

a) Asistir con voz pero sin voto a las reuniones del concejo municipal, de las comisiones y organismos creados por éste.

b) Efectuar la convocatoria de las sesiones del concejo, comisiones y organismos creados por éste, por orden de su presidente, así como las citaciones a los miembros de los mismos.

c) Recibir los actos de comunicación de los miembros del concejo municipal y, por tanto, las notificaciones, peticiones de informaciones y datos, rectificaciones o cualquiera otra clase de escritos de los que deba tener conocimiento el concejo municipal.

d) Preparar el despacho de los asuntos a ser conocidos por el concejo, redactar y autorizar las actas de las sesiones.

e) Informar sobre la legalidad de las resoluciones y acuerdos del concejo municipal.

f) Llevar al día, debidamente numerados y foliados, los libros siguientes: uno de actas, en el cual se asentarán por orden de fechas, las sesiones del ayuntamiento; uno de correspondencia; uno de ordenanzas, reglamentos, resoluciones y acuerdos municipales; uno de certificaciones.

g) Tener bajo la responsabilidad que establecen las leyes para los depositarios públicos, el cuidado y la conservación de los archivos del concejo municipal.

h) Firmar conjuntamente con el presidente/a, las actas de las sesiones, de las ordenanzas, resoluciones, reglamentos y acuerdos dictados por el concejo.

i) Rubricar conjuntamente con el presidente/a todos los libros de la secretaría en cada una de sus hojas, con expresión en la última del número de folios que contiene.

j) La fe pública de todos los actos y resoluciones del concejo municipal, comisiones y organismos creados por éste, expidiendo las certificaciones de los actos del mismo o de cualquier otro documento que repose en los archivos de la secretaría, el cual será visado por el presidente/a del ayuntamiento.

k) Dirigir y coordinar el personal al servicio del concejo municipal.

l) Cuantas otras funciones sean inherentes a su condición de secretario del concejo municipal o le sean asignadas por las leyes y los reglamentos.

Artículo 159.- Inspectores Municipales.

El concejo municipal a propuesta del síndico/a, designará inspectores para vigilar y supervisar los establecimientos, proventos y servicios públicos municipales y velar por el cumplimiento de las ordenanzas, resoluciones y reglamentos municipales. Los mismos deberán prestar el juramento constitucionalmente establecido antes del inicio de sus funciones.

Artículo 160.- Desconcentración de Funciones.

Atendiendo al volumen de trabajo y las necesidades de funcionamiento, los ayuntamientos podrán disponer la creación de puestos en los que se desconcentre parte de las funciones atribuidas a los funcionarios referidos en este capítulo, los cuales actuarán bajo la dirección y dependencia del órgano al que estén adscritos.

Párrafo I.- Esta desconcentración será realizada a propuesta del síndico y aprobada por el concejo de regidores.

Párrafo II.- Ambas instancias tomarán en cuenta las legislaciones, reglamentos y normas que definan la administración pública, para la definición de las unidades organizativas, sus vínculos con la estructura programática de los planes de trabajo, y definirán los puestos a ser definidos en cada unidad organizativa a los necesarios para garantizar el cumplimiento del ámbito competencial de cada ayuntamiento con eficiencia y eficacia.

Artículo 161.- Obligaciones.

Los funcionarios referidos en los artículos anteriores estarán bajo relación de dependencia de las unidades organizativas que le han sido definidas, y estarán obligados a cumplir con las ordenes emanadas del concejo de regidores, por conducto del síndico(a), siempre que no contradigan las disposiciones legales.

Artículo 162.- Ausencias.

La ausencia de los funcionarios referidos anteriormente será suplida por el empleado de mayor categoría de su oficina, o por la persona que designe su superior, el síndico/a o el presidente del concejo de regidores, quedando a cargo de éste, en todo caso, adoptar las medidas que fueren procedentes a fin de que el servicio no sufra interrupción.

Capítulo IV
Alcalde/sa Pedaneo/as

Artículo 163.- Alcalde/sa Pedáneo/as.

En cada sección habrá un alcalde/sa pedáneo/a el cual representa al síndico/a, competiéndole ejecutar las órdenes que le imparta éste a fin de asegurar la prestación de los servicios municipales y la ejecución de las leyes y reglamentos municipales.

Párrafo I.- Los departamentos del gobierno que desearen transmitir instrucciones, relacionadas con los servicios a su cargo, a cualquier alcalde/esa pedáneo/a, lo harán por medio del síndico/a.

Párrafo II.- En cada sección habrá además las y los ayudantes/as de alcalde/sa que fueren necesarios.

Artículo 164.- Ayudante de Alcalde/sa.

En cada paraje habrá un ayudante/a de alcalde/sa quien actuará bajo la directa dependencia del alcalde/sa pedáneo/a de su sección, asistiéndole en el ejercicio de sus funciones.

Artículo 165.- Asiento.

Los alcaldes/as pedáneos/as y los ayudantes/as de alcalde/esa tendrán su asiento en la sección o paraje de su jurisdicción.

Artículo 166.- Nombramiento de los Alcaldes/as Pedáneos/as.

El alcalde/esa pedáneo/a será designado por la sindicatura municipal en consulta con la comunidad.

Artículo 167.- Requisitos para el Cargo.

Para ser alcalde/esa pedáneo/a o ayudante de alcalde/esa, se requiere ser mayor de edad, estar en el pleno goce de los derechos civiles y políticos, no haber sido condenado por crimen o delito, observar buena conducta, ser nativo de la sección o tener por lo menos cuatro (4) años residiendo en la misma.

Artículo 168.- Funciones.

Los alcaldes/esas pedáneos/as tendrán las funciones siguientes:

1. Cumplir y hacer cumplir las leyes, decretos del Poder Ejecutivo, reglamentos, ordenanzas, resoluciones y demás disposiciones municipales, dando cuenta al síndico/a de las infracciones que observe.

2. Dar cuenta inmediata al síndico/a de cualquier deficiencia, interrupción o infracción que observare en los servicios y obras municipales.

3. Dar cumplimiento de las órdenes, requerimientos y circulares que reciba del síndico/a en lo concerniente a la ejecución de las disposiciones municipales y de otras disposiciones legales.

4. Cuidar de que se mantengan en buen estado y libres de obstrucciones los caminos vecinales e intermunicipales, así como de que no se alteren las servidumbres existentes en favor de dichos caminos o de los vecinos de la sección.

5. Coordinar en su jurisdicción los servicios municipales bajo la supervisión de los organismos correspondientes.

6. Prestar el auxilio que en razón de sus funciones requieran los tesoreros o los perceptores de ingresos municipales.

7. Asistir a los lugares donde se celebren fiestas, reuniones, lidias de gallos y espectáculos públicos dentro de la sección, y cuidar de que en ellos no se altere el orden ni se infrinjan las leyes ni las disposiciones municipales, y de que sean pagados los impuestos, arbitrios o derechos a que estuvieren sujetos.

8. Expedir las certificaciones que le solicite el Oficial del Estado Civil cuando concibiere alguna duda sobre la existencia del niño/a cuyo nacimiento se declara.

9. Recibir la declaración correspondiente cuando fallezca alguna persona cuyo enterramiento deba hacerse en un cementerio rural, transportándose antes al lugar donde hubiere ocurrido el fallecimiento cuando reciba alguna duda o sospecha; y transmitir dicha declaración al Oficial del Estado Civil competente dentro de los diez días de haberla recibido, para que dicho funcionario la inscriba en sus registros; así como expedir la documentación para la inhumación, mediante el pago de los derechos establecidos, los cuales deberá depositar en la tesorería municipal dentro de los tres días siguientes. Los ayuntamientos proveerán a los alcaldes/as pedáneos /as de formularios para cumplir con las obligaciones que les impone este inciso.

10. Hacerse cargo de los cadáveres abandonados para su inhumación, previas las formalidades legales.

11. Cuidar de que los cementerios que existen en la sección se mantengan bien cercados, limpios y en buen orden y de que en ellos se observen las disposiciones pertinentes; y hacer corregir cualquier deficiencia que observare, o dar aviso de ella al síndico/a.

12. Expedir las certificaciones de buena procedencia de los animales, o de las carnes o los cueros de ellos, que sean transportados de un municipio a otro o de una sección a otra dentro del mismo municipio.

13. Recibir la denuncia del propietario o encargado del terreno en donde se encontrare un animal sin dueño conocido y comunicarla al síndico/a.

14. Cuidar de que se cumplan las disposiciones legales o reglamentarias concernientes a los servicios agrícolas, o relacionados con ellos.

15. Velar por el cumplimiento de las disposiciones legales o reglamentarias relativas al tránsito de vehículos y animales por 1as carreteras y caminos públicos.

16. Dar aviso inmediato a las autoridades competentes y hasta su llegada practicar las diligencias que sean necesarias cuando tenga conocimiento o sospecha de haber ocurrido un crimen o delito.

17. Cualquier otra que se establezca por ley o así lo acuerde el concejo municipal.

Artículo 169.- Retribuciones.

Los alcaldes/as pedáneos/as y las y los ayudantes/as de alcaldes/as disfrutarán de sueldo, el cual será incluido en el presupuesto del ayuntamiento, no menor al devengado por los inspectores del municipio al que pertenecen.

Artículo 170.- Ausencias e Impedimentos Temporales.

En caso de ausencia o impedimento temporal del alcalde/esa, le sustituirá la o el ayudante/a de alcalde/sa de más antiguo nombramiento o el de mayor edad si hubieren sido designados en la misma fecha.

Artículo 171.- Distintivo.

Los alcaldes/as pedáneos/as y los ayudantes/as de alcaldes/as usarán un distintivo como símbolo de su autoridad, en el que figurará el escudo del municipio.

Artículo 172.- Auxilio a Funcionarios/as Públicos/as.

Los alcaldes/as pedáneos/as auxiliarán en sus jurisdicciones respectivas a las y los funcionarios públicos que solicitaren su ayuda para cumplir sus deberes oficiales.

Capítulo V
Policía Municipal y Bomberos

Artículo 173.- Policía Municipal.

La Policía Municipal es la organización con jurisdicción dentro de los límites del municipio, integrada en un cuerpo policial único y especializado para asuntos municipales, de naturaleza jerárquica, adscrita al ayuntamiento y bajo la autoridad inmediata del síndico/a con la supervisión técnico profesional de la Secretaria de Estado de Interior y Policía.

Artículo 174.- Finalidad.

La Policía Municipal es una institución obligada a preservar los bienes municipales y hacer cumplir las leyes, ordenanzas, resoluciones, reglamentos y disposiciones municipales.

Artículo 175.- Conformación y Dirección de los Cuerpos de Bomberos.

En cada municipio deberá funcionar un cuerpo de bomberos con un número no menor de cinco (5) miembros, dependiente del ayuntamiento.

Párrafo.- Los mandos de dirección hasta miembros, recibirán un salario base equivalente a dos salarios mínimos partiendo del miembro y diferenciándose uno de otro por dos salarios mínimos de una escala a la otra, exceptuando el voluntario cuya integración es honorífica.

Articulo 176.- Funciones del Cuerpo de Bomberos.

Los cuerpos de bomberos tienen por finalidad:

a) Salvaguardar la vida y los bienes de la ciudadanía frente a situaciones que representen amenaza, vulnerabilidad o riesgo, promoviendo la aplicación de medidas tanto preventivas como de mitigación, atendiendo y administrando directa y permanentemente las emergencias, cuando las personas o comunidades sean afectadas por cualquier evento generador de daños, conjuntamente con otros organismos competentes.

b) Actuar como consultores y promotores en materia de gestión de riesgo, asociado a las comunidades.

c) Ponerse a disposición para cooperar con el mantenimiento y restablecimiento del orden público en casos de emergencias.

d) Participar en la formulación y diseño de políticas de administración de emergencias y gestión de riesgos, que promuevan procesos de prevención, mitigación y respuesta.

e) Desarrollar y ejecutar simulacros de prevención, protección, combate y extinción de incendios y otros eventos generadores de daños.

f) Desarrollar programas que permitan el cumplimiento de los deberes de instituciones y organizaciones de la sociedad.

g) Realizar en coordinación con otros órganos competentes, actividades de rescate de pacientes, víctimas, afectados y lesionados ante emergencias y desastres.

h) Ejercer las actividades de asesoría y colaboración con órganos de investigación penal autorizados por la ley, certificando la posible causa de los incendios.

i) Vigilar por la observancia de las normas técnicas y de seguridad de conformidad con la ley.

j) Atender eventos generadores de daños donde estén involucrados materiales peligrosos.

k) Promover, diseñar y ejecutar planes orientados a la prevención, mitigación, preparación, atención, respuesta y recuperación ante emergencias moderadas, mayores o graves.

l) Atención de emergencia y prehospitalaria, la cual consiste en la realización de actos encaminados a proteger la vida de las personas, lo cual incluye la atención y estabilización del paciente en el lugar de ocurrencia de la emergencia hasta su llegada al centro de asistencia médica.

m) Desarrollar y promover actividades orientadas a preparar a los ciudadanos y ciudadanas para enfrentar situaciones de emergencias.

n) Prestar apoyo a las comunidades antes, durante y después de catástrofes, calamidades públicas, peligros inminentes u otras necesidades de naturaleza análoga.

ñ) Colaborar con las actividades de la Comisión Nacional de Emergencia, así como con otras afines a este servicio, conforme con las normas nacionales e internacionales sobre la materia.

o) Realizar sus objetivos en coordinación con los demás órganos de seguridad ciudadana.

p) Las demás que señale la ley.

TÍTULO XII
BIENES Y PROVENTOS

Capítulo I
Bienes Municipales

Artículo 177.- Patrimonio Municipal.

El patrimonio de los municipios está constituido por el conjunto de bienes, derechos y acciones que les pertenezcan.

Artículo 178.- Clase de Bienes.

Los bienes de los municipios son de dominio público o patrimoniales.

Artículo 179.- Bienes de Dominio Público.

Los bienes de dominio público son los destinados por el ayuntamiento a un uso o servicio público.

Párrafo I.- Son bienes de uso público local, los caminos y carreteras, plazas, calles, paseos, plazas, parques, aguas, fuentes, canales, puentes y demás obras públicas de aprovechamiento o utilización generales cuya conservación y vigilancia sean de la competencia del municipio.

Párrafo II.- Son bienes de servicio público los destinados al cumplimiento de bienes públicos de responsabilidad del ayuntamiento, tales como palacios municipales y, en general, edificios que sean sede del mismo, mataderos, mercados, hospitales, hospicios, museos y similares.

Párrafo III.- Para los fines de este artículo se consideran bienes de dominio público los espacios destinados para áreas verdes en los proyectos de urbanizaciones, sin alterar los derechos de los vecinos por otras legislaciones con el objetivo de garantizar la máxima protección jurídica de los mismos.

Artículo 180.- Bienes Patrimoniales.

Son bienes patrimoniales, los que siendo propiedad del municipio, no estén destinados a uso público ni afectados a algún servicio público y puedan constituir fuente de ingresos para el mismo.

Artículo 181.- Régimen de Protección de los Bienes del Dominio Público.

Los bienes de dominio público son inalienables, inembargables e imprescriptibles y no están sujetos a tributo alguno.

Párrafo I.- La alteración del estatus jurídico de los bienes de dominio público de los municipios requerirá que se justifique su conveniencia y legalidad.

Párrafo II.- La alteración del estatus jurídico de los bienes de dominio público, en violación al artículo precedente de parte de los funcionarios de los ayuntamientos para los efectos legales, constituye un delito equivalente al desfalco, la abstención o colusión en el Código Penal vigente. Además de las penas señaladas por el Código Penal, el culpable o los culpables podrían ser condenados al pago de una indemnización por los perjuicios causados al ayuntamiento, así como también a la inhabilitación para el servicio público prevista por dicho Código Penal.

Artículo 182.- Bienes Inmuebles.

Toda enajenación, gravamen o permuta de bienes inmuebles se realizará conforme a lo establecido por la Constitución de la República.

Párrafo.- Los bienes inmuebles patrimoniales no podrán cederse gratuitamente salvo a entidades o instituciones públicas y para fines que redunden en beneficio de los habitantes del municipio así como a las instituciones privadas de interés público sin fines de lucro.

Artículo 183.- Enajenación de Bienes Patrimoniales.

Las enajenaciones de bienes patrimoniales habrán de realizarse por subasta pública, exceptuando el caso de las permutas con otros bienes de carácter inmobiliario.

Párrafo.- En los casos de enajenación de inmuebles o de afectación de éstos o de rentas en garantía se observarán las disposiciones y requerimientos establecidos en la Constitución y las leyes.

Artículo 184.- Inscripción y Registro Inmobiliario.

Los ayuntamientos deberán inscribir en el Registro de Títulos, la propiedad de sus bienes inmuebles y derechos reales, siendo suficiente a tal efecto la certificación que, con relación al catastro aprobado por el concejo municipal, expida el secretario/a general con el visto bueno del síndico/a.

Artículo 185.- Inventario de los Bienes y Derechos.

Los ayuntamientos están obligados a formar inventario valorado de todos los bienes y derechos que les pertenecen. El inventario se rectificará anualmente, siempre que se renueve el ayuntamiento.

Artículo 186.- Terrenos Rurales y Solares Yermos.

Los ayuntamientos podrán arrendar los terrenos rurales y los solares urbanos de su propiedad mediante el pago de un precio anual equivalente al 3 y 5 por ciento, respectivamente, de su valor, pagados mensualmente en doceavas partes. La duración de los arrendamientos no podrá exceder veinte años.

Párrafo I.- Los síndicos/as y los tesoreros/as municipales llevarán un índice de todos los contratos de arrendamiento en que hayan intervenido y velarán por el cumplimiento de dichos contratos y por la rescisión de los mismos cuando los arrendatarios no cumplan con todas sus cláusulas.

Párrafo II.- Por acuerdo del concejo municipal se podrá exonerar del pago del precio de arrendamiento a los pobres de solemnidad y personas con ingresos inferiores al cincuenta por ciento del salario mínimo.

Artículo 187.- Tasación de los Bienes.

El valor de los terrenos y solares de los municipios sujetos a arrendamiento será tasado por los ayuntamientos cada dos (2) años, quedando obligados los arrendatarios a pagar los arrendamientos de acuerdo con esas tasaciones.

Párrafo.- Si dicha tasación no se efectuase, mientras se lleva a efecto, el precio se incrementará automáticamente en el porcentaje en que se haya incrementado el índice de precios al consumo desde la realización de la última.

Artículo 188.- Resolución del Arrendamiento.

Todo arrendamiento de terrenos y/o solares municipales, estará sujeto a quedar resuelto de pleno derecho, al ser requerido mediante notificación que haga el ayuntamiento al arrendatario, en el plazo máximo de 90 días, cuando el ayuntamiento necesite destinarlos a fines de utilidad pública.

Todo lo relativo a mejoras levantadas dentro de estos terrenos y/o solares se regirá por el Derecho Común.

Artículo 189.- Venta a los Arrendatarios.

En los casos en que los arrendatarios de terrenos o solares municipales deseen adquirir por compra los terrenos o solares ocupados por ellos, los ayuntamientos podrán hacer tales ventas, mediante trámite de la sindicatura y aprobación del concejo de regidores, fijando como precio de las mismas el valor atribuido a los inmuebles de que se trate en la última tarifa votada por el ayuntamiento y ajustada por los precios de mercado, no pudiendo ser menor que el precio definido por las instancias del Catastro Nacional y los precios de referencia de la Dirección General de Impuestos Internos.

Párrafo.- Se aplicarán los procedimientos establecidos para los bienes patrimoniales que establezcan la Constitución y las leyes.

Artículo 190.- Traspaso de Derechos.

Los actos de traspasos de los derechos de arrendamiento sobre los terrenos o solares propiedad del ayuntamiento, o de ventas de mejoras ubicadas en los mismos, no serán válidos si previamente no se ha obtenido su autorización, la cual no podrá ser otorgada si no han sido pagados totalmente los valores por concepto de esos arrendamientos.

Párrafo I.- Las y los notarios públicos al recibir actos que operen tales traspasos o ventas, así como legalizar firmas al pie de actos bajo firma privada del género especificado, dejarán constancia de que han sido cumplidos los requisitos indicados en este artículo.

Párrafo II.- Los actos instrumentados sin que se observen las disposiciones de este artículo no serán oponibles a los ayuntamientos respectivos, frente a los cuales no surtirán ningún efecto.

Capítulo II
Proventos

Artículo 191.- Administración y Explotación.

Los ayuntamientos podrán conceder, por medio de subastas y con las condiciones y formalidades que se establecen más adelante, la administración y explotación por particulares de los establecimientos o servicios públicos productivos que les pertenezcan o estén bajo su dependencia, siempre que por su naturaleza no requieran ser administrados por gestión municipal directa.

Párrafo.- No se pueden celebrar contratos relativos a la concesión, o el arrendamiento de proventos municipales por más de cuatro años, considerándose nulo sus efectos más allá de este término.

Artículo 192.- Periodos para la Realización de las Subastas.

Los procedimientos para las subastas tendrán efecto y deberá finalizar dentro de los tres últimos meses en que vaya a perimir la concesión vigente.

Párrafo.- Los Ayuntamientos realizarán públicamente la fecha en que se realizarán las subastas, a través del Boletín Oficial y la publicación en un periódico local.

Artículo 193.- Participación en las Subastas.

Las personas que deseen participar en las subastas de proventos municipales deberán depositar, en efectivo, o en cheque certificado, un depósito provisional en la tesorería municipal correspondiente, como condición esencial para su admisión en las pujas.

Párrafo I.- Este depósito garantizará todas sus obligaciones como licitador, principalmente la aprobación y firma del contrato de remate y el otorgamiento del depósito definitivo si resultare adjudicatario; y su monto será fijado entre tres y el diez por ciento del valor de primera puja del provento de que se trate. Este depósito, el cual se hará mediante cheque certificado expedido a favor de la tesorería del ayuntamiento, quedará en favor del tesoro municipal, sin más formalidad, en caso de incumplimiento de cualquiera de las obligaciones establecidas.

Párrafo II.- Sólo mediante la presentación de una constancia suscrita por el tesorero /a municipal de haber cumplido con esta obligación, podrán ser admitidos los interesados en las subastas.

Párrafo III.- Este depósito será devuelto a los postores tan pronto se haya celebrado la subasta definitiva. Al adjudicatario se le devolverá a su requerimiento, luego de haber satisfecho todas las obligaciones y formalidades para su entrada en goce del provento subastado.

Artículo 194.- Capacidad para Contratar.

No podrán ser licitadores de proventos municipales los miembros ni los empleados del ayuntamiento correspondiente, ni personas interpuestas por ellos, ni los incapaces para contratar, ni los deudores del municipio de cuyos bienes se trate, cuando los créditos estén vencidos y sean exigibles a la fecha de la subasta.

Artículo 195.- Precio de las Pujas.

El valor fijado como precio de primera puja de cada provento municipal, para los fines de subasta, deberá ser por lo menos cinco por ciento más elevado que el producto del mismo en el año anterior.

Párrafo.- En caso de no presentarse licitadores en la primera subasta, se podrá realizar una segunda, fijándose como primera puja el producto del provento en el año anterior. Si en la segunda subasta tampoco se presentan licitadores, se podrá realizar una tercera y última subasta, fijándose como primera puja la suma que establezca el ayuntamiento.

Artículo 196.- Adjudicación Directa.

En caso de que no concurran licitadores, el provento de que se trate podrá ser adjudicado de manera directa por el concejo municipal.

Artículo 197.- Procedimiento de la Subasta.

La subasta de cada provento será efectuada en la forma acostumbrada y estará precedida de avisos publicados en un medio de comunicación de amplia difusión en el municipio.

Las subastas las efectuará el concejo municipal en sesión extraordinaria, en la que estará presente el síndico/a o funcionario/a en quien delegue.

Artículo 198.- Contenido de las Ofertas.

No se podrá tomar en consideración ninguna oferta relacionada con subastas de proventos municipales que contengan proposiciones distintas de las estipuladas en los pliegos de condiciones, aún cuando fueren de apariencia más ventajosas para los intereses municipales.

Párrafo.- Las pujas deberán ser hechas con claridad y precisión por los licitadores; quedando terminantemente prohibida la consideración de ofertas formuladas antes de las subastas, o después de su celebración, de sumas mayores que la última puja del mejor postor.

Artículo 199.- Aprobación de los Pliegos de Condiciones.

Los pliegos de condiciones para las subastas serán redactados por el síndico/a y aprobados por el concejo municipal, pudiendo regir para las siguientes, salvo en aquellas partes de su texto de naturaleza y condición variables.

Artículo 200.- Contenido de los Pliegos de Condiciones.

Todo pliego de condiciones deberá contener, como menciones fundamentales, las siguientes: la obligación, por parte de los licitadores, de prestar un depósito de un monto nunca menor del tres (3) por ciento del precio de primera puja, si es ofrecida en efectivo o en cheque certificado, ni de treinta por ciento si lo es en cualquiera otra forma, para garantizar el cumplimiento de las obligaciones creadas por la subasta; la obligación de que los pagos se realicen por mensualidades adelantadas; que al retraso de más de diez días en el pago de una mensualidad, los rematantes pagarán un recargo del cinco por ciento sobre los valores adeudados; que al retraso de un mes en el pago quedará rescindido de pleno derecho el contrato de remate, y, en consecuencia, el ayuntamiento ejecutará el depósito a los fines del cobro correspondiente, y asumirá la administración directa del provento, mediante resolución notificada al rematante en falta.

Párrafo.- Los pliegos de condiciones podrán incluir aquellas menciones necesarias para caracterizar la naturaleza del provento de que se trate, así como los precios de las tarifas de cobros y demás especificaciones pecuniarias.

Artículo 201.- Formalización del Contrato de Subasta.

El contrato de subasta quedará formalizado por la declaración de aceptación suscrita por el subastador al pie del pliego de condiciones, sin más formalidad que la fecha en que firma y el precio de la subasta.

Párrafo.- Esta declaración se realizará ante el síndico/a, el tesorero/a, el presidente/a y el secretario/a del concejo, quien dará fe de la realización del acto del que dejará copia para los fines pertinentes.

Artículo 202.- Fianza Definitiva.

Adjudicado un provento por subasta, el rematante estará obligado a constituir el depósito definitivo dentro de los cinco días siguientes a la adjudicación, a falta de lo cual se considerará de pleno derecho como falso subastador, quedando el ayuntamiento en libertad de celebrar una nueva subasta, si fuere de lugar de acuerdo con esta ley, y a reclamar los daños y perjuicios que ocasione la falta de cumplimiento de parte del rematante de las obligaciones por él contraídas.

Artículo 203.- El Falso Subastador.

El falso subastador será sancionado con la pérdida del depósito provisional realizado en la tesorería municipal independientemente de las responsabilidades penales y civiles a que pudiera dar lugar su comportamiento.

Artículo 204.- Proventos Explotados en Establecimientos o Instalaciones Municipales.

Cuando los proventos sean explotados en locales pertenecientes al municipio o suministrados por éste, recaerán sobre los rematantes las obligaciones de conservar, mantener y entregar los edificios, así como los efectos y mobiliarios puestos bajo su guarda, en las mismas condiciones materiales y de uso en que los recibieran, debiendo restituir el valor de los deterioros, roturas y depreciaciones al término de su ejercicio como rematantes.

Párrafo.- La entrega y el recibo de las instalaciones y bienes existentes en ellas se hará obligatoriamente mediante inventarios y evaluaciones aceptados por el adjudicatario. Las instalaciones y bienes no podrán ser alterados ni modificados sino con el consentimiento previo y expreso del ayuntamiento.

Artículo 205.- Supervisión y Fiscalización del Ayuntamiento.

Todo rematante estará obligado a aceptar la supervisión y fiscalización, en todo cuanto se refiere al provento subastado, de los inspectores designados por el ayuntamiento.

Párrafo I.- Los rematantes están obligados a comunicar inmediatamente al ayuntamiento cualquier incidente que afecte al funcionamiento del provento.

Párrafo II.- El ayuntamiento puede intervenir frente a los rematantes en todos los casos en que éstos dejaren de ofrecer buen servicio al público, quienes están en la obligación, cuando así se lo requiera el ayuntamiento, de separar de su servicio a cualquiera de sus agentes o empleados en los proventos subastados, por causa de mala conducta notoria que afecte en cualquiera medida la marcha de estos servicios públicos, o de incapacidad comprobada en el desempeño de sus funciones.

Artículo 206.- Cesión de la Adjudicación por el Rematante.

En ningún caso podrá el rematante ceder o transferir, total o parcialmente, los derechos adquiridos en virtud de la adjudicación de un provento municipal, sin la autorización expresa del concejo de regidores, en cuyo caso, el cesionario estará obligado a constituir fianza.

Artículo 207.- Recuperación por el Ayuntamiento.

Los ayuntamientos podrán en cualquier momento reasumir la administración directa de un ramo subastado, abonando al rematante el diez (10) por ciento de la suma pendiente de pagar por él al ayuntamiento hasta el fin del año.

Artículo 208.- Fuerza Mayor.

No se reconocerán reclamaciones, indemnizaciones o bonificaciones en favor de los rematantes a menos que estén justificadas por ciclones, incendios, movimientos sísmicos, inundaciones, destrucción de puentes y caminos o epidemias, debidamente comprobados y que realmente hayan producido interrupción en la explotación del provento subastado. En cualquier otro caso de fuerza mayor debidamente comprobado el ayuntamiento tendrá facultad para reconocer o no la reclamación, indemnización o bonificación solicitada por el rematante.

Artículo 209.- Exoneraciones.

Los ayuntamientos no podrán acordar resolución alguna que exonere a los rematantes de la obligación de sufragar los gastos de explotación de los proventos, tales como salarios de empleados, mantenimiento, adecuación y reparación de locales, aun cuando éstos sean de propiedad municipal y cualesquier otros, así como los gastos para la formalización del remate, salvo la publicación de los avisos de subasta.

TITULO XIII
SERVICIOS Y OBRAS MUNICIPALES

Capítulo I
Servicios Municipales

Artículo 210.- Definición.

Son servicios públicos municipales los que prestan los municipios en el ámbito de sus competencias propias, coordinadas o delegadas.

Artículo 211.- Formas de Gestión.

Los servicios municipales podrán gestionarse mediante alguna de las siguientes formas:

A) Gestión directa:

    a) Gestión por la propia entidad municipal.

    b) Organismo autónomo municipal.

    c) Entidad pública empresarial municipal.

    d) Sociedad mercantil municipal, cuyo capital social pertenezca íntegramente al municipio o a un ente público de la misma.

B) Gestión indirecta:

    a) Concesión o delegación.

    b) Gestión interesada.

    c) Arrendamiento.

    d) Sociedad mercantil y cooperativas legalmente constituidas cuyo capital social pertenezca parcialmente al municipio.

    e) Consorcio.

Párrafo.- La gestión indirecta o mediante sociedad mercantil de capital social mixto de determinadas competencias, no incluirá las transferencias de las atribuciones de las que impliquen ejercicio de autoridad.

Artículo 212.- Normas de los Servicios Municipales.

Los actos de gestión de los servicios municipales en sus relaciones con los usuarios estarán sometidos a las normas del propio servicio aprobadas por el concejo municipal y la ley.

Artículo 213.- Tarifas de los Servicios Prestados Indirectamente.

En los casos de prestación indirecta de los servicios municipales, con la única excepción de los servicios prestados mediante concesión o delegación, regirán las siguientes normas:

a) Se fijará el término del convenio de acuerdo con las características del servicio, sin que en ningún caso pueda exceder de veinte años.

b) Se determinarán los precios de prestación del servicio, así como los plazos y condiciones de su revisión.

c) Se establecerán las garantías precisas para que, al término del convenio, las instalaciones, bienes y material integrante del servicio reviertan al patrimonio del municipio en condiciones normales de uso.

d) Se señalarán las condiciones de rescisión de los contratos.

e) Se fijará la suma anual que haya de satisfacerse al ayuntamiento, determinándose, además, la participación que el municipio tenga en la dirección de la empresa, así como en sus beneficios y pérdidas.

f) Siempre será necesario obtener la autorización del ayuntamiento para introducir mejoras en la prestación del servicio, sin perjuicio de que tales mejoras puedan ser impuestas por el mismo mediante adecuada indemnización.

Artículo 214.- Concesiones

Sólo podrán ser objeto de concesiones los servicios cuya instalación se haya hecho directamente por el ayuntamiento, o que sea propiedad de éste, todo de conformidad con la Ley de Contrataciones Públicas que rija la materia.

Capítulo II
De las Obras Municipales

Artículo 215.- Definición.

Tendrán la consideración de obras municipales, aquellas construidas, reformadas, reparadas y conservadas que los ayuntamientos ejecuten para la realización de servicios de sus competencias, tanto con sus propios fondos como con los procedentes de la cooperación de otros organismos públicos o privados, nacionales e internacionales.

Artículo 216.- Proyectos de Obras.

Los proyectos de obras deberán constar de planos, presupuesto de realización y memoria en que se incluya relación detallada y valoración aproximada de terrenos y construcciones que hayan de ocuparse así como condiciones económicas y técnicas.

Párrafo.- Los ayuntamientos seguirán los estándares y parámetros fijados por las diferentes sectoriales de la administración pública en la construcción de obras.

Artículo 217.- Colaboración de los Organismos, Entidades e Instituciones Gubernamentales y Profesionales Externos.

Cuando los ayuntamientos carezcan de personal técnico en su nómina para la elaboración de planes y proyectos de obras o de instalación de servicios, podrán solicitar la colaboración técnica de organismos, entidades e instituciones gubernamentales y de la sociedad civil o proceder a la contratación de profesionales externos.

Artículo 218.- Planes de Obras y Servicios Municipales.

Las obras comprendidas en los planes y proyectos de obras y servicios municipales, llevarán anexa si fuere requerida la declaración de utilidad pública y la necesidad de ocupación de los terrenos y edificios en ellos comprendidos a efectos de su expropiación.

Artículo 219.- Obras Intermunicipales.

Cuando una obra interese a dos o más municipios, ésta podrá realizarse mediante acuerdo de los ayuntamientos interesados.

TÍTULO XIV
CONTRATACIONES DE BIENES Y SERVICIOS

Artículo 220.- Capacidad para Contratar.

Los ayuntamientos tendrán capacidad para concertar contratos para la adquisición de bienes y servicios siempre que los mismos no sean contrarios al interés público, al ordenamiento jurídico vigente y a los principios de buena administración.

Párrafo.- El sistema de compras, concesiones, adjudicaciones de obras y contrataciones de bienes y servicios de las administraciones municipales estará sujeto a los principios de publicidad, transparencia, igualdad de posibilidades para interesados y oferentes, promoción de la competencia, y la responsabilidad de los funcionarios municipales encargados.

Artículo 221.- Peculiaridades de la Contratación Municipal.

Las contrataciones públicas de bienes, servicios, obras y concesiones se organizan de acuerdo a la Ley de Contrataciones Públicas y sus modificaciones.

TÍTULO XV
INFORMACIÒN Y PARTICIPACIÒN CIUDADANA
Capítulo I
Información y Acceso a los Archivos Municipales

Artículo 222.- Principio General.

Los ayuntamientos facilitarán la más amplia información sobre su actividad y la participación de todos los ciudadanos en la gestión municipal.

Artículo 223.- Obtención de Copias y Certificaciones.

Todos los ciudadanos tienen derecho a obtener copias y certificaciones acreditativas de las ordenanzas, reglamentos, resoluciones y acuerdos de los órganos de gobiernos municipales y sus antecedentes, así como a consultar los archivos y registros municipales.

Artículo 224.- Medios para dar Publicidad a las Resoluciones Municipales.

Los ayuntamientos darán publicidad de sus actuaciones y resoluciones a través de los siguientes medios, conforme a lo establecido en la Ley de Acceso a la Información Pública:

- Colocación de copias, resúmenes y anuncios en un mural que estará situado en una zona del palacio municipal que sea de libre acceso para el público.

- Boletín Oficial impreso y digital del ayuntamiento.

- Edición de boletines informativos y revistas

- Realización de programas radiofónicos o televisivos.

- Establecimiento de páginas web.

Párrafo.- Los ayuntamientos impulsarán la utilización interactiva de las tecnologías de la información y la comunicación para facilitar la participación y la comunicación con los munícipes, la rendición de cuentas, la difusión de documentos y la realización de trámites administrativos, encuestas y consultas ciudadanas.

Artículo 225.- Oficina de Acceso a la Información Municipal (OAIM).

Los Ayuntamientos establecerán una Oficina de Acceso a la Información Municipal (OAIM) a través de la que canalizarán toda la actividad relacionada con la publicidad de sus actuaciones y resoluciones o cualquiera otra información que obre en su poder, a fin de atender las peticiones que le dirijan los ciudadanos en el ejercicio de su derecho al libre acceso a la información pública.

Capítulo II
Participación Ciudadana en la Gestión Municipal

Artículo 226.- Participación Ciudadana.

Los ayuntamientos fomentarán la colaboración ciudadana en la gestión municipal con el fin de promover la democracia local y permitir la participación activa de la comunidad en los procesos de toma de decisión sobre los asuntos de su competencia.

Párrafo I.- El ayuntamiento redactará y aprobará un reglamento contentivo de las normas de organización de la participación ciudadana en la gestión municipal, en el que se garantizará que la participación de la mujer represente al menos un cincuenta por ciento (50%) de mujeres.

Párrafo II.- Los ayuntamientos en sus programas de género establecerán metodologías de trabajo para la sensibilización y movilización social, así como para asegurarle un entorno adecuado para el ejercicio de sus derechos y los apoyos que éstas requieran para el ejercicio pleno de este derecho.

Artículo 227.- Organizaciones de la Sociedad Civil.

Los ayuntamientos favorecerán el desarrollo de las organizaciones de la sociedad civil, impulsando su participación en la gestión municipal, facilitándoles la más amplia información sobre sus actividades y, dentro de sus posibilidades, el uso de los medios públicos y el acceso a las ayudas económicas para el desarrollo de sus actividades en beneficio de la comunidad.

Párrafo.- El presupuesto municipal incluirá una partida destinada a tal fin, denominada Fondo Concursable de Asociaciones sin Fines de Lucro. Mediante acuerdo del concejo municipal se reglamentarán los requisitos para acceder a las mismas, el procedimiento para su distribución y los criterios para la justificación del uso dado a los recursos que reciban. Entre otros, se tendrán en cuenta la representatividad de los solicitantes, el grado de interés o utilidad ciudadana de sus fines, su capacidad económica autónoma y las ayudas que reciben de otras entidades públicas o privadas, sin exceptuar cualquier otro requisito en las leyes nacionales, que apliquen sobre la materia.

Artículo 228.- Registro Municipal de Organizaciones sin Fines de Lucro.

Cada municipio contará con un registro actualizado de organizaciones sin fines de lucro en el cual se dejará constancia, entre otros datos, del nombre de la organización, la naturaleza, el domicilio, los nombres y direcciones de las y los directivos, día, hora y lugar en que se reúnen, cantidad de miembros, fecha de su fundación y ayudas recibidas del ayuntamiento.

Artículo 229.- Uso de los Medios Públicos Municipales.

Las organizaciones comunitarias y sociales del municipio podrán acceder al uso de medios de propiedad municipal, especialmente los locales y los medios de comunicación, con las limitaciones que imponga la coincidencia del uso por parte del propio ayuntamiento o de otras entidades.

Artículo 230.- Vías de Participación Ciudadana.

La participación ciudadana en los asuntos municipales se podrá llevar a cabo por las siguientes vías:

a)   El derecho de petición.
b)   El referéndum municipal.
c)   El plebiscito municipal.
d)   El cabildo abierto.
e)   El presupuesto participativo.

Artículo 231.- Órganos Municipales de Participación.

Son órganos de participación ciudadana en los asuntos municipales:

a)   El Consejo Económico y Social Municipal
b)   Los Comités de Seguimiento Municipal.
c)   Los Consejos Comunitarios.

Artículo 232.- El Derecho de Petición.

Los ciudadanos y ciudadanas tienen el derecho de presentar ante los órganos de gobierno municipal, solicitudes, peticiones, reclamos y propuestas de carácter normativo, sobre asuntos del interés y competencia del municipio.

Artículo 233.- Referéndum.

El Referéndum Municipal constituye el instrumento por el cual el ayuntamiento convoca a la comunidad para que se pronuncie sobre una propuesta de normativa de aplicación municipal u otros temas de interés de los munícipes y organizaciones del municipio.

Párrafo I.- La solicitud del referéndum debe ser presentada por el 5% de los ciudadanos y ciudadanas que figuren en el registro electoral del municipio.

Párrafo II.- En ningún caso se podrá someter a referéndum leyes nacionales o la modificación de la división político-administrativa del territorio.

Párrafo III.- Una vez se llenen estos requisitos, el referéndum deberá ser convocado por el presidente del ayuntamiento o por quien delegue el concejo de regidores. Y sus resultados deberán ser respetados y asumidos por el concejo de regidores y el resto del ayuntamiento.

Artículo 234.- Plebiscito Municipal.

El Plebiscito Local es el mecanismo institucional de consulta a la ciudadanía sobre lineamientos generales de medio ambiente, proyectos de infraestructura o de ordenamiento territorial, siempre que no modifiquen la actual división política administrativa. La realización del Plebiscito Local estará sujeta a los siguientes requisitos y limitaciones:

a) La solicitud de plebiscito debe ser presentada por el 5% de los ciudadanos y ciudadanas que figuren en el registro electoral del municipio, por el síndico municipal o por la mayoría absoluta del concejo de regidores.

b) La materia sobre la cual se convoque el plebiscito debe haber sido tramitada, sin llegar a una resolución definitiva, por ante el concejo municipal.

Párrafo.- El resultado del plebiscito municipal obliga a las autoridades competentes a adoptar las decisiones que correspondan para dar cumplimiento a sus resultados.

Artículo 235.- Cabildo Abierto.

El Cabildo Abierto es la reunión del concejo municipal con los habitantes del municipio o de una de sus divisiones territoriales, en la que éstos pueden participar directamente con el fin de debatir asuntos de interés para la comunidad. Las organizaciones sociales del municipio podrán solicitar su celebración.

Párrafo.- El síndico/a tiene el deber de asistir a todos los cabildos abiertos que se convoquen, pudiendo hacerse representar en el vicesíndico/a o un funcionario/a.

Capítulo III
Presupuesto Participativo Municipal

Artículo 236.- Presupuesto Participativo.

Se instituye el sistema de Presupuesto Participativo Municipal (PPM), que tiene por objeto establecer los mecanismos de participación ciudadana en la discusión, elaboración y seguimiento del presupuesto del municipio, especialmente en lo concerniente al 40% de la transferencia que reciben los municipios del Presupuesto Nacional por la Ley, que deben destinar a los gastos de capital y de inversión, así como de los ingresos propios aplicables a este concepto.

Artículo 237.- Objetivos.

Los objetivos del sistema de Presupuesto Participativo Municipal son:

1. Contribuir en la elaboración del Plan Participativo de Inversión Municipal, propiciando un balance adecuado entre territorios, urbanos y rurales;

2. Fortalecer los procesos de autogestión local y asegurar la participación protagónica de las comunidades en la identificación y priorización de las ideas de proyectos;

3. Ayudar a una mejor consistencia entre las líneas, estrategias y acciones comunitarias, municipales, provinciales y nacionales de desarrollo, de reducción de la pobreza e inclusión social;

4. Garantizar la participación de todos los actores: comunidades, sectores, instancias sectoriales y otras entidades de desarrollo local y que exprese con claridad su compromiso con los planes de desarrollo municipales;

5. Identificar las demandas desde el ámbito comunitario, articulando en el nivel municipal las ideas de proyectos prioritarios, lo que facilita la participación directa de la población;

6. Permitir el seguimiento y control de la ejecución del presupuesto;

7. Realizar el mantenimiento preventivo de las obras públicas.

Artículo 238.- Principios.

El Sistema de Presupuesto Participativo Municipal garantiza el cumplimiento de los siguientes principios:

a. La representación del conjunto de intereses de los ciudadanos;

b. El acceso de todos los ciudadanos a las asambleas comunitarias en cada paraje o comunidad, a las asambleas seccionales, de barrios o de bloques y al Cabildo Abierto o Asamblea Municipal;

c. La promoción del debate y la participación de los ciudadanos en el proceso de toma de decisiones;

d. El acceso a la información previa, precisa, completa y clara;

e. De equidad de género, tanto en cuanto a la participación como en la inversión que la debería favorecer.

Artículo 239.- Organización.

El Presupuesto Participativo Municipal, tomando en cuenta las condiciones particulares de cada municipio, se realizará sobre un procedimiento básico y general.

Párrafo I.- Primera Etapa: Preparación, Diagnóstico y Elaboración de Visión Estratégica de

Desarrollo. Las autoridades y las organizaciones se ponen de acuerdo sobre cómo realizarán el Presupuesto Participativo Municipal y determinarán la cantidad de dinero de inversión sobre la que planificarán los proyectos y obras que el Ayuntamiento ejecutará el año siguiente. Esta cantidad de dinero se preasigna entre las secciones o bloques del municipio según la cantidad de habitantes. En caso de que a una sección o bloque le toque una preasignación muy baja, el concejo de regidores puede transferirle más dinero por razones de solidaridad.

Párrafo II.- Segunda Etapa: Consulta a la Población. La población identifica sus necesidades más prioritarias y decide los proyectos y obras que deberá el ayuntamiento ejecutar el año próximo mediante la celebración de una secuencia de asambleas:

a. Asambleas comunitarias en cada paraje o comunidad con más de 30 familias;

b. Asambleas seccionales, de barrios o de bloques;

c. Cabildo Abierto o Asamblea Municipal.

Párrafo III.- Tercera Etapa: Transparencia y Seguimiento al Plan de Inversiones Municipal.

Ejecución de las Obras. Los proyectos y obras del Plan de Inversión Municipal del Presupuesto Participativo Municipal se ejecutan a lo largo del año, siguiendo un calendario de inicio de proyectos y obras. Las comunidades eligen un comité de obra o de auditoría social para que le dé seguimiento a cada una de las obras y, cuando la construcción de éstas concluya, se transforme en comité de mantenimiento. Todos los meses el Comité de Seguimiento Municipal se reúne con la sindicatura para revisar la ejecución de las obras y el gasto municipal. Dos veces al año, el síndico/a rinde cuenta ante el Pleno de Delegados del Presupuesto Participativo Municipal sobre el Plan de Inversión Municipal y del gasto del presupuesto municipal.

Artículo 240.- Asambleas Comunitarias.

Se realizarán Asambleas Comunitarias en todos los parajes y sectores del municipio. En caso de que el número de pobladores del paraje o comunidad sea muy reducido, se unirá al más cercano para efectuar esta asamblea.

Artículo 241.- Asambleas Seccionales, de Barrios o de Bloques.

Es una reunión de las y los delegados escogidos por las asambleas comunitarias donde se deciden los proyectos y obras de la sección o del bloque, siguiendo diversos criterios, principalmente el de pobreza o carencia de servicios.

Artículo 242.- Cabildo Abierto o Asamblea Municipal.

Es el evento que aprueba el Plan de Inversión Municipal, en el cual están contenidas las necesidades más prioritarias identificadas, así como los proyectos y obras acordadas que deberá el ayuntamiento ejecutar el año próximo, y elige el Comité de Seguimiento y Control Municipal.

Artículo 243.- Comités de Seguimiento y Control.

Se instituyen los Comités de Seguimiento y Control Municipal y Seccionales mediante resolución municipal, con el mandato de contribuir a la ejecución de las ideas de proyectos que fueron aprobadas por el Presupuesto Participativo Municipal y que fueron incorporadas al presupuesto municipal del año, y de supervisar que éstas se realicen en el orden de prioridad establecido, con la mayor calidad, eficiencia y transparencia posibles, tomando en cuenta el estudio de factibilidad y el presupuesto previamente elaborados. En caso de que en una sección quedara dinero del presupuestado, los Comités de Seguimiento y Control velarán para que estos recursos sean asignados a las obras que correspondan a la priorización hecha por las comunidades en la sección correspondiente.

Artículo 244.- Funciones del Comité de Seguimiento y Control Municipal.

El Comité de Seguimiento y Control Municipal tendrá, entre otras, las funciones siguientes:

a. Supervisar la marcha de la ejecución del Plan de Inversiones Municipales aprobado por el Presupuesto Participativo Municipal, así como evaluarlo periódicamente y al final de cada año de ejecución presupuestaria;

b. Conocer los presupuestos de las obras y las cubicaciones y demás informes de ejecución de las mismas. Para tales fines, las autoridades municipales y las unidades de ejecución deberán facilitar al comité toda la documentación relacionada con el Plan de Inversión Municipal y de las obras a ser realizadas, y rendirle informes periódicos sobre estos asuntos;

c. Revisar la ejecución presupuestaria de forma general y en particular en cada obra;

d. Contribuir a que las comunidades participen en la ejecución de las obras y aporten las contrapartidas que se comprometieron dar para la realización de éstas;

e. Escoger entre sus miembros a los representantes de la comunidad en la Junta de Compras y Contrataciones Municipales, que es la unidad operativa responsable de aprobar las compras y contrataciones que realice el ayuntamiento según los montos establecidos por el Reglamento de Compras y Contrataciones de Bienes y Servicios del ayuntamiento;

f.   Ayudar a difundir los informes emitidos por el ayuntamiento sobre el gasto de la inversión municipal;

g.   Fomentar y animar, junto a los Comités de Seguimiento y Control Seccionales, la constitución de Comités de Auditoría Social o Comités Comunitarios de Obras;

h.   Denunciar los incumplimientos al Plan Participativo de Inversión Municipal acordado en el proceso de Presupuesto Participativo Municipal, así como las anomalías e irregularidades que se comentan, e incriminar pública y legalmente a los responsables de las mismas.

Párrafo.- Los Comités de Seguimiento y Control Seccionales tendrán las mismas funciones del Comité de Seguimiento y Control Municipal dentro del ámbito de la sección, excepto la Letra e) del presente artículo.

Artículo 245.- Comités de Auditoría Social o Comités Comunitarios de Obras.

Se instituyen los Comités de Auditoría Social o Comités Comunitarios de Obras como un mecanismo propio de la comunidad, con el objeto de vigilar los proyectos y obras a cargo del ayuntamiento, definidas en el Plan de Inversión Municipal del Presupuesto Participativo Municipal, de forma que las mismas se realicen de acuerdo a lo planeado y presupuestado.

Artículo 246.- Rendición de Cuentas.

Los servidores públicos de los municipios tienen la obligación de responder ante los ciudadanos por su trabajo, donde expliquen a la sociedad sus acciones, y aceptar consecuentemente la responsabilidad de las mismas. En este sentido, los ayuntamientos difundirán en forma periódica la evolución del gasto municipal, especialmente de la inversión, a través de boletines, de páginas Web y de cualquier otro medio.

Artículo 247.- Obligatoriedad de Inclusión en el Presupuesto Municipal.

Es de obligatorio cumplimiento la inclusión en el presupuesto municipal del año, el Plan de Inversión Municipal, decidido por el Cabildo Abierto final del Presupuesto Participativo Municipal.

Artículo 248.- Asistencia Técnica.

El ayuntamiento especializará a los técnicos y funcionarios que estime convenientes para apoyar y facilitar el Presupuesto Participativo Municipal, con especial énfasis en el proceso de prefactibilidad de los proyectos decididos por las asambleas correspondientes, y proveerá de los medios necesarios para la organización, convocatoria y celebración de las actividades relacionadas con el Presupuesto Participativo Municipal.

Artículo 249.- Reglamentación.

El concejo municipal de cada municipio tendrá un plazo de noventa (90) días, a partir de la promulgación de la presente ley, para dictar el reglamento de aplicación de la misma, que responda a las características específicas del municipio, el cual debe incluir el procedimiento para la realización de las Asambleas Comunitarias y de las Asambleas Seccionales, de Barrios o de Bloques, del Cabildo Abierto o Asamblea Municipal, y de los Comités de Seguimiento y Control.

Párrafo.- El concejo de regidores incluirá en su agenda de sesiones en el mes de enero de cada año, revisar los Reglamentos del Presupuesto Participativo Municipal dictados al efecto, con el objeto de incorporar las experiencias del año anterior.

Artículo 250.- Participación Sectorial del Gobierno Central.

Las sectoriales del Gobierno Central deberán participar en las actividades del Presupuesto Participativo Municipal, especialmente en las Asambleas Seccionales o de Bloques y en el Cabildo Abierto final, y coordinar sus planes de inversión en el municipio con los Planes de Inversión Municipal aprobados mediante el Presupuesto Participativo Municipal.

Artículo 251.- Transitorio.

Aquellos municipios, que por su gran extensión y población, no pueden aplicar en su totalidad el Presupuesto Participativo Municipal, lo podrán hacer en forma gradual y progresiva en su territorio.

Artículo 252.- El Consejo Económico y Social Municipal.

El Consejo Económico y Social Municipal es un órgano de carácter consultivo, integrado por miembros del ayuntamiento y representantes de las organizaciones de la sociedad civil, cuya finalidad consiste en propiciar la participación ciudadana y comunitaria en los procesos de diseño de políticas públicas, de planificación, y en la toma de decisiones para la gestión municipal.

Párrafo I.- En las secciones y comunidades rurales y en las delegaciones barriales, podrán constituirse Consejos Comunitarios elegidos en asamblea por las organizaciones existentes en las localidades debidamente certificadas por el ayuntamiento. Estos tendrán la misma finalidad que el Consejo Económico y Social Municipal.

Párrafo II.- Mediante resolución se regularán la organización, funcionamiento y competencias de los Consejos Económicos y Sociales Municipales y los Consejos Comunitarios.

Artículo 253.- Comité de Seguimiento Municipal.

Se reconoce el derecho de la ciudadanía y de las comunidades del municipio a constituirse en Comités de Seguimiento para velar por el buen funcionamiento de un servicio público, la buena realización de una obra pública, la idoneidad de un procedimiento de compra, la selección de un personal para un puesto municipal y la correcta erogación de los fondos municipales.

Párrafo I.- Los Comités de Seguimiento Municipal se constituirán mediante la celebración de una asamblea de una comunidad, o de un grupo de ciudadanos correspondiente a un sector social o profesional, determinándose previamente el asunto específico al cual le dará seguimiento.

Párrafo II.- El ayuntamiento deberá proporcionar las facilidades necesarias para la creación, el buen funcionamiento y operatividad de los Comités de Seguimiento Municipal.

TÍTULO XVI
FINANZAS MUNICIPALES
Capítulo I
Régimen Económico y Financiero
De los Municipios

Artículo 254.- Suficiencia Financiera.

Los ayuntamientos tienen derecho, en el marco de la política económica nacional, a tener recursos suficientes de los cuales podrán disponer libremente en el ejercicio de sus competencias. Los recursos a ser transferidos íntegramente a los ayuntamientos desde la Tesorería Nacional serán realizados a partir de las modalidades siguientes: a) coparticipación de los ingresos fiscales no especializados, b) situados para complementarios para garantizar la suficiencia financiera para el ejercicio pleno de las competencias propias, coordinadas o delegadas, d) coparticipación en impuestos nacionales, e) impuestos y tasas que se definan a favor de los ayuntamientos, f) ámbitos de imposición a través de arbitrios y tasas que se definan como parte de la potestad tributaria de los ayuntamientos, g) cualquier otra modalidad que se estime necesaria para garantizar la suficiencia financiera.

Párrafo I.- Los ayuntamientos solicitarán los apoyos de la administración nacional para el cumplimiento efectivo de sus competencias propias, coordinadas y delegadas, con la adecuada justificación de las necesidades que hacen mérito para la solicitud.

Párrafo II.- Los ayuntamientos deberán focalizar los recursos recibidos o propios en las competencias propias, coordinadas y/o delegadas, dando cuenta a los organismos de control interno de la administración pública del gasto de los mismos en función de cada una de ellas, sin marginar la composición del gasto general que se especifique en las legislaciones que rijan para el gasto de las transferencias hacia los ayuntamientos.

Artículo 255.- Autonomía Financiera.

Los ayuntamientos tendrán autonomía para establecer y exigir arbitrios de acuerdo con lo previsto en la Constitución y las leyes. Los ayuntamientos mantendrán los ámbitos para la fijación de arbitrios establecidos en las legislaciones anteriores y otros que existan al momento de aprobación de la presente ley.

Párrafo.- Es competencia de los ayuntamientos, la gestión, recaudación e inspección de sus arbitrios, sin perjuicio de las delegaciones que puedan otorgar a favor de otros organismos públicos y de las fórmulas de colaboración con otros municipios.

Artículo 256.- Normativas Fiscales Municipales.

La potestad reglamentaria de los municipios en materia fiscal se ejercerá a través de ordenanzas reguladoras de gestión, recaudación e inspección de sus arbitrios.

Párrafo.- Estas ordenanzas obligan a todos los munícipes radicados en el municipio, sean estas personas físicas o jurídicas, y se aplican conforme al criterio de que los mismos residan, tengan su domicilio o ejecuten actividades de manera efectiva en el territorio.

Artículo 257.- Recursos.

Contra los actos sobre aplicación y efectividad de los arbitrios municipales, y de los restantes ingresos de derechos públicos de los municipios ayuntamientos, tales como prestaciones patrimoniales de carácter público no tributarios, rentas, derechos, multas y sanciones pecuniarias, se podrá formular recurso de reconsideración ante el concejo municipal.

Artículo 258.- Embargos.

Los ingresos, y derechos municipales sólo podrán ser objeto de embargos cuando los mismos constituyan garantías debidamente autorizadas por el concejo de regidores de conformidad con la presente ley.

Artículo 259.- Deudas con otros Organismos Oficiales.

La extinción total o parcial de las deudas que el Estado y sus organismos autónomos, la seguridad social y cualesquiera otras entidades de derecho público tengan con los municipios, o viceversa, podrán acordarse por vía de compensación, cuando se trate de deudas vencidas, líquidas y exigibles.

Artículo 260.- Nulidad y Revisión de los Actos Tributarios.

Corresponderá al concejo municipal la declaración de nulidad de pleno derecho y la revisión de los actos dictados en vía de gestión tributaria.

Capítulo II
Régimen de Control Financiero

Artículo 261.- Control Financiero.

La fiscalización de la gestión financiera de los ayuntamientos corresponde a la Cámara de Cuentas y a la Contraloría General de la República, como instituciones encargadas de acuerdo a sus atribuciones legales, de revisar, aprobar, fiscalizar y verificar el debido ingreso e inversión de los fondos de las diversas instancias de la administración pública, del Gobierno Central y de los municipios.

Artículo 262.- Control de la Comunidad.

Los ayuntamientos reglamentarán los procedimientos y mecanismos requeridos para permitir las actividades de auditoría social por parte de la comunidad y las entidades de la sociedad civil, con arreglo a la presente ley y cualquier otra legislación que rija sobre la materia.

Artículo 263.- Control Interno.

El control interno de los ayuntamientos, las demás entidades municipales, los organismos autónomos y sociedades mercantiles que de ellos dependan será ejercido por el contralor municipal a quien corresponderá la fiscalización de todos los actos de los mismos que den lugar al reconocimiento y liquidación de derechos y obligaciones o gastos de contenido económico, los ingresos y pagos que de aquellos se deriven, y la recaudación, inversión y aplicación, en general, de los caudales públicos administrados, con el fin de que la gestión se ajuste a las disposiciones aplicables en cada caso.

Párrafo I.- Con carácter previo a su autorización, todas las actuaciones de contenido económico se analizarán con la finalidad de determinar su legalidad y veracidad, además de verificar su conformidad con el presupuesto, los planes o programas y con las normas de control establecidas.

Párrafo II.- El ejercicio de la expresada función comprenderá:

a) La intervención crítica o previa de todo acto, documento o expediente susceptible de producir derechos u obligaciones de contenido económico o movimiento de fondos de valores.

b)   La intervención formal de la ordenación del pago.

c)   La intervención material del pago.

d)   La intervención y comprobación material de las inversiones y de la aplicación de las subvenciones.

e)   Las auditorías y el examen concomitante de las actividades financieras y administrativas de las entidades a que hace referencia esta ley, realizada por auditores calificados para tales funciones.

f)   Verificar el cumplimiento por parte de las autoridades responsables de la administración financiera municipal de todas las normas, reglamentos y disposiciones vigentes.

Párrafo III.- Los organismos a que se refiere este artículo, estarán sujetos a las legislaciones, reglamentos y normativas que se definan para la administración pública, en los aspectos que apliquen para éstos.

Artículo 264.- Desacuerdos del Contralor/a Municipal.

Si en el ejercicio de la función de fiscalización, el contralor/a municipal se manifestará en desacuerdo con el fondo o con la forma de los actos, documentos o expedientes examinados, deberá formular sus reparos por escrito antes de la adopción del acuerdo o resolución.

Artículo 265.- Efectos del Desacuerdo

Cuando la disconformidad se refiera al reconocimiento o liquidación de derechos a favor del municipio, la oposición se formalizará en nota de reparo que, en ningún caso, suspenderá la tramitación del expediente.

Párrafo.- Si el reparo afecta a la disposición de gastos, reconocimiento de obligaciones u ordenación de pagos, se suspenderá la tramitación del expediente hasta que aquel sea solventado en los siguientes casos:

a)   Cuando se base en la insuficiencia de crédito o el propuesto no sea adecuado.

b)   Cuando no hubieran sido fiscalizados los actos que dieron origen a las órdenes de pago.

c)   En los casos de omisión en el expediente de requisitos o trámites esenciales.

d)   Cuando el reparo derive de comprobaciones materiales de obras, suministros, adquisiciones y servicios.

Artículo 266.- Comunicaciones del Contralor/a al Concejo Municipal.

El contralor/a municipal elevará informe al concejo municipal de todas las actuaciones y resoluciones adoptadas contrarias a los reparos efectuados, así como un resumen de las principales anomalías detectadas en materia de ingresos y egresos.

Artículo 267.- El Control Financiero.

El control financiero tendrá por objeto comprobar el funcionamiento en el aspecto económico-financiero de los servicios de los municipios, de sus organismos autónomos y de las sociedades mercantiles de ellos dependientes. Además, especialmente deberán:

a)   Velar para que las informaciones administrativas, financieras y operativas, sean útiles, confiables y oportunas para la toma de decisiones.

b)   Promover la eficiencia de las operaciones y el cumplimiento de los planes, programas y presupuestos, acorde con los objetivos y metas propuestas.

c) Velar por la correcta aplicación de los principios de legalidad, economía, eficiencia, eficacia, calidad y transparencia de la gestión.

d) Analizar y considerar los factores de riesgos que pueden afectar a las unidades económicas.

e) Mantener un sistema de seguimiento y supervisión eficaz de la gestión.

Párrafo I.- El control financiero - presupuestario, control interno y externo, y el control contable se realizarán por procedimientos de acuerdo con las normas de auditoría para la administración pública.

Párrafo II.- Como resultado del control efectuado habrá de emitirse informe escrito en el que se haga constar cuantas observaciones y conclusiones se deduzcan del examen practicado. Los informes, conjuntamente con las alegaciones efectuadas por el órgano auditado, serán enviados al concejo municipal para su examen.

Artículo 268.- El Control de Eficacia.

Las entidades de gobierno municipal, tanto supra como infra municipales, realizarán el seguimiento, supervisión y la comprobación periódica y eficaz de su gestión, para la determinación del grado de cumplimiento de los objetivos, así como el análisis del costo de funcionamiento y del rendimiento de los respectivos servicios o inversiones en función de las competencias propias, coordinadas y/o delegadas.

Artículo 269.- Ejercicio de la Función de Control.

Los funcionarios que tengan a su cargo la función de contraloría, así como de la realización de los controles financieros y de eficacia, ejercerán su función con plena independencia y podrán:

a) Recabar cuantos antecedentes consideren necesarios,

b) Efectuar el examen y comprobación de los libros, cuentas y documentos que consideren precisos,

c) Verificar arqueos y recuentos, y

d) Solicitar de quien corresponda, cuando la naturaleza del acto, documento o expediente que deba ser intervenido lo requiera, los informes técnicos y asesoramiento que estimen necesarios.

Artículo 270.- Fiscalización Externa.

La fiscalización externa de las cuentas y de la gestión económica de los ayuntamientos y de todos los organismos y sociedades de ellos dependientes, es función propia de la Cámara de Cuentas de la República y la Contraloría General de la República, con el alcance y condiciones que establecen sus leyes reguladoras.

Párrafo I.- Una vez fiscalizadas las cuentas por la Cámara de Cuentas y/o Contraloría General de la República, se someterá a la consideración del ayuntamiento la propuesta de corrección de las anomalías observadas y el ejercicio de las acciones procedentes, sin perjuicio de las actuaciones que puedan corresponder a aquella en los casos de exigencia de responsabilidades.

Párrafo II.- La Cámara de Cuentas de la República Dominicana deberá hacer pública anualmente, en la forma en que ésta determine, los resultados de las auditorías anuales realizadas a los municipios y distritos municipales en cuanto a la eficacia y eficiencia presupuestaria de acuerdo con lo establecido en la presente ley. En los casos de que como resultado de dichas auditorías se determine que se ha violado lo establecido en la misma procederá conforme a la ley que la rige a solicitar la puesta en movimiento de la acción pública. Cualquier persona física o moral en caso de violación a la presente ley podrá solicitar a las jurisdicciones penales competentes la puesta en movimiento de la acción pública, constituirse en calidad de querellante y actor civil según los términos del Código Procesal Penal, y solicitar las sanciones correspondientes.

TÍTULO XVII
INGRESOS MUNICIPALES

Capítulo I
Los Ingresos Municipales

Artículo 271.- Tipos.

Las finanzas de los ayuntamientos estarán constituidas por:

a)   Los tributos establecidos a su favor en leyes especiales.

b)   Los arbitrios establecidos por ordenanza municipal.

c)   Los derechos, las contribuciones o cualesquier otros ingresos que se les asigne.

d)   Los ingresos procedentes de su patrimonio, rentas y derechos.

e)   Los tributos propios clasificados en impuestos, tasas y contribuciones especiales.

f)   Las participaciones en los ingresos del Estado.

g)   Las subvenciones y situados para garantizar complementariamente la suficiencia financiera para las competencias propias, coordinadas y delegadas y la coinversión pública.

h)   Los percibidos en concepto de precios por la venta de productos y servicios.

i)   El producto de las operaciones de crédito.

j)   Las demás prestaciones de derecho público.

Párrafo.- Para el cobro de los tributos y de las cantidades que como ingresos de derecho público deben percibir los ayuntamientos, ostentarán las mismas prerrogativas establecidas legalmente para la administración pública.

Artículo 272.- Ingreso de Derecho Privado.

Constituyen ingresos de derecho privado de los ayuntamientos los producidos por cualquier naturaleza, así como las adquisiciones a título de herencia, legado o donación.

Párrafo I.- A estos efectos, se considerará patrimonio de los municipios el constituido por los bienes de su propiedad, así como por los derechos reales o personales de que sean titulares, susceptibles de valoración económica, siempre que unos y otros no se hallen afectados al uso o servicio público. En ningún caso tendrán la consideración de ingresos de derecho privado los que procedan, por cualquier concepto, de los bienes de dominio público local.

Párrafo II.- También tendrán la consideración de ingresos de derecho privado el importe obtenido en la enajenación de bienes integrantes del patrimonio de los municipios.

Párrafo III.- La efectividad de los derechos de los municipios comprendidos en este artículo se llevará a cabo con sujeción a las normas y procedimientos del derecho privado.

Artículo 273.- Destino de los Ingresos Procedentes de Enajenaciones de Bienes Patrimoniales.

Los ingresos procedentes de la enajenación o gravamen de bienes y derechos que tengan la consideración de patrimoniales, no podrán destinarse a la financiación de gastos corrientes, salvo que se trate de terrenos sobrantes de vías públicas no edificables o de efectos no utilizables en servicios municipales.

Capítulo II
Arbitrios Municipales

Artículo 274.- Principios.

Los arbitrios que establezcan los ayuntamientos, respetarán los siguientes principios:

a) No colindarán con los impuestos nacionales, con el comercio intermunicipal o de exportación, ni con la Constitución o las leyes de la República.

b) No gravarán bienes situados, actividades desarrolladas, rendimientos originados ni gastos realizados fuera del territorio de la respectiva entidad.

c) No gravarán, como tales, negocios, actos o hechos celebrados o realizados fuera del territorio del municipio que impone el tributo, ni el ejercicio o la transmisión de bienes, derechos u obligaciones que no hayan nacido ni hubieran de cumplirse en dicho territorio.

Artículo 275.- Colaboración Fiscal.

La Administración Tributaria Nacional colaborará con los ayuntamientos en todos los órdenes de gestión, liquidación, inspección y recaudación de los tributos municipales.

Párrafo.- En particular, las administraciones tributarias municipales y nacionales:

a) Se comunicarán los hechos con trascendencia tributaria, registros, bases de datos de contribuyentes y demás recursos de derecho público de cualquiera de ellas, que se pongan de manifiesto como consecuencia de actuaciones comprobadoras e investigadoras de los respectivos servicios de inspección.

b) Podrán elaborar y preparar planes de inspección conjunta o coordinada sobre objetivos, sectores y procedimientos selectivos.

Artículo 276.- Recargos e Intereses.

En la recaudación de los tributos municipales y de los demás ingresos de derecho público o privado, las municipalidades podrán imponer recargos e intereses por concepto de atraso y mora, que serán exigidos en la misma forma, cuantía y de acuerdo a los mismos procedimientos que se establecen para el cobro de los tributos atrasados de la administración tributaria nacional.

Artículo 277.- Infracciones y Sanciones.

En materia de tributos municipales, se aplicará el régimen de infracciones y sanciones regulado en el Código Tributario, con las especificaciones que tales disposiciones establezcan en las ordenanzas municipales.

Artículo 278.- Imposición, Ordenación y Modificación de Tributos.

Los ayuntamientos mediante ordenanzas acordarán la imposición, ordenación y regulación de los arbitrios propios. Estas ordenanzas contendrán, al menos:

a)   La determinación del hecho imponible, sujeto pasivo, exenciones, reducciones y bonificaciones, base imponible y liquidable, tipo de gravamen o cuota tributaria y período impositivo.

b)   Los regímenes de declaración y de ingreso.

c)   Las fechas de su aprobación y del comienzo de su aplicación.

Párrafo.- Los acuerdos de modificación de dichas ordenanzas deberán contener la nueva redacción de las normas afectadas y las fechas de su aprobación y período de vigencia.

Artículo 279.- Establecimiento de Tasas.

Los ayuntamientos podrán establecer mediante ordenanzas, tasas por la utilización exclusiva o el aprovechamiento especial del dominio público municipal, así como por la prestación de servicios públicos o la realización de actividades administrativas de competencia municipal que se refieran, afecten o beneficien de modo particular a los sujetos pasivos.

Párrafo I.- Tendrán la consideración de tasas las que establezcan las entidades municipales por los siguientes conceptos:

1)   La utilización exclusiva o el aprovechamiento especial del dominio público municipal.

2)   La prestación de un servicio público o la realización de una actividad administrativa en régimen de derecho público de competencia municipal que se refiera, afecte o beneficie de modo particular al sujeto pasivo, cuando se produzca cualquiera de las circunstancias siguientes:

a)   Que no sean de solicitud o recepción voluntaria para los administrados.

b)   Cuando venga impuesta por disposiciones legales o reglamentarias.

c)   Cuando los bienes, servicios o actividades requeridos sean imprescindibles para la vida privada o social del solicitante.

d)   Que no se presten o sean ejecutados por el sector privado.

Párrafo II.- Se entenderá que la actividad administrativa o servicio afecta o se refiere al sujeto pasivo cuando haya sido motivado directa o indirectamente por el mismo en razón de que sus actuaciones u omisiones obliguen al municipio a realizar de oficio actividades o a prestar servicios por motivos de seguridad, salubridad, de abastecimiento de la población o de orden urbanístico, entre otras.

Párrafo III.- Para la determinación de los sujetos incluidos en los contenidos del presente artículo, no mediará necesariamente contratos previos, sino que la mera prestación del servicio hace obligatorio su cumplimiento de parte de los inquilinos o propietarios de los inmuebles que la generan.

Artículo 280.- Tipos de Tasas.

Las tasas deberán clasificarse en los siguientes tipos:

a)   Tasas por utilización y aprovechamiento especial del dominio público municipal, y

b)   Tasas por prestación de servicios o realización de actividades administrativas.

Artículo 281.- Servicios no Sujetos al Pago de Tasas.

Las entidades municipales no podrán exigir tasas por los servicios siguientes:

a)   Abastecimiento de aguas en fuentes públicas.

b)   Alumbrado de vías públicas.

c)   Vigilancia pública en general.

d)   Defensa civil.

e)   Limpieza de la vía pública.

Artículo 282.- Sujetos Pasivos de las Tasas.

Son sujetos pasivos de las tasas, en concepto de contribuyentes, las personas físicas y jurídicas:

a)   Que disfruten, utilicen o aprovechen especialmente el dominio público municipal en beneficio particular.

b)   Que soliciten o resulten beneficiadas por los servicios o actividades que presten o realicen los municipios.

Párrafo.- Tendrán la condición de contribuyente:

-   En las tasas establecidas por razón de servicios o actividades que beneficien o afecten a los ocupantes de viviendas o locales, los propietarios, administradores, usufructuarios o arrendatarios de dichos inmuebles.

-   En las tasas establecidas por el otorgamiento de las licencias urbanísticas previstas en la normativa sobre suelo y ordenamiento del territorio, los constructores y contratistas de obras.

-   En las tasas establecidas por la prestación de servicios de prevención y extinción de incendios, de prevención de ruinas, construcciones y derribos y en general, de protección de personas y bienes, comprendiéndose también el mantenimiento del servicio, las entidades o sociedades aseguradoras del riesgo.

-   En las tasas establecidas por la utilización exclusiva o el aprovechamiento especial por entradas de vehículos a través de las aceras y por su construcción, mantenimiento, modificación o supresión, los propietarios, administradores, usufructuarios o arrendatarios de dichos inmuebles.

Artículo 283.- Determinación del Importe de las Tasas.

El importe de las tasas previstas por la utilización privativa o el aprovechamiento especial del dominio público municipal se fijará tomando como referencia el valor que tendría en el mercado la utilidad derivada de dicha utilización o aprovechamiento, si los bienes afectados no fuesen de dominio público.

Párrafo.- En el caso de las tasas por la contraprestación de servicios deberá expresar, por lo menos el costo total de los servicios prestados de forma eficiente, garantizando la equidad tributaria.

Artículo 284.- Importe de las Tasas por Aprovechamientos Especiales en Favor de Empresas Explotadoras de Servicio de Suministro.

Cuando se trate de tasas por utilización privativa o aprovechamientos especiales constituidos en el suelo, subsuelo o vuelo de las vías públicas municipales, en favor de empresas explotadoras de servicios de suministros que afecten a la generalidad o a una parte importante del vecindario, el importe de aquéllas consistirá en el 3% de los ingresos brutos, procedentes de la facturación que obtengan anualmente en cada término municipal las referidas empresas. Dichas tasas son compatibles con otras que puedan establecerse por la prestación de servicios o la realización de actividades de competencia municipal de las que las mencionadas empresas deban ser sujetos pasivos.

Párrafo.- Para el municipio determinar el porcentaje de los ingresos brutos, solicitará las informaciones correspondientes a la Dirección General de Impuestos Internos, quien deberá colaborar en todo lo que sea necesario para que el ayuntamiento haga efectiva la liquidación del tributo debido.

Artículo 285.- Cuota Tributaria.

La cuota tributaria será establecida por la correspondiente ordenanza y consistirá en:

- La cantidad resultante de aplicar una tarifa.
- Una cantidad fija señalada al efecto, o
- La cantidad resultante de la aplicación conjunta de ambos procedimientos.

Párrafo.- Para la determinación de la cuantía de las tasas, se deberá tener en cuenta criterios genéricos de capacidad económica de los sujetos obligados a satisfacerlas y la recuperación del costo eficiente de la provisión del servicio que se trate.

Artículo 286.- Destrucción o Deterioro del Dominio Público Municipal.

Cuando la utilización exclusiva o el aprovechamiento especial originen o provoquen la destrucción o deterioro del dominio público municipal, el beneficiario, sin perjuicio del pago de la tasa a que hubiere lugar, estará obligado al reintegro del costo total de los respectivos gastos de reconstrucción o reparación y al depósito previo de su importe.

Párrafo.- Si los daños fueran irreparables, el Ayuntamiento será indemnizado en cuantía igual al valor de los bienes destruidos o el importe del deterioro de los daños.

Artículo 287.- Informes Técnicos y Económicos.

Los acuerdos de establecimiento de tasas por la utilización privativa o el aprovechamiento especial del dominio público, o para financiar total o parcialmente los nuevos servicios, deberán adoptarse a la vista de informes técnicos y económicos en los que se ponga de manifiesto entre otros aspectos, el valor de mercado o la previsible cobertura del costo de aquellos, respectivamente.

Artículo 288.- Obligaciones de Pago.

Las obligaciones de pago de las tasas dependerán de la naturaleza de su hecho imponible y conforme se determine mediante ordenanza, originándose:

a) Cuando se inicie el uso privativo o el aprovechamiento especial, o cuando se inicie la prestación del servicio o la realización de la actividad, aunque en ambos casos podrá exigirse el depósito previo de su importe total o parcial.

b) Cuando se presente la solicitud que inicie la actuación o el expediente, que no se realizará o tramitará sin que se haya efectuado el pago correspondiente.

Párrafo I.- Cuando la naturaleza material de la tasa exija el pago periódico de ésta, y así se determine en la correspondiente ordenanza, el mismo tendrá lugar el 1 de enero de cada año y el período impositivo comprenderá el año natural, salvo en los supuestos de inicio o cese en la utilización privativa, el aprovechamiento especial o el uso del servicio o actividad, en cuyo caso el período impositivo se ajustará a esa circunstancia con el consiguiente prorrateo de la cuota, en los términos que se establezcan en la ordenanza.

Párrafo II.- Cuando por causas no imputables al sujeto pasivo, el servicio público, la actividad administrativa o el derecho a la utilización o aprovechamiento del dominio público no se preste o desarrolle, procederá la devolución, por parte del ayuntamiento, del importe correspondiente.

Artículo 289.- Autoliquidaciones.

Los ayuntamientos podrán exigir el pago de las tasas en régimen de autoliquidación por el propio interesado.

Artículo 290.- Convenios de Colaboración con los Sujetos Pasivos.

Los ayuntamientos podrán establecer convenios de colaboración con entidades, instituciones y organizaciones representativas de los sujetos pasivos, con el fin de simplificar el cumplimiento de las obligaciones formales y materiales derivadas de aquéllas, o los procedimientos de liquidación o recaudación.

Artículo 291.- Contribuciones Especiales.

Los ayuntamientos podrán establecer contribuciones especiales sobre la obtención por el sujeto pasivo de un beneficio o de un aumento de valor de sus bienes, como consecuencia de la realización de obras públicas o del establecimiento o ampliación de servicios públicos, de carácter municipal.

Artículo 292.- Obras y Servicios Municipales Financiables por Contribuciones Especiales.

Tendrán la consideración de obras y servicios municipales financiables por contribuciones especiales:

a) Los que realicen los ayuntamientos dentro del ámbito de sus competencias para cumplir los fines que les estén atribuidos.

b) Los que realicen dichas entidades por haberles sido atribuidos o delegados por otras entidades públicas y aquellos cuya titularidad hayan asumido de acuerdo con la ley.

c) Los que realicen otras entidades públicas, o los concesionarios de las mismas, con aportaciones económicas de la entidad municipal.

Párrafo.- Las cantidades recaudadas por contribuciones especiales, sólo podrán destinarse a sufragar los gastos de la obra o del servicio por cuya razón se hubiesen recibido.

Artículo 293.- Sujetos Pasivos.

Son sujetos pasivos de las contribuciones especiales las personas físicas y jurídicas especialmente beneficiadas por la realización de las obras o por el establecimiento o ampliación de los servicios municipales que originen la obligación de contribuir.

Párrafo.- Se considerarán personas especialmente beneficiadas:

a) En las contribuciones especiales por realización de obras, establecimientos o ampliación de servicios que afecten a bienes inmuebles, los propietarios de los mismos y en el caso de explotaciones empresariales, las personas o entidades titulares de éstas. Incluye los casos en que la realización de las mismas implica un incremento del valor de los inmuebles o plusvalor.

b) En las contribuciones especiales por el establecimiento o ampliación de los servicios de extinción de incendios, además de los propietarios de los bienes afectados, las compañías de seguros que desarrollen su actividad en el ramo, en el término municipal correspondiente.

Artículo 294.- Imposición y Ordenación.

La exacción de las contribuciones especiales precisará de la previa adopción del acuerdo de imposición en cada caso concreto. El acuerdo relativo a la realización de una obra o al establecimiento o ampliación de un servicio que deba costearse mediante contribuciones especiales, no podrá ejecutarse hasta que se haya aprobado la ordenación concreta de éstas.

Párrafo.- En los casos en que se incrementa el valor de los bienes, la imposición se establecerá la contribución de un porcentaje no menor del 5% del valor estimado añadido.

Artículo 295.- Recurso de Reconsideración.

Contra el acuerdo de imposición de contribuciones especiales, los interesados podrán formular recurso de reconsideración ante el ayuntamiento, que podrá versar sobre la procedencia de las contribuciones especiales, el porcentaje del costo que deban satisfacer las personas especialmente beneficiadas o las cuotas asignadas.

<h3 align="center">Capítulo III</h3>
<h3 align="center">Otros Ingresos</h3>

Artículo 296.- Participación en los Ingresos del Estado.

Los ayuntamientos y distritos municipales participarán en los ingresos del Estado en la cuantía y según los criterios que se establecen en la ley mediante la entrega directa por parte de la Tesorería Nacional a cada uno de éstos, para la garantía de la suficiencia financiera para la prestación de las competencias propias, coordinadas o delegadas.

Artículo 297.- Subvenciones o Situados.

Las subvenciones o situados que obtengan los ayuntamientos con destino a la realización de obras o la prestación de servicios dentro de sus competencias propias, coordinadas o delegadas, no podrán ser aplicadas a atenciones distintas de aquellas para las que fueron otorgadas, salvo los sobrantes no reintegrables cuya utilización no estuviese prevista en la concesión.

Párrafo.- Para garantizar el cumplimiento de lo dispuesto en el apartado anterior, las entidades públicas otorgantes de las subvenciones podrán verificar el destino dado a las mismas. Si tras las actuaciones de verificación resultase que las subvenciones no fueron destinadas a los fines para los que se hubieran concedido, la entidad pública otorgante podrá exigir el reintegro de su importe o compensarlo con otras subvenciones o transferencias a que tuviere derecho la entidad afectada, con independencia de las responsabilidades a que haya lugar.

Artículo 298.- Depósitos de Fondos Municipales.

Los valores y fondos municipales podrán depositarse, por acuerdo del concejo municipal, en cualquiera de las entidades financieras legalmente autorizadas. Los comprobantes de depósito se conservarán en la tesorería del ayuntamiento.

<h3 align="center">Capítulo IV</h3>
<h3 align="center">Los Empréstitos</h3>

Artículo 299.- Potestades.

En los términos previstos en esta ley y las leyes específicas sobre el endeudamiento público, los ayuntamientos de los municipios podrán, de conformidad con lo establecido en la Ley de Crédito Público vigente, concertar operaciones de crédito en todas sus modalidades, tanto a corto como a mediano y largo plazo, para la financiación de sus inversiones, así como para la sustitución total o parcial de operaciones preexistentes.

Artículo 300.- Modalidades.

El crédito, siempre de conformidad con lo establecido en la Ley de Crédito Público vigente, podrá instrumentarse mediante:

a) Emisión pública de deuda.

b) Contratación de préstamos o créditos.

c) Conversión y sustitución total o parcial de operaciones preexistentes.

Artículo 301.- Beneficios y Condiciones.

La deuda pública de los ayuntamientos y los títulos valores de carácter equivalente emitidos por éstas, gozarán de los mismos beneficios y condiciones que la deuda pública emitida por el Estado.

Artículo 302.- Garantías de las Operaciones de Crédito.

El pago de las obligaciones derivadas de las operaciones de crédito, podrá ser garantizado en la siguiente forma:

a) Tratándose de operaciones de crédito a corto plazo:

- Mediante la afectación de los recursos tributarios objeto del anticipo, devengados en el ejercicio económico, hasta el límite máximo del anticipo concedido.

- Con la afectación de ingresos procedentes de arbitrios y contribuciones especiales.

b) Tratándose de operaciones de crédito a mediano y largo plazo:

- Con la constitución de garantía real sobre bienes patrimoniales.

- Con la afectación de ingresos procedentes de arbitrios y contribuciones especiales.

- Con el aval del Gobierno Central y el Congreso Nacional, lo que no exime las garantías de los ayuntamientos enlistadas en este artículo.

Artículo 303.- Aval.

El ayuntamiento podrá, cuando lo estime conveniente a sus intereses y a efectos de facilitar la realización de obras y prestación de servicios de sus atribuciones, conceder su aval a las operaciones de crédito, cualquiera que sea su naturaleza y siempre de forma individualizada para cada operación, que concierten personas o entidades con las que aquéllas contraten obras o servicios, o que exploten concesiones que hayan de revertir a la entidad respectiva.

Párrafo.- Las operaciones anteriores estarán sometidas a fiscalización previa y el importe del préstamo garantizado no podrá ser superior al que hubiere supuesto la financiación directa mediante crédito de la obra o del servicio por la propia entidad.

Artículo 304.- Requisitos.

La concertación de cualquiera de las modalidades de crédito previstas en la presente ley, requerirá que el ayuntamiento disponga del presupuesto aprobado y cuente con los recursos disponibles para cumplir con sus obligaciones, lo que deberá ser justificado en el momento de suscribir el contrato, póliza o documento comercial en el que se soporte la operación, ante la entidad financiera correspondiente y ante el notario público que intervenga o formalice el documento.

Párrafo.- Excepcionalmente, cuando se produzca la situación de prórroga del presupuesto, se podrán concertar las siguientes modalidades de operaciones de crédito:

a) Operaciones de tesorería, dentro de los límites fijados por la ley, siempre que las concertadas sean reembolsadas y se justifique en la forma señalada en el párrafo primero de este artículo.

b) Operaciones de crédito a mediano y largo plazo para la financiación de inversiones.

Artículo. 305.- Operaciones de Tesorería.

Para atender necesidades transitorias de tesorería, los ayuntamientos podrán concertar operaciones de crédito a corto plazo, que no exceda de un año, siempre que en su conjunto no superen el 30 % de sus ingresos liquidados por operaciones corrientes en el ejercicio anterior, salvo que la operación haya de realizarse en el primer semestre del año sin que se hayan producido la liquidación del presupuesto de tal ejercicio, en cuyo caso se tomará en consideración la liquidación del ejercicio anterior a este último.

A estos efectos tendrán la consideración de operaciones de crédito a corto plazo, entre otras las siguientes:

- Los anticipos que se perciban de entidades financieras a cuenta de los productos recaudatorios de los impuestos devengados en cada ejercicio económico y liquidado a través de un padrón o matrícula.

- Los préstamos y créditos concedidos por entidades financieras para cubrir desfases transitorios de tesorería.

- Las emisiones de deuda por plazo no superior a un año.

Artículo 306.- Procedimientos.

En la concertación o modificación de toda clase de operaciones de crédito con entidades financieras de cualquier naturaleza, será requisito previo la realización de un informe por el contralor municipal en el que se analizará, especialmente, la capacidad del ayuntamiento para hacer frente, en el tiempo, a las obligaciones que de aquéllas se deriven para el mismo.

Capítulo V
La Recaudación Municipal

Artículo 307.- Gestión de Recaudación.

La recaudación de todos los ingresos que correspondan al ayuntamiento, así como la de aquellos ingresos correspondientes al Estado que determinen las leyes, está a cargo del tesorero municipal, quien deberá efectuarla en conformidad con las disposiciones legales y bajo la dirección del síndico/a.

Párrafo I.- Ningún miembro, funcionario o empleado de la administración municipal que no sea de los encargados por esta ley podrá percibir cantidad alguna, directa ni indirecta, de los contribuyentes u otros deudores del ayuntamiento por cualquier concepto, para el pago de tales deudas.

Párrafo II.- Los ayuntamientos podrán establecer acuerdos con empresas de capital social público, mixto o privado para la gestión de recaudación.

Artículo 308.- Expedición de Recibos por el Tesorero/a.

Los recibos que expidan las y los tesoreros municipales deben ser hechos en las fórmulas impresas y numerados, los cuales les serán suministrados para tal fin, con el número de copias que las disposiciones reglamentarias requieran, las cuales deberán ser cuidadosamente conservadas y distribuidas en la forma que esas mismas disposiciones indiquen.

Párrafo I.- Los recibos no deberán ser llenados sino con tinta o con lápiz indeleble.

Párrafo II.- Los/as tesoreros/as no deberán expedir recibos provisionales.

Párrafo III.- En el caso de que en un recibo que deba ser expedido por el tesorero/a municipal se cometa algún error, dicho recibo deberá ser anulado, escribiéndose la palabra "Nulo", tanto en el original como en todas las copias, y firmando el tesorero.

Párrafo IV.- Podrán utilizarse programas informáticos para la expedición de dichos recibos, cumpliendo con las disposiciones reglamentarias que se requieran.

Artículo 309.- Pago de Contribuyentes.

Nadie podrá excusar el pago de una deuda contraída con un ayuntamiento, so pretexto de tener reclamación pendiente contra el mismo, de ser su acreedor reconocido, o de cualquiera otra circunstancia que pueda dar lugar a compensación.

Artículo 310.- Delitos en que Pueden Incurrir los Funcionarios.

Para los efectos legales constituye un delito equivalente al desfalco, la abstención o colusión que cometieren las y los funcionarios y empleados responsables de hacer efectivo cualquier ingreso que corresponda al ayuntamiento. Además de las penas señaladas por el Código Penal, el culpable o los culpables podrían ser condenados al pago de una indemnización por los perjuicios causados al ayuntamiento, así como también a la inhabilitación para el servicio público prevista por dicho Código Penal.

Artículo 311.- Servicios de Estafeta.

Los ayuntamientos podrán establecer servicios de estafeta para el recibimiento de la suma que le sean adeudadas por cualquier concepto. Podrá asimismo establecer convenios con empresas estatales de prestación de servicios públicos, esenciales para el cobro conjunto de valores adeudados al ayuntamiento por concepto de los tributos municipales.

Párrafo I.- La competencia para identificar el contribuyente de un tributo municipal, tasarlo y caracterizar el objeto y monto de la deuda, es exclusiva del ayuntamiento, indelegable e intransferible.

Párrafo II.- Los ayuntamientos podrán constituir empresas públicas, con capital de su propiedad o mixtas para la gestión de estafetas para la gestión de recaudación.

Párrafo III.- Los ayuntamientos podrán firmar convenios con empresas privadas para la gestión de estafetas para la gestión de recaudación.

Artículo 312.- Preferencia de los Créditos a Favor del Ayuntamiento.

Los créditos de los ayuntamientos, tienen privilegio sobre cualquier otro acreedor que no sea el Estado, y sin necesidad de inscripción, por el principal, los recargos y otros gastos que conlleve su cobro.

Artículo 313.- Gestión de Cobros.

Los ayuntamientos elaborarán los instructivos, normas y documentos indispensables para la gestión de cobros, estableciendo los procedimientos necesarios para la obtención de los ingresos, y disciplinará todo lo concerniente al depósito, a la custodia y a las remesas de los fondos municipales.

Artículo 314.- Cobro Compulsivo.

Una vez agotados los plazos estipulados para el pago voluntario de los arbitrios y otras obligaciones económicas, los ayuntamientos podrán perseguir su cobro compulsivo de conformidad con lo establecido en la ley.

Párrafo.- Los juzgados de paz municipales o en su defecto los juzgados de paz ordinarios tendrán competencia; dichos tribunales podrán ordenar las medidas cautelares y conservatorias que se consideren de lugar. El procedimiento que se sigue en el presente caso es el establecido en el Código Tributario Dominicano.

TÍTULO XVIII
PRESUPUESTO Y EGRESOS

Capítulo I
El Presupuesto

Artículo 315.- Presupuesto de Ingresos y Egresos.

Los presupuestos generales de las entidades municipales constituyen la expresión cifrada conjunta y sistemática de las obligaciones que, como máximo, pueden reconocer los municipios y sus organismos autónomos, y de los derechos que prevean liquidar durante el correspondiente ejercicio, así como de las previsiones de ingresos y gastos de las sociedades mercantiles, cuyo capital social pertenezca íntegramente a la entidad municipal correspondiente.

Artículo 316.- Ejercicio Presupuestario.

El ejercicio presupuestario coincidirá con el año calendario y a él se imputarán:

a)   Los derechos liquidados en el mismo, cualquiera que sea el período de que deriven; y

b)   Las obligaciones reconocidas durante el mismo.

Artículo 317.- Contenido.

Los ayuntamientos elaborarán y aprobarán anualmente un presupuesto general en función de las necesidades de financiación establecidas en Plan Operativo Anual y el Plan de Desarrollo Cuatrianual, que comprenderá los siguientes aspectos:

a)   Los estados de ingresos, en los que figurarán las estimaciones de los distintos recursos económicos a liquidar durante el ejercicio.

b)   Los estados de gastos, en los que se incluirán, con la debida especificación, los créditos necesarios para atender al cumplimiento de las obligaciones, en cuanto a las competencias propias, coordinadas y/o delegadas.

c)   Asimismo, incluirá las normas de ejecución, con la adaptación de las disposiciones generales en materia presupuestaria a la organización y circunstancias de la propia entidad, así como aquellas otras necesarias para su acertada gestión, estableciendo cuantas prevenciones se consideren oportunas o convenientes para la mejor realización de los gastos y recaudación de los recursos, sin que puedan modificar lo legislado para la administración económica, ni comprender preceptos de orden administrativo que requieran legalmente procedimiento y solemnidades especificas distintas de lo previsto para el Presupuesto.

d) Cualquier otro requisito establecido para los ayuntamientos en la Ley Orgánica de Presupuesto, de Planificación e Inversión Pública, de Contabilidad Gubernamental y las instancias de control interno y externo de la administración pública.

Artículo 318.- Destino de los Recursos.

Los recursos del ayuntamiento se destinarán a satisfacer el conjunto de sus respectivas competencias propias, coordinadas o delegadas, salvo en el caso de ingresos específicos destinados a fines determinados.

Párrafo I.- Los derechos liquidados y las obligaciones reconocidas se aplicarán a los presupuestos por su importe íntegro, quedando prohibido atender obligaciones mediante disminución de los derechos a liquidar o ya ingresados, salvo que la ley lo autorice de modo expreso. Se exceptúan de lo anterior las devoluciones de ingresos que se declaren indebidos por tribunal o autoridad competentes.

Párrafo II.- El presupuesto municipal deberá aprobarse sin déficit inicial.

Artículo 319.- Documentación Anexa al Presupuesto.

Al presupuesto se unirán como anexos:

a) Los planes y programas de inversión y financiación que, para un plazo de cuatro años y los planes operativos anuales podrán formular los ayuntamientos al inicio de la gestión.

b) Los programas anuales de actuación, inversiones y financiación de las sociedades mercantiles de cuyo capital social sea titular único o partícipe mayoritario el municipio.

Artículo 320.- Dirección General de Presupuesto.

El Sistema de Gestión Presupuestaria queda sometido a lo establecido en la Ley Orgánica de Presupuesto correspondiente a la administración pública, y en tal sentido, ninguna disposición de la presente ley, le serán contrarios. La Dirección General de Presupuesto establecerá con carácter general la estructura de los presupuestos de los ayuntamientos, teniendo en cuenta la naturaleza económica de los ingresos y de los gastos, y las finalidades u objetivos que con estos últimos se propongan conseguir.

Artículo 321.- Clasificaciones Presupuestarias.

Las clasificaciones presupuestarias a seguir por los municipios serán las que determine reglamentariamente la Dirección General de Presupuesto con carácter obligatorio para su aplicación en las entidades del sector público.

Artículo 322.- Partida Presupuestaria.

La partida presupuestaria cuya expresión cifrada constituye el crédito presupuestario vendrá definida, al menos, por la conjunción de las clasificaciones funcional y económica.

Párrafo.- El control contable de los gastos se realizará sobre la partida presupuestaria antes definida y el fiscal sobre el nivel de vinculación determinado conforme se disponga legalmente.

Artículo 323.- Formulación del Presupuesto Municipal.

El presupuesto municipal será formulado por la sindicatura y al mismo habrá de unirse la siguiente documentación:

a)   Memoria explicativa de su contenido y de las principales modificaciones que presente en relación con el vigente y su adecuación a los planes de desarrollo cuatrianuales y los planes operativos anuales.

b)   Liquidación del presupuesto del ejercicio anterior y avance de la del corriente, referida, al menos, a seis meses del mismo.

c)   Anexo de la nómina de los empleados del ayuntamiento y las demás entidades municipales.

d)   Anexo de las inversiones a realizar en el año con sus respectivos presupuestos.

e)   Un informe económico financiero, en el que se expongan las bases utilizadas para la evaluación de los ingresos y de las operaciones de crédito previstas, la suficiencia de los créditos para atender el cumplimiento de las obligaciones exigibles y los gastos de funcionamiento de los servicios y, en consecuencia, la efectiva nivelación del presupuesto.

Párrafo I.- Los ayuntamientos, haciendo acopio de los lineamientos, normas e instructivos para la formulación que determinen las instancias previstas en la Ley Orgánica de Presupuesto y la de Planificación e Inversión Pública, iniciarán la formulación del presupuesto a más tardar el 1 de agosto de cada año.

Párrafo II.- El presupuesto de las demás entidades municipales y de cada uno de los organismos autónomos del municipio, propuesto inicialmente por el órgano competente de los mismos, será remitido a la sindicatura antes del 1 de septiembre de cada año, acompañado de la documentación descrita en el apartado anterior.

Párrafo III.- Las sociedades mercantiles, incluso aquellas en cuyo capital sea mayoritaria la participación del ayuntamiento, remitirán, antes del día 1 de septiembre de cada año, sus previsiones de gastos e ingresos, así como los programas anuales de actuación, inversiones y financiación para el ejercicio del año fiscal siguiente.

Párrafo IV.- La sindicatura presentará el proyecto de presupuesto a más tardar el 1 de octubre a la consideración del concejo de regidores.

Párrafo V.- Los concejos de regidores tendrán un período de 60 días para su conocimiento y aprobación.

Artículo 324.- Participación Ciudadana en su Formulación.

Los ayuntamientos tomarán todas las providencias de lugar a los fines de garantizar la participación ciudadana tanto en la formulación como en la ejecución presupuestaria. En tal sentido los ayuntamientos aprobaran un reglamento.

Artículo 325.- Tramitación del Presupuesto.

Sobre la base de los presupuestos y estados de previsión referidos anteriormente, el síndico/a formulará el presupuesto general y lo remitirá conjuntamente con el informe del contralor/a municipal, y con los anexos y documentación complementaria, al concejo de regidores antes del día 15 de noviembre para su aprobación, enmienda o devolución.

Artículo 326.- Información Pública.

Aprobado inicialmente el presupuesto municipal, se expondrá al público, previo anuncio en el mural del ayuntamiento y en un medio de comunicación social de amplia difusión en el municipio, por quince días, durante los cuales los interesados podrán examinarlos y presentar observaciones ante el concejo municipal.

Párrafo.- El presupuesto se considerará definitivamente aprobado si durante el citado plazo no se hubiesen presentado observaciones; en caso contrario, el concejo municipal dispondrá del plazo de quince días para conocerlas.

Artículo 327.- Aprobación Definitiva.

La aprobación definitiva del presupuesto municipal por el concejo municipal habrá de realizarse antes del día 31 de diciembre del año anterior al del que deba aplicarse.

Párrafo.- El presupuesto municipal aprobado, será publicado en el mural del ayuntamiento, o en un medio de comunicación de amplia difusión en el municipio.

Artículo 328.- Remisión de Copias.

Del presupuesto municipal definitivamente aprobado se remitirá copia para su conocimiento a la Cámara de Cuentas, Contraloría General de la República y a la Dirección General de Presupuesto.

Artículo 329.- Entrada en Vigor.

El presupuesto entrará en vigor, una vez aprobado definitivamente, el primero de enero del año correspondiente.

Párrafo.- Si al iniciarse el año no hubiese entrado en vigor el presupuesto correspondiente, se considerará automáticamente prorrogado el del anterior, con sus créditos iniciales, sin perjuicio de las modificaciones que se le realicen y hasta la entrada en vigor del nuevo presupuesto. La prórroga no afectará a los créditos para servicios o programas que deban concluir en el ejercicio anterior o que estén financiados con crédito u otros ingresos específicos o afectados.

Artículo 330.- Información Pública.

Copia del presupuesto y de sus modificaciones deberá hallarse a disposición del público, a efectos informativos, desde su aprobación definitiva hasta la finalización del ejercicio en el que esté vigente.

Artículo 331.- Observaciones.

Únicamente podrán realizarse observaciones al presupuesto:

a) Por no garantizar la financiación necesaria de las competencias propias mínimas obligatorias.

b) Por no haberse ajustado su elaboración y aprobación a los trámites establecidos en esta ley.

c) Por omitir el crédito necesario para el cumplimiento de obligaciones exigibles al municipio, en virtud de precepto legal o de cualquier otro título legítimo.

d) Por ser de manifiesta insuficiencia los ingresos con relación a los gastos presupuestados o bien de éstos respecto a las necesidades para las que esté previsto.

Artículo 332.- Finalidades de los Créditos Presupuestarios.

Los créditos para gastos se destinarán exclusivamente a la finalidad específica para la cual hayan sido autorizados en el presupuesto del municipio o por sus modificaciones debidamente aprobadas.

Artículo 333.- Carácter de los Créditos Presupuestarios.

Los créditos autorizados tienen carácter limitativo y vinculante. Los niveles de vinculación serán los que vengan establecidos en cada momento por la Oficina Nacional de Presupuesto.

Artículo 334.- Los Pagos.

Las obligaciones de pago sólo serán exigibles al ayuntamiento cuando resulten de la ejecución de su presupuesto, con los límites señalados en el artículo anterior, o de sentencia judicial firme.

Párrafo.- No se podrán despachar mandamientos de ejecución ni dictar providencias de embargo contra los derechos, fondos, valores y bienes de los ayuntamientos ni exigir fianzas, depósitos y garantías a los mismos, excepto cuando se trate de bienes patrimoniales no afectados a un uso o servicio público.

Artículo 335.- Reglamento de Pagos.

Los procedimientos, exigencias, comprobaciones y formalidades necesarias para el pago de los valores adeudados por los ayuntamientos se reglamentarán por el concejo municipal.

Artículo 336.- Límites de Compromisos de Gastos.

No podrán adquirirse compromisos de gastos por cuantía superior al importe de los créditos autorizados en el presupuesto, siendo nulos de pleno derecho los acuerdos, resoluciones y actos administrativos que infrinjan la expresada norma, sin perjuicio de las responsabilidades a que haya lugar. La disponibilidad de los créditos presupuestarios quedará condicionada a la existencia de documentos fehacientes que acrediten compromisos firmes de aportación.

Artículo 337.- Gastos Plurianuales.

La autorización o realización de los gastos de carácter plurianual se subordinará al crédito que para cada ejercicio autoricen los respectivos presupuestos.

Párrafo I.- Podrán adquirirse compromisos por gastos que hayan de extenderse a años posteriores a aquel en que se autoricen, siempre que su ejecución se inicie en el propio ejercicio y que, además, se encuentren en alguno de los casos siguientes:

a)   Inversiones y transferencias de capital.

b)   Contratos de suministro, de consultoría, de asistencia técnica y científica, de prestación de servicios, de ejecución de obras de mantenimiento y de arrendamiento de equipos no habituales de las entidades municipales, que no puedan ser estipulados o resulten antieconómicos por un año.

c)   Arrendamiento de bienes inmuebles.

d)   Cargas financieras de las deudas del municipio y de sus organismos autónomos.

e)   Transferencias corrientes que se deriven de convenios suscritos por los municipios con otras entidades públicas o privadas sin ánimo de lucro.

Párrafo II.- El número de años a que pueden aplicarse los gastos referidos en este artículo, sólo podrá exceder del cuatrienio. En aquellos casos excepcionales en que resulte necesario un plazo mayor, deberán ser aprobados con el voto favorable de la mayoría absoluta del concejo municipal.

Artículo 338.- Contracción de Obligaciones.

Con cargo a los créditos del estado de gastos de cada presupuesto sólo podrán contraerse obligaciones derivadas de adquisiciones, obras, servicios y demás prestaciones o gastos en general que se realicen en el año al que corresponde el presupuesto.

Párrafo.- No obstante lo dispuesto en el apartado anterior, se aplicarán a los créditos del presupuesto vigente, en el momento de su reconocimiento, las obligaciones siguientes:

a) Las que resulten de la liquidación de atrasos a favor del personal que perciba sus retribuciones con cargo a los presupuestos generales del ayuntamiento.

b) Las derivadas de compromisos de gastos debidamente adquiridos en ejercicios anteriores, previa incorporación de los créditos.

Artículo 339.- Modificaciones Presupuestarias.

Cuando haya de realizarse algún gasto que no pueda demorarse hasta el año siguiente, y no exista en el presupuesto municipal crédito o habiéndolo sea insuficiente, el síndico/a elaborará una solicitud de concesión de crédito extraordinario, en el primer caso, o de suplemento de crédito, en el segundo.

Párrafo I.- La solicitud, que habrá de ser previamente informada por el contralor/a municipal, se someterá a la aprobación del concejo municipal. Dicha solicitud deberá especificar la concreta partida presupuestaria a incrementar y el medio o recurso que ha de financiar al aumento que se propone. Dicho aumento se financiará con cargo al superávit, con nuevos o mayores ingresos recaudados sobre los totales previstos en el presupuesto corriente, y mediante anulaciones o bajas de créditos de gastos de otras partidas del presupuesto vigente no comprometidos, cuyas dotaciones se estimen reducibles sin perturbación del respectivo servicio. En el expediente se acreditará que los ingresos previstos en el presupuesto vengan efectuándose con normalidad, salvo que aquellos estén destinados a una finalidad específica.

Párrafo II.- Los acuerdos de los ayuntamientos que tengan por objeto la habilitación o suplemento de créditos en casos de calamidades públicas o de naturaleza análoga de excepcional interés general, serán inmediatamente ejecutorios.

Artículo 340.- Régimen de Transferencias.

Los ayuntamientos podrán hacer transferencias de créditos siguiendo el orden de autorización siguiente:

a) Transferencias de crédito entre un mismo capítulo o programa, podrán ser autorizadas por el síndico municipal, previa revisión del contralor/a municipal.

b) Transferencias de crédito entre capítulos o programas diferentes, deberán ser aprobadas por el concejo municipal, previa revisión del contralor/a municipal.

Párrafo.- Las transferencias de crédito entre los diferentes programas tendrán como restricciones los topes de gastos definidos en la Ley de Transferencia de Ingresos del Gobierno Central a los ayuntamientos y lo establecido por la presente ley.

Artículo 341.- Límites a las Transferencias.

Las transferencias de créditos de cualquier clase estarán sujetas a las siguientes limitaciones:

a) Respetarán las restricciones establecidas en cuanto a la composición del gasto entre las correspondientes a gasto de personal, servicios municipales e inversión establecidas en la Ley de Transferencia de Ingresos Fiscales que esté vigente y las consideraciones pertinentes de la presente ley.

b) Respetarán la suficiencia financiera de las competencias propias mínimas obligatorias.

c)   No afectarán a los créditos ampliables ni a los extraordinarios concedidos durante el ejercicio.

d)   No podrán disminuirse los créditos que hayan sido incrementados con suplementos o transferencias, salvo cuando afecten a créditos de personal, ni los créditos incorporados como consecuencia de remanentes no comprometidos procedentes de presupuestos cerrados.

e)   No incrementarán créditos que como consecuencia de otras transferencias hayan sido objeto de minoración, salvo cuando afecten a créditos de personal.

Párrafo.- Las anteriores limitaciones no afectarán a las transferencias de créditos que se refieran a los programas de imprevistos ni serán de aplicación cuando se trate de créditos modificados como consecuencia de reorganizaciones administrativas aprobadas por el concejo municipal, salvo en el caso de los Incisos a) y b).

Artículo 342.- Generaciones de Crédito.

Podrán generar crédito en los estados de gastos de los presupuestos, en la forma que reglamentariamente se establezca, los ingresos de naturaleza no tributaria derivados de las siguientes operaciones:

a)   Aportaciones o compromisos firmes de aportación de personas físicas o jurídicas para financiar, juntamente con el ayuntamiento, demás entidades municipales o con alguno de sus organismos autónomos, gastos que por su naturaleza están comprendidos en los fines u objetivos de los mismos.

b)   Enajenaciones de bienes del municipio o de sus organismos autónomos.

c)   Prestación de servicios.

d)   Reembolsos de préstamos.

e)   Reintegros de pagos indebidos con cargo al presupuesto corriente, en cuanto a reposición del crédito en la correspondiente cuantía.

Artículo 343.- Modificaciones al Proyecto de Presupuesto Municipal Presentado por el Síndico/a.

El concejo municipal no podrá modificar las partidas que figuren en el proyecto de presupuesto o modificación del mismo sometido por el síndico/a, sino con el voto de las dos terceras partes de la totalidad de sus miembros.

Párrafo.- No tendrán efecto ni validez jurídica los acuerdos que ordenen o autoricen pagos o engendren obligaciones pecuniarias a cargo del municipio, sino cuando ese mismo acuerdo simultáneamente cree fondos específicos para su ejecución o disponga que se haga con cargo a los mayores ingresos de los calculados para el año y no estén ya comprometidos.

Artículo 344.- Etapas del Gasto.

La gestión del presupuesto de gastos se realizará en las siguientes fases:

a)   Autorización de gasto.

b)   Disposición o compromiso de gasto.

c)   Reconocimiento o liquidación de la obligación.

d)   Orden de pago.

Párrafo.- Los ayuntamientos podrán resolver en un sólo acto administrativo dos o más fases de ejecución de las enumeradas en el apartado anterior, sólo en los casos de nóminas y otras excepciones que apliquen para las demás entidades de la administración pública.

Artículo 345.- Autorización, Disposición de los Gastos y Órdenes de Pagos.

Dentro del importe de los créditos autorizados en el presupuesto, corresponderá la autorización y disposición de los gastos al síndico/a.

Párrafo I.- Corresponderá al síndico/a el reconocimiento y liquidación de las obligaciones derivadas de compromisos de gastos legalmente adquiridos, así como las funciones de ordenar los pagos.

Párrafo II.- Cuando se trate de una erogación aprobada con un monto global, los presupuestos específicos deberán ser aprobados por el concejo municipal.

Artículo 346.- Plan de Disposición de Fondos.

La expedición de las órdenes de pago deberá de ajustarse al plan de disposición de fondos que formule la tesorería, el cual deberá contener las prioridades definidas por el síndico/a, la distribución de los fondos transferidos por el Estado, así como, las obligaciones contraídas en ejercicios anteriores.

Artículo 347.- Gastos sin Crédito Presupuestario.

Los ordenadores de gastos y los contralores/as municipales, no podrán autorizar gastos y obligaciones si no disponen del crédito suficiente en el presupuesto.

Artículo 348.- Documentación Justificativa.

Previamente a la expedición de las órdenes de pago con cargo al presupuesto del municipio habrá de acreditarse documentalmente ante el órgano que haya de reconocer las obligaciones, la realización de la prestación o el derecho del acreedor de conformidad con los acuerdos que en su día autorizaron y comprometieron el gasto.

Párrafo.- Los que perciban subvenciones concedidas con cargo al presupuesto municipal estarán en el deber de acreditar, antes de que las reciban, que se encuentran al día de sus obligaciones fiscales con el municipio.

Artículo 349.- Liquidación del Presupuesto.

El presupuesto de cada ejercicio se liquidará en cuanto a la recaudación de derechos y al pago de obligaciones el 31 de diciembre del año calendario correspondiente, quedando a cargo de la tesorería municipal los ingresos y pagos pendientes, siempre que hayan sido incluidos en el presupuesto del año siguiente.

Párrafo.- La aprobación de la liquidación del presupuesto corresponde al síndico, previo informe del contralor municipal.

Artículo 350.- Obligaciones Pendientes de Pago.

Las obligaciones reconocidas y liquidadas no satisfechas el último día del ejercicio fiscal, los ingresos pendientes de cobro y los fondos líquidos al 31 de diciembre configurarán el remanente de tesorería de la entidad municipal. La cuantificación del remanente de tesorería deberá realizarse teniendo en cuenta los posibles ingresos afectados y minorando de acuerdo con lo que reglamentariamente se establezca los derechos pendientes de cobro que se consideren de difícil o imposible recaudación.

Párrafo.- Los ayuntamientos deberán confeccionar la liquidación de su presupuesto antes del día primero de marzo del ejercicio siguiente.

CÓDIGO DE LEGISLACIÓN LOCAL IBEROAMERICANA

Artículo 351.- Remanente de Tesorería Positivo.

En caso de liquidación del presupuesto con remanente de tesorería positivo, el concejo municipal, deberá proceder, en la primera sesión que celebre, al aumento del presupuesto vigente por una cuantía igual al superávit producido. En el caso de ser éste negativo, procederá a la reducción de gastos por cuantía igual al déficit producido. Estas modificaciones al presupuesto deberán ser aprobadas por el concejo municipal, a propuesta del síndico/a, y previo informe del contralor/a, y se tomará en consideración para efectuarla el desarrollo normal del presupuesto y la situación de la tesorería.

Artículo 352.- Comunicación al Concejo Municipal y Remisión de Copias.

La liquidación del presupuesto municipal se comunicará al concejo municipal en la primera sesión que celebre, remitiéndose copia a la Cámara de Cuentas, Oficina Nacional de Presupuesto y a la Liga Municipal Dominicana antes de finalizar el mes de abril del ejercicio siguiente al que corresponda.

Capítulo II
Tesorería Municipal

Artículo 353.- Definición.

Constituyen la tesorería municipal todos los recursos financieros, sean dinero, valores o créditos, del municipio, tanto por operaciones presupuestarias como extrapresupuestarias. Las disponibilidades de la tesorería y sus variaciones quedan sujetas al régimen de la contabilidad del sector público.

Artículo 354.- Funciones.

Son funciones de la tesorería municipal:

a) El manejo y la organización de la custodia de fondos, valores y efectos de conformidad con las directrices señaladas por el síndico/a.

b) Recaudar los derechos tributos y rentas municipales y pagar las obligaciones.

c) Centralizar la recaudación de los recursos de la administración municipal y establecer los mecanismos de coordinación entre las unidades que tengan cajas auxiliares, controlando la emisión y formulación de recibos, así como la fiscalización de los recursos por ellos recaudados.

d) Servir al principio de unidad de caja de la administración municipal y coordinar y supervisar los presupuestos de cajas, asignar las cuotas correspondientes a los fondos de los recursos que les son transferidos.

e) Programar los niveles de lo devengado por el gasto, acorde con los niveles de compromisos aprobados y las disponibilidades efectivas de fondos.

f) Efectuar los pagos que hayan sido autorizados acorde con las disposiciones de esta ley y fijar las cuotas basándose en la disponibilidad y programación de los compromisos presupuestarios.

g) Registrar los movimientos de ingresos y egresos de acuerdo con las instrucciones que imparta la Dirección General de Contabilidad Gubernamental.

h) Distribuir en el tiempo, las disponibilidades económicas para la puntual satisfacción de las obligaciones.

i)   Elaborar conjuntamente con la unidad de presupuesto municipal la programación y la ejecución del presupuesto del ayuntamiento, de las demás entidades municipales y programar el flujo de fondos de la administración.

j)   Coordinar junto con la unidad de presupuesto municipal el plan de disposición de fondos y garantizar la adecuada gestión de las diferentes etapas del gasto para el manejo equilibrado del presupuesto municipal para la satisfacción adecuada de las competencias propias, coordinadas o delegadas que estén dentro de las atribuciones del ayuntamiento.

k)   Responder de los avales y garantías contraídos o que se extiendan a su favor por concepto de contratos administrativos, por adjudicación de obras y servicios, anticipos, concesiones y otras obligaciones otorgadas.

l)   Coordinar el funcionamiento de las unidades o servicios de tesorería creadas como auxiliares, dictando las normas y procedimientos administrativos conducentes a sus objetivos.

m)   Dictar las diligencias de cobro compulsivo en los expedientes administrativos de este carácter y autorizar la subasta de bienes embargados.

Artículo 355.- Concertación y Contratación de Servicios Financieros.

Los municipios podrán concertar los servicios financieros de su tesorería con entidades financieras legalmente establecidas, mediante la apertura de los siguientes tipos de cuentas:

a)   Cuentas operativas de ingresos y pagos.

b)   Cuentas de recaudación.

c)   Cuentas de pagos.

d)   Cuentas financieras de colocación de excedentes de tesorería.

e)   Otras de características similares.

Párrafo I.- Se desarrollará un procedimiento de conciliación bancaria y de registro único de cuentas bancarias que contenga todas las cuentas que están en operación ya sea de manera automatizada o manual para ser utilizado al movimiento y registro de las cuentas corrientes bancarias que tenga la tesorería municipal. La conciliación bancaria deberá comprobar los movimientos de crédito y débito de cada cuenta corriente con el registro de ingresos y egresos del libro de cuentas bancarias.

Párrafo II.- Los ayuntamientos podrán autorizar la apertura de cajas chicas para atender gastos operativos menores. Su monto será definido por el síndico previa autorización del concejo municipal.

Artículo 356.- Modalidades para la Captación de Ingresos.

Los ayuntamientos podrán dictar reglas especiales para regular el proceso básico de recaudación y registro de los recursos propios, involucrando su identificación, registro, flujograma administrativo y control, tanto en las cuentas de la tesorería municipal como de las unidades que estén habilitadas para recaudar. La percepción de los ingresos podrá realizarse en las cajas de tesorería: en efectivo, transferencias, cheques, o cualquier otro medio o documento de pago. Para el registro de los ingresos se deberán prever dos momentos:

a)   Cuando se liquiden o se devenguen y

b)   Cuando se perciban.

Artículo 357.- Déficit y Excedentes Temporales.

Los ayuntamientos podrán concertar, con cualesquiera entidades financieras, operaciones de tesorería para cubrir déficits temporales de liquidez derivados de las diferencias de vencimientos de sus pagos e ingresos.

Párrafo.- Igualmente, podrán rentabilizar sus excedentes temporales de tesorería mediante inversiones que reúnan las condiciones de liquidez y seguridad.

Capítulo III
Contabilidad Municipal

Artículo 358.- Régimen de Contabilidad.

El sistema de contabilidad municipal queda sometido al régimen de contabilidad pública gubernamental.

Artículo 359.- Rendición de Cuentas a los Organismos de Control.

La sujeción al régimen de contabilidad municipal lleva consigo el control del estado de recaudación e inversión de los ingresos, rentas, gastos y demás estados financieros. El control interno y externo de los estados financieros del municipio corresponde a los organismos que por ley se les asignan estas competencias.

Artículo 360.- Ejercicio Contable.

El ejercicio contable coincidirá con el año calendario.

Artículo 361.- Organismos Competentes.

Corresponderá a la Dirección General de Contabilidad Gubernamental:

a) Aprobar las normas contables de carácter general a las que tendrá que ajustarse la organización de la contabilidad de los ayuntamientos.

b) Aprobar el Plan General de Cuentas para los ayuntamientos, conforme al Plan General de Contabilidad Pública.

c) Establecer los libros que, como regla general y con carácter obligatorio, deban llevarse.

d) Determinar la estructura y justificación de las cuentas, estados y demás documentos relativos a la contabilidad pública.

Párrafo.- Podrán ser objeto de tratamiento contable simplificado, aquellos ayuntamientos que por sus características así lo requieran.

Artículo 362.- Unidad de Contabilidad Municipal.

A la unidad de contabilidad municipal le corresponde llevar el registro de la contabilidad financiera y de las etapas del ciclo de gestión presupuestaria de los presupuestos de acuerdo con las normas generales.

Párrafo.- Asimismo, le competerá la coordinación con las diferentes unidades de la contabilidad de los organismos autónomos y de las sociedades mercantiles y de las demás entidades municipales dependientes, de acuerdo con los procedimientos que establezcan las instancias que normen la contabilidad gubernamental.

Artículo 363.- Fines de la Contabilidad Municipal.

La contabilidad de los municipios cumplirá con las siguientes finalidades:

a) El registro sistemático de todas las transacciones relativas a la situación financiera municipal.

b) Producir los estados financieros básicos del sistema contable de acuerdo con las disposiciones de las normas vigentes.

c) Producir las informaciones financieras necesarias para la toma de decisiones por parte de las autoridades municipales.

d) Suministrar las informaciones que sean requeridas para la formación, control y supervisión de las cuentas municipales.

e) Integración de las cuentas presupuestarias y propietarias del municipio

f) Producir los estados financieros que reflejen los activos y pasivos, el patrimonio, los resultados económicos de la gestión municipal y la ejecución de los ingresos y gastos.

g) El registro electrónico sistematizado e integrado de manera automatizada con los demás sistemas y subsistemas que conforma la administración financiera municipal.

h) Las demás atribuciones que la Ley de Contabilidad Gubernamental impone para todas las instituciones del sector público nacional.

Artículo 364.- Procedimientos y Registros Contables.

La contabilidad municipal se llevará en libros, registros y cuentas según los procedimientos técnicos que sean más convenientes por la índole de las operaciones y de las situaciones que en ellos deban anotarse y de forma que facilite el cumplimiento de los fines señalados en la ley.

Párrafo I.- En los citados libros, registros y cuentas, se contabilizarán la totalidad de los actos u operaciones de carácter administrativo, civil o mercantil, con repercusión financiera, patrimonial o económica en general.

Párrafo II.- Cuando las condiciones institucionales así lo determinen, el registro de las operaciones financieras podrá realizarse por medios electrónicos, pudiendo generarse por esta vía comprobantes, procesar, transmitir y archivar documentos e informaciones y producir los libros "diario" y "mayor", inventarios y demás documentos auxiliares.

Artículo 365.- Información Contable.

La unidad de contabilidad municipal remitirá a las instancias superiores que estén bajo relación jerárquica, síndico(a) y tesorero, y a las instancias de contraloría municipal la información de la ejecución de los presupuestos y del movimiento de la tesorería por operaciones presupuestarias y extrapresupuestarias y de su situación. Preparará los informes contables a ser definidos a las diferentes instancias de control externo del ayuntamiento que definan las leyes vigentes, Contraloría General de la República y Cámara de Cuentas.

Capítulo IV
Estados y Cuentas Anuales

Artículo 366.- Organización de la Cuenta General.

Los municipios deberán cerrar sus ejercicios presupuestarios el 31 de diciembre de cada año, debiendo formar un estado de la cuenta general de la institución que ponga de manifiesto la gestión financiera del municipio. Los estados y cuenta anual deberán ser formulados por la unidad de contabilidad municipal con la asistencia del tesorero/a y sometida para fines de fiscalización y aprobación por el síndico/a al concejo municipal.

TÍTULO XIX
ASOCIACIONISMO MUNICIPAL

Artículo 367.- Ámbito de Actuación y Finalidades.

Los ayuntamientos pueden constituir asociaciones, de ámbito estatal, regional o provincial, para la protección y promoción de sus intereses comunes, que se regularán por la legislación en materia de asociaciones sin fines de lucro.

Párrafo I.- Estas asociaciones tendrán personalidad jurídica y patrimonio propio, con capacidad para realizar todos los actos jurídicos que fueren necesarios o útiles para el cumplimiento de sus fines, en la forma y con las condiciones que la ley determine.

Párrafo II.- Dichas asociaciones, en el ámbito propio de sus funciones, podrán celebrar convenios con otras entidades y organismos públicos y privados, nacionales y extranjeros.

Párrafo III.- Los municipios podrán sostener relaciones, asociarse y cooperar con entidades subnacionales de otros países al objeto de mejorar las relaciones internacionales, y establecer relaciones y lazos de hermandad, amistad, solidaridad y asistencia técnica en orden a un mejor conocimiento, entendimiento, intercambio de experiencias y cooperación mutuas.

DISPOSICIONES ADICIONALES

Artículo 368.- Enfoque de Género.

Los ayuntamientos en sus resoluciones, actuaciones y procedimientos deben contemplar la equidad de género y asegurar que en los mecanismos de representación se mantenga una proporcionalidad de mujeres de al menos un 33%. En todos los ayuntamientos se creará una comisión permanente de género, la cual además podrá atender asuntos relacionados con la niñez, la adolescencia, los discapacitados y los envejecientes.

Párrafo.- En aquellos municipios donde el puesto de vicesíndico/a esté desempeñado por una mujer, estará entre sus atribuciones la gestión de las políticas y desarrollo de las actuaciones de género.

Artículo 369.- Día de los Ayuntamientos.

El día 24 de abril de cada año, aniversario de la inauguración del primer gobierno colegiado del Nuevo Mundo en la Isabela, primera Capital de la Isla Española, bajo los auspicios del Descubridor y Gran Almirante Don Cristóbal Colón, será celebrado como Día de los Ayuntamientos.

Artículo 370.- Día del Alcalde/sa Pedáneo/a

El 2 de julio de cada año los ayuntamientos celebrarán con actos apropiados el Día del Alcalde/sa Pedáneo/a.

DISPOSICIONES TRANSITORIAS

Artículo 371.- Secretarios/as y Tesoreros/as Municipales sin Titulación.

Las y los secretarios del concejo municipal, tesoreros municipales y demás funcionarios municipales que al momento de la entrada en vigor de esta ley carezcan de la titulación exigida para los referidos puestos, tendrán un plazo de cuatro años para obtenerla. Los ayuntamientos les darán las facilidades y el apoyo para lograr tal propósito.

DISPOSICIONES DEROGATORIAS

Artículo 372.- Leyes Derogadas.

Esta ley deroga en su totalidad:

a) La Ley N°3455 sobre Organización Municipal, de 21 de diciembre de 1952.

b) La Ley N°3456 sobre Organización del Distrito Nacional, de fecha 21 de diciembre de 1952.

c) La Ley N°4401 sobre Alcaldes Pedáneos y reglamentaciones de sus funciones, de fecha 9 de marzo de 1956.

d) La Ley N°180 sobre establecimiento de arbitrios municipales, del 12 de abril de 1966.

e) Ley N°584 del año 1970 sobre procedimientos que deben seguirse, una vez celebradas elecciones para un próximo ejercicio municipal, para hacer erogaciones de fondos.

f) La Ley N°5622 sobre Autonomía Administrativa Municipal, de fecha 14 de septiembre de 1961.

g) La Ley N°397 sobre compra de inmuebles por parte de los organismos municipales, de fecha 7 de septiembre de 1964.

h) La Ley N°35 sobre publicación de acuerdos, ordenanzas, resoluciones y reglamentos dictados por los ayuntamientos, de fecha 16 de octubre de 1965.

i) La Ley N°23-97 de los Vicesíndicos, de fecha 5 de enero de 1997.

j) La Ley N°5577 que otorga facultad a los ayuntamientos para vender sus terrenos a plazos, de fecha 14 de julio de 1961.

k) Ley N°105 del año 1967, sobre Concursos para Obras de más de RD$10,000.00.

l) La Ley N° 273 de 1981, que modifica el Artículo 46 de la Ley 3455 de 1952.

Párrafo.- Asimismo deroga toda ley no expresamente citada, o parte de ley, que sea contraria a la misma en su totalidad o parcialmente.

DISPOSICIONES FINALES

Artículo 373.- Modificación del Artículo 71 de la Ley 76-02.

Se modifica el Literal 5 del Artículo 71 de la Ley 76-02, por la que se aprueba el Código Procesal Penal de la República Dominicana, cuyo texto quedará como sigue:

"5. De las causas penales seguidas a los jueces de primera instancia, jueces de la instrucción, jueces de ejecución penal, jueces de jurisdicción original del Tribunal de Tierras, procuradores fiscales, gobernadores provinciales y síndicos".

Artículo 374.- Entrada en Vigor.

Esta ley entrará en vigor el día dieciséis (16) de agosto del año dos mil siete (2007).

DADA en la Sala de Sesiones del Senado, Palacio del Congreso Nacional, en Santo Domingo de Guzmán, Distrito Nacional, capital de la República Dominicana a los veintidós (22) días del mes de junio del año dos mil siete (2007), años 164 de Independencia y 144 de la Restauración.

REINALDO PARED PÈREZ

Presidente

AMARILIS SANTANA CEDANO LUIS RENÈ CANAÁN ROJAS,

Secretaria Secretario Ad-Hoc

DADA en la Sala de Sesiones de la Cámara de Diputados, Palacio del Congreso Nacional, en Santo Domingo de Guzmán, Distrito Nacional, capital de la República Dominicana, a los doce (12) días del mes de julio del año dos mil siete (2007); años 164° de la Independencia y 144° de la Restauración.

JULIO CÉSAR VALENTÍN JIMINIÁN

Presidente

MARÍA CLEOFIA SÁNCHEZ LORA GUSTAVO ANTONIO SÁNCHEZ GARCÍA

Secretaria Secretario Ad-Hoc

LEONEL FERNANDEZ

Presidente de la República Dominicana

En ejercicio de las atribuciones que me confiere el Artículo 55 de la Constitución de la República.

PROMULGO la presente Ley y mando que sea publicada en la Gaceta Oficial, para su conocimiento y cumplimiento.

DADA en Santo Domingo de Guzmán, Distrito Nacional, capital de la República Dominicana, a los diecisiete (17) días del mes de julio del año dos mil siete (2007); años 163 de la Independencia y 144 de la Restauración.

LEONEL FERNANDEZ

URUGUAY

Ley de descentralización política y participación ciudadana

Publicada D.O. 19 oct/009 - N° 27838

Ley N° 18.567
DESCENTRALIZACIÓN POLÍTICA Y PARTICIPACIÓN CIUDADANA
NORMAS

El Senado y la Cámara de Representantes de la República Oriental del Uruguay, reunidos en Asamblea General,

DECRETAN:

CAPÍTULO I
DE LOS PRINCIPIOS GENERALES

Artículo 1°.- De acuerdo con lo previsto por los artículos 262, 287 y disposición transitoria Y) de la Constitución de la República, habrá una autoridad local que se denominará Municipio, configurando un tercer nivel de Gobierno y de Administración.

Cada Municipio tendrá una población de al menos dos mil habitantes y su circunscripción territorial urbana y suburbana deberá conformar una unidad, con personalidad social y cultural, con intereses comunes que justifiquen la existencia de estructuras políticas representativas y que faciliten la participación ciudadana.

Podrá haber un Municipio en aquellas poblaciones que no alcancen el mínimo de habitantes requeridos por el presente artículo, si así lo dispone la Junta Departamental a iniciativa del Intendente. Para la constitución de Municipios dentro de las capitales departamentales se requerirá iniciativa del Intendente y aprobación de la Junta Departamental en concordancia con lo establecido por el inciso segundo del artículo 262 de la Constitución de la República.

Artículo 2°.- La Junta Departamental, a propuesta del Intendente, definirá la nómina de las localidades que cumplan con las condiciones establecidas para la creación de Municipios y sus respectivos límites territoriales, éstos podrán contener más de una circunscripción electoral, respetándose las ya existentes (Letra Y) de las Disposiciones Transitorias y Especiales de la Constitución de la República).

Artículo 3°.- Son principios cardinales del sistema de descentralización local:

1. La preservación de la unidad departamental territorial y política.

2. La prestación eficiente de los servicios estatales tendientes a acercar la gestión del Estado a todos los habitantes.

3. La gradualidad de la transferencia de atribuciones, poderes jurídicos y recursos hacia los Municipios en el marco del proceso de descentralización.

4. La participación de la ciudadanía.

5. La electividad y la representación proporcional integral.

6. La cooperación entre los Municipios para la gestión de determinados servicios públicos o actividades municipales en condiciones más ventajosas.

Artículo 4º.- Los acuerdos previstos en el artículo 262 de la Constitución de la República, entre el Poder Ejecutivo y los Gobiernos Departamentales, podrán incluir la radicación de servicios y actividades del Estado para su ejecución por los Municipios.

Artículo 5º.- Los Municipios instrumentarán la participación activa de la sociedad en las cuestiones del Gobierno local.

Cada Municipio creará los ámbitos necesarios y los mecanismos adecuados, dependiendo de la temática y de los niveles organizativos de la sociedad, para que la población participe de la información, consulta, iniciativa y control de los asuntos de su competencia.

Con el porcentaje establecido en el artículo 16 de la presente ley podrá entablarse el derecho de iniciativa ante el Municipio, en caso de que estos ámbitos no sean establecidos. Pasados sesenta días sin que éste se pronuncie, podrá presentarse dicha iniciativa ante la Junta Departamental. El no pronunciamiento de ésta en un plazo de noventa días se considerará como denegatoria.

CAPÍTULO II
DE LA MATERIA DEPARTAMENTAL Y LOCAL (O MUNICIPAL)

Artículo 6º.- La materia departamental estará constituida por:

1. Los cometidos que la Constitución de la República y las leyes asignen a los Gobiernos Departamentales.

2. Los asuntos que emerjan de acuerdos entre el Gobierno Nacional y el Departamental.

3. La protección del ambiente y el desarrollo sustentable de los recursos naturales dentro de su jurisdicción.

Artículo 7º.- La materia municipal estará constituida por:

1. Los cometidos que la Constitución de la República y la ley determinen.

2. Los asuntos que le son propios dentro de su circunscripción territorial.

3. Los asuntos que, referidos a cuestiones locales, el Poder Ejecutivo, por intermedio del respectivo Gobierno Departamental, acuerde asignar a los Municipios.

4. Los asuntos que resulten de acuerdos que puedan concretarse entre más de un Municipio del mismo departamento, con autorización del Intendente.

5. Los asuntos que resulten de acuerdos entre los Gobiernos Departamentales que puedan ejecutarse entre Municipios de más de un departamento.

6. Los asuntos que el respectivo Gobierno Departamental asigne a los Municipios.

Artículo 8º.- En aquellas zonas del territorio donde no exista Municipio, las competencias municipales serán ejercidas por el Gobierno Departamental.

CAPÍTULO III
INTEGRACIÓN

Artículo 9º.- Los Municipios serán órganos integrados por cinco miembros y sus cargos serán de carácter electivo.

Serán distribuidos por el sistema de representación proporcional integral y su régimen de suplencias será el mismo que el de las Juntas Departamentales.

Artículo 10.- Para integrar los Municipios se exigirán los mismos requisitos que para ser Edil departamental (artículo 264 de la Constitución de la República) y se les aplicará el mismo régimen de incompatibilidades y prohibiciones.

No podrán integrarlos los miembros de la Junta Departamental ni los Intendentes.

Artículo 11.- El primer titular de la lista más votada del lema más votado dentro de la respectiva circunscripción territorial se denominará Alcalde y presidirá el Municipio.

Los restantes miembros se denominarán Concejales y serán de carácter honorario.

En caso de ausencia temporal o definitiva, el Alcalde será sustituido en sus funciones por el titular electo que le siga en la misma lista o, en su defecto, por el primer titular de la segunda lista más votada del lema más votado en la circunscripción.

CAPÍTULO IV
DE LAS ATRIBUCIONES Y COMETIDOS DEL MUNICIPIO
Y SUS INTEGRANTES

Artículo 12.- Son atribuciones de los Municipios:

1) Cumplir y hacer cumplir la Constitución de la República, las leyes, los decretos y demás normas departamentales.

2) Supervisar las oficinas de su dependencia y ejercer la potestad disciplinaria sobre sus funcionarios en el marco de la política de recursos humanos y de las disposiciones vigentes establecidas por el respectivo Gobierno Departamental.

3) Ordenar gastos o inversiones de conformidad con lo establecido en el presupuesto quinquenal o en las respectivas modificaciones presupuestales y en el respectivo plan financiero, así como en las disposiciones vigentes.

4) Administrar eficaz y eficientemente los recursos financieros y humanos a su cargo para la ejecución de sus cometidos.

5) Designar representantes del Municipio en actividades de coordinación y promoción del desarrollo regional.

6) Promover la capacitación y adiestramiento de sus funcionarios para el mejor cumplimiento de sus cometidos.

7) Aplicar las multas por transgresiones a los decretos departamentales cuyo contralor se les asigne.

8) Velar por el respeto de los derechos y garantías fundamentales de los habitantes.

9) Las demás atribuciones que les asigne el Intendente.

10) Requerir el auxilio de la fuerza pública siempre que resulte necesario para el cumplimiento de sus funciones.

Artículo 13.- Son cometidos de los Municipios:

1) Dictar las resoluciones que correspondan al cabal cumplimiento de sus cometidos.

2) Elaborar anteproyectos de decretos y resoluciones, los que serán propuestos al Intendente para su consideración a los efectos de que, si correspondiera, ejerza su iniciativa ante la Junta Departamental.

3) Colaborar en la realización y mantenimiento de obras públicas que se realicen en su jurisdicción.

4) Elaborar programas zonales y adoptar las medidas preventivas que estime necesarias en materia de salud e higiene, protección del ambiente, todo ello sin perjuicio de las competencias de las autoridades nacionales y departamentales, según las normas vigentes en la materia.

5) Adoptar las medidas tendientes a conservar y mejorar los bienes y edificaciones, especialmente aquellos que tengan valor histórico o artístico.

6) Atender lo relativo a la vialidad y el tránsito, el mantenimiento de espacios públicos, alumbrado público y pluviales, sin perjuicio de las potestades de las autoridades departamentales al respecto.

7) Atender los servicios de necrópolis y de recolección y disposición final de residuos, que les sean asignados por la Intendencia Departamental.

8) Colaborar en la vigilancia de la percepción de las rentas departamentales.

9) Colaborar con las autoridades departamentales dentro de las directrices que éstas establezcan en materia de ferias y mercados, proponiendo su mejor ubicación de acuerdo con las necesidades y características de sus zonas, cooperando asimismo en su vigilancia y fiscalización.

10) Colaborar con los demás organismos públicos en el cumplimiento de tareas y servicios que les sean comunes o que resulten de especial interés para la zona, promoviendo la mejora de la gestión de los mismos.

11) Adoptar las medidas que estimen convenientes para el desarrollo de la ganadería, la industria y el turismo, en coordinación con el Gobierno Departamental, y sin perjuicio de las atribuciones de las autoridades nacionales y departamentales en la materia.

12) Formular y ejecutar programas sociales y culturales dentro de su jurisdicción, estimulando el desarrollo de actividades culturales locales.

13) Emitir opinión sobre las consultas que, a través del Gobierno Departamental, les formule el Poder Ejecutivo en materia de proyectos de desarrollo local.

14) Colaborar en la gestión de los proyectos referidos en el numeral anterior cuando así se haya acordado entre el Gobierno Departamental y el Poder Ejecutivo y exista interés así como capacidad suficiente para el cumplimiento de la actividad por el Municipio.

15) Adoptar las medidas urgentes necesarias en el marco de sus facultades, coordinando y colaborando con las autoridades nacionales respectivas, en caso de accidentes, incendios, inundaciones y demás catástrofes naturales comunicándolas de inmediato al Intendente, estando a lo que éste disponga.

16) Colaborar en la gestión de políticas públicas nacionales cuando así se haya acordado entre el Gobierno Departamental y el Poder Ejecutivo.

17) Crear ámbitos de participación social.

18) Rendir cuenta anualmente ante el Gobierno Departamental de la aplicación de los recursos que hubiera recibido para la gestión municipal o para el cumplimiento de funciones que se hubieran expresamente delegado en la autoridad municipal.

19) Presentar anualmente ante los habitantes del Municipio, en régimen de Audiencia Pública, un informe sobre la gestión desarrollada en el marco de los compromisos asumidos, y los planes futuros.

Artículo 14.- Son atribuciones del Alcalde:

1. Presidir las sesiones del Municipio y resolver por doble voto las decisiones en caso de empate entre sus integrantes.

2. Dirigir la actividad administrativa del Municipio.

3. Ejercer la representación del Municipio, sin perjuicio de lo dispuesto por el numeral 5) del artículo 12 de la presente ley.

4. Proponer al Municipio planes y programas de desarrollo local que estime convenientes para su mejor desarrollo.

5. Ordenar los pagos municipales de conformidad con lo establecido en el presupuesto quinquenal o en las respectivas modificaciones presupuestales y en el respectivo plan financiero, así como en las disposiciones vigentes.

6. Adoptar las medidas necesarias para el cumplimiento de los cometidos municipales, pudiendo, asimismo, disponer del personal, recursos materiales y financieros para cumplir con los servicios municipales esenciales vinculados a seguridad e higiene.

7. También podrá disponer de esas medidas y de esos recursos en caso de urgencia, dando cuenta en este caso al Municipio en la primera sesión y estando a lo que éste resuelva.

Artículo 15.- Son atribuciones de los Concejales:

1. Participar en las sesiones del Municipio y emitir su voto a fin de adoptar las decisiones del órgano por la mayoría simple de sus integrantes.

2. Ejercer el contralor sobre el ejercicio de las atribuciones del Alcalde.

3. Representar al Municipio cuando éste así lo disponga.

4. Proponer al Cuerpo planes y programas de desarrollo local que estime convenientes para su mejor desarrollo, sin perjuicio de las atribuciones de las autoridades nacionales y departamentales en la materia.

5. Colaborar con el Alcalde para el normal desempeño de los cometidos municipales.

6. Ejercer las atribuciones previstas en el numeral 10) del artículo 12 de la presente ley.

CAPÍTULO V
DE LA INICIATIVA Y EL CONTROL

Artículo 16.- El 15% (quince por ciento) de los ciudadanos inscriptos en una localidad o circunscripción tendrá el derecho de iniciativa ante el Gobierno Departamental en los asuntos de su competencia, incluida la iniciativa para constituirse en Municipio.

En este caso la Junta Departamental, a iniciativa del Intendente, podrá disponer la creación del Municipio respectivo, aunque se trate de una población de menos de 2.000 habitantes.

Artículo 17.- Los actos administrativos generales y los particulares de los Municipios admitirán los recursos de reposición y, conjunta y subsidiariamente el de apelación, ante el Intendente.

Serán de aplicación los plazos establecidos en el artículo 317 de la Constitución de la República.

Artículo 18.- La Junta Departamental tendrá sobre los Municipios los mismos controles que ejerce sobre la Intendencia Municipal.

Será de aplicación lo dispuesto en el artículo 296 de la Constitución de la República.

CAPÍTULO VI
DE LOS RECURSOS

Artículo 19.- La gestión de los Municipios se financiará:

1.   Con los fondos que les destinen los Gobiernos Departamentales.

2.   Con los recursos que les asigne el Presupuesto Nacional en el Fondo de Incentivo para la Gestión de los Municipios, que se creará a dicho efecto a partir de fondos que no afecten los que actualmente se destinan a los Gobiernos Departamentales, se tendrán en cuenta criterios de equidad e indicadores de gestión, además del mantenimiento de la relación entre número de funcionarios y población, en el período inmediatamente anterior.

Artículo 20.- El Gobierno Departamental proveerá los recursos humanos y materiales necesarios a los Municipios, a los efectos de que éstos puedan cumplir con sus atribuciones, en el marco del presupuesto quinquenal y las modificaciones presupuestales aprobadas por la Junta Departamental.

Artículo 21.- El Poder Ejecutivo, con el asesoramiento del Congreso de Intendentes, propondrá las normas legales que estime necesarias para determinar adecuadamente el gasto público en políticas sociales de los Gobiernos Departamentales. Dicho gasto deberá ser considerado en la forma de distribución de recursos que determina el literal C) del artículo 214 de la Constitución de la República.

CAPÍTULO VII
DISPOSICIONES ESPECIALES

Artículo 22.- Las Juntas Locales Autónomas Electivas de San Carlos, de Bella Unión y de Río Branco, con sus actuales jurisdicciones, se convertirán en Municipios, de acuerdo con las disposiciones de la presente ley, manteniendo, además de las facultades de gestión en ésta previstas, las establecidas en las Leyes N° 16.569, de 5 de setiembre de 1994, N° 16.494, de 14 de junio de 1994, y N° 12.809, de 15 de diciembre de 1960, respectivamente.

CAPÍTULO VIII
DISPOSICIONES TRANSITORIAS

Artículo 23.- Las Juntas Locales integradas al momento de la promulgación de la presente ley pasarán a ser Municipios, a partir de la elección de sus autoridades en el año 2010, de acuerdo con lo establecido en el inciso tercero del numeral 9°) del artículo 77 de la Constitución de la República.

Artículo 24.- En todas las poblaciones de más de 5.000 habitantes se instalarán estos Municipios a partir del año 2010. Las restantes lo harán a partir del año 2015. En los departamentos donde existan menos de dos Municipios electivos en el año 2010, se incluirán las localidades inmediatamente siguientes en orden decreciente -de acuerdo con su cantidad de población- hasta completar la cifra de dos por departamento, sin incluir la capital departamental. Dichas localidades deberán cumplir los requisitos establecidos en el inciso segundo del artículo 1° de la presente ley.

Artículo 25.- Los Gobiernos Departamentales deberán dar cumplimiento al procedimiento previsto en el artículo 2° de la presente ley, en un plazo de ciento veinte días contados a partir de su promulgación.

Vencido dicho plazo, o no habiéndose incluido todas las localidades que cumplan las condiciones establecidas en el referido artículo y en el artículo 23 de la presente ley, el Poder Ejecutivo elaborará la nómina correspondiente teniendo en cuenta los datos de población que suministrará el Instituto Nacional de Estadística y la remitirá a la Asamblea General. Pasados sesenta días, la misma se tendrá por aprobada.

Sala de Sesiones de la Cámara de Senadores, en Montevideo, a 2 de setiembre de 2009.

RODOLFO NIN NOVOA,
Presidente.

Santiago González Barboni,
Secretario.

MINISTERIO DEL INTERIOR
MINISTERIO DE RELACIONES EXTERIORES
MINISTERIO DE ECONOMÍA Y FINANZAS
MINISTERIO DE DEFENSA NACIONA
MINISTERIO DE EDUCACIÓN Y CULTURA
MINISTERIO DE TRANSPORTE Y OBRAS PÚBLICAS
MINISTERIO DE INDUSTRIA, ENERGÍA Y MINERÍA
MINISTERIO DE TRABAJO Y SEGURIDAD SOCIAL
MINISTERIO DE SALUD PÚBLICA
MINISTERIO DE GANADERÍA, AGRICULTURA Y PESCA
MINISTERIO DE TURISMO Y DEPORTE

MINISTERIO DE VIVIENDA, ORDENAMIENTO TERRITORIAL Y MEDIO AMBIENTE

MINISTERIO DE DESARROLLO SOCIAL

Montevideo, 13 de setiembre de 2009.

Cúmplase, acúsese recibo, comuníquese, publíquese e insértese en el Registro Nacional de Leyes y Decretos, la Ley por la que se determina un nuevo régimen para la descentralización en materia departamental y local y participación ciudadana.

RODOLFO NIN NOVOA.

JORGE BRUNI.

NELSON FERNÁNDEZ.

ANDRÉS MASOLLER.

GONZALO FERNÁNDEZ.

MARÍA SIMON.

VÍCTOR ROSSI.

RAÚL SENDIC.

JULIO BARÁIBAR.

MARÍA JULIA MUÑOZ.

ANDRÉS BERTERRECHE.

HÉCTOR LESCANO.

CARLOS COLACCE.

MARINA ARISMENDI.

VENEZUELA

LEY ORGÁNICA DEL PODER PÚBLICO MUNICIPAL

(Gaceta Oficial N° 6.015 Extraordinario del 28 de diciembre de 2010)

LA ASAMBLEA NACIONAL
DE LA REPÚBLICA BOLIVARIANA DE VENEZUELA
LEY ORGÁNICA DEL PODER PÚBLICO MUNICIPAL

TÍTULO I
DISPOSICIONES GENERALES

Artículo 1. La presente Ley tiene por objeto desarrollar los principios constitucionales, relativos al Poder Público Municipal, su autonomía, organización y funcionamiento, gobierno, administración y control, para el efectivo ejercicio de la participación protagónica del pueblo en los asuntos propios de la vida local, conforme a los valores de la democracia participativa, la corresponsabilidad social, la planificación, la descentralización y la transferencia a las comunidades organizadas, y a las comunas en su condición especial de entidad local, como a otras organizaciones del Poder Popular.

Artículo 2. El Municipio constituye la unidad política primaria de la organización nacional de la República, goza de personalidad jurídica y ejerce sus competencias de manera autónoma, conforme a la Constitución de la República y la ley. Sus actuaciones incorporarán la participación protagónica del pueblo a través de las comunidades organizadas, de manera efectiva, suficiente y oportuna, en la definición y ejecución de la gestión pública y en el control y evaluación de sus resultados.

Artículo 3. La autonomía es la facultad que tiene el Municipio para elegir sus autoridades, gestionar las materias de su competencia, crear, recaudar e invertir sus ingresos, dictar el ordenamiento jurídico municipal, así como organizarse con la finalidad de impulsar el desarrollo social, cultural y económico sustentable de las comunidades y los fines del Estado.

Artículo 4. En el ejercicio de su autonomía corresponde al Municipio:

1. Elegir sus autoridades.

2. Crear parroquias y otras entidades locales.

3. Crear instancias, mecanismos y sujetos de descentralización, conforme a la Constitución de la República y la ley.

4. Asociarse en mancomunidades y demás formas asociativas intergubernamentales para fines de interés público determinados.

5. Legislar en materia de su competencia, y sobre la organización y funcionamiento de los distintos órganos del Municipio.

6. Gestionar las materias de su competencia.

7. Crear, recaudar e invertir sus ingresos.

8. Controlar, vigilar y fiscalizar los ingresos, gastos y bienes municipales, así como las operaciones relativas a los mismos.

9. Impulsar y promover la participación ciudadana, en el ejercicio de sus actuaciones.

10. Las demás actuaciones relativas a los asuntos propios de la vida local conforme a su naturaleza.

Los actos del Municipio sólo podrán ser impugnados por ante los tribunales competentes.

Artículo 5. Los municipios y las entidades locales se regirán por las normas constitucionales, las disposiciones de la presente Ley, la legislación aplicable, las leyes estadales y lo establecido en las ordenanzas y demás instrumentos jurídicos municipales.

Las ordenanzas municipales determinarán el régimen organizativo y funcional de los poderes municipales según la distribución de competencias establecidas en la Constitución de la República, en esta Ley y en las leyes estadales.

Se exceptúan las comunas de estas disposiciones, por su condición especial de entidad local, reguladas por la legislación que norma su constitución, conformación, organización y funcionamiento.

Artículo 6. Los procesos de formación de las leyes estadales relativos al régimen y la organización de los municipios, y demás entidades locales, atenderán a las condiciones peculiares de población: desarrollo económico, capacidad fiscal, situación geográfica, historia, cultura, étnia y otros factores relevantes.

El Consejo Legislativo, o sus comisiones, oirán la opinión de los alcaldes y alcaldesas, de los concejos municipales, de las juntas parroquiales y de los ciudadanos y ciudadanas, y de sus organizaciones, en la correspondiente jurisdicción. Para tales fines, deberán aplicar los mecanismos apropiados de consulta de acuerdo con la ley. El Consejo Legislativo reglamentará la participación de los alcaldes o alcaldesas.

Artículo 7. El Municipio y las demás entidades locales conforman espacios primarios para la participación ciudadana en la planificación, diseño, ejecución, control y evaluación de la gestión pública.

Los órganos del Municipio y demás entes locales, deberán crear los mecanismos para garantizar la participación de las comunidades y grupos sociales organizados en su ejercicio, de acuerdo a la ley.

Artículo 8. Las autoridades del Municipio, de sus entes descentralizados y de las entidades locales deberán presentar informe sobre su gestión y rendir cuentas públicas, transparentes, periódicas y oportunas ante las comunidades de su jurisdicción.

A tales fines, garantizarán la información y convocatoria oportuna y los mecanismos de evaluación pertinentes, acerca de los recursos asignados, y los efectivamente dispuestos, con los resultados obtenidos.

TÍTULO II
DE LOS MUNICIPIOS Y OTRAS ENTIDADES LOCALES
Capítulo I
De la Creación, Fusión y Segregación de Municipios

Artículo 9. La potestad de los estados para organizar sus municipios y demás entidades locales se regirá por lo dispuesto en la Constitución de la República y en las disposiciones de esta Ley, así como en la constitución y leyes estadales respectivas.

Artículo 10. Para que el Consejo Legislativo pueda crear un Municipio deben concurrir las siguientes condiciones:

1. Una población asentada establemente en un territorio determinado, con vínculos de vecindad permanente.

2. Un centro poblado no menor a la media poblacional de los municipios preexistentes en el estado, excluidos los dos de mayor población. Este requisito deberá ser certificado por el servicio Nacional de estadística. En caso de no existir otro Municipio en esa entidad para hacer comparación, se requerirá de una población no menor de diez mil habitantes.

3. Capacidad para generar recursos propios suficientes para atender los gastos de gobierno y administración general, y proveer la prestación de los servicios mínimos obligatorios. A los efectos del cumplimiento de este requisito, deberá constar en acta la opinión favorable del órgano rector nacional en la materia de presupuesto público. Igualmente, deberá constar la opinión del Consejo de Planificación y Coordinación de Políticas Públicas. En dicha opinión motivada, se determinarán los efectos socioeconómicos en el o los municipios que resulten segregados.

Cumplidas estas condiciones, el Consejo Legislativo una vez aprobada la ley de creación del nuevo Municipio, someterá el instrumento legal a un referéndum aprobatorio, donde participarán todos los habitantes del Municipio afectado.

Artículo 11. Los municipios indígenas serán creados, previa solicitud de los pueblos y comunidades u organizaciones indígenas, formuladas ante el respectivo Consejo Legislativo, atendiendo a las condiciones geográficas, poblacionales, elementos históricos y socioculturales de estos pueblos y comunidades.

Artículo 12. Por razones de interés nacional relativas al desarrollo fronterizo o exigencias especiales, derivadas del Plan de Desarrollo Económico y Social de la Nación, los Consejos Legislativos podrán crear, excepcionalmente, municipios de régimen especial, atendiendo a iniciativa reservada al Ejecutivo Nacional por órgano del Presidente o Presidenta de la República, en Consejo de Ministros. Aun cuando las comunidades postuladas a tal categoría, no cumplan con los requisitos establecidos en el artículo 10 de esta Ley, la ley de creación definirá el régimen especial atendiendo a la fundamentación que motiva la iniciativa.

Artículo 13. Dos o más municipios limítrofes de un mismo estado podrán fusionarse y constituir uno nuevo cuando se confundan como consecuencia de la conurbación y existan evidentes motivos de conveniencia o necesidad.

Artículo 14. La iniciativa para la creación, fusión o segregación de municipios, salvo la hipótesis de iniciativa reservada establecida en el artículo 12 de esta Ley, corresponderá:

1. A un número de electores con residencia en los municipios a los cuales pertenezca el territorio afectado, no menor al quince por ciento de los inscritos en el Registro Electoral Permanente.

2. Al Consejo Legislativo, por acuerdo de las dos terceras (2/3) partes de sus integrantes.

3. A los concejos municipales que estén comprendidos en el territorio afectado, mediante acuerdo de las dos terceras (2/3) partes de sus integrantes.

4. Al respectivo Gobernador o Gobernadora, con la aprobación de las dos terceras (2/3) partes de los integrantes del Consejo Legislativo.

5. A los alcaldes y alcaldesas de los municipios a los que pertenezca el territorio afectado, con la anuencia de los Consejos Locales de Planificación Pública.

Artículo 15. Antes de ser sancionado el proyecto de ley de creación, fusión o segregación de municipios deberá ser sometido a referéndum, donde participarán los electores de los municipios involucrados, quedando aprobado si en el proceso concurren a opinar el veinticinco por ciento (25%) de los ciudadanos y ciudadanas inscritos en el Registro Electoral Permanente y el voto favorable a la creación, fusión o segregación es mayor al cincuenta por ciento (50%) de los votos consignados válidamente.

Artículo 16. La ley de creación del nuevo Municipio deberá publicarse en la Gaceta Oficial del estado, con al menos seis meses de anticipación a la fecha de las elecciones para un nuevo período municipal.

El Consejo Legislativo establecerá en el mismo acto, el régimen de transición que regirá entre la creación del Municipio y su efectivo funcionamiento, con las previsiones relativas al inventario de los bienes y obligaciones de la Hacienda Municipal, en especial, el saneamiento de las obligaciones con los trabajadores al servicio del o de los municipios.

Artículo 17. Mientras se elabora el ordenamiento jurídico propio en el nuevo Municipio, estará vigente el ordenamiento jurídico del Municipio segregado, salvo cuando se haya afectado el territorio de varios municipios; en cuyo caso, el ordenamiento jurídico a regir durante la transición será determinado por decisión del Consejo Legislativo.

Artículo 18. Las solicitudes y asuntos que se encuentren en proceso, para la fecha de la toma de posesión de las autoridades del nuevo Municipio, continuarán el curso de tramitación ante éstas.

Los actos firmes de efectos particulares, dictados por las autoridades competentes de o de los municipios a los que pertenezca el territorio afectado, surtirán sus efectos en la nueva jurisdicción. Si los actos en referencia no están firmes para esa fecha, podrán ser revisados de oficio por los órganos municipales competentes del nuevo Municipio, o recurridos ante ellos por los interesados, de conformidad con el ordenamiento jurídico vigente.

El nuevo Municipio iniciará sus actuaciones propias sin pasivos laborales.

Artículo 19. Además de los municipios, son entidades locales territoriales:

1. La comuna.

2. Los distritos metropolitanos.

3. Las áreas metropolitanas.

4.   Las parroquias y demarcaciones dentro del territorio del Municipio, tales como la urbanización, el barrio, la aldea y el caserío.

Los supuestos y condiciones establecidos en esta Ley, para la creación de demarcaciones dentro del territorio del Municipio, así como los recursos de que dispondrán, concatenadas a las funciones que se les asignen, incluso su participación en los ingresos propios del Municipio, deberán ser considerados en la ley estadal que la desarrolle.

La comuna, como entidad local de carácter especial que se rige por su ley de creación, puede constituirse dentro del territorio del Municipio o entre los límites político administrativo de dos o más municipios, sin que ello afecte la integridad territorial de los municipios donde se constituya.

Capítulo II
De los Distritos Metropolitanos

Artículo 20. Cuando dos o más municipios tengan entre sí relaciones económicas, sociales y físicas que den al conjunto urbano las características de un área metropolitana, y que hayan desarrollado previamente experiencias de mancomunidades durante al menos dos períodos municipales continuos, podrán organizarse en Distrito Metropolitano.

Los distritos metropolitanos son entidades locales territoriales con personalidad jurídica, cuya creación corresponderá al Consejo Legislativo de la entidad federal a la que pertenezcan los municipios. Cuando los municipios pertenezcan a entidades federales distintas, la competencia corresponderá a la Asamblea Nacional.

Artículo 21. La iniciativa para la creación de un Distrito Metropolitano, corresponderá:

1.   Al quince por ciento (15%), por lo menos, de los vecinos inscritos en el Registro Electoral de los municipios afectados.

2.   A los alcaldes o alcaldesas de los respectivos municipios, con acuerdo de los concejos municipales correspondientes, aprobado por las dos terceras (2/3) partes de sus integrantes.

3.   A los concejos municipales respectivos, mediante acuerdo aprobado por las dos terceras (2/3) partes de sus integrantes.

4.   Al Gobernador o Gobernadora del estado, con acuerdo del Consejo Legislativo aprobado por las dos terceras (2/3) partes de sus integrantes.

5.   Al Consejo Legislativo, aprobada por las dos terceras (2/3) partes de sus integrantes.

6.   Cuando se trate de municipios pertenecientes a varias entidades federales, la iniciativa también podrá tomarse con el apoyo de la mayoría de los diputados y diputadas de la Asamblea Nacional, electos o electas en cada una de las respectivas entidades federales.

Artículo 22. La iniciativa deberá ser presentada dentro de los dos primeros años del período del poder público municipal. Admitida la iniciativa por el Consejo Legislativo o por la Asamblea Nacional, según el caso, y realizados los informes técnicos relativos a la viabilidad del Distrito Metropolitano, se procederá a la convocatoria de una consulta popular de la población afectada, si el veinticinco por ciento (25 %) de los electores inscritos en el Registro Electoral participa y más del cincuenta por ciento (50 %) da su aprobación; el Consejo Legislativo o la Asamblea Nacional, según el caso, elaborarán la ley de creación correspondiente, siguiendo los lineamientos de los informes técnicos aprobados en el referendo.

La ley de creación del Distrito Metropolitano una vez aprobada por la Asamblea Nacional o por el Consejo Legislativo cuando se trate de municipios de la misma entidad federal, seguirá el trámite ordinario para la entrada en vigencia de las leyes establecido en la Constitución de la República o en la Constitución Estadal, según el caso, pero deberá publicarse para que sea efectiva la elección de las nuevas autoridades distritales, por lo menos con un año de anticipación a la fecha del proceso comicial.

La elaboración de la ley respectiva se hará con la efectiva participación ciudadana y, en especial, con la de las autoridades de los municipios involucrados.

Artículo 23. La ley de creación del Distrito Metropolitano definirá los límites del mismo y su organización, con determinación expresa de las competencias metropolitanas que deberán asumir sus órganos de gobierno, administración y legislación.

Artículo 24. El gobierno y la administración del Distrito Metropolitano corresponden a la autoridad ejecutiva metropolitana, que funcionará bajo la denominación que establezca la correspondiente ley de creación.

La función legislativa será ejercida por el Consejo Metropolitano, el cual estará integrado de la manera que se establezca en la ley de creación del respectivo Distrito.

En la Ordenanza de Reglamento Interior y de Debates del Consejo Metropolitano se preverá la participación permanente, con derecho a voz, de un representante del organismo nacional de desarrollo de la jurisdicción del Distrito Metropolitano, la cual será solicitada a ese organismo, dentro de los quince días siguientes a la instalación del Cuerpo.

Artículo 25. El Distrito Metropolitano contará con los ingresos que le sean asignados en la ley de creación respectiva. Dicha ley, también regulará la transferencia de bienes municipales que se hará al Distrito Metropolitano para la prestación de los servicios o la gestión de las actividades transferidas.

Artículo 26. Los distritos metropolitanos contarán con los siguientes ingresos:

1. Los que obtengan por derechos y tarifas en los servicios públicos que presten en ejercicio de su competencia.

2. Las rentas y productos de su patrimonio.

3. Los provenientes de la enajenación de sus bienes.

4. Un porcentaje de los impuestos creados y recaudados por los municipios agrupados, proporcional al costo del ejercicio de las competencias que le sean asignadas, en la ley respectiva.

5. Los aportes especiales y cualesquiera otros que por disposición legal le correspondan o le sean asignados.

El Distrito Metropolitano podrá asumir, mediante convenio con los municipios agrupados, la recaudación de los impuestos municipales previstos en el numeral 4 del presente artículo.

Artículo 27. En los casos de creación de un Distrito Metropolitano y dentro del lapso de treinta días hábiles siguientes a la publicación de la ley de su creación, el Consejo Legislativo o la Asamblea Nacional, según el caso, nombrará una comisión compuesta por uno de sus miembros, quien la presidirá, el funcionario responsable por la Hacienda Municipal por cada uno de los municipios que lo integran, un Concejal o Concejala por cada uno de ellos, y un representante de la Contraloría General de la República, con el objeto de elaborar un inventario de la hacienda pública de cada uno de los municipios integrantes del Distrito Metropolitano.

Artículo 28. Efectuado el inventario a que se refiere el artículo anterior la comisión, dentro de los noventa días siguientes a su instalación, presentará el informe al Consejo Legislativo o a la Asamblea Nacional, según el caso, para que el órgano legislativo correspondiente decida sobre el traspaso de los bienes municipales afectados a la prestación de los servicios transferidos o a la realización de las actividades asignadas a la competencia del Distrito Metropolitano.

La decisión que refiere este artículo, será de obligatoria ejecución por los municipios correspondientes, a través del acuerdo emanado del Concejo Municipal respectivo. En caso de no hacerlo dentro de los sesenta días subsiguientes a la decisión del órgano legislativo, la autoridad metropolitana solicitará la ejecución por los órganos jurisdiccionales competentes.

Las obligaciones de carácter laboral que surjan con ocasión de la creación del Distrito Metropolitano, serán asumidas por éste, para lo cual deberán hacerse las previsiones presupuestarias y financieras, y los aportes proporcionales por parte de los municipios involucrados. Las demás obligaciones serán distribuidas en proporción al monto de la respectiva cuota de bienes asignados, conforme lo determine el Consejo Legislativo.

Artículo 29. Las normas contenidas en la presente Ley, incluidas las relativas a los privilegios y prerrogativas, serán aplicables a los distritos metropolitanos en cuanto sean procedentes.

Capítulo III
De las entidades locales

Artículo 30. Las parroquias y las entidades locales, dentro del territorio municipal son demarcaciones creadas con el objeto de desconcentrar la gestión municipal, promover la participación ciudadana y una mejor prestación de los servicios públicos municipales.

Artículo 31. Las parroquias y las otras entidades locales dentro del territorio municipal, sólo podrán ser creadas mediante ordenanza aprobada con una votación de las tres cuartas (3/4) partes como mínimo de los integrantes del Concejo Municipal, con la organización, funciones, atribuciones y recursos que se les confieran en el momento de su creación, sobre la base de las características sociológicas, culturales y económicas del asentamiento de la población en el territorio municipal, sin perjuicio de la unidad de gobierno y de gestión del Municipio. Las parroquias podrán ser urbanas o no urbanas y, en ningún caso, constituirán divisiones exhaustivas del territorio municipal.

Artículo 32. La iniciativa para la creación de las parroquias y las otras entidades locales dentro del territorio municipal, corresponderá en forma alternativa:

1. A los ciudadanos y ciudadanas inscritas en el Registro Electoral, en un número no menor al quince por ciento (15%) de residentes en el territorio municipal que servirá de base a la entidad local, mediante solicitud escrita al Concejo Municipal.

2. Al alcalde o alcaldesa mediante solicitud razonada ante el Concejo Municipal.

3. Al Concejo Municipal, mediante acuerdo razonado de la mayoría de sus integrantes.

Artículo 33. Para crear una parroquia u otra de las entidades locales dentro del municipio, se requiere que en el territorio correspondiente exista:

1. Una población con residencia estable, igual o superior a la exigida en la ley estadal para tales fines.

2. En los espacios urbanos, un Plan de Desarrollo Urbano Local debidamente sancionado y publicado. En los espacios no urbanos, los lineamientos de la ordenación y ocupación del territorio.

3. Organización de la comunidad mediante agrupaciones, sociales, electas democráticamente y debidamente registradas por ante los órganos competentes.

4. Organización de servicios públicos básicos.

5. Registro catastral, con sujetos de tributación y contribuciones municipales, de modo especial los inmobiliarios.

El proyecto de creación será informado en forma pública y sometida a consulta de la población asentada en el espacio territorial de la parroquia o entidad local territorial propuesta.

Los requisitos para la creación de la comuna, en el marco de su régimen especial como entidad local, se regirán por lo establecido en la Ley Orgánica de las Comunas.

Artículo 34. En la ordenanza de creación de la parroquia u otra entidad local dentro del territorio del Municipio, se deberá indicar:

1. Las atribuciones, actividades y funciones que le puedan ser delegadas y las bases para la delegación de estas atribuciones por otros actos normativos.

2. El órgano de la administración municipal que ejercerá la supervisión de las atribuciones, actividades y funciones delegadas.

3. Los recursos humanos y de equipos asignados a la parroquia o entidad local territorial, y los medios necesarios para su eficaz ejecución.

4. La asignación del ingreso propio del Municipio que tendrá carácter de ingreso de la parroquia o entidad local territorial a los efectos de su creación y funcionamiento, de acuerdo a las atribuciones, actividades y funciones delegadas.

Artículo 35. La parroquia tendrá facultades consultivas, de evaluación y articulación entre el poder popular y los órganos del Poder Público Municipal.

Sin perjuicio de la unidad de gobierno y gestión del Municipio, la parroquia será coordinada por una junta parroquial comunal integrada por cinco miembros y sus respectivos suplentes cuando corresponda a un área urbana y tres miembros y sus respectivos suplentes cuando sea no urbana, elegidos o elegidas para un período de dos años. Todos electos o electas por los voceros y voceras de los consejos comunales de la parroquia respectiva, la cual deberá ser validada por la asamblea de ciudadanos y ciudadanas, quienes en dicha elección deberán ser fiel expresión del mandato de sus respectivas asambleas de ciudadanos y ciudadanas.

Para la revocatoria del mandato de los o las integrantes de las juntas parroquiales comunales, se aplicarán las condiciones y el procedimiento establecido para los voceros y voceras de los consejos comunales, dispuestos en la ley que regula la materia.

Artículo 36. Para ser miembro de la junta parroquial comunal, se requiere ser venezolano o venezolana mayor de quince años de edad, tener residencia en la parroquia, estar avalado por la asamblea de ciudadanos y ciudadanas de su respectivo consejo comunal. Los extranjeros y extranjeras residentes en la parroquia deberán cumplir con las condiciones establecidas en la Constitución de la República.

Artículo 37. La junta parroquial comunal tendrá atribuida facultad expresa para los procesos siguientes:

1. Articular con las organizaciones de base del Poder Popular y su relación con los órganos del Poder Público Municipal.

2. Consultar a las organizaciones de base del Poder Popular sobre los programas, planes y proyectos que presente el municipio.

3. Evaluar los planes y proyectos que se ejecuten a través del municipio en el territorio de la parroquia.

4. Facilitar la construcción y organización de los ejes comunales.

5. Coadyuvar con las políticas del Estado en todas sus instancias, con la finalidad de actuar coordinadamente en la ejecución del Plan de Desarrollo Económico y Social de la Nación, y los demás planes que se establezcan en cada uno de los niveles político territoriales y las instancias político administrativas que establezca la ley.

6. Servir como centro de información y promoción de procesos participativos para la identificación de prioridades presupuestarias.

7. Promover los principios de corresponsabilidad, protagonismo y participación ciudadana en la gestión pública municipal.

8. Promover los servicios públicos y el principio de corresponsabilidad en lo atinente a la seguridad ciudadana, la protección civil y la defensa integral de la República.

9. Promover los servicios y políticas dirigidos a la infancia, a la adolescencia, a la tercera edad, a los pueblos y comunidades indígenas y a las personas con discapacidad.

10. Cooperar con la Sala Técnica del Consejo Local de Planificación Pública en la elaboración del censo social municipal, conjuntamente con la participación de las organizaciones vecinales y la sociedad organizada.

Las demás establecidas en la presente Ley y demás instrumentos jurídicos municipales.

Artículo 38. Las juntas parroquiales están en la obligación de requerir toda la información de la gestión municipal para ponerla a disposición de todos los ciudadanos y ciudadanas de la parroquia que se la soliciten.

Artículo 39. El presupuesto municipal de cada ejercicio fiscal incorporará los planes, programas, proyectos y actividades encomendados a la parroquia o a la entidad local territorial, con previsión de los respectivos créditos presupuestarios, así como de los resultados que se esperan obtener en términos de producción de bienes y servicios, cuando sea posible cuantificarlos. En la ordenanza respectiva, se establecerá el órgano de la administración pública municipal que hará el seguimiento de las atribuciones señaladas.

Capítulo IV
De las Mancomunidades y Demás Figuras Asociativas

Artículo 40. La mancomunidad es una figura asociativa constituida en forma voluntaria por dos o más municipios para la gestión de materias específicas de su competencia.

Artículo 41. La mancomunidad procederá cuando se asocien dos o más municipios, colindantes o no, de la misma o de diversas entidades federales.

La mancomunidad podrá asumir una o varias materias o funciones dentro de la competencia de los municipios mancomunados, pero no podrá asumir la totalidad de ellas.

El Poder Nacional o el Poder Estadal podrá crear fondos especiales a favor de las mancomunidades de vocación única o de vocación múltiple que se creen, a los fines de la descentralización de competencias y actividades de un nivel a otro, de conformidad con la legislación rectora en cada sector.

Artículo 42. Para la creación de una mancomunidad se requiere la aprobación mediante Acuerdo celebrado entre los municipios que concurren a su formación, el cual contendrá el estatuto que la regirá.

La creación de la mancomunidad deberá estar contemplada en el Plan de Desarrollo de los municipios comprometidos, o ser considerada favorablemente en los Consejos Locales de Planificación Pública de esos municipios, con informes económicos que sustenten su creación.

Artículo 43. Los estatutos de la mancomunidad deberán establecer de manera precisa:

1. El nombre, objeto y domicilio de la mancomunidad y los municipios que la constituirán.

2. Los fines y objetivos para los cuales se crea.

3. El tiempo de su vigencia.

4. Los aportes a los cuales se obligan las entidades que la constituyen.

5. La composición del organismo directivo de la mancomunidad, forma de su designación, facultades y responsabilidades.

6. Procedimiento para la reforma o disolución de la mancomunidad y la manera de resolver las divergencias que pudieren surgir en relación con su gestión, sus bienes, ingresos u obligaciones.

7. La disolución de la mancomunidad antes de la expiración del tiempo de su vigencia o la denuncia del acuerdo mancomunitario por alguna de las entidades que lo conforman, deberá llenar las mismas exigencias establecidas en el artículo anterior para la creación de la mancomunidad, y sólo tendrán efecto una vez transcurrido un año de la correspondiente manifestación de voluntad.

8. Definición de las funciones que serán objeto de la mancomunidad.

9. Determinación de las funciones de control externo y de los dispositivos orgánicos para hacerla efectiva.

10. Mecanismos de participación de la ciudadanía, con mención de la rendición de cuentas a la población de los municipios mancomunados.

11. Los mecanismos que garanticen el cumplimiento de los aportes a los cuales se obligan las entidades que la constituyen, incluida la posibilidad de autorizar derivaciones de transferencias nacionales o estadales, en caso de incumplimiento.

Artículo 44. La mancomunidad tendrá personalidad jurídica propia y no podrá comprometer a los municipios que la integran, más allá de los límites establecidos en el estatuto respectivo.

Artículo 45. Los municipios podrán acordar entre sí la creación de empresas, fundaciones, asociaciones civiles y otras figuras descentralizadas para el cumplimiento de acciones de interés local o intermunicipal.

Artículo 46. Los municipios también podrán acordar con los demás entes públicos territoriales, la creación de otras figuras asociativas intergubernamentales a los fines de interés público relativos a materias de su competencia.

Capítulo V
De la Diversidad de Regímenes

Artículo 47. La legislación municipal que desarrollen los Consejos Legislativos y los concejos municipales, deberá establecer diferentes regímenes para la organización, gobierno y administración de los municipios, incluso en lo que respecta a la determinación de sus competencias y recursos, atendiendo a las condiciones de población, desarrollo económico, capacidad para generar ingresos fiscales propios, situación geográfica, elementos históricos y culturales y otros factores relevantes; así como las opciones para la organización del régimen de gobierno y administración democrática que corresponda a los municipios indígenas y a los municipios con población indígena, de acuerdo a la naturaleza del gobierno local y las características de la entidad federal respectiva.

Artículo 48. Estos regímenes de organización, gobierno y administración deberán estar en correspondencia con los planes de desarrollo elaborados por los Consejos de Planificación a nivel municipal y estadal, orientados a atender con eficiencia los requerimientos para el desarrollo de la vocación económica respectiva.

Artículo 49. Los pueblos indígenas, sus comunidades y organizaciones participarán en la formación, instrumentación y evaluación del Plan Municipal de Desarrollo.

Artículo 50. El Municipio Indígena es la organización del régimen de gobierno y administración local, mediante la cual los pueblos y comunidades indígenas definen, ejecutan, controlan y evalúan la gestión pública de acuerdo a los planes previstos en su jurisdicción territorial, tomando en cuenta la organización social, política y económica, cultural, usos y costumbres, idiomas y religiones, a fin de establecer una administración municipal que garantice la participación protagónica en el marco de su desarrollo sociocultural. La organización municipal de los municipios indígenas será democrática y responderá a la naturaleza propia del gobierno local.

Artículo 51. Los pueblos y comunidades indígenas deberán tener participación política en los municipios en cuya jurisdicción esté asentada su comunidad y, en tal sentido, debe garantizarse la representación indígena en el concejo municipal, atendiendo a lo establecido en las leyes que regulan la materia electoral.

TÍTULO III
DE LA COMPETENCIA DE LOS MUNICIPIOS Y DEMÁS ENTIDADES LOCALES

Capítulo I
Competencia de los Municipios

Artículo 52. Es competencia de los municipios, el gobierno y la administración de los intereses propios de la vida local, la gestión de las actividades y servicios que requiera la comunidad municipal, de acuerdo con la Constitución de la República y las leyes.

Artículo 53. Cada Municipio tiene competencia para organizar el funcionamiento de sus órganos y regular las atribuciones de las distintas entidades municipales.

El Concejo Municipal dictará las normas que regulen su autonomía funcional y su ordenamiento interno.

Artículo 54. El Municipio ejercerá sus competencias mediante los siguientes instrumentos jurídicos:

1. Ordenanzas: son los actos que sanciona el Concejo Municipal para establecer normas con carácter de ley municipal, de aplicación general sobre asuntos específicos de interés local. Las ordenanzas recibirán por lo menos dos discusiones y en días diferentes, deberán ser promulgadas por el alcalde o alcaldesa y ser Publicadas en la Gaceta Municipal o Distrital, según el caso, y prever, de conformidad con la ley o si lo ameritare la naturaleza de su objeto, la vacatio legis a partir de su publicación. Durante el proceso de discusión y aprobación de las ordenanzas, el Concejo Municipal consultará al alcalde o alcaldesa, a los otros órganos del Municipio, a los ciudadanos y ciudadanas, a la sociedad organizada de su jurisdicción, y atenderá las opiniones por ellos emitidas.

2. Acuerdos: son los actos que dicten los concejos municipales sobre asuntos de efecto particular. Estos acuerdos serán publicados en la Gaceta Municipal cuando afecten la Hacienda Pública Municipal.

3. Reglamentos: Son los actos del Concejo Municipal para establecer su propio régimen, así como el de sus órganos, servicios y dependencias. Estos reglamentos serán sancionados mediante dos discusiones y publicados en Gaceta Municipal.

4. Decretos: son los actos administrativos de efecto general, dictados por el alcalde o alcaldesa y deberán ser publicados en la Gaceta Municipal o Distrital. El alcalde o alcaldesa reglamentará las ordenanzas mediante decreto, sin alterar su espíritu, propósito o razón y, en todo caso, deberán ser publicados en la Gaceta Municipal o Distrital.

5. Resoluciones: son actos administrativos de efecto particular, dictados por el alcalde o alcaldesa, el Contralor o Contralora Municipal y demás funcionarios competentes.

6. Otros instrumentos jurídicos de uso corriente en la práctica administrativa, ajustados a las previsiones que las leyes señalen.

Las ordenanzas, acuerdos, reglamentos, decretos, resoluciones y demás instrumentos jurídicos municipales son de obligatorio cumplimiento por parte de los particulares y de las autoridades nacionales, estadales y locales.

Artículo 55. Las competencias de los municipios son propias, concurrentes, además descentralizadas y delegadas.

Artículo 56. Son competencias propias del Municipio las siguientes:

1. El gobierno y administración de los intereses propios de la vida local.

2. La gestión de las materias que la Constitución de la República y las leyes nacionales les confieran en todo lo relativo a la vida local, en especial, la ordenación y promoción del desarrollo económico y social, la dotación y prestación de los servicios públicos domiciliarios, la aplicación de la política referente a la materia inquilinaria, la promoción de la participación ciudadana y, en general, el mejoramiento de las condiciones de vida de la comunidad en las áreas siguientes:

    a. La ordenación territorial y urbanística; el servicio de catastro; el patrimonio histórico; la vivienda de interés social; el turismo local; las plazas, parques y jardines; los balnearios y demás sitios de recreación; la arquitectura civil; la nomenclatura y el ornato público.

    b. La vialidad urbana, la circulación y ordenación del tránsito de vehículos y personas en las vías municipales y los servicios de transporte público urbano.

    c. Los espectáculos públicos y la publicidad comercial en lo relacionado con los intereses y fines específicos del Municipio.

    d. La protección del ambiente y la cooperación en el saneamiento ambiental; la protección civil y de bomberos; y el aseo urbano y domiciliario, incluidos los servicios de limpieza, recolección y tratamiento de residuos.

    e. La salubridad y la atención primaria en salud; los servicios de protección a la primera y segunda infancia, a la adolescencia y a la tercera edad; la educación preescolar; los servicios de integración familiar de las personas con discapacidad al desarrollo comunitario; las actividades e instalaciones culturales y deportivas; los servicios de prevención y protección, vigilancia y control de los bienes; y otras actividades relacionadas.

    f. Los servicios de agua potable, electricidad y gas doméstico; de alumbrado público, alcantarillado, canalización y disposición de aguas servidas; de mataderos, cementerios, servicios funerarios, de abastecimiento y mercados.

    g. La justicia de paz; la atención social sobre la violencia contra la mujer y la familia, la prevención y protección vecinal y los servicios de policía municipal, conforme a la legislación nacional aplicable.

    h. La organización y funcionamiento de la administración pública municipal y el estatuto de la función pública municipal.

    i. Las demás relativas a la vida local y las que le atribuyan la Constitución de la República Bolivariana de Venezuela y las leyes nacionales y estadales.

Artículo 57. Las competencias concurrentes son aquellas que el Municipio comparte con el Poder Nacional o Estadal, las cuales serán ejercidas por éste sobre las materias que le sean asignadas por la Constitución de la República, las leyes de base y las leyes de desarrollo. Esta legislación estará orientada por los principios de la interdependencia, coordinación, cooperación, corresponsabilidad y subsidiaridad, previsto en el Artículo

165de la Constitución de la República. La falta de legislación nacional no impide al Municipio el ejercicio de estas competencias.

Artículo 58. El Poder Nacional o los estados podrán transferir al Municipio, determinadas materias de sus competencias y la administración de sus respectivos recursos, de acuerdo con los principios establecidos en el Artículo 158 de la Constitución de la República. En la ley de descentralización se determinará el alcance, contenido y condiciones de la transferencia, así como el control que podrá ejercer el Poder Nacional o los estados, según el caso, sobre los recursos de personal, materiales y económicos que se transfieran.

El Municipio podrá solicitar al Poder Nacional o al Estado respectivo la transferencia de determinadas competencias.

Artículo 59. El Poder Nacional o los estados podrán delegar en los municipios, previa aceptación de éstos, el ejercicio de determinadas actividades nacionales o estadales con el fin de mejorar la eficiencia de la gestión pública o de la prestación de un servicio público. La delegación comenzará a ejecutarse cuando se hayan transferido al Municipio los recursos que se requieran para dar cumplimiento a la delegación. Las competencias delegadas las ejercerán los municipios conforme a las prescripciones contenidas en el acto de delegación.

Los municipios podrán solicitar al Poder Nacional o al del Estado respectivo, la delegación de determinadas actividades.

Artículo 60. Cada Municipio, según sus particularidades, tendrá un plan que contemple la ordenación y promoción de su desarrollo económico y social que incentive el mejoramiento de las condiciones de vida de la comunidad municipal.

Artículo 61. Cada Municipio, según sus peculiaridades, tendrá un plan local de desarrollo urbano mediante el cual se regulará el uso y aprovechamiento del suelo según las directrices contenidas en el plan nacional de ordenación urbanística, y en concordancia con el plan de desarrollo económico y social señalado en el artículo anterior. Este plan contendrá la ordenación del territorio municipal, hará una clasificación de los suelos y sus usos, y regulará los diferentes usos y niveles de intensidad de los mismos, definirá los espacios libres y de equipamiento comunitario, adoptará las medidas de protección del medio ambiente, de conservación de la naturaleza y del patrimonio histórico, así como la defensa del paisaje y de los elementos naturales. Contendrá además, si fuere necesario, la determinación de las operaciones destinadas a la renovación o reforma interior de las ciudades.

Artículo 62. Los municipios con vocación turística, dictarán los planes locales de turismo para promover y desarrollar esa actividad. En esos planes se promoverá, conjuntamente con los sectores público y privado, el desarrollo turístico de aquellos sitios de interés histórico, de bellezas naturales, recreativos y de producción de artesanía, así como cualquiera otra manifestación de interés turístico.

Los municipios coordinarán sus actividades turísticas con las que desarrollen el Poder Nacional o el Estado respectivo, en el ámbito municipal.

Artículo 63. Los servicios públicos domiciliarios de suministro de agua potable, de electricidad y de gas, son competencia de los municipios y serán prestados directamente por éstos o mediante alguna forma de contratación, con sujeción al régimen general que se establezca en la correspondiente ley nacional.

Artículo 64. A los municipios les corresponde la protección del medio ambiente y de la salubridad pública, el suministro de agua y el tratamiento de las aguas residuales, así como el respeto y garantía de los derechos ambientales de los vecinos. Los municipios serán convocados para que participen en la formulación de la política nacional o estadal en materia ambiental.

La administración municipal tendrá a su cargo la gestión de la materia de los residuos urbanos y de las aguas residuales, la intervención contra los ruidos molestos, el control de las emisiones de los vehículos que circulen por el ámbito municipal, así como el establecimiento de los corredores de circulación para el transporte de sustancias tóxicas o peligrosas.

El Poder Nacional y los estados facilitarán a los municipios los apoyos técnicos y los recursos que se requieran para cumplir con estas funciones.

Artículo 65. La policía municipal cumplirá funciones de policía administrativa, de control de espectáculos públicos, de orden público y de circulación, conforme a lo dispuesto en la Constitución de la República y demás leyes de la República.

Artículo 66. A los municipios les corresponde la protección y defensa civil, la prevención y extinción de incendios, la prevención y acción inmediata en caso de accidentes naturales o de otra naturaleza, como inundaciones, terremotos, epidemias u otras enfermedades contagiosas, conforme a la ley.

Artículo 67. Las competencias de los municipios con población predominantemente indígena se ejercerán con respeto a los usos y costumbres de cada comunidad.

Artículo 68. La ley estadal respectiva determinará los servicios públicos mínimos que cada Municipio deberá prestar de manera obligatoria, atendiendo a su categoría demográfica y actividad predominante, así como otros elementos relevantes. La prestación de los servicios de agua potable, de recolección de basura, de alcantarillado de aguas servidas y pluviales, de alumbrado público, de plazas y parques públicos, será obligatoria para todos los municipios.

Capítulo II
De los Modos de Gestión

Artículo 69. Los municipios tienen la potestad para elegir el modo de gestión que consideren más conveniente para el gobierno y administración de sus competencias. Podrán gestionarlas por sí mismos o por medio de organismos que dependan jerárquicamente de ellos. También podrán hacerlo mediante formas de descentralización funcional o de servicios o mediante la creación de empresas públicas municipales de economía exclusiva o de economía mixta. También podrán contratar con los particulares la gestión de servicios y obras públicas.

Artículo 70. Los municipios están en la obligación de estimular la creación de empresas de economía social, tales como cooperativas, cajas de ahorro, mutuales y otras formas asociativas. Asimismo, promoverán la constitución de empresas autogestionarias y cogestionarias, para facilitar la participación de los trabajadores y de las comunidades y garantizar la participación ciudadana en la gestión municipal.

Artículo 71. Los municipios promoverán la desconcentración del gobierno y administración, así como la descentralización para la prestación de los servicios. En los procesos de desconcentración se establecerán formas efectivas de participación ciudadana.

Artículo 72. La creación de institutos autónomos sólo podrá realizarse dada la iniciativa reservada y debidamente motivada del alcalde o alcaldesa, mediante ordenanza. La creación de sociedades, fundaciones o asociaciones civiles municipales será dispuesta por el alcalde o alcaldesa mediante decreto con la autorización del Concejo Municipal. En todo caso, deberá constar en el procedimiento de creación la opinión previa del síndico procurador o síndica procuradora y del contralor o contralora municipal.

Artículo 73. La prestación de los servicios públicos municipales podrá ser objeto de concesión, sólo mediante licitación pública a particulares y bajo las siguientes condiciones mínimas establecidas en el contrato de concesión:

1. Plazo de la concesión, no podrá excederse de veinte años.

2. Precio que pagará el concesionario por los derechos que le otorga la concesión y participación del Municipio en las utilidades o ingresos brutos por la explotación de la concesión. En el respectivo contrato de concesión se establecerán los mecanismos de revisión periódica de estas ventajas otorgadas al Municipio.

3. Garantía de fiel cumplimiento constituida por el concesionario a favor del Municipio y aceptada por éste, la cual se actualizará periódicamente durante el término de la concesión.

4. Derecho del Municipio a revisar periódicamente los términos del contrato para su adopción y posibles mejoras tecnológicas.

5. Derecho del Municipio a la intervención temporal del servicio y a asumir su prestación por cuenta del concesionario, en las situaciones que previamente se establezcan.

6. Derecho de revocatoria por parte del Municipio sin menoscabo de la indemnización por el monto de las inversiones no amortizadas, en ningún caso la revocatoria dará lugar a indemnización por lucro cesante.

7. Traspaso gratuito al Municipio, libre de gravámenes, de los bienes, derechos y acciones objeto de la concesión, al extinguirse ésta por cualquier título.

Artículo 74. Las concesiones de uso para el servicio público de transporte colectivo urbano se regirán por las disposiciones aprobadas por el Concejo Municipal, a solicitud del alcalde o alcaldesa y tendrá una duración no mayor de cinco años.

TÍTULO IV
DE LA ORGANIZACIÓN DEL PODER PÚBLICO MUNICIPAL Y DEL SISTEMA NACIONAL DE PLANIFICACIÓN

Capítulo I
Principios Generales de la Organización Municipal

Artículo 75. El Poder Público Municipal se ejerce a través de cuatro funciones: la función ejecutiva, desarrollada por el alcalde o alcaldesa a quien corresponde el gobierno y la administración; la función deliberante que corresponde al Concejo Municipal, integrado por concejales y concejalas. La función de control fiscal corresponderá a la Contraloría Municipal, en los términos establecidos en la ley y su ordenanza. Y la función de planificación, que será ejercida en corresponsabilidad con el Consejo Local de Planificación Pública.

Los órganos del poder público municipal, en el ejercicio de sus funciones incorporarán la participación ciudadana en el proceso de definición y ejecución de la gestión pública y en el control y evaluación de sus resultados, en forma efectiva, suficiente y oportuna, para lo cual deberán crear los mecanismos que la garanticen.

Artículo 76. La administración pública municipal se regirá por los principios establecidos en la Constitución de la República y en las leyes respectivas. Cada Municipio mediante ordenanza, desarrollará esos principios para la organización y funcionamiento de los órganos del nivel local, central, descentralizado o desconcentrado, con el fin de alcanzar mayores niveles de desempeño, atención y participación de los ciudadanos y ciudadanas en la gestión, racionalidad de costos y continuidad en el ejercicio de la función pública. Los órganos que la componen colaborarán entre sí para el cumplimiento de los fines del Municipio.

Artículo 77. La administración pública municipal deberá desarrollar programas de gerencia con procesos de mejora y formación continua, de elevación de la competencia funcionarial y de continuidad en el ejercicio de la función pública a los fines del mejor servicio a los ciudadanos y ciudadanas y la mayor eficacia y eficiencia en la prestación de los servicios públicos. Igualmente, desarrollará progresivamente la utilización de la telemática en los sistemas de información, seguimiento y control de la gestión.

Se propenderá a la creación de un sistema intermunicipal de recursos humanos que facilite la acreditación de conocimientos y experiencia de las personas que laboran en los municipios, con el propósito de promover el desarrollo de la carrera del funcionario municipal en el territorio nacional. Los municipios desarrollarán las acciones asociativas entre sí y con otros entes para tales propósitos, y acordarán sobre los mecanismos de implantación y los plazos para su ejecución.

Artículo 78. Cada Municipio mediante ordenanza, dictará el Estatuto de la Función Pública Municipal que regulará el ingreso por concurso, ascenso por evaluación de méritos, seguridad social, traslado, estabilidad, régimen disciplinario y demás situaciones administrativas; asimismo, los requerimientos de formación profesional, los planes de capacitación y carrera de los funcionarios al servicio de la administración pública municipal, de conformidad con lo establecido en la Constitución de la República y las leyes.

Artículo 79. La ley orgánica que rige la materia prevé la modalidad y el límite de las remuneraciones que correspondan por el desempeño de la función pública de alcalde o alcaldesa, de los concejales o concejalas y, de los miembros de las juntas parroquiales. El sistema de remuneración de los demás funcionarios del respectivo Municipio deberá ser compatible con aquéllas y sostenible para las finanzas municipales.

Artículo 80. La función de alcalde o alcaldesa es incompatible con cualquier otro destino público remunerado, salvo lo exceptuado en el artículo 148 de la Constitución de la República, siempre que sean de dedicación compatible con sus funciones y no exista otra incompatibilidad legal expresa.

Artículo 81. Está prohibido al alcalde o alcaldesa y a los concejales o concejalas:

1. Intervenir en la resolución de asuntos municipales en que estén interesados personalmente o lo estén su cónyuge o parientes hasta el cuarto grado de consanguinidad o segundo de afinidad, o empresas en las cuales sean accionistas.

2. Celebrar contratos por sí o por interpuesta persona sobre bienes o rentas del municipio, o mancomunidades en que participe la entidad, salvo los contratos

de sus entes descentralizados que celebren como usuarios de los servicios públicos, bajo condiciones de cláusulas uniformes.

3. Desempeñar otro cargo de cualquier naturaleza en la administración municipal o en institutos autónomos, fundaciones, empresas, asociaciones civiles y demás entidades descentralizadas del municipio, salvo la representación sin remuneración que corresponde al alcalde o alcaldesa en las asambleas de socios de empresas, fundaciones, asociaciones civiles y organismos similares conforme a las respectivas normas estatutarias.

4. Será nulo lo ejecutado en contravención a lo dispuesto en los numerales 1 y 2 de este artículo.

En el caso previsto en el numeral 1 de este artículo, el síndico procurador o la síndico procuradora municipal será la autoridad competente para decidir en el caso concreto, y su decisión tendrá carácter vinculante.

Artículo 82. El período de los alcaldes y alcaldesas, concejales y concejalas electos o electas es de cuatro años. La elección de las mismas será necesariamente separada de las que deban celebrarse para elegir los órganos del Poder Público Nacional.

Artículo 83. No podrán ser postulados para alcalde o alcaldesa, concejal o concejala ni miembros de las juntas parroquiales:

1. Quienes estén sujetos a interdicción civil o inhabilitación política.

2. Quienes, por sí o interpuesta persona, ejecuten contrato o presten servicio público por cuenta del Municipio, fundación o empresa con participación de la entidad municipal; o tuvieren acciones, participaciones o derechos en empresas que tengan contratos con el Municipio.

3. Los deudores morosos en cualquier entidad municipal o al tesoro nacional, hasta que hubieren pagado sus obligaciones.

4. Quienes estén inhabilitados para el ejercicio de la función pública.

Capítulo II
Organización y Funciones del Ejecutivo Municipal

Artículo 84. En cada Municipio se elegirá un alcalde o alcaldesa por votación universal, directa y secreta, con sujeción a lo dispuesto en la legislación electoral. El alcalde o alcaldesa es la primera autoridad civil y política en la jurisdicción municipal, jefe del ejecutivo del Municipio, primera autoridad de la policía municipal y representante legal de la entidad municipal. Tendrá carácter de funcionario público.

Artículo 85. El alcalde o alcaldesa deberá ser venezolano o venezolana, mayor de veinticinco años de edad, de estado seglar y haber residido, al menos durante tres años, en el Municipio por el cual se postula.

En el caso de ser venezolano o venezolana por naturalización, deben tener domicilio con residencia ininterrumpida en el país no menos de quince años, de los cuales los tres últimos años previos a la elección, deben ser en el Municipio al cual se postule.

Los alcaldes o alcaldesas de los municipios fronterizos deberán ser venezolanos o venezolanas por nacimiento y sin otra nacionalidad.

Artículo 86. Los candidatos a alcalde o alcaldesa deberán someter de manera pública a la consideración de los electores, los lineamientos de su programa de gobierno que presentará al momento de la inscripción de la candidatura para su registro en el organismo electoral respectivo, que lo difundirá a través de su portal electrónico u otro medio idóneo.

El alcalde o alcaldesa electo o electa, incorporará los lineamientos generales del programa presentado para la gestión, en la propuesta del respectivo plan municipal de desarrollo.

Artículo 87. Las ausencias temporales del alcalde o alcaldesa serán suplidas por el funcionario de alto nivel de dirección, que él mismo o ella misma designe. Si la ausencia fuese por un período mayor de quince días continuos, deberá solicitar autorización al Concejo Municipal. Si la falta temporal se prolonga por más de noventa días consecutivos, el Concejo Municipal, con el análisis de las circunstancias que constituyen las razones de la ausencia, declarará si debe considerarse como ausencia absoluta.

Cuando la falta del alcalde o alcaldesa se deba a detención judicial, la suplencia la ejercerá el funcionario designado por el Concejo Municipal, dentro del alto nivel de dirección ejecutiva.

Cuando se produjere la ausencia absoluta del alcalde o alcaldesa antes de tomar posesión del cargo o antes de cumplir la mitad de su período legal, se procederá a una nueva elección, en la fecha que fije el organismo electoral competente.

Cuando la falta absoluta se produjere transcurrida más de la mitad del período legal, el Concejo Municipal designará a uno de sus integrantes para que ejerza el cargo vacante de alcalde o alcaldesa por lo que reste del período municipal. El alcalde o alcaldesa designado o designada deberá cumplir sus funciones de acuerdo al Plan Municipal de Desarrollo aprobado para la gestión.

Cuando la ausencia absoluta se deba a la revocatoria del mandato por el ejercicio del derecho político de los electores, se procederá de la manera que establezca la ley nacional que desarrolle esos derechos constitucionales.

En los casos de ausencia absoluta, mientras se cumple la toma de posesión del nuevo alcalde o alcaldesa, estará encargado de la Alcaldía el Presidente o Presidenta del Concejo Municipal.

Se consideran ausencias absolutas: la muerte, la renuncia, la incapacidad física o mental permanente, certificada por una junta médica, por sentencia firme decretada por cualquier tribunal de la República y por revocatoria del mandato.

Artículo 88. El alcalde o alcaldesa tendrá las siguientes atribuciones y obligaciones:

1. Cumplir y hacer cumplir la Constitución de la República, la constitución del estado, leyes nacionales, estadales, ordenanzas y demás instrumentos jurídicos municipales.

2. Dirigir el gobierno y la administración municipal, velando por la eficacia y eficiencia en la prestación de los servicios públicos dentro del ámbito de su competencia, y ejercer la representación del Municipio.

3. Dictar reglamentos, decretos, resoluciones y demás actos administrativos en la entidad local.

4. Proteger y conservar los bienes de la entidad, para lo cual deberá hacer la actualización del inventario correspondiente; y solicitar a la autoridad competente el establecimiento de las responsabilidades a que haya lugar para quienes los tengan a su cargo, cuidado o custodia.

5. Ejecutar, dirigir e inspeccionar los servicios y obras municipales.

6. Suscribir contratos que celebre la entidad, con previsión de la disposición de los gastos que generen, y ordenar sus pagos de conformidad con lo establecido en las leyes y ordenanzas que rigen la materia.

7. Ejercer la máxima autoridad en materia de administración de personal y, en tal carácter, ingresar, nombrar, remover, destituir y egresar, conforme a los procedimientos administrativos establecidos en la ordenanza que rige la materia, con excepción del personal asignado al Concejo Municipal.

8. Presidir el Consejo Local de Planificación Pública, conforme al ordenamiento jurídico.

9. Formular y someter a consideración del Consejo Local de Planificación Pública, el Plan Municipal de Desarrollo con los lineamientos del programa de gestión presentado a los electores, de conformidad con las disposiciones nacionales y municipales aplicables.

10. Someter a consideración del Concejo Municipal los planes de desarrollo urbano local, conforme a las normas y procedimientos establecidos en los instrumentos normativos nacionales.

11. Elaborar y presentar el proyecto de Ordenanza de Presupuesto de Ingresos y Gastos para el ejercicio fiscal correspondiente.

12. Presentar a consideración del Concejo Municipal, proyectos de ordenanzas con sus respectivas exposiciones de motivos, así como promulgar las ordenanzas sancionadas por el Concejo Municipal y objetar las que considere inconvenientes o contrarias al ordenamiento legal, de conformidad con el procedimiento previsto en la ordenanza sobre instrumentos jurídicos municipales.

13. Designar los apoderados judiciales o extrajudiciales que asuman la representación de la entidad para determinados asuntos, previa consulta al síndico procurador o síndica procuradora municipal.

14. Realizar las atribuciones que en materia del Registro Civil del Municipio le asigne el Poder Electoral.

15. Ejercer la autoridad sobre la policía municipal, a través del funcionario de alta dirección que designe.

16. Conceder ayudas y otorgar becas y pensiones de acuerdo a las leyes y ordenanzas.

17. Informar al Concejo Municipal sobre asuntos de su competencia, cuando le sea requerido, o cuando lo estime conveniente.

18. Presentar al Concejo Municipal, en el segundo mes siguiente a la finalización de cada ejercicio económico-financiero de su mandato, el informe de su gestión y a la Contraloría Municipal la cuenta de la misma, en la cual incluirá informe detallado de las obligaciones impagadas o morosas de los contribuyentes.

19. Presentar dentro del primer trimestre del año, de manera organizada y pública a la comunidad respectiva convocada previamente, la rendición de cuentas de la gestión política y administrativa del año económico financiero precedente, relacionando los logros con las metas del plan municipal de desarrollo y el programa presentado como candidato.

20. Promover la participación ciudadana y la educación para la participación.

21. Ejercer las atribuciones relativas a la competencia municipal, cuando no estén expresamente asignadas a otro órgano.

22. Mantener la observancia rigurosa del ciudadano o ciudadana en la preservación del ambiente, así como hacer cumplir toda la legislación establecida en materia ambiental.

23. Revisar y resolver los recursos jerárquicos y demás actos administrativos dictados por las distintas dependencias del Municipio.

24. Las que atribuyan otras leyes.

Artículo 89. Los alcaldes o alcaldesas, previo el cumplimiento del procedimiento correspondiente garantizando el debido proceso, conforme con la Constitución de la República Bolivariana de Venezuela, las leyes y demás instrumentos jurídicos municipales, podrán, por sí o a través de los funcionarios competentes del Municipio, ordenar la demolición de las obras construidas en contravención a las normas relativas al uso del suelo o la conservación, restauración o demolición de edificios en situación ruinosa.

En estos casos, el alcalde o alcaldesa ordenará al propietario que proceda a la demolición, conservación o restauración del inmueble, dentro del lapso que se fije. Si el propietario no lo hiciere, el alcalde o alcaldesa ordenará que lo hagan por cuenta del propietario.

El costo de las obras en que incurriere el Municipio, podrá cobrárselo al propietario por el procedimiento de la vía ejecutiva, previsto en el Código de Procedimiento Civil.

Artículo 90. En el ejercicio de sus atribuciones y obligaciones, el alcalde o alcaldesa debe llevar relaciones de cooperación y armonización con los poderes públicos nacionales y estadales, así como con las otras entidades locales y órganos del Municipio, y cooperar con ellos para el mejor cumplimiento de sus fines. Asimismo, deberá mantener informada a la comunidad del Municipio, acerca de la marcha de la gestión e interesarla para su incorporación a los propósitos del desarrollo local.

Artículo 91. Pasados treinta días consecutivos de la oportunidad fijada para la presentación de la rendición de cuentas sobre su gestión o de las prórrogas concedidas por el Concejo Municipal o por la Contraloría Municipal, según sea el caso, sin que el alcalde o alcaldesa haya cumplido esta obligación de manera oficial, el Concejo Municipal o la Contraloría Municipal declararán, en la respectiva situación, la falta grave del alcalde o alcaldesa en el ejercicio de su cargo por omisión de deberes legales del mismo y será causal conforme a la ley, para solicitar la intervención del Ministerio Público a todos los efectos legales. Igualmente, se procederá en caso de no presentar oportunamente la rendición pública de cuentas, de la misma forma, cualquier ciudadano o ciudadana podrá acudir por ante la Fiscalía o Contraloría General de la República a denunciar este incumplimiento.

Capítulo III
Organización y Funciones del Concejo Municipal

Artículo 92. La función legislativa del Municipio corresponde al Concejo Municipal integrado por los concejales o concejalas electos o electas en la forma determinada en la Constitución de la República Bolivariana y en la ley respectiva. También ejercerá el control político sobre los órganos ejecutivos del Poder Público Municipal.

Artículo 93. Para ser concejal o concejala se requiere ser venezolano o venezolana, mayor de veintiún años de edad, y tener residencia en el Municipio durante, al menos, los tres últimos años previos a su elección.

En el caso de los municipios fronterizos, los venezolanos por naturalización deben tener más de diez años de residencia en el Municipio.

Artículo 94. El número de concejales o concejalas que integra el Concejo Municipal es proporcional a la población del Municipio, de acuerdo con las siguientes escalas:

1. Municipios de hasta quince mil habitantes, cinco concejales o concejalas;

2. Municipios de quince mil un habitantes a cien mil habitantes, siete concejales o concejalas;

3. Municipios de cien mil un habitantes a trescientos mil habitantes, nueve concejales o concejalas;

4. Municipios de trescientos mil un habitantes a seiscientos mil habitantes, once concejales o concejalas;

5. Municipios de seiscientos mil un habitantes y más, trece concejales o concejalas.

Artículo 95. Son deberes y atribuciones del Concejo Municipal:

1. Iniciar, consultar a las comunidades y sus organizaciones, discutir y sancionar los proyectos de ordenanzas incluida la relativa a su Reglamento Interior y de Debates, a fin de proveer a la organización de sus funciones, para sancionar las reglas de orden aplicables a sus deliberaciones.

2. Dictar y aprobar su Reglamento Interior y de Debates. En tal Reglamento deberá preverse la persona y el mecanismo para suplir las ausencias temporales o absolutas del Presidente o Presidenta.

3. Aprobar el Plan Municipal de Desarrollo y los planes y demás instrumentos de ordenación urbanística, según lo dispuesto en la legislación respectiva.

4. Ejercer la potestad normativa tributaria del Municipio.

5. Aprobar el presupuesto de gastos que soporte su plan legislativo anual, tomando en cuenta las limitaciones financieras del Municipio.

6. Acordar la participación del Municipio en organizaciones intermunicipales y autorizar la creación, modificación o supresión de órganos desconcentrados o descentralizados, de conformidad con esta Ley.

7. Aprobar el cambio de nombre del Municipio, previa consulta con la población del mismo y de conformidad con las leyes aplicables.

8. Aceptar, previa solicitud motivada del alcalde o alcaldesa la delegación o transferencia de competencias que le hagan al Municipio.

9. Elegir en la primera sesión de cada año del período municipal o en la sesión más inmediata siguiente, al Presidente o Presidenta dentro de su seno, y al Secretario o Secretaria fuera de su seno, así como a cualquier otro directivo o funcionario auxiliar que determine su Reglamento Interno.

10. Aprobar las concesiones de servicios públicos o de uso de bienes del dominio público, y lo concerniente a la enajenación de los ejidos y otros inmuebles, previa solicitud motivada del alcalde o alcaldesa.

11. Aprobar la escala de remuneraciones de empleados y obreros al servicio del Municipio, y la de los altos funcionarios, de conformidad con las condiciones y límites establecidos en la legislación que regula sus asignaciones.

12. Ejercer la autoridad en materia del sistema de administración de recursos humanos, y, en tal carácter, podrá nombrar, promover, remover y destituir, de conformidad con los procedimientos establecidos en la ordenanza que rija la materia, con excepción del personal de otros órganos del Poder Público Municipal.

13. Promover los mecanismos que legalmente le estén conferidos y que contribuyan a garantizar en forma eficiente, suficiente y oportuna la participación ciudadana en el proceso de formación, ejecución, control y evaluación de la gestión pública municipal.

14. Autorizar al alcalde o alcaldesa, oída la opinión del síndico o síndica municipal, para desistir de acciones y recursos, convenir, transigir y comprometer en árbitros.

15. Nombrar el personal de las oficinas del Concejo Municipal, de la Secretaría y del Cronista del Municipio.

16. Imponer, de acuerdo con lo establecido en la Constitución de la República Bolivariana y las leyes, las sanciones de suspensión e inhabilitación para el desempeño del cargo de concejal o concejala.

17. Aprobar el Plan de Inversión Municipal, contenido en el proyecto de Ordenanza del Presupuesto presentado por el Consejo Local de Planificación Pública, conforme al mecanismo presentado en la Ley de los Consejos Locales de Planificación Pública.

18. Autorizar al alcalde o alcaldesa para ausentarse por más de quince días de la Alcaldía.

19. Autorizar créditos adicionales al presupuesto de ingresos y gastos del ejercicio económico financiero del Municipio.

20. Ejercer funciones de control sobre el gobierno y la administración pública municipal, en los términos consagrados en la Constitución de la República Bolivariana y en esta Ley.

21. Los concejales y concejalas deberán presentar dentro del primer trimestre del ejercicio fiscal respectivo, de manera organizada y pública a los electores de la jurisdicción correspondiente, la rendición de su gestión legislativa y política del año inmediatamente anterior, en caso contrario, se le suspenderá la dieta hasta su presentación.

22. Organizar toda la normativa referente a la justicia de paz en el Municipio.

23. Las demás que le confieran las leyes, ordenanzas y otros instrumentos jurídicos aplicables.

Artículo 96. Corresponden al Presidente o Presidenta del Concejo Municipal las atribuciones siguientes:

1. Convocar y dirigir las sesiones del Concejo Municipal y ejercer la representación del mismo.

2. Dirigir el debate y los demás aspectos relacionados con el funcionamiento del Concejo Municipal y de sus órganos, cuando no estén atribuidos expresamente al pleno.

3. Convocar a los suplentes de los concejales o concejalas en el orden de su elección.

4. Convocar, por sí o a solicitud de un tercio (1/3) de los concejales o concejalas, a sesiones extraordinarias en las condiciones establecidas en la normativa aplicable.

5. Firmar, junto con el secretario o secretaria, las ordenanzas, actas y demás actuaciones jurídicas emanadas del Concejo Municipal.

6. Llevar las relaciones del Concejo Municipal que representa, con los organismos públicos o privados, así como con la ciudadanía.

7. Presentar trimestralmente, al contralor o contralora municipal, un informe detallado de su gestión y del patrimonio que administra con la descripción y justificación de su utilización y gastos, el cual pondrá a la disposición de los ciudadanos y ciudadanas en las oficinas correspondientes.

8. Ejecutar el presupuesto del Concejo Municipal.

9. Las demás que le asignen expresamente los instrumentos normativos aplicables.

Artículo 97. El alcalde o alcaldesa electo o electa tomará posesión del cargo, mediante juramento ante el Concejo Municipal, en la primera sesión de cada año del período municipal o en la primera sesión del mes siguiente a su elección. Si por cualquier motivo sobrevenido el alcalde o alcaldesa no pudiese tomar posesión ante el Concejo Municipal, lo hará ante un juez o una jueza de la circunscripción judicial donde se encuentre el respectivo Municipio.

Artículo 98. El Concejo Municipal y sus comisiones, sesionarán con la presencia de la mayoría absoluta de sus integrantes, y tomarán sus decisiones con la mayoría relativa de los miembros presentes, salvo disposición legal expresa.

Artículo 99. El Concejo Municipal o sus comisiones podrán realizar las investigaciones que estimen conveniente en las materias de su competencia. A estos fines, podrán citar al alcalde o alcaldesa, y a los funcionarios o empleados municipales para que comparezcan ante ellos, y les suministren las informaciones y documentos que fueren necesarios. Los particulares podrán comparecer voluntariamente o previa citación.

La ordenanza municipal correspondiente establecerá las sanciones respectivas, en caso de desacato no justificado al llamado del Concejo Municipal o sus comisiones.

Capítulo IV
De la Contraloría Municipal

Artículo 100. En cada Municipio existirá un contralor o contralora municipal, que ejercerá de conformidad con las leyes y la ordenanza respectiva, el control, vigilancia y fiscalización de los ingresos, gastos y bienes municipales, así como de las operaciones relativas a los mismos.

Artículo 101. La Contraloría Municipal gozará de autonomía orgánica, funcional y administrativa, dentro de los términos que establezcan esta Ley y la ordenanza respectiva.

Artículo 102. La Contraloría Municipal actuará bajo la responsabilidad y dirección del contralor o contralora municipal, quien deberá:

1. Ser de nacionalidad venezolana.

2. Mayor de veinticinco años.

3. No estar inhabilitado o inhabilitada para el ejercicio de la función pública.

4. No tener parentesco de hasta cuarto grado de consanguinidad o segundo de afinidad, ni sociedad de intereses con las máximas autoridades jerárquicas u otros directivos del Ejecutivo Municipal o Distrital, ni con los miembros del Concejo Municipal o del Cabildo.

5. Poseer título de abogado o abogada, economista, administrador o administradora comercial, contador o contadora público o en ciencias fiscales, expedido por una universidad venezolana o extranjera, reconocido o revalidado e inscrito en el respectivo colegio profesional.

6. Poseer no menos de tres años de experiencia en materia de control fiscal.

7. Ser de reconocida solvencia moral.

En aquellos municipios cuya población sea inferior a cincuenta mil (50.000) habitantes o que tuvieren un presupuesto estimado al inicio del ejercicio fiscal inmediato anterior, inferior a cuatrocientos cinco mil unidades tributarias (405.000 U.T.), se requerirá, al menos, poseer al menos título de Técnico Superior en Administración, Gerencia Pública, Contaduría o Ciencias Fiscales, expedido por una institución venezolana o extranjera, reconocido o revalidado.

Artículo 103. El contralor o contralora municipal será designado o designada por un período de cinco años, contados a partir de la fecha de la toma de posesión, y cesará en su cargo una vez juramentado o juramentada el nuevo o la nueva titular. Podrá ser reelegido o reelegida para un nuevo período mediante concurso público.

Será designado o designada por el respectivo Concejo Municipal, dentro de los sesenta días siguientes a su instalación, mediante concurso público, cuyas bases y organización serán determinadas en el Reglamento Parcial que se dicte a tal efecto. La designación y juramentación del contralor o contralora serán realizadas por el Concejo Municipal, dentro de los cinco días siguientes a la presentación del veredicto del jurado evaluador.

Artículo 104. Son atribuciones del contralor o contralora municipal:

1. El control posterior de los organismos y entes descentralizados.

2. El control y las inspecciones en los entes públicos, dependencias y organismos administrativos de la entidad, con el fin de verificar la legalidad y veracidad de sus operaciones.

3. El control perceptivo que sea necesario con el fin de verificar las operaciones de los entes municipales o distritales, sujetos a control que, de alguna manera, se relacionen con la liquidación y recaudación de ingresos, el manejo y el empleo de los fondos, la administración de bienes, su adquisición y enajenación, así como la ejecución de contratos. La verificación a que se refiere el presente numeral tendrá por objeto, no sólo la comprobación de la sinceridad de los hechos en cuanto a su existencia y efectiva realización, sino también, examinar

si los registros o sistemas contables respectivos se ajustan a las disposiciones legales y técnicas prescritas.

4. El control, vigilancia y fiscalización en las operaciones que realicen por cuenta del Tesoro en los bancos auxiliares de la Tesorería Municipal.

5. Elaborar el código de cuentas de todas las dependencias sometidas a su control, que administren, custodien o manejen fondos u otros bienes del Municipio o del Distrito; velar por el cumplimiento de las disposiciones establecidas en materia de contabilidad y resolver las consultas que al respecto formulen.

6. Ordenar los ajustes que fueren necesarios en los registros de contabilidad de los entes sujetos a su control, conforme al sistema contable fiscal de la República, los cuales estarán obligados a incorporar en el lapso que se les fije, salvo que demuestren la improcedencia de los mismos.

7. Realizar el examen selectivo o exhaustivo, así como la calificación de las cuentas, en la forma y oportunidad que determine la Contraloría General de la República.

8. El control de los resultados de la acción administrativa y, en general, la eficacia con que operan las entidades sujetas a su vigilancia, fiscalización y control.

9. La vigilancia para que los aportes, subsidios y otras transferencias hechas por la República u organismos públicos al Municipio o a sus dependencias, entidades descentralizadas y mancomunidades, o los que hiciere el Concejo Municipal a otras entidades públicas privadas, sean invertidos en las finalidades para las cuales fueron efectuadas. A tal efecto, la Contraloría podrá practicar inspecciones y establecer los sistemas de control que estime convenientes.

10. Velar por la formación y actualización anual del inventario de bienes, que corresponde hacer al alcalde o alcaldesa, conforme con las normas establecidas por la Contraloría General de la República.

11. Elaborar el proyecto de presupuesto de gastos de la Contraloría, el cual remitirá al alcalde o alcaldesa, quien deberá incluirlo sin modificaciones en el proyecto de presupuesto que presentará al Concejo Municipal. La Contraloría está facultada para ejecutar los créditos de su respectivo presupuesto, con sujeción a las leyes, reglamentos y ordenanzas respectivas.

12. Las demás que establezca las leyes u ordenanzas municipales.

Artículo 105. Las faltas temporales del contralor o contralora municipal serán suplidas por el funcionario de la Contraloría que él o ella designe de conformidad con la ordenanza. Cuando la ausencia exceda de quince días, deberá ser autorizada por el Concejo Municipal.

Artículo 106. Se consideran faltas absolutas del contralor o contralora municipal: renuncia, destitución, incapacidad física o mental permanente certificada por una junta médica, o muerte.

Cuando se produzca la falta absoluta, el Concejo Municipal nombrará un contralor o contralora municipal interino o interina que durará en sus funciones hasta que se designe y juramente el nuevo o nueva titular para el resto del período municipal. El concurso debe ser convocado dentro de los treinta días hábiles siguientes, después de producirse la vacante del cargo.

Si la falta absoluta se verifica seis meses antes de finalizar el período para el cual fue designado o designada, el contralor o contralora municipal interino o interina continuará en sus funciones hasta la culminación del mismo.

Artículo 107. El Contralor o Contralora Municipal remitirá los informes solicitados por el Concejo Municipal, cada vez que le sean requeridos. Asimismo, deberá remitir anualmente a la Contraloría General de la República, en los tres meses siguientes a la finalización de cada período fiscal, un informe de sus actuaciones y de las gestiones administrativas del Municipio, una relación de ingresos y gastos de éste, los estados de ejecución del presupuesto, los balances contables con sus respectivos anexos y el inventario anual actualizado de los bienes de la respectiva entidad.

Artículo 108. El contralor o contralora municipal podrá ser destituido o destituida de su cargo por decisión de las dos terceras (2/3) partes de los concejales o concejalas, previa formación del respectivo expediente con audiencia del interesado, preservando el derecho a la defensa y el debido proceso, oída la opinión de la Contraloría General de la República.

El acto mediante el cual se aprueba la destitución del contralor o contralora puede ser recurrido ante el Tribunal de lo Contencioso Administrativo correspondiente.

Artículo 109. Son causales de destitución del contralor o contralora municipal las siguientes:

1.   Falta de vigilancia y de acciones en relación a la comisión de hechos irregulares en la gestión administrativa del Municipio.

2.   Reiterado incumplimiento sin causa justificada de sus deberes y obligaciones.

3.   La no presentación al Concejo Municipal y a la Contraloría General de la República del informe sobre la gestión administrativa del Municipio y de su gestión contralora, dentro del lapso establecido o de la prórroga concedida.

4.   La inobservancia reiterada a las observaciones hechas por las comunidades en el ejercicio de la Contraloría Social.

Capítulo V
Del Sistema Nacional de Planificación

Artículo 110. El municipio se regirá por el Sistema Nacional de Planificación establecido en la ley que regula la materia, que promueve la coordinación consolidación e integración equilibrada de la actividad planificadora, en favor de una política de ordenación que permita dar el valor justo a los territorios dando relevancia a su historia, a sus capacidades y recursos físicos, naturales, ambientales y patrimoniales, así como las potencialidades productivas que garanticen el bienestar social de todos los venezolanos y venezolanas.

Artículo 111. El Consejo Local de Planificación Pública es el órgano encargado de diseñar el Plan Municipal de Desarrollo y los demás planes municipales, en concordancia con los lineamientos que establezca el Plan de Desarrollo Económico y Social de la Nación y los demás planes nacionales y estadales, garantizando la participación protagónica del pueblo en su formulación, ejecución, seguimiento, evaluación y control, en articulación con el Sistema Nacional de Planificación.

Artículo 112. El Consejo de Planificación Comunal es el órgano encargado de la planificación integral que comprende el ámbito geográfico y la población de una comuna, así como de diseñar el Plan de Desarrollo Comunal, en concordancia con los planes de desarrollo comunitario propuestos por los consejos comunales y los demás planes de interés colectivo, articulados con el Sistema Nacional de Planificación, de conformidad con lo establecido en la legislaciones que regula las comunas, los consejos comunales y la presente Ley; contando para ello con el apoyo de los órganos y entes de la Administración Pública. A tales efectos, es deber de las instancias que conforman la organización del municipio, atender los requerimientos de los diversos consejos de planificación existentes en cada una de las comunas para el logro de sus objetivos y metas.

Capítulo VI
Órganos Auxiliares

Sección Primera
De la Secretaría

Artículo 113. En cada Municipio existirá un secretario o secretaria designado o designada por el Concejo Municipal. Para ser secretario o secretaria se requiere ser venezolano o venezolana, mayor de edad y gozar de sus derechos civiles y políticos. Los candidatos o candidatas deberán tener idoneidad y competencia para el ejercicio del cargo y en lo posible, poseer título universitario o de técnico superior.

El Municipio podrá establecer por ordenanza, los requisitos particulares que considere para cumplir la función de Secretaría, así como las previsiones en caso de ausencia.

Artículo 114. Son atribuciones del secretario o secretaria del Concejo Municipal:

1. Asistir a las sesiones del Concejo Municipal y elaborar las actas.

2. Refrendar las ordenanzas y demás instrumentos jurídicos que dicte el Cuerpo.

3. Hacer llegar a los concejales o concejalas las convocatorias para las sesiones extraordinarias del Concejo Municipal.

4. Llevar con regularidad los libros, expedientes y documentos del Concejo Municipal, custodiar su archivo y conservarlo organizado, de acuerdo con las técnicas más adecuadas.

5. Despachar las comunicaciones que emanen del Concejo Municipal y llevar con exactitud el registro de todos los expedientes o documentos que se entreguen por su órgano.

6. Expedir, de conformidad con la ley, certificaciones de las actas del Concejo Municipal o de cualquier otro documento que repose en los archivos del órgano, previa autorización del Presidente o Presidenta del Cuerpo, así como la asistencia efectiva a las sesiones del Concejo Municipal y de las comisiones respectivas.

7. Dirigir los trabajos de la Secretaría.

8. Auxiliar a las comisiones del Concejo Municipal.

9. Coordinar la publicación y emisión de la Gaceta Municipal, de acuerdo con lo dispuesto en la presente Ley y la ordenanza respectiva.

10. Las demás que le señalen las leyes, ordenanzas y otros instrumentos jurídicos aplicables.

Artículo 115. El secretario o secretaria durará un año en sus funciones y podrá ser designado o designada para nuevos períodos. Podrá ser destituido o destituida por decisión de la mayoría de los integrantes del Concejo Municipal previa formación del respectivo expediente instruido con audiencia del funcionario y garantizándose el debido proceso.

Sección Segunda
De la Sindicatura

Artículo 116. En cada Municipio existirá una Sindicatura de apoyo jurídico al Poder Público Municipal a cargo de un síndico procurador o síndica procuradora quien deberá ser venezolano o venezolana, mayor de edad, abogado o abogada, gozar de sus derechos civiles y políticos y no tener interés personal directo en asunto relacionado con el Municipio o Distrito.

El desempeño del cargo es a dedicación exclusiva e incompatible con el libre ejercicio de la profesión.

Artículo 117. El síndico procurador o síndica procuradora será designado o designada por el alcalde o la alcaldesa, previa autorización del Concejo Municipal, en la sesión ordinaria siguiente a la de instalación de este último órgano o dentro de la sesión más inmediata posible. Cuando el Concejo Municipal no apruebe tal designación, deberá hacerlo mediante acto explícito y motivado.

Artículo 118. Cuando el Concejo Municipal no apruebe la designación hecha por el alcalde o alcaldesa, éste o ésta deberá proponer una terna acompañada de los soportes académicos y de cualquier otro orden que sustenten sus postulaciones y el Concejo Municipal deberá pronunciarse dentro de los quince días continuos siguientes en favor de una de las postulaciones presentadas; en defecto de lo cual, el alcalde o alcaldesa podrá designar a quien estime más apropiado dentro de la terna de postulados.

Artículo 119. Corresponde al síndico procurador o síndica procuradora:

1. Representar y defender judicial y extrajudicialmente, los intereses del Municipio en relación con los bienes y derechos de la entidad, de acuerdo al ordenamiento jurídico e instrucciones del alcalde o alcaldesa o del Concejo Municipal, según corresponda.

2. Representar y defender al Municipio conforme con las instrucciones impartidas por el alcalde o la alcaldesa, o el Concejo Municipal, en cuanto a los derechos relacionados con el Tesoro Municipal y conforme con lo determinado por las leyes y ordenanzas. Cumplirá las mismas funciones en los juicios contenciosos administrativos que involucren al Municipio, según corresponda.

3. Asesorar jurídicamente al alcalde o alcaldesa y al Concejo Municipal, mediante dictamen legal e informes que respondan a sus solicitudes.

4. Someter a la consideración del alcalde o alcaldesa proyectos de ordenanzas y reglamentos o de reforma de los mismos.

5. Asistir, con derecho de palabra, a las sesiones del Concejo Municipal en las materias relacionadas con su competencia o aquéllas a las cuales sea convocado.

6. Denunciar los hechos ilícitos en que incurran los funcionarios o empleados en el ejercicio de sus funciones y, previa autorización del alcalde o alcaldesa, intentar las acciones jurídicas a que haya lugar.

7. Asesorar jurídicamente y orientar a los ciudadanos y ciudadanas, organizados o no, en todos los asuntos de su competencia.

8. Velar por el buen funcionamiento de los servicios públicos municipales y presentar Informe sobre el déficit y limitaciones prestacionales de éstos, presentándoselos al alcalde o alcaldesa y al Concejo Municipal.

9. Cumplir con los demás deberes y atribuciones que le señalen las leyes y ordenanzas.

Artículo 120. Los informes y dictámenes del síndico procurador o síndica procuradora no tienen carácter vinculante, salvo disposición en contrario de leyes nacionales, estadales y/u ordenanzas municipales correspondientes.

Artículo 121. El síndico o síndica cumplirá funciones de Fiscal de Hacienda, en la Hacienda Pública Municipal a solicitud del alcalde o alcaldesa.

Artículo 122. El Síndico Procurador o Síndica Procuradora durará en sus funciones el lapso que dentro del período municipal, del alcalde o alcaldesa respectiva, se establezca por ordenanza, y podrá ser destituido por votación de la mitad más uno de los concejales o concejalas presentes, previo expediente, con garantía del debido proceso.

Sección Tercera
Del Cronista del Municipio

Artículo 123. El Municipio podrá crear, mediante ordenanza, la figura del Cronista, quien tendrá como misión recopilar, documentar, conservar y defender las tradiciones, costumbres y hábitos sociales de su comunidad. Deberá ser venezolano o venezolana, mayor de edad, gozar de sus derechos civiles y políticos, ser profundo conocedor o conocedora y estudioso o estudiosa del patrimonio histórico y cultural del Municipio.

Artículo 124. En aquellos municipios donde no exista la figura del Cronista, será designado o designada de acuerdo con los requisitos establecidos en la ordenanza respectiva. En aquellos municipios donde ya exista, será designado o designada al producirse su ausencia absoluta.

Las competencias, funcionamiento, derechos y personal a su cargo quedarán establecidos en la ordenanza respectiva.

TÍTULO V
DE LA HACIENDA PÚBLICA MUNICIPAL

Capítulo I
Principios Generales sobre la Hacienda Pública Municipal

Artículo 125. La Hacienda Pública Municipal está constituida por los bienes, ingresos y obligaciones que forman su activo y pasivo, así como los demás bienes y rentas cuya administración corresponda al ente municipal.

El Tesoro Municipal está conformado por el dinero y los valores de la entidad municipal así como por las obligaciones a su cargo.

Artículo 126. La administración financiera de la Hacienda Pública Municipal está conformada por los sistemas de bienes, planificación, presupuesto, tesorería, contabilidad y tributario regulados en esta Ley.

Artículo 127. La administración financiera de la Hacienda Pública Municipal se ejercerá en forma planificada con arreglo a los principios de legalidad, eficiencia, celeridad, solvencia, transparencia, rendición de cuentas, responsabilidad, equilibrio fiscal y de manera coordinada con la Hacienda de la República y la de los estados, sin perjuicio de la autonomía que la Constitución de la República consagra a favor de los municipios para la gestión de las materias de su competencia y para la creación, recaudación e inversión de sus ingresos.

Artículo 128. El alcalde o alcaldesa es el o la responsable de la Hacienda Pública Municipal y le corresponde la dirección de su administración financiera, sin perjuicio del régimen de control atribuido al Concejo Municipal, al Consejo Local de Planificación Pública, a la Contraloría Municipal y al control ciudadano.

Artículo 129. También están sujetos a las regulaciones de este Título en cuanto le sean aplicables, los demás entes u organismos que conforman el sector público municipal, a saber:

1. Los distritos metropolitanos.

2. Los institutos autónomos municipales.

3. Los servicios autónomos sin personalidad jurídica creados por los municipios.

4. Las sociedades mercantiles en las cuales los municipios tengan participación igual o mayor al cincuenta por ciento de su capital social.

5. Las fundaciones, sociedades civiles, asociaciones civiles y demás instituciones constituidas con fondos públicos municipales que representen el cincuenta por ciento o más de su patrimonio.

6. Las demás personas jurídicas municipales de derecho público, con o sin fines empresariales no contempladas en los numerales anteriores.

Artículo 130. El Municipio responderá patrimonialmente por los daños que cause con ocasión del funcionamiento de sus servicios por acción, por falta u omisión; queda a salvo el derecho del particular para exigir la responsabilidad del funcionario y el derecho del Municipio de actuar contra éste, de conformidad con las leyes que regulan la materia.

Artículo 131. El alcalde o la alcaldesa, los concejales o concejalas, el contralor o contralora, el síndico o síndica y demás funcionarios o funcionarias y trabajadores y trabajadoras municipales serán responsables patrimonialmente ante el Municipio por los daños que le causaren por incumplimiento de sus deberes o por negligencia o impericia en el desempeño de sus funciones.

Cualquier vecino del Municipio podrá exigir a las autoridades municipales competentes el ejercicio de las acciones respectivas. Cuando la autoridad competente no las ejerza, el o los vecinos interesados podrán accionar legalmente, sin perjuicio de la intervención del o la Fiscal del Ministerio Público a fin de que inicie la averiguación a que hubiere lugar.

Capítulo II
De los Bienes y Obligaciones Municipales

Artículo 132. Son bienes municipales, sin menoscabo de legítimos derechos de terceros, los bienes muebles e inmuebles que por cualquier título formen parte del patrimonio del Municipio, o aquellos destinados en forma permanente a algún establecimiento público o servicio del Municipio o a algún ramo de su administración, salvo disposición o convenio expresos en contrario.

Los bienes municipales se dividen en bienes del dominio público y bienes del dominio privado.

Artículo 133. Los bienes de dominio público son:

1. Los ejidos. Se exceptúan las tierras correspondientes a los pueblos y comunidades indígenas.

2. Las vías terrestres urbanas, rurales y de usos comunales.

3. Los que adquiera el Municipio mediante expropiación conforme a la ley.

Artículo 134. Los bienes del dominio público del Municipio son inalienables e imprescriptibles, salvo que el Concejo Municipal proceda a su desafectación con el voto favorable de las tres cuartas (3/4) partes de sus integrantes, previa consulta con los Consejos Locales de Planificación Pública. En el expediente administrativo de desafectación debe constar la opinión del Síndico Procurador o Síndica Procuradora y del Contralor o Contralora Municipal.

En el caso de los ejidos se procederá conforme a esta Ley y las ordenanzas.

Artículo 135. La adquisición, enajenación, administración, conservación, custodia, mejora, restitución, desincorporación y demás operaciones que tengan por objeto bienes municipales se rigen por las ordenanzas y reglamentos dictados en la materia por los municipios. La legislación sobre bienes nacionales se aplicará con carácter supletorio en cuanto sea procedente.

Artículo 136. La adquisición de los bienes inmuebles necesarios para el uso público o servicio oficial del Municipio se hará por el alcalde o alcaldesa, siempre que conste el informe favorable del contralor o contralora, conforme a las disposiciones aplicables.

Artículo 137. Los municipios no podrán donar ni dar en usufructo, comodato o enfiteusis bienes inmuebles de su dominio privado, salvo a entes públicos o privados para la ejecución de programas y proyectos de interés público en materia de desarrollo económico o social. En cada caso se requerirá, a solicitud motivada del alcalde o alcaldesa, autorización del Concejo Municipal dada con el voto de las dos terceras (2/3) partes de sus integrantes.

Cuando los inmuebles a que se refiere este artículo dejen de cumplir el fin específico para el cual se hizo la adjudicación, revertirán o se restituirán de pleno derecho al Municipio, libres de gravamen y sin pago alguno por parte de la entidad. A fin de promover la transparencia de estos procesos, el alcalde o alcaldesa incluirá en la Memoria y Cuenta Anual, información actualizada sobre el estado de ejecución de los proyectos cuya realización fue causa de la adjudicación.

Artículo 138. Son ingresos ordinarios del Municipio:

1. Los procedentes de la administración de su patrimonio, incluido el producto de sus ejidos y bienes.

2. Las tasas por el uso de sus bienes o servicios; las tasas administrativas por licencias o autorizaciones; los impuestos sobre actividades económicas de industria, comercio, servicios o de índole similar, con las limitaciones establecidas en la Constitución de la República; los impuestos sobre inmuebles urbanos, vehículos, espectáculos públicos, juegos y apuestas lícitas, propaganda y

publicidad comercial; las contribuciones especiales por mejoras sobre plusvalía de las propiedades generadas por cambio de uso o de intensidad de aprovechamiento con que se vean favorecidas por los planes de ordenación urbanística y cualesquiera otros que le sean asignados por ley.

3. El impuesto territorial rural o sobre predios rurales y otros ramos tributarios Nacionales o estadales, conforme a las leyes de creación de estos tributos.

4. Los derivados del Situado Constitucional y otras transferencias o subvenciones nacionales o estadales.

5. El producto de las multas y sanciones en el ámbito de sus competencias y las demás que le sean atribuidas.

6. Los dividendos o intereses por suscripción de capital.

7. Los provenientes del Fondo de Compensación Interterritorial.

8. Los demás que determine la ley.

Artículo 139. El Situado Constitucional es el ingreso que le corresponde a los municipios en cada ejercicio fiscal, de conformidad con lo dispuesto en el numeral 4 del artículo 167 de la Constitución de la República, el cual comprende:

1. Una cantidad no menor al veinte por ciento (20%) de la correspondiente al respectivo estado en el presupuesto de los ingresos ordinarios del Fisco Nacional.

2. Una participación no menor del veinte por ciento (20%) de los demás ingresos ordinarios del mismo estado.

La distribución del situado entre los municipios de cada estado se hará conforme a los siguientes parámetros: cuarenta y cinco por ciento (45%) en partes iguales, cincuenta por ciento (50%) en proporción a la población de los municipios y cinco por ciento (5%) en proporción a su extensión territorial.

Artículo 140. Son ingresos extraordinarios del Municipio:

1. El producto del precio de venta de los ejidos y demás bienes muebles e inmuebles municipales.

2. Los bienes que se donaren o legaren a su favor.

3. Las contribuciones especiales.

4. Los aportes especiales que le acuerden organismos nacionales o estadales.

5. El producto de los empréstitos y demás operaciones de crédito público contratados, de conformidad con la ley.

Artículo 141. Los ingresos públicos extraordinarios sólo podrán destinarse a inversión en obras o servicios que aseguren la recuperación de la inversión o el incremento efectivo del patrimonio del Municipio. Excepcionalmente y sólo en caso de emergencia por catástrofe o calamidad pública, podrán destinarse para atenderla; este destino requerirá la autorización del Concejo Municipal.

Cuando dichos ingresos provengan de la enajenación de terrenos de origen ejidal y demás bienes muebles e inmuebles del Municipio, deberán necesariamente ser invertidos en bienes que produzcan nuevos ingresos al Municipio.

Los concejales o concejalas velarán por el cumplimiento de este artículo y responderán solidariamente con el alcalde o alcaldesa por la contravención de esta norma, a menos que demostraren el respectivo procedimiento para hacer efectiva la responsabilidad administrativa y civil del alcalde o alcaldesa.

Artículo 142. Las ordenanzas de creación de institutos autónomos municipales y demás actos por los cuales se crearen mancomunidades, sociedades, fundaciones o asociaciones civiles por cada Municipio o se decidiere su participación en ellas, deberán especificar los ingresos de dichos entes, así como su naturaleza y origen, de conformidad con lo dispuesto en la ley respectiva.

Artículo 143. Los municipios y los entes creados por ellos no podrán realizar operaciones de crédito público externo ni en moneda extranjera, ni garantizar obligaciones de terceros. Para realizar operaciones de crédito público interno, los municipios seguirán el procedimiento establecido en la ley nacional que rige la materia.

Artículo 144. Sin perjuicio del privilegio de cobro ejecutivo establecido en la ley, el retardo en el cumplimiento de las obligaciones relativas a acreencias no tributarias de los municipios genera intereses moratorios, calculado a la tasa mensual que fije la ordenanza, conforme a la legislación nacional aplicable, y se causará desde la fecha que se haya hecho exigible el pago. En materia tributaria la tasa aplicable para el cálculo de los intereses moratorios, tanto los que se causen a favor del Tesoro Municipal como a favor de los contribuyentes por pagos indebidos de tributos, será como máximo, la prevista en el Código Orgánico Tributario.

Artículo 145. Las multas que apliquen los órganos de la Hacienda Pública Municipal por causa de infracciones, serán impuestas en virtud de la resolución motivada que dicte el funcionario competente de acuerdo con lo establecido en la ordenanza respectiva.

Artículo 146. Constituye el pasivo de la Hacienda Pública Municipal:

1. Las obligaciones legalmente contraídas derivadas de la ejecución del presupuesto de gastos.

2. Las deudas válidamente contraídas provenientes de la ejecución de presupuestos anteriores.

3. Las acreencias o derechos reconocidos administrativamente a favor de terceros, de conformidad con los procedimientos legales aplicables, y las obligaciones del Municipio por sentencia definitivamente firme.

4. Los valores consignados por terceros, que el Municipio esté legalmente obligado a entregar.

5. Cualquier otro que califique como tal, según la ley.

Capítulo III
De los Ejidos

Artículo 147. Los ejidos son bienes del dominio público destinados al desarrollo local. Sólo podrán enajenarse para construcción de viviendas o para usos productivos de servicios y cualquier otro de interés público, de acuerdo con los planes de ordenación urbanística y lo dispuesto en las respectivas ordenanzas municipales.

Son también ejidos los terrenos situados dentro del área urbana de las poblaciones del Municipio, que no tengan dueño, sin menoscabo de los legítimos derechos de terceros válidamente constituidos. Igualmente, se consideran ejidos las tierras baldías ubicadas en el área urbana. Se exceptúan las tierras correspondientes a las comunidades y pueblos indígenas.

Artículo 148. En caso de que la construcción o el uso convenido para el terreno desafectado de su condición de ejido o terreno privado del Municipio, no se realice dentro del plazo previsto en el respectivo contrato traslativo de la tenencia o propiedad y si vencido éste, sin haberse solicitado su prórroga con la justificación correspondiente o cuando la ampliación del plazo le fuere negada por el órgano competente, previo acuerdo expreso del Concejo Municipal, queda autorizado el alcalde o la alcaldesa, con la apertura del debido proceso y audiencia de parte o su representante legal, dictar, por resolución motivada, la resolución del contrato. Publicada en Gaceta Municipal, esta decisión surtirá sus efectos ante terceras personas y el Municipio por su órgano procederá a rescatar el terreno, sin obligación de pago de indemnización alguna. Esta penalidad se considerará inserta y formando parte de todos los contratos que celebre el Municipio, en los cuales su objeto sea la cesión en uso, tenencia o propiedad sobre terrenos ejidos, los que posea bajo presunción de ser ejidos o sobre sus terrenos propios. En el caso de que se trate de contrato otorgado, cuyo documento se haya autenticado o protocolizado, bastará que el alcalde o alcaldesa remita con oficio al Notario o Registrador Subalterno, copia de la Gaceta Municipal donde aparece publicada la Resolución, para que de oficio protocolice el acto administrativo que la contiene, estampando las notas marginales en los protocolos respectivos, revirtiendo de pleno derecho la propiedad del inmueble al Municipio.

Artículo 149. La compra de terrenos que resulte de la parcelación de ejidos, así como de terrenos propios del Municipio, se hará a riesgo del comprador, quien no podrá reclamar saneamiento por evicción.

Artículo 150. Se declara de utilidad pública y de interés social la concesión y ampliación de los ejidos municipales.

Se consideran de utilidad pública e interés social las tierras pertenecientes al Poder Nacional o a los estados que estén comprendidas dentro del perímetro urbano del Municipio descrito en el plan de ordenación urbanística y que sean necesarias para la expansión urbana.

Quedan excluidos de esta afectación ejidal los parques nacionales, los monumentos naturales y demás áreas de especial importancia ecológica, así como las tierras que, por su calidad, sean aptas para la agricultura.

Artículo 151. El Concejo Municipal podrá adoptar, por ordenanza, una política general de no-enajenación de sus terrenos de origen ejidal o propios, así como sujetar su administración, uso y disposición a las restricciones que considere más convenientes al desarrollo de las poblaciones y al interés del Municipio, debiendo reservar áreas suficientes para fines de servicio público.

Artículo 152. En el caso de la adquisición de tierras particulares para la concesión o ampliación de ejidos, el pago podrá hacerse en bonos emitidos por la República, redimibles en un plazo no mayor de veinte años y al interés que se fije en cada emisión, previa la autorización del Ejecutivo Nacional. Los bonos y sus intereses serán pagados en el plazo convenido entre la República y el Municipio, con un tanto por ciento de la proporción del Situado Municipal que corresponda al respectivo Municipio, porcentaje que podrá ser retenido por el Ejecutivo Nacional.

Capítulo IV
De la Actuación del Municipio en Juicio

Artículo 153. Los funcionarios judiciales están obligados a citar al síndico procurador o síndica procuradora municipal en caso de demandas contra el Municipio, o a la correspondiente entidad municipal, así como a notificar al alcalde o alcaldesa de toda demanda o solicitud de cualquier naturaleza que directa o indirectamente obre contra los intereses patrimoniales del Municipio o la correspondiente entidad municipal.

Dicha citación se hará por oficio y se acompañará de copias certificadas de la demanda y todos sus anexos. Mientras no conste en el expediente la citación realizada con las formalidades aquí exigidas, no se considerará practicada. La falta de citación o la citación practicada sin las formalidades aquí previstas, será causal de anulación y, en consecuencia, se repondrá la causa. Una vez practicada la citación, el síndico procurador o síndica procuradora municipal tendrá un término de cuarenta y cinco días continuos para dar contestación a la demanda.

Los funcionarios o funcionarias judiciales están obligados y obligadas a notificar al Síndico Procurador o Síndica Procuradora Municipal de toda sentencia definitiva o interlocutoria.

Artículo 154. Cuando la autoridad municipal competente, debidamente citada, no compareciere al acto de contestación a la demanda o no diere contestación a las cuestiones previas que le hayan sido opuestas, se las tendrá como contradichas en todas sus partes, sin perjuicio de la responsabilidad que dicha omisión comporte para el funcionario encargado de la representación judicial de los intereses patrimoniales de la entidad.

Artículo 155. El síndico procurador o síndica procuradora municipal o el apoderado judicial de la entidad municipal, no podrá convenir, desistir, transigir ni comprometer en árbitros sin la previa autorización dada por escrito por el alcalde o alcaldesa, o por la autoridad competente de la respectiva entidad municipal. Las ordenanzas respectivas podrán requerir la previa autorización del Concejo Municipal al alcalde o alcaldesa, cuando el monto comprometido supere el equivalente de las unidades tributaria señaladas en ellas.

Artículo 156. Los bienes, rentas, derechos o acciones pertenecientes al Municipio o, a una entidad municipal, no estarán sujetos a medidas preventivas; tampoco estarán sometidos a medidas ejecutivas, salvo en los casos previstos en esta Ley.

Artículo 157. El Municipio o las entidades municipales podrán ser condenadas en costas. Para que proceda la condenatoria en costas, será necesario que resulten totalmente vencidas en juicio por sentencia definitivamente firme.

El monto de la condenatoria en costas, cuando proceda, no podrá exceder del diez por ciento (10%) del valor de la demanda. En todo caso, el juez o jueza podrá eximir de costas al Municipio o a las entidades municipales cuando éstas hayan tenido motivos racionales para litigar.

Artículo 158. Cuando el Municipio o una entidad municipal resultaren condenados por sentencia definitivamente firme, el Tribunal, a petición de parte interesada, ordenará su ejecución. A estos fines, notificará al alcalde o alcaldesa o a la autoridad ejecutiva de la entidad municipal, que debe dar cumplimiento voluntario a la sentencia dentro de los diez días siguientes a la notificación. Dentro de ese lapso, el Municipio o la entidad municipal, según el caso, podrá proponer al ejecutante una forma de cumplir con la sentencia. Si esa forma fuere rechazada, las partes podrán suspender el lapso establecido para la ejecución voluntaria por el tiempo que se convenga o realizar actos de composición voluntaria. Transcurrido el lapso para la ejecución voluntaria sin que la sentencia se haya cumplido, se procederá a la ejecución forzosa.

Artículo 159. Vencido el lapso para la ejecución voluntaria de la sentencia, el Tribunal determinará la forma y oportunidad de dar cumplimiento a lo ordenado por la sentencia, según los procedimientos siguientes:

1. Cuando la condena hubiere recaído sobre cantidad líquida de dinero, el Tribunal, a petición de parte, ordenará a la máxima autoridad administrativa del Municipio o de la entidad municipal para que incluya el monto a pagar en el presupuesto del año próximo y siguientes, a menos que exista provisión de fondos en el presupuesto vigente. Cuando la orden del Tribunal no fuere cumplida o la partida prevista no fuere ejecutada, el Tribunal, a petición de parte, ejecutará la sentencia conforme al procedimiento previsto en el Código de Procedimiento Civil para la ejecución de sentencias de condena sobre cantidades líquidas de dinero. El monto anual de dicha partida no excederá del cinco por ciento (5%) de los ingresos ordinarios del presupuesto del Municipio o distrito.

2. Cuando en la sentencia se hubiere ordenado la entrega de algún bien el tribunal llevará a efecto la entrega. Si tales bienes estuvieren afectados al uso público, a un servicio público o a una actividad de utilidad pública, el Tribunal, a petición de parte, acordará que el precio sea fijado mediante peritos en la forma establecida por la Ley de Expropiación por Causa de Utilidad Pública o Social. Fijado el precio, se procederá como si se tratare del pago de cantidades de dinero.

3. Cuando en la sentencia se hubiere condenado al cumplimiento de una obligación de hacer, el Tribunal, a petición de parte, fijará un lapso de treinta días consecutivos para que el Municipio o la entidad municipal correspondiente proceda a cumplir con la obligación. Si ella no fuere cumplida, el Tribunal, a petición de parte, procederá él mismo a ejecutar la sentencia. A estos fines, se trasladará a la oficina municipal correspondiente y requerirá al ente municipal para que cumpla con la obligación. Si a pesar de este requerimiento la obligación no fuere cumplida, entonces el Tribunal sustituirá al ente municipal y hará que la obligación de hacer sea cumplida. Para el caso de que, por la naturaleza de la obligación, no fuere posible que el Tribunal la ejecutare en la misma forma en que fue contraída, entonces se estimará su valor y se procederá a su ejecución como si fuere una cantidad de dinero.

4. Cuando en la sentencia se hubiere condenado a una obligación de no hacer, el Tribunal, a petición de parte, ordenará el resarcimiento del daño que se derive del incumplimiento de la obligación de no hacer.

Capítulo V
De la Potestad Tributaria del Municipio
Sección Primera
Disposiciones Generales

Artículo 160. El Municipio a través de ordenanzas podrá crear, modificar o suprimir los tributos que le corresponden por disposición constitucional o que les sean asignados por ley nacional o estadal. Asimismo, los municipios podrán establecer los supuestos de exoneración o rebajas de esos tributos.

La ordenanza que cree un tributo, fijará un lapso para su entrada en vigencia. Si no la estableciera, se aplicará el tributo una vez vencidos los sesenta días continuos siguientes a su publicación en Gaceta Municipal.

Artículo 161. En la creación de sus tributos los municipios actuarán conforme a lo establecido en los artículos 316 y 317 de la Constitución de la República. En consecuencia, los tributos municipales no podrán tener efecto confiscatorio, ni permitir la múltiple imposición interjurisdiccional o convertirse en obstáculo para el normal desarrollo de las actividades económicas.

Asimismo, los municipios ejercerán su poder tributario de conformidad con los principios, parámetros y limitaciones que se prevean en esta Ley, sin perjuicio de otras normas de armonización que con esos fines, dicte la Asamblea Nacional.

Artículo 162. Los municipios podrán celebrar acuerdos entre ellos y con otras entidades político territoriales con el fin de propiciar la coordinación y armonización tributaria y evitar la doble o múltiple tributación interjurisdiccional. Dichos convenios entrarán en vigencia en la fecha de su publicación en la respectiva Gaceta Municipal o en la fecha posterior que se indique.

Artículo 163. No podrá cobrarse impuesto, tasa, ni contribución municipal alguna que no esté establecido en ordenanza. Las ordenanzas que regulen los tributos municipales deberán contener:

1. La determinación del hecho imponible y de los sujetos pasivos.
2. La base imponible, los tipos o alícuotas de gravamen o las cuotas exigibles, así como los demás elementos que determinan la cuantía de la deuda tributaria.
3. Los plazos y forma de la declaración de ingresos o del hecho imponible.
4. El régimen de infracciones y sanciones. Las multas por infracciones tributarias no podrán exceder en cuantía a aquéllas que contemple el Código Orgánico Tributario.
5. Las fechas de su aprobación y el comienzo de su vigencia.
6. Las demás particularidades que señalen las leyes nacionales y estadales que transfieran tributos.

Los impuestos, tasas y contribuciones especiales no podrán tener como base imponible el monto a pagar por concepto de otro tributo.

Artículo 164. Los municipios podrán crear tasas con ocasión de la utilización privativa de bienes de su dominio público, así como por servicios públicos o actividades de su competencia, cuando se presente cualquiera de las circunstancias siguientes:

1. Que sean de solicitud o recepción obligatoria por los usuarios.

2. Que no puedan realizarse por el sector privado, por requerir intervención o ejercicio de autoridad o por estar reservados legalmente al sector público.

La recaudación estimada por concepto de tasas guardará proporción con el costo del servicio o con el valor de la utilización del bien del dominio público objeto del uso privativo.

Artículo 165. Los municipios podrán celebrar contratos de estabilidad tributaria con contribuyentes o categoría de contribuyentes a fin de asegurar la continuidad en el régimen relativo a sus tributos, en lo concerniente a alícuotas, criterios para distribuir base imponible cuando sean varias las jurisdicciones en las cuales un mismo contribuyente desarrolle un proceso económico único u otros elementos determinativos del tributo. El alcalde o alcaldesa podrá celebrar dichos convenios y entrarán en vigor previa autorización del Concejo Municipal. La duración de tales contratos será de cuatro años como plazo máximo; al término del mismo, el alcalde o alcaldesa podrá otorgar una prórroga, como máximo hasta por el mismo plazo. Estos contratos no podrán ser celebrados, ni prorrogados en el último año de la gestión municipal.

Artículo 166. Los municipios en sus contrataciones no podrán obligarse a renunciar al cobro de sus tributos, así como tampoco podrán comprometerse contractualmente a obtener la liberación del pago de impuestos nacionales o estadales. Tales estipulaciones serán nulas de pleno derecho y, asimismo lo serán las exenciones o exoneraciones de tributos municipales concedidas por el Poder Nacional o los estados.

Artículo 167. El régimen de prescripción de las deudas tributarias se regirá por lo dispuesto en el Código Orgánico Tributario. Dicho Código aplicará de manera supletoria a la materia tributaria municipal que no esté expresamente regulada en esta Ley o en las ordenanzas.

Artículo 168. El Municipio sólo podrá acordar exenciones, exoneraciones o rebajas de impuestos o contribuciones municipales especiales, en los casos y con las formalidades previstas en las ordenanzas. La ordenanza que autorice al alcalde o alcaldesa para conceder exoneraciones especificará los tributos que comprende, los presupuestos necesarios para que proceda, las condiciones a las cuales está sometido el beneficio y el plazo máximo de duración de aquél. En todos los casos, el plazo máximo de duración de las exoneraciones o rebajas será de cuatro años; vencido el término de la exoneración o rebaja, el alcalde o alcaldesa podrá renovarla hasta por el plazo máximo fijado en la ordenanza o, en su defecto, el previsto como máximo en este artículo.

Sección Segunda
De la Administración Tributaria Municipal

Artículo 169. Las relaciones fiscales entre la República, los estados y los municipios estarán regidas por los principios de integridad territorial, autonomía, coordinación, cooperación, solidaridad interterritorial y subsidiariedad. En consecuencia, en el ejercicio de sus competencias propias, los municipios deberán ponderar la totalidad de los intereses públicos implicados.

Artículo 170. En atención al principio de colaboración entre los distintos niveles de la Administración Pública y en relación de reciprocidad que permita la efectividad de la coordinación administrativa, los municipios deberán:

1. Facilitar a las otras administraciones información sobre antecedentes, datos o informaciones que obren en su poder y resulten relevantes para el adecuado desarrollo de los cometidos de aquéllas.

2. Prestar la cooperación y asistencia activa que las otras administraciones pudieran requerir para el eficaz cumplimiento de sus tareas.

3. Suministrar la información estadística relacionada con la recaudación de sus ingresos, padrones de contribuyentes y otras de similar naturaleza, a los entes estadales o nacionales con competencias en materia de planificación y estadísticas, así como a las Administraciones Tributarias que lo soliciten, para lo cual podrán establecer un mecanismo de intercomunicación técnica.

Lo previsto en este artículo se entiende sin perjuicio del régimen legal a que está sometidos el uso y la cesión de la información tributaria.

Artículo 171. La Administración Tributaria del Municipio podrá elaborar y ejecutar planes de inspección conjunta o coordinada con las demás Administraciones Tributarias Municipal, Estadal o Nacional.

Artículo 172. Todas las autoridades civiles, políticas, administrativas, militares y fiscales de la República, de los estados y del distrito capital, los registradores, notarios y jueces, así como los particulares, están obligados a prestar su concurso para la inspección, fiscalización, recaudación, administración y resguardo de los ingresos municipales y a denunciar los hechos de que tuviere conocimiento que pudiesen constituir ilícito tributario contra la Hacienda Pública Municipal.

Artículo 173. Es competencia de los municipios la fiscalización, gestión y recaudación de sus tributos propios, sin perjuicio de las delegaciones que puedan otorgar a favor de otras entidades locales, de los estados o de la República. Estas facultades no podrán ser delegadas a particulares.

Sección Tercera

Ingresos Tributarios de los Municipios

Subsección Primera

Impuesto sobre Inmuebles Urbanos

Artículo 174. El impuesto sobre inmuebles urbanos recae sobre toda persona que tenga derechos de propiedad, u otros derechos reales, sobre bienes inmuebles urbanos ubicados en la jurisdicción municipal de que se trate o los beneficiarios de concesiones administrativas sobre los mismos bienes.

Artículo 175. La base imponible de este impuesto será el valor de los inmuebles.

La determinación del valor del inmueble se hará partiendo del valor catastral de los mismos, el cual se fijará tomando como referencia el precio corriente en el mercado. La base imponible, en ningún caso, podrá ser superior al valor en mercado. Para la fijación del valor de mercado se deberán considerar las condiciones urbanísticos edificatorias, el carácter histórico artístico del bien, su uso o destino, la calidad y antigüedad de las construcciones y cualquier otro factor que de manera razonable pueda incidir en el mismo.

Por valor de los inmuebles se tendrá el precio corriente en el mercado, entendiéndose por tal el que normalmente se haya pagado por bienes de similares características en el mes anterior a aquél en el que proceda la valoración, según la ordenanza respectiva, siempre que sea consecuencia de una enajenación efectuada en condiciones de libre competencia entre un comprador y un vendedor no vinculados.

Artículo 176. Se consideran inmuebles urbanos:

1. El suelo urbano susceptible de urbanización. Se considera suelo urbano los terrenos que dispongan de vías de comunicación, suministro de agua, servicio de disposición de aguas servidas, suministro de energía eléctrica y alumbrado público.

2. Las construcciones ubicadas en suelo susceptible de urbanización, entendidas por tales:

   a. Los edificios o lugares para el resguardo de bienes y/o personas, cualesquiera sean los elementos de que estén constituidos, aun cuando por la forma de su construcción sean perfectamente transportables y aun cuando el terreno sobre el que se hallen situados no pertenezca al dueño de la construcción. Se exceptúan los terrenos con vocación agrícola.

   b. Las instalaciones asimilables a los mismos, tales como diques, tanques, cargaderos y muelles.

No se considerarán inmuebles las maquinarias y demás bienes semejantes que se encuentran dentro de las edificaciones, aún y cuando estén de alguna manera adheridas a éstas.

Subsección Segunda

Impuesto sobre Predios Rurales

Artículo 177. Los mecanismos de recaudación y control por parte del Municipio, en el impuesto sobre predios rurales serán establecidos en la ley nacional relativa a las tierras rurales.

Subsección Tercera

Impuesto sobre Transacciones Inmobiliarias

Artículo 178. Corresponde al Municipio la recaudación y control de los impuestos que, sobre transacciones inmobiliarias, creare el Poder Nacional. El Municipio lo regulará por ordenanza.

Subsección Cuarta

Contribuciones Especiales

Artículo 179. Los municipios podrán crear las siguientes contribuciones especiales:

1. Sobre plusvalía de propiedades inmuebles causada por cambios de uso o de intensidad en el aprovechamiento.

2. Por mejoras.

Estas contribuciones podrán ser creadas mediante ordenanza cuando sea acordado un cambio de uso o de intensidad de aprovechamiento o la realización de la obra o servicio que origine la mejora.

Artículo 180. La contribución especial sobre plusvalía de las propiedades inmuebles originada por cambios de uso o de intensidad en el aprovechamiento, se causará por el incremento en el valor de la propiedad como consecuencia de los cambios de uso o de intensidad de aprovechamiento previstos en los planes de ordenación urbanística con que esa propiedad resulte beneficiada. Esta contribución estará destinada a la realización de las obras o prestación de los servicios urbanos que se determinen en la ordenanza.

Artículo 181. La contribución especial sobre plusvalía de las propiedades inmuebles causada por cambios de uso o de intensidad en el aprovechamiento, sólo podrá crearse cuando el aumento del valor de las propiedades inmuebles sea igual o superior al veinticinco por ciento (25%) de su valor antes del cambio de uso o de intensidad de aprovechamiento. A los fines de la determinación de la contribución, se presumirá que todo cambio de uso o de intensidad de aprovechamiento producirá en los bienes afectados un aumento de valor de al menos un veinticinco por ciento (25%). Esta presunción podrá ser desvirtuada en el curso de los procedimientos que se establezcan para la determinación del monto de la contribución por los sujetos afectados.

Artículo 182. La contribución especial sobre plusvalía de las propiedades inmuebles por cambio de uso o de intensidad en el aprovechamiento no podrá exceder de un quince por ciento (15%) del monto total de la plusvalía que experimente cada inmueble. La ordenanza respectiva podrá disponer que esta contribución sea exigida en forma fraccionada, por una sola vez dentro del plazo máximo de pago de cinco años y las cuotas correspondientes podrán devengar un interés máximo equivalente a la tasa fijada por el Banco Central de Venezuela para el cálculo de las prestaciones sociales.

Artículo 183. La contribución especial por mejoras se causará por la ejecución por parte del Municipio o con su financiamiento de las obras públicas o prestación de un servicio público que sea de evidente interés para la comunidad, siempre que, como consecuencia de esas obras o servicios, resulten especialmente beneficiadas determinadas personas. El importe de esta contribución será determinado por el Concejo Municipal en función del costo presupuestado de las obras o de los servicios pero no excederá, en ningún caso, del cincuenta por ciento (50%) del costo de las obras o servicios. El porcentaje de la base imponible que corresponderá a cada beneficiario de la obra o servicio y las demás condiciones de procedencia se regirán por lo previsto en las respectivas ordenanzas.

Artículo 184. A los efectos del artículo anterior, podrán ser considerados obras y servicios financiados por los municipios:

1. Los que ejecuten total o parcialmente los municipios dentro del ámbito de sus competencias para cumplir los fines que les estén atribuidos, a excepción de los que realicen a título de propietarios de sus bienes patrimoniales.

2. Los que realicen los municipios por haberles sido atribuidos o delegados por el Poder Nacional o Estadal.

3. Los que realicen otras entidades públicas o privadas concesionarios, con aportaciones económicas del Municipio.

Artículo 185. Las cantidades recaudadas por la contribución especial por mejoras sólo podrán destinarse a recuperar los gastos de la obra o servicio por cuya razón se hubiesen exigido.

Artículo 186. Son sujetos pasivos de las contribuciones especiales previstas en esta Subsección, las personas naturales o jurídicas propietarias de los inmuebles que resulten especialmente beneficiados por los cambios de uso o de intensidad de aprovechamiento o por la realización de las obras o el establecimiento o ampliación de los servicios municipales que originan la obligación de contribuir.

Artículo 187. El costo de la obra o servicio estará integrado, por los siguientes conceptos:

1. El costo de los proyectos, estudios planes y programas técnicos.

2. El importe de las obras o de los trabajos de establecimiento o ampliación de los servicios.

3. El precio de los terrenos que hubieren de ocupar permanentemente las obras o servicios, salvo que se trate de bienes de uso público o de terrenos cedidos gratuitamente al Municipio.

4. Las indemnizaciones procedentes por expropiación o demolición de construcciones, obras, plantaciones o instalaciones, así como las que correspondan a los arrendatarios de los bienes que hayan de ser demolidos o desocupados.

Artículo 188. La base imponible de las contribuciones por mejoras se repartirá entre los sujetos pasivos beneficiados, para lo cual se tendrán en cuenta, entre otros, la clase y naturaleza de las obras y servicios, la ubicación de los inmuebles, los metros lineales de fachada, sus superficies, el volumen edificable de los mismos y su precio corriente en el mercado. El monto de la base imponible será determinado por el porcentaje en la correspondiente ordenanza.

Artículo 189. Cuando las obras y servicios de la competencia municipal sean realizados o prestados por un Municipio con la colaboración económica de otra entidad, y siempre que puedan ser impuestas contribuciones especiales con arreglo a lo dispuesto en esta Ley, la gestión y recaudación de las mismas se hará por la entidad que convencionalmente tome a su cargo la dirección de las obras o el establecimiento o ampliación de los servicios. En cualquier caso, las entidades involucradas deberán uniformar criterios y efectuar una sola determinación al contribuyente.

Artículo 190. Las ordenanzas de creación de las respectivas contribuciones especiales contendrán, además de los elementos constitutivos del tributo, un procedimiento público que garantice la adecuada participación de los potenciales contribuyentes en la determinación de la obligación tributaria, el cual incluirá la previa consulta no vinculante con los potenciales contribuyentes para permitirles formular observaciones generales acerca de la realización de la obra o el establecimiento o ampliación de un servicio que deba costearse mediante contribuciones especiales. La consulta contendrá la determinación del costo previsto de las obras y servicios, la cantidad a repartir entre los beneficiarios y los criterios de reparto y será expuesta al público por un período prudencial para la recepción de las observaciones y comentarios que se formularen, dentro de las condiciones que establecerá la ordenanza.

Artículo 191. Las contribuciones especiales por mejoras sólo podrán ser exigidas por el Municipio una vez cada diez años respecto de los mismos inmuebles.

Artículo 192. El pago que se haga por concepto de contribución por mejoras o contribución sobre plusvalía de propiedades por cambios en el uso o en la intensidad del aprovechamiento aceptará como rebaja el pago que corresponda efectuar en el mismo año por concepto de impuesto sobre inmuebles urbanos.

Subsección Quinta
Impuesto sobre Vehículos

Artículo 193. El impuesto sobre vehículos grava la propiedad de vehículos de tracción mecánica, cualesquiera sean su clase o categoría y sean propiedad de una persona natural residente o una persona jurídica domiciliada en el Municipio respectivo.

Artículo 194. A los fines de este impuesto, se entiende por:

1. Sujeto residente: quien, siendo persona natural propietario o asimilado, tenga en el Municipio respectivo su vivienda principal. Se presumirá que este domicilio será el declarado para la inscripción en el Registro Automotor Permanente.

2. Sujeto domiciliado: quien, siendo persona jurídica propietaria o asimilada, ubique en el Municipio de que se trate un establecimiento permanente al cual destine el uso del referido vehículo.

Se considerarán domiciliadas en el Municipio, las concesiones de rutas otorgadas por el Municipio respectivo para la prestación del servicio del transporte dentro del Municipio.

Artículo 195. A los fines del gravamen previsto en esta Ley, podrán ser considerados contribuyentes asimilados a los propietarios, las siguientes personas:

1. En los casos de ventas con reserva de dominio, el comprador, aun cuando la titularidad del dominio subsista en el vendedor.

2. En los casos de opciones de compra, quien tenga la opción de comprar.

3. En los casos de arrendamientos financieros, el arrendatario.

Artículo 196. Los jueces o juezas, notarios y registradores o registradoras cuyas oficinas se encuentren ubicadas en la jurisdicción del Municipio correspondiente, colaborarán con la Administración Tributaria Municipal para el control del cobro del tributo previsto en esta Ley. A tal fin, cuando deban presenciar el otorgamiento de documentos de venta o arrendamiento financiero de vehículos que sean propiedad de residentes o domiciliados en ese Municipio, deberán exigir comprobante de pago del impuesto previsto en esta Subsección, sin perjuicio de la colaboración que pueda requerirse a oficinas notariales o registrales ubicadas en jurisdicciones distintas.

El daño ocasionado al Municipio debido a la contravención de esta norma será resarcido por el funcionario respectivo, con el valor del pago de la tasa vehicular correspondiente.

Subsección Sexta
Impuesto sobre Espectáculos Públicos

Artículo 197. El impuesto sobre espectáculos públicos gravará la adquisición de cualquier boleto, billete o instrumento similar que origine el derecho a presenciar un espectáculo en sitios públicos o en salas abiertas al público.

Artículo 198. El impuesto sobre espectáculos públicos será pagado por el adquirente del respectivo billete o boleto de entrada en el momento de la adquisición. La empresa o empresario a cargo de quien esté el espectáculo podrá ser nombrada agente de percepción del impuesto en la ordenanza respectiva.

Subsección Séptima
Impuesto sobre Juegos y Apuestas Lícitas

Artículo 199. El impuesto sobre juegos y apuestas lícitas se causará al ser pactada una apuesta en jurisdicción del respectivo Municipio. Se entiende pactada la apuesta con la adquisición efectuada, al organizador del evento con motivo del cual se pacten o a algún intermediario, distribuidor o cualquier otro tipo de agente en la respectiva jurisdicción, de cupones, vales, billetes, boletos, cartones, formularios o instrumentos similares a éstos que permitan la participación en rifas, loterías o sorteos de dinero o de cualquier clase de bien, objeto o valores, organizados por entes públicos o privados. Igualmente, se gravarán con este impuesto las apuestas efectuadas mediante máquinas, monitores, computadoras y demás aparatos similares para juegos o apuestas que estén ubicados en la jurisdicción del Municipio respectivo.

Artículo 200. El apostador es el contribuyente del impuesto sobre juegos y apuestas lícitas, sin perjuicio de la facultad del Municipio de nombrar agentes de percepción a quienes sean los organizadores del juego, los selladores de formularios o los expendedores de los billetes o boletos correspondientes, en la respectiva jurisdicción.

Artículo 201. La base imponible del impuesto sobre juegos y apuestas lícitas la constituye el valor de la apuesta. Las ganancias derivadas de las apuestas sólo quedarán sujetas al pago de impuestos nacionales, de conformidad con la ley.

Subsección Octava
Impuesto sobre Propaganda y Publicidad Comercial

Artículo 202. El impuesto sobre propaganda y publicidad comercial grava todo aviso, anuncio o imagen que con fines publicitarios sea exhibido, proyectado o instalado en bienes del dominio público municipal o en inmuebles de propiedad privada siempre que sean visibles por el público, o que sea repartido de manera impresa en la vía pública o se traslade mediante vehículo, dentro de la respectiva jurisdicción municipal.

Artículo 203. A los efectos de este tributo, se entiende por propaganda comercial o publicidad todo aviso, anuncio o imagen dirigido a llamar la atención del público hacia un producto, persona o actividad específica, con fines comerciales.

Artículo 204. El contribuyente de este tributo es el anunciante. Se entiende por anunciante la persona cuyo producto o actividad se beneficia con la publicidad. Podrán ser nombrados responsables de este tributo, en carácter de agentes de percepción, las empresas que se encarguen de prestar el servicio de publicidad, los editores o cualquier otro que, en razón de su actividad, participe o haga efectiva la publicidad.

Subsección Novena
Impuesto sobre Actividades Económicas

Artículo 205. El hecho imponible del impuesto sobre actividades económicas es el ejercicio habitual, en la jurisdicción del Municipio, de cualquier actividad lucrativa de carácter independiente, aún cuando dicha actividad se realice sin la previa obtención de licencia, sin menoscabo de las sanciones que por esa razón sean aplicables.

El período impositivo de este impuesto coincidirá con el año civil y los ingresos gravables serán los percibidos en ese año, sin perjuicio de que puedan ser establecidos mecanismos de declaración anticipada sobre la base de los ingresos brutos percibidos en el año anterior al gravado y sin perjuicio de que pueda ser exigido un mínimo tributable consistente en un impuesto fijo, en los casos en que así lo señalen las ordenanzas.

El comercio eventual o ambulante también estará sujeto al impuesto sobre actividades económicas.

Artículo 206. Este impuesto es distinto a los tributos que corresponden al Poder Nacional o Estadal sobre la producción o el consumo específico de un bien, o al ejercicio de una actividad en particular y se causará con independencia de éstos. En estos casos, al establecer las alícuotas de su impuesto sobre actividades económicas, los municipios deberán ponderar la incidencia del tributo nacional o estadal en la actividad económica de que se trate.

Este impuesto se causa con independencia de los tributos previstos en la legislación general o la dictada por la Asamblea Nacional.

Artículo 207. Para que una actividad pueda ser considerada sin fines de lucro, el beneficio económico obtenido de la actividad deberá ser reinvertido en el objeto de asistencia social u otro similar en que consista la actividad y en el caso de tratarse de una persona jurídica, que ese beneficio no sea repartido entre asociados o socios.

Artículo 208. El impuesto sobre actividades económicas se causará con independencia de que el territorio o espacio en el cual se desarrolle la actividad económica sea del dominio público o del dominio privado de otra entidad territorial o se encuentre cubierto por aguas.

Artículo 209. A los efectos de este tributo se considera:

1. Actividad Industrial: Toda actividad dirigida a producir, obtener, transformar, ensamblar o perfeccionar uno o varios productos naturales o sometidos previamente a otro proceso industrial preparatorio.

2. Actividad Comercial: Toda actividad que tenga por objeto la circulación y distribución de productos y bienes, para la obtención de ganancia o lucro y cualesquiera otras derivadas de actos de comercio, distintos a servicios.

3. Actividad de Servicios: Toda aquélla que comporte, principalmente, prestaciones de hacer, sea que predomine la labor física o la intelectual. Quedan incluidos en este renglón los suministros de agua, electricidad, gas, telecomunicaciones y aseo urbano, entre otros, así como la distribución de billetes de lotería, los bingos, casinos y demás juegos de azar. A los fines del gravamen sobre actividades económicas no se considerarán servicios, los prestados bajo relación de dependencia.

Artículo 210. La base imponible del impuesto sobre actividades económicas está constituida por los ingresos brutos efectivamente percibidos en el período impositivo correspondiente por las actividades económicas u operaciones cumplidas en la jurisdicción del Municipio o que deban reputarse como ocurridas en esa jurisdicción de acuerdo con los criterios previstos en esta Ley o en los Acuerdos o Convenios celebrados a tales efectos.

Artículo 211. Se entiende por ingresos brutos, todos los proventos o caudales que de manera regular reciba el contribuyente o establecimiento permanente por causa relacionada con las actividades económicas gravadas, siempre que no se esté obligado a restituirlo a las personas de quienes hayan sido recibidos o a un tercero y que no sean consecuencia de un préstamo o de otro contrato semejante.

En el caso de agencias de publicidad, administradoras y corredoras de bienes inmuebles, corredores de seguro, agencias de viaje y demás contribuyentes que perciban comisiones o demás remuneraciones similares, se entenderá como ingreso bruto sólo el monto de los honorarios, comisiones o demás remuneraciones similares que sean percibidas.

Artículo 212. El Ejecutivo Nacional o Estadal, deberá tomar en cuenta el costo del impuesto municipal en la fijación del margen de utilidad conferido a los servicios o productos cuyo precio es fijado por éste. A estos fines, la alícuota impositiva aplicable de manera general a todos los municipios, será la fijada en la Ley de Presupuesto Anual, a proposición del Ejecutivo Nacional.

De conformidad con los artículos 183 y 302 de la Constitución de la República, las actividades económicas de venta de productos provenientes de la manufactura o refinación del petróleo ejecutada por una empresa del Estado, no estarán sujetas al pago de impuestos sobre actividades económicas, no quedan incluidos aquellos productos que se obtengan de una transformación ulterior de bien manufacturado por la empresa del Estado.

El impuesto sobre actividad económica de suministro de electricidad deberá ser soportado y pagado por quien presta el servicio.

Artículo 213. En el caso de actividades económicas sometidas al pago de regalías o gravadas con impuestos a consumos selectivos o sobre actividades económicas específicas, debidos a otro nivel político territorial, los municipios deberán reconocer lo pagado por esos conceptos como una deducción de la base imponible del impuesto sobre actividades económicas, en proporción a los ingresos brutos atribuibles a la jurisdicción municipal respectiva.

En estos casos, el Ejecutivo Nacional podrá proponer, para su inclusión en la Ley de Presupuesto Anual, tanto las alícuotas del impuesto sobre actividades económicas como las aplicables por impuestos al consumo selectivos o sobre actividades económicas específicas que correspondan al nivel nacional o estadal de Gobierno, a fin de lograr una mejor armonización entre los dos tipos de tributos.

Artículo 214. No forman parte de la base imponible:

1. El Impuesto al Valor Agregado o similar, ni sus reintegros cuando sean procedentes en virtud de la ley.

2. Los subsidios o beneficios fiscales similares obtenidos del Poder Nacional o Estadal.

3. Los ajustes meramente contables en el valor de los activos, que sean resultado de la aplicación de las normas de ajuste por inflación previstas en la Ley de Impuesto sobre la Renta o por aplicación de principios contables generalmente aceptados, siempre que no se hayan realizado o materializado como ganancia en el correspondiente ejercicio.

4. El producto de la enajenación de bienes integrantes del activo fijo de las empresas.

5. El producto de la enajenación de un fondo de comercio de manera que haga cesar los negocios de su dueño.

6. Las cantidades recibidas de empresas de seguro o reaseguro como indemnización por siniestros.

7. El ingreso bruto atribuido a otros municipios en los cuales se desarrolle el mismo proceso económico del contribuyente, hasta el porcentaje que resulte de

la aplicación de los Acuerdos previstos en esta Ley, cuando éstos hayan sido celebrados.

Artículo 215. Se tendrán como deducciones de la base imponible:

1. Las devoluciones de bienes o anulaciones de contratos de servicio, siempre que se haya reportado como ingreso la venta o servicio objeto de la devolución.

2. Los descuentos efectuados según las prácticas habituales de comercio.

Artículo 216. La actividad industrial y de comercialización de bienes se considerará gravable en un Municipio, siempre que se ejerza mediante un establecimiento permanente, o base fija, ubicado en el territorio de ese Municipio.

Artículo 217. Las actividades de ejecución de obras y de prestación de servicios serán gravables en la jurisdicción donde se ejecute la obra o se preste el servicio, siempre que el contratista permanezca en esa jurisdicción por un período superior a tres meses, sea que se trate de períodos continuos o discontinuos, e indistintamente de que la obra o servicio sea contratado por personas diferentes, durante el año gravable. En caso de no superarse ese lapso o si el lugar de ejecución fuese de muy difícil determinación, el servicio se entenderá prestado en el Municipio donde se ubique el establecimiento permanente.

En caso de contrato de obra, quedaría incluida en la base imponible el precio de los materiales que sean provistos por el ejecutor de la obra.

Artículo 218. Se entiende por establecimiento permanente una sucursal, oficina, fábrica, taller, instalación, almacén, tienda, obra en construcción, instalación o montaje, centro de actividades, minas, canteras, instalaciones y pozos petroleros, bienes inmuebles ubicados en la jurisdicción; el suministro de servicios a través de máquinas y otros elementos instalados en el Municipio o por empleados o personal contratado para tal fin, las agencias, representaciones de mandantes ubicadas en el extranjero, sucursales y demás lugares de trabajo mediante los cuales se ejecute la actividad, en jurisdicción del Municipio.

Las instalaciones permanentes construidas para la carga y descarga ordinaria y habitual en embarcaciones con destino a los trabajos o servicios a ser prestados en el mar territorial o en otros territorios pertenecientes a una entidad federal pero no ubicados dentro de una jurisdicción municipal determinada, se consideran establecimientos permanentes de quienes los empleen para la prestación de tales servicios.

Artículo 219. Cuando las actividades de comercialización se ejecuten a través de varios establecimientos permanentes o bases fijas, los ingresos gravables deberán ser imputados a cada establecimiento en función de su volumen de ventas.

Si se trata de servicios prestados o ejecutados en varias jurisdicciones municipales, los ingresos gravables deberán ser imputados a cada una de ellas, en función de la actividad que en cada una se despliegue.

Cuando se trate de un contribuyente industrial que venda los bienes producidos en otros municipios distintos al de la ubicación de la industria, el impuesto pagado por el ejercicio de actividades económicas en el Municipio sede de la industria, podrá deducirse del impuesto a pagar en el Municipio en que se realiza la actividad comercial. En caso que la venta se realice en más de un municipio sólo podrá deducirse el impuesto pagado por el ejercicio de la actividad industrial proporcional a los bienes vendidos en cada

Municipio. En ningún caso la cantidad a deducir podrá exceder de la cantidad de impuesto que corresponda pagar en la jurisdicción del establecimiento comercial.

Si se trata de servicios prestados o ejecutados en varias jurisdicciones municipales, los ingresos gravables deberán ser imputados a cada una de ellas, en función de la actividad que en cada una se despliegue. En el caso de servicios que sean totalmente ejecutados en una jurisdicción diferente a aquéllas, en la cual el prestador tenga el establecimiento permanente destinado a funcionar exclusivamente como sede de administración; al Municipio en el cual se ubique la sede de administración, le corresponderá establecer un mínimo tributario fijado en función de criterios con los servicios prestados por el Municipio a ese establecimiento permanente. En el caso de servicios contratados con personas naturales, se considerarán prestados únicamente en el Municipio donde éstas tengan una base fija para sus negocios.

Artículo 220. Los municipios, en aras de la armonización tributaria y para lograr resultados más equitativos, podrán celebrar acuerdos entre ellos o con los contribuyentes, a los fines de lograr unas reglas de distribución de base imponible distintas a las previstas en los artículos anteriores, en razón de las especiales circunstancias que puedan rodear determinadas actividades económicas. Esos Acuerdos deberán formularse con claros y expresos criterios técnicos y económicos. En todo caso, dichos acuerdos deberán privilegiar la ubicación de la industria.

Artículo 221. Se consideran criterios técnicos y económicos utilizables a los fines de la atribución de ingresos a los municipios en los cuales un mismo contribuyente desarrolle un proceso económico único, entre otros, los siguientes:

1. El valor de los activos empleados en el Municipio comparado con el valor de los activos empleados a nivel interjurisdiccional.

2. Los salarios pagados en el Municipio comparados con los salarios pagados a nivel interjurisdiccional.

3. Los ingresos generados desde el Municipio con los ingresos obtenidos a nivel interjurisdiccional.

Artículo 222. Los contribuyentes están obligados a llevar sus registros contables de manera que quede evidenciado el ingreso atribuible a cada una de las jurisdicciones municipales en las que tengan un establecimiento permanente, se ejecute una obra o se preste un servicio y a ponerlos a disposición de las administraciones tributarias locales cuando les sean requeridos.

Artículo 223. No obstante los factores de conexión previstos en los artículos anteriores, la atribución de ingresos entre jurisdicciones municipales se regirá por las normas que a continuación se disponen, en los siguientes casos:

1. En la prestación del servicio de energía eléctrica, los ingresos se atribuirán a la jurisdicción donde ocurra el consumo.

2. En el caso de actividades de transporte entre varios municipios, el ingreso se entiende percibido en el lugar donde el servicio sea contratado, siempre que lo sea a través de un establecimiento permanente ubicado en la jurisdicción correspondiente.

3. El servicio de telefonía fija se considerará prestado en jurisdicción del Municipio en el cual esté ubicado el aparato desde donde parta la llamada.

4.   El servicio de telefonía móvil se considerará prestado en la jurisdicción del Municipio en el cual el usuario esté residenciado, de ser persona natural o esté domiciliado, en caso de ser persona jurídica. Se presumirá lugar de residencia o domicilio el que aparezca en la factura correspondiente.

5.   Los servicios de televisión por cable, de Internet y otros similares, se considerarán prestados en la jurisdicción del Municipio en el cual el usuario esté residenciado, de ser persona natural o esté domiciliado, en caso de ser persona jurídica. Se presumirá lugar de residencia o domicilio el que aparezca en la factura correspondiente.

Artículo 224. La Administración Tributaria Municipal, al proceder a la determinación del ingreso bruto del contribuyente atribuible a la jurisdicción municipal de que se trate, podrá desconocer las formas o procedimientos de facturación y otros que no se correspondan con la práctica mercantil usual y generen mera manipulación de la atribución de la base imponible u otra forma de evasión del impuesto.

Artículo 225. La condición de agente de retención del impuesto sobre actividades económicas no podrá recaer en personas que no tengan establecimiento permanente en el Municipio, con excepción de organismos o personas jurídicas estatales.

Artículo 226. Las actividades de agricultura, cría, pesca y actividad forestal siempre que no se trate de actividad primaria, podrán ser gravadas con el impuesto sobre actividades económicas pero la alícuota del impuesto no podrá exceder del uno por ciento (1%) hasta tanto la ley nacional sobre la materia disponga alícuotas distintas.

Artículo 227. A los efectos de este tributo, se entiende por explotación primaria la simple producción de frutos, productos o bienes que se obtengan de la naturaleza, siempre que éstos no se sometan a ningún proceso de transformación o de industrialización.

En el caso de las actividades agrícolas, se consideran también primarias las actividades de cosechado, trillado, secado y conservación; en las actividades pecuarias, avícolas y de pesca, se considerarán actividades primarias los procesos de matanzas o beneficio, conservación y almacenamiento. Se excluyen de esta categoría los procesos de elaboración de subproductos, el despresado, troceado y cortes de animales. En las actividades forestales, se consideran actividades primarias los procesos de tumba, descortezado, aserrado, secado y almacenamiento.

Capítulo VI
Del Sistema Presupuestario y Contable

Artículo 228. El presupuesto municipal es un instrumento estratégico de planificación, administración y de gobierno local, que exige captar y asignar recursos conducentes al cumplimiento de las metas de desarrollo económico, social e institucional del Municipio, y será ejecutado con base en los principios de eficiencia, solvencia, transparencia, responsabilidad y equilibrio fiscal.

Artículo 229. Los municipios están obligados a normar su acción administrativa y de gobierno por un presupuesto aprobado anualmente por el respectivo Concejo Municipal, el cual se publicará en una ordenanza que se denominará ordenanza de presupuesto anual de ingresos y gastos.

Artículo 230. El proceso presupuestario de los municipios se regirá por esta Ley, las ordenanzas municipales, por las leyes aplicables a la materia y se ajustará, en cuanto sea posible, a las disposiciones técnicas que establezca la Oficina Nacional de Presupuesto.

Artículo 231. De los ingresos previstos en el presupuesto municipal se destinará como mínimo, el cincuenta por ciento (50%) para ser aplicado a gastos de inversión o de formación de capital, entendiendo como gasto de inversión aquéllos a los que le atribuye tal carácter la Oficina Nacional de Presupuesto y, dando preferencia a las áreas de salud, educación, saneamiento ambiental y a los proyectos de inversión productiva que promuevan el desarrollo sustentable del Municipio.

Artículo 232. El presupuesto de inversión está dirigido al desarrollo humano, social, cultural y económico del Municipio, y se elaborará de acuerdo con las necesidades prioritarias presentadas por las comunidades organizadas, en concordancia con lo estimado por el alcalde o alcaldesa en el presupuesto destinado al referido sector y con los proyectos generales sobre urbanismo, infraestructura, servicios y vialidad.

A estos fines, regirá el procedimiento siguiente:

En el mes de julio de cada año el alcalde o alcaldesa entregará al Consejo Local de Planificación Pública la cifra o monto total de inversión de cada sector, incluyendo los detalles a que haya lugar. Entre los meses de agosto y octubre se activará el presupuesto participativo de conformidad con lo establecido en la presente Ley.

Artículo 233. El proyecto de ordenanza de presupuesto de ingresos y gastos del Municipio junto con el Plan Operativo Anual deberá ser presentado por el alcalde o alcaldesa al Concejo Municipal, antes del 1° de noviembre del año anterior a su vigencia.

Artículo 234. El proyecto de ordenanza de ingresos y gastos del ejercicio económico financiero y el Plan Operativo Anual debe ser sancionado por el Concejo Municipal, antes del 15 de diciembre del año anterior a la vigencia de dicho presupuesto; en caso contrario, se reconducirá el presupuesto del ejercicio anterior. Para la reconducción del presupuesto se observarán, en cuanto sean aplicables, las disposiciones legales sobre la materia.

Artículo 235. En caso de ser reconducido el presupuesto, el alcalde o alcaldesa ordenará la publicación en la Gaceta Municipal, incluyendo los ajustes a que hubiere lugar. Durante el período de vigencia del presupuesto reconducido regirán las disposiciones generales de la ordenanza de presupuesto anterior, en cuanto sean aplicables.

Artículo 236. Si para el 31 de marzo, el Concejo Municipal no hubiese sancionado la ordenanza de presupuesto de ingresos y gastos, el presupuesto reconducido se considerará definitivamente vigente hasta el 31 de diciembre.

Artículo 237. El alcalde o la alcaldesa, dentro del lapso previsto posterior al vencimiento del ejercicio anual, presentará la rendición de cuentas y el balance de la ejecución presupuestaria correspondiente a dicho ejercicio.

Artículo 238. El presupuesto de Ingresos, contendrá la enumeración de los diversos ingresos fiscales cuya recaudación se autorice, con la estimación prudencial de las cantidades que se presupone habrán de ingresar por cada ramo en el año económico siguiente a su aprobación, así como cualesquiera otros recursos financieros permitidos por la ley.

La ejecución del presupuesto de ingresos, se regirá por las correspondientes ordenanzas de Hacienda Pública Municipal.

Artículo 239. El presupuesto de gastos contendrá por sectores, los programas, subprogramas, proyectos y demás categorías presupuestarias equivalentes bajo responsabilidad directa de la entidad, así como los aportes que pudieran acordarse, todo de conformidad con las disposiciones técnicas que establezca la Oficina Nacional de Presupuesto.

En las categorías programáticas de gastos, se identificarán las partidas que expresarán la especie de los bienes y servicios que cada uno de los organismos ordenadores se propone alcanzar en el ejercicio y los créditos presupuestarios correspondientes.

Artículo 240. El monto del presupuesto de gastos, no podrá exceder del total del Presupuesto de Ingresos. Cuando fuere indispensable para cumplir con esta disposición, en el presupuesto de ingresos se podrá incluir hasta la mitad de las existencias del Tesoro no comprometidas y estimadas para el último día del ejercicio fiscal vigente al momento de la presentación del proyecto de ordenanza de presupuesto anual de ingresos y gastos.

Artículo 241. En el presupuesto de gastos, se incorporará una partida denominada "Rectificaciones del Presupuesto", cuyo monto no podrá ser superior al tres por ciento (3%) del total de los ingresos estimados en la ordenanza, excluyendo los ingresos asignados por leyes específicas, mediante las cuales se les transfieran recursos a los municipios.

El alcalde o alcaldesa podrá disponer de este crédito, para atender gastos imprevistos que se presenten en el transcurso del ejercicio para aumentar los créditos presupuestarios que resultaren insuficientes. Salvo casos de emergencia, los recursos de este crédito no podrán destinarse a crear nuevos créditos ni cubrir gastos cuyas asignaciones hayan sido disminuidas por los mecanismos formales de modificaciones presupuestarias. No se podrán decretar créditos para rectificaciones de presupuesto, ni éstas ser incrementadas mediante traspaso de créditos.

Artículo 242. Los créditos presupuestarios del presupuesto de gastos por programas, subprogramas, proyectos, partidas y demás categorías presupuestarias equivalentes, constituyen el límite máximo de las autorizaciones disponibles para gastar, no pudiendo el alcalde o alcaldesa acordar ningún gasto ni pago para el cual no exista previsión presupuestaria.

El alcalde o alcaldesa, dentro de los límites cuantitativos y cualitativos que establezcan las disposiciones generales de la ordenanza de presupuesto de ingresos y gastos del ejercicio económico financiero, podrá acordar traspasos de créditos entre partidas, proyectos, subprogramas, programas y otras categorías presupuestarias equivalentes.

Artículo 243. Los municipios o distritos están obligados a regirse por las normas generales de contabilidad, así como por las normas e instrucciones sobre los sistemas y procedimientos de contabilidad dictados por la Oficina Nacional de Contabilidad Pública, con el propósito de lograr una estructura contable uniforme, sin perjuicio de las variaciones necesarias que permitan el registro de sus operaciones, así como la regularización y coordinación de los procedimientos contables de cada Municipio.

Artículo 244. El Concejo Municipal o Cabildo, oída la opinión de la Oficina Nacional de Presupuesto, establecerá las normas sobre la ejecución y ordenación de los pagos, los requisitos que deban llevar las órdenes de pago, las piezas justificativas que deban contener los expedientes en que se funden dichas ordenaciones. Y cualquier otro aspecto relacionado con la ejecución del presupuesto de gastos que no esté expresamente señalado en la presente Ley.

Artículo 245. El presupuesto deberá contener en forma especificada las inversiones, así como los gastos de operaciones, de las diversas unidades de la entidad y los aportes para fundaciones, empresas, mancomunidades y demás organismos de carácter municipal e intermunicipal.

Artículo 246. No se podrá destinar específicamente el producto de ningún ramo de ingreso con el fin de atender el pago de determinado gasto, salvo las afectaciones legales.

Artículo 247. El Concejo Municipal o Cabildo, a solicitud del alcalde o alcaldesa, podrá aprobar créditos adicionales al presupuesto de gastos para cubrir gastos necesarios no previstos en la ordenanza anual de presupuesto o créditos presupuestarios insuficientes. Los créditos adicionales podrán ser financiados:

1. Con los recursos que provengan de un mayor rendimiento de los ingresos calculados en la ordenanza de presupuesto, certificados por el Tesorero Municipal.

2. Con economías en los gastos que se hayan logrado o se estimen en el ingreso del ejercicio.

3. Con existencias del Tesoro, no comprometidas y debidamente certificadas por el Tesorero Municipal o Distrital, y donde no exista el servicio de tesorería por el funcionario responsable de la hacienda.

4. Con aportes especiales acordados por los gobiernos nacional y estadal.

5. Con otras fuentes de financiamiento que apruebe el Concejo Municipal o Cabildo, de conformidad con las leyes.

Cuando los créditos adicionales hayan de financiarse con economías en los gastos, éstas deberán ser expresamente determinadas y se acordarán las respectivas insubsistencias o anulaciones de créditos.

Se entenderán por insubsistencias, las anulaciones totales o parciales de créditos presupuestarios de programas, subprogramas, proyectos y partidas, que reflejen economías en los gastos.

Artículo 248. Las cuentas de los presupuestos de ingresos y gastos se cerrarán al 31 de diciembre de cada año. Después de esa fecha, los ingresos que se recauden se considerarán parte del presupuesto vigente, con independencia de la fecha en que se hubiere originado la obligación de pago o liquidación de los mismos. Con posterioridad al 31 de diciembre de cada año, no podrán asumirse compromisos ni causarse gastos con cargo al ejercicio que se cierre en esa fecha.

Artículo 249. Los gastos causados y no pagados al 31 de diciembre de cada año se pagarán durante el año siguiente, con cargo a las disposiciones en caja y banco existentes a la fecha señalada.

Los gastos comprometidos y no causados al 31 de diciembre de cada año se imputarán automáticamente al ejercicio siguiente, afectando los mismos a los créditos disponibles para ese ejercicio.

Artículo 250. El ejercicio económico financiero de los municipios comenzará el primero de enero y terminará el treinta y uno de diciembre de cada año.

TÍTULO VI
DE LA PARTICIPACIÓN PROTAGÓNICA EN LA GESTIÓN LOCAL

Capítulo I
De los Principios de la Participación

Artículo 251. La participación protagónica del pueblo en la formación, ejecución y control de la gestión pública municipal es el medio necesario para garantizar su completo desarrollo tanto individual como colectivo, dentro del Municipio. Las autoridades municipales deberán promover y garantizar la participación de los ciudadanos y ciudadanas en la gestión pública y facilitar las formas, medios y procedimientos para que los derechos de participación se materialicen de manera efectiva, suficiente y oportuna.

Artículo 252. Los ciudadanos y ciudadanas tienen derecho a obtener información general y específica sobre las políticas, planes, decisiones, actuaciones, presupuesto, proyectos y cualesquiera otras del ámbito de la actividad pública municipal. Asimismo, podrán acceder a archivos y registros administrativos, en los términos de la legislación nacional aplicable. Igualmente, tienen derecho a formular peticiones y propuestas; y a recibir oportuna y adecuada respuesta; a la asistencia y apoyo de las autoridades municipales en sus actividades para la capacitación, formación y educación a los fines del desarrollo y consolidación de la cultura de participación democrática y protagónica en los asuntos públicos, sin más limitaciones que las dictadas por el interés público y la salvaguarda del patrimonio público.

Artículo 253. A los efectos de la presente Ley, los derechos de participación en la gestión local se ejercen mediante actuaciones de los ciudadanos y ciudadanas, y de la sociedad organizada, a través de sus distintas expresiones, entre otras:

1. Obteniendo información del programa de gobierno del alcalde o alcaldesa, del Plan Municipal de Desarrollo, de los mecanismos para la elaboración y discusión de las ordenanzas, y, en especial, de la formulación y ejecución del presupuesto local; de la aprobación y ejecución de obras y servicios, de los contenidos del informe de gestión y de la rendición de cuentas, en términos comprensibles a los ciudadanos y ciudadanas.

2. Presentando y discutiendo propuestas comunitarias prioritarias en la elaboración del presupuesto de inversión de obras y servicios, a cuyo efecto el gobierno municipal establecerá mecanismos suficientes y oportunos.

3. Participando en la toma de decisiones, a cuyo efecto las autoridades municipales generarán mecanismos de negociación, espacios de información suficiente y necesaria e instancias de evaluación.

Artículo 254. El Municipio está en la obligación de crear y mantener programas de formación ciudadana dirigidos a fortalecer las capacidades de los integrantes de las comunidades e incorporar a los ciudadanos y ciudadanas y a otras organizaciones de la sociedad que manifiesten su deseo de participar en dichos programas.

Artículo 255. Los medios de participación serán desarrollados de acuerdo a la realidad y condiciones de cada Municipio, mediante los instrumentos jurídicos correspondientes para señalar los requisitos, procedimientos, períodos, condiciones y demás elementos que se requieran para hacer efectivo su cumplimiento en el Municipio, de conformidad con lo establecido en la Constitución de la República, esta Ley y otras normas.

Artículo 256. Los ciudadanos y ciudadanas tienen derecho a requerir y utilizar los servicios públicos locales y a participar en la formación de los planes y proyectos para su dotación, ejecución, gestión y evaluación.

Igualmente, de forma organizada, tienen derecho a la gestión de los servicios públicos conforme a la legislación vigente respectiva.

Asimismo, están obligados a contribuir al mantenimiento, preservación y mejora de la calidad de los mismos.

Artículo 257. Los ciudadanos y ciudadanas tienen derecho a organizarse en contralorías sociales con el objeto del control del gobierno local.

Los contralores y contraloras municipales tienen la obligación de vincular a la ciudadanía a sus labores de fiscalización de la gestión pública y a la valoración del desempeño de las entidades y los organismos de la administración pública municipal.

Artículo 258. Los municipios y demás entidades locales deberán favorecer la constitución y desarrollo de las diversas formas de organización de la sociedad, destinadas a la defensa de los intereses colectivos. También deberán facilitar a dichas organizaciones, la información sobre la gestión pública local y, dentro de sus posibilidades, el uso de los medios públicos y el beneficio de subsidios o aportes para la realización de sus fines; además promover, facilitar y proveer la formación ciudadana a través de programas diseñados a tal fin.

Capítulo II
De los Medios de Participación

Artículo 259. Los medios de participación del pueblo en ejercicio de su soberanía, son aquéllos a través de los cuales los ciudadanos y ciudadanas podrán, en forma individual o colectiva, manifestar su aprobación, rechazo, observaciones, propuestas, iniciativas, quejas, denuncias y, en general, para expresar su voluntad respecto a asuntos de interés colectivo. Los medios de participación son, entre otros, los siguientes:

1. Cabildos abiertos.
2. Asambleas ciudadanas.
3. Consultas públicas.
4. Iniciativa popular.
5. Presupuesto participativo.
6. Control social.
7. Referendos.
8. Iniciativa legislativa.
9. Medios de comunicación social alternativos.
10. Instancias de atención ciudadana.
11. Autogestión.
12. Cogestión.

El enunciado de estos medios específicos no excluye el reconocimiento y desarrollo de otras formas de participación en la vida política, económica, social y cultural del Municipio.

Artículo 260. Los ciudadanos y ciudadanas, y sus organizaciones, tienen el derecho y el deber de utilizar los medios de participación aquí señalados. Los municipios deberán legislar acerca de los requisitos exigibles para demostrar el interés legítimo local de aquéllos interesados en el ejercicio de alguno de estos medios de participación, sin menoscabo de los derechos y limitaciones que establece la Constitución de la República Bolivariana de Venezuela y la legislación aplicable.

Artículo 261. La iniciativa para convocar a cabildos abiertos corresponde al Concejo Municipal, a las Juntas Parroquiales por acuerdo de la mayoría de sus integrantes; al alcalde o alcaldesa y a los ciudadanos y ciudadanas, de conformidad con lo establecido en la respectiva ordenanza.

Artículo 262. Las decisiones adoptadas en cabildos abiertos serán válidas con la aprobación de la mayoría de los presentes, siempre y cuando sean sobre asuntos atinentes a su ámbito espacial y sin perjuicio de lo establecido en la legislación respectiva.

Artículo 263. La Asamblea de ciudadanos y ciudadanas es un medio de participación en el ámbito local de carácter deliberativo, en la que todos los ciudadanos y ciudadanas tienen derecho a participar por sí mismos, y cuyas decisiones serán de carácter vinculante.

Artículo 264. La Asamblea de ciudadanos y ciudadanas estará referida a las materias que establece la ley correspondiente, debe ser convocada de manera expresa, anticipada y pública. Sus decisiones tienen carácter vinculante para las autoridades, deben contribuir a fortalecer la gobernabilidad, impulsar la planificación, la descentralización de servicios y recursos, pero nunca contrarias a la legislación y los fines e intereses de la comunidad y del estado.

Todo lo referido a iniciativa, procedimiento, ámbito, materia, validez, efecto vinculante y, comisión de control y seguimiento, será desarrollado por la ley especial que trata la materia.

Artículo 265. El Concejo Municipal deberá abrir espacios de discusión e intercambios de opiniones a los ciudadanos y ciudadanas para considerar materia de interés local. Estas materias serán inscritas en el orden del día y en dicha sesión, el público asistente podrá formular preguntas, emitir opiniones y hacer proposiciones. El Concejo Municipal deberá dar a los vecinos respuesta oportuna y razones a sus planteamientos y solicitudes. En todo caso, para la celebración de esta reunión, se convocará, entre otras, a organizaciones vecinales, gremiales, sociales, culturales, educativas y deportivas de la comunidad.

En la ordenanza correspondiente se regulará, según la especificidad y diversidad municipal, las formas y procedimientos para hacer efectivo el ejercicio de este deber legal.

Artículo 266. El Concejo Municipal deberá consultar a los ciudadanos y ciudadanas y a la sociedad organizada, durante el proceso de discusión y aprobación de los proyectos de ordenanzas, a los fines de promover la incorporación de sus propuestas. Esta consulta se hará a través de diversas modalidades de participación, que garanticen una consulta abierta a los efectos de aprobar su contenido, todo de acuerdo con lo establecido en su Reglamento Interior y de Debates, y demás normativas relativas a la materia de participación.

El incumplimiento de este requisito será causal para la nulidad del respectivo instrumento jurídico.

Artículo 267. Los actos de efectos generales que afecten el desarrollo urbano y la conservación ambiental del Municipio o de la parroquia, deberán ser consultados previamente por las autoridades municipales entre las organizaciones vecinales y otras de la sociedad organizada. En caso contrario, estarán viciados de nulidad absoluta.

Artículo 268. El Concejo Municipal requerirá, de conformidad con lo que dispongan los reglamentos, la cooperación vecinal para labores de asesoramiento, en:

1.   Comisiones permanentes del propio Concejo Municipal.

2. Comisiones de vecinos encargadas de vigilar el buen funcionamiento de los servicios públicos y cualesquiera otras de la competencia prestacional del Municipio.

Artículo 269. El presupuesto participativo es el resultado de la utilización de los procesos mediante los cuales los ciudadanos y ciudadanas del Municipio proponen, deliberan y deciden en la formulación, ejecución, control y evaluación del presupuesto de inversión anual municipal. Todo ello con el propósito de materializarlo en proyectos que permitan el desarrollo del Municipio, atendiendo a las necesidades y propuestas de las comunidades y sus organizaciones en el Consejo Local de Planificación Pública.

Artículo 270. El control social es un mecanismo a través del cual todo ciudadano y ciudadana, individual o colectivamente participa en la vigilancia y control de la gestión pública municipal, en la ejecución de programas, planes y proyectos, en la prestación de los servicios públicos municipales, así como en la conducta de los funcionarios públicos o funcionarias públicas, para prevenir, racionalizar y promover correctivos.

Artículo 271. Los ciudadanos y ciudadanas podrán organizarse con el objeto de coadyuvar en el ejercicio del control, vigilancia, supervisión y evaluación de la gestión pública municipal.

Dichas organizaciones ejercerán sus actividades sobre cualquier nivel o sector de la administración municipal y sobre particulares que cumplan funciones públicas. Estas organizaciones deben estar inscritas en un registro sistematizado que, a tal efecto, llevará cada Municipio.

Sin perjuicio de lo dispuesto en la legislación nacional que regula la participación ciudadana, las organizaciones a que se refiere este artículo tendrán, entre otros, los siguientes deberes y obligaciones:

1. Comunicar a la ciudadanía los avances y resultados de los procesos de control, vigilancia, supervisión y evaluación realizados.

2. Presentar informe sobre los avances y resultados de sus actividades a los órganos y entidades que ejecutan el programa, proyecto o contrato, realizando las recomendaciones que estimen pertinentes.

3. Remitir el informe de avances y resultados de sus actividades a los órganos de control fiscal y demás organismos públicos competentes.

4. Denunciar ante las autoridades competentes los actos, hechos u omisiones presuntamente irregulares que hubieren detectado.

Artículo 272. Los ciudadanos y ciudadanas podrán solicitar que, a través de alguno de los medios de participación previstos en el Municipio, el alcalde o alcaldesa, los concejales o concejalas y el cuerpo colegiado de las juntas parroquiales rindan cuenta de una gestión determinada, antes de la finalización de su mandato.

Artículo 273. Los ciudadanos y ciudadanas y sus organizaciones ejercerán el control social sobre la gestión municipal. A estos fines, las autoridades municipales deberán dar la mayor publicidad a los actos de gestión de interés general, tales como proyectos, licitaciones, contrataciones, costos de las mismas y elementos relevantes.

Para ejercer este control social, los ciudadanos y ciudadanas y sus organizaciones podrán solicitar la información y documentación administrativa que sean de interés para la comunidad; la administración municipal está en la obligación de suministrarlas.

Artículo 274. La solicitud y validez del referendo consultivo, revocatorio, abrogatorio o aprobatorio, deberá cumplir con los requisitos establecidos en la Constitución de la República y en la legislación electoral; y deberá hacerse ante el Consejo Nacional Electoral quien organizará, administrará, dirigirá y vigilará todos los actos relativos a los referendos.

La convocatoria a referendos sobre un proyecto de ordenanza o cualquier materia objeto de consulta, sólo podrá hacerse una sola vez, en el mismo período constitucional.

Artículo 275. Los ciudadanos y ciudadanas, en un porcentaje no menor al cero coma uno por ciento (0,1%) de los electores del Municipio, podrán presentar proyectos de ordenanzas o de modificación de las ya vigentes. Estos proyectos de ordenanzas deberán ser sometidos a la consideración del Concejo Municipal para su admisión o rechazo; previamente, el Concejo Municipal deberá fijar una reunión con los presentadores de la iniciativa legislativa a fin de discutir su contenido. Una vez examinado el proyecto, el Concejo Municipal deberá pronunciarse sobre su admisión o rechazo dentro de los treinta días siguientes a su presentación.

Admitido el proyecto, el debate del mismo deberá iniciarse en un lapso de treinta días siguientes. Si el debate no se inicia dentro del lapso antes señalado, el proyecto se someterá a consulta popular de conformidad con lo establecido en la legislación electoral. El Concejo Municipal deberá motivar el rechazo a la iniciativa cuando sea el caso.

Artículo 276. Los ciudadanos y ciudadanas y sus organizaciones de base, los consejos comunales de la parroquia tienen el derecho y el deber de:

1. Participar en la gestión y fiscalización del mantenimiento y conservación de las plazas, parques, vías públicas y aceras, instalaciones deportivas y recreacionales, asistenciales y cualesquiera otras instalaciones municipales ubicadas en la jurisdicción de la parroquia.

2. Participar en el ejercicio del control social, en la ejecución de obras y servicios públicos municipales en sus respectivas jurisdicciones.

3. Impulsar iniciativas legislativas referidas a la vida comunitaria y las normas que rigen el espacio municipal.

4. Promover la integración, la solidaridad, la supremacía que rigen los intereses colectivos sobre los intereses individuales y el consenso en sus áreas de influencia.

5. Informar a los organismos competentes sobre las deficiencias en la prestación de los servicios públicos.

6. Otros derechos y deberes que de su condición de sujeto protagónico, se desprendan.

Artículo 277. Los municipios con población predominantemente indígena determinarán sus medios de participación, en conformidad con su especificidad cultural. En los municipios donde existan comunidades indígenas, deberán respetarse sus valores, identidad étnica y sus tradiciones, en lo referente a la participación de la comunidad en las decisiones de interés colectivo.

Capítulo III
De la Descentralización de Servicios a las Comunidades y Grupos Vecinales Organizados

Artículo 278. Los municipios de acuerdo a su ordenanza y a las leyes que regulan la materia, descentralizarán y transferirán a las comunidades y grupos vecinales organizados la prestación de los servicios públicos municipales, previa demostración de su capacidad para prestarlos.

Artículo 279. Las comunidades y grupos vecinales organizados que soliciten la descentralización o transferencia de un servicio público municipal deberán demostrar como mínimo:

1. Capacidad legal.
2. Formación profesional o técnica en el área relacionada con el servicio.
3. Experiencia previa en gestión de servicios públicos o en áreas afines del servicio solicitado.
4. Comprobación por certificación emitida por el Municipio, de los planes de formación ciudadana.
5. Comprobación por certificación emitida, de curso en el área.
6. Legitimidad ante la comunidad involucrada.
7. Presentación del proyecto.
8. Cualquier otro que se determine en las leyes, reglamentos y ordenanzas.

Artículo 280. La descentralización y la transferencia de servicios y recursos se harán mediante convenios, suscritos entre el Municipio y la comunidad o grupo vecinal organizado legalmente constituido, previa elaboración del programa del servicio solicitado, de acuerdo a lo establecido en las normativas que regulan la materia.

Artículo 281. El Municipio podrá intervenir el servicio o reasumir la prestación del servicio público transferido o descentralizado a comunidades y grupos vecinales organizados, cuando se deje de prestar el servicio o se preste deficientemente.

Para que proceda esta medida será necesario el voto favorable de la mayoría absoluta de los integrantes del Concejo Municipal.

Artículo 282. La transferencia de competencias y servicios de los estados a los municipios, y de éstos a las instancias del Poder Popular, se realizará de acuerdo a lo establecido en la Ley Orgánica del Consejo Federal de Gobierno.

DISPOSICIONES TRANSITORIAS

Primera. En atención a las disposiciones establecidas en la Ley de Regularización de los Períodos Constitucionales y Legales de los Poderes Públicos Estadales y Municipales, el Consejo Nacional Electoral fijará la fecha de las elecciones para la designación de concejales y concejalas.

Segunda. Pasados treinta días continuos a partir de la entrada en vigencia de la presente Ley, cesan en sus funciones los miembros principales y suplentes, así como los secretarios o secretarias, de las actuales juntas parroquiales, quedando las alcaldías responsables del manejo y destino del personal, así como de los bienes correspondientes; garantizándose la estabilidad laboral del personal administrativo, empleado y obrero, de acuerdo con las normativas que rigen la materia.

Tercera. Los municipios ejercerán las competencias y funciones determinadas en esta Ley aun cuando los Estados no hayan dictado la legislación prevista en el artículo 169 de la Constitución de la República.

Cuarta. Los Consejos Legislativos procederán en el lapso de un año, a sancionar las disposiciones legales para la adecuación de las previsiones sobre el régimen municipal y la división político territorial en su jurisdicción a las normas dispuestas en esta Ley; así mismo, los municipios deberán adecuar progresivamente su ordenamiento normativo propio, dentro del año siguiente a la entrada en vigencia de la presente Ley, dándole prioridad a la ordenanza donde se desarrollen los mecanismos de participación ciudadana.

Quinta. Las normas en materia tributaria contenidas en esta Ley, entrarán en vigencia el 1° de enero de 2006. A partir de esa fecha, las normas de esta Ley serán de aplicación preferente sobre las normas de las ordenanzas que regulen en forma distinta la materia tributaria.

Sexta. En el caso del impuesto sobre actividades económicas de prestación de servicio eléctrico, la alícuota aplicable será del dos por ciento (2%), hasta tanto la Ley de Presupuesto establezca otra alícuota distinta, de manera uniforme para su consideración por el Ejecutivo Nacional en la estructura de costos de esas empresas.

Séptima. En el caso del impuesto sobre actividades económicas de radiodifusión sonora, la alícuota del impuesto sobre actividades económicas no podrá exceder del cero coma cinco por ciento (0,5%) y en los demás casos de servicios de telecomunicaciones, la alícuota aplicable no podrá exceder del uno por ciento (1%) hasta tanto la ley nacional sobre la materia disponga otra alícuota distinta. Las empresas de servicios de telecomunicaciones deberán adaptar sus sistemas a fin de poder proporcionar la información relativa a la facturación que corresponde a cada jurisdicción municipal, a más tardar para la fecha de entrada en vigencia de las disposiciones de esta Ley en materia tributaria.

Octava. El Ejecutivo Nacional deberá suministrar a los gobiernos locales la información relativa a la ubicación, por municipios, del domicilio o residencia de los propietarios de vehículos aptos para circular por vías terrestres, según conste en el Sistema Nacional de Registro de Tránsito y Transporte Terrestre.

Novena. Los municipios tendrán un año a partir de la entrada en vigencia de esta Ley para ajustarse a lo establecido en el artículo 230 de esta Ley, referido al porcentaje para gastos de inversión o formación de capital.

Décima. Hasta tanto se legisle sobre lo establecido en el artículo 259 de esta Ley, en lo relativo al interés legítimo local de los interesados para ejercer los medios de participación, se considerará como tal, el estar inscrito en el Registro Electoral de su jurisdicción.

Décima Primera. Mientras se dicta el Reglamento Parcial de la Ley Orgánica del Poder Público Municipal sobre nombramiento de Contralores o Contraloras Municipales, el procedimiento del concurso público se regirá por el Reglamento sobre los Concursos para la designación de los titulares de las Contralorías Municipales dictado por la Contraloría General de la República.

Décima Segunda. Hasta tanto se constituyan los nuevos concejos municipales con los nuevos concejales o concejalas electos o electas, la Presidencia del Cuerpo será asumida por el concejal o concejala que se encuentre en el ejercicio de la Vicepresidencia.

DISPOSICIÓN DEROGATORIA

Única. Quedan derogados todas las ordenanzas y demás instrumentos jurídicos municipales vigentes que contravengan lo establecido en esta Ley.

DISPOSICIÓN FINAL

Única. La presente Ley entrará en vigencia a partir de su publicación en la Gaceta Oficial de la República Bolivariana de Venezuela.

Dada, firmada y sellada en el Palacio Federal Legislativo, sede de la Asamblea Nacional, en Caracas, a los veintiún días del mes de diciembre de dos mil diez. Años 200° de la Independencia y 151° de la Federación.

CILIA FLORES
Presidenta de la Asamblea Nacional

DARÍO VIVAS VELASCO
Primer Vicepresidente

MARELIS PÉREZ MARCANO
Segunda Vicepresidenta

IVÁN ZERPA GUERRERO
Secretario

VÍCTOR CLARK BOSCÁN
Subsecretario

Promulgación de la Ley Orgánica del Poder Público Municipal, de conformidad con lo previsto en el artículo 213 de la Constitución de la República Bolivariana de Venezuela.

Palacio de Miraflores, en Caracas, a los veintiocho días del mes de diciembre de dos mil diez. Años 200° de la Independencia, 151° de la Federación y 11° de la Revolución Bolivariana.

Cúmplase,

(L.S.)

HUGO CHÁVEZ FRÍAS

Refrendado
El Vicepresidente Ejecutivo, ELÍAS JAUA MILANO
El Ministro del Poder Popular del Despacho de la Presidencia, FRANCISCO JOSÉ AMELIACH ORTA
El Ministro del Poder Popular para Relaciones Interiores y Justicia, TARECK EL AISSAMI
El Ministro del Poder Popular para Relaciones Exteriores, NICOLÁS MADURO MOROS
El Ministro del Poder Popular de Planificación y Finanzas, JORGE GIORDANI
El Ministro del Poder Popular para la Defensa, CARLOS JOSÉ MATA FIGUEROA

El Ministro del Poder Popular para el Comercio, RICHARD SAMUEL CANÁN

El Ministro del Poder Popular para las Industrias Básicas y Minería, JOSÉ SALA-MAT KHAN FERNÁNDEZ

El Ministro del Poder Popular para el Turismo, ALEJANDRO ANTONIO FLE-MING CABRERA

El Ministro del Poder Popular para la Agricultura y Tierras, JUAN CARLOS LOYO HERNÁNDEZ

El Ministro del Poder Popular para la Educación Universitaria, EDGARDO RAMÍREZ

La Ministra del Poder Popular para la Educación, JENNIFER JOSEFINA GIL LAYA

La Ministra del Poder Popular para la Salud, EUGENIA SADER CASTELLANOS

La Ministra del Poder Popular para el Trabajo y Seguridad Social, MARÍA CRISTI-NA IGLESIAS

El Ministro del Poder Popular para Transporte y Comunicaciones, FRANCISCO JOSÉ GARCÉS DA SILVA

El Ministro del Poder Popular para Vivienda y Hábitat, RICARDO ANTONIO MO-LINA PEÑALOZA

El Ministro del Poder Popular para la Energía y Petróleo, RAFAEL DARÍO RAMÍ-REZ CARREÑO

El Ministro del Poder Popular para el Ambiente, ALEJANDRO HITCHER MAR-VALDI

El Ministro del Poder Popular para Ciencia, Tecnología e Industrias Intermedias, RICARDO JOSÉ MENÉNDEZ PRIETO

El Ministro del Poder Popular para la Comunicación y la Información, ANDRÉS GUILLERMO IZARRA GARCÍA

La Ministra del Poder Popular para las Comunas y Protección Social, ISIS OCHOA CAÑIZÁLEZ

El Ministro del Poder Popular para la Alimentación, CARLOS OSORIO ZAM-BRANO

El Encargado del Ministerio del Poder Popular para la Cultura, FRANCISCO DE ASÍS SESTO NOVAS

El Ministro del Poder Popular para el Deporte, HÉCTOR RODRÍGUEZ CASTRO

La Ministra del Poder Popular para los Pueblos Indígenas, NICIA MALDONADO MALDONADO

La Ministra del Poder Popular para la Mujer y la Igualdad de Género, NANCY PÉREZ SIERRA

El Ministro del Poder Popular para Energía Eléctrica, ALÍ RODRÍGUEZ ARAQUE

El Ministro de Estado para la Banca Pública, HUMBERTO RAFAEL ORTEGA DÍAZ

El Ministro de Estado par

a la Transformación Revolucionaria de la Gran Caracas, FRANCISCO DE ASÍS SESTO NOVAS

ÍNDICE GENERAL

ARGENTINA

LEY ORGÁNICA DE MUNICIPALIDADES – LEY Nº 236
(Sanción: 28 de Septiembre de 1984 - Promulgación: 08/11/84. D.T. Nº 3.015)

BOLIVIA

LEY N° 482
(De 9 de enero de 2014)
DECRETA:
LEY DE GOBIERNOS AUTÓNOMOS MUNICIPALES

CAPÍTULO I
DISPOSICIONES GENERALES 65

CAPÍTULO II
GOBIERNO AUTÓNOMO MUNICIPAL 65

CHILE

LEY ORGÁNICA CONSTITUCIONAL DE MUNICIPALIDADES
(Ley refundida N° 18.695 del 3 de marzo de 2002)

COLOMBIA

LEY 136 DE 1994

(Junio 02 de 1994)

COSTA RICA

CÓDIGO MUNICIPAL

(Ley N° 7794 Gaceta N° 94 del 18 de mayo de 1998)

ECUADOR

LEY ORGÁNICA DE RÉGIMEN MUNICIPAL

(Codificación 16, Registro Oficial Suplemento 159 de 5 de Diciembre del 2005)

CONGRESO NACIONAL
LA COMISIÓN DE LEGISLACIÓN Y CODIFICACIÓN

EL SALVADOR

DECRETO Nº 274

CÓDIGO MUNICIPAL

INTERPRETACIÓN AUTÉNTICA
DECRETO Nº 1018

INTERPRETACIÓN AUTENTICA
DECRETO Nº 371.-

ESPAÑA

Ley 7/1985, de 2 de abril, Reguladora de las Bases del Régimen Local.

Jefatura del Estado

TEXTO CONSOLIDADO

JUAN CARLOS I
REY DE ESPAÑA

GUATEMALA

CÓDIGO MUNICIPAL

(Decreto número 12-2002)

HONDURAS

LEY DE MUNICIPALIDADES
(Publicación: 19 de noviembre de 1990)
PODER LEGISLATIVO
DECRETO NÚMERO 134-90
EL CONGRESO NACIONAL,

NICARAGUA

Ley de Municipios
LEYES N° 40 Y 261

PANAMÁ

Ley sobre régimen municipal

LEY N° 9.106
"SOBRE RÉGIMEN MUNICIPAL"

(8 de octubre de 1973)

PARAGUAY

LEY N° 3.966

ORGÁNICA MUNICIPAL.

(Promulgación: 08/02/2010 – Publicación: 10/02/2010)

PERÚ

LEY ORGÁNICA DE MUNICIPALIDADES

LEY Nº 27972
(Publicada el 27 de mayo del 2003)

PORTUGAL

REGIME JURÍDICO DAS AUTARQUIAS LOCAIS
[Nº de artigos:139]
Lei n.º 75/2013, de 12 de Setembro (versão actualizada)

REPÚBLICA DOMINICANA

LEY Nº 176-07 DEL DISTRITO NACIONAL Y LOS MUNICIPIOS
(Del 17 de julio del 2007. *Gaceta Oficial* Nº 10426 del 20 de julio del 2007)

URUGUAY

Publicada D.O. 19 oct/009 - N° 27838

Ley N° 18.567

DESCENTRALIZACIÓN POLÍTICA Y PARTICIPACIÓN CIUDADANA NORMAS

VENEZUELA

LEY ORGÁNICA DEL PODER PÚBLICO MUNICIPAL

(Gaceta Oficial N° 6.015 Extraordinario del 28 de diciembre de 2010)

www.ingramcontent.com/pod-product-compliance
Lightning Source LLC
Chambersburg PA
CBHW052127020426
42334CB00023B/2627